《新集藏經音義隨函録》研究

增訂本 下册

國家社會科學基金重大項目（16ZDA171）成果：歷代漢文佛典文字彙編、考釋及研究（一）

湖南師範大學中國語言文學一流學科資助項目

鄭賢章 著

上海教育出版社

H

蝦 há

蝦 呼～蟇,上音呼,中音遐,下音麻。(ZD60-282b)按:"～"同"蝦"。

蝦① há

蝦蝦 ～蟇,户加反,下莫加反。(ZD59-823a)

蝦 ～蟇,何加反,下莫加反,水蟲名。(ZD59-795c)

蝦 ～蟇蛭,上户加反,中莫加反,下之日反,並水中虫也。(ZD59-604a)

蝦 ～蟇,上音遐,下音麻。(ZD59-589c)

哈 hāi

哈 ～雙,上呼哀反。(ZD60-598a)按:《廣弘明集》卷30:"涉老哈雙玄,披莊玩太初。"(T52,p350b)"哈",宋、元、宫本作"咍",明本作"怡"。根據經意,以"哈"爲正,笑也。

孩② hái

咳 嬰～,户哀反,正作孩。(ZD59-645c)

孩 嬰～,户來反,始生小兒也。女曰嬰,男曰孩也,正作孩。又古來反,非。(ZD59-916b)

咳 孩童,上户哀反。～童,同上。(ZD60-338c)

骸③ hái

骭 ～骨,上户皆反,正作骸。(ZD59-1091a)

骹 連～,户皆反,正作骸。(ZD60-227b)

骸 脱～,户皆反,正作骸。(ZD60-542c)

頦 hái

頦 ～柱,上胡來反,又音改,下知主反。(ZD59-1138b)

骸 hái

骸 形～,胡皆反,正作骸。(ZD60-303b)按:"～"乃"骸"字,詳見本

書中篇"骸"字條。

海④ hǎi

海 ～霂,力丁反。(ZD59-773a)

㵢 hǎi

㵢 曰～,音海。(ZD60-426c)按:"～"同"海"。

醢 hǎi

醢 ～醬,上音海,肉醬也。(ZD60-386a)

刻 hài/hé

刻 易～,上羊益反,下户代、户得二反,推也。(ZD60-476c)按:"易～",對應佛經作"易(禁)劾"。"～"即"劾"字之訛。《續高僧傳》卷14:"遂授三五祕要符籙真文并算數式易禁劾等法。"(T50,

①又見"蝦"字條。
②又見"咳"字條。
③又見"骸"字條。
④又見"㵢"字條。

p533c)

唐～，户代反。(ZD60-402b)

害① hài

能～，户蓋反。(ZD59-724c)

～因，同上，正作害也。(ZD59-898c)

所～，胡蓋反，煞～，損～也，正作害。(ZD59-774b)

能～，同上。(ZD59-843b)

懷～，户蓋反，損也，惡也，傷也，正作害。(ZD59-729b)

～心，户蓋反，惡也，損也，正作害。(ZD59-677a)

加～，户蓋反，損也，正作害。(ZD59-824a)

損～，户蓋反。(ZD59-557b)

～伴，户蓋反，正作害。(ZD59-739a)

獸～，胡蓋反，正作害。(ZD60-411c)

宵～，相焦反，滅也，盡也，息也，正作消也，悮。(ZD59-649a)

惚～，上音惱，下音害。(ZD59-583a)

～心，户蓋反，正作害。(ZD59-818b)

怨～，胡蓋反。(ZD59-898c)

欲～，乎蓋反，煞也。(ZD59-939c)

噛～，上五結反。(ZD59-595b)

懷～，音害。(ZD59-677a)

危～，音害。(ZD59-736a)

危～，户蓋反。(ZD59-755c)

暴～，上步報反，下户蓋反，正作害。(ZD59-1031b) 按："～"即"害"。《中本起經》卷1："此何惡人？暴害乃爾！"(T04, p153b)

害 hài

遇～，胡蓋反。(ZD60-455a) 按："～"乃"害"。

駴 hài

～服，上胡駴反，驚也，正作駴也。(ZD60-448b) 按："～服"，對應佛經作"駴服"。《高僧傳》卷4："大眾駴服，咸稱其神感。"(T50, p346b)"～"即"駴"之訛。

既～，户駴反。(ZD59-557a)

灗 hài

沉～，上户胡反，下户愛反，北方夜半之氣也，又云海氣也，又玉漿也。(ZD60-472b) 按："沉"乃"沉"，可洪音"户胡反"，誤。

蚶 hān

惡～，火甘反。(ZD59-721b) 按："～"，經文中用作譯音字。

阿～，呼甘反，經自出。(ZD59-652c) 按："～"，對應佛經作"蚶"，譯音字。《寶星陀羅尼經》卷九："阿蚶（呼甘反）麼離（二）。"(T13, p579b)

憨 hān

荒～，呼甘反，癡也，正作憨也，又下暾反，害也，果決也。(ZD60-246b)按："～"即"憨"。《中本起經》卷2："群愚荒憨，毀辱神靈。"(T04, p158a)

癎 hān

～風，音敢，按風方云感風狀若癡人，是也，又郭迻作五感、五甘二反，非也。(ZD59-801c)按：《陀羅尼集經》卷4："若患癭風瘢風等病，耳聾鼻塞，皆印病處。"(T18, p818c)"～"同"憨"。《一切經音

―――――

① 又見"害"字條。

義》卷40:"憨風,上呼藍反,《考聲》云癡也。《古今正字》從心,敢聲,經本作癡,非也。"(T54,p568c)

鼾① hān/hàn

鼾　～眠,上呼干、胡案二反,睡聲。(ZD59-1118b)

鼾　～睡,上呼干、喉案二反。(ZD59-1123a)

吁　～眠,上音翰,正作鼾。(ZD59-998c)

吁　唱、～、嘷,三同戶岸反,俗。(ZD60-375b)

吁　～眠,上胡案反,睡聲也,正作鼾,又況于反,悮。(ZD60-21c)

嘷　作吁、～、翰,下三同戶岸反,見藏作汗。(ZD60-374a)按:"～"乃"鼾"字之俗。玄應《一切經音義》卷14:"鼾睡,下旦反。《説文》臥息聲也。《字苑》呼干反,江南行此音,律文作吁、嘷、翰三形,非也。"(C056,p1031b)

邗 hán

郉　～國,上音寒,正作邗,又音于,非也。(ZD60-505c)按:《辯正論》卷4:"上柱國尚書左僕射邗國公房玄齡、散騎常侍左庶子、詹事杜正倫等。"(T52,p513b)"～",對應

經文作"邗",可洪以爲"邗"。

含② hán

含　～咲,私妙反。(ZD59-769a)

含　斯陁～,音含。(ZD59-901c)

舍　拯～,上無韻反,取蒸字上聲呼之也,救也,助也。(ZD59-548b)

合　～之,上胡南反,正作含。(ZD60-42b)

合　～嗖,音笑。(ZD59-1066c)

哈　～咽,胡貪反,下一見反,上又火含、胡紺二反,非也。(ZD59-1114c)

洺　～道,戶紺反。(ZD59-670b)按:"～",音"戶紺反",讀"hàn",蓋以爲"啥",經文作"含",讀爲"hán"。

函 hán/xián

函　彭～,音含。(ZD60-452c)

伯　寶～,音函。(ZD59-745a)

佁　若～,音咸,正作函。(ZD59-580c)

甴　古～,音咸。(ZD60-354c)

函　～中,上胡緘反。(ZD59-572a)

亟　～大,胡緘反,正作函,又音陷,誤。(ZD59-908a)按:"～音陷,即"臽"字。

亟　～裏,上胡緘反,下力耳反,正作函裏。(ZD60-227b)

伯　八函,戶緘反;一甶,同上。寶～,同上,並悮。(ZD59-745a)按:"～"即"寶函"。《大薩遮尼乾子所説經》卷10:"爾時阿闍世王於我舍利所得一分,於金疊上書此修多羅,并與舍利,一時俱置七寶函中。"(T09,p365a)

甶　八函,戶緘反;一～,同上。寶伯,同上,並悮。(ZD59-745a)按:"一～",對應佛經作"一函"。

甪　偽～,下胡緘反,正作函。(ZD59-942b)

西　～大,上胡緘反,書～也,杯也。(ZD60-86b)按:"～",經文作"函",可洪訓"杯也",蓋以爲"椷(械)",《薩婆多毘尼毘婆沙》卷1:"復次,函大蓋亦大,法相無邊,佛以無邊智知彼無邊法。"(T23,p504a)

浤 hán

浤　～丈,上胡南反,容也,《禮》云席間～杖,正作菡。(ZD60-430b)按:"～"乃"涵"字,詳見本

① 又見"唱"字條。
② 又見"啥"字條。

書中篇"涵"字條。

唅
hán/hàn/hē

唅　～此，戶南反，口～物也，又火含、戶紺二反，非。（ZD59-860b）按："～"同"含"。

唅　～恢，上宜作含。（ZD59-880a）

唅　～，呼含反。（ZD59-588b）

唅　～水，戶南反，《陀羅尼集》作含水。（ZD59-879c）

唅　～飯，上胡南反，正作含也，又火含、胡紺二反，並非。（ZD60-32b）

唅　～笑，戶南反，下音笑，上又呼南、戶南二反，非。（ZD59-968b）

唅　阿～，丘智反。又呼含、胡紺二反。（ZD59-623b）按："阿～"之"～"，譯音字，可洪音"丘智反"，蓋當作了"唸"。

唅　～彼，上戶紺反，哺～也。（ZD59-1027b）

唅　～没，戶紺反。（ZD59-871a）

唅　～之，戶紺反，哺也，正作唅也，又五合反，非也。（ZD59-776c）

唅　并～，呼合反，大歠也，正作欲也，或作

哈，五合反，亦非也，又呼含、胡紺二反，非。（ZD60-204b）按："～"，對應佛經作"含"。《賢愚經》卷10："其象徐庠，往詣池邊，并含其水，池即時滅。"（T04，p420b）根據可洪可知，"唅"乃"唅（欲）"，吸允之義，作"含"與經意不符。

唅　呼～，呼合反，大歠也，正作欲也，下又火含、平紺二反，非也，或作哈，亦非。（ZD59-986b）按："～"，對應經文作"哈"或"噷"，吸氣。《長阿含經》卷21："三者彼大海水雜衆生居，其身長大，或百由旬、二百由旬，至七百由旬，呼哈吐納，大小便中，故海水鹹，是爲火災。"（T01，p139c）"哈"，宋、元、明本作"噷"。"哈"同"欲"，"～"則爲"哈"之訛。

峆
hán

峆　度～，呼含反。（ZD59-886c）按："～"，譯音字。《觀自在如意輪菩薩瑜伽法要》卷1："莎嚩嚩嚩輪度峆。"（T20，p211c）

嵑
hán

嵑　崝～，上戶交反，下音函。（ZD60-321a）

涵①
hán

涵　雲～，音含，水澤多皃，亦久雨也，正作涵。（ZD59-604a）

涵　～運，上胡南反，泳也，又音撼，水入船。（ZD60-453a）

涵　雲涵，音含，水澤多皃，亦久雨也，正作～、霝。（ZD59-604a）

霝　雲涵，音含，水澤多皃，亦久雨也，正作涵、～。（ZD59-604a）

寒
hán

寒　祁～，上音者，盛也。（ZD60-474b）按："～"，對應佛經作"寒"。

尵
hán

尵　～，呼甘反。（ZD59-833c）

鉿
hán

鉿　那～，胡南反，正作鉿也，又音欲，炭鉤也，悞。（ZD59-648a）

鉿　四～，音含，正作鉿也，又古合反，非。（ZD59-832a）

———

① 又見"涵"字條。

鈐 那～,音含。(ZD59-580b)

鈐 那～,音含。(ZD59-608c)

鈐 ～牟,戶南反。(ZD59-833b)

韓 hán

韓 構～,音寒,井垣。(ZD60-357a) 按:"～"即"韓",亦作"韓"。《廣韻·寒韻》:"韓,亦作韓,井垣也,亦國名。"

韓 相～,音寒,姓也。(ZD59-754a)

韓 弊～,上毗祭反,下音寒,正作韓。(ZD60-525c)按:"～"乃"韓"字,詳見本書中篇"韓"字條。

韓 ～宣,上音寒,正作韓。(ZD60-323b) 按:"～"乃"韓"字,詳見本書中篇"韓"字條。

罕 hǎn

罕 ～見,上呼旱反,正作罕也。(ZD60-577a)

罕 ～人,上呼笇反。(ZD59-586b)

罕 ～俗,上呼旱反,正作罕也。(ZD60-513a)

罕 ～存,上呼旱反,正作罕。(ZD60-325c)

罕 ～覩,古候反。(ZD59-560c)

～別,上呼旱反,正作罕。(ZD59-965c)

～窮,上呼旱反。(ZD59-635b)

呻 hǎn

呻 呻～,呼濫反。(ZD59-885b)按:"呻",譯音字。《諸佛集會陀羅尼經》卷1:"呻(呼濫反,引聲句一)呻(句二)室勢(句三)颯婆(去)訶(句四)。"(T21, p859a)

嗽 hǎn/qīn/yín

嗽 ～喈,許蔭反,大聲也,下呼戒反,嗽也,正作𣤶喊也,又《經音義》作喊喊,上呼減反,上又郭氏作噆、噞、欽、陷四音,下音並皆非也。(ZD59-851a)按:"～喈",對應佛經作"喊喊"。《大方便佛報恩經》卷2:"時旃陀羅即在王前,喊喊噞張,高聲唱言。"(T03, p134b)"喊",宋本作"嗽"。"～",可洪音"許蔭反",讀"xīn"。今依《經音義》以"～"爲"喊"字。

嗽 宿～,丘吟反,又《川音》云歷,應和尚音銀,《江西音》作五審反,又郭氏作噤、陷二音,今定宜作欽字呼也。(ZD60-289b)按:"～",譯音字,俗讀"欽"。《陀羅尼雜集》卷6:"伽車,蛇多宿嗽,阿利蛇,婆路吉坻。"(T21, p612c)

嗽 ～喋,上音銀,下音柴,見藏作噰喋也,上又郭氏音欽,非。(ZD60-369b)按:"～"疑即"噰"字。

鹹 hǎn/xián

鹹 ～齡,上呼鹭反,下呼介反,恚怒聲也,正作誠講也。又《經音義》作喊喊,上呼減反,下呼戒反,上又夾、恰二音,郭氏作加咸反,下又胡戒反,並非用。(ZD60-250b)按:"～齡",對應佛經作"誠講"或"喊喊""喊喈"。《無明羅刹集》卷1:"如兩師子共相見時,即奮威猛,誠講而言。"(T16, p852a)"誠講",宋、元、明本作"喊喊",宮本作"喊喈"。從字形看,"～"疑爲"喊"。

鹹 ～沸,上音咸,正作鹹。《智度論》作醶沸也,又夾、洽二音,非也。(ZD60-284a)按:"～"即"鹹"。《經律異相》卷50:"中有二大銅鑊,鹹沸水滿中,羅刹獄卒以罪人投中,腳上頭下骨節解零。"(T53, p268c)

扞① hàn

扞　御～，音翰。（ZD59-667b）按：《大方廣佛華嚴經》卷 76：“應防護心城，謂常專禦扞惡友魔軍。”（T10，p414a）

扞　～城，上胡案反。（ZD60-551c）按：《廣弘明集》卷 6：“誅除雄武，摧剪扞城，慮遠權衡，英威自若。”（T52，p125c）

扞　抗～，戶岸反。（ZD60-364c）

汗② hàn

汗汙　涙～，上戶案反，正作汗。（ZD60-104a）抱～，下乎岸反。（ZD60-83b）

杆 hàn

杆　～身，上戶岸反。（ZD60-357a）按：“～”音“戶岸反”，疑同“扞”。

捍③ hàn

捍捍　勇～，上羊隴反，下戶岸反。（ZD60-96c）房～，胡案反。（ZD60-117b）按：“房～”，對應佛經作“防捍”。《阿毘達磨大毘婆沙論》卷 104：“復次如排楯故名解脱門，如鬪戰時先以排楯防捍怨敵。”（T27，p540a）

捍　遮～，寒案反，衛也，抵也，正作捍。（ZD59-973b）

莟 hàn

莟　花～，胡感反。（ZD60-163b）

哻 hàn

哻哻　～眠，上寒案反，正作鼾。（ZD59-1116b）～眠，上何案反，正作鼾。（ZD59-998c）按：“～”即“鼾”。

哻　～、吁、嘷，三同戶岸反，俗。（ZD60-375b）

淊 hàn

淊　流～，寒案反，正作汗。（ZD59-1069c）按：“～”乃“汗”字，詳見本書中篇“淊”字條。

淊　浩～，下寒案反。（ZD59-878b）按：“浩～”同“浩汗”。《七佛八菩薩所説大陀羅尼神咒經》卷 1：“浩汗滉瀁，悉不復現。”（T21，p537c）

菡 hàn

齒　～莟，含感反，下談感反。（ZD59-665a）

齒　～莟，含感反，下徒感反，正作菡莟。（ZD59-669b）

菡　～齒，上户感反，正作菡也，下徒感反，上又徒感反，非。（ZD60-354a）

齒　～莟，上胡感反，下徒感反。（ZD60-433c）

桿 hàn

桿　～樓，上依字戶岸反。（ZD60-362c）按：“～”音“戶岸反”，即“捍”字。《紹興重雕大藏音》卷 2：“桿，汗音。”（C059，p524a）“～樓”，對應佛經作“捍樓”或“捭樓”。《佛説無垢賢女經》卷 1：“爾時會中，有長者梵志，名曰須檀，有婦名捭樓延，與九百七十五億婦人俱。”（T14，p913b）“捭”，元、明本作“神”，宮本作“捍”。由於“～”是人名用字，是“捍”還是“捭”，不能確定，依字定爲“捍”。《佛祖歷代通載》卷 22：“夫以金石之桿堅，猶未能必可久。”（T49，p731a）“桿堅”之“桿”即“捍”字。

---

① 又見“杆”字條。
② 又見“淊”字條。
③ 又見“桿”字條。

閈　hàn

閈　首～,音閈,又《廣弘明集》作首閈,户岸反。（ZD59-713a）按:"～",經文作"閈",非"閈（閉）"字。

焊　hàn

焊　枯～,苦乎反,下户罕反。（ZD59-798a）

焊　燋～,上子消反,下呼旱反,火乾也。（ZD60-60b）

悍　hàn

悍　間～,户案反。（ZD60-243b）按:"～"即"悍"字。《法句經》卷1:"夫求爵位財,尊貴升天福,辯慧世間悍,斯聞爲第一。"（T04,p560a）

慽　hàn/qiān

慽　懷～,胡感反,恨也,正作憾也。又丘廉、苦減二反,悮。（ZD59-586a）按:"～"乃"憾"字。

慽　～受,上丘廉、苦減二反,～愭,意不安也。（ZD59-1057b）

漢　hàn

龤　～鑿,上力丁反,年也,正作齡也,下音昨。（ZD60-547a）按:"～鑿",對應佛經作"漢鑿"。《廣弘明集》卷3:"漢鑿昆明灰炭全兮,魏開濟渠螺蚌堅兮。"（T52,p107a）根據經文,"～"乃"漢"字之訛,可洪以爲"齡",恐誤。

燂　hàn/rán

燂　之～,呼旱、呼案、而演三反,乾也,蓺也,敬也。（ZD60-544a）按:《弘明集》卷14:"皇威掃蕩,其猶太陽之燂晨。"（T52,p94c）"燂",宋本作"燂",元、明本作"燂",宫本作"映"。

燂　則～,而展反,又罕、漢二音。（ZD60-400c）按:《新譯大方廣佛華嚴經音義》卷1:"陽燧見日,則燃而爲火。"（A091,p335a）《淮南子》:"陽燧見日,則燃而爲火。""～",對應文獻作"燃"或"燃"。"～"疑爲"燃"。

嬐　hàn

嬐　～愭,户感反,下在計反。（ZD59-782c）按:"～"即"嬐",與"嬐"同。《廣韻》胡感切:"嬐,嬐害,惡性也。"

嬐　～害,含感反,惡性也,悮。（ZD59-787c）按:"～"即"嬐",與"嬐"同。

嬐　～害,胡感反。（ZD59-786c）按:"～"即"嬐",與"嬐"同。

嬐　～愭,含感反,下在詣反。（ZD59-787c）按:"～"即"嬐",與"嬐"同。《不空胃索神變真言經》卷25:"若旆毘柘嚕迦三昧耶,識心嬐愭,依諸如來最勝自在奮怒金剛降伏法門。"（T20,p366c）

撼　hàn

憾　～喜,户感反,～揿,摇動也,正作撼。（ZD59-846a）按:"～"即"撼"。構件"扌"與"忄"易混。《佛説觀佛三昧海經》卷1:"撼喜見城,摇須彌山,四大海水一時波動。"（T15,p647a）

翰　hàn

翰　～墨,寒岸反。（ZD59-742a）

輆　鎧～,下胡岸反,正作翰。（ZD59-1059a）

翰　～毛,上户岸反,正作翰。（ZD60-397a）

翰　阿～,寒、悍二音。（ZD60-282b）

翰　爲～,户按反。（ZD59-838c）

頜　hàn

頜　～頤,音怡。（ZD60-352c）

頷　髏～，上洛侯反，下胡感反。（ZD59-630c）

頷　～輪，上胡感反。（ZD60-126a）

頷　頤～，上與之反，下户感反。（ZD59-557b）

頷　～輪，上胡感反。（ZD60-109b）

頷　～頷，音閣。（ZD60-352c）

頷　牛～，户感反。（ZD60-381c）

頷　上～，胡感反。（ZD59-688b）

頷　～臆，上胡感反，下於力反。（ZD59-556a）

頷　～臆，上胡感反，正作頷也。（ZD59-566c）

頷　～輪，乎感反。（ZD59-937c）

憾① hàn

憾　怒～，含紺反，恨也，正作憾，又丘廉、苦斬二反，怯。（ZD59-943c）

憾　懷～，胡感反。（ZD59-566b）

頤 hàn

頤　～頭，上胡感反，欲得也。（ZD60-276b）

瀚 hàn

瀚　～海，胡案反，北海也。（ZD59-651b）

䵣 hàn

鶈　～鶄，呼按反，呼也，正作䵣也，下古厄反，鳥鳴也，正作嘩也，謂鳥獸相呼悲鳴也，諸經皆云飛鳥走獸相和聲是也，即此經云飛鳥狗獸皆共鶈鶄是也。別經作鶀鶀，應和尚《音義》以翔字替之，非也。（ZD59-676c）按：“～”本爲“難”，此處可洪以爲“䵣”，玄應以爲“翔”。“～鶄”，今對應經文作“鶈鶄”。

抗 háng/kàng

抗　～拭，上胡郎反，下胡戒反，拘罪人者，正作桁械。（ZD60-166a）按：“～拭”，對應佛經作“桁械”。《解脱道論》卷3：“復從天堂落生於此，多起殺割桁械怨業。”（T32，p410a）從形體看，“～”即“杭”，經文中通“桁”。

抗　～械，上户郎反，下户戒反，正作桁械。（ZD59-1099b）按：從形體看，“～”即“杭”，經文中通“桁”。

抗　～對，上苦浪反。（ZD59-560a）按：“～”乃“抗”。

抗　～衡，上苦浪反。（ZD60-468c）按：《續高僧傳》卷7：“仍與仙公杭衡敷化。”（T50，p478c）

抗　～其，上户郎反，舉也，又苦浪反，舉也，並作抗正也。（ZD59-565c）按：“～”乃“抗”。

抗　～斯，苦浪反。（ZD59-874b）按：“～斯”，對應佛經作“杭斯”。《蘇婆呼童子請問經》卷2：“或誦杭斯尼使者真言。”（T18，p742c）

杭 háng

杭　舟～，户郎反。（ZD59-860a）

梳　餘～，户郎反，州名，正作杭也。（ZD60-460c）

杭　餘～，胡郎反，州名也，正作杭。（ZD60-468a）

桁 háng

桁　～械，户郎反，大械也。（ZD59-850b）

桁　～核，上户郎反，下户界反，拘罪人手足者也。（ZD59-1015c）按：

———

① 又見“憾”字條。

"～",即"桁"字,刑具。《別譯雜阿含經》卷9:"我都無手杻,及以諸桁械。"(T02,p436b)

笕①

háng/hàng

笕　～荕,上何郎反,位也,正作行,又胡浪反,架也,下力竭反。(ZD59-1072b)按:《正法念處經》卷58:"復見可愛笕荕林樹,毘琉璃樹、青因陀樹,皆悉端嚴。"(T17,p346a)"～",《廣韻》音"古郎切",讀"gāng"。

笕　爲～,戶浪反,衣架也,正作笕也。(ZD60-10c)

稴　衣～,下浪反,前作桁,正體作笕。(ZD59-1129c)按:"～"即"桁",與"笕"同。

航 háng

舤　舟～,戶郎反,正作航。(ZD60-472a)

航　大～,戶郎反。(ZD60-456c)

舶　～深,戶郎反。(ZD59-659a)

舨　舟～,戶郎反。(ZD60-567a)

舩　舟～,戶郎反,正作航。(ZD60-301c)

舮　舟～,下郎反。(ZD60-466c)

舤　舟～,侯郎反。(ZD59-966a)

翃②　háng

翈　頡翈,上賢結反,下戶郎反,鳥飛高下兒也,亦作胡～。(ZD59-860c)按:"～"即"翃"字,與"頏"同。

符　háng

葿　～簹,上戶庚、戶郎二反,下音唐。(ZD60-382a)

頏　háng

頏　頡～,上戶結反,下戶郎反,上下不定。(ZD60-507b)按:"頡～"即"頡頏"。"～"即"頏"字之訛,詳見本書中篇"頏"字條。

頡　～首,上胡郎、胡浪二反,引項兒也,正作頏也,《切韻》作苦浪反,惧也,又都感、都紺二反,並非。(ZD60-539a)按:"～"即"頏"字之訛。

鵠　鵠～,上戶結反,下戶郎反,正作頡頏。(ZD60-574a)按:"鵠～"乃"鵠鵁"之訛,聯綿詞,又作"頡頏"。

沆 hàng

漭　漭～,莫朗反,下戶朗反,大水兒也,又水流兒。(ZD59-674b)

扡　hāo/hào

扡　手～,呼高反。(ZD59-1025c)按:"扡"乃"撽"。

扡　～損,上呼告反,正作耗。(ZD59-817c)按:"～"乃"耗",詳見本書中篇"扡"字條。

杔 hāo

杔　～攬,上火高反,下古夘反,正作撽,攬也,上又音毛,非也。(ZD59-1016a)按:"～"同"撽"。

杔　並～,火高反,攬也,正作撽也,又音毛,非也。(ZD59-1061c)按:"～"同"撽"。

菾 hāo

菾　～除,上呼高反。(ZD60-362c)按:"～"同"薅"。

---

① 又見"桁"字條。

② 又見"頏"字條。

莍　hāo

莍　～莇，上呼高反，下助魚反，正作莍鉏，亦作薅鉏也。（ZD59-587b）按："～"同"薅""莍"。《佛説濡首菩薩無上清淨分衛經》卷1："莍莇衆穢，盪除心垢。"（T08，p744b）

耗　hāo

耗　作～，音蒿。（ZD60-360b）按：《一切經音義》卷7："撓滅，火高反。《説文》撓，擾也，謂撓攪也，經文作耗，非也。"（C056，p929c）根據《一切經音義》，"耗"同"撓"，音"蒿"。

撓①　hāo/náo

托　～大，呼高反，攪也，正作撓也，又音毛，非。（ZD59-683b）

耗　～橙，上呼高反，下古夘反，正作撓攪也。（ZD59-1074a）按："～"乃"撓"。

托　～動，呼毫反，攪也。（ZD59-666a）

撓　～泉，呼高反，攪也。（ZD59-738c）

耗　～令，上火高反，正作撓。（ZD60-34b）

撓　扚～，上市研反，下呼高反。（ZD59-599a）

挍　～攬，上黑高反，下古巧反，上正作撓。（ZD59-961c）

撓　～攬，上呼高反，下古巧反。（ZD59-945a）

㧌　～攬，上呼高反，下古巧反，正作撓攬。（ZD59-686b）

撓　不～，女飽反，亂也。（ZD59-922a）

撓　無～，女巧反。（ZD59-777a）

挍　～礫，苦交反，下苦蓋反，相繫也，正作敲，設也，又上而招反，下古代反，非也。（ZD59-890a）按：從形體上看，"～"即"撓"，可洪以爲"敲"，兩者恐怕祇是意義近似。

薅②　hāo

薅　鉏～，呼高反。（ZD60-362c）

橈　hāo

撓　攬～，呼高反。（ZD60-379c）按："橈"乃"撓"字之訛。

呺　háo

咢　～哭，戶高反，下苦屋反。（ZD59-911b）

呺　～啼，胡高反。（ZD59-767b）

咢　呻～，音申，下音豪。（ZD59-686c）

呺　～泣，上戶高反。（ZD59-628b）

呺　怒～，上奴古反，下五各反，花萌也，正作弩夢也，又況于反，非。（ZD60-541a）按："～"，經文作"呺"，可洪音"五各反"，以爲"夢"，恐非。

毫　háo

毫　甕～，上他故反，下戶高反，上又奴侯反。（ZD60-353c）

毫　～鼇，音狸。（ZD60-525c）

勢　háo

勢　～族，上胡高反。（ZD59-577b）

勢　～貴，上戶高反。（ZD59-1094c）

勢　～聖，音豪，正作勢。（ZD59-831c）

勢　～貴，上音豪，正作勢。（ZD59-1094c）

勢　～貴，戶高反，正作勢、豪二形。（ZD59-831c）

趏　～貴，正作勢，同戶高、五高二反，俊健

---

① 又見"托""耗""柁""橈"字條。

② 又見"莍""莍"字條。

也，又豪俠尊貴之家也。（ZD59-831b）按："～貴"，對應佛經作"豪貴"。《佛説超日明三昧經》卷1："知豪貴勢，富樂如化，觀色如泡。"（T15，p538b）"～"即"勢"，與"豪"同。

勢　～貴，同上，正作勢、豪二形，又音世，非也。（ZD59-831b）按："～"即"勢"，與"豪"同。

號①
háo/hào

骹　～咷，上户高反，下大刀反。（ZD59-1009b）

𪘏　～呼，户高反。（ZD59-769a）

嗁　悲～，户高反。（ZD59-893b）

䶀　～咷，户高反，下徒刀反。（ZD59-684a）

䶀　～咷，户高反，下徒刀反。（ZD59-954c）

号　悲～，音豪，哭聲也，正作號也，又音囂，非也。（ZD59-720a）

嗁　～慟，上户高反。（ZD60-272b）

䶀　～喚，上音豪，下音喚。（ZD59-618a）

䶀　～詢，户高反，下呼構反，謂叫怒也。（ZD59-636c）

骹
䶀
䶀
䶀
䶀　～咷，上户高反。（ZD59-1062b）

～泣，户高反。（ZD59-712a）

哀～，户高反。（ZD59-765a）

～咷，户高反，下徒刀反。（ZD59-808a）

～咷，上户高反。（ZD59-1091a）按："～"乃"號"字，詳見本書中篇"蹄"字條。

䶀
嗁　～哭，胡高反，下苦屋反。（ZD59-652a）

～咷，户高反，下徒刀反，大哭聲也。（ZD59-906a）

骹
䶀　～叫，上户高反。（ZD60-120b）

悲～，音豪。（ZD59-657c）

～咷，音豪，下音逃。（ZD59-722b）

嗁
骹
嗁
䶀　悲～，户高反。（ZD59-664a）

～咷，上户高反。（ZD59-1020b）

悲～，音豪。（ZD59-556b）

長～，户高反。（ZD59-666c）

～叫，户高反。（ZD59-666a）

～咷，户高反，下徒刀反。（ZD59-697b）

嗁
骹
嗁　悲～，音豪。（ZD59-1086a）

～咷，上户高反。（ZD59-1009b）

～訴，音素。（ZD59-595b）

～咷，上户高反，下徒刀反。（ZD59-589c）

～吼，上户高反。（ZD59-1026a）

号　悲～，音豪，哭也，正作號。（ZD59-602c）

大～，户高反。（ZD59-915c）

嗁　～吠，胡高反，下扶廢反。（ZD59-901b）

号　類～，下音号。（ZD60-190b）

名～，音号。（ZD59-575b）

骹
䶀　～如，上胡告反。（ZD59-580a）

～如，上胡告反。（ZD59-560c）

～大，上胡告反。（ZD60-455b）

～字，上户告反。（ZD59-581a）

～日，上胡告反。（ZD59-624c）

骹　～名，何告反，名～也。（ZD59-698b）

———

① 又見"喝""蹄"字條。

豪① háo

豪　～族，户高反。（ZD59-719a）

嗥② háo

嘷　呻～，音豪。（ZD60-496a）

嗥　～啼，户高反。（ZD59-635a）按："～"即"嗥"，而"嗥"與"嘷""號"同，號叫之義。《大方等大集經》卷56："高聲大悲哭，相戀而嗥啼。"（T13，p378a）"嗥"，宋、宫本作"嗥"，元、明本作"號"。

嗥　啼～，音毫。（ZD59-716c）

嘷　～吠，上户高反，下肥廢反。（ZD59-1026a）

嘷　～咆，上户高反，下步包反。（ZD60-351b）

嗥　～哭，户高反，下苦屋反。（ZD59-652a）

嗥　～叫，上户高反。（ZD59-601a）

嗥　～泣，户高反，又音亦。（ZD59-827b）

嗥　～哭，上户高反，下苦屋反。（ZD59-625c）

嗥　～吠，户刀反。（ZD59-705c）

嗥　悲～，户高反，又音譯。（ZD59-1053b）按："～"即"嗥"，與"嗥""號"同。《長阿含經》卷3："宛轉嗥咷，不能自勝。"（T01，p16c）"嗥"，宋、元、明本作"嗥"。"嗥"同"嗥"。

嗥 háo

嗥　～曰，户高反，大呼也，又音亦。（ZD59-767a）

嗥　呻～，音申豪，下又音亦。（ZD59-843c）

嗥　～叫，上户高反。（ZD59-594b）

嗥　～咷，上胡高反，下徒刀反。（ZD59-631b）

隊 háo

隊　～壍，户高反，下七焰反。（ZD59-938a）按：《瑜伽師地論》卷32："應當善避惡象、惡馬、惡牛、惡狗、惡蛇、惡獸，坑澗、濠壍、株杌、毒刺、泥水、糞穢。"（T30，p462b）"濠"，宫、聖本作"隊"。"隊"同"濠"。

壕 háo

壕　～上，上户高反。（ZD60-450b）

濠③ háo

濠　～壍，户高反，下七焰反。（ZD59-835b）

好④ hǎo

妤　種～，呼老反，正作好也。（ZD59-585c）

存 hǎo

存　以～，呼老反，正作好也。（ZD59-583a）按："～"乃"好"字。

号⑤ hào

咢　～含，胡告反，召也，正作号。（ZD59-833b）

号　刔～，上音别，下音号，《辯正論》作别号。（ZD60-561b）

号　名～，音号。（ZD59-675c）

耗 hào

耗　盡～，火告反。（ZD59-577b）按：

---

① 又見"勞"字條。
② 又見"嗥"字條。
③ 又見"隊""壕"字條。
④ 又見"存"字條。
⑤ 又見"號"字條。

"～"乃"耗"。

耗① hào

耗 損 ～，呼 告 反。
（ZD59-645a）按：
"～"乃"耗"，詳見本書中篇
"耗"字條。

耗 損～，呼告反，正作
耗。（ZD59-646c）

耗 損 ～，呼 告 反。
（ZD59-650b）

耗 ～損，呼告反，正作
耗。（ZD59-817c）

耗 損 ～，呼 告 反。
（ZD59-648a）

薅 ～滅，呼高反，手拔
草也，正作薅、莈。
（ZD59-856a）按："～"，經
文作"耗"，減損也，可洪音
"呼高反"，蓋以爲"薅"，
恐誤。

耗 衰 ～，火 告 反。
（ZD59-575c）

耗 損～，火告反，正作
耗。（ZD59-613c）

耗 有～，火告反，正作
耗。（ZD59-573b）

耗 衰 ～，呼 告 反。
（ZD59-638c）

耗 ～減，上火告反，
下胡斬反。（ZD59-
570c）

耗 衰 ～，呼 告 反。
（ZD59-749b）

耗 ～減，上火告反，
下胡斬反。（ZD59-
572c）

耗 衰 ～，同上（耗）。
（ZD59-956a）

耗 衰 ～，呼 告 反。
（ZD59-554a）

晧② hào

晧 崔～，音浩。（ZD60-
403b）

晧 ～白，上戶老反。
（ZD59-1006a）

胎 hào

胎 ～白，上胡老反，
正作皓。（ZD59-
561b）按："～"即"皓"之訛。

皓 hào

皓 孫 ～，戶 老 反。
（ZD60-445b）

鄗 hào

鄗 酆～，上芳容反，
下胡老反。（ZD60-
435c）

鄗 ～京，上戶老反，邑
名也，又呼各反，武
立處。（ZD60-426b）

跥 hào

跥 更～，胡告反，名号
也，正作號，又戶高、
徒兮二反，非也，悮。（ZD60-
427c）按："～"乃"號"。

暤 hào

暤 軒～，上許言反，
下胡老反。（ZD60-
254c）按：此"～"乃"暤"。

呵③ hē

呵 彈～，音呵，責也，怒
也，正作訶也，又音
何，嫌物也。（ZD60-160c）

哈 hē

哈 ～取，呼合反，吸也，
正作欱也，又五合
反，非。（ZD59-800c）按：
《陀羅尼集經》卷 1："遠身
薰鼻及噏取香烟二十一咽，
用桃枝打法，先打左臂肘
內，次打右肘腰間曲脈。"
（T18，p792b）"噏"，宋、元、
明、甲本作"哈"。"～"與
"噏"意義相同。

哈 作～，五合反，舊作
土合反，～然，字正
作嗒。（ZD60-379a）按：
"～"同"欱"，讀"呼合反"，
可洪音"五合反"，非此義。

欱④ hē

欱 不 ～，呼 合 反。
（ZD60-63a）

────

① 又見"耗""托"字條。
② 又見"胎""皓"字條。
③ 又見"啁"字條。
④ 又見"哈""哈"字條。

嗬　hē

嗬
嗬
嗬

～離，上呼哥反。（ZD59-809b）

和～，音呵。（ZD59-613b）按："～"同"呵"，用作譯音字。

蔡～，上倉蓋反，下五葛反，車名也，又上宜作薩字呼，古經多作蔡，音薩，下又《川音》作剳，古我反。（ZD60-272a）按："蔡～"，對應佛經作"蔡嗬"，讀"hē"。《經律異相》卷24："我遣一車駕千匹馬來迎王，車名蔡嗬育多。"（T53，p132c）

訶　hē

訶

涅～，奴結反，下呼哥反。（ZD59-811a）

喎　hē

喎

提～，音呵，前卷作訶。（ZD59-799b）按："～"，譯音字。《佛説大金色孔雀王咒經》卷1："多陀提喎利伽羅利伽比利。"（T19，p481a）

歔　hē

歔

～寫，呼合反，下弭也反。（ZD59-875c）按："歔"在經中作譯音字。

《蘇悉地羯羅經》卷2："歔寫合寫，縛歌，曩野，莎嚩訶。"（T18，p645b）

螚　hē/shì

螚
螚

所～，呼各反。（ZD59-935c）

蛆～，貞列反，下尸亦反。（ZD59-938a）按："蛆～"，對應佛經作"蛆螚"。"～"同"螚（螫）"。《瑜伽師地論》卷31："爲於外蛇蝎蚰蜓百足等類諸惡毒蟲之所蛆螚。"（T30，p455c）

秏　hé

秏

無～，戶没反，糒也，亦作麧。（ZD59-931c）按："～"即"秏"，與"麧"同，糠屑。《瑜伽師地論》卷2："自然出現，無糠無秏。"（T30，p287c）

邰　hé

邰

都～，胡荅、古荅二反，會也，集也，同也，併聚也，正作合、佮二形也。（ZD60-197c）按：《出曜經》卷17："比丘寤意念，當令應是念，都佮生死棄，爲能作苦際。"（T04，p699c）"佮"，宋、元、明本作"合"。可洪以"～"爲"合"。

核　hé

核
核

果～，行革反，又音亥，恨也。（ZD60-411c）按："～"即"核"字。

曷　hé

曷

佉～，去迦反，下胡割反。（ZD59-639a）

紇　hé

紇
紇
紇

盧～，戶没、戶結二反。（ZD59-772b）

浮～，恨没反。（ZD59-745c）

蕪～，恨没反。（ZD59-667b）

盍　hé

盍
盍
盍

子～，戶臘反，正作盍。（ZD60-355c）

苦～，音闔。（ZD60-384b）

苦～，音闔。（ZD60-381c）

核[1]　hé/xiè

核
核

其～，行革反。（ZD59-691a）

杻～，抽酉反，下戶介反。（ZD59-719b）

---

[1] 又見"核"字條。

按:"～"乃"械"。

涸　hé

涸
枯～,户各反,水竭也,正作涸也,又音困,非。(ZD59-666c)

嗬　hé

嗬
唱～,乎何反。(ZD59-1077b)按:"～"乃譯音字。

毼①　hé

毼
毯～,他敢反,毛席,下何割反,毛布。(ZD59-697b)

毼
甃～,力朱反,下户割反。(ZD59-687b)

毼
毛～,音褐。(ZD59-697c)

毼　hé

毼
纑～,上力主反,下户割反。(ZD60-103c)

鉌　hé

鉌
～蠻,上户戈反。(ZD60-358a)

麧②　hé

麧
～同痕,上痕没反,下恨根反。(ZD60-

392b)按:玄應《一切經音義》卷 22:"無麧,又作麧,同,痕入聲。"(C057, p76c)"～"即"麧",與"麧"同。

翮　hé

翮
羽～,行革反。(ZD59-665c)

翮
奮～,上方問反,下行革反。(ZD59-1017b)

翮
六～,行革反。(ZD59-568b)

闔　hé/yīn

闔
～閉,音閆。(ZD60-386a)按:"～"同"闔"。

闔
填～,上音田,下因結反,俁。(ZD60-454c)按:"填～",對應經文作"填闉"。"～",可洪音"因結反",蓋以爲"噎"。

覈③　hé

覈
徵～,知陵反,證也,明也,召也,索也,下行革反,實也。(ZD59-944b)

覈
訪～,上芳妄反,尋也,下幸革反,實也。(ZD60-454b)

闔　hé

闔
開～,户塔反。(ZD59-1079b)

闔　hé

闔
摳～,尺朱反,下胡臘反。(ZD59-641c)

～堂,上胡臘反,正作闔。(ZD60-598a)

按:"～"乃"闔",詳見本書中篇"闧"字條。

鶡　hé

鶡
～髀,上居謁反,下蒲卑反,正作羯髀也。(ZD59-643a)按:"～髀",譯音詞,又作"羯髀",鳥名。丁福保《佛學大辭典》:"羯毘迦羅(動物),又作羯鞞伽羅,羯髀迦羅,鶡鶉迦羅。鳥名。"

鶡
夫～,户割反。(ZD60-319a)

鶡
如～,胡割反。(ZD59-616c)

靍　hé/qiào

靍
詳～,行革反。(ZD60-449c)按:"～"即"靍"。

靍
訪～,下革反,正作靍。(ZD60-309b)按:"～"即"靍"。

靍
万～,苦叫反,正作竅。(ZD60-541a)按:"～"即"竅"。

----

① 又見"毼"字條。
② 又見"麧"字條。
③ 又見"覈"字條。

鸖　hé/qú

鸖
～囉，户各反。
（ZD59-810c）

鸖
鴻～，上音紅，鴈也，
下胡各反。（ZD59-594a）

鸖
爲～，音涸。（ZD59-999a）

鶴
若～，何各反，正作
鸖。（ZD60-28b）

鶴
～翅，上其俱反，下
音施，正作鸖也，第
七卷作瞿翅羅是也，又音
涸，悮。（ZD60-105b）按：
"～翅"，對應佛經作"鸖
翅"。《阿毘曇毘婆沙論》卷
46："鴻雁、鴛鴦、孔雀、鸚
鵡、鸖翅羅鳥，爲烟火逼，皆
飛翔虛空。"（T28，p349c）
此"～"乃"鸖"之訛。

欱　hě

欱
僧～，斯孕反，下呼可
反。（ZD59-780b）

蒜　hè

蒜
炎～，下呼格反。
（ZD60-121b）按：
"～"，經文作"赫"。《阿毘
達磨大毘婆沙論》卷133：
"久時復有第二日輪出現世
間，炎赫倍熱，由此枯涸坑
澗泉池，乃至令其都無津
潤。"（T27，p691a）

蒜
～連，上火格反。
（ZD60-453b）按：
"～"即"赫"字，另見本書中
篇"蒜"字條。

哄　hè

哄
～佛，上呼格、呼嫁
二反，正作嚇，亦作
哧二形也，傳寫久悮也。
（ZD59-1041a）按："～"即
"嚇"字之訛。

荷　hè

荷
～挑，之審反，正作
枕，又大了反，悮。
（ZD60-23b）按："～挑"，對
應佛經作"荷枕"。《彌沙塞
部和醯五分律》卷15："菩
薩尋覺，觀諸妓直更相荷
枕。"（T22，p102a）

哧　hè/shì/xià

哧
恐～，呼格反，怒也，
正作嚇、誃二形，又
呼嫁反，大怒也。（ZD59-
929c）按："～"乃"嚇"。

哧
作～，呼各、尸亦二
反，經文作蚥也。哧
又音疼。（ZD60-357a）按：
"～"乃"蚥"，與"螫"同。

哧
～我，上呼架反，開口
大怒。（ZD59-1083a）
按："～"，經文作"嚇"。

怵　hè

怵
炎～，上于廉反，下
呼格反，與爆同也，
前作烆，音捒，非也，傳寫久
悮也。（ZD59-1024b）按：
"～"，從形體上看，即"烆"
之訛，與"赫"同。

恕　hè

恕
分～，上芳粉反，下
音和，經名忿恕檀
也，悮。（ZD60-322a）按：
"～"乃"㤲"之訛。

烆　hè

烆
～赤，上呼格反，盛
也，又呼麥反，赤也，
非。（ZD59-1024a）

㤲　hè

㤲
分～，音和，正作㤲
也，前後皆分㤲。
（ZD60-310c）按："～"乃
"㤲"字，詳見本書中篇"㤲"
字條。

㤲①　hè

㤲
颰陁～，上音跋，
下音和，此云賢。
（ZD59-829a）

———

① 又見"恕""㤲"字條。

愵
溫～，上烏侯反，
下胡臥反。（ZD59-
570c）

愵
溫～，下胡臥反。
（ZD59-577b）

賀　hè/mào

嚛
吐～，胡个反，正作
賀，拖字切腳。
（ZD59-640a）按：《虛空藏
菩薩經》卷1："他（吐
賀反）磨奈末兜梵（扶
豔反）。"（T13，p656a）"賀"受"吐"
的影響類化增"口"旁而作
"～"。

賀
摸～，上莫乎反，下
莫候反，正作摸賀。
（ZD59-1090b）

赫① hè

赫
正～，音赫。（ZD60-
185c）

恭
顯～，呼格反，正作
赫。（ZD59-642a）

烸
顯～，呼麥反，赤也，
或赫、爀，二同呼格
反，盛也。（ZD59-1082b）

赫
～～，呼格反，赤也，
明也，盛也，正作赫
赫。（ZD59-752a）

烻
顯～，許格反，赤也，
明也，盛兒也，正作
赫、爀二形。（ZD59-632a）

赫
～，呼挌反，發也，明
盛兒也，正作赫。
（ZD59-961b）

荥
～弈，呼格反，赤也，
明也，盛也，正作赫
也，下音亦，美也，上又郭氏
作與石反，非。（ZD59-
847c）

蒜
輝～，下呼格反。
（ZD59-1049b）

赤
洪～，呵格反，正作
赫，赤也。（ZD59-
1025a）

爀
～爌，呼挌反。
（ZD59-874b）

赫
～弈，呼挌反，下羊
益反。（ZD59-894b）

恭
～爲，呼格反，盛也，
正作赫。（ZD59-
924a）

荥
～焰，呼格反。
（ZD59-847c）

褐 hè

褐
氀～，力魚反，下户
割反。（ZD59-685c）

褐
～麗，上胡割反，下力
計反。（ZD59-566a）

嚇 hè

歗
～帝，呵割反。
（ZD59-754b）

壑 hè

嗀
舟～，呼各反。
（ZD60-526a）

嗀
溝～，呼各反。
（ZD59-850a）

壑
大～，呵各反。
（ZD59-662a）

谷
渕～，上於玄反，下呼
各反。（ZD60-430c）

嗀
～屢，上呼各反，下力
遇反。（ZD59-589a）

壑
谿～，上苦兮反，下呼
各反。（ZD60-414b）

壑
寊～，呵各反，谷也，
坑也，靈也，正作壑。
（ZD59-739c）

壑
溝～，呼各反。
（ZD59-853c）

壑
溝～，古侯反，下呼
各反。（ZD59-
635b）

壑
丘～，呼各反。
（ZD60-481c）

嗀
濬～，下呼各反。
（ZD60-579b）

壑
溝～，呼各反。
（ZD59-719b）

壑
淵～，下呼各反。
（ZD60-585a）

壑
巖～，呼各反。
（ZD60-494a）

嗀
溟～，莫瓶反，下呵各
反。（ZD59-742b）

壑
溝～，下呼各反。
（ZD59-781a）

壑
空～，黑各反，虛也。
（ZD59-740a）

嗀
大～，呼各反。
（ZD60-381a）

嗀
溝～，呼各反，正作
壑。（ZD60-219a）

———

① 又見"荥""爀""烸""爀"
字條。

巆礊礜礜

爲 ～，呼各反。
（ZD60-259a）

巨 ～，呼各反。
（ZD59-945c）

丘 ～，阿各反。
（ZD59-1024c）

溪 ～，呼各反。
（ZD59-641a）

嚇①　hè/xià

～佛，上呼格、呼嫁二反，正作嚇，亦作哧二形也，傳寫久悮也。
（ZD59-1041a）

恐～，丘勇、丘用二反，下呼嫁、呼格二反，下正作嚇也。（ZD59-837a）

哮～，虎交反，下虎嫁、虎格二反，正作嚇。（ZD59-851c）

怖～，呼格反，正作赫。（ZD59-651a）

嬹　hè/shì

腹～，呼各反。
（ZD60-200b） 按：
"～"同"螫"。

蝮～，下尸亦反。
（ZD60-199c） 按：
"～"同"螫"。

爀　hè

～爠，呼挌反。
（ZD59-874b）

鶴②　hè

白 ～，何各反。
（ZD59-922c）

鴈～，五諫反，下何各反，正作鶴。（ZD59-690c）

～四，上何各反。
（ZD60-282a） 按："～四"，對應佛經作"鶴四"。《經律異相》卷48："鶴四（一事）。"（T53，p253b）

～鷗，上何各反，下羊亮反。（ZD60-472c）

白 ～，戶各反。
（ZD59-781c） 按："～"乃"鶴"字，詳見本書中篇"鸖"字條。

鴈～，同上，此正。
（ZD59-690c）

諸 ～，何各反。
（ZD59-963b） 按："～"同"鶴"。

～至，戶沃反，白鳥也，食魚，似鶴，脚高，下音王，于狂反，悮。（ZD59-960c）按："～至"，對應佛經作"鶴王"。《大莊嚴論經》卷4："如白鶴王，常處於清池。"（T04，p278a）

鸖　hè/qú

～囉，戶各反。
（ZD59-810c）

鴻 ～，下胡各反。
（ZD59-594a）

爲～，音涸。（ZD59-999a）

若～，何各反，正作鸖。（ZD60-28b）

～翅，上其俱反，下音施，正作鸖也，第七卷作瞿翅羅是也，又音涸，悮。（ZD60-105b）按："～翅"，對應佛經作"鸖翅"。《阿毘曇毘婆沙論》卷46："鴻雁、鴛鴦、孔雀、鸚鵡、鸖翅羅鳥，爲烟火逼，皆飛翔虛空。"（T28，p349c）此"～"乃"鸖"之訛。

噷　hè

～咃，下音他。
（ZD59-760b） 按："～"，經文作"怛"或"喝"。

里　hēi

～鷹，上力耳反。
（ZD59-605a）按：此處"～"乃"黑"，可洪音"力耳反"，不妥。

黑③　hēi

～蜂，芳逢反。
（ZD59-737c）

---

① 又見"哄""哧"字條。
② 又見"鸖"字條。
③ 又見"里"字條。

嘿　hēi/lǐ

嘿　靖～,疾井反,審也。
嘿　（ZD59-747c）

嘿　涅～,奴結反,下
嘿　音里,悮。（ZD59-
870a）按:"～"乃"哩"。

痕　hén

痕　都～,音痕。（ZD59-
痕　871a）

痘　時～,戶根反,瘡瘢
痘　也,正作痕也,論釋
作痕也。（ZD59-953a）按:
"～"乃"痕",詳見本書中篇
"痘"字條。

佷①　hěn

佷　叩～,上他刀反,
佷　下戶懇反。（ZD60-
165b）

佷　hěn

佷　～戾,上戶懇反,下
佷　力計反,正作佷佷,
上又音朗,悮。（ZD60-
165c）

佷　～字,上與佷同,又
佷　音朗,非。（ZD60-
403a）

恨　hèn

恨　伽～,上巨迦反,下
恨　力向反。（ZD59-

625b）按:"～",經文作
"恨",可洪音"力向反",不
妥。《大方等大集經》卷
22:"伽恨挈婆婆。"（T13,
p162b）

亨　hēng

享　～之,上許庚反,通
享　也。（ZD60-248c）

悙　hēng

悙　彭亨,正作愷～,上
悙　蒲庚反,下呼庚反,
自強也,又真也。又彭,
盛也。亨,通也。（ZD60-
470a）

橫②　héng/hèng

橫　森～,上所岑反,下
橫　戶盲反。（ZD59-
557b）

蹖　～蹖,上戶盲反,下
蹖　子容反,正作橫縱
也,上方本作縱橫也。
（ZD60-86a）按:"～蹖",對
應佛經作"縱橫"。《大比丘
三千威儀》卷1:"三者往至
戶前當三彈指,不得縱橫
入。"（T24, p918a）"橫"蓋
受"縱"作"蹖"的影響類化
從足作"～"。

憤　～虎,戶盲反,正作
憤　撗（橫）。（ZD60-

325a）按:"～"乃"橫",詳見
本書中篇"憤"字條。

撗　天～,於小反。
撗　（ZD59-639c）

撗　枉～,於往反,下戶
撗　孟反,非理來也。
（ZD59-682a）

撗　～迦,戶孟反,下古
撗　牙反,正作橫加。
（ZD59-684c）

衡③　héng

軥　～軥,上胡庚反,橫
軥　也,謂車轅端頭橫木
加牛領者也,《小爾雅》云車
軥也,正作衡也。（ZD60-
64b）

衡　héng

衡　抗～,上苦浪反。
衡　（ZD60-219a）按:
"～"同"衡",即"衡"字。

繥　héng

繥　～縵,上戶盲反,下
繥　莫半反,《辯正論》作
橫縵也。（ZD60-559c）按:
"～"乃"橫"。《一切經音
義》卷86:"橫縵,滿般反,
此即是婆羅門閣縵,如此國
褌也,遮其形醜也。"（T54,

① 又見"佷"字條。
② 又見"繥"字條。
③ 又見"衡"字條。

p861a)

蘅　héng

蘅　～華鬖,上户庚反,
下莫顏反,杜香也,
生天帝山也,正作蘅也。
(ZD59-990c)

吽　hōng/hǒu

吽　鳴～,牛鳴音,前經
作㗊𠴲。 (ZD59-
792a)

斢　～～,牛鳴音,與
吽音同。 (ZD59-
802b)按:"～",譯音字,與
"吽"音同。

吽　～嘷,上音吼,下音
豪。(ZD60-366b)

薨　hōng

薨　王～,呼弘反。
(ZD60-226a)

弘　hóng

弘
𢎺　～炤,之曜反,光明
也。(ZD59-670b)
～𢓜,魚既反,果
敢也,正作毅。
(ZD59-731a)

𢎻　～摸,莫乎反,規也,
正作模。 (ZD59-
768a)

𢎼　恢～,古迴反。
(ZD59-645a)

宏　hóng

宏
宓
宊
宏　～壯,户萌反,大也,
正作宏,下阻狀反。
(ZD59-965c)
～遠,上户萌反,正
作宏。(ZD60-436a)
～遠,上户盲反。
(ZD60-150b)

泓　hóng

泓
泘　姚～,烏宏反。
(ZD60-333b)
～然,上烏宏反,深
也。(ZD59-1054c)

宖　hóng

宖
宖　～旨,上户萌反。
(ZD60-485b)按:
"～"乃"宏"。
～博,上户萌反,大
也,正作宏。(ZD60-
428a)

虹　hóng

虹
虹
蚢
缸　～蜺,上户公反,
下五兮反。(ZD59-
570a)
～蜺,黃公反,下魚
兮反。(ZD59-664c)
天～,音紅,正作虹。
(ZD59-1066b)
䟙～,音暉,下音紅。
(ZD59-876b)按:

"～"即"虹"。《蘇悉地羯羅
經》卷 2:"或雨天花,或有
好香及見䟙虹。"(T18,
p673c)

洪　hóng

洪　～～,户公反,大聲
也,誼也,正作谼。
(ZD60-494a)

紘①　hóng

紘　八～,户盲反,方也,
謂八方也,《抱朴子》
曰八埏之外有八紘。
(ZD59-651b)

綋　hóng

綋　練～,户萌反,今作
綋。(ZD60-314b)

鋐　hóng

鋐　鏗～,上苦耕反,
下胡耕反。(ZD60-
418c)

鴻　hóng

鴻
鴻　～直,上户公反。
(ZD59-1042a)
～ 王,户公反。
(ZD59-956b)

————

① 又見"綋"字條。

鴻　～猷，上胡公反，大也，正作鴻也，下羊修反，圖也，道也。（ZD60-259a）

鴻　飛～，音紅。（ZD59-956b）

嵤　hóng

嵤　峥～，下户萌反，正作嵤。（ZD60-579c）按："峥～"同"峥嵤"。

鎙　hóng/róng

鎙　錚～，上楚耕反，金聲也，舊韻作錚，新韻作鎗，仕耕反，下户萌反，噲吰，錘聲也，出《玉篇》。（ZD60-484a）按："錚～"，對應佛經作"錚鎙"或"峥嵤"。《續高僧傳》卷19："支不具者勿來看鑄，遂得了亮錚鎙聲七十里。"（T50，p586b）"錚鎙聲"，宋、元、明、宮本作"峥嵤聲聞"。"鎙"乃"嵤"，音"户萌反"，讀"hóng"，又可讀"róng"。

湨　hòng

湨　～涌，洪孔反，下容隴反。（ZD59-663c）

戆　hòng/zhuàng

戆　愚～，火貢反。（ZD59-769b）

戆　愚～，呼貢、竹絳二反。（ZD59-733a）

戆　愚～，呼貢、竹絳二反。（ZD59-733a）

戆　愚～，呼貢、竹絳二反。（ZD59-732c）

戆　愚～，陟絳反。（ZD59-759b）

戆　昬～，知絳反，正作戆。（ZD60-510c）

戆　愚～，陟降、呼貢二反。（ZD59-648a）

戆　愚～，陟絳反。（ZD59-613c）

戆　愚～，陟絳反，愚～也。（ZD59-645b）

戆　愚～，陟絳、呼貢二反。（ZD59-644c）

戆　愚～，知降反。（ZD59-594c）

戆　～莎，呼貢反，下素禾反。（ZD59-790b）

戆　愚～，陟絳、呼貢二反，愚也，正作戆。（ZD59-647b）

戆　迦～，陟絳反。（ZD59-875c）

戆　愚～，陟絳、呼貢二反。（ZD59-647c）

戆　愚～，之税反，《經音義》作戆，竹絳反。（ZD59-969c）

戆　樂～，丑絳反，正作戆、戆二形，應和尚未詳。（ZD60-381a）按："～"，可洪注爲"丑絳反"，蓋以爲"舂"，不妥，經文作"戆"。

侯　hóu

侯　沉～，上尸荏反。（ZD60-585a）

侯　俾～，上卑弭反。（ZD60-507a）

喉[1]　hóu

喉　～痛，上户鈎反。（ZD60-92c）

喉　～腭，五各反。（ZD59-593b）

喉　～貪，音喉，悮。（ZD59-738a）

喉　～顙，桑朗反。（ZD59-777b）

喉　～脉，上户鈎反。（ZD59-556a）

喉　～筒，音同。（ZD59-938b）

喉　～棱，户鈎反，正作喉也，下郎登、郎水二反。（ZD59-749c）

喉　～吻，文粉反，口也。（ZD59-661b）

猴　hóu

猴　猣～，許牛反。（ZD59-837c）

———

[1] 又見"睺"字條。

猴
獲
獲
猴

～猿，戶鉤反，下于元反。（ZD59-643c）

～王，同上。（ZD59-766b）

～衆，戶鉤反，獼～也，㕿。（ZD59-766b）

鵂～，許牛反，下戶鉤反。（ZD59-838c）

㦿　hóu

㭏

控～，上苦東反，下苦侯反，樂名也，正作箜篌也。（ZD60-272b）按：“～”乃“篌”，與“篌”同，可洪音“苦侯反”，似不妥，應爲“戶侯反”。

膔　hóu

膔

著～，音誰，坐處也，正作脽，《江西音》何鉤反，非也。（ZD60-209b）按：“著～”，對應佛經作“著喉”。《道地經》卷1：“二骨著喉，二骨著臆，四骨著脛，十四骨著足。”（T15，p234b9）可洪以“～”爲“膔”，音“誰”，蓋當作了“脽”字，恐非。根據經文，“～”爲“膔”，應同“喉”。

㬸　hóu

㬸

～婁，上戶鉤反，下郎侯反。（ZD59-695c）

䁈
瞴
雎

婆～，侯、候二音。（ZD59-723b）

～地，音侯，地獄名。（ZD59-845b）

婆～，音侯，正作䁈，又許規反，㕿。（ZD60-289a）

瞴
䁈
蹂

～樓，戶鉤反。（ZD59-734b）

摩～，侯、候二音。（ZD59-778b）

跋～，步末反，下戶鉤反，正作䁈，又音候，上方經作䁈也。（ZD59-844a）

䁈
瞴
瞴
瞴
曤

摩～，戶鉤反。（ZD59-580c）

摩～，音侯。（ZD59-676a）

溫～，下乎鉤反。（ZD60-131a）

～茶，戶鉤反，㕿。（ZD59-757a）

～漏，同上，又憂縛反，非。（ZD59-798b）

瘊　hóu

瘊

～病，上戶鉤反，瘦也，又《經音義》作呼溝反，《説文》云未詳何證，又云律文多作瘫，於恭反，今宜作齁，呼侯反，齁齁，鼻息也。（ZD60-34c）

篌①　hóu

篌

箜～，上苦公反，下胡鉤反。（ZD59-632c）

篌
篗
篌

箜～，上音空，下音侯。（ZD59-582c）

空～，戶鉤反。（ZD59-748c）

箜～，二音空侯。（ZD59-743a）

糇　hóu

糇
猴

～粮，戶鉤反。（ZD59-834b）

～糧，戶鉤反，正作糇、餱二形也，下音良，上又郭氏音屎也，非。（ZD59-649c）按：“～”乃“糇”，詳見本書中篇“猴”字條。

～丹，上戶鉤反。（ZD60-542a）

䫴　hóu

䫴

賓～，戶鉤反。（ZD59-607c）

吼　hǒu

吼

唱～，虎口反。（ZD59-1078a）按：“唱～”，對應佛經作“唱叫”。《佛本行集經》卷12：“汝小兒輩！幸勿唱叫。”（T03，p707a）“叫”，宋、元、明本作“吼”。“～”疑即“吼”，與“吼”同。

———

① 又見“㦿”字條。

吼　hǒu

吼　～翅，音施。(ZD59-799b)

唏　hǒu/hòu

唏　牟～，呼口、呼搆二反，正作唏也。(ZD59-970b) 按：“牟～”，對應佛經作“牟唏”。“～”同“唏”，此處爲譯音字。《決定藏論》卷1：“此諸識等日夜牟唏羅羅婆剎那過故。”(T30, p1020c)

唭　娑～，呼漏反，正作泃，《金光明經》作唏字是也，又火快、下刮二反，愢。(ZD59-803c) 按：“～”乃“唏”之訛，譯音字。

后　hòu

启　隨～，户豆反，正作后。(ZD60-600c)

右　～妃嬪，上胡搆反，中芳非反。(ZD59-632a)

后　奴～，胡口反，正作后。(ZD59-639c)

后　王～，同上（后）。(ZD59-726b)

右　正～，胡搆反，正作后。(ZD59-587b)

后　聖～，胡吼反，正作后。(ZD59-694c)

厚　hòu

厚　～洰創，户狗反，中普交反，下初庄反。(ZD59-741c)

逅　hòu

迶　邂～，上胡懈反，下胡搆反。(ZD60-246b) 按：“～”乃“逅”字，詳見本書中篇“迶”字條。

迶　邂～，音候。(ZD60-599c)

後　hòu

後　厥～，户狗反，正作後。(ZD60-580c)

候　hòu

候　～旭，許玉反。(ZD60-466c) 按：“～”即“候”，與“候”同。

候　～曙，常預反。(ZD60-581b) 按：“～”即“候”，與“候”同。

詷　hòu

詷　～喊，上呼漏反，下呼戒反。(ZD59-1072a)

話①　hòu

話　忍～，呼候反，怒也，正作詬。(ZD60-411c) 按：“～”即“詬”字之訛。《大唐西域記》卷8：“僧徒受恥，忍詬而退，十二年間不擊揵稚。”(T51, p912c)“詬”，甲本作“話”。

話　～～，呼搆反，怒惡聲也，正作詬、吼二形也，又苦候反，罵也，又胡卦、胡快二反，談言語話也，非也。(ZD60-19b) 按：“～”乃“詬”字，另見本書中篇“話”字條。

詬　hòu

詬　唱～，呼候、苦候二反，怒也，罵也，正作詬也。(ZD60-12b)

乎　hū

乎　却～，上居業反，正作劫也。(ZD59-581c)

呼　hū

呼　～噪，速告反。(ZD59-943a)

嗳　～提，音呼，又音受，非也。(ZD59-724c) 按：“～提”，對應佛經作“喚提”或“呼提”。《佛說伅真陀羅所問如來三昧經》卷3：“佛則知諸菩薩所念，欲決其疑，故喚提無離菩薩

① 又見“詬”“詬”字條。

言。"（T15，p363b）"唤"，宫本作"呼"。從形體上看，"～"即"呼"字。

呼
呻～，上尸人反。（ZD59-591a）

吘
如～，音呼，又況于、爲遇二反，悮。（ZD59-728a）按："～"乃"呼"字。《寶雲經》卷2："以善心故，觀察一切諸法，如幻、如夢、如熱時焰、如呼聲響，此是善法，此非善法，此法跡乘，此法不跡乘。"（T16，p216a）

呼
哮～，上呼交反，下音呼，唤也，下又縛謀、正尤二反，並非。（ZD60-280c）按："～"乃"呼"，詳見本書中篇"呼"字條。

哗
～佛，火乎反，正作呼也，又力税反，呼字無點。（ZD59-725c）

吁
～天，火乎反，正作呼。（ZD59-777a）

吁
～須，火乎反，正作呼也。（ZD59-761c）按："～須"同"呼須"。《佛說彌勒來時經》卷1："國有大豪賢者，名須檀，人呼須達。"（T14，p434c）

咶
轉舌～，下音呼，舊闕轉字，又悮作咶，今添轉字，改咶爲呼也，又火快、戶刮二反，並非。（ZD59-807b）

呼
～地，上火乎反，正作呼，又甫鳩、扶求

二反，並非。（ZD60-151a）

吁
自～，音呼。（ZD59-581c）

智　hū

智
～來，呼骨反，速也，疾也，不意也，古忽字也。（ZD59-961a）按："智"同"忽"字。《大莊嚴論經》卷5："福業既已消，崩落忽來至，爲業所欺弄，敗壞失榮貴，如日臨欲没。"（T04，p284b）

忽①　hū

忽
～忤，上呼骨反，正作忽，下音悟，違逆人意也，上又音忿，非也。（ZD60-341c）按："～"乃"忽"字之訛。

忽
～雅，上呼骨反，輕也，正作忽也，又音忿，悮。（ZD60-499c）按："～"乃"忽"字之訛。

惱　hū

惱
悅～，上呼往反，下呼骨反，正作惚。（ZD59-1042b）按："～"即"惚"字。

虖　hū

虖
烏～，音呼。烏虖，歎聲也。（ZD59-589a）

嘔　hū

嘔
～～經，二呼骨反，下田結反，悮。（ZD59-844b）

惚②　hū

惱
慌～，呼廣反，下音忽，正作惚也。（ZD59-649a）

惱
慌～，火廣反，下火骨反，悮。（ZD59-671b）

惚　hū/nǎo

惚
恍～，呼廣反，與慌同。（ZD59-735b）按："～"乃"惚"。

惚
少～，音惱。（ZD60-437a）按："～"乃"惱"。

嘑③　hū

嘑
～也，上音呼，又呼架反。（ZD60-391c）按："～"即"嘑"。

嘑　hū

嘑
呴～，下呼嫁、火乎二反。（ZD60-387a）

─────
① 又見"智"字條。
② 又見"惱"字條。
③ 又見"嘑"字條。

按:"～"即"嘑"。

謼 hū

譹　達～,火乎、火故二反,城名也,正作謼也,又爲俱反。（ZD59-1018a）

謼　恩～,音呼,謼命也,召也,喚也,正作歔、謼、評三形也,又許約反,非。（ZD60-575c）

狐 hú

狐　～獺,他達反。（ZD59-764c）

狐　～疑,音胡,正作狐。（ZD59-732a）

狐　餒～,上於僞反。（ZD59-601a）

狐　～獲,俱縛反。（ZD59-722a）

狐　野～,音胡。（ZD59-622b）

弧 hú

弧　彎～,上烏還反,下戶吾反。（ZD59-1021b）

弧　璋～,上音章,下音胡。（ZD60-499c）

弧　～弓,戶吾反。（ZD59-821a）

瓳 hú

瓳　璠瑚,普官反,下戶吳反,大方甎也,正作甎～。（ZD59-851b）

胡① hú

胡　多～,音胡。（ZD60-155a）按:《尊婆須蜜菩薩所集論》卷 6:"我不堪解脫,洗除頭多胡,法爲微妙智,如是能度流。"（T28, p769b）"胡",宮本作"翅"。"～"疑即"胡"。

斛 hú

斛　～領,上戶屋反,正作斛。（ZD59-1078c）按:"～"同"斛"。

斛　～量,上胡屋反,正作斛。（ZD59-1023c）

瓡 hú/hù

瓡　瓡盧,上戶吳反;～盧,同上。（ZD60-425a）

瓡　苦～,胡、護二音。（ZD60-25b）

瓡　苦～,音護,正作瓡。（ZD60-161a）

瓡　生～,乎悟反,菜名也。（ZD59-687a）

瓡　實～,音護。（ZD60-560c）

瓡　浮～,音護,正作瓡也。（ZD60-115c）按:"浮～",對應佛經作"浮瓡"。《阿毘達磨大毘婆沙論》卷 81:"有依草束,有依浮瓡,有依排筏,有依船舫。"（T27,p420a）

瓡　～菜,上胡悮反,悮。（ZD59-1111b）按:"～",經文作"瓡"。《摩訶僧祇律》卷 29:"菜者,乾菜、蕪菁菜、葱菜、瓡菜,如是比是名菜法。"（T22,p463c）

㦒 hú

瑚　～利,上《經音義》作湖,戶孤反,（ZD59-878c）按:"～",譯音字,與"湖"音同。《陁羅尼集》作㦒,戶結反。《七佛八菩薩所説大陀羅尼神咒經》卷1:"毘目帝折移肥折移肥,湖利。"（T21,p542b）"湖",宋、元、明本作"㦒"。

斛② hú

斛　四～,戶木反,正作斛也。（ZD59-986a）

斛　一～,胡木反。（ZD59-765c）

斛　一～,戶木反。（ZD59-996a）

斛　斗～,都口反,下戶木反。（ZD59-829b）

斛　一～,戶屋反。（ZD59-916b）

斛　一～,戶木反。（ZD59-742a）

―――――

① 又見"蹋"字條。

② 又見"斛"字條。

斗～，户木反。
（ZD60-363b）

斗～，户屋反。
（ZD60-373c）

莫～，户木反。
（ZD60-354b）

八～，胡木反，碩也。
（ZD59-964b）

～飯，户木反。
（ZD59-827c）

～領，户屋反。
（ZD59-839a）

九～，户木反。
（ZD59-1047b）

千～，户木反。
（ZD59-557a）

三～，户木反，十斗也。（ZD59-758b）

～飯，户木反。
（ZD59-851a）按：
"～"即"斛"。"斛飯王"，淨飯王之弟，釋尊之叔父也。《大方便佛報恩經》卷3：
"其次弟名曰斛飯王。"
（T03，p136c）

一～，户木反。
（ZD59-1099b）

～斗，上户木反，下都口反。（ZD59-573a）

～量，上胡屋反。
（ZD59-585a）

三～，胡屋反。
（ZD59-879c）

一～，胡木反。
（ZD59-740b）

三～，户木反。
（ZD60-495a）按：

"～"乃"斛"，詳見本書中篇"酛"字條。

～速，上户木反，正作槲櫒。（ZD59-1047a）
按："～"即"斛（斛）"。"斛（斛）速"即"槲櫒"。

粘 hú

～黏，女簾反。
（ZD60-378a）

揋 hú

掘～，户骨反。
（ZD60-362c）

～～，户骨反，牽物動聲也，正作抇也。揋，掘地也，或作摑，户骨反，手推也，應和尚以斫字替之，非。（ZD59-1114c）
按：《摩訶僧祇律》卷35：
"爾時六群比丘禪房中坐，把搔撽撽作聲，亂諸比丘。"
（T22，p513c）"撽撽"，宋、元、明、宮本作"扢扢"。
"～"與"扢"音同。

壺① hú

垂～，音胡。（ZD59-953b）按："垂～"之
"～"，通"頯"。

投～，音胡。（ZD59-685c）

垂～，音胡，牛項下垂肉也，正作頯。

（ZD59-952a）按："垂～"之
"～"，通"頯"。

投～，音胡。（ZD59-1078c）

一～，音胡，器名也，正作壺。（ZD60-234b）

投～，音胡，器名。
（ZD59-835b）

投～，音胡。（ZD59-682c）

～口，音胡，粥也，正作餬，或作壺也，又音色，非。（ZD59-707a）按：
"～"即"壺"，經文中通"餬"。

以～，音胡，器名也，又苦本反，非。
（ZD59-764c）

投～，音胡。（ZD59-873c）

唾～，音胡。（ZD59-1106c）

垂～，音胡，牛項下垂肉也，正作頯、咽二形。（ZD59-949c）按："垂～"之"～"，通"頯"。

唾～，音胡。（ZD59-1122a）按："唾～"之
"～"，即"壺"。

猢 hú

～狼，户吳反。
（ZD59-784c）

————

① 又見"噎"字條。

湖 hú

澔　陂～，音碑，下音胡。
（ZD59-938b）

搰 hú

搰　大～，胡骨反，菓中
實也，核也，正作楜
也。（ZD59-591c）按：“大
～”，對應佛經作“大楜”。
《大寶積經》卷 14：“能食大
楜，如須彌山。”（ T11,
p75c）根據經文與可洪所
論，“～”爲“楜”之訛，而
“楜”與“榓”音同，“～（楜）”
爲“榓”之借。

搱 hú

搱　似 ～，胡 屋 反。
（ ZD60-433c ） 按：
“～”乃“槲”。

鴿 hú

鴿　白～，戶沃反，水中
白鳥食魚者也，正作
鴿、雗二形也，應和尚以鷺
字替之，音路，又郭氏作胡
骨反，非也。（ZD60-193c）
按：《出曜經》卷 3：“如少水
魚者，或爲虛空飛鳥、鸂河、
白鶴、鸛雀、青鶴、水鳥、黑
鷄，亦爲世人男女獵師，羅
網捕取，鈎餌懸弶，處在淺
水，一命萬慮，受形於水，喪

命在水，衆苦難尋，有何可
樂?”（T04, p621c）“～”，經
文作“鶻”，同。可洪以“～”
爲“鶻”。

槲① hú

槲　類 ～，戶 木 反。
（ZD60-351b）

槲　類 ～，戶 木 反。
（ZD60-411a）

槲　～樸樸，下一普木
反，又音卜。（ZD60-
371b）

鶻 hú

鶻　～路，胡骨反，此云
牛黃，經作竹黃，悮。
（ZD59-721c）按：“～”，譯音
字。《金光明最勝王經疏》
卷 5：“竹黃（鶻路戰娜），細
豆蔲（蘇泣迷羅）。”（T39,
p302b）

縠 hú/gǔ

縠　白 ～，戶 屋 反。
（ZD59-789a）

縠　羅 ～，戶 屋 反。
（ZD59-582b）

縠　綃～，相焦反，下戶
木反。（ZD59-871a）

縠　～德，上宜作懿，乙
冀反，美也，大也。
（ZD59-610b）按：《法鏡經》
卷 1：“康氏縠德，博達心
聰。”（T12, p22c）“～”通

“穀”，善也，可洪以爲“懿”，
不妥。

噎 hú

噎　唾～，音胡。（ZD60-
300a）

噎　唾～，音胡。（ZD60-
459b）按：“唾～”，對
應佛經作“唾壺”。《高僧
傳》卷 13：“唯神床頭有一
唾壺。”（T50, p411a）

噎　唾～，上他臥反，下
戶吾反。（ ZD60-
28c）按：“唾～”，對應佛經
作“唾壺”。《四分律》卷 3：
“此是房，此是繩床，是木
床，是大小蓐，是臥枕，是地
敷，是唾壺，是盛小便器。”
（T22, p587b）“～”即“壺”
字，“壺”蓋受上字“唾”的影
響類化增“口”旁而作“噎”。

蹢 hú

蹢　～跪，胡 故 反。
（ ZD59-640b ） 按：
“蹢跪”之“蹢”，乃“胡”類化
增旁所致。丁福保《佛學大
辭典》：“互跪（雜語），左右
兩膝，互著地而跪於地也。
是乃梵土通俗之敬相，故因
之又稱胡跪。”“互跪”“跙
跪”“胡跪”“蹢跪”同。其中
“跙”乃“互”類化增旁所致，
“蹢”乃“胡”類化增旁所致。

───────

① 又見“搱”字條。

"跼"同"胡",應音"胡",可洪音"胡故反",蓋以爲"跙"。

觳　hú

觳 ～耳,上古木反,正作唬、哈二形,第七卷作唬耳,又或作觳,胡木、胡角二反,非用也。(ZD59-1109a)按:"～",經文作"觳"。《摩訶僧祇律》卷19:"聲者,作象聲、馬聲、驢聲,如是等種種聲,或長聲卒止,卒聲長引,乃至觳耳,作恐怖相。"(T22,p379c)從形體看,"～"即"觳",可洪以爲"唬"字。經中有"唬耳"一詞。"觳耳",又有異文作"悚耳"。《四分律行事鈔簡正記》卷12:"彼云色怖者,謂闇地悚耳,皺面反眼吐舌。"(X43,p325b)"觳耳""唬耳""悚耳"意義應該近似,可能指聳立耳朵作恐怖狀。

謝① hú

餉 餄～,上徒分反,下戶吳反,蘇精也,正作醒醐,下亦作謝也。(ZD59-709a)按:"～"乃"謝",詳見本書中篇"餉"字條。

謝 餛～,上徒分反,下戶吾反。(ZD59-1017c)

餶 ～口,上五恨反,食飽也。(ZD59-1023a)按:"～"乃"餶",爲"謝"字,可洪音"五恨反",蓋以爲"餶",恐誤。

餶 ～口,五恨反,食～,飽也。《方言》云秦晉之間食麥餶謂之餶也。郭璞云関西呼欲絶食爲餲餶也,正作餶、餶。又於冀反,非也,《經音義》作謝,音胡。餶音族。(ZD59-775a)按:《前世三轉經》卷1:"若使一切人知布施之福,如我所知者,窮乏謝口,得一食自飯繼命。"(T03,p449c)"～",經文作"謝"。"～"即"謝",可洪音"五恨反",以爲"餶",恐誤。

鵠　hú

鵠 鵝～,五何反,下戶沃反。(ZD59-872c)

翭　hú

翭 麵～,音胡。(ZD59-788a)

餶　hú

餶 ～口,上戶吳反,寄食也,糜也,正作謝也。(ZD60-215c)按:"～"同"謝"。

虎　hǔ

虎 白～,呼古反。(ZD60-395a)

～豹,布兒反。(ZD59-550b)

～豹,補兒反,雄虎也。(ZD59-742c)

白～,呼古反。(ZD60-398a)

～嘯,上呼古反,下桑叫反。(ZD60-560a)

子～,呼古反。(ZD59-691b)

兩～,呼古反。(ZD60-481a)

～豹,布兒反。(ZD59-929c)

～豹,上呼古反,正作虎。(ZD59-680c)

～魄,上火古反,下普百反。(ZD60-392a)

～魄,上呼古反。(ZD59-1041c)

～豹,卜兒反。(ZD59-682b)

～豹,補兒反。(ZD59-834c)

姥～,莫古反,下火古反。(ZD59-803a)

～酣,上呼古反,惧,下胡甘反。(ZD60-502b)

———

① 又見"餶"字條。

虖 〔席席虘〕

～水，呼古反。
（ZD59-651c）

～豽，席豹二音。
（ZD59-985a）

～豹，上火古反。
（ZD59-558a）

牝～，上毗忍反，雌也，下火古反，獸名也，正作牝虎。（ZD60-132c）

唬　hǔ

～誜，音毫，二合，牛鳴音，同吽字呼。（ZD59-802a）按："～"，譯音字。《陀羅尼集經》卷5："口稱唬誜，唱一聲已，誦一字咒，四顧看望。"（T18，p832a）《新集藏經音義隨函錄》卷9："唬誜，上火古反，下合牛反，與虎誜字同，二合，牛鳴音呼之，上又音豪，非也。"

琥　hǔ

～珀，上火古反，下普白反。（ZD59-1003b）

猇　hǔ

如～，呼古反，正作虎也，郭氏作唬、雄二音，非也，誤。（ZD59-1054b）按："～"乃"虎"字，詳見本書中篇"猇"字條。

五　hù

舜～，上川充反，下音歽，正作互。（ZD60-442c）按："～"乃"互"。

歽　hù

乖～，音護。（ZD60-128c）按："～"乃"互"。

互①　hù

迭～，上田結反，下黃故反。（ZD60-230a）

更～，乎故反。（ZD59-973a）

逿～，下乎悟反。（ZD59-589c）

～相，乎悟反，今作歽。（ZD59-957c）

～談，上胡故反。（ZD59-579b）

～相，上乎故反，遞也，差也。（ZD59-599c）

～相，乎悟反。（ZD59-836c）

～有，上音護，正作互。（ZD60-460b）

～相，胡悟反。（ZD59-680b）

更～，乎故反。（ZD59-966c）

迭～，徒結反，下胡故反。（ZD59-651a）

～相，上乎悮反，《字樣》作互，《切韻》作歽。（ZD59-1071c）

更～，音護。（ZD59-966c）

更～，音護。（ZD59-948c）

自～，乎故反，差～也。（ZD59-966b）

～拍，乎故反，合云互相拍手也。（ZD59-836b）

更～，乎故反，正作歽、互二形。（ZD59-973a）

更～，音互。（ZD60-16b）

～生，乎悟反。（ZD59-858b）

蹉～，楚加反，下乎故反。（ZD59-731c）

～相，乎悟反。（ZD59-719a）

～相，上胡故反。（ZD59-571b）

～有，上胡故反。（ZD60-138b）

～相，上胡悟反。（ZD59-553c）

更～，乎悟反。（ZD59-952a）

乖～，乎故反。（ZD60-20c）

———

① 又見"五""歽""距"字條。

跙

～跉，乎悟反，下巨几反。（ZD59-691b）按："～"即"跙"，乃"互"字之俗。丁福保《佛學大辭典》："互跪（雜語），左右兩膝，互著地而跪於地也。是乃梵土通俗之敬相，故因之又稱胡跪。""互跪""跙跪""胡跪""蹑跪"同。其中"跙"乃"互"類化增旁所致，"蹑"乃"胡"類化增旁所致。

冴　hù

冴

凝～，音護，凍也。（ZD59-737b）按："凝～"，對應佛經作"凝冴"。《證契大乘經》卷1："楞迦主！如卵生眾生，棄身託卵，以業風力在於卵中，凝冴無知，至卵熟時，識方有覺。"（T16，p655a）根據可洪所論，"～""冴"即"冱"之訛，寒凝也。

冱① hù

泲

凝～，音護。（ZD60-432b）按："～"即"冱"字之訛。

吁　hù

吁

～嚕，胡古反，下盧古反。（ZD59-803a）按："～"，譯音字。《陀羅尼集經》卷8："唵（一）吁嚕吁嚕（二）。"（T18，p856b）

岵　hù

岵

陟～，音户，從山。（ZD60-262c）按："～"乃"岵"字，詳見本書中篇"岵"字條。

怙　hù/kū

怙 峆

恃～，時止反，下乎古反。（ZD59-785c）羅～，音户，正作怙也，律文作羅怙羅。（ZD60-63c）按："羅～"，對應佛經作"羅怙"。《根本說一切有部略毘奈耶雜事攝頌》卷1："河邊制齒木，羅怙遣出門；合訶不合訶，二行應與服。"（T24，p521b）

怙

～悴，上苦胡反，正作枯也，上又音户，悮。（ZD59-1002a）按："～"，經文作"枯"，即"枯"字，枯萎。"枯"蓋受下字"悴"的影響類化換旁從"忄"而作"怙"。《增壹阿含經》卷25："形體枯悴，沸血從面孔出。"（T02，p689b）

跙　hù

跰

～跪，上乎故反。（ZD60-297a）按：從形體看，"～"即"跙"字之訛，而"跙"則爲"互"的增旁

俗字，詳見本書中篇"跰"字條。

跙② hù

跰

～跪，乎悟反，一膝著地坐也，正作乇，諸經作跙、蹑。（ZD59-893c）按：《金光明經照解》卷1："跙跪即是左右兩膝交互跪地也。"（X20，p503b）"～"，可洪以爲"乇（互）"。《彌沙塞部和醯五分律》卷27："洗鉢時，應互跪，不得立。"（T22，p178a）

跙

～跪，胡故反，差～也，一膝著地也。（ZD59-640b）按："～"，可洪以爲"互"。《彌沙塞部和醯五分律》卷27："洗鉢時，應互跪，不得立。"（T22，p178a）

扈　hù

扈

～多，上音户，正作扈。（ZD60-556c）

憶

憎～，上音魯，下音户。（ZD59-607b）按："憎～"即"魯扈"，其中"～"乃"扈"，詳見本書中篇"憶"字條。

愷

虜～，上音魯，下音户。（ZD59-981b）按："虜～"即"魯扈"，驕橫

─────

① 又見"冴"字條。

② 又見"跰"字條。

也。詳見本書上篇第五章“鳸”字條。

婟 hù

婟 嫪～，上郎告反，下乎悟反。(ZD60-359c)

鄠 hù

鄠 ～縣，上胡古反，正作鄠。(ZD60-424c)

楛 hù

楛 ～矢，上音户，木名，堪爲矢幹，下尸旨反，箭也，正作笶。(ZD60-435b)按：“～”乃“楛”，詳見本書中篇“楛”字條。

滬 hù

滬 梁～，音户。(ZD60-483c)

滬 ～瀆，上音户，正作滬。(ZD60-509a)

嫮 hù

嫮 倄～，音護，美好也，正作嫭。(ZD60-588a)

鳸 hù

鳸 名～，音户，正作鳸、鳲。(ZD60-365c)

鳲 名鳸，音户，正作鳸、～。(ZD60-365c)

鳸 名～，音户。(ZD60-393b)按：《辯僞録》卷1：“分布九鳸，以統百司。”(T52, p755a)

擭 hù/wò

擭 不～，音護，防也，防守不犯之也。(ZD60-541a)

擭 ～上拭，上烏號反，正作擭。(ZD60-86b)

擭 ～持，上烏號反。(ZD60-256a)

擭 ～把，上烏號反，握取物也，正作擭。(ZD60-207a)

綗 染～，上失林反，下烏號反，正作深擭也，《經音義》作擱，以擭字替之，是也。(ZD60-75b)按：《鼻奈耶》卷10：“戒抖擻、指探獲飯于咽、博嗅也。”(T24p899c)“染～”，經文作“探獲”。可洪以“～”爲“擭”，經文則爲“獲”，“獲”恐亦爲“擭”之訛。

濩 hù

濩 布～，乎故反，遍也。(ZD59-669c)

護 hù

護 揖～，上一入反。(ZD60-72c)

護 覆～，芳救反，下胡故反。(ZD59-849a)

護 ～栰，扶發反，編木渡水也。(ZD59-685a)

護 擁～，上於勇反。(ZD59-578c)

護 ～精進，乎悟反，正作護。(ZD59-897c)

護 擁～，上於勇反，下胡故反。(ZD59-620b)按：“～”乃“護”，詳見本書中篇“護”字條。

護 擁～，於勇反，下乎悟反。(ZD59-826a)

護 ～法，乎悟反。(ZD59-843b)

護 不～，音護。(ZD60-158a)

護 進～，音護。(ZD60-149c)

護 偤～，羊修反，侍也。(ZD59-782a)

護 擁～，上於勇反，下胡故反。(ZD59-571c)

護 識～，音護。(ZD59-955a)按：“～”，對應佛經作“識護”。《十住毗婆沙論》卷1：“善集資用者，上偈中所説，厚種善根善行諸行，多供養佛善知識護具足，深心悲念，衆生信解上法，是名資用。”(T26,

p23b）從字形看，"～"即
"譣"，經文中乃"護"字之
訛。構件"夒"與"侯"相混。

譣　擁～，上於勇反，
下胡故反。（ZD59-
620a）

護　～口，平悟反，正作
護。（ZD59-982c）

鱯 hù

鱯　～魚，上平悟反，又
乎化、乎麥二反，鮹
魚也。（ZD59-1064b）

花 huā

花　撾罵，竹～反，下莫
下、莫嫁二反。
（ZD59-730a）

花　～鬢，莫顔反。
（ZD59-640c）

華 huā

華　名～，音花。（ZD59-
577a）

華　天～，音花，《字樣》
作葦、華。（ZD59-
828c）

葦　爲～，呼瓜反，正作
華、花二形。（ZD59-
774b）

莘　衆～，音花。（ZD59-
668b）

華　其～，音花。（ZD59-
828c）

華　～悉，上呼瓜反。
（ZD59-583c）

華　～鬐，音花，下音鬟。
（ZD59-925c）

莘　香～，音花。（ZD59-
918a）

莘　投～，上音頭，下音
花。（ZD59-572b）

華　天～，音花。（ZD59-
894c）

華　好～，音花。（ZD60-
227a）

華　～滿，上音花。
（ZD59-1004c）

嘩 huā

嘩　～説，上呼瓜反，誼
～。（ZD59-643a）
按："～"同"譁"。

嘩　～説，呼瓜反，誼譁，
大語。（ZD59-616c）

滑
huá / wèi / xū

滑　澀～，所戢反。
（ZD59-859c）

滑　～澀，上户八反，下所
立反。（ZD59-1109a）

㵶　澀～，所立反，下户
八反。（ZD59-898c）

滑　軟～，乎八反。
（ZD59-966b）按：
"軟～"，對應佛經作"軟
滑"。《攝大乘論釋》卷1：
"依止雖麁，八定所攝，心軟
滑故，亦非不善。"（T31,
p159a）

滑　浮～，音胃，水名也，
愓。（ZD60-559a）
按："浮～"，對應佛經作"浮
渭"。"～"即"渭"字之訛。
《廣弘明集》卷13："非湫隘
之陋居，浮渭據涇。"（T52,
p178c）

滑　淪～，上力旬反，下
相余反。淪，没也。
滑，沉也。舊韻作渭。
（ZD60-487b）按："～"乃
"渭"，詳見本書中篇"渭"
字條。

猾 huá

猾　奸～，户八反。
（ZD59-836a）

鍆 huá

鍆　衣～，下刮反。
（ZD60-32a）按：《四
分律》卷19："若作玦珇，若
作匙，若作杓，若作鈎衣
鍆。"（T22, p694a）"鍆"，
宫本作"刮"。"～"讀"下刮
反"，意義爲鈕中横鈎。詳
細考證見鄭賢章（2004：
148）"鍆"字條。

化 huà

化　～作，上呼霸反，
變也，正作化，郭
氏作他幺、徒了二反，非。
（ZD60-234a）

罣① huà

罣
～閡，上胡卦反，下五代反。(ZD59-619c)

罣
～导，胡卦反，下五愛反。(ZD59-649b)

罣
～导，上胡卦反。(ZD60-150a)

罣
～导，上音畫，下音礙。(ZD59-570b)

罣
～閡邊，上户卦反，中五代反，下卑玄反。(ZD59-622b)

罣
～閡，户卦反。(ZD59-656b)

罣
～礙，上户卦反，又卦、挂二音。(ZD59-577c)

窒 huà

窒
～閡，上户卦反，礙也，正作罣。(ZD60-100c) 按："～"乃"罣"字之訛。

椚 huà

椚
～皮，上户瓦反，正作樺也。(ZD60-101b) 按："～"乃"樺"字。

畫 huà/huò

畫
～師，上户卦反。(ZD60-148b)

畫
～楛，步講反。(ZD59-788c)

畫畫
～瓶，上音話，正作畫也。《觀佛三昧海經》作畫瓶也，又音色，非也。(ZD60-283b)

畫
于～，户麥反。(ZD59-760a)

畫
中～，音獲。(ZD59-668b)

畫
規～，户麥反，正作畫。(ZD59-1025c)

撶② huà

撶
～皮，上户化反。(ZD60-65b) 按："～"即"樺"。

撶
～皮，户化反。(ZD59-801c)

劃 huà/huò

劃
指～，户麥、呼麥二反。(ZD59-1081a)

劃
未～，户麥、呼麥二反，刀破物也，字意宜作畫，户麥反，分也，定也，止也。(ZD60-547b)

緙 huà

緙
動～，户卦反。(ZD60-57a)

鯠 huà

鯠
鱧～，音踝。(ZD60-386c)

淮 huái

淮
～右，上户乖反。(ZD60-88a)

腂 huái

腂
兩～，户瓦反。(ZD59-996b) 按："～"同"踝"。

懷 huái

懷
措～，上倉故反。(ZD59-564a)

懷
～姙，而甚反。(ZD59-583a)

懷
～姙，而甚反。(ZD59-593a)

懷
～害，音害。(ZD59-677a)

懷
～抱，蒲保反。(ZD59-645b)

懷
～協，音叶。(ZD59-732c)

懷
～憾，胡感反。(ZD59-566b)

懷
竊～，上千結反。(ZD59-593c)

懷
～俠，音叶。(ZD59-677b)

懷
～憂，户乖反，正作懷。(ZD59-884a)

---

① 又見"窒"字條。
② 又見"椚"字條。

埪 huài

埪　爛～,上郎歎反,下胡恠反,正作壞,第三卷作青赤爛壞是也。(ZD60-172a)按:"～"乃"壞",經文亦作"壞"。

壞① huài

壞　捌～,力哲反,破也,正作裂。(ZD59-701c)

壞　沮～,疾與反。(ZD59-843a)

壞　～敗,步芥反。(ZD59-735b)

壤　～地,上胡恠反。(ZD60-50c)

壞　卒～,上倉没反。(ZD59-584c)

壞　沮～,才與反。(ZD59-747a)

壞　～爛,郎歎反。(ZD59-617c)

壞　俎～,上自與反,敗也,壞也。(ZD59-575c)

壞　沮～,自與反,毁也,止也。(ZD59-678a)

壞　沮～,自與反。(ZD59-772b)

壞　爛～,上郎歎反。(ZD59-575c)

壞　爛～,盧歎反,下懷恠反。(ZD59-912b)

壞　俎～,疾與反,正沮。(ZD59-727b)

壞 huài

壞　沮～,自與反。(ZD59-657a)按:"～"即"壞"字。

攘 huài

攘　還～,胡恠反,敗也,破也,又音恠也,正作壞、斁二形,亦作攘也,後又作瀼,或作攘,二同音汝羊反。瀼,露濃也。攘,止也。並非。(ZD60-169c)按:《舍利弗阿毘曇論》卷14:"遍已水到彼岸,一切高下盡滿,滿時水還攘水口名滿,比丘亦如是。"(T28,p622a)"攘",宋、元、明、宮本作"瀼"。"～",可洪以爲"壞",經文作"攘"或"瀼"。從形體看,"～"即"攘(壞)",根據經意,"～"似乎爲"壞",而不是"攘"或"瀼",待考。

� huān

�　～,火開反,見《川音》,此經無。(ZD60-80b)

鳽 huān

鳽　黄～,音歡,鳥名也,人面鳥喙也,正作鳽也,又丁聊反,非也。(ZD59-556c)

玃 huān

玃　師子～,音歡,野豚也,或壯狼也,正作玃、玃二形也,又《經音義》作驩,音歡,馬名也,今取玃字,正也。(ZD60-70a)

懽 huān

懽　～悦,呼官反。(ZD59-701b)

懽　～憘,火官反,下許里反。(ZD59-827a)

懽　同～,音歡。(ZD59-820a)

懽　～喜,呼官反。(ZD59-707c)

懽　～然,呼官反。(ZD59-675c)

懽　～樂,火官反。(ZD59-752a)

懽　～喜,呼官反。(ZD59-725c)

懽　～娛,呼官反,下牛于反。(ZD59-641a)

懽　～喜,上火官反。(ZD59-584c)

歡② huān

歡　～憘,歡喜。(ZD59-622b)

---

① 又見"攘""壞"字條。
② 又見"懽"字條。

歡
歡
歡
酄
懽
嚾

～憘,音喜。(ZD59-741c)

～咲,音笑,喜也。(ZD59-838b)

～顒,魚容反,仰也。《經音義》以娛字代之,音愚。(ZD59-752b)

～喜,呼官反。(ZD59-716b)

～樂,呼官反,～喜也。(ZD59-640c)

～喜,上火官反。(ZD59-1070a)

讙　huān/xuān

讙
讙
讙

無～,許元、呼官二反。(ZD60-356c)

衆～,許元反。～曉,古堯反,聲也。(ZD59-767a)

～呼,上許元反。(ZD59-1093c)

驩　huān

驩

欣～,音歡,馬名也,俗爲歡喜字。(ZD60-537c)按:"～"即"驩",本爲馬名,文獻中常同"歡"字。玄應《一切經音義》卷16:"子驩,《三蒼》云此古歡字,同,音呼官反。《説文》馬名也。"(C057, p7a)

桓　huán

桓

五～,户官反。(ZD60-363a)

蔤　huán/yuǎn

蓬
遬

～復,上爲委、爲菀二反,未詳何義。(ZD60-602b)按:《南海寄歸内法傳》卷2:"無過正行之三衣,還復幾勞於文墨?"(T54, p213b)"還",宋、元、明本作"蓬"。"～"乃"還"之訛,可洪音"爲委、爲菀二反",不妥。

遬

～守,上達胡反,空也,竹名也,正作筴也。(ZD60-481b)按:《續高僧傳》卷17:"年既西夕,蓬守繩床,撫臆循心,假名而已,吹嘘在彼,惡聞過實。"(T50, p566a)"蓬",宋、元、明本作"遠",宮本作"筵"。根據文意,"～"乃"蓬"字之訛,經文中通"遠"。可洪以爲"筴",恐誤。

還　huán

還
遷

規～,居隨反。(ZD59-708a)

～到,户関反。(ZD59-959b)

圜　huán/yuán

圜

～土,上音還,團也,又音圓。(ZD60-506b)

～器,上于拳反,與圓字義同。(ZD60-363a)

澴　huán

澴

～帶,上户関反。(ZD60-458a)按:"～",經文作"環",同。

寰　huán

寰
寏

～中,上户開(関)反。(ZD59-653a)

周～,音還。(ZD59-556c)

環　huán

環
環
環
環
環
鐶

循～,上音巡,歷也。(ZD59-562b)

循～,上音巡。(ZD59-553b)

琨～,古門反,下户関反。(ZD59-767c)

～玔,户関反。(ZD59-683b)

瑞～,音巡,下音還。(ZD59-728c)

銖～,上章殊反,下户關反,正作珠環也,上又音殊,非也。(ZD59-1060a)

闤　huán

闤

～闠,户開反,下户對反。(ZD59-867a)

閞閖

～閞，户關反，下户内反。（ZD60-473a）

～閞，户開反，下胡對反。（ZD59-697b）

睆 huǎn

睆

～爾，上户綰反。（ZD60-475b）按："～"乃"睆"，經文中通"莞"。

睕① huǎn

睕

～～，胡板反，大目也，按經意謂開眼卧也。（ZD59-1079c）

綬 huǎn/shòu

綬

捉～，乎管反。（ZD59-920c）按："～"乃"綬"。《大智度論》卷76："譬如執菅草，捉綬則傷手，若急捉則無傷。"（T25，p594a）

綬

如～，音受。（ZD60-358a）

緩② huǎn

緩

～心，上户管反，正作緩。（ZD60-599b）

緩

絃～，音賢。（ZD59-846a）

緩

縵～，莫鴈反，下户管反。（ZD59-935c）

緩

不～，户管反。（ZD59-897c）

幻 huàn

刉

如～，音幻。（ZD59-580a）

幺

之～，户了反，修續譜云相誑也。（ZD60-500c）按："之～"，對應佛經作"之幻"。《辯正論》卷1："既悟四衢之幻，便息百城之遊。"（T52，p490a）"幺"，《廣韻》音"胡了切"，可洪與之同，《玉篇》同"幻"。根據經文，"幺"即"幻"字。

玌

無～，户辨反，相誑惑也，正作刉、幻、幺三形。（ZD60-155a）

幻

～術，上户辦反，詐惑也，正作幻、刉二形。（ZD60-65b）

刼

夢幻，户辨反，經作～，非也。（ZD59-689a）

刉

是～，户辨反，相誑惑也，正作幻。（ZD59-580a）

玌

如～，户辨反。（ZD60-155a）

～偽，户辨反，正作幻也。（ZD59-716a）

刉幻

～蠱，上户辨反，下公五反，正作幻蠱也。（ZD60-211c）

刉

空～，音幻。（ZD59-741c）

刉

如～，户辨反。（ZD59-949c）

奐 huàn

奐

輪～，音喚，正作奐。（ZD60-484b）

義

輪～，火亂反，文彩明兒也，正作奐。（ZD59-965c）

宦③ huàn

宦宦宦宦宦

仕～，音患。（ZD59-1093b）

仕～，音患。（ZD59-845a）

仕～，音患。（ZD59-752a）

閹～，於廉反，下户串反。（ZD59-694b）

歷～，音患，正作宦，又作宧，悮。（ZD60-484c）

浣 huàn

浣

～事，上胡管反。（ZD60-150b）按："～"，即"浣"字。

浣

蹹～，下户管反。（ZD59-1000c）按："～"，即"浣"字，洗也。《增壹阿含經》卷15："吾當於何處蹹浣此衣？"（T02，p621b）

―――

① 又見"睕"字條。
② 又見"綬"字條。
③ 又見"宧"字條。

浣 huàn

火～，戶管反。（ZD59-602a）按："～"，即"浣"字。

浣① huàn

～之，胡管反。（ZD59-701c）

洗～，戶管反。（ZD59-937b）

淨～，戶管反。（ZD59-620c）

解～，古賣反，下乎管反。（ZD59-977b）

～濯，戶管反，下宅卓反。（ZD59-668a）

～滌，戶管反，下徒的反。（ZD59-742c）

灰～，呼迴反，下乎管反。（ZD59-677c）

～滌，胡管反，下亭的反，洗也。（ZD59-665a）

～池，戶管反。（ZD59-749b）

柈 huàn

木～，音患。（ZD60-340a）按："～"即"槵"。

窅 huàn

因～，音患，仕也，又閹宦也，正作宦。（ZD60-477c）按："～"即"宦"字。

換 huàn

貸～，上他代反，又他得反。（ZD59-1076c）

倏～，上尸六反。（ZD59-589b）

呼～，音換，悮，煥字韻。（ZD60-401b）按：《新譯大方廣佛華嚴經音義》卷1："煥，呼換反。"（A091，p348b）"～"即"換"。

唤② huàn

號～，上音豪，下音喚。（ZD59-618a）

～入，上火亂反，正作喚。（ZD59-1052c）

～狗，上《川音》作喚，以喉字替之，音叟。（ZD60-283c）按："～"，經文作"喚"或"喉"，從形體看，"～"即"喚"。

唱～，或作喚，同呼亂反。《川音》作噭，音叫。（ZD59-772b）

渙 huàn

～然，火亂反。（ZD59-728a）

～然，上火亂反。（ZD59-585c）

煥 huàn

暉～，音喚。（ZD59-806b）

～若，呼亂反。（ZD59-722b）

絢～，呼縣反，文彩兒，下呼換反，火光也。（ZD59-660c）

～明，音喚，光也。（ZD59-653b）

綺～，歡貫反。（ZD59-661c）

～乎，上呼亂反。（ZD60-461c）

暉～，音喚，火光也，正作煥。（ZD59-774c）

炫～，上音縣，下音喚。（ZD59-616b）

輝～，上音暉，下音喚。（ZD59-556b）

綺～，音喚。（ZD59-742b）

暉～，音喚。（ZD59-737c）

槵③ huàn

木槵，音患；作～，同上。（ZD60-342b）

～子，音患，木名，無～也。（ZD59-777c）

---

① 又見"澣"字條。
② 又見"嚾"字條。
③ 又見"柈"字條。

摆 木～,音患。(ZD59-777c)按:《貞元新定釋教目録》卷30:《木槵子經》一卷(或作患字,亦作摆)。(T55, p1041c)

擐 huàn/huī

擐 ～身,上音患,串也,又古還反。(ZD60-602b)

揲 能～,音患。(ZD59-553c)

擐 ～大,上音患。(ZD59-554b)

擐 ～甲,関、患二音,著甲也。(ZD59-696c)

擐 ～甲,户慣反。(ZD59-667c)

擐 能～,音患。(ZD59-559a)

擐 各～,音患。(ZD59-695a)

掾 而～,户串反,挂甲也,正作擐。(ZD59-873a)按:"～"乃"擐"字,詳見本書中篇"掾"字條。

擐 頭～,古還、胡慣二反,貫也,著也,正作擐也。又音撮,悮也。(ZD60-495c)按:"～"乃"擐"字,詳見本書中篇"擐"字條。

擐 ～大,音暉,正作揮也,又関、患二音,非。(ZD59-848c)按:"～大",對應佛經作"揮大"。《佛説觀佛三昧海經》卷7:

"時金剛神手奮金杵,揮大利劍,髭如劍铦,眼如電光。"(T15, p679a)從形體上看,"～"即"擐",可洪以爲"揮"。

澣 huàn

浣 淨～,户管反,洗也,亦作澣。(ZD59-728c)

翰 ～曬,户管反,濯也,正作澣,下所賣反,上又音捍,非。(ZD59-850c)

澣 ～濯,胡管反,下宅角反。(ZD59-863c)

轘 huàn

轘 ～裂,上音患,車裂人。(ZD60-565c)

嚾 huàn

嚾 ～罪,上呼亂反,呼召也,正作唤、嚾。(ZD60-211a)

嚾 ～猶,上呼亂反。(ZD59-1046c)

嚾 聲～,音唤。(ZD60-190a)

嚾 嗷～,呼亂反,大聲也,正作嚾也。(ZD59-1029c)

嚾 聲～,音唤。(ZD60-190b)

嚾 嗷～,同上(嚾)。(ZD60-214c)

嚾 嗁～,上徒兮反。(ZD59-1029c)

嚾 ～呼,上呼亂反。(ZD60-177b)

嚾 ～罵,上呼亂反。(ZD59-1093c)

嚷 叫～,音唤,正作嚾、唤二形也,悮。(ZD60-214c)

嚾 ～王,上火貫反,同唤。(ZD60-187b)

肓 huāng

肓 膏～,音荒。(ZD60-538b)

肓 膏～,上音高,下音荒。(ZD60-439a)

荒① huāng

姜 ～迷,上呼光反,正作荒。(ZD60-322c)

荒 ～圮,上呼光反。(ZD60-414c)

荒 ～忽,上呼光反。(ZD59-609c)

荒 ～梗,上呼光反。(ZD60-342b)

荒 ～梗,古杏反。(ZD59-891c)

瞄 huāng

瞄 ～～,莫郎、虎光二反,目不明也,誤。

————

① 又見"㡃""㡃"字條。

（ZD59-1073b）按：《正法念
處經》卷 65：“或一眼一耳，
半面疼痛，或目視眧眧。”
（T17，p389b）“眧眧”，元、
明本作“眲眲”，宮本作“旴
旴”。“旴旴”爲“～～”
之訛。“～～”即“眧眧
（眲眲）”。

喨 huāng

～如，呼廣反，虛幻
也。（ZD59-760c）
按：“～如”，對應佛經作“荒
如”或“喨如”。《佛説無希
望經》卷 1：“荒如幻（九），
無 所 生（十）。”（T17，
p781a）“荒”，宋、元、明、宮
本作“喨”。根據文意，“～
（喨）”同“荒”。《龍龕手
鏡・口部》：“～，音荒。”鄭
賢章（2007：135）有詳細
考證。

～如，上呼廣反，經
意是謊，火廣反，又
或作謊、恍，二同呼往反。
（ZD60-362c）按：“～”，經文
有版本作“荒”，可洪以爲
“謊”，恐非。

嫀 huāng

軌～，上都含反，下
呼光反，正作妣荒
也。（ZD60-205b）按：“～”
同“荒”。《賢愚經》卷 11：
“仙人少小，不習欲事，既來
治國，漸近女色，婬事已深，
奔逸放蕩，晨夜軌荒，不能

自制。”（T04，p427a）

偟 huáng

有～，音皇，暇也。
（ZD59-764c）按：《六
度集經》卷 3：“主人有徨，
餉過食時。時至欲食，沙門
從乞。”（T03，p14a）“徨”，
宋、元、明本作“偟”。“偟”
乃“偟”字，空閒也。

仿～，上音傍，下音
黃。（ZD60-412a）
按：“～”，聯綿詞，又作
“彷徨”。

凰① huáng

鳳～，音皇，雄曰鳳，
雌 曰 ～。（ZD59-
702a）

埧 huáng

城 ～，音 皇。
（ZD59-617c）

湟 huáng

池～，户光反，正作
潢。（ZD59-960b）

惶 huáng

～懼，上音惶，下音
懼。（ZD59-982c）
按：“～”乃“惶”字，詳見本
書中篇“腥”字條。

潢 huáng/huàng

～井，音黃，積水也。
（ZD59-900b）
～洋，上户廣反，下
羊兩反，正作滉瀁
也，大水皃也。（ZD59-
768c）按：“～洋”，聯綿詞，
同“滉瀁”。

煌 huáng

～～，音皇，火光皃
也，正作煌也，又户
廣反，俗。（ZD60-268c）按：
“～”乃“煌”字，詳見本書中
篇“煌”字條。

蝗② huáng

～蟲，户光反，下直
中反。（ZD59-638c）
～蛾，上户光反，下
五何反。（ZD59-
1130a）

篁 huáng

新～，音皇。（ZD60-
599a）

---

① 又見“鵾”字條。
② 又見“蟥”字條。

熿　huáng

炫～，音縣，下音黃。（ZD59-765a）

癀　huáng

～病，戶光反。（ZD59-780a）

～瘴，戶光反，下魚約反。（ZD59-787c）

蟥　huáng

蟲～，上除中反，下胡光反。（ZD59-990b）

～虫，上音黃，灾虫也，正作蝗也。（ZD59-605c）按："～"同"蝗"。

簧　huáng

皺～，音黃，正作簧，悮。（ZD60-29a）

皺～，音黃。（ZD59-1122b）

鶬　huáng

鳳～，音皇，《爾雅》曰雄曰鳳，雌曰凰也。（ZD60-200a）按："～"同"凰"。

忼　huǎng/kǎng

～爾，上呼往反。（ZD60-536c）按："～爾"，對應佛經作"恍爾"。《弘明集》卷9："忽焉自有，恍爾而無，來也不御，去也不追。"（T52，p57b）"～"乃"恍（悦）"。

悦　huǎng

欻～，上許勿反，下虛往反。（ZD60-542a）按："欻～"即"欻恍"。"～"乃"恍（悦）"。《弘明集》卷13："以爲靈性密微可以積理知，洪變欻恍可以大順待。"（T52，p89b）

～憀，上苦浪反，下苦愛反，大息也，歎也，《川音》作忼，忼憀，上音慷，下音愷，非也。（ZD60-271a）按："～"即"忼"，與"慷"同。

悦①　huǎng

～愡，上呼往反，下呼骨反，正作惚。（ZD59-1042b）

～愡，許往反，下音忽，正作惚。（ZD59-821a）

～忽，上許往反。（ZD60-142b）

恍　huǎng/wán

惟～，呼廣反，又音光，悮也。（ZD60-416c）按："～"乃"悦"。《集古今佛道論衡》卷1："道之爲物，惟悦惟惚，因應無方，惟變所適。"（T52，p366b）

悦　huǎng

～貪，同上（忼），又古黃反，非。（ZD60-402b）按："～"乃"忼"字。

晃　huǎng

～燿，上胡廣反。（ZD60-205a）

～明，戶廣反，正作晄、晃二形，郭氏作筠輒反，非。（ZD59-856a）

烑　huǎng

煒～，于鬼反，光也，下古黃反，盛也，正作恍，下又黃廣反，明也，暉也，正作晄（晃）也，俗。（ZD59-763b）按："～"，可洪以爲"恍"，不符經意，或以爲"晄（晃）"，訓明也，暉也，光也，當是，對應經文作"燿"，意義近似。《六度集經》卷2："妻名曼坻，諸王之女，顏華煒燿，一國無雙，自首至足皆以七寶瓔珞。"（T03，p8b）

慌　huǎng

～忽，上呼廣反，虛妄見也。（ZD59-577c）

～忽，上呼廣反。（ZD59-611b）

～惚，上呼廣反，下呼骨反。（ZD59-587b）

―――――

① 又見"忼""悦""恍"字條。

慌
～怤，呼廣反，下音
忽，正作惚也。
(ZD59-649a)

慌
～惚，呼廣反，下呼
骨反。(ZD59-735b)

慌
～忽，呼廣反，下正
作惚。(ZD59-648a)

熿
煌～，戶光反，下莫
光反，正作惶怳，怳
也。(ZD59-672a)按："～"
乃"慌"，詳見本書中篇
"熿"字條。

滉　huàng

滉
作～，戶廣反，水大
皃。(ZD60-362b)

灰①　huī

灰
臥～，火迴反。
(ZD59-959c)

灰
～聚，呼迴反，下自
禹反。(ZD59-927a)

灰
石～，呼迴反，正作
灰。(ZD60-80a)

灰
爲～，音灰。(ZD59-
912b)

灰
～爐，辝進反。
(ZD59-636b)

灰
～土，上呼迴反，正
灰。(ZD59-1000b)

灰
～塵，呼迴反。
(ZD59-702a)

灰
熱～，火迴反。
(ZD60-178b)

灰
～土，上音灰。
(ZD60-194b)

恞　huī/lìn

恞
恢～焉，上二同口迴
反，大也，下于乩反。
恞字俁也。上句云落落焉，
下句恢恢焉，是也。(ZD60-
314b)按："～"乃"恢"，詳見
本書中篇"恢"字條。

恞
慳～，力進反。
(ZD60-178b)　按：
"～"乃"悋"。《四諦論》卷
1："怨結、慳悋、慢觸、犯受
是等苦。"(T32，p376a)

忶　huī

忶
幢～，許爲反，正作
麾。(ZD60-256b)

抋　huī

抋
吟～，宜作詼，《七佛
咒》作恢，同，苦迴
反。詼，調也。恢，大也。
又《川音》云義合作捒，呼麥
反，非也。(ZD60-292a)
按："～"即"恢"，乃"灰"字
之借，詳見本書中篇"抋"
字條。

恢②　huī

恢
～設，上苦迴反，正
作恢。(ZD59-732c)

恢
～弘，苦迴反，正作
恢。(ZD59-650a)

恢
～泰，苦迴反。
(ZD59-677c)

恢
～弘，古迴反。
(ZD59-645a)

怴
郗～，上丑夷反，下
苦迴反。(ZD60-
497c)

恢
～闉，苦迴反。
(ZD59-732c)

催　huī

熊
仳～，上音毗，下許
維反，醜女也，正作
催也，俁，下又焦、顇二音，
非，上又應和尚作匹視反。
(ZD60-360c)

揮③　huī

攂
～大，音暉，正作揮
也，又関、患二音，
非。(ZD59-848c)

貄　huī

貄
孤～，音暉，山貄，獸
名，似犬面，見人行
疾如風，又音魂。(ZD60-
594a)按：《廣弘明集》卷
29："蟋蟀哀嘶而遠聞，孤貄
叫嘯以騰聲。"(T52，p339a)
"貄"，宋、元、明本作"猨"，
宮本作"猨"。"貄"，乃猿
類，猿身人面也。

————
① 又見"抶"字條。
② 又見"恞"字條。
③ 又見"攂""攝""喝"字條。

暈 huī

暈　明～，許歸反，正作
暉。（ZD59-1032a）

暉 huī

暉　～曜，許歸反，下羊
照反，上又胡本、五
因二反，並非。（ZD59-
647b）

暈暉　～曜，上音暉，光也，
悮。（ZD60-183c）

暉　日～，音揮。（ZD59-
873b）

蝌① huī/luó

塚　～觸，上火迴反。
（ZD59-1135a）

塚　～觸，上呼迴反。
（ZD60-495c）

毦　鼲觸，上呼迴反，豕
掘地也，正作蝌、鼩、
～三形也。（ZD60-268a）
按："蝌""鼩""尳""鼲"同。

蝌　以～，力禾反，研衣
者也，又呼迴反，非
用也。（ZD60-77c）按："～"
乃"蠡"字，詳見本書中篇
"蝌"字條。

蝌　～槃，上力禾反，悮。
（ZD60-78a）　按：
"～"乃"蠡"字，詳見本書中
篇"蝌"字條。

煇 huī/hùn

煇　～諸，上暉、䰟、混三
音，赤色。（ZD60-
356c）

煇　～煌，上戶本反。
（ZD59-1032a）

㦚 huī

㦚　幢～，許皮反，正作
麾，郭氏音諱，非
也。（ZD59-702a）按："～"
同"麾"。

嗢 huī

嚈　翻～，上芳頒反，下
許爲反。（ZD60-6c）
按："翻～"，經文作"翻鳴"。
《根本説一切有部毘奈耶雜
事》卷 2："作是念已，即便
反掌，翻鳴其面。"（T24,
p210c）"鳴"，《根本説一切
有部毘奈耶》作"搇"。"～"
疑爲"搇"。

嚈　～面，上許爲反，口
不正也。（ZD59-
1132c）按："～"同"搇"。
《根本説一切有部毘奈耶》
卷 19："遂即近前，强抽一
疊，得已細觀，返手搇面。"
（T23，p728c）《一切經音
義》卷 60："搇面，上毀爲
反，《考聲》謙也，揖也，搇手
也。"（T54，p710a）

麾② huī

㦚　幢～，許皮反，正作
麾，郭氏音諱，非也。
（ZD59-702a）

懨　憧(幢)～，許爲反，正
作麾，幢也，郭逯音
諱，非也。（ZD59-1031b）按：
"～"乃"麾"，詳見本書中篇
"懨"字條。

徽 huī

徽　重～，音暉。（ZD60-
168a）

隳 huī

隳　不～，許規反。
（ZD59-591a）

隳　～彌，許規反。
（ZD59-866a）

輝 huī

輝　～熒，上許願反，法
也。（ZD60-541a）
按：《一切經音義》卷 96：
"輝熒，上字檢諸字書並不
見，恐傳寫錯誤，唯有從車
作轊，音光，庶幾相近於
義。"（T54，p907b）"～"，可
洪音"許願反"，蓋以爲"轊"
字。從經文文意看，"～"疑

---

① 又見"鼲"字條。
② 又見"忶""㦚"字條。

即“輝”字。《廣弘明集》卷8:“物無爝螢,人斯草偃。”(T52, p142a)“～”對應“爝”,意義近似。鄭賢章(2007:559)曾以“～”爲“爝”,另備一說。

觿 huī

觿 ～韘,許規、户圭二反,角錐也,童子佩之,下蘇協、書涉二反,射具也,童子佩之,正作觿。(ZD59-902b)

觿 佩～,許規、胡圭二反,角錐,童子佩之。(ZD60-431a)

觿 ～裳,上許規反,角錐也,童子佩之,正作觽、鐫二形也。(ZD60-468c)按:“～”乃“觿”,詳見本書中篇“觿”字條。

⿰鼻嵬 huī

⿰鼻嵬 ～突,上音灰,俗。(ZD60-268a)按:《經律異相》卷15:“夢三品象子,⿰鼻嵬突大象,踏踐好草,攪濁清水。”(T53, p80a)“～”即“⿰鼻嵬”。

⿰鼻嵬 ～觸,上呼迴反,豕掘地也,正作⿰虫豕、鼿、豗三形也。(ZD60-268a)按:《經律異相》卷15:“六者見三品象子,⿰鼻嵬觸[illegible]豴,搪突大象,踏踐好草,攪濁清水。大象患之,避逃而去。”(T53, p79c)“～”乃“⿰虫豕”“鼿”。

佪 huí

佪 ～念,户灰反。(ZD59-672a)按:《諸菩薩求佛本業經》卷1:“菩薩佪念觀時,心念言。”(T10, p452a)

佪 ～流,上音迴,正作洄。(ZD59-584b)按:《大明度經》卷1:“心馳三界,佪流生死。”(T08, p480b)“～流”同“洄流”。《大莊嚴論經》卷3:“洄流没生死,如彼陶家輪。”(T04, p271a)

茴 huí

茴 ～香,户灰反。(ZD59-788a)

⿺辶曲 huí

⿺辶曲 烏～,户灰反,梵云烏迴鳩羅,此云無二平等薩婆多。(ZD59-1120a)按:“～”乃“迴”字,詳見本書中篇“⿺辶曲”字條。

浀 huí/yuān

浀 ～復,音迴,下音伏,涚也,逆流也,正作洄澓也。(ZD59-957a)

浀 墮淵,烏玄反,《川音》作～,音曲,非也。(ZD60-213b)按:“～”乃“淵”。《修行道地經》卷2:“其心内迷散,情猶象墮淵。”(T15, p195c)

洄① huí

洄 ～澓,音迴,下音伏,逆流水也,淀也。(ZD59-653b)

洄 ～澓,音迴,下音伏。(ZD59-687a)

洄 ～覆,户灰反,下扶福反,逆流也,正作洄澓。(ZD59-960a)

洄 ～復,音迴,下音伏,涚也,逆流也,正作洄澓也。(ZD59-957a)

⿰氵皿 huí

⿰氵皿 九～,音迴,正作洄也,又況逼反,非。(ZD60-509b)按:“～”乃“洄”之訛。

迴② huí

迴 邅～,知連反。(ZD59-794a)

迴 邅～,知連反。(ZD59-754a)

迴 何～,乎灰反,正作迴。(ZD59-976c)

---

① 又見“⿰氵皿”“浀”字條。
② 又見“⿺辶曲”字條。

迴　～向，户灰反。（ZD59-718c）按："～向"，對應佛經作"迴向"。《悲華經》卷 3："卿等以是善根，應生隨喜，生隨喜已，發心迴向阿耨多羅三藐三菩提，當令寶海得如所願。"（T03，p181c）"～"即"迴"之訛。《龍龕手鏡·辵部》："迴，音曲。"《漢語大字典》引之，未考。其實"～"乃"迴"之訛，音"曲"，乃俗讀，俗以"迴"從"曲"，故讀爲"曲"。

珦　huí

珦　玫～，莫迴反，下乎灰反。（ZD59-923a）按："珦"同"瑰"。

蚘①　huí

蚘　～虫，上户魁反，人腹中長虫也，郭氏音尤，非也。（ZD59-1054b）按："蚘"同"蛔"。

蚘　～虫，户灰反，人腹中長虫也，《經音義》以蛕字替之，非也，郭氏音尤，亦非也，蛕音悔，《玉篇》音郁，並非也。（ZD59-847a）

吮　作～尤，二同音迴，見藏經作蚘也，又于求反，非也。（ZD60-355b）

蚘　作～，户灰反，又郭氏音尤，非也。

（ZD60-389c）

蛔　huí

蛔　～母，上户灰反，正作蛔也，然宜作蛔，烏閑反，～，赤虫也，此前第四第六皆作赤蛽也。（ZD59-1073c）按："～"，經文作"蛔"。《正法念處經》卷 67："五名蛔母蟲，爲惡火風之所殺害。"（T17，p397a）

蛔　huí

蛐　～虫，上户灰反，人腹中長虫也，正作蚘、蛕、蛔三形。（ZD59-1044b）

蛔　～類，户灰反。（ZD59-869a）

蛔　～虫，户灰反，人腹中虫。（ZD59-792b）

槐　huí

槐　～火，上户灰反，木名。（ZD59-589b）

槐　～庭，上户灰反。（ZD60-415c）

瑰②　huí

瑰　玫～，上莫迴反，下胡魁反。（ZD59-576c）

珦　玫～，莫迴反，下音迴。（ZD59-678a）按："～"同"瑰"。

瑰　玫～，莫迴反，下古迴反。（ZD59-682b）按："～"音"古迴反"，讀"guī"，乃另一音。

魋③　huǐ

蚘　之～，許鬼反，虺也，正作魋。（ZD59-613c）

蚘　虺～，許鬼反，正作魋。（ZD59-1120a）

祂　～盛，許鬼反。（ZD59-820a）

蚘　虺～，許鬼反，正作魋，又五骨反，非也。（ZD59-731c）

迪　抽～，許鬼反，正作魋。（ZD60-187b）

雄　虺～，許鬼反。（ZD59-572c）

虺　～虺，許鬼反，正作魋。（ZD59-955a）

叔　魋虺，上許鬼反，前作～虺。（ZD59-985b）

魋　如～，許鬼反。（ZD59-645b）

阤　土～，許鬼反。（ZD59-1119b）

阤　虺～，許鬼反，正作魋，或作虺，五官反。（ZD59-749b）

---

① 又見"蛔"字條。
② 又見"珦"字條。
③ 又見"蚘""虺"字條。

虵～,許鬼反。(ZD59-575c)

虵～,許鬼反。(ZD59-1072c)

虵～,許鬼反。(ZD60-78b)

～香,上許鬼反,蝮～,虵也,樓藏作虺,麻谷作虺,又五骨反,蟹也,《川音》作蚖,音元,非也。(ZD60-208a)

虺 huǐ

黑～,許鬼反,虵名,經本作虺。(ZD59-930a)按:"～"乃"虺(虺)"字。

～虵,許鬼反,正作虺。(ZD59-821c)

挴 huǐ

悼～,上徒了反,下呼罪反,正作掉悔。(ZD60-171b)按:"悼～",對應佛經作"掉悔"。《舍利弗阿毗曇論》卷19:"何謂五蓋。欲染蓋,瞋恚、睡眠、掉悔、疑蓋,是名五蓋。"(T28, p651c)

悔① huǐ

～丢,呼每反,下力進反,正作悔丢。(ZD59-860a)按:"～",即"悔"字。構件"忄"與"扌"易混。《文殊師利問經》卷

2:"住家者多悔恪,出家者無悔恪。"(T14, p505c)

～還,呼罪反,正作悔。(ZD59-708a)按:"～"即"悔"。《正法華經》卷4:"吾以神足,化作大城。吾時觀察,枯燥荆棘,每懼仁等,創楚悔還。"(T09, p94a)

疑～,火罪、火對二反,恨也,改也,正作悔,又武罪反,貪也,傳寫悞也。(ZD59-655b)

毀 huǐ

～呰,音紫,謗也。(ZD59-936c)

～呰,音紫。(ZD59-743b)

～呰,音紫。(ZD59-618a)

～呰,音紫。(ZD59-592a)

～呰,音紫。(ZD59-661a)

～呰,音紫。(ZD59-758a)

欲～,許委反。(ZD59-582c)

六～,音毀。(ZD59-1104c)

頺～,徒迴反,正作隤。(ZD59-702b)

～呰,音紫。(ZD59-577b)

～蔑,莫結反。(ZD59-576a)

～呰,音紫,亦作呰。(ZD59-560a)

～呰,將此反。(ZD59-919c)

頺～,上徒迴反。(ZD59-1113a)

呰～,將此反。(ZD59-747c)

～呰,音紫,又作呰。(ZD59-668b)

～呰,音紫。(ZD59-1105c)

～呰,音紫。(ZD59-637c)

～呰,音紫。(ZD59-594b)

～紫,將此反,正作呰。(ZD59-646b)

讒～,音毀。(ZD60-167b)

若～,許委反。(ZD59-845a)

煨 huǐ

～之,許委反,吳人云火也,亦火盛也。(ZD59-934c)

如～,音毀,火別名也。(ZD59-569b)

急 huì/jí

～熙,上音惠,下許之反,傳本作慧凞。(ZD60-461a)按:"～熙",對應佛經作"慧熙"。《高僧

---

① 又見"挴"字條。

《傳》卷 14：“齊上定林寺釋僧柔(弘稱,僧拔,慧熙)。”(T50, p420c)

㥜

卒慌,上倉没反,～也,下莫郎反,遽也,怖也。(ZD59-833a)

彗① huì/suì

撦

～星,音遂,妖星也,正作彗,又徐歲反。(ZD59-681c)

篲

～星,徐歲反,妖星也,正作彗也,又音遂。(ZD59-954a) 按：“～星”,對應佛經作“彗星”。《大乘廣百論釋論》卷 7：“諸法如火輪,變化夢幻事,水月彗星響,陽焰及浮雲。”(T30, p229c)

晦 huì

晦

～而,呼對反,㝠也,從日。(ZD59-860c)

悥 huì

悥

～真,傳本作慧真。(ZD60-461a) 按：“～真”之“～”,乃“慧”字之訛。

蕙 huì

蕙

～蓀,上音惠,香草也,蘭屬,正作蕙也,下音孫,香草也,上音枭,悮。(ZD60-420a) 按：“～”

乃“蕙”。

惠 huì

惠

～嘴,即水反。(ZD59-688c)

惠

～喆,音軏。(ZD59-588c)

晦 huì

晦

～寶,上呼昧反。(ZD60-579a) 按：“～”即“晦”。構件“日”與“目”相混。《廣弘明集》卷 23：“故晦寶停璞,導兼車以出魏。”(T52, p267b)

晦

～暳,上荒昧反,下一計反。(ZD60-311c) 按：“～”即“晦”之訛。《出三藏記集》卷 6：“彼非凡所覩謂之陰也,猶以晦暳種夫粢芥。”(T55, p43a)

喙 huì

啄

～長,上許穢反,正作喙。(ZD59-570b)

啄

鵲～,上户沃反,下許穢反,正作喙也。(ZD60-234c)

喙

～劈,上許穢反,下子委反。(ZD59-1057a)

啄

赤～,上昌隻反,下許穢反。(ZD60-370c)

梵～,許穢反。(ZD59-797c)

賄② huì

賄

財～,音賄,又音覞,非。(ZD59-852a)

會 huì

會

阿波～天,《樓炭經》云阿波羅。(ZD59-571c)

合

令～,户外反,集也,正作會,郭氏音合,非也。(ZD60-187c)

會

朝～,音會。(ZD60-273c)

彙 huì

彙

品～,云貴反。(ZD59-794a)

彚

～征,上云貴反,下之靈反。(ZD59-570a)

撦

huì/xuě/suì

撦

～櫝,上祥歲反,下徒木反。(ZD60-509c) 按：“～”乃“櫗”。

撦

～日,于歲、相絶二反,裂也,滅也,正作

---

① 又見“嘈”“撦”字條。
② 又見“晦”字條。

撍。（ZD59-754a）按："～"即"撍"。

撍　～日,于歲、宣悦二反,正作撍。（ZD59-794a）按："～"即"撍"字之訛。

櫡　～日,上宣絶反。（ZD60-52c）

櫡　～日,宣絶反,滅～也,又子芮反,裂也。（ZD59-972b）按："～"即"撍"字之訛。

櫡　作～,于桂反,經以爲彗字也,又子芮、相悦二反。（ZD60-356a）按："～"通"彗"。

撍　～星,音遂,妖星也,正作彗,又徐歲反。按："～"通"彗"。（ZD59-681c）

嘒　huì/suì
～星,上徐醉、徐歲二反,妖星也,正作彗。（ZD59-1066c）按："～星",即"彗星"。《正法念處經》卷19:"閻浮提中邪見論師見彼夜叉口中出煙,謂彗星出,言是閻羅王一百一子,不知乃是一百一大力夜叉。"（T17,p110c）

嗨　huì
財～,音悔,亦作賄。（ZD60-200a）　按:"～"同"賄"。

儶　huì
補～,户内反。（ZD60-397c）

慧①　huì
無～,音惠,正作慧也。（ZD60-185b）
身～,户桂反,智也,悟也,利也,解也,正作慧也。（ZD60-99a）
淨～,音惠。（ZD60-85b）按："～"乃"慧",詳見本書中篇"瑟"字條。

蕙②　huì
～帶,上音惠,香草。（ZD60-479c）

櫘　huì
～櫝,上祥歲反,下徒木反。（ZD60-496b）按："～"乃"櫘"。
～櫝,上徐歲反,下徒木反,小棺也,上又歲、衛二音。（ZD60-560c）按:"撍～",對應佛經作"櫘櫝"。《廣弘明集》卷13:"故有藤繩櫘櫝、瓦掩虞棺,皆起於中古也,曁周文之日。"（T52,p183b）

憓　huì
～聲,上音惠,愛也。（ZD60-313b）

薉　huì
蕪～,上音無,下音穢,荒也,草也。（ZD60-259c）

篲　huì/suì
掃～,祥醉、祥歲二反,正作篲。（ZD59-1106c）按："～",經文作"篲"。《摩訶僧祇律》卷11:"下著雨衣,上著安陀會,捉長柄掃篲掃地。"（T22,p319c）
掃～,祥歲反,帚也,正作篲。（ZD60-273b）
擁～,音遂,又徐歲反。（ZD59-588c）按:《大寶積經》卷1:"巢燧執鞭,羲農擁篲。"（T11,p1a）
執～,音遂。（ZD59-695b）

撍　huì/suì
掃～,詳歲、祥醉二反,帚也,正作篲,又

---

① 又見"急""忌"字條。
② 又見"蕙"字條。

音慧，悮。（ZD59-1004b）
按："～"乃"簹"字，詳見本書中篇"撌"字條。

螱 huì

螱　～菌，上音惠。（ZD59-557a）

蟪　～蛄，上音惠，下音姑。（ZD60-590b）

穢① huì

穢　鄸～，兵美反，下於癮反。（ZD59-654b）

薉　攘～，上而羊反。（ZD59-610a）

穢　～刹，初結反，正作刹。（ZD59-716b）

薉　無～，於吙反。（ZD59-748a）

穢　～濊，而朱反，又音輠，俗通呼。（ZD59-964a）

薉　癡～，音穢。（ZD59-820b）

穢　臭～，上昌右反，惡氣也，正作臭、殠二形也，又或作嗅。（ZD59-555c）

穢　臭～，昌右反。（ZD59-772a）

薉　臭～，上昌右反。（ZD59-563a）

穢　瘕～，户加反，痁也，又家、嫁二音，非。（ZD59-767b）

癮 huì

癮　～賤，上於廢反，正作穢。（ZD60-312c）
按："～"同"穢"。

癮　家～，音穢，俗。（ZD60-265c）按："～"同"穢"。

癮　～賤，上於廢反，惡也。（ZD59-609c）
按："～"同"穢"。

纋 huì

纋　～衆，胡對反，畫也。（ZD59-739c）

繢　畫～，户内反。（ZD59-789a）

繢　～像，迴對反。（ZD59-660a）

翽 huì

翽　曹～，呼外反，人名也，《川音》作居衛反，非。（ZD60-507c）

讄 huì

讄　謝～，音惠。（ZD60-468a）

繪 huì

繪　綺～，音會。（ZD59-595a）

闠 huì/kuì

闠　闠～，户開反，下胡對反。（ZD59-697b）
～闠，上宜作憒，古對反，又胡内反，市門也。（ZD60-111a）按："～闠"乃"憒闠"。

巓 huì

巓　～討，宜作巓奊，上許穢反，下他老反。巓，頰也。奊，長也。經意謂病者兩頰皮垂下也。（ZD60-208b）按："～討"，對應佛經作"嚱討"或"嚱計"。《道地經》卷1："眼黑色黑，大小便不通，節根解，口中上腫青，雙嚱計。"（T15，p233a）"計"，宋本作"討"。可洪以"～"爲"巓"。

昏 hūn

昏　～瞑，呼昆反，下莫瓶反。（ZD59-728b）
～蔽，呼昆反，下必祭反。（ZD59-678b）
～螫，直立反。（ZD59-743a）

惛② hūn

惛　無～，呼昆反。（ZD59-641a）

---

① 又見"癮"字條。
② 又見"㛯"字條。

～也，上呼昆反，正作惛。(ZD60-385b)

～㝏，蜜利反。(ZD59-667b)

～沉，上呼昆反。(ZD59-553c)

～掉，大了反。(ZD60-148c)

婚 hūn

～媾，呼昆反，下音構。(ZD59-873a)

～娶，上音昏，下音趣。(ZD59-994b)

～娶，上呼昆反，下七句反。(ZD59-631c)

～娶，七句反。(ZD59-601a)

～媾，上呼昆反。(ZD60-355a)

～匹，上呼昆反，下普吉反。(ZD59-1038b)

～姻，上音昏，下音因。(ZD59-996a)

董 hūn

～辛，上許云反，正作菫。(ZD60-467a)按：“～”乃“菫”。

菫 hūn

～辛，許云反，下息津反。(ZD59-741a)

楿 hūn

合～，呼昆反。(ZD59-604c)

惛 hūn

～辟，毗益反，倒也，撫也，正作躃、擗二形。(ZD59-1043a)按：“～”，即“惛”字。《佛説大愛道般泥洹經》卷1：“迦羅越聞阿難言如是，即惛擗地言。”(T02，p868b2)

闇 hūn

帝～，音昏。(ZD60-567a)

偅 hún

～爲，上黿、混二音，清濁不分也，正作渾也，又五昆反，非。(ZD60-530a)按：“～”乃“渾”。

黿 hún

凭～，上巨營反。(ZD60-296a)

人～，户昆反，正作黿。(ZD59-751c)

冤～，上於元反。(ZD60-426a)

圂 hùn

～猪，上户困反。(ZD59-594b)

掍 hùn

～油，上古本反，雜也，掍磕，轉物也，正作掍，出《葀筠韻》，《川音》以琯字替之。(ZD60-57c)按：“～”即“掍”。《四分律删補隨機羯磨》卷2：“世中時有掍油漆素鋏紵等鉢，並非佛制，不成受持。”(T40，p502b)“～”，可洪音“古本反”，似不妥。“～”同“掍”，應讀“胡本反”。

焜 hùn

～～，户本反，光也，正作焜。(ZD59-766c)按：“～”乃“焜”字，詳見本書中篇“焜”字條。

～燿，胡本反，下摇照反。(ZD59-736c)

溷① hùn

廁～，户困反。(ZD59-749b)

入～，户困反。(ZD59-818c)

───────

① 又見“圂”“溷”字條。

溷　～邊，戶困反，廁也，正作圂、溷二形。（ZD59-884a）按："～"乃"溷"，詳見本書中篇"溷"字條。

啯　啖～，戶困反，廁也，正作圂、溷。（ZD59-1094a）按："啖～"，對應佛經作"啖溷"。"～"即"溷"字之俗。《佛說分別善惡所起經》卷1："後身沒溷中，啖溷蟲爲食。"（T17，p520c）"溷"蓋受上字"啖"的影響類化換旁從"口"而作"～"。

溷　hùn

溷　～中，上戶困反，正作溷也，又古麥反，非也。（ZD60-302c）按："～中"，對應佛經作"溷中"。《諸經要集》卷13："吾從山墮投於樹岸溝坑溷中。"（T54，p121a）

或　huò

或　～挑，他條反，揎取也。（ZD59-656b）

或　眩～，玄、縣二音。（ZD59-641b）按："～"通"惑"。

或　～猜，倉才反。（ZD59-585c）

或　～編，卑連反，織也。（ZD59-855b）

啈　huò

啈　咋～咋，上下二同，仕責反，中戶麥反。（ZD60-387a）

崔　huò

崔　～然，呼郭反，正作霍、霏、靃三形，又呼沃反，高也。（ZD60-76c）按："～"乃"霍"。

惑　huò

惑　眩～，音玄，亂也，視物不定也，迷也，又音縣。（ZD59-825b）

惑　熒～，戶扃反。（ZD59-769c）

禍①　huò

禍　～福，胡果反，正作禍。（ZD59-833b）

禍　～福，上戶果反。（ZD59-1050c）

楇　之～，和果反，正作禍。（ZD59-827c）

禍　重禍，戶果反，正作～。（ZD59-773a）

禍　有～，音禍。（ZD60-234b）

禍　～福，上戶果反，正作禍。（ZD59-1048a）

愒　者～，音禍。（ZD59-585a）

禍　相～，音禍。（ZD59-1046b）

禍　重～，戶果反，正作禍。（ZD59-773a）

楇　爲～，戶果反，災也，正作禍。（ZD60-254b）

禍　不～，胡果反。（ZD59-573a）

楇　飛～，戶果反，正作禍。（ZD59-1096c）

楇　爲楇，胡果反，正作禍。爲～，同上。（ZD59-986c）

楇　～至，乎果反，正作禍。（ZD59-752b）按："～"乃"禍"，詳見本書中篇"楇"字條。

禍　～從，上戶果反。（ZD60-246c）

楇　得～，音禍。（ZD60-512a）

禍　衰～，所追反，下乎火反。（ZD59-976c）

禍　～福，戶果反。（ZD59-699c）

楇　殃～，音禍。（ZD59-558b）

福　遭～，音禍。（ZD59-561c）

稇　～害，上胡果反，正作禍。（ZD60-205b）

————

① 又見"禍"字條。

稬
禍　爲～，胡果反，正作禍。(ZD59-986c)

禍　～福，户果反。(ZD59-820a)

禍　衰～，户果反。(ZD59-851a)

禍　～戻，户果反，下力計反。(ZD59-722c)

楇　～對，户果反。(ZD59-723c)

楇　怨～，五口反，對也。(ZD59-1036b)　按："～"，根據可洪的注音，似乎當作了"偶"字。《賴吒和羅經》卷1："人坐恣意故，以致凶變怨偶恐懼。"(T01, p871c)"偶"，宋、元、明本作"禍"。根據經文文意，"怨～"似爲"怨禍"，可洪之説恐誤。《法句譬喻經》卷3："飢渴、寒熱、瞋恚、驚怖、色欲、怨禍皆由於身。"(T04, p595a)

楇
禍　賊～，音禍。(ZD59-930a)

禍　來～，音禍。(ZD60-504a)

禍　huò/ǒu

禍　神～，户果反，正作禍。(ZD60-386a)　按："～"乃"禍"，詳見本書中篇"禍"字條。

禍　無～，五口反，正作偶。(ZD60-243c)

懂①　huò

懗　辭～，上音詞，下呼麥反，辯快也，正作懂。(ZD60-578b)按："～"乃"懂"，詳見本書中篇"懂"字條。

懂　辯～，呼麥反，辯快也。(ZD60-569c)

懂　～然，上呼麥反，辯快也。(ZD60-427a)　按："～"乃"懂"，詳見本書中篇"懂"字條。

攫　huò

攫　可～，户麥反。(ZD59-749a)　按："～"乃"獲"。

攫　～斯，上胡麥反，得也，悮。(ZD60-49b)按："～"乃"獲"。

獲②　huò

雅　～弟，同上(獲)，又音侯，非也。(ZD59-996a)

獲　～衆，户麥反。(ZD59-716c)

猴　～大，上胡麥反，正作獲也。(ZD60-217a)

猴　無～，胡麥反，正作獲。(ZD59-649c)

猴　～致，户麥反，正作獲。(ZD59-673b)

猴　～得，上户麥反。(ZD59-620c)

獲　能～，同上，得也，正作獲也。(ZD60-151b)

獲　一～，户麥反，正作獲。(ZD60-525c)　按："～"乃"獲"字，詳見本書中篇"獲"字條。

攗　可～，黄麥反，得也，謂不可得也，正作獲也，又鳥號反，悮也。(ZD59-648a)

猴　～弟，上户麥反，得也，正作獲。(ZD59-996a)

猴　～得，上胡麥反。(ZD59-622b)

攫　所～，户麥反，得也，正作獲。(ZD60-84b)

獵　不～，黄麥反，得也，正作獲，又歡、攫二音，並非也。(ZD60-241b)

濩　huò/wò

濩　～湯，户郭反。(ZD59-856c)

濩　～湯，上胡郭反，正作鑊、濩二形。(ZD60-543b)　按："～"乃

---

① 又見"懂"字條。
② 又見"攫"字條。

"濩"字,詳見本書中篇
"灌"字條。

濩　～湯,戶郭反。
（ZD59-817a）按:
"～"即"濩",經文中通
"鑊"。《金剛上味陀羅尼
經》卷1:"墮地獄已,而見
百千萬火所燒,見捉其身擲
鑊湯中。"(T21,p852b)

濩　大～,音鑊。(ZD60-220c)

濮　～湯,戶郭反,正作
鑊、濩二形也,又補
木反,非也。(ZD59-855b)
按:"～"乃"濩"之訛。

濩　～澤,上烏虢反,縣
名也,正作濩也。
（ZD60-315c）按:"～"乃
"濩",讀"wò"。

懽　huò

懽　心～,戶郭反。
（ZD59-1069c)

懗　huò

懗　敦～,上音韋,戾也,
下呼麥反。(ZD60-390b)按:"～"乃"懗"。

豁　huò

豁　～然,呼活反。
（ZD59-712a)

豁　～然,上呼括反。
（ZD60-587a)

鏊　～然,呼括反,達也,
正作豁,又呼各、胡
各二反,俁。(ZD59-640c)

豁　～若,呼括反,空大
兒也。(ZD59-826a)

豁　豁且,上呼括反,下
多歎反,正作且。
（ZD60-356a)

谺　開～,火活反。
（ZD59-866a)

豁　～然,上呼活反。
（ZD60-27c)

豁　～盡,上呼活反。
（ZD60-543a)

豁　～然,上呼活反,正
作豁。(ZD60-224b)

霩　huò

霩　爲～,音震（霍）。
（ZD60-387c)

穫　huò

穫　撓～,呼毫反,下胡
郭反。(ZD59-650a)按:"～"即"穫",經
文作"獲"或"援"。《寶女所
問經》卷2:"財寶勢力豪,
心念如僥獲。"(T13,
p459c)

穫　收～,戶郭反。
（ZD59-1106a)

穫　七～,胡郭反,刈也。
（ZD59-761b)

攫　～麥,上戶郭反,刈
禾也,正作穫也。

（ZD60-230c)

藿　huò

藿　～香,上呼郭反,正
作藿,又羊六反,山
韭也,非呼。(ZD59-1029a)

藋　蔬～,上所初反,菜
也,下呼郭反,豆葉
也,正作藿也。(ZD60-479b)

藋　～香,火郭反。
（ZD59-787c)

懼　huò

懼　作～,呼括反,見作
爠㾓,又見別經作豁
㾓。(ZD60-367c)按:"～"
"爠"乃"豁"。

蠖　huò

蠖　尺～,上或作蚇,下
烏郭反。(ZD60-352b)

蠖　尺～,烏郭反,正作
蠖。(ZD59-912a)

爠　huò/hè

爠　～然,上呼郭反,目
開兒也,正作矐、霍
二形也,又戶沃反,非。
（ZD59-1095c)按:"～然",
經文作"爠然"。《弟子死復
生經》卷1:"人便如從高墮

下,爝然而穌,便得生活。"
(T17,p869b)"爝然"即
"霍然",突然也。

爝 霍然,上呼郭反,或作～。(ZD59-606b)按:"爝"即"霍",突然也。

爝 ～然,上呼郭反。(ZD59-587c)按:"爝然"即"霍然",突然也。

爝 ～出,上呼郭反,爝然,雲消皃也,正作霩、霍二形。(ZD59-587a)

爝 ～然,火郭反。(ZD59-827a)按:《最勝問菩薩十住除垢斷結經》卷7:"得開眼目,爝然大寤。"(T10,p1018a)"爝",宮本作"霍"。"爝然"即"霍然",突然也。

爝 ～滅,呼郭反。(ZD59-726b)按:《佛昇忉利天爲母説法經》卷3:"忽即爝滅,無有烟炭。"(T17,p795c)

爝 轉～,呼木、呼各二反,熱皃,正作熇也,

又音霍。(ZD59-675a)按:《等目菩薩所問三昧經》卷1:"日欲出時,日光先照於七寶山,其七寶山繞須彌山者,明復次徹七山之間,日炎轉爝。"(T10,p578a)"～"疑爲"熇"。

曈 huò

曈 ～然,上火郭反,雲消皃也,正作霩也,或作曈也,又字體似睢,音育,目明皃也,義亦通用。(ZD60-196b)

曈 暉～,上音揮,下音霍,驚視也,下正作瞁、曈二形。(ZD60-220c)

曈 作～,同上(曈)。(ZD60-387c)

鑊 huò

鏷 ～湯,户郭反。(ZD59-954c)按:"～湯",對應佛經作"鑊湯"。

《十住毘婆沙論》卷1:"鑊湯涌沸,炮煮其身,鐵棒棒頭,腦壞眼出。"(T26,p21b)

鑊 釜～,扶武反,下户郭反。(ZD59-900b)

錐 大～,和郭反,正作鑊。(ZD59-843b)

鑊 河～,户郭反,正作鑊。(ZD60-533c)

鏷 入～,户郭反。(ZD59-1121a)

鏷 鼎～,上丁挺反,下户郭反。(ZD59-1030b)

鑊 鐵～,户郭反,正作鑊。(ZD59-1009b)按:"鐵～",對應佛經作"鐵鑊"。《雜阿含經》卷23:"次復鐵鑊,次復灰河,次復刀山劍樹。"(T02,p163c)

钁 huò

钁 羹～,古盲反,下呼各反。(ZD59-875b)

J

机[①]　jī

枫　寶～，居履反，案也，正作机。（ZD59-867a）按："～"同"几"。

扤　負～，居履反。（ZD60-219b）

机　～橙，居履反，正作机也。（ZD60-272a）

杬　～底，上居履反，悮。机多，同上。（ZD59-812c）

袱　隱～，音几。（ZD60-24c）

枫　～杖，居履反。（ZD59-900b）

机　～橙，九履反。（ZD59-718b）

肌　jī

肌　～縮，上居夷反。（ZD60-246c）

凯　～肉，上居夷反，正作肌也，郭氏音委，非也。（ZD59-1054b）

肌　膚～，方無反。（ZD59-685a）

凯　部～，上普口反，下居夷反，正作剖肌也，二並悮。（ZD60-518c）

凯　～骨，上居夷反，正作肌，郭氏作於詭反，非。（ZD59-1093a）按："～"即"肌"字，詳見本書中篇"凯"字條。

肌　～膚，居夷反，下音夫。（ZD59-644b）

机　jī

机　～上，上居旨反，案屬也。（ZD59-1092c）按："～"乃"机（几）"字。《佛説駡意經》卷1："於佛寺中齋宿，不得卧沙門繩床、榻橙、机上及被中，皆爲犯戒。"（T17, p531c）

枫　屠～，居履反，切肉案也。（ZD59-1045c）按："～"乃"几"字。

机　～扰，上居履反，下之審反。（ZD60-538a）按："～"乃"机（几）"字。《弘明集》卷10："謹置之坐隅，陳之机枕。"（T52, p62c）

咠　jī

咠　啾～，上即由反，下即悉反，小兒戲聲也，下正作唧。（ZD59-1078a）

汉　jī

汉　～水，古歷反，疾流也，亦打也，正作激、擊二形也，又文、問二音，非。（ZD59-961a）按："～"乃"激"字，詳見本書中篇"汉"字條。

屐　jī

屐　寶～，巨送反。（ZD60-256a）按："～"同"屐"。

姖　jī/yí

姖　～周，上居之反。（ZD60-335a）按："～"乃"姬"字。

姖　姓～，居之反。（ZD60-478c）

姖　～勝，上與之反，下以證反，皆妻妾之惣名也，王妻別名也，正作姬媵也，又上居之反，下實證反。（ZD60-142b）

―――――

① 又見"机"字條。

姖

～童,上與之反,妻別名也。(ZD60-419b)

枡　jī

枡

～衡,上古兮反。(ZD59-1109b)

唎　jī

唎

～梨,上居祁反,經自切。(ZD59-1083a)按:《佛本行集經》卷29:"或復空中,作如是聲呵呵咻咻,啾啾嘶嘶(許岐反),唎(居祁反)嚟唎嚟,口如是嘯,兼復弄衣。"(T03,p787b)

啴

～軵,上居祁反,下竹由反。(ZD60-387a)按:"～",譯音字。

唎

～～,居祁反,經自切前卷作唎。(ZD59-1083b)按:"～"即"唎"。

劥　jī

劥

雕～,居綺反,刻也。(ZD60-575b)

唧①　jī

咀

啾～,上即由反,下即悉反,小兒戲聲也,下正作唧,下又字躰似伯,户麥反,非也。(ZD59-1078a)按:"啾～"同"啾唧"。《佛本行集經》卷12:"有擎挾筌蹄小兒,隨從大王,啾唧戲笑。"(T03,p707a)"啾唧",宋、元本作"啾唊"。

笄　jī

筓

～年,上吉兮反,女十五而～。(ZD59-1084b)

飢②　jī

飦飢

～渴,上居夷反,正作飢。(ZD60-158c)

～渴,上居夷反,正作飢。(ZD59-1066a)

屐③　jī

屐屐屐屐屐屐屐屐

著～,巨逆反,正作屐。(ZD60-22c)

著～,巨逆反,正作屐。(ZD59-1099a)

寶～,巨戟反,正作屐。(ZD59-907a)

寶～,巨逆反。(ZD59-695b)

著～,巨送反。(ZD60-23b)

捉～,巨送反。(ZD59-1110b)

木～,巨送反。(ZD59-876a)

著～,巨送反。(ZD59-1120a)

姬④　jī/yí

姬姬姬姬姬姬姬姬姬

周～,居之反,周姓也,正作姬。(ZD59-965b)

～之,居其反,周姓。(ZD59-958a)

～發,上居之反。(ZD60-560c)

～孔,上居之反。(ZD60-554c)

～父,上居之反。(ZD60-538a)

～孔,上居之反。(ZD60-533b)

～周,上居之反。(ZD60-329b)

跋～,居之反。(ZD60-162b)

～媵,上與之、居之二反,下以證反,妻妾也。(ZD60-148c)

掎　jī

掎

～攄,上居宜反,筋取物也,正作掎、攲二形。(ZD60-461a)

基　jī

基

～公,上居之反。(ZD60-342a)

① 又見"咀"字條。
② 又見"飢""飢""鎶"字條。
③ 又見"屐"字條。
④ 又見"姬""婭"字條。

其　jī

其　尾～，居之反，星名。（ZD59-623b）按："～"乃"箕"。

摲　摲～，上子慈反，下居之反，又音其，《經音義》云此草似細荻花，方多饒此草，正作玆其也。《江西音》作摲摲也。《川音》作捻**摲**，以蒠韮替之，非也。（ZD60-214c）按："摲～"，又作"玆其""摲摲"，詳見本書中篇"摁"字條。

趹　jī/qǐ

趹　爲～，巨送反，正作屐。（ZD59-681a）按："趹"同"屐"。

趹　～鳳，上丘弭、丘智二反，垂足坐也。（ZD60-560a）

趹　～鳳，上丘弭、丘智二反，垂足坐也。（ZD60-509a）

飢　jī

飢　部～，上普口反，下居夷反，正作剖肌也，二並悮。（ZD60-518c）按："～"乃"飢"，與"肌"同，詳見本書中篇"飢"字條。

飢　jī

飢　餧～，上於僞反，下音飢。（ZD60-225b）

按："～"乃"飢"。

婭　jī

婭　～文，上居之反，周姓也，正作姬，又音亞，非。（ZD60-518c）

朞　jī

朞　～歲，上居之反，周年也。（ZD60-411c）按："～"即"期"。

攲①　jī

攲　飯～，居宜反。（ZD60-377c）

呧　jī

呧　～瘦，上居祇反，經作羈瘦。（ZD60-72c）按："～"乃"呧"，與"羈"音同，譯音字。《鼻奈耶》卷4："佛世尊遊釋羈瘦（釋種）迦維羅越尼拘陀園。"（T24，p865b）"羈"，宋、元、明、宮本作"呧"。

嵇　jī

嵇　～阮，上戶雞反，下魚遠反。（ZD60-550a）

飢　jī

飢　～鶆，上音飢，下音梨，都是飢字切脚

也，見兩本作狗飢，一本作拘飢，並經文作居梨反，鳥名，拘飢羅也，鶆字是飢字韻也。（ZD60-367b）

幾　jī/jǐ/jì

幾　～圻，巨依反，下魚斤反。（ZD59-740b）

幾　～渧，丁歷反，又音帝。（ZD59-570c）

幾　～渧，音的，正作滴。（ZD59-582a）

幾　～渧，居豈反，下丁歷反。（ZD59-831c）

幾　隣～，巨几反，近也，又祈、機二音。（ZD59-975c）

幾　～死，上巨几反，近也。（ZD59-597a）

墼　jī/qiàn

墼　土～，古歷反。（ZD59-997a）按："～"即"墼"。

墼　有～，七焰反；稱～，同上。（ZD60-35a）按："有～"，對應佛經作"有塹"。"～"即"塹"字之訛。《四分律》卷35："若東方有山稱山，有塹稱塹。"（T22，p819b）

―――――

① 又見"掎"字條。

箕① jī

箕
～宿，居之反。
(ZD59-855b)

絹 jī

絹
～娑，上七入反。
(ZD59-1130b) 按：
"～"即"緝"字。

賫 jī

賫
有～，子兮反。
(ZD59-727c)

鎮 jī/jí/qí

鎮
茲其，正作鎡～，上
子慈反，下居之、巨
之二反，鋤別名也。(ZD60-
386c) 按："鎡～"，聯綿詞，
鋤別名也。《廣雅》："鎡鎮，
鉏也。"

鎮
鍒鑗，秦悉反，下力
脂反。《經音義》作
鍒～，以蒺藜代之。(ZD59-
701a) 按："鍒～"同"鍒鑗"
"蒺藜"。

鎮
～子，上巨之反，正
作碁也。(ZD59-
1106b)

稽 jī/qǐ

稽
～留，上古兮反。
(ZD59-557a)

稽
稽
稽
稽
～首，古禮反。
(ZD59-649c)

～留，吉兮反。
(ZD59-692a)

～古，上古兮反。
(ZD59-610a)

～留，上古兮反，下
力由反。(ZD59-
1002b)

稽
～留，上吉兮反。
(ZD59-553c)

稽
～遲，古兮反，留也。
(ZD59-938a)

稽
～疑，上古兮反，考
也，滯也。(ZD60-
519b)

稽
～受，上苦禮反。
(ZD59-574a)

稽
～首，上苦禮反。
(ZD60-247a)

稽
～首，上苦禮反，佂
也，首至地也。
(ZD59-555c)

稽
～首，苦禮反。
(ZD59-732c)

稽
～首，上苦禮反。
(ZD59-1009a)

稽
～首，上苦禮反，佂
也。(ZD59-622b)

稽
～首，苦禮反，正稽。
(ZD59-909a)

稽
～首，苦禮反。
(ZD59-670c)

稽
～首，苦禮反。
(ZD59-646a)

稽
～首，上苦禮反。
(ZD60-1c)

稽
～首，苦禮反。
(ZD59-736c)

稽
稽
～首，苦禮反。
(ZD59-647b)

～首，上苦禮反。
(ZD60-247a)

嫉 jī

嫉
～嫌，上居依反，正
作譏，悮。(ZD59-
1070b)

緝② jī

絹
絹
絹
絹
畠
～～，七立反。
(ZD60-378b)

～爲，七立反，續也。
(ZD60-5a)

刊～，上苦干反。
(ZD59-589a)

～績，七入反，下子
歷反。(ZD59-867a)

掩～，上於撿反，下
七入反，正作掩絹
也。(ZD60-165c)

絹
～句，七立反。
(ZD59-722b)

畿 jī

畿
畿
帝～，求依反，正作
畿。(ZD60-322c)

京～，巨依反。
(ZD60-436c)

---

① 又見"其""篍"字條。
② 又見"絹"字條。

璣　jī

珠～，居依反。
（ZD59-730c）

珠～，音機。（ZD59-
1053c）

珠～，音機。（ZD59-
706b）

珠～，音機。（ZD59-
571a）

明～，音機。（ZD60-
318b）

明～，音機。（ZD59-
695b）

機　jī

～抽，丑由反。
（ZD59-867a）

～撥，音鉢。（ZD59-
741a）

循～，徐倫反。
（ZD59-588c）

織～，音機，滕也，纏
經者也，正作機。
（ZD59-1023b）按：“～”即
“機”，織布機。“機”蓋受上
字“織”的影響類化换旁從
“糹”而作“～”。《人本欲生
經》卷1：“阿難！從本因緣
生死，如有不知、不見、不
解、不受，令是世間如織機
躡撲往來，從是世後世，從
後世是世，更苦世間居，令
不得離世間。”（T01,
p242a）

～捷，自葉反。
（ZD59-938c）

～關，古還反，又音
弁，非。（ZD59-
719a）按：“～”即“機”。

墼①　jī

渥～，奴兮反，下經
歷反，悮。（ZD59-
950a）

～墮，上音墼，土～，
不燒塼也，又苦革
反。（ZD59-1127c）

積　jī

福～～，上丑六反，
下二子昔反，聚也，
正作稵積也，又一个積字
也。（ZD60-402a）按：“～”
乃“積”，詳見本書中篇
“稵”字條。

跂　jī

跂踞，上居之反，下
居去反，大坐也，又
蹲也，《辯正》作箕踞，孫愐
作～也，又音其。非。
（ZD60-560a）

激　jī

～刺，上經歷反，疾
波也。（ZD60-471b）

機～，《經音義》作磯
激，上居依反，下經

曆反，大石激水也。磯，石
也。激，急也，疾也。（ZD59-
1104b）

～楚，上古歷反。
（ZD60-460a）

憤～，古歷反，正作
激。（ZD60-471c）

～於，上叫、擊二音，
疾也，正作激也。
（ZD60-297b）

撅～，叫、擊二音，
正作激也。（ZD60-
219b）按：“～”乃“激”，詳見
本書中篇“㵼”字條。

憿　jī

感～，古歷反，正作
激也，又音澆，高皃
也，非。（ZD59-1057c）按：
“～”即“激”字。

鞿　jī

～學，居宜反。
（ZD59-648c）

賮　jī

所～，即西反。
（ZD59-628a）

～妙，上即西反，又
作賮、賷二同。
（ZD59-626b）

～來，上即西反。
（ZD59-982a）

———

① 又見“墼”字條。

擊　jī

擊　扣～，苦吼反，擊也。(ZD59-739b)

擊　撞～，上直江、直絳二反，擊鍾也。(ZD59-573a)

擊　撞～，上宅江、宅絳二反，擊鍾也。(ZD59-576a)

擊　捶～，之水反，亦作箪。(ZD59-654b)

擊　撞～，上宅江、宅絳二反。(ZD59-563b)

箪　jī

箪　菠～，居之反。(ZD59-1114b)按："～"，經文作"箕"。《摩訶僧祇律》卷35："若簟席當應日曬，懸舉竹篋，簁箕、漉米箕亦應懸舉，勿使蟲嗷，飯篋、飯杋淨洗懸舉，囊襆及漉水囊亦應懸舉，勿令蟲食。"(T22, p509b)

餲　jī

餲　～渴，上音飢，前偈中作飢渴是也，又於剞、烏介、烏割、胡割四反，非。(ZD60-194b)按："餲"乃"飢"。"飢"受下字"渴"的影响類化換旁而作"餲"。

襪　jī

襪　怬(帊)～，音機。(ZD60-392a)

鴶　jī

鴶　～夘，吉兮反，下郎管反，正作鷄夘。(ZD59-858c)按："～夘"，對應佛經作"鷄卵"。《文殊師利問經》卷1："若食摶當如鷄卵大。"(T14, p492c)從字形看，"～"即"鴶"，但不符合經意，此處乃"鷄"之訛。"～"爲同形字。

雞①　jī

穎　～頭，上古兮反，正作雞也。(ZD60-238c)

雞　雀～，古兮反。(ZD60-42a)

機　jī

機　餘～，上亦居反，下居宜反。(ZD59-1091a)按：《佛説分別經》卷1："人無德力，受人信施，當累劫墮於罪苦，久久得出，用餘機末之福，得爲人身。"(T17, p542a)

譏　jī

譏　～刺，七賜反。(ZD59-595b)

譏　～剌，上音機，下亦作誅。(ZD59-620a)

譏　～呵，居衣反，譴也，諫也，正作作譏，從口者口醜也。(ZD59-737a)

譏　～刺，上居衣反，下七賜反。(ZD59-595a)

譏　～誹，上居衣反。(ZD60-398c)按："～誹"，對應文獻作"譏誹"。"～"乃"譏"之俗。玄應《一切經音義》卷25："譏刺，居衣反，《廣雅》譏，刺也。《説文》譏，誹也。"(C057, p128b)

譏　訕～，上所奸反。(ZD59-615c)

鷄　jī

鷄　山～，古兮反，正作雞、鷄二形。(ZD59-605a)

鷄　伏～，上扶富反，下吉兮反。(ZD60-368a)

鷄　～犬，古兮反，下苦泫反，正作鷄犬。(ZD59-959c)

鷄　路～，吉兮反。(ZD59-786b)

鷄　鷄～，上助俱反。(ZD59-605a)

① 又見"鴶""鷄"字條。

韲 jī

齏

～醬,上即西反,薑蒜爲之也,菹鮓之類也,正作齏、韲二形。(ZD59-1078b)

韲

～粉,上子西反,薑蒜爲之也。(ZD59-569a)

鞿 jī

鞿

以 ～, 音 機。(ZD60-351c)

躋 jī

躋

忘 ～, 子 西 反。(ZD59-567b)

齏① jī

齏

我～,即西反,又音資。(ZD59-862a)

齏

～ 天, 子 西 反。(ZD59-699b)

齏

～種,即西、即夷二反,持也。(ZD59-698a)

齏

所～,子兮、子私二反,持也。(ZD59-570b)

齎

～ 經,上子西反。(ZD60-555b)

齎

～ 入, 上 即 西 反。(ZD60-315b)

齎

～遺,上即西、即私二反,持也,下維醉

反,贈也。(ZD59-1072c)

賷
賷
賫

各 ～, 即 西 反。(ZD59-657a)

所 ～, 即 兮 反。(ZD60-321c)

～ 持,上即西反。(ZD60-17b)

羈② jī

羈
羈
羈
羈

倄～,思由反,下居宜反。(ZD59-745b)

勒～,居宜反,絆也。(ZD59-730c)

羅 ～, 居 宜 反。(ZD59-723b)

～ 他, 上居宜反。(ZD59-571a)

羈 jī

羈

～靬,居宜反,下布慢反。(ZD59-961b)

羈 jī

羈
羈

～ 靬,上居宜反。(ZD59-1015c)

～鞅,居宜反,下於兩反。(ZD59-665b)

囃 jī

囃

～ 隸, 本 闕 注。(ZD59-880c) 按:

"～",譯音字。《大吉義神咒經》卷 4:"囃 隸,阿囃,摩囃,那囃。"(T21, p578b)

及 jí

皮

～肉髻,上音及,下音計,正作髻。(ZD60-279c)

彶 jí

彶

緣～,音急,遽也,正作彶也。(ZD60-512b)按:"～"同"彶"。

汲 jí

汲

～郡,上居立反,正作汲。(ZD60-512a)按:"～"乃"汲"字。

吉 jí

吉

突 ～, 上徒骨反。(ZD59-681a)

岌 jí

岌

仆(什)～,魚立反。(ZD60-542b)

岌

～ 播, 魚 及 反。(ZD59-786b)

---

① 又見"賷""賫"字條。
② 又見"鞿""羈""羈"字條。

彶 jí

彶 ～遽，其去反，《廣雅》彶彶，遽也。《川音》作邍，音邊，非也。(ZD60-357b)

佶 jí

佶 鞞～，耆一反。(ZD59-840b)

拮 jí

桔 ～略，居一反，正作拮。(ZD59-715a)按：“～略”即“拮略”，經文作“吉略”。“拮”與“吉”音同，用作譯音字。

笈 jí

芨 ～多，上其急、其劫二反，正作笈，碑也。(ZD60-268b)

姞 jí

姞 ～寐，其乙反，下蜜二反。(ZD59-746c)

趌 jí

趌 嗒～，力角反，下其乙反。(ZD59-780b)按：“～”，用作譯音字。

趌 阿～，其乞反。(ZD59-590b)

疾 jí

疾 宊～，丑刃反，宿病也，正作疢也，又他骨反，非也。(ZD59-677a)

堲 jí

堲 ～固，上即悉反，下之由反，正作周也，夏后氏堲周燒土塟也。(ZD60-560c)按：“～固”，對應佛經作“堲周”。《廣弘明集》卷13：“始於堲周窀穸之事。”(T52, p183b)

極[1] jí

極 ～劇，渠力反，中也，致也，下奇逆反，增也，艱也。(ZD59-778a)

極 羆～，上音皮，倦也。(ZD59-609a)

極 ～著，知去反，明也。(ZD60-432a)

極 ～躁，子告反。(ZD60-148b)

極 噓～，上許魚、許去二反，困而吐氣聲。(ZD59-1107b)

極 ～浣，户管反。(ZD59-992b)

極 ～駛，音使，疾也，速也。(ZD59-834b)

極 罷～，音皮，惓也。(ZD59-821c)

極 ～鎧，苦改反，甲別名。(ZD59-729a)

極 ～摽，必招反。(ZD60-175a)

極 ～遲，直尼反，又音雉。(ZD59-841a)

極 ～氏，上丁禮反。(ZD59-591b)按：“～”，對應佛經作“極”。《大寶積經》卷10：“無極氏，俱將去。”(T11, p58b)

瘂 疲～，音極，至也，窮也，又郭氏作則孝、側孝二反，北京鄉談也。(ZD60-191b)

棘[2] jí

蕀 ～刺，居力反。(ZD59-728c)

蕀 荆～，居力反。(ZD59-639c)

棘 灰～，居力反。(ZD60-259a)

蕀 荆～，九力反。(ZD59-733a)

蕀 ～刺，居力反。(ZD59-926c)

棘 ～林，居力反。(ZD59-734b)

蕀 ～刺，居力反。(ZD59-961a)

蕀 荆～，居力反。(ZD59-827c)

---

① 又見“瘂”字條。

② 又見“棘”“蕀”字條。

㻿　～苔，居力反，下丑持反，下又音臺，悞。（ZD59-765a）

㻿　～聚，九力反。（ZD59-960a）

㻿　～毒，上京力反。（ZD59-1014c）

㻿　荊～，居力反，正作棘。（ZD59-890a）

㻿　荊～，居擎反，下居力反。（ZD59-918a）

㻿　刾～，居力反。（ZD59-677a）

㻿　～刾，居力反，下七賜反。（ZD59-642b）

㻿　刾～，居力反。（ZD59-705c）

㻿　～刾，上居力反。（ZD59-1129c）

㻿　編椽～刾，居力反。（ZD59-638b）

㻿　臥～，五過反，下九力反。（ZD59-959c）

㻿　荊～，居英反，下居力反。（ZD59-824b）

㻿　荊～，居英反，下居力反。（ZD59-666c）

㻿　刾～，居力反。（ZD59-625c）

㻿　荊～，居力反。（ZD59-701b）

㻿　～刾，居力反。（ZD59-692a）

㻿　荊～，居力反。（ZD59-646a）

㦸　jí

㦸　～藏，阻急反，下自郎反。（ZD59-764b）

㦸　～在，阻立反。（ZD59-825a）

㦸　未～，阻立反。（ZD59-564a）

㦸　未～，莊立反。（ZD59-610a）

㦸　～滅，阻澁反。（ZD59-735b）

訣　jí

訣　得證疾，《道行經》作得證～，非。（ZD59-584c）按：“得證～”即“得證疾”。《大明度經》卷4：“正使復有賢人，聞是深法已得證，疾使彼輩所信樂過一劫，其功德不及是也。”（T08，p492c）此處“～”乃“疾”。

淭　jí

淭　～～，相魚反，以熱物投冷水作～～之聲也。（ZD59-1015a）按：“～”，從形體上看，即“淭”。《別譯雜阿含經》卷4：“即時熾然烟炎俱出，淭淭振爆聲大叫裂。”（T02，p401c）“淭淭”，宋、元、明本作“淭淭”。“～”，可洪音“相魚反”，蓋以爲“湑”，恐誤。

堲　jí

堲　薄～，秦昔反。（ZD60-397c）

蒺　jí

蒺　～棃，秦七反，下力夷反。（ZD59-601a）

楫① jí/jié

楫　舟～，接、集二音，進船棹。（ZD59-657b）

瘑　jí

瘑　疲～，巨力反。（ZD60-32b）按：“疲～”之“～”，與“極”同。《四分律》卷21：“病比丘不堪避生草菜，疲極。”（T22，p709b）“～”乃“極”，詳見本書上篇第五章及中篇“瘑”字條。

瘑　蹇～，上居輦反，下紀力反，吃也，訥也，正作謇謯也，《六度集》作蹇吃。（ZD60-275a）按：“～”乃“謯”，詳見本書中篇“瘑”字條。

㦖　jí

㦖　～妬，秦七反，下丁故反，下正作妬。（ZD59-976b）按：“～”同“嫉”。

㦖　處～，音疾，妒也，正作嫉、㦖二形。

---

① 又見“捐”“撒”“㰍”“㰍”字條。

（ZD60-165c）按："處～"，對應佛經作"處嫉"。《解脫道論》卷2："斷住處嫉及離愛著，善人所行是業無疑。"（T32，p405c）

嫉① jí

悭～，音疾。（ZD59-583b）按："～"同"嫉"。

楮 jí

屋～，音跡，正作楮也，悮。（ZD60-109a）按："～"乃"楮（脊）"字，詳見本書中篇"楮"字條。

棘 jí

如～，九力反。（ZD60-391c）

荆～，上居英反，下居力反。（ZD59-582b）

荆～，上居英反，下居力反。（ZD59-554c）按："～"即"棘"。

撒 jí/jié

舟～，接、集二音。（ZD60-312b）按："撒"即"檝"。

行～，集、接二音。（ZD59-568c）按：

"撒"即"檝"。

蕀 jí

荆～，居力反。（ZD59-684c）

剌～，居力反。（ZD59-583a）

～剌，居力反。（ZD59-961a）

牛～，九力反。（ZD59-605b）

～上，居力反。（ZD59-913c）

以～，居力反。（ZD59-613a）

荆～，居迎反，下居力反。（ZD59-926c）

～剌，上居力反。（ZD59-617b）

荆～，居迎反，下居力反。（ZD59-922c）

～剌，居力反。（ZD59-684a）

荆～，居英反，下居力反。（ZD59-692b）

～剌，居力反。（ZD59-685c）

荆～，居迎反，下居力反。（ZD59-920b）

荆～，上居迎反，下居力反。（ZD59-1003c）

荆～，上居英反，下居力反。（ZD60-83c）

嗺 jí

博～，子集反，嘖～，嗺也。（ZD59-854c）

瘠 jí

～田，上秦昔反。（ZD60-131b）

曜（膭）～，上具于反，下自昔反。（ZD60-370c）

～田，自昔反。（ZD59-945a）

薄～，秦昔反。（ZD60-444b）

蠃～，力垂反，下自昔反。（ZD59-722a）

檝 jí/jié

舟～，接、集二音。（ZD59-694a）

舟～，集、接二音。（ZD59-678c）

舟～，接、集二音，櫂也，橈也。（ZD59-860b）

舟～，集、接二音。（ZD59-737b）

掉～，杖孝反，下才入反。（ZD59-697a）

舟～，下接、集二音，進船木也，正作檝。（ZD59-775a）

舟～，接、集二音。（ZD59-771b）

舟～，音接。（ZD59-1138a）

————

① 又見"悋"字條。

⿰犭戠　～倢,上子葉反,下疾葉反。(ZD60-404b)

輯　jí

輯　～睦,上音集,和也。(ZD59-585c)

輯　允～,音集。(ZD60-450b)

輯　～略,上音集,和也。(ZD60-548a)

藉　jí/jiè

藉　～履,秦昔反,踐也,正作踖、蹐二形。(ZD59-697a)按:"～履",對應佛經作"藉履"。《方廣大莊嚴經》卷6:"今者云何藉履荆棘能忍受之?"(T03, p577b)

藉　狼～,同上(藉)。(ZD60-32c)

藉　～薄,上秦昔反,正作塉也。(ZD59-1032a)按:"～"即"藉",經文中通"塉"。《中本起經》卷2:"一田業高燥肥沃、二田業下濕瘠薄。"(T04, p162b)"瘠薄"即"塉薄"。

藉　～胄,疾亦反,族也,下直右反,胤也。(ZD59-692b)

藉　～卉,上自夜反,下許鬼反。(ZD60-577c)

藉　詎～,渠吕反,下慈夜反。(ZD59-793c)按:"～"同"藉"。

藉　不～,自夜反。(ZD59-666b)

藉　詎～,渠吕反,下慈夜反。(ZD59-793c)

藉　～思,自夜反,悮。(ZD59-928c)

艥　jí/jié

艥　舟～,集、接二音,船擢(櫂)也。(ZD59-1080a)

艥　舟～,接、集二音。(ZD59-667c)

艥　擢(櫂)謂之～,上直孝反,下子葉反。(ZD60-350c)

⿰金疾[①]　jí

⿰金疾　～鑗,上音疾,下音梨。(ZD60-365a)

⿰金疾　～鑗,音疾,下音梨。(ZD59-954c)

⿰金疾　～鑗,秦悉反,下力脂反,《經音義》作⿰金疾錤,以蒺蔾代之。(ZD59-701a)按:"～鑗""⿰金疾錤"與"蒺蔾"同,聯綿詞。《一切經音義》卷10:"蒺蔾,自栗反,下力尸反。《爾雅》薋,蒺蔾,即布地蔓生子,有三角者也,論文從金作⿰金疾鑗二形,非也。"(C056, p968a)

籍　jí

籍　公～,自昔反。(ZD60-495b)按:"～",對應佛經作"籍"。《續高僧傳》卷27:"時以濟無貫,擢預公籍,住京師光明寺。"(T50, p680c)

几　jǐ

几　珮～,步昧反,下居履反。(ZD59-765a)按:《六度集經》卷4:"吾夢覩六牙之象,心欲其牙以爲珮几。"(T03, p17a)

几　女～,居履反,正作卂。(ZD60-370c)

己　jǐ

已　單～,九里反,自～身也,《經音義》作單子。(ZD59-851a)

扟[②]　jǐ

杵　攫～,下音戟,正作扟。(ZD60-367c)按:"～"即"丮"。

杵　～也,上居逆反。(ZD60-353c)按:"～"即"扟",同"丮"。

---

① 又見"蒺"字條。

② 又見"杋""杵"字條。

枛　jǐ

枛　櫻（攖）～，音戟。（ZD60-350c）按："～"即"扨（丮）"字。

沛　jǐ

沛　不～，子禮反，正作沛。（ZD60-362c）

抧　jǐ

抧　得～，吉以反。（ZD60-67a）按："～"，經文作"枳"。

枳①　jǐ

抧　俱～，吉以反，此云赤觜鴉。（ZD59-660c）

脊　jǐ

脊　曲～，子昔反。（ZD59-836a）

脊　～傴，子昔反，下於禹反。（ZD59-943b）

脊　～骨，子昔反。（ZD59-683a）按："～"乃"脊"字，詳見本書中篇"脊"字條。

肴　腎著～，上市忍反，下音積，正作脊。（ZD59-1093a）

戟②　jǐ

戟　～格，下音各，樹枝也，又古額反，義同。（ZD60-350c）

戟　～牟，上音戴，下音牟。（ZD60-220a）按：《菩薩本緣經》卷1："臣等今日當以五兵戟牟劍稍，奮擊此賊。"（T03，p55b）"戟～"，對應佛經作"戟牟"。"～"乃"戟"之訛，可洪音"戴"，蓋以爲"戴"字，誤。

鐵　刾～，居送反。（ZD59-827a）

鐵　持～，居逆反，稍有歧者也。（ZD59-984a）

鐵　作～，音戟。（ZD60-368b）

鐵　舒～，上莫求反，下居送反，正作矛戟。（ZD60-281a）按："～"乃"戟"的增旁俗字。

麂　jǐ

麂　如～，居履反，鹿屬。（ZD60-357c）按：《佛說輪轉五道罪福報應經》卷1："生麞鹿麂麂中者，喜驚怖人故。"（T17，p563c）

攟　jǐ

攟　～撮，上居逆反，下倉括反。（ZD60-

354a）

鳩　jǐ

鳩　駒～，上九愚反，下吉以反，正作拘枳。（ZD59-605a）按："拘枳羅"，鳥名，梵文爲"Kuṇāla"，爲了顯義，又作"駒鳩羅"。"～"與"枳"音同，譯音字。

鐯　jǐ

鐯　鐯～，居逆反，正作戟也，又他吊反，非用也。（ZD60-173b）按："鐯～"，對應佛經作"鐯戟"，其中"鐯"即"戟"之俗，詳見本書中篇"鐯"字條。

濟③　jǐ/jì

濟　～濟，二同，子禮反。（ZD60-494a）

濟　救～，音濟。（ZD60-132b）

濟　捄～，居右反，下子計反，正作救濟。（ZD59-921b）

濟　～拔，上子計反，下步八反。（ZD60-82a）

濟　救～，即計反，古濟也。（ZD59-832a）

濟　拯～，蒸字上聲呼也，正作拯。（ZD59-737b）

----

① 又見"抧"字條。
② 又見"鐯"字條。
③ 又見"泲"字條。

濟　狤～，上居陵反，下子計反，正作矜濟也，上又音虛，非。（ZD60-245b）

淫濟　～脫，子計反，正作淫。（ZD59-832b）

澄　～恤，私律反。（ZD59-561b）

澄　～神，即計反，定也，止也，《沐魄經》作濟神。（ZD59-769b）

濟　～衆，上子計反。（ZD60-183c）

濟　能～，音濟。（ZD60-184a）

堅　～度，子計反，古文。（ZD59-729a）

濼　步～，子計反，正作濟。（ZD59-1056a）

濟　免～，眉辯反，脫也，止也，上方經作勉。（ZD59-705b）

澄　救～，即計反。（ZD59-670b）

蟣　jǐ

蟣　一～，音幾。（ZD59-696b）

蟣　～虱，居豈反，下所櫛反。（ZD59-564b）

蟣　～虱，上居豈反，下所櫛反。（ZD59-559c）

蟣　～虱，上居豈反，下所櫛反。（ZD59-563a）

蟣　一～，居豈反，虱卵也，正作蟣也。（ZD59-1047b）

霽　jì

霽　～搣，子禮反，下女角反。（ZD59-941b）按："～"乃"霽"。《瑜伽師地論》卷58："後更廣開，周迴霽搣，膿出瀝盡，未能甚淨。"（T30，p625a）

霽　劇～，上普皮反，以刀開瘡破也，大針也，正作鈹、披二形也，下子禮反，搣出汁也，正作霽。（ZD60-140b）

伎　jì

伎　～兒，巨綺反。（ZD59-689b）

技　jì

拔　技～樂，二同，其綺反，下五角反。（ZD59-662a）

枝　～藝，巨綺反，正作技、伎。（ZD59-896c）

技　jì

技　～藝，上奇綺反。（ZD59-554c）按："～"即"技"字之訛。

忌　jì

忌　禁～，巨記反，正作忌。（ZD59-982b）

恕　妒～，音忌，畏也，難也，憎恐也，悮。（ZD60-113b）

忌　妒～，下其記反，正作妒忌也。（ZD59-915c）

忌　畏～，音忌。（ZD59-719b）

忌　禁～，音忌。（ZD59-647b）

忌　～難，上其記反。（ZD60-84b）

忌　作～，音忌。（ZD60-351a）

忌　不～，其記反，畏也。（ZD59-554a）

忍　～他，其記反。（ZD59-924b）

忌　息～，音忌。（ZD59-915b）

忌　～難，巨記反，畏也，憎也，正作忌。（ZD59-825c）

忌　畏～，音忌。（ZD59-728c）

忌　息～，音忌。（ZD60-225a）

忌　妒～，上都侯反，下巨記反。（ZD60-227b）

忌　所～，音忌。（ZD60-245b）

三～，烏各反，正作惡、惡二形，又英、謨、氣三音，並非。（ZD59-956a）按："～"，經文作"忌"，是。

觸～，音忌。（ZD59-648b）

畏～，音忌。（ZD59-961c）

妓　jì

倡～，尺羊反，下巨倚反。（ZD59-695a）

～樂，奇綺反，下五角反。（ZD59-660a）按："～"，經文作"妓"。

季　jì

～琰，上是季字。（ZD60-450b）

侫　jì

～意，上音計，連縛也。（ZD60-194b）按："～"乃"係"。

係①　jì

～囚，古詣反，下似由反。（ZD59-820c）

～意，音計，正作係。（ZD59-830a）

～馬，上音計，縛連也。（ZD60-182a）

～意，古詣反。（ZD59-830c）

～命，音計，正作係。（ZD59-829b）

～頭，上古詣反。（ZD60-23a）

～念，上古詣反。（ZD59-1069b）

～念，上古詣反。（ZD59-1069b）

無～，音計，紹～也。（ZD59-1060a）

女～，音計，連也。（ZD59-613a）

～念，上古詣反。（ZD59-632b）

～念，上古詣反。（ZD60-225b）

～活，音計，正作係。（ZD59-708a）

～著，音計，與係同也，又音素，誤。（ZD59-855b）

不～，古詣反，籌量也，預謀也，正作計也。（ZD59-613a）

迹　jì

齒～，昌里反，下子昔反。（ZD59-965b）

密～，音迹。（ZD59-922a）

見～，音迹。（ZD60-90b）

其～，音迹。（ZD59-894c）

道～，音跡。（ZD59-822b）

大～，子昔反，正作迹、跡二形。（ZD59-751a）

密～，音跡。（ZD59-740c）

虛～，音跡。（ZD59-613c）

剗～，上初眼反，下音跡。（ZD60-496c）按："剗～"，對應佛經作"剗迹"。《續高僧傳》卷28："便剗迹開林，披雲附景，茅茨葺宇，甕牖疎篁。"（T50，p688c）

滅～，音跡，正作迹。（ZD60-39b）

道～，子昔反，正作迹。（ZD59-1090b）

既　jì

～駭，戶駭反。（ZD59-557a）

～覯，古候反。（ZD60-337c）

紀　jì

殫～，上音丹，盡也，下音己，記也。（ZD60-558a）

起～，居里反，極也，會也，事也，理也，識也，又十二年曰紀也，又經紀也。（ZD59-1032c）按："～"乃"紀"字，詳見本書中篇"紀"字條。

———

① 又見"侫""係"字條。

⿰扌忌 jì

諸～,音忌。(ZD60-283c)按:“諸～”,對應佛經作“諸⿰扌忌”“諸梞”或“諸⿰糸忌”。《佛説觀佛三昧海經》卷5:“有一鐵床,縱廣正等四百由旬,上安諸⿰扌忌,⿰扌忌間皆有萬億鐵弩,鐵弩鏃頭百億鋒刃。”(T15, p673a)“⿰扌忌”,宋本作“梞”,元、明本作“⿰糸忌”。根據經意,“⿰扌忌”“梞”與“⿰糸忌”同。

桋 jì

種～,見藏作種穖,居衣反,又依字從兮、以脂二反。(ZD60-369a)按:“種～”,經文作“種稷”。《賢愚經》卷13:“佛尋於上,書香種稷,還以與之。”(T04, p440c)《一切經音義》卷74:“種**禨**,一本作稷。”(T54, p790a)

記 jì

輙～,音記。(ZD60-313b)按:“～”乃“記”字,詳見本書中篇“**託**”字條。

～識,上居志反,正作記。(ZD60-374c)

⿱艹奇 jì

陵～,其寄反,雞頭也,正作蔆芰。(ZD60-37c)按:“～”同“芰”。

作～,巨寄反。(ZD60-374c)按:“～”同“芰”。

梞[1] jì

諸～,音忌,跌也,謂機關轉發處。(ZD59-848b)按:“～”,同“⿰糸忌”。《佛説觀佛三昧海經》卷5:“有一鐵床縱廣正等四百由旬,上安諸⿰扌忌,⿰扌忌間皆有萬億鐵弩,鐵弩鏃頭百億鋒刃。”(T15, p673a)“⿰扌忌”,宋本作“梞”,元、明本作“⿰糸忌”。

偈 jì

䁥～,女日反,正作䁥。(ZD59-733b)按:“䁥～”,對應佛經作“䁥偈”。《持心梵天所問經》卷4:“南無曇,䁥偈,南無僧披醯多善披扇陀。”(T15, p31b)

説～,音偈。(ZD60-183b)

～讚,音讚。(ZD59-655b)

猘 jì

～狗,上居例反,狂犬也,又《經音義》作昌制反,《切韻》作狾、𤞞二形。(ZD59-1010a)

祭 jì

柴～,仕街反,正作柴。(ZD60-323c)

⿰氵季 jì

～泜,同上,即是**⿰口季**悮也,《川音》云合浮,非也。(ZD60-286c)

作～,音朱,又拙季、拙律二反,同本別譯經作阿拙帝,與季字同也,應和尚以浮字替之,非也。(ZD60-387c)按:“～”,文中用作譯音字。

⿰氵坐 jì/shī

～漂,上子計反。(ZD60-598a)

法～,音濟,僧名也,《出三藏記》作⿰氵坐。(ZD60-336a)

翔～,失入反,悮也。(ZD60-602b)按:“～”乃“溼(濕)”字。

悸 jì

驚～,巨季反,心動也,正作悸。(ZD59-713c)

怖～,巨季反,心動也,氣不定也,正作

---

[1] 又見“⿰扌忌”“⿰糸忌”字條。

悸、瘁。(ZD59-772c)

～喜，求季反。(ZD59-645a)

寄 jì

～餉，尸亮反。(ZD59-1055a)

～全，自宣反。(ZD59-653c)

頞～，上烏割反。(ZD59-632b)

寂 jì

恬～，徒兼反。(ZD59-641a)

～漠，音莫。(ZD59-771c)

閴～，苦覓反，靜也。(ZD59-754a)

真～，音寂，正作寂、宋二形。(ZD60-340a)

永～，疾歷反。(ZD59-743c)

～彭，上盡歷反，下自井反。(ZD59-619a)

～彭，疾歷反，下疾井反，安也，上正作寂。(ZD59-719c)

～寞，音莫，又作漠。(ZD59-736c)

～靖，上音寂，下音靜。(ZD60-154b)

～靖，自井反。(ZD59-695a)

～照神變三摩地經。(ZD59-890b)

～靖，自井反。(ZD59-759c)

沖～，上宜作盅，同直中反。(ZD59-554b)

～滅，秦歷反，亦作寂。(ZD59-844b)

涔～，上助今反。(ZD59-570a)

扣～，苦吼反。(ZD59-754b)

～滅，秦歷反。(ZD59-845b)

丸～，上爲丙反，長也，正作永也，遠也。(ZD59-646c)

～靜，上自歷反。(ZD60-144c)

靖～，才井反，下才歷反。(ZD59-649c)

沖～，上宜作盅，同直中反。(ZD59-562c)

～靖，情井反。(ZD59-612b)

～燕，一見反。(ZD59-572b)

蒯 jì/kuǎi

～羅，古詣反。(ZD59-870c)

茅～，上莫交反，下古詣反，草名也，《西川經音》作蒯，苦恠反，茅類。(ZD60-19a)按：“～”，音“古詣反”，乃“薊”。《根本説一切有部尼陀那目得迦》卷4：“茅蒯麻芒，皆悉應作。”(T24, p430a)根據經文，“～”應爲“蒯”。

傒 jì

紹～，音計，連也。(ZD59-855a)按：“～”乃“係”。

～心，上音計，連縛也，又音奚，悮。(ZD59-628a)按：“～”乃“係”。

～意，古詣反，正作係也，又音兮，非。(ZD59-854b)按：“～”乃“係”。係意，着意也。《菩薩從兜術天降神母胎説廣普經》卷2：“若入禪定，係意在明。”(T12, p1021c)

勣 jì

功～，音積。(ZD59-889b)

宗～，音積。(ZD60-473b)

跡[1] jì

～跤，二同音積，下又苦交反，非。(ZD60-383b)

行跤，子昔反，蹤也，正作跡、～。(ZD59-

① 又見“蹟”“迹”字條。

731c)

跁　鳥～，音跡。（ZD59-673c）

跌　句～，子昔反，正作跡。（ZD59-647c）

跊　行～，子昔反，蹤也，正作跡。（ZD59-731c）

跒　牛～，音跡。（ZD59-860c）

跤　鳥～，子昔反。（ZD59-758b）

跦　道～，音積，正作跡也。（ZD59-1090b）

跧　鳥～，子昔反。（ZD59-924c）

跡　行～，音跡，又田典反，蹈也，悮。（ZD59-853a）

跐　血～，音跡。（ZD59-959b）

跕　道～，音積，正作跡、迹二形。（ZD60-174c）按：“～”乃“跡”，詳見本書中篇“跡”字條。

魃　jì/qí

魃　魈～，上宜作魃，丑知反，下渠宜反，小兒鬼也。上悮，下又其寄反，鬼服也，上又《川音》音蜀，《江西音》作丑梨反，郭氏作章蜀反。（ZD60-210a）

際①　jì

際　剬～，音剛，下音祭。（ZD59-719c）

際　斲～，上牛斤反。（ZD59-593c）

際　邊～，上卑連反。（ZD59-571c）

綹　jì/qí

鎎　鐵～，音忌。（ZD59-901b）按：“～”同“綹”。詳細考證見鄭賢章（2004：217）“～”字條。

綹　捉～，音忌。（ZD60-27c）按：“～”，經文作“綦”。《彌沙塞部和醯五分律》卷30：“我非不敬佛，無人捉綦，是以腳押。”（T22，p191b）“～”，經文中應爲“綦（綨）”。

疏　jì/shū

跠　抏～，上苦浪反，下音跡，二並悮。（ZD60-472a）按：“抏～”，對應佛經作“坑跡”。《續高僧傳》卷10：“精苦已來垂三十載，然其扣頭手膝按地之所，悉成坑跡。”（T50，p502a）“～”，可洪音“跡”，即“跡”字之訛。

疏　籠～，郎紅反，下所初反。（ZD59-729a）按：“籠～”即“櫳疏”，窗上格木。

疏　～齒，所魚反。（ZD59-817b）按：“～齒”即“梳齒”，“～”通“梳”。《菩薩行五十緣身經》卷1：

“菩薩世世持雜香水，與佛及諸菩薩澡面，及楊枝梳齒。”（T17，p773c）《沙彌律儀要略增注》卷2：“梳齒，即剔刺梳刷，洗漱牙齒也。”

疏　券～，丘願反。（ZD59-711a）按：“～”乃“疏”。

跽②　jì

跽　～地，上其几反，正作跽。（ZD59-991a）

跽　長～，其履反。（ZD59-907c）

跽　長～，巨几反。（ZD59-897c）

跽　～搆，巨几反。（ZD59-822b）

跽　蹢跽～，上二同胡悮反，下一其几反。跙又音帝，非呼。（ZD59-1071c）

概　jì

概　稠～，上丈由反，下居利反。（ZD59-1070c）

概　稀～，許依反，下居利反。（ZD59-775b）按：“稀～”，對應佛經作“稀概”。《大乘百福莊嚴相經》卷1：“六者髮不紛亂，七者髮不稀概，八者髮常增長。”

———

① 又見“漈”字條。

② 又見“跑”字條。

(T16, p331c)

概
稠～，上直由反，下居利反。（ZD59-617b）

蔱 jì

蔱
披～，步河反，下或作蔱，音多，《經音義》作波蔱，應師未詳，郭氏作敬宜反。（ZD59-749c）按：“～”，譯音字。《佛說灌頂經》卷1：“神名迦蘭因梨提遮披蔱。”（T21, p496b）“～”，可洪音“多”，《龍龕手鏡》音忌、望、羈三音，詳見本書中篇“蔱”字條。

蔱
波～，宜作蔱，音多，郭氏作敬宜、無放二反，《川音》移，云籀書也，未詳何出，應和尚未詳。（ZD60-354c）按：“～”與“蔱”同，譯音字。《一切經音義》卷4：“鞞吒羅波蔱。”（C056, p872b8）

齊① jì/qí

齋
分～，自詣反，齊也，限也，正作齊。（ZD59-898a）按：“分～”，對應佛經作“分齊”。“～”即“齊”，讀“jì”。《菩薩地持經》卷8：“彼菩薩觀有爲行分齊，非生非住非老非壞，一切時別有事起。”（T30, p935a）

龕
飯～，下自西反，平也，等也，正作齊，俗作齌。（ZD59-992a）

齍齎
～整，之領反。（ZD60-34b）
乘～，音齊。（ZD60-187a）按：《佛本行經》卷2：“是我最後，乘齊此斷。”（T04, p68c）

齊齎
～整，之領反。（ZD59-841c）
～幾，自西反。（ZD59-719c）按：《悲華經》卷8：“世尊！所言諸三昧門助菩提法清淨門經，齊幾名爲諸三昧門助菩提法清淨門經？云何菩薩無畏莊嚴具足於忍?”（T03, p220b）

齊齎
佝～，上徐俊反。（ZD59-589a）
～再，上自西反，下子在反。（ZD60-44c）按：“～再”，對應佛經作“齊再”。《摩訶僧祇律大比丘戒本》卷1：“若比丘，經營作大房，施户牖，齊再三覆，當於少草地中住教。”（T22, p552b）

漈 jì

漈漈
四～，音祭，正作際也。（ZD60-444b）
尿～，上奴吊反，下節、薩二音，水迸潰沾人也。（ZD60-269b）按：“～”，可洪音“節”“薩”，讀

“jié”“sà”。

褁 jì

褁褸
～下，上子力反。（ZD60-480b）按：“～”乃“稷”。

暨 jì

暨暨暨暨
所～，其既反。（ZD59-659b）
～乎，巨既反。（ZD59-758a）
普～，其既反。（ZD59-720c）
～百，巨既反。（ZD59-733c）
～夫，上其既反，下音扶。（ZD60-431a）

罽 jì

罽罚罳罷罚
～賓，居例反，國名也，正作罽。（ZD59-820b）
～賓，居例反，正作罽。（ZD59-861b）
赤～，居例反，氍也，正作罽。（ZD59-1018b）
～分，上居例反，氍也，正作罽、㲪。（ZD60-55b）
～擎延，居例反，中女加反，下以然反，

———
① 又見“壵”“斉”“斎”字條。

《經律異相》作剟挐延也。(ZD59-763c)

罷　赤~,居例反,氍毹毦之類,並是毛布異名也,正作剧、𦇧、毦三形。(ZD60-292a)

剧　~賓,上居例反,正作剧。(ZD59-588a)

罷　赤~,居例反,正作剧、𦇧、毦三形。(ZD59-879c)

𦇧　赤罷,居例反,正作剧、~、毦三形。(ZD59-879c)

剧　~鉢,上居例反。(ZD59-1111c)

罰　~賓,上居例反。(ZD60-106a)

罸　~賓,居例反。(ZD59-692a)按:"~"即"剧",與"罰""毦""𦇧"等同。

罸　~賓,上居例反。(ZD60-103a)

稷① jì

稷　黍~,尸與反,下子力反。(ZD59-897b)

稷　種~,音即,五穀惣名爲~。(ZD59-677c)

褉　社~,子力反。(ZD59-1017c)

稷　種~,音即,五穀惣名也,正作稷。(ZD59-571b)

褉　社~,音即。(ZD60-273a)

髻 jì

髻　蚕~,音螺,下音計。(ZD59-773c)

髻　宍~,肉計二字。(ZD59-740a)

髻　螺~,郎波反,下古詣反,又音括,非。(ZD59-738b)

髻　騾~,郎禾反,下古詣反。(ZD59-715b)

髻　髻~,莊花反,婦人喪冠。(ZD59-697c)

髻　螺~,上郎禾反,下古詣反。(ZD59-692c)

髻　宍~,而六反。(ZD59-668b)

髻　宍~,音計。(ZD59-620a)

髻　慢~,音計。(ZD59-605b)

髻　宍~,上而六反。(ZD59-574b)

髻　火~,音計,正作髻,又古活反,悮。(ZD59-1066a)

䯵　作~,音計,䯵也,正作紒、䯵。(ZD60-365b)按:"~"乃"髻"。《一切經音義》卷10:"贏髻,又作螺,同力戈反,下古文作~,同音計。"(C056,p972b)

髻　螺~,音計。(ZD59-912a)

髻　寶~,音計。(ZD59-842a)

髻　頂~,古詣反,縮髮也,正作髻也,又古活反,結髮也,非此呼。(ZD59-771a)

髻　~髮,上古詣反,下音發。(ZD59-1035b)

冀 jì

冀　~望,居利反,希也。(ZD59-661b)

冀　~望,居利反。(ZD59-697a)

冀　常~,音既,望也,正作冀。(ZD60-578a)

冀　必~,居利反,有所希求也,望也。(ZD59-661c)

冀　傲~,上古堯反,求也。(ZD59-616c)

冀　難~,音既,望也,正作冀。(ZD59-685a)

穄② jì

穄　~米,上子袂反,正作穄,又音砌,悮。(ZD60-25c)按:"~米",對應佛經作"穄米"或"穄米"。《彌沙塞部和醯五分律》卷22:"即作穄米、粟

① 又見"褉""稷"字條。

② 又見"穄"字條。

米、稗米、秀米、拘留米飯。”
(T22，p151c)“糜”，宫本作
“糉”。“～”“糉”乃“糜”。

稬稬 ～ 米，上子例反。
(ZD59-997a)

～ 米，上子例反，糜
別名。(ZD59-987c)

劑　jì

劑劑 分 ～，自計反。
(ZD59-836b)

～ 院，在詣反。
(ZD59-804a)

跽　jì

跽 右 ～，其几反。
(ZD59-664b) 按：
“右～”，對應佛經作“右
跽”。《大方廣佛華嚴經》卷
50：“偏袒右肩，右跽合掌。”
(T10，p262a)“～”即“跽”，
乃“跽”之俗。

嚌　jì/zhāi

嚌 齰 ～，上魚綺反，下
竹皆反，正作齩、齰
二形。齰，齧而挽之也，下
又別經作嚌、齰二形，同在
計反。(ZD59-1095c)

嚌 虯 ～，所擳反，下竹
皆反，下又自詣反，
非呼。(ZD59-837a)

嚌 遮 ～，竹皆反，又在
計反，非。(ZD59-
639b)

嚌 吒 ～，竹皆反，正作
齰。(ZD59-1064a)

劇①　jì

罷 ～ 賓，居例反。
(ZD60-192b) 按：
“～”乃“劇”字，詳見本書中
篇“罷”字條。

罰 ～ 賓，上居例反。
(ZD60-100b)

績　jì

績 緝 ～，上七入反，下
子歷反，正作績也，
又胡對反，悮。(ZD60-
121c)

績 ～ 師，上音績，正作
績。(ZD60-446b)

饑　jì

饑 并 ～，其既反，人名
也，正作暨也。
(ZD59-1019a) 按：《般泥洹
經》卷 1：“有一人字并饑，
避坐起整衣服，向佛自陳
言。”(T01，p179b)“饑”，
元、明本作“暨”。可洪以
“～”爲“暨”。

饑 并 ～，上必政反，下
其既反，正作暨、饑
也，人名也，《經音義》云相
承音飽，又以饑字替之，一
焰反，飽饜，並非。(ZD59-
980c) 按：“～”，經 文 作
“饑”，人名。《長阿含經》卷

2：“是時，坐中有一梵
志名曰并饑，即從座起，偏
袒右臂，右膝著地，叉手向
佛。”(T01，p14a)可洪以“～”
爲“暨”。

繋　jì

繋 葦索 ～，于鬼反，中
桑各反，下古詣反。
(ZD59-982c)

繋 頸 ～，上吉鄖反。
(ZD59-1076c)

繋 ～ 擦，户結、呼結二
反，縛也，束也。
(ZD59-1095a) 按：“～”，經
文作“繋”。《佛五百弟子自
說本起經》卷 1：“昔我先世
時，曾爲養猪者，在於江水
傍，繋擦衆猪口。”(T04，
p197c)

繼　jì

繼 承 ～，音繋，紹也。
(ZD60-418b)

繼 並 ～，音計。(ZD60-
476c) 按：“～” 乃
“繼”字，詳見本書中篇
“繼”字條。

繼 難 ～，古 詣 反。
(ZD60-477c)

繼 ～ 軏，上古詣反。
(ZD60-481c) 按：
“～”乃“繼”字，詳見本書中
篇“**繼**”字條。

────────

① 又見“劇”字條。

継　䠠～,補畔反,羈䠠也,正作絆、鞊二形也。(ZD59-751c)

霽　jì

霽　風～,即計反。(ZD60-424a)

驥　jì

驥　騎～,二音其既。(ZD59-736b)

驥　～尾,上居利反。(ZD60-329c)

驥　之～,音冀。(ZD59-589a)

驥　俊～,音冀。(ZD60-325b)按:"～"乃"驥",詳見本書中篇"驥"字條。

哜　jì

哜　～泜,上音朱,正作唑,下音底,上又朱季反,經本作朱帝是也,又應和尚以呼字替,芳尤反,非也。又《江西經音》作居止反,亦非也。又《川音》作疋尤反,亦非也。上又朱律反,又郭氏音季。(ZD60-286c)按:"～",譯音字。《陀羅尼雜集》卷4:"阿拘筵,阿哜泜,守婆泜。"(T21,p603c)可洪以"～"爲"唑",玄應以爲"呼",今依郭氏音季。

糣　jì

糣　～米糜,上子細反,下美垂反。(ZD59-1126a)按:"～"同"糣"。

夾①　jiā

閜　～在,胡頰反,正作挾、俠二形也,又音甲。(ZD59-893b)按:《菩薩投身飴餓虎起塔因緣經》卷1:"近出遊觀,見諸貧人,夾在路側,求索所乏。"(T03,p424c)根據經文,"～"即"夾"字。

佳②　jiā

徍　大～,音街,善也。(ZD59-616c)

徍　～快,音街,善也,又音佳,吳呼爲加。(ZD59-828b)

㹕③　jiā

枷　～欔,上音加,下俱縛反,大母猴也,善攔持人也,正作猚玃。(ZD59-643a)按:"～欔"即"猚玃"之訛。

㹕　～玃,古牙反,下俱縛反。(ZD59-911a)

枷　～狩,上音加,下音獸。(ZD59-610b)按:《法鏡經》卷1:"所謂禽獸、衆鳥、獼猴、猚玃、惡人賊盜,皆遊於山澤,亦不謂彼爲息心也。"(T12,p20a)

枷　～玃,古牙反,下俱縛反。(ZD59-955a)

枷　jiā

枷　移～,上以支反,下古亞反,衣架也。(ZD59-1049b)

徍　jiā

徍　諸～,音街。(ZD60-454a)按:"～"乃"佳"。

恕　jiā

恕　目～,古何反,合作巨伽反。(ZD59-809b)按:"～",譯音字,與"加"音同,可洪音"巨伽反",與"伽"音同。《阿難陀目佉尼呵離陀經》卷1:"爾時佛告賢者摩目恕蘭。"(T19,p685a)"恕",宋、元、明本作"加"。

峽　jiā

快　白～,古洽反,複衣也,正作峽也,應和

---

① 又見"綊"字條。
② 又見"徍"字條。
③ 又見"猚"字條。

尚以祫字替之也，又苦煩反，非也。（ZD59-749b）按："～"即"梜"，經文中同"祫（袷）"。

枷　jiā

～捲，上音加，下音拳，上悮，下俗用。（ZD60-302a）按："～"乃"加"，詳見本書中篇"枷"字條。

痂　jiā

～痏，音加，下于美反，瘡也，下經文作痏，非也。（ZD59-832b）

浃　jiā

～旬，上子葉反。（ZD60-472b）按："～"，《廣韻》音"子協反"，讀"jiā"。

家　jiā

鍛～，上都亂反。（ZD60-370a）

佛～，音勸。（ZD60-540b）按："佛～"，對應佛經作"佛家"。《弘明集》卷11："何異佛家羅漢，亦指極四果方至勝鬘，自知有餘地，道之崇天極，猶佛有羅漢果。"（T52，p73b）根據經文，"～"即"家"之

訛，可洪以爲"券"，不妥。

笳　jiā

鳴～，音加。（ZD60-457b）

葭　jiā

～灰，上古牙反。（ZD60-560a）

～葵，上古牙反，下他敢反。（ZD60-369b）

猳　jiā

枷欏，上音加，下俱縛反，大母猴也，善攫持人也，正作～玃。（ZD59-643a）按："～"同"狙"。

綊　jiā

～紵，上古洽反，下直與反，上胡頰反，綿也，非。（ZD60-57c）按："～"，可洪音"古洽反"，蓋以爲"袷（夾）"。

～紵，上古洽反，下直與反，上又音協，非也。（ZD60-260a）按："～"乃"夾"字，詳見本書中篇"綊"字條。

瘕　jiā/xiá

癥～，陟陵反，下加、嫁二音。（ZD59-

861c）

～穢，户加反，玷也，又家、嫁二音，非。（ZD59-767b）按："～"同"瑕"。

～疵，户家反，正作瑕，又家、假、嫁三音，悮，下疾移反。（ZD59-700c）

麚　jiā

麚～，上居筠反，下古牙反，鹿名。（ZD60-484a）

～鹿，上古牙反。（ZD60-302a）

駕　jiā

～鵝，上古牙反，鳥名也，正作駕。（ZD60-414c）按：《大唐西域記》卷12："潛居則鮫、螭、魚、龍、黿、鼉、蝹、鼇，浮游乃駕鵞、鴻雁、駕鵝、鸂、鶒，諸鳥太卵，遺殼荒野，或草澤間，或沙渚上。"（T51，p941b）"駕"，宋、宮本作"駕"。"～"乃"駕"之訛。構件"鳥"與"馬"相混。

秸①　jiá

草～，古老、古八二反，禾程也，正作槀

———

① 又見"秸"字條。

秸二形也,或㪍、秋,二同羊
力反。（ZD59-852b）按:
"～",對應佛經作"秸"字。
《菩薩本行經》卷 2:"便放
風雨,大墮雹霜,傷殺五穀,
唯有草秸。"（T03,p116b）
從字形看,"～"即"菩"。
"菩"與"秸"同,指禾皮,經
文作"秸",禾稈,根據文意,
則"菩"應爲"秸"。

秸
秸　　～藁,古老反。
（ZD60-369b）

秸　康～,古沃反,禾皮
也,正作糕也,又音
酷,禾熟也,非用。（ZD59-
1069b）按:"～",經文作
"秸"。《正法念處經》卷
31:"或畏官軍,逃避村栅,
入此村中,乃至不取糠秸
草。"（T17,p181c）"～",可
洪以爲"糕",不妥,兩者義
近,非異體。

秸　　～藁,上古沃反,五
穀皮也,正作糕、秸
二形,又古黠反,下古老反,
禾稈也。（ZD59-1099c）

秸　　～ 弟子,音 結。
（ZD59-957b）按:
"～"乃"秸",詳見本書中篇
"秸"字條。

秸　jiá

秸　　藁～,上古老反,下
古八反,禾稈也,正
作藁秸。（ZD60-553a）按:
"～"乃"秸",詳見本書中篇
"秸"字條。

餄　jiá

餄　　～餅,古洽反,正作
餄。（ZD59-862c）
按:"～"即"餄"字,與"餄"
同。《廣韻》古洽切:"餄,
餄餅。"

唊　jiá

唊　　博～,子葉反,第卅
五作博唼是也,俗言
也,如諸經中眼睫字作映
也,正言嗶唼,如前釋,又音
頰,非此呼。（ZD59-1084c）
按:"～",經文作"唊"或
"唼"。《佛本行集經》卷
40:"嚴備多種甘美飯食,如
是㩉喛唼唊嗶唊,其夜悉辦
如是諸味。"（T03,p839b）
"唊",宋、元、明、聖本作
"唼"。"博～"即"嗶唊",又
作"嗶㗷""嗶唼"。《一切經
音義》卷 19:"嗶唼,又作
㗷,同,補各反,下子立反。
《説文》嗶唼,噍嚼聲皃也,
經文作博,下或作唊,古俠
反,忘語也,或作㗷,子盍
反。㗷,啾也。二形並非字
義。"（C057,p47c）"～"
"㗷""唼"三者意義當同,咀
嚼也,今以各自本音讀之。

唊　　～嗿,仕洽反,下五
洽反,戲謔也,經文
自切。應和尚《音義》以騒
鹹替之,《切韻》作婰映,並
同。（ZD59-1077c）按:《一
切經音義》卷 56:"騒鹹,仕
洽反,下魚洽反。騒鹹,謂
俳戲人也,經文作唊嗿。唊
音古協反,下嗿,許及反,非
此用。"（T54,p679b）《佛本
行集經》卷 11:"又如是等
諸王技中,最善最勝,所謂
書算,解諸計數,雕刻印文,
宮商律呂,舞歌戲笑,騒(士
洽反)鹹(魚洽反)漫談。"
（T03,p705a）"騒",宋、元、
明、聖本作"唊"。"鹹",宋、
元、明、聖本作"嗿",麗一
CB 本作"鹹"。"唊嗿",經
文有版本作"騒鹹"或"騒
鹹",來源不明,待考,暫以
本音讀"唊"。

圿　jiá

圿　　垢 ～,古 八 反。
（ZD59-1002a）

玠　垢～,古八反,正作
圿。（ZD59-1005c）

戛　jiá

戛　　～曬,更結反,下力
揩反。（ZD59-877b）
按:"～"讀"更結反",音
"jié",依《廣韻》"古黠切",
讀"jiá"。

餄①　jiá

餄　乳 ～,古 洽 反。
（ZD59-878a）

————
① 又見"餄"字條。

莢 jiá

莢 皂～，古協反。
（ZD59-875b）

英 蓂～，上莫瓶反，下
古叶反。（ZD60-
563a）

筴① jiá

荚 ～謂之著，上古狹、
居叶二反，正作筴
也。（ZD60-374c）按：“～”
乃“筴”字。

蚗 jiá

蚗 ～蝶，上古協反，下
徒協反，今謂胡蝶是
也，正作蛱蝶也，上又古穴
反，非也，悮。（ZD59-
1118a）按：“～蝶”即“蛱
蝶”，其中“～”即“蛱”之訛。

頰 jiá

頬 搏～，上補各反，下
古協反。（ZD60-
73b）

頬 ～頷，古叶反，下户
感反。（ZD59-737c）

頬 子～，古叶反。
（ZD59-686a）

頬 ～如，上古協反。
（ZD59-618a）

頬 ～額，上古俠反，下
五格反。（ZD59-
557b）

頬 拄～，上知主反，下
古協反。（ZD60-
23b）

蛱② jiá

蛱 ～蝶，上古挾反，下
徒頰反。（ZD59-
1134b）

蛱 ～蝶，古叶反，下徒
叶反，正作蝶。
（ZD59-692c）

甲③ jiǎ

押 抓～，爭巧反，下古
狎反，正作爪甲。
（ZD59-851c）

胛 ～背，古狎反，正作
胛、甲二形。
（ZD59-793b）按：“～”即
“胛”，與“甲”同，肩胛。

胛 指～，音甲。（ZD59-
781b）按：“～”與
“甲”同，指甲也。

胛 指～，音甲。（ZD59-
787a）按：“～”與
“甲”同，指甲也。

鉀 ～胄，音甲，下丈右
反，兜鍪，首鎧也。
（ZD59-758b）按：“～”同
“甲”，鎧甲也。

鉀 鎧～，下古狎反。
（ZD59-555b）按：
“～”同“甲”，鎧甲也。

踣 蹄～，音提，下音甲，
正作踣、甲二形。
（ZD59-761b）按：“～”即
“踣”，與“甲”同，蹄甲。

胛 jiǎ

胛 ～下，上上古狎反。
胛 （ZD60-575c）
～側，音甲，悮。
（ZD59-793b）按：“～”
即“胛”，肩胛，古作“甲”。

砈 jiǎ/yā

砈 或～，古狎反，～，束
也，兩指取物也，正
作甲、押、砈三形，又音陂，
非也。（ZD59-839a）按：《大
威德陀羅尼經》卷 18：“若
以脚大指，若手指，若脚掌，
或蹈或砈。”（T21, p831a7）
“砈”，宋、元、明本作“壓”。
“～”即“砈”之訛，與
“壓”同。

砈 ～頭，音甲，束也，正
作押。（ZD59-855c）
按：《菩薩從兜術天降神母
胎說廣普經》卷 7：“吾昔一
時患頭痛，猶如兩須彌山壓
頭疼痛，痛不可處。”（T12,
p1056b）“壓”，宋、元、明本
作“夾”，宫本作“砈”。“砈”
即“壓”，作“夾”，義近。

砈 如～，烏甲反，正作
壓也，又音陂，非也。
（ZD60-72a）按：“如～”，經
文作“如壓”或“如砈”。《鼻
奈耶》卷 2：“爾時尊者目犍
連，爲執杖梵志（手所持杖

---

① 又見“筴”字條。
② 又見“蚗”字條。
③ 又見“胛”“踣”“鉀”字條。

似人頭）所打,如壓竹筒乃命盡。"(T24,p857c)"壓",宮本作"砰"。"砰"即"壓"字之俗。

砰　～油,上烏甲反,正作壓、押二形,又音甲,惧。(ZD60-27c)按:《彌沙塞部和醯五分律》卷29:"有諸比丘尼壓油賣,多人譏呵。佛言:不應爾,犯者偷羅遮!"(T22,p190a)"壓",宮本作"押",聖本作"碑"。"押""碑"當爲"壓",其中"碑"顯然是"砰"之訛。"砰"即"壓"之俗。

假　jiǎ

假　～名,上古雅反。(ZD60-158a)

假　～令,古雅反。(ZD59-956b)

假　～使,上古雅反。(ZD59-1104c)

假　～餌,人志反,食也。(ZD60-252b)

假　～寐,上古雅反,下蜜二反。(ZD59-667b)

假　～令,上古雅反。(ZD59-580a)

假　jiǎ

假　利～,究那反,經自切,《陁羅尼集》作叚。(ZD59-884b)按:"～",譯音字。《陀羅尼雜集》卷9:"婆羅婆羅,尸利假(究那反)。"(T21,

p629b)《阿吒婆拘鬼神大將上佛陀羅尼神咒經》卷1:"尸利暇(究那反)路迦遮利蛇。"(T21,p178b)"暇",元、明本作"假"。

跒　jiǎ

跒　～如,上古狎反,正作甲、跒二形,又卑吉反,警也,非也。(ZD60-221a)

跒　～角,古狎反。(ZD59-909a)按:"～"乃"甲"字,詳見本書中篇"跒"字條。

跒　同～,音甲,蹄也,謂驢馬不分蹄也。(ZD59-953b)

跒　銀～,古狎反,蹄～也,正作甲、跒二形,又郭氏及《玉篇》作卑爾、步米二反。(ZD60-219c)按:"～"乃"跒(甲)"。

𤿈　jiǎ

𤿈　父～,都亂反,人名,或作𤿈,音賈。(ZD60-450c)按:"父～"即"父𤿈"。

胛　jiǎ

胛　肩～,古狎反,正作胛。(ZD60-233a)按:"～"同"胛"。

櫃　jiǎ

櫃　揪(揪)～,上七由反,下古雅反。(ZD60-590a)

茄　jià

茄　蒋～,正作篦架,上音移,下音嫁,衣架也。(ZD59-1050c)按:"～"乃"架"。

茄　～上,上古亞反,正作架。(ZD60-28b)按:"～"乃"架"。《四分律》卷1:"上處者,若舉物在樹上、牆上、籬上、杙上、龍牙杙上、衣架上、繩床上、木床上,若大小蓐上、机上、地敷上。"(T22,p574a0)

架[①]　jià

架　衣～,音嫁。(ZD59-1116a)

架　屠～,古倨反,正作架。(ZD59-961a)

㮏　jià

㮏　衣～,音架。(ZD59-1126b)按:"～"同"架"。《四分律行事鈔批》卷6:"倒懸在㮏,從後割

———
① 又見"茄""㮏"字條。

却。"(X42, p766a)

嫁 jià

娞 鬥嫁，音駕，《川音》作～，音妻，非也。(ZD60-153c)按："～"，《川音》音"妻"，即"妻"字。不過，在經文中乃"嫁"字。《尊婆須蜜菩薩所集論》卷2："或女未出門嫁，或復出門嫁。"(T28, p0734b)

價 jià

贖 ～賤，上古偓反，數也，正作價。(ZD60-205a)

尖 jiān

尖 ～摽，上子廉反，正作尖也。(ZD59-601a)

夬 漸～，子廉反，正作尖。(ZD60-400a)

兼 jiān

鵻 ～備，古嫌反，下皮秘反。(ZD59-870a)

菱 jiān/qiàn

菱 ～云，上即先反。(ZD60-351a)按："～"即"菱"，乃"箋"字。

羡 ～云，上子先反，正作菱。(ZD60-351c)按："～"即"菱"，乃"箋"字。

菱 若～，千見反，草名，可以染紅而絳色也，正作茜，又子先反，非。(ZD59-1119a)按："～"同"茜"。

菅 jiān

薪 刈～，牛吠反，下古顏反。(ZD59-686b)按："刈～"，對應佛經作"刈菅"。《大般涅槃經》卷29："善男子！如刈菅草，執急則斷。"(T12, p793c)"～"與"菅"同。

菅 衣～，於既反，下古顏反。(ZD59-818a)

堅 jiān

堅 麤～，上倉胡反，疎也，大也，物不精也。(ZD59-577c)

莽 jiān

菅 枝～，同上（莽）。(ZD59-1012c)按："～"同"莽"，又作"菱"。

莽 拔～，古顏反。(ZD59-1012c)

菱 jiān

菱 ～服，古顏反。(ZD59-763c)

焱 jiān

焱 麁～，宜作尖，子廉反，銳也，又余瞻、呼覓二反，並非義也，上方經作尖。(ZD60-213c)按：可洪以"～"爲"尖"，經文作"澁"。根據經意，應爲"澁"，待考。

湔 jiān/jiàn

湔 ～洒，上子仙反，下先禮反。(ZD59-607a)

湔 ～者，上子仙反。(ZD59-1105c)

菓 水～，音箭，濆也，正作濺、湔二形。(ZD60-163a)按："水～"即"水濺"。《佛說立世阿毘曇論》卷2："四者，水濺以爲嬉戲。"(T32, p182a)"～"即"湔"，與"濺"同。

械 jiān

械 ～籯，上戶緘反，下力木反。械，桮也。桮，籯箱也，竹篋也，正作械籯字也。(ZD59-1035a)按："～籯"，對應佛經作"械籯"。《阿那律八念經》卷1："又少欲者，其義譬如王有邊臣，主諸械籯，滿中綵衣，而汝自樂著麁弊者，少欲知足。"(T01, p836a)

甄　jiān/zhēn

甄

～名，居延反，察也，免也。（ZD59-918b）

甄

～萠，上居延反，察也，又音真，陶甄作瓦器官也。（ZD60-485a）按："～"乃"甄"字，詳見本書中篇"甊"字條。

甄

～叔，上居延反，樹名，～叔迦，此樹花赤如火色也，俁。（ZD59-1063b）

甄

～陁，上之人反。（ZD59-1005b）

甄

陶～，音真，正也，化也，正作甄。（ZD60-536c）

甄

～迦羅，上居延反，數名也。（ZD59-711c）

甄

～陶，上音真，下徒刀反。（ZD59-569c）

甄

～陁，之人反。（ZD59-912a）

甄

～陁，之人反。（ZD59-676b）

甄

～陁，之人反，正作甄。（ZD59-909a）

甄

～羅，居延、之人二反。（ZD59-635a）

甄

～陁，音真，下音陁。（ZD59-676a）

甊

～陁，音真，下音陁。（ZD59-911c）

甄

～陁，上之人反。（ZD59-580c）

睷　jiān

睷

～拏，上居言、居偃、居健三反，正作睷也，下女加反，上又應和尚作巨言反，《川音》音健，未詳何出，郭氏未詳。（ZD60-294b）按："睷"，譯音字，可洪以爲"睷"。《陀羅尼雜集》卷10："睷拏佛提，因地利蛇佛提，莎呵。"（T21，p634c）

熞　jiān

熞

～憂，上子仙反，下於牛反。（ZD59-1052a）按："～"即"煎"字。

煎①　jiān

煎

～心，上子仙反，正作煎。（ZD59-632a）

慈

～炙，上子仙反，袁也，正作煎也，下之石反。（ZD59-1051c）

煸

燒～，而延反，正作燃，古文作𤑶也，俁。（ZD59-728c）按：《寶雲經》卷5："隨所住處多厭惡心，常修死想、噉殘想、血塗想、青淤想、膖脹想、燒然想、解散想、骨想，塚間坐者常修慈心生利益想。"（T16，p232b）"然"，元、明本作

"煎"。從形體看，"～"即"煎"，可洪以爲"燃"，不妥，兩者祇是義近。

獝

～得，上即仙反，正作煎。（ZD60-291c）按："～"乃"煎"字，詳見本書中篇"獝"字條。

爤

～渚，子仙反，下諸呂反。（ZD59-744c）

箋②　jiān

箋

～云，上則先反，亦作箋、菱。（ZD60-372b）

菱

～其，上則先反，表也。（ZD60-269a）按："～其"，對應佛經作"箋其"。《經律異相》卷17："天及賢者，箋其自異。"（T53，p88c）

撍　jiān/jiǎn

撍

～得，同上（獝），《七佛經》並作煎字。（ZD60-291c）按："～"乃"煎"字，詳見本書中篇"撍"字條。

撍

～除，即淺反，減也。（ZD59-744a）按："～"即"撍"，同"剪"。《大薩遮尼乾子所説經》卷2："猶如快利刀，剪除諸細草。"（T09，p324b）

———

① 又見"撍""熞""爤"字條。
② 又見"菱"字條。

撗 ～頭，即淺反。（ZD59-880b）按："～"即"揃"，同"剪"。

撗 ～拔，子淺反。（ZD59-785a）按："～"即"揃"，同"剪"。

撗 ～除，上即淺反。（ZD59-603a）按："～"即"揃"，同"剪"。

燋　jiān

燋 ～餘，上子廉反。（ZD60-478a）

熸　jiān

燼 ～燼，子廉反，滅也，正作熸也，下徐進反。（ZD59-641c）

熖 餘～，自廉反，正作熸。（ZD60-546c）

鞬　jiān/tà

鞬 ～橛，上九言反，下九月反。（ZD59-1023a）

鞬 鞭～，上卑連反，下他達反，正作撻、韃二形，下又居言反，非也。（ZD60-220a）按："～"乃"韃"，同"撻"，詳見本書中篇"韃"字條。

黚　jiān

黚 ～婆，上九嚴反，經自出。（ZD59-634a）

燗　jiān

燗 合～，子仙反，責也，正作煎，又音箭。（ZD59-1121a）按："～"同"煎"。

棧　jiān

棧 棧香，則前反，香名也，正作～也，又仕限、仕諫二反，悮。（ZD60-565c）按：《宋高僧傳》卷14："有投棄棧香木者。"（T50，p797b）

溅　jiān/jiàn

溅 ～衣，上子先反，宜作湔，洗也。（ZD59-1110a）按："～"即"溅"，經文中通"湔"，詳見本書中篇"溅"字條。

溅 汙～，音箭。（ZD60-50c）

磼　jiān

磼 ～礴，上古銜反，下之余反。（ZD60-364a）

灒　jiān

灒 ～洳，而預反，沮洳，漸濕也，亦澤。（ZD60-370a）

櫼　jiān

撖 楔～，子林反。（ZD60-364a）按："～"音"jīn"。《集韻》："櫼"可讀"將廉切"，音"jiān"，從之。

殲　jiān

殲 ～宿殃，子廉反，下於羊反。（ZD59-790c）

殲 ～夷，上子廉反。（ZD60-597c）

鶼　jiān

鶼 西～，音兼。（ZD60-504c）

爠　jiān

爠 作～，音尖。（ZD60-360a）

韆　jiān

麞 鞌～，則先反。（ZD59-1076a）按："～"乃"韆"字，詳見本書中篇"麞"字條。

韆 鞌～，上烏干反，下則先反。（ZD59-597c）

鞼　鞍～，上惡寒反，下則先反。（ZD59-1080a）

鞻　靾～，上烏寒反，下則先反。（ZD59-1085b）按："～"乃"鞻"字，詳見本書中篇"鞻"字條。

嘰　jiān

甄　～邏，郎个反。（ZD59-836c）按："～"，譯音字。

甄　作～，居延反，菓名，甄波迦也，見藏作甄波迦果是也。（ZD60-366c）按："～"，譯音字。

甄　～泥，上伊人反，亦云伊尼，此云苦諦。（ZD59-836c）按："～"，譯音字。《大威德陀羅尼經》卷3："阿娑伽多嘰泥咩泥多簸多荼簸阿盧婆。"（T21，p765a）"～"，譯音字，可洪音"伊人反"，未詳。

甗　jiān

甋　～脾坻，上居延反，中步支反，下丁禮反。（ZD59-607b）按："～"，譯音字，與"甄"音同。《佛説阿彌陀三耶三佛薩樓佛檀過度人道經》卷1："賢者難提，賢者甋脾坻。"（T12，p300a）

剪①　jiǎn

剪　～花，上即淺反。（ZD60-605a）

剪　拾～，上時汁反，下即淺反。（ZD60-165c）

搣　jiǎn

搣　～削，上古斬反，正作減也，誤。（ZD59-1081c）按："～"乃"減"字，詳見本書中篇"搣"字條。

揃　jiǎn

揃　～拔，即淺反，下步八反。（ZD59-680a）按："～拔"，經文作"剪拔"。《大般涅槃經》卷3："又如壯人，首生白髮，愧而剪拔，不令生長。"（T12，p381a）

揃　～扴，即淺反，下爭巧反。（ZD59-905c）按："～"，經文作"翦（剪）"，同。

減②　jiǎn

搣　～削，上古斬反，俗。（ZD59-1083a）按："～"，經文作"減"。《佛本行集經》卷29："汝今不久當被菩薩減削。"（T03，p790a）

濊　少～，古斬反，正作減。（ZD60-158a）

寋　jiǎn

寋　作～鶱，見藏作蹇，並同居輦反。（ZD60-378b）

捷　jiǎn/jié/liǎn

捷　～對，上居偃反，難也，誰也，又吃也，正作犍、揵、扐三形也，又音輦，悮。（ZD60-412a）按："～"乃"揵"，詳見本書中篇"揵"字條。

捷　攉～，自葉反，正作捷。（ZD59-696a）按："～"乃"捷"，詳見本書中篇"捷"字條。

捷　～厠，上力蹇反，擔運也，正作揵也，悮。（ZD60-482c）

捷　～載，上力蹇反，正作捷。（ZD60-379c）

捷　～麥，上力蹇反，運載也。（ZD60-511b）按：《辯正論》卷7："吾家至貧，善神助磨，急輦麥與之。"（T52，p538b7）"輦"，宋、元、明本作"捷"。

————

① 又見"剪""揃"字條。
② 又見"搣""濊"字條。

暕　jiǎn

睐暕
暕暕
暕

神～，古眼反。
(ZD60-338b)

王～，古眼反。
(ZD60-537c)

神～，古眼反。
(ZD59-589a)

王～，古眼反，正作
暕。(ZD60-537c)

王～，古眼反。
(ZD60-472b)

搴　jiǎn/qiān

搴
搴

～蕖，上居輦反，取
也，拔也，正作搴、攐
二形，下音渠，蓮花也。
(ZD60-574c)

～眉，丘乹反，舉也，
又丘言反，正作攓。
(ZD59-960c)

蕑　jiǎn

蕑
蕑

莫～，古眼反，略也，
又音奸，非也。
(ZD60-274a)按："～"乃"簡"。

料～，上力條反，下
古眼反。（ZD60-
236b）按："～"乃"簡"。

翦　jiǎn

翦

燒～，即淺反，正作
翦。（ZD60-223a）

按："燒～"，對應佛經作"燒
剪"。《付法藏因緣傳》卷
1:"若復無驗，必相燒剪。"
(T50, p297c)"～"即"翦"，
與"剪"同。

撿　jiǎn

撿
捡

～搗，尸涉反，正作
攝。(ZD59-901c)

歷～，音撿。(ZD60-
278c）按："～"乃
"撿"，詳見本書中篇"捡"
字條。

玁　jiǎn

玁

小～，居奄反，正作
檢。(ZD60-446a)

櫼　jiǎn

櫼

～除，上即淺反，減
也。(ZD59-1002a)
按："～"，即"攕"字，攕除。
《增壹阿含經》卷23:"或交
腳跱踞；或養長鬚髮，未曾
攕除。"(T02, p671b)

臉　jiǎn

臉

朡～，上莫諫反，下
居奄反，嬌恣兒。
(ZD60-516a)按："朡～"同
"矖臉"。《破邪論》卷2:
"嬌娥矖臉，棄似遺塵。"
(T52, p488c)"臉"即"瞼"

之訛。

蹇①　jiǎn/qiān

蹇
蹇
蹇
僿
寋
寋
寋

～吃，居輦反，下居
乞反。(ZD59-763c)

～法，居輦反，屯難
也。(ZD59-729a)

此～，竹倫反，下居
輦反，難也，正作屯
蹇。(ZD59-701c)

偃蹇，於幰反，下居
輦反，傲也，正作偃
～。(ZD59-669a)按："～"
即"僿"，傲慢，與"蹇"同。

～拯，上居輦反，下
居力反，訥也，正作
謇謜也，二並誤。(ZD59-
1055c)

～縮，正作驀，丘軋
反，齀也，下所六反，
上又居輦反，非。（ZD59-
667b)按："～縮"即"驀縮"。
"～"爲"驀"之借。《玉篇·
馬部》:"驀，齀也。"

～陁，上丘乹反，正
作蹇、驀二形也。
(ZD59-599b)

謇　jiǎn

謇

謇吃，居輦反，吃也，
正作謇、謰、～、刱四
形也。（ZD59-838b）按：
"～"即"謇"，同"謇"。

---

① 又見"蹇"字條。

~吃，上居輦反，下居乞反。（ZD59-1053a）

寒吃，居輦反，吃也，正作謇、~、寒、刃四形也。（ZD59-838b）

~蘇，上居輦反，吃也，下居力反，訥也。（ZD60-460b）

寒吃，居輦反，吃也，正作謇、讓、寒、~四形也。（ZD59-838b）按："刃"即"扐"字之訛。"扐"與"謇"同。

繭① jiǎn

~栗，上古典反，蠶室也，正作繭、蠒二形。（ZD60-527c）

著~，古典反，正作繭、蠒二形。（ZD59-1106a）

~胞，古典反，下疋兒反。（ZD59-907a）

作~，古典反。（ZD59-739c）

~中，上古典反。（ZD59-1091a）

~栗，上古典反，下力日反。（ZD60-502b）

擔~，古典反。（ZD60-21b）

累~，古典反，正作繭。（ZD60-589b）

作~，古典反。（ZD59-685c）

者~，同上（繭）。（ZD60-21b）

煮生~，之與反，下古典反。（ZD59-911b）

俗~，古典反，正作繭。（ZD60-599b）

作~，古典反。（ZD59-616b）

生~，古典反，正作繭。（ZD60-284a）

~蠶，上古典反，下昨含反。（ZD59-604b）

煞~，古典反。（ZD59-1066a）

須~，同上（繭）。（ZD59-1117a）

~貴，上古典反，蠶衣也，正作繭、蠒二形。（ZD59-1117a）

處~，古典反。（ZD59-747a）

爆~，上步報、步木二反，下古典反，正作暴繭也。（ZD60-29b）按："~"乃"繭"字，詳見本書中篇"蕑"字條。

作~，古典反。（ZD59-742b）

作繭，古典反。蠶~，同上。（ZD59-740c）

蠒~，同上（繭）。（ZD60-29b）

~衣，上古典反，正作襺。（ZD60-585b）

作~，古典反。（ZD59-740c）

蚕~，上自南反，下古典反。（ZD60-425c）

以~，古典反。（ZD60-102c）按："~"乃"繭"字，詳見本書中篇"繝"字條。

作~，古典反。（ZD59-739c）

瞼② jiǎn

精~，居儼反。（ZD59-785c）

眼~，音撿(檢)，《經音義》作睫眊，彼經悮。（ZD59-819c）

動~，音撿(檢)，眼外皮。（ZD59-758b）

~眼，居奄反，正作瞼也，第一卷作瞼眼是也。《南嶽音》音斬，非也。（ZD59-971b）按：《究竟一乘寶性論》卷4："瞬眼若牛王，功德如蓮華。"（T31, p844c）"~"，可洪以爲"瞼"，收斂之義。《如來成道經》卷1："瞼眼即萬里，開眼即停。"（T85, p1405b）

簡③ jiǎn

~擇，古眼反。（ZD59-664c）

---

① 又見"蠒"字條。
② 又見"眊""臉"字條。
③ 又見"蕑"字條。

僆　jiǎn

蕳　～言，閒眼反，略也。（ZD59-660a）

蕳　～擇，古眼反。（ZD59-948a）

蕳　～擇，古眼反，閱也，略也，分別也，正作簡也，又革閑反，悮。（ZD59-739a）

蕳　～略，古眼反。（ZD59-688a）

蕳　料～，力招反，下古限反。（ZD59-753a）

蕳　～質，古眼反，正作簡也，又古閑反，悮。（ZD59-739b）

僆　jiǎn

僆　偃～，居輦反，倨傲也，正作偃僆。（ZD59-575c）

僆　偃～，上於憶反，下居輦反，傲也，正作偃～也。（ZD59-606c）

璽　jiǎn/xǐ

璽　處～，古典反。（ZD59-600a）

璽　作～，古典反，蠶室也。（ZD59-742c）

璽　作～，古典反。（ZD59-602b）

璽　處～，古典反。（ZD59-679c）

璽　作～，古典反，亦作繭。（ZD59-604a）

璽　～書，斯此反，正作璽。（ZD60-473b）按："～"乃"璽"之訛。

囐　jiǎn

囐　～吃，居輦反，下居乞反，重言也，上正作謇。（ZD59-848b）按："～"同"謇"。

囐　～吃，上居輦反，正作謇。（ZD60-283b）

見　jiàn

尺　所～，音見。（ZD59-732b）

建①　jiàn

逮　迥～，螢頂反，遠也。（ZD59-665a）按："～"即"建"。《大方廣佛華嚴經》卷59："高張神力蓋，迥建智慧幢，忍力不動搖，直破魔王軍。"（T10, p318c）

逮　～箭，居彥反，捷也，樹也。（ZD59-821a）

逮　～提，同上，並悮。（ZD59-732a）按："～提"，對應佛經作"建提"。《集一切福德三昧經》卷1："十大遮兗羅力等一波建提力，十波建提力等一大波建提力，十大波建提力等一地天子力。"（T12, p990a）

逮　～提，同上（建）。（ZD59-732a）

荐　jiàn

荐　～集，上才見反。（ZD60-555b）按："～"乃"荐"字，詳見本書中篇"荐"字條。

洊　jiàn

洊　飲～，在見反。（ZD60-456c）

逮　jiàn

逮　～豉，時義反，衣名也。（ZD60-95a）按："～"，經文作"建"。《阿毘達磨集異門足論》卷8："或麻所成，或建鼓羅所成，或絲所成，或綿所成。"（T26, p400c）

健　jiàn

健　驍～，上古堯反，下其建反。（ZD60-144c）

健　不～，同上，正作捷、健二形。（ZD60-111b）按："不～"，對應佛經作"不健"。《阿毘達磨大毘婆沙論》卷30："云何身劣？答:諸身不勇不猛，不強不

---

① 又見"逮"字條。

健，不輕不捷，無所能辦，是
謂身劣。"（T27，p154c）

健　～挬，丁挌反。
（ZD59-795b）按：
"～挬"，對應佛經作"健
挬"。《佛説大孔雀咒王經》
卷2："室里健挬迦（三
刺）。"（T19，p467c）

唌① jiàn

唌　唾～，《經音義》作
汍，子悉反，又讚、箭
二音。（ZD59-750b）按：
"唾～"，對應佛經作"唾吐"
或"唾唌"。《佛説灌頂經》
卷4："枷鎖杻械杖楚之罰，
罵辱唾吐，即便除解。"
（T21，p506a）"吐"，宋、元、
明本作"唌"。"～"即"唌"，
同"濺"。

健 jiàn/lǜ

健　～稚，直利反。
（ZD60-53b）
健　戒～，音律。（ZD60-
304a）按："～"乃
"律"字之訛。

釰 jiàn

釰　執～，居欠反。
（ZD60-7b）按：
"～"，經文作"劍"。《根本
説一切有部毘奈耶雜事》卷
3："時王聞已行至窟所，執
劍而問：汝是何物？"（T24，

p218c）

間 jiàn

瑐　～錯，古莧反，廁也。
（ZD59-741c）按："～
錯"，對應佛經作"間錯"。
《入楞伽經》卷10："諸雜間
錯衣，及爲乞食鉢。"（T16，
p584c）

簡　～錯，上古莧反，廁
也，隔也，正作間。
（ZD59-617c）按："～錯"，對
應佛經作"間錯"。《毘耶娑
問經》卷2："復次大仙，彼
天宮柱金寶間錯，懸以繒
幡，處處垂下。"（T12，
p229b）

監 jiàn

䀌　朋～，古懺反。
（ZD60-184b）

僭 jiàn

偺　～号，上子念反。
（ZD60-446a）

賤 jiàn

睒　穢～，音賤，輕～也，
悮。（ZD59-915c）
按："～"乃"賤"字，詳見本
書中篇**睒**字條。

睒　畁～，必彌反。
（ZD59-715b）

賎　悪～，上烏故反。
（ZD59-583c）

踐 jiàn

踐　～蹋，大盍反。
（ZD60-84b）

嵼 jiàn

嵼　深～，古鴈反，正作
澗。（ZD59-744b）

劍② jiàn

釰　刀～，久欠反，悮。
（ZD59-697b）
釖　刀～，居欠反，正作
劍。（ZD59-773a）

澗③ jiàn

嵧　溪～，音諫，正作澗。
（ZD59-641a）

澗 jiàn

澗　嵘～，苦兮反。
（ZD59-671c）

薦 jiàn

薦　～壽，即見反，進也，
正作薦。（ZD60-
439c）

───────

① 又見"唌"字條。
② 又見"釰""劍"字條。
③ 又見"澗"字條。

藆　～禮，子見反。
（ZD60-554c）

劍　jiàn

劍　～稍，所角反。
（ZD59-597c）

劎　拔～，九欠反，刀～
也，正作劍。（ZD59-
763b）

釖　～樹，九欠反，正作
劍。（ZD59-846c）

釰　刀～，居欠反，正作
劍。（ZD59-679b）

釼　刀～，九欠反，正作
劍。（ZD59-660a）

諫　jiàn

諫　～諭，音喻。（ZD59-
697b）

潡　jiàn/xián/xiàn

潡　澆～，子線反，迸水
著物也，宜作濺也。
（ZD59-1109a）按："～"即
"潡"，經文中乃"濺"。

潡　肪脂～，上夫亡反，
下序延反。（ZD59-
999c）按："～"，即"涎"字，
唾液。

儀　垂～，序延反，與潡
同。（ZD60-374b）
按："～"同"潡"，皆"涎"字。

潡　～唾，上序延反。
（ZD59-1002c）按：
"～"，經文作"涎"，即"涎"
字，唾液。《增壹阿含經》卷
28："一者除風，二者除涎
唾。"（T02，p703a）

潡　作～，似箭反。
（ZD60-368c）按：
"～"即"潡"。

擥　jiàn

擥　入～，戶黯反。
（ZD59-1086b）按：
"～"，經文作"檻"。

睅　jiàn

睅　～眼，上戶間反。
（ZD60-61b）

檻①　jiàn

擥　軒～，許言反，下咸
黯反。（ZD59-662c）
檻　欄～，郎干反，下胡
黯反，階際木也。
（ZD59-641c）

擥　籠～，盧紅反，下咸
黯反，闌圈也，正作
櫳檻也。（ZD59-655b）

檻　籠～，郎紅反，下戶
黯反。（ZD59-673a）

檻　軒～，許言反，下咸
黯反。（ZD59-665a）

鐱②　jiàn

鐱　夜～，同上（鐱）。
（ZD60-288b）

鑒　jiàn

鑒　～治，古銜反，正作
礛也。礛䃴，青礪
石，可以攻玉也，下直之反，
理也，代也。（ZD59-758b）
按："～治"，對應佛經作"鑒
治"。《月燈三昧經》卷 9：
"手執利刀而鑒治，截此比
丘爲八分。"（T15，p606a）

鑒　等～鑒，二同。
（ZD59-665b）

鑑③　jiàn

鑑　～地，上古懺反。
（ZD59-964c）

鑬　jiàn

鑬　～地，上古懺反，鏡
也，正作鑑、鑒二形。
（ZD60-465c）

鑶　jiàn

鑶　悉～，上辛七反，下
九欠反，經本作鑶，
應和尚未詳。（ZD60-387c）
按："～"同"鑶"，此處用作
譯音字。

嚐　jiàn

嚐　悉～，音劍，郭氏未
詳。（ZD60-287b）

————

① 又見"擥"字條。
② 又見"鑶"字條。
③ 又見"鑒""鑬"字條。

按："～"乃譯音用字，與
"鏾"音同。

嗰　jiàn

嗰　～字，上居欠反。
（ZD59-876c）按：
"～"，譯音字。

江　jiāng

洭　松～，音江，又直尼
反，非。（ZD60-503c）
按："～"乃"江"字，詳見本
書中篇"洭"字條。

將　jiāng/
jiàng

奨　永～，子羊反，正作
將。（ZD59-955a）

捋　携～，戶圭反，下即
羊反。（ZD59-900c）

将　携～，戶圭反。
（ZD59-879a）

捋　～携，戶圭反。
（ZD59-682a）

將　～隧，直遂反，悮。
（ZD59-673a）

嫇　作～，即羊反。
（ZD60-367c）

將　奘～，上自朗反。
（ZD60-338a）

燦　～導，上子良反，下
徒倒反。（ZD60-
158b）按："～"乃"將"，詳見

本書中篇"燦"字條。

将　～帥，上即亮反，下
所律反。（ZD59-
626b）

畺　jiāng

畺　～迦，上居良反。
（ZD59-1086c）

畺　～良，上居良反。
（ZD60-447a）

蔣　jiāng/
jiǎng

蔣　單～，子良反，菰蔣，
水草，堪爲席。
（ZD60-468a）

蔣　～孝，上即兩反。
（ZD60-439a）

壃　jiāng

壃　無～，居良反，悮。
（ZD60-453b）按：
"～"同"疆"。《高僧傳》卷
7："繼天興祚，式垂無疆，故
以天安爲寺稱。"（T50，
p373a）

壃　之～，居良反，界也，
境也，正作疆、壃二
形，郭氏音量，非。（ZD60-
313b）按："之～"，對應佛經
作"之疆"。《出三藏記集》
卷7："凡論般若推諸病之
疆服者，理徹者也。"（T55，

p48b）"疆"或作"壃"。"～"
即"壃（疆）"字。鄭賢章
（2007:124）曾考。

菫　jiāng/
púsà

菫　黃～，徒東、都孔二
反。（ZD60-80c）按：
《善見律毘婆沙》卷15："樹
有五種，阿梨陀者，黃菫
也。"（T24，p780c6）"～"乃
"菫"字之訛，可洪音"徒東
反"，乃以其本形讀之，
不妥。

菫　一切～，下是菩薩二
字也。（ZD59-614c）
按："～"乃"菩薩"二字
之合。

僵　jiāng

彊　尸～，居良反，正作
僵。（ZD60-546b）

漿　jiāng

㵠　巔哆～，上丁田反，
中多个反，下子羊
反。（ZD59-1111b）按：
"～"同"漿"，詳見本書中篇
"㵠"字條。

漿　麩～，上芳無反。
（ZD60-604a）

壃　jiāng

壃　開～，居良反。
（ZD60-333b）

疅
～畔，上居良反。
(ZD60-161c)按："～
畔"，對應佛經作"壇畔"。
《成實論》卷14："八直聖田
戒爲壇畔，如田無畔水則不
住。"(T32，p351b)

薑　jiāng

薑
與～，今良反，正作
薑。(ZD60-53c)

彊①　jiāng/qiáng

彊
～畔，居良反。
（ZD59-829b）按：
"～"同"彊"，讀"jiāng"。

殭
～良，上居良反，傳
文作畺良，又作彊
良，同，居良反。（ZD60-
460c)按："～"即"彊（畺）"
字，讀"jiāng"。《高僧傳》
卷14："宋京師道林寺畺良
耶舍。"(T50，p419c)

彊
～畔，居羊反，正作
彊。(ZD59-674b)

彊
～力，巨羊反，暴也，
健也。(ZD59-680c)

彊
～暴，上巨畺反，正
作彊也。（ZD60-
460c)

彊
殊～，巨良反，正作
彊。(ZD59-610b)

彊
～以，巨良反。
(ZD59-916a)

彊
～盛，上巨羊反，正
作彊。（ZD59-
1041c)按："～"同"彊"，讀
"qiáng"。

彊
～伽，上巨良反，下
巨迦反。（ZD59-
617a)

彊
～弱，上其良反。
(ZD60-201a)

橿　jiāng

橿
紫～，居良反。
(ZD59-782b)

礓　jiāng

礓
礫～，六亦反，下九
良反。(ZD59-804a)

礓
～石，上居良反。
(ZD59-1025b)

疅　jiāng

疅
～畔，上九羊反。
(ZD59-981c)

繮　jiāng

繮
～鞚，上居良反，下
苦貢反。（ZD59-
598a)

繮
斷～，居良反，正作
韁、繮二形。(ZD59-
1010b)按："～"乃"繮"字，
詳見本書中篇"繮"字條。

斨　jiǎng

斨
褒～，上博高反。
（ZD60-499c）按：
"～"即"獎"。

斨
～擢，上即兩反，下
宅角反。（ZD60-
483b)

槿　jiǎng

槿
～地，上古項反。
（ZD60-560b）按：
《廣弘明集》卷13："脱鹿皮
而槿地。"（T52，p182c)
"～"同"槿"。

獎②　jiǎng

獎
～引，即兩反。
(ZD59-678a)

耩　jiǎng

耩
～地，上音講，耕地
也。(ZD60-509b)

講③　jiǎng

講
～渲，古項反，下羊
闡反，下作演也，又
音選，非。(ZD59-704a)

講
～説，古項反。
(ZD59-719a)

---

① 又見"壃""壈""疅"字條。
② 又見"斨"字條。
③ 又見"溝"字條。

匠　jiàng

匠
㪫
迊

教～,自亮反,師也。
(ZD60-204b)

巧～,自亮反。
(ZD60-241c)

降　jiàng/xiáng

降
夆
隆

～霆,音注。(ZD59-664b)

～伏,上胡江反,正作降。(ZD60-102a)

～剒,行江反,下之世反。(ZD59-677b)

弶①　jiàng

弶
弳
弶
弶
弶
恄
弶
搄

在～,巨向反,取獸也。(ZD59-684b)

弜～,彌爾反,下其亮反。(ZD59-787b)

～伽,上巨亮反。(ZD59-588b)

被～,巨向反。(ZD59-593c)

寙～,子邪反,下其亮反,正作寙弶也,恄。(ZD59-939b)

～伽,其亮反。(ZD59-754b)

作～,巨向反。(ZD60-364c)

～穽,上巨向反,下才性反。(ZD59-

(1053a)

絳　jiàng

絳
絳

～衣,上古巷反。
(ZD59-1094b)

搄　jiàng

榵
搄
搄
搄
搄

羂～,古犬反,下巨亮反。(ZD59-959c)
按:“～”同“榵”,乃“弶”字。

張～,巨向反。
(ZD59-1106c) 按:“～”同“榵”,乃“弶”字。

張～,巨亮反。
(ZD59-898c) 按:“～”同“榵”,乃“弶”字。

如～,其亮反。
(ZD59-915c) 按:“～”同“榵”,乃“弶”字。

～網,巨向反,取獸具。(ZD59-852a)
按:“～”同“榵”,乃“弶”字。

～獵,巨向反,下力葉反。(ZD59-686c)
按:“～”同“榵”,乃“弶”字。

榵　jiàng

榵
榵

～所,上巨向反。
(ZD59-1086c)

木～,其向反。
(ZD59-1086b) 按:“～”,經文作“榵”。《佛本行集經》卷50:“有一獵師,張設木榵,羂彼鹿王。”(T03, p887c)

醬　jiàng

醬
醬
醬

鹽～,羊廉反,下子亮反。(ZD59-805b)

醢～,上呼改反,下子向反。(ZD60-350c)

攡　jiàng/lí

攡
攡
攡
攡

長～,力支反。(ZD59-900c)按:《優婆塞戒經》卷7:“五者網魚,六者殺牛,七者獄卒,八畜獵狗,九作長搄,十作獵師。”(T24, p1069c)“長搄”,宋本作“張搄”,元、明本作“張弶”,宮本作“張攡”。根據經文,“攡”即“搄(弶)”,捕捉老鼠、雀鳥等的工具,可洪音“力支反”,恐誤。

鳩～,力支反。
(ZD59-621c) 按:“～”,用作譯音字。

呵～,呂支反,恄。
(ZD59-813b) 按:“～”,用作譯音字。《佛説師子奮迅菩薩所問經》卷1:“涅呵攡盧伽波嗘。”(T21, p875c)

頭～,力支反。
(ZD59-622a) 按:“～”,用作譯音字。

———

① 又見“搄”“榵”“攡”字條。

交① jiāo

交 ～脚,上音交,下方本作交。(ZD60-46c)

教 jiāo/jiào

敎 ～詔,音交,下音招,訓示也。（ZD59-695c)

敎 佛～,音挍。(ZD59-837b)

教 ～使,上古孝反,正作教也。（ZD60-206a)

菽 jiāo/shū

莍 胡～,子消反,又尸六反,非用。(ZD59-792a)按:"胡～"即"胡椒","～"與"椒"同。

菽 食～,尸六反。(ZD60-372c)

莍 採～,尸六反。(ZD59-560c)

菽 採～,書六反。(ZD59-566a)

菽 ～麥,上尸六反,亦作菽也。（ZD60-478a)

椒 jiāo

椒 胡～,音焦。(ZD59-942c)

椒 ～掓,上子消反,下羊益反,后庭也,上正作椒。(ZD60-343b)

椒 胡～,子消反。（ZD59-879c)

椒 胡椒～,下二同子消反。(ZD59-1121c)

椒 胡～,子消反。(ZD59-792a)

椒 末～,子消反。(ZD60-238c)

椒 胡～,音焦。(ZD59-738c)

椒 ～掓,上子消反,下羊益反。（ZD60-486b)

椒 胡～,子消反。(ZD59-639b)

椒 ～薑,上子消反。(ZD60-603b)

蛟 jiāo/wén

蛟 ～龍,音交,似龍。(ZD59-774b)

蛟 ～虻,上音文,下音盲,正作蚊蝱也,悮。(ZD59-604c)按:"～"乃"蚊"之訛。

蛟 ～蝱,上音文,下音盲,正作蚊蝱也。(ZD59-595a)按:"～"乃"蚊"之訛。

焦 jiāo

焦 ～鹵,上子消反,下力古反。（ZD59-1065b)按:"～鹵"即"焦鹵"。《正法念處經》卷16:"其身狀貌,堅澁可惡,如焦鹵地。"(T17,p94c)

燋 乾～,音焦。(ZD59-690c)按:"乾～",經文作"乾焦"。《佛説大般泥洹經》卷6:"譬如種子,熬令乾焦。"(T12,p892a)

跤 jiāo

跤 作～,苦交反,經以爲交字。（ZD60-357a)

鮫 jiāo

鮫 ～魚,音交,正作鮫。（ZD59-728b）按:"～"乃"鮫"。

摎 jiāo/liú

摎 ～項,音交,束也,又音留,絞縛也。(ZD59-879c)按:《七佛八菩薩所説大陀羅尼神咒經》卷4:"咒水七遍,噀面三過(遍),殘水飲之作麻繩,常於朝時,以用絞項。"(T21,p559b)"絞",宋、元、明本作"摎"。

摎 ～捌,二同音交,又二同音留,絞縛,煞也,上又居幽反。(ZD60-

———

① 又見"跤"字條。

356b)

僥 jiāo

侥 思～,古堯反,求也。(ZD59-706c)按:"～"音"古堯反",讀"jiāo"。"～"訓"求也",同"徼"。

侥 所～,音澆。(ZD59-732a)

侥 大～,音澆,～倖,遇也,謙詞。(ZD59-729c)按:"～倖"同"儌幸""僥幸"。

僥 不～,音澆,求也。(ZD59-577a)

侥 所～,音澆,求也。(ZD59-732b)

漻 jiāo

漻 如～,力澆反,或作漻,音交,水皃也。(ZD60-78a)按:"～",經文作"膠"或"漻"。

蕉 jiāo

蕉 芭～,卜加反,下音焦,草名也,下正作蕉也。(ZD59-960b)

蕉 芭～,上北麻反,下子消反。(ZD59-617c)

膠 jiāo

膠 胡～,音交,正作膠。(ZD60-41a)

膠 ～漆,音交,下音七。(ZD59-869b)

膠 ～香,音交。(ZD59-730b)

膠 ～香,古肴反。(ZD59-751a)

澆 jiāo

浇 ～灒,音讚。(ZD60-31b)

浇 ～漬,慈智反。(ZD59-655b)

憍 jiāo

憍 ～傲,五告反。(ZD59-739a)

撟 不～,音憍,諸經作不憍樂天也。(ZD59-901c)按:"～",對應佛經作"憍"。《菩薩瓔珞本業經》卷1:"及四天王、忉利天、焰天、兜術天、不憍樂天、化應聲天、梵天、梵衆天、梵輔天。"(T24,p1011a)"～",同形字,表"撟""憍"兩字。

撟 ～梵,音憍,悞。(ZD59-906b)按:"～"即"憍"。構件"忄"與"扌"相混。《大智度論》卷2:"舍利弗是第二佛,有好弟子,字憍梵波提(秦言牛呞)。"(T25,p68b)

憍 ～敖,上居妖反,下五告反,傷也,前作憍傲是也,又五高反,非。(ZD59-988a)

憍 不～,居妖反,正作憍,去遥反,非。(ZD59-732b)

憍 ～陳,上居槗反。(ZD59-1086a)

憍 ～慢,居妖反,正作憍,又莫安反,泥～也,上方經作憍慢。(ZD59-737a)按:"～慢"即"憍慢",其中"～"即"憍"字。

憍 捨～,音嬌,高也,姿也,正作憍。(ZD60-299b)按:"～"乃"憍",詳見本書中篇"憍"字條。

憍 ～遨,五告反,矜慢在心之名也,不敬也,正作敖、傲二形。(ZD59-715c)

嬌 jiāo

嬌 素～,宜作碻、墧,二同苦角反,貞鞭之義也,高也,又音憍,態也,非義也,《川音》作熇,音矐,亦非義也。(ZD60-452c)按:《高僧傳》卷7:"馬季長碩學高明,素驕當世。"(T50,p370b)"驕",宋本作"碻",元、明本作"矯",宮本作"熇"。根據經文,"～"同"驕"。

嬌 艷～,上以贍反。(ZD59-979c)

徼　jiāo/jiào

徼
激

～冀，上古堯反，求
也。(ZD59-616c)

～妙，上古吊反，正
作徼也。（ZD60-
582c)按:"～"乃"徼"，詳見
本書中篇"激"字條。

燋　jiāo

燋
烸
燋

～惚，子消反，下奴
老反。(ZD59-646c)

～心，上子消反，正
作燋。(ZD59-608a)

～炷，上子消反，下
之樹反。（ZD59-
558b)

沃～，烏酷反，下子
消反。(ZD59-658b)

卷～，上巨員反，下
子消反。（ZD59-
1005b)

烸

沃～，烏酷反，下即
消反，傷火也，又或
作燋，音焦，海中有沃燋石，
方三百里，水灌之，隨盡不
濕也。(ZD59-894c)

燋
燋

～然，子消反，愧。
(ZD59-904b)

～渴，上子消反。
(ZD59-559a)

鶴　jiāo

鶴

～鵜，上即消反，下
力條反，小蟲名，剖

葦皮食其蟲，因以名之也。
(ZD60-480b)按:"～"同"鶴"。

鐎　jiāo

錐

鐎斗～，上子消反，
下疾焦反。(ZD60-
376c)

驕　jiāo

驕
驕
驕
驕

不～，居妖反，亦云
化樂天，第五天名
也，在欲界。(ZD59-1042c)

～倨，上居橋反，高
也，正作驕也，下居
御反，傲也。(ZD60-429c)

～賒，上居妖反。
(ZD59-590b)

～戰，上居橋反，高
也，正作驕也。
(ZD60-418a)

角　jiǎo/jué

甪
甪
甪
晡

～篤，上音角，下于
鬼反。(ZD60-140c)
按:此"～"讀"jiǎo"。

～睞，來代反。
(ZD59-848a)

～試，上古岳反。
(ZD60-352a)

～睞，古岳反，下來
代反。（ZD59-
737a)按:"～睞"即"角睞"。
"～"同"角"。《大方廣寶篋
經》卷2:"時魔波旬欲惱文
殊師利童子，即便化作四千

比丘，衣服弊壞，威儀麁惡，
執持破鉢，鼻眼角睞，捲手
腳跛，其形醜惡，在下行坐，
以此鉢食復充足之。"
(T14, p473a)《法華經指掌
疏》卷7:"角睞者，謂眼目
鈎角傍視也。"（X33,
p694a)"睞"，《廣韻》訓"動
目"，非經意。

god　jiǎo

god

絞痛，上古卯反，腹
中急痛也，正作～。
(ZD60-170a)按:"～"同"god"。

挍　jiǎo/jiào

挍

杔～，上火高反，下
與攪同。（ZD59-
1016a)按:"杔～"，對應佛
經作"撓攪"。"～"疑即
"攪"字，攪動。《別譯雜阿
含經》卷9:"譬如屠家以彼
利刀，而開牛腹，撓攪五內，
我患腹痛，亦復如是。"
(T02, p441b)

挍

～餚，古孝反，裝也，
正作餃，前作挍，文
粉反，又作文餚，或作紋餚，
紋音文。(ZD59-833c)

挍

安～，芳武反，正作
撫。（ ZD60-282c)
按:"安～"，對應佛經作"案
挍"。《經律異相》卷49:
"復值四王十五日三十日所
奏，案挍人民，立行善惡，地
獄王亦遣輔臣小王。"

（T53，p259c）從字形看，"～"即"挍"，可洪以爲"撫"，誤。

狡　jiǎo

妓　奸～，上古顔反，下古巧反。（ZD59-1012a）按："～"，從形體上看，即"姣"字，經文中通"狡"。《雜阿含經》卷45："爲人？爲非人？爲姦狡人？"（T02，p326b）

姣　jiǎo

姣　作～，古巧反，妖媚也，又户交反。（ZD60-368b）

晈　jiǎo

晈　～心，上古了反。（ZD60-439c）

晈　～潔，上吉了反。（ZD59-563c）按："～"與"皎"同。

脚　jiǎo

胏　～牽，上居約反，下去堅反。（ZD60-241a）按："～"乃"脚"字，詳見本書中篇"胏"字條。

膷　～～，居約反。（ZD59-1004b）按："～"，即"脚"字。《增壹阿含經》卷40："復於中夜思惟深奧，至後夜時，右脇著地，脚脚相累。"（T02，p765c7）"～"乃"脚"，詳見本書中篇"膷"字條。

絞　jiǎo

絞　～結，上古巧反。（ZD59-1007b）

綏　急～，古夘反，縛也。（ZD59-962c）按："～"即"絞"。《大莊嚴論經》卷11："遂加繫縛，倍更搥打，以繩急絞，耳眼口鼻盡皆血出。"（T04，p320b）

綖　～勒，上古夘反，縛也。（ZD59-987a）按："～"，即"絞"字，扭結。《中阿含經》卷1："若有力士以緊索毛繩絞勒其蹲，斷皮，斷皮已斷肉，斷肉已斷筋，斷筋已斷骨。"（T01，p425b）

絞　～縛，上古夘反，縛也。（ZD59-1026a）
　～戻，吉了反，下力計反。（ZD59-955b）

劋　jiǎo

剿　必劋，子小反，截也，正作～。（ZD59-1038a）按："～"即"劋"，同"劋"。

撟①　jiǎo

撟　無～，居小反。（ZD59-940b）按："～"即"撟"，與"矯"同。

撒②　jiǎo

撒　交～，古了反，纏也，正作幟也，又户的反，非。（ZD59-782a）按：《不空胃索神變真言經》卷5："左右逆順，交繳相纏。"（T20，p254b）"繳"，宋本作"撒"。"～"即"繳"，纏繞也。

撒　～山，吉了反。（ZD59-787a）按："～"即"繳"，纏繞也。

撒　～樹，吉了反。（ZD59-786b）按：《不空胃索神變真言經》卷20："藤枝葉華繳樹上，標寶界道淨嚴飾。"（T20，p336c）"繳"，宋、甲本作"撒"。"～"即"繳"，纏繞也。

暾③　jiǎo

暾　～然，吉了反，正作皦。（ZD59-851a）按："～"即"暾"，與"皦"同，詳見本書中篇"暾"字條。

暾　～然，吉了反，明也，白皃也。（ZD59-851c）

矯④　jiǎo

穚　～異，居小反，詐也，悮。（ZD59-913c）

---

① 又見"矯"字條。
② 又見"撒"字條。
③ 又見"皦"字條。
④ 又見"撟"字條。

矯　～異，居小反，正作矯。（ZD59-955a）

犏　～異，居小反。（ZD59-957b）按：“～異”，對應佛經作“矯異”。《十住毘婆沙論》卷16：“一多眠睡，二多貪利養，三以因緣現矯異相。”（T26，p114b）

憍　～亂，居小反。（ZD59-946b）按：“～亂”，對應佛經作“矯亂”。《顯揚聖教論》卷9：“邊無邊矯亂，見無因斷空。”（T31，p521b）

矯　～穢，上居小反。（ZD59-550c）

簥　虛～，憍妖反，詐也。（ZD59-664c）

撟　～檀，上九小反，下音繕。（ZD60-396c）

橋　～設，居小反。（ZD59-976c）按：“～”，經文作“矯”。《瑜伽師地論》卷19：“謂不依止，矯設方便，邪活命法。”（T30，p385c）“～”即“撟”，與“矯”同。

撟　～詐，居小反。（ZD59-942a）按：“～詐”，對應佛經作“矯詐”。《瑜伽師地論》卷64：“復有三論，一矯詐論，二虛偽論，三出離苦果論。”（T30，p658a8）“～”即“撟”，與“矯”同。

皦　jiǎo

瞰
皦
皦　～潔，上古了反。（ZD59-989c）
～潔，上吉了反，下吉屑反。（ZD60-530b）
～日，上吉了反。（ZD59-567c）

繑　jiǎo

繑　～足，上居小反，舉也，正作蹻也，《辯正論》作蹻也。（ZD60-561b）按：《廣弘明集》卷13：“與僧澄道人繑足毛羽。”（T52，p185c）《唐護法沙門法琳別傳》卷2：“與僧澄道人矯足毛羽。”（T50，p205c）“～”“繑”“矯”通“蹻”。

攪　jiǎo

攪　橈～，上女孝反，下古巧反。（ZD60-381c）
攪
穚　～亂，上古卯反，正作攪。（ZD59-1086a）
秏～，上呼高反，下古夗反，正作撓攪也。（ZD59-1074a）按：“～”乃“攪”字，詳見本書中篇“穚”字條。
攪　和～，古夗反，正作攪。（ZD60-166b）按：“～”乃“攪”字，詳見本書中篇“攪”字條。

叫　jiào

叫　號～，上戶高反。（ZD60-512a）按：“～”即“叫”字。

叫① jiào

叫　嘷～，上戶高反。（ZD59-601a）
叫　嘷～，戶高反，又音亦。（ZD59-660a）
嗷　大～，古吊反。（ZD59-641c）

訆　jiào

訆　號～，上音豪，下音叫，正作訆也。《辯正論》作號叫也，又音口，非也。（ZD60-585c）

恔　jiào

恔　心～，古孝反，寤也，惺寤，不睡也，正作覺、窹二形也，又《玉篇》音晧，非也。郭氏作苦角反，亦非也。《川音》作恔，許吉反，並非也。（ZD60-179a）

狡　jiào

狡　～飾，上古孝反。（ZD59-994c）按：

---

① 又見“叫”“嗷”“訆”字條。

"～"乃"玟"。

校 jiào

挍 不～,古孝反,打也。（ZD59-603b）按："～",經文作"校"。

狡 奴～,音教,正作校。（ZD60-367a）按："～"乃"校"。

授 ～量,上音教,正作校。（ZD60-401b）

窖 jiào

𡑭 ～中,上古孝反,地倉也,正作窖。（ZD60-42b）

𡓳 八～,古孝反,正作窖。（ZD59-1003c）

窖 篅～,古孝反,正作窖。（ZD59-1129c）

窖 倉～,古孝反。（ZD59-788a）

較 jiào/jué

較 ～之,上古孝反,又音角。（ZD59-1004a）

較 大～,音角,略也,正作較。（ZD60-498c）

嗷 jiào/xiāo

嗷 啼～,音叫。（ZD59-1091c）按："～"音"叫",疑同"叫"。

嗷 ～吼,上呼交反,從孝。（ZD60-221b）按："～"同"哮"。

嶠 jiào

嶠 丹～,其妙反。（ZD59-972b）

嶠 丹～,其照反。（ZD59-754a）

嶠 就～,音橋,又巨照反。（ZD60-495b）

窹 jiào

窹 ～寤,上古孝反,下五故反。（ZD59-1017a）

窹 ～寤,上古孝反。（ZD59-1014b）按："～",即"覺"字,醒悟。《別譯雜阿含經》卷1:"我當窹寤。"（T02,p380c）"窹"亦"覺"字。

窹 ～寤,上古孝反,下五怖反。（ZD59-589c）

嗷 jiào

嗷 吹～,古吊反。（ZD59-587a）

醮 jiào

醮 作～,子笑反,經文作子了反,非。（ZD59-789b）

覺① jiào

悎 ～悟,古孝反,下五故反。（ZD59-890b）按："～",《廣韻》又音"古岳切",讀"jué"。

悎 悟～,古孝反,睡起也,正作寤。（ZD59-626a）

窹 ～寤,音校,下音悟。（ZD59-683c）

寤 ～寤,古孝反,下五故反。（ZD59-666b）

悎 ～悟,古孝反,正作覺寤。（ZD59-719a）

寤 ～寤,上古孝反,下五故反。（ZD59-1074b）

窹 ～寤,古孝反,下五故反。（ZD59-968c）

窹 ～寤,交孝反,下吾故反。（ZD59-663b）

窹 ～寤,古孝反,睡～。（ZD59-744c）

悎 ～三,古孝反,睡～也,正作覺也,又許吉反,非。（ZD59-747a）

窹 ～寤,古孝反,下五故反。（ZD59-903b）

嚞 ～寤,音教,下音悟。（ZD59-719c）

窹 ～寤,古孝反,下五故反,正作覺寤,亦窹悟。（ZD59-960b）

嚞 ～寤,上古孝反,下五故反,正作覺寤。

———

① 又見"悎""窹"字條。

(ZD60-105c)

窅窐

～宿，古孝反，睡～也。(ZD59-696c)

～悟，上古兒反。(ZD59-1015c)

罝　jiē

罝

繁～，音嗟。(ZD60-426c)按：《集沙門不應拜俗等事》卷1："繁罝弛紐，邁三咒於湯年。"(T52，p443a)"～"同"罝"字。

罝①　jiē

罝

～羅，子邪反，兔網也，正作罝。(ZD59-978b)

罝

～彊，子邪反，下其亮反，正作罝彊也，悮。(ZD59-939b)

罝

～羅，上子耶反。(ZD59-1069a)

接②　jiē

椄

周～，子葉反，持也，會也，正作接也，接續木也。(ZD59-648a)

呬　jiē

呬

邏～，上羅个反，下居伽反，外道名也。(ZD59-668c)按："～"，譯音字。《准提焚修悉地懺悔玄文》卷1："南無聖喇叱呬將

主菩薩。"(X74，p559b)

階　jiē

階階

位～，下音皆。(ZD59-627b)

卆～，上子律反。(ZD59-569a)

揭　jiē

揭搗

頽～，都可反，下巨列反。(ZD59-790c)

矛～，上音牟，下音竭，挑起也，正作揭。(ZD59-1029b)

搗

～提，巨列反，正作揭。(ZD59-733b)

桜　jiē

接

～暉，之勇反。(ZD60-498b)按："～"即"接"字。

喈　jiē/xié/xiè

喈喈

～響，上音皆，鳥聲也。(ZD60-564a)

～調，與諧偶同也，上又音皆，非。(ZD60-371b)按："～"乃"諧"。

喈

噘～，許蔭反，大聲也，下呼戒反，嗽也，正作嶵喊也，又《經音義》作喊喊，上呼減反，上又郭氏作嚛、喩、欽、陷四音，下音並皆，非也。(ZD59-851a)

按："喈"疑同"喊"。

嗟　jiē

嗏

吁～，火乎反，大叫也，正作呼、諕二形。(ZD59-699c)

嗏

～慨，口代反。(ZD59-854b)

嗏

喈～，子斯反。(ZD59-673c)

嗏

喈～，即斯反。(ZD59-692c)

嗏

音～，子耶反，《經音義》作唷昔，子夜反。(ZD59-850a)

嗏

喈～，子斯反。(ZD59-676a)

嗏

～字，上倉何反，正作蹉。(ZD59-575a)按：此處"～"與"蹉"音同，用作譯音字。

嗏

迦屈～，上古牙反，中居勿反，下渠追反。(ZD59-1020b)按："迦屈～"，對應佛經作"迦屈嗟"。《大般涅槃經》卷2："我今患渴，汝可往至迦屈嗟河，取淨水來。"(T01，p197b)《自說經》卷1："世尊與大比丘衆俱近迦屈嗟河，入迦屈嗟河水浴、飲水。"(N26，p160a)"～"，可洪音"渠追反"，讀"kuí"，可洪之說未詳。

_____

① 又見"罝"字條。

② 又見"桜"字條。

嗟 者～，子耶反。（ZD59-571b）

稽 jiē

揩 樹～，音皆，正作稽。（ZD59-847c）按：“樹～”，對應佛經作“樹稽”。“～”即“稽”，構件“禾”與“扌”易混。《佛説觀佛三昧海經》卷4：“有一小草，細若秋毫，色正金色，從樹稽生下入樹根，從樹根生上入樹莖。”（T15，p665a）

縒 jiē/suǒ

縒 咨～，子邪反，歎也，詠也。（ZD59-577c）按：“～”通“嗟”。

縒 ～曼，娑可反，又音錯，非此呼。（ZD59-863b）

謯 jiē

謯 鐰～，子耶反。（ZD60-434a）按：“～”同“謯”，譯音字。《大唐大慈恩寺三藏法師傳》卷3：“一布路鍛謯（子耶反）。”（T50，p239b）

紬 jiē

紬 散～，音迦。（ZD59-624b）按：詳見本書上篇第五章“紬”字條。

紬 阿～，音迦。（ZD59-624b）按：“～”，譯音字，與“迦”音同。

孑 jié

歹 倒～，居列反，井中赤虫也，正作孑也。（ZD59-1109a）

司 屈～，上俱勿反，下丁兮反。（ZD60-545c）按：“～”即“孑”，詳見本書中篇“司”字條。

孑 ～身，居列反，單也。（ZD59-642c）

孑 單～，居列反，獨也，正孑也。（ZD60-228a）

卩 jié

卩 爪～，上爭巧反，下音節。（ZD60-380b）按：“～”即“卩”。

卩 ～辛，上音節，亦作卩。（ZD60-364a）

呫① jié

呫 架～，音節，高也，又音截，山峰也。（ZD60-506b）

呫 紆～，上衣于反，下音節。（ZD60-593a）按：“紆～”，對應佛經作“紆呫”。“～”即“呫”之訛。《廣弘明集》卷29：“繞紆呫而脩牆。”（T52，p338b）

刉 jié

刉 賢～，音劫。（ZD60-497a）

刉 ～抄，上居葉反，下又兒反。（ZD59-997a）

刉 ～盜，上居業反。（ZD59-1008a）

却 jié/què

却 ～乎，上居業反，正作劫也。（ZD59-581c）按：“～”乃“劫”。

御 ～珍，思夜反，挩也，正作卸，又音却，悞。挩，他活反。（ZD59-893b）按：“～”，對應佛經作“却”。《菩薩投身飴餓虎起塔因緣經》卷1：“思惟是已，却珍寶衣，著凡故服，默出宮城。”（T03，p425a）“却衣”一詞，佛經中常見，脫衣也。不必如可洪所言乃“卸”字之訛。《雜阿含經》卷44：“聞已，聲咳作聲，却衣現頭。”（T02，p320b）

疌② jié

疌 ～子，上子葉反，五種子之一也，正作

---

① 又見“呫”字條。
② 又見“疌”字條。

疌、椄二形。(ZD59-682c)按:《地藏本願經科注》卷5:"一根子,二莖子,三節子,四疐(音帝與蔕同,槧李曰疐之),中子,五子子,是爲五子。"(X21, p750c)《大般涅槃經》卷11:"不畜根子、莖子、節子、接子、子子。"(T12, p674b)"接",宋本作"疌",明本作"疐"。可洪以"～"爲"疌"字。

疌　作～,子葉反。(ZD60-352c)

皀　jié

皀　英～,節、截二音,正作岊。(ZD60-598b)

桔　jié

桔　～椐(据),上音結,下音居,手病也。(ZD60-370a)按:"～"即"拮"。"拮"除了音"結",又音"居質切",讀"jí"。《廣韻·質韻》居質切:"拮,拮据,手病。"

刧　jié

刧　擘～貝,上補厄反,中古業反,下博蓋反,樹名,亦云古貝也。(ZD59-1115b)

劫①　jié

刼　來～,音劫。(ZD59-662c)

刼　沙～,音劫。(ZD59-659a)

刼　～盜,居葉反。(ZD59-734c)

刼　諸～,居葉反,時名,亦作劫。(ZD59-667a)

㑘　jié

㑘　～賓,居業反,諸經皆作劫賓那。(ZD59-729b)

㑘　～賓,上居業反。(ZD59-797a)按:"～賓",經文作"劫賓"或"㑘賓"。《孔雀王咒經》卷1:"波羅朋咎羅夜叉住劫賓國,瞻波柯夜叉住闍多修羅國。"(T19, p451b)"劫",宋、元、明本作"㑘"。"～"同"劫",用作譯音字。

倢　jié

倢　擮～,上子葉反,下疾葉反。(ZD60-404b)

桀②　jié

桀　～懷,上音竭,正作桀。(ZD60-537b)

桀　～逆,上音竭,强暴也,正作搩,又《經音義》及上方經並作桀。桀,夏王名也,非。(ZD59-1091b)按:"～"乃"桀"字,詳見本書中篇"桀"字條。

桀　雄～,音竭。(ZD59-750c)

桀　名～,音竭,正作傑、桀。(ZD60-317c)

桀　雄～,其列反。(ZD59-744c)

桀　～社,奇列反。(ZD59-796b)

桀　雄～,音竭。(ZD59-857a)

桀　豪～,音竭。(ZD59-640c)

桀　殊～,巨列反,正作傑。(ZD59-750c)

桀　殊～,音竭,正作傑也,俊也,英傑,特立也。(ZD59-643b)

桀　雄～,音竭。(ZD59-751b)

桀　摩～,音竭,魚名。(ZD60-304b)

桀　～異,其列反,英～,特立也,俊也,强暴也,正作傑、搩二形也。(ZD59-832c)

訐　jié/xùn

訐　～露,居例反,居謁反,明人之短也。(ZD59-869b)

訐　考～,音信,告也,正作訊也,貞元經作訊

① 又見"刼""刧""㑘""却"字條。

② 又見"傑"字條。

字也，又居例反，居謁、居列
三反，面斥人以言也。
(ZD59-868c)按："考～"，經
文作"考訊"。《大佛頂如來
密因修證了義諸菩薩萬行
首楞嚴經》卷8："如行路人
來往相見，二習相交，故有
勘問權詐，考訊推鞫，察訪
披究，照明善惡，童子手執
文簿，辭辯諸事。"(T19,
p144a)

捷① jié

～疾，自葉反。
(ZD59-647c)

～疾，自葉反，速也。
(ZD59-817a)

赴～，自葉反。
(ZD60-500a)

飄～，疋搖反，下疾
葉反。(ZD59-755b)

敏～，秦葉反。
(ZD59-939a)

～辯，上才葉反。
(ZD59-603c)

～疾，上才葉反。
(ZD59-1086a)

～疾，同上。(ZD59-
829b)

～慧，上才葉反。
(ZD59-993b)

～樹，子葉反，續木
也，正作接(椄)也，
或作捷也，又疾葉反。
(ZD60-380c)按：《一切經音
義》卷17："捷樹，《字詁》古

文捷，今作接，同子葉反，相
接也，言接樹無根也。"
(C057，p17a)"～"，經文作
"乾"或"捷"。可洪、玄應以
"～"爲"接(椄)"。

～持，疾葉反。
(ZD59-666a)

聰～，自葉反。
(ZD59-577a)

～疾，上才葉反。
(ZD59-600c)

～疾，疾葉反。
(ZD59-718c)

勇～，自葉反，疾也。
(ZD60-113a)

～利，自葉反。
(ZD59-934a)

～利，上自接反。
(ZD60-149a)

～利，上才葉反，正
作捷也，又力蹇反，
非也，悮。(ZD60-110a)

～疾，才葉反。
(ZD59-646c)

～慧，自葉反。
(ZD59-738c)按："～
慧"即"捷慧"。

～智，上才葉反。
(ZD60-102b)

～疾，上疾葉反。
(ZD59-621c)

～疾，自葉反，疾也，
正作捷。(ZD59-
684c)

～利，疾葉反。
(ZD59-646c)

～疾，上疾葉反，速
也。(ZD59-594c)

～疾，疾葉反。
(ZD59-688c)

便～，疾葉反。
(ZD60-386a)

緊～，吉引反，下疾
葉反。(ZD59-784a)

～慧，上疾葉反。
(ZD59-594c)

通～，疾葉反，速也，
疾也，正作寁、疌二
形，又音接，非也。(ZD59-
856b)

～辯，上自葉反。
(ZD59-621b)

勝～，才葉反。
(ZD59-631c)

～疾，自葉反，正作
捷也。(ZD59-719a)

權～，自葉反。
(ZD59-696b)

勁～，居政反，下疾
葉反。(ZD59-668a)

普～，疾葉反。
(ZD59-659b)

～利，上疾葉反。
(ZD59-598a)

～疾，疾葉反。
(ZD59-642b)

～疾，上才葉反，正
作捷。(ZD59-986c)

～習，上疾葉反。
(ZD59-616b)

---

① 又見"捷"字條。

捷

揵 健～，才葉反，恎。（ZD60-40c）

捷 ～疾，疾葉反。（ZD59-829b）

揵 ～疾，疾葉反。（ZD59-642a）

揵 ～速，自葉反。（ZD59-757c）

揵 普～，自接反。（ZD59-659b）

捷 ～利，上自葉反。（ZD59-599b）

捷 敏～，疾葉反。（ZD60-394a）

揵 ～利，疾葉反。（ZD59-758b）

捷 ～疾，上疾葉反。（ZD59-575b）

揵 機～，疾葉反。（ZD59-933b）

揵 ～利，疾葉反。（ZD59-721b）

揵 ～速，上蒨葉反，疾也。（ZD60-124a）

健 ～疾，疾葉反，利也，便也。（ZD59-855a）

建 ～如，上自葉反，速也，疾也，利也，正作捷，恎。（ZD60-189b）按："～"乃"健（捷）"字，詳見本書中篇"逮"字條。

捐 jié

捐 言～，子葉反，與㭨同。（ZD60-351b）按："～"乃"㭨"之訛。

庢 jié

遠 顧～，女輒反，正作庢，人名也，《川音》作遠也，又致、帝二音。（ZD60-565c）按：《廣弘明集》卷16："臣諱啟，舍人顧庢奉宣勅旨。"（T52, p209a）"逮"，宋、元、明、宮本作"庢"。"～"，對應"逮"或"庢"，可洪以爲"庢"。《一切經音義》卷98："顧逮，潛葉反，人名也。"（T54, p916c）"～"，《一切經音義》作"逮"，當是。"庢"亦"逮"字。

婕① jié

燸 ～好，上子葉反，下由魚反。（ZD60-336c）

婕 ～好，上子葉反，下由魚反。（ZD60-438b）

媫 ～好，上音接，下音余。（ZD60-555b）

紬 jié

紬 ～恨，上吉屑反，正作結。（ZD60-156c）按："～"乃"結"之訛。《三法度論》卷3："由此生恚，更相䶩截也，如刈竹篁。彼於此間結恨心，死故生彼中。"（T25, p27c）

絜 jié

絜 ～束，上結、頡二音。（ZD60-379c）

堨 jié

堨 ～支，上巨列反，衣名，僧～支，亦云僧衹支，此云覆髆也，正作竭也，又烏蓋、烏割二反，非。（ZD60-56b）按："～"，譯音字，音同"竭"。

䁪 jié/zhǎ

睞 作～，音接。（ZD60-404a）按："～"乃"䁪"之訛。

䁪 眉～，音接，目毛也，正作睫也。（ZD59-613c）

䁪 離～，莊洽反，目動也，正作眨。（ZD59-1070a）按："～"，經文作"䁪"或"眨"。《正法念處經》卷41："復見自身所有光明勝日光明，離肉骨污，離諸不淨，離影離䁪，離脈離筋，離大小節，離於堅觸，身體柔軟，普身諸分一切皆軟。"（T17, p242c）"䁪"，宋、元本作"眨"。"～"，可洪以爲"眨"字，與"䁪"意義近似。

---

① 又見"媫"字條。

睞　～須，上莊洽反，下苦穎反。（ZD59-1070b）按："～"，經文作"睫"或"眨"。《正法念處經》卷42："隨心意念，麁細等身，如眼睫頃，百千由旬已能來去。"（T17，p251c）"睫"，宋、元、明本作"眨"。根據文意，作"眨"是。

蛣　jié

蛣　～蜣，上去吉反，下去羊反。（ZD60-370c）

傑　jié

傑　～異，上其列反。（ZD59-1059a）

傑　雄～，巨列反，英～，特立也。（ZD59-699b）

傑　雄～，音竭。（ZD60-486a）

傑　雄～，音竭。（ZD59-606a）

傑　～囉，其列反。（ZD59-788c）

傑　二～，音竭。（ZD60-487b）

傑　英～，音竭。（ZD60-469b）

傑　英～，音竭，俊也。（ZD59-564b）

傑　～囉，巨列反。（ZD59-875a）

傑　僧～，音竭。（ZD60-491b）

傑　釋～，音竭。（ZD60-498c）

傑　僧～，音竭。（ZD60-490a）

傑　殊～，音竭。（ZD59-820c）

鍨　高～，音竭，英～，特立也，俊也，正作傑也。（ZD60-478b）按："高～"，經文作"高傑"。《續高僧傳》卷15："沙門曇延，復是高傑，至如坐鎮御床，口敷聲教，致令萬乘頂足。"（T50，p549a）

結① jié

肼　腦～，音惱，下音結，出《郭氏音》，或作酷，苦沃反，酷苦也。（ZD59-820a）按："～"乃"結"字，詳見本書中篇"肼"字條。

繲　～經，上音結。（ZD60-278c）

繈　草～，音結，結縮，髻結髮也，經意是結。（ZD60-208c）

絰　使～，音結。（ZD60-247c）按："～"，經文作"結"。

楬　jié

槆　～支，上音竭。（ZD60-53a）按："～"，可洪音"竭"，蓋以爲"楬"。"楬"與"竭"音同，用作譯音字。"楬支"同"竭支"，覆膊衣也。"～"，經文作"祇"。《根本説一切有部百一羯磨》卷2："然覆肩衣者，即僧脚崎，喚作僧祇支，乃是傳言不正。"（T24，p461b）

睫　jié

睫　眼～，音接，目毛也。（ZD59-556a）

睫　眼～，子葉反。（ZD59-773c）

睫　眼～，子葉反，正作睫也，郭氏未詳。（ZD59-846c）

睫　眼～，音接。（ZD59-560b）

睫　眼～，子葉反，目毛也。（ZD59-1051c）

睫　眼～，子葉反。（ZD59-907a）

睫　固～，音接。（ZD60-184b）

睫　目～，音接。（ZD59-723c）

睫　～毛，上子葉反，正作睫也。（ZD60-143a）

睫　眼～，音接。（ZD59-566c）

睫　色～，音接，眼毛也。（ZD60-187a）

---

① 又見"踏""紬"字條。

睞

睓

睖

瞁

睫

睞

眼～，子葉反，目毛
也。（ZD59-922a）

眼～，音接。（ZD59-
586c）

眼～，音接。（ZD59-
775b）

～ 如，子葉反。
（ZD59-695b）

目～，音接。（ZD59-
678a）

～ 如，子葉反。
（ZD59-667a）

目～，子葉反，正作
睫也，又謙琰反，非
也，又音作映，亦非也。映，
五洽反。（ZD60-264a）按：
"～"乃"睫"字，詳見本書中
篇"睞"字條。

睞① jié

睞

朕

睖

睞

～臁，子葉反，下如
春反。（ZD59-851c）
按："睞"同"睫"。

王～，音接。（ZD59-
620a）

頓 ～，子葉反。
（ZD59-913a）

眼～，音接。（ZD59-
576b）

踕 jié

踕

～厥，上居屑反，下
居月反，走跳之皃
也，正作趌趏也。《僧祇律》
作結厥字也。（ZD60-273c）
按：《經律異相》卷 29："觀

此衆生類，睞睞面皺**螺**，踕
厥（宋、元、明本作蹶）性輕
躁，成事彼能壞，受分法如
是，何能起宮殿。"（T53，
p155a）"～"疑爲"結"。
"結"蓋受下字"蹶"的影響
類化增旁而作"踕"。《新集
藏經音義隨函錄》卷 15：
"結厥，上居屑反，下居月
反，走跳也，正作趌趏也。"
（K35，p91c）

節 jié

節

莭

節

莭

揃

揃

揃

～ 汗，乎案反。
（ZD59-1034b）

～ 踝，户瓦反。
（ZD59-685c）

肢 ～，章移反。
（ZD59-784a）

～脉，音麥。（ZD59-
556a）

～捥，子結反，指～、
骨～、莖～之～，正
作節也，下烏亂反，手捥也，
上又音揃，非用。（ZD59-
850c）

三～，子結反，莖～、
指～之～，正作節，
又阻瑟反，非用也。（ZD59-
921c）

指～，子結反，茧～
也，正作節，又阻瑟
反，悮。（ZD59-907a）

婕 jié

婕

～好，上音接，下音
余，少官。（ZD60-

416a）按："～好"之"～"，乃
"婕"字之訛。《集古今佛道
論衡》卷 1："陰夫人王婕好
好等與諸宮人婦女等二百
三 十 人 出 家。"（ T52，
p364c）

截② jié

截

礛

產

斷～，才節反，正作
截也，又音纖，非也。
（ZD59-615b）

割～，前節反，斷也。
（ZD60-111b）

～一，才節反，正作
截。（ZD59-805a）

稿 jié

稿

～～，居列反，長也，
木高皃也，又割、渴二
音。（ZD59-707b）按：《正法
華經》卷 3："蘆葦稿稿，莖節
枝葉。"（T09，p84a）

詰 jié

詰

～嘖，上輕吉反，下
阻百反，上又音告，
悮。（ZD59-988a）按："～"，
經文作"詰"，責備。

竭③ jié

鳰

曇無～，上徒南反，
下其列反，下又音

---

① 又見"睫""甦""螺""映"
"毟"字條。

② 又見"攘"字條。

③ 又見"隔"字條。

立，愄。（ZD59-582b）

鶷
欝～，音竭。（ZD59-1113b）

鶷
～羅，上其列反。（ZD59-582b）

鶷
魔～，音竭。（ZD59-1064b）

鶷
不～，音竭。（ZD59-925c）

鶷
提和～，此云錠光。（ZD59-571c）

鶷
～羅，上其列反，佛名提和～羅，即然燈佛也，又音立，愄也。（ZD59-1004b）按："～"，經文作"竭"，即"竭"之訛。構件"曷"與"鳥"相混。《增壹阿含經》卷40："以與善知識從事故，得爲與提和竭羅佛所見授決。"（T02，p768c）

鶷　jié

鶷
眼～，子葉反，正作睫。（ZD60-211c）按："～"同"睫"。

鉏　jié

鉏
剛～，音劫。（ZD60-196a）按："～"，對應佛經作"鐵"，待考。

羯①　jié

羯
～隨，上居謁反，或云羯毗，或迦毗。

（ZD59-736b）

羯
～肉，上居謁反，下女兒反。（ZD59-1113a）

羯
末～，音竭，魚名也，亦云摩伽魚。（ZD60-120b）按："～"乃"羯"字，詳見本書中篇"羯"字條。

羯
～摩，居謁反。（ZD59-805b）

羯
～臘，上正作羯，居謁反，下郎合反，上又《玉篇》音蠲，非也。（ZD60-399c）

潔　jié

潔
鮮～，相遷反。（ZD59-648c）

潔
皎～，上吉了反。（ZD59-563c）

氈　jié

氈
毛～，子葉反，《經音義》作睫。（ZD59-1056b）按："～"同"睫"。

氈
毟～，二同子葉反，目毛也，見藏作睫字。（ZD60-383a）按："～"同"睫（睫）"。

氈
作毦～，二同子葉反，見藏作睫毦，音冒，下與睫同也，俗。（ZD60-367c）按："～"同"睫（睫）"。

欍　jié

撑
～槔，上居屑反，正作欍也，下音高。（ZD59-1073a）按："～"乃"欍"之訛。

撖　jié/xiān

藏
～羅，上疾結反，斷也，傍出前也，正作截。（ZD60-597b）

撖
～長，上息廉反，細也，銳也，正作纖、孅二形也。（ZD60-236a）

毟　jié

毟
～氈，二同子葉反，目毛也，見藏作睫字。（ZD60-383a）按："～"同"睫（睫）"。

巀　jié

巀
～嶭，上疾結反，下五結反，又上才割反，下五割反。（ZD60-594b）

羯　jié/yáng

羯
～隨，居謁反，下祥爲反，上正作羯。（ZD59-895b）按："～"乃

───────

① 又見"羯""鞨"字條。

"羯"字,詳見本書中篇"鶡"字條。

鶡 ～鴨,音羊,下音押。（ZD59-691c）

瀄　jié

瀄 ～灑,音節,正作瀄,又子廉反,非。（ZD59-788b）

瀄 ～淨,子薛反,正作瀄。（ZD59-783c）按:"～"乃"瀄",詳見本書中篇"瀄"字條。

瀄 ～散,音節,正作載。（ZD59-782a）按:"～散",對應佛經作"瀄散"。《不空罥索神變真言經》卷7:"真言淨水瀄散火上,彈指三遍。"（T20,p260b）"～",可洪以爲"載",恐誤。"瀄"同"瀄"。《廣韻》子結切:"瀄,小灑。"

鞊　jié

鞊 ～尼,上居謁反,花名也,正作羯也,《婆沙》及《順正理論》並作羯尼字也,又何割反,悞也。（ZD60-149c）按:"～"即"鞊",經中乃"羯"字,詳見本書中篇"鞊"字條。

癤　jié

癤 瘻～,於井反,下即切反。（ZD59-695a）

癤 癰～,上於容反,下即列反。（ZD59-594b）

癤 痤～,上昨禾反。（ZD59-595b）

陽　jié

陽 槗～,上音桑,下音竭,國名也。（ZD60-371c）按:"槗～(陽)"即"桑竭",又作"槗陽""槗竭"。《雜阿含經》卷1:"有槗陽闍壯年婆羅門,至佛所。"（T02,p493c）《開元釋教錄》卷1:"有《槗竭經》一卷。"（T55,p485c）《衆經目錄》卷5:"有《桑竭經》一卷。"（T55,p179a）"桑竭",國名,爲了顯義,故"桑"又增旁作"槗","竭"又換旁作"陽"。

陽 槗～,上索郎反,下音竭,國名。～竭闍,亦云桑跋雜,《阿含經》作僧伽羅少年婆羅門是也,此婆羅門是桑竭國人,即以國爲名也,正作桑竭也,上郭氏音埃,非也,應和尚未詳。（ZD59-1045b）按:"槗～",對應佛經作"槗陽"。《雜阿含經》卷1:"便槗陽闍從坐起,持頭面著佛足禮,從今受佛教誡行。"（T02,p494a）

鶡　jié

鶡 ～髀,上居謁反,下蒲卑反,正作羯脾也。（ZD59-643a）按:"～",譯音字。

嘲　jié

嘲 ～提,巨列反,下丁兮反。（ZD59-733b）按:"～",用作譯音字,對應佛經作"揭",兩者音同。《持心梵天所問經》卷4:"嘲披娑揭提,新頭隸,南無佛檀遮栗提。"（T15,p31a）

璃　jié

璃 ～～,上莫鉢反,下音割,正作鞊也,下又居謁反,正作羯、鍚二形,鞊、竭二呼,並通,正言末羅羯多,寶名也,此之玉類也,綠色,下方本作靺羯是也。（ZD59-883b）按:"～～",對應佛經作"瑚～"。《文殊師利寶藏陀羅尼經》卷1:"又法以取珠珍,或瑚璃諸雜寶等,咒一千八遍。"（T20,p805a）"～～",寶玉,可洪以爲"鞊羯"或"靺羯",又作"末羅羯多""摩羅伽陀"等,皆梵文"MārakaTa"音譯。丁福保《佛學大辭典》:"摩羅伽陀(物名),譯曰綠色寶。梵MārakaTa。"《觀無量壽經直指疏》卷1:"綠珍珠,梵語摩羅伽陀。"（X22,p434c）"～",與"羯"音同,對音"MārakaTa"之"ka"。

籤　jié

籤　～行,上前結反,齊也,下胡郎反。(ZD60-487a)按:《集韻·屑韻》:"籤,竹劑也。""～",經文作"籤",讀"qiān"。《續高僧傳》卷22:"搯紙籤行,題鞭記掌。"(T50,p622b)"～行"即"籤行",其中"～"疑即"籤"字。今存兩説。

解　jiě/xiè

解　～剥,布角反。(ZD59-613a)

解　愛～脱,《經音義》作愛觚,非也。(ZD59-842a)按:"愛～脱",經文作"愛解脱"。

觧　捄～,上居右反,正作救,詶二形,又俱、求二音,並非也。(ZD59-615a)

擀　悉～,古買反,散也,正作解。(ZD59-963b)按:"～"乃"解"字,詳見本書中篇"擀"字條。

解　廣～,古買、古馬二反,講也,説也,～釋義理也,正作解。(ZD59-740c)

觧　開～,古買反,講也,散也,正作解也,又音賈。(ZD60-171c)

解　軆～,他禮反。(ZD59-650c)

觧　～折,先擊反。(ZD59-1008a)

解　～折,同上。(ZD59-899a)

觧　～懌,音亦。(ZD59-708a)

觟　未解～,下二同胡買反,曉也,正作解。(ZD60-171c)按:"～"同"解",詳見本書中篇"觟"字條。

鮮　～達,胡買反,正作解。(ZD59-649c)

觟　～向,户買反,曉也,悟也,正作解。(ZD59-737b)按:"～向",對應佛經作"解向"。《大方廣寶篋經》卷3:"佛正法中在家出家,具足淨信,多有解向,勤修勝進,速得解脱。"(T14,p478a)

介　jiè

众　介懷,上古拜反,甲也,閡也,正作介,或作禾、～二形。(ZD60-450a)

禾　～意,上音界,甲也,狹也,謂甲令狹小也。(ZD60-446a)

介　蚵貝,口何反,蚵貝也,螺也,並大海中～虫名也,俗。(ZD59-730b)

禾　存～,音介,已下三个並同音介,舊作分,非。(ZD60-377b)

介　～懷,上古拜反,甲也,閡也,正作介。(ZD60-450a)

戒　jiè

戓　剬此～,上之世反,裁也,正作制,《漢書》曰天子所命曰制也,下音戒,並悮。(ZD60-44a)按:"～"乃"戒"字,詳見本書中篇"戓"字條。

戒　警～,上居影反。(ZD60-395b)

戒　雞～,吉分反。(ZD59-716c)

芥　jiè

芥　～子,古敗反。(ZD59-813b)

芥　草～,音芥。(ZD60-263c)按:"草～",對應佛經作"草芥"。《經律異相》卷3:"此會大衆,習邪來久,憍慢自高,草芥群生,當以何德而降伏之?"(T53,p11c)

芥　～子,上古敗反,菜名也,正作芥。(ZD59-616c)

芥　～子,古邁反,正作芥。(ZD59-804c)

芥　乙～,音芥。(ZD60-356c)

芉　～子，古敗反。(ZD59-732b)

荠　囓～，五結反，下古敗反，正作芥。(ZD59-977a)

芥　～子，古敗反。(ZD59-748c)

茅　～種，上音芥，下音腫。(ZD59-1092a)

茅　～子，古敗反。(ZD59-716a)

芥　～子，古敗反。(ZD59-713b)

茮　～子，古敗反。(ZD59-699b)

芥　～子，古敗反。(ZD59-734a)

茅　～子，上古敗反。(ZD59-569b)

茅　～子，古邁反。(ZD59-742b)

茅　～子，古敗反。(ZD59-692b)

芥　～子，古敗反，正作芥。(ZD59-680b)

芥　聚～，音芥。(ZD59-722b)

芥　～子，古拜反。(ZD59-664b)

茉　豆～，古敗反。(ZD60-4b)

茉　荆～，音芥。(ZD60-351b)

芥　～子，古邁反，正作芥。(ZD59-689a)

芥　～子，古敗反。(ZD59-717a)

芬　蔕～，丑介、都計二反，下古敗反，正作芥。(ZD59-806b)

茅　～子，古拜反。(ZD59-664b)

芥　～子，上古敗反。(ZD59-618a)

芥　～子，古敗反。(ZD59-731b)

茅　～子，古邁反。(ZD59-747b)

芬　知～，人諸反，下古敗反，正作如芥也。(ZD59-762c)

芬　～子，古敗反。(ZD59-731c)

辰　～子，上古花反。(ZD59-613b) 按："～"，經文作"芥"，可洪音"古花反"，以爲"瓜"，誤。

庌　jiè

庌　～癩，古拜反，下郎蓋、郎達二反，正作疥癩也，上又補卦反，並悮也。(ZD59-982c) 按："～癩"，對應佛經作"疥癩"。《長阿含經》卷11："譬如野干疥癩衰病，死丘塚間。"(T01，p66c)

玠　jiè

玠　楊～，彼巾反，正作玢，《破邪論》作玢也，又或作玠，同音介。(ZD60-557a) 按：《廣弘明

集》卷11："出楊玠史目陶公年紀。"（T52，p165b）"玠"，宮本作"玢"。是"楊玠"，還是"楊玢"？待考。

界①　jiè

界　～殁，音没。(ZD60-125a)

界　～殁，音没。(ZD60-114b)

界　～令，音全。(ZD60-136b)

堺　國～，音界。(ZD59-827c)

堺　～內，上古拜反。(ZD59-632a)

疥②　jiè

疥　～虫，音介，正作疥。(ZD59-879c)

疥　搔～癢，上蘇刀反，中古拜反，下羊兩反。(ZD59-1131b)

痳　～癩，上古拜反。(ZD59-553b)

疥　～癩，古拜反，下郎太反。(ZD59-845a)

痳　燕～，上一見反，今作�。(ZD60-383c)

疥　～癬，上音介，正作疥。(ZD59-563c)

疥　～病，古拜反。(ZD59-812b)

① 又見"堺"字條。
② 又見"瘄""庌"字條。

瘵

～厲，上知主（玉）反，寒瘤也，下郎太反，疥瘡也，正作癘、癩二形，《川音》作瘵，許穢反，困也，非用，下又力世反，非也。（ZD60-235a）按："～"乃"疥"，詳見本書中篇"瘵"字條。

疭 jiè

疭

～搔，上古拜反，下蘸告反，正作疥瘑。（ZD59-1108b）按："～"即"疥"。

喈 jiè

喈喈

喑～，子夜反。（ZD60-366a）

喑～，上於禁反，下子夜反，《聲類》云大呼也。《説文》云大聲也。上方本作喈喈，非也。喈，郭逐作普悶反，非也。喈音皆，鳥鳴也。喈喈即是音喈字躰變也。（ZD60-85c）

堺 jiè

塇塇堺塇

～畔，上古拜反，正作界。（ZD60-280a）
北～，音界，境也，垂也，俗。（ZD60-176a）
～上，音界，境也，俗。（ZD59-851c）
縣～，音界。（ZD60-317c）

犗 jiè

犗

～牛，古敗反，犍牛也。（ZD59-667c）

僭 jiè

僭

假～，子昔反，正作借。（ZD60-143a）按："借"，可洪音"子昔反"，讀"jí"，今以又音"jiè"讀之。

誡 jiè

誡誡

極～，音介。（ZD60-585a）
～言，音戒，言警也。（ZD59-763b）

鮍 jiè

鮇

～品，上古拜反，甲也，正作介、鮍。（ZD60-591c）

巾 jīn

市

攝熱～，上尸葉反，下音巾，悮。（ZD60-29c）

斤 jīn

釿

～斧，音斤，下音府。（ZD59-658b）

金① jīn

金金全金

～銀，居音反，正作金。（ZD59-910c）
～藏，居吟反。（ZD59-966c）
～器，上居吟反，正作金。（ZD60-189a）
真～，居吟反。（ZD59-959a）

狑 jīn

狑狑

自～，居陵反，自高也，正作矜也，又力丁反，犬名也，悮。（ZD60-227c）
～苦，上居陵反，憨也，正作矜，又音虛，非也。（ZD60-182c）按："～"乃"矜"字，詳見本書中篇"狑"字條。

衿 jīn

衿

研～，音金。（ZD60-453a）按："～"，對應佛經作"衿"。《高僧傳》卷7："滌思淨場，研衿至境。"（T50，p372c）

觔 jīn

觔

～宾，上居殷反，下而六反。（ZD60-

———
① 又見"荅"字條。

（78c）

勣　脊～,上子昔反,下居勤反。（ZD59-1006a）

勣　～脉,上音斤,下音麥。（ZD59-556a）

衿① jīn

衿　衣～,居林反,亦作襟。（ZD59-1100a）

按:《盧至長者因緣經》卷1:"衣衿裹鹽,齎出城外,趣於樹下。"（T14, p822a）

袊　迷～,居吟反,懷也,正作衿也,又音領,悞。（ZD59-742a）

衿　沾～,竹廉反,下居吟反,上又持、值二音,悞。（ZD59-700b）

衿　喉～,音金。（ZD60-314c）

矜② jīn

矜　～憨,居陵反。（ZD59-945c）

矝　～怜,居陵反,下力延反。（ZD59-707c）

矝　～高,上居陵反,我憍自大也,正作矜,又音靈,悞。（ZD60-185c）

矜　～悄,居陵反,下於緣反。（ZD59-729b）

矜　～念,居陵反,憐也。（ZD59-661c）

矜　哀～,居陵反,正作矜。（ZD60-525c）

按:"～"乃"矜"字,詳見本書中篇"矝"字條。

矝　～羯,居陵反。（ZD59-665c）

矝　～高,居陵反。（ZD59-959b）

愁　求～,下居陵反,自賢也,此是矜心二字,悞作～也,《廣義法門經》作高愒是也,應和尚以矜字替之,是也。（ZD59-1039b）按:"求～",對應佛經作"求矜"。《普法義經》卷1:"十爲形,十一爲求矜,十二爲顛倒。"（T01, p923c）

矜　撫～,居陵反。（ZD60-460a）

矜　～惜,居陵反,愍也,憐也,慰也,恤也,正作矜、矝,又借爲憐字,又或作怜,力千反,愛也。狑音靈,犬名,悞。（ZD59-976b）

矜 jīn

矜　～夸,上居陵反,下苦花反。（ZD60-429c）

釜 jīn

鉒　～華,上居吟反,正作金,寺名也,又音欽,非也。（ZD60-347b）

筋③ jīn

蓘　愛～,音斤。（ZD59-819c）

筋　～骨,音斤,正作筋。（ZD59-835a）

蓘　～急,居忻反。（ZD59-776c）

筋　～牽,正作筋,音斤,下丘堅反。（ZD59-772a）

蓘　～力,居殷反。（ZD59-672a）

蓘　子～,音斤。（ZD59-668a）

茄　～斷,九殷反。（ZD59-667a）

勣　彌～,音斤。（ZD59-1093c）按:"～",經文作"筋"。《佛説分別善惡所起經》卷1:"五者,從地獄中來出,爲人惡口,齒或免缺,彌筋蹇吃重言,或瘖瘂不能言語。"（T17, p518b）

筋　～脉,上音斤,正作筋。（ZD59-566c）

筯　～脉,居忻反,悞。（ZD59-775b）

蓘　截～,音斤。（ZD59-765a）

蓘　但～,音斤。（ZD59-772a）

莇　～骨,上音斤,正作筋也。（ZD59-555c）

釿 jīn

釿　～頭,上音斤,正作釿。（ZD59-1123c）

---

① 又見"衿"字條。

② 又見"矜""狑"字條。

③ 又見"勣"字條。

璡　jīn/jìn

璡

慧～，津、進二音。
(ZD60-478a)

襟①　jīn

襟

～靈，上居吟反。
(ZD59-567b)

襟襟

宸～，上音辰，下音
金。(ZD59-589b)

襟

衣～，音金。(ZD59-
594a)

襟

衣～，音金。(ZD59-
803c)

襟

整～，上之領反，下
居吟反。(ZD60-
321a)

胗　jǐn

胗

瘖 ～，居 忍 反。
(ZD59-711b)

盉　jǐn

盉

合～，音謹，以瓢爲
酒器，婚禮用之，正
作卺。(ZD60-484c)

僅　jǐn

僅

～半，巨恡反，纔也，
劣也，少也，餘也。
(ZD59-654a)

僅

～ 可，巨恡反。
(ZD59-806b)

緊　jǐn

緊

～捄，上吉引反，下
奴 達 反。(ZD59-
593c)

脛

蹢～，上丑容反，直
也，正作膧也，下經
引反，細也，急皃也，正作
緊、胵、脈三形也。《論》云
漸漸蹢 脛 故曰鹿蹢腸，是
也。郭逐作古田反，非也。
《川音》作 脛，音堅，胵，非
也。(ZD60-155a)按：“～”
乃“緊”字，詳見本書中篇
“脛”字條。

槿　jǐn

槿

～花，上居隱反。
(ZD60-274a)

嚓　jǐn

嚓

～陁，上居忍反。
(ZD59-1086a)

謹　jǐn

謹

～墀，直尼反。
(ZD59-792a)

饉　jǐn

饉

除 ～，其恡反。
(ZD60-244a)

近　jìn/yán

延

～此，巨謹反，正作
近。(ZD59-908b)
按：“～此”，對應佛經作“近
此”。《大智度論》卷 10：
“魔若魔民，及内身結使，種
種先世罪報皆是賊，近此諸
賊故，應一心敬慎。”(T25,
p129b)

延

～分，上音近，下扶
問反，前後皆悮，作
近分地也，《論》云依空處～
分 地 是 也，又 音 征。
(ZD60-143a)按：“～分”，對
應佛經作“近分”。《阿毘達
磨順正理論》卷 56：“無色
邊地，果唯有一，謂依空處，
近分地道，得色愛盡，遍知
果故。”(T29，p655c)“～”
即“近”之訛。

近

義～，音延，《大般
若》作刹莚。(ZD59-
586c)按：“乂～”，對應佛經
作“乂延”。《勝天王般若波
羅蜜經》卷 5：“乂多，乂延
多乂也莎摩（暮舸反，下悉
同）。”(T08，p713c)“～”乃
“延”之訛。

幹　jìn

幹

舌～，巨禁反，牛舌
下病也，正作噤、齘、

———

① 又見“衿”字條。

衿、矜四形。（ZD59-638b）按："～"同"矜"，詳見本書中篇"疢"字條。

浸　jìn/qīn

浸　～濩，上音侵，下音護，水布也。（ZD60-300a）

浸　灰～，上呼迴反。（ZD59-620c）

浸　～壞，子鴆反。（ZD59-691a）

霙　浸微，子鴆反，漬也，濕也，亦作 ～。（ZD59-958a）

妻　jìn

妻　亦～，辝進反，亦作爐。（ZD60-393a）按："～"同"爐"。

祿　jìn

祿　惱～，子鴆反，妖氣也。（ZD59-567a）

浸　jìn

浸　～漬，子鴆反，下疾賜反，淹物於水。（ZD59-954c）按："～"即"浸"，與"浸"同。

揎　jìn

揎　～紳，上音進，下音申。（ZD60-530c）

靳　jìn/yìng

靳　～固，上居近反。（ZD59-1077c）按：《佛本行集經》卷11："靳固甚牢，能破能開。"（T03，p704c）

靳　堅～，五孟反，堅牢也，正作鞕。（ZD60-187a）

禁　jìn

禁　咨～，丑之反。（ZD59-786a）

瑨　jìn

瑨　藨～，音進。（ZD60-338b）

盡　jìn

賣　～耗，疾忍反，下呼告反。（ZD59-787b）

盡　～是，秦耕反。（ZD59-959b）按："～"，可洪音"秦耕反"，不詳，恐誤。

殣　jìn

堇　道～，巨悋反，埋也，餓死道中而埋之，塚也，正作殣。（ZD60-587a）按："～"乃"殣"字，詳見本書中篇"墐"字條。

僸　jìn

僸　～俅，上魚錦、居蔭二反，下莫敗、莫鉢二反。（ZD60-432c）

嚌　jìn

嚌　～口，上巨飲反。（ZD59-1133c）

嚌　口～，其禁反。（ZD59-816a）

嚌　戰～，其飲反。（ZD59-745b）

嚌　口～，巨飲反。（ZD59-595a）

僺　～儝，上巨禁反，下之扇反，並俗。（ZD59-1115a）按："～"疑爲"嚌"。

憼　jìn

憼　～然，金、禁二音，謹也，止也。（ZD59-738a）

繘　jìn

繘　～雲，上音進，人複姓。（ZD60-393b）

藎　jìn

藎　然～，徐刃、疾刃二反，草名也。（ZD59-577b）

燼① jìn

憷 灰～,似進反,正作
燼。（ZD59-674c）
按:"～"乃"燼"字,詳見本
書中篇"憷"字條。

京 jīng

亰 ～畿,巨依反,限也,
國畿,周遠千里也。
（ZD59-641a）

荆 jīng

荆 ～蕀,上居冥反,下
居力反。（ZD60-
84b）按:"～"乃"荆"。

荆② jīng

荆 ～刾,居迎反。
（ZD59-678b）

荆 ～蕀,居英反,下居
力反。（ZD59-717a）

荆 ～蕀,居擎反,下居
力反。（ZD59-918a）

荆 ～蕀,上居英反,下
居力反。（ZD59-
554c）

荊 ～蕀,上居迎反,下
居力反。（ZD59-
1003c）

莉 ～蕀,上居英反,下
居力反。（ZD60-
271a）

荊 ～蕀,居迎反,下居
力反。（ZD59-922b）

荆 ～ 蕀,居力反。
（ZD59-566c）

莉 ～蕀,居迎反,下居
力反。（ZD59-920b）

莖 jīng

莖 根～,户耕反,正作
莖也,又直尼、徒結
二反,誤也。（ZD60-40c）
按:"～"乃"莖"之訛。

迳 jīng/jìng

逕 ～口,上音經,歷也,
過也。（ZD60-240a）
按:"～"即"逕（經）"字,詳
見本書中篇"迳"字條。

逕 畏～,音經,歷也,諸
經作逕也。（ZD59-
929b）按:"畏～",對應佛經
作"畏經"。《三具足經憂波
提舍》卷1:"若有諸佛子,
畏經無量劫。"（T26,
p359c）"～"即"逕"之訛,經
文中與"經"義同。

逕 ～生,結定反,近也。
（ZD59-752c）按:
"～"即"逕",經文中與
"徑"同。

逕 ～入,上古定反。
（ZD60-247a）按:
"～"即"逕",經文中與
"經"同。

秔 jīng

秔 新～,古盲反。
（ZD59-1133c）

粇 ～米,音庚,正作秔、
粳二形。（ZD59-
803c）

秔 ～米,古盲反,稻穀,
水禾也,正作秔、粳。
（ZD59-789a）

秔 ～ 米,古盲反。
（ZD59-796a）

秔 ～ 米,古盲反。
（ZD59-789b）

秔 ～米,古盲反,正作
秔。（ZD59-885b）

粇 ～ 米,古盲反。
（ZD59-805b）

秔 ～米,古盲反,稻也。
（ZD59-742c）

秔 ～ 米,上古萌反。
（ZD60-547c）

淫 jīng/zhù

淫 ～渭,上音經,正作
涇也,《玉篇》音質,
非也。（ZD60-530b）按:
"～"乃"涇"之訛。

淫 ～ 誠,上音注。
（ZD60-314b）按:
"～"乃"注"字。

———

① 又見"叏"字條。
② 又見"荊"字條。

涇① jīng

涇 泾

～渭，上古形反。(ZD60-504b)

～渭，上音經。(ZD60-326b)

陘 jīng

陘

～陰，上音經，過也，正作經也，上方藏作逕，又音形，連中絶也，悮。(ZD60-480a) 按："～"乃"陘"，經文中通"徑"。

莖② jīng

莖 莖 荃 莖 莖 莖 莖

其～，戶耕反。(ZD59-551a)

～時，戶耕反，草木幹也。(ZD59-747b)

抗～，上苦浪反，下戶萌反。(ZD60-581b)

離～，上正作璃，下戶萌反。(ZD59-620a)

～葉，上戶耕反，下羊妾反。(ZD60-100c)

牙～，戶耕反。(ZD59-555b)

其～，戶耕反，幹也。(ZD59-876a)

～芊，上戶耕反，下古旱反。(ZD59-986c)按："～"乃"莖"字，詳

見本書中篇"荃"字條。

～幹，古岸反。(ZD59-612b)

～朵，戶耕反，下都果反。(ZD59-786a)

璃～，戶耕反。(ZD59-667b)

～幹，戶耕反，下古岸反。(ZD59-680c)

～幹，戶耕反，下古案反。(ZD59-773c)

～擢，音濁。(ZD59-958c)

～幹，上戶耕反，下古岸反。(ZD59-558c)

本～，戶庚反。(ZD59-760b)

苗～，胡耕反，正作莖。(ZD60-113b)

～幹，戶耕反，下古按反。(ZD59-746a)

爲～，胡耕反，草木幹也，正作莖。(ZD59-853c)

～檊，上戶耕反，下古岸反。(ZD59-562a)

根～，戶耕反。(ZD60-59a)

依～，戶耕反，悮。(ZD60-149b)

逕③ jīng/jìng

逕

畏～，音經，歷也，諸經作逕也。(ZD59-929b) 按："畏～"，對應佛經

作"畏經"。《三具足經憂波提舍》卷1："若有諸佛子，畏經無量劫。"(T26，p359c)從形體看，"～"乃"逕"之訛，經文中與"經"同。

逕

一～，音經，歷也，又音徑，非。(ZD59-774c)按："～"即"逕"，經文中與"經"同。

逕

～時，音經，歷也。(ZD59-757a) 按："～"即"逕"，經文中與"經"同。

遥

住～，音經。(ZD59-745a)按："住～"，對應佛經作"住經"。《大薩遮尼乾子所說經》卷8："一手舉高至有頂，住經一劫，現如是力，令彼憍慢自大衆生貢高心息，而爲説法。"(T09，p352b)"經"，聖本作"逕"。"～""逕"皆"經"字。

逢

～入，上古定反。(ZD60-247a) 按："～"即"逕"，經文中與"經"同。

逕

～生，結定反，近也。(ZD59-752c)按："～"即"逕"，經文中與"徑"同。

秔④ jīng

粇

～米，古盲反。(ZD59-698b)按："～"

---

① 又見"泾"字條。

② 又見"莖""莖"字條。

③ 又見"逕"字條。

④ 又見"秔""粳"字條。

乃"秔(粳)",詳見本書中篇
"稅"字條。

粗　～糧,上古盲反。
（ZD59-602a）

粘　～米,上古盲反。
（ZD59-1002c）

粘　～米,上古盲反。
（ZD60-297a）

旌　jīng

旌　～旗,音精,下音其。
（ZD59-772b）

挓　法～,音精,節也,正
作旌。（ZD59-777c）

旌　～旗,子盈反,下渠
之反。（ZD59-698b）

旌　～岡,上音精。
（ZD60-584b）

旍　jīng

旀　～旗,音精,下音其。
（ZD59-863b）

旀　式～,音精,正作旍。
（ZD60-313c）

旀　玄～,音精。（ZD60-
532a）

墭　～其,上音精,正作
旍。（ZD60-451c）

粳　jīng

秔　～米,古盲反,水禾。
（ZD59-687a）

經①　jīng

經　～冒,音旨,義也,
詞也,志也,意也,正

作旨。（ZD59-739b）

侄　所～,音經,歷也,又
音質,非。（ZD59-
691c）按:"所～",對應佛經
作"所經"。《佛説方等般泥
洹經》卷2:"諸菩薩來所經
世界無數無量,一切天宫天
伎樂不鼓自鳴。"（T12,
p926b）"～"即"經"。

経　～誼,音義。（ZD59-
670b）

経　～卷,居願反。
（ZD59-583a）

精　jīng

精　～勲,上子盈反,正
作精。（ZD60-35b）

憼　jīng

憼　～恠,音京,恐也,正
作驚。（ZD59-856b）
按:"～",即"驚",驚恐。
《佛説弘道廣顯三昧經》卷
3:"不恐不怖,又無驚怪。"
（T15,p502c）"驚"蓋受
"怪"的影響類化换旁從
"忄"而作"憼"。

鯨　jīng

鯨　～鯢,上巨京反,下
五兮反。（ZD59-604a）

麖　jīng

麖　青～,音京,獸名,似
麖。（ZD60-495b）

麕　塵～,上之乳反,下
居迎反,正作塵麠
也。（ZD60-78b）按:"～",
經文作"麠"。

驚②　jīng

熬　～电,上居英反,下
以世反,正作驚曳
也,並悞。（ZD60-211b）

驕　～怖,居迎反。
（ZD59-741a）

啵　jīng

啵　～又,上借音居陵
反。（ZD59-813a）
按:"～",用作譯音字。

阱③　jǐng/jìng

阱　籀文作～𥏄,上一
直右反,下二疾井
反。（ZD60-404b）按:《新
譯大方廣佛華嚴經音義》卷
2:"坑穽:穽,疾政反,鄭玄
注《周禮》曰穽謂穿地爲塹
所以捕狩,其超踰者則陷
焉。案:籀文作阱,古文作
𡩍者也。"（K32,p367b）
"～"同"穽"。

阱　小～,音淨,小坑也,
亦作穽。（ZD60-
374c）按:"～"同"穽"。

―――――――――

① 又見"迳"字條。
② 又見"憼"字條。
③ 又見"坢""穽""阱"字條。

坩　jǐng

坩　坑～，上苦庚反，下才井反。（ZD60-227a）按："～"即"阱"字，經文作"穽"，同。

泍　jǐng

泍　～中，才頂反，～塋，小水兒也。（ZD59-766a）按："～中"之"～"，同"井"。《六度集經》卷5："以襲裹之，夜著泍中。"（T03，p25c）"泍"，宋本作"井"。

荆　jǐng

荆　作～，疾井反。（ZD60-404b）按："～"即"荆"，與"阱"同。

穽　jǐng/jìng

穽敊　坑～，口耕反，自井反。（ZD59-737c）籀文作阱～，上一直右反，下二疾井反。（ZD60-404b）按："～"即"穽"，亦與"阱"同。

穽　深～，自性反。（ZD59-684b）

景　jǐng

景　～摸，上居影反，大也，明也，下莫胡反，法也，規也。（ZD59-610a）

景景景　～摸，目乎反。（ZD59-735a）
～帝，上居影反。（ZD60-416a）
～摸，莫胡反。（ZD59-832b）

儆　jǐng

儆儆　～策，居影反，下楚責反。（ZD59-787c）
～策，上居影反，下楚責反。（ZD59-1012b）

儆　慎～，居影反，反寤也，戒也，亦作警。（ZD59-631c）

儆　～衛，上居影反。（ZD60-589a）

璟　jǐng

璟　蕭～，音影，又俱永反。（ZD60-329b）

頸　jǐng

頸　有～，居井反。（ZD59-923b）

頸　～項，居郢、巨成二反，下胡講反。（ZD59-656c）

頸　～及，上居郢反。（ZD59-556a）

頸　項～，上胡講反，下巨成、居郢二反。（ZD59-611a）

頸　頸

頸頸　肩～，居郢、巨成二反。（ZD59-898b）
於～，居郢反。（ZD59-599a）

頸　～有，經郢反。（ZD59-664a）

頸　～項，居郢反，正作頸也，下戶講反，上又郭氏音頁，非也。（ZD59-812b）按："～項"，對應佛經作"頸項"，"～"即"頸"之訛。《東方最勝燈王如來經》卷1："或復上分頭痛眼耳等痛，齒舌脣口咽喉頸項，兩脇髆二手一切肢節，咒皆止定。"（T21，p871a）"頓"又音"頁"，別爲一字。此外，"～"還可爲"頓"字。可參"頓"字條。"頓"爲同形字。

警　jǐng

警　～覺，上京影反。（ZD59-562c）

勁　jìng

勁　～急，上居聖反。（ZD59-1132c）

勁　堅～，居政反。（ZD59-911b）

勁　堅～，居聖反。（ZD59-1065b）

勁　～利，上居政反。（ZD60-494a）

勁　～利，居政反，正作勁。（ZD59-837a）

劲

剛～,居政反。
(ZD59-944b)

劲

凄～,上七西反,下居政反,寒切也。
(ZD60-140b)

劲

堅～,居政反,健也,堅壯也,正作勁也。
(ZD59-1104b)

劲

～强,居政反,下巨羊反。(ZD59-696b)

劲

～銳,居政反,下以稅反。(ZD59-945a)

劲

～捷,居政反,下疾葉反。(ZD59-668a)

俓　jìng

俓

嶸～,上胡西反,路也,正作蹊也,下古定反,上又音溪,非。(ZD60-49a)按:“～”同“徑”。

胜　jìng/zhǔ

胜

～膞,上戶定反,正作脛也,下市軟反。
(ZD60-357a)按:“～”乃“脛”。

胜

～頰,竹主反,下古協反。(ZD59-893b)
按:《菩薩投身飴餓虎起塔因緣經》卷1:“到大師所,唯見仙師,以手拄頰,涕淚滿目,呻吟而坐。”(T03,p427b)“～”同“拄”。

穽　jìng

穽

坑～,音淨。(ZD60-131b)按:“～”同“穽”。

徑①　jìng

俓

蹊～,戶雞反,邪道曰～。(ZD59-733b)

俓

蹊～,上戶雞反,下古定反。(ZD59-564b)

徍

塗～,達乎反,下古定反。(ZD59-728c)

徑

舊～,其右反,下古定反,故道也。
(ZD59-778a)

僵

邪～,古定反。
(ZD59-732c)

徍

尋～,古定反,道也,正作徑也。(ZD59-705a)

彭　jìng

彭

穷～,疾歷反,下疾井反,安也,上正作寂。(ZD59-719c)按:“～”,通“靜”。

彭

～過,自井反。
(ZD59-760b)按:“～”,通“靜”。《佛説象腋經》卷1:“文殊師利!而是菩薩入於三昧,名曰靜過。”(T17,p783a)

彭

還～,音淨。(ZD59-963a)按:“～”,通“靜”。

樫　jìng

桯

蓋～,古定反,桯也,可以經繒也,又云筯也,《川音》作桯,以柄字替之,非也。(ZD60-83a)按:“～”,可洪音“古定反”,蓋以爲“樫”。經文作“莖”或“桯”。根據經意,“～”似應爲“樫”。

脛②　jìng

脛

髀～,步米反,下刑定反。(ZD59-796a)

脛

右～,胡定反。
(ZD59-652a)

脛

～膝,戶定反,下辛七反。(ZD59-783c)

脛

～膝,戶定反,下辛七反。(ZD59-812b)

脛

膑～,步米反,下戶定反。(ZD59-737c)

竟　jìng

竟

適～,上戶隻反。
(ZD59-1095c)

竟

～令,自宣反。
(ZD60-428a)

---

① 又見“俓”字條。
② 又見“胫”“脛”“胜”字條。

浄　jìng

浄　～室，上才井反。（ZD60-74a）

淨　jìng

淨　～濤，徒刀反。（ZD59-873b）

淨　淳～，上市倫反。（ZD59-561a）

淨　～浣，乎管反。（ZD59-747a）

净　割～，今作淨，古文作瀞，同，疾性反，淨潔無穢也。（ZD59-614c）

瀞　割净，今作淨，古文作～，同，疾性反，淨潔無穢也。（ZD59-614c）

敬　jìng

歃　～廙，羊至、羊力二反，恭也，敬也。（ZD59-864b）

霏　jìng

霏　作～，疾頂反，小水也，見藏作帒霏水。（ZD60-390a）

霏　帒～，上於營反，覆也，覆敗也，下徂頂反，小水也，正作洴也。《法句喻經》云如壞穽水，是也，《經音義》作滎水，烏營反，非也。覆，芳伏反，傾敗也。（ZD60-243a）按：“帒～”即“淡洴”。“～”同“洴”。

靖　jìng

靖　～然，情井反。（ZD59-787b）

靖　寂～，才井反。寂靖，同上。（ZD60-72c）

境　jìng

堺　界～，音景，正作境也，正作境界，書人悮作界堺而顛倒也。（ZD60-106a）按：“堺”本爲“界”，此處乃“境”字之訛。

踁　jìng

踁　～髀，與脛同，胡定反，下蒲米反。（ZD59-767c）

踁　脚～，刑定反。（ZD59-803b）

踁　脚～，胡定反，正作踁，又丑栗、田結二反，悮。（ZD59-802b）按：“～”乃“踁”，與“脛”同。

競①　jìng

競　～挑，他條反。（ZD59-823a）

競　躁～，子告反，下奇敬反。（ZD59-662a）按：“躁～”，對應佛經作“躁競”。《大方廣佛華嚴經》卷24：“無衆生心迴向，無躁競心迴向，寂靜心迴向。”（T10，p131b）

竸　諍～，巨敬反，正作競。（ZD60-85b）按：“～”即“競”。《毘尼母經》卷8：“從是生鬪諍競訟，因此後生害心，纏縛行人不令解脱，是名纏義。”（T24，p850a）“～”乃“競”字，詳見本書中篇“竸”字條。

競　jìng

競　～晷，音軌。（ZD60-318c）按：“～”即“競”。《出三藏記集》卷12：“短力共尺波爭馳，淺識與寸陰競晷。”（T55，p87a）

竫　jìng

竫　寂～，情井反，正作靜。（ZD59-620b）按：“～”乃“靜”字，詳見本書中篇“竫”字條。

垧　jiōng

垧　～野，古營反。（ZD59-937b）

坰②　jiōng

坰　～野，上古熒反，郊外曰林，林外曰坰

---

① 又見“竸”字條。

② 又見“垧”字條。

也。（ZD60-13b）按：“～”即“堈”。

堈　jiōng

郊～，古螢反。（ZD60-469a）按：“～”即“堈”。

扃① jiōng

～牖，上古營反。（ZD59-565c）

扃　jiōng/jú

～鑰，上其玉反，下與觼同，古穴反，瑣有舌也，《玉篇》云鑰，馬肚帶玦也，義亦同玦，珮玉也，如環而有缺也。（ZD60-313b）按：“～”乃“扃”。《出三藏記集》卷7：“用能靈臺十地扃鑰法雲，罔象環中神圖自外。”（T55，p49c）“～”，可洪音“其玉反”，當作“局”，不妥。

～心，上其玉反。（ZD60-65c）按：“～”乃“局”。

堈　jiōng

～上，上古營反。（ZD60-37a）

扃　jiōng

～鈕，女久反。（ZD60-380c）按：“～”同“扃”。

駉　jiōng

～～牡，上二古螢反，下莫狗反。（ZD60-364b）

冏② jiǒng

～灼，俱永反，下之若反。（ZD59-887c）
道～，俱永反。（ZD60-336a）按：“～”即“冏”，與“囧”同。

囧　jiǒng

～若，上俱永反。（ZD60-598a）按：“～若”，對應佛經作“冏若”。《廣弘明集》卷30：“浩若驚飈散，冏若揮夜光。”（T52，p350a）“～”即“冏”字。

～然，上俱永反。（ZD59-607b）按：“～”即“囧（冏）”字。

炅　jiǒng

～然，古迥反。（ZD59-767c）

迥③ jiǒng

～示，胡頂反，今作迥。（ZD59-637b）

～逮，螢頂反，遠也。（ZD59-665a）

迥　jiǒng

～照，胡炅反，本作迥。（ZD59-659c）

炯④ jiǒng

何～，宜作炅、炯，二同古迥反。（ZD60-538b）按：“何～”，對應文獻作“何～”“何炟”“何炯”或“何炯”。玄應《一切經音義》卷96：“何炟，丹達反，人名，《集》作炟，誤也。”（T54，p906c）《弘明集》卷10：“庫部郎何炟答。”（T52，p64b）“炟”，宋、宮本作“～”，元本作“炯”。從字形看，“～”疑爲“炅”，與“炯”同。今從可洪之説。

炟　jiǒng/yān

胡～，古迥反，正作炯，迥字韻也。（ZD60-399c）

～暡，上伊堅反，火氣也，又音因，天地氣也。（ZD60-155c）

———

① 又見“扃”“扃”字條。
② 又見“囧”字條。
③ 又見“迥”字條。
④ 又見“炟”“炯”“炯”“炟”字條。

焖　jiǒng

焖　～誡，上古迥反，又音迥。（ZD60-440a）按："～"乃"焖"。

焖　～電，上音迥，又古迥反。（ZD60-543a）按："～"乃"焖"。

焖　jiǒng

焖　沈～，上尸茌反，下古迥、户茗二反，別本及《川音》並作焖也。（ZD60-591b）

遒　jiǒng

崮　～布，上苦穎、苦迥二反，經作庫打反。（ZD60-242a）按："～布"，對應佛經作"遒布"。《四阿鋡暮抄解》卷1："六衣：劫貝、四毿（葛也，青搆反）、系布、傍渠（麻布）、阿鞞駆（榜也）、葍麻（遒布，庫打反）。"（T25，p3b）

焖　jiǒng

焖　～馥，螢頂反，下扶福反。（ZD59-787c）按："～"即"焖"，經文作"烟"。

窀　jiǒng

窀　西～，其殞反，急迫也。《經律異相》作

栖（栖）窀，是也，又郭氏作香仲反。（ZD59-763a）

窀　栖窀，巨殞反，《六度集》作西～，莫報反。（ZD60-266b）按："～"，可洪以爲"窀"。

窘①　jiǒng

窘　老～，巨殞反，急也，迫，亦作僒。（ZD59-764a）

糺②　jiū

剎　～舉，上居黝反，正作糺。（ZD59-1016c）按："～"即"糺"，與"糾"同。

剎糺　～舉，居黝反，正作糺。（ZD59-961b）

糺　～舉，上居酉反。（ZD59-607a）按："～"音"居酉反"，讀"jiǔ"。

糾　jiū

糺　～若，吉黝反，下而者反，經作剢若，惧也。（ZD59-715b）

啾　jiū

跡　砑～，子由反，與啾字同也。（ZD59-626c）按："～"同"啾"，譯音字。

湫　jiū

湫　～潭，子由反，下同南反。（ZD59-786b）

鳩　jiū

駒鮇　～，上音夫，下九牛反，鳥名也，正作鳺鳩也。鳺鳩即鵜鳩也。鵜音浮。下又音鉤，非此呼也。（ZD59-1099b）按："～"乃"鳩"。

樛　jiū

摎　～木，居幽反。（ZD59-707b）

久　jiǔ

久　～殖，音食。（ZD59-734a）

灸　jiǔ/jiù

炙　而～，九、救二音，灼也，燒也，正作灸也。（ZD59-853b）

灸　針～，九、救二音。（ZD59-707b）

炙　鍼～，上之林反，下九救反，正作灸也。（ZD59-984a）

---

① 又見"窀"字條。
② 又見"糾"字條。

灸灸
～療，上久、救二音，灼也。(ZD59-593a)
針～，九、救二音。(ZD59-907c)

玖 jiǔ

玖
余～，上視遮反，下居有反，正作余玖也，人姓名。(ZD60-559a)按：《廣弘明集》卷13："昔丹陽余玖興撰《明真論》以駁道士，出其僞妄。"(T52, p177c)

韭 jiǔ

韮韮
～蒜，居有反，下蘇亂反。(ZD59-742c)
菲～，居有反。(ZD59-741a)按："～"同"韭"，詳見本書中篇"韮"字條。

韮萐萐萐
薦～，上子見反，下音九。(ZD60-502b)
～園，上居有反。(ZD60-471b)
蕯～，上倉公反，下居有反。(ZD60-305c)

蕻
～子，上居有反。(ZD59-1047b)

臼 jiù

臼
莎～荼，上素禾反，中巨久反，下杜假反。(ZD59-586b)

臼臼旧田
香～，居六、居玉二反，又或臼，巨久反。(ZD59-839c)
碓～，下巨久反。(ZD60-42b)
～陷，巨久反，或作臽，音坎。(ZD59-955b)按："～陷"，對應佛經作"臼陷"。《十住毘婆沙論》卷3："塵土坌穢，泥潦臼陷，惡山巉巖，屈曲隈障。"(T26, p32a)

旧旧田伯
鐵～，巨久反。(ZD59-911b)
杵～，求九反，正作臼。(ZD59-964b)
碓～，上都內反，下巨久反。(ZD59-1082c)
～中，巨九反，正作臼也。(ZD59-982a)
碓～，上都誨反，下巨久反，正作臼。(ZD60-238a)

鉑鉑
鑊～，巨久反，正作臼。(ZD59-954c)
作～，巨九反，正作臼。(ZD60-365a)

疚 jiù

疚
每～，音救。(ZD60-589b)按：《廣弘明集》卷28："而嗜欲易繁，每疚心術捨。"(T52, p324a)"～"乃"疚"。

究① jiù

究究究
～盡，居右反，又音軏也。(ZD59-653c)
～盡，居右反，窮也，又音軏，悮。(ZD59-648a)
梨～，居右反，正作究也。(ZD59-624c)

咎② jiù

咎咎咎咎咎咎咎咎
憃～，丘軋反，下巨久反。(ZD59-684a)
鴦～，於良反，下巨久反。(ZD59-651c)
～責，巨久反。(ZD59-808a)
罪～，巨久反。(ZD60-192b)
休～，巨久反。(ZD59-668a)
過～，巨久反，惡也。(ZD59-596a)
罪～，巨有反，正作咎。(ZD59-620b)
過～，巨久反。(ZD59-726b)
怨～，巨九反，正作咎。(ZD59-1005b)
過～，同上。(ZD59-784b)
何～，巨久反。(ZD59-821a)

① 又見"宪"字條。
② 又見"卧"字條。

㖞各各

各

何～，求九反，正作
咎。(ZD59-923a)

愁～，去軋反，下求
有反。(ZD59-751a)

過～，求九反，惡也，
正作咎。(ZD59-661c)

豐～，許覲反，下巨
久反。(ZD59-708b)

㲄　jiù

㲄

何～，巨九反，正作
咎。(ZD60-133c)
按："～"乃"咎"。

疚　jiù

疚

～懷，上居右反。
(ZD59-1135c)

柩①　jiù

柩
抠
柩
柩
柩
柩
柩

遷～，巨右反。
(ZD60-457b)

～前，上巨右反。
(ZD60-470a)

餘～，巨右反。
(ZD60-475c)

腐～，扶武反，下巨
右反。(ZD59-650c)

送～，巨右反。
(ZD60-478b)

接～，巨右反，屍在
棺曰柩也，正作柩。
(ZD60-463c)

～空，上巨右反。
(ZD60-416b)

捄　jiù

捄

請～，居右反，護也，
助也，正作救、捄二
形，又俱、求二音，非也。
(ZD59-729c)

捄

作～，居右反，護也，
又俱、求二音，非。
(ZD59-737a)

捄

欲～，居又反，正作
救。(ZD59-577c)

恆　jiù

恆

靈～，巨右反，正作
柩。(ZD59-1032a)
按："～"乃"柩"字，詳見本
書中篇"恆"字條。

捄　jiù

捄

～親，上居右反，助
也，護也，正作救、捄
二形。(ZD60-236c)

救②　jiù

捄

～捄，居右反，下
步八反，上又俱、求
二音，非。(ZD59-725b)

捄

能～，音救。(ZD59-1095c)

捄

～除，正言救治，避
廟諱，故云救除也。
(ZD59-806a)

捄

愍～，居右反，護也，
助也，正作救、捄二

形，又音求，非用。(ZD59-827b)

捄

～越，居右反，正作
救也，又俱、求二音，
並非也。(ZD59-649b)

捄

歸～，音注，又朱、姝
二音。(ZD59-591c)
按：《大寶積經》卷 13："其
強颷聚，各羅眼動搖歸救。"
(T11, p74a)"～"，經文作
"救"，可洪音"注"，恐誤。

厩　jiù

厩
瘶

一～，音救，象～。
(ZD59-689b)

後～，音救。(ZD59-846b) 按："～"乃
"厩"，詳見本書中篇"瘶"
字條。

就　jiù

就
就
就

～塌，音塔。(ZD59-609c)

～嶠，音橋，又巨照
反。(ZD60-495b)

～捼，桑各反，大繩
也，正作索。(ZD59-767a)

就

丕～，上普悲反。
(ZD59-589a)

厩　jiù

癈

象～，居右反，正作
厩。(ZD59-770a)

①　又見"恆"字條。
②　又見"捄""捄"字條。

廄① jiù

廄　千～,音救,象馬舍也,聚也,正作廄也。
（ZD59-1049c）

瘷　象～,音救。（ZD59-1120c）按:"～"乃"廄"字,詳見本書中篇"瘷"字條。

廐　象～,音救,馬舍也。（ZD59-1116a）

舅 jiù

舅　嘔～,烏侯反,下巨有反。（ZD59-652c）

暝　～甥,上巨久反,下音生。（ZD59-1058a）

睭　帝～,巨久反,正作舅。（ZD59-714b）按:"～"乃"舅"字,詳見本書中篇"睭"字條。

舁　～母,巨久反。（ZD59-838b）

睭　諸～,巨久反。（ZD59-1111b）

舅　～至,巨久反。（ZD59-765b）

睭　弗～,巨久反。（ZD59-905c）

舅　阿～,求久反。（ZD60-263c）

睭　～甥,上巨久反,下所京反。（ZD60-310c）按:"～"乃"舅"字,詳見本書中篇"睭"字條。

睭　我～,巨久反。（ZD59-1087b）

僦 jiù

僦　～賃,上子救反,下女禁反。（ZD59-1106b）

舊 jiù

舊　～法,上巨右反,正作舊。（ZD59-1071b）親～,巨右反,故也,正作舊。（ZD59-620a）

舊　～學,其右反。（ZD59-926a）親～,巨右反,故也,正作舊也,悞。（ZD59-618a）

舊　～,巨右反。（ZD59-653b）

舊　沙～,同上。（ZD59-828b）

舊　先～,求救反,故～也,正作舊。（ZD59-730b）

舊　～覺,上巨又反。（ZD59-996c）

舊　～住,上巨右反。（ZD60-57b）鬟～,莫顏反,下巨右反。（ZD59-933a）～則,上巨右反,正作舊。（ZD59-999a）按:"～"乃"舊"字,詳見本書中篇"蘆"字條。

蘆　～名,求右反。（ZD59-908b）

舊　～法,上巨右反。（ZD60-189b）～坐,上求右反。（ZD60-166b）

舊　～聖,上求右反。（ZD59-992a）

蘆　沙～,巨右反。（ZD59-828b）

舊　親～,巨右反,故也,正作舊也。（ZD59-605a）

蘆　～人,其救反。（ZD59-907c）如～,音舊。（ZD59-585b）

廬　～住,上巨右反,正作舊。（ZD60-57b）耆～,求右反,故也,正作舊。（ZD59-701c）

舊　親～,巨右反。（ZD59-685a）

蘆　～鄉,求右反,故也,正作舊。（ZD59-752b）

鸞　～名,上巨魚反,見藏作車渠是也。（ZD60-401c）按:"～"乃"舊",可洪音"巨魚反",以爲"渠",誤,詳見本書中篇"鸞"字條。

鵂 jiù

鵂　靈～,音就。（ZD60-451b）

---

① 又見"厩""廐"字條。

尻　jū

尻　～端,上九魚反,處也,安也,亦作屈、尻、居三形。(ZD60-470b)

拘　jū

拘　～賁,上九愚反,下尸例反。(ZD60-161a) 按:"～",經文作"拘"。

拘　～抾,上九愚反,下居以反。(ZD59-619b)按:"～抾",經文作"拘枳"。

拘①　jū

狗　～文,上九于反,正作拘也。(ZD59-1029c)按:"～",即"拘"字之訛。《大樓炭經》卷2:"何以故名爲拘文?"(T01,p286c)

牳　～留,音俱,佛名。(ZD59-771b)按:"～"乃"拘"字,詳見本書中篇"牳"字條。

拘　不～,音俱,正作拘,郭氏音狗,非。(ZD59-1060b)按:"～"乃"拘"字,詳見本書中篇"拘"字條。

沮　jū/jù

洰　～渠,上子魚反。(ZD60-339a)

姐　～壞,才與反,正作沮,又音阻,正作姐。(ZD59-923a)按:"～",經文作"沮"或"姐",當以"沮"爲正。

姐　～敗,自與反,正作沮。(ZD59-772b)

沮　沮及,上子預反,沮洳,漸濕也,亦作～。(ZD59-644a)

屈②　jū

屋　門～,音居,正作屈、尻。(ZD60-155b)

屋　母～,音居,當也,處也,安也,舊韻、《説文》作尻字。(ZD60-449a)按:"～"同"居",經文作"居"。《高僧傳》卷4:"時獨與母居,孝事盡禮。"(T50,p351a)

拘　jū

拘　～耆,上九愚反,《起世經》作拘毗勘。(ZD60-263a)按:"～耆",對應佛經作"拘耆"。《經律異相》卷1:"忉利殿南又有一樹,名波質拘耆羅,高四千里,枝葉分布二千里。"(T53,p2a)

牳　jū

牳　牛～,音俱,牛桊也,正作拘也,又音吼,非也。(ZD60-355a)按:"牛～"之"～",乃"拘"字之訛。

眗　jū

眗　～睒,上九愚反,正作眗。(ZD59-1107a)按:"～",用作譯音字,經文作"拘",詳見本書中篇"眗"字條。

掬③　jū

探　滿～,居六反,正作掬。(ZD59-646a)

絲　～坻,巨掬反,下丁禮反,正作毬、絢二形,《芬陁利經》作䁾畢帝,上方經作掬,亦俱。(ZD59-717b)按:"～",經文作"掬"或"毬",用作譯音字。

探　一～,居六反,正作掬也,又他含反,俱。(ZD59-651a)

採　撫～,上芳武反,下居六反,正作掬。(ZD59-657c)

喝　jū

喝　哦～,上音伐,下音居,應和尚未詳。(ZD60-388c)

挶　jū

挶　～日,上呼宏反,擊也,或作愊,音觸,

---

① 又見"牳""拘""拘""眗"字條。

② 又見"尻"字條。

③ 又見"拘"字條。

《起世經》作觸。(ZD59-1030c)按:《大樓炭經》卷6:"二者阿羅陀山,中間長百六十八萬里,其中生青紅黃白蓮華,甚衆多大香好,掬日大城郭之光明,用是故,令日城郭寒,是爲二事。"(T01, p306a)"掬",宋、元、明本作"掬"。根據經文,"～"乃"掬",撮取也,非讀"呼宏反"。

椐 jū/jù

 ～梧,上音居,下音吾。(ZD60-420c)

 ～牀,上居去反,坐也,又居、祛二音。(ZD60-42c)

裾 jū

 申～,音居。(ZD59-1061b)按:"申～",對應佛經作"曳裾"。《正法念處經》卷1:"曳裾高步,自得門下,俱申前趣之禮,竝應却行之眷。"(T17, p1a)

 失～,音居,袨也。(ZD59-852a)

 衣～,音居。(ZD60-371a)

駒 jū

 生～,九愚反,馬子也,正作駒,又字躰似駉,音坰,非也。(ZD59-1135b)

 尼～,音俱,樹名。(ZD59-605a)

䝬 jū

 婆～,九魚反,《經音義》作啹,應和尚未詳,又《川音》及《江西音》並作據,《川音》云合籧,《江西音》作其居反,非也,《川音》以籧字替之,亦非也。(ZD60-293c)按:從形體看,"～"疑爲"據"之訛,譯音字。《陀羅尼雜集》卷9:"婆據婆彌,留遮陀。"(T21, p631a)"婆據婆彌",又作"婆居婆彌""婆籧婆彌"。《七佛八菩薩所説大陀羅尼神咒經》卷2:"林彌利,婆籧婆彌。"(T21, p544b)《如來廣孝十種報恩道場儀》卷7:"林彌利,婆居婆彌。"(ZW08, p328a)

鋦 jū

 ～綴,上居玉反,下竹劣反。(ZD59-1133a)

鴝 jū

 ～鴝,上九愚反,下吉以反,正作拘枳鳥也。(ZD59-605a)按:"～鴝"同"拘枳",譯音詞。

鞠 jū

 曲～,居六反,告也,窮也,正作鞠、鞫二形。(ZD60-531b)按:"曲～",對應佛經作"曲鞠"。《弘明集》卷6:"卿欲必曲鞠其辭,吾不知更所以自訟。"(T52, p40a)

 ～體,居六反,正作鞠。(ZD59-928c)按:"～"乃"鞠"字,詳見本書中篇"鞠"字條。

鞫 jū

 ～問,上居六反。(ZD60-336b)

局[1] jú

 意～,具玉反。(ZD59-826c)

 褊～,卑演反,下其玉反,促也,短小也,正作跼、侷二形也。(ZD59-904b)

 責～,其玉反,正作局。(ZD60-231a)

 所～,巨玉反。(ZD60-56b)

 所～,其玉反。(ZD59-853a)

 意～,巨玉反,促也。(ZD60-189a)

---

① 又見"局"字條。

~ 迮, 其玉反, 下阻格反。 (ZD59-645a)

覺 ~, 具玉反, 正作局。 (ZD60-153b)

某 ~, 上巨之反, 下其玉反。 (ZD60-41c)

~ 意, 巨玉反。 (ZD59-820c)

分 ~, 其玉反。 (ZD59-756c)

~ 言, 其玉反。 (ZD59-924a)

~ 迮, 巨玉反, 下阻格反, 促狹也, 正作侷迮。 (ZD59-671a)

局　jú

~ 見, 具玉反。 (ZD59-971b) 按: "~"同"局"。

斯 ~, 具玉反, 局促, 不長也。 (ZD59-567a)

菊　jú

蘭 ~, 居六反, 正作菊。 (ZD60-420a)

毱　jú

毛 ~, 巨六反。 (ZD59-991c)

栢 ~, 普百反, 下巨掬反, 毛丸也, 正作毱。 (ZD59-823a)

拍 ~, 其六反, 皮毛丸也, 毬也, 正作毱。

也, 或作駒, 馬跳躍也, 悮。 (ZD60-189a)

曇摩 ~, 上徒南反, 中莫卧反, 下巨掬反。 (ZD59-625c)

~ 多, 巨掬反。 (ZD59-685c)

禪 ~, 巨菊反。 (ZD60-101a)

~ 多, 巨六反, 尊者名, 擾波 ~ 多也, 正作毱。 (ZD59-979a)

~ 多, 巨掬反。 (ZD59-719a)

~ 擲, 上巨六反, 線丸也, 正作毱也, 又九六反, 誤也。 (ZD59-1124a)

毱多, 求掬反。 ~ 多, 亦同上也。 (ZD59-963b)

~ 多, 巨掬反。 (ZD59-684b)

~ 跳, 上巨六反, 下徒聊反。 (ZD60-185b)

毱多, 求掬反。 ~ 多, 同上。 (ZD59-963b)

~ 地, 上其掬反, 正作毱。 (ZD60-241b)

如 ~, 巨掬反, 正作毱。 (ZD59-1064a)

鞠　jú

乘 ~, 俱玉反, 禹所乘車名也, 《説文》云直轅車也, 正作鞠也。

(ZD60-501a) 按: 《辯正論》卷 1: "泥行乘橇, 山行乘鞠。" (T52, p491a) 《釋氏稽古略》卷 1: "水行乘船, 泥行乘橇 (充芮反), 山行乘桐 (拘玉反)。" (T49, p742c) "桐"與"鞠"同。 "鞠"則爲"鞠"之訛。

絩　jú

~ 梨, 上音橘, 下音梨。 (ZD60-87c) 按: "~"乃"橘", 詳見本書中篇"絩"字條。

橘①　jú

~ 柚, 上居律反, 下以修、以秀二反。 (ZD59-1134b)

~ 柚, 居律反, 下以流、油秀二反。 (ZD59-800a)

橘子, 上居律反, 菓名。因 ~, 同上, 正作橘。 (ZD59-900b) 按: "因 ~"對應經文作"因橘"。 《優婆塞戒經》卷 4: "譬如橘子因橘而生, 從酢而甜。" (T24, p1057c)

~ 子, 居律反。 (ZD59-973c)

甘 ~, 羊并、丑并二反, ~ 棗, 菓名, 似

---

① 又見"絩"字條。

柿，正作樗。（ZD59-875a）
按："～"，可洪以爲"樗"字。
對應經文作"橘"。《蘇悉地
羯羅經》卷1："亦通供養所
謂丁香荳蔲、肉荳蔲、甘橘
及一切香果等。"（T18，
p609a）《高麗國新雕大藏校
正別録》卷6："亦通供養所
謂丁香、荳蔲、肉荳蔲、甘橘
及一切香果等。"（K38，
p546c）"～"當爲"橘"字。

鵙 jú

鵙　～摩，公覓反，人名
也，依字，鵙，伯勞
也。（ZD60-370a）

鵙　鶬～，上尺夷反，下
古閞反，伯勞鳥。
（ZD60-534c）

弆 jǔ/qǔ

弆　密～，五與反。物
傷，音賜，弆傷二字
出《經音義》。（ZD59-
896a）按：《一切經音義》卷
13："密弆，羌女、丘呂二反。
弆，藏也。"（C056，p1007c）
"～"，可洪音"五與反"，不
妥，疑爲"丘與反"。

莒 jǔ

莒　～莒，上音舉，下音
巨。（ZD60-400a）

矩 jǔ

知　～拉，上俱禹反，下
來合反。（ZD60-
134a）

鉅　漕～，上自到反，下
居禹反。（ZD60-
414c）

椇 jǔ

椇　枳～，上居以反，下
俱禹反，正作椇。
（ZD60-593c）按："～"乃
"椇"。《廣弘明集》卷29：
"枳椇列植而爲藪，懸鉤觸
草而徘徊。"（T52，p338c）

㭰 jǔ

㭰　～畔，上俱禹反，正
作矩、槼二形，亦云
鳩槃茶，亦云矩畔拏，此譯
云形卵，應和尚未詳。
（ZD60-388a）按：《一切經
音義》卷20："㭰畔。"
（C057，p53b）"～"，可洪以
爲"矩"，對應經文作"㭰"或
"矩"。《陀羅尼雜集》卷7：
"彌利，㭰畔茶。"（T21，
p616）"㭰"，宋本作"矩"。
"～"，譯音字，今從可洪，讀
與"矩"同。

筥 jǔ

筥　牛～，居與反，牛筥
也，正作筥、簏二形。
（ZD60-282b）

蒟 jǔ/jù

蒟　～醬，上俱禹反，出
蜀地，其子似葚，緣
木而生子，長二寸許，味酸，
以塩藏之爲醬也，正作蒟。
（ZD60-54a）

蒟　～醬，上俱遇反，又
九愚、俱禹二反，出
蜀地，並正作蒟也。
（ZD60-437b）

踽 jǔ/qǔ

踽　～步，上丘禹、俱禹
二反，獨行也。
（ZD60-579b）

舉 jǔ

舉　～伸，音舉，起也。
（ZD59-784b）

舉　藏～，居與反，正作
舉。（ZD60-304a）

舉　紅～，上居酉反。
（ZD59-607a）

舉　必～～，下二同居與
反，正作舉，草書作
～。（ZD60-400c）

巨 jù

巨　～蠹，上音巨，下音
妬。（ZD60-553c）

巨　～細，渠與反，大也，
正作巨。（ZD59-
763a）

句　jù

勾 頭～，九遇反，正作
句。(ZD59-719c)

勾 味～，俱遇反，正作
句也。(ZD59-587c)

拒①　jù/duǎn

担 相～，渠吕反，正作
拒，又之刃反，給也，
約也，悮。(ZD59-937b)
按："相～"，對應佛經作"相
拒"。《瑜伽師地論》卷 26：
"多懷嫌恨，意樂慘烈，悖惡
尤蛆，好相拒對。"(T30,
p425c)

拒 ～送，其吕反，違也，
正作拒，又音振，誤。
(ZD59-850b)

拒 輕～，去盈反，下音
巨，正作輕拒。
(ZD59-975b)

招 抵～，上都禮反，下
音巨，正作拒，下又
音振，悮。(ZD59-1065b)

祖 相柜(拒)，渠吕反，
正作～，又之刃反，
給也，約也，悮。(ZD59-
937b)

担 所～，音巨。(ZD59-
661a)

排 ～賃，音巨，下女甚
反。(ZD59-941b)
拒 ～送，上其與反。
(ZD59-572a)

排 息～，音短。(ZD60-
172a)按："～"乃"捉
(短)"字。《舍利弗阿毘曇
論》卷 28："出息短知出息
短，入息短知入息短。"
(T28, p705b)

苣　jù

苣 ～勝，音巨，大也，下
尸證反，《本草》云胡
麻粒大黑者爲巨勝也。
(ZD59-969a)

岠　jù

岠 而～，音巨。(ZD60-
425b)按："而～"，
對應佛經作"而岠"或"而
拒"。《集神州三寶感通
録》卷 3："豈得以百年之短
壽，而岠六萬之修期乎？"
(T52, p430c)"～"即"距"
之訛，同"拒"。

岠 槍～，音巨。(ZD60-
383a)按："～"即
"距"之訛，同"拒"。

狟　jù

狟 ～獹，上音巨，下音
虛，《波羅延經》云馬
父驢母爲駏驉。(ZD59-
1082a)

柜　jù

柜 能～，音巨。(ZD60-
120a)按："～"，經文
作"拒"。《阿毘達磨大毘婆

沙論》卷 125："令所往處無
能拒者，漸滅佛法，至菩提
樹。"(T27, p655b)

岠　jù

岠 槍～，音巨，正作拒。
(ZD60-365a)
岠 相～，音巨。(ZD60-
472a)

具②　jù

具 兜～，户官反，正作
完也，六情完具也，
悮。(ZD59-813c)按："兜
～"，對應佛經作"完具"。
《佛説花聚陀羅尼咒經》卷
1："在所生處，六情完具。"
(T21, p876c)

椇 材～，音具。(ZD60-
80a)按："材～"，對
應佛經作"材具"。《善見律
毘婆沙》卷 13："自乞求者，
是自乞求種種材具，欲營造
作大房。"(T24, p764b)

炬　jù

炬 燃～，音巨，火～也，
正作炬。(ZD59-
916c)
短 ～火，上其與反。
(ZD60-173c)

沮[①] jù

沮　～息，上才與反，止也。（ZD60-280b）按："～"乃"沮"。《經律異相》卷44："見一女人在流槎上，沮息欲死，便向慈羅乞匄求載，慈羅啟鼇。"（T53，p228b）

秬 jù

秠　玄～，音巨，黑黍也，正作秬，或作距，雞爪距也。（ZD60-566c）

俱 jù

俱　～枳，上九愚反。（ZD59-617c）

俱　～夜，上音俱，下音夜。（ZD60-58a）

俱　～嚧，音盧。（ZD59-668c）

俱　～品，音俱，㦬。（ZD59-937c）

俱　闍～，都田反。（ZD59-756a）按："～"，對應佛經作"俱"。《佛說阿闍世王經》卷1："師訶惟迦闍，俱羅加那迦闍。"（T15，p389a）"～"，可洪音"都田反"，蓋以爲"俱"，不妥。

塸 jù

塸　～熟，上音具，堤塘也，見別本單作具，偹也，又見別本作俎，側魚反，正作菹也。（ZD59-1031c）按："～"，根據文意，不當是堤塘，疑爲"具"字，皆此。《中本起經》卷2："譬如稻田禾稼具熟，而有惡露災氣，則令善穀傷敗。"（T04，p158c）

距 jù

臣　槍～，音巨。（ZD60-395a）

詎 jù

詎　～別，上音巨，正作詎。（ZD60-521a）

儴　～知，上音巨，豈也。（ZD60-235a）按："～知"，經文作"詎知"。《舊雜譬喻經》卷2："詎知行者還在，何斯欲待之乎?"（T04，p521b）

倭　作～，音遽，何也。（ZD60-390b）

鉅 jù

鉏　～鹿，上音巨，正作鉅。（ZD60-558b）按："～鹿"即"鉅鹿"，"～"

爲"鉅"字之訛。

虡[②] jù

虡　猛～，音巨，栒虡，懸鍾木也，橫曰栒，縱曰虡，亦作簴也。（ZD60-591a）按："～"即"虡"字，又作簴，詳見本書中篇"虡"字條。

駏 jù

駏　～驉，上音巨，下音虛。（ZD59-1011a）

駏　～驉，上音巨，下音虛，《中阿含經》云驢父馬母爲騾，馬父驢母爲駏驉也，又《經音義》云牛父馬子也，未詳出何書史，下又去魚反。（ZD60-38b）

攄 jù

攄　本～，音據。（ZD60-57a）按："～"即"攄"，同"據"。

聚[③] jù

聖　～落，才句反。（ZD59-745a）

聚　集～，音聚。（ZD59-898a）

---

① 又見"沮"字條。
② 又見"𪊨"字條。
③ 又見"𦫼""灗""𨿾"字條。

聚聚耴聚躲熙聚

陬陾熙恥熙叙

積~,才句反,又上聲。(ZD59-742b)

定 ~,才 句 反。(ZD59-926b)

雨~,音聚。(ZD59-925c)

~芬,音芥。(ZD59-722b)

~ 落,才 句 反。(ZD59-898c)

一~,自禹反,正作聚。(ZD60-304b)

~爝,才雨反,下子笑、子略二反,炬火也。(ZD59-966a)

行~,音聚。(ZD59-820b)

入~,才雨反,律文作聚。(ZD60-243c)

糞~,方問反,下才句反,正作糞聚。(ZD59-800a)

一~,自禹反,正作聚。(ZD60-234b)
按:"~"乃"聚"字,詳見本書中篇"耴"字條。

作~,疾遇反,正作聚。(ZD60-390a)

堅 ~,下裁與反。(ZD60-543a) 按:《弘明集》卷13:"俱括囊以堅叙,固同門而共出。"(T52,p90c)"~",宋、元、明本作"卯"。根據異文,"~"似乎爲"卯",可洪以"~"音"裁與反",蓋以爲

"聚"字。

寠 jù

寠寠寠寠

~挈,上其禹反。(ZD59-568a)

~ 怒, 其 矩 反。(ZD59-721a)

貧~,其禹反,空也,無財禮也,正作寠。(ZD59-763a)

惡 ~, 瞿 矩 反。(ZD59-754c)

貧~,其禹反,空也,貧也,正作寠也。(ZD59-709a)

劇 jù

劇劇劇劇劇劇劇劇劇

~戲,巨逆反,正作噱。(ZD59-841c)

~ 苦,上巨逆反。(ZD59-626b)

~ 痛,上其逆反。(ZD59-572a)

苦 ~, 巨 逆 反。(ZD59-667a)

~ 苦,上巨逆反。(ZD59-560a)

苦 ~, 巨 逆 反。(ZD59-696b)

~苦,巨逆反,艱也。(ZD59-661a)

~ 苦, 其 逆 反。(ZD59-771c)

甚 ~, 巨 逆 反。(ZD59-726a)

尤~,于求反,下巨逆反。(ZD59-638c)

駏 jù

鮔

鞾~,上蒲兮反,下音陁,正作鮀也,衣名,阿鞾駏,此云榜也,《佛阿毗曇》作叛那也,陁那多三字,梵字訛轉也。(ZD60-241c)
按:"~",對應佛經作"駏",皆譯音字。

據① jù

擄偓擄懅

援~,上于元反,引也。(ZD60-469b)

~ 此, 上音據。(ZD60-516c) 按:"~"即"據"。《甄正論》卷1:"據此所陳,天尊在於天地之先矣。"(T52,p560a)

~傲,上正作倨,下五告反。(ZD59-555c) 按:" ~ "即"據",通"倨"。

~理,居御反,依也,按也,正作據,又其據反,又《玉篇》音渠,並非也。(ZD59-978a)按:"~"即"據"。構件"才"與"忄"相混。

---

① 又見"擄"字條。

鋸① jù

鋸　～齒,上居去反,正作鋸也,別本作鋸齒也,或作鎺,音鉏。(ZD59-1044b)按:"～"即"鋸",與"鋸"字同,詳見本書中篇"鋸"字條。

懅 jù

懅　莫 ～ , 其去反。(ZD59-1038a)

懅　～ 務 , 上其去反。(ZD59-628a)

懅　～ 務 , 其去反。(ZD59-686a)

懅　怖 ～ , 其去反。(ZD59-611c)

懅　恐～,其去反,懼也,戰慄也。(ZD59-576a)

懅　厄 ～ , 其據反。(ZD59-755a)

懅　不 ～ , 其去反。(ZD59-647c)

懅　～ 而 , 其據反。(ZD59-698b)

懅　恐 ～ , 其御反。(ZD59-577b)

懅　驚 ～ , 其去反。(ZD59-641c)

懅　於～,其去反,急也,務也。(ZD59-821a)

懅　恐 ～ , 其去反。(ZD59-650c)

懅　～ 務 , 其去反。(ZD59-684c)

懅　不 ～ , 其去反。(ZD59-645a)

懅　～ 事 , 其去反。(ZD59-673b)

懅　懷～,合作嚩,巨送反,盛也。(ZD59-704b)按:"～"乃"懅"字,詳見本書中篇"嚩"字條。

寠② jù

寠　貧 ～ , 其矩反。(ZD59-661c)

寠　～嚕,其矩反,下盧古反。(ZD59-754b)

寠　常 ～ , 其禹反。(ZD60-359a)

寠　貧～,其禹反,貧無財備禮曰寠。寠,亦空也。(ZD59-654b)

寠　～ 具 , 求主反。(ZD59-721c)

寠　～茶,上其禹反,下宅加反。(ZD59-566c)

寠　貧 ～ , 其禹反。(ZD60-182c)

隊 jù

隊　坵～,上去求反,下才句反,並俗。(ZD59-587b)按:"～"同"聚",聚落也,村落也。

隊　人～,才句反,又或傃,才送反,聚也。(ZD59-766a)按:"～"同"聚"。

隊　墟～,丘魚反,下自遇反,眾人所居處也。(ZD59-708b)按:"～"同"隊",聚落也,村落也。

隊　～ 落 , 上自宇反。(ZD59-587c)按:"～"同"聚",聚落。

郰　～中,音聚,又爭愁反,非。(ZD59-768c)按:"～"同"隊",聚落也,村落也。

隊　～邑,自禹反,眾也,共也。(ZD59-671b)按:"～"同"隊",聚落也,村落也。

潒 jù

潒　沙～,同上(隊)。(ZD59-1019b)按:"～"乃"聚",詳見本書中篇"潒"字條。

屨 jù

屨　脫～,上他活反,下俱遇反。(ZD60-350c)

屨　葛～,音句。(ZD60-472a)

屨　履 ～ , 下俱遇反。(ZD60-6b)

屨　葛 ～ , 下音屨。(ZD60-422b)按:"～"

① 又見"鑸"字條。
② 又見"婁"字條。

乃"屨"字,詳見本書中篇
"廔"字條。

鐵 jù

鐵　斤～,古外反,細切
肉也,正作膾也,又
依古字,快音,好金也。
(ZD60-214a)按:《修行道
地經》卷3:"守鬼罪人惡行
會,斧鑿斤鋸及與繩,劈解
罪囚如木工,譬如有人新起
屋。"(T15,p202b)"～",
對應佛經作"鋸"。根據經
義,"～"應爲"鋸",可洪以
爲"膾",恐誤。

懼 jù

懼
懼　畏～,其句反,正作
懼。(ZD59-826b)

懼　～迦,音具,正作懼。
(ZD59-717b)

懼　不～,音具。(ZD59-
619c)

懊　不～,其遇反,正作
懼。(ZD59-1091b)
按:"～"乃"懼"字,詳見本
書中篇"**懊**"字條。

鑢 jù

鑢　鍾虛,音巨,正作虡,
篆文作簴,亦作～。
(ZD60-547a)按:"～"乃
"虡"字,詳見本書中篇"**鑢**"
字條。

俏 juān

俏　～滯,上宜作狷,音
絹,褊急也。
(ZD60-313a)按:可洪以
"～"爲"狷"。經文作"俏"
或"涓"。

洯 juān

洯　～涕,上古玄反,下
丁歷反。(ZD60-
338b)按:"～"即"涓"。

洯　～子,上古玄反。
(ZD60-508a)按:
"～"即"涓"。

捐① juān

捐　唐～,音緣。唐,空
也。捐,弃也。(ZD59-
661b)

捐　唐～,上徒郎反,空
也,下以宣反,弃也,
正作捐也,又於緣反,悮。
(ZD59-1000a)

捐　棄～,音弃,下音緣,
下正作捐也,又於緣
反,非也。(ZD59-906a)

捐　唐～,音緣。(ZD59-
659b)

捐　～自,音緣,弃也,正
作捐也,悮也。
(ZD59-930a)

涓② juān

涓　取～,吉玄反。
(ZD59-722b)

稍③ juān

稍　～槀,古老反。
(ZD60-386c)

塤 juān

塤　可～,羊宣反,弃也,
正作捐,又音喧,樂
器也,非。(ZD60-590a)按:
"～"乃"捐"。

蜎 juān

趟　麥～,吉玄反。
(ZD59-1083a)按:
"～"即"蜎",與"稍"同。

趙　作～,古玄反,莨筠
曰麥莖也。(ZD60-
386c)按:"～"即"蜎",與
"稍"同。

雟 juān/jùn

雟　佛～,音俊。(ZD60-
417b)按:"佛～",對
應佛經作"佛鑴"。《集古今
佛道論衡》卷1:"即往尋覓
有僧佛鑴,一名曇顯者,不
知何人。"(T52,p371a)根
據佛經,"～"乃"鑴"字。
"～",可洪音"俊",蓋以爲
"儁"字。

雟　佛～,音俊,僧名也,
又音惠,《論衡》作

———

① 又見"塤"字條。
② 又見"洯"字條。
③ 又見"蜎"字條。

觠。(ZD60-548c)按:"～",
可洪音"俊",蓋以爲
"儁"字。

鐫　juān

劵劵　文～,即全反。
(ZD60-368b)

劵　～石,上即全反。
(ZD60-300b)

鐫①　juān

鑴　～石,上子宣反。
(ZD60-468c)

鑴　～題,上子全反,正
作鐫。(ZD60-66c)

鐫　～刻,上子全反。
(ZD60-371c)

鑴　～鏤,上子全反,下
郎豆反。(ZD60-
410a)

躅　juān

蠲　～捨,上吉玄反。
(ZD59-577a)

蠲　～除,吉緣反,正作
蠲。(ZD59-729b)

鑴　juān

鑴　請～,即宣反。
(ZD60-436b)按:
《大唐大慈恩寺三藏法師
傳》卷7:"時弘福寺寺主圓
定及京城僧等,請鑴二序文
於金石,藏之寺宇。"(T50,
p257c)

挍　juǎn

挍　～死,上古犬反,格
也,屈也,正作挐也。
《大灌頂經》作鋪擣,上布乎
反,下都老反,懸物繫也。
(ZD60-293a)按:"～",可
洪以爲"挐",不詳。《陀羅
尼雜集》卷8:"星死鬼、挍
死鬼、鬬死鬼、棒死鬼。"
(T21,p627c)"挍",宋、元
本作"挍",明本作"抵"。
"～"亦有可能爲"抵"。

卷②　juǎn/juàn

捲　若～,居轉反,又音
拳。(ZD59-1108a)

繾　～縮,上居充反,正
作卷、捲二形。
(ZD60-84a)

弓　經～,古願反,正作
卷。(ZD59-708b)

予　十～,居願反,正作
弓。(ZD59-1061b)

弓　經～,居願反。
(ZD59-583a)

弓　有～,居願反,正作
弓,古文卷,亦作弮。
(ZD60-226b)

弓　經～,居勸反。
(ZD59-710a)

弓　經～,音眷。(ZD59-
832c)

弓　百～,居願反。
(ZD60-106c)

吊　經～,居願反。
(ZD60-245b)

弓　經～,居願反。
(ZD59-918c)

弓　經卷,居願反,書一
參　軸曰卷也,正作～,
古作弓。(ZD59-844c)

弓　經～,居願反。
吊　(ZD59-731c)

弓　五～,音卷。(ZD60-
266c)

弓　經～,居願反。
(ZD59-580b)

衒　juǎn

衒　擲～,持石反,下古
犬反,索也,正作羂
也,又音縣,自媒也,非。
(ZD59-991a)按:"～",
通"羂"。

胃③　juǎn

胃　魔～,古犬反。
(ZD59-593c)按:
"～",今辭書多依其又音
"古縣反"讀"juàn"。

胃　魔～,古犬反。
(ZD59-594b)

胃　～網,古犬反,以繩
繫獸也。(ZD59-
661a)

羂　施～,上失之反,下
古犬反,正作胃。
(ZD60-375b)

胃　能～,古犬反。
(ZD59-601c)

―――――

① 又見"鐫""鑴"字條。
② 又見"弓""弓"字條。
③ 又見"鞙""羂"字條。

胥　～索，經充反。（ZD59-662a）

罍　施～，上失之反，下古犬反，繩也，正作胥、羂二形，謂弶，竿安繩施於獸徑，所以繫獸曰羂，一物兩名也，悞。（ZD60-387b）

詯　juǎn

詯　～賣，古犬反，誘也，或作衒，音縣，自媒也。（ZD59-861c）

鞙　juǎn

鞙　～索，上古犬反。（ZD59-631c）按："～"乃"胥（羂）"。

羂　juǎn

胥　繩～，古犬反，以繩繫獸曰～。（ZD59-1066a）

羂　王～，古犬反。（ZD59-614c）

羂　～網，上古犬反。（ZD59-567b）

羂　魔～，古犬反。（ZD59-570a）

羂　～網，上古犬反，下音网。（ZD59-589c）

羂　愛～，古犬反。（ZD59-639b）

羂　善～，古犬反。（ZD59-658c）

羂　延～，古犬反，悞。（ZD59-1063b）

竄　～索，古犬反。（ZD59-973a）

胥　擲～，古犬反。（ZD59-684a）

羂　～取，上古犬反。（ZD59-557b）

罷　～索，吉犬反，正作羂。（ZD59-746b）

羂　魔～，古犬反。（ZD59-598b）

弓　juàn

弓　小～，居願反。（ZD60-521c）按："～"乃"弓（卷）"字。另見"卷"字條。

弓　juàn

弓　經～，音卷。（ZD59-824a）按："～"乃"卷"。

吮　juàn/shǔn

吮　嘗～，才充、徐充、食尹三反，嗽也，舐也。（ZD59-936c）

吮　唼～，上子合反，下徐充反。（ZD59-616b）

吮　～其，慈充、徐充二反，正作吮。（ZD59-767a）

吮　或～，徐充反。（ZD59-595b）

倦①　juàn

勊　不～，音倦。（ZD59-857b）按："～"即"勊"，與"倦"同。

勮　無～，其卷反，疲也，獸也，懈也，正作勬也。（ZD59-763c）

桊　juàn

桊　牛～，居院反，牛拘也。（ZD59-751b）

勬　juàn

勬　如～，音倦。（ZD60-166a）按："～"，經文作"倦"。《解脫道論》卷3："如倦不能久看，隨取過患多毀人，於多功德非不難。"（T32, p410b）

勊　juàn

勊　不～，其願反，正作勊。（ZD59-1018a）按："～"即"倦"。

勊　疲～，巨眷反。（ZD59-764a）按："～"即"倦"。

圈　juàn

圈　檻～，巨遠反。（ZD60-376c）

---

① 又見"倦""勊""瘒""勊"字條。

眷① juàn

䯒　～西，上居願反，還也。（ZD60-405b）按："～"，經文作"睠"，與"眷"同。

䯒　迺～～，上音乃，語辝也，往也，下居願反，還顧也。（ZD60-519b）

惓 juàn

惓　夜～，上平碑反，下其眷反，正作疲惓也。《大智度論》第卅七卷云不寐夜長，疲惓道長，是也。郭氏作楚界、楚佳、楚宜三反，並非也。（ZD60-243c）按："～"乃"惓"字，詳見本書中篇"惓"字條。

雋 juàn

雋　明～，自充反，僧名。（ZD60-157b）

䯒 juàn/quán

䯒　～言，上居願反。（ZD60-505c）按："～"，經文作"眷"。

䯒　結～，音拳。（ZD60-85b）按："～"，經文作"捲"或"拳"。

睠 juàn

睠　～言，上音卷，正作睠。（ZD60-312a）按：《出三藏記集》卷6："睠言顧之，潸然出涕。"（T55，p43b）

瘝 juàn/quán

瘝　厭惓，於焰反。厭～，同上，又音拳，非。（ZD59-966c）按："～"同"惓"。

瘝　捲縮，音拳，手足屈病也，正作～、踡。（ZD59-842c）

瘝　捲縮，巨員反，手足屈病也，捲跼，不行也，正作～、踡。（ZD59-836b）

絹 juàn

絹　～篩，音師。（ZD59-790c）

惓 juàn

惓　作～，見藏作宛，於遠反，應和尚以眷替之。（ZD60-360b）按："～"同"眷"。

彎 juàn

彎　～蘇，居願反。（ZD59-876b）

彎　～油，居願反。（ZD59-804a）按："～油"，對應佛經作"彎油"。《陀羅尼集經》卷11："彎油灌其二像身頂一百八遍，以後日日更咒舊油一百八遍。"（T18，p884c5）"～"即"彎"，與"彎"同。

彎　鉢～，居願反，欸物也。（ZD59-1138c）

屩② juē

屩　謂～，音脚，草履也，或作屐，巨送反。（ZD60-377b）

屩　芒～，上音亡，下音脚。（ZD60-467c）

屩　～却，居約反，下丘約反。（ZD59-872a）

屩　履～，音脚。（ZD60-354b）

屩　鞵～，戶街反，下九約反。（ZD59-864a）

趹 juē

趹　～屐，上九約反，履也，正作屩也，又巨憍、起喬二反，非也，下巨送反。（ZD59-1076a）按："～"，經文作"屩"。《佛本行集經》卷8："或復打鼓，或著屩屐，或緣竿頭。"

---

① 又見"惓""䯒"字條。
② 又見"趹"字條。

(T03，p691a)"屬"，宋、元、明本作"趣"。可洪以"～"爲"屬"。

抉　jué/yuē

毛～，上尸酉反，正作手。(ZD60-373c)

挑～，上他條反，下於決反。(ZD60-375c)

决　jué

諸～，古穴反，斷也，正作決也。(ZD60-141c)按："～"，對應經文作"決"。《阿毘達磨順正理論》卷43："雖諸所作，皆應諸決。"(T29，p588b)構件"氵"與"亻"草寫近似。

～罸，上古血反，正作決。(ZD60-511b)

玦　jué/quē

珮～，步昧反，下古穴反。(ZD59-866b)

而～，苦穴反，正作缺。(ZD60-373b)

按："～"乃"缺"。

狔　jué

狗～，上音加，下尸咒反。(ZD60-362b)

按：《法鏡經》卷1："所謂禽獸、衆鳥、獼猴、狙玃、惡人、賊盜，皆遊於山澤，亦不謂彼爲息心也。"(T12，p20a)"玃"，宋、元、宮本作"獸"。《一切經音義》卷8："猦玃，古退反，下居縛反。經文作狙狔，非字體也。"(C056，p942c)可洪以"～"音"尸咒反"，蓋以爲"獸"字。有經文作"獸"，同。《一切經音義》以"～"爲"玃"，有經文作"獲"，同。從經文文意看，應以"狙玃"爲正。"狙玃"一詞，佛經中常見。今據玄應爲説，"～"乃"玃(玃)"。

栓　jué

如～，巨月反，杙也，正作欙、橛二形。(ZD59-854c)

一～，巨月反，又羊力反，俗。(ZD59-806a)按："～"即"橛"之俗。

捔①　jué/gòu/sòng/zù

～其，古岳反。(ZD59-686b)按：《大般涅槃經》卷28："唯願大王聽我與彼捔其道力，若彼勝我，我當屬彼。"(T12，p787a)

～力，音角，競也。(ZD59-680b)

爲～，音角。(ZD60-110a)

～其，上古岳反，競也，試也，正作角、捔二形也。(ZD60-326c)按："～"乃"捔"字，詳見本書中篇"損"字條。

～勝，上古岳反，正作角、捔二形。(ZD59-1016c)按："～"乃"捔"字，詳見本書中篇"狪"字條。

～力，古岳反。(ZD59-931b)

～力，古岳反。(ZD59-962b)

乖～，音角。(ZD59-866b)

～力，古岳反，競，正作角較。(ZD59-929c)按：《三具足經憂波提舍》卷1："博戲等人，捔力相撲。"(T26，p362c)"～"即"捔"，與"角"亦通。

作～，音搆，又仕角反。(ZD60-367c)按："～"乃"搆"字。

～持，自古反，麁也，略也，古文粗字也，又音角。(ZD59-837a)按："～持"，對應佛經作"誦持"。《大威德陀羅尼經》卷5："於此陀羅尼佛法本，誦持攝受故。"(T21，p776b)

———

① 又見"桷"字條。

"～",可洪以爲"粗",不合經意,恐非。"～"應爲"誦"之訛,受下字"持"的影響類化所致。

捅　麄～,才古反,麄也,略也,正作牭、粗二形。(ZD59-585a)按:《大明度經》卷5:"囑累若麤捅説耳。"(T08, p502c)"捅",元、明本作"牭"。"捅"同"牭"。

捅① jué

捅　～能,上古岳反。(ZD60-322b)

捅　～力,上音角,正作捅,又他孔反,悮。(ZD60-126a)

捅　～試,上古嶽反,下尸志反,正作角試。(ZD59-623a)

捅　～勝,上古岳反。(ZD59-592c)

堀 jué

堀　崛多,上其勿反。～多,同上也,又音窟,悮。(ZD60-458a)按:"～"同"崛",經文作"掘",用爲譯音字。

掘② jué

掘　～地,上巨物、巨月二反。(ZD60-44c)

桯　～蔯,宜作窟、堀二同,苦骨反,下宜作窨、蔭,二同於禁反。窟窨,地室也。又上烏角反,下音除,並非義也。(ZD59-764a)按:"～蔯",對應佛經作"掘蔭"。《六度集經》卷2:"母故掘蔭,其坮容人,二兒入中,以柴覆上。"(T03, p9b)根據文意,"～"應作動詞,如依可洪作"窟"或"堀",於文法不符。"～"應即"掘"字。

堀　～出,其勿反。(ZD59-878a)按:"～",即"掘"字,構件"才"與"土"易混。《牟梨曼陀羅咒經》卷1:"入地一肘,掘出雜穢土。"(T19, p665c)

桷 jué

桷　椽～,上直緣反,下古岳反。(ZD60-64b)按:《佛説優婆塞五戒相經》卷1:"車則輪軸衡軛,船則兩舷前後,屋則梁棟椽桷四隅及隩,皆名異處。"(T24, p942a)

桷　椽～桷,下二同音角。(ZD60-384b)

桷　椽桷～,下二同音角。(ZD60-384b)

桷　作～,音角,又應和尚云此是古文粗字。(ZD60-392b)按:"～"音"角",即"捅"。

桶 jué/tǒng

桶　相～,同上(捅)。(ZD60-110a)按:"～"乃"捅"。

桶　～能,上音角,正作捅。(ZD60-340a)按:"～"乃"捅"。《大周刊定衆經目録》卷11:"《摩訶目揵連與佛捅能經》一卷。"(T55, p441b)

桶　瓦～,他孔反。(ZD59-802b)

崛③ jué

崛　～山,上其勿、魚勿二反,山高皃也,悮。(ZD59-1113a)

崛 jué

崛　～多,具勿反,長者名也,亦云毱多,亦云笈多。(ZD59-906c)

崛　隆～,巨勿反,正作崛。(ZD60-555c)

訣④ jué

訣　永～,古穴反,別也。(ZD59-662b)

---

① 又見"斛"字條。
② 又見"楛"字條。
③ 又見"崛"字條。
④ 又見"訣"字條。

訣 訣

玉～，古穴反。（ZD60-416a）

證～，自七反，速也，急也，正作疾、諑二形也。（ZD59-581b）按：《道行般若經》卷5："正使復有人聞深般若波羅蜜，以得證，決所信樂過一劫，其功德不及是輩。"（T08，p451b）"決"，宋、元、明、宮本作"訣"。《大明度經》卷4："正使復有賢人，聞是深法已得證，疾使彼輩所信樂過一劫，其功德不及是也。"（T08，p492c）從字形看，"～"爲"訣"，可洪以爲"疾"。孰是孰非，待考。

竟　jué

猗～，於綺反，下古岳反，上又平聲。（ZD59-925b）按："～"即"覺"字。《十地經論》卷6："修行猗覺分。"（T26，p160c）

潏　jué

洮～，上徒刀反，下其月、其勿二反，穿也，正作掏掘也。（ZD60-487b）按："洮～"即"挑掘"。《續高僧傳》卷23："及明觀之，漸見潤濕，乃使洮潏，飛泉通注。"（T50，p626a）"洮潏"，宋、元、明、宮本作"挑潏"。

掘"。可洪以"～"爲"掘"。

琚　jué

～琦，巨屈反，下音奇，出應和尚《經音義》。（ZD59-713c）按："～琦"同"屈奇"。

桙　jué

作～，音六，或作稑。（ZD60-362c）按：《一切經音義》卷8："掘土，渠勿反。《説文》掘，掘也。《廣雅》掘，穿也。經文作桙，誤也。"（C056，p947c）"～"乃"掘"字，可洪讀"六"，不妥。

厥　jué

～太，居月反。（ZD59-768a）

～德，上居月反。（ZD60-60a）

～慧，居月反，其也。（ZD59-729b）

説～，居月反。（ZD60-272b）

～體，居月反。（ZD59-764c）

～年，居月反，其也。（ZD59-856c）

～名，居月反，其也，恨。（ZD59-959b）

～噓，居月反，下洛胡反。（ZD59-840a）

～香，居月反。（ZD59-766a）

～榮，上居月反，其也，恨。（ZD59-1039a）

～勞，居月反。（ZD59-764a）

～旨，九月反。（ZD59-926a）

～性，卷月反。（ZD59-763a）

定～，居月反。（ZD59-674b）

～年，居月反。（ZD59-756a）

～名，上居月反，其也。（ZD60-153a）

踖～，上居屑反，下居月反，走跳之兒也，正作趨趨也。《僧祇律》作結厥字也。（ZD60-273c）

噓　jué/xuè

～喝，巨約反，下呼割反。（ZD59-808b）按："～"同"噱"。

～漢，其約反。（ZD59-721a）按："～漢"，對應佛經作"唬漢"。《金光明最勝王經》卷4："阿蜜㗚哆唬漢儞勃哩山儞。"（T16，p421a）根據經文，"～"疑爲"噓"。"噓"同"噱"。

嘲～，上竹交反，下許約反，下正作謔也，又巨約反，笑也。（ZD60-478b）按："噓"

同"詻"。

鈌　jué

鉎　毀～,下古血反,合作鈌,舊悮也。(ZD60-51c)按:"毀～",對應佛經作"毀辱"。《沙彌尼離戒文》卷1:"不得坐他婦女床上,開器視衣,言是好彼醜,十六以上應作沙彌離,素無瑕穢,貞良完具,無所毀辱,父母見聽,乃得爲道。"(T24, p938c)"～",可洪以爲"鈌"字,意義與"缺"同。

訣　jué

訣　大～,音決。(ZD60-425b)按:"～"乃"訣"。

絶　jué

絶　～渾,都弄反。(ZD59-765c)

㩧①　jué

㩧　揚～,音角。(ZD60-541a)

斠　jué

斠　～力,挍、角二音。(ZD59-732a)按:"～",經文作"拘"。

～,古岳反。(ZD60-257a)

斠　文～,古岳反,正作斠。(ZD60-373c)

斠　《説文》～,同上(斠)。(ZD60-373c)

劂　jué

劂　剞～,上居綺反,下居月、居衛二反,曲刀也,刻也,斷割也,下亦作刷也。(ZD60-413a)

刷　剞～,上居綺反,下居月反,曲刀也,刻刀也,下又居衛反。(ZD60-410a)

嘘　jué

嘾　唱～,上烏没反,下其約反。(ZD60-582a)按:"～",對應佛經作"嚟"。《廣弘明集》卷24:"唱嚟謳歌,舉杯相抱。"(T52, p277a)

僑　jué

僑　～詭,上居血反,詐也,正作譎、憰二形。(ZD60-493a)按:"～"同"譎"。

緷　jué

緷　疑～,上正作隸,下九物反。(ZD59-

875c)

墔　jué

墔　～上,上其月反,從木。(ZD60-32c)按:"～",可洪以爲"橛"字之訛。

撅　jué

撅　梵～,巨月反,菩薩名也,正作撅。(ZD59-640a)

摤　趣撅,巨月反。事～,同上。(ZD59-943c)

橛　趣～,巨月反。(ZD59-943c)

蕨　jué

蕨　～麋,上居月反,下美悲反。(ZD60-376a)

踂　jué

踂　～數,俱勿反,下詩古反。(ZD59-781a)按:"～",在經文中作譯音字。

踂　～地,巨勿反。(ZD59-876b)按:"～地",對應佛經作"掘地"。"～"通"掘"。《蘇悉地羯羅

———
① 又見"㩧"字條。

經》卷2："但持誦香水灑，即便成淨，不假掘地。"（T18，p674b）

癥　jué

癥　疣癰～，上于求反，中力終反，下居月反，正作癥也。（ZD59-611b）

橛① jué

橛　木～，巨月反。（ZD59-787c）

鐝　銅～，巨月反。（ZD59-911c）按："銅～"，對應佛經作"銅橛"。《大智度論》卷16："八名銅橛，是爲八。"（T25，p176c）"～"蓋受上字"銅"的影響類化換旁從"金"而作"～（鐝）"。

摝　鞭～，上九言反，下九月反。（ZD59-1023a）

撅　打～，巨月反。（ZD59-1083c）

撅　擔山～，都南反，下巨月反。（ZD59-790c）

栓　如～，巨月反，杙也，正作橜、橛二形。（ZD59-854c）

橜　剛～，其月反。（ZD59-785b）

撅　如～，巨月反。（ZD59-1026b）

橜　門～，巨月反。（ZD59-748a）

摝　若～，巨月反。（ZD59-911c）

栓　於～，巨月反，又或作杙，羊力反。（ZD60-113b）

栓　～上，上羊力反，正作杙，又巨月反。（ZD59-1106b）按："～"即"橛"，經文作"杙"，義同。

噱② jué

噱　虐～，魚約反，下巨約反。（ZD59-872a）

嚘　～又，上巨約反。（ZD60-397b）

爵　jué

爵　官～，即削反，正作爵。（ZD59-898a）

爵　～祿，上子削反，封也。（ZD59-568b）

爵　榮～，音雀。（ZD60-455b）

酹　漢～，音雀。（ZD59-1061b）

謫　jué／zhé

謫　詭～，古穴反，詐也，正作譎也，又知革反，責也，悮。（ZD60-407c）按："～"乃"譎"字，詳見本書中篇"譎"字條。

謫　～怪，上古血反，詐也，正作譎也。（ZD60-550c）

謫　～罸，上知革反。（ZD59-605c）

攉　jué

攉　揚～，音角。（ZD60-512b）按："揚～"，對應佛經作"揚攉"或"揚搉"。《辯正論》卷7："今粗揚攉奉報德音，觀夫遂古無書刊符著信。"（T52，p541b）"攉"，宋、元、明本作"搉"。《廣韻·覺韻》古岳切："搉，揚搉，大舉。又音確。""～"即"搉"。

搉　商～，音角。（ZD60-580c）按："～"即"搉"。

攉　商～，音角。（ZD60-460b）按："～"同"搉（搉）"。《高僧傳》卷13："商搉經論，採撮書史，博之爲用也。"（T50，p417c）"搉"，宮本作"攉"。

攉　揚～，上音羊，下音角，正作攉也。揚攉，大舉也。又音拳，悮。（ZD60-499c）按："～"乃"攉（搉）"字，詳見本書中篇"攉"字條。

趞　jué

趞　顛厥，丁年反，下居月反，走皃也，正作趞～。（ZD59-851b）

---

① 又見"栓""壍"字條。
② 又見"噓""嘘""諕"字條。

蹶　jué

厥
顛～,居月、巨月二反, 失脚倒也。
(ZD60-43a)

蹷蹶蹷
蹟～,丁年反,下巨月反。(ZD59-934c)
嶡～,都田反,下居月反。(ZD59-730c)
～倒,上居月反。(ZD59-984a)

厥
毛～,上徒兗反,下九月反,正作屯蹶也,並悞。(ZD59-1020a)

蹶蹷蹶嚟
～取,居月反,速也,起也。(ZD59-712c)
～彼,上居月反。(ZD59-1060c)
～失,上居月反。(ZD59-1081c)
顛～,上丁年反,下居月反,正作蹟蹶也。(ZD60-226a)

鱖　jué

鱖
～地,巨月反。(ZD59-782a) 按:《不空羂索神變真言經》卷5:"方量鱖地,簡去惡土瓦石骨木,淨土香水,填築平飾。"(T20,p254a)"～"同"撅(掘)",挖掘也。

鱖
～去,巨月反。(ZD59-788a)

譎①　jué

譎
詭～,居委反,下居血反,正作譎也。
(ZD59-644c)

譎
機～,上或作譏,下古血反。(ZD60-472a)

譎
～怪,上古血反。(ZD60-527c) 按:"～"即"譎",詳見本書中篇"譎"字條。

譎
～譣,居血反,下居委反,正作譎詭也,詐也,《經音義》作譎詭也,又上音摘,下仕咸反,非。(ZD59-831a)

矍　jué

矍
作～,俱縛、許縛二反,攫字從此。
(ZD60-400c)

嚼　jué

嚼嚼嚼
所～,自雀反。(ZD59-752a)
～蠟,自雀反,下郎盍反。(ZD59-869a)
聽～,才雀反。(ZD59-1113a)

鐝　jué

鐝鐝
扄～,上其玉反,下與鐍同,古穴反。(ZD60-313b)

讓　jué

讓
作～,宜作誖,步没反,河名也,梵言楚夏耳,應和尚以處字替之,巨略反。(ZD60-370b) 按:"～"即"嚌",用作譯音字。"嚌叉"即"博叉",河名。《一切經音義》卷12:"博叉,正言縛芻河,第四河也,經文作博叉、嚌叉,皆訛也。嚌,渠略反,經文從言作讓,誤也。"(C056,p1002b)

爝　jué

爝
聚～,才雨反,下子笑、子略二反,炬火也,正作爝也。(ZD59-966a)

矏　jué

矏
～法,上自雀反,正作矏。(ZD60-483b)

攫②　jué

攫
～面,九縛反,搏也,正作攫。(ZD59-767b)按:"～"乃"攫"字,詳見本書中篇"攫"字條。
走～,居縛反。(ZD59-765c)
自～,俱縛反,攫也,正作攫。(ZD59-856c)按:"～"乃"攫"字,詳見本書中篇"攫"字條。

---

① 又見"儋""譎"字條。
② 又見"玃""欔"字條。

玃① jué

～噬，九縛反，下時世反。(ZD59-660b)

狙～，古乎反，下俱縛反。(ZD59-911a)

枷～，上音加，下俱縛反，大母猴也，善攫持人也，正作狙玃。(ZD59-643a)

狙～，古牙反，下俱縛反。(ZD59-955a)

狐～，俱縛反。(ZD59-722a)

～其，上九縛反，搏也，正作攫也。(ZD59-1115c)

欔 jué/yuè

～杚，音戟。(ZD60-350c)按："～杚"乃"攫扻"。

～搏，音博。(ZD60-363c) 按："～"乃"攫"字，讀"jué"。

一～，王縛反，絡絲器也，正作籰、鑃二形，又九縛反，非。(ZD59-804b)按："～"即"籰"，讀"yuè"。

均 jūn

～庶，上吉旬反，下尸去反，《辯正論》作均庶。(ZD60-559c)

俱～，下吉以反，正作枳，梵言俱枳羅，亦云拘者羅，此赤觜鵯也，悮。(ZD59-1119c) 按："～"，經文作"均"，可洪以爲"枳"。

～陁，上居旬反，正作均。(ZD59-1128a)

平～，吉巡反，悮。(ZD59-830b)

平～，居巡反，正作均。(ZD59-670b)

鈞 jūn

～石，上居匀反，三十斤也。(ZD60-424b)按："～"乃"鈞"。

頵 jūn

義～，於倫、居筠二反，大也。(ZD60-338a)

鍕 jūn

～䤨，上居羣反，下直之反。(ZD60-50c)

～錜，上音軍，下音持。(ZD60-372a)

麕 jūn

～麤，上居筠反，下古牙反，鹿名。(ZD60-484a) 按："～"同"麤"，即"麕"。

麟～，居筠反。(ZD60-397c)

～麤，上居筠反，下古牙反。(ZD60-467b)

麏 jūn

～鹿，居筠反，牡鹿。(ZD59-886b)

囷 jùn/qūn

地～，巨殞反，蕈也，正作菌，又巨遠反，又去筠反，非也。(ZD59-1126b)按:《十誦律》卷53："若殺地菌，得突吉羅。"(T23, p392c)"～"通"菌"。

輪～，丘云反。(ZD60-594b)

俊② jùn

～神，子峻反。(ZD59-924a)

～哲，子峻反。(ZD59-778a)

～乂，上即峻反，下魚吠反。(ZD60-445c)

～越，上即峻(反)，智出千人曰～也，又人中寡才也。(ZD59-965b)

---

① 又見"犳"字條。

② 又見"儁""僬"字條。

陖 jùn

陖　險～,音峻。(ZD60-364b)按:"～"同"峻"。

捃① jùn

捃　捃多,上居運反;～多,上同,又音君,懊。(ZD60-92b)

捃　～難,居運反。(ZD59-875a)

峻 jùn

峻　～埠,音岸。(ZD59-1116b)

嵥　～憨,息俊反,下之領反。(ZD59-965c)

浚 jùn

浚　～速,上雖俊反。(ZD59-1071b)

浚　～輪,上私俊反。(ZD59-1010c)

浚　～急,上私俊反。(ZD59-1011c)

浅　～流,音峻,正作浚。(ZD59-637b)

浚　～輪,上相俊反。(ZD59-1008b)

浚　～輪,上相俊反。(ZD59-1008c)

菌 jùn

菌　蓋～,巨殞、巨晚二反,正作菌。(ZD60-

67c)

裙 jùn

裙　～拾,上居運反。(ZD59-990b)按:"～"乃"捃"字。

裙　～拾,上居運反,拾也。(ZD60-350a)按:"～"乃"捃"字。

焌 jùn

焌　彌～,音峻,又音俊,懊。(ZD60-605a)

畯 jùn

畯　～德,上音俊,早也,明也,敬也,正作畯也。(ZD60-315c)

傷 jùn

傷　～义,上子峻反,下魚吠反。(ZD59-1032a)

濬 jùn

濬　深～,相俊反,深也。(ZD59-914a)按:"～"乃"濬"。《大智度論》卷25:"佛師子亦如是,從六波羅蜜、古四聖種大姓中生,寂滅大山深濬禪定谷中住。"(T25,p244a)

傷 jùn

傷　稱～,音俊,正作傷。(ZD60-603c)

傷　之～,音俊。(ZD60-426c)

駿 jùn

駿　～馬,音俊,正作駿。(ZD59-686a)

駿　驥～,上居利反。(ZD59-616b)

駿　～疾,上子峻反,正作駿。(ZD59-1087a)

駿　～馬,子峻反。(ZD59-852b)

濬② jùn

濬　～流,上相俊反,深也。(ZD59-599c)

濬　～水,上雖俊反。(ZD59-1065b)

濬　唯～,音峻。(ZD59-822a)

濬　深～,相俊反,深也。(ZD59-914a)

攗 jùn

攗　～摭,上居運反,下之石反,拾取也,上正作攗、捃二形。(ZD60-309c)按:"～"乃"攗",詳見本書中篇"攗"字條。

---

① 又見"裙""攗"字條。

② 又見"濬"字條。

K

揩　kāi/kǎi

揩　～樹,苦皆反,摩也,正作揩也,又音皆,木名也,非。(ZD59-874b)按:"～"乃"揩"。

揩　相～,口皆反。(ZD59-771b)

揩　～析,上苦皆反,下先擊反。(ZD59-602b)

揩　～摸,上苦駭反。(ZD60-426b)按:"～"乃"楷"。

開　kāi

開　～辟,同上。(ZD59-756a)

開　～闢,毗益反。(ZD59-594b)

開　～闢,步益反。(ZD59-686a)

凱　kǎi

凱　自～,苦愛反,歎息也,正作慨、愾二形也,又苦改反,非用。(ZD60-82c)按:"自～",經文作"自慨"。"～"通"慨"。

慨　kǎi

嘅　嘅～,上苦浪反,正作慷、忼二形,下苦愛反,正作慨、愾、嘅三形。慷慨,大息也,謂大喘息聲也。(ZD59-647c)

慨　～歎,苦愛反,歎也。(ZD59-851b)

塏　kǎi

塏　爽～,苦改反,高地也,明乾之處也。(ZD60-466c)

愷　kǎi

鎧　慷～,苦代反,正作愾也,慷愾,志大也,竭誠也,上卷作慷慨是也,又苦改反。(ZD59-732a)按:"～"即"愷",在經文中通"慨"。

愷　八～,苦改反。(ZD60-501a)

愷　～慷,上苦改反,下苦朗反。(ZD59-587c)

愷　悲～,上音惠,正作慧,下苦海反。

(ZD60-327c)

愷　～悌,苦改反,下徒禮反。(ZD59-674c)

鎧　kǎi

鍠　～仗,上苦改反,甲別名也,正作鎧也,《毗婆沙順正理論》並作鎧也,又都兮反,歃血器也,非。(ZD60-147c)按:"～仗",對應佛經作"鎧仗"。《阿毘達磨藏顯宗論》卷16:"勇健端嚴,踰繕那量,各嚴鎧仗,防守城門。"(T29, p853a1)

鎧① kǎi

鎧　～鉀,口改反,下古狎反。(ZD59-962a)

鎧　德～,苦改反,甲別名也,正作鎧也。(ZD59-564c)按:"德～",對應佛經作"德鎧"。構件"食"與"金"常相混。

颽　kǎi

颽　凱旋,上苦改反,風也,正作～也。

———

① 又見"鍠"字條。

(ZD60-436a)

咳① kài

咳
磬～，苦愛反，正作磬欬。(ZD59-620a)

欯
磬～，口頂反，下口愛反，上又苦定反，悞。(ZD59-739c)

欬
～名，苦愛反，瘶也，正作欬字也，又音孩，非用。(ZD59-740b)

咳
～逆，上苦礙反。(ZD59-611b)

咳
磬～，口頂反，下口愛反，作聲也，大息也，正作磬欬也，又上口定反，下戶來反，並非用。(ZD59-730a)

嗽
嗜～，上苦挺反，下苦愛反。(ZD60-340b)按："～"同"欬(咳)"，咳嗽也。

炫 kài

炫
～熾，上苦戒反，熾也，盛也。(ZD59-642b)

痠 kài

痠
～逆，上苦愛反。(ZD60-219c)按："～逆"即"欬(咳)逆"。《菩薩本緣經》卷1："諸大德！汝等今身安隱無患，所謂衰老、肺病、欬逆、頭痛，已無

是病，當勤修行一切善法。"(T03，p54a)"～"即"咳"字。

嘅 kài

嘅
～嗽，上苦愛反，下蘇奏反。(ZD60-493b)按："～"乃"咳"。

嘅
嘔～，宜作哎哴，上丘亮反，下力向反，小兒啼也，又上苦朗反，下苦愛反，謂磬欬水揀人駭怖之聲也，正作慷欬也，上又郭氏作巨兩反，非。(ZD60-176a)

嗽 kài

嗽
～癩，上苦愛反，下蘇奏反，正作欬瘶也。(ZD60-53a)按："～"同"欬(咳)"，咳嗽也。

嗽
嗜～，苦頂反，下苦代反，正作磬欬也，上又音磬。(ZD59-878a)按："～"同"欬(咳)"，咳嗽也。

瘶 kài

瘶
～瘶，上苦愛反，下蘇奏反，並俗。(ZD59-617c)按："～"同"欬(咳)"。

看 kān/kàn

看
～胸，上苦干反，下許容反。(ZD59-

1119c)

看
闚～，苦規反。(ZD59-964a)

看
闚～，去規反。(ZD59-685a)

勘 kān

勘
不～，苦含反，正作堪。(ZD59-638a)
～忍，同上。(ZD59-1112a)

堪 kān

堪
～抗，苦浪反。(ZD59-757a)

堪
～耐，奴代反。(ZD59-595a)

嵁 kān

嵁
～壁，上苦含反，塔下室也，又五含反，嶨也。(ZD60-564a)按：《廣弘明集》卷15："幽巖嵁壁，若有存形，容儀端莊，相好具足。"(T52，p199b)

戡 kān

戡
～耐，苦含反，下奴代反。(ZD59-725a)按：《大樹緊那羅王所問經》卷1："時諸一切聲聞大衆，

____

① 又見"嘅""嗽""痠""瘶"字條。

聞琴樂音不能堪耐,各從座起。"(T15,p371a)從形體看,"～"即"揻",在經文中通"堪"。

揻 ～濟,上苦含反,勝也,克也,又知審反,小研也。(ZD60-419c)

龕 kān

龕 ～嵐,上苦含反,前作龕嵐。(ZD59-860b)

埳[①] kǎn

埳 廁～,苦感反,坑也。(ZD60-27a)

塯 在～,苦感反,坑也。(ZD59-764a) 按:《六度集經》卷2:"太子隱其在埳,發柴覘之。"(T03,p9c)

塯 在～,苦感反,坑也。(ZD59-764a)

塯 爲～,苦感反。(ZD59-768b)

塯 坑～,苦庚反,下苦感反,正作坑埳。(ZD59-839a)

搯 其～,苦感反,坑也,正作埳也。(ZD59-764a) 按:"～"即"埳"。"扌"與"土"相混。《六度集經》卷2:"母故掘蔭,其埳容人,二兒入中,以柴覆上。"(T03,p9b)

埳 有～,苦感反。(ZD60-28c)

偘 kǎn/kàn

偘 法～,苦旱、苦岸二反。(ZD60-463a) 按:"～"即"侃"。《續高僧傳》卷1:"禪定僧榮日嚴法侃等皆資其學。"(T50,p431c)

偘 鐵～,苦案反。(ZD60-260b)

頗 kǎn/xiàn

頗 陷～,上户醋反,下苦感反,眼深皃也,正作埳,又宜作埳,又宜作膁,音埳,苦洽反,目陷也,應和尚及郭氏並音陷,非也,又苦咸反,亦非也,今定宜取膁字爲正。(ZD59-960c) 按:"陷～",對應佛經作"頗頑"或"陷頗"等。《大莊嚴論經》卷4:"頂骨類白珂,形色如藕根,眼匡骨頗頑,兩頰如深溝。"(T04,p277c)"頗",宋、元、明、聖本作"陷"。"頑",明本作"頗",聖本作"頗"。"～",可洪音"苦感反",讀kǎn,以爲"埳",凹陷之義。根據經文文意,"頗頑"疑爲"陷埳",凹陷之義,傳抄時出現了多種寫法。

頗 作～,苦咸、五陷二反,又應和尚以陷字替之。(ZD60-364c) 按:《一切經音義》卷10:"骨陷,《廣雅》陷,坑也。陷,没也。經文作頗,非也。"(C056,p965b)"～",玄應以爲"陷"字。"～",可洪音"苦咸反",蓋以爲"鵮";音"五陷反",蓋以爲"顑"。

瞰 kàn

瞰 迴～,下苦濫反。(ZD60-494b)

穅 kāng

穅 屎～,下音康,正作穅。(ZD60-74b)

穅 ～臡,上苦郎反,下苦外、苦恠二反,正作穅穢。(ZD59-570c)

忼
kǎng/kēng/huǎng

忼 ～悢,上苦朗反,正作慷也,下苦礙反,忼慨,失志皃也。(ZD59-1019c)

忼 ～悢,上苦浪反,下苦愛反,大息也,歎聲也,或作慷慨二字也。(ZD60-208c)

忼 ～殘,上苦庚反,埋物也,正作坑也,又

――――

① 又見"頗"字條。

市林反,非。（ZD60-554c）
按:"～"即"忼",文中乃"坑"字。構件"土"與"忄"相混。

忼　～惚,許往反,下火骨反。（ZD59-767b）
按:"～惚",經文作"恍惚"。"～"即"恍"。《六度集經》卷6:"世榮若電,恍惚即滅,當覺非常,莫與愚竝,崇修德操,六度妙行。"（T03,p37c）

慷①　kǎng

慷　～慨,上與慷同也,又殊庸反,非。（ZD59-1100c）

嗷　～嚱,上苦浪反,正作慷、忼二形,下苦愛反,正作慨、憒、嘅三形。慷慨,大息也,謂大喘息聲也。（ZD59-647c）

嚱　～嘅,宜作咷哴,上丘亮反,下力向反,小兒啼也,又上苦朗反,下苦愛反,正作慷欬也,上又郭氏作巨兩反,非。（ZD60-176a）按:"～"同"慷",詳細考證見本書中篇"嚱"字條。

嗷　kǎng

嚱　～嘅,上苦朗反,下苦愛反,正作慷欬也,《論》意謂水溺搶急,驚怖謷欬聲也,又宜作羌哴,

上丘向反,下力向反,小兒啼也,上又郭氏音強,非也,應和尚未詳。（ZD60-385a）按:"～"乃"嚱（慷）",詳細考證見本書中篇"嚱"字條。

亢　kàng/xué

～陽,上苦浪反。（ZD59-588a）
～宿,苦浪反。（ZD59-652a）
～氐,上苦浪反,下丁兮反。（ZD59-623b）
～旱,口浪反。（ZD59-849b）
～旱,上苦浪反。（ZD59-625a）
～旱,苦浪反。（ZD59-860b）
～旱,苦浪反。（ZD59-682a）
目～,苦浪反,正作亢。（ZD59-746b）
～旱,苦浪反。（ZD59-636c）
～旱,上苦浪反,正作亢。（ZD60-343c）
～宿,苦浪反。（ZD59-855b）
～旱,苦浪反。（ZD59-638b）
～欚,上苦浪反,下必遙反。（ZD60-316c）

亢　置～,苦浪反。（ZD59-631c）
亢　穿～,音穴。（ZD59-565c）按:"～"乃"穴"字。

伉②　kàng

～儷,苦浪反,下力計反。（ZD59-846a）
～儷,上苦浪反,下力計反,等也,偶也,上正作伉。（ZD60-553b）
～儷,上苦浪反。（ZD59-1137c）

仉　kàng

仉　～儷,上苦浪反,下力計反。（ZD60-302b）按:"～"乃"伉"。

抗　kàng

抗　～言,上苦浪反,正作抗也。抗,對也,敵也,又五官反,攙抗也,非。（ZD60-468b）

抗③　kàng

抗抗　～對,苦浪反,下都內反。（ZD59-713b）
～拒,上苦浪反,下其與反。（ZD60-

① 又見"忼""忱""嗷"字條。
② 又見"仉"字條。
③ 又見"抗"字條。

109a)

抗
～跡，上苦浪反，正作抗也。（ZD60-301c）

杭
～聲，苦浪反，舉也。（ZD59-766a）

扤
相～，苦浪反，拒之也。（ZD60-415c）

扤
酬～，苦浪反，非也。（ZD59-637a）

扤
延～，苦浪反，拒也，正作抗。（ZD60-454a）

抗
～禮，上苦浪反，拒也，正作抗。（ZD60-475c）

抗
自 ～，苦浪反。（ZD59-1021b）

亢
～ 對，苦浪反。（ZD59-959c）

橪
～ 衡，上苦浪反。（ZD60-219a）按："～"乃"抗"字，詳見本書中篇"橪"字條。

扤
～辯，上苦浪反。（ZD60-326c）

抗
～拒，上苦浪反，下音巨。（ZD59-595a）

扤
～志，上苦浪反。（ZD60-448c）

抗
堪 ～，苦浪反。（ZD59-757a）

抏
～拒，苦浪反，下音巨。（ZD59-777b）

挽
～ 力，上苦浪反。（ZD60-332b）

抗
能 ～，苦浪反。（ZD59-943b）

枕
～説，上苦浪反，以手～舉也，縣也，拒也，正作抗也，又户郎反，又音充，悮也。（ZD60-437c）

抗
高 ～，苦浪反。（ZD59-1059b）

抎
～哀，上羊軟反，動也，揚也，又苦浪反。（ZD59-1043a）按："～"音"余軟反"，可洪以爲"挽（抗）"，經文作"抗哀"。

抎
～哀，上余軟反，動也，或作挽。（ZD60-265b）按："～"音"余軟反"，可洪以爲"挽（抗）"，經文作"抗哀"。

忼　kàng

忼
～旱，上苦浪反，下寒罕反。（ZD60-221b）

尻　kāo

屁
～脊，苦高反，下子昔反。（ZD59-767c）
人 ～，苦高反。（ZD60-42c）

考　kǎo

考
～掠，音亮，笞也。（ZD59-578a）按："～"即"考"字。

考① 　kǎo

考
～掠，力向反，笞也。（ZD59-850b）

考
～掠，音亮。（ZD59-647a）

拷② 　kǎo

栲
～治劇，上苦老反，中直之反，下巨逺反。（ZD59-1090c）

拷
～治，苦老反，下直之反，打也。（ZD59-709c）

栲
～ 楚，上苦老反。（ZD59-597a）

挓
～掠，上口老反，下力上反。（ZD59-1001a）按："～"音"口老反"，即"拷"字。

挒　kǎo

挒
～掠，苦老反，下力向反。（ZD59-655a）

栲　kǎo

栲
～掠，上苦老反，打也，正作攷，下力尚反，笞也，治也。（ZD59-1004b）按："～"即"拷"。

拘　kē

拘
～休，上烏何反，又呵、哥二音，並非也。（ZD60-24c）按："～休"，對

---

① 又見"考"字條。
② 又見"栲""挒"字條。

應佛經作"柯休"。《彌沙塞部和醯五分律》卷 20："時長老柯休得一衣,欲作安陀會太長,欲作僧伽梨、優多羅僧皆少,數數牽挽。"（T22, p137c）"～"即"柯"字,可洪音"烏何反"。

柯① kē

柯　如～,古何反,斧柄也。（ZD59-927a）

科 kē

牁　～窟,苦禾反,正作窠。（ZD59-825b）按:"～窟"之"～",即"科",通"窠"。《最勝問菩薩十住除垢斷結經》卷 2："不退智者,法性常住,住無所住,亦無窠窟,有其處所。"（T10, p978a）"窠",宮本作"科"。

牁　兩 ～,苦禾反。（ZD60-588b）

秿　死 ～,苦禾反。（ZD59-918c）

秿　同 ～,苦禾反。（ZD59-568c）

牁　～窟,苦禾反,正作窠。（ZD59-829a）按:"～"即"科",通"窠"。

牁　～限,上苦禾反,程也,條也,本也。（ZD59-582a）

牁　～限,苦禾反,程也,品也,正作科。（ZD59-825b）

牁 kē

牁　～窟,上苦禾反,正作窠。（ZD59-571a）按:"～"即"科",通"窠"。

牁 kē

牁　牂～,上子郎反,下古何反,郡名也,又繫舟杙也。（ZD60-443a）按:"～"乃"牁",詳見本書中篇"牁"字條。

菏 kē

菏　～藤,上苦禾反,下徒登反。（ZD60-164a）

莉　作～,苦禾反,或作菏,見藏作菏也。（ZD60-359b）

牁 kē

牁　～貝,口何反。～,貝也,螺也,並大海中介虫名也,俗。（ZD59-730b）按:"～貝",經文作"珂貝"。"～"即"珂"字,詳見本書中篇"牁"字條。

搕 kē

搕　相～,苦盍反,正作磕。（ZD60-129b）

稞 kē

稞　青～,苦禾反,麥名也,正作稞。（ZD59-803b）

稞　青 ～,苦禾反。（ZD59-865c）

窠 kē

窠　作 ～,苦禾反。（ZD60-388c）

榼② kē

搕　～頭,上苦盍反。（ZD59-1106c）按:"～",經文作"榼"。《摩訶僧祇律》卷 12："汝是瞎眼、曲脊、跛腳,臂如鳥翅、榼頭、鋸齒。"（T22, p326a）

搕　～頭,上口盍反。（ZD59-1108c）

搕 kē

搕　～山,上苦盍反。（ZD60-283c）按:《經律異相》卷 50："三十一曰～山,以～殺螘虱。"（T53, p267c）"～",宋、元、明、宮本作"磕"。"～"疑即"磕"。

嵯 kē

嵯　～嵯,上苦盍反,下七何反。（ZD60-306a）按:"～"同"嵯"。《諸經要集》卷 18："五迦世典黑耳,六嵯嵯典火車,七湯

---

① 又見"柯"字條。
② 又見"榼"字條。

謂典鑊湯。"(T54，p170b)

嶝 kē

嵯～，上七何反，下苦盍反。（ZD60-282b）按："～"同"嶝"。《經律異相》卷49："五迦世典黑耳，六嶝偓典火車，七湯謂典鑊湯。"(T53，p259a)

斛 kē

白～，苦何反。（ZD59-960c）按："白～"即"白珂"。"～"通"珂"。

蚵 kē

～斗，苦禾反。（ZD59-846b）

磕① kē/kài

山～，苦盍反。（ZD60-163c）按："山～"，對應佛經作"山磕"。"～"即"磕"。《佛說立世阿毘曇論》卷8："更生及黑繩，山磕二叫喚，小大兩燒熱，及大阿毘止。"(T32，p207a)

磕 豐～，苦蓋、苦盍二反，舊普蓋反，非也。（ZD60-362a）

槎 kē

槎 豆～，苦盍反。（ZD60-439c）按："～"同"槎"。

磕 kē

磕 轟～，呼萌反，下苦盍、苦蓋二反。轟，車聲也。磕，石聲也。（ZD59-862b）

堁 kě

堁 作～，苦果反，經意與顆（顆）字同也，又苦卧、烏卧、苦内三反。（ZD60-357c）按："～"乃"顆"。對應經文作"八顆"。《一切經音義》卷40："八顆，口火反。顆，數也，亦單作果，經文作堁，於卧反，塵也，一曰地名堁，非此義也。"(T54，p568b)

坢 名～，同上，又脾、婢二音，非也。（ZD60-357c）按："～"乃"堁"，與"顆"同。

渴 kě

潟 思～，音渴。（ZD60-183c）按："～"乃"渴"，詳見本書中篇"潟"字條。

渴 ～惚，音渴，下音惚。（ZD59-718b）

克 kè

克 ～讓，上苦黑反，下而向反。（ZD60-501a)按："～"乃"克"。

刻 kè

剜 剜～，上烏官反，下苦得反，又《經音義》作刌刻，上五丸反。（ZD59-1035a）

刻 勉～，下苦得反，自伐也，急也，正作尅也。（ZD59-569b）按："～"即"刻"，通"尅"。

剋 或～，苦黑反，正作刻。（ZD60-226c）

剋 ～万，上苦黑反。（ZD60-504b）

剋 ～木，上苦黑反，從亥。（ZD60-448b）

剋 畧～，上居美反，下苦得反。（ZD60-305a）

刻 ～作，上苦得反。（ZD59-582a）

剋 ～玉，上苦黑反。（ZD60-566a）

刻 彫～，上丁聊反，下苦得反。（ZD59-601a）

尅② kè

尅 侵～，苦黑反。（ZD59-1031c）

尅 期～，苦黑反。（ZD59-791a）

尅 期～，肯得反。（ZD59-787a）

尅 侵～，七心反，下口得反。（ZD59-912c）

---

① 又見"磕""搕""搕"字條。
② 又見"尅"字條。

恪 kè/lào

怙 恭～,苦各反,敬也,正作恪也,又音户,非。(ZD59-856a)

恪 又烙,音洛。燒～,同上也,悮。(ZD60-495c)按:“～”即“烙”之訛。

尅 kè

尅 ～捷,上苦黑反,下疾葉反。(ZD59-1056b)

喀 kè

啣 大～,宜作咯,苦各反,引唾聲也。郭氏作嗗,呼各反,《川音》作郝,義不稱。(ZD59-1114a)按:“大～”,對應佛經作“大喀”“大郝”“大𩎟”。《摩訶僧祇律》卷34:“若在食上欲唾者,不得大喀著地,使比坐比丘惡心,應唾兩足中間。”(T22,p506a)“喀”,宋、元本作“郝”,明、宫本作“𩎟”。可洪以“～”爲“咯”,根據經文,應以“喀”爲正。

溘 kè

溘 ～然,苦合反,奄也。(ZD59-777c)

愙 kè

愙 作～,苦各反,正作急也,舊作客心二字,悮。(ZD60-401c)

課 kè

課 勸～,苦卧反,又音科。(ZD60-198c)

⿰衤盍 kè

⿰衤盍 ～襠,苦盍反,下得郎反,披衣也。(ZD59-801b)按:“～”乃“⿰衤盍”。

肯 kěn

肎 不～,音肯,《字樣》作肎。(ZD59-983a)

肻 不～,口等反。(ZD59-926b)

肻 不～,口等反。(ZD59-915c)

肻 不～,音肯。(ZD59-677b)

⿱狠土 kěn

⿱狠土 ～惻,上正作懇,下楚責反。(ZD59-1096b)按:“～”,經文中乃“懇”之借。

⿱狠土 ～稙,苦佷反,下市力反,正作植也,又音陟,非。(ZD59-895b)按:“～”即“墾”字。

墾 kěn

墾 ～土,苦佷反。(ZD59-638a)

墾 ～殖,口佷反,下市力反。(ZD59-757b)

墾 耕～,音懇,治也。(ZD59-835c)

墾 耕～,上古莖反,下口佷反。(ZD60-110a)

墾 ～殖,上苦恨反,下市力反。(ZD59-1046a)

墾 ～治,音懇,下音持。(ZD59-692a)

墾 ～殖,上苦佷反,下市力反。(ZD59-1021b)

墾 ～惻,苦佷反,下楚責反。(ZD59-895a)按:“～”即“墾”,經文中乃“懇”之借。

懇 kěn

狠 ～惻,苦佷反。(ZD59-820a)

懇 ～到,上苦佷反。(ZD60-572a)

⿱豤齒 kěn

⿱豤齒 ～齧,上苦佷反,山南謂齧骨爲～骨也,正作齦也,下五結反。齦,苦本反。上或作狠。
（ZD60-268a）按："～"同
"齦"。

坑^① kēng

埦 ～坎，口庚反。
（ZD59-727c）

坑 ～坎，上苦庚反，下
苦感反。（ZD59-
985a）

塳 ～埳，上苦庚反，下
苦感反。（ZD59-
1104b）

埮 溝～，苦庚反，正作
坑。（ZD59-554c）

堿 深～，上失針反，下
苦耕反。（ZD59-
1002b）

埳 地～，苦庚反，塹也，
虛陷也，正作坑、硎、
阬三形也。（ZD59-907b）

坈 火～，口庚反。
（ZD59-744b）

浣 深～，苦庚反，正作
坑。（ZD60-265b）
按："～"乃"坑"字，詳見本
書中篇"浣"字條。

坱 ～嶮，上苦庚反，下
許奄反。（ZD59-
622b）

埪 塯～，古侯反，下苦
庚反。（ZD59-684c）

坑 ～坎，苦庚反。
（ZD59-711c）

坻 ～坼，音岸。（ZD60-
168c）

坑 柱～，於往反。
（ZD59-966a）

埻 溝～，古侯反，下口
庚反。（ZD59-701a）

埌 大 ～，苦庚反。
（ZD59-622b）

抌 掘～，巨月反，下苦
庚反。（ZD59-773a）

坑 鑿～，上才作反，下
苦庚反。（ZD60-
74a）按："～"乃"坑"字，詳
見本書中篇"坑"字條。

坑 ～塯，苦感反。
（ZD59-599b）

坑 ～埳，苦庚反，下苦
感反，正作坑埳。
（ZD59-839a）

坑 ～穽，苦庚反，下疾
井反。（ZD59-667c）

抌 大 ～，苦庚反。
（ZD59-907c）

坑 ～埳，苦感反，陷也。
（ZD59-773c）

堿 ～塹，上苦庚反，下
七焰反。（ZD60-
22b）

埫 火 ～，苦庚反。
（ZD59-719c）

坑 塯～，古侯反，下口
庚反，正作溝坑字
也。（ZD59-891c）

坑 ～殘，上苦庚反，虛
陷也，正作坑、硎二
形也。（ZD60-551b）

埫 ～坎，苦庚反，下苦
感反，不平也。
（ZD59-639c）

埻 深～，下苦庚反，正
作深坑。（ZD59-
851b）

埦 ～陷，苦庚反。
（ZD59-741b）

坑 ～坎，口庚反，下口
感反。（ZD59-
744b）

埦 ～塹，七焰反。
（ZD59-613c）

坮 溝～，古侯反，下苦
庚反，悮。（ZD59-
920b）

坑 糞穢～，方問反，下
苦庚反。（ZD59-
838a）

坑 溝～，古侯反，下苦
庚反。（ZD59-981c）

埦 見 ～，苦庚反。
（ZD59-743c）

坑 kēng

坑 溝 ～，苦庚反。
（ZD59-576a）

抌 kēng

抌 ～疏，上苦浪反，下
音跡，二並悮。
（ZD60-472a）按："～"乃
"坑"之訛。《續高僧傳》卷
10："精苦已來，垂三十載，
然其扣頭手膝按地之所，悉
成坑跡。"（T50，p502a）

———
① 又見"忼""坈""抌""坄"
"硺"字條。

"～"，可洪音"苦浪反"，蓋以爲"抗"，恐非。

垪 kēng/píng

垪 作～，苦庚反，正作坑、硑也。（ZD60-234b）按："～"乃"坑"。

垪 ～形，上音瓶，正作餅。（ZD60-77c）按："～"乃"瓶"。《善見律毘婆沙》卷8："若有完繩兩三股纏相著善，不得作八相繩，繩頭聽安二結，如瓶形。"（T24，p728b）"瓶"，聖本作"垪"。

硑 kēng

硑 作垪，苦庚反，正作坑、～。（ZD60-234b）按："～"即"硼"，同"坑"。

鋞 kēng

鋞 鏗鏘，上苦耕反，下七羊反，金石聲也，亦作～瑲。（ZD59-644b）

空 kōng

窀 把～，上蒲巴反。（ZD60-209a）

箜 kōng

箜 ～篌，上音空，下音侯。（ZD59-582c）

扎 kǒng/zhá

扎 有～，音孔。（ZD60-279c）按："～"，經文作"孔"。

扎 ～火，上側八反。（ZD60-133c）按："～"，經文作"札"，是。

恐 kǒng

恐 ～貽，與之反。（ZD60-223b）按："～"即"恐"字。

恐① kǒng

恐 ～懼，音具。（ZD59-582b）

恐 今～，丘勇、丘用二反，懼也，正作恐、㤟二形。（ZD60-40c）按："～"乃"恐"字，詳見本書中篇"㤟"字條。

恐 ～懼，音具。（ZD59-649c）

恐 ～怖，《經音義》作㤟，以𢣗字替之，許劫反。（ZD59-751b）

㤟 ～逼，丘勇反。（ZD59-716b）按："～"乃"恐"。《大乘悲分陀利經》卷7："以恐逼麤言，勸衆行善。"（T03，p281a）

悾 kòng

悾 ～告，苦貢反。（ZD59-836c）

悾
～然，苦貢反，困兒也，正作倥、悾二形。（ZD59-729a）

恂 kōu

恂 ～紐，上苦侯反。（ZD60-8b）按："～紐"，對應佛經作"拘紐"或"帾紐"。《根本説一切有部毘奈耶雜事》卷7："不應隨地而置其鉢，得越法罪，然爲護衣，應安拘紐。"（T24，p233c）"拘"，宋、元、明本作"帾"。"～"即"帾"字之訛，"帾紐"同"鉤紐"，詳見"帾"字條。

帾② kōu

帾 ～紐，上苦侯反，下女久反。（ZD60-63b）按："～紐"，對應佛經作"帾細""鉤紐"或"恂紐"。《根本説一切有部毘奈耶頌》卷3："若是乞食人，隨衣著帾細；於花果樹下，不棄大小便。"（T24，p654a）"帾細"，宋、元、明、宮本作"鉤紐"，聖本乙作"恂紐"。從形體看，"～"即"帾"。"帾紐"同"鉤紐"。

口 kǒu

蚼 蚼～，音口。（ZD60-182c）按：《佛所行

---

① 又見"㤟"字條。
② 又見"恂"字條。

讚》卷 3："如兔毒蛇口，豈復還執持？執炬而自燒，何能不速捨？"（T04，p21c）"～"即"口"，蓋因"口"受上字"蛇"的影響類化增"虫"旁所致。

叩[1]　kǒu/yìn

吅
叩　～頭，音口，正作叩。（ZD59-822c）

～書，上伊進反，《祐録》作印書，又音口，悮。（ZD60-340b）按："～書"之"～"，即"印"字。

吅　kǒu

吅　如～，音口。（ZD60-244a）按："～"乃"叩"字。《法句經》卷 1："出言以善，如叩鐘磬。"（T04，p565b）

扣　kòu

扣
扠
扣　～寂，上苦吼反。（ZD60-1b）

～寂，苦吼反，正作扣。（ZD59-794b）

～盆，上苦狗、苦候二反。（ZD60-508c）

敂　kòu

敂　作～，音口。（ZD60-350b）

寇　kòu

宼　禦～，上牛與反，下苦候反，正作寇。（ZD60-398a）

寇[2]　kòu

宼
宼
宼
宼　～斥，上苦候反，下昌隻反。（ZD60-450b）

～賊，上苦候反。（ZD59-583b）

司～，苦候反。（ZD60-418c）

～賊，上苦候反，正作寇。（ZD59-583c）

～虜，上苦候反，下郎古反。（ZD59-1037c）

宼　外～，口豆反。（ZD59-1003c）

宼　害～，苦候反。（ZD60-186c）

宼　賊～，苦候反。（ZD59-917c）按："～"乃"寇"字。

宼　～擊，苦候反。（ZD59-883b）

宼　～謙，上苦候反。（ZD60-337b）

宼　叱～，上昌一反，下苦候反。（ZD60-418b）

寇　剽～，上巨京反，强也，下苦候反。（ZD60-345c）

宼　定～，苦候反，郡行公劫曰寇也。（ZD60-479a）

宼　邪～，苦候反。（ZD60-491a）

宼　賊～，苦候反。（ZD60-33b）

宼　～鈔，初孝反。（ZD60-387b）

宼　～鈔，初孝反。（ZD60-360a）

宼　～羯，苦候反，正作寇。（ZD59-722b）

宼　～敵，苦候反，鈔也，暴也。（ZD59-636c）

宼　～擾，苦候反，下而沼反。（ZD59-978a）

冠　～謙，上苦候反，人姓也，正作寇也，又官、貫二音，悮也。（ZD60-417c）

宼　豆～，虎候反。（ZD59-793c）按："豆～"即"豆蔻"。"蔻"或作"蒄"。從形體看，"～"即"寇"，經文中通"蒄（蔻）"。《如意輪陀羅尼經》卷 1："言佩藥者，等分當用牛黄、白栴檀香、欝金香、龍腦香、麝香、丁香、白荳蒄、紅蓮花鬚、青蓮花葉、肉荳蒄、素秣囉拏鉢怛囉（唐翻曼陀羅葉，餘本譯云金薄，未詳）、石蜜。"（T20，p194a1）"荳蒄"，宋本作"豆蔻"。

———

① 又見"吅"字條。
② 又見"宼"字條。

蔻① kòu

蔻
薒
蘊

豆～,呼候反,正作蔻。(ZD59-875a)

豆～,呼搆反。(ZD60-602a)

豆～,呼豆反,正作蔻。(ZD59-887c)

瞉 kòu/què

鷇

雨～,苦候反,鳥子也。(ZD60-581b)按:《廣弘明集》卷 24:"翾翾翔鳥,風胎雨瞉。"(T52,p276c)

瞉

～中,上苦角反,苦木二反,卵也,正作瞉也,又苦候反,鳥子也,生而須哺曰～,自食曰雛也,非此呼也。(ZD59-1066a)按:"～",對應佛經作"瞉"。《正法念處經》卷 18:"復次比丘觀於觸食眾生之類,住在瞉中,或初出瞉,以觸爲食。"(T17, p104b)從字形看,"～"即"瞉",但不符合經意,此處當爲"瞉"字,音"què"。

瞉

卵～,口木、口角二反也。(ZD59-1066a)按:"卵～",對應佛經作"卵瞉"。《正法念處經》卷 18:"或穿河岸以爲窠窟,敷產卵瞉——龍蛇等類,以何業故而受觸食?"(T17,

p104b)從字形看,"～"即"瞉",但不符合經意,此處當爲"瞉"字,音"què"。

刳② kū

剠
剨
剠
剠

～胎,上苦胡反,割破也,屠也,正作刳也。(ZD60-61a)

～解,苦胡反。(ZD59-767c)

～心,苦乎反。(ZD59-868b)

～鉢,上苦胡反。(ZD60-32b)

挎 kū

挎

偏～,苦乎反,空也,剜也,正作挎。(ZD60-69b)按:《薩婆多部毘尼摩得勒伽》卷 1:"偏刳食,犯突吉羅。"(T23,p568a)"～"同"刳"。

哭 kū

哭
哭
哭
哭
哭

號～,戶高反,下苦屋反。(ZD59-779b)

嘷 ～,上戶高反。(ZD59-1002a)

涕～,徒兮反,下苦木反。(ZD59-893b)

號～,胡高反,下苦屋反。(ZD59-652a)

渧～,上徒兮反,下苦屋反,正作啼哭

也。(ZD59-725a)

笑
哭
器
哭
坐
哭
哭

聲～,苦屋反,字從吅犬。(ZD59-962c)

涕哭,徒兮反,下空木反,正作啼～也。(ZD59-751c)

涕～,徒兮反,下空木反。(ZD59-751c)

啼～,苦屋反,正作哭。(ZD59-585b)

啼～,空木反,正作哭。(ZD59-655c)

吁～,上音呼,下苦屋反,正作評哭也,並悮。(ZD59-605c)

悲 ～,苦屋反。(ZD59-817a)

涕～,徒兮反,下苦屋反,上正作啼。(ZD59-692c)

啼 ～,苦屋反。(ZD59-582a)

枯 kū

祜

同～,苦乎反,乾也,朽也,正作枯。(ZD60-529a)

痀③ kū

痀

痒～,上音乾,下音枯。(ZD60-55b)

---

① 又見"薒"字條。
② 又見"挎"字條。
③ 又見"怙"字條。

按:"～"即"乾枯","～"即
"枯"字,詳見本書中篇"痟"
字條。

頹　kū/kǔn

頹　～禿,苦本、苦没二
反,白禿也,下吐屋
反。(ZD59-770b)按:《太
子須大拏經》卷 1:"頭復頹
禿,狀類似鬼。"(T03,
p421b)

頹　～瘦,苦没、苦本二
反,白禿也。(ZD59-
702c)

窟①　kū

壚　之 ～,苦骨反。
(ZD59-1025a)按:
"之～"之"～",即"窟"。
《起世因本經》卷 10:"彼七
山中,有七梵仙所居之窟。"
(T01, p416b)

堀　寶～,苦骨反,正作
窟。(ZD59-916b)

窟　把～,上步巴反,下
苦骨反,正作窟也,
穴也,或作擂字也,或掘,其
月反,穿也,非此呼。
(ZD60-73b)按:《鼻奈耶》
卷 5:"去井不遠,有大河
水,即掘窟通水,使來入井,
水漸漸多,師子轉上,遂得
出井。"(T24, p873b)"掘
窟",宋、元、明、宮本作"把

窟",聖本作"把掘"。可洪
以"～"爲"窟"。

頣　kū

頣　頜～頣,上古合反,
下二苦姑反。
(ZD60-383a)

窋　kū

窋　窋～,二同,苦骨反,
上屬上句,下屬下句
也,下悮。(ZD59-1023c)
按:"～"乃"窟",詳見本書
中篇"窟"字條。

壚　kū

壚　之 ～,苦骨反。
(ZD59-1025a)按:
"之～",經文作"之窟"。
"～"即"窟"。《起世經》卷
10:"彼七山中,有七梵仙所
居之窟。"(T01, p361b)

苦②　kǔ

筈　救～,枯古反,正作
苦。(ZD59-774b)
按:"～"乃"苦"字,詳見本
書中篇"筈"字條。

苦　～惚,音惱。(ZD59-
583a)

筈　～惚,口古反,下奴
老反。(ZD59-730c)

苦　劇～,巨送反,艱也。
(ZD59-661b)

苦　～澁,所立反。
(ZD59-637b)

苦　困～,音苦。(ZD59-
583c)

苦　懃～,口古反,正作
苦。(ZD59-919b)

苦　～澁,所立反。
(ZD59-638c)

苦　若～,枯古反,正作
苦也。(ZD59-580b)

筈　kǔ

筈　～笭,上音苦,竹名
也,下力丁反,小籠
子。(ZD60-495b)按:"～"
音"苦",即"筈"。

筈　～惚,口古反,下奴
老反。(ZD59-730c)
按:"～"乃"苦"字。

佸　kù

佸　～熇熇,二同音酷。
(ZD60-355c)

袴　kù

袴　褲～,上竹與反,下
苦化、苦故二反。
(ZD59-1121c)

————

① 又見"窟"字條。
② 又見"筈"字條。

酷 kù

酷
眊

猛～，莫哽反，下空
沃反。（ZD59-669a）

何～，苦沃反，毒也，
正作酷。（ZD60-
227a）按：“～”乃“酷”字，詳
見本書中篇“眊”字條。

譽 kù

譽

～偌，二同苦沃反。
（ZD60-354a）

夸 kuā

夸

剛～，上古郎反，下
苦花反。（ZD60-
256b）

姱 kuā

姱

～慢，上苦花反，奢
也，下莫諫反，侮傷
也，倨也，欺也，正作嫚、慢、
謾三形。（ZD60-534b）

跨 kuǎ/kuà

跨

～馬，苦瓦反，《音
義》云踞也，又苦化
反。（ZD59-716a）

跨

腰～，苦瓦反，亦作
髁也，又苦化反，亦
作胯也。（ZD59-602b）按：
“～”即“跨”，與“胯”同。

跨
跨

～衣，上苦瓦、苦化
二反。（ZD59-618a）
～於闐，苦化反，下
苦本反。（ZD59-
714a）

跨
跨
跨

以～，苦化反，正作
跨。（ZD59-902a）
～躍，苦化反，越也。
（ZD59-835b）
脚～，苦化反，越也，
正作跨。（ZD59-
914a）

跨
跨

經～，苦化反。
（ZD60-493b）
～險，上苦化反，越
也，正作跨也。
（ZD60-480c）

跨

道～，苦化反。
（ZD60-481a）

誇 kuā

誇
誇
誇

～衒，音縣，賣也。
（ZD60-142c）
自～，苦花反。
（ZD59-991a）
～企，上苦花反，下
徒旦反，至也，意合
作誕，大也。誇誕，大言也。
（ZD60-516a）

骻 kuǎ

骻

～肋，上見藏作髂，
苦瓦反，下郎得反，
上又依字古岸反。（ZD60-
366b）按：此處“～”乃“髂”
字之訛。“骻”本音“古岸

反”，一形代表了“髂”“骻”
兩字。

髂[1] kuǎ

髂

～骨，上苦瓦反。
（ZD59-1073b）

胯[2] kuà

胯
胯

腰～，苦化反。
（ZD59-596b）
～衣，上苦化反，律
云著女人～衣也，腰
～也。（ZD59-1115c）

腑 kuà

腑

至～，巨宜反，異也，
木別生也，脚兩～間
也，正作奇，又音寄，非也。
（ZD59-987b）按：“～”，在
經文中疑爲“胯”之訛。《集
韻》居義切：“腑，分牲謂之
腑，一曰臟也。”“～”訓“分
牲”“臟也”，於經文皆不通。
《中阿含經》卷2：“五日出
時，海水減至頸、至肩、至
腰、至腑、至膝、至踝，有時
海水消盡，不足沒指。”
（T01，p429a）“腑”，宋、元、
明本作“胯”。“至腑”如果
是“至胯”的話，意義正合。
“腑”與“胯”兩字形體也近
似。《大寶積經》卷73：“餘

---

① 又見“骻”“跨”字條。

② 又見“腑”字條。

殘水在於一人身齊咽,至腋至臍,至腰至跨(明本作胯),至䠊至踝,餘殘水在,乃至牛跡水在。"(T11,p415c)可洪以"～"同"奇",恐誤。

蒯① kuǎi

蒯　牛～,苦恠反。(ZD60-357b)

凷 kuài

凷　一～,苦内反。(ZD60-352a)

凷　小～,苦對反,正作凷。(ZD60-198b)

凷　～擲,上苦内反。(ZD59-997c)

凷　土～,苦内反,堅土,亦作塊。(ZD59-1027a)

快 kuài

快　古～,音快,獪字韻也,《玉篇》音夫,非也。(ZD60-383c)按:"～"乃"快"。

塊 kuài/pí

塊　～擲,上苦内反。(ZD59-586b)

塊　土～,苦内反。(ZD59-640b)

凷　堅～,苦内反。(ZD59-690a)

塊　～等,上苦内反。(ZD59-554c)

塊　～倪,上普米反,下五禮反,城上女牆也上。(ZD59-573c)按:"～倪"即"埤倪",其中"～"即"埤"之訛。

儈 kuài

儈　魁～,苦迴反,下古外反,切肉也。(ZD59-703b)按:"儈",經文中通"膾"。

鄶 kuài

鄶　盜～,古外反。(ZD60-416c)

噲 kuài

噲　内～,音快,經意是快字,稱心也,喜也,可也。(ZD59-778c)

憒② kuài

憒　～然,苦敗反,稱心也,喜也,可也,正作快也,又烏快、烏外二反,非。(ZD59-675a)按:"～"同"快"。

膾 kuài

膾　魁～,上苦迴反,下古外反。(ZD59-557b)

膾　魁～,苦迴反,下古外反。(ZD59-711b)

膾　屠～,古外反,俗。(ZD60-263c)

膾　魁～,苦迴反,下古外反。(ZD59-732b)

鱠 kuài

鱠　辛～,古外反。(ZD60-456b)

寛 kuān

寛　内～,苦官反。(ZD59-1114b)按:"～"乃"寬",詳見本書中篇"寬"字條。

寬③ kuān

寬　兩～,苦官反,兩髂間也,正作髖也。(ZD59-907a)

寬　～平,苦官反。(ZD59-665c)

寬　～宥,音右。(ZD59-667a)

寬　～大,口官反。(ZD59-835c)

寬　～宥,音右。(ZD59-662c)

———

① 又見"蒯"字條。
② 又見"快"字條。
③ 又見"寛"字條。

臗　kuān

臗
臗
胜

著～，苦官反。（ZD60-302c）

～腰，苦官反，下於消反。（ZD59-683a）

～及，苦官反，正作髋。（ZD59-899b）

髋①　kuān

髋
髋
髋
髋

尻～，苦官反，正作髋。（ZD60-373b）

～髀，苦官反，下步米反。（ZD59-812b）

～骨，上苦官反。（ZD59-550b）

～節，上宜作骭、髋，五官反，胴也，膝骨也。髋，苦官反，兩髂間也。（ZD60-166c）按：《解脱道論》卷 6：「以分別觀觀以節者，於二手六節，於二脚六節，髋節項節，此謂十四大節。」（T32，p425a）據此，「～」應爲「髋」。

欵　kuǎn

欵
款

區～，上丘愚反，小兒也，下苦管反，愛也，《經音義》作區疑。（ZD59-1023a）

～願，上苦管反。（ZD60-588c）

款②　kuǎn

欵
歀

～報，上苦管反，誠也，愛也，重也，正作欵、款二形，栢梯作欵。（ZD60-570c）

～崇，上苦管反，誠也。（ZD60-507a）

匡③　kuāng

挂

～肘，上丘王反，曲也，前作駐，是也。（ZD60-39b）按：「～肘」，對應佛經作「眶肘」或「匡肘」。《四分律》卷 49：「時六群比丘眶肘食，妨礙比坐，諸比丘白佛，佛言：‘不應眶肘食，應斂肘食。’」（T22，p935b）「～」即「匡」的增旁俗字。「匡肘」，橫著肘子。「眶」則爲「胜」之訛，「胜」即「匡」，詳見「胜」字條。

倥　kuāng

佳

～脚，上丘狂反，曲也，戾也。（ZD59-1108c）

崖　kuāng

崖

持～，音匡。（ZD60-194a）按：《出曜經》卷 3：「如是積久，擔負薪草，持筐掃。」（T04，p625b）「持～」即「持筐」，

「～」即「筐」之訛。

悀　kuāng

悀
悀

～然，去狂反，怯也。（ZD59-965c）

～攘，丘狂反，下如羊反，逼迫也，正作劻勷也，上方經作框榱也。（ZD59-706a）按：《正法華經》卷 2：「無數鳩垣，框榱懷懅。」（T09，p77a）「框榱」，宋、宮本作「框懹」，元、明本作「劻勷」。「框榱」即「框懹」，與「悀攘」「劻勷」同，聯綿詞，惶恐不安貌。

框　kuāng

框

門～，音匡。（ZD60-18c）

胜　kuāng

胜

～脚，上丘王反。（ZD59-1110b）按：「～脚」，經文作「雕脚」或「匡脚」。《摩訶僧祇律》卷 24：「分不端正者，眼瞎、僂脊、跛脚、雕脚、齞齒、瓠盧頭。」（T22，p421c）「雕」，宋、元、明、宮、聖本作「匡」。「雕」乃「～」之訛，而「～」則爲「匡」的增旁俗字。

──────

① 又見「臗」字條。
② 又見「欵」字條。
③ 又見「倥」「胜」「駐」「眶」字條。

軭　作～，丘狂反，曲也，戾也，正作軭、尰、尪三形，應和尚以脜字替之，區放反，篇韻亦無脜字耳。（ZD60-373b）按："～"同"脜"，皆"匡"字。

眶　kuāng

眶　眼～，音匡。（ZD59-684a）

筐①　kuāng

筐　以～，音匡，方曰筐，圓曰筥。（ZD60-379c）

筐　衣～，去狂反。（ZD59-835b）

筐　一～，丘王反。（ZD59-626a）

筐　一～，音匡。（ZD60-218c）

距　kuāng

距　～脚，上去王反，曲戾也，俗。（ZD59-1106c）按："～脚"，對應佛經作"跛脚"或"距脚"。《摩訶僧祇律》卷 12："汝是瞎眼、曲脊、跛脚，臂如鳥翅、槤頭、鋸齒。"（T22, p326a）"距脚"與"匡脚"同。見"匡"字條。

尪　kuāng

尪　～肘，上丘王反，下知有反。（ZD60-32a）按：《四分律》卷 20："又腰者，以手叉腰尪肘。"（T22, p700c）"尪"，宋、元、明、宮本作"匡"。"～肘"即"尪肘"或"匡肘"。"匡肘"，橫著手肘，"～"通"匡"。

狂　kuáng

狂　～攘，如羊反，亂也，正作孃、勷二形也，上宜作劻，音匡。（ZD59-776c）按：《佛說諫王經》卷 1："口爲妄語，其所索者，家室恣之，身體皆痛，如被掠治，手足扚攘，骨節欲解，口乾息極，羸瘦困劣，不能起居，坐卧須人。"（T14, p786a）"扚"，宋、宮本作"狂"，元、明本作"怔"。"扚攘"，《集韻》訓"亂也"。"扚攘""狂攘""怔攘"與"框穰""劻勷"同。又見"怔"字條所論。

註　kuáng

註　～諸，上居況反。（ZD60-247c）按："～"同"誑"。

註　欺～，居況反，正作誑。（ZD59-988a）按："～"同"誑"。

軭　kuáng

軭　鐵～，音狂，正作軭。（ZD60-214b）按："～"同"軭"。《修行道地經》卷 3："黑象鐵杵大石山，筭以鐵軭碎其身，見地獄鬼皆懷懅，破碎其身如甘蔗。"（T15, p202c）"軭"，明本作"軽"。

誑　kuáng

誑　欺～，音誑，誤。（ZD59-1112a）按："～"乃"誑"字。

誑②　kuáng

誑　～惑，上居況反，正作誑。（ZD60-144c）

誑　能～，音誑。（ZD59-1070a）

誑　不～，居況反，欺也，又而林反，非。（ZD59-668b）

誑　無～，俱況反，悮。（ZD59-583c）

誑　可～，居況反，正作誑。（ZD59-959c）

誑　以～，俱況反，正作誑。（ZD59-911c）

卝　kuàng

卝　紫～，古猛反，又乎猛反，非。（ZD59-796a）

卝　麁～，倉乎反，下古猛反，正作獷，下亦

① 又見"筐"字條。
② 又見"註""誑"字條。

作釖。（ZD59-719b）

矿 kuàng

矿　寶～，古猛反，金玉之璞也，正作磺，今作礦、鑛二形。（ZD59-633a）按："～"同"礦"。

䀕 kuàng

䀕　阿～，音况。（ZD59-626a）

釖 kuàng

屮　金～，古猛反，金璞（璞）也，《字樣》作屮，《切韻》作釖、矿、礦、鑛四形，又戶猛反，未成器也。（ZD59-681c）按："～"與"屮""釖""鑛""礦""釖"等同。

釖　寶～，古猛反。（ZD59-597c）

磺① kuàng

磺　鐵～，古猛反。（ZD60-497b）

積 kuàng

積　麁～，古猛反，正作穬也，《玉篇》音黃，非此呼，郭氏音纊，是也。（ZD59-1072b）按："～"即"穬"，通"獷"同。《佛説佛

名經》卷 8："或惡口詈罵，言語麁穬。"（T14，p219a）

積　～屭，上古猛反，惡也，正作獷也，又音黃，非。（ZD60-477a）按："～屭"，對應佛經作"獷屭"或"礦屭""懭屭"。《續高僧傳》卷 14："爲性慈仁言極獷屭。"（T50，p538a）從形體看，"～"即"穬"，通"獷（獷）"。

壙 kuàng

壙　～路，苦謗反。（ZD59-891c）

壙　坵～，去牛反，下苦謗反。（ZD59-716c）

獷 kuàng

獷　麁～，古猛反，惡也，又戶光反，非。（ZD59-758c）

獷　麁～，古猛反，正作獷也，又音黃，非。（ZD59-654a）

趪　麁～，古猛反。（ZD59-736c）按："～"即"纊"，通"獷"。

撗　麁～，與獷字同也，或作獷。（ZD59-743b）

趪　麁～，古猛反，亦作獷。（ZD59-656c）按："～"即"纊"，通"獷"。

趪　麁～，音鑛。（ZD59-698c）按："～"即

"纊"，通"獷"。

穬　麁～，古猛反，惡也，又作獷、獷。（ZD59-653b）按："～"即"穬"，通"獷"。

獷　麁～，古猛反。（ZD59-852c）

趪　麁～，音鑛。（ZD59-713a）按："～"即"纊"，通"獷"。

懭　～戾，上古猛反，性強悍也，正作獷也，下力計反，上又苦廣反，懭恨，意不平也。（ZD60-402b）按："～"即"獷"。

曠 kuàng

曠　懸～，苦謗反，悮。（ZD59-648a）

屭 kuàng

屭　渊～，上烏玄反，下苦謗反。（ZD60-325b）

屭　～絶，上苦謗反，正作曠。（ZD59-1084b）

曠 kuàng

曠　～野，上苦謗反，空也，正作曠。（ZD59-625a）

曠　照～，苦謗反，空明也，正作曠。（ZD59-

---

① 又見"屮""矿""礦""鑛"字條。

569c)

矌 ～視，上苦謗反。(ZD60-191a)

穬① kuàng

穬 令～，古猛反，穀芒也，正作穬。(ZD60-86b)

横 ～𣪊，古猛反，下古木反，正作穬穀也。穬穀，稻未舂者也。又上户盲反，下徒的反，穀别名也，正作糴也，言爪甲如一穬稻穀許，不得太長也。(ZD59-858c)

穬 稻～，上徒老反，下古猛反。(ZD59-578a)

穬 麄～，音鑛。(ZD59-831a)

穬 ～麥，上古猛反，麥名也，正作穬。(ZD60-402b)按：“～”乃“穬”字，詳見本書中篇“穬”字條。

𥼶 kuàng

𥼶 ～米，上古猛反。(ZD59-1135b)

纊 kuàng

纊 綿～，音曠。(ZD59-857a)

𨄻 kuàng

𨄻 ～遠，苦謗反，大也，遠也，郭氏音横，非也。曠遠，同上。(ZD59-920c)按：“～”乃“曠”字，詳見本書中篇“𨄻”字條。

䵃 kuàng

䵃 麄～，古猛反。(ZD59-673a)按：“麄䵃”之“䵃”，通“𪎊”。

䵃 麄𪎊～，二同上，此正。(ZD59-1072b)按：“麄䵃”之“䵃”，通“𪎊”。

䵃 ～麥，古猛反，青稞也。(ZD59-740b)

䵃 ～麥，古猛反，青稞也。(ZD59-739b)

鑛 kuàng

鑛 沙～，古猛反。(ZD59-1119b)

𪎊② kuàng

𪎊 麄～䵃，二同上，此正。(ZD59-1072b)按：“麄～”之“～”，通“𪎊”。

𪎊 ～麥，古猛反。(ZD59-774a)

刲 kuī

刲 ～刳，上苦携反，割也，下苦乎反，屠也。(ZD60-551a)

擓 kuī

擓 大～，苦迴反，正作盔。(ZD59-1122c)按：“～”乃“盔”字，詳見本書中篇“擓”字條。

擓 銅～，苦迴反，羹器也，正作盔。(ZD60-228b)

擓 作～，苦灰反。(ZD60-378c)

擓 作槐～，二同苦迴反，俗字。(ZD60-366c)

㮯 kuī

㮯 銅～，苦迴反。(ZD60-83b)按：“～”即“盔”字。《代宗朝贈司空大辨正廣智三藏和上表制集》卷2：“光天寺東塔院惠隱禪師鑄漆㪷及伍㪷銅㮯壹百參拾枚。”(T52，p837a)鄭賢章(2004：144；2007：239)曾有相關考證，可參。

窺 kuī

窺 ～看，丘隨反。(ZD59-710c)

窺 未～，去規反，小視也。(ZD59-929b)

---

① 又見“穬”字條。
② 又見“䵃”字條。

窺　～天，上丘隨反，視，正作闚、窺二形也。（ZD59-548b）

窺　～覰，去隨反，下以朱反。（ZD59-659a）

窺　府～，去隨反，佢視也，正作俯窺。（ZD60-162b）

窺　俯～，丘規反。（ZD60-581a）

虧　kuī

虧　用～，丘隨反。（ZD60-483a）

虧　～失，丘隨反。（ZD59-748c）

虧　～損，去隨反。（ZD59-668a）

虧　不～，丘爲反。（ZD59-610b）

虧　～敗，丘隨反，又上方經作腐敗，上音父。（ZD59-707a）

虧　漸～，去隨反。（ZD59-951b）

虧　～減，去隨反，下户斬反。（ZD59-661a）

虧　～壞，去隨反。（ZD59-646c）

虧　有～，去隨反。（ZD59-748a）

虧　～負，上丘爲反。（ZD59-606c）

虧　量～，上云問反，下丘隨反。（ZD60-560a）

虧　不～，丘隨反。（ZD59-725c）

虧　～損，去隨反。（ZD59-972c）

虧　～減，丘隨反。（ZD59-819c）

虧　～違，上丘隨反。（ZD60-141c）

虧　～慙，女板反，慙而面赤也，正作報。（ZD59-646c）

虧　～失，去隨反。（ZD59-834c）

虧　～缺，丘隨反。（ZD59-738a）

虧　不～，丘隨反。（ZD59-653a）

虧　～減，丘爲反。（ZD59-678a）

虧　～捐，丘隨反。（ZD59-692a）

虧　～陳，去隨反，下去遰反。（ZD59-783c）

闚　kuī

闚　～看，苦規反。（ZD59-964a）

闚頫　盧～，去隨反，輔相也。（ZD60-299b）按：“～”，對應經文作“闚”。《雜寶藏經》卷9：“爾時買瓦者，輔相富盧闚是也。”（T04，p491b）

鎘[1]　kuī

鎘　～、椚，二同苦迴反。（ZD60-369a）按：“～”“椚”乃“盇”字，盆子一類的器皿。《毘尼母經》卷5：“爾時毘舍佉鹿母施僧六種物：一者刻漏好床；二者銅盇；三者燭竪；四者扇；五者掃箒；六者大銅器。”（T24，p825c）“盇”，宋、元、明、宮、聖本作“鎘”。《漢語大字典·金部》根據《玄應音義》以“鎘”爲“魁”，誤。“鎘”乃“盇”。詳見鄭賢章（2004：144）所論。

鎘　作～，同上。（ZD60-378c）按：“鎘”即“盇”，非“魁”字。

巋　kuī

巋　～然，上丘軌反。（ZD60-262b）

巋　～屵，上丘軌反，高峻皃也。（ZD60-410b）

巋　王～，丘軌反。（ZD60-551c）

奎　kuí

奎　～宿，苦圭反。（ZD59-652a）

奎　～星，苦圭反。（ZD59-684b）

---

[1] 又見“搁”“椚”字條。

逵　kuí

逵
敬～,同上也,此正。
(ZD59-708b)

逵
戴～,巨追反。
(ZD60-417a)

逵
敬～,巨追反,正作
逵也。敬,愛也。
逵,道也。《妙法蓮華經》作
大愛道比丘尼是也。
(ZD59-708b)按:"敬～",
對應佛經作"敬逵"或"敬
逵"。《正法華經》卷6:"爾
時大敬逵比丘尼,與六千比
丘尼俱,瞻戴尊顔不以爲
厭。"(T09,p106b)可洪以
"～"爲"逵"之訛。

畫　kuí

畫
～蠍,上苦圭反,下
音歇,上又應和尚音
圭。(ZD60-360c)

畫
～薑,上苦圭反,下
丑芥反,上又應和尚
音圭,怇。(ZD60-359b)

揆①　kuí

揆
～則,上求癸反。
(ZD59-572b)

揆
～度,上求癸反。
(ZD59 608c)

揆
～察,巨癸反,度也,
正作揆也,又音砌,
非。(ZD59-824a)

揆
不～,求癸反。
(ZD59-942c)

揆
揆
百～,巨癸反。
(ZD59-769a)

揆
百～,其癸反。
(ZD59-763b)

揆
作～,見藏作揆,應
和尚以榤字替之,亦
非也。(ZD60-367c)

葵　kuí

葵
土～,上徒古反,鄉
土也,下巨規反,草
名。(ZD60-372a)

蔡
～子,上巨追反。
(ZD60-66b)

葵
～華,上巨惟反。
(ZD59-1047a)

撰　kuí

撰
～時,上求癸反,度
也,正作揆也,又七
計反,挑取也,非。(ZD59-
1138a)按:"～"即"揆"
之訛。

撰
～察,上求癸反,度
也,正作揆也。
(ZD59-610b)

暌　kuí

暌
旨～,苦圭反。
(ZD60-541a)

暌
～離,上苦圭反。
(ZD60-440a)按:
"～",經文作"暌"。

魁②　kuí

魁
～魁,苦迴反,下
古外反。(ZD59-
732b)

魁
衆～,苦迴反。
(ZD59-671b)

魁
～膾,上苦迴反,下
古外反。(ZD59-
557b)

魁
～偉,古迴反,下于
鬼反。(ZD59-641c)
如～,苦迴反,正作
盔。(ZD59-768c)

魁
～膾,苦回反,下古
外反。(ZD59-848c)

魁
～膾,苦迴反,下古
外反。(ZD59-711b)

魁
～膾,苦迴反,下古
外反。(ZD59-933c)

魁
～膾,上苦迴反,下
古外反。(ZD59-
561a)

魁
～膾,上苦迴反,下
古外反。(ZD59-
549b)

暌③　kuí

睽
～於,上苦圭反,異
也,乖也。(ZD59-
560c)

睽
～眼,苦圭反,目少
睛也。(ZD59-836a)

---

① 又見"撜""撑"字條。
② 又見"魁"字條。
③ 又見"暌"字條。

睽　～違,苦圭反,乖也,外也。(ZD59-965c)

聂 kuí

聂　～樂,上巨追反,龍也。(ZD60-438c)按:《大唐大慈恩寺三藏法師傳》卷 9:"然則夔樂已箕,匪里曲之堪預,龍鄉既晝,何爝火之能明。"(T50,p268b)

榻 kuí

榻
榻
榻　以 ～,苦迴反。(ZD59-993a)

以 ～,苦灰反。(ZD59-997a)

作～攔,二同苦迴反,俗字。(ZD60-366c)

夔[1] kuí

虁
虁　鳴 ～,巨追反。(ZD60-590c)

～龍,上巨追反,龍名也。(ZD60-419c)

偨 kuǐ

偨　～儡,經意是傀儡,上苦猥反,下郎猥反,刻木作人爲戲者也,應和尚以魁磊替之,非也,上又依字魚豈、五衷二反。(ZD60-389b)按:"～儡"即"傀儡""魁磊"。從形體看,"～"疑即"傀"。

偨　～儡,上苦猥反,下落猥反,刻木假人爲戲具也,正作傀儡也,又《經音義》以魁磊替之,非也,上又《川音》頾,並非也。(ZD60-185b)按:"～儡"即"傀儡""魁磊"。從形體看,"～"疑即"傀"。

堁 kuì

堁　～然,上音喟,苦恠反,土塊名也,正作墥也。(ZD60-313a)按:《出三藏記集》卷 7:"既外有名,亦病無形,兩忘玄漠,塊然無主,此智之紀也。"(T55,p47a)"塊",宋本作"墥"。據此,"～然"即"塊然""墥然"。"～"與"墥",皆"塊"字。《龍龕手鏡·土部》:"堁。"《隨函》云:合作塊。"

愧 kuì

愧　～慙,女板反,慙而面赤也,亦悚懼也,正作赧、慚二形也。(ZD59-728a)

匱 kuì

匱　罄～,上苦定反,下巨位反。(ZD60-225c)

匱　～乏,求位反,竭也,乏也。(ZD59-943c)

貧～,求位反,乏也,正作匱。(ZD59-903a)

匱　～乏,上巨位反。(ZD59-556a)

匱　積 ～, 求位反。(ZD60-326b)

匱　貧～,求位反,乏也。(ZD59-701a)

匱　覆～,上芳六反,下巨位反,正作匱。(ZD60-564b) 按:"～"乃"匱",詳見本書中篇"匱"字條。

匱　一 ～, 巨位反。(ZD60-588b)

蕢 kuì

蕢　覆～,上芳六反,下巨位反。(ZD60-315b)按:"覆～",對應佛經作"覆簣"。《出三藏記集》卷 9:"創基覆簣而雲峰已搆,冲想一興而淵悟載豁。"(T55,p67a)

潰 kuì

潰　胐～,上補弘反,下胡對反,正作崩潰。(ZD60-183a)按:"胐～",對應經文作"崩潰","～"爲"潰"之訛。《佛所行讚》卷3:"魔衆悉憂慼,崩潰失威武。"(T04,p26c)

---

① 又見"聂"字條。

憒　kuì

憒
～亂,古內反,肉也。
(ZD59-712b)

殨　kuì

殨
腹膭,戶內反,爛也,
散也,正作～、潰二
形。(ZD60-271b)

膭　kuì

膭
頑～,上五還反,下
五怪反,聾也,正作
瞶也,下又古迴、戶內、以醉
三反,並非。(ZD59-1092b)
按:"～"乃"瞶"字之訛。

餽　kuì

餽
之～,巨位反。
(ZD60-401a)

瞶①　kuì

瞶
矇～,莫紅反,下五
恈反,正作瞶也,又
音貴,悞。(ZD59-769b)

襘
盲～,吾恈反,聾也,
正作瞶。(ZD59-
706a)

襘
又葬～,下五怪反,
正作聵、頯也。
(ZD60-401c)

瞶
聾～,洛紅反,下五
恈反。(ZD59-662b)

襘
駃～,五恈反。
(ZD59-706c)按:"～"
乃"瞶"字,詳見本書中篇
"襘"字條。

穖②　kuì

穖
皮～,苦外反。
(ZD59-1005a)

穖
穅～,上苦郎反,下
苦外反。(ZD59-
557b)

䅥
穅～,上苦郎反,下
苦外、苦恈二反,正
作穅穖。(ZD59-570c)

䅥
粟襘～,一相玉反,
下二苦外反。
(ZD59-689b)

襘
子～,苦外、苦敗二
反,麁穅也,正作穖。
(ZD59-680b)

簀③　kuì

簀
覆～,上芳巨(目)
反,下巨位反。
(ZD60-454a)按:"～",對應
經文作"簀"。《高僧傳》卷
8:"以去年四月二十三日創
功覆簀。"(T50, p377b)

簀
覆一～,下巨位反,
土籠子。(ZD60-
530b)

襘　kuì

襘
聾～,上郎紅反,下
五怪反。(ZD59-

1094a)按:《佛說分別善惡
所起經》卷1:"忽蔑不承
用,後生常聾襘。"(T17,
p522c)"～"乃"瞶"字。

襘　kuì

襘
穅～,苦郎反,下苦
外反。(ZD59-819b)

纗④　kuì

纗
纍～,上力主反,下
其位反。(ZD59-
1130a)

纗
纍～,巨位反。
(ZD60-17a)

饋　kuì

鑎
～遺,巨位反,下唯
醉反,上正作饋。
(ZD59-809b)按:"～遺",
對應佛經作"饋遺"。"～"
乃"饋"之訛。構件"金"與
"食"近似相混。

纘　kuì

纘
去～,巨位反,正作
纘。(ZD60-63c)

巛　kūn

巛
乹～,音坤。(ZD59-
1043a)按:"～"
——————

① 又見"襘""膭"字條。
② 又見"襘"字條。
③ 又見"簀"字條。
④ 又見"纗"字條。

同“坤”。

川　齓～，苦昆反，古文坤字也。齓者，天也。巛者，地也。（ZD59-588a）按：“～”同“坤”。

堨　kūn

堨　僧～，古冤反。（ZD60-329b）

堨　～虫，上音昆，正作蜫。（ZD60-364a）

堨　～虫，上古冤反，正作蜫、蚎二形。（ZD60-329c）

崑　kūn

崑　～崙，上古冤反，下魯冤反。（ZD59-1018c）

崑　kūn/pí

崑　～崙，古冤反，下郎昆反。（ZD59-766c）

崑　嵩～，息中反，下古冤反，下又《經音義》作猵，音毗，非也。（ZD59-691b）按：“嵩～”，對應佛經作“嵩崑”。《佛説方等般泥洹經》卷 2：“譬如諸嵩猵，所住於無點，若人以刀擊，即便懷悲喚。”（T12，p922b）可洪以“崑”爲正，《經音義》以“猵”爲正，今依經文作“猵”。

琨　kūn

琨　～瑞，上古冤反。（ZD60-449c）

蚎①　kūn

蚎　～虫，上古冤反。（ZD60-553a）

裩　kūn

裩　布～，古冤反，正作褌，出《玉篇》。（ZD60-492a）按：“～”即“裩”字之訛。

髠　kūn

髠　～樹，苦溫反，截也。（ZD59-684b）

髠　～頭，上苦昆反，去髮也。（ZD59-613c）

髠　～抬，上苦昆反，下丑之反，捶也，正作笞，又或作治，音持。（ZD60-194c）

髠　～頭，苦昆反。（ZD59-857c）

髠　當～，苦昆反，去髮也，正作髠。（ZD59-1086c）

髠　～其，上苦昆反，去髮也，正作髠。（ZD59-1103b）

髠　～頭，上苦昆反。（ZD59-1089c）

髠　～頭，上苦昆反，正作髠。（ZD59-617a）

髠　～頭，上苦昆反。（ZD59-615c）

髠　～滅，上苦昆反，正作髠。（ZD59-1059a）

髠　～頭，苦昆反。（ZD59-857c）

髠　～鉗，上苦昆反，下巨廉反。（ZD59-1059c）

裩②　kūn

裩　貝～衣，補蓋反，螺也，今砑螺是也，中苦皆反，正作揩也。（ZD59-1124a）按：“～”，經文作“裩”或“揩”。《十誦律》卷 39：“佛在王舍城，爾時六群比丘，以貝珠裩衣著。”（T23，p280c）“裩”，宋、元、明、宮本作“揩”。《翻梵語》卷 3：“麁毛欽跋具裩衣，持律者云許衣。”（T54，p1005b）“～”即“裩”。可洪以“～”爲“揩”，今不從。

蜫　kūn/pí

蜫　～虫，上古魂反。（ZD59-987c）

蜫　～勒，音毗，悮。（ZD59-912a）按：

------

① 又見“堨”“蜫”字條。
② 又見“裩”字條。

"蜫",譯音字,可洪音"毗"。《大智度論》卷18:"云何名蜫勒?云何名阿毘曇?云何名空門?"(T25,p192b)"〜勒"之"〜",據可洪乃"蛀"字。《新集藏經音義隨函錄》卷10:"蜫勒,上音毗,正作蛀也,梵言毗勒,秦言篋藏也,第二十八卷內外道名作蜫盧坅,《維摩經》作毗羅胝子是也,又古莧反,蟲名也,非呼,傳寫久悮也。"(K34,p985a)

褌　kūn

褌　〜袴,上古莧反,下苦故反。(ZD59-1093c)

鵾　kūn

鵾　〜雞,上古莧反。(ZD59-591a)

悃①　kǔn

悃　〜〜,苦本反,正作悃。(ZD60-577a)
按:"〜"乃"悃"字,詳見本書中篇"悃"字條。

悃　〜御,苦本反,〜愊,至誠也。(ZD59-781a)

梱　kǔn

梱　〜門橜,上苦本反,下巨月反,上正作梱。(ZD60-374b)

烟　kǔn

烟　〜愊,上苦本反,正作悃也,下普逼反,至誠也。(ZD60-447c)

壼　kǔn

壼　〜奥,上苦本反,居也,廣也,宫中道也,正作壼。(ZD60-577b)

壼　〜奥,上苦本反,居也,廣也,宫中道也。(ZD60-437c)

閫　kǔn

閫　踰〜,苦本反,正作閫。(ZD60-477b)
按:"〜"乃"閫",詳見本書中篇"閫"字條。

闞②　kǔn

闞　門〜,同上(閫),此悮。(ZD60-153c)
按:"門〜",對應佛經作"門閫"。《尊婆須蜜菩薩所集論》卷2:"又世尊言,斷栅斷塹,而住門閫。門閫者義云何?或作是説,於此慢怠,依彼門閫,吾我所造。"(T28,p731a)"閫",聖本作"闞"。"〜"與聖本"闞"近似,根據經文與可洪之説,皆爲"閫"之訛。

括③　kuò

括　〜鼻,古活反,塞也。(ZD59-776c)按:"〜鼻"之"〜",即"括"。

括　綜〜,上子宋反,下古活反。(ZD60-108b)

括　〜百,上古活反,正作括。(ZD60-307a)

括　〜栝,上古活反,下補陌反,木名也,正作栝栝也。(ZD60-462b)
按:"〜栝"即"栝栝",其中"〜"即"栝"字。

括　箭〜,古活反,箭受絃處也,正作筈,又音闊。(ZD59-564c)按:"〜"即"筈"。

栝　kuò

栝　波〜鎮,音活。(ZD59-756a)按:《佛説阿闍世王經》卷1:"摩遮迦波,栝鎮遮薩,恝波陀波。"(T15,p389a)"栝",宋、元、明、宫、聖本作"括"。

栝　爲〜,古活反。(ZD59-868c)按:"〜"同"筈",經文作"括","括"即"栝"之訛。《大佛頂如來密因修證了義諸菩薩萬行首楞嚴經》卷8:"歷怠

────
① 又見"烟"字條。
② 又見"闞"字條。
③ 又見"栝""栝"字條。

則能爲括、爲袋、爲拷、爲
縛。"（T19，p144c）

栝　詳～，古活反，撿也，
正作括也。（ZD60-
478b）按：《續高僧傳》卷
15："詳括文義，統略悟迷。"
（T50，p547c）

秙　kuò

秙　～髮，上古活反，《辯
正》作括。（ZD60-
561a）按："～"即"括"。《廣
弘明集》卷 13："是知露頂
括髮，鄉俗不同。"（T52，
p184b）

筈①　kuò

秙　～～，古活、苦活二
反，箭受弦處也，正
作筈，又音活，誤。（ZD59-
852a）按："～"，即"筈"字，
箭的末端，射箭時搭在弓弦
上的部分。《大方便佛報恩
經》卷 5："即起四兵，往逆
流離，去四十里，挽弓射之，
箭箭相續，筈筈相拄。"
（T03，p152a）"筈筈"，宋本
作"括括"。"～""括"皆
"筈"。

栝　～～，古活反，箭口
也。（ZD59-945a）

筈　～～，古活、苦括二
反，受絲處。（ZD59-
1119a）

廓　kuò

廓　破～，古霍反，正作
廓。（ZD59-998b）
按："～"乃"廓"字，詳見本
書中篇"**廓**"字條。

鞟　kuò

鞟　虎～，苦郭反，皮也。
（ZD60-523a）

---

① 又見"括""栝"字條。

L

柆 lā

柆 矩～，上俱禹反，下來合反。（ZD60-134a）按："～"乃"拉"。

拉 ～虒，上郎合反。（ZD60-596c）按："～"乃"拉"。

剌 là

剌 羯～藍，上居謁反，中郎割反，下郎甘反，中正作剌。（ZD60-113c）

剌 那～，羅割反，正作剌，諸部作那羅陁。（ZD60-12b）

剌 ～那那伽，上來割反。（ZD59-574a）

喇 là/sòu

嚹 唵～，烏感反，下勒達反。（ZD59-781b）

嚹 頞～，與喇同，音剌。（ZD59-721c）

喇 般～，喇字悞也，又音朔，非。（ZD59-876c）

喇 欬～，上苦愛反，下蘇奏反。（ZD59-597a）按："～"乃"嗽"字。

辢 là

辢 辛～，上息津反，下來割反，正作辛辢也，並悞。（ZD60-164c）按："～"乃"辢"字，詳見本書中篇"辢"字條。

辢 痛～，來割反，正作辢。（ZD60-163c）按："～"乃"辢"字，詳見本書中篇"辢"字條。

辢 果～，力達反，椒味也。（ZD60-135b）

辢 ～味，郎達反。（ZD59-859c）

辢 辛～，勒達反。（ZD59-739a）按："～"乃"辢"字，詳見本書中篇"辢"字條。

瘌 là

瘌 疥～，音剌，又音賴。（ZD59-611b）按："疥～"之"～"，同"癩"，經文作"癩"。《佛説胞胎經》卷1："風寒諸熱，疥癩虛痔，惡瘡癰疽，黄疸咳逆。"（T11，p890a）

蝲 là

蝲 蟽～，他達反，下郎達反，正作蝲字也。（ZD59-879c）按："～"乃"蝲"字，詳見本書中篇"蝲"字條。

臈 là

臈 ～拔，郎盍反，下音婆。（ZD59-733b）

臈 揭～茷，其列反，中郎盍反，下扶月反。（ZD59-636c）

臈 阿～，郎盍反。（ZD59-1012a）

臈 沙～，勒盍反。（ZD59-750a）

熇 或～，郎盍反，正作臈。（ZD60-164b）按："～"乃"臈"字，詳見本書中篇"熇"字條。

攋 là

攋 ～～，盧盍反，搚破壞聲也，或作鱲，䶯聲也。（ZD60-16b）按："～"，經文作"獵"或"鱲"。

《根本説一切有部毘奈耶雜事》卷 34:“時有苾芻欲粥作呼呼聲,嚼乾餅者作百百聲,喫餺爐者作獵獵聲。”(T24, p375b)“獵獵”,宋、元、明、宫本作“鑞鑞”。

蝎 là

～脾,上来盍反,下毗耶反。(ZD60-132b)按:“～”即“蝎”,同“蠟”。

鉢～,郎盍反。(ZD60-52a)按:“～”即“蝎”,同“蠟”。

然～,郎盍反。(ZD60-277c)按:“～”即“蝎”,同“蠟”。

臘① là/liè

十～,盧盍反。(ZD59-776b)

～婆,郎盍反。(ZD59-635c)

～敷,上力盍反。(ZD60-99c)

比～,步夷反,下郎盍反。(ZD59-717b)

卄～,郎合反,正作臘。(ZD59-605c)

或～,郎盍反。(ZD59-791b)

～印(印),郎盍反,下伊進反。(ZD59-686a)

踰～驃,上徒盍反,中盧合反,下毗妙反。(ZD59-669c)

亘那～,古鄧反,下郎盍反。(ZD59-749a)

達～,來盍反,比丘名達臈婆末羅子,此云實力子,即是物攢子也。(ZD60-121c)

白～,郎盍反。(ZD59-682b)

灑～,力葉反,或臘,郎塔反。(ZD59-877b)

～師,力葉反。(ZD59-685b)按:“～”即“臘”,通“獵”。

蠣② là/lì

蝰～,上他達反,下來達反,又力世反,非也。(ZD59-1109c)按:“蝰～”即“蝰蝲”。“～”同“蝲”,音“là”。《摩訶僧祇律》卷 22:“長老!何故振手?爲蜈蚣蜂蠆所螫耶?”(T22, p406b)“蜂蠆”,宋、元、明、宫本作“蝰蝲”。

牡～,上莫口反,下力計反。(ZD60-377c)

鍻 là

白～,郎盍反。(ZD59-1123b)

蠟 là

蘇～,郎塔反。(ZD59-688a)

方～,郎盍反。(ZD60-395c)

富～,郎盍反。(ZD59-810b)

癩 là/lài

疥～,上音介,下音剌。(ZD59-596c)

疽～,七余反,下郎大反。(ZD59-735b)

瘺～,音漏,下音賴。(ZD59-789b)

～瘉,上音賴,下音瘉。(ZD59-575b)

～病,上《説文》作癘,同音賴。(ZD59-558c)

庍～,古拜反,下郎蓋、郎達二反,正作疥癩也,上又補卦反,並悮也。(ZD59-982c)

蝲③ là/tà

蛆～,他達反,下郎達反,毒虫也,正作蝰蝲,應和尚以蠆蝲替之也。(ZD59-732b)按:“～”,可洪音“郎達反”,以爲

---

① 又見“臈”字條。
② 又見“蝲”字條。
③ 又見“瘌”字條。

"蜊"。

蛪 蛆～,上他達反,下郎達反,毒虫也,正作蟯蜊也。(ZD59-1123c)按:"～",可洪音"郎達反",以爲"蜊"。

蛪 蛆～,上他達反,下郎達反。(ZD59-1123c)按:"～",可洪音"郎達反",以爲"蜊"。

蝲 狙蠣～,三同他達反,俗。(ZD60-378a)按:"～",可洪音"他達反",蓋以爲"狙(獺)"。

囉 là

囕 啉～𰷖,音鉢,中音臘,下音避。(ZD59-815b)按:"～"即"囉",譯音字,無實義。

曬 跋～,盧盍反。(ZD59-721b)

囄 ～薛,盧盍反,下蒲計反。(ZD59-796a)

鑞 là

鎓 白～,音臘。(ZD59-1065a)

鑞 白～,郎盍反。(ZD59-710b)

鎓 白～,郎盍反。(ZD59-1062b)

来 lái

来 ～电,以世反。(ZD60-187c)

来 予～,上余、與二音,同。(ZD60-351a)

來① lái

帝 ～儀,上音來,至也,及也,正作來。(ZD60-582c)

耒 未～,微沸反,下郎才反,至也,正作來。(ZD59-646b)

萊 lái

菜 ～州,上郎才反。(ZD60-443b)

唻 lái

唻 逝～,洛加反,郎皆、郎改二反。(ZD59-815b)按:《佛説善法方便陀羅尼經》卷1:"跋逝唻(一)跋逝唻(二)。"(T20, p580b)

㖭 阿～呼,中洛皆反,下音浮,正作唻呼,第十卷作阿唻呼,《川音》作唻字。(ZD60-291a)

㗐 阿～,郎才、郎改二反,應和尚未詳。(ZD60-388b)按:"～"疑爲"唻",譯音字。

秾 lái

秾 麴～,上音牟,下音來,麥～別名。

(ZD60-520b)

箂 lái

箂 大～,音來。(ZD60-154a)

茉 lài

茉 諸～,宜作櫾萊,上章余反,下郎代反,木名也,櫾也,又別經作菜,非也,又音禾,亦非也,經意是木名。(ZD59-1047a)按:"諸～",對應佛經作"諸菜"。《舍頭諫太子二十八宿經》卷1:"是諸樹木,名曰優曇鉢、鉢和叉、尼拘類、松柏、五木、梧桐、合歡、諸菜、斛速、槐樹、大椋、澤椋。根莖枝葉,華實不同。"(T21, p413b)"諸菜",可洪以爲不符經意,作"茉"也不符經意。"諸～",今從可洪作"櫾萊"。"～"即"萊"字之訛。

倈 lài

倈 作～,郎代反。(ZD60-370a)按:"～"音"郎代反",同"倈"。

倈② lài

倈 勞～,上郎告反,下郎代反。(ZD59-1060b)

---

① 又見"来"字條。
② 又見"倈"字條。

睞 lài

腜 ～眼，上來代反，傍視也，亦内視也，正作睞。(ZD60-24a)

睞 ～眼，上郎代反。(ZD59-583c)

睞 角 ～，來 代 反。(ZD59-696c)

睞 目 ～，郎 代 反。(ZD59-733c)

睞 盻～，上芷幻反，下郎代反，正作盻(盼)睞也。(ZD59-608b)按："～"乃"睞"字，詳見本書中篇"腜"字條。

睞 睊～，古岳反，下來代反。(ZD59-737a)

睞 盻(盼)～，上普莧反，美目視也，又音麵，下郎代反，正作睞。(ZD60-471b)

脒 角～，郎代反，傍視也，或内視也。(ZD59-711c)按："～"乃"睞"字，詳見本書中篇"腜"字條。

睞 惕～，他的反，愛也，下郎代反，視也。(ZD59-675a)

脒 盻(盼)～，上芷莧反，下郎代反。(ZD59-606c)

眷誺 ～虵，上音來，下羊者反。(ZD59-626a)

賚 lài

賣 麽～，下是甾貝二字。甾，初洽反。《川音》音賚，《江西音》作所賈反，又音賣，後三呼並非。(ZD59-889c)按："麽～"，對應佛經作"麽賚"。《佛說一切功德莊嚴王經》卷1："薄伽梵跋折囉波儞薩婆波跋羯麽賚也我某甲(自稱已名)。"(T21，p892b)可洪以"～"爲"甾貝"，經文作"賚"。

賚 勞～，郎告反，下郎代反，與也，賜也，正作傍賚。(ZD59-763c)

賴① lài

頼 ～綟，徒迷反，亦作締。(ZD59-688a)

頼 lài

頼 ～由，上郎蓋反。(ZD60-490b)按："～"乃"賴"字，詳見本書中篇"頼"字條。

癘 lài

癘 瘡～，音賴。(ZD59-584c)

𪘽 lài/sòu

𪘽 作～，音瘦，即嗽(嗽)字變矣，真言中

依字音賴。(ZD60-360a)按："～"乃"嗽"，又可爲真言譯音字，讀"lài"。

瀨 lài/shù

瀨 疾～，音賴。(ZD60-390a)

瀨 羅～，音賴。(ZD59-1030a)

瀨 ～綟，上郎大反，下以至反。(ZD59-625b)按："～"同"瀨"，用作譯音字。

瀨 澡～，上音早，下音瘦，下正作漱也。(ZD59-1039a)按："～"乃"漱"字。

瀨 ～漏，所右反，又音賴，悮。(ZD59-750a)

籟 lài

籟 衆～，音賴。(ZD60-520b)

婪 lán

婪 貪～，郎含反，正作婪、啉二形也。(ZD59-854a)

啉 lán

啉 婆 ～，郎 含 反。(ZD59-838b)

---

① 又見"頼"字條。

藍　lán

坾～，丁兮反，下郎甘反，《芬陁利經》作兜嵐。（ZD59-717b）

～弗，郎甘反，梵言欝頭藍弗，唐言猛喜子。（ZD59-860a）

嚂　lán

涅～，利衫反。（ZD59-841b）按："～"，譯音字。

爁　lán

火攬，力甘反，持也，經意是～，力含反，以火燒～也。（ZD59-996b）按：《中阿含經》卷42："比丘！猶工煉金上妙之師，以火燒金，鍛令極薄，又以火爁，數數足火，熟煉令淨，極使柔軟而有光明。"（T01，p691c）"爁"，宋、聖本作"欖"，元本作"壗"，明本作"攬"，德本作"灆"。"～"即"爁"。

襤　lán

～褸，音縷。（ZD60-363b）

攔　lán

～拱，上洛干反。（ZD60-259b）按："～"乃"欄"。

～攬，上洛干反，下胡黯反，下又音藍，非也，《川音》作𦝼，非也。（ZD60-424a）按："～"乃"欄"。

蘭　lán

～楯，巡、順二音。（ZD59-848c）

蔜～，上古顏反。（ZD60-370a）

嚂　lán

揭～，音藍。（ZD59-802b）按："～"，譯音字。

～婆，上洛甘反。（ZD59-590a）

～，郎甘反。（ZD59-588b）

斕　lán

羺～，郎干反，正作斕。（ZD59-801b）按："～"，用作譯音字。

呬～，香器反，下洛干反，俁。（ZD59-754b）

灆　lán

～佛，郎甘反。（ZD59-745b）

～浮，郎甘反。（ZD59-745c）

伽～，郎甘反。（ZD59-1112a）

～麼，上藍、灆二音。（ZD59-590c）

纜　lán

～縷，上洛甘反，下力主反。（ZD60-301a）

～縷，上洛甘反，下力主反。（ZD60-456b）

～縷，上力甘反，下力主反。（ZD60-182b）

伽～，力甘反。（ZD60-80c）

欄① lán

～楯，洛干反，下食尹反。（ZD59-688b）

𡅴　lán

多～，郎干反。（ZD59-590c）按："～"，譯音字。

麼～，洛干反。（ZD59-785b）

欄　lán

～楯，上洛干反，下食准反。（ZD59-573c）

———

① 又見"攔"字條。

壏　lǎn

壏　坎～,上苦感反,下郎坎反,多屯難也。(ZD60-513a)

攬　lǎn

攬　博～,郎敢反,手取也,正作攬、擎二形。(ZD59-1004b)按:"～"乃"攬"字,詳見本書中篇"攬"字條。

攬　思 ～, 郎 敢 反。(ZD60-168b) 按:"思～",對應佛經作"思攬"或"思覽"。《舍利弗阿毘曇論》卷1:"王德應符,闡揚三寶,聞兹典誥,夢想思攬,雖曰悠邈,感之愈勤。"(T28, p525b)"攬",宋、元、明、宮本作"覽"。"～",即"攬"字,經文中通"覽",閲覽也。

擎　lǎn

擎　～及,上郎敢反。(ZD59-1023c)
擎　～及,上郎敢反,正作擎。(ZD59-1023c)

懶① lǎn

懶　～惰,上郎旱反,下徒果反。(ZD59-555c)

嬾嬾嬾嬾嬾懶懶嬾　～惰,郎坦反,下徒果反。(ZD59-666b)
～堕,徒果反。(ZD59-563a)
～堕,郎坦反,下徒果反。(ZD59-661a)
～惰,郎坦反。(ZD59-748a)
～堕,上郎坦反。(ZD59-1080c)
～惰,同上。(ZD59-563a)
～惰,音堕。(ZD59-559c)
～惰,郎旱反,下徒果反。(ZD59-694c)

嬾　lǎn

偄　～人,上郎坦反,正作嬾、懶。(ZD60-254b)按:"～人",對應佛經作"嬾人"。《釋迦譜》卷1:"後有嬾人,取四五日糧,所刈有處粳米便不復生,祐以爲機心。"(T50, p1c)

覽　lǎn

覽覽覽　遊～,音攬。(ZD59-659b)
所～,音攬。(ZD59-587a)
見 ～, 郎 敢 反。(ZD60-465c)

攬② lǎn

攬　～ 攝, 郎 敢 反。(ZD59-708a)

攬攬攬　制 ～, 郎 敢 反。(ZD59-577a)
捉 ～, 郎 敢 反。(ZD59-638b)
婆～,郎敢反,龍名也,正作攬。(ZD59-751c)

攬攬攬攬　～諸,郎敢反,正作攬。(ZD59-675b)
～ 觸, 郎 敢 反。(ZD59-663c)
～ 菩, 郎 敢 反。(ZD59-752a)
引～,郎敢反,手取物也。(ZD60-423c)

嚂　lǎn

嚂　怛～,洛敢反,二合。(ZD59-801a) 按:"～"乃譯音用字。《佛説瑜伽大教王經》卷3:"莽(引)怛嚂(二合引)欬(引)曩(引)(三十二)。"(T18, p571b)

纜　lǎn

纜　恒～,上多達反,下郎闞反。(ZD60-109c)
纜　以 ～, 郎 闞 反。(ZD59-1129c)
纜　咀～,上多達反,下音濫。(ZD60-95b)

---

① 又見"嬾"字條。
② 又見"攬"字條。

嬾　lǎn

嬾　～茶，郎坦反，下徒皆反。（ZD59-815a）按："～"，譯音字。《護命法門神咒經》卷1："憚荼摩嬾荼（徒皆反二）。"（T20，p585c）

瀾　làn

瀾　�～，之與反，下郎贊反。（ZD59-880c）按："瀝～"即"煮爛"。"～"乃"爛"字。

灡　làn

灡　相～，音濫。（ZD60-325a）

斕　làn

斕　膿～，郎歎反。（ZD59-612b）按：《阿毘達磨大毘婆沙論》卷40："復次青色隨順青瘀想故，黃色隨順膿斕想故。"（T27，p207a）"～"同"爛"。

灆　làn

灆　苦～，郎俠反，正作濫，闞字韻也，悮。（ZD60-379a）按："苦～"，《一切經音義》作"苦濫"。

爛[1]　làn

爛爛爛爛　糜～，美垂反，下郎歎反。（ZD59-673c）
不～，郎贊反。（ZD59-744b）
膧～，疋江反，下郎歎反。（ZD59-773c）
不～，郎歎反，火熟也，正作爛。（ZD59-625c）

爛爛　焕～，呼亂反。（ZD59-928c）
～糞，上郎炭反，下方問反。（ZD59-553b）

瀾瀾瀾　消～，郎歎反。（ZD59-673c）
無～，郎歎反，正作爛。（ZD59-649a）
能～，又作爛、爛二形，同郎歎反，殰也。（ZD59-741c）

爛　làn

爛爛爛爛爛　～涎，郎贊反，下似延反。（ZD59-913b）
腐～，扶武反，下郎嘆反。（ZD59-858c）
壞～，郎歎反。（ZD59-617c）
～麂，上郎贊反。（ZD59-571b）
糜～，上美爲反，散也，壞也。（ZD59-558a）

㫰　làn

㫰　縛～，郎贊反。（ZD59-881c）按："～"，譯音字。《金剛光焰止風雨陀羅尼經》卷1："入縛㫰跋塞（桑邑反）弭矩嚕（七十句）。"（T19，p734b）

㮿　láng/liáng

㮿　擯～，上音賓，下音郎，字從木。（ZD60-79c）按："擯㮿"，經文作"檳榔"。"～"乃"榔"。
收～，音粮。（ZD60-260c）按："～"乃"粮"，詳見本書中篇"㮿"字條。

狼　láng

狼狼　帚～，洛堂反，正作狼。（ZD59-776b）
～跡，音郎，正作狼。（ZD59-761b）

琅　láng

琅　～玕，上音郎，下音干。（ZD59-1080b）

㮿[2]　láng

㮿　～檔，上勒堂反，下得郎反，鑠頭。

---

[1] 又見"斕""爛"字條。
[2] 又見"㮿"字條。

（ZD59-1093c）按："粮檔"與"銀鐺"同。《四十二章經》卷1："人繫於妻子、寶宅之患,甚於牢獄、桎梏、銀鐺。"（T17,p723a）"銀鐺",宋、宫本作"郎當",明本作"粮檔"。

嘟 láng

嘟 　~~,音郎,跋屧行聲也,《十誦律》作郎是也。（ZD59-1112b）

廊 láng

廊 　房~,音郎,長方録作廊。（ZD60-334a）

瑯 láng

瑯 　~瑯,郎耶二音,郡名也,或作琅邪。（ZD60-327c）

粮 láng

粮 　~,音良。（ZD60-330c）按:《衆經目録》卷1："坦矣法疇,差無粮莠。"（T55,p180c）

蜋[1] láng

蜋蜋 　蜣~,丘羊反,下力羊反。（ZD59-741a）
蜣~,去羊反,下力羊反。（ZD59-679c）

蛝 　蠶蛝~,上自南反,中丘羊反,下力羊反。（ZD59-681b）

螂 láng

螂 　螗~,上音唐,下音郎,亦作螗蜋。（ZD60-366a）

胅 lǎng/liáng

跟胅 　寥朗,下亦作~、誏。（ZD60-564a）
跳~,上音條,下音良,正作跟,下又勒黨反,非也。（ZD60-234a）按:"~"乃"跟"。

埌 làng

埌埌 　塚~,知勇反,下郎宕反。（ZD59-705c）
灰~,音浪,塚也。（ZD59-854c）

蒗 làng

蒗 　~蒼,郎宕反,下徒浪反,草名也,正作蕳蕩。（ZD59-741b）

撈 lāo/lào

撈撈 　~漉,音勞,下音鹿。（ZD59-952a）
療~,上力吊反,下郎到反,賜也,正作撈也。（ZD59-587b）按:《佛説濡首菩薩無上清淨分衛經》卷1："自歸於法,法之最法,法治多濟,療撈霧龍。"（T08,p744b）

撈 　若~,來到反,《經音義》作撈。（ZD60-41a）按:《四分律》卷52:"時六群比丘畜白衣器、耕犂若撈,白佛,佛言:不應畜。"（T22,p954c）

牢[2] láo/zǎi

宰　堅~,音勞,固也,正作牢也。（ZD59-564b）
牢　完~,户官反,下洛刀反。（ZD59-701b）
牢　堅~,音勞。（ZD59-720a）
牢　~去,郎刀反,下丘與反,藏也。（ZD59-674b）
牢　大~,音勞。（ZD60-424c）按:"~"即"牢"字。
宰　完~,户官反,下郎刀反。（ZD59-923a）
宰　作~,音宰,見藏作宰,又依字郎刀反。（ZD60-376a）

宰 láo

宰 　大~,音勞。（ZD60-424c）

――――――
[1] 又見"螂"字條。
[2] 又見"牢""宰"字條。

牢 láo

牢 ～檻（檻），咸黯反。
（ZD59-1062a）按：
"～"即"牢"。

勞[1] láo/lào

芳
勞
劳
㗊
爲～，郎刀反。
（ZD59-727b）

爲～，郎刀反，正作
勞。（ZD59-832c）

～弊，郎刀反。
（ZD59-927c）

～威，上郎高反，倦
也，正作勞。（ZD59-
1060c）

荢
荈
徒～，下洛刀反。
（ZD59-959c）

執勞，洛刀反，別本
作　～。（ZD59-
1004b）

勞
疲～，上蒲碑反，下
郎刀反。（ZD59-
587a）

勞
～來，郎告反，下郎
代反，下正作徠。
（ZD59-819b）

勞
～賀，郎到反。
（ZD59-821b）

劳
㗊
～佛，上來告反，慰
～，相問信也，正作
勞也，愝。（ZD59-1060a）

㗊
～欲，上郎刀、郎到
二反，正作勞。
（ZD60-185b）按："～"乃
"勞"字，詳見本書中篇"㗊"

字條。

醪 láo/jiào

醥
醳
人～，來高反，酒屬。
（ZD59-1109b）

～爐，音校，起麵者
也，正作酵也，又音
勞，下奴短反。（ZD59-
685c)按："～"乃"酵"字。

老 lǎo

耂
毶
㐒
毵
毸
耆
～贏，力垂反。
（ZD59-771b）

～死，郎早反，正作
老。（ZD59-646b）

生～，郎道反，正作
老。（ZD59-677b）

～死，郎好反，正作
老。（ZD59-824b）

～大，上郎道反，正
作老。（ZD59-1084a）

～苦，郎倒反。
（ZD59-845b）按：
"～苦"，對應佛經作"老
苦"。《僧伽吒經》卷1："生
有病苦，病有老苦，老有死
苦。"(T13, p962a)

毵
～常，郎道反，正作
老。（ZD59-912c）

咾 lǎo

咾
吒～，郎道反。
（ZD59-875a）

潦 lǎo/lào

潴
潦
潦
之～，音老，雨水也，
濁水也，正作潦也，
又普門、普悶二反，並非。
（ZD59-733b）

雨～，郎道反，雨水
也，又郎到反。
（ZD59-701b）

洪～，音老，又郎到
反。（ZD60-446b）

橑 lǎo

橑
枌～，上扶文反，複
屋棟也，正作棼，下
郎道反，簷前木也，一曰欄
也。（ZD59-1020a）

獠 lǎo

獠
蜀～，音老，西南夷
名也。（ZD60-420c）

烙 lào

爍
鑠
燒～，音落，正作烙
也。（ZD59-911a）

燒～，郎各反，炙～
也，正作烙也。
（ZD59-1108b）

僗 lào

僗
退～，郎告反。
（ZD59-764b)按："～"

———
① 又見"僗"字條。

同"勞"。

傍　水～，郎到反，正作澇。（ZD59-1025c）按："～"通"澇"。

嫪 lào

嫪　不～，郎告反，丢也，婤也，戀也。（ZD59-708a）

悸悸　戀～，郎告反，正作嫪。（ZD59-894b）

戀～，郎到反，慕也，正作嫪。（ZD59-671a）

悸嫘　不～，郎告反，正作嫪。（ZD59-708b）
～婤，上郎告反，下乎悟反。（ZD60-359c）

澇 lào

澇　旱～，郎告反。（ZD59-1066c）

扐 lè

扐　三～，宜作拗，烏巧反。（ZD60-542b）按："～"，經文作"扐"，可洪以爲"拗"。待考。

朸 lè

扐　～牛頸，上郎得反，下居郢反。（ZD60-403b）按："～"，對應文獻作

"切"。《新譯大方廣佛華嚴經音義》卷2："靯謂切牛頸。"（K32，p367b）"切牛頸"似不通，"～""切"疑爲"勒"。《新集藏經音義隨函録》："愧乾，户犬反，朸也，勒牛頸者也，亦作靬。"（ZD59-961b）

勒① lè

勒　～澁，沙立反，不滑也，呵梨勒～。（ZD59-739a）

朸　絞～，上古卯反，縛也。（ZD59-987a）按："～"，對應經文作"勒"，勒緊也。《中阿含經》卷1："若有力士以緊索毛繩絞勒其蹲，斷皮，斷皮已斷肉，斷肉已斷筋。"（T01，p425b）

勒　脊～，上子昔反，下正作肋。（ZD59-571a）

嘞 lè

嘞嘞　揭～，其列反，下郎得反。（ZD59-803a）
～叉，郎得反。（ZD59-802b）按："～"，譯音字。

樂② lè/yào

樂　僖～，上許之反。（ZD60-373b）

樂　憙～，許記反，好也。（ZD59-739a）

傑　作～，五孝反。（ZD60-362a）按："～"即"樂"字，讀"yào"。《道地經》卷1："積百餘，若不得傑樂，窮老死，故在世間没。"（T15，p230c）玄應《一切經音義》卷8："樂法，五孝反，愛欲曰樂，經文從人作傑。"（C056，p942c）

嬠 lè

嬠　作～，依字，羊略、尸斫二反，美好，經是娱樂字，書人加女也。（ZD60-357b）按："～"乃"樂"字之俗。玄應《一切經音義》卷5："娱樂，語俱反，下力各反。《説文》娱，樂也。樂，喜也。經文從女作嬠。"（C056，p897b）"樂"受上字"娱"的影响類化增"女"旁而作"嬠"。

樏 léi

樏　貞～，力追、力委二反。（ZD59-796a）按：《孔雀王咒經》卷1："智（貞樏反，下皆同）離底履。"（T19，p447a）

---

① 又見"朸"字條。
② 又見"嬠"字條。

繹　léi

繹

～絼，力追反，下先結反。（ZD59-860c）

贏　léi

贏

身～，力垂反。（ZD59-727b）

～劣，力垂反。（ZD59-724b）

～㦫，力垂反，下知劣反。（ZD59-635b）

～劣，力垂反，下力悦反。（ZD59-650a）

～劣，上力垂反，下力悦反。（ZD60-159b）

～劣，上力垂反。（ZD59-620b）

～劣，上力垂反。（ZD59-606a）

～瘦，上力垂反。（ZD59-1124c）

～瘠，力垂反，下秦昔反。（ZD59-963b）

～劣，上力垂反。（ZD59-611c）

尪～，力垂反。（ZD59-606c）

～瘦，力垂反，下沙右反。（ZD59-737a）

老～，力垂反。（ZD59-819c）

法～，力垂反，劣也，疲也。（ZD59-600b）

～瘦，上力垂反。（ZD59-599b）

～瘦，力垂反，下所右反。（ZD59-753b）

～劣，上力垂反。（ZD60-181b）

～瘦，所右反。（ZD59-1070c）

～瘠，力垂反，下秦昔反。（ZD59-856c）

～虛，力垂反。（ZD59-757c）

～人，上力垂反。（ZD59-993a）

無～，力垂反，劣也。（ZD59-857a）

～瘦，上力垂反，下所右反。（ZD59-621a）

～瘦，上力垂反，下所右反。（ZD60-35b）

～瘦，上力垂反。（ZD59-1072a）

～瘦，上力爲反。（ZD59-1073a）

～瘦，上力垂反，下所右反。（ZD59-1083b）

～省，下力悦反，恌。（ZD59-832b）

～瘦，力爲反，下所右反。（ZD59-846c）

飢～，力垂反。（ZD60-241c）

尪～，烏光反，下力垂反，弱也。（ZD59-733a）

累　lěi

累

～劫，上力水反。（ZD60-185c）

詠　lěi

詠

銘～，上音冥，下力水反，正作誄也。（ZD60-470a）

誄①　lěi

誄

賦～，下力水反，銘～也，疊也，疊述前人之功德也。（ZD60-215a）

𡺦　lěi

𡺦

巗～，《梁弘明集》第六作堁壘歸仁，《梁弘明》宜作碨礧，此集宜作𡺦，上烏罪反，下郎罪反，衆石皃也，言衆人歸向，如山如岳而來也，又上於鬼反，下力水反，山皃也，上正作磈、嵬二形，下正作礧、礨二形，傳寫久悮也，上又《川音》音懷，非也。（ZD60-577c）按："巗～"，對應佛經作"巗礧"或"峞礧"。《廣弘明集》卷23："再擊則巗礧歸仁。"（T52，p264c）可洪以"巗～"同"碨礧""嵬礨"。

———

① 又見"詠"字條。

磥 lěi

磥 ～硌，上郎猥反，下郎各反。（ZD60-573a）按："～硌"，又作"礧硌"。

傫 lěi

傫 偟～，經意是傀儡，上苦猥反，下郎猥反，刻木作人爲戲者也，應和尚以魁磥替之，非也，上又依字魚豈、五哀二反。（ZD60-389b）

傫 偟～，上苦猥反，下落猥反，刻木假人爲戲具也，正作傀儡也，又《經音義》以魁磥替之，非也，上又《川音》顲，並非也。（ZD60-185b）

蘲 lěi

蘲 菲～，上蒲罪反，下力罪反，花欲縮臾也，正作蓓蕾也，上又妃、斐、翡三音，並非用也，下又力水反，非用也。（ZD60-74a）

壘 lěi

壘 高～，力水反，正作壘。（ZD59-1079b）
壘 ～泥，上力水反，悮。（ZD60-84b）

壘

～足，力水反，重～也，《經音義》作踤，音牒。（ZD59-776b）按：《佛說正恭敬經》卷1："在阿闍梨前不得露齒，不得瞻足，不得動足，不得壘足，不得踔足，不得弄足，不得高座處坐。"（T24，p1103a）"壘"，元、明本作"疉"，西本作"踤"。

壘 多～，力水反，正作壘。（ZD60-582b）

壘 地～，力委反，正作厽，或作壘，力水反。（ZD60-47c）

瘣 lěi

瘣 痱～，上步罪反，下郎罪反。（ZD60-138b）

礨① lěi/lèi

礨 厏～，上蒲罪反，下郎罪反，花未開者也，正作菩蕾也。（ZD59-572b）按：《放光般若經》卷10："譬如人見春天諸樹痱瘣含氣，當知是樹枝葉花實將生不久。"（T08，p70b）"瘣"，宋、元、宮本作"礨"。"厏～"同"痱瘣""痱礨""菩蕾"，花未開者也。

礨 ～佛，上盧對反，墜也，正作礧也。（ZD60-21a）

瓃 lěi

瓃 魂～，上烏罪反，下洛罪反，正作礧磥也，或作崣礧也，又上於鬼反，下又郭氏雷，非也，又《川音》作魂礧，下音磥。（ZD60-209c）按："魂～"同"礧磥"，聯綿詞，又作"崣礧"。

藟 lěi

藟 不～，力水反，葛藤也。（ZD60-74a）

肋② lèi

勗 脇～，上許劫反，正作脅也，下郎得反，又音窟，誤。（ZD59-1073a）

胁 脇～，上許劫反，下郎得反。（ZD60-231b）按："～"乃"肋"字，詳見本書中篇"胁"字條。

助 ～骨，盧得反，正作肋。（ZD59-937c）
肋 脇～，許劫反，下郎得反。（ZD59-846b）
肋 ～刀，上郎得反。（ZD60-381a）
肕 腹～，音勒。（ZD59-1129c）

---

① 又見"瘣""磥""瓃"字條。
② 又見"胁"字條。

勪　lèi

贅～,上許劫反,下來得反。（ZD59-1008c）按:"～",經文作"肋",即"肋"字。《雜阿含經》卷19:"或從脇肋探其內藏,而取食之。"（T02,p135c）

淚①　lèi

眵～,尸支反。（ZD59-793c）

涕～,上音剃,正作洟。（ZD59-588a）

憛～,徒果反。（ZD59-643c）

肢～,章移、昌支二反,下力遂反,目汁凝也。（ZD59-912b）

潝　lèi

悲～,力遂反,正作淚。（ZD60-338a）按:"～"乃"淚"字,詳見本書中篇"潝"字條。

類　lèi

～号,上音類,下音号。（ZD60-190b）

挨～,上才木反,正作族,又於改、於駭二反,惧。（ZD60-110b）

按:"～",對應佛經作"類"。《阿毘達磨大毘婆沙論》卷18:"此是彼族類故,謂見苦集所斷諸法。"（T27,p92b）

生～,力遂反,正作類。（ZD60-185b）

異～,力遂反,正作類。（ZD60-532a）

儕～,助皆反,等也。（ZD59-835c）

何～,力遂反,善也,法也,種也,此卷有八个類字,七个作纇,並惧也。（ZD59-828c）按:"～"乃"類"字,詳見本書中篇"纇"字條。

聾～,上郎紅反,下五恇反。（ZD59-644b）按:"～",可洪音"五恇反",蓋以爲"纇"字,恐誤。"～"當爲"類"。《大方等大集賢護經》卷4:"復次,賢護!菩薩觀察四念處時,無法可見,無聲可聞。無見聞故,則無有法可得分別,亦無有法可得思惟,而亦復非瞽、盲、聾類,但是諸法無可見故。"（T13,p891a）

象～,力遂反。（ZD59-882b）

瘂～,上烏雅反,下音類也。（ZD60-138c）按:"瘂～",對應佛經作"瘂類"。《阿毘達磨順正理論》卷19:"如是所言,都無實義,同諸瘂類,夢有所說,唯愚親友。"（T29,p447c）

聲～,力遂反,正作類。（ZD60-402b）

纇　lèi

結～,力對反,麁絲多節也,正作纇。（ZD60-3b）按:"～",經文作"纇"。《根本說一切有部苾芻尼毘奈耶》卷10:"淨梳治者,欲令衣廣及鮮白故。善揀擇者,謂除其結纇令精細故。"（T23,p962a）

藾　lèi

～陁,力遂反。（ZD59-796c）

棱②　léng

枂～,郎登反。（ZD60-355b）

～伽,上勒登反,下巨迦反。（ZD59-624c）

唯～,户鈎反,正作喉也,下郎登、郎水二反。（ZD59-749c）

———

① 又見"潝"字條。

② 又見"楞"字條。

楞　léng

楞　首～,洛登反,正作楞,三昧名。(ZD59-727c)

楞　首～,郎登反。(ZD59-719c)

楞　八～,洛登反,悞。(ZD59-730a)

楞　～伽,上郎登反,下巨迦反。(ZD60-395c)

稜　léng

稜　方～,音楞。(ZD60-468b)

稜　～迦,洛登反。(ZD59-750b)

稜　三～,郎登反。(ZD59-865c)

稜　～伽,郎登反。(ZD59-808b)

嶝　léng

嶝　怛～,音楞,二合。(ZD59-873a)　按:"～",譯音字。

冷　lěng/líng

冷　～濡,上力打反,下奴管反,正作冷燸。(ZD59-625b)

陰　近～,力丁反。(ZD59-791b)　按:"近～",對應佛經作"近冷"。《千眼千臂觀世音菩薩陀羅尼神咒經》卷1:"麼矩吒(長上)楞(近冷音)訖栗(二合)多(四十四)。"(T20, p84b)

嶒　lèng

嶒　～迦,郎鄧反。(ZD59-782a)

嶒　唎～,力致反,下郎敢反,又郎等反,正作嶒。(ZD59-886a)

嶒　迦～,郎登反,去聲。(ZD59-782c)　按:"～",譯音字。《不空罥索神變真言經》卷10:"縛囉娜迦嶒(去)俁理(十五)。"(T20, p276b)

䮖　lèng

䮖　～迦,上郎鄧反,古云楞伽。(ZD60-261c)按:《大唐西域記》卷11:"國東南隅有䮖(勒鄧反)迦山。"(T51, p934b)

劦　lí

劦　～掔,上力尸反,下尺世反,又《經音義》作力計反。(ZD60-74c)按:"～",經文作"劦"或"協"。《鼻奈耶》卷9:"時須那刹

多比丘協掔子反被拘執,來恐世尊曰:我天地大神,汝避我去。"(T24, p890b)"協",宋、元、明、宮本作"劦"。《一切經音義》卷65:"劦掔,力計反,比丘名劦掔子也。"(T54, p738b)

劦　lí

劦　～爪,力夷反,以刀直破也,合作劦也,下爭巧反。(ZD60-394c)按:"～"即"劦"。

梨　lí

梨　泥～,力兮反,地獄也,悞。(ZD59-756b)

梨　伽～,上巨迦反,下力夷反。(ZD60-57b)按:"～"乃"梨",詳見本書中篇"梨"字條。

梨　昇～,必脾反,下力脂反,《陀羅尼集》作卑梨。(ZD59-878c)

犁　lí

犁　～鑂,力兮反,下奴豆反。(ZD59-900b)

瑀　lí/yǔ

瑀　琉～,力由反,下力支反,下又音禹,非。(ZD59-971b)按:"～"乃"璃"。

璃　瑠～,力支反,又音禹,非。(ZD59-1041c)按:"～"乃"璃"。

瓃　琳～,下于矩反,正作瑀。(ZD60-319c)按:"～",經文可作"瑀"或"璃",今從可洪以爲"瑀",讀"yǔ"。

勁① lí

黎　～攛,上力尸反,下俱縛反,爪擊也。(ZD59-941c)按:"～"即"勁"。

劈　～面,上力之反。(ZD60-405c)按:"～"即"勁"。

剺　～劃,戶麥反。(ZD60-359c)按:"～"即"勁"。

梨 lí

棃　革(箄)～,必脾、必兮、必爾、必計四反,字從竹卑。(ZD59-751b)

璃② lí/yǔ

瓈瑘璃　琉～,力支反,又音禹,非。(ZD59-718c)

瑠～,力支反。(ZD59-843a)

蕭～,于矩反,正作瑀。(ZD60-466a)按:"～"同"瑀",讀"yǔ"。

嗹 lí

哩　哩～,上力底反,下力兮反。(ZD59-872a)按:"～"同"哩",譯音字。《大毘盧遮那成佛神變加持經》卷5:"伊縊塢烏,哩哩里狸,翳藹汗奧。"(T18,p30c)

棃 lí

蘱　荔～,上蒲計反,下力夷反。(ZD59-628a)按:"～",譯音字。《大方等大集經》卷32:"若拘辯茶,若荔棃多,若毘舍遮。"(T13,p221b)

蘱　荊～,上蒲計反,下力脂反,正作薜荔。(ZD59-624b)按:《大方等大集經》卷21:"若富單那、迦多富單那、荔棃多、毘舍遮、夜叉、羅刹等。"(T13,p146c)"荊～"即"荔棃"。"～",譯音字。

氂 lí

藜　豪～,力之反,正作氂。(ZD60-98a)

嚟③ lí

唎　那～,同上(嚟)。(ZD59-590b)

嚟 lí

唎　毗～,力兮反。(ZD59-721c)

嚟　地～,力夷反。(ZD59-614a)

睤 lí

睤　～舝,力兮反,下牛鳴音。(ZD59-781a)

睤　迦～,力兮反。(ZD59-593b)

睤　曼室～,莫安反,中丁結反,下力兮反。(ZD59-711c)按:《添品妙法蓮華經》卷6:"曼室(都結)嚟(三十六)。"(T09,p187a)"睤"同"嚟",譯音字,無實義。

剩 lí

黎　～攛,力尸反,下俱縛反,爪擊也,正作剺攛。(ZD59-941c)按:"～攛",對應佛經作"勁攛"或"黎攛"。《瑜伽師地論》卷60:"種種哀歎,勁攛其身,坌灰拔髮,斷食自毀。"(T30,p636c)"勁",聖本作"黎"。"～",可洪音"力尸反",即"剺"字。"剩"亦"剺"字。《廣韻》力脂切:"剺,直破。"經文有作"勁"者,與"剩(剺)"意義近似。

---

① 又見"劈"字條。
② 又見"瓃""瑀""蛹"字條。
③ 又見"唎""嚟"字條。

氂① lí

氂　毛～，音狸。（ZD59-676b）按："～"即"氂"，與"釐"同。

氂　毛～，呂之反，正作氂。（ZD60-311c）按："～"即"氂"，與"釐"同。

氂　毛～，力之反，正作氂。（ZD59-573c）按："～"即"氂"，與"釐"同。

氂　毛～，力之反。（ZD59-614b）按："～"即"氂"，與"釐"同。

蝸 lí/qǔ

瑀　瑠～，呂支反，正作璃。（ZD59-1068b）按："～"乃"瑀（璃）"字，詳見本書中篇"瑀"字條。

瑀　初～，丘禹反。（ZD59-808c）

黎② lí

黎　黔～，上巨廉反，下力兮反，皆黑下民陰類，故以爲号也，秦始皇帝改民爲黔首也。（ZD60-505b）

黎　黔～，上巨廉反，黑也，秦始皇帝改民爲黔首，下音犁，衆也。（ZD59-548c）

罹 lí

羅　～苦，上力支反。（ZD60-533b）按："～"乃"罹"。

蠡 lí/lǐ/luó

蠡　～越，上力支反。（ZD59-607c）按："～越"之"～"，即"蠡（蠡）"。

蠡　樓～，音禮。（ZD59-750b）按："～"，對應佛經作"蠡"。《佛説灌頂經》卷4："神名尼遲樓蠡，字減思想。"（T21，p506b）"蠡"，有異文作"蠡"。《佛説灌頂經》卷5："神名鳩舍羅臏迦拘多蠡。"（T21，p510a）"蠡"，宋、元、明本作"蠡"。"～""蠡"皆"蠡"字，用作譯音字。

蠡　～貝，洛戈反，亦貝也。（ZD59-757a）按："～貝"之"～"，即"蠡（螺）"。

蠡　蛤～，上古合反，下洛禾反。（ZD59-1062a）按："蛤～"之"～"，即"蠡（螺）"。《正法念處經》卷4："若生水中，水中而行，心燥常飢，常畏他取，黿鼉慳獸及水獺等，魚則堤彌、堤彌宜羅、有名瓮魚、金毘羅魚、那迦羅魚、名大口魚，蛤蠡等虫，常一切時大者食小，常畏網等，遮障而取。"（T17，p18a）

蠡　法～，鹿禾反，貝也。（ZD59-773b）按："法～"之"～"，即"蠡（螺）"。

蠡　～髻，郎禾反。（ZD59-790c）按："法～"之"～"，即"蠡（螺）"。

蠡　虯～，郎禾反。（ZD59-610c）按："虯～"之"～"，即"蠡（螺）"。

蠡　～髻，音螺，下音計。（ZD59-773c）按："～髻"之"～"，即"蠡（螺）"。

犡 lí

犡　～風，力支反。（ZD59-926a）

釐 lí

釐　毫～，里之反。（ZD59-576c）按："～"即"釐（釐）"。

釐　～身，力之反，劃也，正作剺，上方經作剺。（ZD59-707a）按："～"即"釐（釐）"，經文中通"剺"。《正法華經》卷3："志性褊促，荆棘釐身。"（T09，p81c）"釐"，宋、元、宮本作"剺"，明本作"剺"。"釐"即"釐（釐）"，通"剺"，而"釐""剺"皆

────────

① 又見"釐""氂""氂""釐"字條。

② 又見"梨"字條。

"劵"字。

釐 lí

豪～，音狸。(ZD59-601c)按："～"即"釐(釐)"。

豪～，里之反。(ZD59-963c)按："～"即"釐(釐)"。

蝷 lí

蛤～，上古合反，下力脂反。(ZD60-303a)

離 lí

疏～，上所初反，下力支反。(ZD60-385b)按："～"即"離"。

釐 lí

迦～，力之反。(ZD59-809c)

～可，上力之反。(ZD59-628c)

豪～，力之反。(ZD59-922c)

豪～，里之反，十毫曰～也，正釐也。(ZD59-548b)

毛～，力之反。(ZD59-741c)

豪～，力之反。(ZD59-735b)

豪～，里之反。(ZD59-962a)

毫～，力之反。(ZD59-1100a)

豪～，音狸。(ZD59-855b)

豪～，里之反。(ZD59-909a)

豪～，力之反，正作釐。(ZD59-829b)

希～，里之反。(ZD59-878c)

豪～，力之反。(ZD59-955c)

毫～，力之反。(ZD59-951c)

毫～，力之反，正作釐。(ZD59-830c)

毛～，力之反，正作釐。(ZD59-818a)

按："～"即"釐"，經中與"釐"同，以下同。

～面，上力之反。(ZD60-405c)

毛～，力之反，十毫也，正作釐、釐。(ZD59-828c)按："～"乃"釐"字，詳見本書中篇"劵"字條。

毫～，里之反。(ZD59-731a)

毫～，里之反，正作釐。(ZD59-905a)

毫～，里之反，十毫曰～也，正作釐。(ZD60-177b)

毛釐，力之反，十毫也，正作釐、～。(ZD59-828c)按："～"乃"釐"字，詳見本書中篇"釐"字條。

藜 lí

～藿，上力兮反，下呼郭反。(ZD60-298c)

～藿，上力兮反，～藿，草名也，下音藿也，豆菜也。(ZD59-1100a)

嚟 lí

嚩～，洛兮反，彈舌呼。(ZD59-590b)

波～，同上(嚟)。(ZD59-590b)

跢～，多可反，下力丁(兮)反。(ZD59-781b)

離① lí/lì

流～，力支反，正作離。(ZD59-816c)

～袘，音離，下音施。(ZD59-717c)

別～，力支反，正作離。(ZD59-620b)

～火，上力義反。(ZD60-159b)

～真，力義反，下莫瓶反，並恈也。(ZD59-649b)

～本，上力義反。(ZD59-580a)

———

① 又見"離"字條。

離　由～，力義反，正作
離。（ZD59-638c）
～曰，音越。（ZD59-999c）

雡　～地，上力義反，正
作離。（ZD60-104c）
按："～"乃"離"字，詳見本
書中篇"顤"字條。

顤

䭈　～俗，力義反，下似
欲反。（ZD59-831a）

釐　lí

釐　豪～，力之反，正作
氂。（ZD60-98a）按：
"～"乃"氂"，經文中通
"氂"。

蟸　lí/luó

蟸　小～，力西、洛禾二
反，瓡瓟也。（ZD60-432b）按："～"，對應經文作
"蠡"，同"蟸"。《大唐大慈
恩寺三藏法師傳》卷1："然
知寸管不可窺天，小蠡難爲
酌海，但不能棄此微誠。"
（T50，p225c）

黧　lí

黧　～䵣，上力夷反，黰
也，又音黎。（ZD59-604b）

黧　～黑，上力夷反，正
作黧也。（ZD59-597a）

犁　～牛，力脂反，駮色
也，正作犁。（ZD59-875a）按："～牛"，對應佛經
作"犛牛"。《蘇悉地羯羅
經》卷1："諸油之中，犛牛
酥上。"（T18，p610b）

儷　lí

儷　禰～，上奴禮反，下
呂支反。（ZD60-287b）
按："～"，譯音字。《陀羅尼
雜集》卷5："注路儸，禰儷
跛禰儷。"（T21，p606a）

䍦　lí/lì

離　摩～，力支反。
（ZD59-621a）按：
"～"，新造譯音字。

離　鉢～，力義反。
（ZD59-711c）按：
"～"，新造譯音字。

瓅　lí

瓅　流～，力支反。
（ZD60-105b）按：
"～"同"璃"。

圝　lí

圝　～髮，上力支反，冪
羅，婦人所戴者也，
又接羅，白冒（帽）也，又覆

食巾也。（ZD60-540b）按：
"～"同"羅"。

鶒　lí

鶒　㒟～，上音飢，下音
梨，都是飢字切脚
也，見兩本作狗飢，一本作
拘飢，並經文作居梨反，鳥
名，拘飢羅也，鶒字是飢字
韻也，應和尚以拘翅字
替之，非也。（ZD60-367b）
按：《一切經音義》卷11：
"拘翅，施豉反，或作俱耆羅
鳥，梵言訛耳，此鳥聲好形
醜，從聲爲名也，經文作㒟、
鶒二形，非也。"（C056，p984a）

鰫　lí

鰫　縵～，上莫官反，下
力脂反。（ZD60-426a）
按：《道宣律師感通錄》卷
1："其塔大，有善神且現二
魚，井中鰻鰫魚，護塔神
也。"（T52，p439a）"鰻鰫"
即"鰻鰫"，與"鰻鱺"同。

髎　lí

髎　蝣～，余救反，下力
支反，如《法華經》作
犹狸蹂鼠是也，又音由，非
用也。（ZD59-881c）按："蝣
～"，經文作"犹狸"。

矖　lí

矖　藪首～，上桑走反，下力支反。（ZD59-622a）

籬① 　lí

欐　～鄣，上力支反，下之亮反。（ZD60-77a）按：“～”即“欐”，與“籬”同。

攡　～障，上力支反。（ZD59-1124c）按：“～”即“欐”，與“籬”同。

欏　慎～，上食閏反，下力支反。（ZD59-1113a）按：“～”即“欐”，與“籬”同。

攡　～外，上力支反。（ZD59-1104a）按：“～”即“欐”，與“籬”同。

䕻　～間，力支反，下古閑反。（ZD59-751c）

驪　lí

驪　～濟，上力支反，下子禮反。（ZD60-533b）

驪　～山，上力支反，馬名也。（ZD60-479c）

鸝　lí

鸝　～黄，力支反。（ZD59-939a）

鸝　黄～，立支反。（ZD59-594a）

礼　lǐ

礼　～筵，羊連反。（ZD60-413c）

乱　lǐ

乱　番～，上音憣，遞也，番遞上下也，下音禮，謂禮佛行道也。（ZD60-499b）按：“～”乃“礼（禮）”，詳見本書中篇“乱”字條。

里　lǐ

里　𡇯中～，上莫官反，正作䡄。下力耳反，正作理、里二形。（ZD59-1049b）

哷　lǐ

哷　彌～，力耳反。（ZD59-635c）

哩　lǐ/mò

嘿　涅～，力耳反，正作哩。（ZD59-872c）

哩　～徃，上音墨，正作嘿。（ZD60-471a）按：“～”同“嘿（默）”。

理　lǐ

捱　彊～，上巨良反，下音理，悮。（ZD60-185a）按：“～”，經文作“理”。《佛所行讚》卷5：“汝今善應時，點慧義饒益，親密至誠言，順法依强理。”（T04，p53a）

裹　lǐ

裒　之～，音里。（ZD59-673b）

裒　香～，音惡。（ZD60-300b）按：“～”，經文作“裹”。

裒　地～，音里。（ZD59-650c）

裒　經～，音里。（ZD59-674b）

裒　宫～，音里。（ZD59-699a）

裒　～而，同上。（ZD59-1126a）

裒　心～，音里。（ZD59-865a）

裒　穄～，同上。（ZD60-139c）

裒　表～，音里。（ZD59-1021a）

裒　鈑～，上音餅，下音里。（ZD60-50c）

裒　壐～，七焰反，下力耳反。（ZD59-

①　又見“攡”字條。

773b)

襄

市~,上神止反,下力耳反。(ZD59-1095b)

裏
褢

園~,音里,内也。(ZD59-757c)

~識,上力耳反。(ZD60-60b)

裏
褢

表~,音里。(ZD59-671a)

~眄,音里,下音丙。(ZD59-758b)

裹

舍~,力耳反,内也,經作裹,非。(ZD59-818a)

澧 lǐ

澧

~浦,上芳東反,水名,在咸陽,又音禮,下音普。(ZD60-579c)按:《廣弘明集》卷23:"西望荊山南過澧浦,周流華夏博採奇聞。"(T52, p269a)

禮① lǐ

礼

~足,力底反,拜也,正作禮、礼二形。(ZD59-980b)

蠡 lǐ

蠡

~休,上力底反,《經音義》作力奚反,《川音》作里也反,《江西音》作力持反。(ZD60-292c)按:"~休",對應佛經作"檕

休"。《陀羅尼雜集》卷8:"檕休陀婆,檕休陀婆波婆伽羅呵靳(今晉反)。"(T21, p626a)"~"乃"檕",用作譯音字。

撎

伽~,略馬反,經自切。(ZD60-292c)按:"伽~",對應佛經作"伽檕"。《陀羅尼雜集》卷8:"尼波陀尼伽檕(略馬反)尼伽檕跋知阿瓮尼伽知。"(T21, p626a)"~"乃"檕",用作譯音字。

蠡

倪~鑵,於者反,中力底反,下北末反,正作伊檕鉢也,龍名也,《下生經》作伊勒鉢,《成佛經》作伊羅鉢,《增一阿含經》伊羅鉢,並是也,又上五分反,下音峯,非。(ZD59-761b)按:"倪~鑵",對應佛經作"倪蠡鑵"。《佛說彌勒來時經》卷1:"一者金,有龍守之,龍名倪蠡鑵,主護金,龍所居山地名犍陀。"(T14, p434c)"~"乃"檕",用作譯音字。

鯉 lǐ

鯉

~魚,力耳反。(ZD59-896b)

嚟 lǐ

唎

帝~,力底反。(ZD59-789b)

蠡② lǐ/luó

蠡

樓~,音禮。(ZD59-798b)

蠡

迦~,音禮。(ZD59-798b)

蠡

蚉~,洛禾反。(ZD60-279b)按:"蚉~",對應佛經作"蟲蠡"。《經律異相》卷40:"具足水中蟲蠡鼉鼈魚鼈,悉蒙其味。"(T53, p212c)

蠡

~足,洛戈反。(ZD59-794c)按:"~",對應佛經作"蠡"。

蠡

羅~,直六反,正作蟲,《悲花經》作羅陁。(ZD59-714b)按:"~",經文作"蠡",可洪以爲"蟲",恐誤。

邐 lǐ

邐

~迤,上力爾反,下移爾反。(ZD60-414c)

鱧 lǐ

鱧

鯷~,上音弟,鮎魚也,下音禮。(ZD59-1083b)

---

① 又見"礼""礼"字條。
② 又見"蠡""蠡"字條。

欂① lì

蠽 質～,力底反,正作蠽(欂)也。(ZD59-751a)按:"質～"之"～",乃"蠽(欂)"字,用作譯音字。

蟸 多～,音禮,正作蠽。(ZD59-751a)按:"多～"之"～",乃"蠽(欂)"字,用作譯音字。

蟸 貿～,莫候反,下力底反。(ZD59-750a)按:"貿～"之"～",乃"蠽(欂)"字,用作譯音字。

力② lì

仂 ～行,音力,不懈也。(ZD59-733a)按:"～"同"力"。《持心梵天所問經》卷3:"力行品。"(T15,p21b)

仂 lì

仂 ～行,郎勒(敕)反,不懈也,又音勒。(ZD59-675c)按:"仂"音勒,讀"lè"。

仂 ～農,六食反。(ZD59-835b)按:"～農",對應佛經作"力農"。《大法炬陀羅尼經》卷17:"七者作業,所謂習禮修仁,力農勤圃,工巧衆技,商賈往來。"(T21,p736a)"力",宋、元、明本作"仂"。

仂 ～具,音力,不懈也。(ZD59-856a)按:《佛說弘道廣顯三昧經》卷1:"志慕無厭,發於精進,仂具猛勵,而德强力。"(T15,p489b)

仂 勤～,音力。(ZD59-725c)

仂 仂 以～,呂勒(敕)反,不懈也,又郎得反,餘也。(ZD59-713a)

立 lì

立 倚～,上於綺反,依也。(ZD60-81a)

吏 lì

吏 胥(胥)～,上相余反,下力志反。(ZD60-358c)

利 lì

烮 首～,經之咒語,別無切腳。(ZD59-883c)

泝 lì

泝 ～氣,上力計反。(ZD60-435a)按:"～"即"泝"。

泝 氛～,上扶文反,下力計反。(ZD60-413b)

戻③ lì

戻 ～意,力計反。(ZD59-830a)

戻 惡～,力計反,正作戻。(ZD59-838c)

戻 違～,力計反。(ZD59-770a)

戻 篲～,上莫結反,下力計反。(ZD60-92b)

戻 了～,力計、力結二反。(ZD59-770b)

戻 曲～,力計反。(ZD59-582b)

戻 篲～車,上一莫結反。(ZD59-595b)

戻 忿～,芳吻反,下力計反。(ZD59-641b)

戻 ～伕,上力計反。(ZD59-695c)

荔 lì

荔 薜～,步計反,下力計反。(ZD59-749b)

荔 薜～,蒲計反,下力計反。(ZD59-672b)

荔 薜～,蒲計反,下力計反。(ZD59-756b)

荔 薜～,毗計反,下力計反。(ZD59-639a)

荔 薜～,上毗計反,下力計反。(ZD59-

---

① 又見"蠽"字條。
② 又見"仂"字條。
③ 又見"疨"字條。

626a)

荔　～梨,上蒲計反,下力夷反。(ZD59-628a)按:"～梨"即"薜荔"。從形體看,"～"當爲"荔",而不是"薜"。

蒴　～梨,上蒲計反,下力詣反,正作薜荔。(ZD59-624b)按:"～梨"即"薜荔"。從形體看,"～"當爲"荔",而不是"薜"。

砅　lì

砅　～砥,上力世反。(ZD60-371c)

疢　lì

疢　～眼,上力計反,很也,曲也,正作戾、僾二形也,又郭迻音趍,非也。(ZD60-241a)按:"～",對應佛經作"戾"。《阿育王息壞目因緣經》卷1:"黑繩獄來,麁髮戾眼,長齒喜瞋,聲濁暴疾。"(T50,p181a)

瑮　lì

瑮　～瀆,上力計反。(ZD59-999c)

荔　lì

荔　共～,音利,臨也。(ZD59-697b)

栗　lì

票　～多,力日反,又疋遥反,非。(ZD59-940c)

遑栗　～多,力日反,正作栗。(ZD59-940c)　～底,力日反。(ZD59-640a)

僾　lì

僾　很～,上胡懇反,下力計反。(ZD59-1105b)按:"～"同"僾"。

僾偯僾　獷～,古猛反,下力計反。(ZD59-667c)　儱～,力董反,下力計反。(ZD59-650c)　很～,户懇反,下力計反。(ZD59-685a)

唎　lì

唎　鉢～,音利。(ZD59-720c)

涮　lì

刷　下～,音利,正作痢也。(ZD60-307b)

莫　lì

莫　茈～,上即此反,下力計反。(ZD60-387b)

喉　lì

嗾喉　姪～,田結反,下力計反。(ZD59-806c)　喳～,丁結反,下力計反。(ZD59-806c)

悷　lì

悷恢　懥～,下力計反。(ZD59-658b、c)　～恨,上力計反,正作悷也,下力向反。悷恨,悲恨也,上悷。(ZD59-608a)

罚　lì

罰　罵～,上莫瓦、莫嫁二反,惡言也,下力義反。(ZD60-228a)

痢① lì

痳　痳～,音林,下音利。(ZD59-784a)

㗚　lì

㗚　蔑～,莫結反,下力日反。(ZD59-795c)按:"～",譯音字。

慄② lì

慓　戰～,音栗。(ZD59-679c)

―――――

① 又見"涮"字條。
② 又見"慓"字條。

慓 標

戰～，力日反，正作慄。(ZD59-639a)

慄

戰～，力日反，懼也，戚也，正作慄也，悮。(ZD59-679a)

懍

戰～，力日反，正作慄。(ZD59-908c)

厲 lì

厲 厲 厲 厲

勸～，力計反。(ZD59-646c)

懍～，力錦反，下力世反。(ZD59-959a)

～聲，上力世反，惡也，猛也，嚴整也。(ZD59-1115c)

嘌 lì

嘌

枳～，吉以反，下力日反。(ZD59-780b)按："～"乃"嘌"字。

矵 lì

矵

黍～，上尸与反。(ZD60-377a)

厗 lì/miào

厗 厗 厗

年～，郎擊反，正作曆。(ZD60-323c)

寺～，美照反，正作庿。(ZD59-1057a)

慓 lì

慄

悚～，上息勇反，下力日反。(ZD59-

592b)按："～"乃"慄"。

慓

悚～，上息勇反，下力日反。(ZD59-1012b)按："～"乃"慄"。

歷① lì

厯 塵 塵

來～，郎擊反。(ZD59-1021a)

～巖岫，里擊反，正作歷。(ZD59-972b)

殳～，公五反。(ZD59-879a)

隸 lì

祟 隸

～役，上力計反。(ZD59-586b)按："～"乃"隸"。

籭 lì

籭 籭 籭

篳～，上卑吉反，下力吉反。(ZD59-1078c)

篳～，卑蜜反，下力日反，上或作觱。(ZD59-804b)

篳～，賓蜜反，下力日反。(ZD59-669a)

鴗 lì

鴗

鵙～，上丁條反，正作鵰、雕二形，下音立。(ZD60-41a)

隸② lì

隸 隸 隸 隸 隸 隸 隸 隸 隸 隸 隸 跦 隸 隸

僕～，上蒲卜反，下力計反。(ZD59-566b)

作～，力計反。(ZD59-569b)

～車，上力計反，正作隸。(ZD59-982c)

～，上力計反。(ZD59-982c)

僕～，力計反。(ZD59-559b)

僕～，上步木反，下力計反。(ZD59-562c)

篾～，上莫結反，下力計反。(ZD59-555a)

～車，上力計反。(ZD59-982c)

～車，上同（隸）。(ZD59-982c)

僕～，力計反。(ZD59-941a)

室～，上丁悉、丁結二反，下力計反，比丘名。(ZD59-577a)

跦～，多可反，下力計反，正作隸。(ZD59-781b)

奚～，戶雞反。(ZD59-637c)

異～，力計反，僕也，又羊利反，習也。

---

① 又見"儠"字條。

② 又見"䜥"字條。

（ZD59-675b）

穦　臣～，力計反。（ZD59-584c）

鯑　裡婆～，下宅介反。（ZD59-734b）按："～"，對應經文作"隸"，可洪音"宅介反"，不詳。

鯑　遮～，同上，別本作隸，悮。（ZD59-734b）

儠　lì

僁　～然，上良擊反，正作歷。（ZD60-529a）

穱　lì

糯　～食，上力世、郎太、郎割三反，麁也，正作糲。（ZD60-478a）

襨　lì

襨　羣～，力世反，無後鬼也，正作襦。（ZD59-1138a）

瓅　lì

瓅　～～，音歷，玝～，明珠色也。（ZD59-587c）

攦　lì

攦　擊～，音歷。（ZD60-23a）

攦　擊～，音歷。（ZD60-48b）

攦　擊～，音歷。（ZD60-61b）

蘐　擊～，郎擊反。（ZD59-1044c）

攦　服～，音歷，馬槽也，亦盛料器也。（ZD60-521c）按："～"即"櫪"字。《弘明集》卷1："被秣服櫪，見遇日久。"（T52, p1b）

攦　構～，上音門，木名也，又莫官反，松心也，下音歷，意是櫟，柞屬也，木名也。櫪，馬槽也，非。（ZD60-420a）按："～"即"櫪"字，經文作"櫪"，通"櫟"。

蘼　lì

蘐　葶～，上特丁反，下郎擊反。（ZD60-305b）

麗　lì

騳　壯～，阻狀反。（ZD59-858a）

麗　麼～，上莫果反，下力計反。（ZD59-593b）

鸝　璨～，倉贊反，正作璨也。（ZD59-649a）

麗　袨～，上音縣，好皃也。（ZD59-616a）

麗　褐～，上胡割反，下力計反。（ZD59-566a）

麗　～掣，上力計反，下尺世反。（ZD59-992a）

麤　辨～，上音辯，下音麗。（ZD60-605a）

麤　壯～，阻狀反。（ZD59-644b）

麤　炫～，戶麵反。（ZD59-737c）

麤　宏～，上戶萌反。（ZD60-481c）

礪　lì

礪　砥～，上音紙，下音厲。（ZD60-464a）

礪　砥～，上音紙，下力世反。（ZD60-562c）

嚇　lì

嚇　鉢～，力計反，正作嚇，又魚記反，誤。（ZD59-875c）按："～"即"嚇"，經文中乃"嚇"之訛。構件"隸"與"疑"相混。

嚇　窒～，下力計反。（ZD59-780a）

嚇　欣～，醯以反，下力計反。（ZD59-635c）

嚦　lì

嚦　礔～，上音劈，下音歷。（ZD59-1066c）

按:"礕瓑"即"礕礔"。

瀙 lì

瀙瀙 ～渧,上力計反,下丁計反。(ZD60-353a)
～渧,上力計反,下丁計反。(ZD60-358b)

瀝 lì

瀝瀝 淋～,上音林,下音歷。(ZD59-596c)
瀝 淋～,音林,下音歷,小便病也。(ZD59-682a)
瀝 ～取,呂擊反。(ZD59-779a)
瀝 遺～,音歷。(ZD59-604b)

櫪 lì

櫪 好～,音歷。(ZD59-909a)
櫪 槽～,上昨刀反,下六擊反。(ZD59-1080a)

礫 lì

礫 瓦～,呂擊反。(ZD59-939a)

皪 lì

皪 的～,音歷。(ZD60-594c)

鷙 lì

鷙 終～,知流反。(ZD59-589a)按:《大寶積經》卷1:"妙藏不可以常祕,戒輪不可以終鷙。"(T11,p1c)根據文意,"～"即"鷙",可洪音"知流反",蓋以爲"鷙",恐誤。

鄷 lì

鄷 ～食綦,上音歷,中音異,下音基,下正作其也。(ZD60-479c)

礔① lì

礔 礕～,上普擊反,下郎擊反。(ZD59-588a)
礔 礕～,普擊反,下六擊反。(ZD59-763c)
礔礔 礕～,上普擊反,下呂擊反。(ZD59-583c)
礔 礕～,普擊反,下郎擊反。(ZD59-639c)
礔 礕～,普吉反,下郎擊反。(ZD59-758a)
礔 礕～,普擊反,下六擊反,並俗。(ZD59-737a)
礔 礕～,普擊反,下郎擊反。(ZD59-678b)

礔 lì

礔 礕～,下音歷,正作礔。(ZD59-1066c)按:"～"乃"礔"。"礕礔"即"礕礔",詳見本書中篇"礔"字條。
礔 礕～,上普擊反,下音歷,悮。(ZD60-377b)按:"～"乃"礔"。"礕礔"即"礕礔"。

儷 lì

儷 伉～,上苦浪反,下力計反。(ZD60-302b)
儷 ～人,力計反。(ZD59-785a)

癘 lì

癘 瘰～,力水反,郎果二反,下郎的反,瘡也。(ZD59-695a)

轢 lì/luò

轢 輾～,上女展反。(ZD60-367b)
轢 ～其,上力各反。(ZD59-901b)按:"～",可洪音"力各反",蓋

---

① 又見"礔""礔"字條。

以爲"轢"。

鷅 lì

~鷚,上力日反,下力由反,正作鷅鷚……應和尚以鷄翎替之,非也,經意但是鳥名,不唯鷄毛也,下又郭氏音陵,書無此字,上又音漂,鳥飛皃也,非義也……別本作鶅也。（ZD59-999a）按:"~",可洪以爲"鷅"。

囇 lì

揭~,去竭反,下力計反。(ZD59-754c)

羯~,上居謁反,下力計反。（ZD59-568a）

~陁,沙下反,又力計反,悞。（ZD59-786b）

麼莎~,莫可反,中蘓活反,下力計反。(ZD59-721a)

勢~,下力計反。(ZD59-590a)

瀝 lì

殺~,音歷。(ZD60-375b)

孋 lì

儀~,力計反,美也。(ZD59-614a)

齻 lì

歷齒,上郎擊反,正作~。(ZD60-209a)按:"~"即"齻"。《道地經》卷1:"譬如人照淨鏡,盡見面像,髮白皮皺,生體垢塵,或齒墮,或塵(宋、元、明本作齻)齒見身從老,屢如是即自慚,閉目放鏡不欲見。"(T15,p233b)

連 lián

~達,音連,悞,上方經作連。（ZD59-880a)按:"~達",對應佛經作"連達"。《大吉義神咒經》卷1:"茂至連達囉那阿修羅王。"（T21,p570b）"~"即"連"之訛。

搛 lián

向~,上許亮反,㲿也,下力閣反,㡢~,帷也,正作慊也。㡢,必兮反。(ZD59-1106a)按:"搛"即"慊"字之訛。

慊① lián

向~,下力閣反。(ZD59-1106a)按:從字形看,"~"乃"慊"字之訛。經文中,"慊"與"簾"音同義近。"慊"用布爲之,"簾"用竹爲之。《摩訶僧祇律》卷9:"正得敷地,及作遮向簾帳幔。"(T22,p307b)

亷 lián

~儉,上力閻反,下其奄反。（ZD59-564c)

漣 lián

河~,郎兼反,大水中絶小水出也,薄也,又郎奄、力忝二反,靜也。(ZD60-572c)

益② lián

~底,力塩反。(ZD59-922a)

牙~,力閻反。(ZD60-422c)

~底,上力閻反,盛香器名。（ZD59-556a）

---

① 又見"搛"字條。
② 又見"匲""籨""𣪠"字條。

籢

～底，力閣反，亦作
奩。（ZD59-685c）
按："～"即"籢"，同"奩"。

礛　lián

～石，上力延、丑延
二反。（ZD60-282b）
按：《經律異相》卷49："十
九礛石王，主治山石獄。"
（T53，p259b）

廲　lián

花～，力閣反。
（ZD59-663b）

憐　lián

～愍，上力千反，下
眉殞反。（ZD60-
158a)按："～"乃"憐"字，詳
見本書中篇"憐"字條。

～愍，上力田反。
（ZD59-1111b）

聮　lián

～綴簪，上音連，中
竹稅反，下子紺反。
（ZD60-377c）

～瓔，上力延反，正
作聯，下古迴反。
（ZD60-455a）按："～"乃
"聯"，與"聯"同。

薟　lián

～苦，上論意是蘝，
同力閣反，薑味也。
薟，藥名也。（ZD60-131c）

縺　lián

纏～，力先反，結不
可解也。（ZD59-
825a）

聯[1]　lián

蟬～，音連。（ZD60-
515c）

蟬～，音連。（ZD60-
502c）

～捲，上力延反，下
巨員反。（ZD59-
1009b）

～齋，上音連，不絕
也。（ZD60-297b）

～綿，力延反。
（ZD59-786b）

腳～，音連。（ZD60-
181c）

籨　lián

作～，力閣反。
（ZD60-351a）按：
"～"同"籢"。

斂　lián/liǎn

香～，力塩反。
（ZD59-743c）按：

"～"，經文作"斂"。《佛説
菩薩行方便境界神通變化
經》卷3："阿闍世王，取我
舍利第八之分，盛寶香斂，
王舍城外穿鑿於地，而藏隱
之。"（T09，p315c）"斂"，
宋、元、明、宮本作"奩"。
"斂"與"奩"同。"～"乃
"斂"之借。

～容，上力染反。
（ZD60-84a）

～裎，上力陝反。
（ZD60-576c）

簾　lián

～鄣，上力閣反，下
之亮反。（ZD60-
61c）

籢　lián

～皷，上力塩反，細
腰皷也，正作籢、廉
二形也，下音古字。
(ZD59-632c)按：《一切經音
義》卷17："籢皷，力占反，
謂以瓦爲籢，革爲兩面，用
杖擊之者也，經文作籨。"
（T54，p415b）《大方等大集
經》卷54："有以種種琴瑟、
箜篌、簫笛、齊皷、籢皷、雷
皷，以爲音樂，供養世尊。"
（T13，p360a）

————

[1]　又見"聯"字條。

萰 liàn

萰

蒨～,上千見反,下力見反。(ZD59-569c)

楝 liàn

拣
拣
楝

苦～,力見反。(ZD60-11c)

苦～,力見反。(ZD59-788a)

苦～,力見反。(ZD59-786a)

練 liàn

練
練

縷～,力主反。(ZD59-674c)

陶～,徒刀反。(ZD59-738c)

殮 liàn

殮

殯～,上卑進反,下力焰反。(ZD59-1096b)

瀲 liàn

瀲
瀲
瀲

定～,力染反。(ZD60-442b)

定～,下力撿反,水溢臾也。(ZD59-569c)

在～,力奄反,水溢臾。(ZD59-928b)

變 liàn

變

婉～,音戀,集作戀,非。(ZD60-598b)按:"婉變"與"婉戀"義同。

戀 liàn

戀

惋戀,烏亂反,歎也,下力眷反,慕也,《川音》作惋～,非。(ZD59-831a)按:"～"乃"戀",詳見本書中篇"憐"字條。

梁① liáng

梁
染
梁
梨
探

～翟,狄、宅二音。(ZD59-752a)

彊～,上巨良反,下力羊反,悮。(ZD59-582a)

橋～,巨憍反。(ZD59-956a)

柱～,音梁。(ZD59-777a)

～栿,上力羊反,下扶福反。栿,大梁也,下又蒲北反,非呼。(ZD60-84c)按:《毘尼母經》卷6:"若無籌,不得壁上拭令淨,不得廁板梁栿上拭令淨,不得用石,不得用青草。"(T24, p838b)

梁
梁

橋～,上巨憍反。(ZD59-555a)

～椽,直緣反,正作椽。(ZD59-953a)

梁
梁
膠
膝

彊～,上巨羊反。(ZD59-599a)

橋～,巨憍反。(ZD59-956a)

脊～,子昔反,下力羊反,正作樑。(ZD59-965a)

脊～,音積,下音良。(ZD59-969a)

量② liáng/liàng

量
量
量

～之,力羊反,正作量。(ZD59-875b)

無～,力讓反,正作量。(ZD59-939a)

慞～,堂各反,忖也。(ZD59-785c)

界～,力讓反,又音良。(ZD59-668c)按:"界～",對應佛經作"界量"。《佛華嚴入如來德智不思議境界經》卷2:"彼等娑偷波,以三千大千世界量等天蓋雲、幢雲香雲、自在王摩尼寶雲、如意摩尼寶雲,散以復散,日日三時,如是供養。"(T10, p922c)

量
量

秤～,上尺陵反。(ZD59-567b)

疇～,上直流反。(ZD60-165c)

① 又見"樑"字條。
② 又見"量"字條。

粮[①] liáng

撛 收～，音粮。(ZD60-260c)

源 liáng/yuán

澺 ～州，上力羊反，正作涼也，悮。(ZD60-447c)

湶 泉～，魚袁反。(ZD59-729a)

梁 liáng

粱 稻～，徒老反，下力羊反。(ZD59-666b)

樑 liáng

撛 ～拄，力羊反，下直主反。(ZD59-916a) 按："～"即"樑"，與"梁"同。

輬 liáng

輼 輼～，上音溫，下音良。(ZD60-262c)

踩 liáng

踩 跳～，音條，下音良。(ZD59-764a)

糧 liáng

糧 粔～，上古盲反。(ZD59-602a)

兩[②] liǎng

蒲 ～舌，力掌反。(ZD59-646c)

蒲 ～捲，力掌反，下巨員反。(ZD59-913b)

蒲 成～，力掌反，正作兩，俗作蒲也，又音丙，非也。(ZD60-201c)

蒲 千～，力掌反，又莫官反，非。(ZD59-952c)

蒲 ～離，上力掌反，下力義反。(ZD59-581c)

蒲 ～脞，上力掌反，下步米反。(ZD59-617c)

蒲 ～體，力賞反，二也，正作兩也。(ZD59-901c)

蒲 ～手，力掌反。(ZD59-911c)

蒲 是～，音兩。(ZD59-643a)

蒲 ～手，上力掌反。(ZD59-618a)

蒲 ～憁，力掌反，下奴老反。(ZD59-918c)

蒲 斤～，力掌反。(ZD59-582a)

蒲 ～臂，力掌反。(ZD59-716c)

蒲 ～舌，上力掌反。(ZD60-44b)

蒲 ～舌，上力掌反，二也，再也。(ZD59-628b)

蒲 ～道，力掌反。(ZD59-748b)

蒲 ～陏，力掌反，下音隨。(ZD59-643c)

蒲 liǎng

蒲 ～向，上力掌反。(ZD59-1121c) 按："～"，經文作"兩"。《十誦律》卷27："阿難受已小却，即割截篸縫中脊衣葉，兩向收襞，展張還奉佛。"(T23, p194c)

魎 liǎng

卥 ～～，本闕。(ZD60-227a) 按："～～"，對應佛經作"魍魎"。《佛說佛醫經》卷1："入里不知時不如法行者，謂晨暮行，亦有魍魎諍鬪者，若有長吏追捕而不避，若入他家舍，妄視不可視，妄聽不可聽，妄犯不可犯，妄念不可念，是爲入不知時不如法行。"(T17, p737c)

---

① 又見"撛""糧"字條。
② 又見"蒟""蒲"字條。

魍～,音网,下音兩。
(ZD59-749b)

魍～,文徃反,下力
掌反。(ZD59-687c)

魍～,上音網,下音
兩。(ZD59-562a)

魍～,上音冈,下音
兩。(ZD60-543a)

悢　liàng

楚 ～,下音亮。
(ZD60-352b)

悢 ～,力 讓 反。
(ZD59-964a)

恢～,上力計反,正
作悽也,下力向反。
悽悢,悲恨也,上㥏。
(ZD59-608a)

掠
liàng/lüè

虜～,上音魯,下亮、
略二音,奪也,却取
也。(ZD59-576a)

～苔,上音亮,下音
癥,正作掠苔也,上
又《玉篇》音京,下音臺,二
並非也。(ZD59-1095c)

孝～,音亮。(ZD59-
647a)

侵 ～,力 讓 反。
(ZD59-745b)

拷～,苦老反,下力
向反。(ZD59-655a)

孝～,音亮,筈也。
(ZD59-578a)

～棄,上力向反,下
大活反。(ZD59-
981c)

涼　liàng

質～,音亮。(ZD59-
584b)

嘹　liàng

飀～,上音流,下音
亮。(ZD60-581c)

澆　liàng

瀏～,上力由反,下
力向反,正作憀慞。
(ZD60-600a)

慞　liàng

戾亮,見藏作悢～,
上力計反,下力向
反,悲也,應和尚未詳。
(ZD60-362b)按:“戾亮同
“悢～”。《佛說無量清淨平
等覺經》卷 3:“臨事乃悔,
悔者已出,其後當復何益?
但心中懤慞慕及等耳。”
(T12, p293b)

悢～,上力計反,下
力向反,悲也,下正
作悢,應和尚未詳。
(ZD59-606b)

諒① liàng

～順,上力向反,信
也,相也。(ZD59-
560a)

～屬,力讓反,下之
玉反,相連也。
(ZD59-737b)

～屬,上力向反,下
之玉反。(ZD59-
615c)

～ 帝,力 向 反。
(ZD59-675a)

質～,音亮,正作諒、
涼二形。(ZD59-
584b)

暈　liàng

限～,音量。(ZD59-
1092a)按:“～”即
“量”字。

鐪　liàng

王～,音謙。(ZD60-
459b)按:“王～”,對
應佛經作“王諒”。《高僧
傳》卷 13:“時僞梁王諒鎮
在彭城。”(T50, p412b)
“～”不見於可洪之前的字
韻書,此處乃“諒”之訛。
《法苑珠林》卷 15:“時僞梁
王謙鎮在彭城。”(T53,
p400c)“～”,可洪音“謙”,

———

① 又見“鐪”字條。

蓋以爲"謙"字之訛。"～"
到底是"諒"還是"謙"之訛，
待考。

料①
liáo/liào

～理，上力條反，《勝
天王經》作料，理也，
又音針，悞。(ZD59-566b)
按:從形體看，"～"即"斟"，
此處乃"料"字之訛。

～ 理，力 條 反。
(ZD59-911c)

～ 理，上 力 條 反。
(ZD59-997c)

～理，力 條 反，正作
料。(ZD59-800b)

～ 理，上 力 條 反。
(ZD59-616a)

～ 理，力 條 反。
(ZD59-647a)

～ 莭，力 條 反，下 古
眼反。(ZD59-755c)

～理，上力條反，正
作料，或作斷也。
(ZD59-1111c)

～理，力條反，理也，
正作斷。(ZD59-
789b)

～ 理，力 條 反。
(ZD59-692b)

～ 量，力 吊 反。
(ZD59-675b)

聊 liáo

～因，上力條反。
(ZD60-463c)

～无，上力條反，正
作聊。(ZD59-981b)
按:"～"乃"聊"字，詳見本
書中篇"舜"字條。

～紀，居里反，識也，
記也。(ZD59-902c)

～申，上力條反，略
也，語助也，正作聊。
(ZD60-442b) 按: "～"乃
"聊"字，詳見本書中篇"耴"
字條。

～附，上力條反，正
作聊。(ZD60-258c)
按:"～"乃"聊"字，詳見本
書中篇"耴"字條。

～ 有，力 迢 反。
(ZD59-765a)

無～，力條反，賴也，
謂無依賴也，正作憀
也。(ZD60-121b)

無～，力條反，賴也，
正作憀也。(ZD60-
244a)

無 ～，力 條 反。
(ZD59-756c)

廖 liáo/liù

～公，上力條、力右
二反。(ZD60-478c)

膋 liáo

血～，音聊。(ZD60-
585c)

血～，力條反，腸間
脂也。(ZD59-797a)

憀 liáo

無～，聊音，字悞。
(ZD59-1091a)

窶 liáo

～ 廓，力 條 反。
(ZD59-775c)

～嚮，力條反，穿也，
下許亮反，謂窓牖
也。(ZD59-656c)

沉～，上呼決反，下
力 條 反，空 皃 也。
(ZD59-567a)

撩 liáo/liǎo

～與，上力條反。
(ZD60-81b)

挑～，上他條反，下
力條反，取物也，抉
也，下正作撩，又音了，上方
本作撩也。(ZD60-86a)按:
"～"，對應佛經作"撩"。
《大比丘三千威儀》卷2:
"二者不得手指挑撩口中。"
(T24, p921b)

———

① 又見"斷""斯"字條。

嫽 liáo

嬈　～敞，上力條反，又音淹，非。（ZD60-383a）

膫 liáo

膫　～戻，力鳥反，下力計反，不正也，上又音遼，非用。（ZD59-836b）按："～戻"即"繚戻"。《大威德陀羅尼經》卷1："既無有子，使脚繚戻，語言龐澁。"（T21，p759a）

潦 liáo

潦　～寂，上力條反。（ZD60-600c）

繚 liáo

縛　～亂，力迢反，正作繚。（ZD59-752b）

蓼 liǎo

藜蓍　敵梨～，下一音了。（ZD60-37b）茶～，上音徒，下音了。（ZD60-444a）

燎 liǎo/liào

燵　火～，力小、力照二反，炙也，放火也，燒也，正作燎。（ZD59-1035a）按："～"乃"燎"字，詳見本書中篇"燵"字條。

獠① liào

猶　勸～，力照反，獵也，正作獠也。（ZD60-553a）按："～"乃"獠"字，詳見本書中篇"猶"字條。

瘔 liào

瘔　～飢，上力照反，《辯正》作療飢，又烏合反，病也，悞。（ZD60-560b）按："～"乃"療"字之訛，舊讀liào，今讀liáo，詳見本書中篇"瘔"字條。

療② liào

瘵　以～，力照反，治病，正作療。（ZD59-720a）

療　能～，力吊反，治病也，正作療。（ZD59-657a）

藔膋　～治，力叫反，下音持。（ZD59-659b）救～，力叫反，正作療。（ZD59-583a）

刊 liè

刊　～懂，上力竭反，行也，陳也，布也，正作列也，又音看，誤。（ZD59-1051c）按："～"乃"列"字之訛。

列③ liè

列刊　～殖，市力反。（ZD59-656c）行～，力結反，正作列。（ZD59-842b）

劣 liè

劣劣劣劣　下～，力悅反，正作劣。（ZD59-911b）贏～，力垂反，下力悅反。（ZD59-719b）贏～，力垂反，下力悅反。（ZD59-650a）意～，力悅反，弱也，鄙也，少也，正作劣，上方藏作意劣，《玉篇》音會，非也。（ZD59-922b）

劣劣劣劣　賤～，力悅反，正作劣。（ZD59-649c）作　～，力悅反。（ZD60-368a）勝～，音劣，諸家經音相丞呼云古文會字，非也。（ZD59-1071a）陝～，乎夾反，正作狹、陿二形。（ZD59-977c）

---

① 又見"獠"字條。
② 又見"瘔"字條。
③ 又見"刊"字條。

冽　liè

凍 ～，力哲反。
（ZD59-868b）

～井，上力竭反，寒
也，凍也，正作冽也。
（ZD59-567b）

苅　liè

笍～，上何郎反，位
也，正作行，又胡浪
反，架也，下力竭反。
（ZD59-1072b）

迾　liè

羅～，力竭反，行次
也。（ZD60-163a）

唎　liè

义～，去迦反，下力
世反。（ZD59-802a）

洌　liè

～水，上例、列二音。
（ZD60-351a）

～水，上力計、力結
二反。（ZD60-369c）

埒　liè

安～，力拙反，崖也，
堤也，還也，馬～也。
（ZD59-1053a）

㤠　liè

所～，力悦反，弱也，
正作劣、㤠二形。
（ZD60-161b）按：“～”通
“㤠”，兩者音同。

挒　liè

～已，上力結反，絞
去水也。（ZD59-
1114b）

～身，力結反，迴～
也。（ZD59-730c）

～齒，上力結反。
（ZD59-596c）

裂　liè

擘～，上博厄反，兩
手分破。（ZD59-602c）
按：“～”乃“裂”字，詳見本
書中篇“㓢”字條。

～壞，力哲反，破也，
正作裂。（ZD59-
701c）

樊～，毗祭反，下力
結反，破衣也，正作
裂。（ZD59-736c）

～食，上音列。
（ZD59-1040b）按：
《泥犁經》卷1：“泥犁中復
有群駱獸，共取人㓢食齡
齧。”（T01，p907c）“㓢”，
宋、元、明本作“裂”。

圮～，上皮美反，下
正作製。（ZD60-

53b）按：“～”，經文作“裂”，
是。可洪以爲“製”，“製”當
爲“裂”之誤。

㖰①　liè

～浮，上力悦反，郭
氏作力活反，又《川
音》云：《音義》作㗎，音浮，
謬也。（ZD60-285c）按：“～”，
譯音字，經文作“㖰”。《陀
羅尼雜集》卷4：“阿流那遮
羅波呧㖰浮阿那叉耶。”
（T21，p599b）《紹興重雕大
藏音》卷3：“㖰，劣音。”
（C059，p535c）

哷　liè

～浮，上力悦反，正
作呼，或作㗂，並音
劣。（ZD60-290b）按：“～”，
譯音字。

胅　liè

㬸～，宜作撥奯，上
莫結反，～挩，不方
正皃也，下力結反。奯叒，
多節目皃也。奯，又音頡，
頭邪皃也，下又郭氏音淚，
亦非也。（ZD60-209c）按：
可洪以“㬸～”同“撥奯”
“撥挩”。

———

① 又見“㗂”“哷”字條。

哷　liè

哷

～浮，上力悦反。（ZD60-388b）按："～"，譯音字。

睙　liè

睙

角～，郎代反，傍視也，正作睞也。《觀佛三昧海經》作角睞也，郭氏作力結反，非也。（ZD60-283a）按：《經律異相》卷50："眼目角睞，盲冥無見，或被癩病人所驅逐。"（T53，p264a）從形體看，"～"即"睙"，轉視也，可洪以爲"睞"，兩者義近。

緵　liè

綾
綾
紭

捻～，力結反。（ZD59-804a）

～衣，上力結反。（ZD59-1116c）

～出，力結反。（ZD59-800c）按：《陀羅尼集經》卷1："取一繩子，長四十尺，細如釵股。粉汁中浸，浸已緵出。"（T18，p793b）"～"同"摖"。

鵾　liè

鵾

魚～，同上，正作獦、獦二形。（ZD59-960a）按："～"即"獦"字。《大莊嚴論經》卷2："若使魚獵，不得報者。"（T04，p266c）

獦　liè

獦
獦
獦
獦

～師，上力蓋反。（ZD59-631c）

盧～，郎乎反，下力蓋反。（ZD59-719c）

見～，力蓋反。（ZD60-447b）

射～，力蓋反，正作獵。（ZD59-612a）

颲　liè

颲
颲
颲

嵐～，郎含反，下力竭反。（ZD59-880c）

～，此藏作颲，音列，見別隨函。（ZD59-881c）

挫～，子臥反，下力竭反。（ZD59-782c）

玀①　liè

摜
獦
摜

～者，力蓋反，又作獵，同上。（ZD59-914b）

～師，上力葉反。（ZD59-575c）

～師，上力蓋反。（ZD60-237a）按："～"乃"獵"字，詳見本書中篇"摜"字條。

獦
獦
獦

捕～，薄故反，下力蓋反。（ZD59-665b）

誤～，力蓋反。（ZD60-96a）

～師，力蓋反，取獸也，正作獵，又音葛，非。（ZD59-739c）

獦
鵾

遊～，同上（獵）。（ZD60-189a）

魚～，同上，正作獵、獦二形。（ZD59-960a）

獦
獦
獦
獦

煞～，力蓋反，取禽獸也。（ZD59-752a）

～鉀，力蓋反，下必支反。（ZD59-724c）

敀～，上徒年反。（ZD59-589c）

敀～，徒年反，下力蓋反。（ZD59-753c）按："～"，經文作"獦"。《辯意長者子經》卷1："喜殺生獦魚網，作俗緣不法會。"（T14，p838b）

獦
獦
獦
獦

遊～，力蓋反。（ZD59-960a）

～人，力涉反。（ZD59-909b）

漁～，上牛居反，下力蓋反。（ZD59-558c）

～張，力蓋反。（ZD59-743b）

魚～，上牛居反，下力蓋反。（ZD59-1049b）

---

① 又見"獦""臘"字條。

（第一列）

獦 盧～，力枼反。（ZD59-820c）

獦 捕～，蒲悟反，下力枼反。（ZD59-657a）

獦 搊～，巨向反，下力枼反。（ZD59-686c）

猲 ～入，力枼反。（ZD59-945a）

獡 ～魚，上力枼反。（ZD59-1097a）

膷 屠獦，力葉反。屠～，同上，並正作獵。（ZD59-973c）

獦 毛～，力枼反，正作髦鬣也。（ZD59-846c）按：“毛～”，對應佛經作“毛鬣”。《佛說觀佛三昧海經》卷2：“於其舌上生棘刺樹，毛鬣上衝，毛端雨血，吐刺疾走，騰空而至。”（T15，p651b）從字形看，“～”即“獦（獵）”，非經意，此處通“鬣”字。

騽　liè

騽 駬～，上音毛，下音獵，正作髦鬣也，下又音割，非。（ZD59-1050c）按：“～”爲“鬣”字，詳見本書中篇“騽”字條。

躐①　liè

躐 聲～～，力業反。（ZD60-367b）

（第二列）

轐　liè

轐 從～，力枼反，踐也，正作躐、轐二形也，經意是躐字也，謂陶家踏泥時也。轐者，馬組也，非用。又郭氏作倉陵、居六、巨恠三反，非也。《江西音》作古典反，亦非也。《西川音》作𩨹，音莃，亦非也。《南嶽音》作𩨹、𩨹、轐，三同音繩，亦非也。又作𩨹，居六反，非也。又作𩨹，音觀，亦非也。從郭氏及《江西音》《厚大師音》《南嶽音》，凡八呼，並非也，今定取躐爲正也。（ZD60-210b）按：從字形看，“～”即“轐”，可洪以爲“躐”字。詳見鄭賢章（2004：326）及本書中篇“轐”字條。

鬣　liè

鬣 朱～，力枼反，項上長毛也。（ZD59-769a）

鬣 朱～，力枼反。（ZD59-1020a）

鬣 子～，力枼反，鬚～也，正作鬣也。（ZD59-670a）

鬣 援吾～，于元反，下力枼反。（ZD59-767a）

鬣 駬～，上音毛，下音獵。（ZD59-1049b）

（第三列）

鬣 髮～，上子紅反，下力枼反，正作騣鬣二形。（ZD59-1086b）

鬣 駬～，上莫毫反，下力枼反，長毛也。（ZD59-1049c）

鬣 猪～，力枼反。（ZD60-351c）

鬣 馬～，力枼反，馬項上長髦也，正作鬣。（ZD60-24c）

騽 駬～，上音毛，下音獵，正作髦鬣也，下又音割，非。（ZD59-1050c）按：《太子瑞應本起經》卷1：“一金輪寶，二神珠寶，三紺馬寶朱髦鬣，四白象寶朱髦尾。”（T03，p473b）從字形看，“～”即“騽”，非經意，此處乃“鬣”字。“髦”俗作“駬”，受其影響，“鬣”亦從“馬”作“～”。

鬣 朱～，力枼反。（ZD59-761b）

林　lín

柣 ～泉，上力今反，正作林。（ZD60-17a）

痳　lín

痳 ～病，力今反。（ZD59-789c）

———

① 又見“轐”字條。

隣 lín

隣 ～虛，力人反。（ZD59-970a）

溣 lín

溣 水～，音林，以水澆沃也，正作淋也，悮。（ZD60-603a）按："～"，對應佛經作"淋"。《南海寄歸內法傳》卷3："其江嶺已南熱瘴之地，不可依斯，熱發水淋，是土宜也。"（T54，p224a）

霖 lín

霖 ～婆，上力金反，《經音義》作霖也。（ZD60-167a）按："～"乃"霖"，詳見本書中篇"霖"字條。

臨 lín

臨 ～夃，音終。（ZD59-661a）

臨 ～坑，口庚反。（ZD59-913b）

臨 ～夃，音終。（ZD59-594c）

瀶 lín

瀶 斗～，音林。（ZD59-797c）

麟 lín

麟 麒～，上巨之反，下力人反。（ZD59-589b）

驎 ～角，力人反，正作麟。（ZD59-942a）

鏻 ～角，力人反，正作麟。（ZD59-969b）按："～"乃"麟"，詳見本書中篇"鏻"字條。

麐 獲～，音隣。（ZD60-323b）

亩 lǐn

亩 米～，力審反。（ZD60-403c）按："～"同"廩"。

凜 lǐn

凜 ～懷，上力錦反。（ZD60-476b）按："～"，對應佛經作"凜"。《續高僧傳》卷14："牆岸整肅，氷雪凜懷。"（T50，p532b）

廩[1] lǐn

廩 倉～，力錦反。（ZD60-486a）

廩 安～，後行狀作廩，同力錦反，倉有屋曰～也，正作廩，僧名也。（ZD60-468b）

稟 倉～，力錦反，正作廩也。（ZD59-642c）

懍 lǐn

懍 ～課，上力錦反。（ZD60-477c）

懍 ～厲，力錦反，下力世反。（ZD59-959a）

懍 ～勵，上力審反。（ZD60-557c）

擝 拂懍，力錦反。拂～，同上。（ZD60-414b）按："～"即"懍"。構件"忄"與"扌"相混。《大唐西域記》卷11："拂懍國西南海島有西女國，皆是女人，略無男子。"（T51，p938a）

檁 lǐn

稟 脊～，上子昔反，下力審反。（ZD59-631b）

𠫔 lìn

厷 ～惜，上力進反。（ZD60-246c）按："～"即"𠫔"，與"吝"同。

吝 lìn

吝 不～，力進反，惜也，正作吝、𠫔。（ZD59-

———

① 又見"亩"字條。

731c)

秘～，力進反。
(ZD59-975b)

～悋惜，力進反，慳
也，亦作吝。(ZD59-
667b)

慳～，力進反。
(ZD59-942c)

～法，上力進反。
(ZD60-101c)

不～，力進反。
(ZD59-650a)

悔～，呼每反，下力
進反，正作悔吝。
(ZD59-860a)

疑～，力進反。
(ZD60-537c)

羚～，力進反。
(ZD60-460c)

握～，力進反。
(ZD60-365a)

所～，力進反。
(ZD59-676b)

悔～，力進反。
(ZD60-246a)

～著，上力進反。
(ZD60-148c)

～惜，力進反，慳也，
亦作吝。(ZD59-
667b)

所～，吕進反，惜也，
恨也，悮。(ZD59-
655a)

～姤，力進反，下都
故反。(ZD59-734c)

貪～，力進反。
(ZD59-671a)

悋① lìn

貪～，力進反。
(ZD59-609a)

顧～，上古悟反。
(ZD59-556b)

慳～，力進反。
(ZD59-555c)

不～，力進反。
(ZD60-301a)

慳～，力進反。
(ZD59-790a)

无～，力進反。
(ZD59-619c)

悋 lìn

～讖，上力進反，下
楚禁反。(ZD60-
447a)

貪～，力進反。
(ZD59-967a)

蒙～，莫紅反，下力
進反。(ZD59-867a)

～不，力進反。
(ZD59-982c)

～惜，七各反，雜也，
交～也，正作誤錯
也，悮。(ZD59-730a) 按：
"～惜"，對應佛經作"悋
惜"。《不退轉法輪經》卷
3："如來世尊無有悋惜，無
一切過。"(T09，p243c)"～
惜"，可洪以爲"誤錯"，不符
經意，恐誤。

秘～，力進反。
(ZD59-858a)

慳～，力進反。
(ZD59-719b)

～惜，力進反。
(ZD59-919c)

～惜，上力進反。
(ZD60-170c)

无～，力進反。
(ZD59-909b)

～惜，上力進反。
(ZD60-171a)

～惜，力進反。
(ZD59-921a)

～惜，力進反。
(ZD59-924c)

慳～，音悋。(ZD59-
717c)

不～，力進反，惜也。
(ZD59-853b)

～惜，力進反。
(ZD59-927a)

賃 lìn

販～，女甚反。
(ZD59-861b)

庸～，余封反，下女
鳩反。(ZD59-894c)

遴 lìn

之～，力進反。
(ZD60-571b)

① 又見"吝""吝""悋""恡"
字條。

甐 lìn

甐 ～堅，力進反，竹名也，堅可爲席也，正作簾也。甐，瓦名也，非用。（ZD59-952a）

蟒 lìn

蟒 秋～，力刃反，螢火也。（ZD60-427a）

嶙 lìn

嶙 訖～，力進反。（ZD59-802a）按："～"，譯音字。

藺 lìn

藺 馬～，力進反。（ZD59-1084a）

藺 廉～，音恡。（ZD60-507a）

嚹 lìn

嚹 揭～，其列反，下力進反。（ZD59-802a）按："揭～"，對應佛經作"揭嚹"。《陀羅尼集經》卷6："尼揭嚹（二合）吒（去音）耶（八十二）。"（T18，p836b）"～"，可洪音"力進反"，與"藺"音同，譯音字。

轥 lìn

轥 道～，力進反，正作轥。（ZD59-731a）按："～"即"轥"，與"轠"同。《入定不定印經》卷1："德包初地，道轥彌天。"（T15，p706a）

轠① lìn

轠 ～間仰佩，上牛兩反，下蒲昧反，恡也。（ZD60-439c）按："～"乃"轥"字，詳見本書中篇"轠"字條。

伶② líng

伶 使～，力丁反，樂人也。（ZD59-1094b）

苓 líng/quán

苓 ～陵，力丁反。（ZD59-786b）

苓 落～，七全反。（ZD60-419c）按："落～"，對應佛經作"落筌"。《集古今佛道論衡》卷3："老談玄理，微附虛懷，盡照落筌，滯而未解。"（T52，p386c）

吟 líng

吟 鴦伽～，上於良反，中巨迦反，下力丁反。（ZD59-623b）

吟 茂～，上莫候反，下力丁反。（ZD59-626a）

囹 líng

囹 ～圄，力丁反，恡，下魚舉反。（ZD59-943c）

泠 líng

泠 清～，力耿反，又音靈，恡。（ZD60-82a）

泠 ～～，力丁反，清泠也。（ZD59-567a）

泠 ～倫，上力丁反，黃帝樂人名也，正作伶。（ZD60-357c）

毬 líng

毬 烏～，力丁反。（ZD59-875b）

凌 líng

凌 ～侮，上音陵，下音武。（ZD59-1037c）

---

① 又見"轥"字條。
② 又見"泠"字條。

淩　～奪，力丞反，下
徒活反，欺取也。
（ZD59-666c）

淩　侵～，上七心反，正
作侵。（ZD59-555b）

淩　～奪，同活反。
（ZD59-866b）

淩　～篾，莫結反。
（ZD59-775c）

淩　～侮，音武。（ZD59-
696b）

陵①　líng

陵　～侮，音武。（ZD59-
642b）

陵　～奪，徒活反。
（ZD59-661b）

陵　～篾，莫結反。
（ZD59-666b）

鞁　～茂，莫結反。
（ZD59-935c）按：
"～"乃"陵"，詳見本書中篇
"鞁"字條。

菱　líng

菱　～茨，上力繩反，下
其撿反，雞頭也，亦
云鳥頭，亦云鴈頭，正作
茨也，又才咨反，誤也。
（ZD59-1121b）

唛　líng

唛　苾～，蒲結反，下力
甄反，二合。（ZD59-
800c）按："～"同"唛"，譯

音字。

晗　líng

晗　至～，力丁反，正作
晗、吟二形，又《經
音義》作晗，應和尚以晗
字替之。（ZD59-624a）按：
"～"，可洪以爲"昤"。

蛉　líng

蛉　蜻～，上子盈反，
下力丁反，六足四
翼，上又音青。（ZD60-
130a）

翎　líng

翾　翎～，二同力丁反。
（ZD60-386b）

淩　líng

淩　易～，上羊義反，下
力乘反。（ZD59-
1092b）

淩　～茂，莫結反。
（ZD59-555a）

悷　líng

悷　～傷，力乘反，侵侮
也，欺也。（ZD59-
671b）按："～"即"悷"。

琇　líng

琇　伽～，上其迦反，下
力乘反，王名伽～伽
也，（ZD59-986c）按："～"即
"琇"，譯音字，無實義，經文
作"楞"或"陵"。《長阿含
經》卷 22："四名持施，五名
伽楞伽。"（T01，p149a）《法
華經玄贊要集》卷 4："如伽
陵伽國有七寶藏。"（X34，
p256a）

矜　líng

矜　佇～，上直與反，下
力丁反。（ZD60-
561b）按："～"即"聆"，詳見
本書上篇第三章"矜"字條。

陵　líng

蔆　～茇，上力昇反，下
巨寄反。（ZD60-
374c）

蔆　失～，力繩反。
（ZD59-875b）

零②　líng

零　木～，力丁反，萎落
也，正作零。
（ZD59-646a）按："～"乃
"零"，詳見本書中篇"零"

———

① 又見"隱"字條。

② 又見"雳"字條。

字條。

霡　～落，上力丁反，下郎各反，正作零落。
（ZD60-106c）

䨖　líng

䨖　居～，音陵，二合，木名也。（ZD59-878a）

䨖　室～，音陵。（ZD59-803b）按："～"，譯音字，無實義。《陀羅尼集經》卷9："南門亦作一蓮華座，安彌嚕室䨖伽。"（T18，p865b）

陵　líng

陵　～曾，上力升反，下疾陵反。（ZD59-1082b）

陵　作～，音陵，亦作峻。（ZD60-386c）

薐　líng

薐　苻～，上戶耿反，下力丞反。（ZD60-594c）

綾　líng

綾　～羅繒，力丞反，下疾陵反。（ZD59-895c）

綾　績～，上子歷反。（ZD60-589a）

蓉　líng

蓉　～陵，力丁反。（ZD59-784a）

澪　líng

澪　涕～，上他禮反，下力丁反。（ZD59-1004c）

諁　纇～，上桑朗反，下或作澪、詅，二同，力丁反。（ZD59-1021c）按："～"，譯音字。《佛開解梵志阿颰經》卷1："有大梵志道士二十三人，名爲耆屠、留耗、盡陀、迦夷、阿柔、迦晨、諁夷、頞超、炎毛、巴蜜、監化、阿倫、裘曇、耆頼、諁涙、迦葉、暴伏、阿般、揳踶、優寮、波利、僥頸、陂佉，天下城郭，皆是此二十三人共所造也。"（T01，p263a）

樗　líng

樗　曲～，力丁反。（ZD59-598a）

霝　líng

霝　～滴，上力丁反，下丁歷反。（ZD60-353a）按："霝"與"零"同。《廣韻·青韻》郎丁反："霝，落也，墮也。或作零。"

艍　líng

艫　～舟，上力丁反。（ZD59-1072a）按："～舟"，經文作"艍舟"。《正法念處經》卷58："入大海，經於無量百千由旬，無量惡魚，鯤彌鯢魚，洪波惡處，自捨身命，乘於艍舟，而沈大海。"（T17，p342b）"艍"，宋、元、明、宮本作"艫"。"～"音"力丁反"，即"艫"，與"艍（舲）"同。

鲮　líng

鲮　～魚，上力乘反，魚名。（ZD60-384c）

齡　líng

齡　延～，上以然反，下力丁反。（ZD59-570a）

齡　延～，音靈。（ZD59-668a）

櫺　líng

櫺　那～，力丁反。（ZD59-751a）

櫺　之～，力丁反，正作櫺。（ZD60-403a）按："～"乃"櫺"字，詳見本書中篇**櫺**字條。

⿰陵鳥 líng

 ⿰票鳥～,上力日反,下力由反,正作⿰票鳥鶹。……應和尚以鷄翎替之,非也,經意但是鳥名,不唯鷄⿰毛令也,下又郭氏音陵,書無此字,上又音漂,鳥飛皃也,非義也。……别本作⿰阝鳥也。(ZD59-999a)按:“～”即“⿰陵鳥”,“陵”的增旁俗字。《中阿含經》卷60:“未可拔箭,我應先知箭羽爲飄⿰阝鳥毛、爲鵰鷲毛、爲鵾鷄毛、爲鶴毛耶?”(T01, p805a)“飄⿰阝鳥”,宋、元、明本作“⿰票鳥⿰陵鳥”,聖本作“鷄⿰陵鳥”。“飄⿰阝鳥”即“迦陵”,鳥名。《楞嚴經箋》卷1:“迦陵仙音,徧十方界。箋云:梵語迦陵頻伽,華言共命鳥,六十四音一妙音也。此鳥音聲柔軟,清亮哀雅,堪比佛音。”(X11, p866a)

 作～,郭氏音陵。(ZD60-367b)

⿰舟霝 líng

 ～舩,上力丁反,舩有屋窓也,下市專反。(ZD60-366b)按:“～”即“⿰舟靈”。

靈 líng

 ～茅,音猫。(ZD59-775b)

 海～,力丁反。(ZD59-773a)

 ～室,力丁反。(ZD59-740a)

 ～瑞,力丁反,經文作零,非。(ZD59-705a)

 ～洋,音祥,上方經作㟄音,非也。《妙法華經》云如優曇鉢花是也。優曇鉢,樹名也,此樹佛若不出世則但結子而無花,諸佛出世方有花耳。(ZD59-704c)

 ～瑞,力丁反。(ZD59-677c)

 襟～,上居吟反。(ZD59-567b)

 ～嚚,上力丁反。(ZD60-412c)

 ～鷲,上郎丁反。(ZD60-399c)

 ～府,上力丁反。(ZD60-177c)

 ～燭,上力丁反。(ZD60-106b)

 ～應,上力丁反。(ZD59-1066b)

櫺 líng

 牕～,上楚江反,下力丁反。(ZD60-10c)

 拖～,上失支反,下力丁反。(ZD59-1122c)按:“拖～”即“施櫺”。《十誦律》卷34:“是事白佛,佛言:應施櫺子。”(T23, p243b)

 窓～,力丁反。(ZD60-423c)

⿰食夌 lìng

 羯～,上居謁反,下力證反。(ZD60-261c)按:“～”,譯音字。

 ～身,力證反。(ZD59-864b)按:《一字佛頂輪王經》卷3:“當以右膝著地,左脚踏地,作欲起向前⿰食夌身勢,仰面怒目。”(T19, p242b)《一切經音義》卷35:“⿰食夌身,陵證反,借用,不取字義,即向前亞身也,亦言向前⿰食夌身,爲經文已有,且音用也。”(T54, p540c)“～身”,根據文意,疑爲“倰身”。

⿰氵不 liú

 ～水,上力由反,行也,亦作流。(ZD60-548c)

⿰氵丕 liú

 金～,音流。(ZD60-549a)

留[①] liú

 ～牟,力由反,《經音義》作嵧牟,無音切。

———

① 又見“畱”“畄”字條。

(ZD59-640a)

睺～，户鉤反，下力由反。（ZD59-733b）

～繮，音薑。（ZD60-61c）

稽～，上吉兮反，止也，滯也。（ZD59-577a）

稽～，上古兮反，下力由反。（ZD59-1115a）

比～，音毗，天王名。（ZD59-701b）

舀 liú

稽～，上吉兮反。（ZD59-553c）

流① liú

駃～，所事反，速疾也，正作駃，又音決，傳寫悮也。（ZD59-660b）

預～，上余去反。（ZD59-562a）

瀑～，步帽、步木二反，疾雨也。（ZD59-661a）

自～，音流。（ZD60-392b）

～離，力由反。（ZD59-748b）

琉 liú

～瑪，力支反，又音禹，非。（ZD59-718c）

～璃，上音流，下音离。（ZD59-628a）

畱 liú

稽～，上古兮反。（ZD59-1130a）

稽～，上古兮反。（ZD59-557a）

旒 liú

～邃，力由反。（ZD59-976a）

～璃，力由反。（ZD59-817a）

嚠 liú

部～，力由反。（ZD59-711c）

～謨，力由反，下莫乎反。（ZD59-840a）

嚧樓～，上許魚反，下盧求反。（ZD59-637c）

嗭 liú

～挐，音流，下女加反，唐譯本作魯挐。（ZD59-791a）

迦～，音流。（ZD59-791a）按：《不空胃索咒經》卷1:"摩呵迦嗭尼迦（三十二）。"（T20，p400c）"嗭"，元、明本作"嗭"。"嗭"與"嗭"同，皆譯音字。

句～，音流。（ZD59-791b）按："句～"，對應佛經作"句嗭""句嗭"。《不空胃索咒經》卷1:"呼多槃這迦（一百二十四）句嗭句嗭（一百二十五）。"（T20，p401a）"嗭"，宋、元、明本作"嗭"。"嗭"與"嗭"同，皆譯音字。

旒② liú

宸～，上於豈反，下力由反。（ZD60-430c）

～蕪，力由反。（ZD59-746b）

於～，音流。（ZD60-386c）

梳 liú

粰～，上音浮，下音流，籤也，粥別名也。（ZD59-1119b）

瑠 liú

～瑪，力支反，又音禹，悮。（ZD59-576c）

～璃嘴，音觜。（ZD59-617c）

～蝐，呂支反，正作璃。（ZD59-1068b）

～瑪，上音留，下音离，下又音禹，悮也。

① 又見"沭""沭"字條。
② 又見"旒"字條。

(ZD59-602c)

瑠 ～瑀,上力由反,下呂支反,下又音禹,惧。(ZD59-1068b)

瑠 ～瑀,力支反,又音禹,惧。(ZD59-903b)

瑠 ～瑀,力支反,惧。(ZD59-999b)

駵 liú

駵 驊～,上戶花反,下力由反,下正作騮、駵二形,又五郎、五浪二反,非。(ZD60-557b)按:“驊～”,對應佛經作“驊騮”。《廣弘明集》卷11:“穆王聞西方有佛,遂乘驊騮八駿之馬,西行求佛。”(T52, p166b)“騮”或作“駵”,“～”乃“駵”字之訛。

榴 liú

榴 石～,音流。(ZD60-130a)

榴 雙～,力由反,菓名,正作榴。(ZD60-593a)

駵① liú

駵 驊～,上戶花反,下力由反。(ZD60-515b)

皽 liú

皽 皽～,上側救反,下所六反,《僧祇律》作皽癵也,《經音義》作拗字呼。拗,女六反。又《川音》以癵字替之。癵,音緇、後二音,並非也。(ZD60-273c)按:“～”乃“瘤”字,詳見本書中篇“皽”字條。

劉 liú

劉 ～兆,上力由反,下音趙,前作劉眈。(ZD60-401b)

劉 ～人隋,上力由反,下他果反,倭隋,美也,又音隨。(ZD60-431b)

劉 ～鑿,上力由反,剋也,又《川音》作斲,音卓,下才作反。(ZD60-314a)

劉 ～璆,上力由反,下巨幽反。(ZD60-419a)

劉 ～縣,上音流,下音遙。(ZD60-524a)

劉 ～向,上力由反,下尸亮反。(ZD60-323b)

劉 虔～,上音虬,欺也,下力由反,剋也,殺也。(ZD60-535c)

劉 ～繪瓛,上音留,中音會,下魚蹇反。(ZD60-454b)

劉 ～向,尸亮反。(ZD60-426a)

劉 ～滕,上力由反,下徒登反。(ZD60-417a)

劉 ～邦,音圭,漢王名,或作刲,音桂(桂)。(ZD60-323b)

劉 ～兆,上音留,下音趙,上卷作眺,又作兆。(ZD60-403a)

瘤② liú/liù

瘤 六～,力由反,剩肉也。(ZD59-654c)

瘤 咽～,上烏賢反,下力由反,腫也,謂宂起疾也,正作瘤也,俗。(ZD59-1033a)

瘤 下～,力右反。(ZD60-85c)

瘤 癭～,於郢反,下力周、力咒二反。(ZD59-797b)

縋 liú

縋 作～,音流。(ZD60-360b)

蹓 liú

蹓 ～豆,上力由反。(ZD60-353a)

———

① 又見“駵”“騮”字條。
② 又見“皽”字條。

瀏 liú

瀏 ～湸,上力由反,下力向反,正作憀悢。(ZD60-600a)

鏐 liú

鏐 ～鐐,上力幽反,下力條反,皆紫磨金也,又鑪有孔者曰鐐也,上又《川音》音虯,非也。(ZD60-315c)

飀 liú

飀 ～兮,上力由反。(ZD60-588c)按:"～",可洪音"力由反",蓋以爲"飀"或"飂",對應經文作"飀"或"飆"。

騮 liú

騮 驎～,音留,宜作騂騮。(ZD60-536b)按:"騮"或作"駠","～"乃"駠"字之訛。

橊 liú

橊 繞～,力由反,扶～藤緣木生,其味辛,可食,其花實爲蒟醬也。(ZD60-573b)

鷜 liú

鷜 鵂～,上音休,下音留,正作鵂鶹也,土梟是也,下又郎俠反,野鵝也,非。(ZD59-1099b)按:"鵂～"即"鵂鶹"。"～"疑爲"鶹"字。

飂[1] liú

飂 ～喨,上音流,下音亮。(ZD60-581c)按:《廣弘明集》卷24:"嘈囋飂喨,悦心娱耳。"(T52, p276c8)"飂喨",宋、元、明本作"嘹亮",宫本作"飀亮"。

柳 liǔ

柳 詑～,魚乞反,下力手反。(ZD59-789b)

柳 ～星,上力酉反。(ZD59-623b)

柳 ～絮,上力酉反,下息預反。(ZD60-108c)

柳 扶～,力酉反,《字様》作栁,今作柳。(ZD60-333a)

柳 詑～,力酉反,又於力反,悮。(ZD59-802b)

柳 周～,力酉反。(ZD59-723a)

柳 ～頭柯,於力反,下古何反。(ZD59-796b)按:"～",經文作"柳",可洪音"於力反",蓋以爲"抑",不妥。

溜 liù

溜 ～～,力秀反。(ZD59-723a)

溜 ～山,上側持反,又力右反,悮。(ZD60-458c)按:"～",對應佛經作"溜"。《高僧傳》卷12:"時若耶懸溜山有姓曇遊者,亦蔬食誦經。"(T50, p408c)"～",可洪以爲"溜"字。

溜 吐～,力右反。(ZD60-593a)按:《廣弘明集》卷29:"清流四繞,吐溜悠長。"(T52, p338b)

溜 吼～,力右反。(ZD59-796a)

溜 險～,力右反。(ZD59-697a)

餾 liù

餾 亦～,力右反。(ZD60-378c)

霤 liù

霤 合～,力救反。(ZD59-1120c)

---

① 又見"飀"字條。

霳　餘～，力救反。（ZD60-26c）

隆　lóng

嶐　興～，力中反，正作隆。（ZD59-833b）

嶐　甲～，力中反。（ZD59-956b）

隆　～殘，力中反，正作癃。（ZD59-751c）

隆　興～，力中反，正作隆。（ZD59-649b）

隆　～赫，上力中反，下呼格反。（ZD59-1097a）

隆　闛～，力中反。（ZD59-901b）

嚨　lóng

嚨　哆～，多我反，下洛中反，彈舌呼之。（ZD59-886c）

癃　lóng

癃　～殘，力中反，病也。（ZD59-639c）按："～"同"癃"。

癃　lóng

癃　～癈，力中反，下自丹反。（ZD59-716a）

癃　～跛，力中反，正作癃。

～殘，力中反，正作癃。（ZD59-852c）

癃癃癃　形～，力中反。（ZD59-756c）

～跛，力中反，正作癃。（ZD59-847c）

龍　lóng

龍　蛟～，音交，母龍也，能吞人也。（ZD59-643a）

嚨　lóng

嚨　～儗，郎孔反，下魚以反。（ZD59-876b）按："～儗"，對應佛經作"嚨儗"。《蘇悉地羯羅經》卷2："矩嚕矩嚨儗（同上）抳（三句）莎嚩（去二合）訶（四句）。"（T18，p673b）

嚨　～喉咽，上郎紅反，下音煙。（ZD60-389c）

嚨　句～，郎紅反，二合，帶上聲呼。（ZD59-789b）

龒　lóng

龒　～樅，上洛紅、洛孔二反，下子紅、子孔二反。（ZD60-415a）

龒　～樅，上郎東、郎孔二反。（ZD60-504c）

櫳①　lóng

櫳　欞～，上戶黯反，下郎紅反，並從木正。（ZD60-374c）

矓　lóng

矓　矇～，莫紅反，下郎紅反。（ZD59-681a）

矓　～長，盧紅反。（ZD59-877c）按："～"，對應佛經作"朧""儱"。《牟梨曼陀羅咒經》卷1："即想見杜地，面如朧長狀，即説咒曰（名使者印）。"（T19，p663a）"朧"，元、明本作"儱"。從形體看，"～"蓋"朧"之訛。

䶢　lóng

䶢　～跣，上同櫳，下音踈。（ZD60-369b）

罿　lóng

罿　～罩，上洛公反，下知孝反。（ZD60-451c）按："～"同"籠"。

籠②　lóng/lǒng

籠　～欞，郎紅反，下戶黯反。（ZD59-673a）

----

① 又見"䶢""攏"字條。
② 又見"罿""攏"字條。

籠
籠
籠

～檻，咸黯反。
（ZD59-742c）

霧～，郎公反。
（ZD59-587c）

～戾，力董反，正作
懬。（ZD59-963a）
按：“～戾”即“懬戾”，又作
“懬悷”，聯綿詞。

聾 lóng

龓
聾
韇
韇
韇
韇
巌

～瞀，音古。（ZD59-
610a）

～癊，上洛紅反，下
烏雅反。（ZD59-
566b）

～額，上郎紅反，下
五恠反。（ZD59-
644b）

～瞶，洛紅反，下五
恠反。（ZD59-662b）

法～，郎紅反。
（ZD59-830b）

～駭，五駭反。
（ZD59-710c）

～癊，郎紅反，下烏
雅反，《應和尚音義》
作聾痾。（ZD59-651a）

～盲，上辝集反。
（ZD59-1097c）按：
“～”，經文作“聾”，可洪音
“辝集反”，蓋以爲“襲”，
不妥。

嚨 lóng

嚨

句～，郎紅反。
（ZD59-789b）按：“～”，

譯音字。

儱 lǒng

儱
儱

～侲，力董反，下力
計反。（ZD59-650c）
按：“～侲”，聯綿詞，與“懬
戾”“懬悷”同。

攏 lǒng

攏
攏
攏

～戾，郎董反。
（ZD59-648b）

～㨃，郎董反，下力
計反，多惡也，正作
懬悷。（ZD59-712b）

房～，洛紅反，正作
櫳也，又洛孔反，非
也。（ZD60-499b）

壠 lǒng

壠

高～，音嚨。（ZD60-
231b）按：“～”乃
“壠”，可洪音“嚨”，恐不妥。

懬① lǒng

懬
懬

～悷，郎孔反，下力
計反。（ZD59-713a）

～悷，下力計反。
（ZD59-658a）

癃 lǒng

癃

～戾，上力董反，經
本作懬戾也，又薄江
反，非也。（ZD60-274c）按：

“～戾”，聯綿詞，與“懬戾”
“懬悷”同。“～”同“懬”，詳
見本書中篇“癃”字條。

驡 lǒng

驡

～戾，上郎孔反，下
力計反，上又力容
反，非。（ZD60-60c）按：“～
戾”，對應佛經作“懬悷”。
《大愛道比丘尼經》卷 2：
“女人憙自用，不受他人諫，
諛諂懬悷自可，是五十六
態。”（T24，p954b）“～戾”，
聯綿詞，又作“懬悷”“儱悷”
等形，指倔強難調。儘管是
聯綿詞，形體無須顧義，但
由於常用於指馬倔強不伏，
“懬悷”俗寫仍有詞形作“驡
戾”，以求顯義。

卡 lòng

卡

戲～，音弄。（ZD59-
586b）按：“～”乃
“弄”。

弄② lòng

枺

～儛，上魯貢反，下
無府反，又《經音義》
作拃舞。（ZD59-986a）按：
“～”，依“魯貢反”讀
“lòng”，今讀“nòng”。

---

① 又見“籠”“儱”“癃”“攏”
“驡”字條。
② 又見“卡”“咔”“咔”“𠶷”
“㭒”“扗”“枺”“拃”“挵”字條。

予　戲～,郎貢反,正作弄,亦作卡、亍二形。(ZD59-838c)

挵　曳～,上羊世反,下音弄。(ZD60-186b)

挵　～聲,音弄,正作哢。(ZD59-741c)

卡　易～,羊義反,下郎貢反。(ZD59-677a)

罕　～土,上郎貢反,正作弄、哢二形。(ZD59-1086c)

弁　嗖～,音弄,又音卞,俁。(ZD59-757c)

挵　戲～,音弄。(ZD59-983c)

扗　輕～,音弄。(ZD59-962b)

亍　戲予,郎貢反,正作弄,亦作卡、～二形。(ZD59-838c)

咔　玩～,音弄。(ZD59-714a)

扜　戲～,音弄,又音弁,非。(ZD59-964b)

卡　～影,郎貢反,正作弄。(ZD59-966c)

挵　輕～,音弄。(ZD59-719c)

卡　不～,郎貢反,正作弄。(ZD59-647c)

挵　故～,音弄。(ZD59-681a)

挵　～足,音弄。(ZD59-776b)

杍　如～,音弄,玩物也,又音弁也。(ZD59-993a)

卞　～戒,上郎貢反,正作弄。(ZD59-726b)

　　輕～,音弄。(ZD59-715c)

挵　～諸,郎貢反。(ZD59-744b)

咔　儜～,無府反,下郎貢反。(ZD59-858b)

咔　lòng

咔　還～,音弄。(ZD60-459c)按:"～",對應佛經作"哢"。《高僧傳》卷13:"梵嚮清靡四飛,却轉反折,還喉疊哢。"(T50,p413c)

咔　lòng

咔　販～,上方万反,下來貢反,正作弄。(ZD60-165b)

咔　嬌～,音弄。(ZD60-460a)

挵　lòng

挵　所～,音弄。(ZD59-960b)按:"～"即"挵",與"弄"同。

挵　～土,上力貢反。(ZD60-162a)按:"～"即"挵",與"弄"同。

挵　～之,上郎貢反。(ZD59-592c)按:"～"即"挵",與"弄"同。

挵　不～,音弄。(ZD60-79c)按:"～"即"挵",與"弄"同。

挵　故～,郎貢反,正作弄,律本作挵也,俁。(ZD60-79c)按:"～"即"挵",與"弄"同。

咔　lòng

咔　販～,音弄。(ZD60-165b)按:"～",經文作"弄"。

咔　拂～,音弄。(ZD59-1086c)按:"～",經文作"弄"。《佛本行集經》卷51:"非人在於虛空裏,拂弄種種妙天衣。"(T03,p891c)

咔　玩～,郎貢反,正作弄。(ZD59-631a)按:"～"即"弄"字。

挵　lòng

挵　作～,音弄,正作挵,或作挵。(ZD60-195c)按:"～"即"挵",與"弄"同。

挵　戲～,音弄,正作挵。(ZD59-1070c)按:"～"即"挵",與"弄"同。

挵　不～,郎貢反,亦作挵。(ZD59-699c)按:"～"即"挵",與"弄"同。

挵　蚩～,上尺之反,輕侮也,正作蚩,下音弄。(ZD60-488a)按:

"～"與"弄"同。

唪　lòng

唪　綝～,音弄。(ZD59-1078c)按:"綝～",經文作"舞弄"。《佛本行集經》卷 13:"舞弄珠璣衣冠服飾。"(T03,p714c)

咔　聲～,音弄,正作唪,或作咔,吟也,《川音》作𠶳,以咔替之,非也。(ZD60-492c)按:《續高僧傳》卷 25:"時復讀誦諸經,偏以法花爲志,素乏聲唪,清靡不豐,乃潔誓誦之。"(T50,p650c)"唪",宋、元、明、宮本作"弄"。

吓　玩～,音弄,正作唪。(ZD59-1078b)按:《佛本行集經》卷 12:"時淨飯王即遣造作雜寶玩弄無憂之器。"(T03,p707c)"～"即"唪",經文中同"弄"。

栚　lòng

捑　曳～,上羊世反,下音弄。(ZD60-186b)按:"～"即"捑",與"弄"同。《佛本行經》卷 1:"童子曳弄,戲笑娛樂。"(T04,p62a)

婁　lóu

婁　拘～,郎侯反。(ZD59-731c)

婁　～佉,郎侯反,下去迦反。(ZD59-953b)

晏　㤞～,上況于反,下郎侯反,上正作㝯,下正作婁。(ZD59-724c)

晏　休～,郎侯反,正作婁。(ZD59-724c)

蔞①　lóu/lǔ

蔞　苉～,古花反,下洛侯反。(ZD59-796a)

蘬　茄～,上古牙反,下洛胡反,葦未秀者也,正作葭蘆也。《經音義》作蘆,以結縷替之,力主反。《説文》云:俗名句屢草也。屢,力遇反。又云一本作茄蘆,是也。(ZD60-33a)按:"～"同"蘆(蔞)"。《四分律》卷 25:"去比丘尼精舍不遠,有好結縷草生。"(T22,p739b)"結縷",宋、元、明、宮本作"茄蔞"。《四分律名義標釋》卷 20:"茄蔞草,此是梵音,西國草名,非取草頭爲義。《經音義》作結縷字。言《上林賦》云:布結縷攢戾莎,俗名句屢草也。"(X44,p555b)

嘍　lóu/shǔ/shuò

嘍　求～,音樓。(ZD59-796b)

嘍　嘖～,上阻伯反,下生主、生遇二反,呵罵也,正作數,或作嗽。(ZD59-988b)按:"～",即"嘍",與"數(嗽)"同,責備之義。《中阿含經》卷 7:"若有他人罵詈、捶打、瞋恚、責數者,彼作是念。"(T01,p464c)

嘍　～指,上所角反,正作嗽也。(ZD60-264a)

嘍　而～,所角反,正作嗽、嗽二形,又力侯、力口二反,並非也。(ZD59-1112a)

慺　lóu

慺　～～,郎侯反,謹敬皃也,心明也,又力朱反。(ZD60-247b)

樓　lóu

樓　～擊,苦閑反,或作挈。(ZD59-751a)

樓　～櫓,郎古反。(ZD59-616a)

樓　～䁤,《經音義》作䁤,以眸字替之,莫浮反,案字體或胮,普江、薄江二反,神名也。(ZD59-750b)

斢　婆～,郎侯反,經作樓。(ZD60-404b)

———

① 又見"蘬"字條。

腜　lóu/lǔ

腜　髑～，徒木反，下郎侯反。（ZD59-855b）按："～"即"髏"字，讀"lóu"。"髑～"即"髑髏"，骷髏。《菩薩從兜術天降神母胎説廣普經》卷 6："或連髑髏以爲衣服，或以髑髏以爲食器。"（T12，p1044c）

腜　背～，力主反，曲脊也。（ZD59-767c）按："～"同"僂"。

腜　～行，上力主反，正作僂，又力朱、洛侯二反，非也。（ZD59-1034c）按："～"同"僂"。

腜　脊～，子昔反，下力主反，曲也，正作僂，下又力朱、力侯二反，非。（ZD59-730c）按："～"同"僂"。

腜　～躃，上力主反，下卑益反，正作僂躄也。（ZD59-621b）按："～"同"僂"。

腜　瘂～，烏雅反，下力主反。（ZD59-855c）按："～"同"僂"。

嶁　lóu

嶁　～蟻，洛侯反，下魚倚反。（ZD59-862b）

嶁　～蛄，上音樓，下音姑。（ZD60-366a）

頮　lóu

頮　髑髏，上音獨，下音樓。髑～，同上。（ZD59-1056c）按："～"即"頮"，與"髏"同。

髏①　lóu

髏　～頷，上洛侯反，下胡感反。（ZD59-630c）

髏　髑～，上徒屋反，下鹿侯反。（ZD59-574c）

髏　髑～，徒木反，下郎侯反。（ZD59-855b）

騳　lóu

騳　騾～，上洛禾反，下音樓，《玉篇》云馬類也。（ZD60-228a）

嘍　lóu

嘍　毗～，音樓。（ZD59-804b）按："～"，譯音字。《陀羅尼集經》卷 12："第四座主名毗嘍吒（上音）迦。"（T18，p896b）

嘍　豆～，音樓。（ZD59-801c）按："～"，譯音字。

嘍　～差，上郎侯反，下叉戒反。（ZD59-633b）按："～"，譯音字。

甄　lǔ

甄　呼～，二同上，下又郎口反。（ZD59-798a）

甄　魯～，下郎口反，下同。（ZD59-840a）

甄　瓿～，上步口反，下郎口反。（ZD60-356a）

陋　lòu

陋　醜～，赤手反，下郎候反。（ZD59-922c）

陋　缺～，苦穴反，下郎豆反。（ZD59-906c）

陋　卑～，音漏。（ZD60-88a）

迺　醜～，音漏。（ZD59-620b）

漏　lòu

屚　歐～，烏口反，下郎候反。（ZD59-639c）

屚　多～，音漏。（ZD60-315a）

屚　生～，音漏。（ZD59-1001c）

漏　猶～，郎豆反，悞。（ZD60-467a）

屚　下 ～，郎豆反。（ZD60-60b）

———

① 又見"腜""頮"字條。

屚

～盡，上郎候反。（ZD59-612a）

漏

皆～，音漏。（ZD60-587a）按："～"乃"漏"，詳見本書中篇"漏"字條。

漏

波～，音漏。（ZD60-81c）

漏

～盡，郎候反，正作漏。（ZD59-923c）按："～"乃"漏"，詳見本書中篇"漏"字條。

瘻① lòu/lǔ

瘻瘺

痔～，直里反，下郎豆反。（ZD59-789a）

背～，力主反，正作傴，又力朱反，痀曲脊也，正作瘺也。（ZD59-992c）按："～"，從形體看，即"瘺"字，經文作"傴"，義同，駝背。《中阿含經》卷25："頭白齒落，背傴脚戾。"（T01，p585c）

瘺 lòu

瘺

～癩，音漏，下音賴。（ZD59-789b）按：《不空罥索陀羅尼經》卷1："悉能除斷刀毒、惡藥、惡腫、油瘺、癩痢、癩病、著小兒病。"（T20，p419a）"瘺"，宋、元、明本作"瘺"。

瘺

痔～，上直里反，下郎候反，正作瘺也，俗。（ZD59-560a）

盧 lú

盧盧盧盧

～舍，上力魚反，正作盧。（ZD59-581a）

～醯，呼兮反。（ZD59-639b）

～獦，郎乎反，下力荼反。（ZD59-719c）

～舘，上力魚反，下古亂反。（ZD59-573c）

盧

澌～，呼古反。（ZD59-635c）

壚 lú

壚

餅～，音盧。（ZD60-280c）

攎 lú

攎

～拱，上洛胡反，下居勇反。（ZD59-1125b）按："～"即"攎"。《十誦律》卷48："佛聽我安攎拱者善。"（T23，p352a）

攎

擴～，上郎木反，下郎乎反。（ZD60-507a）按："～"即"攎"。

攢

攢～，上昨官反，下洛胡反。（ZD59-614a）按："攢～"，對應佛經作"攢攎"。《文殊師利所説不思議佛境界經》卷1："攢攎疊栱，磊砢分布。"（T12，p110c）

攎

～構，上來胡反，柱也，下蒲百反，柱上枅也。（ZD59-621b）按："～"即"攎"。

蘆 lú

蘆

草～，音閭，舍也，正作盧。（ZD59-981a）

薑

芺～，上徒骨反，下郎乎反。（ZD60-353b）

蘆

～騾，郎乎反，葦未秀者也，下郎禾反，驢父馬母曰騾。（ZD59-683a）

嚧 lú

嚧

鑠覩～，書若反，下鹿胡反，正作嚧。（ZD59-791c）

嚧

輸～哆，上束朱反，中洛胡反，下音多。（ZD59-629b）

唬

俱～，音盧，又音豪，愲。（ZD59-878a）按："俱～"，對應佛經作"俱嚧"。《牟梨曼陀羅咒經》卷1："中壇佛前安銀香爐，拔折羅波膩燒俱嚧俱嚧杜婆。"（T19，p667b）"嚧"，宋、元、明、甲本作"唬"。從形體看，"～"即"唬"，經文中乃"嚧"字。

———

① 又見"瘺"字條。

廬 ① lú

盧　輸～，音盧。（ZD59-748a）

嚧　呼～，上音呼，下音盧。（ZD59-632a）

嚧　俱～，音盧。（ZD59-668c）

嚧　輸～，束朱反，下洛胡反，二並上聲呼。（ZD59-745c）

瓐　謎～，下洛俱反。（ZD59-590b）

廬 ① lú

盧　～上，力魚反。（ZD59-862a）

盧　～舘，上力居反，下古亂反。（ZD59-576c）

瓐　～中，上力魚反，舍也，正作廬。（ZD59-1030a）

盧　戲～，力居反，舍也。（ZD59-585b）

盧　陋～，力魚反，舍也。（ZD59-920a）

瓐　～野，力魚反，舍也，正作廬，又郎乎、郎故二反，非。（ZD59-724b）

盧　爲～，力魚反。（ZD59-617a）

盧　～舍，力魚反。（ZD59-673a）

盧　檀～，力居反。（ZD59-691a）

盧　爲～，力魚反。（ZD59-766a）

盧　～窟，上力魚反，舍也，正作廬。（ZD60-186b）

盧　精～，力魚反，舍也。（ZD59-1031c）

盧　箄～，力魚反，舍也。（ZD59-616b）

懪 lú

懪　～遮，洛胡反，與壚字同也，悮。（ZD59-750b）按："～"，譯音字，與"攎""壚"音同。《佛說灌頂經》卷4："神名駕那攎遮，字除怖懼。"（T21，p505c）

懪　怦～，烏甲反，下洛胡反，《經音義》云今人謂黑貂爲舅盧貂也。（ZD59-751b）按：《佛說灌頂經》卷7："頭戴赤色呾魔怦懪神帽。"（T21，p515b）

櫨 ② lú

櫨　鹿～，魯木反，下魯胡反。（ZD59-740b）

櫨　楣～，下音盧。（ZD59-1020a）

櫨　～拱，上郎胡反，下居勇反。（ZD59-598a）

櫨　～樓，郎胡反。（ZD59-750b）

櫨　槻～，盧木反，下鹿胡反。（ZD59-964a）

臚 lú

臚　臚～，苦官反，下力魚反。（ZD59-940c）

臚　～如，力居反，長者子名也。（ZD59-844a）

臚　～脹，上力魚反，下知亮反。（ZD59-611b）

臚　頭～，音盧，正作顱。（ZD59-578b）

臚　～脹，上力魚反，下知向反。（ZD59-1056a）

臚　鴻～，力魚反。（ZD59-806b）

瓐 lú

瓐　～舘，上力魚反，下古亂反。（ZD59-1023a）按："～"即"廬"字之訛。

瓐　～阜，上力魚反，下音婦，上又盧、路二音，非。（ZD60-497c）按："～"即"廬"字之訛。

籚 lú

籚　～筐，力胡反，下都達反。（ZD59-815b）
～葦，上洛胡反，下爲鬼反。（ZD59-

---

① 又見"瓐"字條。

② 又見"攎"字條。

552b)

纑 lú

纑 纑　黑～，音盧。（ZD59-
1084a）

纑　～繠，洛胡反，下力
主反。（ZD59-805b）

纑　～緶，上洛胡反，下
相箭反。（ZD60-
250a）

鑪 lú

鑪　～橐，步拜反。
（ZD59-644b）

鑪　～鍋，古禾反，亦作
鬲。（ZD59-834a）

鑪　～錘，直垂反。
（ZD60-486b）

顱① lú

顱　頭～，音盧。（ZD60-
496a）

卤 lǔ

卤　～土，上力古反。
（ZD59-1033a）按：
"～"即"鹵"，見"鹵"字條。

卤② lǔ

鹵　監～，羊廉反，下郎
古反，正作鹽鹵
也，上又宜作鹹，音減。
（ZD59-719b）

卤
卤
卤
鹵　沙～，力古反。
（ZD59-1066c）

醶～，音魯。（ZD59-
716a）

卤　沙～，郎古反。
（ZD59-640b）

塱　沙～，郎古反，确薄
之地也，醶土也，正
作滷也。（ZD59-679c）

塱　醶～，來古反。
（ZD59-1014c）

塱　～土，郎古反。
（ZD59-845b）

窒　沙～，郎古反，鹹～，
醶土也，正作滷、鹵。
（ZD59-685c）

堲　～土，上力古反，醶
土也，正作鹵。
（ZD60-175c）

齒　醶～，郎古反。
（ZD60-301a）

塱　烊～，上子消反，
下力古反。（ZD59-
1065b）

塱　沙～，郎古反。
（ZD59-738a）

虜 lǔ

虜　數～，郎古反，正作
虜，亦云首籠那。
（ZD60-83c）

霧　必～，盧古反，獲也。
（ZD59-766a）

霧　～掠，上音魯，下亮、
略二音，奪也，劫取
也。（ZD59-576a）

霧　～國，郎古反。
（ZD59-751c）

霧
霧　～怙，上音魯，下音
户，自大也，自縱恣
也，下正作扈也。（ZD59-
571b）

虜　羌～，去羊反，下郎
古反。（ZD59-726a）

霧　之～，郎古反。
（ZD59-1056b）

霧　～計，盧古反。
（ZD59-876c）

樐 lǔ

樐　大～，郎古反，彭排
也。（ZD60-407b）

魯 lǔ

曽　～拏，奴加反。
（ZD59-555c）

魯　鄔～，上烏古反。
（ZD59-566c）

曽　～甄，音魯，下郎口
反。（ZD59-840a）

魯　闍～，郎古反，正作
魯。（ZD59-624c）

曾　阿～，郎古反，正作
魯。（ZD59-626c）

憎　～憶，上音魯，下音
户。（ZD59-607b）
按："～"乃"魯"，詳見本書
中篇"憎"字條。

---

① 又見"臚"字條。
② 又見"鹵"字條。

撸 lǔ

撸 衚～，音鲁。（ZD60-468c）

噜 lǔ

嚕 窭～，上其禹反，下洛古反。（ZD60-603a）

嚕 ～～，音鲁。（ZD59-793a）

櫓① lǔ

櫓 樓～，鹿古反。（ZD59-774a）

櫓 樓～，音鲁。（ZD59-576c）

撸 樓～，音鲁，正作櫓。（ZD59-987a）

櫓 樓～，郎古反。（ZD59-616a）

櫓 樓～，郎古反。（ZD59-907b）

猷 lǔ

猷 姥～，郎骨反。（ZD59-863b）按："～"，經文作"猷"。《一字佛頂輪王經》卷 1："檳曩（輕音）嚩路枳𮕈姥猷馱（五）。"（T19，p228a）《新集藏經音義隨函錄》卷 9："姥猷，盧骨反。"（ZD59-863b）

猷 姥～，鲁没反。（ZD59-864b）按："～"即"猿"，經文中用作譯音字。

猷 姥～，鲁没反，又步昧反，誤。（ZD59-864a）按："～"即"猿"，經文中用作譯音字。

猷 姥～，盧骨反。（ZD59-865a）按："～"即"猿"，經文中用作譯音字。

猷 姥～，鲁没反。（ZD59-864b）

猷 姥～，莫古反，下盧骨反。（ZD59-863b）按："～"即"猿"，經文中用作譯音字。

捽 lǔ

捽 ～身，郎没反，不利也，磨也，正作硉。（ZD59-847c）

陸② lǔ

陸 半～，音六，正作陸也。（ZD59-900c）

陸 薰～，許云反。（ZD59-845b）

陸 勳～，音六，香名。（ZD59-845a）

捼 lǔ

捼 跋～，上蒲末反，下盧木反。（ZD60-406a）按：《大唐西域記》卷 1："從此西行六百餘里，經小沙磧，至跋禄迦國。"（T51，p870c）"跋～"即"跋禄"，"～"用於譯音，有可能即"禄"之訛。

菉③ lǔ

菉 ～豆，上力玉反。（ZD59-1087a）

鹿 lù

鹿 ～踔，市軟反。（ZD59-576b）

麀 麀～，上音迷，鹿兒也。（ZD59-591a）

麀 拖～，尸智反，惠也，與也，正作施，又陁可反，悮。（ZD59-963c）

麀 麖～，之羊反。（ZD59-639c）

麖 ～皮，上力木反。（ZD60-53b）

溙 lù

溙 水～，音六，高平曰溙也，正作陸。（ZD59-682a）按："～"乃"陸"字，詳見本書中篇"溙"字條。

----
① 又見"撸"字條。
② 又見"溙""薩"字條。
③ 又見"菜"字條。

菉　lù

菉

～豆,上力玉反,正
作菉也,又音柔,悞。
(ZD59-631c)

蔯　lù

蔯

薰～,音六。(ZD59-
840c)按:"薰～",對
應佛經作"薰陸"。《佛説佛
名經》卷 19:"莊嚴佛座,安
置佛像,燒種種香栴檀沈
水,薰陸多伽羅蘇揵陀,種
種末香塗香,燒如是等種種
妙香散種種華。" (T14,
p260b)"陸"蓋受上字"薰"
的影響類化增旁而作"～"。

路　lù

略

二～,自前皆作二
路。(ZD60-127c)

稑　lù

稑

重～,音六,後種先
熟也。(ZD60-505b)

勠　lù/liú

勠
勠

刑～,音六。(ZD59-
583c)

繩～,力由反,絞縛
煞也,正作摎也,又
音六。(ZD59-961c) 按:
"～",經文作"戮"。"戮"與

"勠"同。

摝　lù

摝

～攎,上郎木反,下
郎乎反。(ZD60-
507a) 按:《辯正論》卷 5:
"如從十歲至八萬歲,復從
八萬還至十歲,如摝攎上
下。"(T52, p521b)"如摝
攎",宋、元、明本作"如轆
轤"。"～攎"即"榵櫨",與
"轆轤"同。

漉　lù

漉
漉
漉

自 ～, 郎 木 反。
(ZD59-690a)

如 ～, 力 木 反。
(ZD59-737a)

澡～,子老反,下郎
木反。(ZD59-588c)

榵①　lù

榵

～櫨,盧木反,下鹿
胡反。(ZD59-964a)

醁　lù

醁

芳～,緑、祿二音。
(ZD60-587b)

踛　lù

踛

蹢～,上尺尹反,下
力玉反。(ZD60-
581a)

甋　lù

甋

～甎,上音鹿,下音
專。(ZD60-370c)

甋　lù

甋

碃～,上音鵲,下音
六。(ZD60-526a)按:
"～"乃"戮"字,詳見本書中
篇"甋"字條。

戮②　lù

戮
戮
瑹

刑～,音六。(ZD59-
599b)

刑～,音六。(ZD59-
752c)

殘～,与戮同,力竹
反,煞也。(ZD59-
767a)按:"～"乃"戮"字,詳
見本書中篇"瑹"字條。

戮

形～,音六。(ZD59-
636b)

礍　lù

碌

～碄,上古猛反,金
璞也,正作礦、礦二
形,下音連,鉛礦。(ZD60-
423c)按:《集神州三寶感通
錄》卷 2:"乃是鐵礦,不可
鏨鑿,故其形礍硟,高三丈
許,欲加摩瑩,卒不可觸。"

① 又見"摝"字條。
② 又見"甋""勠"字條。

(T52, p420c)"礦碄"，宋、元、明本作"礦碄"。《一切經音義》卷 81："碌磰，上籠谷反，下蔥鹿反。《蒼頡篇》云：碌磰謂砂石麁白也。《考聲》云石地不平皃也。錄文作礦碄，誤也。"(T54, p831a)"～碄"疑即"礦碄"，乃"碌磰"。"～"非可洪所言"礦"字。詳見本書中篇"碄"字條。

睰　lù

睰　～瞚，上力木反，下書閏反。（ZD59-1105c）按："～"，經文作"睩"。《摩訶僧祇律》卷 7："戶孔中見房內有人剃髮，著染衣，睩瞚細語，知是出家人。"(T22, p290a)

略　lù

略　馳～，音路。（ZD59-601b）

略　鼻～，音路。（ZD59-711c）按："～"，譯音字，無實義。

潞　lù

潞　～王，上郎悟反。（ZD60-440a）

溻　lù

溻　已～，音祿。（ZD60-354a）

～糟，上郎木反。（ZD60-362c）

蓛　lù

蓛　～蔟，上郎木反，下倉木反。（ZD60-595b）按："～蔟"同"蓛簇"，乃"碌磰"。《廣弘明集》卷 29："鑪飛猛焰，鑊湧驚波。楞層鐵網，蓛簇灰河。"(T52, p341c)"蓛簇"，元、明本作"碌磰"。"碌磰"，石不平貌。

麜　lùér

麜　似～，下是鹿而二字也，郭璞云似鹿而大。（ZD60-355a）按："～"乃"鹿""而"之合。

篗　lù

篗　衣 ～，力木反。（ZD60-36c）

篗　槭～，上戶緘反，下力木反。槭，杯也，杯韲箱也，竹篋也，正作槭篗字也。（ZD59-1035a）

篗　～㯁，郎木反，下助莊反。（ZD59-769a）

騄　lù

騄　～驥，上音錄，下音冀。（ZD60-548b）

蔍　lù

蔍　之～，音錄。（ZD60-517c）按："～"乃"錄"。《甄正論》卷 2："自是鬼神之錄、術數之事。"(T52, p564c）另見"錄"字條。

麓　lù

麓　林～，郎木反，正作麓。（ZD59-707b）

露　lù

露　偏～，音路，正作露。（ZD60-26a）

露　～手，上音路，正作露。（ZD59-1029b）

簶[1]　lù

簶　膺～，上於陵反，下力玉反，圖也。（ZD60-329c）

簶　秘 ～，力玉反。（ZD59-731a）

鷺　lù

鷺　白～，音路。（ZD59-1075b）

鷺　鶬～，音路。（ZD60-302b）

———

[1] 又見"蔍"字條。

鸚～，上音秋，下音路。（ZD60-309b）

囑 lù

句～，音路。（ZD59-793b）按："～"，譯音字。

閭 lú

～如，力魚反，長者名。（ZD59-848c）

氀[①] lú/shū

～毹，上力俱反，下户割反。（ZD60-352c）

氀～，上其俱反，下所俱反，毛席也，織毛褥謂之氀～也，下正作毹，或作毹也。（ZD59-1113c）

氍～，上其俱反，下山俱反。（ZD59-984a）

具～，上其俱反，下所俱反，毛席也，正作氀毹也。（ZD59-648c）

氍～，具俱反，下色俱反。（ZD59-715b）

氍～，具俱反，下數蒭反。（ZD59-896c）

～褐，力俱反，下正作氀。（ZD59-684a）

毗～，山俱反。（ZD59-745c）

氀～，上具俱反，下數俱反。（ZD59-615c）

毹 lú/shū

～褐，力魚反，下户割反。（ZD59-685c）

～揭，上力愚反，下胡割反，正作氀、褐二形。（ZD59-619b）

毗毹，山蒭反，作～字也。（ZD59-746c）

毗～，山蒭反，正作毹字也。（ZD59-746c）

氍～，其俱反，下生蒭反。（ZD59-851a）

氍～，具俱反，下數俱反。（ZD59-777a）

毗～，山蒭反，正作毹字也。（ZD59-746c）

藘 lú

菴～，力余反。（ZD60-358b）

櫚 lú

摋～，上子公反，下力魚反。（ZD60-53c）

厬 lú

毛～，力朱反。（ZD60-31b）按：《四

分律》卷15："或須伊尼延陀，或須毛厬。"（T22，p665c）"厬"，宋、元、明、宫本作"毹"。"厬"即"毹"。

驢 lú

駞～，上徒何反也，正作馳、駝二形。（ZD59-626c）

駝～，徒何反。（ZD59-740c）

駝～，上徒何反。（ZD59-563c）

駝～，上徒何反。（ZD59-596a）

～唃，呼候反。（ZD59-629b）

～彘，直例反。（ZD59-1047b）

吕 lǔ

心～，力与反，正作吕。（ZD60-393a）

懸～，音吕，又音以，非。（ZD60-512b）

招 lǔ

攘（攘）～，上所追反，下力與反。（ZD60-407a）按："～"乃"梠"。

———

① 又見"厬""毹"字條。

挔　lǚ

挔　俗～，音侶。（ZD60-3c）按："～"即"旅"字。

抾　lǚ

抾　商～，音呂。（ZD60-19b）按："～"即"旅"字。

枱①　lǚ

枱　屋～，音呂。（ZD60-377a）

唱　lǚ

唱　失～，音呂。（ZD59-882a）按："～"，譯音字。《佛説文殊師利法寶藏陀羅尼經》卷1："迦失唱誐（引）。"（T20，p793a）

胐　lǚ

胐　脊～，音積，下音呂。（ZD59-932c）按："胐"即"膂"字。

旅②　lǚ

挔　徒～，音侶，伴也。（ZD59-661a）

挔　軍～，音呂。（ZD59-564a）

挔　月～，力與反。（ZD59-678c）

挔　軍～，力與反，正作旅、挔二形。（ZD59-898c）

挔　商～，上始羊反，下力與反。（ZD59-1129a）

挔　月～，力與反，亦作呂。（ZD59-694a）

挔　月～，力與反，亦作呂。（ZD59-659a）

挔　同～，音呂。（ZD60-343a）按："同～"，對應佛經作"同旅"。《開元釋教錄》卷4："同旅竺道嵩又復無常。"（T55，p521c）

挔　～亭，力與反。（ZD59-866a）

旅　～力，力與反。（ZD59-696a）

挔　月～，音呂。（ZD59-928c）

旅　迲～，上魚戟反，下力與反，迲迎也。（ZD59-594c）

挔　振～，力與反。（ZD59-766b）

挔　月～，音呂。（ZD59-771b）

挔　軍～，音呂。（ZD59-590c）

旅　～泊，力與反，下步各反。（ZD59-866c）

挔　商～，音呂。（ZD59-1131c）

挔　力～，音呂，正作旅也。（ZD59-1051c）

旅　lǚ

旅　軍～，音呂。（ZD59-1101c）按："～"即"旅"，乃"旅"字。

旅　振～，音呂。（ZD60-370c）按："～"即"旅"，乃"旅"字。

僂③　lǚ

僂　背～，音縷。（ZD59-559a）

僂　～患，力主反，曲脊也，正作僂也。（ZD59-836b）

僂　背～，力主反。（ZD59-753b）

躟　～者，力主反，偏僂，不伸也，尫也，正作僂。（ZD59-752c）

腰　瘂～，烏雅反，下力主反。（ZD59-855c）按："～"，即"僂"字。《菩薩從兜術天降神母胎説廣普經》卷6："雖得爲人身，聾盲瘂瘂僂。"（T12，p1046b）

僂　禿～，力主反，曲脊也。（ZD59-736c）

僂　背～，力主反。（ZD59-563b）

---

① 又見"招"字條。
② 又見"抾""挔""旅"字條。
③ 又見"腰""瘦""廔"字條。

廔 lǚ

廔　令～，音縷，正作僂也。(ZD60-212b)按："～"即"瘦"，同"僂"字。《修行道地經》卷1："吹其骨節，令僂邪曲。"(T15, p187c)"僂"，宋、元、明、宮、聖本作"瘦"。

瘦　～～，摛矩反。(ZD59-780c)按："～"同"廔"，譯音字，自切"摛矩反"。《不空罥索神變真言經》卷1："廔廔廔廔(摛矩反二十四句)翳制(尼勵反)野折麼(二十五句)。"(T20, p230c)

瞀① lǚ

瞀　心～，音呂。(ZD60-371c)

瞀　心～，力與反，正作瞀。(ZD60-226b)

瞀　脊～，上子昔反，下力與反。(ZD60-233a)

瞀　背～，音呂。(ZD60-280c)

瞀　脊～，音呂。(ZD59-1082b)

瞀　～力，上力與反。(ZD60-506a)

胋　脊～，音呂。(ZD60-502c)

瞀　心～，音呂。(ZD59-1015b)

溇 lǚ

溇　汙～，衣主反，下力主反。(ZD59-751c)

屢 lǚ

屢　～陳，良遇反，數也。(ZD59-778b)

屢　～申，上力句反。(ZD59-603c)

屢　喻～，力遇反。(ZD59-745c)

履 lǚ

履　～水，力几反，踐也，正作履。(ZD59-925a)

履　～屣，所綺反，履也，經作蓰，非用。(ZD59-718b)

履　弸～，上莫爾反。(ZD59-614a)

顀　足～，音履。(ZD60-177b)

顧　～跡，力旨反，踐也，正作履。(ZD59-677b)

履　鞋～鞿，戶皆反，下無發反。(ZD59-781b)

履　已～，居里反。(ZD59-810b)

履　僑～，魚驕反。(ZD59-782b)

履 lǚ

履　～屣，所綺、所寄二反。(ZD59-909c)

顀　～蓰，上力机反，下所綺反，正作履屣字也，悞。(ZD60-177b)

覆　～屣，所綺反，正作屣。(ZD59-956a)

覆　～懱，无發反。(ZD59-577b)

覆　～行，上力旨反，正作履。(ZD60-219a)

籚 lǚ

籚　飯～，呂、舉二音。(ZD60-396b)

籚　飯～，音呂。(ZD60-398a)

褄 lǚ

褄　襤～，音縷。(ZD60-363b)

虇 lǚ

虇　茄～，音盧，正作蘆。又或作蘽，力主反。《爾雅》：菝，薽蘽。《唐韻》曰：薽蘽，蓩生細草也。或云雞腸草也。應和尚以縷字替之。俗名句屢草。又云一本作茄蘆。(ZD60-373c)按："～"，可洪以爲"蘆"。但根據經文，"～"似應爲"蔞"，見"蔿"字條。

---

① 又見"胋"字條。

藘

茄～，上古牙反，下洛胡反，葦未秀者也，正作葭蘆也。《經音義》作蘆，以結縷替之，力主反。《說文》云俗名句屢草也。屢，力遇反。又云一本作茄蘆是也。（ZD60-33a）按："～"同"蘆（蘆）"。《四分律》卷25："去比丘尼精舍不遠，有好結縷草生。"（T22, p739b）"結縷"，宋、元、明、宮本作"茄蘆"。《四分律名義標釋》卷20："茄蘆草，此是梵音，西國草名，非取草頭爲義。《經音義》作結縷字。言《上林賦》云：布結縷攢戾莎。俗名句屢草也。"（X44, p555b）

縷　lǚ

索～，上桑各反。（ZD59-570a）

～切，上力主反，下七結反，上又《川音》作縷，非也。（ZD60-398b）

糸～，上音覓，細絲也。（ZD59-602b）

～練，力主反。（ZD59-658a）

衆～，力主反，正作縷。（ZD59-919a）

所～，郭氏作力主反。（ZD59-671a）按："～"，郭逐音"力主反"，蓋以爲"縷"。經文作"縛"或"縵"。

穋　lǚ

～豆，上音呂，自生者也。（ZD60-95b）

嚘　lǚ

～攞，上力旨反，下力可反。（ZD59-783a）按："～"，譯音字。

鞊～，上寧吉反，下音履。（ZD59-781a）按："～"，譯音字。

怛～曳，上多達反，中力旨反，下以世反。（ZD60-404a）按："～"，譯音字。

～莐，音履，下音伐。（ZD59-637a）

陁～，音履。（ZD59-780b）按："～"，譯音字。

其～，音履。（ZD60-287b）按："～"，譯音字。《陀羅尼雜集》卷5："污其 嚘 奚拏多婆。"（T21, p606b）

趄～，下音履。（ZD59-781b）按："～"，譯音字。

律　lǜ

拘～陁，上音俱，中音律，下音陁。（ZD59-622a）

啡　lǜ

哺～，同上（律）。（ZD59-794c）

哺～，上布乎反，下力出反。（ZD59-720c）按："啡"乃譯音字。

慮　lǜ

无～，力據反，正作慮。（ZD60-228a）

猜～，此才反。（ZD59-781b）

瀘　lǜ

～水，上力去反，正作瀘，又音盧，悮。（ZD59-1133b）按："～"，經文作"瀘"。

瀘①　lǜ

淨～，力去反。（ZD59-779a）

～濟，上力去反，下子禮反，去水也。（ZD60-54a）

作～，音慮。（ZD60-378c）

～去，力去反。（ZD59-788a）

———

① 又見"瀘"字條。

櫖 lǜ

千～,力去、丑居二反。(ZD60-573b)

鑢 lǜ

～減,上力御反,錯也。(ZD60-459a)

欒 luán

團～,洛官反,圓也,正作圞也。(ZD59-847a)

攣 luán

～縮,上力員反,正作癵。(ZD59-1064b)按:"～"即"癵",與"攣"同。

～縮,力員反,正作癵也,又力兖反。(ZD59-639b)

～躃,上吕員反,下補益反,手足拘病也,正作攣躄也。(ZD59-1053a)

拘𤸷,九愚反,下力員反,手足屈病也,下正作攣、～。(ZD59-776c)

拘～,九愚反,下力員反,手足屈病也,下正作攣、𤺋。(ZD59-776c)

～躃,吕員反,下必益反,卷攣,手足病也,並俗。(ZD59-669a)

～曲,吕圓反,不伸也,正作攣、癵二形,又吕靴反,驢膓胃也,非用。(ZD59-730a)按:"～"乃"攣"字,詳見本書中篇"臠"字條。

𤻘曲,吕圓反,不伸也,正作攣、～二形,又吕靴反,驢膓胃也,非用。(ZD59-730a)

蹸 luán

～～,上吕圓反,下卑益反,手足曲屈病也,正作攣躄也,上俗,下悮。(ZD60-473b)按:《續高僧傳》卷 11:"有人蹸躄及痼疾者,積數十年。"(T50, p510a)"蹸",宋、元、明、宫本作"攣"。"～"即"蹸(攣)"。

圞① luán

團～,洛官反,正作圞。(ZD59-1083a)按:"～"即"欒",通"圞"。

團～,洛官反,圓也,正作圞也。(ZD59-847a)按:"～"即"欒",通"圞"。

癵② luán

～跛,吕員反。(ZD59-861c)按:《佛説大乘造像功德經》卷 2:"臂不短促,足不癵跛。"(T16, p793c)

～癖,力員反,下必益反,正作躄也,又普擊反,非。(ZD59-789c)按:《不空羂索神咒心經》卷 1:"或遭風病、氣病、痔病、痢病、痳病,或遭戀癖、白癩、重癩及諸疥癬。"(T20, p402c)"戀",明本作"癵"。"～"同"癵"。

～躄,上力員反,下必益反。(ZD59-555a)按:"～"同"癵"。

鸞 luán

天～,下或作鸑、鷟、樂三形,同五角反。鸑,鳳屬也。樂謂音聲也。《華嚴經》云:奏天音樂。是也。又諸藏作鸞,同郎官反。(ZD59-675a)按:"～",對應佛經作"天鸞",詳見本書中篇"驂"字條。

叔～,洛官反。(ZD60-324b)

---

① 又見"欒"字條。

② 又見"蹸""攣""癵"字條。

癵 luán

癀　～ 縮，力員反。
（ZD59-639a）

夘 luǎn

夘　～ 胎，上洛管反。
（ZD60-89c）按："～"
乃"卵"。

卵① luǎn

卵　～ 生，郎 管 反。
（ZD59-911a）

卯　生～，郎管反，正作
夘。（ZD59-764c）

夘　～榖，上洛管反，下
苦 角 反。（ZD59-
562c）

夘　～榖，郎管反，下苦
角反。（ZD59-668a）

卯　～ 生， 郎 管 反。
（ZD59-719c）

卯　～ 生， 郎 管 反。
（ZD59-859c）

夘　榖～，上苦角反，下
郎 短 反。（ZD59-
554a）

卯　抱～，上宜作菢，蒲
報反，鳥伏夘也。
（ZD60-162a）

夘　～生，郎管反，正作
卵。（ZD59-738a）

卯　盛～，市盈反，下郎
管反。（ZD59-764c）

夘　～，洛 管 反，悮。
（ZD59-737a）

卯　～ 生，郎 管 反。
（ZD59-920b）

卯　抱 ～，力 管 反。
（ZD60-162a）

卿　～鞥，上郎管反，下
牟 各 反。（ZD60-
155b）

明　成～，郎管反，鳥～
也，無乳生殼者曰～
也，正作夘也，又音躶。
（ZD60-263b）

卵　～生，郎管反，四生
之 一 也。（ZD59-
744a）

納　二～，郎管反，鳥駄
也， 正 作 夘 也。
（ZD60-203b）按："～"乃
"卵"。

孌 luǎn

齎　廿 ～， 力 充 反。
（ZD59-611a）

蘇　～ 割，上 力 充 反。
（ZD59-597a）

薈　～ 切，上 力 充 反。
（ZD59-632b）

變　小 ～， 力 充 反。
（ZD60-229a）

薺　一 ～， 力 充 反。
（ZD59-779c）

乱 luàn

乱　慣 ～， 古 内 反。
（ZD59-648a）

亂② luàn

亂　慣 ～， 古 内 反。
（ZD59-820a）

亂　丙～，上女孝反，下
郎 唤 反，正 作 亂。
（ZD60-58a）

虬　惚～，上奴老反，下
盧唤反，正作惱亂。
（ZD60-160c）按："～"乃
"亂"，詳見本書中篇"虬"
字條。

乱　鬬～，音亂。（ZD60-
299b）

亂　嬈 ～，奴 了 反。
（ZD59-947a）

乱　～意，郎唤反，不理
也，煩也，正作乱、
亂、敵三形也。（ZD59-
848c）

亂　慣 ～， 古 内 反。
（ZD59-644c）

亂　擾～，上而沼反。
（ZD59-623b）

亂　撩～，力迢反，取物
也。（ZD59-777b）

亂　擾～，上而沼反。
（ZD59-588b）

亂　嬈～，上奴了反。
（ZD59-573a）

亂　嬈～，奴了、如沼二
反，下 盧 段 反。
（ZD59-661c）

乱　～行，盧唤反，正作
乱。（ZD59-848c）

―――――

① 又見"夘""卬""卵"字條。

② 又見"乱"字條。

亂　不～，音亂。（ZD59-831b）

亂　蓬～，步逢反。（ZD59-666c）

亂　矯～，居小反。（ZD59-933a）

亂　慌～，火光反，下郎喚反，上又火廣反。（ZD59-688b）

亂　～意，音亂，正作亂。（ZD59-650a）

亂　狂～，音亂。（ZD59-623a）

亂　橋（撟）～，居小反。（ZD59-949b）

亂　～語，上郎喚反。（ZD60-57a）

亂　錯～，倉各反。（ZD59-959a）

亂　矯～，居小反。（ZD59-934c）

亂　棹～，徒了反，動也，下郎喚反。（ZD59-958a）

亂　嬈～，奴了反，亦作嬲。（ZD59-645c）

亂　嬈～，奴了反。（ZD59-814c）

乳　不～，郎喚反，正作亂。（ZD59-733a）

亂　勃～，上蒲没反。（ZD59-613a）

乱　慣～，古内反，下音亂。（ZD59-676a）

乱　醉～，音亂。（ZD59-695b）按：“～”乃“亂”，詳見本書中篇“**乱**”字條。

亂　矯～，居小反。（ZD59-946b）

乿　嬈～，奴了、而沼二反，下郎喚反。（ZD59-919c）

乿　～志，同上也，吒字注脚也。（ZD60-242a）

亂　慣～，上古内反，亂也。（ZD59-614b）

亂　惚～，奴老反，下盧喚反。（ZD59-898c）

乿　嬈～，奴了反。（ZD59-920c）

亂　嬈～，上奴了反。（ZD59-623b）

亂　慣～，古内反，下音亂。（ZD59-650c）

乿　慣～，古内反，下音亂。（ZD59-673c）

鿁 lüè

罜　僧～，音略。（ZD60-450b）

略① lüè

眿
略
略　～説，力斫反。（ZD59-912c）
～説，上力若反，正作略。（ZD60-45a）
較～，上音角，直也。（ZD60-314a）

罜 lüè

罜　～剠，上同上（略），惧，下苦得反。

（ZD60-258c）按：“～”同“略”。

𣕥 lüè

𣕥　作～，力若反，字義宜作擽，𥿄也，割也，或作擽。擽，擊也，應和尚以略字替之。（ZD60-379b）按：《大愛道比丘尼經》卷2：“女人憙梳頭剃𣕥，是爲二態。”（T24, p954a）“𣕥”，宋、元、明、宮本作“掠”。鄭賢章（2007：580）以“𣕥”爲“掠”。

撖 lún

撖　刀～，音輪。（ZD60-161a）按：“刀～”，對應佛經作“刀輪”。“～”即“撖”，經文中通“輪”。

崘② lún

崘　崐～，上古蒗反，下魯蒗反。（ZD59-1018c）

崙 lún

崙　波～，郎昆反。（ZD59-789a）

崙　崐～，古蒗反，下郎昆反。（ZD59-766c）

---

① 又見“罜”字條。
② 又見“崙”字條。

淪 lún

淪 ～哩，上力巡反，下於人反，正作淪湮也。(ZD60-106c)

淪 ～溺，力旬反。(ZD59-866b)

綸 lún

綸 彌～，音輪。(ZD59-778a)

輪 lún

輨 頷～，胡感反，下力純反，正作輪，上方藏作頷輪，悮。(ZD59-938a)

輪 ～煥，上力旬反，下乎亂反。(ZD60-472c)按:"～"乃"輪"字，詳見本書中篇"輪"字條。

輪 ～轂，音轂。(ZD59-781c)

輮 ～轉，合作輪，力春反。(ZD59-648a)按:"～轉"，經文作"輪轉"。

轀 燈～。(ZD59-958a)按:"燈～"，經文作"燈輪"。"輪"蓋受上字"燈"的影響類化而作"轀"。

嚧 lǔn

輪 設咄～，上尸列反，中都骨反，下力尹反。(ZD59-781c)按:"～"，譯音字。

嚧 lùn

嚧 覩～，音論，彈舌呼，或云設都嚕。(ZD59-787b)

嚧 你～，音論，帶上聲轉舌彈舌呼。你嚧，同上。(ZD59-864b)按:"～"乃"嚧"之訛，譯音字，無實義。

嚧 ～捼，音論，入聲呼之也。(ZD59-786b)按:"～"，譯音字，無實義。

嚧 儗～，下音論，彈舌呼。(ZD59-881a)按:"～"乃"嚧"之訛，譯音字。《金剛光焰止風雨陀羅尼經》卷1:"儗嚧(去聲，彈舌呼之)陀(上)弭(同上七句)莎(二合)縛訶(八句)。"(T19, p728a)

捋 luō

捋 搆～，古候反，下郎活反。(ZD59-680a)

捋 搆～，郎括反。(ZD60-367c)

桙 搆～，上古候反，下勒活反。(ZD59-1023c)

捋 摩～，來活反。(ZD60-178a)按:"～"，對應佛經作"捋"。《分別功德論》卷5:"時釋王小兒在前遊行，見地天冠，即舉著頭上坐地，以左手拄肩，右手摩捋髭鬚。"(T25, p52b)

蠡 luó

蠡 大～，洛禾反，即吹者也。(ZD59-573a)按:"～"即"螺"字。

蠡 法～，郎和反，海中介虫也，亦名貝。(ZD59-704b)按:"～"即"螺"字。

璅 luó

璅 ～璧，上洛禾反，下必益反。(ZD59-989a)按:"～"，經文作"螺"，即"螺"字換形旁所致，海螺也。《中阿含經》卷8:"珍寶名者，謂金、銀、水精、琉璃、摩尼、真珠、碧玉、白珂、螺璧、珊瑚、虎珀、馬瑙、瑇瑁、赤石、琁珠。"(T01, p476a)

螺① luó

螺 ～髻，郎波反，下古詣反。(ZD59-738b)

蠡 法～，郎禾反。(ZD59-642b)

蠡 ～皷，洛戈反。(ZD59-743a)

---

① 又見"蜾""蠡""蠢""璅""蠡""蠭""蠃"字條。

螺

～髻,上郎禾反,下古詣反。(ZD59-692c)

～髦,同上。(ZD59-1086c)

法～,郎禾反。(ZD59-668a)

法～,洛禾反。(ZD59-658b)

法～,洛戈反。(ZD59-730b)

～髻,郎禾反,下古詣反。(ZD59-715b)

法～,音螺。(ZD59-761b)

蝸～,上古花反,下郎禾反。(ZD59-565b)

～髻,洛戈反。(ZD59-746c)

贏　luó

云～,郎禾反。(ZD59-596b)

螺　luó/xiǎn

～髻,上郎禾反,正作螺。(ZD60-114a)按:"～"乃"螺"。

～蛤,上音顯,正作蜆,下古合反,大者曰蛤,小者蜆子也。(ZD60-115a)按:"～"同"蜆"。

鬚　luó

～髻,上洛禾反,正作螺,或作鬚。(ZD60-103a)按:"～髻",對應佛經作"螺髻"。《阿毘曇毘婆沙論》卷30:"復次以俱除三界煩惱螺髻故,俱不欲未來有。"(T28,p217c)"～"即"螺"字。

～髻,上洛戈反。(ZD59-1079a)按:"～髻",對應佛經作"螺髻"。《佛本行集經》卷15:"頭有螺髻,以鬘爲冠。"(T03,p721b)"～"即"螺"字。"螺"受下字"髻"的影響類化換旁作"鬚"。

覼　luó

～縷,上洛禾反。(ZD60-345a)

儸　luó

伊～,音羅。(ZD59-629b)按:"～",譯音字。

作～,音羅。(ZD60-372a)

蘿　luó

～菔,上郎何反,下蒲北反。(ZD59-591b)

囉　luó

跢～,音囉,誤也,又郭氏作郎个反。(ZD59-802a)按:"跢～",對應佛經作"跢囉"。《陀羅尼集經》卷6:"閹里陀婆蘇陀跢囉(三十三)。"(T18,p836a)

跢～,丁可反,下盧歌反,正作囉,郭氏音邏。(ZD59-804a)

伐～,郎何反,正作囉,上方經作囉。(ZD60-288b)按:"伐～",對應佛經作"伐囉"。《陀羅尼雜集》卷5:"薩伐囉瓫竭多但彌。"(T21,p609a)

籮　luó

斛～,音羅。(ZD60-455c)

鸞鳥　luóniǎo

鳩夷～,上居牛反,下是羅鳥二字,鳥名,鳩夷羅,此云好眼鳥。(ZD60-357c)按:"～"乃"羅""鳥"之合。

剆　luǒ

曷囉～,上寒割反,下勒可反。(ZD59-628c)

鉢～,勒可反。(ZD59-629a)

砢 luǒ

砢 磊～，下來可反。
（ZD59-569c）

倮 luǒ

倮 ～形，上胡瓦反。
（ZD59-1015a）按：
"～"同"裸"。"～"音"胡瓦
反"，讀"huà"，不取此音，
依《廣韻》"郎果切"讀
"luǒ"。

蓏 luǒ

蓏
菓～，郎果反，又古
花反。（ZD59-681a）
菓～，郎果反，正作
蓏。（ZD59-984b）
菓～，郎果反。
（ZD59-711a）
菓～，郎果反。
（ZD59-615b）
菓～，郎果反。
（ZD59-703b）
菓～，郎果反。
（ZD59-761b）
菓～，郎果反，正作
蓏也，又古花反。
（ZD59-764b）
菓～，郎果反。
（ZD59-599b）
菓～，郎果反。
（ZD59-680b）
菓～，郎果反，蓏實
也，正作蓏，又音瓜。
（ZD59-752c）

菓～，郎果反。
（ZD59-581c）
菓～，古花反，或作
蓏，郎果反。（ZD59-
763a）
菓～，郎果反。
（ZD59-1107b）按：
"～"乃"蓏"。

裸① luǒ

裸 ～形，戶瓦反。
（ZD59-657c）按：
"～"音"戶瓦反"，讀
"huà"，今依《廣韻》"郎果
切"，讀"luǒ"，以下同。《一
切經音義》卷100："裸形
國，魯果反，赤體無衣曰裸，
或從人作倮，亦從身作躶，
今避俗諱音胡瓦反，上聲。"
（T54，p927b）

裸 ～形，戶瓦反。
（ZD59-719c）

裸 ～身，胡瓦反。
（ZD59-689a）

腂 胆～，上徒旱反，下
胡瓦反，偏露其體
也，正作袒裸也。又上七
余、七慮二反，下諸家經音
並作郎果反，非也，二並同。
（ZD60-207b）

裡 ～馳，戶瓦反。
（ZD59-831c）

躶 luǒ

躶 ～歌，上郎果反。
（ZD60-536a）

躶 ～形，上戶瓦反，無
衣也，正作裸也。
（ZD59-1015a）按："～"，可
洪音"戶瓦反"，乃當時俗
讀。《一切經音義》卷100：
"裸形國，魯果反，赤體無衣
曰裸，或從人作倮，亦從身
作躶，今避俗諱音胡瓦反，
上聲。"（T54，p927b）

玀 luǒ

玀 婴婆，烏可反，下蒲
可反，傾仄也，斜也，
上正作闙、桯二形也，經本
作～狱，上來可反，下蒲果
反，方言。（ZD60-298b）

玀 ～狱，上郎可反，下
步可反，梁益之間謂
偋儸，行不正曰玀狱。
（ZD60-370c）

囉② luǒ

囉 補～，來可反，彈舌
呼。（ZD59-722a）

囉 鉢～，洛可反，彈舌
呼。（ZD59-815a）
按："～"即"囉"，譯音字，無
實義。

囉 luǒ

囉 嗽～，同上。（ZD59-
795b）按："～"，譯

---

① 又見"倮""躶"字條。
② 又見"囉"字條。

音字。

洛 luò

俗 岷～，上美巾反，蜀
地山名也，下郎各
反，水名，東京是也，正作洛
也，西蜀亦有洛水，出漳山，
又音格，非。（ZD60-472c）
按："洛"作"～"，構件"氵"
與"彳"草寫相混。

諾 luò

諾 聚～，力各反。
（ZD59-1128a）按：
"～"，經文作"落"字，即
"落"字。

落① luò

諾 村～，來洛反。
落 （ZD59-626b）
～治，上郎各反，科
樹去節也，正作刲
也，下直之反。（ZD59-
995a）

落 陳～，上自宇反。
（ZD59-587c）
菩 閣～翅，上神遮反，
落 下吉支反。（ZD59-
622b）

諾 聚～，郎各反。
諾 （ZD59-728b）
諾 菓～，音洛。（ZD60-
103a）
諾 ～地，上來各反。
（ZD60-78b）

落 聚～，音洛。（ZD60-
171c）
落 聚～，力各反，亦作
落。（ZD59-1128a）
諾 随～，徒果反，下郎
各反，正作墮落。
（ZD59-668b）

落 村 ～，郎 各 反。
（ZD59-645c）
諾 毀～，音落。（ZD59-
673c）
菩 ～紉，女有反，又女
珍反，悮。（ZD60-
470a）

落 堅～，才句反。
（ZD59-745a）

喀 luò

喀 ～ 叉，呂 角 反。
（ZD59-720c）
踥 佉佐～，丘迦反，中
子个反，下呂角反，
正作喀也。（ZD59-882a）
按："～"即"喀"，譯音字，構
件"口"與"足"相混。《佛説
文殊師利法寶藏陀羅尼經》
卷1："囉𤚥（引）佉（上）佐
（上）喀。"（T20，p793c）

喀 多 ～，力 各 反。
（ZD59-794b）
喀 ～ 迦，羅 各 反。
（ZD59-795b）按：
"～迦"，對應佛經作"喀
迦"。"～"即"喀"之訛，譯
音字。《佛説大孔雀咒王
經》卷2："夜三摩羅烏悉多
喀迦諾怛羅梨波爲如是

等 所 執 錄 時。"（T19，
p467c）
喀 曷 ～，力 各 反。
（ZD59-754c）

絡 luò

絡 作～，音洛。（ZD59-
1111b）按："～"，經
文作"絡"。《摩訶僧祇律》
卷29："是空鉢不應受，麻
繩作絡亦不應受。"（T22，
p462b）

喀 luò

喀 ～ 乞，力 角 反。
（ZD59-782c）按：
"～"，譯音字，無實義。
喀 ～ 訖，力 各 反。
（ZD59-785c）按：
"～"，譯音字，無實義。

犖 luò

犖 ～苟，魯角反，下古
口反。（ZD59-840a）

鞳 luò

鞳 ～膊，羅各反，下波
各反。（ZD59-786c）
按："～膊"，對應佛經作"絡
髆"或"鞳髆"，"～"即"絡"
字，詳見本書中篇"鞳"
字條。

———

① 又見"諾"字條。

喀　luò

䟰
～㐁，郎各反，与喀同也，悮。（ZD59-786b）

嗒
～訖，力各反。（ZD59-785c）按："～"，譯音字。

喀
～起，力角反，下其乙反。（ZD59-780b）按："～"，譯音字。《大集大虚空藏菩薩所問經》卷 7："步多喀乞灑（二合）。"（T13, p642b）

邏　luò

邏
阿～，郎个反，正作邏。（ZD59-983b）

按："阿～"，對應佛經作"阿邏"。"～"即"邏"之訛。《長阿含經》卷 12："伽羅那移婆，阿邏，提婆。"（T01, p80b）

邎
波～，音邏。（ZD59-842a）按："波～"，對應佛經作"波邏"。"～"即"邏"之訛。《五千五百佛名神咒除障滅罪經》卷 8："南無娑婆摩波邏如來。"（T14, p349c）

襰　luò

襰
你～，奴里反，下郎个反。（ZD59-785a）按："你～"，對應佛經作"儞攞"。"～"，譯音字。

驣　luò

驣
～馳，上落、託二音，正作驣、橐、駝三形，下音陁。（ZD59-1040b）按："～馳"，經文作"驣駝"。

驣
～馳，上洛、託二音，正作驣也。（ZD60-321c）

囉　luò

囉
～咩，郎个反，下彌爾反。（ZD59-810c）

邏
～叉，郎个反，唐譯本作洛叉。（ZD59-791a）

邏
鉢～，來个反。（ZD59-805a）

邏
豆～，洛个反。（ZD59-840a）

M

痳 má

痳　～半半,布滿反,米粉餅,有豆者,關西呼豆摩子,山東呼爲豆～子也,郿延呼爲胡餹也,作叛、餅、料三形也。(ZD60-165c)按:"～"乃"痲"。

蟇 má

蟇　螫～,戶加反,下莫加反,《陁羅尼集》作蝦蟇也。(ZD59-879c)

蟆① má/mò

蟆　蝦～,戶加反,下莫加反。(ZD59-823a)

蠽　蝦～,音麻。(ZD60-78c)

蟆　蝦～,何加反,下莫加反,水蟲名。(ZD59-795c)

蟆　蝦～蛭,上戶加反,中莫加反,下之日反,並水中虫也。(ZD59-604a)

蟆　～子,上忙各反。(ZD59-610b)

劜 mǎ

劜　靹～,名也反,正作劜也。(ZD59-781b)按:"～"乃切身字,合"名""也"爲音。

馬 mǎ

馬　傇～,祥兩反。(ZD59-966b)

袜 mà/wà

袜　～其,莫鎋反,正作袜,又音末。(ZD59-803a)按:"～"即"袜",與"袜"同。

袜　～過,莫鎋反,正作袜也,又音末。(ZD59-800c)

袜　～喇,莫八反。(ZD59-721b)按:"～"乃"袜",譯音字。《金光明最勝王經》卷6:"瞿嘌拏瞿嘌拏袜(麻八反)喇娑袜喇娑。"(T16,p431c)

袜　跌～,上先典反,下無發反,正作韈。(ZD60-244c)按:"～"乃"袜"。

傛 mà

傛　繫～,莫八反。(ZD59-865a)

罵 mà

罵　搳～,竹花反,下莫下、莫嫁二反。(ZD59-730a)

駡　～伏,莫下、莫嫁二反,詈也,惡言也,正作罵、駡二形。(ZD59-743b)

薶 mái

薶　～藏,上莫皆反,瘞也。(ZD60-509c)按:"～"即"薶",與"埋"同,詳見本書中篇"薶"字條。

霾 mái

霾　～滅,上莫皆反,風而雨土爲～也,正作霾。(ZD60-120a)按:"～"同"霾"。

----

① 又見"蟇"字條。

買　mǎi

買　當～，音買。（ZD60-218c）

麦　mài

麦　得～，莫隔反，芒穀也，正作麥。（ZD60-522b）按："～"，對應佛經作"麥"。《弘明集》卷1："未有種稻而得麥。"（T52，p4b）

麦　mài

麦　～麳，羊力反。（ZD59-1026b）

休　mài

休　僰～，上魚錦、居蔭二反，下莫敗、莫鉢二反。（ZD60-432c）按："僰～"即"僰休"。"～"乃"休"之訛。

脉　mài

脉　血～，呼決反，下莫獲反，正作血脉。（ZD59-818a）

脈①　mài

脈　～閩，上音麥，下音閩。（ZD59-1064b）

察～，音麥。（ZD60-202b）按："～"乃"脈"字，詳見本書中篇"脈"字條。

麥②　mài

麦　～麳，羊力反。（ZD59-680a）

麦　稻禾～，音道，下音麥。（ZD59-652b）

麦　大～，莫厄反，正作麥也。（ZD59-874a）

麦　攫～，上戶郭反，刈禾也，正作穫也，下音脉，正作麥。（ZD60-230c）

㟷　mài

㟷　鍼～，上音針，下音麥。（ZD60-341a）按："～"乃"衇（脉）"。

㟷　鍼～，上音針，下音麥，正作脉、衇、脈三形。（ZD60-319a）按："～"乃"衇（脉）"。

勱　mài

勱　有～，莫芥反，强也，勉也。（ZD60-344a）

勱　各～，音邁，勉也，强也。（ZD59-606b）

賣　mài

賣　～姓，上音賣，《應和尚音義》作賣。（ZD59-1094c）

霡　mài

霡　～霂，莫獲反，下母鹿反。（ZD59-938c）

曼
mán/màn

曼　～鳩，莫安反，正作曼。（ZD59-751a）

曼　～颰，莫官反，下蒲末反。（ZD59-644c）

曼　～陁，上莫官反。（ZD59-661a）

曼　～陁，莫官反。（ZD59-694b）

曼　～陁，上莫官反，正作曼。（ZD60-334a）

曼　～荼，莫安反，下宅雅反。（ZD59-815a）

曼　～陁，莫官反。（ZD59-894b）

曼　～狀，上莫槃反，下徒个反，正作馱。（ZD60-148c）

曼　～陁，上莫官反。（ZD59-573a）

---

① 又見"㟷""脈"字條。

② 又見"麦""麦"字條。

曼
～倩,上無販反,下千見反。（ZD60-438a）

僈 mán/mǐn

傿
作～,莫官反。（ZD60-376b）

傿
～帝,莫官反。（ZD59-837b）

傿
曤～,二同莫官反,見藏作網膜。（ZD60-389b）

傿
作～,彌引反,見藏作僶俛也,又郭氏作莫晏反,非也。（ZD60-377b）按:"～"音"彌引反",乃"僶"。

韐 mán

韐
灑～,牟含反。（ZD59-780c）按:"韐",譯音字。

墁 mán

墇
泥～,莫官反,使泥器也。（ZD60-26b）

嘆 mán

嘆
亦～,上羊益反,下莫官反。（ZD60-188c）

髱 mán

髭
鴦崛～,上於良反,中其勿反,下莫奸反,又音髻也。梵言鴦崛魔,此云指鬘,或云指髻,皆一義也。《西域記》云鴦窶利摩囉,唐言指鬘是也,《增一阿含經》作蠻、鬘二形,又單卷《鴦崛鬘經》作髻字也,又郭氏作紺、鉗二音,非也,《川音》亦作紺、鉗二音,並非也。（ZD60-268c）按:"～(髻)"乃"鬘"字,詳細考證見本書中篇"髱"字條。

髱
～求,上祁閭反,髮美也,持也,辟支佛名也,今宜作鬘、髻二形,莫顏反,又郭氏作紺、鉗二音,又《玉篇》音紺。（ZD59-839c）按:"～"乃"鬘",詳細考證見本書中篇"髱"字條。

槾 mán

摱
～祇,同上兩呼,以二經一論而證,其義可明。（ZD60-102b）

膜 mán

腜
網～,莫官反。（ZD60-182a）按:"網～"即"網縵",又作"網鞔"。"膜""縵""鞔"同。

勝
曤僈,二同莫官反,見藏作網～。（ZD60-389b）按:《佛所行讚》卷1:"手足網縵指,眉間白毫跱。"（T04,p2c）"～"同"縵"。

勝
～中望,上莫官反,正作鞔也,佛手網鞔相也,下力耳反,文也,正作理、里二形,《中陰經》云掌相千福理是也,下又朱句、徒木二反,網也,非也。（ZD59-1049b）

瞞 mán

瞞
～羅,上莫官反,仙人名也。（ZD59-1020b）

縵① mán/màn

縵
網～,莫官反,正作鞔。（ZD59-650b）按:"網～"即"網縵",又作"網鞔"。

勝
～、僈,二同莫官反,見藏作網膜。（ZD60-389b）按:"～",對應佛經作"縵"。《佛所行讚》卷1:"手足網縵指,眉間白毫跱。"（T04,p2c）"～"同"縵"。

———

① 又見"鞔""膜"字條。

腸 網～，莫官反，佛手相也，正作鞔，或縵。（ZD60-181b）按：另見"膃"字條。

縸 ～綱，莫官反。（ZD59-716a）

縵 ～綱，莫官反。（ZD59-657a）

縵 合～，莫官反，正作鞔。（ZD59-576b）

縵 帷～，上于誰反，下莫半反。（ZD59-585b）按："帷～"即"帷幔"。

縸 之～，莫半反。（ZD59-671c）

縸 ～指，上莫半反。（ZD60-34c）

謾 mán

謾 ～論，麥顏反，下力勻反。（ZD59-643b）

謾 ～抵，莫盤反，欺也，慢也。（ZD59-773b）

鏝 mán

鏝 ～陁，莫官反。（ZD59-642b）

鬘① mán

鬘 璃～，莫奸反。（ZD59-614c）

鬘 花～，莫顏反，正作鬘。（ZD60-147b）

鬘 ～師，上莫顏反。（ZD59-985b）

鬒 德～，莫奸反。（ZD59-619b）

鬘 作～，莫顏反。（ZD60-372b）

鬚 香～，同上。（ZD59-725b）

鬅 華～，音鬘。（ZD59-727c）

鬙 焰～，莫顏反，正作鬘。（ZD59-933a）

鬚 雲～，莫奸反，又他帝反，悮。（ZD59-1068c）按："～"，經文作"鬘"。《正法念處經》卷26："一名雲鬘林，二名大樹林，三名光明音林，四名樂見林。"（T17, p150b）

鬚 香～，莫顏反。（ZD59-725b）

鬙 花～，莫顏反。（ZD59-640c）

鬚 持～，莫奸反，天名也，又之忍反，非。（ZD59-732a）

鬙 華～，莫顏反，正作鬘。（ZD59-671b）

鬙 寶～，莫顏反。（ZD59-646b）

鬚 花～，莫顏反。（ZD59-656b）

鬙 花～，莫顏反。（ZD59-640c）

鬚 僧～，莫顏反。（ZD59-684c）

鬙 華～，同上。（ZD59-725b）

鬚 猷～，羊贍反，下莫顏反。（ZD59-870b）

按："～"，對應佛經作"鬘"。《大毘盧遮那成佛神變加持經》卷2："嚴以大空點，周匝開焰鬘，字門生白光，流出如滿月。"（T18, p11a）

鬙 花～，同上。（ZD59-562a）

鬚 華～，莫奸反。（ZD59-673a）

鬙 ～蓋，莫奸反，正作鬘。（ZD59-657c）

鬚 華～，莫顏反。（ZD59-858a）

鬙 食～，莫顏反。（ZD59-798a）

鬚 花～，莫顏反。（ZD59-605b）

鬙 香～，莫奸反，首飾也。（ZD59-617b）

鬙 華～，莫顏反，正作鬘。（ZD59-712b）

鬙 輪～，莫奸反。（ZD59-715a）

鬚 華～，莫顏反。（ZD59-648c）

鬙 華～，莫顏反。（ZD59-996c）

鬙 華～，音鬘。（ZD59-670a）

鬙 指～，莫奸反，亦云指鬘。（ZD60-337a）

鬙 ～萎萃，上莫顏反，中於爲反，下自類反。（ZD60-147b）

鬙 寶～，莫奸反。（ZD59-657b）

---

① 又見"鬟"字條。

華 ～，莫顔反。
（ZD59-651a）

炎 ～，莫奸反。
（ZD59-981b）

火 ～，莫奸反。
（ZD59-719a）

諸 ～，莫奸反。
（ZD59-730c）

花 ～，莫奸反。
（ZD59-562a）

作 ～，莫顔反。
（ZD60-383c）

火～，音鬘。（ZD60-
279c）

寶～，音鬘。（ZD59-
730b）

花～，同上。（ZD59-
555c）

花～，莫顔反，正作
鬘。（ZD60-13a）

花 ～，莫奸反。
（ZD59-555c）

～童，上莫顔反。
（ZD60-90c）

花 ～，莫顔反。
（ZD59-964a）

金 ～，莫奸反。
（ZD60-238c）

作 ～，莫顔反。
（ZD59-856c）

華～，音鬘。（ZD60-
238b）

～舊，莫顔反，下巨
右反。（ZD59-933a）

燈 ～，莫奸反。
（ZD59-617c）

華～，音鬘。（ZD59-
730b）

華 ～，莫顔反。
（ZD59-640a）

寶 ～，莫顔反。
（ZD59-759c）

崛～，莫奸反，又音
髻，並通。（ZD60-
269a）按：“～”乃“鬘”字，詳
見本書中篇“鬝”字條。

勝～，莫顔反，正作
鬘。（ZD60-347c）按：
“～”乃“鬘”字，詳見本書中
篇“膡”字條。

滿　mǎn

未～，莫管反，盈也，
正作滿也，郭氏音
因，非。（ZD59-615c）

華～，上音花，下音
滿。（ZD59-1004c）

～肚，莫管反，正作
滿。（ZD59-741a）

～恒，莫伴反，盈也，
充也，正作滿，又莫
安反，悮。（ZD59-670a）
按：“～”乃“滿”字，詳見本
書中篇“憒”字條。

飽～，上布卯反。
（ZD59-560c）

澹 ～，上徒敢反。
（ZD59-587b）

填 ～，上音田。
（ZD60-28c）

若～，音滿，盈也，充
也，又莫官反，忘也，
悮。（ZD59-918c）

～探，居六反，正作
掬。（ZD59-646a）

飽～，莫管反，正作
滿。（ZD60-68c）按：
“～”即“滿”，“滿”蓋受上字
“飽”的影響類化而作
“餻”。

懣
mǎn/měn/mèn

憂～，莫本反，愁悶
也，又滿、悶二音，亦
作㦛也。（ZD59-1045b）

苦 ～，莫本反，愁悶
也，又音滿，煩悶也。
（ZD59-778a）

蔓①
màn/wàn

三 ～，莫官反。
（ZD59-809c）按：“～”，
對應經文作“夢”或“曼”。

愛～，音万。（ZD59-
600b）

毒～，音万。（ZD59-
697a）

～莚，上無販反，下
以 箭 反。（ZD59-
600b）

～ 草，無販反。
（ZD59-735c）

～莚，無販反，正作
蔓，下羊箭反。
（ZD59-829c）

———

① 又見“夢”字條。

夢
夣
～莚，无販反，下以
線反。(ZD59-938a)
～闍，同上。(ZD59-991b)

幔① màn

愠
帳～，上知向反，下
莫半反。(ZD59-573c)

湯
泩～，知亮反，下莫
半反，正作帳幔也，
惧。(ZD59-822b)

惕
帳～，知向反，下莫半
反。(ZD59-764b)

愣
色～，莫半反。
(ZD59-817b)

愣
網～，莫半反。
(ZD59-661b)

愓
綺～，莫半反，正作
幔。(ZD59-556c)

慢 màn/xiǎn

愠
惰～，上徒果反。
(ZD60-20c)

愣
～鎧，苦改反。
(ZD59-668a)

愣
～惰，徒果反。
(ZD59-690c)

愣
侮～，上文府反。
(ZD60-534a)

惺
大～，音愣，經本作
愣。(ZD59-917c)

愣
侮～，文府反。
(ZD59-654b)

愣
掉～，上徒了反。
(ZD59-576b)

惕
懈～，莫諫反。
(ZD59-555a)

愣
～挑，上莫諫反，下
徒了反，動也，弄也，
輕也，忽也。(ZD59-574b)

愣
～撞，宅江反，正作
幢。(ZD59-757c)

慢
～盖，上許偃反，正
作幰。(ZD59-558c)
按："～盖"之"～"，乃"幰"
之訛。

嫚 màn

嫚
媟～，私列反，狎也，
愣也，下莫諫反，悔
也，易也。(ZD59-888b)

嫚
黜～，莫諫反。
(ZD60-363b)

敄 màn

敄
～敖，上莫半反，下
他炭反，无文臮。
(ZD60-378b)按："～敖"乃
"敄敖"，其中"～"乃"敄"。

夢 màn/wàn

夢
～菁，上莫官反，下
子盈反。(ZD60-19b)按："～"即"蔓"字。

夢
～生，上无販反。
(ZD60-382a)按："～"
即"蔓"字。

曼 màn

膓
～瞼，上莫諫反，下
居奄反，嬌恣臮。
(ZD60-516a)按："～瞼"，對
應佛經作"曼瞼"。《破邪
論》卷 2："嬌娥曼瞼，棄似
遺塵。"(T52，p488c)"～"
乃"曼"。

隰 màn

隰
金～，莫安、莫半二
反，《大灌頂經》作金
愣，《陁羅尼集》作金鎫也，
今宜作鬘，目顏反。(ZD59-884a)按："金～"，金～鬼
也，又作"金曼鬼""金鎫鬼"
"金慢鬼"。"～"爲譯音字。
《佛説摩尼羅亶經》卷 1：
"其鬼名金曼鬼、薜荔鬼。"
(T21，p910c)又作"鎫"。
《陀羅尼雜集》卷 8："其鬼
名金鎫鬼、薜荔鬼。"(T21，
p627b)

芒 máng/wáng

茫
～斯，亡、忙二音，又
音止，惧。(ZD59-804a)

芒
～茅，上文方反，下
莫交反。(ZD60-

---

① 又見"慢"字條。

11a)

芒
鋒～,芳逢反,下無方反。(ZD59-846c)

肓 máng

旨
～粃,上莫光反,下補尸反,《音義》自切。(ZD60-375b)

忙 máng

忙
閼囉～,烏割反,下莫郎反。(ZD59-882c)

忪
～娑,莫郎反。(ZD59-804a)

忙
特～,莫郎反。(ZD60-400b)

尨 máng

尨
分～,莫江反。(ZD60-48c)

尨
～色,上莫江反,白黑雜也。(ZD59-993c)

尢
～犬吠,上莫江反,律文作尨也。(ZD60-372c)

挠
分～,莫江反。(ZD60-48c)按:"～"乃"狵",與"尨"同。

盲 máng

盰
所～,音盲。(ZD60-113a)

～寊,莫庚反。(ZD59-843c)
～冥,上音盲。(ZD59-1048a)
～无,莫庚反,正作盲。(ZD59-754b)
按:"～"乃"盲"字,詳見本書中篇"肓"字條。

茫 máng

淊
～惑,上莫郎反。(ZD60-427b)按:"～"乃"茫"字,詳見本書中篇"淊"字條。

茢
眇～,上彌沼反,下音忙。(ZD60-321a)
蒼～,音忙。(ZD60-296a)

茫
～～,莫郎反。(ZD59-793c)

淊
～伽,莫郎反。(ZD59-751c)

淊
浩浩～～,上二户老反,下二莫郎反。(ZD59-606c)

淊
眇～,彌沼反,下莫郎反,又《經音義》作漭,忙朗反。(ZD59-938b)

厖 máng

厖
作～,莫江反。(ZD60-372c)

厖
～眉,上莫江反,厚也,大也。(ZD60-411a)

唴 máng

唴
尼～,莫郎反,《經音義》作尸唴。(ZD60-285c)按:"～",譯音字。

恾 máng

恾
～然,上莫郎反,實昧也,不知也,无所見也。(ZD59-712a)

恾
～懤,莫郎反,下普駕反。(ZD59-802b)

恾
～義,莫郎反。(ZD59-802a)

恾
荒～,莫郎反,怖也。(ZD60-460b)

眸 máng

眸
～～,莫郎反,目不明也,正作眊、眸二形,又呼光反,旱熱也,非。(ZD59-1101b)按:《佛説五王經》卷1:"漸至年老,頭白齒落,目視眸眸。"(T14,p796b)"眸眸",宋、元、明本作"茫茫"。"～"乃"眸"。

眸
眹～,《五王經》作眸眸,二同音目(盲)不明也,《川音》作瞍眸,上音叟,非也,上又章移、尺支二反,悮。(ZD60-307b)按:《諸經要集》卷20:"年老頭白齒落,目視瞍眸,耳聽不聰,盛去衰至。"(T54,

p185c)"～(昄)"同"昄"。

昄　～滅,莫郎反,遠也,遠也,怖也,正作萌、茫二形,出《經音義》。(ZD59-755b)按:《文殊支利普超三昧經》卷 2:"不也,日明這(適)出,衆冥昄滅。"(T15,p415c)"～"即"昄"。

牻 máng

牻　圭用～,上古攜反,下莫江反。(ZD60-372c)

牻　分～,莫江反。(ZD60-48c)按:"～"即"牻"。

釯 máng

釯　鋒～,上音峯,下音亡。(ZD59-613a)

萌 máng

萌　～人,上與萌同,莫郎反,書人悮加其四。(ZD60-386b)

獇 máng

獇　狼～,莫郎反,忿遽也,正作萌、忙二形也,上方作狼獇。(ZD60-468a)按:《續高僧傳》卷 6:

"淵酷好蒲撲,使酒挾氣,終日狼獇,無所推下。"(T50,p474c)"～"乃"萌"。

莽① mǎng

莽　王～,莫朗反,正作莽。(ZD60-323c)

莽 mǎng

莽　～首,上莫朗反,王～,帝名。(ZD60-303c)按:"～"乃"莽"。

漭 mǎng

漭　～乎,上莫朗反。(ZD60-315b)

漭　～沉,莫朗反,下户朗反,大水皃也,又水流皃。(ZD59-674b)按:"～沉"即"漭沉",水大。

漭　眇～,上彌小反,下莫朗反。(ZD60-327a)

蟒 mǎng

蟒　死～,目朗反,大蚍也,正作蟒也。(ZD59-960b)按:"～"即"蟒"字。

蟒　蚍～,莫朗反。(ZD59-929c)按:"～"即"蟒"字。

蟒② mǎng

蟒　～身,莫朗反。(ZD59-702c)

蟒　～蚍,上莫朗反,大蚍,正作蟒。(ZD59-1014b)按:"～"乃"蟒"字,詳見本書中篇"蛃"字條。

蟒　大～,莫朗反。(ZD60-231a)

蟒　～毒,莫朗反,正作蟒。(ZD59-941c)

蟒　大～,莫朗反。(ZD59-643b)

蟒　～蝮,上莫朗反,下芳六反。(ZD59-587b)

蟒　～身,莫朗反。(ZD59-710c)

蟒　～蚍,莫朗反。(ZD59-828b)

蟒　大～,莫朗反。(ZD59-968c)

蟒　大～,莫朗反,正作蟒。(ZD59-750c)

蟒　～蚍,莫朗反。(ZD59-640b)

蟒　大～,莫朗反。(ZD59-745c)

蟒　有～,莫朗反。(ZD59-761c)

蟒　～蚍,莫朗反,大蚍也,正作蟒。(ZD59-760c)

---

① 又見"莽"字條。
② 又見"蟒"字條。

䒗蟒莽

䒗蟒莽
～虵，莫朗反，正作
蟒。（ZD59-732b）

～虵，上莫朗反，正作
蟒。（ZD60-534a）

大～，上徒太反，不
小也，下莫朗反，虵
寂大者也，正作大蟒也。
（ZD59-643a）

鶬　mǎng

鳽
～鴄，上莫講反，下
尺夷反。（ZD60-
381c）

鳽
～鴄（鴄），上莫講、
莫拱二反，下尺夷
反，亦作鴉。（ZD60-351a）

鶬
～鴄，上莫講反，下
尺夷反。（ZD60-
370a）

鶬
白～，莫講反，此字
出《經音義》，此經
無。（ZD59-1099b）

鶬
～鴉，上莫講反，下
尺夷反。（ZD60-
396a）

鶬
～鴄，上目講反，下
尺夷反。（ZD60-
386b）

鏻　mǎng

鏻
鑑～，上古盍反。
（ZD60-374c）按：“鑑
～”，對應文獻作“鑑鏻”。
“～”爲“鏻”之訛。《一切經
音義》卷14：“禁滿，温器名
也，尋撿文字所无，未詳何

出，此應外國語耳，或鑑鏻
訛也。”鑑音古盍反，鏻音莫
朗反。”（C056，p1035b）

玁　mǎng

玁
譟～，蘇告反，下名
養反。（ZD59-783b）
按：“～”，切身字，合“名”
“養”爲音。

玁
譟～，蘇告反，下名
養反。（ZD59-781b）
按：“玁”，切身字，用於譯
音，無實義。《不空胃索神
變真言經》卷4：“唵（一）譟
玁（名養反）婆（無可反）。”
（T20，p246c）

猫　māo

猫
～糞，上音猫，正作
猫，下夫問反。
（ZD60-603b）按：“～”乃
“猫”字，詳見本書中篇
“猫”字條。

猫
～鬼，莫交反。
（ZD59-879c）

猫
～牛，上莫交反。
（ZD59-619a）按：
“～”同“猫（聲）”。

毛　máo/shǒu

毦
～髮，莫高反。
（ZD59-773c）按：“～
髮”，對應佛經作“毛髮”或
“髦髮”。《佛説無上依經》
卷1：“增上慢人執著空見，

如一毛髮作十六分，我不許
可。”（T16，p471b）“毛”，
宋、元、明、宫本作“髦”。此
處“～”與“毛”同。

毛
～臊，蘸刀反。
（ZD60-514b）按：“～
臊”，對應佛經作“毛臊”。
《破邪論》卷1：“今猶毛臊，
人面而獸心。”（T52，p482a）

毛
～抉，上尸酉反，正
作手。（ZD60-373c）
按：“～”乃“手”之訛。

矛[1]　máo

矛
～槊，上莫求反，下
所卓反。（ZD59-
1136c）

鉾
～戟，音牟，正作矛。
（ZD59-954b）

鉾
～欑，上莫侯反，下
倉亂反。（ZD59-
563a）

鉾
～梢，音牟。（ZD59-
680b）

鉾
～戟，音牟，正作矛。
（ZD59-954b）

矛
～道，上莫侯反，下
食尹反，《辯正論》作
矛盾。（ZD60-561b）

矛
利～，音牟。（ZD59-
668a）

矛
若矛，莫侯反，亦作
～。（ZD59-834c）

矛
百～，莫侯反。
（ZD59-1008a）

————

① 又見“桙”“鉥”“鉥”字條。

予

予

柔

鉾

~盾，上莫浮反，下食尹反。（ZD60-510c）

爲~，音牟。（ZD59-999a）

~戟，音牟，正作矛。（ZD59-643a）

刀~，音牟。（ZD59-650c）

茅　máo

芧

茅

茅

芳

茅

芋

茅

茅

~草，莫交反。（ZD59-805a）

~荻，上莫交反，下徒的反。（ZD60-20a）

~茨，上莫包反，下才咨反。（ZD60-514b）

籃~刾，中莫交反，正作茅也，下七賜反，正作刾也。（ZD59-944b）

茸~，七立反，莫交反。（ZD59-721c）

~茨，上莫交反，下自咨反。（ZD60-416a）

上~，莫交反，亦云香。（ZD60-392b）

~草，莫交反。（ZD59-863c）

~根，莫交反，草名。（ZD59-735c）

苦~，上尸占反，下莫交反。（ZD60-

407a）

茅

芧

茅

苇

芋

苐

~灰，上莫交反。（ZD60-137b）

~衣，上莫交反。（ZD59-586b）

裸~，莫交反，正作茅。（ZD59-657c）

~灰，上莫交反。（ZD60-142a）

~根，莫包反。（ZD59-721c）

~草，莫交反。（ZD59-933b）

桙　máo

梓

捀

~棚，上莫求反。（ZD60-117b）按："~棚"即"鉾槊"。"~"爲"鉾"的換旁字，皆與"矛"同。

載~，上音戴，下音牟。（ZD60-220a）按:《菩薩本緣經》卷1:"臣等今日當以五兵戟牟劍稍，奮擊此賊。"（T03，p55b）"載~"，對應佛經作"戟牟"。經文中"牟"通"矛（鉾）"，"~"則爲"矛（鉾）"的異體"桙"之訛。

旄　máo

旄

載~，同上（旄）。（ZD60-354c）

髦①　máo

髦

髦

長~，音毛。（ZD60-182a）按："~"同"髦"。

長~，音毛。（ZD59-994a）按："~"同"髦"。

犵　máo

犵

犵

~牛，目交反。（ZD59-743c）

~牛，上莫交反，正作犛。（ZD60-36b）

鉾　máo/shū

鉾

鉾

鉾

刀~，莫侯反，槍別名也，正作矛也，或作鉾。（ZD59-1021a）按："~"乃"矛"字。

~戟，音牟，正作矛。（ZD59-954b）按："~"乃"矛"字。

褭~，上音峽，下音書，伸也，展也，敍也，正作舒也，郭氏作莫侯反，非也。（ZD60-578c）按："~"即"舒"之訛。

鈺　máo

鈺

~槍，上莫侯反，下七羊反。（ZD59-

———

① 又見"髦"字條。

1011b)按:"～"同"矛"。

駺 máo

～騟,上音毛,下音
獵,正作髦𩯭也,下
又音割,非。(ZD59-1050c)
按:"駺"同"髦"。

～馬,上莫高反。
(ZD59-989c)

作～,音毛。(ZD60-370a)

～尾,上音毛,正作
髦。(ZD60-455c)

牦 máo

～牛,上莫交反,正
作犛。(ZD59-1138c)
按:"～"乃"牦",同"犛"。

～牛,莫交反,正作
犛。(ZD59-647a)

犛① máo

～牛,上莫交反,正
作犛。(ZD60-49b)

～牛,莫交、力之二
反。(ZD59-782a)

～牛,上莫交反,正
作犛。(ZD60-8a)

～牛,上莫交反,正
作犛。(ZD59-602c)

～牛,上莫交反。
(ZD60-47c)

～牛,上莫交反。
(ZD60-65c)

～牛,莫交反,牛名
也,又力之反。
(ZD59-696b)

～牛,上莫交反。
(ZD59-1039c)

～牛,莫交反。
(ZD59-702b)

～牛,上莫交反,牛
名也,正作貓、犛二
形也。(ZD60-217c)按:
"～"即"猫",同"犛"。

氂 máo

～牛,上莫交、力之
二反。(ZD60-24c)
按:"～"同"犛"。

～牛,上莫包反,牛
名也,亦作氂。
(ZD59-594a)

～牛,上莫交反,正
作犛。(ZD59-602c)

昴 mǎo

～爲,上莫飽反。
(ZD59-631b)

～宿,莫飽反。
(ZD59-642a)

～星,莫巧反。
(ZD59-684b)

芇 mào

～林,上莫候反,卉
木盛也,正作茂也,
又巨支反,草藥名也,非。
(ZD60-23c)按:"～"乃
"茂"字。

皃 mào

相～,音皃。(ZD59-970a)

赤～,音皃,悮。
(ZD60-400c)

无～,莫孝反,儀狀
也,正作皃、貌。
(ZD59-859c)

顏～,莫孝反,悮。
(ZD59-752b)

相～,莫孝反,正作
皃。(ZD59-779b)

相～,音皃,又彼立、
彼力、於了、詳羊四
反,並非也。(ZD59-970b)

相～,莫孝反,悮。
(ZD59-1075c)

相～,音皃。(ZD59-761c)

相～,莫孝反,正作
皃、貌二形。(ZD59-978a)

茂② mào

～盛,上莫候反。
(ZD59-555c)

～㖞,上莫候反,下
丘智反。(ZD59-621a)

繁～,莫候反,悮。
(ZD59-985a)

---

① 又見"犃""猫""犛"字條。
② 又見"芇""茊""茂"字條。

莪

婆~,上音婆,下音
貿。(ZD59-627c)

莪 闍~,上於撿反,下
莫候反。(ZD60-
577a)

莪 ~盛,上莫候反,正
作茂也,又音戒,悮。
(ZD59-587c)

茂 ~ 砢,勒 可 反。
(ZD60-237c)

茂 攢~,自官反,下莫
候反。(ZD59-738a)
繁~,于兄反,正作
榮。(ZD59-666b)

莪 蔚~,於貴、於勿二
反,下莫候反,正作
茂。(ZD59-911c)按:"~"
乃"茂"字,詳見本書中篇
"莪"字條。

茂 ~波,上牟候反,正
作茂,上方經作牟
波。(ZD59-627a)

莪 ~ 盛,上 莫 候 反。
(ZD59-553c)

茋 ~羅業,上莫候反,
又巨支反,悮。
(ZD59-689b)

茂 蔚~,於貴、於物二
反,下莫候反,盛也。
(ZD59-686b)

茈 mào

茈 ~耶,上莫候反,下
丁 禮 反。(ZD60-
285b)按:"~耶",對應佛經
作"茂邸"。"~"即"茂"字
之訛,詳見本書中篇"茈"
字條。

姆 mào

姆 ~母,上莫候反,女
師也。(ZD59-1051c)

莪 mào

莪 ~好,上莫候反,正
作茂、懋二形。
(ZD59-1119a)按:"~"乃
"茂"字。

冒 mào/mò

冐 相~,莫報反,涉也,
正作冒也,又音墨。
(ZD60-427b)

冐 ~犯,上莫報、莫北
二反,干也,涉也,正
作冒。(ZD60-435c)

冐 ~眛,莫報、莫北二
反,涉也,干也,正作
冒。(ZD59-763b)

冐 涉~,莫報反,涉也,
正作冒。(ZD59-
853a)

冐 身 ~,莫 報 反。
(ZD59-613a)

冐 ~ 涉,莫 報 反。
(ZD59-763b)

覓 ~ 死,上 莫 北 反。
(ZD60-281a) 按:
"~"乃"冒"字,詳見本書中
篇"覓"字條。

冐 觸~,音墨。(ZD60-
357b)

狠 mào

狠 像~,音皃。(ZD60-
217c)按:"~"乃
"貌"字之訛。

髦 mào

髦 作~,音帽。(ZD60-
243b)按:"~",對應
經文作"毛"。《法句經》卷
1:"咄嗟老至,色變作毛。
少時如意,老見蹈藉。"
(T04,p559a)

髦 老 ~,莫 報 反。
(ZD60-246c) 按:
"~"乃"髦",同"毛"。

髦 老~,音冒。(ZD60-
244a)按:"~"乃
"髦",同"毛"。

毛① mào

毛 ~馱,上莫報反。
(ZD59-590b)

毛 老 ~,莫 報 反。
(ZD59-554a)

毛 忽 ~,莫 報 反。
(ZD59-818c)

毛 惛~,呼昆、乎本、呼
悶三反,下目告反。
(ZD59-943b)

髦 老~,莫報反,正作
毛。(ZD59-988c)按:
"~"乃"髦",同"毛",詳見

——

① 又見"髦"字條。

本書中篇"耗"字條。

耗
老 ～，莫 報 反。
（ZD59-988a）

耄
西 ～，莫 報 反。
（ZD59-1095c）

耂
老 ～，莫 報 反。
（ZD59-614b）

𡑢
瘦老，上所右反，下
《經音義》作 ～、
耄 二形。應和尚以毫、
耄二字替之，同莫報反，老
也，八十九十曰耄也。
（ZD59-820a）

耂
瘦老，上所右反，下
《經音義》作𡑢、～二
形。應和尚以毫、耄二字替
之，同莫報反，老也，八十九
十曰耄也。（ZD59-820a）

貀 mào

貀
～姝，上莫孝反，下
赤朱反。（ZD60-
23c）按："～"同"貌"。

帽 mào

帽
巾 ～，莫 報 反。
（ZD60-270b）按："～"
乃"帽"。

袠 mào

袠
延 ～，莫 候 反。
（ZD59-661c）

貀 mào

㝠
～ 易，上莫候反。
（ZD59-1052a）按：
"～"即"貿"。

貀
～ 食，上莫候反。
（ZD59-1098b）按：
"～"即"貿"。

帽① mào

帽
～ 理，莫 報 反。
（ZD59-785a）

絹
乘 ～，莫報反，正作
帽。（ZD59-1126b）

帽
靴 ～，許肥反，下莫
報反。（ZD59-814a）

絹
～ 靽，上莫報反，下
望發反，正作帽靽
也。（ZD60-31b）

帽
上 ～，莫 報 反。
（ZD60-85b）

帽
着 ～，莫 報 反。
（ZD60-49b）

裶
着 ～，莫 報 反。
（ZD60-45b）

帽
冠～，古丸反，下莫
報反。（ZD59-737c）

惛
作 ～，莫 報 反。
（ZD60-29b）

褶
作～，莫報反，正作
帽。（ZD60-29c）按：
"～"乃"帽"，詳見本書中篇
"褶"字條。

貿② mào

貨
～易，上莫候反，惧。
（ZD59-586a）

賀
～ 易，上莫候反。
（ZD59-558c）

貿
～易，莫候反，交易
也，市賣也，正作貿
字。（ZD59-703a）

賀
～ 易，莫 候 反。
（ZD59-852a）

賀
～ 易，上莫候反。
（ZD59-601a）

賀
拘～，莫候反，紅蓮
華。（ZD59-593c）

貿
～鳥，上莫候反，交
易 也，正作 貿。
（ZD60-458b）

賀
～ 易，莫 候 反。
（ZD59-646a）

貀
波 ～，莫 候 反。
（ZD59-756a）

賀
～易，莫候反，下以
益反。（ZD59-708a）

貀
～ 蝥，力底反，正作
蝥也。（ZD59-751a）

貀
不 ～，莫 候 反。
（ZD59-642c）

貀
罕～，莫候反，正作
貿。（ZD59-548c）

賀
～ 易，莫 候 反。
（ZD59-757a）

賀
～ 易，莫 候 反。
（ZD59-668a）

---

① 又見"褶""惛""帽"字條。
② 又見"賀""貀"字條。

賲
賀
㲻
貿
～易，上莫候反。
(ZD60-272b)

拘～，莫候反。
(ZD59-596a)

博～，莫候反。
(ZD59-729a)

阿～，莫候反。
(ZD59-813a)

𧱤
mào/mèng

𧱤
戴～，莫報反，正作帽。(ZD60-47c)按：
"～"乃"帽"。

𧱤
橙～，見藏作瞪瞢，與蕯蔓字同，又上音澄，下音冒，並愄也。(ZD60-380b)按："橙～"與"瞪瞢""蕯蔓"同。

媢　mào

媢
～嫉，上莫報反，妬也。(ZD60-562b)

狠　mào

貌
形～，音皃，正作貌也。(ZD60-297b)

貌①　mào

貌
相～，音皃。(ZD59-931b)

狼
法～，音皃，狀也。(ZD59-704c)

頖
貎
㺏
狋
猑
猑
狠
狼
狼
狼
狠
顔～，音皃。(ZD59-699c)

相～，音皃。(ZD59-947b)

相～，音皃。(ZD59-925a)

色～，音皃。(ZD59-674a)

面～，音皃。(ZD59-744c)

相～，音皃，正作貌。(ZD59-825c)

相～，莫孝反。(ZD59-978a)

顔～，莫豹反。(ZD59-637a)

身～，音皃。(ZD59-704a)

顔～，音皃，儀～也，正作貌也。(ZD60-188c)

狀～，音皃。(ZD59-1065b)

鄮　mào

鄮
鄝
鄮
～縣，上莫候反。(ZD60-447c)

～縣，上莫候反。(ZD60-320c)

～縣，上莫候反。(ZD60-343b)

褶　mào

褶
作～，莫告反，頭衣也。(ZD60-24c)按："～"即"褶"，乃"帽"的換旁

異體。《彌沙塞部和醯五分律》卷 20："時諸比丘患頭冷病，以是白佛，佛言：'聽以衣覆，亦聽作帽，煖則止。'"(T22, p138b)

褶
作～，莫報反。(ZD60-36b)按："～"即"褶"，與"帽"同。

瞀　mào

瞀
瞀
～呵，莫候反。(ZD59-821a)

懋　mào

懋
彌～，莫候反，美也，勉也，盛也，古文茂字也，正作懋。(ZD60-313b)按："～"乃"懋"，與"懋"同。

懋②　mào

懋
寵～，莫候反，美也，勉也，盛也，正作懋、茂二形也。(ZD60-430a)

懋
～績，上莫候反，下子曆反。(ZD60-420b)

玫　méi

玫
～珦，莫迴反，下乎灰反。(ZD59-923a)

———

① 又見"兒""貌""狠""狼"字條。

② 又見"懋"字條。

玫

～瑰，上莫迴反，下胡魁反。（ZD59-576c）

枚　méi/mèi

挴

五　～，莫迴反。（ZD59-685a）

牧

四～，同上。（ZD59-878a）

牧

八　～，莫迴反。（ZD59-1127b）

牧

二～，莫迴反，箇也，正作枚也。（ZD59-765b）

挴

～　珠，莫迴反。（ZD59-648c）

牧

千　～，莫迴反。（ZD59-692a）

枚

八　～，母迴反。（ZD59-780c）

挴

二　～，莫迴反。（ZD59-878a）

牧

～　提，蒙太反。（ZD59-735a）　按：《勝思惟梵天所問經》卷6：“枚（蒙大反）提離（長音）迷（默帝反）（二十九）。”（T15，p94c）“～”即“枚”，經文音“蒙太反”，讀“mèi”，用作譯音字。

眉　méi

眉

橅～，上力丁反，下音眉，亦作楣也，怳。

（ZD60-499b）

眉

～　髭，子斯反。（ZD59-819c）

髭

眉髭，子斯反，《經音義》作～耄，以眉毛替之，非。（ZD59-819c）

髭

～　耄，上音眉，下音咨，經作眉髭也，應和尚以眉毛替之，非也，彼怳。（ZD60-357a）

埖　méi/mù

埖

墥～，上徒來反，下莫迴反。（ZD59-1113c）按：“～”，經文作“煤”。《摩訶僧祇律》卷34：“得房舍已，若地不平者應平，若有鼠孔者應塞泥治，若有炱煤蟲網應掃，臥床、坐床若緩者應織令急。”（T22，p503c）

埖

～　野，莫六反，近郊地名。（ZD60-303c）按：“～野”，經文作“牧野”或“坶野”。《諸經要集》卷14：“牧野之師，方稱盛德。”（T54，p128b）“牧”，宋、元、明、宮本作“坶”。

莓　méi

莓

～　苔，上莫迴反，下徒來反。（ZD60-485a）

梅　méi

槑

～　室，莫罪反，下丁吉反。（ZD59-782c）按：《不空胃索神變真言經》卷9：“野（十一）梅室（二合）隸野（十二）。”（T20，p272c）“～”，譯音字，可洪音“莫罪反”，讀“měi”。我們以今音“méi”讀之。

烸　méi

烸

爐～，上徒來反，下莫迴反，見藏作炱煤也。（ZD60-376a）按：“～”即“煤”。

媒　méi

媒

～　媾，上莫迴反，下古候反。（ZD60-112c）按：“～”乃“媒”。

嵋　méi

嵋

峨～，音眉。（ZD60-451a）

湄　méi

湄

生～，音眉，釀出毛貪。（ZD59-1107b）按：“～”同“霉”。

湄

江～，音眉，正作湄也。（ZD60-449c）

媒① méi

媒
～媾，上莫迴反，下古候反。（ZD59-589c）

媒
～媾，莫迴反，下古豆反。（ZD59-939b）

楣 méi

楣
亦～，音眉。（ZD60-377a）

楣
門～，音眉也。（ZD59-1123c）

楣
枂～，音眉。（ZD60-358a）

楣
～桭，美悲反，門上橫梁也，下宅庚反。（ZD59-641b）

煤② méi

炴
烟～，於賢反，下莫迴反，正作煤也，炱媒，黑煤也。（ZD59-847c）

焥
爐～，上徒來反，下莫迴反。（ZD59-1126c）按：“～”即“煤”。

塺 méi/mò

塺
塵～，音昧，經自出也，又莫迴、莫卧二反。（ZD60-232b）按：《達摩多羅禪經》卷2：“自見枯朽骨，無復滋潤相，久故極尵澁，能離細滑欲，腐碎若塵塺，磨滅無所有。”（T15，p316a）

塺
～青，上直珍反，埃也，又作塺，莫迴反，又《經音義》作醿，音迷，或作麛。（ZD59-1113c）按：“～青”，對應佛經作“醿青”或“塺青”。《摩訶僧祇律》卷34：“爾時世尊五事利益故，五日一行諸比丘房，見房舍漏壞，不治事，雨潦瀰滿，水瀆不通，門户蟲噉，床褥醿青。”（T22，p503a）“醿”，宋、元、明、宮本作“塺”。從形體看，“～”即“塺”，與“醿”意義近似。可洪“～”音“直珍反”，蓋以爲“塺”。

每 měi

毐
～有，上莫罪、莫對二反，正作每。（ZD60-530c）

美③ měi

羙
妍～，五堅反。（ZD59-694c）

羙
炆～，上而充反。（ZD59-579a）

羙
檀～，是戰反，專～也。專，獨也。正作擅。（ZD59-972a）

羙
淳～，市倫反。（ZD59-689c）

羙
～艷，音焰。（ZD59-744c）

美
～於，上音美，眉鄙反，巧也，善也，正作

美、媄。（ZD60-213a）

美 měi

美
～悚，音速。（ZD60-519c）按：“～”即“美”字。

媄 měi

媄
遏～，上烏割反，下除皆反，《音義》自切。（ZD60-358c）按：“～”音“除皆反”，譯音字。《一切經音義》卷6：“遏媄（除皆反）捺媄努捺媄阿捺厨。”（C056，p917b）“～”音“除皆反”，今依其本音讀之。

袂 mèi

袂
攘～，下彌世反。（ZD59-959a）

痗 mèi

痗
實～，誨、昧二音。（ZD60-570c）

痗
沈～，上直林反，下呼内、莫内二反。（ZD60-599b）

寐④ mèi

寐
邪～，羊嗟反，下彌利反。（ZD59-746a）

---

① 又見“媋”字條。
② 又見“烸”“焥”字條。
③ 又見“美”字條。
④ 又見“寐”字條。

寐　悸～，上其季反，下彌二反。（ZD60-606c)

寐　假～，蜜二反，假～，詐睡也。（ZD60-597a)

寐　憍～，蜜利反。（ZD59-667b)

寐　瘖～，上五故反，下蜜二反。（ZD59-557c)

寐　眠～，蜜利反。（ZD59-666b)

寐　邪～，上羊嗟反，下彌利反。（ZD60-372c)

寐　吲～，下彌利反。（ZD59-630c)

寐　～鞥，密二反，下丁兮反。（ZD59-750b)

寐　眠～，蜜二反。（ZD59-706b)

寐　步～，莫利反。（ZD59-630b)

寐　假～，古雅反，下蜜二反。（ZD59-667b)

寐　瘖～，彌二反，正作瘖寐。（ZD60-566a)
按："～"乃"寐"字，詳見本書中篇"寐"字條。

瘖　朕(睒)～，濕染反，下彌利反，正作寐也。（ZD59-810c)

寐　～底，蜜利反。（ZD59-723a)

寐　訛～，五禾反，下彌二反。（ZD59-765b)

寐　～囉，上彌利反。（ZD59-629a)

寐寐　伍～，上丁兮反，下莫型反，借呼。（ZD59-1025a)

寐　久～，彌利反，正作寐。（ZD59-829c)

寐　無～，蜜二反，無～者，言莫寢也，正寐。（ZD59-765b)

寐　～孃，彌利反，下魚祭反。（ZD59-869b)

寐　～曷，蜜二反。（ZD59-861b)

寐　寢～，上七朕反，下彌二反。（ZD59-565c)

寐　憍～，蜜二反。（ZD59-678c)

寐　寢～，蜜二反。（ZD59-1003a)

寐　寢～，上七朕反，下彌利反。（ZD59-587b)

寐　～於，彌利反，睡也，正作寐。（ZD59-969b)

媚　mèi

媚　諭～，上羊朱反，詭也。（ZD59-606c)

瑁① mèi/mù

瑁　瑇～，上徒愛、徒沃二反，下莫代、莫沃二反。（ZD60-329c)

勄　mèi

勄　鬼～，音媚。（ZD59-764a)

勄　魅～，下眉秘反，下正作勄也。（ZD59-709c)

勄　鬼～，眉秘反。（ZD59-1084c)

勄　三～，音媚，正作彲，孫愐韻作魅。（ZD59-609c)

魅② mèi

魅　�～，音妖，下音媚，上又步末反，非。（ZD59-749b)

魅　作～，眉秘反，正作魅。（ZD60-402a)

魅　魑～，丑知反，下眉秘反。（ZD59-637c)

魅　鬼～，眉秘反，正作魅、彲二形，《六度集》作鬼勄也。（ZD60-275a)按："～"爲"魅"，詳見本書中篇"勄"字條。

寐　mèi

寐　姞～，其乙反，下蜜二反。（ZD59-746c)

寐　～邁，蜜二反，下羅个反。（ZD59-793b)

---

① 又見"蝐"字條。
② 又見"勄"字條。

蝐　mèi

蝐　蟎～，上徒礙反，下莫退反。（ZD59-998b）

按："～"即"瑁"字。

鞪　mèi

鞸　埓～，上田結反，下音媚。（ZD60-388b）

鞖　埓～，上徒結反，下眉秘反。（ZD60-294b）按："～"，譯音字。

椚　mén

椚　～摸，上音門，下音莫。（ZD59-995a）按："椚摸"之"椚"，音"門"，在經文中乃"捫"字。《中阿含經》卷35："今此日月有大如意足，有大威德，有大福祐，有大威神，以手捫摸，身至梵天。"（T01, p651a）"椚摸"即"捫摸"，其中"椚"即"捫"字之訛。

橗　mén

橗　～櫪（櫪），上音門，木名也，又莫官反，松心也，下音歷，意是櫟，柞屬也，木名也。櫪，馬槽也，非。（ZD60-420a）

垊　méng

垊　～俗，上莫耕反，正作氓也。（ZD60-413b）

旷　méng

旷　編～，上布玄反，下莫耕反，田民也，野人也，癡也。（ZD59-1128c）

旷　之～，莫耕反，田民野人也，又莫鄧反。（ZD60-427c）

氓①　méng

氓　之～，莫耕反。（ZD60-454a）

氓　～品，上莫耕反。（ZD60-344a）

泯　～俗，上莫耕反，悮。（ZD60-410a）

虻②　méng

蚅　蚊～蠅，無云反，中莫庚反，下羊陵反。（ZD59-925a）

蝐　蚊～，音文，下音盲。（ZD59-727b）

蝐　蚊～，音文，下音盲。（ZD59-947a）

蚅　蚊～，上音文，下音盲。（ZD59-559c）

蚅　蚊～，文盲二音。（ZD59-985a）

蝐　蚤～，音文，下音盲，正作蚊虻也。（ZD59-838c）

虻　蚊～，上音文，下音盲。（ZD60-270a）

蛍　蚤～，上文，下盲。（ZD59-981c）

蚅　蚊～，上音文，下音盲，正作蚊蝐也，悮。（ZD59-604c）

蝐　méng

蝐　蚤～，上音文，下音盲，正作蚊蝐也。（ZD59-1050a）按："～"與"虻"同。

蝐　蚊～，文盲二音，正作蚊蝐。（ZD59-583a）

蒙　méng

蒙　～恾，莫紅反，下力進反。（ZD59-867a）

蒙　葛～蔓，音割，中音蒙，下音万。（ZD59-727b）

暄　méng/míng

暄　曚～，上於莖反，下莫莖反。（ZD60-——

① 又見"垊"字條。
② 又見"蝐""蝐""蝐""蝐"字條。

379a)按："瞹～"，聯綿詞，
又作"婜娸""嬰娸"等。

瞔	瞹～，上烏莖反，下莫莖反。（ZD60-369b）
瞔	瞹～，於營、烏耕二反，下莫瓶、莫耕二反，心態也，好皃也，新婦皃也，正作嬰娸。（ZD59-910b）按："瞹～"，對應佛經作"婜娸"。《大智度論》卷14："或揚眉頓睫，婜娸細視，作衆伎樂。"（T25，p165c）

盟　méng

盟	約～，音明。（ZD59-733c）
盟	～死，上音明，約誓也。（ZD59-1089b）
盟盟	～誓，上音明，約也。（ZD59-1130a）
盟	～誓，眉平反，約也。（ZD59-764a）

娸①
méng/míng

姢	婜～，上烏耕、於營二反，下莫耕、莫瓶二反。（ZD60-264b）
娸	婜～，烏耕反，下莫瓶反，態也。（ZD59-697c）
娸	婜～，烏耕反，下莫瓶反，好皃也。《音

義》云：婜娸，細視也。
（ZD59-701a）

甍　méng

甍甍甍梵	飛～，莫耕反，屋棟也。（ZD59-754b）
	連～，莫耕反。（ZD60-503b）
	連～，音萌。（ZD60-470b）
	連～，莫耕反，屋棟也。（ZD59-1027c）
	軒～，音萌，屋棟也，正作甍。（ZD60-581a）按："～"乃"甍"字，詳見本書中篇"梵"字條。
薨	飛～，莫耕反，屋棟也，正作甍也，又呼弘反，悮。（ZD59-972c）
甍	連～，莫耕反，屋棟也。（ZD59-1023c）

蝱　méng

蝱	蚊～，文盲二音，正作蚊蝱。（ZD59-979a）按："～"與"虻"同。
蝐	蚊～，上音文，下音盲。（ZD59-995a）
蝐	蚊～，上音文，下音盲，正作蝱。（ZD60-382b）

蛕　méng/yù

蛕蛕	蚊～，上無云反，下莫庚反，正作蝱也，

又音育，悮。（ZD59-1134b）
按："～"乃"蝱"之訛。

蛕	復育，上音伏，下羊六反，蟬未出殼者也，正作蝮～也。（ZD59-1095b）

瞢②
méng/mèng

瞢瞢瞢	～～，莫弘反。（ZD59-755b）
	～伽，莫登反，下巨迦反。（ZD59-723a）
	～伽，上莫弘反，下其迦反。（ZD59-624c）
瞢瞢	～伽，莫亘反，正作瞢。（ZD59-815a）
	瞢～，二同，莫能反，下悮也。（ZD59-1090c）
瞢瞢瞢瞢	用～～，下二莫登反。（ZD59-609b）
	昏～，莫登反。（ZD60-301c）
	～～，莫弘反，在也，悀也。（ZD59-670c）
	～闍，莫登反，正作瞢。（ZD59-879a）
瞢	瞢～，二同，莫登反，目不明也，下悮。（ZD59-825c）
瞢	～健，上莫鳳反，正作瞢也，下巨建反。

---

① 又見"瞔"字條。
② 又見"瞢"字條。

（ZD60-414c）

儚　méng

儚　～伽,上亡曾反,經
自出,又應和尚作霍
弘反。（ZD59-634a）

蝱　méng

蝱　蛟～,上音文,下音
盲,正作蚊蝱也。
（ZD59-595a）按:"～"與
"虻"同。

撽　méng

撽　～抖,音蒙,覆也,正
作幪。（ZD60-284a）

幪①　méng

幪　者～,音蒙。（ZD60-
353c）

濛　méng

濛　王～,音蒙,又莫孔
反。（ZD60-502b）
按:"～"乃"濛"。

懞
méng/měng

懞　～穀,上蒙、夢二音,
正作幪也。（ZD60-
394c）按:"～"乃"幪"字。

懞
懞　～鈍,上莫孔反,又
音蒙。（ZD59-615a）
一～,莫孔反,～鈍,
心不明也,亦亂也,
正作矇、懞二形也,又蒙、夢
二音,非呼。（ZD60-11b）

懞　～抖,同上,又莫弄
反。（ZD60-284a）
按:"～抖",經文作"撽弄"。
《經律異相》卷50:"四十五
曰撽弄,滿中鐵磨,獄鬼驅
人,入磨磨之。"（T53,
p268a）"撽弄"即"懞弄",見
"撽"字條。

矇　méng

矇　～曨,莫紅反,下郎
紅反。（ZD59-681a）
按:"～曨",聯綿詞,經文作
"矇曨"或"朦朧"。

矇　童～,音蒙,又蒙孔
反。（ZD59-778a）

矇　～昧,莫紅反。
（ZD59-716c）按:
"～"同"矇"。

矇　闇～,莫紅反,愚闇
也。（ZD59-646c）

矇　瞳～,音童,下音蒙。
（ZD59-820a）

矇　～覆,上莫紅反。
（ZD60-509c）按:《廣
弘明集》卷13:"矇覆世俗,
惑亂物心。"（T52, p184a）
"矇",宋本作"矇",元、明本
作"朦"。

朦　méng

朦　～冥,莫紅反,下莫
瓶反。（ZD59-729b）

朦　～宾,上莫紅反。
（ZD59-606b）按:"～",
經文作朦。"～宾"與"矇
冥""朦冥"同。

曚②　méng

曚　～～,音蒙。（ZD59-
986a）

曚　～鈍,莫孔反,目不
明也,又莫紅反,瞽
也。（ZD59-741c）

曚　瞽～,音蒙。（ZD60-
353c）

曚　～瞑,上莫紅反,下
莫瓶反。（ZD59-
607a）

瞢
méng/mèng

瞢　～憒,莫登反,下古
對反。（ZD59-753a）
瞪～,直陵、直證二
反,直視兒也,下莫
弘、莫鄧二反,目不明也,悶
也,在也,正作瞢、薨、懞三
形也。（ZD59-866a）按:"瞪
～",聯綿詞,與"瞢薨"同,

———

① 又見"撽"字條。
② 又見"矇"字條。

詳見本書中篇"瞢"字條。

瞪 瞪～，上都鄧反，正作蠤也，下莫鄧反，正作蔓、懵二形也。（ZD60-158c）按："瞪～"，聯綿詞，與"蠤蔓"同。

瞪 瞪～，上都鄧反，下莫鄧反，睡纏惽沉也，心悶也，正作蠤蔓也，《川音》作蠤懵字是也。（ZD60-169b）按："瞪～"，聯綿詞，與"蠤蔓"同，詳見本書中篇"瞪"字條。

瞪 瞪～，上都鄧反，下莫鄧反，正作蠤蔓，或作蠤懵也，上徒登反，下莫登反，並睡纏惽悶也，並惧。（ZD60-159b）按："瞪～"，聯綿詞，與"蠤蔓"同，詳見本書中篇"瞪"字條。

猛　měng

猛 ～卒，莫耿反，下子没反。（ZD59-665c）

猛 ～炟，上莫耿反，下一賢反，《麻谷藏》作猛，非也。（ZD60-209a）

猛 ～健，上莫耿反。（ZD59-576a）

猛 ～浪，上莫杏反，正作猛也。（ZD60-570a）按："～浪"，聯綿詞，即"猛浪"，對應經文作"孟浪"，同，詳見本書上篇第三章"猛"字條。

猛 ～祝，上音猛，下音咒。（ZD59-580b）

猛 勇～，莫耿反，正作猛。（ZD59-842b）

黽　měng

鼅 之～，莫耿反，蛙屬也，正作黽也。（ZD60-537a）

黽 從～，莫耿反，正作黽。（ZD60-381c）

黽 從～，莫耿反，正作黽。（ZD60-351c）

蜢　měng

蜢 蚱～，上並格反，下莫哽反，《音義》云蝦蟇類也，正作蚱蜢也。（ZD59-1061a）

蠓　měng

蠓 蠅～，莫孔反。（ZD60-304c）

蠓 蟻～，上莫結反，下莫孔反。（ZD60-119a）

孟　mèng

孟 ～明，上莫硬反。（ZD60-457a）

孟 ～子，上莫硬反。（ZD60-540a）

孟 ～浪，上莫硬反，正作孟。（ZD60-555c）

孟 ～顗，上莫硬反，下魚豈反。（ZD60-342b）

孟 遐～，莫硬反，正作孟。（ZD60-402a）

孟 ～智，上莫硬反。（ZD60-511a）按："～"乃"孟"。

瞢　mèng

瞢 蠤～，上都鄧反，下莫鄧反，正作蠤蔓也，《川音》作蠤懵也，下又音骨，恍也。（ZD60-192a）按："蠤～"，聯綿詞，又作"蠤蔓""蠤懵""瞪瞢"。從形體看，"～"疑爲"瞢"。《新集藏經音義隨函錄》卷4："瞪瞢，上都鄧反，下莫鄧反，失睡極也，惽悶也，昧也，正作蠤夢。"（K34，761b）

夢　mèng

夢 窹～，五故反。（ZD59-647b）

夢 如～，莫貢反，正作夢、瘳二形也。（ZD59-911c）

嚀　mèng

嚀 ～伽，莫公、莫亘二反，《經音義》作曚，以瞢字替之。（ZD59-760b）按："～"，譯音字。

矒① mèng

矒 瞪～，上得亘反，下莫亘反，惛悶也，饒睡也，正作矏懵，上又徒登反，下莫登反，義同上也。（ZD60-200a）按：“瞪～”，聯綿詞，與“蕿蕿”同。

懵 mèng

懵 瞪～，都鄧反，下莫鄧反，惛沉也，睡纏也，失睡極也，睡不足。上又直陵、宅耕二反，非。（ZD59-725a）按：“瞪～”即“瞪懵”，聯綿詞，與“蕿蕿”同。“～”乃“懵”字，詳見本書中篇“懵”字條。

懵 瞪～，上都鄧反，下莫鄧反。（ZD60-171a）

懵 ～等，上莫孝反。（ZD60-159b）按：“～”，對應佛經作“懵”，可洪音“莫孝反”，不妥。

懵 ～等，上莫孝反，悶也，假借呼，《經音義》作懵也。（ZD60-158c）按：“～”，對應佛經作“懵”。《成實論》卷3：“身利，身鈍，嬾重，迷悶，瞪瞢，疼瘅，嚬呻，飢渴，飽滿，嗜樂，不樂，懵等諸觸，各生異識。”（T32，p265a）可洪以“～”音“莫孝反”，蓋以爲“懵”字，不妥。

懵

懵 多～，莫鄧反，悶也，不明也，暗也，正作懵、懜二形也，悞也。（ZD60-516c）按：“～”乃“懵”字，詳見本書中篇“懵”字條。

懵 ～懜，莫亘反，下古對反。（ZD59-942a）

懵 瞪～，上都亘反，下莫亘反，正作矏蕿也。（ZD60-171b）

懵 瞪～，上都鄧反，正作蕿也，下莫鄧反，正作蕿、懵二形。（ZD60-171b）按：“～”乃“懵”字，詳見本書中篇“懵”字條。

懜 mèng

懜 惛～，呼昆反，下莫貢反，迷亂也，正作惛懜也，下又莫鄧反，悶也。（ZD59-934b）按：“惛～”，對應佛經作“惛夢”。《瑜伽師地論》卷15：“或内所作，目眩惛夢，悶醉放逸，或復顛狂。”（T30，p357b）從形體看，“～”即“懜”。“懜”與“夢”同。“惛～（懜）”與“惛夢”同。

咪 mī

咪 奚～，音兮，下音味，下又之殊、竹角、知由、知注、知咒、都豆六反，並非。（ZD59-741b）按：“～”，對應經文作“咪”。

《入楞伽經》卷8：“爾犀咪，屎咪，奚咪奚咪。”（T16，p564c）“～”，譯音字，可洪音“味”，蓋以爲“味”，今不從。

味 奚～，户雞反，下或咩、哶，二莫爾反。（ZD59-741b）按：“～”，對應經文作“咪”。《入楞伽經》卷8：“奚咪奚咪地咪地咪。”（T16，p564c）

咪 犀梨～，直尼反，下元沸反。（ZD59-741b）按：“～”，對應經文作“咪”。《入楞伽經》卷8：“爾犀咪，屎咪，奚咪奚咪。”（T16，p564c）

床 mí

床 粟～，息玉反，下美垂反，正作麊。（ZD59-687a）按：“～”同“麊”。

床 食～，美垂反。（ZD59-982b）

床 亂～，美爲反，正作麊。（ZD60-495c）按：“床”同“麊”。

殀 mí/tiǎn

殀 褅～，上音弟，下音彌，經作棣彌，上或作棣，音佰。（ZD60-369c）按：“～”乃“彌”。

——————

弥　殲～,上子廉反,下田典反。（ZD60-550b)按:"～"乃"殄"。

迷　mí

迷　～行,上音迷,下音衡。（ZD59-623a)

迷　～或,上莫兮反。（ZD60-273b)

哸　mí

哸　～邪,音彌耶,上俗也。（ZD60-285c)

朡　mí

朡　多～,摸系反,經作橫系反,非也。（ZD59-714c)按:"多～",對應佛經作"多朡"。"～"即"朡",用作譯音字,而"朡"疑即"朡"。《大乘悲分陀利經》卷1:"目帝郁多朡(擲糸反)三朡尼三朡三磨三朡叉襄惡叉襄。"（T03,p236b)"橫系反""擲糸反"皆疑爲"摸系反"。

謎　mí

謎　達～,莫計反。（ZD59-568a)按:"～",可洪音"莫計反",蓋以爲"謎",對應經文作"謎"。《釋教最上乘秘密藏陀羅尼集》卷6:"mu 母顙,dha達,rmme 謎（四）。"（F28,p42b)"～",對音"rmme",可洪以爲"謎",是。

謎

謎
謎
謎
謎

～嚧,上莫計反。（ZD59-590b)

他～,芒悶反,經自出。（ZD59-628c)

笍 ～,其刧反。（ZD59-636c)

嚧～,洛甘反,下莫計反。（ZD59-721a)

謎①　mí

謎　～羅,莫計反,香名。（ZD59-932b)按:"～羅",對應佛經作"謎羅"。《瑜伽師地論》卷3:"謂皮香、葉香、素泣謎羅香、栴檀香、三辛香、熏香、末香。"（T30,p293b)

鋬　mí

鋬　～斧,上音彌,下音府,青州呼鎌爲～。（ZD60-527b)按:"～"即"鋬"字。

瀰　mí

淪　～～,音彌。（ZD60-501c)按:"～"即"瀰",同"瀰"。

彌②　mí

彌　～堅,上莫卑反。（ZD60-431b)

彌　滇～,音彌。（ZD59-582c)

珍　～覆,音彌。（ZD59-662a)

珎　滇～,音彌,山名也。（ZD59-584a)

彌　滇～,音彌。（ZD59-659b)

彌　～多,莫卑反。（ZD59-967b)

彌　～覆,莫卑反,長也,廣也。（ZD59-661c)

弥　坢～,上丁兮反,下莫卑反,樹名也。（ZD59-609a)

鰜　mí

鰜　坢～,上丁兮反,下莫卑反。（ZD59-762c)按:"鰜(鰜)",譯音字。《佛說一切法高王經》卷1:"所謂魚、鼃、摩伽羅魚、坻鰜、宜羅、蝦蟇、鵝鴨及魚師等。"（T17,p854c)"坢～"即"坻鰜",又作"坻彌"。由於"坻彌"指一種魚,故俗將"彌"增"魚"旁作"鰜(鰜)"。鄭賢章(2004:207)曾考。

蘪　mí

蘪　～蕪,上音眉,下音无。（ZD60-362a)

---

① 又見"謎"字條。
② 又見"弥"字條。

獼　mí

赫 弥

～猴，音彌，下音侯。（ZD59-750c）

～猴，上音彌，正作獼。（ZD59-610b）

瀰①　mí

㳽

娑～，音彌。（ZD59-723b）

篹　mí

笢

～篦，上莫卑反，下莫結反。（ZD60-377b）按："～"乃"篹"。

笢

爲～，音彌，正作篹也。（ZD60-377b）

蘼②　mí

蘪

～蕪，上音眉，下音無。（ZD60-511a）按："～"乃"蘼"字，詳見本書中篇"蘼"字條。

咩　mí

哶哶哶哶

他～，彌婢反，正作咩。（ZD59-880a）

娑～，音弭。（ZD59-621a）

尤～，同上。（ZD59-880b）

謀～，蘇到反，下彌養反。（ZD59-793b）

按：《如意輪陀羅尼經》卷1："摩曳謀（蘇到反，下同音）咩（彌養反七）扇諦彈諦（八）。"（T20，p190b）"～"，可洪音"彌養反"，乃經中自切音，今依本音讀之。

弭　mǐ

抲

～箭，彌耳反，泯也，泯箭羽令快也，亦安也，正作弭、敉。（ZD59-724a）按："～"乃"弭"，詳見本書中篇"抲"字條。

殂

帝～，彌爾反，正作弭。（ZD59-639a）按："～"乃"弭"字，詳見本書中篇"殂"字條。

眯　mǐ

眯

～目，上音米，物入目中也。（ZD60-507c）

絇　mǐ

絇

多～，彌爾反，正作弭也。（ZD60-305c）按："多～"，對應佛經作"多弭"或"多何"。《諸經要集》卷17："僧柯栗多弭（此言有爲）。"（T54，p159c）"弭"，宮本作"何"。"～"，譯音字，可洪以爲"弭"，是也。《翻譯名義集》卷5："僧柯慄多弭（Saṃskṛtam），

此云有爲。"（T54，p1138a）

糸　mì

糸

无～，音覓。（ZD59-1048c）

泌　mì

泌

～樹，上音秘，又音必。（ZD59-1113b）

祕　mì

祕

～鍵，上兵媚反，下其偃反。（ZD59-568b）

秘③　mì

祕

～密，兵媚反，正作秘。（ZD59-788a）按："～"，對應佛經作"祕（秘）"。《不空罥索神變真言經》卷28："爾時釋迦牟尼如來，告執金剛祕密主菩薩摩訶薩言。"（T20，p382a8）

緫

～藏，兵媚反，密也，神也，正作秘、祕二形也，下自浪反，渾家藏經作秘藏。（ZD59-671c）

---

① 又見"瀰"字條。
② 又見"蘼"字條。
③ 又見"祕"字條。

⿰口物 mì

～**咩**，上無吉反，下丁庚反。(ZD59-862c)按：“～”，譯音字，可洪音“無吉反”，《廣大寶樓閣善住秘密陀羅尼經》卷2：“唵**⿰口物咩**(丁庚反)筏底訶囉訶囉摩訶摩儞吽吽泮。”(T19，p642c)

密 mì

緻～，直利反。(ZD59-638a)

～緻，池利反。(ZD59-664a)

齒～，上尺里反。(ZD59-618a)

權～，巨員反，下眉筆反。(ZD59-757b)

～緻，直利反。(ZD59-662b)

～身，愍筆反，天名。(ZD59-654b)

～遲，上眉筆反，下直利反。(ZD59-985b)按：“～”，經文作“密”。

⿰口⿱日土 mì

～**𡀗**，彌一反，下力爾反。(ZD59-873a)按：“～”，譯音字。

榓 mì

木～，音蜜。(ZD59-782a)

木～，音蜜。(ZD59-784a)

滵 mì

密汨，上正作～，眉筆反，下于筆反，滵汨，水流皃。(ZD60-382a)

蜜 mì

波羅尼～天，《大品經》云婆舍趺提天。(ZD59-571c)

湏汨～陁，秦言化樂。(ZD59-575a)

陁～，音蜜。(ZD60-253a)按：“～”，對應佛經作“蜜”。

⿰虫覓 mì

蝀～，上七亦反，下音覓。(ZD60-356c)

蝀～，上七歷、七賜二反，下音覓。(ZD60-366b)

羃 mì

～歷，上音覓，下音歷。(ZD60-600c)

⿰糸蜜 mì

婆濘，奴定反，或作滵，音蜜，《川音》及《江西音》並作～，悞。(ZD60-294b)按：“～”，與“蜜”音同，譯音字。《陀羅尼雜集》卷10：“阿婆羅慕沙娑濘，比茶囉私⿰糸蜜坻。”(T21，p634a)

～坻，上音蜜，下音底。(ZD59-627b)

～兜，上彌必反，下都侯反。(ZD59-627c)

芇 mián

糸～，上音覓，下音眠。(ZD60-380c)

眂 mián

睡～，莫田反，正作眠也。(ZD59-553c)

眠① mián

～見，上覓田反。(ZD60-392c)

睡～，莫賢反。(ZD59-727c)按：“～”乃“眠”字，詳見本書中篇“**眂**”字條。

---

① 又見“眂”“瞑”字條。

眠 隨～，莫堅反。
（ZD59-563b）

眠 捲～，上巨員反。
（ZD60-70a）

眠 ～在，莫賢反，睡也，
又匙、視二音，誤。
（ZD59-852a）

眠 ～～，莫田反，睡也，
目閑也，正作眠。
（ZD59-1095b）

眠 阡～，上七仙反，下
莫田反，下正作眠。
（ZD59-566a）

睊 ～邪，上莫田反，正
作眠，下以嗟反。
（ZD60-176c）按："～"乃
"眠"字，詳見本書中篇
"睊"字條。

眠 捉～，莫堅反，睡也，
又匙、視二音，非也。
（ZD60-32b）按："～"，對應
佛經作"眠"。《四分律》卷
22："比丘尼有婬心，捉眠男
子及死者身未壞者、少壞
者，男根入三處，入者犯。"
（T22, p714b）

瞑 其～，莫賢反。
（ZD59-768b）按："～"
即"瞑"，同"眠"。

暝 不～，同上（眠），又
音昏，悮。（ZD60-
176c）按："～"乃"眠"字，詳
見本書中篇"暝"字條。

綿 mián

縣 羅～，莫田反。
（ZD59-556a）按：
"～"乃"綿"字。

縣 ～邅，上莫田反。
（ZD60-409c）

縣 蠶～，上才含反，下
莫連反。（ZD60-
48c）按："～"，經文作"綿"。
《四分律比丘戒本》卷1：
"若比丘！雜野蠶綿，作新
臥具，尼薩耆波逸提。"
（T22, p1017c）

瞑 mián/miàn

瞑 ～眩，上眠、麵二音，
下玄、縣二音。
（ZD59-1130b）按："～"即
"瞑"，同"眠"。

瞶 睡～，莫田反，正作
眠、瞑二形。（ZD59-
1045a）按："～"即"瞑"，同
"眠"。

瞋 睡～，莫田反，悮。
（ZD59-612a）按：
"～"即"瞑"，同"眠"。

汅 miǎn

汅 樊～，彌兗反，漢水
別名也。（ZD60-
449c）

免 miǎn

免 欲～，音免，脫也，去
也。（ZD59-773a）

兔 必～，音免，脫也，正
作免也。（ZD59-

1046c）

沔 miǎn

沔 ～陽，上彌兗反，漢
水別名也，亦作汅。
（ZD60-480a）

俛① miǎn

俛 ～仰，上明辯反，正
作俛。（ZD60-181c）

僶 ～，上彌忍反，下
音免。（ZD60-458c）

俛 ～仰，同上，正作俛。
（ZD59-1054c）

危 ～仰，上音免，正作
俛。（ZD60-239b）
按："～"即"俛"，與"勉"同。
《阿育王傳》卷6："食再嚼
此糜，吐空器中，不欲吐之，
俛仰而言，此吐所食。"
（T50, p123a）

勉 miǎn

勉 自～，音免。（ZD59-
832b）

兔 勸～，音免，勗也。
（ZD59-820b）

勉 ～脫，眉辯反。
（ZD59-707c）

勉 ～勵，音免，下音厲。
（ZD59-940b）

勉 ～脫，眉辯反，下他
活反。（ZD59-744a）

―――――――

① 又見"勉"字條。

逸　无～,音勉,正作勉。（ZD59-622b）按:"～"乃"勉"字,詳見本書中篇"邀"字條。

俛　僄～,彌忍反,下明辯反。（ZD59-908c）按:"僄～"即"僄俛""僄勉"。

勔　miǎn

勔　僧～,彌兗反,正作勔也,《川音》云同猛,非也。（ZD60-334b）按:"僧～",對應佛經作"僧勔"。《大唐内典録》卷5:"沙門釋僧勔（二部二卷傳）。"（T55,p271b）根據經文,"～"爲"勔"字。

娩　miǎn

娩　～身,上音免,正作挽、娩二形。（ZD59-1057a）

勔①　miǎn

勔　僧～,彌兗反,比丘名也,正作勔。（ZD60-417c）按:《集古今佛道論衡》卷2:"時有蜀地新州願果寺僧勔法師。"（T52,p373b）"勔",宋、元、明、宫本作"猛"。"勔"亦有可能爲"猛"。

勔　僧～,彌兗反,自强也,勉也。（ZD60-

328b）

冕　miǎn

冕　～服,音免,冠～也。（ZD59-860c）

冕　冠～,古丸反,下明辯反。（ZD59-966a）

宽　冠～,上音官,下音免。（ZD60-538c）按:"～"乃"冕",詳見本書中篇"宽"字條。

冕　冠～,上音官,下音免,首飾也。（ZD59-654c）

冕　纓～,音免。（ZD60-539a）

宽　冠～,上音官,下音免。（ZD60-557c）

緬　miǎn

緬　～惟,彌兗反,遠也。（ZD59-659a）

酺　miǎn/miàn

酺　～酖,莫見反,下黄練反,惑亂也,正作瞑,眩也,又上音眠,下音玄。（ZD59-680a）按:可洪以"～"爲"瞑",恐不妥,應爲"酺",詳見本書中篇"酺"字條。

酺　～眩,上莫見反,下玄練反。（ZD60-

119c）按:"～"同"䁳""瞑"。見"瞑"字條。

澠　miǎn

澠　～池,上彌兗、彌引二反。（ZD60-327c）澠　～迦,彌兗、彌忍二反。（ZD59-750b）

眄

miàn/pàn

眄　顧～,音麵。（ZD59-999b）按:"～"同"眄"。

眄　顧～,音麵。（ZD60-250b）

眄　顧～,音麵。（ZD59-587a）

眄　傾～,上去營反,下莫見反,斜視也,正作眄、眄二形。（ZD60-479c）按:"～",對應佛經作"眄"。《續高僧傳》卷16:"時有隸公貫者,引正住寺,爲上簿書,而志駭風雲,曾無顧眄,還返林薄,嗣業相尋。"（T50,p558c）"傾",根據經文,乃"顧"字,可洪音"去營反",誤。

眄　顧～,音麵,正作眄也,或作盼,普幻反,美目視也,又詣、系二音,非。（ZD60-200a）按:"～",

————

① 又見"勔"字條。

對應佛經作"眄"。《出曜經》卷 26:"安神無爲之澹然,顧眄悠悠之楚酷。"(T04, p748a)

盻 ～睞,上宜作眄,普幻反,下來代反,上又詣、系二音,恨視也,又或作眄,音麪,邪視也。(ZD60-224c)按:"～睞",對應經文作"眄睞"。《坐禪三昧經》卷 1:"顔貌毀悴,皺眉眄睞,難語難悦,難事難可。"(T15, p271b)根據文義,"～"應爲"眄(眄)",而不是"盼"。

眄 ～睞,上疋莧反,下郎代反。(ZD59-606c)按:"～",可洪音"疋莧反",讀"pàn",蓋以爲"盼",經文作"眄"。

盻 ～睞,上疋幻反,下郎代反,正作眄睞也。(ZD59-608b)按:"～",可洪音"疋幻反",讀"pàn",蓋以爲"盼",經文作"眄"。

眄 主～,音麪,視也,又彌典反。(ZD60-566b)按:"～",可洪音"麪",蓋以爲"眄(眄)",對應經文作"盼",恐是也。

眄 右～,普幻反,又音麪。(ZD60-543c)按:"～",可洪以爲"盼"字,對應佛經作"眄"。《大方廣佛華嚴經》卷 8:"左右顧眄,舉足下足,則爲梵行。"(T09, p449a)《大方廣佛華嚴經》卷 15:"洗浴塗身,寂靜徐步,迴旋顧眄,舉足下足,若眠若覺,不失威儀,善攝諸根,未曾散亂。"(T09, p493c)

眄 顧～,普幻反,美目視也,亦作盻也,又音麪。(ZD59-654a)按:"～",對應佛經作"眄"。

盻 上～,普幻反,顧～也,正作盼,又《經音義》作眄,音面,邪視也,又詣、系二音,恨視,非。(ZD59-960b)按:"～",對應佛經作"眄"。《大莊嚴論經》卷 3:"眼目已上眄,將爲死毒中。"(T04, p272c)

盻 ～視,正作盻,普幻反,視也,又户計反,非。(ZD59-740c)按:"～",對應佛經作"眄"。《入楞伽經》卷 4:"須陀洹遠離與諸女人和合,不爲現在樂種未來苦因,遠離打擿嗚抱眄視。"(T16, p537b)

盻 顧～,音故,下普幻反,美目視也,正作盼。(ZD59-683c)按:"～",對應佛經作"眄"。《大般涅槃經》卷 14:"顧眄遍視,觀於四方。"(T12, p450a)

盻 ～之,上普幻反,美目視也,正作盼、眄二形也,悮。(ZD59-1115a)按:"～",對應佛經作"眄"。《摩訶僧祇律》卷 36:"眼並眄之,漸漸却行。"(T22, p519b)

靣 miàn

靣 ～𠀾,呼決反,肉内脉津也,正作血。(ZD59-770a)

面[1] miàn

面 不～,音徒。(ZD59-605b)按:《大方廣三戒經》卷 1:"生心如地,然後受之,不面前受。"(T11, p690a)"～"乃"面",可洪音"徒",蓋以爲"啚",誤。

面 對～,音面。(ZD60-46c)

面 犛～,上力之反。(ZD60-405c)

矊 miàn

矊 ～眩,上音麪,下音懸,迷也,惑亂也,上正作瞑。(ZD60-97a)按:"～"同"䁔""瞑",詳見本書中篇"**矊**"字條。

麪 miàn

麪 ～糊,音胡。(ZD59-788a)

麪 溲～,所有反。(ZD59-789b)

① 又見"靣"字條。

麵　溲～，所有反。（ZD59-780c）

苗　miáo

苗　他～，音苗。（ZD60-213c）

杪　miǎo

抄　樹～，彌小反，梢也。（ZD59-659b）

抄　樹～，彌小反，末也，正作杪。（ZD59-946a）

抄　樹～，彌小反，正作杪。（ZD59-659b）

猨　miǎo

猨　～～，彌沼反，遠也，又音邈，經中呼爲彌藥反。（ZD60-315a）按："～"乃"藐"。《出三藏記集》卷9："斯諄諄之誨，幸勿藐藐聽也。"（T55，p64b）

邈　miǎo

邈　修～，莫角反。（ZD59-648c）按："～"同"邈"。

邈　遄～，上市專反。（ZD60-340a）按："～"同"邈"。

邈　～世，上木角反。（ZD60-275c）按："～"同"邈"。

庿　miào

庿　寺～，音廟。（ZD59-1102c）按："～"，經文作"廟"。

庿①　miào

庿　塌～，上他盍反。（ZD60-219a）

庿　郊～，上音交，下音廟，本作庿，非。（ZD60-372a）

庿　于～，眉照反，正作庿。（ZD60-351b）

庿　郊～，同上。（ZD60-552a）

庿　郊～，音廟，正作庿。（ZD60-552a）

庿　宗～，音廟，又秦昔反，非也。（ZD60-83b）

庿　～房，上音廟，正作庿。（ZD59-1057a）

庿　塔～，音廟。（ZD59-842c）

庿　～塔，眉照反，正作庿、廟二形，又音措，惧。（ZD59-758a）

庿　塔～，明照反，正作庿。（ZD59-926c）

��　miě

��　寕立～，上寕立反，下名也反。（ZD59-781a）按："～"，切身字，用於譯音。《不空胃索神變真言經》卷2："寕立（寕立反）��（名也反，下同音）健悌（六）。"（T20，p237c）

��　寕立～，名也反，正作��也。（ZD59-781b）按："～"乃"��"之訛，切身字，用於譯音。

撽②　miè

撽　搊～，子紅反，牽掣也，下莫結反，拔髮也。（ZD59-676b）

撽　鬙～，上音剪，下音滅，正作撽。（ZD60-161a）

滅　miè

瀎　生～，莫列反，盡也，絶也，亦死也，字從威聲。（ZD59-978a）按："～"乃"滅"字，詳見本書中篇"瀎"字條。

滅　殄～，田典反。（ZD59-679c）

滅　殞～，于愍反。（ZD59-667b）

滅　殞～，云愍反。（ZD59-688c）

滅　挽～，无遠反。（ZD59-726a）

滅　殞～，于愍反。（ZD59-658a）

---

① 又見"庿"字條。
② 又見"撽"字條。

　戩～，阻澀反。
（ZD59-735b）
　觀～，莫列反，盡也，
絶也，正作滅。
（ZD59-918b）

蔑① miè

　輕～，莫結反，無也。
（ZD59-638a）
　～田，上莫結反。
（ZD60-395b）
　不 ～，莫 結 反。
（ZD59-559a）
　輕～，莫結反，正作
蔑、蔑、懱三形。
（ZD59-1113a）
　忽 ～，莫 結 反。
（ZD59-1094a）
　輕 ～，莫 結 反。
（ZD59-713c）
　輕～，莫結反，無也。
（ZD59-555a）
　陵 ～，目 結 反。
（ZD59-657b）
　輕 ～，莫 結 反。
（ZD59-595c）
　陵 ～，彌 結 反。
（ZD59-944a）按：從
形體看，"～"即"懱"，與
"蔑"同。玄應《一切經音
義》卷6："輕蔑，字體作懱，
同，莫結反，《説文》相輕傷
也。"（C056，p915b）
　皆～，上即此反，下
莫 結 反。（ZD59-

572b）

　蒲 ～，莫 結 反。
（ZD60-355a）
　輕 ～，莫 結 反。
（ZD59-818c）
　陵 ～，莫 結 反。
（ZD59-666b）按：從
形體看，"～"即"篾"，在經
文中乃"蔑"字。
　凌 ～，莫 結 反。
（ZD59-555a）按：從
形體看，"～"即"篾"，在經
文中乃"蔑"字。
　毀 ～，莫 結 反。
（ZD59-564c）
　～ 人，莫 結 反。
（ZD59-917c）
　輕 ～，莫 結 反。
（ZD59-897c）
　～ 醜，上莫結反。
（ZD60-456c）
　～戻，彌結反，下力
計反。（ZD59-973a）
　～戻車，目結反，中
力計反，下尺遮反。
（ZD59-935c）
　凌 ～，莫 結 反。
（ZD59-563a）按：從
形體看，"～"即"篾"，在經
文中乃"蔑"字。
　輕 ～，莫 結 反。
（ZD59-646c）
　輕 ～，莫 結 反。
（ZD59-636a）按："～"
爲"篾"，在經文中乃"輕蔑"

之"蔑"。構件"艹"與"竹"
草寫易混。
　訾～，上咨此反，下
莫 結 反。（ ZD59-
571b）
　呰～，音紫，下莫結
反。（ZD59-747b）
　蕪～，文夫反，下莫
結反。（ZD59-750c）
　毀 ～，莫 結 反。
（ZD59-576a）

篴 miè

　縛 ～，名 夜 反。
（ZD59-780c）按："～"
乃切身字，用於譯音。《不
空罥索神變真言經》卷1：
"薩縛篴（名夜反）地瓢（入
聲九十二句）。"（T20，
p230c）

搣 miè

　搜～，上子公反，下
莫結反，《經音義》作
搜搣。（ZD59-1016a）

薎 miè

　輕 ～，莫 結 反。
（ZD59-1095c）按："～"
即"蔑"字，見"蔑"字條。

―――――

① 又見"蔑""篾""懱"字條。

攤　miè

曠　～腺,宜作攤臾,上莫結反,臁揳,不方正皃也,下力結反,下又郭氏音淚,亦非也。(ZD60-209c)按:"～腺"疑爲"攤腺",身體不正。《道地經》卷1:"惡行者令臭風起,使身意不安不可人,骨節不端正,或曠腺,或傴,或婉,或魑,人見可是。"(T15,p234c)《廣韻·屑韻》莫結切:"攤揳,不方正也。""攤揳"爲"不方正也",經文中指身體不正,故換旁從"月(肉)"作"曠"。

攤　～揳,下先結反,舊作羿,非。(ZD60-371c)

篾　miè

箟
篊
篾　～戻車,上一莫結反。(ZD59-595b)
～隸,上莫結反,下力計反。(ZD59-555a)
～戻車,上一莫結反,正作篾。(ZD59-553a)
～戻,上莫結反,下力計反。(ZD59-600b)

蔑　～愚,上目結反,正作篾。(ZD59-1057a)

榠　陵～,莫結反。(ZD59-947b)按:從形體看,"～"即"篾",在經文中乃"蔑"字。

懱　miè

懱
懱
懱　輕～,莫結反。(ZD59-934b)
輕～,目結反。(ZD59-939b)
～他,莫結反。(ZD59-787a)

蠛　miè

蠛
蠛
蠛
蠜　～蠓,上莫結反,下莫孔反。(ZD60-124a)
～蠓,木孔反。(ZD60-362a)
～蠓,上莫結反,下莫孔反。(ZD60-119a)
蠅～,莫結反,小虫也。(ZD59-772c)按:"～"乃"蠛"字,詳見本書中篇"蠜"字條。

民　mín

民　兆～,直沼反。(ZD59-713a)

岷　mín

岷　～蜀,上美巾反,從民。(ZD60-472b)

按:"～"乃"岷"。

旻　mín

旻
旻
旻　尼～,美巾反。(ZD60-130c)
僧～,美巾反。(ZD60-263a)
曾～,下美巾反。(ZD60-591a)

旼　mín

旼　～～敹敹,上二美巾反,下二音目。(ZD60-595a)按:《廣弘明集》卷29:"衆香秘而流馥,亦有百獸旼旼臑臑。"(T52,p34a)"旼旼",宋、宮本作"咬咬",元、明本作"旼旼"。"旼旼"即"旼旼","敹敹""臑臑"即"穆穆"。《漢書·司馬相如傳下》:"旼旼穆穆,君子之態。"

呡　mín

呡　～利,上音民,或作呡,音底,應和尚未詳。(ZD60-388c)

岷①　mín

岷　～峨,上美巾反。(ZD60-469c)

———

① 又見"岷""嶓"字條。

珉　mín

珉　～陁，美巾反。(ZD59-727b)

珉　王～，美巾反。(ZD60-511b)

珉　～璋，上美巾反，下之羊反。(ZD60-477c)

珉　王～，美巾反，正作珉。(ZD60-445c)

焝[①]　mín

焝　作～，音罽，正作罽，人名，應和尚以罠字替之。(ZD60-371b)按:《一切經音義》卷13:"胞罠，補交反，下武貧反，大臣名也，經文作焝，非也。"(C056, p1013b)《佛般泥洹經》卷2:"時有華氏國人中大臣名胞罠，隨道而來。"(T01, p168a)"罠"，宋、元、明本作"罽"。"～"，可洪以爲"罽"，玄應以爲"罠"。由於"焝"是人名用字，正體難定，暫據形定音。

罠　mín

罠　胞～，上布交反，下或作罽，同居例反，人名也。(ZD59-1018a)按:《佛般泥洹經》卷2:"時有華氏國人中大臣名胞罠。"(T01, p168a)"罠"，宋、元、明本作"罽"。《一切經音義》卷52:"胞罠，補交反，下武貧反，大臣名也，經文作焝，非也。"(T54, p657b)可洪以"～"爲"罽"，《一切經音義》所見佛經作"焝"。另見"焝"字條。

琝　mín

琝　～荼，上美巾反，居士名也，正作旼也。(ZD60-279c)

琝　～荼，上美巾反，居士名也。(ZD60-37b)

崏　mín

崏　～岫，上美巾反，正作岷也。(ZD60-451a)按:"～"同"岷"。《高僧傳》卷6:"志往傳化，兼欲觀矚峨嵋，振錫岷岫。"(T50, p361c)

緍　mín

緍　～綸，力旬反，繩也。(ZD60-376b)

皿　mǐn

皿　器～，明永反，正作皿。(ZD59-876a)

汷　mǐn

汷　未～，彌忍反。(ZD60-577c)按:"～"乃"泯"。

忟　mǐn

忟　帔～，上之義反，害也，下眉殞反，傷也，正作忮閔也，諸經有作忮忟二體也，《川音》作怶牧，上音披，非也。《江西經音》作忮忺，下音救，非也。(ZD60-212c)按:《修行道地經》卷1:"一種在肝，名爲蝦喋。一種在生藏，名曰帔忟。"(T15, p188b)"帔忟"，宋、宮本作"忮閔"，元、明本作"忮忟"，聖本作"帔收"。"帔～"之"～"，可洪以爲"閔"或"忟"。《新集藏經音義隨函錄》卷4:"忮忟，上之義反，害也，下眉殞反，傷也，謂無恶言傷人也，下正作閔也。"(K34, p753b)

忟　亦～，眉殞反，傷也，憐也，與憫同。(ZD60-375c)

泯[②]　mǐn

泯　麽～，莫果反，下彌賓、彌忍二反，正作泯，又音紙，悞。(ZD59-652b)

泯　～啚，彌忍反。(ZD59-718b)

泯　尼～，彌巾、彌忍二反。(ZD59-725b)

---

① 又見"罠"字條。
② 又見"汷""湣"字條。

泯 泯 泯 湣

俱～,彌忍反,盡也,又音紙,惧。(ZD59-742a)

～脩,上彌忍反,盡也,又遲、紙二音,惧。(ZD59-567a)

～噐,彌忍反,又音紙,非。(ZD59-718c)

～伏,彌忍反,今作泯。(ZD59-941a)

湣　mǐn

湣

通～,彌忍反,滅也,盡也,正作泯、湣二形也。字本從民作泯,緣太宗皇帝諱故,今之民字作㞘,昏字作昏,譯人改湣字作湣也。(ZD59-869a)按:"～"乃"湣(泯)"字。

湣

～心,音泯,滅也,盡也,亦作湣。(ZD59-869c)按:"～"乃"湣(泯)"字。

湣

綿～,彌田反,微也。(ZD59-869b) 按:"綿～",對應佛經作"綿湣"或"綿泯"。《大佛頂如來密因修證了義諸菩薩萬行首楞嚴經》卷9:"三摩地中,心愛綿湣。"(T19,p149c)"～""湣"同"湣(泯)"。

閔　mǐn

閔

～帝,上眉殞反。(ZD60-344b)

閔

～傷,眉殞反,正作閔也,又音翰,非。(ZD59-672c)按:"～傷",對應佛經作"閔傷"。《菩薩十住行道品》卷1:"所以者何?益於閔傷十方人故。"(T10,p455a)

愍①　mǐn

愍 愍 愍 愍 愍 愍

～矜,居陵反。(ZD59-638b)

～仚竅,上眉殞反,中丘智反,下苦叫反。(ZD60-542b)

矜～,居陵反。(ZD59-945c)

悼～,上徒到反,下明殞反。(ZD60-543b)

矜～,居陵反,愍也。(ZD59-679c)

～生,上眉殞反。(ZD59-554c)

～捄,居右反,護也,助也,正作救、捄二形,又音求,非用。(ZD59-827b)

慜　mǐn

慜 慜 慜

～哀,眉殞反。(ZD59-676b)

悲～,眉殞反。(ZD59-662b)

～濟,眉殞反。(ZD59-759a)

慜

聰～,音愍,達也。(ZD59-562c)

僶②　mǐn

僶

～末,彌忍反,俛强作也。(ZD59-843c)

明③　míng

明

～曯,音囑。(ZD59-659c)

佲　míng

佲

～跡,音名,正作洺也。(ZD59-878c)按:"～",譯音字。

明　míng

明 明

～援,音院。(ZD60-138c)

～徇,辝俊反。(ZD60-539a)

冥　míng

冥

窈～,於了反,下莫瓶反。(ZD59-649b)按:"～"乃"冥",與"冥"同。

---

① 又見"慜"字條。
② 又見"僈"字條。
③ 又見"明"字條。

冥① míng

窈～，於了反。(ZD59-675b)

～不，上莫瓶反，正作冥。(ZD60-188a)

～宗，上莫瓶反。(ZD60-316a)

闇～，莫瓶反。(ZD59-716b)

愚～，莫瓶反，暗也，正作冥，又田、甸二音，塞也，悮。(ZD59-976b)

闇～，莫瓶反。(ZD59-728c)

闇～，莫瓶反。(ZD59-614c)

癡～，莫丁反。(ZD60-172c)

陰～，莫瓶反。(ZD59-643c)

向～，同上。(ZD59-1109a)

～無，上莫瓶反，暗也，正作冥，並同。(ZD59-1060c)

闇～，莫瓶反。(ZD59-699b)

耶～，序嗟反，下莫瓶反。(ZD59-856a)

諸～，莫瓶反，悮。(ZD59-748b)

～駿，莫瓶反，下五駭反。(ZD59-671b)

窈～，於了反，正作窈。(ZD59-644c)

窈～，一了反，下木瓶反。(ZD59-699a)

復～，莫瓶反。(ZD59-776c)

晦～，呼内反，月盡也，暗也，冥也，下莫瓶反，暗也，正作冥也，又支義反，非。(ZD59-732c)

愚～，莫瓶反，暗也，正作冥也。(ZD59-562c)

～兆，上莫瓶反，下直沼反。(ZD60-185b)

窈～，伊了反，深也。(ZD59-643b)

幽～，莫瓶反，又音填，非。(ZD59-718b)

～期，上莫瓶反，暗也，正作冥也，《川音》作實，非也。(ZD60-529a)

衆～，莫瓶反。(ZD59-705b)

～官，莫瓶反。(ZD59-865a)

～心，上莫瓶反，正冥也，又田、甸二音，悮。(ZD59-1114c)

～初，上莫瓶反。(ZD60-161a)

青～，莫丁反。(ZD59-611b)

闇～，莫瓶反。(ZD59-859c)

闇～，莫丁反。(ZD59-583a)

大～，莫丁反。(ZD59-1007b)

窈～，於了反。(ZD59-673c)

闇～，莫瓶反。(ZD59-646a)

心～，莫瓶反，闇也，正作冥也，又之義反，悮。(ZD59-650b)

窈～，一了反，下莫瓶反，悮。(ZD59-649c)

～處，莫瓶反。(ZD59-748a)

盲～，上音盲，下音冥。(ZD59-1048a)

目～，莫瓶反，悮。(ZD59-776c)

塵～，音冥。(ZD59-699a)

愚～，音冥。(ZD59-676c)

幽～，莫瓶反，又之義反，非。(ZD59-717a)

盲～，莫瓶反，悮。(ZD59-765c)

窈～，上一了反，下莫瓶反，並悮。(ZD59-587c)

～者，莫瓶反，暗也，正作冥也，又音填，非。(ZD59-673c)

陰～，莫瓶反。(ZD59-643c)

———

① 又見"宜""寞""瞑"字條。

寳

闇～，莫瓶反，又之義反，非。（ZD59-671c）

幽～，莫瓶反。（ZD59-727c）

～中，莫瓶反，暗也，又支義反，非。（ZD59-724b）

求～，同上。（ZD60-188a）

盲～，莫庚反，下莫瓶反。（ZD59-719a）

蓂　míng

～枝，上莫丁反。（ZD60-439b）

溟　míng

～險，莫瓶反。（ZD59-951a）

～豁，莫瓶反，下呵各反。（ZD59-742b）

滄～，莫丁反。（ZD60-538b）

～海，莫瓶反。（ZD59-695b）

瀛～，羊嬰反，下莫瓶反，大海也，下又上聲。（ZD59-902b）

～海，莫瓶反。（ZD59-777b）

～豁，莫瓶反，下呵各反。（ZD59-924a）

槙　míng

～櫨，莫瓶反，下爭加反。（ZD59-800a）

～櫨，上莫丁反。（ZD60-385b）

～櫨，莫瓶反，下側加反。（ZD59-865c）

暝　míng

暗～，莫瓶反。（ZD59-1080a）

晦～，火對反，下莫瓶反。（ZD59-866b）

癡～，莫瓶反，晦也。（ZD59-641a）

昏～，呼昆反，下莫瓶反。（ZD59-728b）

盲～，音寳。（ZD59-702b）

暝　míng

～懼，同上，暗也，夜也，正單作寳也。（ZD60-278c）按：《經律異相》卷38："去家不遠，隔一河水，冥懼抄賊，即棄其車，携將二子，到於水畔，而留大兒水邊。"（T53，p204a）"冥"，宋、元、明、宮本作"暝"。"～"即"暝"，與"暝""冥"同，天黑也，夜晚也。

闇～，莫瓶反。（ZD59-631b）

瞑

目～，莫瓶反，入眼～～也，眠、麵二音。（ZD59-730c）

癡～，音寳。（ZD59-611c）

～翁，音吸。（ZD60-369b）

以～，莫瓶反。（ZD59-768a）

矇～，上莫紅反，下莫瓶反。（ZD59-607a）

～然，莫瓶反，合眼也。（ZD59-729b）

暗～，音寳。（ZD59-845c）

盲～，音冥。（ZD60-601a）

～結，莫瓶反，又眠、麵二音。（ZD59-671b）

寳　míng

闇～，莫瓶反。（ZD59-614c）按："～"乃"冥"。

闇～，莫瓶反。（ZD59-619c）

螟　míng

虫～，莫瓶反。（ZD59-744c）

鵃～，下莫瓶反，蟭螟，小虫也。（ZD60-510a）

蹟　～騰，上莫丁反，下徒登反。（ZD60-335a）

諮　mìng

諮　地～，莫性反，目也，亦單作名。（ZD59-1084b）按：“地～”，對應佛經作“地諮”。《佛本行集經》卷38：“我今此子，在縣內生，今可立名還依地諮，是故此子名娑毘耶。”（T03，p832b）

諮　～我，上覓聖反。（ZD60-548c）

繆　miù/móu

繆　紕～，疋夷反，下靡幼反，錯誤也，正作謚謬。（ZD59-753a）按：“～”即“繆”，通“謬”，錯誤。

繆　綢～，直由反，下美休反，纏綿也，下又音謀。（ZD59-708b）

謬　miù

謬　誕～，上音但，下美幼反，正作誕謬也，欺詐也。（ZD60-554c）按：“～”乃“謬”，詳見本書中篇“謕”字條。

謬　舛～，川充反，相違背也。（ZD59-661b）

摸　mō

摸　～利翅，莫乎反，下居豉反。（ZD59-678c）

撗　～系，莫乎反，下戶計反。（ZD59-714c）

摢　～薩，莫胡反。（ZD59-652a）

暯　mó/mò

膜　～拜，上莫乎反，胡禮拜也。（ZD60-584b）按：“～”乃“膜”。

暯　～覆，上木各反。（ZD60-137c）按：“～”乃“膜”。

膜①　mó/mò

暯　～拜，上莫乎反，胡禮拜也，正作膜。（ZD60-537c）

暯　明～，摩各反，皮也，正作膜。（ZD60-6c）

暯　翳～，伊計反，下母各反。（ZD59-661b）

暯　翳～，於計反，下忙各反。（ZD59-666c）

暯　眼～，音莫。（ZD60-285a）按：“～”乃“膜”，詳見本書中篇“暯”字條。

暯　頭～，音亮。（ZD59-768b）按：“～”，對應佛經作“摩”或“膜”。《六度集經》卷8：“親名頭摩，喜而疾出，與之相見。”（T03，p46a）“摩”，宋、元、明本作“膜”。從形體看，“～”疑同“膜”，可洪音“亮”，不詳，恐誤。

麼　mó

麼　～夷，上莫波反。（ZD60-333c）

麼　小～，音摩，經意宜作磨，莫果反，小也。（ZD59-771c）

摩②　mó

麽　～扠，音摩，下丑皆反。（ZD59-637c）

摩　尸～，莫何反。（ZD59-921b）

磨　mó

瀫　～湌緻，上音歷，中音孫，下直利反。（ZD60-37a）按：“～”乃“磨”，詳見本書中篇“瀫”字條。

摖　上～，蒲可反，剃刀。（ZD60-40b）按：“～”乃“磨”，詳見本書中篇“摖”字條。

———

① 又見“暯”“鞤”“瘼”字條。

② 又見“攊”字條。

鍪　móu

兜～，音牟。（ZD60-379a）

兜～，都侯反，下莫侯反，首鎧也，正作兜鍪。（ZD59-850c）按："兜～"，對應佛經作"兜矛""兜鉾"或"兜鍪"。《大方便佛報恩經》卷2："音樂倡伎，曆數算計，咒術仙藥，服乘象馬，兜矛稍箭，出陣入陣，有大武功。"（T03，p131c）"矛稍"，宋本作"鉾槊"，元、明本作"鍪槊"。根據經文，以作"兜鍪"爲正。"～"從金從弁，疑爲"鍪"的新造會意字。

暓　mó

蜱梨～，卑分反，下莫胡反。（ZD59-838a）

擵　mó/mò

鉗～，上巨廉反，下莫何反。（ZD60-256b）

按～，莫卧反，正作摩。（ZD59-987c）

嚤　mó

口～，音摩，出《郭氏音》。（ZD59-837a）

瓑　mó

～珢，二音摩尼，寶名，或云末尼也。（ZD59-1112b）按："～珢"同"摩尼"。

魔　mó

若～，莫何反。（ZD59-959b）

四～，莫何反。（ZD59-926b）

琰～，閻染反。（ZD59-754c）

纆　mó

～羅，上音摩。（ZD59-626a）按："～"，譯音字，與"摩"音同。

冹　mǒ

～目，上莫果反，細小也，正作麼。（ZD59-1021a）

濕～，莫火反，牢堅如金剛石。（ZD59-917b）

麼①　mǒ

～麗，上莫果反，下力計反。（ZD59-593b）

噷　mǒ

娑～，莫火反。（ZD59-871b）

嚩　mǒ

薩～，亡可反，經作大可反，悮。（ZD59-877a）按："～"即"嚩"字之訛，譯音字。《金剛頂瑜伽中略出念誦經》卷2："阿地瑟咤，薩口網（亡可反）摩含（二合）啊。"（T18，p238b）"口網"，宋、元、明本作"嚩"。"～"經文自切"亡可反"，此"嚩"的讀音。《金剛頂瑜伽中略出念誦經》卷4："怛嚩（亡可反）。"（T18，p252b）

～路，無賀反，正作嚩。（ZD59-873b）按："～"同"嚩"，譯音字，構件"口"與"足"相混。

～抧，吉以反。（ZD59-593b）按："～"，譯音字。

末　mò

香～，音末。（ZD59-721c）

———

① 又見"冹"字條。

没① mò

殞～，上云憨反。
（ZD59-601c）

殞～，云憨反。
（ZD59-941c）

澵～，疋遥反，下莫
勿反。（ZD59-603a）

殁 mò

～想，莫骨反。
（ZD59-662c）

將～，音没。（ZD59-661a）

退～，音没。（ZD59-1068b）

宫～，音没。（ZD59-659b）

終～，二音終没。
（ZD59-703a）

殀～，上衣小反，下
莫骨反。（ZD59-944a）

界～，音没。（ZD60-127b）

帓 mò

袜其，莫鎋反，正作
～，又音末。（ZD59-803a）按：“～”即“帓”。

沬 mò

吐～，莫鉢反，正作
沫。（ZD60-34c）

眛～，香句反，下莫
鉢反，吐沫也，下悮。
（ZD59-766b）按：“煦～”乃
“煦沫”。“～”即“沫”。《六
度集經》卷5：“道逢含毒
蚖，蚖覦兩蛇厥兜念生，志
往犯害，則吐毒煦沫兩蛇。”
（T03，p27c）

訕～，所諫反，下莫
鉢反。（ZD59-780b）

沫 mò

濡～，上而朱反，下
莫鉢反，正作沫，又
音殊，非也。（ZD60-532c）

袜 mò

～陵，上莫鉢反。
（ZD60-331a）按：“～”
乃“秣”。

狛 mò

戎～，莫百反。
（ZD60-416c）

袜 mò

～陵，上莫鉢反。
（ZD60-460a）按：
“～陵”乃“秣陵”。“～”乃
“秣”。《高僧傳》卷13：“釋
曇宗，姓虢，秣陵人，出家止
靈味寺。”（T50，p416a）

莫 mò

～入，摩各反，正作
莫。（ZD59-923a）

～放，上磨各反，遮
止之言。（ZD60-12a）

～折，上忙各反，不
也，無也，正作莫也。
（ZD59-1045a）

秣② mò

～之，上莫鉢反。
（ZD60-371a）

～陵，上莫鉢反。
（ZD60-534b）按：“～”
乃“秣”，詳見本書中篇“袜”
字條。

眛 mò

～娜，上莫鉢反，下
那可反。（ZD59-782c）按：“～”，譯音字。
《不空罥索神變真言經》卷
10：“跛（二合）囉眛娜迦（八
十八）。”（T20，p276a）

秣 mò

～薪，上音末，正作
秣。（ZD60-124a）

---

① 又見“殁”字條。
② 又見“袜”字條。

抹 ～香，木鉢反。（ZD59-722a）

秫 ～香，莫鉢反。（ZD59-669c）

秫 碎～，上桑對反，下莫鉢反。（ZD59-584a）

秫 細～，莫鉢反。（ZD59-703b）

袹 mò

袹 ～額，上莫百反，下五搦反。（ZD60-492a）

嗼 mò

嗼 寂～，音莫。（ZD60-366a）

嗼 赦～，女板反，下木各反。（ZD59-872a）

漠 mò

漠 寂～，音莫，无聲也。（ZD59-758c）

殙 mò

殙 頭～，下音莫，死也，正作殙也。（ZD60-389b）按："頭～"，又作"頭殙""頭膜"。"～"與"膜""殙"音同，用作譯音字。從形體看，"～"有可能源於"殙"之訛。

瑛 頭～，音莫，正作殙，人名也，久悮。（ZD60-265b）按：《經律異相》卷7："我婿在外，父母歡喜，父名頭瑛。"（T53，p38c）"～"，可洪以為"殙"。

嚜 mò

嚜 ～時，上莫黑反，靜也，正作默，又郭氏作力戈反，非也。（ZD60-171a）按："～"乃"默"。《舍利弗阿毘曇論》卷18："解息睡眠，行住坐臥。眠時覺時默時，不自護行，是名不正知。"（T28，p650a）

瞙 mò

瞙 瞖～，烏計反，下馬各反。（ZD59-787c）

墨 mò

墨 翰～，寒岸反。（ZD59-742a）

瘼 mò

瘼 衆～，音莫。（ZD59-790c）

憪 mò

憪 佛～，木得反，靜也，不言也，正作默、嘿二形也，郭氏作於焰反，非

也。（ZD60-263c）

薞 mò

趍 米～，音末。（ZD59-1106b）

默 mò

嘿 嘻～，許其反，歎也。（ZD59-689c）

黙 宴～，同上，此正。（ZD59-944c）

黙 宴～，莫北反，靜也，悮。（ZD59-944c）按："宴～"，對應佛經作"宴默"。《瑜伽師地論》卷91："未名清涼，未名宴默。"（T30，p818c）

濊 mò

漢 若～，莫鉢反，正作濊。（ZD59-781c）

螺 mò

螺 蟻～，上之力反。（ZD60-389c）

嚜[1] mò

嚜 晏～，莫北反，靜也，正作默、嘿二形也。（ZD60-120b）

---

[1] 又見"嚜""懺""憪"字條。

懜　mò

懜　愜～，上他典反，慚
也，下音愧，恥也，又
《南嶽經音》音墨。（ZD60-
580c）

懜　愜～，上他典反，憨
也，下居位反，恥也，
下又《南嶽經音》音墨。
（ZD60-461b）按：“～”乃
“嘿（默）”字，詳見本書中篇
“懜”字條。

鞤　mò

鞤　夘～，上力管反，下
母各反。（ZD60-
90a）按：“～”，經文作“膜”。
《阿毘曇八犍度論》卷 16：
“卵膜漸厚，處母胎凡夫人，
若生欲界不有威儀。”（T26，
p846a）

鞤　色～，音莫，正作膜。
（ZD60-173b）

鞤　作～，音莫，皮也。
（ZD60-383b）

繹　mò

繹　徽～，許韋反，下蒙
黑反。（ZD59-665b）
按：“～”，經文作“纆”。《大
方廣佛華嚴經》卷 6：“貪愛
爲徽纆，諂誑爲彎勒。”（T10，
p332c）“徽纏”應爲“徽纆”
之訛。

牟　móu

牟　留～，力由反，《經音
義》作嚠牟，無音切。
（ZD59-640a）

侔　móu

侔　～佅，莫侯反。
（ZD59-695a）

眸　móu

眸
眸
眸
眸　～路，莫侯反，下洛
故反。（ZD59-840b）
蓮～，音牟，正作眸
也。（ZD60-566a）
蓮～，音牟。（ZD59-
698a）
樓～，《經音義》作
～，以眸字替之，莫
浮反，案：字體或胅，普江、
薄江二反，神名也。（ZD59-
750b)按：“～”，經文作“眸”。
《佛説灌頂經》卷 4：“神名
天樓眸俱，字宣言教。”
（T21，p505a）

蝶　móu

蝶　蜵～，自由反，下莫
侯反。（ZD59-796b）

穆　móu

穆　～稠，美休反，下直
由反，纏綿也，正作

綢繆。（ZD59-831c）按：
“～”即“穆”，通“繆”。

麳　móu

麳　～秾，上音牟，下音
來。（ZD60-520b）

厶　mǒu/rén

厶　～布薩，上莫口反。
（ZD60-54c)按：“～”
乃“某”。《大沙門百一羯磨
法》卷 1：“長老一心念！我
某甲比丘，如法僧事中與
欲，某布薩説戒中説清淨，
爲我捉舍羅。”（T23，p495b）

厶　中～，下而真反，正
作人。（ZD60-569c）
按：“～”乃“人”。《廣弘明
集》卷 18：“中人可以語上，
久習可以移性。”（T52，
p226c）

某[1]　mǒu

某
某　拘～，上九愚反，下
莫狗反。（ZD59-554b）
～胇，芳廢反，肝胇
也。（ZD59-750a）

模[2]　mú

摸　影～，莫乎反，規也。
（ZD59-674c）

[1] 又見“厶”字條。
[2] 又見“摸”字條。

撲 ～範，莫乎反，下音犯。(ZD59-826c)

摸 軓～，音謨。(ZD59-729c)

牡 mǔ

壮 ～者，上音母，四足之雄者。(ZD60-155b)

拇[1] mǔ

栂 大～，莫口反，正作拇也。(ZD59-787b)

栂 ～指，莫口反。(ZD59-683c)

梅 ～指，上莫口反。(ZD59-651c)

栂 大～，莫口反，大指也，正作拇。(ZD59-693a)

拇 ～指，莫口反。(ZD59-652a)

袡 蘥～，上羊略反，下莫口反，正作鑰牡也。(ZD60-197b)按："～"即"拇"，通"牡"，詳見本書中篇"**袡**"字條。

栂 mǔ

拇 駢～，上蒲田反，下莫迴反。(ZD60-416c)按："駢～"，對應佛經作"駢拇"。《集古今佛道論衡》卷1："是代大匠斲駢拇枝指之喻其詭乎？"(T52, p366a)

畂 mǔ

畂 百～，音母。(ZD60-328a)

姥 mǔ

姥 ～嚕，莫古反，下洛古反。(ZD59-786a)

畝[2] mǔ

畝 ～黏，莫狗反，下寧吉反。(ZD59-788a)

畝 餘～，莫口反。(ZD60-492b)

畝 十～，音母。(ZD60-471b)

畝 苗～，音母。(ZD60-178a)

畝 ～娜曳，莫口反，中乃可反，下以世反。(ZD59-780b)

畝 其～，音母。(ZD60-353c)

畝 十～，音母。(ZD60-380b)

扨 mù

扨 ～樹，上莫卜反，扨桑科斫也，亦作椺。(ZD60-556a)按：《廣弘明集》卷10："禾莠須分，條桑扨樹。"(T52, p158c)"～"與"朷"同。

目 mù

自 樬～，上子孔反，下音目，悮。(ZD60-144b)按："樬～"即"總目"。《阿毘達磨順正理論》卷73："雖一切法，實皆非我，而此一切聲非總目。"(T29, p736a)

攸 mù/shōu

攸 放～，音目，放也，正作牧。(ZD59-1003a)

攸 ～舉，上失由反，斂也，正作收。(ZD59-993b)

坶 mù

梅 ～野，上莫六反，近郊地名。(ZD60-303c)按："～野"即"牧野"。

苜 mù

首 ～蓿，莫六反，下星六反，正作苜蓿也。(ZD59-786b)

莈 ～蓿，音目，下音宿。(ZD59-723b)

牧[3] mù

牧 作～，音目，使也，察也，養也，正作牧也。

① 又見"栂"字條。
② 又見"畂"字條。
③ 又見"坶""梅""攸"字條。

（ZD60-422b）

牧

放～，音目。（ZD59-938c）

牧

放～，音目。（ZD59-572b）

牧

放～，音目。（ZD59-553c）

牧

放～，音目。（ZD59-665b）

牧

～農，奇綺反。（ZD59-938c）按：“～”，對應佛經作“牧”。《瑜伽師地論》卷34：“謂先一時，見彼種種殉利、牧農、工巧、正論、行船等業，皆悉興盛。”（T30，p472c）“～”，可洪音“奇綺反”，誤。

沭　mù

沭

～久，上音木，正作沐也，又音求，惧也。（ZD60-443c）按：“～”乃“沐”字，詳見本書中篇“沭”字條。

睦　mù

睦

和～，音目。（ZD60-264a）按：“～”乃“睦”。

募　mù

募

～人，莫故反，召也，求也。（ZD59-909b）

薔　mù

薔

～花，莫沃反。（ZD59-640c）按：

“～”，可洪音“莫沃反”，蓋爲“薔”，譯音字，經文作“曾”或“薔”。

睦① mù

睦

和～，音目。（ZD60-227a）

慔　mù

慔

～府，上音莫，郎幕，文職也，正作幕也。（ZD60-597b）

慕　mù

蓑

希～，力迢反。（ZD59-733a）按：《持心梵天所問經》卷3：“今日吾省大聖所説，分別厥義，其有志願求佛道者，則爲希慕於邪見矣！”（T15，p24a）“～”乃“慕”字，可洪音“力迢反”，誤。

慕

歆～，許今反。（ZD59-755a）

霂　mù

霂

霢～，下母鹿反。（ZD59-938c）

穆　mù

穆

不～，音目，和也。（ZD59-909c）

褩　

雍～，於容反，下莫六反，和敬也，正作雍穆。（ZD59-744a）按：“～”乃“穆”字，詳見本書中篇“褩”字條。

穋

～帝囉，莫六反，下力計反。（ZD59-792b）

穋

和～，莫六反，正作穆。（ZD59-1047c）

穆

親～，音目。（ZD59-720c）

穆

繆～，知價反，下莫六反。（ZD59-865b）

敪

耿耿～～，上二美巾反，下二音目。（ZD60-595a）按：“～～”即“穆穆”。《漢書·司馬相如傳下》：“旼旼穆穆，君子之態。”另見“旼”字條。

鶩　mù/wù

鶩

～鴈，莫卜反。（ZD59-699b）

鴚

鵝～，音木，鳬屬也，亦鳥也，正作鶩，《江西（音）》作鶩。（ZD60-213b）按：“鵝～”，對應佛經作“鵝鶩”。《修行道地經》卷2：“習欲多者墮於地獄、餓鬼之中，然後得出復作婬鳥、鸚鵡、青雀及鴿、鴛鴦、鵝、鶩、孔雀、野人、獼猴。”（T15，p194c）

―――

① 又見“睦”字條。

雅　作～，見藏作鷄鶩，同，音木，依字《玉篇》音住。（ZD60-359b）

鶩　鶩～，音務，正作鶩。（ZD60-591b）按："鶩～"，對應佛經作"鶩鶩"。《廣弘明集》卷28："九十八使鶩鶩無已。"（T52, p331a）此處"～"乃通"鶩"。

鶩　同～，音務。（ZD59-1061b）

N

拏 ná

挐 延～，女加反。
(ZD60-290c)

嗱 ná

嗱 ～曩莽，女耿反，中
奴朗反，下莫朗反。
(ZD59-872a) 按：《大毘盧
遮那成佛神變加持經》卷
5："仰壤嗱曩莽，喝穰儜囊
忙。"(T18，p30c)"～"，譯
音字，可洪音"女耿反"，今
以一旁讀之。

撶 ná

植 ～撮，女加反，下子
活反，攫取也。
(ZD59-942b)

䮧 nǎ

䮧 怛～，寧也反。
(ZD59-784c)按："～"，
切身字，用於譯音。

虵 nǎ

虵 麽～，尼也反。
(ZD59-788a)按："～"，

切身字，無意義。

那 nà/nuó

舵那 伽～，音那。(ZD59-
805a)
那 ～ 坻，丁禮反。
(ZD59-627c)
那 比 ～，步卑反。
(ZD59-718a)
那 剌～～伽，上來割
反。(ZD59-574a)
那 揭～，其列反，外道
名。(ZD59-743a)
那 僧～僧涅，奴結反。
(ZD59-580a)
那 ～傾，苦穎反，正作
頃。(ZD59-728b)
眶 施～，音那，離施那，
此云正勤。(ZD59-
966c)
那 僧～鎧，苦改反，甲
別名也。(ZD59-578a)
那 ～庚(庚)，余主反，
正作庚也。(ZD59-
549a)
那 䣈～，居例反。
(ZD59-907c)
那 翅 ～，尸智反。
(ZD59-743a)
那 ～ 鎗，戶南反。
(ZD59-698c)

那 頺～，安割反，山名。
(ZD59-701b)
刪 ～禰，所奸反，下奴
禮反。(ZD59-734b)
按："～禰"，對應佛經作"那
禰"。《思益梵天所問經》卷
4："阿那禰(十四)伽帝(十
五)。"(T15，p60b)"～"即
"那"之訛。可洪以"～"音
"所奸反"，蓋當作了"刪"，
恐誤。

舵 耶～，奴何反，正作
那。(ZD60-435a)
舵 求 ～，奴何反。
(ZD60-328c)
舵 末～，奴可反，正作
那。(ZD59-875a)

捺① nà

橏 搔～，上蕉刀反，下
乃達反。(ZD59-
1116b)
捺 ～搦治，上奴達反，
中女卓反，下音持。
(ZD60-379c)
捺 ～ 張，奴達反。
(ZD59-699c)
襟 鉢～，奴乙反，經自
切本音奴太反。

———

① 又見"榇"字條。

（ZD59-786a）

搩　～落，奴達反，地獄一名也。（ZD59-973b）

撩　～摩，上奴達反。（ZD60-242a）按："～"乃"捺"字，詳見本書中篇"撩"字條。

腩　nà

腩　肺～，上芳吠反。（ZD60-233b）按："～"同"肭"。

桛　nà

桛　揉～，上如由反，下奴達反。（ZD59-1015c）按："～"，經文作"捺"，即"捺"之訛，按壓也。《別譯雜阿含經》卷13："譬如力士捉儜人髮，搊搣揉捺，我患頭痛，亦復如是。"（T02，p463c）

桛　揉～，上而由反，下奴達反。（ZD59-1016a）

嗱　nà

嗱　印～，伊進反，下奴達反。（ZD59-782a）按："～"，譯音字。《不空胃索神變真言經》卷6："麼囉迦跢印嗱（二合）邏（去）儞攞（六十三）。"（T20，p255c）

羺　nái

羺　剌～，上郎達反，下女街反，皆梵音迴轉耳。（ZD60-354c）

搱　nái

搱　侯～，牛主反，下女皆反。（ZD59-865b）

搱　～狗，上女皆反，人名也，《川音》作丑街反，非也。（ZD60-166c）

妳　nǎi

妳　～母，上女買反。（ZD60-2c）按："～"同"嬭"。

迺　nǎi

迺　～當，上奴改反。（ZD59-607a）

嬭①　nǎi

妳　阿～，女買反。（ZD59-810c）

妳　以～，女買反，乳也，正作嬭。（ZD60-15c）

剰　nài

剰　～冷，上奴代反，正作耐。（ZD59-1073c）

奈　nài

奊
柰　當～，奴太、奴个二反，～何。（ZD59-770a）剌～，上郎達反，下陟加反。（ZD59-640c）按："～"乃"奈"，可洪注音有誤。

柰　nài

桛　～子，上奴太反。（ZD60-71c）

耐②　nài

耐　～恥，上奴代反，下丑爾反，後釋文作耐恥。（ZD60-170c）

耏　叵～，上普可反，下那代反，正作耐。（ZD59-1070c）

耏
剰　忍～，奴代反，正作耐。（ZD59-929c）不～，奴代反，正作耐、剰二形。（ZD60-39b）

剰
耐　～辱，上奴代反，正作耐。（ZD59-1004b）其～，奴代反，正作耐。（ZD60-189a）

毸　nài

毸　～毛，上奴代反。（ZD59-604b）按：

---

① 又見"妳"字條。
② 又見"剰""毸"字條。

"～"同"耐"。

枏 nán

梓～，上音子，下音南。（ZD60-389a）

南 nán

鍵～，上乾、件二音。（ZD60-110c）

枏 nán

～杖，奴含反，下昨來反，木名也，正作枏材。（ZD59-765c）

～杖，奴含反，下昨來反，木名也，正作～材。（ZD59-765c）

偄 nán

～遮，上奴含、女咸二反，應和尚未詳。（ZD60-387c）

喃 nán

伽～，女咸反，去聲呼。（ZD59-746c）

羅～，女咸反。（ZD59-720c）

誚 nán

腎～，詩振反，下如占反。（ZD59-881b）

按："～"，經文作"誚"。《金剛光焰止風雨陀羅尼經》卷1："摩訶囉腎（諸振反，二合）誚（如占反，十句）。"（T19，p734a）

邏～，郎个反，下而占反。（ZD59-782c）

誵 nán

鑠～，女咸反。（ZD60-434a）

赧① nǎn

憋～，女板反，惧。（ZD60-118b）

愧赧，女板反，正作～。（ZD59-838a）

虖～，女板反，慙而面赤也，正作赧。（ZD59-646c）

～皺，上女板反，下側瘦反，皮縮也。（ZD59-1024b）

愧～，女板反，慙而面赤也，亦悚懼也，正作赧、懗二形也。（ZD59-728a）

～王，上女板反，惧。（ZD60-323a）

愧～，女板反，正作赧。（ZD59-838a）

被 nǎn

～愧，上女板反。（ZD59-1078c）按：

"～"即"赧"。

被 nǎn

～愧，女板反，慙而面赤也。（ZD59-939b）

～怍，上女板反，正作赧，下自作反，慙也。（ZD60-473a）

莮 nǎn

～忙，上奴感反，下莫朗反，此云敬禮，亦云歸依。（ZD60-402b）

腩 nǎn

～淡，奴黯反，下徒攬反。（ZD59-871c）

灘 nàn

旃～，烏可反，下奴按反，亦作攤羅。（ZD59-782a）按："～"音"奴按反"，讀"nàn"。

囊② náng

革～，古厄反，皮也，正作革囊。（ZD59-701a）

污～，惡胡反，下奴郎反。（ZD59-593b）

鉢～，奴郎反，帒也，正作囊也。（ZD60-

---

① 又見"被"字條。
② 又見"纕"字條。

80b)按:"～"乃"囊"字,詳
見本書中篇"纕"字條。

纕

帝～,奴郎反,正作
囊。(ZD59-879c)

排～,上蒲拜反,下
奴郎反。(ZD59-611a)

漏～,奴郎反。
(ZD59-912b)

枕～,上之審反,下
乃郎反。(ZD60-
81a)按:"～"乃"囊"字,詳
見本書中篇"纕"字條。

勒～,音囊。(ZD60-
288c)

瀼～,上莫本反。
(ZD60-399c)

帝～,奴郎反,正作
囊也。《陀羅尼集》
作橐,音託,並悮。(ZD59-
880a)

纕 náng

隱～,奴郎反,袋也。
(ZD60-80b)按:"～"
同"囊"。

蔭～,上於令反,下
奴郎反,正作陰囊
也。(ZD60-79b)按:"～"
同"囊"。

曩 nǎng

～酪,莫頂反。
(ZD59-590b)

～時,上奴朗反,久
也,昔也,正作曩也,
又奴朗反。(ZD60-437b)

～今迭,上奴朗反,
下田結反。(ZD60-
600b)

呶 náo

～摩,女交反。
(ZD59-745b)

摩～,女交反。
(ZD59-696b)

鐃 náo

清～,女交反,正作
鐃。(ZD60-460b)

蟯 náo

～蛔,而招反,下戶
灰反,人腹中長虫
也,下正作蚘、蛔二形,下又
《玉篇》及郭氏並音因,非
也。(ZD59-869b)

譊 náo

～～,女交反。
(ZD60-355a)

嘵～,上疾焦、子消
二反,啁嘵,亂語也,
下女交反,爭也,喧也,亦作
呶也。(ZD59-821c)

事～,女交反。
(ZD59-606b)

鐃① náo

鉦～,女交反。
(ZD60-355a)

鐃

鞞～,上毗分反,騎
上皷也,下女交反,
皷似鈴無舌。(ZD59-604c)

銅～,女交反。
(ZD60-65a)

腦 nǎo

髓～,音惱。(ZD59-
555c)按:"～"即
"腦"。

腮 nǎo

嬈～,上奴了反,下
奴老反。(ZD60-
245c)按:"～"即"腮",乃
"腦"字。

憂～,音惱,又音忽,
非。(ZD59-643a)
按:"～"即"腦",通"惱"。

想～,音惱。(ZD59-
1091a)

～蓋,上奴老反。
(ZD60-369a)按:"～",
對應文獻作"腦"。

惱② nǎo

苦～,音惱。(ZD59-
621b)按:"～"乃
"惱",詳見本書中篇"悩"
字條。

煩～,音惱。(ZD59-
561b)

---

① 又見"鐃"字條。
② 又見"癡""惚""悩"字條。

㦤㦪㤞

~染，奴老反，下而陝反。(ZD59-925b)

煩惚，音惱。煩~，同上。(ZD59-966c)

㷜痛，上奴老反，出《郭迻音》也，今宜作㡁、㦪，二同作孔反，會也，皆也。《須大拏經》云舉身皆痛是也。《經律異相》作~痛。(ZD59-764a)

妯瘞惚㾕㴭

痒~，音惱。(ZD59-1045c)

諸~，音惱。(ZD59-674a)

煩~，音惱。(ZD60-45c)

無~，音惱，愁皃。(ZD59-1090b)

熱~，音惱，又所立反，非也。(ZD59-1033a)按：“~”乃“惱”字，詳見本書中篇“㴭”字條。

妯忽㤞㾕

憂妯，同上，正作惱、~。(ZD59-1045b)

苦~，奴老反，正作惱。(ZD59-980b)

煩~，音惱。(ZD59-565c)

之~，同上。(ZD59-676c)按：“~”乃“惱”，詳見本書中篇“瘞”字條。

惚㾹

欲~，音惱。(ZD60-44c)

~痛，上奴老反，出《郭迻音》也，今宜作㡁、㦪，二同作孔反，會也，皆也。《須大拏經》云舉

身皆痛是也。《經律異相》作㾹痛。(ZD59-764a)

惱㦪㤞妯垊㳘

~害，上奴老反。(ZD59-553a)

苦~，奴老反，正作惱。(ZD60-230c)

煩~，音惱。(ZD59-925b)

色~，音惱。(ZD59-1045c)

憂~，同上，正作惱、妯。(ZD59-1045b)

人~，音惱。(ZD60-225b)

熱~，音惱。(ZD59-1032c)按：“~”乃“惱”字，詳見本書中篇“㳘”字條。

惱㤞惚惚㾕

瞋~，音惱。(ZD59-910c)

煩惚，奴老反，又作~。(ZD59-860a)

煩~，奴老反，正作惱。(ZD59-913b)

他~，奴老反，嬈也，亦作嫐。(ZD59-897a)

煩~，音惱。(ZD59-637b)

㷜痛，上奴老反，出《郭迻音》也，今宜作~、㦪，二同作孔反，會也，皆也。《須大拏經》云舉身皆痛是也。《經律異相》作㾹痛。(ZD59-764a)

惚

~很，上奴老反，下胡懇反。(ZD60-102b)

惱㦤㦪

憂~，音惱。(ZD59-692b)

煩惚，音~。(ZD59-956a)

㷜痛，上奴老反，出《郭迻音》也，今宜作㡁、~，二同作孔反，會也，皆也。《須大拏經》云舉身皆痛是也。《經律異相》作㾹痛。(ZD59-764a)

瘂惚

~痛，上奴老反。(ZD59-1043a)

憂~，音惱。(ZD59-1113a)按：“~”乃“惱”字，詳見本書中篇“惚”字條。

惚㾖

諸~，音惱。(ZD59-572b)

忀~，上烏老反，下奴老反。(ZD60-590a)按：“~”乃“惱”，詳見本書中篇“㾖”字條。

惚

~患，奴了反，弄也。(ZD59-649b)按：“~”乃“惱”，可洪音“奴了反”，蓋以爲“嬲”，不妥。

妯瘞㦪㾕惱㦪

~耶，上奴老反，正作惱。(ZD59-1099a)

~痛，上音惱，下音痛，《六度集》作瘂痛。(ZD60-275a)

~亂，奴老反，正作惱。(ZD59-873c)

不~，音惱。(ZD59-1007b)

~熱，奴老反，正作惱，亦惚。(ZD59-853a)

癟

癟～，音惱。(ZD59-571a)

癟癟，音惱，或作～。(ZD59-571b)

色～，同上（惱）。(ZD59-1045c)

熱～，奴老反，正作惱。(ZD59-720a)

憂～，音惱。(ZD59-1045b)

熱～，奴老反。(ZD59-1032c)按："～"乃"惱"字，詳見本書中篇"慯"字條。

惚惱㦬惣

皁～，音觸，下音惱。(ZD59-959a)

煩～，音惱。(ZD59-636a)

間～，奴老反，正作惱也。(ZD59-1018c)

煩～，音惱。(ZD59-969c)

瑙　nǎo

馬～，音惱。(ZD59-639c)

馬～，音瑙。(ZD59-725c)

馬～，音惱。(ZD59-716b)

馬～，音惱。(ZD59-925b)

腦①　nǎo

髓腦，音惱，又作～，正作腦。(ZD59-641b)按："～"乃"腦"，詳見本書上篇第三章"腝"字條。

髓～，息委反，下奴老反。(ZD59-853b)

謂～～根，中二同奴老反，頭中髓也，悞。(ZD59-988b)

髓～，音惱。(ZD59-747b)

馬～，音惱。(ZD59-661a)

慼～，音惱，又音忽，非。(ZD59-729c)按："～"即"腦"，通"惱"。

龍～，奴孝反，正作腦。(ZD59-786b)

～熱，奴老反。(ZD59-649c)按："～"即"腦"，通"惱"。

～胲，古哀反，根也，胎也。(ZD59-682c)

頂～，音惱。(ZD60-605b)

龍～，音惱。(ZD59-853b)按："～"爲"腦"，詳見本書中篇"䐬"字條。

髓～，音惱。(ZD59-1000a)

依～，音腦。(ZD60-167a)

脾～，步米反，下乃老反。(ZD59-697c)

～膜，音莫。(ZD59-574c)

之～，音惱。(ZD59-584c)

之～，音惱。(ZD59-729c)

縫～，上扶用反。(ZD59-602b)

體～，息委反，下奴老反，正作髓腦。(ZD59-823a)

～胲，上奴老反，下古哀反，飴也，腦髓也。(ZD59-598c)

髓～，音惱。(ZD59-743c)

髓～，上息委反，下奴老反。(ZD59-626a)按："～"乃"腦"，詳見本書上篇第五章"䐯"字條。

腮皮，奴到反，熟皮也，正作～、惱。(ZD59-845a)按：經文作"腦皮"。

髓～，音惱。(ZD59-641b)

～復腮，奴老反。(ZD59-676b)

髓～，息委反，下音惱。(ZD59-731b)

馬～，音惱。(ZD59-617c)

糞～，上方問反，下奴老反。(ZD59-992c)

馬～，音惱。(ZD59-748b)

～之，上奴老反。(ZD60-233a)

---

① 又見"腝""腦""膪""䐬"字條。

聰
聰

髓～，音惱，又作腮，
正作腦。(ZD59-641b)
背～，音惱。(ZD59-
671c)

髓 nǎo

髓

髓～，音惱。(ZD59-
560a)按："～"即
"腦"字。

腷 nǎo

腷

龜～，音惱。(ZD60-
313c)按："～"即
"腦"字。

懪 nǎo

懪

懊～，上烏好反，下
奴老反，下又音農，
非。(ZD59-992c)

痵 nǎo

痵

意～，音惱。(ZD59-
1043a)按："～"乃
"惱"字。

丙 nào

丙

聚～，女孝反。
(ZD60-471a)按：
"～"同"鬧"。

淖 nào

淖

情～，女兒反，陷也。
(ZD59-831c)

鬧[①] nào

夷

慣丙，女兒反，正作
～、丙二形。(ZD59-
944a)

丙
甬

慣～，女兒反，正作
夷。(ZD59-829b)
煩～，女兒反，偎也，
正作夷、丙二形。
(ZD60-196b)

夋
丙

慣～，同上，正作夷。
(ZD59-1010a)
慣～，上古內反，下
女孝反。(ZD59-
555a)

夃

慣～，上古對反，下
女兒反。(ZD60-
21b)

夋

慣～，上古對反，下
女孝反。(ZD59-
1051c)

帀
夋
甬
丙

慣～，女孝反，不靜
也。(ZD59-728a)
慣～，古內反，下女
孝反。(ZD59-722c)
慣～，古內反，下女
兒反。(ZD59-957a)
慣～，古內反，下女
兒反。(ZD59-636b)

呐 nè

呐

還～，宜作抐，同，奴
骨反，內物於水中
也。(ZD59-729b)按："～"
同"抐"。《佛說阿惟越致遮
經》卷2："於是世尊還呐其

舌。"(T09，p216b)"呐"，
宋、元、明、宮本作"內"。
《一切經音義》卷30："呐
其，又作訥，奴骨反。訥，遲
鈍也。《說文》訥，訒難也。"
(T54，p507b)"～"同"訥"，
可洪以爲"抐"，不妥。

挼 néi/nuó/ruí

挼

～彼，上奴迴反，亦
作捼。(ZD59-1057c)
按:《生經》卷1："挼彼皮柔
軟，爾乃得申叙。"(T03，
p74b)

挼

三～，奴迴、如佳二
反，律作挼。(ZD60-
26c)

挼

曼～，奴迴反，正作
挼，或作捼，奴禾反。
(ZD59-754c)按："～"，經文
自切"奴和切"，讀"nuó"。

餒[②] něi

餒

作～，依字音納，經
文作餒。(ZD60-
359b)按："～"乃"餒"字。

餧 něi/wèi

餧

～者，上奴罪反，正
作餒。(ZD60-475c)

───

鑆

持～,於位反,飫也,正作餧。（ZD59-1029c)

内　nèi

～塞,上音内。（ZD60-203a)

～心,上奴對反,正作内也。（ZD60-323a)

伅　nèi

作～,音内,見藏經作内,郭氏音納,非也。(ZD60-359c)按:"～"即"内"字。玄應《一切經音義》卷7:"出内,奴對反,《字書》内,入也,經文從人作伅,非也。"（C056,p923a)對應佛經作"出内"。《正法華經》卷3:"出内產息,賈作耕種。"（T09,p81b)"～"音"内",即"内(納)"字。詳細考證見鄭賢章(2010:34)。

腇　nèn

～藕猹,奴困反,中五猗反,下五交反,正梢。（ZD59-784a)

鞥　nèn

作～,奴困反。(ZD60-366a)按:"～"即"嫩"字,從始從生,會意。

嫩①　nèn

濡～,上而兗反,下奴困反。（ZD59-1063a)

濡～,上而兗反,下奴困反。（ZD59-1064a)

頁～,上而兗反,下奴困反。（ZD59-1062c)

條～,徒彫反,下奴困反。(ZD59-875a)

新㜷,奴困反,弱也,正作嫩、嫩、～、三形。(ZD59-602a)

㜷　nèn

～菓,奴困反,正作嫩。(ZD59-874a)

新～,奴困反,弱也,正作嫩、嫩、娺三形。(ZD59-602a)

～枝,上奴困反。(ZD59-1081a)

能　néng

～貯,知與反。(ZD59-667c)

～譴,去戰反。(ZD59-645a)

～出,上奴登反。(ZD59-600a)

力～,奴登反。(ZD59-958c)

～辯,上奴登反,多技也,下蒲莧反,具也,僃也。(ZD59-670a)

～休,奴歷反,古溺字。(ZD59-642b)

罕～,上呼旱反,希也。(ZD59-589a)

詎～,上其與反。(ZD59-609a)

㠱　ní

和～,音夷,又作和尼。(ZD59-591a)按:"～"即"尼"字。《大寶積經》卷10:"活知,阿活知,阿活吒迦彌,阿和尼扼黎。"（T11,p581)

尼②　ní

～羯,居謁反。(ZD59-566c)

伲　ní/yī

～�,上五分反,正作伲。(ZD60-290c)

～哀,上烏分反。《經音義》作伲哀,又《切韻》作伲,五分反。下莫郎反,《川音》作分禮反,非也。(ZD60-285c)

---

① 又見"㜷""㜷""腇"字條。
② 又見"㠱"字條。

坭　ní/nǐ

坭　～鎧，女遲反，寶名也，摩～也，又奴禮反，非也，下口海反。（ZD59-961c）

坥　蘇～，奴禮反，智也，正作闤、坭二形，侍者名也。（ZD59-961c）

呢　ní

呢　～吒，上女遲反。（ZD59-619c）

呢　咉唅～，上丘迦反，中丘智反，下女遲反。（ZD59-623c）

呢　蚭～，音尼。（ZD59-593b）

泥① ní/nì

�泥　淤～，上於去反。（ZD59-570a）

泥　墼～，上於兮反。（ZD59-556a）

泥　淤～，於去反，水中泥也。（ZD59-658a）

泥　淤～，於去反，又音由，非也。（ZD59-819b）

浧　～土，奴兮反。（ZD59-767c）

泥　淤～，於去反，又音由，悮。（ZD59-638b）

渥　橇～，上呼高反，下奴兮反。（ZD60-219a）

按：“～”同“泥”，詳見本書中篇“渥”字條。

渥　以～渥其，中二同奴兮反，水浚土也，塗也，並悮。（ZD59-768a）

堲　飈～，奴兮反。（ZD59-810a）

渥　～揣，徒官反，又初委、丁果、尺絹三反，並非此用。（ZD59-916a）

渥　淤～，上於去反。（ZD59-599c）

渥　～曰，奴兮反，正作堲。（ZD59-732c）

渥　～治，上奴兮反，下直之反。（ZD60-24b）

捏　掃～，奴兮反，正作泥，又尼爾反，悮。（ZD59-698b）按：“掃～”即“掃泥”，“泥”蓋受“掃”字影響類化而作“～”，對應佛經作“泥掃”。《方廣大莊嚴經》卷11：“以白土爲泥，掃拭佛塔。”（T03, p610b）

渥　～摩，奴兮反。（ZD59-745b）按：“～”乃“堲(泥)”。

泜　～合，上奴兮反，正作泥也，又音遲，悮。（ZD60-302c）

嗄　嗄～，上音婆，下音泥。《日藏經》作婆泥。（ZD59-627c）按：“嗄～”之“～”，譯音字。“嗄～”，又可譯作“婆泥”。

泥　汗～，上烏故、烏卧二反，下奴計反。

（ZD59-598b）

怩　ní

怩　斫荔～，上之若反，中測俱反，下女遲反。（ZD59-593b）

怩　忸～，女六反，下女遲反。（ZD59-769c）

珢　ní

珢　瓈～，二音摩尼，寶名，或云末尼也。（ZD59-1112b）按：“瓈～”即“摩尼”，譯音詞。

珢　摩～，音尼。（ZD60-228a）按：“～”乃“珢”字，詳見本書上篇第七章“珢”字條。

倪② ní/nǐ

倪　～蠆鏈，於者反，中力底反，下北末反，正作伊橢鉢也，龍名也，《下生經》作伊勒鉢，《成佛經》作伊羅鉢，《增一阿含經》伊羅鉢，並是也，又上五兮反，下音峰，非。（ZD59-761b）按：“～”，對應佛經作“倪”。《佛說彌勒來時經》卷1：“一者金，有龍守之，龍名倪蠆鏈，主護金，龍所居山地名犍陀。”（T14, p434c）

---

① 又見“渥”“堲”“堲”字條。
② 又見“倪”字條。

"～"，可洪以爲"伊"。其實
"～""伊"皆譯音字，兩者不
一定是異體。

俔　～提，五禮反，《經
義》作倪提，郭氏作
丁侯反。（ZD59-750a）

俔　俾～，普米反，下五
米反，傾側也，正作
頳俔，《經音義》作脾俔也。
（ZD59-772c）按："俾～"同
"埤堄"。

倪　俾～，普米反，下五
禮反，城上女牆也。
俾，正作僻、陴、埤三形，下
正作堄也。（ZD59-660a）
按："俾～"同"埤堄"。

倪　俾～，普米反，下五
禮反，城上女墻也。
（ZD59-666a）按："俾～"同
"埤堄"。

猊　ní

猊　狻～頷，上桑官反，
中五兮反，下戶感
反。（ZD59-593c）

埿　ní

埿　瘀～，上於去反。
（ZD59-1000b）按："～"
即"埿"，與"泥"同。

渥　～濕，上奴兮反，正
作埿。（ZD59-596a）
按："～"乃"泥"。

渥　紫～，奴兮反，正作
埿也。（ZD60-408c）

埿　淤～，於去反。
（ZD59-860a）

渥　～土，上奴兮反，正
作埿。（ZD59-1065c）

埿　汙～，上烏故反，下
奴計反。（ZD59-
582b）

堨　ní

堨　害～，奴兮反，山名
也。（ZD59-673c）
按："害～"，對應佛經作"害
堨"。《佛說如來興顯經》卷
1："三曰除害堨，四曰除優
陀羅。"（T10，p596c）可洪
以"堨"音"奴兮反"，蓋當作
了"泥"字。詳細考證見鄭
賢章（2010：50）"堨"字條。

渥　ní

渥　～汙，上奴兮反，悮。
（ZD60-35c）按："～"
乃"埿、泥"。

渥　～出，奴兮反，正作
泥、埿。（ZD59-890c）
按："～"乃"泥"。

渥　～濁，上奴兮反，誤。
（ZD59-1068b）按：
"～"乃"泥"。

蜺　ní

蜺　虹～，上戶公反，下
五兮反。（ZD59-
570a）

蜺　虹～，黃公反，下魚
兮反。（ZD59-665a）

霓　ní/niè

電　虹～，音紅，下合作
霓，音倪。（ZD59-
831b）

霓　省～，五兮、五結二
反。（ZD59-590b）

霓　虹～，戶東反，下五
兮、五結二反，正作
霓。（ZD59-860c）

霓　重～，五兮反。
（ZD60-312b）

霓　～迷，魚枳反。
（ZD59-889a）

麛　ní/mí

麛　樓～，五兮反，又音
迷。（ZD60-37a）

麛　呵～，五兮反。
（ZD59-756a）

麛　孤～，上古胡反，下
音迷，鹿兒也，又《字
樣》及《切韻》並作五兮反。
（ZD60-185b）

麛　～鹿，上音迷，鹿兒
也。（ZD59-591a）

麛　提～，上都兮反，下
彌兮反，大魚也。
（ZD59-1122b）

觬　ní

觬　～唎，五兮反。
（ZD59-804a）

鬩 ní

鬩　步～，人兮反。(ZD59-781b)

𡳅 ní

𡳅　哩～，上力耳反，下尼奚反。(ZD59-889a)按：《金剛頂經曼殊室利菩薩五字心陀羅尼品》卷1："麼囉嘚跛陀哩𡳅(尼奚反)吽吽薩泮吒莎縛訶。"(T20, p711c)"～"乃"𡳅"之訛，切身字，用於譯音。

伱 nǐ

伱　四～，奴里反，正作你。(ZD60-108c)

抳 nǐ

抳　～伽，尼爾反，下巨迦反。(ZD59-714b)

抳　～瑟摅，上女爾反，下丑街反。(ZD60-376c)

抳　～梨，上女履反。(ZD59-591a)

抳　臬～，思里反，下尼爾反。(ZD59-784a)按："～"乃"抳"。《不空羂索神變真言經》卷12："見有國王號名半拏羅婆臬抳。"(T20, p285b)

苨 nǐ

苨　～伽，奴枳反，下其迦反。(ZD59-797a)

妮 nǐ

妮　翳～，上烏計反，下尼爾反，正作狔。(ZD59-593b)

妮　吠囉～，上扶廢反，中吕加反，下女爾反。(ZD59-593b)

柅 nǐ

柅　羅～，女爾反。(ZD59-807b)

柅　已～，居里反，下尼爾反。(ZD59-796a)按：《孔雀王咒經》卷1："傷已柅柯摩羅起柅。"(T19, p446c)

伲 nǐ

伲　俾～，上普米反，下五禮反，女牆也，正作𩋡、埤二形也，又上音鼙，下胡典、苦甸二反，並悞。(ZD60-105b)按："～"乃"倪"。"俾～"同"埤堄"。

俟 nǐ/sì

俟　刀～，魚起反，以物向人也，准～也，正作擬，或作儗，《尼戒》作擬，是也，又音仕，悞。(ZD60-44c)按："～"即"俟"，經文中通"擬"。

俟　～用，床史反，待也。(ZD59-758b)

俟　伽～，巨迦反，下床史反。(ZD59-715a)

堄 nǐ

堄　俾倪，上步米反，下五禮反。辟～，同上。(ZD60-399b)

掜 nǐ

掜　捭～，上普米反，下五禮反。(ZD60-214b)

掜　裨～，上普禮反，下五禮反，城上女牆也，上正僻、埤、陴、鄗(鞞)、顐六形，下正作堄、倪、鬩、睨四形也。(ZD60-214b)按："裨～"，經文作"埤堄"。

腉 nǐ/nì

腉　臨～，五禮反，明也，日昳也。(ZD60-462a)按："～"乃"睨"，讀"nǐ"。

腉　魚～，五禮反，《論衡》作睨。(ZD60-548c)按："～"乃"睨"，讀"nì"，可洪音"五禮反"，恐不妥。

訸　nǐ/zhěn

曼～，奴陁反。(ZD59-711c)按："曼～"，經文作"曼襧"。"～"疑與"襧"音同。可洪以"～"音"奴陁反"，讀"nuó"。

～之，上真忍、直忍二反。(ZD60-469b)按："～"乃"診"。

儞①　nǐ

陁～，奴里反。(ZD59-652a)

～虯，奴里反，下所擳反。(ZD59-651c)

儗　nǐ

嚨～，郎孔反，下魚以反。(ZD59-876b)

擬　nǐ

備～，皮秘反。(ZD59-667a)

虆　nǐ

～藗，上魚起反，草盛皃也，正作虆、蘱二形也，又魚力反，下子老反，水中草也，正作藻也，經云餘魚見驚怖，沉走入沙石間虆藻中藏是也。(ZD60-208c)按：《道地經》卷1："餘魚見驚怖，沈走入沙石間虆藻中藏。"(T15,p233a)可洪以"～"爲"虆"。

襧　nǐ

～瞿，奴禮反。(ZD59-688a)

馱～，音你。(ZD59-812b)

～摩，泥禮反。(ZD59-663c)

～翅，奴禮反，下居鼓反。(ZD59-678b)

檀～，奴禮反。(ZD59-637c)

闍～，市遮反，下奴禮反。(ZD59-678c)

彌～，同上。(ZD60-104c)

～樓，奴禮反，正作襧也。(ZD59-714c)

陁～，同上，正作襧也。(ZD59-637c)

摩襧，又作～，同，奴禮反。(ZD59-730c)

醯～，火計反，下奴禮反。(ZD59-742c)

摩～，奴禮反。(ZD59-730c)

～嚼，奴禮反。(ZD59-782b)

～瞿，上奴禮反，正作襧。(ZD60-258c)

擅～，徒丹反，下奴禮反。(ZD59-678c)

陁～，奴禮反。(ZD59-637c)

陁～，奴禮反。(ZD59-812b)

柘～，上之夜反，下寧履反。(ZD59-586b)

～歌，奴禮反，惧，下呵可反。(ZD59-783b)

嚂　nǐ

耶～，泥禮反，《冣勝王經》作也泥。(ZD59-723b)按："～"同"嚂"，譯音字。《合部金光明經》卷6："哆姪咃，遏邏羈，耶耶嚂，醯梨尸，梨企企梨，娑波呵。"(T16,p387a)

屰　nì

從～，魚戟反，正作屰。(ZD60-358b)

昵　nì

～揭，尼日反，下其列反。(ZD59-795c)

～近，上女日反。(ZD59-594b)

親～，女一反。(ZD59-565c)

～陁，女日反，正作昵也。(ZD59-840b)

———

① 又見"你"字條。

胒　nì/zhī

胒
胒

津～，女利反，正作膩也。(ZD59-568c)

～柯，上張持反，下音歌。(ZD60-179c)

按：此“～”乃“胝”字。

迸　nì

迸

勃～，上蒲没反。(ZD59-1088c) 按：“～”即“逆”。

逆①　nì

迸

～風，上徒禮反。(ZD59-1013a) 按：“～”，經文作“迎”或“逆”，從形體上看，以作“逆”爲宜。可洪以“～”音“徒禮反”，蓋當成了“遞”，不妥。《雜阿含經》卷50：“時彼比丘受師教已，往至鉢曇摩池側，於池岸邊，迎風而坐，隨風嗅香。”(T02，p369a)“迎”，聖本作“逆”。

迸

禦～，牛與反，止也，禁也。(ZD59-692b)

匿②　nì

匿

隱～，同上（匿），此正。(ZD59-1004b)

曀～，一計反。(ZD59-650c)

隱～，女力反。(ZD60-155c)

姦～，上古顏反，下女力反。(ZD60-547b)

遡
歷
愿
匿

蕀～，必祭反，下女力反，正作蔽匿。(ZD59-671c)

炙～，上音隻，下音匿。(ZD60-281b)

眤　nì

眤
眤
眤
眤
胒
眤

～闍，女日反。(ZD59-809c)

～遮，女一反。(ZD59-678a)

～曇，尼日反。(ZD59-754c)

伽～，上巨迦反，下女日反。(ZD59-593b)

婆～，女日反。(ZD59-793c)

～酣，尼日反，下呵甘反。《悲花經》作尼呵，下又乎甘反。(ZD59-715a)

怒　nì

愿
愿

～焉，上奴歷反，憂也，正作怒、㥠二形。(ZD60-312b)

～是，上奴歷反，思也，飢也。(ZD60-578c)

睨　nì

睨

魚～，五禮反，明也，亦作睨、眨二形，又五計反，睥睨，傍視也。(ZD60-417b) 按：“～”，對應佛經作“睨”。《集古今佛道論衡》卷1：“諸道士等雀躍騰倚，魚睨雲漢。”(T52，p370c) 根據文意，“～”乃“睨”字，讀“nì”。

噎　nì

噎

咳～，上苦愛反，下牛戟反，正作欬啐。(ZD59-1072a) 按：“～”即“噎”。《修行本起經》卷2：“咳嗽嘔噎，百節痛毒。”(T03，p466c)“噎”，宋、元、明本作“逆”。“嘔噎”即“嘔逆”，“噎”乃“逆”在表“嘔逆”時的增旁俗字。

喔　nì

喔

唄～，上蒲邁反，下女力反，《四分律》作唄匿。(ZD60-20c) 按：“～”，譯音字，無實義。

睨③　nì

睨

北～，五計反。(ZD60-444a)

---

① 又見“逆”“噎”字條。
② 又見“慝”字條。
③ 又見“睨”字條。

睨　～眥，上五計反，下在計反，《柰女經》作睨眦也，上又胡典反，非也，悮。（ZD60-275c）

䘼　nì

愻　怒～，二同奴的反，正作䘼，《江西韻》作䚢，悮也。（ZD60-379a）按："～"乃"䘼"。

溺　nì/niào

㲻　能～，奴歷反，古溺字。（ZD59-642b）

溺　矢～，尸旨反，下奴吊反，上方經作屎溺。（ZD59-705c）

嫟　nì

嫟　～訶𠼦，女力反，中熙荷反，下狸迻反。（ZD59-813b）

嫟　婬～，女力反，隱～，陰姧也，正作匿也。（ZD59-1006a）按：《增壹阿含經》卷51："後世人民不畏禁法，普當婬泆，貪有妻息，放情婬嫟，無有厭足。"（T02，p829c）

愵　nì/tè

愿　斯～，女力反，正作匿。（ZD60-40c）按："～"，經文作"匿"。

邍　之～，女力反。（ZD60-315c）按："～"，經文作"匿"。

愿　～相，女力反。（ZD59-826c）按："～"，經文作"匿"。

愿　內～，女力反，藏也，隱～，陰姧也，正作匿也，又他得反，非。（ZD59-1059b）按："～"，經文作"匿"。

慝　斯～，女力反，王名也。（ZD59-583a）按："～"，經文作"匿"。

愿　藏～，女力反，隱也，正作匿也，又他得反，惡也，非。（ZD59-895a）按："～"，經文作"匿"。

愿　不～，女力反，藏也，隱也，正作匿也，又他得反，非也。（ZD59-1071c）按："～"，經文作"匿"。《正法念處經》卷55："九者不匿，隨家所有。"（T17，p322a）

愿　姦～，古顏反，下他得反。（ZD59-777c）

毦　nì

毦　～吒，上女利反，正作腻。（ZD59-570c）按："～"同"腻"，此作譯音字，對應的梵文爲"ni"。丁福保《佛學大辭典》："阿迦尼吒（界名），Akanistha，天名。舊稱阿迦貳吒，阿迦尼吒，阿迦尼沙託。"

儎　～吒，女利反，下陟嫁反。（ZD59-699a）

儎　～吒，女利反，正作腻也。（ZD59-672c）

毦　nì

䫻　訶～，女利反，正作腻也。（ZD59-723a）按：《合部金光明經》卷3："刾（常琰切）婆訶毦（七）悉耽婆訶抳（八）。"（T16，p377c）"～"，譯音字。

瘯　nì

瘾　痔～，上持里反，下女力反。（ZD59-988c）按："～"，即"瘯"字，痔瘯，可洪以爲"螶"，詳見本書中篇"痦"字條。

腻[1]　nì

臈　多～，女二反。（ZD59-611a）

瞋　～魖，上女利反，下丑知反。（ZD59-622a）

腻　㚻～，上而充反，下女利反，正作腻。（ZD59-593c）

臕　塢瑟～灑，一烏古反，此云佛頂。（ZD59-863b）

———

[1] 又見"肶""毦""腻"字條。

臕
（ZD59-746b）

臕 臕 睰 臕 臕 賦 臕

垢～，女利反。
（ZD59-563a）

垢～，古口反，下女二反。（ZD59-922c）

垢～，古口反，下女利反。（ZD59-971b）

～沙，女利反，下所詐反。（ZD59-808c）

婆～，女利反。
（ZD59-798b）

脂～，女利反，《川音》作胒。（ZD60-194c）

賦 臕 臕 職 賦 戜 臕 戜 臕 臕

囉～，女二反。
（ZD59-816b）

有～，女利反。
（ZD59-988c）

～鞊，居宜反。
（ZD60-271b）

津～，女利反。
（ZD60-151c）

末～，尼利反。
（ZD59-640b）

～吒，女利反，天名也。（ZD59-736a）

～呬，女利反，下香器反。（ZD59-754c）

垢～，女二反。
（ZD59-559c）

～吒，上女利反。
（ZD59-621a）

～酢，女利反，下倉故反。（ZD59-905c）

瑟～，上所擫反，下女利反。（ZD59-556a）

臕 臕 臕 職

～吒，上女利反。
（ZD59-579a）

瑟～，女二反。
（ZD59-563c）

～頗，上女利反。
（ZD59-625a）

～吒，上女利反。
（ZD59-580c）

嶷　nì

王嶷，魚力反，人名，亦作～也。（ZD60-454a）

賦　nì

～磨，女利反。
（ZD59-836c）按：“～”即“賦”，與“臕”同。

尶　nì

～毗，上寧立反，正尶。（ZD59-781a）

～毗，上寧立反，下名也反。（ZD59-781a）按：“～”，切身字，用於譯音。《不空胃索神變真言經》卷2：“尶（寧立反）毗（名也反，下同音）健悌（六）。”（T20，p237c）

黠　nì

～㞃，寧吉反，下丁夜反。（ZD59-782c）

按：“～”，切身字，合“寧”“吉”爲音，用於譯音，無實義。《佛説最上根本大樂金剛不空三昧大教王經》卷1：“若欲出現伏藏者，當用金剛揭黠多印。”（T08，p789b）

黠 黠

～他，寧吉反，下丁也反。（ZD59-780b）

～噎，寧吉反，下音履。（ZD59-781a）

鬪　nì

～縛，奴計反，下無可反。（ZD59-785a）

韃　nì

～㗚，寧壹反，下力一反。（ZD59-889a）

按：“～”，切身字，合“寧”“壹”爲音，用於譯音。《金剛頂經曼殊室利菩薩五字心陀羅尼品》卷1：“怒跛底瑟咤（二合）韃（寧壹反）。”（T20，p712b）

拈
niān/zhāo

～香，奴兼反，兩指取也，正作拈。
（ZD59-864a）

能～，之遙反，正作招、柖二形也。
（ZD60-402a）按：“～”乃“招”字。

年① nián

始～，音年。(ZD60-339c)

～幼，上奴田反，正作年。(ZD60-303a)

～歲，同上。(ZD60-57c)

～歲，上奴田反，俗也，古作秊。(ZD60-57c)

厥～，居月反，其也。(ZD59-856c)

五～，音年。(ZD59-854a)

少～，音年。(ZD59-727b)

韶～，上徒聊反。(ZD60-337a)

行～，音年。(ZD59-967b)

秊 nián

～代，上奴田反。(ZD60-88a)

業～，音年。(ZD60-558b)

粘 nián

～豆，上女廉反。(ZD59-987a)

黏 nián

～土，上女廉反。(ZD60-369b)

～外，上女廉反。(ZD60-301c)

～勇，女廉反。(ZD59-945c)

報 niǎn

轢～，女展反。(ZD60-363c)

榐 niǎn

磨～，女展反，扞物令展也，亦作碾。(ZD59-999a) 按：“～”同“碾”。

撚 niǎn

～爲，奴典反，下于垂反。(ZD59-782a)

碾② niǎn

～磑，女箭反，下五對反。(ZD59-868c)

及～，女彥反。(ZD60-482a)

輪～，女展反。(ZD60-306a)

輾 niǎn/zhǎn

～磑，上女扇反，下五內反。(ZD59-1082b)按：“～”同“碾”。

輾

車～，女展反，車轢物也，正作輾、碾二形。(ZD60-5c)

～轉，知演反，相次也。(ZD59-903c)

驢～，音展，轉也，宜作輾，知扇反。(ZD60-554b) 按：“～”乃“輾”字，詳見本書中篇“輾”字條。

躎 niǎn

脚～，女展反，踐也。(ZD60-456a)

念 niàn

慇～，上眉殞反，悲也。(ZD59-581b)

心～，音念。(ZD60-511b)

娘 niáng

毗～，女良反，又或作孃，汝羊反。(ZD59-629b)

裊 niǎo

～娜，奴了反，下奴可反，弱兒也。(ZD59-954a)按：《大乘廣百論釋論》卷7：“枝條裊娜，

---

① 又見“秊”字條。
② 又見“輾”“榐”字條。

如舞躍人。"(T30，p229b)
"裹"，宮本作"裹"。"～"即
"裹"，與"裹"同。

蔦　niǎo

蔦　蘿～，鳥、釣二音，樹上寄生。(ZD60-600a)

嬈[1]
niǎo/rǎo

嬈　不～，奴了反，亦作嬲。(ZD59-713a)

嬈　侵～，奴了反。(ZD59-734b)

嬈　～固，奴了反，弄也。(ZD59-712a)

嬈　誘～，上余手反，下奴了反，擾亂也，戲弄也，亦作嬲。(ZD59-612a)

嬈　觸～，奴了反。(ZD59-710c)

嬈　～乱，奴了反。(ZD59-920c)

嬈　～害，上奴了反，正作嬈。(ZD59-780a)

嬈　搔～，桑刀反，下而沼反。(ZD59-720a)

嬲　niǎo

嬲　～固，奴了反，戲相擾也。(ZD59-736c)

嫐　詭～，上居委反，下奴了反。(ZD59-581c)

屎[2]　niào

屎　盛～，奴吊反。(ZD60-353c)

屎　涙涙，上力遂反，下奴弔反，正作涙～也。(ZD59-1001b)

屎　無～，音屎。(ZD59-836b)

屎　屎～，尸旨反，下奴弔反。(ZD59-759b)

尾　戾～，尸旨反，下奴吊反。(ZD59-843c)

涙　涙～，上力遂反，下奴弔反，正作涙屎也。(ZD59-1001b)按："～"即"屎"字。《增壹阿含經》卷20："唌、唾、涙、屎、血、髓，是謂名爲内水種。"(T02，p652a)

屃　niào

屃　戾～，上尸旨反，下奴吊反。(ZD59-1087b)按："～"與"屎"同。

屃　戾～，上尸旨反，下奴吊反。(ZD59-1020b)

屃　戾～，上尸旨反，下奴吊反。(ZD60-204c)按："～"即"屃"，與"屎"同。

捏[3]　niē

捏
～作，奴結反。(ZD59-788c)

捏　撲～，步角反，下奴結反。(ZD59-699c)

桿　～進，年結反，捻也，正作捏。(ZD59-888c)

捏　亦～，奴結反。(ZD60-378b)

捻　niē

捻　～挃，上奴協反，下知栗反。(ZD59-1002a)

捻　未～，奴頰反。(ZD59-590c)

捏　niē

捏　～所，奴結反。(ZD59-866b)

臬　niè

臬　置～，五結反。(ZD60-506a)

疧[4]　niè

疧　～斯，女八反，國名，正作疧。(ZD59-890b)

疧　～斯，上女八反。(ZD59-597b)

----

[1] 又見"嬲"字條。
[2] 又見"㵢""屃"字條。
[3] 又見"捏"字條。
[4] 又見"痆"字條。

寇　～癬，上女八反，下息啟反，正作疪癬也。(ZD60-261b)

疪　～斯，上女點反，國名也。(ZD59-1042c)

疵　～癬，上女八反，下音斯，正作疪癬。(ZD60-465b)

溠　～斯，上女八反，悮。(ZD59-1135a)

疿　～斯，女點反。(ZD59-727b)

疵　～斯，女八反。(ZD59-738c)

涅　niè

涅　須～，奴結反。(ZD59-918a)

涅　～槃，涅槃。(ZD59-620a)

涅　僧那僧～，奴結反。(ZD59-580a)

涅　～帝，奴結反。(ZD59-717b)

沮　～沫，奴結反，誤。(ZD59-884c)

浧　須～，奴結反。(ZD59-956c)

浧　僧那僧～，奴結反。(ZD59-609a)

痤　niè

痤　～斯，上女八反，正作疪，又昌自反，非也，悮。(ZD60-149a)按："～"乃"疪"，用作譯音字。

《阿毘達磨藏顯宗論》卷32："世尊今在婆羅疪斯國轉無上法輪。"(T29，p934c)

踂　niè

踂　～目泚，年結反，下丁禮反，《善法方便經》作涅目帝。(ZD59-815c)按："～目泚"，對應佛經作"涅目泚"。"～"，譯音字，本無實義，與"涅"音同，《金剛秘密善門陀羅尼經》卷1："羶泚涅目泚。"(T20，p584b)

踂　～目泚，上年結反，正作捏、埕、碇三形也，下音底，上又郭氏作星、濕二音，並非也。又《江西經音》作仙頂反，亦非也。又《川音》云合腥，悮書，亦非也。(ZD60-286b)按：《陀羅尼雜集》卷4："泚踂目泚，朱伽梨，兜泚兜，莎呵。"(T21，p602b)"～"，譯音字，因不知對應梵文，讀音難定，根據譯音字的一般讀音規則，以"星"讀之似亦可從。

崒　niè

崒　巇～，上疾結反，下五結反，又上才割反，下五割反。(ZD60-594b)按："～"同"崒"。

蕦　niè

蕦　～拏，女加反。(ZD59-885c)

蕦　怒～，魚列反，亦作蘖。(ZD59-590b)

蘖　niè

蘖　靜～，魚列反。(ZD59-588c)

聶　niè

聶　～提，女輒反。(ZD59-916b)

闑　niè

闑　門～，五結反，《禮記注》門橛也，正作臬、闑。(ZD60-46a)

齧①　niè

齧　～脣，五結反。(ZD59-843b)

齧　～芥，五結反。(ZD59-977a)

齧　所～，五結反。(ZD59-1112c)

蘖　niè

蘖　～嚕茶，魚列反。(ZD59-788a)

蘖　倿～，上奴定反，下魚列反。(ZD59-

① 又見"蠥""囓""齛""齧"字條。

584c) 按："～" 即 "孼"，與
"孽" 同。

鞢　俀～，上奴定反，下
魚列反，正作孼、蘖
二形。(ZD59-1091c)

蘖　妖～，魚列反。
(ZD60-243c) 按："妖
～" 之 "～"，乃 "孽"。

囁 niè

喋　～喇，魚竭反，下郎
達反。(ZD59-881a)
按："～" 爲譯音字。

孼① niè

孼　～妾，魚列反，妖～
也。(ZD59-765a)

孼　臣～，魚列反，正作
孼。(ZD60-248b) 按：
《法句譬喻經》卷 4："心逸
國不理臣，孼民則怨。"
(T04，p607a) "孼"，宋、元、
明、聖本作 "孽"。"～" 即
"孼"，與 "孽" 同。

孼　妖～，於憍反，下魚
列反。(ZD59-753c)

孼　妖～，於憍反，下魚
列反。(ZD59-753a)

孼　作～，見藏作孼，牛
列反，妖也，應和尚
以孼字替之，非也。(ZD60-
388c)

蘖 niè

蘖　～魯，宜列反。
(ZD59-783c)

蘖　訥～，魚列反。
(ZD59-807b)

蘖　灾～，上子才反，下
魚列反。(ZD59-
701b) 按："～" 乃 "蘖"，經文
中通 "孽"。

蘖　惹～，魚列反。
(ZD59-793b)

嘷 niè

嘷　～蟠，魚竭反。
(ZD59-885c)　按：
"～"，譯音字，音與 "孽" 同。

齧 niè

齧　來～，五結反。
(ZD60-212c)

齧　來～，五結反。
(ZD59-750a)

齧　食～，五結反。
(ZD59-577b)

齧　毒～，五結反。
(ZD59-639a)

齧　～人，上五結反。
(ZD59-1029c)

齧　～半，上五結反。
(ZD60-32b)

齧　所～，五結反。
(ZD59-580c)

齧　鱣魚～，上知連反，
下五結反，正作齧。
(ZD60-173a)

攝 niè

攝　～矢，奴叶反，下尸
旨反，《經音義》作捻
箭。(ZD59-818c)

蠚 niè

蚗～，五結反，㤲。
(ZD60-198a) 按："～"
同 "齧"。《出曜經》卷 20：
"斷恚得善眠者，夫人瞋恚
晝夜不睡，如遇蛇齧，如病
發動，如失喪財貨，此恚之
相貌。"(T04，p713c) "齧"
蓋受上字 "蛇" 的影響類化
換旁從 "虫" 而作 "蠚"。

齧 niè

齧　汝～，宜作囓、齧，二
同五結反，～，噬也。
(ZD59-797c) 按："～" 乃
"囓" 字，詳見本書中篇 "齧"
字條。

蘖 niè

蘖　～魯荼，魚列反，下
宅加反。(ZD59-
780a)

蘖　～魯荼，牛列反，下
宅加反，正作荼。
(ZD59-784c)

蘖　～脘，步米反。
(ZD59-781b)

蘖　～魯，魚列反。
(ZD59-780c)

蘖　米～，牛列反。
(ZD60-381c)

蘖　～迦，宜列反。
(ZD59-786c)

蘖　米～，魚列反。
(ZD60-354c)

───

① 又見 "孼" "孽" "孼" 字條。

蘗　未[米]〜，牛列反。（ZD60-390b）

囓 niè

𪙩　所〜，五結反。（ZD59-906b）

𪙩　〜害，上五結反。（ZD59-595b）

𪘚　〜脛，上五結反，下胡定反。（ZD60-319c）

𪙧　虫〜，五結反。（ZD59-1126a）

𪘯　〜半，上五結反。（ZD60-23b）

囓　〜半，上五結反。（ZD60-44c）

蹑 niè

蹑　而〜，女輒反，履踐也，正作蹑。（ZD60-23c）

蹋　騰〜，徒登反，下女輒反。（ZD59-660b）

蹑　〜上，上女輒反，正作蹑。（ZD59-1112b）

鑈 niè

鑈　鉗〜，巨廉反，下女輒反。（ZD59-668a）

鑈　釘〜，上音丁，下女輒反。（ZD59-621c）

鑈　善〜，尼輒反，鈷也，甲鐵者也。（ZD59-658b）

顪 niè

顪　阿融，若俠反，正作〜也，經文自切，又《江西音》五狹反，非也。（ZD60-292c）

夒 niè

趖　麴〜，魚竭反，正作夒（夒）。（ZD60-417b）按："〜"乃"夒"字，詳見本書中篇"趖"字條。

寧 níng

寧　豆〜，《寶星經》作度泥，上方經作㝜濘。（ZD59-622c）

寍　〜不，音寧，安也。（ZD59-960b）

寕　〜疙，魚近反，經自切。（ZD59-590c）

儜① níng

瘔　〜困，上女耕反，困也，弱也，正作儜。（ZD60-21a）

儜　〜怯，女耕反，困也，弱也。（ZD59-836a）

儜　唎〜，下女耕反。（ZD59-788c）

儜　〜人，女耕反，困弱也。（ZD59-912a）

儜　〜惡，上女耕反。（ZD59-1135b）

儜　簸〜，布火反，下女耕反。（ZD59-874c）

儜　〜劣，上女耕反。（ZD59-1063a）

凝 níng

凝　〜睟，雖遂反，視也。（ZD59-659c）

凝　〜冴，音護，凍也。（ZD59-737b）

凝　〜釭，音江，燈別名也。（ZD59-568c）

瘟 níng

瘟　〜人，女耕反，困也，弱也。（ZD59-919b）按："〜"即"儜"字，詳見本書中篇"瘟"字條。

鬤 níng

鬇　拏〜，仕耕反，下女耕反。（ZD59-636c）

臍 nǐng

臍　結〜，奴頂反，正作聹。（ZD60-169c）按："〜"乃"聹"。

聹② nǐng

聹　祇〜，奴頂、奴丁二反，字從耳。（ZD59-

①　又見"瘟"字條。
②　又見"臍""㝳"字條。

793b)

聤
聤
膟

~ 舍，寧枳反。
（ZD59-782a）

結~，奴頂反，耳垢
也。（ZD59-912b）

結~，奴頂反，耳垢
也，又音寧。（ZD59-792b）

孼 nǐng

孼

結膟，奴頂反，正作
~。（ZD60-233c）按：
"~"乃"聤"。

顁 nǐng

巤
巤

倪~，五禮反。
（ZD59-864c）

枳~，吉以反，下寧
頂反。（ZD59-781a）

佞① nìng

佞
佞
佞
佞
佞
佞

多~，奴定反。
（ZD59-856a）

~ 邪，奴定反。
（ZD59-650b）

~ 媚，奴定反。
（ZD59-955c）

讒~，仕咸反，下奴
定反。（ZD59-819c）

讒~，仕咸反，下奴
定反。（ZD59-758b）

~ 臣，奴定反。
（ZD59-685a）

~ 慣，奴定反。
（ZD59-677a）

佞 nìng

佞
婬

誑 ~，奴定反。
（ZD59-1048b）

嫉~，奴定反，諂也，
正作佞。（ZD60-190a）按：《佛本行經》卷6：
"嫉佞侵損他，惡如閻羅王。"
（T04, p99c）"~"即"佞"。

佞

~ 諂，上奴定反。
（ZD59-608b）按："~"
即"佞"。

佞

~ 諂，上奴定反。
（ZD59-606c）

佞 nìng

佞

~ 言，上奴定反。
（ZD59-1031c）按：
"~"乃"佞"。

佞

詭~，上居委反，下
奴定反。（ZD59-1088c）按："~"乃"佞"。

佞

邪 ~，奴定反。
（ZD59-590c）按："~"
乃"佞"。

恬 nìng

恬

~ 臣，同上（佞）。
（ZD60-259b）按："~"
乃"恬（佞）"字，詳見本書中
篇"恬"字條。

甯 nìng

甯

多 ~，奴定反。
（ZD59-715a）

伽~，上其迦反，下
奴定反。（ZD60-37a）

范 ~，奴定反。
（ZD60-356c）

~ 夜，奴定反。
（ZD59-870c）

嚀 nìng

嚀

嘙~，上音婆，下與
濘同奴計反、奴定
反。（ZD59-628a）

濘 nìng

濘
濘
濘
濘

~ 伽，奴定反。
（ZD59-639b）

婆~，同上。（ZD59-628a）

呵~，奴定、奴計二
反。（ZD59-623c）

牟~，奴定、奴計二
反。（ZD59-625a）

杽 niǔ

杽

~陽，上女久反，所
在名也，正作杻，又
音刃，惧。（ZD60-565c）按：
"~"乃"杻"。

丑 niǔ

丑

玦~，上古穴反，下
女久反，從丑。
（ZD60-32a）按：《四分律》卷
19："若作玦丑，若作匙，若

① 又見"佞""佞""恬"字條。

作枸。"（T22，p694a）

紉　niǔ/rèn

紉　提～，女久反，正作紐。（ZD60-478a）按："～"乃"紐"。

絘　～繩，上女珍反。（ZD60-139c）

紐　niǔ/rèn

絍　毗～，女久反，天名，又女珍反，悮。（ZD59-743a）

絍　珠～，女久反，正作紐。（ZD59-1119b）

紐　絶～，女久反。（ZD59-589a）

絅　鉤～，女久反，悮。（ZD60-372b）

紐　～鉤，上女久反。（ZD60-26c）

絅　毗～，女久反，正作紐。（ZD59-631c）

絅　～迦，女久反。（ZD59-651c）

絅　韋～，女久反，正作紐。（ZD59-952c）

田　作～，音紐。（ZD60-368c）按："～"乃"紐"。《一切經音義》卷12："毗紐，女九反，經文作～，非也。"（C056，p991c）

絇　鹿～，女珍反。（ZD59-1008a）按："～"，經文作"紐"，可洪音"女珍反"，蓋以爲"紉"。

紐　阿～，女隣反，經自出。（ZD59-629b）按："～"乃"紉"。《大方等大集經》卷35："阿紉（奴隣反）社毗夜也（十六）。"（T13，p244a）

鈕　niǔ

釦　～居，上女久反，正作鈕。（ZD60-9b）

粈①　niù

祿　雜～，女救反，正作粈。（ZD60-154a）按："～"乃"粈"，詳見本書中篇"祿"字條。

糅　雜～，女右反，正作粈。（ZD59-583c）

糅　和～，女右反，雜也，正作粈，又似糅，蘸感反，非也。（ZD60-167c）按："～"乃"粈"，詳見本書中篇"糅"字條。

絑　niù

綵　紛～，上芳文反，下女右反，雜也，紛絑，大衆亂也。（ZD60-258c）按："～"乃"粈"字，詳見本書中篇"綵"字條。

綵　～以，上女右反，紛也，或作綵，子宋反。（ZD60-475b）按：《續高僧傳》卷13："兼粈以絢采，織綜詞義，聽者欣欣，會

其心府。"（T50，p523c）"～"同"粈"。

膾　nóng

膾　作～，見藏作膿，同，奴冬反，郭氏音搕，又作呼改反，並非也。（ZD60-368a）按："～"乃"膿"。

膿　nóng/tǐ

膿　～血，上奴冬反，正作膿也，悮。（ZD60-167b）按："～"乃"膿"。

膿　肌～皺，上音飢，中音體，下阻瘦反。（ZD60-186c）按："～"乃"體"，詳見本書中篇"膿"字條。

膿②　nóng

膿　～相，上奴冬反。（ZD59-570c）

膿　～厚，上女容反，正作釀、穠二形。（ZD59-605c）

膿　～爛，上奴冬反，下郎歎反。（ZD59-574b）

穠　nóng

穠　～華，上女容、而容二反。（ZD60-587b）

---

① 又見"絑"字條。
② 又見"膾""膿"字條。

䑋　nóng

䑋　～塗，女容反。(ZD59-782c)按：《不空罥索神變真言經》卷9：“以酥和膏，真言加持，䑋塗身上。”(T20, p274c)

莵　nóu/tù

莵　～浮，奴頭反，兔子也。(ZD59-739a)按：“～”即“莵”，同“毳(毻)”。

毳　沙～，奴侯反。(ZD59-797c)按：“～”即“莵”，同“毳(毻)”。

莵　事～，他故反。(ZD59-623b)按：“～”即“莵”，同“兔”。

莵　事～，他故反。(ZD59-652a)按：“～”即“莵”，同“兔”。

莵　～身，他故反。(ZD59-687a)按：“～”即“莵”，同“兔”。

莵　一～，他故反。(ZD59-914a)按：“～”即“莵”，同“兔”。

莵　～窟，上他故反。(ZD59-1055b)按：“～”即“莵”，同“兔”。

莵　～馬，他故反。(ZD59-740b)按：“～”即“莵”，同“兔”。

毻①　nóu

莵　摩～，奴侯反。(ZD59-717c)

毳　舍～，同上（毻）。(ZD59-981c)

毳　賓～，奴侯反。(ZD59-704a)

毳　群～，同上（毻）。(ZD59-988a)

毳　多～，奴侯反。(ZD59-621c)按：“～”同“毻”，用作譯音字。

毵　～檀毵，上下二同，奴侯反。(ZD59-1058c)

毼　舍岁，奴侯反，正作～，亦作毵。(ZD59-981c)

毵　陁～，奴侯反。(ZD59-599a)

岁　舍～，奴侯反，亦作毵。(ZD59-981c)

毹　～～，奴侯反。(ZD59-715a)

毵　毻檀～，上下二同，奴侯反。(ZD59-1058c)

㮆　nóu

㮆　未～，奴流反，論自切，《川音》作㮆也。(ZD60-153c)按：“未～”，對應經文作“未㮆”，其中“～”即“㮆”字。《尊婆須蜜菩薩所集論》卷2：“如衆生號薩唾那羅未㮆闍摩納婆埵（睹過反)㮆(奴流反)，或作是説，不可究知。”(T28, p0732c)

羺　nóu

羺　～羊，上奴侯反，正作羺。(ZD59-1122b)按：“～”乃“羺(羺)”字，詳見本書中篇“羺”字條。

獳②　nóu

獳　～莎，上奴侯反。(ZD59-586c)

獳　哆～，多个反，下奴侯反。(ZD59-809c)

穤　nòu

穤　耘～，下奴豆反，除田草。(ZD60-114a)按：“～”即“穤”，可洪音“奴豆反”，與“耨”同，詳見本書中篇“穤”字條。

努　nǔ

努　～力，上奴古反，正作努。(ZD60-440a)

弩　nǔ

弩　弓～，奴古反。(ZD59-619c)

―――――
① 又見“莵”字條。
② 又見“羺”字條。

偄 nù

偄　～檀，上奴沃反，下時戰反。(ZD60-456b)

迿 nù

迿　句～，奴故反，唐譯本作屈忸。(ZD59-791b)按："～"，譯音字，詳見本書中篇"迿"字條。

迿　比䟽～，音毗，中所助反，下奴故反，唐譯作毗瑟怒。(ZD59-791a)按："～"與"怒"音同，譯音字。

怒[1] nù

怒　怹～，奴故反，正作怒。(Z60-198b)

筿 nù

筿　瑟～，奴故反，舊云毗㢔細，亦云毗細。(ZD60-138b)

筿　瑟～，如故反，天名毗瑟筿。(ZD59-941b)

潊 nù

潊　乞～，去汲反。(ZD59-874b)按："～"，譯音字，讀音不詳，暫從一旁讀之，對應佛經作"灑"。

耨[2] nù

耨　分～，内沃反。(ZD59-725c)

耨　分～，上甫文、布還二反，下内沃反，正作耨。(ZD59-825c)

耨　邶～，彼巾反，下内沃反。(ZD59-749a)

耨　邶～，上彼巾反，下内沃反。(ZD59-616c)

耨　邶～，上甫斤反，下内沃反。(ZD59-578c)

耨　邶～，彼巾反，下内沃反。(ZD59-708a)

耨　摩～，内沃反，正作耨。(ZD59-903c)

耨　邶～，上甫巾反，下奴沃反。(ZD59-571a)

耨　分～，内沃反，或云邶耨。(ZD59-691a)

耨　分～，内沃反。(ZD59-578a)

籹 nǔ

籹　巨呂，正作粔～，上音巨，下音女，飺餻也，《經音義》作粔籹。(ZD59-818b)

忸 nù

忸　屈～，上居勿反，下女六反。(ZD59-790b)

枘 nù

枘　榴～，上所六反，下女六反，下《切韻》無此字。(ZD60-376b)

衄 nù

衄　崩～，女六反，正作衄。(ZD60-590a)

衄　鼻～，女六反，鼻血出也。(ZD59-964a)

衄　摧～，女六反，正作衄。(ZD60-326c)

恧 nù

恧　愧～，女六、女力二反。(ZD59-742a)

恧　～然，上女六、女力二反，慚也。(ZD59-763c)

㬊[3] nù

㬊　敗～，女六反，挫也。(ZD59-661a)

㬊　退～，女六反，挫也。(ZD59-663c)

澳 nuǎn

澳　冷～，奴管反，正作澳。(ZD59-628b)

---

①　又見"迿""潊"字條。
②　又見"稱"字條。
③　又見"衄"字條。

冷㴩，奴管反，正作～。(ZD59-628b)

愞　nuǎn

愞　盛～，奴短反，正作煖，又音暄。(ZD60-154c)按："～"乃"煖"，構件"火"與"忄"相混。

暖① nuǎn

暖　～法，奴短反，正作暖也。(ZD59-688a)

睅　冷～，奴短反。(ZD59-637c)

煖　～性，上奴管反。(ZD60-167b)

㖷　是～，音煖。(ZD59-967a)

膔　體～，奴短反，正作暖也，又音軟，非。(ZD59-822c)

瞄　～氣，奴短反，又而春反，非。(ZD59-680c)

瞄　～煙，奴短反。(ZD59-792c)

瞙　厚～，奴短反，正作暖。(ZD59-711a)

瞄　若～，奴短反。(ZD59-681a)

暖　身～，奴管反。(ZD60-129c)

煗　無～，奴短反。(ZD59-748a)

煗　nuǎn

煗　火～，乃管反。(ZD60-135a)按："～"即"煖"，同"暖"，另見"暖"字條。

煗　～蘇，上奴短反。(ZD59-597a)

煗　濕～，奴管反。(ZD60-132c)

煗　溫～，奴短反。(ZD60-9c)

煗　～服，上奴短反，又作燸。(ZD60-602b)

煗　～識，上奴管反，悮。(ZD60-133b)

煗　～水，上奴管反。(ZD60-10a)

煖　nuǎn

煖　～熱，奴短反，正作煖、煗二形，又音喚也。(ZD59-945c)按："～"即"煖"，同"暖"，另見"暖"字條。

煗　冷～，奴短反。(ZD59-686c)

煖　～法，上奴管反，亦作燸、暖。(ZD59-593b)

燸　煴～，烏昆反，下奴管反，上又於云反，非。(ZD59-818a)

煗　～之，奴短反。(ZD59-800a)

燸　～乳，奴管反。(ZD59-638c)

煗　～者，奴短反，溫也。(ZD59-768c)

煗　冷～，奴管反。(ZD59-866c)

煠　～退，奴管反，言臨命終時，火漸退滅也，正作煖。(ZD59-943b)

煴　煴～，烏昆反，正作溫。(ZD59-764c)

燸　醪～，音校，起麵者也，正作酵也，又音勞，下奴短反。(ZD59-685c)

爓　溫～，奴管反，正作煖、煗二形，又音喚，悮。(ZD60-66a)

燸　～地，上奴管反，正作燸也，又音喚，悮。(ZD60-53a)

煗　不～，奴短反，正作煖。(ZD59-946a)

暖　nuǎn

暖　眼～，奴短反，正作暖也。(ZD59-1007c)按："～"乃"暖"字之訛。

暖　～行，上奴管反。(ZD60-132a)按："～"乃"暖"字之訛。

煖　nuǎn

煖　～性，奴短反。(ZD59-934b)按："～"同"煖(暖)"。《瑜伽師地論》卷14："一者堅性，二者濕性，三者煖性，四者輕等動性。"(T30, p351a)

———

① 又見"暖""㖷""瞄""煗""膔""暖""愞""煖""煗"字條。

煗　～風,上奴管反,温也。(ZD59-1061c)

瞁 nuǎn

曘　捨～,奴短反。(ZD59-1044a)按："～",即"煗（暖）"字。《緣起經》卷1："捨壽捨煗,命根謝滅。"(T02, p548a)

瞁　冷～,奴管反。(ZD59-576c)

瞁　～法,上奴管反。(ZD59-628b)

瞁　細～,奴管反。(ZD59-1106a)按："～"乃"暥"。

臑 nuǎn/rún

臑　～相,奴短反,下作暥。(ZD59-964c)按："～"即"暥",與"暖"同,詳見本書中篇"臑"字條。

臑　～藥,上奴短反,俁。(ZD59-1015b)按："～",經文作"煗",温暖。《別譯雜阿含經》卷5："黑石蜜一篋,臑藥水一車。"(T02, p407b)"臑",明本作"煗"。"～"即"煗（暖）"字。

臑　～動,而春反,動也。又音軟,誤。(ZD59-851b)按："～",即"瞁（瞷）",跳動。構件"目"與"月"易混,"需"俗常作"需"。《大方便佛報恩經》卷4："太子皮毛瞁動,而作是言。"(T03, p143a)

爎 nuǎn

爎　～水,上奴管反。(ZD59-1066b)按："～"即"煗",同"暖",另見"暖"字條。

爎　煴～,上烏昆反,下奴管反,上又於云反,非。(ZD59-1054b)

爎　冷～,奴短反。(ZD59-573c)按："～"即"煗"。

瞁 nuǎn

瞁　～湯,上奴管反,温～也,正作暥、暖、澳三形。(ZD60-239b)按："～",即"暥（暖）"字。

愞① nuàn/ruǎn

愞　～天,上奴亂反。(ZD60-464c)按:《續高僧傳》卷3："神氣高爽,足引愞夫,牆宇崇深,彌開廉士。"(T50, p446b)"～天",經文作"～夫"。據此,"～"即"懦（愞）","天"即"夫"之訛。"～"同"懦（愞）",可洪音"奴亂反"。

愞　～中,上如充反,正作懦。(ZD59-592a)按："～"即"愞",經文作"軟"或"懦",同。

懦 nuàn/nuò/ruǎn

懦　怯～,而充、奴亂、奴卧三反,並訓弱也。(ZD59-904c)按："～"同"愞（懦）"。

虐 nüè

雹　～害,上牛約反,下胡蓋反。(ZD60-455c)

雹　暴～,步報反,下牛約反。(ZD59-666c)

虐　毒～,魚約反,暴也。(ZD59-662c)

空　凶～,魚約反,正作虐。(ZD59-1055c)

雹　暴～,魚約反,正作虐。(ZD59-1104b)按："～",對應佛經作"虐"。《摩訶僧祇律》卷4："大臣者,若有大臣暴虐無道,貪取人物用自供給,不畏罪罰。"(T22, p256b)

尧　～政,上魚約反,酷也,正作虐也,郭迻音樹,非也,俁。(ZD60-556c)

空　～害,魚約反,酷毒也,正作虐也。

---

① 又見"懦"字條。

（ZD59-720a）按："～"乃
"虐"，詳見本書中篇"㝩"
字條。

㞥 㝨 虐 㝩 㢋
～嚎，魚約反，下巨
約反。（ZD59-872a）

暴～，牛約反。
（ZD60-393b）

暴～，步報反，下魚
約反。（ZD59-757c）

～犁，上牛約反。
（ZD60-386b）

暴～，上步報反，下
魚約反，正作虐也。
（ZD60-229b）

㞥 虐 㝩 㝨 㢌
曰～，魚約反。
（ZD60-148c）

暴～，步報反，下魚
約反。（ZD59-894c）

暴～，牛約反。
（ZD59-723c）

～心，上魚約反，酷
～也，毒也，正作虐
也。（ZD59-1019a）

噓　nüè

噓
～弱，魚約反，下如
約反。（ZD59-872a）
按："～"疑爲"噓"，譯音字。

瘧　nüè

瘧 瘧
下～，牛約反。
（ZD59-685b）

瘧
風～，魚約反。
（ZD59-787c）

瘧
～病，上魚約反，正
作瘧也。（ZD59-
1112a）

瘧 瘧 瘃 瘧 瘧 瘧
囉～，魚約反。
（ZD59-590b）

溫～，魚約反。
（ZD59-652c）

癡～，魚約反。
（ZD59-821b）

～等，牛約反。
（ZD59-812b）

～病，上魚約反，正
作瘧。（ZD59-1110b）

瘦～，所右反，下魚
約反，痁疾也，正作
瘧。（ZD59-754b）按："～"
乃"瘧"，詳見本書中篇
"瘃"字條。

瘧 瘧 瘧 瘧 瘧 㾮 瘧 瘧 㡖
諸～，魚約反。
（ZD59-816a）

～病，魚約反。
（ZD59-907b）

傲～，五告反，下牛
約反。（ZD59-911a）

兇～，上許容反，下
魚灼反。（ZD60-25a）

神～，魚約反，痁疾
也。（ZD59-787c）

～病，上魚約反。
（ZD59-1110a）

癀～，户光反，下魚
約反。（ZD59-787c）

痰～，徒甘反，下魚
約反。（ZD59-787c）

～病，魚約反，正作
瘧。（ZD59-813b）

按："～"乃"虐"，通"瘧"。

㝩
～病，牛約反，痁疾，
正作虐。（ZD59-
961b）按："～"乃"虐"，通
"瘧"，經文作"瘧"。

雪
～病，上魚約反，正
作瘧。（ZD60-162a）
按："～"乃"虐"，通"瘧"。

虐
～病，牛約反。
（ZD59-862b）按：
"～"乃"虐"，通"瘧"。

雪
溫～，牛約反。
（ZD59-749b）按：
"～"乃"虐"，通"瘧"。

㑨　nuó

郍 郍
施～，奴可反。
（ZD59-837c）

磨～，奴可反，出萇
筎和尚韻。（ZD59-
886c）

挪　nuó

挪 挪
～也，奴何反，正作
挪。（ZD59-874c）

舍～，奴何反。
（ZD60-17c）

哪　nuó

哪
柯梨～，上音哥，下
奴何反。（ZD59-
1029a）按："～"乃"哪"，譯
音字。

哪
囉～，奴何反。
（ZD59-629c）

娜　泥娜，奴可反。泥
～，同上。（ZD59-
746a）

娜 nuó

娜　裊～，奴了反，下奴
可反，弱兒也。
（ZD59-954a）

娜　阿那～～，下二同奴
可反，正作娜娜。
（ZD59-629b）

娜　攘～，上而羊反，下
奴可反。（ZD59-
630a）

娜　～咩，上奴可反。
（ZD60-221c）

梛 nuó

梛　嚕～，奴何反。
（ZD59-875c）

綶 nuó

綶　～婆，上奴何反，正
作挪，或作娜，奴可
反。（ZD59-624b）按：“～”
即“綶”，用作譯音字，詳見
本書中篇“綶”字條。

檽 nuǒ

挀　般～，上北末反，下
奴可反，菓名也，正
作檽。（ZD60-407c）

挼　般～，上北末反，下
奴可反，正作檽。
（ZD60-413b）

捼　～虎，烏可反，下呼古
反。（ZD59-814c）按：
《護命法門神咒經》卷1：“捼
（乃可反）虎（七）虎虎梨
（八）。”（T20，p584c）“～”，經
文作“捼”，自切“乃可反”，即
“檽”字。“～”，可洪音“烏可
反”，蓋以爲“檽”字，不妥。

捼　～（賴），乃可反。
（ZD59-815a）按：
“～”乃“檽”，用作譯音字。
《護命法門神咒經》卷1：
“怛姪他遏（賴）（卓皆反）普
（一）跋（賴）普（二）檽（賴）普
（三）矩～（賴）普（四）。”
（T20，p586a）

搦① nuò

搦　摩～，女角反。
（ZD60-126b）

搦　～將，女宅反。
（ZD59-803c）

搦　握～，上烏角反，下
女卓、女宅二反。
（ZD60-69c）按：“～”乃
“搦”。

榻 nuò

搦　～可，上女宅反。
（ZD60-404b）按：
“～”乃“搦”。

諾 nuò

諾　～瞿，上奴各反。
（ZD59-556a）

諾　～器，那各反，下借
音企。（ZD59-797a）

諾　～瞿，上奴各反。
（ZD59-560b）

糯 nuò

糯　～米，上奴卧反。
（ZD60-25b）

---

① 又見“榻”字條。

O

副　ōu

副 ～吒，上烏侯反。
(ZD59-1036a)

塸　ōu

塸 瓦～，烏侯反，瓦椀
也，出《莨筠韻》。
(ZD59-1013a)

嘔① ōu/ǒu

嘔 呼～，烏侯反。
(ZD59-913c)
嘔 ～吐，烏口反。
(ZD59-770b)

漚　ōu/ǒu

漚 ～鉢，烏侯反。
(ZD59-919b)
漚 ～和，烏侯反。
(ZD59-970c)
漚 ～血，烏口反，正作
嘔。(ZD59-954b)

甌② ōu

甌 瓶～，烏侯反。
(ZD59-978b)

甌
甌
甌
甌
甌 瓦～，烏侯反。
(ZD59-1136a)
説～，烏侯反，瓦盂
也。(ZD59-996b)
～樓，上烏侯反。
(ZD59-586c)
東～，烏侯反。
(ZD60-449a)
瓦～，上烏馬反，下
烏侯反。(ZD59-
1122a)

甌　ōu

甌 見～，古郎反，瓮也，
正作甌也。經意謂
醫人往病者家，路見破瓶
瓮，見甌見空器物等，皆爲
不吉之兆也，亦宜作甌，言、
這二音，無底甌也，《江西經
音》作古麥反，非也。
(ZD60-208a) 按："見～"，
對應佛經作"見甌""見甌"
或"見甌"。《道地經》卷1：
"復胆裸相挽頭髮，破瓶盆，
見甌，亦見空器，舍不著
意。"(T15，p232c) "甌"，
宋、元、明本作"甌"，宮本作
"甌"。可洪以"～"爲"甌"，
恐非，鄭賢章(2004:272)以
"～""甌"爲"甌"。

膒
ōu/òu/yǔ

膒 ～彌，烏侯反。
(ZD59-750c)
軀 佉～，烏侯反，正作
膒。(ZD59-798a)
按：《佛説大金色孔雀王咒
經》卷1："佉軀陀所爲翅蘭
那所爲。"(T19，p479b)
"～"，經文如此，可洪以爲
"膒"。

膒 作～，烏侯、烏候二
反，正作漚。(ZD60-
376a)按：《一切經音義》卷
15："漚令，於候反，《説文》
久漬也，律文作膒，非體
也。"(C056，p1043c)《十誦
律》卷40："有比丘病癬，往
語耆婆：治我此病。耆婆答
言：膒令熟。"(T23，p288a)
"膒"，宋、元、明、宮本作
"漚"。"膒"同"漚"。

膒 背～，於禹反，不伸
也，又烏侯反，非也。
(ZD59-710c) 按："背～"即
"背傴"，其中"～"同"傴"。

―――――

① 又見"漚""嫩"字條。
② 又見"甌"字條。

膒　ōu

膒　～彌，烏侯反。（ZD59-750c）按：《佛説灌頂經》卷4：“神名漚彌提屠，字法咒術。”（T21，p507a）“漚”，宋、元、明本作“膒”。“漚”“膒”“膒”作爲譯音字，三者音同。

鏂　ōu

鏂　銅～，烏侯反。（ZD60-26c）

齵　óu/yú

齵　不～，五侯反，齒偏也。（ZD59-1076a）按：《佛本行集經》卷9：“二十三者齒不疎缺，不齼不齵。”（T03，p693a）

齵　～齒，上牛俱、五侯二反，齒重也，齵齵，齒偏也，正作齵也。（ZD59-1110b）按：“～”可洪以爲“齵”字，對應經文作“齵”。《摩訶僧祇律》卷24：“身分不端正者，眼瞎、僂脊、跛脚、膇脚、齵齒、瓠盧頭。”（T22，p421c）從字形看，以“～”爲“齵”是。

偶①　ǒu

耦　寡～，五口反，匹也，諧也，正作偶。

（ZD59-712c）

耦　寡～，五口反，正作偶。（ZD59-820c）

調　諧～，上户皆反，下五口反。（ZD59-1047b）

褕　倫～，五口反，二也，謂阿須倫妻也，正作偶也。（ZD59-674a）

耦　怨～，五口反，對也。（ZD59-1036b）

蓲　ǒu

藕　～葉，上五口反，下羊接反。（ZD59-1080c）按：“～”同“藕”。

僵　ǒu

偶　如～，五口反。（ZD60-103a）按：“～”乃“藕”。

偶　～根，上五口反。（ZD60-507b）按：“～”乃“藕”。

耦　ǒu

耦　～耕，上五口反。（ZD60-509b）

耦　非～，音偶。（ZD59-749a）

耦　無～，五口反，正作偶。（ZD59-856a）

毆　ǒu

毆　～傷，上烏口反。（ZD60-356c）

毆　～擊，上烏口反。（ZD60-489c）

毆　ǒu

毆　～漏，烏口反，下郎候反。（ZD59-639c）按：“～漏”，對應佛經作“毆漏”。《虛空藏菩薩經》卷1：“毆（於后反）漏母漏諾踦（去支反）。”（T13，p654c）

毆　～梨，一計反。（ZD59-749c）按：“～梨”，對應佛經作“歐梨”。《佛説灌頂經》卷1：“神名迦私羅牟尼提歐梨。”（T21，p496b）從字形看，“～”即“毆”，此處用同“歐”，譯音字。可洪以“～”音“一計反”，蓋當作了“毉”。查閲佛經，暫未見“毉”用作譯音字的，故此處不從可洪之説。

愵　ǒu

愵　～得，上五口反，不期而得也，正作偶。（ZD60-219b）

耦　ǒu

耦　～絲，上五口反，正作藕。（ZD60-224b）按：“～”同“藕”。

―――

① 又見“褕”“調”“愵”字條。

潓 ǒu

潓 ～泉,上五口反,正作藕。(ZD60-90c) 按:"～"同"藕",詳見本書中篇"潓"字條。

調 ǒu

調 諧～,户皆反,下五口反,和合也,正作偶也。(ZD59-916a) 按:"～"乃"偶"的類化俗字。

調 偕～,上户皆反,下五口反,正作諧偶,上又音皆,悮。(ZD59-1068c)

藕① ǒu

藕 ～根,上五口反。(ZD59-1121c) 按:

"～"同"藕",詳見本書中篇"藕"字條。

藕
藕
藕
藕 或～,五口反。(ZD59-566b)

～絲,五口反。(ZD59-654a)

～絲,上五口反。(ZD59-632c)

～鞘,五口反,下所交反,正言藕,所巧反。(ZD59-804b)

藕
藕
藕
藕 白～,五口反。(ZD59-963c)

～根,五口反,正作藕。(ZD59-961c)

～根,五口反。(ZD59-962b)

華～,五口反。(ZD59-617c)

藕
藕
藕
藕
藕 之～,五口反。(ZD59-729a)

～絲,五口反。(ZD59-663c)

～糸,上五口反,下音覓。(ZD60-151a)

～花,五口反。(ZD59-971a)

～根,上五口反。(ZD60-30b)

嘔 ǒu

歐 ～吐,上惡口反。(ZD59-1072c) 按:"～"即"嘔"。《正法念處經》卷65:"不能嘔吐,亦不能嚏。"(T17,p387a)

---

① 又見"僞""傴""潓"字條。

P

乱　pā

乱　好～，普巴反，花也，悮。（ZD60-198b）按："～"乃"葩"。

毳　pā

毳毳　～～，普八反，車破聲也。（ZD59-997c）作～～，見藏作毳。（ZD60-367b）

葩①　pā

苊苊　鮮～，疋巴反。（ZD59-616a）

紛～，上妨文反，下疋巴反。（ZD59-1086c）

苊　芬～，芳文反，下普巴反。（ZD59-645b）

蒕　詞～，普巴反。（ZD60-517b）

苊　芬～，普巴反。（ZD59-699b）

蓜　紛～，芳文反，下普巴反。（ZD59-731b）

苊　荔～，上力義、力計二反，下普巴反。（ZD60-313c）

爬②　pá

爬把　～地，上步巴反，跑搔也。（ZD59-1041a）

楂～，下步巴反。（ZD60-378c）按："～"即"把（爬）"。

把　～空，步巴反。（ZD59-776c）按："～"即"把（爬）"。

笆　pá

笆　琵～，上音毗，下蒲巴反。（ZD59-1071b）

笓　笓～，蒲脂反，下蒲巴反，正作琵琶。（ZD59-804b）

爮　pá/páo

爮　～瓯，上步巴反，下烏號反，下又古麥、居縛二反，俗。（ZD60-66a）按："～瓯"，對應佛經作"爮瓯"或"爬瓯"。《根本薩婆多部律攝》卷4："其畜狗者，須知行法，若宰觀波及房院地，狗所爮瓯，應可平填，若遺不淨，即應除去。"（T24，p544c）"爮"，元、明本作"爬"。"～"，可洪音"步巴反"，即"爬"。

爮　～爪，上蒲交反，似瓠，可爲飲器，下古花反，上又蒲角反。（ZD60-515c）按："～爪"，對應佛經作"匏瓜"。《破邪論》卷2："或發匏瓜之言，或興逝川之歎。"（T52，p485c1）"～"即"爮（匏）"字。

琶　pá

琶琶　批～，步卑反，下步巴反。（ZD59-640c）

琵～，房脂反，下旁巴反。（ZD59-740b）

钯　pà

钯　將～，普駕反。（ZD59-1088a）按："～"，經文作"钯"。《佛本行集經》卷58："於時彼母以盤置食，將钯覆蓋。"（T03，p920b）

怕　～㦬，扶玉反。（ZD60-383b）按："～

① 又見"乱"字條。
② 又見"爮"字條。

憹",對應文獻作"帊蜨"。《一切經音義》卷 18:"衣帊,又作 **袙**,同,匹亞反。《廣雅》帊,蜨也。《通俗文》兩複曰帊,是也。"(C057, p29a)

帊 作 ～,疋駕反。(ZD60-281a)

帊 囊 ～,普架反。(ZD60-254a) 按:"～"乃"帊",詳見本書中篇"**帊**"字條。

忙　pà

忙 恐 ～,普架反。(ZD59-1083a) 按:"～",經文作"怕"。《佛本行集經》卷 29:"或復拍手嚇呼,欲令生於恐怕。"(T03, p787a)"怕",聖本作"**途**"。《集韻‧禡韻》:"怕,懼也,或從巴。普駕切。"

忙 ～憹,上普架反,下扶玉反。(ZD60-371a)按:"～"同"帊"。

帕　pà

怕 油 ～,疋駕反,衣襆也。(ZD60-297c) 按:"～",經文作"帊",兩者同。《諸經要集》卷 5:"置胡床上,以油帊覆之。"(T54, p43b)

怕[1]　pà

怕 ～ 怖,普嫁反。(ZD59-780a)

怕懼 恎 ～,莫郎反,下普駕反。(ZD59-802b)

懼　pà

懼 莫 ～,普駕反。(ZD59-802b) 按:"～"即"懼",同"怕"。

拍[2]　pāi

拍 若～,普白反,正作拍也,又音白,悮。(ZD59-1063b)

拍 ～ 頭,上普伯反。(ZD60-240a)

拘 ～搏,上吉巡反,正作均,下音博,敍也。(ZD60-401c)按:"～搏",對應文獻作"拍搏"。"～"乃"拍",可洪以爲"均",誤。

拍 而 ～,同上（拍）。(ZD60-240a)

栢 ～ 毬,普百反,下巨掬反,毛丸也,正作拍毬也。(ZD59-823a)

栢　pāi

栢 腹 ～,音福,下普百反,相近也,正作腹拍。(ZD59-853b) 按:"～"即"拍"字。《菩薩本行經》卷 1:"諸夫人婇女及諸王群臣人民,皆悉同時腹拍王前。"(T03, p113a)

俳　pái

誹 ～譃,步皆反,下許約反,上悮。(ZD59-696b)按:"～譃",對應佛經作"俳譃"。《方廣大莊嚴經》卷 4:"末摩博戲占相,畫工雕鏤,管絃歌舞,俳譃按摩,變諸珍寶,幻術占夢,相諸六畜,種種雜藝,無不通達。"(T03, p564c)"～"即"俳"。"俳"蓋受下字"譃"的影響類化換旁從"言"而作"誹"。

啡 ～説,上步皆反,～優,樂人也,戲也,正作俳也,又普乃反,悮也。(ZD60-38a)

棑[3]　pái

棑 曲～,步皆反,推也,今之戶鉤,所以推扂者也,悮。(ZD60-39c) 按:"棑"乃"排"字。《四分律》卷 50:"聽開孔作曲排,若作鉤,若患闇,聽開嚮。"(T22, p937c)

牌　pái

牌 ～ 板,蒲皆反。(ZD59-862b)

錍　pái

錍 戶 ～,蒲皆反,即鑰匙也,正作排也,律意言此等是可分物也。(ZD59-1122a) 按:"～"乃"排"之俗。

———

[1] 又見"懼""帊"字條。
[2] 又見"栢"字條。
[3] 又見"簰""箄"字條。

作～，步皆反。
(ZD60-376a)

簿 pái

押　～栚，上蒲皆反，下
房月反，正作簿筏
也，上恔，下俗。（ZD60-
20c)按：“～”乃“簿”之訛。

簰① pái

簿　推～，上他迴反，下
蒲皆反。（ZD59-
765b)按：“～”乃“簰”，詳見
本書中篇“簰”字條。

沠 pài

泒　～法，上疋賣反。
(ZD60-97a)
泒　～流，上疋賣反。
(ZD60-325a)
泒　東～，疋懈反。
（ZD60-408c）按：
“～”即“派”。

泒 pài

派　兩～，疋賣反。
（ZD60-482a）按：
“～”乃“派”字。
沠　支～，疋賣反，亦作
沠，水分流也。
（ZD60-471c)按：“～”乃
“派”字。

派② pài

派　～別，普賣反。
(ZD59-641a)

～法，普賣反。
(ZD59-948a)
～流，疋賣反。
(ZD59-931c)
流～，疋賣反。
(ZD59-678c)
別～，疋賣反。
(ZD59-958a)
若～，疋賣反。
(ZD60-487c)
～演，上疋賣反。
(ZD60-146b)
～出，上普賣反。
（ZD60-413c）按：
“～”乃“派”字，詳見本書中
篇“派”字條。

販 pān

眅　跋～，疋奸反，目多
白也。(ZD59-836a)

板 pān

奿　糈～，二同普官反，
見藏作潘，又音憣。
(ZD60-376c)

潘③ pān

潘　比伊～，上音毗，下
正作糈。（ZD59-
579b)
潘　～淀，普官、芳元二
反，下徒見反，淅米
汁也，正作潘澱也。(ZD59-
907c)按：“～”即“潘”。

甌 pān

甌　璠瑚，普官反，下戶
吳反，大方甌也，正
作～瓳。(ZD59-851b)

糈 pān

糈　作～，普官、芳煩二
反。（ZD60-370c）
按：“～”同“潘”，又音
“fān”。

攀 pān

攀　～藤，徒登反。
(ZD59-593a)

潘 pān

潘　潘淀，普官、芳元二
反，下徒見反，淅米
汁也，正作～澱也。
(ZD59-907c)按：“～”“潘”
即“潘”，又音“fān”。

柈 pán

柈　底～，音盤。
(ZD59-823a)
柈　柴～，上青悉反，下
音盤。(ZD59-605c)
按：“柈”，經文作“盤”，兩

───

① 又見“狀”“狀”字條。
② 又見“沠”“泒”等字條。
③ 又見“糈”“潘”等字條。

者同。

鉡　pán

鉡　澡～，步官反，正作柈。(ZD60-50c)按："～"即"柈"，皆"盤"之俗，詳見本書中篇"鉡"字條。

槃　pán

縢　婆～，音盤。(ZD59-810c)按："～"乃"盤"，與"槃"同。

縢　澡～，上子老反，下步官反。(ZD60-39a)按："～"乃"槃（盤）"字，詳見本書中篇"縢"字條。

縢　澡～，上子老反，下步官反。(ZD60-38b)按："澡～"，對應佛經作"澡盤"。《四分律》卷46："不應用鉢棄糞掃，聽以瓮若澡盤若掃篲，鉢應淨潔畜。"(T22，p904c)"～"乃"盤"，與"槃"同。

縢　盥～，管、貫二音。(ZD59-764b)

縢　～荼，宅加反。(ZD59-697b)

縢　～嘻，許之反，《日藏經》作涅槃醯。(ZD59-628a)

槃　～咃，吐何反。(ZD59-743a)

縢　～特，上音槃，比丘名。(ZD60-273b)

縢　涅～，涅槃。(ZD59-620a)按："～"乃"槃"字，詳見本書中篇"縢"字條。

婆　拘～荼，上九愚反，中步官反，下宅加反也。(ZD59-1007b)

縢　爐～，音盤。(ZD60-83a)

縢　～宕，上蒲官反。(ZD60-289a)

縢　～哆，步官反，下多个反。(ZD59-715a)

縢　伊～，音槃。(ZD60-287c)

縢　究～荼，宅加反，此云陰囊。(ZD60-152a)

縢　～綿，步安反，下丑夷反。(ZD59-884a)

縢　涅～僧，梵云涅槃僧，亦云泥婆珊，此言裙。(ZD59-859a)

縢　～特，上步官反，此云小路也。(ZD60-268c)

縢　涅～，涅槃二字。(ZD59-921b)

縢　～荼，宅家人（反）。(ZD59-778c)

縢　婆～，音盤。(ZD59-841b)

縢　～生，上蒲安反，正作槃。(ZD59-617c)

縢　～悌，音弟。(ZD59-840b)

縢　澡～，子老反，下步官反。(ZD59-912a)

腽　pán

腽　～盂，上音盤，下音于，器名也，上於昔

反，非也。(ZD60-575b)按："～"乃"盤"。

磐　pán

磐　～石，步干反。(ZD59-738b)

磐　～根，步安反。(ZD59-669c)

盤①　pán

盤　～雉，他爾反。(ZD59-794b)

盤　～杅，上音盤，下音于。(ZD60-458a)

盤　稱～，上尺證反。(ZD59-598a)

盤　～峙，持里反。(ZD59-796a)

盤　～紆，衣俱反。(ZD60-407a)

瘢②　pán

瘢　瘡～，音盤。(ZD60-383b)

瘢　～痕，步安反，下户根反。(ZD59-665a)

瘢　創～，音瘡，下音盤。(ZD59-774c)

瘢　～痕，步官反，下户恩反。(ZD59-865a)

瘢　～創，音盤，下音瘡。(ZD59-699a)按：《普

① 又見"柈""鉡""槃""腽"等字條。

② 又見"瘢""癍"字條。

曜經》卷 2:"金瘓瘢瘡。"（T03，p492b）"～瘡"即"瘢瘡"。從形體看，"～"即"般"，通"瘢"字。

瘢 瘡～，音槃。（ZD59-695a）

瘑 ～痕，上步官反，下乎恩反。（ZD59-1026c）按:"～"，經文作"瘢"，即"瘢"字。《起世經》卷 8:"穿諸天身，亦皆徹過，而無瘢痕。"（T01，p353b）

瘢 瘡～，音盤。（ZD59-788c）

瘢 ～瘡，上薄寒反。（ZD59-610c）

躱 創～，音瘡，刀傷也，正作刄，下音盤，痕也，正作瘢。（ZD59-853b）按:"～"即"槃"，通"瘢"。

躱 ～創，下音瘡，正作瘢瘡。（ZD59-611a）

盤 創～，楚庄反，刀傷也，下正作瘢。（ZD59-732b）按:"創～"即"創瘢"。從形體看，"～"即"盤"，乃"瘢"之借。

磻 pán

磻 ～磚，上音槃，下音薄。（ZD60-565a）

蟠 pán

蟠 ～龍，上音槃，正作蟠。（ZD60-153c）

癍 pán

癍 創～，上音瘡，下音盤。（ZD59-1100a）

癍 瘡～，音盤。（ZD59-599b）

癍 ～痕，上步官反，下戶恩反。（ZD59-1028c）按:"～"即"癍"，乃"瘢"字之俗。

癍 pán

癍 ～痕，上步官反，下呼恩反。（ZD59-1024c）按:"～"同"瘢"。

判 pàn

判 決～，普半反，正作判。（ZD59-943a）

沠 pàn

沠 池～，音判。（ZD59-784b）

沠 河～，普半反，畔也。（ZD59-863c）

沠 湫～，子由反，下普半反。（ZD59-784c）

沠 湫～，子由反，下普半反，水涯也，經後音畔，非。（ZD59-781c）按:"湫～"，對應佛經作"湫沠"。《不空胃索神變真言經》卷 5:"即持輪索，往龍湫沠。"（T20，p252a）

沠 ～際，普半反，涯也。（ZD59-786c）

哖 pàn

哖 ～吒，普半反，下知加、知嫁二反，二合。（ZD59-788c）

胖 pàn

胖 ～合，疋見反，半體也，正作～、片二形，又宜作牉、姅，二同音判。（ZD59-686a）按:"～"即"胖"，經文作"牉"，兩者有別，可洪以"胖"爲正，不妥，經文應爲"牉"。"牉合"，兩性相配合。《大般涅槃經》卷 27:"父母交會牉合之時，隨業因緣一向受生處，於母生愛，於父生瞋。"（T12，p780c）"牉"，宋、元、明、聖本作"判"。

泮 pàn

泮 散～，普半反，正作泮。（ZD59-877c）

盼[1] pàn

眇 ～瞬，上普幻反，美目視也，正作盼也。（ZD59-617c）

眄 ～視，上疋幻反。（ZD59-618a）

———

[1] 另見"眄"字條。

盻　裒～,上祥嗟反,不正也,正作裒、衺、邪三形也,下普辦反,美目視也,亦作辮。(ZD60-15a)

朌　～水,上普莧反,美目視也,正作盼。(ZD60-597b)按:"～",對應佛經作"眄"。《廣弘明集》卷29:"據林眄水,宣揚皇澤。"(T52, p347c)

叛① pàn

粄　～布,上音畔,正作叛,又布管反,誤。(ZD59-1111c)

粄 pàn

叛　～逆,步半反,正作叛,悮。(ZD59-753c)按:"～"乃"叛",詳見本書中篇"粄"字條。

婆 pàn

婆　傲～,五告反,下步半反。(ZD59-864b)

襻 pàn

襻　寶～,普患反。(ZD59-863b)

襻　絛～,他刀反,下普諫反。(ZD59-787b)

瘃 pāng

瘃　～痕,上普江反,下知亮反,正作瘃脼。

(ZD59-1045a)按:"～痕"之"～",乃"瘃"字之訛。

脼 pāng

脼　膀脼,上普謗反,脼也,正作～也,下音悵,上又音旁,非用。(ZD60-164b)按:"～"乃"脼"字,詳見本書中篇"脼"字條。

脼　膀脼,上普謗反,下知亮反,正作～脼字也,諸經作膖脼,上疋江反,如晉絳以北人謂膖爲滂也。或作胖脼,上疋絳反,如晉絳以北人謂胖爲～也。又蒲光反,膀胱,尿脬也,非用也。(ZD60-82b)

瘷 pāng

瘷　～脼,上普江反,下知向反。(ZD60-233b)按:"～"同"瘃",又作"膖""膖"。

膖② pāng

膖　～爛,疋江反,下郎歎反。(ZD59-773c)
～脼,普江、普絳二反,下知向反,屍臭。(ZD59-759a)

膖　～脼,疋江反,下知亮反。(ZD59-637a)

膖　～脼,上疋江反,下知亮反。(ZD59-571b)

膖　～脼,疋江反,下張亮反。(ZD59-728b)

膖　～爛,普江反,下郎歎反。(ZD59-759b)按:"～",對應佛經作"瘃"或"膖",詳見本書中篇"膖"字條。

瘷　～瘊,上普江反,下知亮反。(ZD59-1093a)

瘷　～癍,上普江反,下知向反,正作瘃痕也。(ZD59-1055b)

瘷　青～,普江、普絳二反,正作膖、瘃二形。(ZD59-1090b)

伤 páng

伤　～佯,上房,下羊。(ZD59-981c)按:"～佯"同"彷徉"。鄭賢章(2007:94)曾考。

旁 páng

旁　竈～,上子告反。(ZD60-492a)

傍 páng

嵱　崖～,魚蹇反,～礒,山皃也,巖嵯之形,正作嶝也。又音傍,側也,

───

① 又見"板"字條。
② 又見"瘷""瘃""脼"等字條。

義亦通。(ZD60-179b)按:
"崖～",對應佛經作"崖
傍"。《辟支佛因緣論》卷
2:"如彼高山巔,崖傍有蜜
蜂,愚人貪少味,不覺墮墜
苦。"(T32,p478b)可洪以
"～"爲"嶒"。根據經意,
"～"即"傍",與"旁"義同。

傍　

～臣,蒲光反,又作
傍。(ZD59-828a)
按:"～臣",對應佛經作"傍
臣"。《佛説未曾有因緣經》
卷2:"教勅傍臣,斬殺厨
監。"(T17,p585b)

蹃　páng

跟～,洛堂反,下步
郎反。(ZD59-851b)

拋　pāo

～石,疋交反。
(ZD59-800c)

～丸,普交反。
(ZD59-737c)

不～,普包反。
(ZD59-622a)

～擲,上普包反。
(ZD60-61b)

泡①　pāo

上～,普包反。
(ZD59-744a)

幻～,疋包反,悮。
(ZD59-611c)

厚～創,户狗反,中
普交反,下初庄反。
(ZD59-741c)

水～,普包反。
(ZD59-637b)

水～,普包反,正作
泡。(ZD59-820b)

水～,普包反,正作
泡。(ZD59-832c)

如～,音泡。(ZD60-
244a)

水～,普包反。
(ZD59-735b)

如～,普包反。
(ZD59-566a)

泡　pāo

浮～,普包反,悮。
(ZD59-563b)按:
"～"乃"泡"。

露～,疋包反,正作
泡。(ZD59-567c)

脬　pāo

出～,普包反。
(ZD60-380a)

刨　páo

～地,上蒲包反,正
作跑也。(ZD60-
304c)

～地,上蒲交反,正作
咆(跑)也。(ZD60-
192a)

庖　páo/pào

～宲,上步孝反,下
而六反,上步包反,
誤。(ZD59-1073c)按:
"～",即"疱"之訛,經文作
"皰",同。《正法念處經》卷
66:"身生皰肉,高下不平。"
(T17,p393c)

～生,上步交反,食
厨也,正作庖。
(ZD60-540a)

㐸②　páo

言～,宜作啞、呝,二
同烏革反。《周易》
云語笑聲也,又郭氏音詭,
非也。(ZD59-1041a)按:
"～",經文作"咆",即"咆"
字。可洪以爲"啞"或"呝",
恐誤。《兜調經》卷1:"汝
平常時舉手言咆,今反作狗
嚇,不知慚愧。"(T01,
p887b)慧琳《一切經音義》
卷54:"言咆,鮑交反。《廣
雅》云:咆,鳴也。《説文》嗥
也,從口,包聲。"(T54,
p665c)"言～"即"言咆",
"～"即"咆"字之訛。

咆　páo

喉～,上力計反,下
步包反,悮。(ZD59-

---

① 又見"泡"字條。

② 又見"咆"字條。

1120c)按:"～"即"咆"字之
訛。《十誦律》卷24:"室喉
咆那都叉耶時月提。"
(T23, p174b)

枹　páo

枹　～肉,上步交反,合
毛燒肉也。(ZD60-
585b)按:"～"同"炮"。

炮① páo

炮　遮～,蒲交、普兒二
反,正作炮。(ZD60-
287c)

爬　páo

爬　～爪(瓜),上步交
反,下古花反。
(ZD60-557b)按:"～"同
"匏"。《廣弘明集》卷11:
"或發匏瓜之言,興逝川之
歎。"(T52, p166c)

袍　páo

袍　～捷,步毛反,下巨
焉反。(ZD59-
733b)按:"～"乃"袍",對應
經文作"袍"。

袍　被～,步毛反。
(ZD59-992c)

掊　páo/pǒu

掊　作～,步交反。
(ZD60-375c)

掊　～須,步交反。
(ZD59-687c)

搖　～地,上蒲包反,正
作跑、捊、抱、掊四形
也,悞。(ZD60-487b)按:
"～"乃"掊",詳見本書中篇
"搖"字條。

探　培擊,上浦口反,擊
也,或作～。(ZD60-
257a)按:"～""培"皆
"掊"字。

匏② páo

匏　縣～,步包反,瓢也。
(ZD59-567b)

匏　～木,蒲交反,～瓠
也。(ZD59-860c)

鉋　páo

鉋　～掘,步包反,下其
月反。(ZD59-835a)
按:"～"即"鉋"字,詳見本
書中篇"鉋"字條。

疱③ pào

疱　～即,同上。(ZD59-
683a)按:"～"即
"疱",與"皰"同。

疱　三～,步兒反。
(ZD59-869c)

疱　～起,步孝反。
(ZD59-1113b)

疱　～形,上步兒反。
(ZD60-18b)

庖　創～,上楚庄反,下
步兒反。(ZD60-132b)

窌　pào

窌　有～,普兒反,氣腫
兒也,正作皰。
(ZD60-233b)按:《法觀經》
卷1:"眼但有窌水,皆汁出
空塔。"(T15, p241b)

磁　pào

砲　～石,上普兒反,軍
戰石也,正作磁、拋
二形也。(ZD60-185a)按:
"～石",對應佛經作"拋石"
或"磁石"。《佛所行讚》卷
5:"力士登城觀,生業悉破
壞,嚴備戰鬪具,以擬於外
敵,弓弩拋石車,飛炬獨發
來。"(T04, p52c)"拋",宋、
元、明本作"磁"。根據經
意,"磁""～"即"磁"。《廣
韻·效韻》匹兒切:"磁,磁
石,軍戰石也。""拋"爲"拋"
之訛。"磁石",後通作
"拋石"。

胚　pēi

肧　胚胎,上普杯反,懷
胎一月也,與～同。
(ZD59-611a)

——
① 又見"枹"字條。
② 又見"爬"字條。
③ 又見"膲""胞""皰""庖"
字條。

帔　pèi

帔
帗　裙～,巨君反,下披義反。(ZD59-795c)
衣～,披義反。(ZD60-11c)

佩①　pèi

佩　如～,蒲妹反,帶也,又音風,悮。(ZD59-689a)
佩　佩劍,上蒲昧反。若～,同上,又音風,悮。(ZD59-750a)
佩　懷～,蒲昧反,正作佩,～帶也,又音風,悮。(ZD59-650c)
佩　摑間仰～,上牛兩反,下蒲昧反,悮也。(ZD60-439c)按:"～",可洪音"蒲昧反",蓋以爲"佩"。

斾　pèi

斾　伽～,蒲蓋反。(ZD59-1051c)按:"～"同"斾"。
斾　～兜,上蒲昧反。(ZD60-255b)
斾　～兜,上蒲蓋反。(ZD59-1020b)

配　pèi

配　～疋,普吉反。(ZD59-615c)

斾②　pèi

斾　羽～,蒲昧反,正作斾。(ZD60-567a)
斾　捼～,下蒲昧反。(ZD60-343b)
斾　～兜,上蒲昧反,下都侯反。(ZD60-254c)
斾　返～,蒲蓋反。(ZD59-1133b)
橠　旋～,蒲蓋反,旗也。(ZD60-321b)

佩　pèi

佩　玉～,步昧反,正作佩也,又音風,非。(ZD60-508c)按:"～"乃"佩"字。
佩　帶～,蒲妹反,又音風,非也。(ZD60-347a)

珮　pèi

珮　腰～,步昧反,正作珮也。(ZD59-1076c)
珮　令～,步昧反。(ZD60-456b)

靶　pèi

靶　鞦～,音秘,正作鬐,或作靶,又蒲必反,車革也。(ZD59-1076a)
靶　～勒,兵媚反,馬～也,正作鬐,或作靶

也,又毗必反,車革也,非。(ZD59-963a)

霈　pèi

霈　～玄,上普蓋反。(ZD59-570a)
霈　～澤,普蓋反,大雨也。(ZD59-659b)

鬐　pèi

鬐　～勒,兵媚反,正作鬐。(ZD59-906c)
鬐　～勒,上兵媚反。(ZD59-586b)
鬐　～勒,上兵媚反。(ZD60-45c)
鬐　兩～,音秘。(ZD59-1060c)
鬐　千～,音秘。(ZD60-599a)
鬐　執～,音秘,正作鬐。(ZD59-997c)
鬐　～制,兵媚反。(ZD59-888b)
鬐　長～,音秘,馬勒(ZD59-835b)
鬐　飛～,音秘。(ZD60-597c)
鬐　執～,音秘。(ZD59-763c)
鬐　～勒,悲媚反。(ZD59-665b)
鬐　～飾,上兵媚反。(ZD60-387b)

① 又見"佩"字條。
② 又見"斾"字條。

如～，音秘。（ZD59-1014b）

持～，音秘。（ZD59-1060c）

～勒，兵媚反。（ZD59-654b）

如～，音秘。（ZD59-1014b）

迦～，音秘。（ZD60-292c）

氊　pèi

龍～，音秘。（ZD60-184a）按：“～”乃“氊”。

鞭～，上卑連反，下兵媚反。（ZD59-1014a）

歕　pēn

～溟，音異。（ZD60-386b）按：“～”同“噴”。

瓫　pén

～杅，上蒲門反，下爲俱反。（ZD60-26b）

鐵～，蒲門反。（ZD59-1024b）

～甕，步門反。（ZD59-935a）

刮～，步門反。（ZD59-1119b）

～形，步門反。（ZD59-653b）

鐵～，蒲門反。（ZD59-1028a）

盆　pén

小～，步門反。（ZD60-367a）

扣～，上苦狗反，下蒲門反。（ZD59-1105b）

盂蘭～，此言倒懸。（ZD59-778c）

噴①　pèn

吒～，普悶反。（ZD60-353a）

嗜　pèn

作～，於禁反，正作喑，見藏作歕吒喑嗜是也，應和尚以噴字替之，非也，喑嗜字正也，彼恨。（ZD60-379b）按：“～”，可洪音“於禁反”，以爲“喑”字。《大比丘三千威儀》卷1：“在床上有五事：一者不得大欠，二者不得歕吒嗜（普寸反）嗜，三者不得歕息思念世間事，四者不得倚壁臥，五者欲起坐當以時。”（T24，p915c）“吒嗜”，宋、元、明、宮本作“咤噴”。“嗜”，宋、元、明、宮、聖本作“喊”。根據經文，“～”應爲

“噴”字，作“喑”不符經意。鄭賢章（2010：61）曾考。

溢　pèn

水～，普問反。（ZD60-388b）

作～，普悶反，又音坌。（ZD60-354c）

抨　pēng

～弓，普耕反，彈也，正作抨也。（ZD59-699c）

～酪，普耕反。（ZD59-937a）

名～，普庚反。（ZD60-392c）

砰　pēng

～磕，上普耕反，下苦盍反。（ZD60-459c）

～然，普耕反，正作砰。（ZD59-764a）

烹②　pēng

～煞，普庚反，刑也，煮之於鑊曰～也，正作烹。（ZD59-857c）

～隻，上普庚反。（ZD60-536c）

---

① 又見“嗜”字條。
② 又見“煮”字條。

烹
烹
烹
烹
烹

～宰，上普庚反，正作烹。(ZD60-495c)
～之，普庚反。(ZD59-764c)
～殺，上普庚反，下所八反。(ZD59-1021b)
～之，普耕反。(ZD59-765a)
～煞，普庚反。(ZD59-769c)

軯　pēng

軯

作～，普耕反。(ZD60-371a)

焞　pēng

焞

～煞，上普庚反，袞也，正作烹。(ZD59-1040c)按："～"乃"烹"。

硼　pēng

硼

砰磕，上普耕反，如雷聲也，亦大崩也，亦作砯、～二形，下苦盍、苦蓋二反。(ZD60-263b)

芃　péng

芃

～，步紅反，正作芃，草盛皃也，又扶風反，鳳字音，集文自出也。(ZD60-572c)

坥　péng

坥

射～，音朋。(ZD60-374b) 按："～"

乃"堋"。

朋　péng

朋
冊
用
朋
用
朋
用

～瞿，蒲弘反。(ZD59-651c)
～黨，上蒲弘反。(ZD59-571b)
～友，蒲弘反。(ZD59-649c)
～友，上蒲弘反，黨也，正作朋。(ZD59-570c)
～支，上蒲弘反。(ZD59-606c)
圖～，蒲弘反，今作朋。(ZD59-590c)
～黨，步弘反，下都朗反。(ZD59-732b)

枰　péng

枰
枰

～閣，步盲反，又平、病二音，非。(ZD59-733a)
～閣，音棚，閣也，棧也，又平、病二音，小床子也，非。(ZD59-649a)按："～"乃"枰"，與"棚"同。

逢　péng

逢

鼉鼓～～，上音陁，中音古，下步紅反。正作蓬、韸二形。(ZD60-361c)按："～～"，經文作"逢逢"，可洪以爲"蓬"或"韸"，讀"péng"。

彭[1]　péng

彭

～殤，上步庚反。(ZD60-531a)

棚[2]　péng

枰
枰
秤
棚
枰
枰
棚
枰
開
枊

～閣，上步盲反，閣也。(ZD59-726b)
～閣，上步盲反，棧也，閣也，正作棚、輣、輣三形。(ZD59-698c)
～閣，蒲庚反，正作棚也。(ZD59-649b)
～閣，上蒲耕反，又蒲弘反。(ZD59-1138b)
～閣，步盲反，正作棚。(ZD59-732a)
～閣，步盲反，又普耕反，非也。(ZD59-733a)
棧～，步盲反。(ZD60-383a)
～閣，步盲反，棧也，閣也，正作棚、輣、輣三形。又平、病二音，非。(ZD59-673b)
～閣，步盲反，棧也，閣也，正作棚也，又音砰，非。(ZD59-825c)按："～"乃"棚"，詳見本書中篇"閛"字條。
～閣，上蒲庚反。(ZD60-68a)

---

① 又見"欻"字條。
② 又見"枰""閛"字條。

枰　露～,平、病二音,床也,宜作棚,步盲反,後以爲枰閣字,是也。枰謂獨板床也,非。(ZD59-712c)

欹　péng

欹　～門,上蒲盲反。(ZD60-418b)　按:"～",對應佛經作"彭"。《集古今佛道論衡》卷2:"彭門僧拜而道僾,斯徒衆矣。"(T52,p378b)

墥　péng

墥　～埄,上蒲紅反,下蒲沒反,煙火盛皃也,正作颿烽也。(ZD59-632c)

搒　péng

搒　～抬,步盲反,下丑之反。(ZD59-956a)按:"～"同"搒",笞打也。

搒　～苔,上蒲盲反。(ZD59-610b)

搒　鞭～,上卑連反,下步盲反。(ZD59-1093c)按:《佛說分別善惡所起經》卷1:"或得鞭搒合兩目。"(T17,p518c)

蓬　péng

蓬　～亂,步逢反。(ZD59-666c)

蓬　～蒿,薄紅反,下呼高反。(ZD59-766a)

逄　～亂,上蒲紅反,正作蓬。(ZD60-125b)

蓬　～勃,上蒲紅反,下蒲沒反。(ZD59-1026a)按:"～勃",聯綿詞,又作"墥埄""熢烽""澎渤"等形。

閛　péng

閛　～閣,步盲反。(ZD59-699a)

閛　～閣,步盲反,又普耕反,門聲也,非。(ZD59-698c)按:"～閣",對應佛經作"棚閣"。"～"乃"棚"之俗。《普曜經》卷1:"軒窓門户,雕文棚閣,嚴飾巍巍。"(T03,p485b)"棚",宋本作"閛"。

澎　péng

澎　～滶,上蒲紅反,下蒲沒反,風煙起皃也,火盛也。(ZD59-985c)按:"～滶"即"蓬勃",又作"熢烽""蓬烽""蓬敦""澎渤""墥埄"等,經文中用來形容惡氣或煙火强烈、濃厚。《長阿含經》卷19:"灰湯涌沸,惡氣熢烽。"(T01,p122c)

澎　～渤,上蒲紅反,下蒲沒反。(ZD60-306a)按:"～渤",聯綿詞,又作"蓬勃""熢烽"等詞形。《諸經要集》卷18:"灰湯涌沸,惡氣蓬滶(渤),迴波相博,聲響可畏。"(T54,p167b)"蓬滶(渤)",宋本作"蓬勃",元、明本作"熢烽"。

澎　～渤,上蒲紅反,下蒲沒反。(ZD60-282c)

熢　péng

熢　～烽,蒲逢反,下蒲沒反。(ZD59-696c)

熢　～烽,蒲紅反,下蒲沒反。(ZD59-777b)

慗　péng

慗　彭亨,正作～惇,上蒲庚反,下呼庚反,自强也,又真也。又彭,盛也。亨,通也。(ZD60-470a)

鵬　péng

鵬　～者,上蒲登反,下音者。(ZD60-177b)按:"～",經文作"朋者"或"鵬者"。從形體看,"～"即"鵬"。

鵬　蜫～,上古寬反,下步弘反。(ZD60-592b)

鵬　～鶼,上蒲紅反,下烏諫反。(ZD60-464c)

鵬[1]　péng

鵬　～鶼,上蒲寬反,下古寬反。(ZD60-

───────

[1] 又見"鵬"字條。

543a)按："～"即"鵬"，可洪音"蒲莧反"，讀"pén"，恐非。

鵬　～鳳，上蒲曹反。（ZD60-418a）

丕　pī

丕　～構，上普悲反，下古候反。（ZD59-588c）

邳　pī

邳　～披，上步悲反。（ZD60-90c）按："～"，可洪音"步悲反"，蓋以爲"邳"，經文作"祁"。

坏　pī

坏　～瓶，上普迴反。（ZD59-575c）

坯　～船，上普杯反，未燒瓦也，正作坏。（ZD59-603a）

坏　～濡，上普杯反，下而充反。（ZD59-1063c）

伾　pī

伾　～功，上普悲反，有力也，正作伾。（ZD59-926a）

刞　pī

刞　鋸～，上居去反，下普皮反，開也，分也，正作披、秡二形也。

（ZD59-596c）按："～"，《玉篇》音"符碑切"，讀"pí"。

剧　～剥，普皮、普美二反，開也，分也，正作披、秡二形也，下布角反。（ZD59-851b）

剧　～剥，普皮反，開也，分也，下布角反，上又應和尚音皮，皮剥也。（ZD59-682b）

刞　～齏，上普皮反，以刀開瘡破也，大針也，正作鈹、披二形也，下子禮反，搦出汁也，正作齏，上又應和尚音皮。（ZD60-140b）按："～齏"，對應佛經作"剧齏"。《阿毘達磨順正理論》卷31："如大癰腫，熱晞酸疼，更相齏剧齏，臭膿涌出，爭共取食，少得充飢。"（T29, p517b）

怶　pī

怶　身～，普皮反。（ZD60-192a）按："～"，經文作"披"，構件"扌"與"忄"相混。《撰集百緣經》卷8："爾時梵摩達王，其婦懷妊，足滿十月，生一女兒，身披袈裟，端政殊妙，世所希有。"（T04, p240c）

怶　耶～，普皮、普義二反。（ZD59-1058c）

秡　pī

玻　不～不～，同上，不～，同上，三字並音

祇。（ZD59-1033a）按："～"，對應佛經作"毀"或"皺""秡"。《四諦經》卷1："不毀不滅念正止，是名爲正直方便。"（T01, p816c）"毀"，宋本作"皺"，元、明本作"秡"。"～"，可洪音"祇"，蓋以爲"秡"，不符經意。根據異文，"～"可能爲"秡"。

狉　pī

狉　如～，普悲反，狸也，《字樣》及《切韻》並作狉也。（ZD59-643c）

劈　pī

劈　～烁，上普擊反，下丑格反。（ZD59-1072a）按："～"，即"劈"，經文作"劈"，同。

擗　～裂，普擊反，破也，正作劈也，又蒲益反，非也。（ZD59-648a）

辟　若～，普擊反。（ZD59-1063b）按："～"，經文作"劈"。

礔①　pī

礔　～礰，上普擊反，下音歷，㤉。（ZD60-377b）

礔　～礰，上普擊反，下郎擊反。（ZD59-

①　又見"礕"字條。

588a）

~礔，普擊反，下郎擊反。（ZD59-639c）

~礔，普擊反，下郎擊反。（ZD59-678b）

~歷，上普擊反，正作霹靂也。（ZD60-213a）

礔　pī

~礔，上普擊反，下六擊反。（ZD60-74a）按："礔礔"同"礔礔"。

~礔，上普擊反，下呂擊反。（ZD59-583c）

~礔，普吉反，下郎擊反。（ZD59-758a）

~礔，上普擊反，下魯擊反，正作霹靂也。（ZD59-983b）

~裂，上普歷反，皴皃。（ZD59-1064a）

伌　pí/pǐ

~𦫼，上音毗，下許維反，醜女也，正作隹也，悮，下又焦、顛二音，非，上又應和尚作匹視反。（ZD60-360c）

~別，上𠃌弭反。（ZD60-578c）

劯　pí

~卧，上音皮，正作疲也。《普曜經》作

疲極。（ZD60-264a）按："~"乃"疲"。

肶　pí

栗呫~，上力日反，中叱葉反，下音毗。（ZD59-558c）

~齏，上音毗，正作肶。（ZD60-403a）

~齏，上毗、鞞二音，正作肶、腤。（ZD60-399c）

輸~，音毗。（ZD60-303b）

郫　pí

~人，上音皮，正作郫。（ZD60-457c）按：此處"~"乃"郫"字之訛。

沘　pí

~樓，上音毗，西方天王名毗樓博，又或云毗流波，又此言雜語。《七佛咒經》作毗樓，或作比，音毗。（ZD60-285a）按："~"即"沘"，對應佛經作"毘"，音同。《陀羅尼雜集》卷3："毘樓博又天王欲說一偈半。"（T21，p597a）

蚍　pí

~蜉，音毗，下音浮。（ZD59-692c）

筢①　pí

~笆，蒲脂反，下蒲巴反，正作琵琶。（ZD59-804b）按："~笆"即"琵琶"。

~芭，步夷反，下步巴反。（ZD59-772c）按："~芭"即"琵琶"。《佛說月光童子經》卷1："百歲枯木自然華生，餓鬼飽滿地獄安寧，琵琶箏笛擊鼓亂鳴。"（T14，p816c）

郫②　pí

~人，上音皮，正作郫也，又音脾，悮。（ZD60-458c）按："~人"，對應佛經作"郫人"。《高僧傳》卷12："釋僧生，姓袁，蜀郡郫人，少出家以苦行致稱。"（T50，p406c）

吡③　pí

~尼，上步脂反。（ZD60-57a）按："~"即"吡"，與"毗"同。

疲③　pí

~苦，上音皮，正作疲。（ZD60-83b）按：

———

① 又見"琵"字條。

② 又見"郫"字條。

③ 又見"劯"字條。

"～"同"疲",詳見本書中篇"疲"字條。

疲　～苦,上平碑反。(ZD60-83c)按:"～"同"疲",詳見本書中篇"疲"字條。

瘺　～倦,宜作疲。(ZD59-873c)

陴　pí

陴　～縣,上音皮,縣名,在蜀。(ZD60-451a)

犀　pí

犀　～提,步卑反,正作陴。(ZD59-749c)按:"～",譯音字。《佛說灌頂經》卷1:"神名犀提移阿那耨羅企。"(T21, p496b)

琵　pí

玭　～杷,步卑反,下步巴反。(ZD59-640c)

脾　pí

腗　～腎,步卑反,下時忍反。(ZD59-727a)

脾　～膽,上步支反,下都敢反。(ZD59-557c)

睥　～脂,步卑反,五藏之主也。(ZD59-929b)

脾　～腎,上蒲卑反,下時忍反。(ZD59-574c)

脾　～賢,步卑反,下時忍反。(ZD59-728a)

薜　屯豆～,上徒門反,下蒲卑反,《陁羅尼集》作屯豆脾。(ZD59-878c)按:"～",譯音字。《七佛八菩薩所說大陀羅尼神咒經》卷1:"婆移阿賴振闍彌坻摩訶波臘脾屯豆薜莎離。"(T21, p542c)

裨　pí

裨　竭～,步支、必支二反。(ZD59-688a)按:"～"乃"裨"字。

榌　pí

榞　檐～,上羊廉反,下步卑、必迷二反。(ZD60-355a)

椻　文～,音毗。(ZD60-503b)按:"～",對應佛經作"榌"。《辯正論》卷3:"於楊都治下造興皇天居等四寺,皆繡棋雕楹,文榌粉壁。"(T52, p503b)

蜱　pí

蜱　～蛸,上音脾,下音消。(ZD60-366b)

蜱　～梨,步卑反,下卑兮反。(ZD59-837c)

蜱　沙～,鼻兮反,又步卑、彌遙二反,非。(ZD59-802a)

蜱　蹢～,徒合反,下破西反,經作被西反,惧也。(ZD59-814c)

膍　pí

膞　～胵,上步支反,下尸夷反,正作胵也,又乎定反,非。(ZD60-356a)

罷①　pí

罷　～倦,上音皮,倦也。(ZD59-585b)

羆　計～,音皮。(ZD60-244b)

鞞　pí

鞞　～刹,步西反,下音察。(ZD59-711c)

鞞　～鏡,上毗兮反,騎上皱也,下女交反,皱似鈴無舌。(ZD59-604c)

鞞　醰～,徒感反。(ZD59-797a)

鞞　醰～,徒感反。(ZD59-745b)

鞞　～恕,步兮反,下書慮反。(ZD59-908b)

鞞　阿～,蒲兮反。(ZD59-574b)

鞞　提～,步迷反。(ZD59-734b)

―――

① 又見"羆"字條。

鞞
鞞
鞞

賃～，女禁反，下步
迷反。（ZD59-639a）
阿～，步迷反。
（ZD59-726c）
～罪，上毗迷反，下
郎何反，正作鞞羅。
（ZD59-841c）

鞞

～侈，上蒲迷反。
（ZD59-575b）

貔　pí

猦

如～，音毗。（ZD60-
574a）

羆　pí

羆
羆
羆

熊～，下彼皮反。
（ZD59-676a）
熊～，上乎弓反，下
彼皮反。（ZD59-589b）
熊～，乎弓反，下彼
皮反，獸名。（ZD59-
758b）

羆
羆
羆

～面，彼皮反。
（ZD59-669a）
作～，音碑。（ZD59-
683c）
～極，上音皮，倦也。
（ZD59-609a）按：
"～"同"羆"。

髀　pí

髀

鿍～，上居謁反，下
蒲卑反，正作羯脾
也，或云羯毗，或云羯鞞。
（ZD59-643a）按："～"即

"髀"，譯音字。可洪以"～"
與"脾""鞞"音同。"鿍
～"，或作"羯脾""羯毗""羯
鞞""羯邏頻伽"，好聲鳥也。

鼙①　pí

鼙
鼙

度～，步迷反。
（ZD59-876c）
諸～，毗兮反，騎上
鼓也。（ZD59-757a）

鼙　pí

鼙

～叉，步兮反。
（ZD59-808c）

匸　pǐ/wáng

匸
匸

～包，上普一反。
（ZD60-367b）按：
"～"乃"匹"。
～後，上文方反，正
作亡。（ZD60-
327a）按："～"乃"亡"。

匹②　pǐ

迊
迊
迊
匝

儔～，直由反，下普
吉反。（ZD59-900c）
倫～，普吉反。
（ZD59-592b）
訕～，上市周反，下
普吉反，正作讎匹
也。（ZD60-193c）
～素，普必反，正作
匹。（ZD59-756a）

丕
正
迊
正
迊
迣

迊
迊
迊
正
迊

倫～，普吉反。
（ZD59-603c）
無～，普吉反。
（ZD59-856b）
千～，普吉反。
（ZD60-273b）
儔～，直由反，下普
必反。（ZD59-828c）
座～，普吉反。
（ZD60-572a）
一～，普吉反。
（ZD60-328a）
儔～，普吉反。
（ZD59-647b）
～素，普吉反，正作
匹也。（ZD59-643b）
儔～，直由反，下普
必反。（ZD59-647a）
良～，普吉反。
（ZD60-230a）
儔～，直由反，下普
吉反。（ZD59-734b）
～愷，上普吉反，下
苦改反。（ZD60-
372b）

正
迊

～才，上普必反。
（ZD60-377a）
儔～，直由反，下普
吉反，偶也，正作匹、
疋二形。（ZD59-858c）
儔～，普吉反，正作
匹。（ZD59-676a）
倫～，普吉反。
（ZD59-721a）

———

① 又見"鼙"字條。
② 又見"返""迊""迊""匸"
"疋"等字條。

儔～，普吉反。（ZD60-193c）

疇～，直由反，下普必反。（ZD59-676c）

疇～，直由反，下普吉反。（ZD59-645a）

倫～，普吉反。（ZD59-665c）

疇～，直由反，下普吉反。（ZD59-645c）

千～，普吉反，正作匹。（ZD59-1030b）

～夫，上普吉反。（ZD60-328a）

倫～，普吉反。（ZD59-959a）

獲～，普吉反，正作匹。（ZD59-612c）

倫～，普吉反。（ZD59-757c）

倫～，普吉反。（ZD59-640c）

疇～，直由反，下普吉反，正作匹。（ZD59-981b）

舊～，巨右反，下普吉反，偶也，妻也。（ZD59-764c）

～偶，上普吉反，下五口反，上悮。（ZD60-248a）

～狄，上普一反，下徒的反。（ZD60-373a）

難～，音疋。（ZD59-841b）

百～，普吉反。（ZD59-686a）

疇～，上直由反，下普一反。（ZD59-578c）

疇～，直由反，下普必反。（ZD59-755b）

儔～，普必反。（ZD59-671b）

儔～，普必反。（ZD59-671b）

千～，音疋。（ZD59-763b）

疋　pǐ/yǎ

疇～，直由反，下普吉反。（ZD59-645a）按："～"乃"匹"。

翩翩～，二疋連反，下五馬反，特也，美也，正作雅、疋二形也。疋者，古文雅字也。（ZD60-571a）按："～"乃"疋（雅）"字，詳見本書中篇"疋"字條。

圮　pǐ

～礫，上皮美反，下張挌反。（ZD60-443a）

通～，皮美反，塞也，正作否。（ZD60-569b）

壁～，皮美反。（ZD60-21c）

～絶，上皮美反，毁也，覆也，又音怡，並正作圮。（ZD60-333a）

～坏，皮美反，坏毁也，相承作披美反，非也，下丑格反。（ZD59-702b）

还　pǐ

～初，上普吉反。（ZD60-339a）按："～"乃"匹"。

还　pǐ

淫～，上羊林反，下普吉反，譬也。《經律異相》作婬匹也。（ZD59-1096a）按："～"乃"匹"。

进　pǐ/zé

殊～，普吉反，正作匹。（ZD59-578c）按："殊～"之"～"，乃"匹"之訛。

局～，巨玉反，下阻格反，促狹也，正作偏进。（ZD59-671a）

迫～，補陌反，下阻格反，狹也。（ZD59-670c）

迫～，上布格反，下阻格反。（ZD59-626a）

杯　pǐ

秬～，上音巨，下披美反，上又《川音》作粔，音似，非也，彼悮。（ZD60-350c）按："～"乃"杯"。

啤 pǐ

～訿，上疋爾反，下音紫。(ZD59-1048a)按："～"同"諀"。

～呲，上疋爾反，下音紫。(ZD59-1093c)按："～"同"諀"。

～呲，疋弭反，下即此反，惡言也，難可也，正作諀訿，《經音義》作啤呲也。(ZD59-819c)按："～"同"諀"。

～呲，上疋爾反，下將此反。(ZD60-363a)按："～"同"諀"。

諀[①] pǐ

～訿，疋爾反，下音紫。(ZD59-944b)

擗 pǐ

～咥，毗益反。(ZD59-746a)

兩～，步益反，正作闢。(ZD59-656b)

～踊，上毗益反。(ZD59-589c)

頼 pǐ

俾頭，上普米反，正作～。(ZD59-1042b)

～面，普米反，偝面也，捩也，正作頼。(ZD59-900b)

～邪，同上。(ZD60-382c)

～傾，上普米反。(ZD60-382c)

睤 pǐ

～睨，上普米反，下五米反。(ZD60-163a)按："～睨"同"睥睨"。

媲 pì

～摩，上疋詣反，正作媲。(ZD60-435b)

～偶，上疋詣反。(ZD60-587c)按："～"乃"媲"。

睥 pì

～羅，普計反。(ZD59-664a)

辟 pì

若～，普擊反。(ZD59-1063b)

媲[②] pì

～部，疋計反。(ZD59-795b)

～此，疋計反，配也，正作媲。(ZD59-928b)

～偶，上疋詣反。(ZD60-430b)

沓～，徒合反，下疋計反。(ZD59-722a)

唎～，力致反，下疋詣反，正作媲。(ZD59-794c)

毗～，疋詣反。(ZD59-803b)

汝～，蒲益反，倒也，正作躃，經本作擗，《川音》以媲字替之，非也。媲，疋計反。(ZD60-305a)按：《諸經要集》卷16："攝心如金石，終不爲汝躄。"(T54, p154a)"躄"，宋、元本作"媲"。從字形看，"～"乃"媲"，根據經文，通"躄(躃)"。

僻 pì

邪～，下普益反。(ZD59-600a)

～取，上普益反，正作僻。(ZD60-160c)

耶～，下同上(僻)也。(ZD60-160c)

澼 pì

～死，上毗益反，死皃也。(ZD60-491a)

～身，蒲益反，正作躃也。(ZD60-275a)

---

① 又見"啤"字條。

② 又見"媲"字條。

按:"～"乃"躃"字,詳見本書中篇"躃"字條。

躃　　～傷,旁益反,正作躃也。(ZD60-279a)

按:"～"乃"躄(躃)"。《經律異相》卷39:"其脚不便,躄傷其足,便大瞋恚,咒令不雨。"(T53,p209c)

嚊　pì

嚊　唵～,疋俻反,上聲。(ZD59-801c)

嚊　不～,普俻反。(ZD60-46a)按:《釋迦如來行蹟頌》卷2:"念念命隨減,嚊吸安容保。"(X75,p43b)

甓　pì

甓　～塔,上蒲歷反,瓴甓,甎甋也。(ZD60-606a)

甎　摣～,蒲歷反,瓴甓,甎甋也,從瓦。(ZD60-480b)

譬　pì

譬　～諭,音喻。(ZD59-604c)

譬　～如,上疋義反,引喻也,正作譬也。(ZD59-560c)

譬　～如,上匹義反,匹也,配也,正作譬。(ZD60-206c)

鬮　pì

鬮　～圓,房益反。(ZD59-793c)

鷉　pì

鷉　鷈～,上他兮反,下毗覓反,鳥名也,似鳧而小,足近尾,字體正作鷉鷈也,書人悮昇鷂字於上而作鷈,音提,非。(ZD60-163a)

偏①　piān

褊　～袒,疋連反,下徒旱反,正作偏袒。(ZD59-719a)

徧　無～,疋連反,又音遍,悮。(ZD59-649a)

偏　～刢,上疋綿反,下苦胡反。(ZD60-44c)

褊　～執,上疋連反,鄙也。(ZD59-563c)

蒳　piān

蒳　頡～,疋連反。(ZD60-352b)按:"～"乃"篇"。

蒳　二～,疋連反,正作篇。(ZD60-56b)

徧　piān

徧　～袒,疋綿反,悮。(ZD59-740b)按:

"～袒"之"～",乃"徧",同"偏"。

徧　～多,疋連反。(ZD59-911a)按:"～"乃"徧",同"偏"。

徧　～袒,疋連反,下徒坦反,上又音遍,悮,正作偏袒也。(ZD59-727c)按:"～袒"之"～",乃"徧",同"偏"。

徧　～袒,疋連反,下徒旱反,又上音遍,非也。(ZD59-650c)按:"～袒"之"～",乃"徧",同"偏"。

潣　piān

潣　～駮,上疋連反,正作偏也。(ZD60-477a)

篇②　piān

蒳　～章,疋連反,正作篇。(ZD59-670c)

蒳　二～,疋綿反,正作篇。(ZD59-942a)

葨　pián

葨　薩～,毗連反,《悲花經》作薩婆。(ZD59-714c)按:《大乘悲分陀利經》卷1:"薩葨寅坻利耶浮磨帝迦蘭帝娑娑婆婆。"(T03,p236b)

---

① 又見"褊""潣""徧"字條。

② 又見"蒳"字條。

婤　pián

婤　便娟，上蒲連反，下於緣反，美好也，上正作～也。（ZD59-1078c）按："便娟"同"婤娟"，美好貌。

梗　pián

梗　赤～，步綿、步善二反。（ZD60-389a）

梗　～梓，上蒲田反，下音子。（ZD60-498b）

梗　～梓，上步田、步善二反，下音子，谷名也，在終南山。（ZD60-495b）

軿
pián/píng

軿　～羅，上步田反，四面障蔽，婦人車也，又音瓶，兵車也。（ZD60-502c）

緶　pián

緶　綖緶，上相箭反，下蒲連反，正作～字也。（ZD60-36a）

蠙　pián/pín

蠙　虚～，蒲賓、蒲田二反，珠也。（ZD60-

315b)

躚　pián

躚　～跹，上蒲先反，下蕉前反，旋兒也，蹁跚行也，正作蹁躚也。（ZD59-1007a）

躚　～跹，上步田反，下桑千反。（ZD60-368a）按："～跹"，聯綿詞，蹁跚行也，又作"蹁躚""蹁躚"等。

片① piàn

斤　取～，普見反，正作片。（ZD60-20c）

斤　取～，疋見反。（ZD60-28c）

斤　一～，疋見反。（ZD59-991a）

斤　～～，二同疋見反。（ZD59-916a）

斤　～，疋見反。（ZD59-1081b）

斤　～合，疋見反，半體也，正作胖、片二形，又宜作牉、姅，二同音判，夫婦也。（ZD59-686a）按："～"即"片"，經文中通"牉"。

斤　～束，疋見反，正作片。（ZD59-802b）

序　有～，疋麪反，正作片。（ZD60-105a）

作　取～，同上，正作片。（ZD60-29a）

作

作　岸～，疋見反，半也，判也，正作片也。（ZD60-493a）

斤　板～，普見反。（ZD59-554a）

斤　似～，同上（片）。（ZD60-20c）

驨　piàn

驨　作～，疋見反。（ZD60-360c）按：此處"驨"乃"騗"之訛。

騙　piàn

騙　～象，普扇反，躍上馬也，正作騗、偏二形。（ZD59-677b）

騙　～馬，上疋扇反，躍上馬也，正作騙、騗二形也。（ZD59-1036b）按："～"同"騙"，詳見本書中篇"騙"字條。

騗② piàn

騗　～騎，上譬見反，下巨寄反。（ZD59-602b）

騗　～騎，疋面反，下奇寄反。（ZD59-938c）

漂③ piāo

漂　～激，上疋遥反。（ZD60-145a）

———

① 又見"斤"字條。
② 又見"驨""騙"字條。
③ 又見"漂"字條。

潎
渫
潎
　～没，疋遥反。（ZD59-656b）

　～没，疋遥反，正作漂。（ZD59-733b）

　～蘯，疋摇反，下徒朗反。（ZD59-741c）

潎 piāo
潎
　～没，上疋遥反，水吹也，正作漂。（ZD59-588a）

飄① piāo
飇
飃
飇
風～，疋遥反。（ZD59-777a）

　～捷，疋摇反，下疾葉反。（ZD59-755a）

風～，疋遥反。（ZD59-1105c）

飇 piāo
飇
　輪～，匹摇反。（ZD60-239c）

瓢 piáo
瓢
　～杕，毗遥反，杓也，下徐吕反。（ZD59-763a）

瞟 piǎo
瞟
　～翳，上疋小反，《埤蒼》云一目病也。（ZD60-380a）

縹② piǎo
繄
　紅～，疋沼反。（ZD59-714a）

縹 piǎo
繄
　紅～，疋沼反，正作縹。（ZD59-986a）

驃 piào
驃
　羅～，毗妙反，此云實。（ZD59-978c）

撇 piē
撇
　～其，上普結反，擊也，正作撇也，又昌六反，動也，又《經音義》以蹴字替之，非也。（ZD59-1008b）按："～"，對應佛經作"撇"。《雜阿含經》卷19："即入三昧，以神通力，以一足指撇其堂觀，悉令震動。"（T02, p133c）

瞥 piē
瞥
　～緣，上疋滅反。（ZD60-587b）

貧 pín
貧
　～匱，求位反，乏也。（ZD59-701a）

　～窶，其矩反。（ZD59-661c）

　～窶，其禹反。（ZD59-597b）

　～户，上音貧。（ZD60-457a）

頻 pín
頻
頻
頻
　～覻，毗賓反。（ZD59-831b）

　～曳，音申。（ZD59-1115a）

　～伸，毗賓反，下尸人反。（ZD59-677a）

嬪 pín
嬪
　～御，音頻，婦也。（ZD59-666b）

蘋 pín
蘋
　～藻，上音頻，大苹也，下音早，浮曰藻，沉曰蘋。（ZD60-62a）

嚬 pín
嚬
嚬
嚬
　～蹙，毗賓反，下子六反。（ZD59-854a）

　～呻，音申。（ZD59-670a）

　～蹙，毗賓反，下子六反。（ZD59-727b）

① 又見"飇"字條。
② 又見"繄"字條。

嚬
蹎　～申，毗賓反，舒展也。（ZD59-774c）

蹎　～申，上毗賓反。（ZD59-639a）按："～申"即"嚬申"。

蠙　pín

蠙　～頭，上毗賓反，正作蠙也，《六字大陀羅尼經》作頻頭，經本作頻頭是也。《經音義》以臍字替之，脾賓反。《川音》作毗忍反，非也。（ZD60-292b）按："～"，譯音字。

蹎　～頭，上毗民反，正作蠙也。（ZD59-814b）按："～"，譯音字。

蹎　作～，毗賓反。（ZD60-366c）按："～"，譯音字。

牝①　pìn

牝　子～，毗忍反，母也，正作牝。（ZD59-844a）

牝　有～，毗忍反。（ZD59-742c）

牝　～象，上毗忍反，正作牝也。（ZD59-991b）

牝　～獸，上毗忍反。（ZD59-1071a）

牝　～壯，上毗忍反，下莫口反。（ZD59-1071b）

牝　～象，上毗忍反。（ZD60-112b）

牝　玄～，毗忍、毗旨二反，雌也。（ZD60-502c）按："～"乃"牝"，詳見本書中篇"牝"字條。

牝　～虎，上毗忍反，雌也，下火古反，獸名也，正作牝虎。（ZD60-132c）

牡
pìn/zhuàng

牡　～象，上毗忍反，雌也，正作牝，又音母，悮。（ZD60-197c）按："～"同"牝"。

牡　～麗，阻狀反。（ZD59-858a）

姎　pìn

姎　～以，上普政反，正作娉也，又烏郎、烏朗二反，並非也。（ZD60-191c）

娉②　pìn

娉　～焉，上疋政反，問也。（ZD59-612c）

娉　禮～，疋政反。（ZD60-236a）

娉　～迎，上普政反，正作娉也。（ZD60-25a）

娉　～納，上疋政反。（ZD59-615c）

骿　～汝，上疋性反，問也。（ZD60-77a）

娉　欲～，疋政反。（ZD59-658a）

娉　求～，疋政反，正作娉。（ZD60-605a）

嫂　～合，上宜作娉，疋政反，配也，娶妻也，又音掃，非也。（ZD60-534a）

聘　pìn

聘　～禮，上疋正反。（ZD60-605a）

躬　朝～，疋正反。（ZD60-364a）

骿　～迎，疋聖反，問也。（ZD59-709b）

骿　～使，上疋聖反，正作聘。（ZD60-219a）

躬　朝～，疋政反。（ZD60-353c）

躬　～南，上疋政反，問也，正作聘。（ZD60-323c）

俜　pīng

俜　伶～，上力丁反，下普丁反。（ZD60-15b）

骿　pīng

骿　跉～，上力丁反，普丁反，正作伶竮，行

① 又見"壯"字條。
② 又見"姎"字條。

不正也。（ZD59-626b）按：
"跨～"同"玲塀"。

跰　跨～，上力丁反，下
正丁反。（ZD60-
592b）按："跨～"同"玲塀"。

平　píng

平　曜～，子律反。
（ZD60-455a）按：
"～"，對應佛經作"平"。
《高僧傳》卷9："當爾之時
正生擒曜也。曜平之後，勒
迺僭稱趙天王，行皇帝事。"
（T50，p384b）"～"，可洪
音"子律反"，蓋以爲"卒"，
恐誤。

荓　píng

荓　遇葬～，下二同音
瓶，葬字悮而剩下
荓字也，自前諸錄並無葬
字，直云羅漢遇荓沙王也，
《開元錄》亦作遇瓶沙。
（ZD60-340b）按："～"同
"荓"。

泙　píng

泙　～沙，步名反。
（ZD59-725c）

泙　～沙，步丁反。
（ZD59-749a）

泙　～沙，步賓反。
（ZD59-749a）

泙　～薄，蒲丁反，浮～
草也。（ZD59-752b）

按："～"即"泙"，經文中通
"萍"。

泙　～沙，上蒲丁反，或
作荓、萍。（ZD59-
599b）

荓　píng

荓　浮～，音瓶。（ZD59-
1134b）按："浮～"，
對應佛經作"浮萍"。此處
"～"同"萍"。《根本説一切
有部芻芻尼毘奈耶》卷13：
"若於水中，舉浮萍葉及青
苔時，乃至未離水來得惡作
罪，離水得墮。"（T23，
p975a）

瓶①　píng

瓶　～智，上布朗反，剟剈
毛毟之類。（ZD60-
131b）按：可洪以"～"音"布
朗反"，誤。"～智"，對應經
文作"瓶智"，"～"乃"瓶"字
之訛。《阿毘達磨俱舍釋
論》卷9："由形貌相似故，
瓶智更生，譬如色行，何以
知然，若人不見形貌，不能
知故。"（T29，p224c）如何
理解"瓶智"呢？《阿毘達磨
俱舍釋論》卷16："若物分
分被破，物智則不起，此物
名俗有。譬如瓶等，此瓶若
破成瓦，緣此瓦瓶，智則不
起，是故瓶等，諸物由形相
假有。"（T29，p268c）

荓　破瓶，步并反，麻谷
本作～。（ZD60-211a）

萍②　píng

萍　浮～，音瓶，水上浮
～草也，正作萍。
（ZD59-779a）按："～"即
"荓"，與"萍"同。《佛説浴
像功德經》卷1："表刹如
針，蓋如浮萍。"（T16，
p799a）

馮　píng

馮　自～，音憑。（ZD60-
154c）

溯　píng

溯　～泳，上皮陵反，下
于命反。（ZD60-597a）

荓　píng

泙　～沙，上步丁反。
（ZD60-398a）

荓　～移，上蒲丁反。
（ZD60-298c）

泙　～沙，步賓反。
（ZD59-749a）

泙　～沙，步丁反。
（ZD59-725c）

荓　～浮，上步丁反。
（ZD60-503a）

---

① 又見"垪""餅"等字條。
② 又見"荓""荓""荓""泙"等
字條。

萍
～沙，上步丁反。
（ZD60-525a）

蒲
～沙，上步丁反。
（ZD59-1050a）

萍
～沙，上蒲丁反。
（ZD59-590c）

蚄　píng

蚄
蟥～，音瓶。（ZD60-356a）

鉼　píng

鉼
挟～，上户頰反，下步丁反。（ZD60-53c）

評　píng

評
～章，平、病二音。
（ZD59-772a）

憑　píng

憑
～螭，丑知反。
（ZD60-561a）按："～"即"憑"。

憑①　píng

舞
依～，平陵反，託也，正作憑、凭二形。
（ZD59-834c）

憑
～據，皮陵反，依也，又皮孕反，亦作凭也。（ZD59-933c）

凴
歸～，皮陵反，託也，正作憑。（ZD59-644b）

舞
～範，上皮冰反。
（ZD60-469b）

憑
攸～，上音由，所也。
（ZD60-432a）

憑
～螭，丑知反。
（ZD60-509c）

舞
～淋，皮冰反，下助庄反。（ZD59-696c）

凴
依～，皮陵反。
（ZD59-1016b）

岥　pō/pǒ

岥
陂陀，上普何反，下徒何反，山平易兒，亦作～崼。（ZD60-370c）

岥
～峨，上普果反，下五可反。（ZD60-259b）按："～峨"同"嶓峨"。

濼　pō

濼
鸕鶿～，上音盧，中音慈，下普博反。
（ZD60-375b）

潑　pō

沛
～之，上普末反，正作潑。（ZD60-292c）

沛
～之，普蓋反。
（ZD59-803c）按："～"，可洪音"普蓋反"，蓋以爲"沛"，讀"pèi"，不妥。根據經文，應爲"潑"，讀"pō"。《陀羅尼集經》卷11："於其出處，以水潑之。"

（T18，p876c）

婆　pó

睃
～哆，音婆，下音多。
（ZD59-752c）

婆
掦～，上徒帝反，下蒲何反。（ZD60-218a）

婆
～羅門，上一音婆。
（ZD59-1115b）

棲
～～，音婆，草名也，第二十卷作婆婆草是也。（ZD60-24a）

嘍　pó/pò

嘍
～帝，音婆，入聲呼。
（ZD59-723b）

嘍
婆～，音婆，上聲。
（ZD59-804a）

娑
娑～，音婆。（ZD59-621a）

嫯
婆～，蒲餓反。
（ZD59-809c）按："～"，譯音字。《新集藏經音義隨函録》卷3："娑嫯，音婆。"（K34，p702b）"～"，可洪音"蒲餓反"。

嶓　pó

嶓
三～，薄何反，佛名也，又音波。（ZD59-698a）

———

① 又見"馮""憑"等字條。

佢　pǒ

佢　～俄,上普果反,下五可反。(ZD59-772c)按:"～俄",聯綿詞,又作"駊騀""距跪""巀峨""叵我"等形,義有多指。《佛說月光童子經》卷1:"寶樹、藥樹、諸眾果樹,睥睨、距跪、低仰,如人跪禮之形。"(T14,p816c)"距跪",宋本作"～俄",元、明本作"巀峨",宮本作"叵我"。

呍　pǒ

呍　～峨,上普可反,下五跛反。(ZD59-1057b)按:"～峨",經文作"駊騀"或"屽峨",聯綿詞。《佛說淨飯王般涅槃經》卷1:"即時三千大千世界,六種震動,一切眾山,駊騀涌沒,如水上船。"(T14,p782c)"駊騀",宋、元、明、宮本作"屽峨"。

屽　pǒ

屽　～峨,普可反,下吾可反。(ZD59-691b)按:"～峨"同"距跪""叵我",傾側搖動不安也。

巀　pǒ

巀　頗峨,普可反,下五可反,山高動皃,側

也,正作～峨。(ZD59-725a)按:"～峨"同"頗峨",聯綿詞。

瀕　pǒ

瀕　～椑,上普波、普果、普臥三反,下奴達反,《七佛咒經》作頗椑也。(ZD60-291c)按:"～",譯音字。

柿①　pò

柿　嗚斛～,二二合,牛鳴音,下普末反。(ZD59-801a)按:"～",對應佛經作"柿"。

沛　pò

沛　阿～,普末反。(ZD59-1042a)
沛　作～,普末反,正作潎。(ZD60-388b)按:《陀羅尼雜集》卷8:"七遍誦之,燒白膠香,以華散酒上向沛之。"(T21,p625c)"～",經文作"沛",皆"潎(潑)"。

枺　pò/shì

枺　虎斛～,二二合,牛鳴音,下普末反。(ZD59-793b)按:"～"乃"柿",用作譯音字。《陀羅尼集經》卷9:"虎斛虎斛虎斛柿柿柿柿(四十)。"(T18,p867a)

柿　pò

柿　～葉,上助史反,亦作枺。(ZD60-403b)按:"～"同"枺"。
柿　～樹,上音士,菓名。(ZD60-336a)
枺　似～,音士。(ZD60-373c)

珀　pò

珀　虎～,普百反,正作琥珀。(ZD59-989b)

嫛　pò

嫛　前～,普末反。(ZD59-795c)
嫛　颯～,普末反。(ZD59-808b)
嫛　斫～,普末反。(ZD59-1088a)

啵　pò

啵　嘍～,上音婆,下音破,《江西音》作步麼反。(ZD60-294b)按:"～",譯音字。《陀羅尼雜集》卷10:"阿嘍啵,牟羅羅毘祇叉夜,莎呵。"(T21,p634b)

魄　pò

魄　血～,普百反,麻谷作魄,误也。(ZD60-210a)
魄　務～,普百反。(ZD59-827b)

———

① 又見"枺"字條。

䰥　胅～，上他了反，月行疾也。(ZD60-480c)

剖　pōu

剖　～判，上普口反。(ZD59-609b)

邞　～伴，方經作剖判，如前切。(ZD59-832b)按："～伴"，對應佛經作"剖判"。《賢劫經》卷 1："斷除家業，志定無爲，剖判諸想，無所悕望。"(T14, p2b)

剙　～伴，普口反，下普半反，正作剖判也。(ZD59-833a)

剳　～繆，音剖，下竹下反。(ZD59-864c)

朴　pū

朴　革～，普木反，正作扑。(ZD60-362c)按："～"乃"扑"。

堛　pū

壁　一～，普角、普木二反，土塊也。(ZD59-1065a)

撲①　pū

撲　～之，普木反，正作撲、支二形。(ZD59-765c)

樸　杅～，都冷反，下普木反。(ZD59-848a)

撲　～護，普木反。(ZD59-684a)

樸　pū/pǔ

撲　杖～，普木反。(ZD59-1099b)按："～"乃"撲"。

樸　～得，普木反。(ZD59-838a)按："～"乃"撲"。

樸　純～，普角反，木素也，正作樸。(ZD60-456a)按："～"乃"樸"。

樸　pū

樸　杅～，都冷反，下普木反。(ZD59-848b)按："～"乃"撲"。

樸　搗～，上陟花反，下普木反。(ZD59-616c)按："～"乃"撲"。

釙　pú

釙　金～，音朴。(ZD59-587a)按："～"，可洪音"朴"，蓋當作了"鏷"，對應佛經作"璞"。《大般若波羅蜜多經》卷 575："如鍛金師燒鍊金璞，既得精熟，秤量無動。"(T07, p970b)

菩　pú

菩　～鄧，上蒲、負二音，下徒亘反。(ZD59-627b)

菩　珊～，上桑安反。(ZD59-625b)

蒲　pú

蒱　劍～，音蒲。(ZD59-750b)按："蒱"同"蒲"。

捕　樗～，上丑魚反，下步胡反。(ZD60-191c)按："～"即"蒱"，同"蒲"。

蒲②　pú

蒱　～祗，音蒲，又或作葫，音呼，下音匙。(ZD59-745c)

蒱　～挑，上音蒲，下音逃，亦作蒲萄。(ZD60-84a)

蒲　～桃，上步乎反，下徒刀反。(ZD59-984c)

蒲　挐～，丑居反。(ZD59-685c)

蒲　～闍，上薄胡反，此云所食。(ZD59-617c)

醭　pú

醭　大～，步乎反，飲酒作樂。(ZD60-572b)

————
①　又見"撲""樸""樸""樸"字條。"撲"又讀"bó"，可相參。
②　又見"蒱"字條。

僕　pú

僕　那～,步木反,正作僕也,《西域記》作至那僕底國也,又音漢。（ZD60-433b）按:“～”乃“僕”。

僕①　pú

僕僸僕儌簇僕　～呼,步木反。（ZD59-841b）

僮～,蒲木反。（ZD59-924c）

奴～,步卜反。（ZD59-1054c）

僮～,步卜反。（ZD59-719b）

～隸,上步木反,下力計反。（ZD59-562c）

～隸,力計反。（ZD60-145b）

僳　～從,上步卜反,下自用反。（ZD59-1089a）

璞②　pú

璞璞　～玉,普角反。（ZD59-754b）

金～,普角反。（ZD59-567b）

璞　pú

璞　～素,普角反。（ZD59-926a）按:“～”乃“璞”。

濮　pú

濮濮　王～,補木反。（ZD60-605a）

～州,上補木反。（ZD60-443b）

普　pǔ

普　～告,滂古反,正作普。（ZD59-909a）按:“～”乃“普”字,詳見本書中篇“普”字條。

措　作～,滂古反,正作普。普,大也,遍也。經意謂須賴菩薩勸波斯匿王立普施限,而書人悮從木。～,應和尚乃以布施字替之,非也。（ZD60-357b）按:“～”乃“普”,對應佛經作“普”。《佛説須賴經》卷1:“於是舍衛大城之中,立普施限,不詣佛者,使有過謫。”(T12, p60c)

措　～拖,上滂古反,下尸智反,正作普施也。（ZD59-818b）

---

① 又見“僕”字條。
② 又見“璞”字條。

Q

妻 qī

妻 妻 妻 妻 妻

養～,音妻。(ZD59-953c)

～子,七西反。(ZD59-912c)

求～,七西反。(ZD59-996a)

君～,七西反。(ZD59-915c)

～子,上七西反。(ZD59-622b)

唴 qī/qì

唴

～吒,上區伊反,經文自出。(ZD59-1065b)按:"～",譯音字。

唴

～吒,上區伊反。(ZD59-1065c) 按:"～",譯音字。

唴

呿～呢,上丘迦反,中丘智反,下女遲反。(ZD59-623c)按:"～",譯音字。

唴

目～,丘智反。(ZD59-621a) 按:"～",譯音字。《大方等大集經》卷32:"那蛇那目唴(三十八)。"(T13,p220c)

唴

茂～,上莫候反,下丘智反。(ZD59-621a)按:"～",譯音字。

唴

瓗～,下丘智反。(ZD59-627b) 按:"～",譯音字。

柒 qī

溗 柒

如～,音七。(ZD60-161b)

朱～,音七。(ZD59-1021b)按:"～"即"柒",同"漆"。

觬 qī

觬 觬

～傾,上丘宜反。(ZD60-414c)

～隬,音驅。(ZD60-366a)

攲 qī

攲

～傾,上丘宜反,正作觬也。(ZD60-413c)

戚① qī

慽 慽 儢

不～,七歷反。(ZD59-733a)

懷～,倉歷反。(ZD59-700b)

憂～,倉歷反。(ZD59-726b)

憂～,倉歷反。(ZD59-1001b)

慽 慽 儢

憂～,倉歷反。(ZD60-102c)

憂～,倉歷反,懼也,痛也,正作慽、慽二形,郭氏作思占反,非。(ZD59-826b)

儢

不慽,倉歷反。愁～,同上。(ZD59-733a)

儢

憂～,同上,憂也,懼也,痛也,正作慽也。(ZD59-654a)按:"～"即"慽",同"慽"。

儢

憂～,倉歷反,正作慼(慽),郭氏作私占反,非也。(ZD59-647c)

慽 慽 慽 儢 儢

憂～,倉歷反。(ZD59-649a)

欣～,七歷反。(ZD59-960b)

遺～,倉歷反。(ZD60-186b)

愁～,倉歷反。(ZD59-1037c)

之～,倉歷反。(ZD59-833b)

愁～,倉歷反。(ZD59-828c)

---

① 又見"慽""撼""慽"字條。

俄	憂 ～，倉歷反。（ZD59-654a）
俄	爲 ～，倉歷反。（ZD59-619c）
感	愁 ～，倉歷反。（ZD59-844b）
蔵	憂 ～，倉歷反，誤。（ZD59-1066c）
俄	不 ～，七歷反。（ZD60-247a）
儀	憂～，倉歷反，正作慼。（ZD59-648b）
俄	憂 ～，倉歷反。（ZD59-649b）
俄	爲～，倉歷反，痛也，懼也，正作慽、慼二形。（ZD60-217c）
俄	邑 ～，倉歷反。（ ZD60-205a ） 按："～"乃"慼"，與"感"同，詳見本書中篇"俄"字條。
俄	不 ～，倉歷反。（ZD59-734b）
俄	憂 ～，七歷反。（ZD59-817c）
戚	～爲，上倉歷反。（ZD59-585a）
蔵	憂～，倉歷反，正作慼。（ZD59-988c）
蔵	愁 ～，倉歷反。（ZD59-776a）
蔵	憂 ～，倉歷反。（ZD59-991a）
儀	憂～，倉歷反，郭氏作思占反，非。（ZD59-709a）
俄	內～，倉歷反，正作慼。（ZD59-907a）

感	憂～，倉歷反，正作慼。（ZD59-825c）
俄	不 ～，七歷反。（ZD59-732c）
俄	憂 ～，倉歷反。（ZD59-737b）
俄	憂 ～，倉歷反。（ZD59-992a）
俄	國～，倉歷反，親也，正作慼。（ ZD59-1101c）
儀	親～，倉歷反，正作慼。（ZD59-689a）
感	親 ～，倉歷反。（ZD59-901a）
感	親 ～，倉歷反，正作慼。（ZD60-183c）
儀	親～，七歷反，正慼也。（ZD59-624c）
儀	親 ～，七歷反。（ZD59-961b）
俄	親 ～，倉歷反。（ZD59-701c）
俄	親～，同上。（ZD59-736a）
俄	親 ～，倉歷反。（ZD60-232b）
俄	親～，倉歷反，郭氏作私占反，非。（ZD59-736a）
俄	親～，亦同上，正作慼。（ZD59-736a）
俄	親 ～，倉歷反。（ZD59-907a）
俄	貴～，倉歷反，正作慼。（ZD59-910b）
戚	親 ～，七歷反。（ZD59-586a）

俄	衆 ～，七歷反。（ZD59-647a）
憾	親 ～，七歷反。（ ZD59-821b ） 按："～"即"感"，通"慼"，詳見本書中篇"憾"字條。
俄	～此，七歷反，親也，痛也，正作慼、慽二形也，悮。（ZD59-700a）

悽　qī

悽	～然，上七西反。（ ZD60-320b ） 按："～"乃"悽"字，詳見本書中篇"悽"字條。

敊　qī

敊	～妳，上丘宜反，下女買反，上正作敊。（ZD59-808c）
歆	落 ～，去宜反。（ZD59-746b）
敧	～石，上丘宜反，側也，斜也，正作敧。（ZD60-599c）

敧[①]　qī

敧	～拏，上去宜反，下女加反。（ ZD60-14a）按："～"音"去宜反"，應與"敧"同，用作譯音字。

---

① 又見"敧""欹""攲""敤""敪"字條。

敧 qī

敧　～彌，丘宜反。(ZD59-746a)

敧　西～，去宜反，不正也，正作敧、敧。(ZD60-259c)

敧　～忙，去宜反，下莫郎反。(ZD59-794c)

敧　～妳，丘宜反，下女買反。(ZD59-711b)

皷 qī

皷　～箪，丘宜反，下卑兮反。(ZD59-800a)按：《佛説稱讚如來功德神咒經》卷1："阿躃皷箪。"(T21, p863b)

皷　難～，丘宜反。(ZD60-599c)

皷　脚～，去宜反，梵言僧脚～，此譯爲覆髆，正作敧、崎二形。(ZD60-63c)按："～"即"皷"，乃"敧"字，詳見本書中篇"皷"字條。

皷　獨～，丘宜反。(ZD59-629a) 按："～"，經文作"敧"。《大方等大集經》卷35："獨敧莎波訶(四十六)。"(T13, p241c)

俴 qī

俴　親～，倉歷反。(ZD60-203b) 按："～"即"慼"。

摵 qī

摵　憂～，倉歷反，正作慼。(ZD60-149c)
按："～"乃"慼"。

漆① qī

漆　～坒，上青悉反，下才資反。(ZD59-1054a)

漆　膠～，音交，下音七。(ZD59-869b)

涞　跋～，音七，《陁羅尼集》作漆字也。(ZD59-884b)

漆　如～，音七。(ZD59-849a)

漆　以～，音七。(ZD60-383b)

涞　如～～木，中二同，音七。(ZD60-158a)按："～"同"漆"，詳見本書中篇"涞"字條。

涞　～素，上音七，又音來，非也。(ZD60-57c)按："～"乃"漆"字，詳見本書中篇"涞"字條。

踩　～跋，上青一反，下步末反，正作漆，經本作 涞 。(ZD60-293b)按：《陀羅尼雜集》卷9："令離衰惱，滅諸惡毒，離諸苦惱、王難、賊難、怨憎之難，若天龍、鬼神、羅刹、夜叉、鳩槃茶、復多那、阿跋漆羅、咭屈陀。"(T21, p629b)根據經文，"～跋"乃"跋漆"之倒。"～"爲"漆"，用作譯音字。"漆"蓋受上字"跋"的影響類化從"足"而作"～"。

漆　柒古～，上下二同音七。(ZD60-383b)

涞　如～，音七。(ZD59-770a)

漆　～圉，上青悉反。(ZD60-578c)

涞　～菴，上千悉反。(ZD59-1006c)

柒　膠～，音交，下音七。(ZD59-710b)

慼 qī

慼　憂～，倉歷反，正作慼。(ZD59-755c)

慼　沉～，同上(慼)，此正。(ZD60-116a)

俴　憂～，倉歷反。(ZD60-102b)

慼　不～，倉歷反。(ZD59-980b)

慼　悒～，於入反，下七歷反。(ZD59-677b)

慽　不～，七歷反，憂也，正作慼。(ZD59-686b)

憾　愁～，倉歷反。(ZD59-648b)

慼　悒～，於急反，下七歷反。(ZD59-707a)

慽　憂～，倉歷反，憂也，懼也，正作慼。

———

① 又見"柒"字條。

(ZD60-240a)

感 次～，上直林反，正作沉。(ZD60-116a)

感 憂～，倉歷反。(ZD59-578a)

感 慘～，倉歷反。(ZD59-677b)

憽 憂～，倉歷反，病也，愯。(ZD59-998b)

慽 憂～，七歷反。(ZD59-674a)

感 悽～，倉力反。(ZD60-585a)

感 欣～，倉歷反。(ZD60-102b)

憽 憂～，倉歷反。(ZD59-998b)

憽 憂～，倉歷反。(ZD60-213a) 按："～"即"慼"，詳見本書中篇"憯"字條。

感 憂～，倉歷反。(ZD59-997b)

憽 憂～，同上。(ZD59-997b)

感 猒～，上一焰反，下倉歷反。(ZD59-551a)

憽 懷～，倉歷反，憂也，懼也，正作慼。(ZD60-186a)

憽 憂～，倉歷反。(ZD59-657b)

憽 愁～，倉歷反。(ZD59-674a)

戳 悁～，上於玄反，憂也，下倉歷反，懼也，正作慽也。(ZD59-823b)

按："～"乃"慼"，詳見本書中篇"憯"字條。

感 憂～，倉歷反。(ZD59-991a)

祁 qí

祁 文～，巨尸反，正作祁。(ZD59-997a)

圻 qí

圻 ～際，巨依反，岸也，限也，亦作畿、機。(ZD59-648b)

芰 qí

芰 指～，同上，又五蓋反，非也。(ZD59-801c)按：《陀羅尼集經》卷11："即以右手中指，又在左手中指無名指芰出。"(T18, p878a)"芰"，宋、元、明、宫本作"歧"。"芰"通"歧"。

邔 qí

邔 ～尼，上巨尸反，正作祁。(ZD59-815c)按："～"乃"祁"字，詳見本書中篇"邔"字條。

歧 qí

歧 ～巚，上巨之反，下魚力反。(ZD60-473c)

峻 ～麓，上音衹，正作岐也。(ZD60-481a)

斉 qí[①]

斉 ～量，上疾西反。(ZD60-85a)按："～"乃"齊"。

祈 qí

祈 三～，巨衣反，求也，報也，告也，正作祈也，又之舌、常列二反，拗也，歆也，誤。(ZD59-902c)

衹 qí

衼 嗢徵～，烏没反，中竹陵反，下巨支反。(ZD59-795c)

衹 ～辯，同上（衹）。(ZD59-716b) 按："～"，經文作"衹"。

枆 ～梨，音耆，正作祁。(ZD59-637c)按：從形體看，"～"應爲"衹"。

秖 楞～，郎登反，下巨支反。(ZD59-745a)

衹 ～夜，上巨支反。(ZD59-759c)

衹 蒲～，巨支反，又音匙。(ZD59-746c)

---

① 又見"衺""齋"字條。

亝 qí

亝 貝～，上愽蓋反，下自西反，今作齊。(ZD60-358b)

耆 qí

耆 ～穉，直利反。(ZD59-746c)

耆 ～瘦，音瘦。(ZD59-992a)

蚑 qí

蚑 ～行，巨支反，又音企。(ZD59-670c)

蚑 ～行，上巨支反。(ZD59-582c)

蚑 ～行，巨支反。(ZD59-767c)

蚑 ～行，上巨支反。(ZD59-603c)

蚑 ～行，上巨之反。(ZD59-577c)

蚑 ～蜂，上巨支反，下芳逢反，《修行道地經》作蚑蜂也。《西川經音》以蚑字替之，非也。(ZD60-274a)

蚑 ～蜂，上音祇，下音峰，正作蚔蜂。(ZD59-611b)

蚑 ～行，巨支反。(ZD59-729a)

蚑 ～行，巨支反。(ZD59-648c)

蚑 ～行，巨支反，正作蚑。(ZD59-765b)

蚑 ～行，巨支、去智二反，虫行皃也，喘息皃也。(ZD59-701b)

蚑 ～行，巨支反，經作蚑，悮。(ZD59-767c)

蚔 qí/shì

蚔 摩～，巨支反，藥名也。(ZD59-580b)

蚔 ～骨，同上，又音祇，誤。(ZD59-1073b)按：“～”，經文作“舐”。《正法念處經》卷65：“舐骨蟲住於骨外。”(T17, p386a)

蚔 若～，音氏，舌取食也，正作舐、䑛、𦧇三形。(ZD59-601b)按：“～”乃“舐”字，詳見本書中篇“蚔”字條。

斊 qí

斊 ～十，上自西反。(ZD59-1056c)按：“～”乃“齊”。

旂 qí

旂 旍～，上音精，下音祈。(ZD59-1082c)

旂 曰～，音祈。(ZD60-386c)

旂 憧(幢)～，音祈，正作旂也。(ZD60-477c)

鼓 qí

鼓 ～杖，巨支反，正作鼓，見別隨函作鼓。(ZD59-763b)按：《六度集經》卷2：“受命即行，著鹿皮衣，履屣執瓶，鼓杖遠涉，歷諸郡縣，千有餘里，到葉波國，俱柱杖翹一脚向宫門立。”(T03, p8a)“鼓”，宋本“屐”，元、明本作“拕”。根據經文，“鼓杖”即持杖之義。

埧 qí

埧 牙～，音其，正作旗，刻牙爲飾，故以名之。(ZD60-176b)按：“～”乃“旗”。

掑 qí

掑 牙～，音其，正作旗也。(ZD59-1115a)按：“～”乃“旗”。

畦 qí

畦 初～，音携。(ZD60-127b)按：“～”，經文作“畦”。《阿毘達磨大毘婆沙論》卷187：“譬如農夫引水溉田，初畦滿已，引溉第二。”(T27, p940c)

畦 ～種，上户圭反，隔也。(ZD59-1072c)

崎 qí

崎
崎

～嶇,上丘宜反。
(ZD59-591a)

～嶇,丘宜反,下丘
愚反。(ZD59-737c)

琦 qí

琦
琦
琦
琦

～梨,巨宜反。
(ZD59-750b)

珍～,音奇。(ZD59-
1055a)

～珍,巨宜反,下知
隣反。(ZD59-647b)

瑈～,巨屈反,下音
奇,出《應和尚經音
義》。(ZD59-713c)

呱 qí

呱

～你斜,上音祇,中
奴李反,下牛鳴音,
上入聲呼。(ZD59-805a)
按:"～",譯音字,經文
作"呱"。

祺 qí

祺

白～,音其。(ZD60-
77a)按:"～",經文
作"旗"。《善見律毘婆沙》
卷 5:"漢名白旗天人。"
(T24, p703b)

祺

牙～,上五家反,下
巨之反,刻牙爲飾
也,因以爲名。(ZD60-44c)

碁① qí

碁

圍～,音其。(ZD59-
861a)

崤 qí/xiáo

崤

尸～,音者。(ZD59-
622a)按:"～",譯音
字。《大方等大集經》卷
18:"尼崤弩襧(十一)。"
(T13, p126b)

崤

～縣,上戶交、戶高
二反,山名,在弘農,
或作巇,音豪,山名,在黽
池,正作崤也,詳文意,崤縣
在甘棠左側,但今改名耳,
《川音》作崤,音賣,非也,據
此字即是崤字悮矣。
(ZD60-568a)按:"～縣",
對應佛經作"崤縣"。根據
可洪,"～"即"崤"之訛。
《廣弘明集》卷 17:"司馬張
備共崤縣令鄭乾意、閿鄉縣
丞趙懷坦、大都督侯進、當
作人民侯謙等,至舍利塔基
內石函所檢校。"(T52,
p220b)

綦② qí

綦

安～,宜作弆、綒,二
同音忌,舉也,秤鍾
繩也。(ZD60-27b)按:《彌
沙塞部和醯五分律》卷 29:
"不應爾! 若衣捲縮,聽安
綦。"(T22, p189c)"～",可

洪以爲"綒",音"忌",讀"jì"。

旗③ qí

祺
慎
祺
棋

～幡,上音其,正作
旗。(ZD59-582b)

～幡,上巨之反,正
作旗。(ZD59-613b)

竪～,音其,正作旗
也。(ZD60-80a)

牙～,上五加反,下
巨之反,正作牙旗
也,下又音忌,非。(ZD59-
1119a)按:"～"乃"棋(旗)"
字,詳見本書中篇"棋"
字條。

旗

之～,音其。(ZD60-
557a)

齋 qí

齋

從～,音齋。(ZD60-
4c)按:"～"乃"齋
(臍)"字。《根本説一切有
部苾芻尼毘奈耶》卷 14:
"若説天事,光從臍入。"
(T23, p984b)

齋

從～,自西反。
(ZD59-696c)按:
"～"即"臍"。

騏 qí

騏

～驎,上巨之反,下
力人反。(ZD60-329b)

---

① 又見"鉔"字條。
② 又見"綒"字條。
③ 又見"棋""祺""拱"字條。

槚 qí

公～，巨之反，正作旗。（ZD60-557c）按：“～”乃“旗”字，詳見本書中篇“槚”字條。

臍④ qí

金剛～，疾兮反，正作臍。（ZD59-839c）

膊～，布各反，下自西反。（ZD59-783c）

蕲 qí

～仙，上巨之反，人姓。（ZD60-580b）

世～，巨之反，與期字義同也，期會也，又機、懃二音。（ZD60-524b）

麒 qí

～麟，上巨之反，下力人反。（ZD59-589b）

鬐 qí

～鼠，上巨尸反，下力葉反。（ZD60-412a）

有～，音耆，正作鬐也。（ZD60-382b）

蟏 qí

～蟝，上自西反，下自刀反。（ZD60-2a）

～蟝，上自西反，下自刀反。（ZD60-124a）

鐑 qí

作～，音齊。（ZD60-367b）

爲～，音齊。（ZD59-999a）按：“爲～”，對應佛經作“爲齊”或“爲鐑”。《中阿含經》卷60：“未可拔箭，我應先知箭鏑爲鐑（宋、元、明本作齊）、爲鉾、爲矛、爲鈹刀耶？”（T01，p805a）

乞 qǐ

～功，音蓋，求也，正作丐、匄二形也。（ZD60-238c）

乞① qǐ

～丐，音蓋。（ZD59-572a）

～丐，音蓋。（ZD59-555c）

芑 qǐ

採～，音起，正作芑也，白梁粟也，又音巴，惧。（ZD60-514c）按：“～”乃“芑”字之訛，詳見“芑”字條。

屺 qǐ

涉～，上知力反，下丘里反，正作陟屺也。（ZD60-262c）按：“～”乃“屺”字，詳見本書中篇“屺”字條。

陟～，音起。（ZD59-948a）按：《大唐大慈恩寺三藏法師傳》卷8：“撫奩鏡而增感，望陟屺而何追。”（T50，p267a）

汔 qǐ

～與，上音蓋，乞也，正作匄、丐二形，又許乞反，水涸也，盡也，非。（ZD59-1045b）按：“～”，據可洪之說，即“丐”字，恐不妥，疑爲“乞”，與“丐”義同，經文作“汔”。

杞 qǐ

拘～，古口反，正作构，下丘里反，正作杞。（ZD59-805b）

苟～，音狗，下音起。（ZD59-723b）

苟～，音起，正作杞也。（ZD59-721c）

狗～，音起。（ZD59-789b）

---

④ 又見“齎”字條。

① 又見“乞”“汔”字條。

把　～州，上音起，正作杞。（ZD60-422c）

起① qǐ

趈　欤～，上許勿反。（ZD59-559b）

起　～塌，吐盍反。（ZD59-756b）

起　這～，音釋。（ZD59-671a）

起　惓～，音拳，髪屈兒也，正作鬈、卷二形也。（ZD59-896c）

起　以～，丘里反。（ZD59-645b）

起　虹～，戶公反，又音絳。（ZD59-853c）

赾　癡～，上丑之反，下丘耳反。（ZD60-85b）

起　乍～，助詐反。（ZD59-966c）

起　凸～，上田結反。（ZD59-1106b）

起　～予，音余。（ZD60-478c）

起　～麤，倉胡反。（ZD59-740b）

督 qǐ

啓　～矇，音蒙。（ZD60-28a）按：“～”同“啓”。

啓　～門，上苦禮反，開也。（ZD60-228c）按：“～”同“啓”。

豈 qǐ

豈　～併，卑聖反。（ZD59-1135c）

起 qǐ

赹　虹～，戶公反。（ZD59-853c）按：“～”即“起”。

畸 qǐ

畸　～語，上丘倚反。（ZD60-169a）按：“～”即“綺”。《龍龕手鏡·口部》：“畸，音綺。”《舍利弗阿毘曇論》卷7：“竊盜、邪婬、妄言、兩舌、惡口、綺語、貪欲、瞋恚、邪見，緣邪見故，以種種心受憂苦。”（T28，p583a）

畸　～語，音綺，亦作綺。（ZD59-899c）

啟② qǐ

啓啓戓　～請，上苦禮反。（ZD59-620c）

～挾，音甲。（ZD59-651a）

～發，苦禮反，開也，發也，正作啟，又《玉篇》作子田反，非也，《萇筠切韻》作側眼反，亦非也，又應和尚及《郭迻經音》並作仕限反，亦非也。（ZD59-716a）按：“～”，對應佛經作“啟”。《大乘悲分陀利經》卷6：“以悲光明遍覆衆生，啟發衆生先造善根。”（T03，p275b）

督　～白，上苦禮反。（ZD60-267c）按：“～”乃“啟”字，詳見本書中篇“督”字條。

啓　一～，音督。（ZD60-592a）按：“～”，對應佛經作“啟”。《廣弘明集》卷28：“始茲辰而一啟。”（T52，p333a）

啓　～受，上苦禮反。（ZD59-591a）

启 qǐ

启　～旭，苦禮反，下許玉反。（ZD59-924a）

启　～悟，上苦禮反，開也，正作啓。（ZD60-537c）按：“～”乃“啟”，詳見本書中篇“督”字條。

啓 qǐ

啓　阿～，苦禮反。（ZD59-810b）

啓　～善，上苦禮反。（ZD59-608c）

棨 qǐ

棨　～請，苦禮反。（ZD59-787b）

---

① 又見“趈”字條。
② 又見“督”“启”“啓”等字條。

~獻，苦禮反。（ZD59-881b）按："～獻"，對應佛經作"啓獻"。"～"即"棨"，經文中通"啓"。

~白，苦禮反。（ZD59-781a）按："～"即"棨"，經中通"啓"。

~請，苦禮反。（ZD59-784c）按："～"即"棨"，經文中通"啓"。

~戟，上苦禮反。（ZD60-572a）

跂　qǐ/qì

目～，去弭反，下句云修目呿，以下皆同此呼。（ZD59-812c）按："～"即"跂"，音"去弭反"，與"企"音同，讀"qǐ"，用作譯音字。

佲～，上音名，正作洺，又彌頂、彌性二反，下丘智反。（ZD60-289c）按："～"音"丘智反"，讀"qì"，譯音字。

噧　qǐ

阿～，音豈，又《玉篇》作户哀反，郭氏作都内反，應和尚未詳。（ZD59-813a）按："阿～"之"～"，譯音字。有關"噧"的詳細論述見鄭賢章（2010：68）。

阿～，音豈，郭氏音對，應和尚未詳。（ZD60-362b）按："阿～"之"～"，譯音字。《尊勝菩薩所問一切諸法入無量門陀羅尼經》卷1："阿噧吟阿噧羅目呿波利簸梨。"（T21，p845b）

綺①　qǐ

繒～，疾陵反。（ZD59-661a）

~語，上丘倚反，華飾之言也，正作綺。（ZD60-169b）

~餝，音綺，下音識，虛詞也，正作綺。（ZD59-831a）

~褥，音辱。（ZD59-669b）

~繪，音會。（ZD59-595a）

~煥，歡貫反。（ZD59-661c）

~煥，音唤。（ZD59-742b）

華～，户花反，下丘倚反。（ZD59-768c）按："～"，對應佛經作"綺"。《六度集經》卷8："一不言二，出教仁惻，覩不常誠，辭不華綺。"（T03，p49a）

諿　qǐ

~語，丘倚反，正作綺。（ZD59-744a）

~語，音綺，不實也。（ZD59-766a）

~語，上丘倚反，正作綺。（ZD59-572b）按："～語"，經作"綺語"，"～"即"綺"字。

伾　qǐ/qì

目～，丘弭反，正作企也，持咒句作優伾目佉。（ZD59-814c）按："～"音"丘弭反"，與"企"音同，用作譯音字。

目～，去智反，《經音義》作㑴，非也。（ZD59-749c）按："～"音"去智反"，與"企"音同，用作譯音字。

目～，去智反，正作伾。（ZD59-878b）按："～"即"伾"，與"企"音同，用作譯音字。

郁～，去智反。（ZD59-749c）按："～"與"企"音同，用作譯音字。

優～，丘智反，正作企、伾，又音正，非也。（ZD59-880b）按："～"即"伾"，與"企"音同，用作譯音字。

目～，丘智反，又上聲。（ZD59-878b）按："～"即"伾"，與"企"音同，用作譯音字。

----

① 又見"崎""諿"字條。

伀　目～，音企。（ZD60-289c）按：“～”，譯音字。

迄 qì

迄　～今，許訖反，至也，正作迄。（ZD59-965b）

延　～稚，許乞反，正作迄，下直利反，上悮。（ZD59-799b）按：“～稚”，對應佛經作“迄稚”或“延稚”。《佛説大金色孔雀王咒經》卷1：“伊稚比稚，吉稚迄稚。”（T19，p479c）“迄”，宋、元、明本作“延”。可洪以“～”爲“延”之訛。

迏　～那，許乞反。（ZD59-723b）

迱　其～，許乞反。（ZD59-590c）

企 qì

念　虚～，丘至反。（ZD60-554c）按：“～”乃“企”，詳見本書中篇“念”字條。

企　莫～，去智反，正作企。（ZD59-810c）

企　～矚，上丘智反，下之玉反，上正作企。（ZD60-106c）

仚　佉～，去智反。（ZD59-714b）

㞒 qì

㞒　正～，音氣，正作㞒。（ZD60-534a）

㞒　一～，音氣。（ZD60-502b）

啦 qì

啦　淒～，上音提，下丘立反，正作啼泣。（ZD59-605c）按：“～”同“泣”。

柰 qì/yè

亲　～智，上詰利反。（ZD60-476a）

亲　若～，音棄，又音葉也。（ZD60-475c）按：“～”乃“柰”，詳見本書中篇“柰”字條。

亲　梵～，音葉。（ZD60-76a）按：“～”即“葉”。

羿 qì

羿　謾～，上莫鳥反。（ZD59-1115a）按：“～”即“羿”，與“契”同。

契① qì

㓞　所～，苦計反，正作契。（ZD60-168b）

契　～吒，上音乞。（ZD60-414b）

砌 qì

𥐨　石～，七細反，正作砌。（ZD60-506b）

按：“～”乃“砌”字，詳見本書中篇“𥐨”字條。

磩　塼～，上之緣反，下七細反，鋪甎爲地面也，正作砌。（ZD60-26b）按：《彌沙塞部和醯五分律》卷25：“浴處有泥，佛言：聽塼砌地，安床板。”（T22，p167b）

砌　以～，七細反。（ZD59-981a）

砌　鳴～，七細反，第十卷作鳴砌。（ZD60-380b）

砌　版～，上布綰反，下七細反。（ZD59-1028b）

氣② qì

氣　～嘘，音虚。（ZD59-851c）

炁　道～，去既反，古文氣字，又莫胡反。（ZD59-905a）

氣　笛～，徒的反，下丘既反。（ZD59-748b）

氣　歌～，音氣。（ZD59-748b）

氣　捾～，都管反，促也。（ZD59-730c）

氣　雲～，音氣。（ZD59-619c）

炁　資～，音氣，又莫乎反。（ZD59-961c）

---

① 又見“羿”字條。
② 又見“㞒”字條。

習～，丘既反。
(ZD59-925a)

俫 qì

目俫，去智反，《經音義》作～，非也。（ZD59-749c）按："～"乃"企"，與"企"音同，用作譯音字。詳見本書中篇"俫"字條。

訖 qì

適～，尸隻反，始也。(ZD59-768a)

烝 qì

～留，上去記反。（ZD60-485b）按："～"同"亟"。

茸 qì

～茅，七立反，莫交反。(ZD59-721c)

治～，上直之反，下七入反。（ZD59-586a）

更～，七入反，正作茸。（ZD60-447c）按："～"乃"茸"字，詳見本書中篇"菁"字條。

～蓋，上七立反，修補也，又似立反，覆也。(ZD59-1046b)

～茨，上子立反，下自咨反。(ZD60-371b)

棄① qì

～捨，輕利反，正作棄。(ZD59-739c)

～行，去利反。(ZD59-649c)

～捨，詰利反。(ZD59-640b)

～擯，卑進反。(ZD59-834c)

～智，上輕利反。(ZD60-554b)

惡～，音弃。(ZD59-841b)

～捐，上輕利反。(ZD59-1034b)

遺～，音弃。(ZD59-1105c)

令～，音弃。(ZD59-675c)

～於，去利反。(ZD59-899c)

尸～，詰利反。(ZD59-627b)

不～，音棄。(ZD59-912c)

～捐，詰利反，下以全反。(ZD59-674b)

所～，音弃，又音葉，非。(ZD59-748c)

～捨，上音弃，正作棄也。(ZD59-1136b)

～國，去利反。(ZD59-700b)

宜～，音弃。(ZD59-912b)

若～，音弃。(ZD59-1105c)

～之，上去利反。(ZD60-31a)

愒 qì

～所，上丘例反，恐也，又苦蓋、丘列二反。(ZD60-550c)

灕 qì

出～，音氣，又《玉篇》音籭，郭氏音染，並非也。(ZD59-1045b)

褀 qì

阿～，初立、初洽二反，佛名，正作褀也。(ZD59-691c)

磧 qì

～中，上七亦反。(ZD59-1026c)

器 qì

～錍，上丘至反，下古犵反。（ZD59-

───

① 又見"弇"字條。

622b)

鉢～，丘至反，正作器。（ZD59-1004c）

坏～，普灰反。（ZD59-686c）

憩 qì

止～，去例反。（ZD59-939c）

遊～，去例反。（ZD59-860c）按："～"即"憩"字，歇息。《大乘密嚴經》卷1："寶樹名如意，遊憩於其下。"（T16，p730b）

旋～，上序全反，下丘例反，正作旋憩也。（ZD59-567a）

止～，去例反。（ZD59-939c）

～駕，上去例反，正作憩、屟二形，又括、刮二音，非用。（ZD60-84a）按："～"乃"憩"字，詳見本書中篇"鵠"字條。

～無，丘例反。（ZD59-823a）

嚛 qì

佉～，去迦反，下苦歷反。（ZD59-880c）按："～"乃"嚛"，譯音字。《大吉義神咒經》卷3："顏佉嚛，伽羅德，伽羅。"（T21，p577a）

呀 qiā/xiā

～骨，上與齖同，苦加反，大嚇也，經文第四第六卷云一名舐骨，二名嚇骨，三名斷節，是也，又依字五加、呼加二反，非。（ZD60-366c）按："～"即"齖"。

～骨，上口加反，大嚇也，正作齖也。（ZD59-1074a）按："～"即"齖"。

～喘，呼家反。（ZD59-696c）

掐① qiā

～持，口洽反。（ZD59-783c）

～傷，口洽反，爪傷物也。（ZD59-960a）

～珠，苦洽反。（ZD59-877c）

爪～，上爭巧反，下口洽反。（ZD60-78a）

～嚙，上苦洽反，下五結反，正作掐齧。（ZD60-164a）按："～"乃"掐"，詳見本書中篇"馅"字條。

誦～，口洽反。（ZD59-777c）

如～，苦洽反，爪傷物也，正作掐。（ZD60-85b）

～煞，上苦洽反，爪傷物也，正作掐，亦作搯。（ZD60-282c）按："～"乃"掐"，詳見本書中篇"儑"字條。

拈～，奴兼反，下口洽反。（ZD59-697c）

～殺，上苦洽反，～撚爪傷也，正作掐也，下所八反。《經律異相》作坬，《川音》作埡，厚大師以渫字替之，仕洽反，非也。（ZD60-156c）按："～"乃"掐"，詳見本書中篇"坬"字條。

搯 qiā

～陷，上口洽反。（ZD60-298b）按：《諸經要集》卷6："眼目搯陷，諸節骨立。"（T54，p54a）"搯"，元、明本作"賦"，宮本作"搯"。"～"乃"搯"，通"賦"，目陷也。

刟 qià

～其，上苦洽反。（ZD60-12c）按："～其"，對應佛經作"剖其"或"刟其"。《根本説一切有部毘奈耶雜事》卷21："先藏毒藥，剖其半顆，令藥入中，持與飛鳥。"（T24，p302c）"剖"，宋、元、明、宮本作

———
① 又見"搯"字條。

"刨"。慧琳《一切經音義》卷62："刨其，上口甲反，《韻英》云刨，入也。案：律文於指甲中藏藥，刨其半顆，令藥入中，則以爪甲刨破菴摩勒果，致毒藥於其中也。"（T54，p722b）可洪、慧琳以"刨"爲正，有版本作"剖"，則爲誤字。

冾　qià

冾 道～，户夾反，合也。（ZD60-529c）按："～"乃"洽"。

洽　qià

洽 慈～，音狹，正作洽也。（ZD60-455c）

洽 沾～，知廉反，下胡夾反，正作霑洽也，又胡紺反，悮。（ZD59-657c）

恰　qià

恰 衣～，上於既反，著也，下苦洽反，士服也。（ZD60-451a）按："～"乃"恰"。

浛　qià

浛 作～，音狹，見藏作洽，又户紺反，悮也。（ZD60-372b）按："～"，對應經文"狎"或"洽"。從形體看，"～"乃"洽"。《四

分律疏》卷3："心鑒於法，得理治心，名曰洽習。"（X41，p585b）

胳　qià

膌 ～膝，苦嫁反，下星七反。（ZD59-797b）按："～"即"胳"，與"骼"同。

胳 尾～，苦駕反，腰骨也，正作骼，亦作胳也。（ZD59-987c）

胳 ～腔，上苦駕反，下步米反。（ZD59-1079c）

骼①　qià

胳 作～，苦嫁反。（ZD60-386c）

仟　qiān

仟 ～綿，上音千，下彌連反，廣遠皃也。（ZD60-593b）按：《廣弘明集》卷29："既嵯峨而蔭映，亦嶢屼而仟綿。"（T52，p338c）"仟綿"，宮本作"芉藬"，宋、元、明本作"阡綿"。根據經文，"～綿"乃"仟綿"，又作"芉綿""芉藬""阡綿"。《廣韻·先韻》："仟，仟眠，廣遠也。""～"乃"仟"之訛。

扗　qiān

扗 阡陌，上或作～，同音千。（ZD60-448b）

按：從形體看，"～"即"扗"，與"阡"音同。

汧
qiān/xíng

汧
汧 ～壟，上苦堅反，下力勇反。（ZD60-449c）盡～，胡經反，正作形也。（ZD59-613b）

牽
qiān/qiàn

牽 ～掣，上去堅反，下尺世反。（ZD59-1037c）

牽 所～，苦堅反。（ZD59-583b）

牽 ～應，上去堅反，下於證反。（ZD59-600c）

牽 ～速，上音牽，下音連，並悮。（ZD60-155b）

牽 所～，去堅反。（ZD59-707a）

牽 ～此，去堅反。（ZD59-929a）

牽 手～，去堅反。（ZD59-774c）

牽 ～入，去堅反。（ZD59-741a）

牽 ～掣，去堅反，下尺世反。（ZD59-833a）

———
① 又見"胳"字條。

曰～，去堅反。
(ZD60-244c)

筋～，正作觔，音斤，
下丘堅反。(ZD59-
772a)

所～，去堅反。
(ZD59-735c)

～致，去堅反。
(ZD59-647b)

～牛，同上。(ZD59-
996a)

故～，音牽。(ZD60-
190b)

～奪，上去堅反，下
徒活反。(ZD59-
563a)

～攀，去堅反。
(ZD59-677c)

强～，同上。(ZD59-
1110c)

自～，去堅反。
(ZD59-764a)

～象，去堅反，下似
兩反。(ZD59-699c)

能～，去堅反。
(ZD59-735c)

～連，去堅反。
(ZD59-670b)

～挽，上去堅反，下
無遠反。(ZD59-
602c)

～弓，上去堅反。
(ZD60-38b)

～馭，去堅反，下牛
去反。(ZD59-667a)

～子，同上。(ZD59-
774c)

無～，音牽。(ZD59-
620a)

～前，丘堅反。
(ZD59-832c)

强～，同上。(ZD59-
1110c)

～牛，上去堅反。
(ZD59-996a)

能～，口堅反。
(ZD59-973b)

～挽，上去堅反，下
音晚。(ZD59-622a)

所～，去堅反。
(ZD59-747c)

抻～，上巨今反，下
音牽也。(ZD59-
1111a)

～掣，上去堅反，下
尺列反。(ZD59-
568b)

～晏，上況于反，下
郎侯反，上正作雯，
下正作婁。(ZD59-724c)
按：“～”，對應佛經作“牽”，
用作譯音字，可洪以爲
“雯”，恐不妥。

～綖，上去延反，下
音線。(ZD59-617c)

～道，去見反。
(ZD59-682c) 按：
“～”音“去見反”，讀
“qiàn”。

掔　qiān

常～，去堅反，固也，
持也，又音慳。
(ZD59-643c)

嗛　qiān/qiǎn

～苦，上苦兼反，自
前皆作謙苦也。
(ZD59-579b)按：“～苦”即
“謙苦”。《增壹阿含經》卷
18：“時釋提桓因躬自除糞，
不辭謙苦。”(T02, p640c)

～必，苦點反。
(ZD59-791b)

曰～，苦點反。
(ZD60-401a)

慫[1]　qiān

～咎，上去軋反，下
巨久反。(ZD60-266c)
～咎，上去軋反。
(ZD60-184a)
之～，丘軋反。
(ZD60-514a) 按：
“～”乃“慫”，詳見本書中篇
“愆”字條。

～咎，去軋反，下巨
九反。(ZD59-784b)
其～，去軋反。
(ZD60-199a)
無～，去軋反。
(ZD60-15c)
之～，丘軋反。
(ZD60-576b)
～咎，去軋反，下巨
久反。(ZD59-887c)

---

[1] 又見“愆”“愆”“㥶”“愆”等
字條。

衏
傂
愸
謇

~咎,去乿反,下求
有反。(ZD59-751a)

~ 過, 丘乿反。
(ZD59-969b)

~咎,丘乿反,下巨
久反。(ZD59-684a)

~ 缺, 上丘乿反。
（ZD60-588a）按:
"~"即"謇(愸)"字,詳見本
書上篇第五章"謇"字條。

徔
傂

之 ~, 丘乿反。
(ZD60-582c)

之 ~, 丘乿反。
(ZD60-486b)

僉　qiān

僉

~然,七廉反,咸也,
皆也。(ZD59-729a)

慊
qiān/qiǎn/xián

慊

~苦,苦兼反,正作
謙、繁 二 形 也。
(ZD59-827c)按:"~苦"即
"謙苦"。《最勝問菩薩十
住除垢斷結經》卷7:"菩薩
謙苦,遊於八難。"(T10,
p1016c)

憸
懝

怨~,苦點反,恨也。
(ZD59-818b)

~言,上音嫌,又苦
點反,悞。（ZD59-
1106c)按:"~",對應佛經
作"嫌"。《摩訶僧祇律》卷
11:"走到率會人中,彼衆人

嫌言。"(T22,p321b)

愸　qiān

愸
愸
憸

三 ~, 丘乿反。
（ZD59-586a）按:
"~"乃"愸"。

~ 犯, 上丘乿反。
(ZD59-594b)

~ 過, 去乿反。
(ZD59-697a)

僭　qiān

僭

招 ~, 丘乿反。
（ZD60-537b）按:
"~"與"愸"同。

籔　qiān

籔

~啄,音卓。(ZD60-
368c)

慳①　qiān

慳
憪

~悢,音疾。(ZD59-
583b)

~貪,苦閑反,正作
慳。(ZD59-752c)

婞　qiān

婞

~悼,上苦閑反,下
徒了反,前頭作嫉慳
掉,舉此句少嫉也,並悞也。
（ZD60-157a）按:"~"乃
"慳",詳見本書中篇"婞"
字條。

遷②　qiān

遷
遷
遷
遷
遷
遷
遷
遷
遷
遷
遷
遷
遷

~ 動, 七 仙 反。
(ZD59-646a)

~ 逼, 七 仙 反。
(ZD59-953c)

所 ~, 七 仙 反。
(ZD59-682b)

~ 動, 七 仙 反。
(ZD59-679c)

高 ~, 七 仙 反。
(ZD59-632a)

~ 置, 七 仙 反。
(ZD59-716b)

忽 ~, 七 仙 反。
(ZD59-856a)

~ 爲, 上七仙反。
(ZD60-495c)

~ 謝, 七 仙 反。
(ZD59-743a)

~ 歷, 上七仙反。
(ZD60-399c)

~ 飛, 上七仙反。
(ZD59-587a)

~ 異, 七 仙 反。
(ZD59-928a)

~ 謝, 七 仙 反。
(ZD59-940c)

~ 滅, 上七仙反。
(ZD59-1012b)

不~,音遷。(ZD59-
668a) 按:"~"乃
"遷",詳見本書中篇"遷"
字條。

---

① 又見"婞""憪"字條。
② 又見"遷"字條。

遷遷遷遷遷

貿～，上莫候反。
（ZD60-414b）

五～，七仙反。
（ZD60-329b）

高～，七仙反。
（ZD59-752a）

～生，七仙反。
（ZD59-677b）

～人，上七仙反。
（ZD59-1030c）

貿～，莫候反。
（ZD59-866c）

謇 qiān

僑

先～，丘乹反。
（ZD60-253a）按：
"～"即"謇"，與"愆"同。

遷 qiān

遷

不～，七仙反。
（ZD60-335c）按：
"～"乃"遷"，詳見本書中篇
"遷"字條。

褰 qiān

褰褰

～張，丘乹反。
（ZD59-937a）

始～，去乹反，正作
褰。（ZD60-118c）
按："～"，對應佛經作"褰"。
《阿毘達磨大毘婆沙論》卷
116："或有造無間業亦斷
善，如提婆達多始褰持等。"
（T27，p604a）

謙 qiān

謙謹謙

～苦，上苦兼反，勞
也，堅持意也，亦作
縑也。（ZD59-572c）

～遜，苦兼反，下桑
困反。（ZD59-650a）

～苦，上苦兼反，敬
也,勞力。（ZD59-580b）

傿 qiān

傿

贖～,丘乹反，過也，
正作謇、辛二形也。
（ZD60-430a）按："～""謇"
"辛"，與"愆"同。

憪 qiān

憪

～者,上苦閑反,正
作慳也。（ZD60-258a）

搟 qiān

搟

搴眉,丘乹反,舉也，
又丘言反,正作～。
（ZD59-960c）按："～"同
"搴"。《廣雅·釋詁一》：
"搴,舉也。"

騫 qiān

騫

～衣,上丘乹反。
（ZD60-42b）按：
"～"即"騫",經文中通
"褰"。

籤① qiān

籤籤籤

～劃,息廉反,下初
眼反。（ZD59-876b）

繩～,七廉反。
（ZD60-39b）

瓊～,七廉反。
（ZD59-589b）

庋 qián

庋

～敬,上音乹,正作
虔。（ZD60-466b）

雯 qián

雯

以～,音乹。（ZD60-
447b）按："～"即
"虔"字。

虔② qián

虔虔雯虔

肅～,息六反,下巨
焉反。（ZD59-766a）

盡～,音乹。（ZD59-
641c）

～心,巨焉反,敬也,
正作虔。（ZD59-
757b）

脩～,息由反,下巨
焉反。（ZD59-768a）

盡～,音乹。（ZD60-
459a）按："～"乃
"虔"字,詳見本書中篇

---

① 又見"籤"字條。

② 又見"雯""庋"字條。

"庹"字條。

~闍，上巨焉反。
（ZD60-272a）

~闍，上巨焉反。
（ZD60-201a）

~恭，上巨焉反。
（ZD60-537c）

~奉，巨焉反，敬也，
惧。（ZD59-767b）

服~，音乩。（ZD60-
353a）

~推，巨焉反，下直
追反。（ZD59-717c）

捷　qián

~搥，上巨焉反，下
直追反。（ZD59-
626c）按：《沙彌律儀要略增
注》卷 2：「凡木石銅鐵打而
有聲者，名曰揵搥。」（X60，
p250c）

~稚，直利反。
（ZD60-53b）按：「~
稚」，或作「揵稚」「健稚」。
從形體看，「~」既有可能是
「揵」，也有可能是「健」。

偂　qián

迦~，昨先反，《陁隣
尼鉢經》作迦前，郭
氏亦音前，《玉篇》音煎，非
也，應和尚未詳，蓋俗字耳。
（ZD60-354c）按：「~」，譯
音字。

迦~，昨先反，正作
前、𩥰二形。（ZD59-

749c）按：「~」，譯音字。
《陀羅尼雜集》卷 9：「迦偂
呢，摩訶迦偂尼。」（T21，
p630c）

犍　qián

~達，其焉反，樂神
名也，正作犍，又他
達反，惧。（ZD59-753a）
按：《佛說藥師如來本願經》
卷 1：「一時婆伽婆遊行人
間至毘舍離國住音樹下，與
大比丘衆八千人俱，菩薩三
萬六千、國王、大臣、婆羅
門、居士、天龍、阿修羅、犍
達婆、伽樓荼、緊那羅、摩呼
羅伽等，大衆圍遶，於前説
法。」（T14，p401b）「犍」，
明本作「楗」，宮本作「捷」。
「犍達婆」，又作「健達婆」
「捷達婆」「乾達婆」等形。
可洪以「~」爲「犍」，用作譯
音字，其實從形體看，「~」
也有可能是「捷」。

鈐　qián

~鍵，巨廉反，下巨
偃反，車轄也，開鑛
也。（ZD59-951a）

湆　qián

~光，上自廉反，藏
也，沈也，止也，又音
泣，羹汁也，非用，上方藏作
潜，正作潛也。（ZD60-

184c）按：「~」，對應佛經作
「潛」。《佛所行讚》卷 5：
「如何智慧日，忽然而潛光？
無智爲迅流，漂浪諸衆生，
如何法橋梁，一旦忽然摧。」
（T04，p45a）

羬　qián

軔~，而振反，礙車
輪木也，下巨廉反，
羊六尺也。《爾雅》曰羊六
尺爲羬，又五咸反，山羊也，
又羊有力。（ZD59-975c）
按：《成唯識論》卷 10：「軔
羬軒而扶龍轂。」（T31，
p59c）

潜[①]　qián

~倍，山板反。
（ZD59-804a）按：
「~」，對應經文作「潛」。
《陀羅尼集經》卷 11：「唵
（一）潜倍謀戲（二）。」
（T18，p878b）「~」，可洪音
「山板反」，蓋以爲「潜」字，
恐非。

黔　qián

~蚰，上其廉、其今
二反。（ZD59-1125c）
茶~，宅加反，下巨
廉反。（ZD59-880a）

~黎，巨廉反。
（ZD59-635b）

---

① 又見"湆""譖"字條。

黔
～黎,上巨廉反,黑也,秦始皇帝改民爲黔首,下音犁,衆也。(ZD59-548c)

錢 qián

錢
彌～,上音禰,下音鈍。(ZD59-799a)
按:"彌～",對應佛經作"彌鈍"或"彌錢"。《孔雀王咒經》卷1:"彌多簸波多彌噬羅彌噬羅彌鈍頭鼻羯闍禰。"(T19,p483c) "鈍",宋、元、明本作"錢"。從形體看,"～"即"錢"字,不當音"鈍"。

譖 qián

譖
～濟,上庄蔭反,讒也。(ZD59-765c)
按:《六度集經》卷4:"替濟自没,即坏舟之等矣。"(T03,p22c)根據經文,"～濟""替濟"皆應爲"潛濟",偷渡也。《資治通鑒·隋文帝仁壽四年》:"祥簡精銳於下流潛濟,公理聞之,引兵拒之。""～"乃"潛"之訛,可洪依本字讀"zèn",不妥。

鉆 qián

鉆
鐵～,巨廉反。(ZD59-987a) 按:"鐵～",對應佛經作"鐵鉗"。《中阿含經》卷1:"若

有力士以熱鐵鉗鉗開其口。"(T01,p426a) "鉗鉗",宋、元、明本作"鉆鉆"。"～"與"鉗"同,鉗子。

鉆
鐵鉗,巨廉反,正作～。(ZD59-848b)
按:《佛説觀佛三昧海經》卷5:"樹上復有大熱鐵鉗。"(T15,p672b)

屟 qiǎn

屟
持～,苦斬反,小户也,牖也。(ZD59-1092c)

淺 qiǎn

濺
深～,千演反,正作淺也,悮。(ZD59-913a)

遣 qiǎn

遺
～人,上去演反,正作遣。(ZD60-189b)
～知,去演反,使也,發也,正作遣。(ZD59-959b)

譴① qiǎn

譴
訶 ～,去戰反。(ZD59-787c)

譴
追 ～,去見反。(ZD60-523c) 按:

"～"乃"譴"。

芡 qiàn

茨
菱～,上力繩反,下其撿反,雞頭也,亦云烏頭,亦云鴈頭,正作芡也, 又才咨反,誤也。(ZD59-1121b)

芡
菱～,上力承反,下其掩反。(ZD59-1126c)

茜 qiàn

茜
～草,上千見反。(ZD60-39b)

羨
～色,上千見反,正作茜、芊二形也,又則先反,非也。(ZD59-1106a)按:《摩訶僧祇律》卷9:"索者,我須青若黄若赤若黑若種種茜色等。"(T22,p305a) "～",從形體看,疑爲"篋",經中通"茜"。

蒨 qiàn

蒨
～ 練,七見反。(ZD59-850b)
蔓～,上亡販反,下七見反,東方朔字也,正作曼倩也。(ZD60-577b)按:《廣弘明集》卷22:"實晉代茂先、漢朝曼蒨,方今蔑如也。"(T52,p261c)

——————

① 又見"譴"字條。

舊　～根，七見反。(ZD59-791b)

壍　qiàn

壍　～中，上七焰反。(ZD59-1127b) 按："壍"，經文作"塹"。《十誦律》卷 58："殺猪取好肉持去，留腸著塹中。"(T23, p434c)"～"乃"塹"構件換位所致。

塹①　qiàn

塹　隍～，戶高反，下七焰反。(ZD59-938a)按："～"即"塹"，構件"土"與"虫"草寫相混。

塹　隍～，戶光反，下七焰反。(ZD59-761a)

塹　山～，七焰反，坑也。(ZD59-778a)

綪　qiàn

綪　～綠，音青，又七見反，青赤色也。(ZD59-878c)

綪　～紺，七見反。(ZD59-772c)

槧　qiàn

槧　鉛～，下七焰反，筆也，秦已前皆削木書之，或謂之槧，或謂之札，或謂之觚，秦蒙恬造筆，後始有筆焉，正作槧，又七廉、才敢二反，從斬木。(ZD60-461a)按："～"乃"槧"，詳見本書中篇"槧"字條。

羌　qiāng

羌　～多，上丘羊反，發語之初也。(ZD60-589c)

羌　～揭，丘羊反，下巨列反。(ZD59-872c)

羌②　qiāng

羌　～虜，去羊反，下郎古反。(ZD59-726a)

羌　～國，去良反。(ZD59-751c)

羌　有～，去羊反，正作羌。(ZD59-960b)

羌　～虜，上丘羊反，下郎古反，正作羌虜。(ZD60-293b)

羌　～藉，上丘羊反。(ZD60-326c)

搶　qiāng

搶　百～，同上（槍）。(ZD59-1008b)

搶　刀～，七羊反，拒也。(ZD59-589c) 按："～"乃"槍"。

蜣　qiāng

蜣　蛣～，上去吉反，下去羊反。(ZD60-370c)

蜣　～蜋，丘羊反，下力羊反。(ZD59-911a)

蜣　鐵～，去羊反。(ZD59-1062c)

蜣　～蜋，上丘良反，下力羊反。(ZD60-4b)

蜣　～蜋，丘羊反，下力羊反。(ZD59-869c)

槍③　qiāng

槍　百～，七羊反。(ZD59-1008b)

槍　利～，七羊反，《郭氏音》作劏，同上。(ZD59-1104b)按："～"，經文作"槍"。

鎗　若～，七羊反。(ZD59-911c)

鎗　木～，七羊反，正作槍。(ZD59-1089a)

鎗　馬～，七羊反，拒也，正作槍。(ZD59-855c)

据　～榆，上七羊、七兩二反，下欲朱反，《栢梯藏》作槍榆。(ZD60-474b)

蜣④　qiāng

蜣　～蜋，丘羊反，下力羊反。(ZD59-702c)

———

① 又見"塹""壍"字條。
② 又見"羌"字條。
③ 又見"鎗"字條。
④ 又見"蜣"字條。

蟓
蠅～蜋，上羊陵反，中丘良反，下力羊反。（ZD59-597b）

蟓
蠶～蜋，上自南反，中丘羊反，下力羊反。（ZD59-681b）

蟓
～蜋，丘羊反，下力羊反。（ZD59-741a）

蟓
蛣剩～，中實證反，下去良反，此是蛣蟓二字。（ZD60-257c）按：“～”乃“蟓（蟓）”。

蟓
～蜋，去羊反，下力羊反。（ZD59-679c）

蹡　qiāng

蹡
～躞，上七羊反，下蒲北反，頓伏皃，正作蹌踖也，《經音義》作蹌踖是也。（ZD59-985c）按：《長阿含經》卷19：“走欲至門，門自然閉，罪人蹌踖，伏熱鐵地，燒炙其身。”（T01, p125a）“蹌踖”，宋、元、明本作“蹡跌”。

蹡　qiāng

蹡
蹡
～動，上七羊反，即是蹡字。（ZD60-362c）相～，七羊反，趍也，走也，正作蹌也。（ZD59-644a）

强[1]　qiáng

强
大～，巨羊反。（ZD59-820c）

强
强
强
强
强
强
强
强
强
休～，音休，下巨良反。（ZD59-834b）
～梁，上巨羊反。（ZD59-999b）
～兮，上巨良反，下胡雞反。（ZD59-629c）
～羸，上巨羊反，下力垂反。（ZD60-58b）
～力，巨羊反。（ZD59-716b）
掘～，上巨勿反，正作倔。（ZD59-599a）
苦～，巨羊反。（ZD59-950a）
～而，巨羊反。（ZD59-809b）
牢～，郎刀反，下巨羊反。（ZD59-820b）

廧　qiáng/sè

廧
廧
廧
木～，自羊反，船柱也，謂帆柱也，正作檣也。（ZD59-572c）按：“～”即“廧”，通“檣”。
頻婆～，音色。（ZD59-743b）按：“～”即“廧（廧）”，通“薔”。

墙　qiáng

墙
墻
墻
墻
～仞，上自羊反，下而振反，七尺曰仞。（ZD60-582c）
築～，知六反。（ZD59-677c）
橙～，上音登，升也，上也。（ZD59-1006a）

薔　qiáng

薔
薔
薔
～薇，上疾羊反，下文非反。（ZD59-1023b）
～微，上自羊反。（ZD59-1025b）

廧[2]　qiáng

廧
聚～，自羊反。（ZD60-278a）按：“～”，經文或作“牆”。

嫱　qiáng

嫱
嫱
毛～，自羊反，婦人官名也。又音色，女字也，並正作嫱。（ZD60-563b）

檣　qiáng

檣
檣
板～，自羊反，帆竿也。（ZD60-204b）

牆[3]　qiáng

牆
牆
牆
朽～，自羊反。（ZD59-689c）
～柵，上自羊反，下楚責反。（ZD60-61c）

---

① 又見“彊”字條。
② 又見“廧”字條。
③ 又見“墙”“廧”“牆”等字條。

墻　～辟，自羊反，下補歷反，正作牆壁也。（ZD59-844a）按：“～辟”，對應佛經作“牆壁”。《佛説華手經》卷 9：“樹間七重，亦以七寶、七重牆壁、七重寶塹，周迴圍遶。”（T16，p202b）

牆　屏～，下自羊反，障也。（ZD60-388c）

牆　～壁，上自羊反。（ZD59-1126a）

牆　垣～，上于元反，下自羊反。（ZD59-592b）

牆　女～，自羊反。（ZD59-668c）

墻　垣～，上于光反，下自羊反，垣院也。（ZD59-556b）

墻　～崩，自羊反，下比朋反。（ZD59-919a）

牆　頹～，徒迴反，下自良反。（ZD59-937c）

墻　隤～，上徒迴反，下疾羊反。（ZD60-69a）

墻　垣～，上于元反。（ZD59-621b）

墻　垣～，于元反，下疾羊反。（ZD59-656c）

墻　空～，自羊反。（ZD59-1033b）

墻　垣～，上于元反，下自羊反。（ZD59-576c）

牆　畫～，户卦反，下自羊反。（ZD59-689c）按：“～”乃“牆”，詳見本書中篇“牆”字條。

墻墻牆牆墻　垣～，于元反，下自羊反。（ZD59-653b）～垣，自羊反，下于元反。（ZD59-708a）女 ～，疾羊反。（ZD60-399b）垣～，爲元反，下自羊反。（ZD59-663a）垣～，于元反，下自羊反，正作牆。（ZD59-761a）

墻　垣～，爲元反，下自羊反。（ZD59-665a）

墻　qiáng

墻　若～，自羊反，船上帆柱也，正作檣、桟二形。（ZD59-581b）按：“～”乃“牆”，通“檣”。

墻　蹬～，上都恒反，升也，正作牆。（ZD59-1113b）按：“～”乃“牆”。

埵　女～，自羊反，正作墻。（ZD60-400a）按：“～”乃“牆”。

墻　越～，《經音義》作赾牆，上他吊反，又云經文作超，此藏作越是也。（ZD60-205c）按：“～”乃“牆”。

墻　板～，自羊反，船中帆柱也，正作檣。（ZD59-584c）按：“～”乃“牆”，通“檣”。

墻　垣～，上于元反，下自羊反。（ZD59-587b）按：“～”乃“牆”。

㩴　qiǎng

㩴　揩～，上苦皆反，下七兩反。（ZD60-54a）按：“～”同“搶”。

襁　qiǎng

襁　～負，上居兩反，正作襁也。（ZD60-274a）按：“～”同“襁”。

襁[①]　qiǎng

襁襁襁襁　～褓，上居兩反，下補老反。（ZD60-10a）～褓，上居兩反，下博老反。（ZD59-597a）～ 負，上居兩反。（ZD60-497b）～負，上居兩反，正作襁也。（ZD60-274a）

繈　qiǎng

繈繈　～抱，上居兩反。（ZD60-224a）～負，居兩反，負兒衣也，正作襁。（ZD59-896c）按：“～”同“襁”。《佛説天王太子辟羅經》卷 1：“四國乏者，繈負相扶，填國塞路。”（T15，p130c）《弘明集》卷 8：“繈負佛經，流布關輔。”（T52，p52b）

————

① 又見“襁”“繈”字條。

敲 qiāo

敲
敲
敲

榷(攉)～,苦交反。
(ZD60-377a)

榷(攉)～,苦交反。
(ZD60-389a)

或 ～,苦 交 反。
(ZD59-875b)

敲 qiāo

敲

～銅,上苦交反,悮。
(ZD60-444b) 按:
"～"乃"敲"字,詳見本書中
篇"敲"字條。

磽 qiāo

磽

～确,苦交、五孝二
反,下口角、胡角二
反,石地也,又塙土也,亦作
墝埆也。(ZD59-982a)

鍬 qiāo

鍬

持～,七消反,見別
本作揪。(ZD59-
964a)按:《大莊嚴論經》卷
15:"時王後自遣人持鍬欲
除,往到其所,塔樹盡無。"
(T04, p344c)

繑 qiāo

繑

～足,上居小反,舉
也,正作蹻也,《辯正
論》作蹻也。(ZD60-561b)

按:《廣弘明集》卷 13:"與
僧澄道人嬌足毛羽。"
(T52, p185c)《唐護法沙門
法琳別傳》卷 2:"與僧澄道
人矯足毛羽。"(T50, p205c)
"～""嬌""矯"通"蹻"。"繑"
"蹻"《廣韻》皆可音"去遙
切"。

蹺 qiāo

蹺
蹺
撓

～足,去妖反。
(ZD59-959c)

～腳,上去嚻反,揭
腳也。(ZD59-1110a)

～行,上去高反,揭
腳行也,正作蹺。
(ZD59-1071a)

蹻 qiāo

蹻
蹻
蹻

～腳,上區消反,律
文自切,又《經音義》
及《川音》並作𨁛,丘消反。
(ZD60-49b)

～足,上去憍反。
(ZD60-102a)

～一,上去憍反,獨
腳行也,舉足高也,
正作蹻、蹺 二 形 也。
(ZD59-1119c) 按:"～"乃
"蹻",詳見本書中篇"蹻"
字條。

畂 qiáo

畂

～巢,見藏經作橋
泉,上巨憍反,下音

全,又上力出反,下音全,出
郭氏音。(ZD60-357b) 按:
"～"即"橋",詳見本書中篇
"畂"字條。

喬 qiáo

喬

～苔,上巨憍反。
(ZD59-1101c)

惟 qiáo/wéi

惟
惟

～悴,上疾焦反,下
疾遂反。(ZD59-
1032a)按:"～"乃"憔"字。

～幄,上于誰反,
下烏角反,正作帷幄
也。(ZD60-493a)按:"～"
乃"帷"字。

熦 qiáo

熦

～悴,上疾焦反,下
疾遂反。(ZD59-
1104c) 按:"～",經文作
"憔"。構件"火"與"忄"相
混。《摩訶僧祇律》卷 4:
"漸至長大,衣毛熦悴,人所
惡見,竪耳張口,恐怖小
兒。"(T22, p258b)"熦",宋、
元、明、宮本作"燋"。"～
悴"即"燋悴",與"憔悴"同。
從形體看,"～"即"燋"。

橋 qiáo

橋

～隉,丁兮反。
(ZD60-68c)按:"～"

同"橋"。

僑① qiáo

僑 僑 僑 僑
　～里，巨憍反。
（ZD59-784a）
　作～，巨撟反。
（ZD60-375a）
　～停，巨憍反，寄也。
（ZD59-706c）
　～履，魚驕反。
（ZD59-782b）按：
"～"即"僑"，可洪音"魚驕反"，不詳，恐誤。

撨 qiáo

撨 撨
　～逕，上自焦反，下古定反。（ZD60-480a）按："～"乃"樵"。
　擔～，才焦反。
（ZD59-1052c）按："～"乃"樵"。

蕎 qiáo

蕎
　～麥，巨憍反。
（ZD59-804a）

憔② qiáo

憔 憔 燋
　～悴，疾焦反，悮，下疾遂反。（ZD59-845a）
　～悴，自焦反，下自醉反。（ZD59-729c）
　～悴，疾焦反，上正作憔。（ZD59-731c）

燋
　～悴，自焦反，下自遂反。（ZD59-688a）

鄡 qiáo

鄡
　～旅，上音橋，下音呂。（ZD60-393a）

橋③ qiáo

橋 撟 橋
　～屏，毗政反，廁也。
（ZD60-555c）
　～船，上巨憍反。
（ZD60-22c）
　～樑，巨憍反，下力羊反。（ZD59-677c）

樵④ qiáo

樵 樵 樵 樵 棶 蕖 蕉 蘸
　～濕，自焦反。
（ZD59-660b）
　～伐，上才焦反，又先條反，悮。（ZD59-1007c）
　賣～，才焦反，薪也，又藮條反，悮。
（ZD59-763b）
　～者，自焦反。
（ZD59-857b）
　採～，才焦反。
（ZD59-1007b）
　～木，上才焦反。
（ZD59-987a）
　水～，才焦反。
（ZD59-990c）
　香～，自焦反。
（ZD59-752a）

蕖 蕉
　若～，才焦反。
（ZD60-81a）
　器～，才焦反。
（ZD60-278a）

翹 qiáo

翹 翹 翹
　～脚，巨遙反，正作翹。（ZD59-828b）
　或～，巨堯反。
（ZD59-855b）
　～懃，上巨遙反。
（ZD60-82b）

蕖 qiáo

蕖
　～歌，上自焦反。
（ZD60-512a）按："～"即"樵"字。

藮 qiáo

藮
　採～，才焦反，薪也。
（ZD59-1131a）按："～"乃"樵"。
　～中，同上（樵）。
（ZD59-1052c）

蘸 qiáo

蘸
　取～，才焦反。
（ZD60-20b）按："～"乃"樵"。《彌沙塞部和

---

① 又見"鄡"字條。
② 又見"惟""燋"等字條。
③ 又見"畩""楠"字條。
④ 又見"撨""藮""蕖""蕉""蘸"等字條。

醯五分律》卷1:"至時持鉢入城乞食,取樵人於後輒壞其菴,持材木去。"(T22,p5b)

譙 qiáo

譙　～也,上自妙反,又自焦反。(ZD60-351a)

蘸 qiáo

蘸　破～,才焦反,正作蘸。(ZD59-796a)

蘸　破蘸,才焦反,正作～。(ZD59-796a)

按:"～"即"蘸",與"蘸""樵"同。

蘸　～野,上自焦反,下時與反。(ZD60-508c)

鐈 qiáo

鐈　徐～,巨憍反,正作鐈。(ZD59-589b)

顜 qiáo

顜　～頰,才焦反,下才遂反。(ZD59-850c)

巧 qiǎo

巧　～匠,口夘反,下才亮反。(ZD59-925c)

巧　～色,苦夘反,好也。(ZD59-873a)

巧　以～,苦夘反,能也,正作巧也。(ZD59-728c)

巧　～方,苦夘反,正作巧。(ZD59-898a)

愀 qiǎo

愀　～然,七小、才酉二反,容色變也。(ZD59-959a)

峭 qiào

峭　峻峭,七笑反,論文作～,非。(ZD59-955b)

誚 qiào

誚　思～,自妙反。(ZD60-380a)

竅① qiào

竅　九～,苦叫反,正作竅。(ZD59-1063b)

竅　含～,苦吊反。(ZD60-497a)

竅　～聲,苦叫反,正作竅。(ZD59-824b)

竅　～穴,上苦叫反,孔穴也。(ZD59-616a)

竅　九～,苦吊反,正作竅。(ZD60-167a)

切 qiē

切　～拖,音施。(ZD59-899c)按:"～",對應佛經作"切"。《優婆塞戒經》卷1:"一切時中一切施故。"(T24,p1036c)

切　慊～,上胡兼反,下七屑反,上又苦蕈反,非也。(ZD60-315a)

切　～～,七結反,正作切。(ZD60-468c)

吃 qiē

吃　秀～,去迦反,正作哇,第十卷作秀哇婆含是也,《川音》音畎,非也,《江西經音》作仙匀、黄絹二反,亦非也,《玉篇》音荀,非也,郭氏音縣,非也,應和尚未詳。(ZD60-289a)按:"～"疑爲"哇",譯音字。

唧 qiē

唧　十～,丘迦反,又丘約反,或作俹。(ZD59-762b)按:"～",譯音字。《大佛頂廣聚陀羅尼經》卷1:"摩訶迷唧(七)。"(T19,p157b)

唧　作～,與伕同,又音却。(ZD60-362a)

哇 qiē

哇　～隸,去迦反。(ZD59-746c)按:"～",譯音字。《大雲輪請

---

① 又見"竅"字條。

雨經》卷 2：“摩訶頗那（引）
咭隸咭羅（引）波施。”
（T19，p499c）《紹興重雕大
藏音》卷 3：“咭，去加反。”
（C059，p535a）

咭　　～囉，丘迦反。
（ZD59-745c）按：
“～”，譯音字。

咖　qié

咖　　～嘛，巨迦反，下丁
禮反。（ZD59-806c）
按：“～”，譯音字。《佛頂最
勝陀羅尼經》卷 1：“薩婆咖
（去）底（平）鉢李舜提（四
十）。”（T19，p356b）

咖　　～囉，其迦反。
（ZD59-815b）按：
“～”，譯音字。

咖　　牟～，巨迦反。
（ZD59-838b）

妾　qiè

妾　　携妓～，上戶圭反，
中奇綺反，下七葉
反，正作妾。（ZD60-550a）
按：“～”乃“妾”，詳見本書
中篇“妾”字條。

怯　qiè

惏　　不～，丘劫反，上方
經作怯也，或作惏，
巨約反，勞倦也。（ZD59-
842b）按：“～”乃“怯”字，詳
見本書中篇“惏”字條。

怟　　恐～，丘劫反，怖也，
又郭氏音劫，非也。
（ZD59-675b）按：“～”乃
“怯”字，詳見本書中篇
“惏”字條。

匧　qiè

匧　　離～，同上。（ZD59-
1104a）

觢　qiè

觢　　寶～，苦結反。
（ZD59-591a）

挈　qiè

挈　　一～，苦結反。
（ZD59-1045b）
挈　　～罝，上苦結反，下
音網。（ZD60-238a）
按：《阿育王傳》卷 1：“爲人
極惡，罵父罵母，手則挈網，
脚則頓機。毒塗草葉蟲獸，
觸者無不即死。”（T50，
p101a）

猰　qiè

猰　　妎～，苦結反，不仁
也。（ZD59-787c）

恮　qiè

恮　　順～，苦頰反，快也，
可也。（ZD59-662b）

恮　　～意，上苦頰反。
（ZD59-1135c）

恮　　不～，苦協反。
（ZD60-490b）

恮　　～其，苦頰反，快也。
（ZD59-660c）

恮　　～服，上苦叶反。
（ZD60-320b）

恮　　不～，苦頰反。
（ZD59-567a）

恮　　～當，苦叶反，可也，
快也，下都浪反，上
又五類反，非。（ZD59-
928b）

恮　　文～，苦頰反，可也，
正作恮。（ZD60-
179c）

恮　　允～，上以准反，當
也，下苦頰反，可也。
（ZD60-484b）

恮　　理～，苦叶反。
（ZD60-575b）

恮　　理～，苦叶反。
（ZD60-574a）

恮　　文～，苦頰反，決
也，可也，正作恮、
恮二形，栢梯本作恮也，又
甲、叶二音，並非。（ZD60-
501c）

恮　　～順，苦協反，快也，
正作恮也，又五頰
反，非。（ZD59-972b）

緁　qiè

緁　　～衣，上音妾，連也。
（ZD60-368b）

篋① qiè

肽～，上丘劫反，下苦頰反。(ZD59-589b)

香 ～，苦頰反。(ZD59-857a)

一 ～，苦協反。(ZD59-721a)

鼓～，苦頰反，正作篋也，又夾、頰、箓三音，非也。(ZD60-467a) 按："～"乃"篋"。《續高僧傳》卷5："遂流連會稽，多歷年祀，伏膺鼓篋，寔繁有徒。"(T50, p466a)

之 ～，苦頰反。(ZD59-649a)

香 ～，謙頰反。(ZD59-663b)

～ 藏，苦叶反。(ZD59-725c)

以 ～，苦叶反。(ZD59-641a)

～笥，苦叶反，下司寺反。(ZD59-644b)

～笥，苦叶反，下司寺反。(ZD59-789a)

香 ～，苦叶反。(ZD59-667c)

～ 中，上苦頰反。(ZD60-145a)

箱～，上息良反，下苦頰反，並悮。(ZD59-605b)

～藏，苦頰反，正作篋。(ZD59-732a)

～藏，苦叶反。(ZD59-713b)

～ 中，上苦頰反。(ZD59-572a)

香 ～，苦頰反。(ZD59-857a)

函 ～，戶緘反。(ZD59-919a)

～ 簏，上苦頰反。(ZD59-1106b)

三～，苦頰反，藏也。(ZD59-548b)

～ 藏，苦頰反。(ZD59-735b)

諸 ～，苦叶反。(ZD59-708a)

～ 中，苦頰反。(ZD59-758b)

～ 藏，苦叶反。(ZD59-709a)

～來～，上下二同，苦頰反，正作篋。(ZD59-1125c)

如 ～，苦頰反。(ZD59-639a)

～藏，苦頰反，此字正。(ZD59-732a)

竊 qiè

並 ～，千結反。(ZD59-991a)

～ 取，上七結反。(ZD59-1089c)

盜 ～，千結反。(ZD59-1000c)

偷 ～，千結反。(ZD59-623b)

～ 相，七結反。(ZD59-821b)

～取，上千結反，正作竊。(ZD60-151a)

～ 可，上千結反。(ZD59-1086b)

～ 作，上七結反。(ZD59-558b)

～ 作，上千結反。(ZD59-562a)

～ 懷，上千結反。(ZD59-593c)

～ 作，上千結反。(ZD59-563a)

～復，七結反，下音伏。(ZD59-683c)

盜 ～，七結反。(ZD59-676c)

私～，息咨反，下七結反。(ZD59-732c)

～ 作，上七結反。(ZD59-554c)

～ 作，上七結反。(ZD59-561c)

～ 應，上七結反。(ZD59-564a)

～避，七結反，私也。(ZD59-826a)

盜 ～，七 結 反。(ZD59-715c)

～ 作，上千結反。(ZD59-553c)

私 ～，七 結 反。(ZD59-961b)

～ 應，上七結反。(ZD59-564a)

————

① 又見"匧"字條。

竊竊
～作,上千結反。
(ZD59-563b)

竊
篡～,初患反,棄位
也,侵也,下七結反,
私也。(ZD59-694b)

竊
～至,上千結反。
（ZD60-408c）按:
"～"乃"竊"字,詳見本書中
篇"竊"字條。

竊
～以,千結反,私也,
淺也。(ZD59-548c)
按:《字樣》作竊也。

竊
～起,上千結反。
(ZD59-1109a)

竊
～作,上千結反。
(ZD59-600c)

竊
～自,七結反,私也。
(ZD59-666a)

竊
盜～,七結反。
(ZD59-670c)

竊
～所,上千結反。
（ZD60-319a）按:
"～"乃"竊"字,詳見本書中
篇"竊"字條。

侵　qīn

侵
～掠,力讓反。
(ZD59-721a)

侵
～棄,徒活反。
(ZD59-835b)

侵
不～,七心反。
(ZD59-909b)

侵
～嬈,奴了反。
(ZD59-734b)

褐
～觸,上七林反。
(ZD59-1115b)

侵
～至,七心反。
(ZD59-910c)

假
～凌,上七心反,正
作侵。(ZD59-555b)

候
～惚,乃老反,又音
忽,怳。(ZD59-816a)

侵
～食,七心反。
(ZD59-920b)

褐
～佛,上七林反,正
作侵也。（ZD59-
1113b）

侵
～損,上七心反。
(ZD60-190a)

侵
～叛,音畔,背也。
(ZD59-822b)

侵
～奪,徒活反。
(ZD59-976b)

褐
～犯,七心反。
(ZD59-657c)

衾　qīn

衾
～受,上丘今反。
(ZD59-611b)

衾
衣～,丘金反,被也,
有頭曰被,無頭曰
衾。(ZD60-329a)

嶔① qīn

嵌
～岑,去今反,下魚
今反,山高也,正作
嶔嵒也,下又助今反,非。
(ZD59-770a)

嵌
～巖,宜作嵌,苦
銜、丘嚴二反,石龕
也,峻廊也,古井中隧道
也,又音欽,～嵒,山高也,

非用。(ZD59-850c)按:經
文作"嶔巖"。

嶔　qīn

嶔
～嵅,上魚今反,峰
形如掌也,下五何
反,正作峨峨也,上又丘
今反,非,應和尚以嶔嵒替
之,亦非。（ZD59-1030b）
按:"～嵅",對應佛經作"嶔
峨"。《大樓炭經》卷5:"諸
大山須彌山王嶔峨動搖,譬
如大鼎鑊熾其火,鑊沸踊
躍,七日出時如是也。"
(T01,p303b)"～音"魚今
反",讀"yín",蓋以爲"嵒",
不妥。

嶔
嶇～,上丘愚反,下
丘吟反。（ZD60-
578c）

嶔
作～,同嶔。(ZD60-
371b)

親　qīn

親
～婦,七辛反。
(ZD59-959a)

親
～戚,七新反。親,
愛也,近也。友,朋
也,相知也。正作親友。
(ZD59-959a)按:"～"乃
"親"字,詳見本書中篇
"親"字條。

親
～友,音親。(ZD59-
959a)

---

① 又見"嶔"字條。

騳 qīn

騳 ～～，七心反。
（ZD60-599c）

芩 qín

芩 曰～，巨今反。
（ZD59-1031a）

奏 qín/zòu

奏 僞～，自辛反，正作
秦。（ZD60-447c）

奏 ～三，上祖豆反。
（ZD59-584b）

秦 qín

秦 ～牛，正作𤚐。
（ZD60-77a）

𥠃① qín

𥠃 ～景，上自辛反，正
作秦。（ZD60-514b）
按：“～”乃“秦”字，詳見本
書中篇“𥠃”字條。

笒 qín

笒 彈～，巨今反。
（ZD60-38a）按：“彈
～”之“～”，乃“琴”字。

芩 之～，巨今反。
（ZD59-1000a）按：
“～”，同“琴”。《增壹阿含

經》卷6：“善哉！波旬！汝
今音與琴合，琴與音合，而
無有異。”（T02，p575c）
“琴”，聖本作“笒”。

笒 ～婆，上巨今反。
（ZD59-999c）按：
“～”，有異文作“琴”。《增
壹阿含經》卷3：“計身無
我，喜聞笒婆羅門是。”
（T02，p559c）《釋迦譜》卷
1：“計身無我，即喜聞琴婆
羅門。”（T50，p12c）

捃 qín

捃 ～獲，上巨今反。
（ZD60-140c）按：
“～”同“擒”。

捃 ～之，上巨金反。
（ZD60-592c）按：
“～”音“巨金反”，即“捃”。
對應佛經作“檢”。《廣弘明
集》卷29：“遽入侍於帝室，
值何羅之作難，乃檢之以投
瑟。”（T52，p337c）

琴② qín

笒 執～，巨今反，正作
琴。（ZD59-716c）
按：“～”即“琴”。

禽③ qín

獝 ～獸，巨今反。
（ZD59-637b）

禽 等～，巨今反，正作
禽。（ZD60-158c）

獝 qín

獝 ～獸，巨金反，下尸
呪反。（ZD59-671c）

獝 ～獸，巨今反。
（ZD59-676c）

㹀 ～狩，上巨今反，下
尸呪反，正作禽獸。
（ZD59-1030a）按：“～”乃
“禽”字，詳見本書中篇
“獝”字條。

獝 ～狩，巨今反，下尸
呪反。（ZD59-699c）

勤 qín

勤 設～，音勤。（ZD59-
1037c）

勤 ～脩，上許云反，下
思由反。（ZD59-
1038a）按：“～”，經文作
“勤”，即“勤”字之訛。《佛
説鴦掘摩經》卷1：“若新學
比丘，勤修於佛教，其明焴
於世，如月盛滿時。”（T02，
p510a）可洪以“～”音“許云
反”，蓋是當作了“薰”字，
誤，經文是“勤”字。

勤 懃～，於斤反。
（ZD59-677b）

𤚐 qín

𤚐 ～牛，疾津反，牛名
也。（ZD59-860b）

---

① 又見“秦”“奏”字條。
② 又見“笒”字條。
③ 又見“獝”“蟦”字條。

擒^①　qín

拵　～牽，上巨今反。（ZD59-1111a）按："～"乃"擒"字，詳見本書中篇**拵**字條。

擒　～得，上巨今反，捉也，急持也，正作擒、捦、擈三形。（ZD59-1015a）按："～"乃"擒"，詳見本書中篇"擒"字條。

擒　～獲，上巨今反。（ZD59-1001b）

礜　qín

礜　～岑，上才心反，下助金反，下又《川音》作岑，音吟。（ZD60-413b）

獥　qín

獥　～狩，上巨今反。（ZD59-993b）按："～"同"禽"。

獥　～狩，上巨今反。（ZD59-581a）按："～"同"禽"。

檎　qín

檎　林～，巨金反。（ZD60-498c）

鸑　qín

鸑　～也，上自心、自廉二反。（ZD60-369a）

蟁　qín

蟁　飛～，巨今反，正作禽、蟁二形，又丑知反，非。（ZD59-1104c）按："～"乃"禽"字，詳見本書中篇"蟁"字條。

寢^②　qǐn

寢　寤～，上五故反，下七朕反，臥覺也，正作寤寢。（ZD59-550a）

寢　～憐，七錦反，下力田反。（ZD59-911c）

寢　酣～，上户甘反，下七朕反。（ZD60-530a）

寢　～寐，上七朕反，下彌二反。（ZD59-565c）

寢　～寐，上七朕反，下彌利反。（ZD59-587b）

寢　～寤，七朕反，下五古反。（ZD59-939a）

寢　～藏，上七朕反，臥也，幽也，正作寢也。（ZD60-159b）按：《成實論》卷5："所以者何？經中説心，獨行遠逝，寢藏無形。"（T32，p275a）

寢　宴～，一見反，下七朕反。（ZD59-661b）

寢　～臥，七審反，臥也，幽也，正作寢。（ZD59-972c）按："～"乃"寢"，詳見本書中篇"**寢**"字條。

寝　qǐn

～想，上或作寝。（ZD60-571b）

寖　qǐn

寖　遂～，七審反，停息也，正作寢也。（ZD60-551b）

寖　qǐn

寖　～寐，蜜二反。（ZD59-1003a）

寢　qǐn

寢　眠～，七審反，臥也，正作寢。（ZD60-439a）按："～"乃"寢（寢）"字，詳見本書中篇"寢"字條。

青　qīng

青　～鷔，務、木二音，野鴨別名。（ZD59-556c）

菁　～紅，音青，又音精，非也。（ZD59-675b）按："～紅"，對應佛經作"青紅"。《等目菩薩所問三昧經》卷3："如彼大河，迴旋七匝，以其四華，青紅黄白而爲莊嚴。"（T10，p587b）"青"蓋受上字"華"的影響

_____

① 又見"捦"字條。
② 又見"寝""寖""寢"字條。

類化增旁而作"菁"。"菁"
又別爲一字。《大寶積經》
卷 11："或現食麻米,或現
食蘿蔔若芋蕪菁。"(T11,
p61a)

瘄 瘄
　～瘀,音青,俗,下於
去反。(ZD59-969a)
　～瘀,與青字同也。
(ZD59-968b) 按:
"～"即"青"字。《攝大乘論
釋》卷 4："諸青瘀等所知影
像,一切無別青瘀等事,但
見自心,由此道理。"(T31,
p338c)"青",宮本作"～"。
"青"蓋受下字"瘀"的影響
類化增"疒"旁而作"～"。

綪
　紺～,千見反,青赤
色。(ZD59-827b)
按:"紺～",對應佛經作"紺
青"。《最勝問菩薩十住除
垢斷結經》卷 8："所謂馬寶
者,身紺青色朱髦尾,乘虛
而行,腳不躡地。"(T10,
p1030b)"～"蓋"青"受上
字"紺"的影響類化增旁而
成。《陀羅尼雜集》卷 2：
"誦咒三遍,縷二色綪綠結
作七結,繫兩乳。"(T21,
p589b)"綪",宋、元、明宮
本作"青"。

卿[1]　qīng

鄉
　倩 ～,青性反。
(ZD59-773b) 按:
"～"乃"卿"。《佛説乳光佛
經》卷 1："倩卿穀取牛乳。"
(T17, p755c)

鄉
　～櫨,上丘京反,下
側加反。(ZD59-
629c)

卿　qīng

卿 卿
　～雖,市由反。
(ZD60-240b)
　～斅,下孝反。
(ZD60-265a)

圊　qīng

圊
　～廁,七情反,下楚
事反。(ZD59-861c)

硘　qīng

硘
　～磳,上丘陵反,下
仕陵反,山石皃也,
又上音闉。(ZD60-594b)

輕　qīng

輕
　～語,上去盈反,又
音致。(ZD59-
620b)按:"～"乃"輕"。

傾　qīng

傾
　～遲,上去營反,下
直利反,待也。
(ZD60-258a)

頃
　～家,去營反,～側
也,正作傾也,又音
祈,悮。(ZD59-752b) 按:
"～"乃"傾"字,詳見本書中
篇"頃"字條。

傾　qīng

傾 傾 傾 傾
　～猗,於綺反。
(ZD59-707c)
　～斜,音邪。(ZD59-
699a)
　～覆,去營反,下芳
目反。(ZD59-968b)
　～覆,芳福反。
(ZD59-670b)

輕[2]　qīng

輕 輕 輕 輕 輕 輕 輕
　～躁,子告反。
(ZD59-740b)
　～瓀,音軟。(ZD59-
646c)
　～挵,音弄。(ZD59-
576a)
　～躁,子告反,動也。
(ZD59-583b)
　～蔑,莫結反。
(ZD59-703b)
　～此,去盈反。
(ZD59-889c)
　～侮,音武,慢也,侵
也,輕也。(ZD59-
616c)
　～誚,自笑反。
(ZD59-559a)
　～微,上詰盈反,又
音致。(ZD59-558c)
　～語,上去盈反,～
薄,不重也,論釋文
云何謂輕謗,若無實誑他
是名輕謗,是也,正作輕
也,郭氏經音未詳也,悮。

———

(ZD60-170c)

蜻　qīng

蟾　～蛉，上子盈反，下力丁反，六足四翼，上又音青，～蜓，虫，亦蟪蛄別名。（ZD60-130a）按："～"，音"子盈反"，讀"jīng"；音"青"，讀"qīng"。

剠　qíng

剠　～劓，上巨京反，墨形也，鑿額沮墨謂之剠刑也，正作黥、剽二形，今作剠也，下魚至反，割鼻也。（ZD60-303b）

勍①　qíng

勍　～敵，巨京反，强也。（ZD59-958c）

殑②　qíng

殑殑殑　～伽，其陵反，下其迦反。（ZD59-669b）～伽，上巨陵反，正作殑。（ZD59-931c）～耆羅，上其陵反。（ZD60-133b）

勍　qíng

勍　～敵，上巨京反，下徒的反。（ZD59-595a）按："～"同"勍"。

晴③　qíng

晴　不～，疾盈反，正作晴。（ZD59-874a）

嗈　qíng

嗈　～伽，巨陵反。（ZD59-845b）按："～伽"即"殑伽"，"嗈"與"殑"音同。嗈　～伽，其陵反，下其迦反。（ZD59-668c）按："～"，譯音字。《佛華嚴入如來德智不思議境界經》卷2："如是施時，於嗈伽河沙等劫施。"（T10，p922c）"～伽"即"殑伽"，"嗈"與"殑"音同。嗈　～伽，上其陵反。（ZD60-99b）嗈　～伽，巨陵反。（ZD59-957c）

綜　qíng

綜　～蜺，上巨京反，下五兮反，《辯正》作鯨鯢也。（ZD60-561a）按："綜"乃"鯨"。

鯨　qíng

鯨　～戾，上巨京反，强也，大也，正作勍、鯨二形也。（ZD60-60b）按：《大愛道比丘尼經》卷2：

"若有勇猛鯨戾女人，自觀態欲無離此患。"（T24，p951b）"鯨"，宋、元、明本作"勍"。從字形看，"鯨"乃"鯨"，而"鯨"與"勍"音同，文中相通。

擎　qíng

檠　～持，巨京反，舉也，從手。（ZD59-756b）按："～"即"檠"，經文中通"擎"。《佛説阿闍世王經》卷2："一一垛者其女百人，各以蓮華擎持栴檀名香。"（T15，p399b）撖　～食，上巨京反，正作擎也。（ZD60-273a）撖　～捲，巨京反，下巨員反，小敬兒也，正作擎拳。（ZD59-821b）

殧　qíng

殧　～伽，同上，此惧。（ZD59-760a）按："～"即"殧"之訛，與"殑"字同。殑　～伽，同上，此正。（ZD59-760a）按："～"即"殧"，與"殑"字同。殧　～伽，巨陵反，正作殧。（ZD59-760a）按："～"即"殧"之訛，與

① 又見"勍""剠""鯨"字條。
② 又見"殧"字條。
③ 又見"疂"字條。

"殑"字同。

霳　qíng

霳　陰～，自盈反，雨止也。（ZD59-961b）
按："～"同"晴"。

霳　天～，疾盈反，雨止也。（ZD59-616c）

霳霳　作～，疾盈反，見藏作晴。（ZD60-383c）

頃①　qǐng

傾　那～，苦穎反，正作頃。（ZD59-728b）

傾傾　指～，苦穎反，正作頃，《玉篇》音思，非也。（ZD59-833c）

頃　之～，苦穎反。（ZD59-647a）

頃湏　瞬～，書閏反，下苦穎反。（ZD59-835b）

頃頃　念～，苦穎反。（ZD60-152a）

頃傾　食～，苦穎反。（ZD59-718c）

傾湏　意～，苦穎反，少時也。（ZD59-733a）

頃頃　那～，苦穎反。（ZD60-141b）

傾　～屬，朱玉反，會也。（ZD59-754a）

傾　食～，苦穎反。（ZD59-719b）

傾　qǐng

傾　至～，苦穎反，正作頃，《玉篇》音思，非

也。（ZD60-219b）按："～"乃"頃"，詳見本書中篇"傾"字條。

湏
qǐng/xū/wán

湏　映～，上庄洽反，下苦穎反。（ZD59-1070b）按："～"，經文作"頃"。《正法念處經》卷42："隨心意念，麁細等身，如眼睫頃，百千由旬已能來去。"（T17，p251c）

湏　～鞞，無發反，正作韈，又莫鉢反，非也。（ZD60-35c）按："～"即"須"。

湏　～臾，浴朱反。（ZD59-559a）按："～"即"須"。

湏　～彌，音彌。（ZD59-618a）按："～"即"須"。

湏　～佷，上五還反，下胡狠反。（ZD59-573a）按："～佷"即"頑佷"。

䐔　qǐng

䐔　～紵，上苦穎反，麻也，正作檾、䐔二形也，又余湏（頃）反，禾秀也，非用，下直呂反。（ZD60-95b）按：《阿毘達磨集異門足論》卷9："或著䐔紵，或著茅蒲，或著莎蘲，或著毛

褐，或著緂罽，或著獸皮。"（T26，p406a）"䐔"，宋、元、明、宫本作"額"。從形體看，"～"似乎爲"額"。但根據經意，"～"宜依可洪爲"䐔"字。

罄
qǐng/qìng

罄　～咳，上苦頂反，下苦愛反，正作罄欬。（ZD60-30a）按："～"即"罄"，通"磬"。

罄　～微，上苦定反，盡也。（ZD60-63b）按："～"即"罄"，乃"磬"。《根本説一切有部毘奈耶頌》卷3："我毘舍佉罄微心，結頌令生易方便。"（T24，p657b）

磬　qǐng

磬　～咳，口頂反，下口愛反，作聲也，大息也，正作罄欬也，又上口定反，下户來反，並非用。（ZD59-730a）按："～"通"罄"。

磬　～欬，口頂反，下口愛反，上又苦定反，悮。（ZD59-739c）按："～"通"罄"。

———

① 又見"傾""湏"字條。

謦① qǐng

嚍
～欬，苦頂反，下苦愛反。（ZD59-892a）

嚍
～咳，上苦頂反，下苦愛反。（ZD60-591b）

嚍
～欬，苦頂反，下苦代反，正作謦欬也，上又音磬。（ZD59-878a）

謦
～欬，上苦頂反，下苦愛反。（ZD59-597b）

嚍
～欬，同上。（ZD59-711b）

謦
～欬，苦頂反，下苦礙反。（ZD59-835a）

嚍
～咳，苦頂反，下苦愛反。（ZD59-640c）

謦
～咳，苦頂反，下苦愛反，正作謦欬。（ZD59-842c）

譽
～欬，上苦頂反，下苦愛反。（ZD60-330c）

磬
～咳，苦頂反，下苦愛反，正作謦，欬也，瘶也，亦警覺聲也，下又音孩，非。（ZD59-760b）

嚍 qǐng

嚍
～咳，苦頂反，下苦代反，謂警覺之聲也，嗽也，經本及前論並作謦欬是也，下又音孩，非用。（ZD59-929a）按：“嚍”即“謦”字。

磬
～咳，上苦頂反，下苦愛反，正作謦欬。（ZD59-998c）

嚍
～咳，上苦頂反，下苦愛反，正作謦欬也。（ZD59-1017a）

磬
～嗽，上苦頂反，下蕉奏反。（ZD59-1110b）

倩 qìng

倩
有～，七性反。（ZD59-573b）

清 qìng

清
温～，七性反，涼也。（ZD60-401b）

罄 qìng

罄
～捨，口定反。（ZD59-761a）

罄
～矣，苦定反，下於起反。（ZD59-659a）

罄
～盡，上苦定反，盡也，竭也，正作罄也。（ZD59-1078b）

罄
～捨，上苦定反，盡也，正作罄也。（ZD60-410a）

罄
～捨，輕徑反，盡也。（ZD59-662c）

罄
～欬，苦定反，下苦愛反。（ZD59-742b）
按：“～”即“罄”，通“謦”。

芎 qiōng

芎
～藭，去弓反，下巨弓反。（ZD59-779a）

宆 qióng

宆
～隘，上去弓反，下烏懈反。（ZD60-319c）
按：“～”同“穹”。

穹② qióng

穹
～志，去弓反。（ZD59-729b）

蛩 qióng

蛩
～～，巨恭反。（ZD60-537a）按：“～”，對應佛經作“蛩”。《弘明集》卷9：“蛩蛩巨虚是合用之證耳。”（T52，p59c）

筇③ qióng

筇
～竹，巨龍反。（ZD59-697b）

筇
～竹，上巨容反。（ZD60-320c）

蛩④ qióng

蛩
～巨，上巨恭反，下其與反。（ZD60-537a）按：“～”，對應佛經作“蛩”。《弘明集》卷9：“如蛩巨之相資，廢一則不可。”

---

① 又見“嚍”“磬”字條。
② 又見“宆”字條。
③ 又見“邛”字條。
④ 又見“蛩”字條。

(T52, p59c)

蛩 ～～，愚勇反。(ZD59-877b) 按：《金剛頂瑜伽中略出念誦經》卷4:"蛩蛩(愚勇反)部馱南，薩婆訶。"(T18, p248c)"愚勇"，元、明本作"巨恭"。

蛬 qióng

蛬 飛～，巨恭反，又音拱。(ZD60-507c)

焭 qióng

焭 ～悸，巨營反，下求季反。(ZD59-887c) 按："～"同"煢"。

惸 qióng

惸 ～獨，巨營反，無兄弟也。(ZD59-666c)

惸 ～獨，巨營反，無兄弟也。(ZD59-727c)

煢① qióng

煢 孤～，巨營反，正作焭、煢二形。(ZD59-1080b)按："～"乃"煢"。

瓊 qióng

瓊 ～編，巨營反。(ZD59-588c)

瓊 ～瑶，上巨營反，下音搖。(ZD60-369b)

瓊 ～蕚，巨營反，下五各反。(ZD59-789a)

瓊 ～編，祇營反，玉名也，正作瓊也，下布玄反。(ZD59-972a)

藭 qióng

藭 芎～，去弓反，下巨弓反。(ZD59-779a)

竆 qióng

竆 ～盡，巨弓反。(ZD59-978a) 按："～"同"窮"。

竆 ～屈，上巨弓反。(ZD60-493c)

丘 qiū

丘 ～聚，去牛反，下自禹反，聚人所居處曰丘聚也。(ZD59-762a)

丘 坵聚，於求反，聚也，正作丘，古作～、丘二形，又《玉篇》、郭氏並音遅，非也。(ZD59-700b)按："～"爲"丘"，可洪音"於求反"，未詳。

丘 坵聚，於求反，聚，也正作丘，古作丘、～二形，又《玉篇》、郭氏並音遅，非也。(ZD59-700b)

丘 坵聚，去牛反，下自禹反，聚人所居處曰丘聚也，上正作～。(ZD59-762a)

坵② qiū

坵 ～墓，去鳩反，上又音遅，非用。(ZD59-853a)

坵 ～隟，上去求反，下才句反，並俗。(ZD59-587b)

秋 qiū

秋 杪～，上彌小反，末也。(ZD60-472c)

楸 qiū

楸 ～樹，上七由反。(ZD60-403b)

脙 qiū

脙 曲～，七由反，脚屈處也，膝後也。(ZD59-800c)

鞦 qiū

鞦 ～韢，音秘，正作轡，或作鞁，又蒲必反，車革也。(ZD59-1076a)

鶖 qiū

鶖 ～鷺，七由反，下郎悟反。(ZD59-760a)

---

① 又見"焭"字條。

② 又見"丘"字條。

仇　qiú

仇
仇
仇
仇

～恨，音求，讎也，正作仇。（ZD59-822a）

～子陁，上音求，下音陁。（ZD60-551b）

鶖～，音求。（ZD59-624c）

～匹，上音求，下普吉反。（ZD59-595c）

艽　qiú

艽

～野，上巨鳩反，地名也，《詩》云至于艽野。（ZD60-316b）

叴　qiú

叴

摩～，巨牛反，《經音義》以仇替之。（ZD59-760b）

虬　qiú

虬
蚪
虬
乱

彼～，巨幽反，悷。（ZD59-1083c）

蛟～，音交，下巨幽反，正作虬。（ZD59-955a）

～曳，巨幽反，下以世反。（ZD59-784c）

～葵，巨追反。（ZD60-312a）按："～葵"，經文作"虬蔡"。

茵　qiú

茵

丹～，似由反，《川音》作菌，非。

（ZD60-426c）

泅　qiú

泅

欲～，音囚。（ZD60-79c）按："～"乃"泅"。

泅①　qiú

泅
泅

逆～，似由反，正作泅。（ZD59-890b）

即～，序由反，浮渡也。（ZD59-767a）

馗　qiú

馗

～菌，上音求，正作馗也，又巨追反，鍾～，神名也。（ZD60-376c）

遒　qiú

遒
遒

～亮，上字由反。（ZD60-459a）

～亮，上疾由、子由二反，盡也，又宜作逎，音由，遠也。（ZD60-358a）

酒　qiú

酒

雅～，字酉反，液也。（ZD60-353b）

蚕　qiú

蚕

～蝮，下所誄反。（ZD60-363c）按："～蝮"即"蛷蝮"。

蚕　qiú

蚕

～溲，上具俱反，下所誄反，並《音義》自切，《切韻》作蠷螋，上音瞿，下色俱反。（ZD60-390b）按："～溲"即"蛷螋"，義與"蠷螋"同。"～"同"蚕"，音"巨鳩切"，讀"qiú"。

裘　qiú

裘

衣～，音求，正作裘也。（ZD59-570c）

蝤　qiú

蝤

～蝶，自由反，下莫侯反。（ZD59-796b）

鼽　qiú

鼽

～鼻，上音求，嚏也，塞也，亦作歒。（ZD59-1093b）按：《佛説分別善惡所起經》卷1："或盲聾瘖瘂，鼽鼻塞壅。"（T17，p518a）

鼽

～鼻，上巨牛反。（ZD60-356b）

粖　qiǔ

粖

飯～，宜作糗，丘九反，上方作餅，又《川音》云勘別本作敉，尺沼反。（ZD60-52a）按："～"，對應佛經作"粖"或"糗"。《舍利

───────

① 又見"泅"字條。

弗問經》卷 1：“如爲社人請，復聽食飯粖魚肉。”（T24，p900a）“飯粖”，宋、元、明本作“麨飯糗”。《漢語大字典·米部》（3351）根據《龍龕手鑑》《字彙補》，以“粖”音“於句反（yù）”，此是將“粖”當作了“飫”。“飫”與經意不符，誤。“〜（粖）”，根據佛經作“粖”，應爲“糗”字，可洪之説然也。“糗”指乾糧。

糗① qiǔ

爲〜，丘九反，正作糗。（ZD60-272a）

漱〜，上俟苟反，下丘久反。（ZD60-385b）

曲 qū

詔〜，上丑染反，下丘玉反。（ZD59-583b）

岴 qū

崎〜，丘宜反，下丘愚反。（ZD59-708b）

胆 qū

〜佞（佞），上七余反，下奴定反，上又七預反。（ZD59-633a）按：“〜佞”，對應佛經作“胆

佞”。《大方等大集經》卷48：“無明胆佞斷常之心。”（T13，p312c）可洪“〜”音“七余反”，即“蛆”。《大方等大集經》卷 50：“以是因緣遞相征伐，鬪亂諍訟，胆佞妄語，互相支解，及斷命根。”（T13，p332c）“胆佞”乃“胆（蛆）佞”之訛。《一切經音義》卷 17：“胆佞，七餘反，謂胆妦也，下奴定反，諂媚也。”（T54，p415b）

祛 qū

并〜，去魚反，正作祛。（ZD59-1015a）

〜阮，上去魚反，下魚遠反。（ZD60-389c）

朒 qū

蟲〜，上直中反，下七余反。（ZD60-144a）

〜虫，上七預、七余二 反。（ZD59-1072c）按：“〜”，經文作“蛆”。《正法念處經》卷62：“如我死屍，衆蠅唼食，蛆蟲所啖，風吹日曝，雨漬濕爛。”（T17，p366c）

疽 qū

〜惡，上七余反，正作疽。（ZD59-605c）

〜癖，七余反，下息淺反。（ZD59-793a）

彫〜，上必遥反，下七魚反，瘡也，正作瘹疽也，上又疋遥、疋妙二 反，非 也。（ZD59-1120b）

癰〜等，於容反，中七余反，下得肯反。（ZD59-918b）

〜瘍，七余反，下以良反。（ZD59-804c）

蛆② qū

〜 虫，七余反。（ZD59-759a）

蟲〜，上除中反，下七余反。（ZD59-550a）

趄 qū

起〜，上七咨反，下七余反，趄不進也，正作趑趄也。（ZD60-505a）

距 qū

踦〜，上丘宜反，下丘愚反。（ZD60-596b）按：“踦〜”即“崎嶇”，聯綿詞。

蚰 qū

〜蚓，丘玉反，下羊忍、羊刃二反，正作

---

① 又見“粖”字條。
② 又見“朒”“胆”字條。

蚯蚓。(ZD59-771c)

駈 qū

駈　～宜,上丘愚反,踦字切脚。(ZD59-629a)按:"～"同"軀"。

趄 qū

趄　～行,七逾反。(ZD59-818c)

趍　相～,七俱反,走也向也,正作趣、趄二形也,郭迻未詳。(ZD60-465c)

趨　相～,七俱反,走也。(ZD60-408c) 按:"～"乃"趄"字,詳見本書中篇"趄"字條。

趍　～走,上直知反。(ZD59-1092b) 按:"～"即"趨",可洪音"直知反",恐非。

嘔 qū

嘔　餀～,音驅。(ZD60-366a)

駈 qū

駈　佉～他,丘迦反,中宜作歐,音烏,下音陁。(ZD59-814b) 按:"～",用爲譯音字,對應經文作"駈",非作"歐"。

謳 qū

謳　～詭,上丘勿反,辟塞也,亦作詘,下居委反。(ZD60-594b)

駈 qū

駈　～耶,上丘愚反,逐也,趁也,正作驅。(ZD59-767a)

趨① qū

趙趨　～走,上七逾反。(ZD59-1138a)
～拜,上七俱反。(ZD60-428c)

麯 qū

麯　噉～,丘六反,正作麴。(ZD60-64b)

輻 qū

輻　驅轉革,上丘禺反,中知充反,下古厄反,《川音》作～,彼悮。(ZD60-499c)按:"～"乃"驅",詳見本書中篇"輻"字條。

嶇② qū

嶇　踦～,丘宜反,下丘俱反,山路也,傾仰之義也。(ZD59-904b)

驅③ qū

嶇駈　～逼,音駈,正作驅。(ZD59-954c)
～儐,上丘愚反,下卑進反。(ZD59-1078b)

駈　～逐,上起俱反。(ZD59-1079a)

駈　～儐,必進反,斥也,逐也,正作擯字也。(ZD59-744b)

駈　～擯,卑進反。(ZD59-640b)

驅　長～,豈俱反,正作駈。(ZD60-589a)

劬 qú

劬呴　～勞,其俱反,正作劬。(ZD59-943a)
劬勞,具俱反,勤也,亦作～。(ZD59-935c)按:此"～"乃"劬"。

劬　勤～,具愚反,正作劬。(ZD59-947a)

劬　～師,上具俱反。(ZD59-906c)

呴④ qú

呴　割句,上古遏反,下其俱反,脯也,正作

──────────

① 又見"趄"字條。
② 又見"跙"字條。
③ 又見"駈""輻"字條。
④ 又見"劬"字條。

胸、～二形。（ZD59-697b）
按：此"～"乃"胸"。

毦　qú

毦　～甈，巨俱反，下所
俱反，織毛褥也，正
作甈氉。（ZD59-705b）按：
"～"乃"甈"，詳見本書上篇
第三章"毦"字條。

渠①　qú

淉　勝～，巨魚反。
（ZD59-1104b）

淉　qú

渼　跋～，其魚反。
（ZD59-1109a）按：
"跋～"即"跋渠"。

渼　～流，上巨魚反。
（ZD60-39a）按："～
流"即"渠流"。"～"同
"渠"。

渼　車～，巨魚反。
（ZD59-984c）按："車
～"即"車渠"，又作"車渠"
"硨磲"等，海中大貝也。

絇　qú

絇　條～，上他刀反，下
苦侯反，正作佝也，
自前皆作佝，細也，又音
瞿，非。（ZD60-54b）按：經
文作"條絇"。可洪以"～"
爲"佝"，讀"kōu"。

渠　qú

璩　璩～，都郎反，下巨
魚反。（ZD59-715c）
珒　珒～，尺遮反，下巨
魚反。（ZD59-925b）
鉅　鉅～，上而止反，下
巨魚反。（ZD59-599a）
璩　耳　～，巨　魚　反。
（ZD59-617c）
璩　車　～，巨　魚　反。
（ZD59-716b）
璩　車　～，巨　魚　反。
（ZD59-718c）按：
"～"乃"渠"，詳見本書中篇
"璩"字條。

胊　qú

葯　～多，《經音義》作
葯，《切韻》作葯，
同，其俱反，花名也，或作
葯，音猶。（ZD59-730c）
按："～"，對應佛經作"胊"，
用作譯音字。《不必定入定
入印經》卷1："多羅尼華，胊
多羅尼華，婆羅華，善香華，
檀奴師迦離迦華，天須摩那
華，優鉢羅華，鉢頭摩華，拘
物頭華，分陀離迦華，散如
是等種種妙華。"（T15，
p704b）

窠　qú

窠　凹～，上烏洽反，下
宜作淉、窠，二同巨

魚反，應和尚云宜作牀，苦
簟反。（ZD60-366c）按：《一
切經音義》卷11："凹窠，相
承苦簟反，未詳名義所出。"
（C056，p979a）

窠　凹～，上烏狹反，下
宜作淉，其魚反，鹿
名也，又《經音義》云宜作
牀，苦　簟　反。（ZD59-
1074b）按：《正法念處經》卷
69："次名珊瑚鹿，次名凹窠
鹿。"（T17，p409a）"～"，可
洪以爲"淉"字，《經音義》以
爲"牀"。

磲　qú

磲　礑～，子容反，下其
俱反，青礦石也，正
作碰礑也，上又郭氏音總，
下其魚反，非用也。
（ZD59-914c）按："礑～"即
"碰礑"，磨刀石。《大智度
論》卷30："忍爲碰礑，能
瑩明諸德，若人加惡，如豬
揩金山，益發其明。"
（T25，p281a）"礑"，聖本
作"磲"。

蕖　qú

蕖　芙～，上音扶，下巨
魚反，正作芙蕖。
（ZD60-346a）

腒　qú

腒　婆腒，九魚反，《經音
義》作腒，應和尚未

———
① 又見"淉"字條。

詳,又《川音》及《江西音》並作~,《川音》云合籤,《江西音》作其居反,非也,《川音》以籤字替之,亦非也。(ZD60-293c)按:"~",切身字,合"其""居"爲之。《陀羅尼雜集》卷9:"婆腒婆彌,留遮陀。"(T21,p631a)"婆腒婆彌",又作"婆居婆彌""婆簾婆彌"。《七佛八菩薩所説大陀羅尼神咒經》卷2:"林彌利,婆簾婆彌。"(T21,p544b)《如來廣孝十種報恩道場儀》卷7:"林彌利,婆居婆彌。"(ZW08,p328a)

蘧① qú

~蒢,上其魚反,下丈魚反。(ZD59-1122b)按:"~蒢"乃"籧篨"。從形體看,"~"即"蘧",經文中通"籧"。

璩 qú

僧~,巨居反。(ZD60-466a)

作~,音渠。(ZD60-370b)

耳~,巨魚反。(ZD59-758b)

寶~,巨魚反。(ZD59-940a)

氀 qú

法~,其俱反,人名。(ZD59-585c)

氀② qú

法~,音氀。(ZD60-334c)按:《大唐内典録》卷5:"江州刺史儀同黄法氀爲檀越。"(T55,p274a)

法~,音瞿,出《郭氏音》,人名也,或作褖,音釋,蓑衣也。(ZD60-344c)

法~,其俱反,人名,出郭氏音,或作𧛐、𧝁二形,俱俗。(ZD60-327c)按:"法~",對應佛經作"法氀"。《歷代三寶紀》卷9:"江州刺史儀同黄法氀爲檀越。"(T49,p88b)

蘧 qú

~蒢,上巨居反,下直居反。(ZD60-15c)按:"~蒢"乃"籧篨"。

~蒢,上巨魚反,下直魚反。(ZD60-367a)按:"~蒢"乃"籧篨"。

~麥,其俱反,正作蘧。(ZD59-638a)

簾 qú

~篨,上巨魚反,下音除,簟席。(ZD60-477c)按:"~篨"乃"籧篨"。從形體看,"~"即

"籧",經文中通"籧"。

瞿 qú

摩~,具愚反,或作衢、濯。(ZD59-735a)

~多,具俱反。(ZD59-905c)按:"~"乃"衢",用作譯音字。《大智度論》卷1:"更有名先尼婆蹉衢多羅。"(T25,p61b)

濯 qú

~沙,上其俱反。(ZD60-292c)

欋 qú

~杷,上具俱反,下步巴反。(ZD60-353a)

氀③ qú

~魠,上其俱反,下生俱反。(ZD60-58c)

~魠,其俱反,下山蒭反。(ZD59-777b)

~𪓰,具俱反,下數蒭反。(ZD59-896c)

---

① 又見"簾"字條。
② 又見"氀"字條。
③ 又見"䶂""氀"字條。

氍 qú

氍氀　～氀，具俱反，下色
俱反。(ZD59-715b)

氍氀　～氀，其俱反，下山
芻反，正作氍氀也。
(ZD59-848c)

氍　～氀，具俱反，下數
俱反。(ZD59-777a)

篥① qú

篥　～篨，巨魚反，下直
魚反。(ZD59-772b)

臞 qú

臞　羸～，上力垂反，下
臞，具二音，少肉也，
瘦也，正作臞。(ZD59-
1095b)

臞　～瘠，上具于反，下
自昔反。(ZD60-
370c)按："～"乃"臞"。

癯 qú

癯　一～，其俱反，少肉
也。(ZD60-563b)

取 qǔ

取　長～，上直向反，剩
也。(ZD60-131a)

娵 qǔ

娵　～婦，上七句反，正
作娶也，又子于反，

非也。(ZD60-318c) 按：
"～"同"娶"。

娶② qǔ

娶　～我，七句反，正作
娶，又或作𡩰，才遇
反，聚也。聚，共也，會也，
諸經中有作聚，作聚妻是
也。(ZD59-827c)按："～"
乃"娶"。

娶　嫁～，七遇反，取妻
也，正作娶。(ZD60-
80a)按："～"乃"娶"。

娶　娉～，上疋聖反，下
七句反，正作娶。
(ZD59-1003a) 按："～"
乃"娶"。

嬩 qǔ

嬩　嫁～，七遇反，取妻
也，正作娶。(ZD60-
80a)按："～"即"娶"字。

齫 qǔ

齫　～齒，上丘主反，正
作齲。(ZD60-336c)
按："～"乃"齲"字，詳見本
書中篇"齫"字條。

齫　虫～，丘禹反，齒蠹
也，正作齫也。
(ZD60-193c)

呿 qù

欪　欠～，音去。(ZD59-
678a)按：《佛說羅

摩伽經》卷 1："若有見我
頻申欠呿者，得壞散外道
三昧。"(T10，p858b)"呿"
同"～"。

欪 qù

欪　欠～，音去。(ZD60-
65b)

趣 qù

趄　～入，上七句反。
(ZD59-595c)

趄　發～，七句反，正作
趣。(ZD59-727c)
按："～"乃"趣"字，詳見本
書中篇"趄"字條。

趣　一～，七句、倉狗二
反，數名也。(ZD59-
664a)

趣　～橛，巨月反。
(ZD59-943c) 按：
"～"即"趣"字。構件"走"
與"麥"相混，詳見本書中篇
"趣"字條。

趣　歸～，七遇反。
(ZD60-185b)

閴③ qù

閴　～寂，苦覓反。
(ZD59-794a) 按：
"～"即"闃"。《廣韻·錫

---

① 又見"蘧"字條。
② 又見"娵""嬩"字條。
③ 又見"闃"字條。

韻》苦鷄切：“闃，寂
靜也。”

闃　～寂，苦覓反，靜也。
（ZD59-754a）

闃　qù

闃　～其，上苦役反。
（ZD60-592a）按：
“～”，對應佛經作“闃”。
“闃”同“闃”。《廣弘明
集》卷28：“龍宮所藏麟
閣，闃其無取。”（T52，
p332c）

麸　qù

麸　作～，丘舉反，麥粥
汁也，又音去。
（ZD59-878a）

麸　鈔～，上尺沼反，下
丘與、丘御二反，麥
粥汁。（ZD59-1030a）

竈　qù

竈　龜～，音去。（ZD59-
861a）

悛　quān

悛　～悟，上七全反。
（ZD60-478c）

悛　～改，上七全反。
（ZD60-341a）

悛　不～，音詮，改也。
（ZD60-312c）

捲①
quān/quán

捲　作～，去拳反，見藏
作捲。（ZD60-376a）
按：《一切經音義》卷15：
“作捲，去員反，屈木爲之，
謂之棬，經文作捲，非也。”
（C056，p1043c）“～”同
“捲”，即“棬”。

捲　～形，上丘員反。
（ZD60-35c）按：《四
分律》卷39：“六群比丘著
捲形革屣，佛言：不應畜。”
（T22，p847a）“～”即“捲”，
根據文意，同“棬”。

捲　令～，巨員反，屈也，
彎屈也，亦胡人髮兒
也，正作鬈，又居充反。
（ZD60-38c）

捲　～捥，上巨員反，下
烏亂反。（ZD59-
611b)按：“～”同“拳”。

捲　空～，巨員反，握手
也，正作拳也，俗
（ZD59-612b）按：“～”
同“拳”。

棬　quān

棬　作～，丘員反，屈木
爲之，正作棬，《經音
義》作捲也。（ZD60-39c）
按：“～”乃“棬”字。《廣

韻·仙韻》丘圓切：“棬，器
似升，屈木作。”《四分律》卷
50：“捉索行，手軟破手，佛
言：聽作捲，若竹筒，以繩穿
筒，手捉循行。”（T22，
p938b）“捲”，宋、元、宮本作
“棬”。詳見本書上篇第七
章“繕”字條。

棬　作～，去拳反，律作
棬。（ZD60-375a）

棬　若～，曲員反，律文
自切，正作棬也。
（ZD60-35b）

全　quán

全　～跏，上自宣反。
（ZD60-3a）

全　～可，自宣反。
（ZD59-954a）

全　或～，全音。（ZD60-
118b）

全　～無，上自宣反。
（ZD60-532a）

全　～本，上自宣反，正
作全。（ZD60-445b）

全　寄　～，自宣反。
（ZD59-653c）

全　不～，音全。（ZD59-
658b）

全　薀～，於殞反，下自
宣反。（ZD59-941a）

全　～身，上自宣反。
（ZD59-602c）

———

① 又見“棬”字條。

全　～濟，自宣反。（ZD59-657c）

荃 quán

荃　～蹏，上七全反，下徒兮反。（ZD60-569c）按：“～”即“荃”，同“筌”。

荅　～蹏，上此全反。（ZD60-337c）按：“～”即“荃”，同“筌”。

泉① quán

㵡　作～，自宣反，見藏經作穴泉也。（ZD60-368c）按：《一切經音義》卷12：“穴泉，古文作㳛，同絕緣反，水自出爲泉，經中作㵡，或作㳍，非體也。”（C056，p991a）

牷 quán

牷　牲～，音全。（ZD60-585c）

拳② quán

捲　手～，巨員反，正作拳，又音卷，非也。（ZD59-651a）

攂　～扠，上巨員反，下丑街反。（ZD59-996a）按：“～”，從形體上看，即“攂”，與“拳”同。《中阿含經》卷39：“此一衆生以拳扠我，牽來詣衆。”（T01，p676a）

捲　～手，巨員反。（ZD59-737a）

捲　空～，音拳。（ZD59-735c）

捲　空～，又作惓，同巨員反，握手也，正作拳。（ZD59-715c）

捲　空～，音拳。（ZD59-747c）

卷　解～，音拳，諸錄作捲、拳二字。（ZD60-339a）

拳　師～，巨員反，握也，言不作師～謂不握惓法也。（ZD59-939b）

捧　指～，巨員反。（ZD59-791c）

拳　～攣，力員反。（ZD59-1081a）

筌 quán

筌　～提，此全反。（ZD59-1081b）按：“～”乃“筌”之訛。

筌　～蹏，上七全反，正作筌。（ZD60-549a）按：“～”乃“筌”之訛。

痊 quán

痊　～愈，七全反，下余主反。（ZD59-758a）

痊　～瘳，上此全反，下丑由反。（ZD59-1132a）

崉 quán

崉　橋泉，巨憍反，下自宣反，婆羅門名分畛橋泉，《經音義》作㵰、～，非。（ZD59-862a）按：“～”即“泉”字。

崉　畛～，見藏經作橋泉，上巨憍反，下音全，又上力出反，下音全，出郭氏音。（ZD60-357b）

筌③ quán

筌　～窮，此全反，正作筌。（ZD59-739a）

筌　之～，七全反。（ZD59-739b）

荃　或～，此全反。（ZD60-314b）

荃　落～，七全反，正作筌。（ZD59-953a）

㳍 quán

㳍　大～，音泉。按，《五百大弟子自說本起經》作阿㮈大泉是也。（ZD60-34a）按：“～”同“泉”。

㳍　池～，音全。（ZD59-617c）

---

① 又見“崉”“㳍”字條。
② 又見“㬽”“捲”“捧”“攂”等字條。
③ 又見“荃”“荅”“筌”等字條。

湶 作～，同上。(ZD60-368c)

捲 quán

捲 擎～，音拳。(ZD60-271a) 按："～"同"拳"。

詮 quán

詮 ～表，上此全反，平也，正作詮也。(ZD59-570a)

詮 ～表，此全反。(ZD59-939a)

詮 遮～，此宣反。(ZD59-976c)

詮 尋～，七全反，正作詮。(ZD59-950a)

詮 所～，此全反，正作詮。(ZD60-133b)

詮 能～，七全反。(ZD59-927c)

詮 以～，七全反。(ZD60-380a)

銓 quán

銓 ～品，上七全反。(ZD60-310b)

銓 ～次，上此全反，正作銓。(ZD60-466c)

銓 觀～，此全反，量也，正作銓、詮二形。(ZD59-731b)

銓 未～，音詮。(ZD60-559b)

踡 quán

踡 ～脚，上巨員反。(ZD60-63a)

攉 quán

攉 ～扠，上巨員反，下丑街反。(ZD59-993a)按："～"，從形體看，即"攉"字，而此處"攉"同"拳"，拳頭。《中阿含經》卷25："或以拳扠石擲，或以杖打刀斫。"(T01, p585a)

巏 quán

巏 ～嵍，上拳、灌二音，出《玉篇》，下毛、務二音，正作嵍也，山名也。(ZD60-463b)

權[1] quán

攉 ～方，巨員反。(ZD59-676a)

攉 善～，音拳，正作權，反常合道也。(ZD59-725c)

攉 ～捷，自葉反。(ZD59-696b)

攉 ～也，上音拳，變也，宜也，反常合道也，正作權也，悞。(ZD60-315a)

攉 ～衡，上音拳，秤錘也。(ZD60-385a)

攉 不～，音拳，變也。(ZD59-584b)

攉 ～揵，自葉反，正作捷。(ZD59-696a)

攉 ～榮，音拳，下楚責反，正作筞。(ZD59-856b)

攉 善～，音拳。(ZD59-670b)

攉 善～，巨員反，變也，宜也，秉也，反常合道也，正作權也。(ZD59-616c)

攉 ～㥠，相居、相與二反，有才智之稱也。(ZD59-1059b)

攉 ～智，同上(權)。(ZD60-315a)

攉 ～密，巨員反，下眉筆反。(ZD59-757b)

穫 ～智，音拳，正作權。(ZD59-832a)

攉 善～，音拳。(ZD59-673c)

攉 ～着，上巨員反。(ZD59-584a)

趯 quán

趯 作～，音拳，曲脊不能行也，亦作趯，曲走也。(ZD60-395b)

躍 quán

躍 ～脊，上巨員反。(ZD60-11c)

---

[1] 又見"推""攉"字條。

犬 quǎn

犬 如～，苦冑反。（ZD59-602c）

狄 羊～，苦泫反，狗也。（ZD59-752b）按："～"乃"犬"字，詳見本書中篇"狄"字條。

犮 鷄～，古兮反，下苦泫反，正作鷄犬。（ZD59-959c）

畎 quǎn

畎 ～植，上古犬反，下市力反。（ZD60-12a）

綣 quǎn

綣 應～，丘員反，縈屈井索也，正作捲也，又丘遠、丘願二反，悮。（ZD60-41a）按:《四分律》卷52:"彼不舉繩索，佛言:"應捲繫著，衣桄舉之。""（T22，p954a）"捲"，宋、元、明、宮本作"卷"，聖乙本作"綣"。"捲""卷""綣"三者意義近似。

繯 繯～，上去演反，不相離也。（ZD60-389c）

券① quàn

券 作～，去願反，約也。（ZD59-1128a）

券 ～約，丘願反。（ZD59-973c）
～疏，去願反。（ZD59-703a）
奴～，音勸。（ZD60-161b）

券 錢～，上音鐵，下音勸，正作券也，並悮。（ZD60-444c）

券 ～疏，上丘願反。（ZD60-78b）
～記，上去願反。（ZD60-20a）
如～，音勸，約也，正作券也。（ZD59-895a）
契～，音勸，限約也，正作券。（ZD60-2c）
～疏，丘願反。（ZD59-711a）

券 ～要，上去願反，正作券。（ZD59-984a）

楼 quàn

楼 作～，去員反，正作捲。（ZD59-1128b）按:"～"，經文作"券"，可洪以爲"捲"，不妥。《十誦律》卷61:"作異相故不可知，應作輪，應作券文，應作德字。"（T23，p468b）

勸 quàn

勸 ～勉，音免。（ZD59-694b）
～督，都沃反，正作，理也，察也。（ZD59-646c）

勸 ～懌，音亦。（ZD59-764b）

缺② quē

缺 砧～，丁忝反，下火穴反。（ZD59-662a）按:"～"即"缺"，可洪音"火穴反"，不妥。

缺 未～，苦決反，破也，正作缺。（ZD59-739b）
空～，苦弄反，下苦決反。（ZD59-735c）
～曰，上苦穴反。（ZD59-1107c）
疏～，所魚反，下苦決反。（ZD59-650b）
無～，苦血反。（ZD59-555c）
～骨，苦血反，破也。（ZD59-686a）
～減，上苦血反。（ZD59-559a）
～漏，苦穴反。（ZD59-645c）
索～，上所革反，下苦決反。（ZD60-322c）
～骨，上苦決反。（ZD59-620a）
～減，上苦血反，下胡斬反。（ZD59-553b）

軼 quē

軼 無～，苦血反。（ZD59-560a）

---

① 又見"楼"字條。
② 又見"玦""軼"字條。

𪓨

不～，苦决反，《川音》作𪓨，非。
（ZD60-249b）按：“～”即“缺”，詳見本書中篇“𪓨”字條。

御　què

御

～偈，上丘脚反。（ZD59-628c）按：《大方等大集經》卷 35：“却偈（其隸反），却伽（其箇反）。”（T13，p240a）“～偈”即“却偈”，“～”“却”爲譯音字，根據可洪，音“丘脚反”。

御

～偈，上丘約反。（ZD59-630a）

殼①　què

殼

曰～，下口角反。（ZD60-392c）

殼　què

殼

夗～，上郎管反，下苦角反。（ZD59-616b）

殼②　què

殼

易～，上音亦，下苦角反。（ZD59-1091a）按：“～”即“殼”字。《佛説四願經》卷 1：“人死復生，如蠶渾沌繭中，穿絲出飛，其神故一，變形易殼。”（T17，p537b）

殼　què

殼殼殼殼

於～，口角反。（ZD60-17a）

夗～，上郎短反，下苦角反。（ZD60-397b）

夗～，郎管反，下苦角反。（ZD59-948c）

卵～，郎管反，下苦角反。（ZD59-947c）

以～，口角反。（ZD59-1009a）按：“～”，即“殼”字。《雜阿含經》卷 22：“如龜善方便，以殼自藏六。”（T02，p160c）

碻③　què

𥔀

欲～，苦角反，打頭也，擊也，正作殼、摧二形。（ZD59-765c）按：“～”乃“碻”，通“摧”“殼”，敲擊也，詳見本書中篇“𥔀”字條。

碻

～頭，口角反，正作殼。（ZD59-765c）按：《六度集經》卷 4：“以指碻首，苟辱之矣。”（T03，p23a）“～”通“摧”或“殼”，敲擊也。

硇埇

礈～，下苦角反。（ZD60-135b）

礈～，上苦交、五孝二反，下口角、胡角二反，石地也，又堵土也，亦作墝～也。（ZD59-982b）按：“墝埇”同“礈碻”。

碻　què

碻

礈～，上苦交反，下苦角、户角二反。

（ZD59-1130a）按：“～”乃“碻”。

摧④　què

摧摧

揚～，音角。（ZD60-541a）

商～，音角，揚～，大舉也，正作攉也，誤。（ZD60-409c）按：“～”即“摧”“攉”，同“榷”，商榷也。

敵　què

敵

皺～，私積、七雀二反。（ZD60-390c）

慤⑤　què

慤慤慤慤慤

謹～，苦角反，善也，正作慤。（ZD59-822a）

端～，苦角反，謹也。（ZD59-820a）

～實，上苦角反。（ZD60-454c）

蕭～，苦角反，正作慤。（ZD60-463c）

～淳，上苦角反，正作慤。（ZD59-1019b）

榷⑥　què

榷

商～，音角，正作榷也。（ZD60-410a）

---

① 又見“殼”字條。
② 又見“殼”“殼”字條。
③ 又見“𥔀”字條。
④ 又見“榷”字條。
⑤ 又見“慤”字條。
⑥ 又見“摧”字條。

按:"～"乃"榷"。

榷　商～,音角。(ZD60-419a)

攉　商～,音角。(ZD60-460b)

觳① què

捔　捲～,上其員反,下苦角反,打頭也,正作拳觳也,下又角、淈二音,並非也。(ZD59-1115b)按:"捲～之"～",可洪以爲"觳"。從字形上看,"捲～"乃"捲捔",對應佛經作"拳觸"。《摩訶僧祇律》卷18:"爾時六群比丘於禪坊中起,以拳觸十六群比丘頭,即便大啼。"(T22,p375c)慧琳作"拳攉"。慧琳《一切經音義》卷58:"拳攉,渠員反,下苦角反。《説文》攉,敲擊也。"(T54,p692a)"觳"與"攉"音同義近。

愨 què

愿　勤～,苦角反,善也,正作愨。(ZD59-729b)按:"～"即"愨",與"愨"同。

確② què

確　～在,上苦角反。(ZD60-54b)

確
礭　～言,苦角反。(ZD59-953c)
～然,口角反,鞭也。(ZD59-961c)

闍 què

閦　無～,五愛反。(ZD60-41b)按:《四分律》卷53:"自於身中起心,能化作異身,肢節具足,諸根無闍。時即觀之,此身色四大合成,彼身色化有。"(T22,p964c)根據經文"～"乃"闍(闕)",可洪音"五愛反",蓋當作"闍",不妥。

闋　不～,去月反。(ZD60-194a)按:"～"同"闕"。

縠③ què

鷇鷇鷇鷇鷇鷇鷇
桃～,上徒刀反,下苦角反。(ZD59-626a)
明～,苦角反。(ZD59-570b)
胎～,苦角反。(ZD59-600a)
明～,苦角反。(ZD59-590a)
卵～,上洛管反,下苦角反。(ZD59-562c)
～中,苦角、苦木二反。(ZD59-658b)
明～,苦角反。(ZD59-1006b)按:"～"乃"縠"字,詳見本書中篇"**縠**"字條。

鷇鷇鷇鷇鷇鷇鷇鷇鷇
卵～,苦角、苦屋二反。(ZD59-570b)
～中,上苦角、苦木二反,卵也,正作縠也,又苦候反,鳥子也,生而須哺曰～,自食曰雛也,非此呼也。(ZD59-1066a)
卵～,上力管反,下口角反。(ZD60-91c)
明～,口角反。(ZD59-743b)
～藏,苦角反。(ZD59-666b)
結～,口角、口木二反。(ZD59-747a)
～未,口角反。(ZD59-730c)
癡～,口角、空木二反。(ZD59-664c)
卵～,上力管反,下口角反。(ZD60-111a)
～膜,苦角反,下忙各反。(ZD59-657b)
從～,口角、空木二反,卵～。(ZD59-660b)

鷇鷇鷇
明～,苦角反。(ZD59-970a)
明～,口角反。(ZD59-862b)
明～,苦角反。(ZD59-619b)
出～,苦角、苦木二反。(ZD59-1066a)

---

① 又見"确"字條。
② 又見"礭""矐""矠"字條。
③ 又見"鷇""縠""鷇"字條。

慍～，口角反。(ZD59-773c)

夘～，上力管反，下苦角反。(ZD60-119b)

～膜，苦角反，下牟各反。(ZD59-656c)

～膜，苦角反，下忙各反。(ZD59-678a)

卵～，郎管反，下苦角反。(ZD59-668a)

～夘，上苦角反，下郎短反。(ZD59-554a)

夘觳，苦角、苦屋二反，正作～也。(ZD59-570b)

夘～，同上。(ZD60-91c)按："～"乃"殼"，與"觳"同。

之～，口角反。(ZD59-688c)按："～"乃"殼"，與"觳"同。

～者，苦角反。(ZD59-970b)按："～"乃"殼"，與"觳"同。

闃　què

～嵗，上苦決反，終也。(ZD59-615b)

鬠　què

皮～，口角反。(ZD59-985a)按："～"即"鬠"，與"觳"通。

明～，苦角反。(ZD59-819b)

明～，苦角反。(ZD59-967a)

闕①　què

～少，丘月反。(ZD59-728c)

無～，丘月反。(ZD59-730a)

辟～，丘月反。(ZD59-585c)

～輕，丘月反。(ZD59-934a)按："～"乃"闕"，詳見本書中篇"闇"字條。

他～，丘月反。(ZD59-577c)

不～，丘月反。(ZD59-735c)

～咸，丘月反，下咸斬反。(ZD59-939a)

～少，又作闉，同丘月反，正作闕。(ZD59-836b)

城～，去月反。(ZD59-697a)

彼～，丘月反。(ZD59-641b)

縱～，子用反，下丘月反。(ZD59-933c)

彼～，丘月反。(ZD59-641b)

故～，同上。(ZD59-934a)

瑕～，丘月反，正作闕。(ZD59-648b)

不～，丘月反。(ZD59-728a)

緣～，丘月反，正作闕。(ZD60-111b)

鵲　què

鶺～，古喚反。(ZD59-875b)按：《蘇悉地羯羅經》卷2："或用烏合毛，或鶒雕鷟鵲鵲鳥等。"(T18, p613b)

榷　què

～敲，苦交反。(ZD60-377a)按："～"即"推"字之訛。

闑　què

～漏，丘月反。(ZD59-645a)

無～，丘月反。(ZD59-730a)

其～，去月反。(ZD59-759b)

碻　què

～陳，上口角反。(ZD60-136b)按："～"同"確"。

～實，口角反，鞕也，定也。(ZD59-866b)按："～"同"確"。

———

① 又見"闇""闞"字條。

礭　～論，上苦角反。（ZD60-411c）按："～"同"礭"。

逡　qūn

遂　～巡，上七旬反。（ZD60-486c）

帬　qún

帬　下～，音羣。（ZD60-63c）

裙① qún

尋裙裠裙裙　～裏，音群，正作帬。（ZD59-855c）
～帔，巨君反，下披義反。（ZD59-795c）
以～，音群。（ZD59-852a）
下～，音群。（ZD59-660c）
白～，音群。（ZD59-786a）

裠　qún

裠裗　～衣，具云反。（ZD59-957c）
下～，巨君反，又作裠，同上。（ZD60-9c）

群　qún

雪　～呼，上巨云反，正作群、窘二形也，按謀字，《說文》云群呼也。（ZD60-393a）

---

① 又見"裠""帬"字條。

R

蚺 rán

 ～虵，上如廉反，正作蚺。(ZD60-77b)

然 rán

 潭～，徒敢反，恬静也，安也，正作澹，又徒南、羊審二反，深也，潭水動皃也。(ZD59-823b)

 愴～，初兩、初亮二反，失志皃。(ZD59-822b)

 赧～，女板反。(ZD59-683a)

 僉～，七廉反。(ZD59-827b)

 嘿～，莫北反。(ZD59-901a)

髯 rán/ràn

 鬚～，汝鹽、汝焰二反。(ZD60-323b)

 多～，如瞻、如焰二反，頷毛也。(ZD60-211c)

 ～～，而占反。(ZD59-870c)

 鬚～，上相朱反，下而占反，正作鬚髯也。(ZD60-163b)

 髭～，而占反。(ZD60-475b)

燃[①] rán

 燒～，而延反，正作燃。(ZD59-728c)

嬫 rán

 之～，音然，燒也，古文燃字。(ZD60-529b)

冄 rǎn

 於～，音染。(ZD60-368a)按："～"同"冉"。

冉[②] rǎn

 漸～，下而陝反，行皃也。(ZD59-675b)

 於～，而陝反，正作冉。(ZD60-356b)

 於～，音染。(ZD60-350c)

 ～～，而陝反，正作冉冉，行皃也。(ZD60-480a)

 式～，音染。(ZD60-382a)

 ～～，音染，正作冉冉。(ZD60-595b)

 作～，而陝反。(ZD60-379a)

 式～，上尸力反，下而陝反。(ZD60-351a)

苒 rǎn

 荏～，而審反，下而陝反。(ZD59-934a)

 荏～，上而審反，下而陝反。(ZD59-569c)

 荏～，而審反，下而陝反。(ZD59-806b)

 荏～，上而審反，下而陝反。(ZD59-557a)

染[③] rǎn

 亟～，上去志反，下音染。(ZD60-498a)

---

① 又見"嬫"字條。
② 又見"冄"字條。
③ 又見"渿""深"字條。

按:"～"乃"染"字,詳見本書中篇"深"字條。

溙　～汗,而陝反。(ZD59-755c)

溙　無～,音染。(ZD60-200c)

溙　～汗,而陝反。(ZD59-967a)

溙　無～,而陝反,正作染。(ZD59-648a)
按:"～"乃"染"字,詳見本書中篇"溙"字條。

溙　～汗,人陝反,正作染,下烏故、烏卧二反。(ZD59-964b)

溙　～汗,而陝反。(ZD59-897c)

淬　著～,知略反,下而陝反,正作染也。(ZD59-719c)

淬　～汗,上而陝反,下烏故反。(ZD60-81c)

淬　用～,而陝反,正作染,又七内反,染也。(ZD60-398b)

溙　～愛,而陝反。(ZD59-646a)

渠　用～,而陝反。(ZD60-85a)

溙　爲～,而陝反,正作染。(ZD59-1092b)

溙　如～,音染。(ZD59-951c)

溙　～汗,同上。(ZD59-951c)

溙　胎～,而陝反,正作染。(ZD59-757b)

溙　～汗,上而陝反,正作染也。(ZD59-646a)

淬　愛～,而陝反,正作染也。(ZD60-98c)

溙　～汗,而陝反,正作染也,又音七,悮。(ZD59-919b)

溙　從～,而陝反。(ZD59-860a)

溙　深著,上音染,悮。～著,同上。(ZD59-829a)按:"～"乃"染"字,詳見本書中篇"溙"字條。

溙　愛～,而陝反。(ZD59-666b)

溙　～欲,而陝反,行也,正作染也。(ZD59-728c)

悰　悦～,下音悴。(ZD60-591b)按:"～",對應經文作"染"。《廣弘明集》卷28:"耳根闇鈍,多種衆惡,悦染絲歌,聞勝法善音,昏然欲睡。"(T52,p330c)"～",可洪音"悴",蓋以爲"悴",不妥,詳見本書上篇第七章"悰"字條。

深　rǎn

深　～着,上音染,悮。(ZD59-829a)按:"～"乃"染"字,詳見本書中篇"深"字條。

溙　rǎn

溙　～著,上而陝反,正作染(ZD59-605c)。
按:"～"乃"染"字。

儴　ráng

儴　～佉,上依字而羊反,相承作此呼之久矣,不可卒改。(ZD60-393a)

儴　～佉,上而羊反,下去迦反。(ZD59-683c)

攘　ráng/rǎng

攘　～娜,上而羊反,下奴可反,上正作攘。(ZD59-628c)

攘　～舸,汝羊反,下古我反,正作舸也,若字切脚。(ZD59-742c)

攘　～娜,上而羊反,下奴可反。(ZD59-630a)

攘　～逆,上而羊反,除也,正作攘。(ZD60-263b)

攘　～不,汝羊反,除也,正作攘。(ZD59-701b)

攘　～袂,而羊反,下彌世反。(ZD59-959a)

攘　囉～,汝羊、汝兩二反。(ZD59-590b)

攘　～臂,汝羊反。(ZD59-689c)

攘

～灾，上而羊反。
（ZD60-457b）

～諸，而羊反。
（ZD59-750b）

～却，而羊反。
（ZD59-722c）

擾～，而沼反，下而
兩反。（ZD59-732c）

紛～，上芳文反，下
而兩反，正作攘。
（ZD60-595b）

蘘　ráng

搔～，上桑刀反。
（ZD59-625a）

腮～，上直睡反，下而
羊反。（ZD59-626c）

稻～，而羊反，正作穰
也。（ZD60-130a）按：
"～"即"蘘"，乃"穰"。

草～，蘇禾反，草名，
可爲雨衣。《川音》
作蓑，或作襀，而羊反，禾莖
也。（ZD59-1001c）按：
"～"，可洪音"蘇禾反"，蓋
以爲"蓑"，不妥，應爲"蘘"，
同"穰"，禾莖也。

孃　ráng

～矩，而羊反，此云
糞尿虫也，亦云針
口，下俱禹反。（ZD59-932c）

襀　ráng

～灾，如羊反。
（ZD59-753a）

穰①　ráng/rǎng

若～，而羊反，正作
穰。（ZD59-1108b）

～積，上而羊反，禾～
也，正作穰。（ZD59-991c）

那～，如羊、如兩二
反。（ZD59-751b）

～戮，而羊反，下羊
力反。（ZD59-727b）

～積，上汝羊反，禾稈
也，正作穰。（ZD59-997b）

豐～，而兩反，禾稠
也。（ZD59-723c）

瓤　ráng

～瓣，步莧反。
（ZD60-396b）

内～，汝羊反，瓜實
也。（ZD60-132b）

懐　rǎng

陳～，而兩反，土也，
正作壤也，夫子厄在
陳～也，又而亮反，恨也。
（ZD60-494c）按：《續高僧傳》
卷26："儒宗絶粒於陳壤，
堯湯遭變於中原。"（T50,
p677c）"陳～"乃"陳壤"。

原～，而兩反，人名
也，《辯正論》作原壤
也，又音讓。（ZD60-559c）

按："～"乃"壤"。

壤②　rǎng

灰～，火迴反，下而
兩反。（ZD59-834c）

弩～，而兩反，正作
壤。（ZD59-871a）

臁　rǎng

肥～，而兩反，正作
臁也。（ZD60-253c）

讓　ràng

～勝，上汝亮反，正
作讓。（ZD60-165b）

蕘　ráo

蒭～，上測俱反，新
草也，下而招反，舊
草也。（ZD60-319a）

饒　ráo

～人，上音饒。
（ZD60-225b）按：
"～人"，對應佛經作"饒
人"。《惟日雜難經》卷1：
"何等爲不犯人？謂一切能
饒人。"（T17, p605c4）

～睡，而招反，正作
饒。（ZD59-941c）

_____

① 又見"蘘"字條。
② 又見"懐"字條。

按："～睡"之"～"，即"饒"字。構件"食"與"金"相混。《瑜伽師地論》卷60："無慚無愧相，多放逸相，性羸鈍相，饒睡眠相，心愁感相。"（T30，p637a）

擾　rǎo

榎　耗～，呼高反，下而沼反，正作撓擾。（ZD59-851b）

優　躁～，子告反，下而沼反。（ZD59-962a）按："～"乃"擾"。《大莊嚴論經》卷8："今我心躁擾，不能持令住。"（T04，p302b）

憬　魔～，而沼反，亂也，正作擾、嬈二形，又奴迴反，悮也。（ZD59-920c）按："～"即"擾"。構件"扌"與"忄"相混。

擾　～攘，上而沼反，下而兩反。（ZD60-329c）

榎　不～，音遶。（ZD59-839b）

擾　～害，而沼反，亂也，亦作嬈，同上。（ZD59-728a）

擾　～蠱，上而沼反，下公五反。（ZD59-1046a）

蹞　躁～，上子告反，動也，下而沼反，亂也，正作操擾也，下又《川音》作滂逼反，非也。（ZD60-

189c）按：《佛本行經》卷6："今甚懷惱熱，躁擾自投擲，不久於阿鼻，當受諸苦痛。"（T04，p99c）"～"乃"擾"。

繞　rǎo

繞　繚～，力小反，纏也。（ZD59-659c）

若　rě/ruò

若　茹～，上而去反，下而者反。（ZD59-629a）

若　沖～，上而與反，正作汝。（ZD59-583b）

若　～麩，宜作麩、秋，二同羊力反，麥皮穀也，又音敷，非。（ZD59-1033a）

吶　rě

吶　比～，上音毗，下而者反，正作吶，又《江西音》作奴禮反，又《川音》慈以反，又音仚。（ZD60-289b）按："比～"，對應佛經作"比嚙"。《陀羅尼雜集》卷6："薩婆毘蛇蛇，比目叉尼比嚙。"（T21，p613c5）

喏　rě

喏　墮～，而者反。（ZD59-590b）

喏　～也，上而者反。（ZD60-287a）

惹　rě

惹　～那，而者反，唐言智，郭氏音怙，非。（ZD59-672a）

惹　～那，而者反，亦作若。（ZD59-817b）

惹　rě

惹　腎～，詩振反，下如遮反。（ZD59-783a）

褻　rèbiàn

褻　作～，經意是禰，或作 幣，之葉反。（ZD60-371c）按：《一切經音義》卷13："熱變，碑院反。變，化也，易也，更也，經文作褻，誤也，書無此字。"（C056，p1016b）"～"，《一切經音義》以爲"熱變"，鄭賢章（2004：190）亦以"～"爲"熱變"。"～"，可洪以爲"禰"，可備一説。

褻　生～～，下二諸葉反，正作禰，或作幣，二形也，《瑜伽論》云何謂皮膚緩皺也，上屬上句，下屬下句，應和尚以熱變字替之，非也。（ZD59-1032c）

褻　rè

褻　之～，而設反。（ZD59-1071b）

熱① rè

热
熱 ～呬，音他。(ZD59-627b)

熱 ～渴，而設反。(ZD59-687b)

熱 ～熄，奴老反，正作惱。(ZD59-720a)

熱 ～病，上而設反。(ZD59-1113b)

熱 膃～，奴老反。(ZD59-649c)

熱 ～剌，郎達反，正作辢。(ZD59-616a)

熱 烈～，音熱。(ZD60-360a)

熱 離～，而設反，正作熱，火離～相。(ZD59-916b)

熱 熨～，上於勿反，又音尉。(ZD59-566a)

热 ～惚，而設反，下奴老反，並悮。(ZD59-925b)

熱 心～，而設反。(ZD59-925c)

熱 寒～，而設反。(ZD59-719b)

熱 大～，音熱。(ZD60-83c)

熱 故～，而設反。(ZD60-173a)

人② rén

㞢 ～頂，而真反，一生曰人。(ZD59-972a)

㞢
㞢 天～，音人。(ZD59-667c)

有～，音人。(ZD59-666a)

㞢 rén

㞢 ～頂，而真反，一生曰人。(ZD59-972a)按："～"即"人"。

忞 rénxī

忞 内～，下是人悉二字，數里内人悉集。(ZD60-334c)

龠 rénwéi

龠 ～令，上于垂反，當也，正作爲也，此是書人悞書人字而就裹著爲字也。(ZD59-550b)按："～"乃"人""爲"兩字合。

忍 rěn

忍
忍
忍 ～受，人軫反，正作忍。(ZD59-903a)

～耐，奴代反。(ZD59-1078b)

～憤，音順。(ZD59-673b)

荏 rěn

荏 蘸～，而審反。(ZD59-1107b)

稔 rěn

稔 饋～，上夫文反，下而審反，熟食也，《爾雅》作餁，亦作稔，或作餥。(ZD60-378c)

稔 一～，而審反，年也，悮。(ZD59-902c)

仞 rèn

仞 作訒～，二同音刃。(ZD60-372b)

叨 rèn

叨 柔～，而振反。(ZD60-360c)按："～"乃"肕"，與"韌"同。

妊 rèn

姃 懷～，而甚反，正作妊。(ZD60-203a)按："～"乃"妊"，詳見本書中篇"姃"字條。

衽 rèn

衽 ～針，上而甚反。(ZD60-270a)按："～"乃"衽"。

---

① 又見"爇"字條。
② 又見"厶""㞢"字條。

衽① rèn

衽 襟～，而甚反。（ZD60-398c）

衽 縠～，而禁反，衣襟也。（ZD59-548c）

衽 針～，而蔭反，正作紝。（ZD59-908b）

姙② rèn

姙 懷～，而甚反，孕也，正作妊、姙。（ZD59-763c）

姙 懷～，而甚反。（ZD59-632c）

姙 懷～，又作姙，同汝甚反，孕也。（ZD60-280c）

訒 rèn

訒 愛～，而振反，識也，難言也，或作認。（ZD59-1033c）

呵 吃～，音訖，下音刃，難言也，正作訒。（ZD59-821c）

袵 rèn

袵 針～，而甚反，織～也，正作紝、紭二形也。（ZD59-914a）

靭③ rèn

靭 牢～，而振反。（ZD59-1087b）

紝 rèn

紝 ～婆，上而林反，正作紝。（ZD59-599a）

按：“～”同“紝”，詳見本書中篇“紝”字條。

紅 ～婆，而林反，正作紝。（ZD59-687c）

仍 réng

仞 相～，音仍。（ZD60-268c）

佀 ～求，方經作仍。（ZD59-725c）

仍 鹿～，音仍。（ZD60-268b）

芿 réng

芿 ～山，而陵、而證二反。（ZD59-859c）

日 rì

Ⓔ ～藏，而質反。（ZD59-726c）

Ⓑ 一～，而質反。（ZD60-57b）

Ⓔ 七～，而質反。（ZD60-58a）

Ⓔ 如～，音目，眼～也，《字樣》作四也，律云護鉢如眼睛是也。（ZD60-58a）按：《四分律刪補隨機羯磨》卷2：“鉢是諸佛摽誌，不得惡用，及洗手敬之如目。”（T40，p502b）“目”，宮本作“日”，可洪以“～”爲“目”。從形體看，似應爲“日”。待考。

矑 rìlú

矑 嘯～，無博反，下二二合，則盧反，轉舌。（ZD59-867c）按：“～”乃“日”“盧”之合，可洪音“則盧反”，讀“zū”。

囉 rìluó

囉 跋～吽，下一牛鳴音，急呼。（ZD59-887a）按：“～”爲“日囉”兩字合。

肜④ róng/tóng

肜 父～，音融，又丑林反。（ZD60-328c）按：“～”，經文作“肜”或“肜”。

———

① 又見“衽”字條。
② 又見“妊”字條。
③ 又見“靭”字條。
④ 又見“肜”字條。

彤 父～，音融，又丑林反，諸錄並作彤，或作彤也，又徒冬反，悮。（ZD60-339a）按：“～”，經文作“彤”。

彤 ～華，上徒冬反，赤也，丹飾也，又以戎、丑林二反，非。（ZD59-1046b）按：“～”，經文作“彤”，即“彤”字。《摩登伽經》卷2：“造爲温室，宜殖彤花。”（T21，p407a）

彤 子～，徒冬反，正作彤，又余戎反，非也。（ZD60-392b）

茸 róng

茸 ～衣，而容反，正作茸、鞜。（ZD59-682c）

茸 珠～，而容反，正作茸也，又所嫁反，非。（ZD60-188c）

容① róng

容 含～，余封反，正作容。容，受也，書人悮作冂而就裏作容也。（ZD60-404a）按：“～”乃“容”，詳見本書中篇“**容**”字條。

氄 róng

氄 ～疊，上而容反。（ZD60-72c）按：“～”乃“鞜（氄）”字，詳見本書中

篇“氄”字條。

絤 róng

絤 鳥～，宜作鞜，而容反，毳飾也，今人衣帶頭鞜線是也，或作毦，人志反，氅毦，羽毛飾也，《川音》作絤，音耳，非也。（ZD60-38c）按：“鳥～”，對應佛經作“鳥絤”。《四分律》卷49：“彼腰帶頭作鳥絤，佛言：不應爾。”（T22，p928b）“～”“絤”即“緈”字之訛，與“鞜”同。

毧 róng

毧 ～俱執，上而容反，細毛也，俱執者，此云毯。（ZD59-1123c）按：“～”同“鞜”。

楺 róng

楺 ～樹，上而容反，木名，似檀也，正楺也。（ZD59-994c）

楺 ～樹，上而容反，木名，似檀，正作楺也，《川音》亦作楺也。（ZD59-991a）

鞜 róng

鞜 爲～，而容反。（ZD59-717a）按：《悲華經》卷1：“馬瑙爲鞜，

七寶爲鬚，高十由旬。”（T03，p168a）“鞜”，宋本作“鞜”，元、明、聖本作“茸”。“鞜”即“鞜”，通“茸”。

緈 róng

緈 帶～，而容反，正作鞜，又七入反，非也。（ZD59-1068c）

緈 ～綵，上而容反。（ZD60-602c）

縔 róng

縔 縱～，七容反，下羊封反，正作從容也。（ZD59-810c）按：“縱～”同“縱容”。“容”受上字“縱”的影響類化增“糸”旁而作“縔”。

縔 縱～，上七恭反，下以封反，緩步皃也，服也，正作從容，或作聰容，亦作從容也。（ZD60-212a）按：《修行道地經》卷1：“美豔玉女衆，端正光從容，常觀心欣悦，居止太山頂。”（T15，p186c）“縱～”即“從容”，聯綿詞。

縔 縱～，七容反，下余鍾反，有威儀也，閑暇皃也，正作從容，亦作璁容。（ZD59-773a）按：《佛説月光童子經》卷1：“神顏從容，諸根寂定。”（T14，p817a）

① 又見“縔”字條。

"縱～"，聯綿詞，經文作"從容"。

髶　róng

骑　衣～，而容反，花藥兒。（ZD60-36b）按：從形體看，"～"即"髶"。不過，"衣～"，經文作"衣鬚"。此處"～"恐爲"鬚"之訛，待考。

融　róng

酶　～消，上余戎反，正作融。（ZD60-90a）按："～"乃"融"字，詳見本書中篇"酶"字條。

融　～銅，上羊隆反。（ZD59-631a）

蝓　～消，余戎反，正作融。（ZD59-942c）

爃　róng

燦　作～，音榮，見藏無此經。（ZD60-390c）按："～"同"榮"。

氄　róng

氄　花～，而容反，花兒也，正作穠、稦、茸三形，《經音義》作毦，以茸字替之，是也。（ZD59-963b）按：《大莊嚴論經》卷13："如鵠處花間，花氄遮遶佛。"（T04，p331c）"花氄"即"花茸"。

鞰①　róng

鞗　爲～，而容反。（ZD59-718b）按："～"同"鞰"，經文中通"茸"。

鞝　～被，上如容反，氈飾也，亦花兒也。（ZD59-1116a）按："～"同"鞰"。

韯　銀～，而容、而用二反，氈飾也，正作鞰、耗二形。（ZD59-641c）按："～"同"鞰"。

鎔　róng

鎔　～鑄，上音容，下音注。（ZD60-397b）

鎔　～金，上音容，正作鎔也。（ZD60-403c）按："～"乃"鎔"，詳見本書中篇"鎔"字條。

蠑　róng

蠑　～螈，上音榮，下音原。（ZD60-358a）

冗　rǒng

冗　毛～，而勇反，細毛也，散也，正作氄、毷、宂三形。（ZD60-82a）

軵　rǒng

軵　推～，而勇反，推轂有所付也，亦作揸。

（ZD60-358a）

柔　róu

矛　～濿，而由反，下而充反，上又音牟，下又音儒，並惧。（ZD59-925a）

柔　調～，而由反，正作柔。（ZD59-924c）

柔　～㚥，而充反，弱也。（ZD59-563a）

柔　～澳，音軟。（ZD59-735c）

予　～順，而由反，正作柔也，又余、與二音，惧也。（ZD59-650b）

桑　～㚥，音軟。（ZD59-687c）

桑　～㚥，音軟。（ZD59-575c）

揉②　róu

揉　所～，《川音》作揉，同，而由、而酉二反，屈也。（ZD59-942a）

揉　～捼，上如由反，下奴達反。（ZD59-1015c）

揉　和～，女右反，雜也，正作糅。（ZD59-969a）按："～"，經文作"揉"或"糅"，兩者意義近似。

———

①　又見"緝""毷""鞝""緝""韯"字條。

②　又見"揉"字條。

楺 róu/tān

楺 鼻～,居六反,見藏作鼻揂也,應和尚未詳。(ZD60-363a)按:"～",對應經文作"揉",是,可洪以爲"揂",恐非。《佛説淨業障經》卷1:"時有精舍名曰醯無,中有菩薩名曰鼻揉多羅。"(T24, p1099a)

楺 ～木,上音柔,屈也,又而手反。(ZD60-501a)按:《辯正論》卷1:"揉木爲耒,始教天下種五穀。"(T52, p490c)"～"乃"揉"。

楺 ～利,上音貪。(ZD59-585a)按:"～",經文作"探"。《大明度經》卷4:"入海投難,求榮探利。"(T08, p495b)"～",經文作"探",可洪音"貪",蓋以爲"探"。從經文文意看,以"～"作"探"爲佳。

肉① ròu

肉 筋～,居殷反。(ZD59-696b)

肉 ～摶,徒官反。(ZD59-628b)

肉 ～疱,步孝反。(ZD59-597b)

宊 淨～,音肉。(ZD60-80c)

宍 膚～,方無反,下如六反。(ZD59-741b)

肉 筋～,上居殷反。(ZD59-574c)

宍 此～,音肉。(ZD60-229a)

肉 截～,而六反,正作肉。(ZD59-1091a)

宍 噉～,音肉。(ZD59-644a)

宂 而～,上音血,下音肉,下又音救,並悮。(ZD60-269b)

宍 ～髻,而六反。(ZD59-668b)

宍 ～眼,如六反。(ZD59-921a)

宍 肌～,居夷反,下而六反。(ZD59-655b)

囟 從～,而六反,正作月(肉)。(ZD60-403c)

宍 身～,同上(宍)。(ZD60-105a)

宍 ～段,如六反。(ZD59-730b)

宍 ròu

宍 ～魚,上而六反。(ZD59-1030a)

宍 身～,而六反。(ZD59-556a)按:"～"即"肉"。

如 rú

知 ～芬,人諸反,下古敗反,正作如芥也。(ZD59-762c)按:"～"乃"如"。

儒 rú

儒 ～雅,人朱反。(ZD59-688a)

懦 ～照,音儒,後作儒,又音軟,悮。(ZD59-863b)按:"～"即"儒"字。構件"亻"與"忄"易混。《一字佛頂輪王經》卷1:"諦劭(儒照反,下同)囉始(六)。"(T19, p228a)

儒 ～表,上而朱反。(ZD60-240a)

儒 侏～,上之殊反,下而朱反,短人也。(ZD60-356c)

儁 六～,而朱反,碩學之人也,出《玉篇》。(ZD60-539a)

濡 rú

濡 ～首,音儒,正作濡也,即是文殊菩薩也。(ZD59-856b)

濡 ～濡,上而朱反,霑溼也,正作濡,下而兗反,柔弱也,正作輭、懦二形。(ZD59-643c)

濡 不～,而朱反,霑濕也。(ZD60-273c)

---

① 又見"宍"字條。

繻　rú/ruǎn

繻　～文，上而朱反。（ZD60-496c）按：“～文”即“繻文”。“～”即“繻”。

繻　～動，而兊、而准二反，弱也，動虫也，正作蠕、臑二形，又須、儒二音，非。（ZD59-961a）按：“～動”即“蠕動”，其中“～”通“蠕”。

襦　rú

襦　～袴，上而朱反，下苦故反。（ZD60-66b）

襦　麻～，而朱反。（ZD60-455b）

褕　羅～，音儒。（ZD60-599b）

繻①　rú

繻　如～，須、儒二音。（ZD59-1029b）按：“繻”即“繻”字，細柔的絲織品。《大樓炭經》卷1：“中有兩窟，一者名畫、二者名善畫，以七寶作之，金、銀、琉璃、水精、赤真珠、車渠、馬碯，細軟如繻衣。”（T01，p279a）《篇海類編·衣服類·系部》：“繻，音須，縛也。”“繻”亦“繻”字。《廣韻·虞韻》：“繻，《易》曰：繻有衣袽。亦見《周禮注》。又音須。”

汝②　rǔ

沖　～若，上而與反，正作汝。（ZD59-583b）

㚲　rǔ

㚲　見～，音汝。（ZD60-183b）按：“～”乃“汝”，詳見本書中篇“㚲”字條。

乳③　rǔ

泑　朒母，辱主反，妳也，正作乳、～二形。（ZD59-745a）

朒　～母，辱主反，妳也，正作乳、泑二形。（ZD59-745a）

乳　～蜜，而主反，悮。（ZD59-690a）

辱④　rǔ

辱　～鎧，苦改反。（ZD59-600b）

泑　rǔ

乳　以～，而主反，正作乳。（ZD60-190c）

銤　rǔ

銤　毀～，下古血反，合作鈌，舊悮也。（ZD60-51c）按：“～”，可洪以爲“鈌”，但經文作“辱”。待考。

莈　rù

莈　菜茹，而庶反，亦作～。（ZD59-900a）

洳　rù

洳　瀒～，而預反，沮洳，漸濕也，亦溽。（ZD60-370a）

溽　rù

溽　炎～，上于廉反，下而欲反。（ZD60-471a）

蓐　rù

蓐　牀～，助庄反，下而欲反。（ZD59-662c）

蕣　草～，而欲反，正作蓐。（ZD59-817a）

蓐　茵～，上音因，下音辱。（ZD59-576c）

蓐　牀～，上助庄反，下而欲反。（ZD60-89c）

褥　rù

褥　裀～，音因，下音辱。（ZD59-719a）

---

① 又見“繻”字條。
② 又見“㚲”字條。
③ 又見“泑”字條。
④ 又見“銤”字條。

耨 茵～，上音因，下音辱，正作褥。(ZD59-557a)按："～"即"耨"，經文中通"褥"。

耨 床～，而玉反。(ZD59-858a)按："～"即"耨"，經文中通"褥"。

褥褥褥褥褥 茵～，上音因，下音辱。(ZD59-556c)

綺～，音辱。(ZD59-669b)

淋～，上助庄反，下而欲反。(ZD59-581b)

茵～，上伊人反，下而欲反。(ZD60-224a)按："茵～"即"袻褥"。"～"即"褥"。

孺　rù

孺孺孺孺孺孺孺孺 帝～，而注反。(ZD59-873b)

童～，而注反，稚也。(ZD59-768a)

枇～，以世反，下而注反。(ZD59-746a)

産～，而注反，生也。(ZD60-304c)

孩～，而注反。(ZD59-866a)

～波，同上。(ZD59-746a)

僮～，上徒東反，下而注反。(ZD60-542b)

～底，而注反。(ZD59-871b)

僮～，而注反。(ZD59-820b)

瑈 慈　～，而　注　反。(ZD60-382a)

縟①　rù

縟縟 絟～，上知與反，下而欲反。(ZD60-45a)

繒～，而浴反，正作縟。(ZD59-819b)

擩　rù/ruí

擩擩擩擩擩 ～箭，而注反。(ZD59-876b)

～莖，倉臥反。(ZD60-376a)

搏矢，宜作擩、～，二同，儒遇反。(ZD59-766b)

～箭，上而注反。(ZD59-1101b)

～矢，宜作擩。(ZD59-766b) 按：《六度集經》卷 5："王乃彎弓擩矢，股肱勢張，舅遥悚懼，播徊迸馳，猴王衆反。"(T03，p27a)"擩"，宋、元、明本作"搏"。"～"乃"擩"。

擩 ～治，上如唯反，柔皮也，正作捼也，下音持，上又借音而靴反。(ZD59-1112c)按：《摩訶僧祇律》卷 32："我家中有成死犢皮，亦軟好，當鞣治相與。"(T22，487b)"～"，可洪以爲"捼"。從形體看，"～"即"擩"，與"捼"同。

擩 着～，而誰反，柔搓也，正作捼、擩二形，《川音》作擩，音孺，非也，又音儒，短衣，非。(ZD60-86a)

壖　ruán

壖壖 ～隗，上而緣反，下于願反，正作院。(ZD60-261b)

阮　ruǎn

阮 比　～，魚遠反。(ZD60-449a)

㼲　ruǎn

㼲㼲㼲 極～，音軟。(ZD59-1064a)

～語，而充反。(ZD59-895c) 按："～"同"軟"。《佛説甚深大迴向經》卷 1："軟語開喻先意問訊，終不以苦切惡言加於衆生。"(T17，p867c)

～美，上而充反。(ZD59-579a)

軟②　ruǎn

濡 柔～，而充反，弱也，亦作濡、㼲。(ZD59-655a)

———

① 又見"褥"字條。
② 又見"濡""渜""㼲""愞"字條。

輭　～言，上而充反，柔也。（ZD59-599b）按：“～”與“軟”同。

耎　善～，音軟。（ZD59-662c）按：“～”即“耎”，與“軟”同。

耎　柔～，而充反。（ZD59-659b）按：“～”即“耎”，與“軟”同。

㮈　～語，而充反。（ZD59-899a）按：“～”即“耎”，與“軟”同。

輭　心～，音軟。（ZD59-722c）按：“～”與“軟”同。

渜　柔～，音軟，又奴短反，非。（ZD59-668b）

濡　～和，儒、軟二音，柔也。（ZD59-672b）按：“～”，對應佛經作“軟”，同。《佛説菩薩本業經》卷1:“已而就水，當願衆生，柔和軟弱，清淨謹飾。”(T10, p448a)

渜　柔～，而充反，又奴管反，愞。（ZD59-638c）

濡　～如，而充反。（ZD59-642c）按：“～”即“渜”，與“軟”同。

輭　柔～，而充反。（ZD59-642b）按：“～”與“軟”同。

渜　～音，音軟，菩薩名也，又奴短、奴亂二反，非。（ZD59-653b）

㮈　～爲，而充反。（ZD59-765a）按：

“～”即“耎”，經文作“軟”，同。《六度集經》卷3:“夫身地水火風矣，强爲地，軟爲水，熱爲火，息爲風。命盡神去，四大各離，無能保全，故云非身矣。”(T03, p16a)

耎　柔～，而充反。（ZD59-641b）按：“～”即“耎”，與“軟”同。

耎　柔～，音軟，弱也，正作耎。（ZD59-700c）按：“～”即“耎”，與“軟”同。

愞　柔～，而充、奴亂、奴卧三反，弱也。（ZD60-141c）按：“～”即“愞”，經文作“軟”，同。《正法念處經》卷14:“彼復執已，擘口出舌，如是惡舌長一居賒，其舌柔軟，置在赤銅焰燃鐵地，畫爲阡陌，遣人耕之。”(T17, p84b)

渜　漸～，而充反，正作輭、煣二形也。（ZD60-121c）

耎　柔～，音軟。（ZD59-563c）按：“～”即“耎”，與“軟”同。

濡　溥～，上而朱反，霂溼也，正作濡，下而充反，柔弱也，正作輭、懦二形。（ZD59-643c）

愞　柔～，音軟，正作懦、耎也，又奴亂、奴卧二反，非。（ZD59-946c）按：“～”即“愞”，與“軟”同。

渜　柔～，音軟。（ZD59-658a）

渜　柔～，又作濡，同人充反，弱也。（ZD59-691b）

渜　堅～，而充反，又音喚。（ZD60-123a）按：“～”，經文作“軟”，同。《阿毘達磨大毘婆沙論》卷136:“非彼洛叉有堅軟異。”(T27, p703b)

愞　靪～，上五更反，下人充反。（ZD59-961c）按：“～”即“愞”，與“軟”同。

愞　柔～，而充、奴亂、奴卧三反。（ZD59-1064c）按：“～”即“愞”，與“軟”同。

懦　善～，而充反。（ZD59-1017a）按：“～”即“愞”，與“軟”同。

輭　～細，而充反。（ZD59-723a）按：“～”與“軟”同。

耎　～劣，而充反。（ZD59-648b）按：“～”即“耎”，與“軟”同。

輭　柔～，而充反，柔也，弱也，正作輭、軟二形。（ZD60-226b）

渜　ruǎn

渜　多～，而朱、而充二反，柔也，又奴短、奴亂二反，非。（ZD59-743a）按：“～”，對應經文有版本作“軟”。

碝 ruǎn

碝
～妙，上而兖反。
(ZD59-613a)

碝
～石，上而兖反。
(ZD60-594b)

蜵① ruǎn

蠖
～動，而兖反。
(ZD59-773b)

蜵
～動，上而兖反。
(ZD59-582c)

蠕
～動，而兖反。
(ZD59-648c)

緰
～動，而兖、而准二
反，弱也，動虫也，正
作蠕、臑二形，又須、儒二
音，非。(ZD59-961a)

蠕
～動，而兖反。
(ZD59-643b)

蠕
～動，上而兖反。
(ZD59-572c)

蠕
～動，而兖、而尹二
反。(ZD59-641a)

蠕
～動，而兖、而准二
反。(ZD59-670c)

蜵
遙～，上七旬反，下如
兖反。(ZD59-769c)

蠕
～動，如兖反。
(ZD59-736b)

蜵
～動，如兖反。
(ZD59-767c)

蠖
～動，上而兖反，正
作蠕。(ZD59-577c)
轜動，上而兖反，正
作～。(ZD59-570b)

蠕
蠕
～動，如兖反。
(ZD59-672a)
～動，上而兖反，正
作蠕也，又而緣、而
兖二反，惧。(ZD60-538c)

渜 ruǎn

渜
渜
渜
善～，而兖反，又音
儒。(ZD59-603a)
細～，音軟。(ZD59-
857c)按:"～"同"軟"。
～心，而兖反。
(ZD59-899a）按:
"～心"，對應佛經作"軟
心"。"～"即"軟"字。《菩
薩善戒經》卷5:"爲軟心故
忍，爲愛衆生故忍。"(T30,
p986c)

渜
～美，上而兖反。
(ZD59-580c) 按:
"～"同"軟"。

渜
柔～，音軟，柔弱也，
又而朱反。(ZD59-
574a)按:"～"同"軟"。

蠕 ruǎn

蠕
～動，上而兖反。
(ZD59-584b) 按:
"～"同"蜵"。

蠕
～動，上而兖反。
(ZD59-1089a) 按:
"～"同"蜵"。

蠕
～動，上而兖反。
(ZD59-585b) 按:
"～"同"蜵"。

轜 ruǎn

轜
～動，上而兖反，正
作蠕。(ZD59-570b)
按:"～動"之"～"，乃"蜵"
字之借。

桵 ruí

緌
～子，子葉反。
(ZD59-688a)按:《大
般涅槃經》卷35:"善男子!
譬如蘇麵、蜜薑、胡椒、蓽
茇、蒲萄、胡桃、石榴、桵子，
如是和合名歡喜丸，離是和
合無歡喜丸。"(T12,
p843c2)"～"乃"桵"，可洪音
"子葉反"，乃不知其爲"桵"。

荾 ruí

荾
～木，如佳反。
(ZD59-802a)按:《陀
羅尼集經》卷6:"其法當對
馬頭像前，先取荾木，長八
指截，燒火焰出，取安悉香
作八百丸。"(T18, p836c)

蕤② ruí

蕤
葳～，上於韋反，下如
佳反。(ZD60-426c)

蕤
～汁，上而誰反。
(ZD60-31b)

---

① 又見"蠕""轜"字條。
② 又見"蕤"字條。

蕤　葳～,上於歸反,下人維反,草木花垂兒。(ZD60-318b)

葳　葳～,如佳反。(ZD60-564b)

蕤　～羅,上而誰反。(ZD60-36c)

蕤　～羅,上而維反,林名。(ZD60-43a)

蕊　ruǐ

蘂　臺～,如水反。(ZD59-663c)

蘂　花～,如累反。(ZD59-659b)

蘂　賢～,相朱反,下而水反。(ZD59-666c)

蘂　爲～,如水反。(ZD59-651c)

蘂　ruǐ

蘂　漂～,而水反。(ZD60-597c)

蘂　爲～,而水反,正作蘂。(ZD59-694b)

蘂　爲～,如水反,花中莘也,正作蘂也。(ZD59-639c)

蘂　賢～,而水反,悮。(ZD59-785a)

蘂　華～,如水反。(ZD59-745c)

蕊　幻～,如水反。(ZD59-557b)

蘂①　ruǐ

蘂　然～,而水反。(ZD60-599c)

蘂　華～,如水反。(ZD59-592c)按:"～"同"蘂(蕊)"。

蘂　翳～,如水反。(ZD59-570a)

蘂　須～,如水反。(ZD59-783b)

芮②　ruì

芮　充～,而稅反,正作芮。(ZD60-372a)

芮　猪～,而稅反。(ZD60-366c)

芮　囚～,而稅反,又音丙,非也。(ZD60-396a)

蚋③　ruì

蚋　蚊～,無云反,下而稅反。(ZD59-722c)

蚋　～子,而稅反。(ZD59-603b)

蜹　蚊～,無云反,下而稅反。(ZD59-639b)

蚋　蚊～,無分反,下而稅反。(ZD59-663a)

莸　ruì/yuè

莸　重～,余稅、余說二反,草生也。(ZD60-571a)按:"～"同"莸"。

莸　～茂,上緣雪反,草木生而新達曰～。(ZD59-669c)

瑞　ruì

瑞　光～,音睡,祥也,應也,正作瑞也。(ZD60-422c)

蜹　ruì

蜹　似～,而稅反,正作蜹。(ZD60-362a)

蜹　畓～,上無云反,正作蚊,古作蟲,下而稅、而悅二反,正作蚋也,二並悞。(ZD60-159c)

睿④　ruì

睿　～智,上余稅反。(ZD60-433b)

睿　～思,上以芮反,下司寺反。(ZD60-537b)

睿　～藻,上余芮反,聖也,智也。(ZD60-436a)

睿　堯～,余稅反,聖也,智也,正作睿。(ZD60-536b)

睿　英～,余芮反。(ZD60-440b)

———

① 又見"蕊""蘂"字條。
② 又見"芮"字條。
③ 又見"蜹"字條。
④ 又見"叡"字條。

~想，上以芮反。
（ZD60-583c）

聰~，以芮反，智也。
（ZD59-554a）

銳 ruì

精~，以芮反。
（ZD59-583c）

鉫~，上五禾反，下以芮反。（ZD59-568b）

叡 ruì

聰~，余稅反。
（ZD59-651b）

聰~，余稅反，聖也，智也，正作叡、睿二形。（ZD59-636c）

聰~，余稅反。
（ZD59-651c）

~德，上以芮反。
（ZD60-580a）

聰~，余芮反，智也。
（ZD59-718c）

~唐，余稅反。
（ZD59-678c）

聰~，以芮反。
（ZD59-1049a）

聰~，余芮反。
（ZD59-934a）

聰~，同上。（ZD60-305a）

~唐，余稅反，聖也，智也，正作叡、睿二形。（ZD59-771b）

~達，余稅反。
（ZD59-732a）

聰~，余芮反。
（ZD59-655a）

聰~，音銳。（ZD59-568c）

聰~，以稅反。
（ZD59-851a）

~喆，余稅反，下知列反。（ZD59-735a）

聰~，余稅反。
（ZD59-652a）

聰~，以芮反。
（ZD59-571b）

~喆，以稅反。
（ZD59-708c）

~哲，余芮反。
（ZD59-683b）

~鑒，余稅反。
（ZD59-926a）

聰~，余稅反，聖也。
（ZD59-850a）

勇~，以芮反。
（ZD59-787a）

慧~，以芮反。
（ZD60-262b）

僧~，余芮反。
（ZD60-339a）

~唐，羊稅反。
（ZD59-737b）

聰~，羊稅反。
（ZD59-721b）

聰~，以芮反。
（ZD60-15b）

㨑 rún

臣~，上音巨，下而春反，正作㨑。（ZD60-

596a）按："臣~"，對應佛經作"巨㨑"。"~"乃"㨑"。《廣弘明集》卷29："故一闡洪猷則巨㨑競馳。"（T52，p343c）

瞤① rún

目~，而春反，目皮動也，正作瞤、瞤、眴三形。（ZD59-764a）

瞤 rún

睒~，子葉反，下如春反。（ZD59-851c）
按："~"即"瞤"，與"瞤"同。

作~，而春反。
（ZD60-389c）按："~"即"瞤"，與"瞤"同。

復~，而春反，亦作眴。（ZD59-770b）
按："~"即"瞤"，與"瞤"同。

閏 rùn

~色，上而順反，正作閏。（ZD60-153b）

弱 ruò

~態，上而斫反，正作弱也，下他代反，上又奴歷反，非也。（ZD60-

① 又見"瞤"字條。

60a)按:"～"乃"弱"字,詳
見本書中篇"惢"字條。

弱　～齡,而斫反,下力
丁反,年也,上又强、
祇二音,悮。(ZD59-902b)

弱　軟～,而斫反,正作
弱也。(ZD60-237b)

弱　～ 掉,大 了 反。
(ZD60-131c)

焫　ruò

焫　燒～,而悦反,燒也,
正作焫、爇。(ZD59-
706b)

焫　火～,而兌(悦)反。
(ZD59-992c) 按:
"～"同"爇"。

蒻　ruò

蒻　芋～,上于遇反,下而
斫反。(ZD60-329a)

惢　ruò

惢　劣～,而斫反,劣也,
正作弱也。
(ZD59-671a) 按:"～"乃
"弱"字,詳見本書中篇"惢"
字條。

箬　ruò

箬　筲(筲)～,上多達反,
下而斫反。(ZD60-
382a)

蓻①　ruò

蓻　～ 火,上而悦反。
(ZD60-15b) 按:
"～"同"爇"。

蓻　～ 除,上而悦反。
(ZD60-323c) 按:
"～"同"爇"。

蓻　爲 ～,而 悦 反。
(ZD59-868c)

蓻　將 ～,而 悦 反。
(ZD60-470a)

蓻　紙 ～,而 悦 反。
(ZD60-580c)

蓻　～一,如悦反,放火
也。(ZD59-867a)

爇　ruò

爇　火～,而悦反,正作
爇。(ZD59-998a)
按:"～",即"爇"字,燒也,
經文作"焫",義同。

爇　燒 ～,而 悦 反。
(ZD59-1084c)

爇　燒～,而悦反,悮。
(ZD59-1084a)

---

① 又見"焫""爇"字條。

S

灑① să/xǐ

灑　塢瑟臟～，一烏古反，此云佛頂。（ZD59-863b）

灑　淹～，於廉反，漬也。（ZD59-728b）

灑　褻～，上布高反。（ZD60-17c）

灑　褻～，上布高反，舊云布薩。（ZD59-1135a）

攦　～散，所綺反，分也，散也，正作灑也。（ZD59-842c）

撖 sà/shài

撖　上撖奉～，桑割反，放也，迸散也，以手拋物也，正作㩼。（ZD59-642b）

撖　抹～，上莫鉢反，下桑割反，正作撖。（ZD60-390b）

撖　～打，上所拜反。（ZD60-63b）

颰 sà

颰　～沫，桑合反，前作颰沫是也。（ZD59-883c）

喋 sà/zhá

喋　婆～，見藏作㘔，同音薩，梵言安陁羅婆㘔，律文作安怛羅婆娑，《菩薩處胎經》作安陁羅跋薩是也，此云五條袈裟名也，又倉大反，正作蔡也，或梵言楚夏通呼耳，應和尚作丈甲反，非也。（ZD60-390a）按：“～”，譯音字。可洪音“薩”，玄應音“丈甲反”。

喋　～菁，上直甲反，下子盈反。（ZD60-362a)按："～"同"喋"。

薩 sà

薩　～薄，步博反。（ZD59-678b）

蓓　菩～，下音薩。（ZD59-583c）按："～"乃"薩"字，詳見本書中篇"蓓"字條。

䕫　怛～阿竭阿羅呵三邪三佛，怛音呾，邪音耶。（ZD59-571a）

䕫　～云若，亦云薩芸。（ZD59-570c）

㘔 sà

蔡　作㘔～，下二音薩，律文作㘔，《毗尼母經》作莎提，並是也，應和尚以茶字替之，非。（ZD60-367b）

㘔　～羅，上娑割反，諸律作娑羅園也。（ZD60-74c）

㘔　言～，音薩，此云善哉。（ZD60-235a）按："～"，譯音字。

囆 sà

囆　～謎，桑割反，下彌計反。（ZD59-806c)按："～"，譯音字，無實義。《加句靈驗佛頂尊勝陀羅尼記》卷1:"舍唎嚃囆㘔薩埵南（四十三）。"(T19, p387c)

囆　化～，芳七反，經自切，下音薩，上又音毗。（ZD59-806c）

腮 sāi

胎　～由，上思來反，煩也。（ZD60-282a）

———

① 又見"攦""洒"字條。

鰓 sāi

鰓　敕〜，速來反。
（ZD59-788c）

三 sān

毛　度〜，蘇含反。
（ZD59-840a）按：“度
〜”，對應佛經作“度三”。
《五千五百佛名神咒除障滅
罪經》卷3：“孫度三（蘇含反）
步（三十）。”（T14, p329b）

册① sān

胭　脂〜，桑安反，脂也，
又《經音義》作肪册。
（ZD59-602b）按：“〜”乃
“册”字，詳見本書上篇第三
章“胭”字條。

册　〜兜，上先安反，正
作册。（ZD59-586a）

胐　肪〜，上音方，下音
珊。（ZD59-558a）

胏　肪〜，上音方，下桑
安反，正作册。
（ZD60-232c）按：“〜”乃
“册”字，詳見本書中篇
“胏”字條。

脼　肪〜，上音方，下音
珊。（ZD59-574c）

册 sān

册　〜液，上桑安反。
（ZD59-616b）按：

“〜”即“册”字。

蔘 sān

薟　〜〜，蘇含反，〜綏，
垂皃也，又所岑反，
長也。（ZD60-435b）

撒 sān/sàn

撒　作〜，音册。（ZD60-
380c）按：“〜”乃
“册”。

撒　骨〜，蘇讚反，分離
也，正作散，又郭氏
作素安反，非也。（ZD60-
70b）按：“〜”乃“散”。

撒　離〜，桑讚反，俗
（ZD60-70b）按：
“〜”乃“散”。

膌 sān

膌　脂〜，本闕。（ZD60-
233a）按：《佛説内身
觀章句經》卷1：“大腸亦小
腸，肝與肺亦腎，脂膌亦大
便，淚與唾亦汗。”“膌”，宋、
元、明、宮本作“册”。根據
異文，“〜”疑爲“册”字。
《一切經音義》卷75：“脂膯，
下匹庇反，經文從月作膌，
非也。”（T54, p796c）《一切
經音義》以“膌”爲“膯”。

鬖 sān

鬚　〜髿，上所金、所咸
二反，下所加反，《川

音》作騇騇，別本作莎音，
非。（ZD60-595a）按：“〜”，
《廣韻》音“蘇甘切”，讀
“sān”，可洪音“所金、所咸
二反”，讀“shēn”“shān”。

傘② sǎn

傘　〜蓋，桑旱反。
（ZD59-876a）
竪〜，同上。（ZD60-
81b）

傘　〜蓋，上桑旱反。
（ZD59-1076a）

傘　〜蓋，桑旱反。
（ZD59-786c）

傘　〜蓋，桑旱反。
（ZD59-777b）

傘　〜蓋，上桑旱反。
（ZD59-632a）

傘　〜蓋，桑旱反。
（ZD59-772b）

傘　〜蓋，桑旱反。
（ZD59-785a）

鈴　〜蓋，上桑旱反，正作
傘。（ZD59-1112b）
按：“〜”乃“傘”字，詳見本
書中篇“鈴”字條。

傘　〜蓋，上桑旱反。
（ZD59-1006b）

傘　〜蓋，桑旱反。
（ZD59-639c）

傘　〜蓋，上桑旱反，誤
也。（ZD59-1113a）

傘　〜蓋，上桑旱反。
（ZD59-1010b）

―――――

① 又見“册”“撒”“膌”字條。
② 又見“繖”字條。

伞

～蓋，上桑旱反。
(ZD59-568c)

糁　**sǎn/zòng**

粽
糉

～寐，上蘸感反，下無
誄反。(ZD60-82a)

～，子送反，正作粽。
(ZD60-390a)

糁　**sǎn**

糁

作～，桑感反，見藏
作糁。(ZD60-376b)
按：“～”同“糁”。

糁①　**sǎn/sàn**

攃
糁
糁

～諆，桑感反。
(ZD59-882c)

喃～，桑紺反。
(ZD59-871c)

～迷，桑濫反。
(ZD59-711b)

纖　**sǎn**

纖

～科，上桑旱反。
(ZD59-999a)

饊　**sǎn**

饊

飴和～，下桑罕反。
(ZD60-371b)

散②　**sàn**

歠

抛～，普包反，下桑
贊反。(ZD59-864c)

歠
散
歠
散
散
散
散
歠

～説，桑贊反，布也。
(ZD59-856b)

～赤，桑贊反。
(ZD59-842b)

～坻，丁禮反，又音
佰。(ZD59-628a)

～亂，蘇贊反，下洛
唤反。(ZD59-912c)

～睼，徒兮反。
(ZD59-621a)

騷～，桑刀反。
(ZD59-706c)

～誼，魚寄反，宜也，
與義同。(ZD59-731a)

分～，桑讚反。
(ZD59-779c)

蹳　**sàn**

蹳

～陁，上桑讚反，又
二十三作詵陁迦斿
延，郭氏作蘸安反。(ZD59-
1008a)按：“～”，譯音字。
《雜阿含經》卷12：“爾時，
尊者蹳陀迦斿延詣佛所，稽
首佛足，退住一面。”(T02,
p85c)

蹳

作～，桑干、桑讚
二反，比丘名也。
(ZD60-368b)

桑③　**sāng**

枽
枽

～木，索郎反。
(ZD59-782b)

～祇，上素郎反。
(ZD59-1122b)

枽

～木，素郎反。
(ZD59-865b)

㮥　**sāng**

陳

～竭，上素郎反。
《雜阿含經》作僧伽
羅少年婆羅門，又《阿含月
喻經》一作生聞婆羅門，一
作陳陽閽壯年婆羅門，
亦云桑祇也。陳竭、僧
迦、桑祇，並國名也，譯者不
同，其實是一，此婆羅門，是
彼國人，因以名之也，上又
郭氏音牒，非也。(ZD60-
310a)按：“～竭”同“桑竭”，
因指國名，俗故將“桑竭”改
作“～竭”或“～陽”等。
《出三藏記集》卷3：“有㮥
竭經一卷。”(T55, p16b)

陳

～竭，上索郎反。
(ZD60-330a)

陳
陳

～竭，上索郎反，郭
氏音牒，非，應和尚未
詳，俗字也。(ZD60-322b)

陳

～陽，上索郎反，
下音竭，國名。～竭
閽，亦云桑跂雜，《阿含經》
作僧伽羅少年婆羅門是也，
此婆羅門是桑竭國人，即以
國爲名也，正作桑竭也，上
郭氏音垛，非也，應和尚未
詳。(ZD59-1045b)按：“～
陽”同“桑竭”，因指國名，

————

① 又見“糁”字條。
② 又見“歠”字條。
③ 又見“陳”字條。

俗故將“桑竭”改作“～⿰卩曷”。《雜阿含經》卷 1:“便⿰阝桑⿰卩曷閣從坐起,持頭面著佛足禮,從今受佛教誡行。”(T02, p494a)

槡　sāng

 伽～,巨迦反,下宜作梓,音子,佐死反。(ZD59-882c)按:“～”,經文作“槡”。《文殊師利寶藏陀羅尼經》卷 1:“瑜伽槡囉(引)曳莎訶(去聲)。”(T20, p799c)

顙　sǎng

 作～,桑朗反。(ZD60-381c)按:“～”同“顙”。

鎟　sǎng

 鑪～,上洛胡反,欂鑪,柱也,下素朗反,柱下石也,正作櫨磉。(ZD59-990b)按:“～”即“鎟”,經文中同“磉”。

⿰皷桑　sǎng

 皷～,桑朗反。(ZD60-133a)

 皷～,桑朗反,正作⿰皷桑、⿰鼓桑二形。(ZD59-866c)按:“～”通“⿰皷桑”。

 有～,桑朗反,正作⿰鼓桑、⿰皷桑二形。(ZD59-771b)按:“～”乃“⿰皷桑”字,詳見本書中篇“搡”字條。

 皷～,桑朗反,正作⿰皷桑、⿰鼓桑二形也。(ZD60-137c)

顙[①]　sǎng

 喉～,桑朗反。(ZD59-777b)

 稽～,桑朗反。(ZD59-772c)

 稽～,桑朗反。(ZD59-709a)

 稽～,苦禮反,下桑朗反。(ZD59-676c)

 稽～,桑朗反。(ZD59-614b)

 稽～,下桑朗反,額也,正作顙,俗作顙。(ZD60-605b)按:“～”乃“顙”字,詳見本書中篇“顙”字條。

 稽～,桑朗反。(ZD59-591c)

 稽～,桑朗反。(ZD60-427c)

 稽～,桑朗反。(ZD59-1056b)

 皷～,桑朗反,正作⿰鼓桑。(ZD60-109c)按:“～”即“顙”,通“⿰鼓桑”。

⿰鼓桑[②]　sǎng

 皷顙,桑朗反,正作～。(ZD60-109c)

 爲～,桑朗反。(ZD60-351a)

 鼓～,桑朗反。(ZD60-146c)

喪　sàng

 ～失,桑浪反。(ZD59-898c)

 剥～,喪浪反。(ZD60-486b)

 ～身,桑浪反,亡也,正作喪。《禮》疏云失國曰喪也。(ZD59-853b)

 ～命,桑浪反。(ZD59-775c)

 虚～,桑浪反。(ZD60-479c)

 唐～,桑浪反。(ZD59-844c)

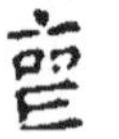 ～失,上桑浪反。(ZD59-622b)

 ～女,上桑浪反。(ZD60-341a)

 ～身,上桑浪反。(ZD59-1095c)

 ～無,上桑浪反。(ZD59-584a)

 殀～,於小反,下斯浪反。(ZD59-696c)

 ～命,同上。(ZD59-775c)

 ～失,桑浪反。(ZD59-660b)

 彫～,喪浪反。(ZD60-486a)

---

① 又見“顙”字條。
② 又見“⿰鼓桑”字條。

新 ～，桑浪反。
(ZD59-583c)

～親，上桑浪反。
(ZD59-585a)

～身，上桑浪反。
(ZD59-562a)

～事，上桑浪反。
(ZD60-482a)

～失，桑浪反。
(ZD59-976b)

早～，桑浪反，亡也。
(ZD59-819a)

卒～，上倉没反，下桑
浪反。(ZD59-560a)

殄～，上田典反，下
桑浪反，《川音》作
殓，非也。(ZD60-334c)

～禍，上索郎反。
(ZD60-510c)

殯 ～，桑浪反。
(ZD60-112a)

殄～，上田典反，下桑
浪反。(ZD60-329a)

衣 ～，桑浪反。
(ZD60-37c)

～逝，《長水藏》作
喪，桑浪反。(ZD60-
154b)

～ 失，桑浪 反。
(ZD59-897b)

智 ～，桑浪 反。
(ZD59-1104c)

～ 車，蘇 郎 反。
(ZD59-777b)

～身，同上。(ZD59-
559b)

～二，上桑浪反。
(ZD60-226a)

～諸，桑浪反。
(ZD59-662a)

敗～，下桑浪反，亡
也，正作喪。(ZD59-
552c)

彫～，上丁聊反，下桑
浪反。(ZD59-588a)

～逝，《長水藏》作～
逝，合是衰逝二字。
(ZD60-154b)按："～"，經
文作"喪"，可洪以爲"衰"，
不妥。

～目，上宜作衰，所
追反。(ZD60-
154b)按："～"，經文作
"喪"，可洪以爲"衰"，不妥。

搔① sāo

～醋，桑刀反，下呼
兮反。(ZD59-638c)

阿 ～，蘸 刀 反。
(ZD60-160c)

～嬈，桑刀反，下而
沼反。(ZD59-720a)

～刮，桑刀反，下古
頡反。(ZD59-839a)

～ 攘，上桑刀反。
(ZD59-625a)

～擾，上蘇刀反，下而
沼反。(ZD60-182b)

～庠，桑刀反，下羊
兩反。(ZD59-678a)

慅 sāo

～擾，桑刀反，下而
小反。(ZD59-960c)

按："～"，經文作"搔"，兩者
同。《大莊嚴論經》卷 4：
"彼時法師怪諸四衆，搔擾
改常，以手搴眉，顧瞻時會，
見是婬女，儀容端正，及其
侍從，皆悉莊嚴，婬女處中，
曒若明星，奪愚人心，令失
正念。"(T04，p277c)

失 ～，蘇 刀 反。
（ZD59-1074a）按：
"～"，經文作"搔"。

艘 sāo

十～，蘇刀反，船數
也，亦船名。(ZD60-
459b)

膝 sāo

腥～，上蘸丁反，下
蘸刀反。(ZD60-
299a)

臊② sāo

腥～，先丁反，下先
刀反。(ZD59-827a)

腥～，息丁反，下息
刀反。(ZD59-741a)

腥～，先丁反，下蘸
刀反。(ZD59-935c)

腥～，上先丁反，下
先 刀 反。(ZD59-
631a)

---

① 又見"慅"字條。
② 又見"膝"字條。

鮻 sāo

鮻 鮭～,古携反,下他盍反,比目魚,正作鰈、鮭二形,又去居反,《爾雅》云東方有比目魚焉,不比不行,其名謂之鰈。(ZD59-970b)按:"～",可洪以爲"鮭",《龍龕手鏡》以爲"鰠",我們以爲作"鰠"是。詳見本書中篇"鮻"字條。

騷 sāo

騷騷駱 ～刺,桑刀反,下郎割反。(ZD59-636c)輕～,桑刀反,動也。(ZD59-735c)～動,《長水藏》作騷,素刀反。(ZD59-773a)

繰 sāo

繰 未～,桑刀反。(ZD60-380c)

婩 săo

婩嫂 執～,蕭老反。(ZD59-1105a)按:"婩"同"嫂"。問～,蘇早反。(ZD60-456a)

掃 săo

掃 ～浚,苦夆反,正作溪。(ZD59-877b)

摀 ～地,上蘇老反,正作掃也,前本掃是也,又蘇條、蘇了、蘇吊、所六、息六五反,並非也。(ZD60-50c)按:"～",對應佛經作"掃"。《沙彌十戒法并威儀》卷1:"掃地有五事:一者當順行;二者灑地不得有厚薄;三者不得有污渝四壁;四者不得蹈濕地壞;五者掃已即當自撮草糞棄之。"(T24,p928c)

嫂① săo

婩嫂 見～,蘇老反,兄妻也,亦婩、嫂二形。(ZD59-853a)見婩,蘇老反,兄妻也,亦～、嫂二形。(ZD59-853a)

燋 săo

燥 ～牛,上桑老反。(ZD59-611a)按:"～"乃"燋",與"燥"同。

燥② săo

燥燥燥 ～漯,上桑老反,下尸入反,正作燥涇也。(ZD59-581a)乾～,桑老反。(ZD59-656a)高～,桑老反,乾也,正作燥。(ZD59-621a)

燥 枯～,蘇早反。(ZD60-140c)按:"～"乃"燥"字,詳見本書中篇"殊"字條。

燥燥 枯～,桑早反。(ZD59-855b)風～,速早反。(ZD59-875b)

瘙 sào

蟓瘵瘙 疥～,下蘇到反,正作瘙。(ZD60-170a)疥～,蘇到反。(ZD60-170b)癢～,上羊兩反,下桑告反。(ZD60-62a)

色 sè/wēi

危色 瞋～,所側反,正作色。(ZD59-728b)～脆,上音危,下此芮反。(ZD59-563b)按:"～"乃"危"。

忽 sè

忽忽 梗～,上古杏反,下所立反,悮。(ZD59-572b)麄～,所立反。(ZD59-605b)按:"～"乃"澀",詳見本書中篇"忽"字條。

---

① 又見"婩"字條。
② 又見"燋"字條。

揀　sè

揀　諳～，所責反，擇也，取也，又音策。(ZD59-722b)

索①　sè/suǒ

臺　～救，上所責反，求也，正作索也。(ZD59-1090c)按："～"，經文作"索"。《佛說阿鳩留經》卷1："索救我命及五百人畜生命。"(T14, p804b)

索　～子，所革反，求也。(ZD59-673a)

索　～吾，上所革反，求也。(ZD59-570c)

索　冑～，經充反。(ZD59-662a)

索　羂～，吉犬反，下桑作反。(ZD59-954a)

索　～縷，上桑各反。(ZD59-570a)

惣　sè

惣　堅～，所戢反，悞。(ZD59-1064b)按："堅～"之"～"，乃"澀(澀)"字。

惣　～多，上烏沒反。(ZD60-327c)按：《歷代三寶紀》卷9："《廣義法門經》一卷，《僧澀多律》一卷(陳言總攝)。"(T49, p87c)"澀"，宋、元、明本作

"惣"，宮本作"忽"。《開元釋教錄》卷15："《僧澀多律》一卷(陳言總攝)。"(T55, p649a)"～"即"惣"，乃"澀(澀)"字，可洪音"烏沒反"，乃"惣"的本有讀音，此處恐非。

瑟　sè

瑟　笙～，上音生，下所擷反，正作瑟。(ZD59-1079c)按："～"，經文作"瑟"。《佛本行集經》卷16："或執銅鈸、笙瑟、笳簫、琴筑、琵琶、竽笛、螺貝，口出白沫，鼻涕涎流。"(T03, p728c)

笅　竽～，爲俱反，下所擷反。(ZD59-962a)按："～"乃"瑟"字，詳見本書中篇"笅"字條。

嗇　sè

壽　～然，上音色，怖兒。(ZD60-278a)

跮　sè

跮　補～，色立反，正作澀。(ZD60-413b)按："補～"，對應佛經作"補澀"。"～"即"澀(澀)"字。《大唐西域記》卷10："國西南境大山中，有補澀波祇釐僧伽藍，其石窣堵波極多靈異，或至齋日，時燭光明。"(T51, p928c)

澀　sè

忞　～語，上所立反。(ZD59-1064c)按："～"與"澀""澀"同。

澀　嶮～，許撿反，下所立反。(ZD59-680a)

澀　～性，生立反。(ZD59-977b)

忞　～險，上所立反。(ZD60-224c)

忞　麁～，所立反。(ZD59-631a)

忞　麁～，所立反。(ZD59-630a)

澀　梗～，上古杏反，下所立反。(ZD59-595c)

澀　苦～，所立反。(ZD59-638c)

忞　麁～，所戢反。(ZD59-711b)

澀　不～，所立反。(ZD59-594a)

澀　拙～，所立反。(ZD59-586a)

澀　苦～，所立反。(ZD59-635b)

澀　杜～，杜棃，木名，下所戢反。(ZD60-386b)

槭　sè

槭　彫～，所六、子六二反。(ZD60-599b)

---

① 又見"索"字條。

按:《廣弘明集》卷 30:"藥樹永繁稠,禪枝詎彫摋。"(T52,p354a)"彫～"即"彫摋"。"～"與"摋"同,《廣韻》音"山責切",枝葉凋落也。

澁　sè

淰　補～,所立反。(ZD59-815a)

恕　麁～,所立反。(ZD60-468a)

澁　路～,所立反。(ZD59-596b)

澀　～篋,所立反,下布兮反。(ZD59-877b)

傸　寒～,所立反。(ZD60-209a)按:"～"即"澀",詳見本書中篇"傸"字條。

忽　麁～,所戢反。(ZD59-982b)

忽　～難,所戢反。(ZD59-684a)

忽　麁～,所立反。(ZD59-745a)

忽　麁～,同上。(ZD59-830b)

澀　不～,生立反。(ZD59-744b)

忽　麁～,所立反。(ZD60-39b)

忽　麁～,所立反。(ZD59-1066b)

淰　～性,上所立反。(ZD60-93b)

澀　麁～,所戢反。(ZD59-830b)

澀　不～,所戢反。(ZD59-841c)

淰　瘦～,下所立反,上方藏作瘦澁。(ZD59-966b)

淰　麁～,所立反。(ZD59-837b)

忽　麁～,所立反。(ZD59-1122c)

恕　辛～,所立反。(ZD59-633b)

澀　不～,所戢反。(ZD59-1076b)

習　昵～,尼日反,下所戢反。(ZD59-883c)

恕　枯～,所立反。(ZD59-628c)

淰　sè

淰　踈～,所立反。(ZD59-1008a)按:"～"同"澀"。

憴　sè

憴　作～,音色。(ZD60-364a)

牆　～壁,音色,小怖兒也,正作歃、憴二形也。《陁羅尼集》作憴憴是也,應是無聞之流改作牆壁字也。(ZD59-878b)按:"～壁",對應佛經作"憴憴"。《七佛八菩薩所説大陀羅尼神咒經》卷 1:"諸龍王宫皆悉震動,憴憴不安如動花樹。"(T21,p542a)"～"即"憴",非"牆"字,可洪之説可從。

憴　～～,音色。(ZD60-284b)

憴　～然,所力反,小怖也。(ZD59-913a)

憴　作～,同上。(ZD60-387a)

澀①　sè

崜　麁～,所立反。(ZD59-1088a)

澁　不～,所立反。(ZD59-892a)

習　踈～,山魚反,下山立反。(ZD59-937b)

澀　麁～,上所立反,不滑也。(ZD59-1009a)按:"～"乃"澀",詳見本書中篇"澀"字條。

澀　補～,山立反。(ZD59-721b)

淰　麁～,所立反,正作澀。(ZD60-278a)

忽　麁～,同上(淰)。(ZD59-719b)

澀　麁～,所立反。(ZD59-612b)

習　苦～,所立反。(ZD59-638c)

淰　麁～,所戢反。(ZD59-654a)

① 又見"忽""習""踥""淰""澁""淰"字條。

麄 ～，所戢反。
（ZD59-728c）

麄 ～，所立反。
（ZD60-302a）

苦 ～，所立反。
（ZD59-762b）

～ 滑，所戢反。
（ZD59-666a）

麄～，所戢反，正作
澀也，又烏没反，非
也。（ZD59-716a）

謇～，居輦反，下所
戢反。（ZD59-940a）

拙～，上之悦反，下所
立反。（ZD59-566b）

酸～，所立反。
（ZD60-201b） 按：
"～"乃"澀"，詳見本書中篇
"溺"字條。

謇～，上居輦反，下所
立反。（ZD59-600b）

去 ～，所立反。
（ZD59-802a）

苦 ～，所立反。
（ZD59-637b）

麄～，所戢反，又烏没
反，非。（ZD59-964c）

綺 ～，所立反。
（ZD59-598c）

麄 ～，所戢反。
（ZD59-660c）

太 ～，所立反。
（ZD59-744c）

麄～，所戢反，不利
也，正作澀、淰。
（ZD59-816b）

麄 ～，所戢反。
（ZD59-719b）

艱～，古閑反，下所
立反，下又烏没反，
惧也。（ZD59-778b）

麄 ～，所立反。
（ZD60-159c）按："～"
乃"澀"字，詳見本書中篇
"盥"字條。

穡　sè

稼 ～，下音色。
（ZD59-697c）

稼～，上音嫁，下音
色。（ZD59-601a）

稼～，音嫁，下音色，
種曰稼，斂曰穡。
（ZD59-635b）

稼～，音嫁，下音色。
（ZD59-789a）

鰦　sè

蠅～，上羊陵反，下
所劃反，拂也，舊所
革反，又許逆反，亦作麷、
虢。（ZD60-375a）按："～"
即"鰦"，乃"虢"字。

沙　shā

荔～，上音瓶，王名
也。（ZD59-1034c）

～糖，上音沙，下音
唐。（ ZD59-788a ）
按："～糖"，經文作"沙糖"。
"～"乃"沙"的類化俗字。

吵　shā

吵 優～，《經音義》作
吵，彌小、初巧二反，
應和尚未詳，郭氏音沙。
（ZD59-750c）按："～"，譯音
字，今從郭氏音沙。

殺①　shā

八～，音煞，所黠反，
誅滅之也，正作殺
也。（ZD60-545a）

～我，所八反，正作
殺、煞二形。（ZD59-
732b）

～害，所八反，正作
殺。（ZD59-959c）

～戮，所八反，下力
竹反。（ZD59-758b）

～曇，上所八反。
（ZD59-562a）

～害，上所八反，下
户蓋反。（ ZD59-
1002b）

～害，上山八反，下何
太反。（ZD59-1002b）

～戮，上所八反，下力
竹反。（ZD60-166c）

當～，音煞。（ZD59-
776a）

所～，所八反，正作
殺。（ZD59-773b）

㦖～，上倉官反，下所
八反。（ZD59-1008c）

――――

① 又見"㪿""㪿"字條。

殺 殺 穀 穀

桓～，丁禮反，下所八反。(ZD59-773b)

～播，所八反，下補卧反。(ZD59-807b)

～盜，上生八反。(ZD59-1063c)

～人，上所八反。(ZD60-69c)按：《薩婆多部毘尼摩得勒伽》卷2："比丘作婬，偷五錢，殺人，説過人法。"(T23, p572a)

殺 殺

若～，音煞。(ZD59-921b)

他～，音煞。(ZD59-1085a)

穀

強～，上巨向反，正作弶，下所八反。(ZD59-1120b)

穀 殺

～處，所八反。(ZD59-652a)

～害，所八反。(ZD59-958c)

剥

螫～，呵各反，下沙八反。(ZD59-852a)按："～"即"殺"字。《大方便佛報恩經》卷5："蛇至奴所，尋便螫殺。"(T03, p153a)

刺 刺

～縛，所八反，正作煞。(ZD59-732b)

所～，所八反，正作殺。(ZD59-623a)

敔 shā/shè

敔 有～，音煞。(ZD59-1032b)按："～"即"殺"字。

煞

～老耄，上尸夜反，下莫報反。(ZD60-378c)按："～"即"赦"字。

紗 shā

紗 ～絎，上所加反，下直呂反。(ZD60-8a)

蔎 shā

蔎 ～害，所八反，下乎蓋反。(ZD59-959c)按："～"乃"殺"字，詳見本書中篇"蔎"字條。

煞① sha

煞 敆 鼓 蹢～，徒盍反。(ZD59-683c)

而～，音煞。(ZD59-1070a)

誅～，山八反，～命也，正作殺、煞。(ZD59-668c)

愁 sha

愁 擲～，所八反，正作煞。(ZD60-27b)按："～"乃"煞"，構件"心"與"灬"相混。《彌沙塞部和醯五分律》卷28："佛言：汝以何心？答言：欲擲殺蛇。"(T22, p184a)

鲨 sha

鲨 ～虫，上所加反。(ZD60-34c)

紫 shā/suō

紫 綠～，力玉反，下所加反，正作紗。(ZD59-801c)按："紫"即"紗"。

紫 ～草，素禾反。(ZD59-684b)按："～草"，對應佛經作"莎草"。《大般涅槃經》卷19："不以莎草恭敬供養，拔其瞋根，鴛崛魔羅惡心欲害，捨而不救。"(T12, p479c)

髟 sha

髟 鬖～，上所金、所咸二反，下所加反。(ZD60-595a)按："～"同"髟"。

鎩② sha

鎩 烏～，音煞。(ZD60-465c)

嚏③ shà/tì

嚏 唯～，所甲反。(ZD59-758c)按："唯～"，對應佛經作"惟嚏"。《大莊嚴法門經》卷1："譬如倉鵠，水乳和合，惟嚏於乳而不取水。"(T17, p828a)根

---

① 又見"愁"字條。
② 又見"鑠"字條。
③ 又見"唼"或"嚏"字條。

據經意，"～"同"唼"。

啑　作　～，所甲反。（ZD60-355c）按："～"同"唼"。

𪚥　号～，丁計、所甲二反，正作啑，亦作帝，沙佛名也。（ZD59-764c）按："号～"，對應佛經作"號啑"。《六度集經》卷3："時世有佛，號啑如來、無所著、正真尊、最正覺，將導三界，還神本無。"（T03，p14c）

啑　噴～，普悶反，下丁計反。（ZD59-873c）按："～"乃"啑"。

厦　shà

廈　～挐，上所詐反，下女加反。（ZD60-110c）

喢　shà

喢　～血，上所洽、所輒二反。（ZD60-119a）

嘎　shà/yǎ

嘎　甈～，上音西，下所詐、烏芥二反，聲敗也。（ZD59-727b）

嘎　～龍，上烏雅反，正作啞也。（ZD60-560c）按："～"，對應佛經作"啞"。《廣弘明集》卷13："導啞聾者必俯仰而指撝。"（T52，p183c）

猷　shà

猷
歃　～血，上所洽反。（ZD60-355a）
～朱，上所洽反，飲也，正作猷。（ZD60-527a）

翜　shà

翜
翼　戟～，所甲反。（ZD59-1083b）
臣～，所甲反，捷也，人名。（ZD60-427a）

篩　shāi

篩
薾
篩
篩　絹～，音師。（ZD59-790c）
～耶，上所夷反。（ZD59-607c）
細～，音師，羅物。（ZD59-803c）
利～，音師。（ZD59-651c）

箷　shāi/xǐ

箷
蓰
蓰　～器，所宜、所綺二反。（ZD59-715b）
擶～，所綺反，羅也，又所宜反。（ZD59-638a）
如～，所宜、所綺二反，羅物竹器也，正作箷也。（ZD59-912a）

箷　搗～，都老反，下所綺反，羅物也。（ZD59-711b）
～器，所綺反。（ZD59-715b）
彌～，所綺反。（ZD59-813a）
搗～，都老反，下所宜、所綺二反。（ZD59-793c）
跋～，所綺反，正作箷。（ZD59-632c）
草～，所綺反。（ZD59-600c）
彌～，所綺反。（ZD59-638c）

洒　shài

洒　所～，所賣反，與灑同。（ZD59-643c）

襊　shài

襊　～視，上所拜反。（ZD59-787c）按：《不空罥索神變真言經》卷25："類相瑜伽如所聖者，面目襊視，跪踞而坐。"（T20，p366c）

撒　shài

撒　～放，上所拜反。（ZD59-1138b）按："～放"，對應佛經作"撒放"。《根本說一切有部苾芻尼毘奈耶》卷20："其行食者，不善用心，撥放美團。”(T23, p1018a)“～”即“撥”，可洪音“所拜反”。

鏾 shài

鏾 ～翮，所拜反，翦翮也，又所八反，鳥羽病也，下行革反，羽本也。(ZD59-823b)按：“～”同“鎩”。

鏾 勢～，所拜反，亦作鎩。(ZD59-590a)

攦 shài/xǐ

攦 ～捩，上所賣反。(ZD59-1124c)按：《十誦律》卷41：“拭革屣物捩曬已，捉革屣先拭前頭，次拭後，中拭帶。”(T23, p300b)

攦 作～，音灑，散物於地也，又《玉篇》音歷。(ZD60-376b)按：“～”即“攦”，與“灑”同。《一切經音義》卷15：“灑散，所解反，如水之灑地也，律文作攦，非也。”(C056, p1044c)

曬 shài

曬 ～衣，所賣反。(ZD59-701c)

曬 暴～，蒲卜反，下所賣反。(ZD59-835b)

曬 乞～，所拜反，悮。(ZD59-590b)

曬 鼻～，所賣反。(ZD59-788b)

曬 鼻～，所賣反，又力支反，非。(ZD59-788b)按：“～”，經文作“曬”，用作譯音字。《不空羂索神變真言經》卷29：“鉢頭(二合)摩鼻曬迦(斤邏反三)。”(T20, p386b)

曬 桁～，上宜作茺，胡浪反，架也，又胡郎、胡庚二反，非用。(ZD59-1105c)

曬 ～燥，上所賣反，下蘇老反，正作曬燥也。(ZD60-40c)

曬 鎣～，上於定反，下所賣反。(ZD59-557b)

曬 ～之，上所賣反，正作曬也。(ZD59-1120c)按：“～”，經文作“曬”。《十誦律》卷23：“云何惡獸難？若諸比丘惡獸處作僧坊，是中諸小比丘不知宜法，非處大小便，浣弊衣曬之，諸惡獸瞋恚。”(T23, p172a)

曬 中～，所賣、所義二反，曝也，正作曬也。(ZD59-1113c)

芟 shān

芟 ～夷，上所銜反。(ZD60-371b)

芟 ～那，所咸反。(ZD59-797b)

芟 母～，所咸反。(ZD59-796b)

芟 ～除，上所銜反，伐也，正作芟也。(ZD59-832b)

删 shān

删 ～兜，桑安反，正作珊。(ZD59-715b)按：從字形看，“～”即“删”，可洪以爲“耐”，恐非。

删 ～兜，上所姧反，正作删也。(ZD59-655b)

删 ～兜，所姧反，下都侯反。(ZD59-918a)

删 ～提，所姧反。(ZD59-716a)

删 ～闍，所姧反，正作删。(ZD59-712a)

删 ～闍，所姧反。(ZD59-772a)

删 ～兜，所姧反。(ZD59-673a)

删 ～闍邪，上所姧反。(ZD59-590c)

删 ～帝隸，所姧反，下力計反。(ZD59-836c)

删 ～兜，所姧反，下都侯反，兜率，天王名也。(ZD59-723c)

删 ～陁，所姧反，正作删也。(ZD59-906a)

删 ～提嵐，所姧反，下郎南反。(ZD59-718c)

删 ～提嵐，所姧反，下郎南反。(ZD59-719c)

～闍，所奸反。(ZD59-684b)

～若，上所奸反，下而者反，人名也，上正作删。(ZD60-159a)

～提，所奸反。(ZD59-715a)

～提，那代反，正作耐，《芬陁利經》作那陁。(ZD59-717b) 按："～"，經文作"删"或"那"。《悲華經》卷1："路迦提目帝删提陀隸婆末尼。"(T03, p169c) 從字形看，"～"即"删"，可洪以爲"耐"，恐非。

～尼，所奸反。(ZD59-717c)

删① shān

～兜率陁，上所奸反。(ZD59-575a)

删 shān

～去，上所顏反，除削也，定也，正作删也。(ZD60-166a) 按："～"即"删"之訛。構件"刂"與"阝"近似易訛。如"都"可訛作"剎"，可資比勘。

～維，上所奸反。(ZD60-309c)

衫 shān

～襖，上所衒反，下烏孝反。(ZD59-1134a)

～婆，所衒反。(ZD59-639b)

姍 shān

盤～，桑安反。(ZD60-503a)

珊② shān

～地，所奸反，正作珊。(ZD59-880b)

～堤，上桑安反，下多夷反。(ZD59-629c)

～册，二同，桑安反。(ZD60-361b)

～菩，上桑安反。(ZD59-625b)

挺 shān/tǐng

～孕，上失然反。(ZD59-557a)

扇～，尸然反。(ZD59-782a) 按：《不空羂索神變真言經》卷7："爐內然火，扇挺勿吹。"(T20, p260b)

道～，失然反，僧名，前例頭作挻，非也。(ZD60-316c)按：《出三藏記集》卷10："釋道挻作。"(T55, p73c)"挻"，宋、元本作"挻"，明本作"挻"。從字形看，"～"即"挻"。

道～，失然反，《製毗婆沙論序》僧名也，正作挺也，悮。(ZD60-315b)

按："～"乃"挺"。

～出，上特頂反，正作挺也，特獨秀也，又式然反，非也。(ZD60-469b)按："～"乃"挺"字。

訕 shān

～若，上所奸反。(ZD60-34a)

敢～，所姦、所諫二反。(ZD59-613c)

～譏，上所奸反。(ZD59-615c)

～若，上所奸反，下而耶反，亦云删闍耶。(ZD60-40c)

潸③ shān/shàn

～然，上所奸、所諫二反，正作潸。(ZD59-1076b)

～底，上所諫反，正作潸。(ZD59-797b)

潵 shān

～瑚，上桑干反，下户吾反。(ZD59-576c)按："～瑚"即"珊瑚"，詳見本書上篇第三章"潵"字條。

---

① 又見"删""删"字條。

② 又見"潵"字條。

③ 又見"潸"字條。

膻　shān

膻　阿～，尸連反，正作
羶、腪二形。(ZD59-
810c) 按："～"同"羶"。

膻　～地，尸連反，又音
但，非。(ZD59-810c)

羶　shān

羶　～那，上失然反。
(ZD59-617b)

羶　～帝，式連反。
(ZD59-805a)

檆　～帝，尸連反，《芬陁
利經》作羶帝。
(ZD59-717b) 按："～"乃
"羶"字，詳見本書中篇
"檆"字條。

陝　shǎn/xiá

陝　～末，上失染反，下
莫鉢反。(ZD59-
566c)按："～"即"陝"。

陝　寬～，音狹，正作陜
也，又音閃，悮。
(ZD60-144b)

睒①　shǎn

睒　拘～，失染反，正作
睒也。(ZD60-41c)

睒　～窨，濕染反，下彌
利反，正作寐也。
(ZD59-810c)

睒　～本，上失染反。
(ZD60-331a)

聢　shǎn

聢　俱～，失染反，國名。
(ZD59-1105b) 按：
"～"，經文作"睒"。《摩訶僧
祇律》卷 6："佛住俱睒彌國，
廣說如上。"(T22, p279a)

睒　shǎn

睒　俱～，失染反，國名
也。(ZD59-1111c)
按："～"乃"睒"字，詳見本
書中篇"睒"字條。

睒　薩睒，失染反。説
～，同上也，又吐濫
反，悮。(ZD60-343a) 按：
"～"即"睒"字之訛。

覢　shǎn

覢　～電，失染反。
(ZD59-839b)

剡　shàn

剡　～削，上音剗，初眼
反。(ZD60-313b)
按：《出三藏記集》卷 7："少
事約～削復重事。"(T55,
p48a)"～"，宋、元、明本作
"刪"。"～"，可洪以爲
"剗"。《玉篇·刀部》："剡，
所鑑切，刀剡。"如此看來，
"剡""剗""刪"義同，但非異

體。"～"應讀"所鑑切"。

苫　shàn

苫　～摩，上失占反。
(ZD59-632b)
苫　～摩，上尸占反，正
作苫。(ZD59-721b)

扇②　shàn

篇　而～，音扇。(ZD60-
323a)

肩　～跋，失戰反，正作
扇。(ZD59-815b)

掞　shàn

掞　～藻，上書焰反，下
子老反，謂舒文才
也。(ZD60-419a)

掞　～組橢，尸焰反，中
子古反，下丑之反。
(ZD59-976a)

善　shàn

善　禪～，上常戰反。
(ZD59-590b)
善　～懦，而充反。
(ZD59-1017a)
善　遏～，烏割反。
(ZD59-638b)
善　～懦，而充反。
(ZD59-732b)

---

① 又見"聢""睒"字條。
② 又見"篇"字條。

善

善　～鑷,尼輒反,鉆也,
甲鐵者也。(ZD59-658b)

善　恢～,上苦迴反。
(ZD59-567b)

善　～斷,徒短反,絶也。
(ZD59-646b)

嗰　shàn

嗰　～坻,上音扇,下音
底。(ZD59-621a)

嗰　～ 佀,尸戰反。
(ZD59-601b) 按:
"～",譯音字。

鄯　shàn

鄯　～～,時戰反,西域
國名也,《切韻》作鄯
善,常演反。(ZD60-321c)

墠　shàn

墠　壇～,徒丹反,下禪
戰反。墠,亦壇也。
(ZD59-659c)

墠　作～,音善。(ZD60-380a)

墠　白～,音善,白土也,
正作墡。(ZD60-41a)

墡① 　shàn

墡　白～,音善。(ZD59-1119b)

潸　shàn

潸　～多,所諫反,正作
潸。(ZD59-797b)
按:"～"音"所諫反",乃"潸
(潸)"字。

擅　shàn

檀　夫～,上音扶,下音
繕, 正 作 擅。
(ZD59-569a)

檀　～美,是戰反,專～
也,專獨也,正作擅。
(ZD59-972a)

擅　～ 立,上市戰反。
(ZD60-138c)

篅　shàn

篅　執 ～, 失 戰 反。
(ZD59-1010c) 按:
"～",經文作"扇",扇子。
《雜阿含經》卷 34:"時尊者
舍利弗住於佛後,執扇扇
佛。"(T02, p249c)

膳　shàn

膳　～,上胡交反,
正作肴、餚二形。
(ZD59-1119a)

膳　蒱～,上薄胡反,下
時戰反,正作膳。
(ZD60-3b)

羹
shànměi

羹　爲～,下是善美二
字。(ZD59-809a)
按:"～"乃"善""美"兩字
相合。

礄　shàn

礄　白善,正作墡、～二
形。(ZD60-226b)
按:"～"即"礄",與"墡"同。

禪　shàn

禪　～美,時戰反,又音
但,悮。(ZD59-753c)

蟬　shàn

蟬　～蛭,上常演反,魚名
也,正作鱓。(ZD59-597b)

蟺　shàn

蟺　蚯～,丘善二音。
(ZD59-876a)

繕　shàn

繕　～作,時戰反,補故
就新。(ZD59-779c)

———

① 又見"墠""礄"字條。

繕　（繕）

繕　～寫,尸戰反,治故造新曰繕也,亦補也。(ZD59-659b)

繕　安～,市戰反。(ZD59-668a)

繕　～修,市戰反。(ZD59-697a)

蟺　shàn

鼆　曲～,音善,蚯蚓。(ZD59-865c)

蟺　曲～,音善。(ZD59-1049c)

蟺　～姿,上音善,蚯蚓,婬不擇物。(ZD60-426c)按:"～"乃"蟺"字,詳見本書中篇"蟺"字條。

蟺　樂～,音善。(ZD59-618a)按:《佛說摩訶衍寶嚴經》卷1:"是心愛更樂,如蠅樂蟺故。"(T12, p198a)根據經文,"～"通"蟺"。

贍　shàn

贍　～及,上時焰反,賙救也。(ZD59-615a)

贍　～卹,上時焰反,下私律反。(ZD60-605a)

鱓　shàn

鱓　似～,音善,正作鱓,《玉篇》音畢,非。(ZD60-512a)按:"～"乃"鱓"字,詳見本書中篇"鱓"

字條。

鱓　小～,音善。(ZD60-5a)

鱓①　shàn

鱓　小～,音善。(ZD59-1137a)

商②　shāng

賈　～賈,始羊反,下公五反,行商坐賈。(ZD59-835a)

賈　～船,上尸羊反。(ZD60-479c)

賨　～侶,書羊反。(ZD59-977c)

商　～估,尸羊反,下正作賈,音古。(ZD59-934c)

賈　～價,書羊反,下公五反,正作賈估二形,又音嫁。(ZD59-939b)

賈　～人,上尸羊反。(ZD60-4c)

賣　農～,始羊反。(ZD59-834a)

商　～主,上尸羊反,正作賣。(ZD59-599b)

商　～人,上書羊反,正作賣也。(ZD60-7a)

商　～枳,上尸羊反,下吉以反,正作商枳也。(ZD59-617b)

倘　～那,上尸羊反,前卷中作商那,糞掃納衣是也。(ZD59-1016b)按:

"～那",即"商那",草名,其皮可以爲衣。"～",新造譯音字,與"商"音同。《別譯雜阿含經》卷6:"汝今朽老,年既衰邁,著此商那糞掃納衣,垢膩厚重。"(T02, p416b)丁福保《佛學大辭典》:"商那(植物)Śāna,又作舍那,奢那。新作設諾迦,奢搦迦,艸名,其皮可以爲衣。"

傷　shāng

傷　～削,音月,又五骨、五刮二反。(ZD59-1017a)

傷　～破,上書良反,損也,正作傷也。(ZD60-192c)

傷　～哭,上識羊反。(ZD60-248a)按:"～"乃"傷"字,詳見本書中篇"傷"字條。

骯　髓～,始羊反,損也,正作傷也。《玉篇》及郭氏音並音傷,他的反,《玉篇》又徒厄反,並非經意也。《切韻》音擊,骱間黃汁也,亦非義。(ZD60-209a)按:"～"乃"傷"字,詳見本書中篇"骱"字條。

塲③　shāng

塲　封～,音商。(ZD60-371a)

---

① 又見"蟬""鱓"字條。
② 又見"聸""賧"字條。
③ 又見"墒"字條。

場
~壠,音傷,正作塲。
(ZD59-947a)

塙 shāng

塙
新~,尸羊反,亦作
塲。（ZD59-699c）
按:"~"同"塲"。

殤 shāng

殤
殤
天~,上於小反,下始
羊反。(ZD59-1026c)
~殘,上尸羊反。
(ZD59-1096a)

醹 shāng

醹
汎~,上芳梵反。
(ZD60-577c)按:"汎
~",經文作"汎觴"。"~"
同"觴"。《廣弘明集》卷
23:"汎觴掇菊,梨柚薦甘,
蒲筍爲蕨。"(T52,p264b)

賣 shāng

賣
~人,上尸羊反。
（ZD59-1074a）按:
"~"即"商"。

上 shàng

止
~泡,疋包反。
（ZD60-341b）按:
《開元釋教録》卷2:"水上
泡經。"(T55,p490a)

蠰 shàng

蠰
壞
~伽,上式亮反,下去
迦反。(ZD59-998b)
~伽,上商亮反,下
其迦反,此云螺,或
云商佉,或云餉佉,王名也。
(ZD60-174a)

捎 shāo/xiāo

捎
~柫（拂）,音消,
摇捎,動物也,又所
交反,下芳弗反。（ZD59-
645b）
~拂,相焦反,正作
捎也,摇捎,動也,又
所交反。(ZD59-953a)

梢① shāo

猇
腰藕~,上奴困反,
中五猇反,下五交
反,正梢。(ZD59-784a)按:
"~"即"梢",可洪音"五交
反",有誤。"五"疑爲"所"。

筲② shāo

筲
笞~,同上也,上又
丑之反,非。(ZD60-
376b)

萷 shāo

萷
香~,沙交反。
（ZD59-795a）按:

"香~",對應佛經作"香
萷"。《佛説大孔雀咒王經》
卷1:"令彼惡人頭破作七
分,猶如蘭香萷。"（T19,
p463a)又可作"香梢"。《金
光明最勝王經》卷9:"頭破
作七分,猶如蘭香梢。"
(T16,p450a)據此,"~"同
"萷",皆"梢"字。

薝 shāo

薝
根~,所交反。
(ZD60-11c)按:"~"
乃"梢",大型字典未有"~"
的音義。《根本説一切有部
毘奈耶雜事》卷17:"時有
盜者,取他甘蔗,中間食訖
根梢棄去。"(T24,p282a)

燒 shāo

燒
燒
~鍛,都亂反。
(ZD59-923b)
焚~,上扶文反。
(ZD59-601a)

籗 shāo

籗
笪~,上九與反,下
所交反。（ZD60-
376b)按:"~"同"筲"。

勺 sháo

勺
泥~,音多,《奮迅
經》作呢嚘,《華積

---

① 又見"萷""薝"字條。
② 又見"籗"字條。

經》作媑哆也,又灼、杓二音,非。（ZD59-813c）按:"～",經文作"句"或"勺"。《佛説花聚陀羅尼咒經》卷1:"泥句婆摩一唏帝。"（T21,p876c）"句",宋、元、明本作"勺"。今依據異文,以"～"爲"勺"。

杓
sháo/zhuó

杓 木～,市若反。（ZD59-1006c）按:"～",經文作"杓",即"杓"字,勺子。《雜阿含經》卷4:"時婆羅門手執木杓,盛諸飲食,供養火具,住於門邊,遙見佛來。"（T02,p28b）

杓 ～撓,上市斫反,下呼高反。（ZD59-599a）按:"～撓",經文作"杓撓"。《大寶積經》卷76:"如杓撓美食,終無知止足。"（T11,p429b）"～"即"杓"字。

杓 ～羯,上之若反,正作灼,或作礿、竹、豹、妁五形,下居謁反,山名,灼羯羅,此云輪圍。（ZD60-402a）按:《翻譯名義集》卷3:"或云灼羯羅,又云斫迦羅。"（T54,p1098c）"～"即"灼"。

杓① sháo

釣 一～,市斫反,俗。（ZD59-1050b）按:

"～"即"杓"字之俗。《佛説雜藏經》卷1:"滿中洋銅,手捉一杓,取自灌頭,舉體焦爛,如是受苦,無數無量。"（T17,p558b）

杓 執～,是斫反,正作杓。（ZD60-121a）按:"執～",對應佛經作"執杓"。《阿毘達磨大毘婆沙論》卷131:"鄔揭羅長者白佛言:世尊,我於一時自手執杓,施僧飲食時。"（T27,p679a）

杓 一～,市斫反。（ZD59-613c）

邡 shào

邡 ～陵,上市照反。（ZD60-600b）按:"～"即"邵"之訛,詳見本書中篇"邵"字條。

邵② shào

邵 王～,時照反。（ZD60-418b）張～,時照反。（ZD60-458a）

劭 shào

劭 子～,時照反,宋文帝太子名。（ZD60-324b）若～,而者反,下而（市）照反。（ZD59-864b）

劭 應～,市照反。（ZD60-360a）應～,時照反。（ZD60-356b）張～,時照反。（ZD60-459b）通～,時照反,又音韶。（ZD60-463b）

稍 shào

稍 ～從,上所孝反,祿也,小也,正作稍。（ZD60-50b）按:"～",經文作"稍"。《沙彌十戒法并威儀》卷1:"已受沙彌十戒,爲賢者道人。次教之,當用漸漸稍從小起,當知威儀施行所應。"（T24,p927a）"～",音"所孝反",讀"shào",今讀爲"shāo",詳見本書中篇"袑"字條。

稍 ～不,上音緣,弃也,正作捐也。（ZD60-540a）按:"～",對應佛經作"稍"。《弘明集》卷11:"有物混成,先天地生,已是道在天外,稍不以天爲道也。"（T52,p73b）"～"乃"稍",可洪以爲"捐",不符經意,誤。

奢 shē

舍 憍～,尸遮反。（ZD59-684a）

---

① 又見"袑"字條。
② 又見"邡"字條。

偖　shē

偖　朋～，上蒲弘反，下
尸遮反，《新婆沙》作
防奢。(ZD60-99b)

賒①　shē

賒　鼻～，手遮反。
(ZD59-804a)

賒　幡～，步何反，下尸
遮反。(ZD59-
801b)按："～"乃"賒"字，詳
見本書中篇 **賒** 字條。

賒　～婆，尸遮反。
(ZD59-798a)

賒　彌～，書遮反。
(ZD59-745b)

賒　佉～，書耶反。
(ZD59-745b)

賒　～梨，尸遮反。
(ZD59-639a)

賒　驕～，下尸遮反。
(ZD59-590b)

賒　～字，上尸遮反。
(ZD59-575a)

賒　shē

賒　～貥,上尸遮反,下都
含反。(ZD59-1046a)

嘸　shē

嘸　毗～，食遮反。
(ZD59-745c)

虵　shé

虵　～蠍，音歇。(ZD59-
555a)按："～"同"蛇"。

蛇②　shé

蛇蛇虵虵蚫　～奴,上實遮反,正
作蛇。(ZD60-144b)
～鼠，食遮反。
(ZD59-744a)
～蠍，音歇。(ZD59-
565b)
～蝎,許謁反,又胡割
反,悮。(ZD59-744b)
～肌,上是遮反,正
作虵、蛇二形也。
(ZD60-170a)

虵　shé

虵　作～,市遮反,見藏
作虵。(ZD60-368c)
按："～"即"虵"字。《一切
經音義》卷 12："虵池,實遮
反,池名也,經中作虵,誤
也。"(C056，p991a)

嘚　shé

嘚　～羅,正作闍,垂靴
反,借音呼之也。
(ZD59-798b)按："～",譯
音字。《大金色孔雀王咒
經》卷 1："嘚羅膩,嘚羅
膩,阿羅尼,吼翅吼翅。"
(T19，p478b)

捨　shě

捨栝　～一,尸者反,弃也,
正作捨也,又步交、
卜口二反,非。(ZD59-733a)
棄～，詰利反。
(ZD59-640b)

社　shè

杜社　垍～,上丁禮反,下時
夜反,悮。(ZD60-
290a)
～神，蒲卑反。
(ZD59-629a)

舍　shè

合　阿～,尸夜反,正作
舍也。(ZD59-637c)

射③　shè

聎躲躲　～之,上是夜、是尺
二反,正作射也。
(ZD60-120a)按："～",對應
佛經作"射"。《阿毗達磨大
毗婆沙論》卷 125："如瞿陀
與烏俱於水上共食死屍,有
人以箭射之。"(T27，p653a)
～人,時夜、時亦二
反。(ZD59-910b)
仰～,時夜、時亦二
反。(ZD59-915c)

———

① 又見"賒"字條。
② 又見"虵""虵"字條。
③ 又見"躲"字條。

箹　箭～，時夜、時亦二反，正作射也，書人悮加竹矣。(ZD60-17c)按：《根本説一切有部毘奈耶雜事》卷39："時阿難陀聞是語已，如箭射心，舉身戰懼。"(T24，p404c)"～"即"射"，蓋"射"受上字"箭"的影響類化增"竹"旁所致。

躲　有～，時夜反。(ZD60-36b)

涉　shè

涉 渋 渉　冒～，莫報反。(ZD59-763b)

登～，時攝反，正作涉。(ZD59-686c)

津～，羊益反，悮，前序作液。(ZD60-59a)按：可洪以"津～"之"～"爲"液"字，但對應佛經作"津涉"。《尼羯磨》卷1："寔菩提之機要，誠涅槃之津涉者也。"(T40，p538b)從字形上看，"～"當爲"涉"，可洪恐誤。

赦①　shè

敇 攸 攺　～我，音舍。(ZD59-959b)

大～，音舍，寬免也，正作赦。(ZD59-922a)

願～，音舍，置也，免也，正作赦也。(ZD60-73b)按："～"乃"赦"字，詳見本書中篇"敊"字條。

敊 赦 敇 敊　～宥，上尸夜反，下于救反。(ZD60-73a)

恩～，音舍，宥也。(ZD59-689a)

慈～，音舍。(ZD60-247a)

大～，音舍，免也，正作赦。(ZD60-181b)

設　shè

設 設 設 設 設　～儜，女耕反。(ZD59-590a)

～揔，下子孔反。(ZD59-729c)

敷～，上芳夫反，下尸列反，正作設也，又音促，非。(ZD60-69a)

橋～，居小反。(ZD59-976c)

詿～，上古賣、胡賣二反。(ZD60-409c)

葉②　shè/yè

葉 葉 蕯 菜　若～，羊接反。(ZD60-371c)

寶～，余接反。(ZD59-667b)

莖～，上戶耕反，下羊妾反。(ZD60-100c)

棗～，子老反。(ZD59-689b)

棗～，子老反，下羊接反。(ZD59-774a)

松～，音葉，又字體似菜，焚、芬二音，香木也。(ZD60-486a)按："～"乃"葉"字，詳見本書中篇"菜"字條。

葉 葉 蔂 菜　枝～，以接反。(ZD59-551a)

～籤，上深涉反，下補我反。(ZD59-668c)

迦～，古牙反，下書涉反，姓也，此言飲光。(ZD59-917c)

迦～毗，上音加，中尸涉反。(ZD59-625c)

躲　shè

躲　～者，上時夜反，正作射。(ZD60-367a)

撧　shè

撧　所～，尸葉反，正作攝。(ZD59-622b)

嗻　shè

嗻　唱～，尸夜反。(ZD59-1077b)按："～"，譯音字。

① 又見"赦"字條。
② 又見"枾""藤"字條。

絟　shè

俱～,音舍,國名,亦云俱睒。(ZD60-71a)

𫄧～,上居橋反,下尸夜反。(ZD60-69c)

攝①　shè

摠～,則孔反,又音窟,非也。(ZD59-658a)

所～,深葉反,正作攝。(ZD59-937c)

謂～,尸葉反,正作攝。(ZD59-966c)按:"～"乃"攝"字,詳見本書中篇"攜"字條。

摁～,子孔反,下書葉反。(ZD59-917a)

～在,上書涉反,正作攝也。(ZD60-141a)

～一,上失葉反,正作攝。(ZD59-619b)

～諸,始涉反。(ZD59-916c)

～鉢,失涉反,正作攝。(ZD59-887a)

～取,尸葉反也。(ZD59-649c)

～持,上尸涉反,正作攝。(ZD59-596a)

～心,尸涉反。(ZD59-922c)

～山,上尸葉反,《續高僧傳》作攝山。(ZD60-454b)按:"～"乃

"攝"字,詳見本書中篇"巎"字條。

撿～,尸涉反。(ZD59-901c)

～身,上尸葉反,正作攝。(ZD59-1104b)

～取,上尸葉反,又音厄,非也。(ZD59-620a)

～植,市力反。(ZD59-975a)

巎　shè

～山,上音攝,《續高僧傳》作攝山也。(ZD60-458a)按:"～"乃"攝"字,詳見本書中篇"巎"字條。

申　shēn

～手,手真反,伸也,舒也。(ZD59-740b)

屈～,音身,舒也,正作伸、申。(ZD59-917a)

皆～,音申,展也。(ZD59-673a)

頻～,音申。(ZD59-655c)

各～,音申。(ZD59-672b)

廦～,必益反。(ZD59-764c)

～叙,音申,下音序。(ZD59-671c)

～直,音身,正作申。(ZD59-643c)

頻～,音申。(ZD59-1115a)

伸②　shēn

～其,尸人反,正作伸。(ZD59-755a)

～叙,音申,下音序。(ZD59-676b)

～臂,上音申,正作伸。(ZD60-272c)

頻～,音申。(ZD59-674b)

無～,音申。(ZD59-587b)

屈～,音申。(ZD59-699c)

～臂,尸人反。(ZD59-691c)

傻　shēn

鳥～,羊世反。(ZD60-543a)按:"鳥～",對應佛經作"鳥伸"。《弘明集》卷13:"逮乎列仙之流、練形之匹,熊經鳥伸,呼吸太一。"(T52,p90c)《佛祖歷代通載》卷22:"或有熊經而鳥引,擬彭祖而齊肩。"(T49,p718b)《弘明集》卷1:"且夫熊經鳥曳,導引吐納,輟黍稷而御英

---

① 又見"攜""巎"字條。

② 又見"傻"字條。

藥。”（T52，p8c）可洪“～”音“羊世反”，蓋以爲“曳”字，恐誤。《楞嚴經直指》卷8：“動止謂引導精氣，如熊經鳥伸之法。”（X14，p577c）據此，“～”爲“伸”之訛。

抌　shēn

～去，上所臻反，從上略取物也，正作扟字也。（ZD59-1108a）按：“～”即“抌”，同“扟”。

俏　shēn

孕～，音身。（ZD60-362b）按：“～”與“身”同，身孕也。

孕～，音身。（ZD60-371a）

胂　shēn/shùn

曰～，上于月反，下引人反。（ZD60-398c）

一～，音申，舒引也，正作胂。（ZD60-525b）按：“～”即“胂”，疑爲“瞚”字。《弘明集》卷2：“既往積劫無胂數無邊，皆一胂一閴以及今耳。”（T52，p14c）“胂”，宋、元、明本作“瞚”。

聃　

～息，上音申，喘息舒氣也，引也，正作胂、胗、㰦三形。（ZD60-526c）按：“～”，經文或作“瞚”，是。

莘　shēn

～里，上所臻反，地名。（ZD60-423a）

～闍，師臻反。（ZD59-652b）

～～，所臻反，正作侁。（ZD60-573b）

桨　shēn

～生，失針反，遠也，不淺也，正作深，郭氏音節，非也。（ZD59-939a）按：“～”乃“深”字，詳見本書中篇“桨”字條。

娠　shēn

懷～，音身。（ZD59-601b）

有～，音身，孕也。（ZD59-754b）

任～，上正作妊，下尸人反。（ZD59-631b）

有～，音身，孕也，又之刃反，妊也。（ZD59-800a）

㳠　shēn

跡～，尸針反，正作深，又自宗反，非也。（ZD60-234b）按：“～”乃“深”字之訛。《一切經音義》卷75：“跡深，尸任反，深淺之深，經文作㳠，藏宗反，《説文》㳠，水聲也。《廣雅》㳠，漬也。非經義也。”（T54，p796b）

深[1]　shēn

～愛，上失針反，正作深。（ZD60-183c）按：“～”乃“深”，詳見本書中篇“溗”字條。

～推，上失針反，下尺隹反。（ZD60-320a）

甚～，尸林反，又作深。（ZD59-718c）

～潛，音峻。（ZD60-368b）

得～，失針反，正作深。（ZD59-622b）按：“～”乃“深”字，詳見本書中篇“流”字條。

～法，上失林反。（ZD59-620a）

～坑，尸林反，下苦庚反，正作深坑。（ZD59-851b）

----
① 又見“溗”“桨”“㳠”字條。

溧
　～築,上尸林反,下知
六反,正作深築,上
方經作深築。(ZD60-190a)

深
　～法,尸林反,遠也,
正作深也,郭氏音
嫁,非也。(ZD59-929a)

粲　shēn

粲
　從～,所岑反,正作
參。(ZD60-404c)

紳　shēn

紳
　書～,音申,序作畫
紳,悮。(ZD60-315a)

疹　shēn

瘀
　～吟,音身,正作呻。
(ZD59-766c)　按:
"～"乃"呻"字,詳見本書中
篇"瘀"字條。

溧　shēn

溧
　～築,上尸林反,下
知六反,正作深築,
上方經作深築。(ZD60-
190a)按:"～"乃"深"。

詵　shēn

詵
　～者,同上(詵),誤
也。(ZD59-877a)

藝　shēn

藝
　～姒,上音新,下音
似。(ZD60-600b)
按:"～姒",經文作"莘姒"。
《廣弘明集》卷30:"道冠邵
陵,業踰莘姒。"(T52,
p358b)"莘",宋、元、明、宮
本作"藝"。"～"通"莘"。

吲　shěn/xǐ

吲
　蟬～,尸忍反,正作
哂、弞、弚三形。
(ZD60-594a)

吲
　哆～,上多可反,下
香指反,經自出。
(ZD59-630a)

葚①
shěn/shèn

葚
　冬～,音審,菌也,正
作蕈也,又音甚,非
也。(ZD60-581c)按:《廣弘明
集》卷24:"冬蕈味珍霜鵝,穀
巾取於丘嶺。"(T52,p277a)
"蕈",宮本作"葚"。"～",可
洪以爲"蕈",今不從。

葚
　桑～,音甚。(ZD60-
370b)

椹　shěn

椹
　～羹,上音審,菌生
木上者也。(ZD60-

24b)按:《一切經音義》
卷99:"冬葚,時稔反。《毛
詩傳》云葚,桑實也。或作
椹也。"(T54,p920c)"～"
同"葚",可洪讀"審",蓋以
爲"蕈"。

瞫　shěn

瞫
　～知,尸稔反,竊也,
與審同。(ZD59-
786c)

瞫
　～自,音審,竊視也,
又徒南反。(ZD59-
788b)按:《不空罥索神變真
言經》卷30:"應自書寫,教
他書寫,瞫自通解,教理文
義,亦復教他解釋文義。"
(T20,p397c)"瞫",元、明、
乙本作"審"。根據文意,
"～"疑即"審"。《一切經音
義》卷39:"瞫知,上深稔
反,《蒼頡篇》云:瞫,下視
也,竊見也。《説文》從目,
覃聲。案:審知,此葷合作
審。審,詳也,定也,諦也。"
(T54,p564b)

瀋　shěn

瀋
　～愽,昌審反。
(ZD59-795b)

噸　shěn

噸
　～～,丑人反,笑兒
也,正作靦也,筆受

―――

① 又見"椹"字條。

者以形聲而作嚬，非體，形聲，口是體，甄是聲。甄音真，又《經音義》以哂字替之，尸忍反，非。又《川音》以嚵字替之，音踝，亦非，又郭氏作烏佳反，並非。（ZD60-250b）按："～"，經文作"嚬"。《無明羅刹集》卷1："羅刹自恃力，嚬嚬笑言。"（T16，p852c）《一切經音義》卷76："嚬嚬，尸忍反，或作哂哂，小笑貌也。"（T54，p803a）根據文意，"嚬"可能爲"哂"。"嚬嚬"乃"嚬嚬"之訛。此外，"～"又可爲譯音字。《大威德陀羅尼經》卷3："摩嘍舍利，嚬邐婆。"（T21，p765a）

嚬　作～，丑真反，笑兒也，正作矉也，應和尚以哂字替之，非也。（ZD60-390c）按："～"，可洪以爲"矉"，恐非，當依《一切經音義》作"哂"。《一切經音義》卷20："哂哂，尸忍反。哂哂，笑也，經文從口作嚬，非也。"（C057，p62a）

甚　shèn

甚　～劇，巨逆反。（ZD59-726a）

昚　shèn

昚　王～，音慎。（ZD60-474b）按："～"即"慎"。

昚　～徽，上音慎，明也，亦作昚、慎。（ZD60-357c）

浵　shèn

浵
浵　～入，上所蔭反，正作滲。（ZD60-223b）

腎　shèn

腎
賢
腎
腎
眒
脾～，步卑反，下時忍反，悮。（ZD59-728a）
心～，辰忍反。（ZD59-662a）
肺～，上芳廢反，下時忍反。（ZD59-557c）
脾～尻，上步支反，中音賢，悮，下苦高反，中字悮。（ZD60-210a）按："～"，對應經文作"眼"，《修行道地經》作"腎"。可洪"音賢"即"音腎"之訛。"～"，從形體看，疑即"脈"，與"腎"音同。"～"如作"眼"，於經文文意不甚合適。

蜃①　shèn

蜃
蜃
蜃
～樓，上音慎，正作蜃也。（ZD59-567b）
爲～，時忍反，大蛤也。（ZD59-550b）

慎②　shèn/shùn

愼　～勿，時刃反，謹也，正作慎，下音物，莫

也，無也。（ZD59-894c）

嫀　～莫，上音慎，謹慎也。（ZD60-184c）按："～"乃"慎"，詳見本書中篇"嫀"字條。

慎　隨～，音順。（ZD59-583c）按："～"乃"順"。

滲③　shèn

滲
渗
㳄
～没，所蔭反，液也，水没入也，正作滲。（ZD59-963b）
～漏，所禁反。（ZD59-668a）
～漏，上所讖反，正作滲。（ZD59-1016c）

蝨　shèn

蝨　爲～，時忍反。（ZD60-503a）按："～"同"蜃"。

升　shēng

升
升
～粟，始陵反，下兵錦反，供穀也，與也。（ZD59-853a）按："～"即"升"字。《菩薩本行經》卷1："日與一升粟，不得長。"（T03，p109c）
緣～，尸陵反，正作升。（ZD60-91a）

---

①　又見"蜃"字條。
②　又見"浵"字條。
③　又見"浵"字條。

昇　shēng

昇　～航，户郎反。（ZD59-794a）

昇　這～，尸赤反，纔也，始也，正作適也，又音老，非。（ZD59-698c）

狌　shēng

狌　狌～，音生。（ZD59-1099b）

狌　～～，音生。（ZD59-586c）

欥　shēng

欥　作～，音生，經本作笙。（ZD60-360b）按："～"乃"笙"字，詳見本書中篇"欥"字條。

甥　shēng

甥　眇～，外生二音。（ZD59-1087a）按："～"乃"甥"字，詳見本書中篇"甥"字條。

鉎　shēng

鉎　～鎖，音瘦。（ZD60-379b）

鉎　～刃，上音生，諸藏多作鈇也，上方藏作鉎，倉卧反，並不稱文旨也，今宜作鎬，户圭、許規二反，

大錐也，見孫愐及萇筠和尚韻。（ZD60-475c）

鵿　shēng

鵿　～～，音生，能言，似猿聲，如小兒也，正作猩也。（ZD59-1116a）

鵿　～～，音生，能言獸也，正作狌、猩二形。（ZD59-1119c）

聲　shēng

聲　～覃，徒南反。（ZD59-569c）

聲　～犀，音西，瓦破聲也，嘎聲也，正作甏。（ZD59-680c）

繩　shéng

繩　～緶，上神陵反，下相箭反。（ZD59-1113c）

繩　黑～，市陵反。（ZD60-125b）

繩　緶～，下實陵反。（ZD59-617b）

繩　綒～牀，上竹與反，中實陵反，下助庄反。（ZD60-38c）

繩　～紙，而甚反，織也，又而林反，《經音義》作女心反。（ZD59-935b）

繩　～貫，上實陵反。（ZD60-307c）

～棍，古本反，轉絃軸子也。（ZD59-557a）

媘　shěng

媘　減省，所景反，正作～。（ZD60-284c）

瘖　shěng

瘖　省瘦，上所景反，正作～。（ZD59-606a）

瘖　作～，音眚，正作瘖，郭氏音徒，非。（ZD60-371a）

崼　shèng

崼　嵣～，上他胡反，下實證反，山名，在剡縣，下正作嶀。（ZD60-449a）按："～"乃"嶀"。

剩　shèng

剩　其～，實證反。（ZD59-869a）

勝　shèng

勝　～躅，直玉反。（ZD59-948a）

勝　巨～，上其與反，下尸證反，胡麻也。（ZD59-738c）

勝　劣～，升證反，正作勝。（ZD60-145b）按：《阿毘達磨順正理論》卷

80:"好惡色言顯劣勝色。"
(T29，p774a)

媵 縢 縢 縢 縢 縢 縢 縢 縢 縢

～淚，巨魚反。
(ZD59-1104b)

～牀，助庄反，正
作牀。(ZD59-833b)

～德，上尸證反。
(ZD59-817a)

～葉，音攝。(ZD59-
719a)

推～，升證反，正作勝
也，悮。(ZD59-903a)

～安，尸證反，正作
勝。(ZD59-927a)

離～，同上（勝）。
(ZD59-927a)

～隣，上尸證反。
(ZD60-189a)

巨～，音巨，下尸證
反，胡麻也，即大麻，
皮可爲布者也。(ZD59-
941a)

～魔，尸證反。
(ZD59-652b)

～妙，同上。(ZD59-
652b)

聖 shèng

壄 壄 壄

者～，音聖。(ZD60-
339a)

～法，上音聖。
(ZD60-339c)

去～，音聖。(ZD60-
338c)

嵊[1] shèng

嵊

嵃～，上他胡反，下成
證反。(ZD60-453b)

縢 shèng

縢

～脩，上尸證反。
(ZD60-528a)

賸 shèng

賸

繁賸，上扶番反，下
實證反。～兩，同
上。(ZD60-348b)按:"～"
乃"賸"字，詳見本書中篇
"賸"字條。

賸 賸

～聚，上音剩，正作
賸。(ZD60-403a)

常～，實證反，正作
賸。(ZD60-422c)

失 shī

失 失 失

～命，身質反。
(ZD59-689b)

無～，音失。(ZD60-
550a)

違～，于歸反，下尸
日反。(ZD59-649a)

陃 shī

陃

般～，音師。(ZD60-
247c)按:"～"同
"師"。

茈 shī

茈

嘆～，上音煩，下失
之反，前作嘆茈，正
作嘆茈也，下又或作篴，音
移，下又郭氏音他，非，應和
尚未詳。(ZD60-388b)按:
"～"同"茈"，譯音字，可洪
音"失之反"，蓋以爲"施"
字。《陀羅尼雜集》卷7:"阿
嘆茈曇摩。"(T21，p617c)
"茈"，宋、元、明本作"施"。

虱 shī

蝨 虱 虱 乱 蝨 蝨 虱 蝨

蚤～，上子老反，下所
擳反。(ZD60-156c)

蚤～，上子老反，
下所擳反。(ZD59-
1066a)

蚤～，音早，下音
瑟。(ZD59-684a)

壁～，所擳反，正作
蝨、虱二形也。
(ZD60-55a)

虫～，所擳反。
(ZD59-1063b)

蚤～，子老反，下所
擳反。(ZD59-685b)

蚤～，上子老反，下
所擳反。(ZD59-
1072c)

蟻～，居豈反，下沙
擳反。(ZD59-851c)

---

[1] 又見"嵊"字條。

蜒～,上音早,下音瑟。(ZD59-584c)

蚕～,子老反,下所擸反。(ZD59-727b)

蜑～,子老反,下所擸反。(ZD59-778b)

蚊～,音文,下所擸反。(ZD59-728c)

～吒,所擸反,正作虱。(ZD59-837a)

水～,所擸反,食木虫,似蟻而白也,南方呼爲白蟻也,正作虱。(ZD60-24b)

施① shī/shì

～而,尸智反。(ZD59-729c)

～行,上音絁,正作施。(ZD59-582a)

身～,音施,惠與也,愒。(ZD60-184b)

～坐,失支反,正作施。(ZD59-729a)

～得,尸智反,以物惠人。(ZD59-646b)

無～,音施。(ZD60-161a)

法～,音施。(ZD59-956a)

行～,尸智反,以物惠人。(ZD60-148b)

給～,音施。(ZD59-718c)

～作,式支反,～,設也,正作施。(ZD59-655a)

奉～,音施。(ZD59-718b)

所～,音施。(ZD59-748b)

普～,尸智反。(ZD59-712c)

～捨,尸利反,正作施、拖。(ZD59-733a)

～阤,尸智反,下徒何反。(ZD59-717b)

葹② shī

噗～,上音煩,下音葹,式支反。(ZD60-285c)按:"噗～",對應佛經作"噗莸"。"～"同"莸",譯音字。《陀羅尼雜集》卷4:"呵噗莸曇摩肥,利闍牟尼陀闍顯奢兜沙訶份咥咥嚼耶。"(T21,p599b)"～",可洪音"葹",蓋以爲"莸"。

師③ shī

垒～,上蒲悶反。(ZD59-582c)

屍 shīmí

賴～,下尸彌二字也。(ZD59-627b)

絁 shī

～僧伽梨,上一式支反,袈裟名。(ZD59-1116b)

多～,失支反,正作絁、鍦。(ZD59-626c)

鋮咕～,下失支反。(ZD59-627c)

紽 shī/tuō/tuó

婆～,失支反,正作絁、繩、鍦三形。(ZD59-627a)按:"～"同"絁",譯音字。

～咩,上音他。(ZD59-626c)

～咩,上吐何反,下彌爾反。(ZD59-624c)按:"～",譯音字。

阤縱～,中精用反,下徒何反。(ZD59-626a)按:"～",譯音字。

淺 shī

羯～,上居謁反,下失入反,正作淺也。(ZD60-602b)按:"～"乃"淺"字,詳見本書中篇"淺"字條。

蓍 shī

～爲,上音尸,蒿属。(ZD60-381a)

---

① 又見"弛""袘"字條。
② 又見"莸"字條。
③ 又見"師"字條。

篿
耆

～軀，上失之反。
（ZD60-545c）

～軀，上失支反，正
作薈。（ZD60-530a）

葹　shī

薢

痕～，上丁禮反。
（ZD59-629a）

溼　shī

溼
㴺
潔
㴘
埿

阿～，失入反。
（ZD59-652a）

～以，上失入反。
（ZD60-10b）

～相，失入反，正作
溼。（ZD59-646b）

迦～，同上（溼）。
（ZD60-138a）

～皮，上失入反，正
作溼、濕二形也。又
丑立、直立二反，惧也，如
《寶積經》云濕皮相裏覆也。
（ZD60-10b）

～衣，深入反。
（ZD59-938b）

阿～，失入反，正作
溼也，比丘名也，亦
云阿説。（ZD60-53c）

稬～，失入反。
（ZD59-940b）

～波，尸入反。
（ZD59-720b）

～生，深入反。
（ZD59-668c）

溼
溼
溼
溼
溼

毗～，失入反，正作
溼也。（ZD60-138a）

～生，始入反，又他
合反，惧。（ZD59-
920b）

迦～，失入反，惧。
（ZD60-138a）

～以，上失入反。
（ZD59-597a）

～物，上失入反。
（ZD59-586a）

颭　shī

颭
颭

一～，音瑟。（ZD59-
1047b）按："～"同
"虱"。

备～，上音早，下音
瑟。（ZD59-1092b）
按："～"同"虱"。

漯　shī

漯
漯
漯

～生，尸入反，四生
之一也，惧。（ZD59-
854c）按："～"即"濕"之訛。
《菩薩從兜術天降神母胎説
廣普經》卷2："意識菩薩亦
入化生，胎生，濕生，卵生。"
（T12，p1023a）

～婆，上失入反，正
作溼，又他合反，非
也。（ZD59-630a）按："～"
乃"溼"字。

燥～，上桑老反，下
尸入反，正作燥溼
也。（ZD59-581a）

鳲　shī

鳲

鳩～，上奇拘反，下
之爾反。（ZD59-
589b）按："～"，可洪音"之
爾反"，蓋以爲"鳲"，讀
"zhǐ"。《廣韻》"～"音"式
脂切"，讀"shī"，今依本字
讀之。

蝨[①]　shī

蝨
蝨
蝨
蝨

蟣～，上居豈反，下所
櫛反。（ZD60-132c）

蟠～，上子老反，下所
櫛反。（ZD59-581b）

壁～，所櫛反。
（ZD60-26b）

颭～，上子老反，下
所櫛反，正作蝨、蝨
二形也。（ZD59-1014b）

蝏

壁～，所櫛反，正作
蝨也，《七佛咒經》作
壁蝨也，又音色。（ZD60-
292a）

蝨
颭
蝨
颭

～八，上所櫛反。
（ZD60-282a）

煞～，所櫛反。
（ZD60-242c）

蟣～，上居豈反，下
所櫛反。（ZD60-
148a）

蟣～，音瑟。（ZD60-
66c）

——————

① 又見"虱""颭""蟋""颭"
字條。

鼠

蟻～，上居豈反，下所擲反。（ZD59-565c）

壁～，所擲反，正作蝨。（ZD59-879c）

成～，音瑟。（ZD60-66c）

有～，音瑟。（ZD59-765a）

繩① shī

誠咶～，下失之反，正作絁、繩二形。（ZD59-628a）按："～"同"絁"，用作譯音字。

憍～，始支反，野蠶絲也，正作繩。（ZD59-1106a）按："～"同"絁"，用作譯音字。

憍～，手支反。（ZD59-1106a）按："～"同"絁"，用作譯音字。

薩～，失支反，正作絁、繩、蠻三形。（ZD59-623c）按："～"同"絁"，用作譯音字。

濕② shī

堅～，失入反。（ZD59-1134b）

樵～，自焦反。（ZD59-660b）

～生，尸入反。（ZD59-719c）

～痹，失入反，下必至反，脚冷濕病也，

正作溼痺也，下又音鼻。（ZD59-819a）

堅～，深入反。（ZD59-740b）

堅～，深入反，又土合反，悮。（ZD59-740c）

蟋 shī

蚤～，上子老反，下所擲反。（ZD59-1030c）按："～"乃"蝨"字，詳見本書中篇"蟋"字條。

蝨 shī

蟻～，音瑟。（ZD60-66c）按："～"同"蝨"。

齝 shī

牛～，失之反，比丘名也。（ZD59-616c）按："～"即"齝"，與"呞"同。《彌勒菩薩所問本願經》卷1："賢者具足，賢者牛呞。"（T12，p186c）

跀 shí

～跂，上音十，下音伐，又《川音》云音作跀，音闒，非也。又郭氏音計，亦非也。應和尚未詳。按諸咒中皆作什伐之字也。郭氏又作跀，音科，非也。（ZD60-285c）按："～"，譯音

字，無實義。《陀羅尼雜集》卷4："多婆迦破鬪羅跀跂（許月）脾闍摩尼那羅延那供波那羅延挐娑婆因陀半挐。"（T21，p599b）

嵩 shí

興～，音時。（ZD60-564a）

食 shí

忘～，上音亡，下市力反，正作食也。（ZD59-748b）

唉～，上子荅反，下音食。（ZD60-100c）

柗 shí

～掇，都活反。（ZD60-298b）按："～"乃"拾"字之訛。《諸經要集》卷6："至糞穢中，拾掇麁弊，連掇相著。"（T54，p54a）

時③ shí

昧～，音時，又方罔反，非也。（ZD59-748b）

———

① 又見"絁""紬"字條。
② 又見"溚""璟""溼""浾""濕"字條。
③ 又見"嵩"字條。

裇 shí

裇 宗～,時隻反,宗廟主也,正作祏。(ZD60-552c)

寔 shí

寔
寔 ～日,市力反,寔也,是也。(ZD59-653a)

～倛,常力反,下古詣反。(ZD59-924a)
按:"～"即"寔"。

蝕① shí

蝕
蝕
蝕
餝 薄～,補洛反,下時力反,侵也。(ZD59-753c)

薄～,上布各反,下神力反。(ZD59-589c)

月～,音食。(ZD60-219b)

當～,神力反,侵虧也。(ZD59-1021a)

寔 shí

寔
寔 ～多,上市尺反,實也。(ZD60-138c)
按:"～",對應佛經作"寔"。《阿毘達磨順正理論》卷19:"如是等說,其數寔多。"(T29, p444b)

～惟,上是力反。(ZD60-413a) 按:"～"同"寔"。

實② shí

寔 如～,市日反,正作實也,又古瓦反,非。(ZD59-732a)按:"～"乃"實"字。《等集衆德三昧經》卷3:"所說如實,無有讒諛。"(T12, p986a)

實
實
實
實 如～,神一反。(ZD59-913c)

無～,市一反。(ZD59-760b)

一～,音實。(ZD59-1071b)

華～,神一反,正作實。(ZD59-577c)
按:"～"乃"實",詳見本書中篇"實"字條。

實
寔
實
寔
實
實 花～,市一反,正作實。(ZD59-677b)

～由,上是力反。(ZD59-564a)

～見,上市一反。(ZD59-619a)

～日,市力反,寔也,是也。(ZD59-653a)

真～,音實。(ZD59-620b)

～有,上神一反。(ZD60-229c)

若～,音實。(ZD59-925c)

鰍 shí

鰍 侵～,音食。(ZD60-144b)按:"～"乃"蝕"。

矢③ shí

豉
失
夫
夨
矢
夨 稭～,上音戶,木名,堪爲矢幹,下尸旨反,箭也,正作笶。(ZD60-435b)

布～,尸旨反。(ZD59-748b)

彎弓～,烏還反,下尸旨反。(ZD59-958c)

流～,尸旨反,箭也。(ZD60-524b)

弓～,尸旨反,箭也。(ZD59-1103b)

弧～,音胡,下尸爾反,弓箭也。(ZD59-661a)

夨 shǐ

夨
夨 激～,經歷反,下尸履反。(ZD59-697c)

秦～,尸旨反,《辯正論》作秦佚,音逸。(ZD60-554b) 按:"秦～",對應佛經作"秦佚"或"秦矢"。《廣弘明集》卷8:"尚非遁天之仙,故有秦佚之弔。"(T52, p139a)"佚",宮本作"失"。從形體看,"～"即"矢"字,經中乃"失"之訛。"失"可與"佚"同。

---

① 又見"鰍"字條。
② 又見"寔"寔字條。
③ 又見"夭""笶"字條。

使 shǐ

使　而～，所耳反，從也，亦語聲也，正作使也，又音挾，惧。（ZD59-650b）

屎 shǐ

屎　～尿，失履反，下奴吊反。（ZD59-767c）
屎　～尾，上尸旨反，下奴叫反。（ZD60-129b）按："～"即"屎"，與"屎"同。

囷 shǐ

囷　～溺，尸旨反，下奴吊反。（ZD59-902a）按："～"乃"屎"，詳見本書中篇"囷"字條。

屎① shǐ

屎　～尾，上尸旨反，下奴吊反。（ZD59-574c）
㴓　沸～，音屎。（ZD59-957a）
屎　謂～，音屎。（ZD60-104a）
㴠　沸～，惧。（ZD59-954b）
㶱　～尿，上尸旨反，下奴吊反。（ZD59-1070c）按："～"乃"屎"，詳見本書中篇"屎"字條。

屎　～汗，尸履反，下烏故反。（ZD59-765c）
屎　有～，尸旨反。（ZD60-225b）
屎　那～，音屎。（ZD59-803c）
屎　～尿，上尸市反，下奴吊反。（ZD60-296c）
屎　～尿，尸旨反，下奴吊反。（ZD59-642b）
屎　蓳～，上方間反，下尸旨反。（ZD60-191b）
屎　～尿，上尸旨反，下奴吊反。（ZD60-87a）

姺 shǐ

姺　靡～，上文彼反，無也，下尸止反，初也，正作始也。（ZD60-529a）按："～"乃"始"，此外又可爲"妒"字，詳見本書中篇"姺"字條。

笶 shǐ

笶　作～，同上，正作笶、矢。（ZD60-401a）按："～"乃"笶"，同"矢"。

示 shì

示　耆～，上呼閨反。（ZD59-589a）
示　顯～，音視，正作示，又巨支反，非。（ZD59-934c）

示　而～，音視，正作示。（ZD59-603c）
示　～作，上神至反，指似也，正作示也，又音祇，非也。（ZD60-44b）

世 shì

世　猗～，於綺反。（ZD59-820a）
世　處～，尺與反，下尸制反，正作世，避太宗諱，故闕。（ZD59-855b）
世　～所，上尸制反，正作世。（ZD60-402c）

市 shì

市　～朝，上音市，下音朝。（ZD60-430b）

式 shì

式　摽～，必招反，下始食反。（ZD59-783b）
式　法～，尸力反。（ZD59-680c）
式　～彰，始力反。（ZD59-731a）
式　～顏，上尸力反。（ZD59-589b）
式　～佛，尸力反。（ZD59-819a）
式　軏～，居洧反，下尸食反。（ZD59-787c）

---

① 又見"囷""屎"字條。

忕　shì

忕　憎～，上序集反，困也，重也，正作翕、襲二形，下余世反，明也，習也，應和尚《經音義》作習忕也。（ZD59-1058a）按："～"乃"忕"，習也。"～"，可洪音"余世反"，蓋以爲"恍"。

拭①　shì

拭　扰～，文粉反，下音識，宜作紋飾字。（ZD59-691a）

摵　未～，音識，揩也，刷去塵垢也，正作拭。（ZD59-1091a）

械　捫～，上無粉反，下尸力反，《順正理論》作扰拭。（ZD60-148c）

域　～滅，上尸力反。（ZD59-1065a）

摵　捫～，同上（拭）。（ZD60-148c）

摵　～面，上尸力反，正作拭。（ZD60-10c）

郝　shì

郝　作～，尸亦反，見藏作睒睗，正作睗也。（ZD60-389c）按：《一切經音義》卷20："睒睗，式冉反，下式亦反。睒睗，暫窺疾視

不定也，經文作郝，非也。"（C057，p58b）《佛所行讚》卷2："麤性鹿睒睗，見太子端視。"（T04，p12c）"～"乃"睗"之借。

是　shì

杲　～人，神紙反，正作是。（ZD59-844a）

猞　shì

猞　～賢，上音塔，下音須。（ZD60-207b）按：《道地經》卷1："或時見馬來猞鬚髮；或時見齒墮地。"（T15，p232b）根據文意，"～"同"舓"，可洪音"塔"，乃其本有讀音，與經意不匹配。

猞　作～，音塔，應和尚以爲舓字，非。（ZD60-366a）按："～"同"舓"。

恃　shì

恃　～怙，上音市，下音户。（ZD60-386b）

袘　shì

袘　給～，尸智反，以物惠人也，正作拖、施二形也，俣。（ZD59-918a）按："～"即"施"，詳見本書中篇"袘"字條，又見本書下

篇讀平聲的"施"字條。

柹　shì

柹　～血，上尸力反。（ZD60-177c）按："～"乃"拭"。

舓②　shì

呧　～手，上神紙反。（ZD60-44c）按："～"乃"舓"，詳見本書中篇"呧"字條。

舓　～人，上時紙反，正作舓、舓、舓三形。（ZD59-752a）按："～"乃"舓"字，詳見本書中篇"舓"字條。

呧　～耳，神爾反，舌取物也，正作舓。（ZD59-855c）

蚔　～其，上神紙反，舌取物也，正作舓、舓、舓三形也，又音祇，俣。（ZD60-190a）

舓　～足，時紙反。（ZD59-638a）

這　shì/zhè

這　隨～，音釋，樂也，善也，正作適，又音彦，非也。（ZD59-1107a）

———————

① 又見"柹"字條。
② 又見"猞""蚔""舓""提""舓""呧"字條。

這

這

這

　～竟,上尸隻反,纔也,未久也。(ZD59-1056c)

　～停,尸隻反。(ZD59-810b)

　～囉,上之夜反,虚空藏經作遮囉。(ZD59-640b)

愧　shì

愧

　～,音是。(ZD60-477a)按:"～"音"是",義不詳。

啫　shì

啫

　～着,上神利反,欲也,愛也,貪也,正作啫、儲,醋三形。(ZD60-171a)按:"～""啫""儲""醋"同。

弑　shì

弑

　～龍逢,上尸志反,下步江反。(ZD60-557a)按:"～"乃"弑"。

洟　shì

洟

　流～,所吏反。(ZD60-74c)按:"～"乃"駛"字,詳見本書中篇"洟"字條。

洟

　～水,音使,速也,正作駛。(ZD59-855b)按:"～"即"駛"字,急速。

《菩薩從兜術天降神母胎説廣普經》卷6:"高下隨駛水,漂流厄難處。"(T12,p1043a)"駛",宋、元、明、宮本作"駚",知本作"洟"。

䚦　shì

䚦

　～許,經有䚦計二字,此恐愲書。(ZD59-891a)

䚦

　婆～,音世。(ZD59-640b)

弒①　shì

弒

　～君,上尸志反,大逆也。(ZD60-360c)

弒

　～害,尸志反。(ZD59-684b)

弒

　～戮,尸志反,下煞上曰～也。(ZD59-684b)

弒

　篡～,上楚患反,下尸志反。(ZD60-455c)

飭　shì

飭

　服～,音飾。(ZD59-1115c)按:"～"乃"飾"。

勢　shì

勢

　解脱～,户懈反,中徒活反,下正作勢。(ZD59-971a)

勢

　～力,始制反,正作勢。(ZD59-916b)

勢

　威～,尸例反,正作勢。(ZD59-959c)

勢

　秉～,兵永反。(ZD59-704b)

勢

　～力,音世。(ZD59-925b)

勢

　～攉,音世,下音拳。(ZD59-677b)

勢

　力～,音世,正作勢。(ZD59-650a)

勢

　鬪～,音世。(ZD60-44c)

勢

　～力,上音世,正作勢。(ZD59-564b)

勢

　～不,音世,正作勢。(ZD59-854c)

勢

　～囉,下力計反。(ZD59-590a)

軾　shì

軾

　～中,上尸力反,正作軾也,序云軾環遂作女牆。(ZD60-400b)按:"～"乃"軾"字,詳見本書中篇"軾"字條。

軾

　魏～,尸力反,正作軾。(ZD60-455c)

睗　shì

睗

　～眼,音釋,晱～,急視也,正作睗。(ZD59-836a)

————

① 又見"弑"字條。

賜　睒～，上失染反，下音釋，急視也，正作賜也。(ZD60-182a)

嗜① shì

嗜　貪～，神利反，慾也，愛也。(ZD59-592c)

嗜　～美，上神利反，正作嗜也。(ZD60-555c)

嗜　饕餮～，吐刀反，中天結反，下神利反。(ZD59-730a)

嗜　～肉，上神利反，愛食也。(ZD59-619a)

嗜　～好，神利反。(ZD59-922a)

嗜　～那，上神利反，正作嗜。(ZD59-624c)

嗜　～酒，上神利反。(ZD59-581b)

儲　貪嗜，神利反，慾也，愛也，亦作～。(ZD59-592c)

筮② shì

筮　卜～，時世反。(ZD59-944a)

筮　卜～，音逝，正作筮。(ZD60-530c)

筮　～之，上時世反，正作筮。(ZD60-326c)

莑　卜～，音誓，決也。(ZD59-861c)

筮　卜～，音誓，蓍曰～也，正作筮也。

莑　(ZD59-857b)

莖　卜～，布木反，下音逝，正作筮。(ZD59-728b)

筮　瞖～，音逝。(ZD60-591a)

莖　卜～，音逝，正作筮。(ZD60-50b)

筮 shì

筮　蝠～，下音郝，見藏經作蝮螫也，下又直中、丑中二反，悮。(ZD60-359a)按："～"乃"螫"。《一切經音義》卷7："蝮螫，下呼各反，經文作蝠～，誤也。"(C056, p921b)

鈰 shì

鈰　衺～，上古本反。(ZD60-515c) 按："～"乃"飾"，構件"金"與"食"相混，詳見本書中篇"鈰"字條。

飾③ shì

鉰　嚴～，始食反。(ZD59-731a)

飭　嚴～，始力反。(ZD59-730b)

飭　嚴～，同上，正作飾，又音勑，悮。(ZD59-1115c)

餇　過～，尸力反，正作飾。(ZD59-644a)

飾　挍～，音識，裝也。(ZD59-713c)

鈰　彫～，丁聊反，下尸力反。(ZD59-745c)

飾　裝～，尸力反。(ZD59-838c)

飾　～好，尸力反，正作飾。(ZD59-672b)

鈰　嚴～，書力反。(ZD59-754b)

飾　文～，音識。(ZD59-689c)

飾　首～，尸力反，正作飾。(ZD59-1076c)

飾　雕～，丁聊反，刻也。(ZD59-738c)

餝　嚴～，尸力反，漿也，又作飾、餝二形。(ZD59-712a)

餝　續～，胡對反。(ZD59-698b)

餝　挍～，古孝反，下尸食反。(ZD59-774a)

飭　嚴～，尸力反，裝也，正作飾、餝二形也，又丑力反，整傛也，悮。(ZD59-650b)

飭　文～，尸力反，裝～也，正作飾。(ZD59-584b)

餝　嚴～，音識。(ZD59-675c)

餝　覺～，尸力反，正作餝。(ZD59-675b)

餝

餝　塗～，尸力反。（ZD59-736a）

餙　俗～，尸力反。（ZD59-654a）

餙　嚴～，尸力反，正作飾。（ZD59-725b）

試　shì

試　～聰，上尸志反。（ZD59-1008a）

試　～之，上尸志反，悞。（ZD59-585b）

試　捅～，上古嶽反，下尸志反，正作角試。（ZD59-623a）

誐　～之，上尸志反，悞。（ZD59-576c）

試　～勗，許玉反。（ZD60-133a）

駛　shì

駃　～河，上所事反。（ZD59-600c）按：從字形看，"～"即"駃"，但非經意，對應佛經作"駛"。《大寶積經》卷96："如水上泡速起速滅，如河岸樹臨危動搖，如駛河流終歸死海。"（T11，p541a）根據經意，"～"應爲"駛"之訛。"～（駃）"乃同形字。

誓　shì

揲　盟～，美平反，下時世反。（ZD59-750a）

誓　盟～，眉平反，約也。（ZD59-764a）

誓　～鎧，苦改反。（ZD59-735b）

嗽　shì

嗽　蝮～，下尸隻、呼各二反。（ZD60-232a）按："～"同"螫"，詳見本書中篇"嗽"字條。

䜣　所～，呼各反。（ZD59-743c）按："～"同"螫"，音"呼各反"，讀"hè"，今依"螫"常見音"尸亦反"讀之，詳見本書中篇"哪"字條。

猲　shì

猲　蚔其，上神紙反，舌取物也，正作舓、～、舐三形也，又音祇，悞。（ZD60-190a）

適①　shì/zhè/zhí

這　～當，上音釋，繾這也，始也，又音隻，正作適也。（ZD59-587c）

這　～寤，音釋，繾～也，始也，正作適。（ZD59-643c）

適　～意，上尸亦反。（ZD59-603a）

適　～得，上音釋。（ZD59-580b）

適　～囉，之夜反，又音隻。（ZD59-640b）

奭　shì

奭　旦～，上多案反，下音釋，盛也，正作奭。（ZD60-503b）

奭　姚～，音釋，盛也。（ZD60-343a）

奭　陳～，音釋，人名。（ZD60-513a）

奭　帝～，宜作奭，音釋，底也，帝号，又九愚、許力二反，斜視也。（ZD60-323c）

媞　shì

媞　～可，上神爾反，舌取物也，正作舓、舓、猲。（ZD59-1038c）按："～"，即"舓"字，用舌舐也。《梵摩渝經》卷1："佛知摩納心有疑望，即以神足現陰馬藏，出廣長舌以自覆面，左右媞耳縮舌入口。"（T01，p883c）"媞"，宋、元、明本作"舐"。

媞　shì

媞　～耳，上時爾反。（ZD59-1004a）按：

———

① 又見"這"字條。

"～"同"舓"。

餝　shì

餝

嚴～，音識。（ZD59-603a）

金～，尸食反，正作飾。（ZD59-1122c）

噬　shì

噬
噬
噬
踖
唑
噬
噬
噬
噬
噬
噬

吞～，音逝。（ZD60-590c）

羍～，音逝。（ZD60-357a）

吞～，音逝，正作噬也。（ZD59-861a）

蹹～，上許急反，與噏同也。（ZD59-1042b）

吞～，音逝。（ZD59-668a）

吞～，時世反，正作噬。（ZD59-1020b）

彌～，上音禰，下音逝。（ZD59-799a）

噏～，上許急反，下音逝。（ZD59-1042b）

博～，音誓，囓也。（ZD59-848c）

～諸，常世反。（ZD59-660c）

天～，音逝。（ZD60-332a）

～齊，上音逝，正作噬。（ZD60-540c）

玃～，九縛反，下時世反。（ZD59-660b）

噬
噬
唑
噬
噬

吞～，音逝。（ZD59-692a）

將～，音誓。（ZD60-249a）

所～，音誓，正作噬。（ZD59-739c）

～食，上時世反，吞也，正作噬。（ZD59-632b）

吞～，時世反，正作噬。（ZD60-452a）

所～，音氏。（ZD59-742b）

謚①　shì

謚

～天，上神至反，～號，易名。（ZD60-587a）按："～"乃"謚"。

澁　shì

澁

遐～，音逝，水名。（ZD60-579b）

螫②　shì

蛾
螫
螫
螫

所～，尸亦、呼各二反。（ZD60-156a）

不～，書石、呵各二反。（ZD59-918c）

欲～，呼各反，又音釋。（ZD59-558b）

虫～，音釋，正作螫也。（ZD60-270a）

毒～，呼各、尸亦二反。（ZD59-575b）

蝦
螫
螫
螫
螫
螫
螫

能～，呼各反，又音釋。（ZD60-160b）

蜂～，芳逢反，下尸隻反。（ZD59-679c）

毒～，呼各、始石二反。（ZD59-778c）

蚖～，呼各、尸隻二反。（ZD59-760c）

～人，尸亦、呼各二反。（ZD59-759b）

所～，呼各反，又音釋。（ZD59-583a）

所～，尸亦、呼各二反。（ZD59-961b）

所～，音釋。（ZD59-686b）

欲～，呼各反，又音釋。（ZD59-562a）

毒～，尸亦反。（ZD59-960a）

嘗　shì

嘗
嘗

布～，音誓。（ZD59-590c）

囉～，時世反。（ZD59-883a）按："～"，譯音字，無實義。《大寶積經》卷7："布嘗印底（八十六）。"（T11，p37b）

謚　shì

謚

～太，上神至反。（ZD60-341b）

---

① 又見"謚"字條。
② 又見"筮""咶""㖷""螫""蝦""螫"字條。

謚
謚
　～法，上神至反，易名。(ZD60-571b)

号～，音示。(ZD60-521c)

螫　shì

螫
　～足，上音釋，正作螫也，又并列反，非也。(ZD60-525c) 按："～"乃"螫"。《弘明集》卷3："猶蝮蛇螫足，斬之以全身。"(T52，p16c)

嫡　shì

嫡
　～田，上音釋，嫁也。(ZD59-1105a)

釋　shì

釋
釋
　洒～，先禮反，浣也。(ZD59-732c)

帝～，音釋。(ZD59-1001a)

收　shōu

収
　～秩，直一反。(ZD60-372a)

扠
shōu/wěn

扠
　～績，音積。(ZD60-376a) 按："～"即"收"字。

扠
　擒～，上巨今反。(ZD60-19a)按："～"即"收"字。

扠
　扠鉢，上文粉反，拭也。～鉢，同上。(ZD59-1120a) 按："～"，經文作"扠"。《十誦律》卷19："羹飯盡當更益，何以指扠鉢食？"(T23，p138b)

收①　shōu

収
　～隸，尸由反。(ZD59-837c)

扠
　室～，尸由反。(ZD60-6b)

収
　～獲，户郭反。(ZD59-956c)

牧
　失～，尸由、尸右二反，魚名也，正作收。(ZD59-1120c)

収
　～掃，上尸由反。(ZD59-1030b)

取
　輸～，束朱反，下書周、書右二反。(ZD59-739c)

扠
　～捕，蒲故反。(ZD59-843b)

扠
　所～，失由反，正作收也。(ZD60-141a)按："～"乃"收"字。

扠
　～屏，尸由反，下卑領反，卷束也。(ZD59-704c)

牧
　毗～，書周反，又音獸。(ZD59-751a)

枚
　便～，失由反，悮。(ZD60-239a)

収
　～舉，上尸由反。(ZD59-993b)

収
収
　～刈，尸由反，下牛吠反。(ZD59-683b)

牧
　失～，書周、書呪二反，魚名。(ZD59-1074a)

枚
　～上，尸由反，正作收也。(ZD59-818a)

牧
　～遜，上尸由反。(ZD60-591c)按："～"乃"收"字，詳見本書中篇"牧"字條。

牧
　官～，尸由反，正作收。(ZD59-1131c)

取
　～穫，户郭反。(ZD60-409c)

扠
　應～，尸由反。(ZD59-646a)

収
　～集，上尸由反。(ZD60-542a)

牧
　～取，音目，使也。(ZD59-776a)按："～"，經文作"收"，可洪音"目"，不妥。

手②　shǒu

乎
　動～，下尸有反，正作手。(ZD59-715c)

蚪　shǒu

蚪
　～蜦，上尸有反，下居雄反，螺蜦也，正

―――

① 又見"牧""扠""収"字條。
② 又見"毛"字條。

作守宮也。(ZD59-986c)按：
"～蝮"即"守宮"，壁虎也。
《長阿含經》卷22："七大國
北有七大黑山：一曰裸土，
二曰白鶴，三曰守宮，四者
仙山，五者高山，六者禪山，
七者土山。"（T01，p147c）
"守宮"，宋本作"狩蝮"。

受①
shòu/yuán

奊　從～，音受。(ZD60-
変　515c)
受　難～，音受。(ZD59-
受　1032b)
　　～具，上市有反，正
　　作受。(ZD59-1108c)
　　～居，上于元反，
　　正作爰、雞二形也。
　　（ZD60-536b）按："～"
　　乃"爰"。

狩　shòu

狩　珈～，上音加，下音
狩　獸。(ZD59-610b)
　　玁～，上巨今反，下
　　守右反。（ZD59-
　　993b)按："～"同"狩"。

授②　shòu

穟　～藥，市右反。
穟　(ZD59-845c)
　　天～，下音授。
　　(ZD60-338c)

揆　屬～，上之玉反。
穟　(ZD60-49a)
　　顯～，市右反，與也。
　　(ZD59-726c)

嗳　shòu/hū

嗳　口～，音受。(ZD60-
　　280a)按："口～"，對
　　應佛經作"口嗳"或"口
　　受"。《經律異相》卷43："無形
　　直，口受心持，後得生天。"
　　（T53，p224b1）"受"，元、
　　明本作"嗳"。"～"即"受"，
　　口頭傳授之義。

嗳　笑～，音呼，又音授，
　　非。（ZD60-541b）
　　按："～"同"授"。《弘明集》
　　卷12："未暇聖旨，自可援
　　之。"(T52，p79a)"援"，宋、
　　元、明、宮本作"嗳"。《釋文
　　紀》卷12："未暇聖旨，自可
　　笑嗳之。"(B33，p210b)根據
　　經意，"～"疑爲"授"之訛。
　　"嗳"與"授"同，傳授之義。
　　可洪以"～"爲"呼"，恐不妥。

嗳　作～，音呼，見藏經
　　作嗚呼也，又依字市
　　右反，悞也。(ZD60-359b)
　　按："～"爲"呼"字之訛。

售　shòu

雋　不～，音受，賣物出
　　手曰～。（ZD59-
　　685a)
雋　速～，音授。(ZD60-
　　277c)

雋　不～，音授，賣物出
雋　手也。(ZD59-556c)
雋　鉢～，音授，龍名。
雋　(ZD59-746c)
雋　不～，音授。（ZD59-
　　576c)
　　不～，音授，正作售。
　　(ZD60-270a)
　　不～，音授。（ZD59-
　　585b)
　　不～，市右反，賣物出
　　手爲售也。(ZD59-
　　574a)

穟　shòu

穟　教～，音授。(ZD60-
穟　339c）按："～"乃
　　"授"。
　　神～，神右反，正作
　　穟。（ZD60-339a）
　　按："～"乃"授"。

瘦　shòu

瘦　銷～，音瘦。(ZD59-
癭　687a)
瘦　病～，所右反。
瘦　(ZD59-619c)
瘦　病～，所右反。
瘦　(ZD59-572b)
　　～細，上所右反，正作
　　瘦。(ZD59-1087c)
　　疲～，音皮，下所右
　　反，損也，瘠也，正作

────────

① 又見"嗳"字條。
② 又見"穟""嗳"字條。

疲瘦二形也,下又扶富、扶福二反,並非。(ZD59-705c)

瘦
死 ～,所皺反。
(ZD59-993b)

瘦
羸～,同上。(ZD59-921b)

癭
病～,所右反,正作瘦。(ZD59-650a)

瘶
翅～,上尸智反,下所救反。(ZD60-31b)

瘦
消～,所右反,瘠也,正作瘦,又搜、叟二音,並惧。(ZD60-328a)

瘦
黑～,音瘦。(ZD59-816c)

癥
羸～,上力爲反,下所右反。(ZD59-1068c)

瘦
病 ～, 所 右 反。(ZD59-657c)

瘥
常～,所右反,正作瘦。(ZD59-1064b)
按:"～"乃"瘦",詳見本書中篇"瘥"字條。

癥
樓 ～, 所 右 反。(ZD59-996b)

瘮
病～,所右反,正作瘦。(ZD59-898c)

瘶
病～,音瘦。(ZD59-732a)

癥
病 ～, 所 右 反。(ZD59-580c)

瘮
羸～,音瘦。(ZD59-912a)

瘦
病～,音瘦。(ZD59-1065a)

瘦
耆～,音瘦。(ZD59-992a)

瘦
～疵,上所右反,下疾移反,上又音叟,非。(ZD60-267a)

瘶
病～,所右反,瘠也,無肥肉也,正作瘦。(ZD59-895b)

瘦
病～,音瘦。(ZD60-239a)

瘦
枯～,所右反,正作瘦。(ZD59-782b)

瘮
～黑,所右反,瘠也。(ZD59-910b)

瘦
病 ～, 所 救 反。(ZD59-1123a)

瘦
羸～,力垂反,下所右反。(ZD59-921b)

瘦
～澁,所右反,瘠無脂肉也,正作瘦,下所立反,上方藏作瘦澁。(ZD59-966b)

瘦
～極,上所右反。(ZD59-1045c)

瘶
掘～,苦骨、其勿二反,正作堀,下所右反,正作瘦。(ZD59-879c)

黑～,音瘦。(ZD59-1055a)

瘦
身～,所右反,正作瘦。(ZD60-153a)

瘮
羸～,力垂反,下所右反。(ZD59-961b)

瘦
病～,所右反,正作瘦。(ZD59-1004b)

病～,音瘦。(ZD59-1092b)

瘦
提～,方吠反,正作廢、癈二形。(ZD59-734b)按:"～",對應經文作

"瘦"或"瘦",從字形看,當爲"瘦"字,可洪以爲"癈",恐非。

獸[1]　shòu

獸
禽～,上巨今反,下尸右反。(ZD59-622b)

獸
鳥～,音獸。(ZD59-716c)

獸
惡～,尸右反,正作獸。(ZD59-583b)

獸
禽 ～, 尸 右 反。(ZD59-576b)

獸
野 ～, 手 救 反。(ZD59-959c)

獸
走 ～, 尸 咒 反。(ZD59-719a)

狩
獷～,巨今反,下尸咒反。(ZD59-699c)

狩
惡～,守右反,正作獸。(ZD59-754b)

獸
～中,上尸右反。(ZD59-620c)

獸
鳥～,尸咒反,正作獸、嘼二形。(ZD59-719b)

獸
虫 ～, 手 右 反。(ZD59-843b)

獸
虫～,商咒反,字躰從嘼,音嶲。(ZD60-159b)

獸
獷 ～, 巨 今 反。(ZD59-637b)

獸
榛～,上助臻反,下尸咒反。(ZD59-1104c)

―――――

獀～，巨今反，下守右反。(ZD59-672b)

禽～，尸咒反，正作獸，上方經作禽狩。(ZD59-610b)

諸～，音狩。(ZD59-971b)

鏉　shòu

鉎～，音瘦。(ZD60-379b)

抒　shū/xù

～大，上音序，渫也，除水也。(ZD59-599b)

～海，與抒字同也，音序。(ZD59-890c)

～水，上音序，除水也，渫也，㪬也，正作汿、抒二形。(ZD60-248c)按：《三慧經》卷1："有人持珠度海，失亡其珠。人便持木斗，㪬水棄岸上。"(T17，p705b)"～同"抒"。

～氣，直與、神與二反，除也。(ZD59-842c)

～氣，上徐與、神與二反，除也。(ZD60-245a)

～渫，先結反。(ZD60-363a)

叔　shū

～眘，上尸六反，下時刃反。(ZD60-435b)

潁～，上以頃反。(ZD60-526a)

甄～，居延反，樹名甄叔迦，其花赤色，此寶似之，故以名之，亦云緊獸。(ZD59-703b)

褚～，丑與反。(ZD59-653a)

甄～，居賢反，樹名也。(ZD59-761a)

甄～，上居延反，樹名。(ZD59-589c)

甄～，經賢反，寶名。(ZD59-668c)

姝　shū

～好，尺朱反。(ZD59-756a)

揀　shū/sǒu

擿～，上阻瑟反，下所居反，枇惣名也，正作櫛梳也，下又所助、所革二反。(ZD59-1051a)按："～"即"梳"。

扴～，上當口反，下蘇走反，又上尸陵反。(ZD59-1072b)按："扴～"即"抖擞"。

扴～，上得口反，正作抖，下蘇走反，正作擻、騪二形，又上音升，下所去、所遇、所責、楚麥四反，並非用也。(ZD60-35a)按："扴～"即"抖擻"。

捒　shū

擿～，上阻瑟反，下所魚反。(ZD59-1021b)按："～"即"梳"字。

畦　shū

～窓，上所初反。(ZD60-374c) 按："～"同"䤸"。

倏①　shū

～有，書六反。(ZD59-866c)

～歸，手六反。(ZD59-944b)

眹～，上失染反，下失六反。(ZD60-543a)按："～"乃"倏"字，詳見本書中篇"然"字條。

～忽，上尸六反，疾也。(ZD59-566a)

書　shū

遺～，上惟醉反，贈也，下尸余反，正作書也。(ZD60-449c)

梳②　shū

～齒，上所魚反。(ZD60-50a)

---

① 又見"鯈"字條。
② 又見"捒""揀"字條。

梳
梳
梳

樹～，所初反，扶疏也。（ZD59-838b）

～髮，所魚反，又作梳。（ZD59-781a）

～治，所魚反，下直之反。（ZD59-785c）

叔　shū

睞

～迦，上尸六反。（ZD59-638b）按："～"乃"叔"，譯音字。《大方廣十輪經》卷4："阿昵伽彌，叔迦羅博差。"（T13，p701a）

毹　shū

毹

氍～，具俱反，下所俱反。（ZD59-971b）按："～"，即"氀"字。《業成就論》卷1："見氍氀錦如如而見，則生彼彼形相等知。"（T31，p777c）

毹

氍～，上其俱反，下生俱反，織毛褥也，下俗。（ZD59-1005c）按："～"，即"毹"，與"毹"同，毛席。

淑　shū

淲
淑
淋

淳～，上市倫反，下市六反。（ZD59-603b）

成～，市六反。（ZD59-782a）

齡～，上力丁反，下市六反。（ZD60-472b）

洴
淛
淋
淋
淋
淋
淋
淋
淋
淋
淋
淋
慼

純～，尚六反。（ZD59-700c）

純～，尚六反，善也。（ZD60-33c）

淳～，市倫反，下市六反。（ZD59-649a）

純～，市六反。（ZD59-732a）

純～，市倫反，下市六反。（ZD59-645a）

淳～，上市倫反，下市六反。（ZD59-1057a）

純～，音熟。（ZD59-676b）

和～，市六反，善也。（ZD59-709b）

純～，市六反。（ZD59-674a）

元～，音熟。（ZD60-512a）

純～，常六反。（ZD59-755a）

純～，市倫反，下市六反。（ZD59-818a）

淳～，常六反。（ZD59-671b）

～淳，市六反，下市倫反。（ZD59-648a）

純～，神六反，善也，正作淑也。（ZD60-218a）按："～"，經文作"熟"。

愉　shū

愉

～滂，上色俱反。（ZD60-260b）按："～"，對應經文作"愉"，皆用作譯音字。《釋迦方志》

卷1："寺有二所僧百餘耳，東至愉（朔俱）漫國。"（T51，p953a）

舒①　shū

舒

～縮，音書，伸也，正作舒。（ZD59-866b）按："～"乃"舒"，詳見本書中篇"舒"字條。

舒

霓～，上五兮反。（ZD59-589b）

舒

～捲，音拳，伸臂也，又音卷。（ZD59-790a）

舒

散～，音書，正作舒。（ZD59-791c）

踈　shū

踈

～條，上所魚反。（ZD60-486a）按："～"，對應佛經作"踈（疏）"，詳見本書中篇"跊"字條。

疏②　shū

跊
跊
齟

覆～，芳六反，下所魚反。（ZD59-649a）

～牅，上所初反，下由柳反。（ZD59-587b）

籠～，上郎紅反，下所初反。（ZD59-1114a）按："～"乃"疏"字，詳見本書中篇"齟"字條。

---

① 又見"舒"字條。
② 又見"踈""跊""鍊"字條。

㲣 shū

 氍～，上其俱反，下色俱、色求二反，毛席也。(ZD60-227b)按："～"同"毹"。

毺 shū

 氍～，具俱反，下所俱、所愁二反，織毛褥也。(ZD59-682b)按："～"，經文作"毺"或"毭"，同。

 氍～，上其俱反，下所俱反。(ZD60-72c)

氀 shū

 氍～，上其俱反，下生俱反，織毛褥也，下又所求反。(ZD60-162b)

 氍～，上其俱反，下所俱、所愁二反。(ZD60-167b)按："～"即"氀"，與"毹"同，詳見本書中篇""字條。

 氍～，其俱反，下山俱反，毛席也，織毛褥謂之氍氀也，正作毹也，下又《玉篇》音搜。(ZD59-964a)按："～"同"毹"。

 氍～，上其俱反，下數俱反。(ZD60-131b)按："～"同"毹"。

 氍～，上其俱反，下生俱反，毛席也，織毛褥也，正作毹也，下又《玉篇》作所愁反、素候二反。(ZD59-991b)按："～"即"氀"，與"毹"同。

 氍～，上其俱反，下山蒭反。(ZD59-989c)按："～"，從字形看，即"氀"，經文作"毭"，同，毛席也。《中阿含經》卷 11："敷以氍毭、毾㲪。"(T01，p496b)根據經文，"～"即"氀(毭)"，讀"山蒭反"，與"毹"亦同。

毹① shū

 毾～，巨俱反，下所俱反，織毛褥也，正作氍毹。(ZD59-705b)

 氍～，色俱反，正作毹。(ZD60-76c)

 氍～，其俱反，下山蒭反。(ZD59-777b)

綀 shū

 細～，所魚反。(ZD59-1124b)按："～"，經文作"踈(疏)"。《十誦律》卷 40："爾時助提婆達多比丘尼，著細褔衣，著毦衣，著生起衣，著細踈衣。"(T23，p292a)

摳 shū

 户～，尺朱反。(ZD59-1103b)按："户～"之"～"，即"樞"。

 門～，尺朱反。(ZD59-598a)按："户～"之"～"，即"樞"。

踈② shū

 ～合，上所魚反，正作踈。(ZD60-158b)

 稀～，上喜衣反，下所居反。(ZD59-626b)

蔬 shū

 扶～，所初反，盛皃也。(ZD59-1086a)

 扶～，山居反。(ZD59-849b)

 ～菲，敷尾反，菜也。(ZD60-468c)

 扶～，音踈。(ZD60-327b)

樞③ shū

 登～，尺朱反。(ZD59-588c)

 ～闔，尺朱反，下胡臘反。(ZD59-641c)

輸 shū

 ～檀，上束朱反，正作輸。(ZD59-694c)

---

① 又見"𣰙""毭""㲣""氀""毺""𣰽"字條。

② 又見"綀""疏""踈"字條。

③ 又見"樞"字條。

緆　shū

繨　鑶～，所莂反。（ZD60-434a）按："～"，用作譯音字，經文自切"所莂反"。

攄　shū

攄攄攄　～妙，上丑魚反，舒也。（ZD59-557a）

～履，丑魚反。（ZD59-745b）

～其，丑魚反，舒也。（ZD59-649a）

儵　shū

儵　摩～，書六反。（ZD60-173a）按："～"即"儵"，與"倏"同。

儵　～爾，手六反。（ZD59-688c）按："～"即"儵"，與"倏"同。

儵　～忽，書六反，疾皃也，正作倏。（ZD59-755a）按："～"即"儵"，與"倏"同。

儵　～忽，上尸六反。（ZD60-456b）按："～"即"儵"，與"倏"同。

儵　～昱，上尸六反，下以六反。（ZD60-599b）按："～"即"儵"，與"倏"同。

儵　～忽，上尸六反。（ZD60-511b）按："～"即"儵"，與"倏"同。

～忽，上尸六反。（ZD60-511c）按："～"即"儵"，與"倏"同。

～忽，尸六反。（ZD59-928c）按："～"即"儵"，與"倏"同。

～焉，上尸六反。（ZD60-567a）按："～"即"儵"，與"倏"同。

～伽，上尸六反，下丘迦反。（ZD59-982a）按："～"即"儵"，與"倏"同。

～忽，上尸六反。（ZD59-586a）按："～"即"儵"，與"倏"同。

～忽，上書六反。（ZD60-319b）按："～"乃"儵"字，詳見本書中篇"懗"字條。

～忽，上尸六反。（ZD60-166a）按："～"即"儵"，與"倏"同。

～忽，上尸六反。（ZD60-541c）按："～"即"儵"，與"倏"同。

秫　shú

秫秫秫　～第，輸律反。（ZD59-783b）

～陁，輸律反，正作秫，經自切。（ZD59-782c）

～駄，殊律反，真言借爲輸律反，下徒个反。（ZD59-785c）

喇～，書出反。（ZD59-711c）

婌　shú

婌　殷～，時六反。（ZD60-460a）

熟　shú

～念，上市六反，實也，詳也，正作熟、塾二形也。（ZD59-580a）

成～，市六反。（ZD59-583a）

～踰，上市六反，誰也，正作孰也。（ZD59-572b）

皆～，市六反。（ZD59-966b）

不～，市六反，正作熟。（ZD59-622b）

淳～，市倫反，下市六反。（ZD59-741c）

～藏，上市六反，正作熟。（ZD59-1044b）按："～"乃"熟"字，詳見本書中篇"魯"字條。

淳～，上市輪反，下市六反。（ZD59-577c）

～能，市六反，誰也。（ZD59-641c）按："～"即"熟"，通"孰"。

成～，音孰。（ZD59-967a）

淳～，市倫反，下市六反。（ZD59-676b）

成～，神六反，實也，正作熟。(ZD59-757c)

淳～，市倫反，下市六反。(ZD59-670b)

黍　shǔ

～豆，上書與反。(ZD59-1069a)

～秫，上書與反。(ZD60-62c)

黍①　shǔ

～睇，書呂反，下音第。(ZD59-884c)

～粟，上書與反，下息玉反。(ZD59-574c)

四～，尸與反。(ZD60-379a)

～苗，上書與反。(ZD60-485c)

署　shǔ

拜～，常預反，位也，正作署。(ZD59-656c)

鼠　shǔ

～鳴，書呂反，正作鼠也。(ZD59-751c)

鼷～，戶雞反。(ZD59-939a)

飛～，同上（鼠）。(ZD60-396c)

～種，上書與反，正作鼠。(ZD59-1070c)

捕～，蒲故反，下書呂反。(ZD59-689b)

～穿，上書與反，下尺專反。(ZD60-22a)

～齧，上尸與反，下五結反。(ZD60-87c)

仙～，尸與反。(ZD60-396c)

貓狸～，音暑，正作鼠也。(ZD60-159a)

蚍～，食遮反。(ZD59-744a)

數　shǔ

～譖，在蔭反。(ZD60-248a)

數②　shǔ/shù/shuò

～隨，上色寓反，～息觀行。(ZD60-457c)

～年，上所遇反，正作數。(ZD60-241c)

嘖～，音數也，呵罵也。(ZD59-992a)

按：“～”即“嗽”，與“數”同，責備。《中阿含經》卷20：“汝莫大責數質多羅象子比丘。”(T01, p558a)

嘖～，上阻伯反，下生主、生遇二反，呵罵也，正作數，或作嗽。

（ZD59-988b）按：“～”乃“數”字，詳見本書中篇“嗽”字條。

串～，上古患反，下所角反。(ZD59-608b)

滴～，上丁歷反。(ZD59-565a)

筭～，蘇亂反。(ZD59-662a)

～印，一進反。(ZD60-33c)

渧～，丁歷反，又音帝，非。(ZD59-656c)

～姟，音該。(ZD59-673b)

筭～，生句反，正作數，今作数。(ZD59-668c)

～往，上所卓反，頻也。(ZD59-1061c)

儠　shǔ

～儒，上市玉反，矬短也。(ZD60-284a)

按：“～”同“儠”字，詳見本書中篇“儠”字條。

曙③　shǔ

達～，時去反。(ZD60-406c)

交～，常庶反，少一字，合云昏交曉曙。

———

① 又見“黍”字條。

② 又見“嗽”“數”“嗽”字條。

③ 又見“曙”字條。

（ZD60-450c）

曙
曙

曙　漸～，時慮反，曉也，正作曙。（ZD59-669c）

曉～，常預反。（ZD60-571b）

曙　達～，常庶反，曉也，正作曙。（ZD60-329a）

曙　shǔ

曙　侵～，常去反。（ZD60-599b）按："～"乃"曙"，詳見本書中篇"曙"字條。

嗽①
shǔ/shuò/sòu

嗽　噴～，音數，前作嗽字，非也。（ZD59-988c）按："～"，即"嗽"，文中與"數"同，責備。《中阿含經》卷 7："若有他人罵詈、捶打、瞋恚責數者，便作是念。"（T01，p465b）"噴～"即"責數"，"～"即"數"字。

嗽　～咩，所角反，下彌爾反。（ZD59-715a）按："～"音"所角反"，讀"shuò"。

嗽　～指，上所卓反，正作欶、嗽。（ZD60-21a）按："～"即"欶（嗽）"，詳見本書中篇"嗽"字條。

嗽　～指，上所卓反。（ZD60-44c）按："～"同"欶（嗽）"，口噏也，讀"shuò"。

嗽　～之，所卓反。（ZD59-816c）按："～"即"嗽"，與"欶（嗽）"同，讀"shuò"，吸吮。《請觀世音菩薩消伏毒害陀羅尼咒經》卷 1："如嬰兒飲乳，吸氣嗽之。"（T20，p36c）"嗽"，宋、元、明本作"嗽"。

嗽　吸～，所卓反。（ZD60-484a）

嗽　可～，所角反。（ZD59-586b）

嗽　～指，上所角反。（ZD60-273b）

嗽　作～，音朔。（ZD60-369b）

嗽　～病，上速奏反，欶～，病也，正作瘶、嗽二形。（ZD59-1072c）按："～"同"瘶"，音"sòu"。詳見本書中篇"嗽"字條。

瘶　癌～，上苦愛反，下蘇奏反，並俗。（ZD59-617c）按："癌～"，對應佛經作"咳嗽"。《毘耶娑問經》卷 2："心不動亂，咽不杼氣，亦不咳嗽及上氣等。"（T12，p230a）"～"即"嗽（嗽）"之俗，咳嗽也。

屬　shǔ/zhǔ

屬　若～，音蜀。（ZD59-966c）

係～，同上。（ZD59-827c）

屬　不～，市玉反。（ZD59-1071b）

屬　～真，同上。（ZD59-966c）

屬　～手，之玉反，連也。（ZD59-767b）

屬　連～，種玉反，對文相屬也。（ZD59-661b）

斸　shǔ

斸　猶～，音所，正作斸。（ZD60-400b）

魖　shǔ

魖　～魅，上宜作魖，丑知反，下渠宜反，小兒鬼也。上俣，下又其寄反，鬼服也，上又《川音》音蜀，《江西音》作丑梨反，郭氏作章蜀反。（ZD60-210a）按："～"乃"魖"，詳見本書中篇"魖"字條。

戍　shù

戍　微～，商遇反，正作戍。（ZD59-870a）

戍　～達，商遇反，農人也。（ZD59-635b）

戍　～闉，上商遇反。（ZD59-590a）

———

① 又見"嗽""嗽""數"字條。

式

尾～，商注反，正作
戌。(ZD59-807a)

涑 shù

涑

澡～，所救反，正作
漱也，又速侯反，浣
也。(ZD60-50c)

庶① shù

庶庶庶

～七衆，上書去反。
(ZD59-567a)

性～，書預反，衆也。
(ZD60-451b)

蒸 ～ ，之 陵 反。
(ZD59-732a)

術 shù

術

祝～，之右反，祝願，
求祭之詞也，又音
粥。(ZD59-726c)

豎 shù

豎整

爲～，時主反，經作
豎，悮。(ZD59-736b)

皆～，殊主反，立也，
正作豎、竪。(ZD59-
737a)按:"～"乃"豎"，詳見
本書中篇"整"字條。

澍 shù

澍

群～，注、樹二音，正
作澍。(ZD60-94a)

漱② shù

嗽

～口，所右、蘇奏二
反，正作漱也。嗽，
咳也，非。(ZD59-853a)
按:"～"即"漱"字，漱口。
《菩薩本行經》卷 1:"時舍
利弗食訖，澡手漱口，爲説
經法。"(T03, p11c)

瀨瀨瀨瀨瀨

滌～，音早，下音瘦，
正作澡漱也。(ZD59-
853b)

～口，所右反，下作
漱。(ZD59-718b)

澡～，子老反，下所
右反。(ZD59-752c)

～口，所右反，正作
漱。(ZD59-788b)

澡～，子老反，下所
右反，涮也，經作～，
悮。(ZD59-749b)

漱

澡～，所右反，正作
漱。(ZD60-411a)
按:"～"乃"漱"，詳見本書
中篇"漱"字條。

涮漱

澡 ～，所 右 反。
(ZD59-743a)

澡～，子老反，下所
右反，涮也，經作瀨，
悮。(ZD59-749b)

澍③ shù

澍渲

常～，注、樹二音。
(ZD59-757c)

～雨，注、樹二音。
(ZD59-707a)

樹 shù

尌

～ 提，殊 主 反。
(ZD59-839c)

譹 shù

譹

～得，上書預反，冀
也，正作庶。(ZD59-
610c) 按:"～"即"譹"，與
"庶"同。

譹

～讖，上尸預反，下
居依反，正作庶幾。
(ZD59-1041b)

譹

～讖，上書預反，下
居依反。(ZD59-
1075b)

譹

～讖，上書去反，下
居依反，正作庶幾
也，上又之若反，非也。
(ZD59-1004c)

刷 shuā

㕭刷刷刷

～護，上所刮反，正
作刷。(ZD60-330c)

～ 法，上所刮反。
(ZD59-1113b)

用～，同上，正作刷
也。(ZD59-1113b)

～創，上所刮反，正
作刷、㕭二形，下音
瘡，《阿育王經》云箭刷瘡

---

① 又見"譹"字條。
② 又見"涑"字條。
③ 又見"澍"字條。

上，又郭氏音削，非用也。
(ZD60-239b)

衰　shuāi

衰　～禍，戶果反。
(ZD59-851a)

衰　～減，所追反，下咸
斬反。(ZD59-689a)

襄　六～，所追反，正作
衰。(ZD59-724c)

衰　～耗，呼告反。
(ZD59-749b)

衰　～耗，火告反。
(ZD59-683a)

衺　～病，所追、楚危二
反，小也，微也，耗
也，悮。(ZD59-918c)

衺　興～，所追反。
(ZD60-263c)

襄　～耗，呼告反。
(ZD59-658b)

衺　～老，同上。(ZD59-
689a)

襄　～頳，疾遂反。
(ZD59-946b)

襄　～入，所追反，正作
衰。(ZD59-828c)

襄　～殄，田典反。
(ZD59-684b)

襄　～耗，上所追，初危
二反，下莫報反。
(ZD59-1135a)

衺　～朽，上所追反。
(ZD60-599c)

襄　既　～，所追反。
(ZD59-1098b)

襄　～耗，呼告反。
(ZD59-723a)

衰　～耗，火告反。
(ZD59-575c)

衺　勢～，所追、楚危二
反，正作衰也，又音
相，悮。(ZD60-150c)

衺　～損，所追反。
(ZD59-743b)

衰　～耗，下火告反，正
作耗。(ZD59-1048b)

襄　～耄，莫報反，八十
耄也，耄謂惛亂也，
忘也。(ZD59-653c)

襄　～耗，呼告反。
(ZD59-638c)

衺　～禍，所追反，下乎
火反。(ZD59-976c)

衺　～老，上所追反。
(ZD60-272a)

衰　衰耗，呼告反。～
耗，同上。(ZD59-
956a)

襄　～耗，火告反。
(ZD59-562c)

衰　殂～，許容反。
(ZD59-778a)

衺　六　～，所追反。
(ZD59-614c)

襄　～耗，火告反。
(ZD59-747b)

襄　～耄，莫報反。
(ZD59-559a)

襄　～耄，莫報反。
(ZD59-575b)

衺　五～，音衰。(ZD60-
264a)

襄　～萃，自醉反。
(ZD60-112a)

襄　氣耄，上宜作～，所
追反，下莫報反。
(ZD60-87c)

帥　shuài

帥　將～，上即亮反，下所
律反。(ZD59-572c)

帥　將～，所類、所律二
反。(ZD59-758a)

帥　將～，即亮反，下所律
反。(ZD59-638b)

帥　將～，上子亮反，下所
律反。(ZD59-559b)

帥　將～，上子亮反，
下所律反。(ZD59-
554a)

帥　將～，上即亮反，
下所律反。(ZD59-
626b)

帥　爲～，所類反，統
也，又音率，將也。
(ZD59-655b)

帥　賊～，所類反。
(ZD60-29b)

率①　shuài

牽　兜～，上都侯反，下所
律反。(ZD60-36a)

攣　shuài

牽　窣～，蘇没反，下所
律反。(ZD59-721b)

---

① 又見"攣"字條。

按："～"即"孿"，與"率"同。

孿

～伏，所律反。（ZD59-784b）按："～"即"孿"，與"率"同。

涮 shuàn

～六，上所患反，洗也。（ZD59-1061b）

腨① shuàn

胜～，步米反，下市兖反。（ZD59-794b）

王～，同上（膞）。（ZD59-664a）

其～，市軟反。（ZD60-603a）按："～"乃"腨"字，詳見本書中篇"腨"字條。

～腸，市軟反，下音長。（ZD59-699b）

長～，市兖反。（ZD59-599c）

膞② shuàn

～骨，上市軟反。（ZD59-574c）

王～，市軟反。（ZD59-977c）

～痛，市軟反。（ZD59-798a）

王～，市軟反。（ZD59-686a）

蹲 shuàn

～腸，市兖反，脚肚。（ZD59-650b）按："～"同"膞"。

王～，市軟反。（ZD59-597c）

兩～，市軟反。（ZD59-574a）

作腨，市軟反。作～，同上。（ZD60-402c）按："～"同"腨"。

霜 shuāng

～霧，于遇反。（ZD59-881b）按："～"即"霜"字之訛。構件"相"與"羽"草寫近似。可洪讀爲"于遇反"，恐非。《金剛光焰止風雨陀羅尼經》卷1："風雨順時，一切苗稼花果子實，皆令具足，滋味甘甜，永不施行一切非時、惡風暴雨、雷電霹靂、霜霧毒氣而作災害。"(T19, p730a)

霵 shuāng

無～，所江反，兩隻也。（ZD59-852c）按："～"乃"雙"字。

雙③ shuāng

～樹，上所江反。（ZD60-264b）

～因，上所江反，兩隻也。（ZD60-114a）

～爪，爭巧反。（ZD59-866c）

～足，上所江反。（ZD59-564b）

無～，所江反，正作雙、霵二形。（ZD60-28a）

人～，所江反，二也，兩隻也。（ZD60-132a）

～榴，力由反，菓名。（ZD60-593a）

～腨，市軟反。（ZD59-556a）

～訾，在詣反，目際也，角也，又財賜反。（ZD59-847b）

～林，上所江反。（ZD60-249a）

如～，所幢反。（ZD59-955c）

～步，上所江反，正作雙。（ZD60-64b）

慛 shuāng

何～，所江反，懼也，正作慛。（ZD59-700c）

爽 shuǎng

知～，所兩反。（ZD59-723b）

---
① 又見"蹲""膞"字條。
② 又見"膞"字條。
③ 又見"霵"字條。

㸞

~~，音爽，明也，猛
也，貴也，烈也，俣。
(ZD60-450a)

㸞

~　發，所兩反。
(ZD59-966a)

㸞

無～，所兩反，茗
（差）也，正作爽。
(ZD60-590c)

爽

昧～，莫蓋反，不明
也，下所兩反，明也。
(ZD59-649a)

㸕

或～，所兩反，明也，
差也。(ZD59-564a)

㸚

一～，所兩反，差也。
(ZD59-653b)

㸚

甕～，上烏貢反，鼻
塞病也，正作齆也，
下口緺反，斜也，正作䘁、蔧
二形也，下又所愴反，差也，
明也，傷也，非。(ZD60-
254a)按："甕～"，經文作
"甕爽"。

喽

口～，所兩反，敗也，
楚人謂美敗曰～也，
正作爽也。(ZD60-303b)
按："～"乃"爽"，詳見本書
中篇"喽"字條。

壊　shuǎng

㙇

～堾，上所兩反，下苦
改反。(ZD60-506c)

㙇

～堾，上所兩反，集
作爽，下苦改反，高
地也。(ZD60-593a)

水①　shuǐ

脈

～腫，上書累反，下
之隴反。(ZD59-
1072a)按："～"乃"水"字，
詳見本書中篇"脈"字條。

脈　shuǐ

脈

冰～，二同音水，水
病也，上又尸類反，
義同。(ZD60-366b)

冰　shuǐ

冰

～脈，二同音水，水
病也，上又尸類反，
義同。(ZD60-366b)按：
《一切經音義》卷56："水
腫，之㦗反，腫病也，經文作
冰、脈二形，非體也。"
(T54，p677c)"～"可理解
爲"水"表"水腫"時的類化
增旁俗字。

沦　shuì

沦

瀆～，徒木反，下尸
芮反。瀆，溝也。～，
溫也，清也。(ZD59-673c)

衭　shuì

衭

～奪，上書銳反，正
作税。(ZD60-301a)
按："～"乃"税"，詳見本書
中篇"衭"字條。

税②
shuì/yuè

税
税

課～，苦禾反，課差
也。(ZD59-637a)
志～，音悅，樂也，
俣。(ZD60-411c)
按："～"，經文中通"悅"。

睡　shuì

睡
睡
睡
睡
睡

～眠，莫賢反。
(ZD59-727c)
～夢，莫鳳反，寐中神
遊也。(ZD59-779a)
撤～，直列反，壞也。
(ZD59-667c)
憙～，許記反。
(ZD59-682b)
～覺，音教。(ZD59-
659b)
～瞑，莫田反，俣。
(ZD59-612a)

蜕　shuì

蜕
蜕
蜕

轉～，音税，又他外、
他臥、以雪三反，皆
易皮也。(ZD59-868b)
蟬～，税、悅二音。
(ZD60-480b)
～身，書芮反，又他
外、他臥、夷雪三反。

———

① 又見"冰""脈"字條。
② 又見"衭"字條。

（ZD59-855a）

銳　蛻～，音税，又他外、他卧二反。（ZD59-747b）

餲　shuì

銳　～嘗，上音税，小餟。（ZD60-235a）

髄　shuì

髉　言～，垂餧反，燒骨灰塗器上漆曰～。（ZD60-383b）

盾① shǔn

看　胄～，上直右反，下市准反，正盾。（ZD60-350c）

盾　刀～，食凖反，正作盾。（ZD59-1011a）

戩　矛～，上莫侯反，下食尹反。（ZD60-584c）

戩　矛～，上莫侯反，下食尹反。（ZD60-429c）

戜　予（矛）～，上音牟，下食准反，並軍器名也，正作矛盾也。（ZD60-584b）

楯
shǔn/shùn/xún

揗　排～，上步皆反，下食尹反。（ZD60-

110c）按：“～”即“楯”，與“盾”同。

揗　鉾～，上音牟，下音順。（ZD60-562b）

戜　矛～，上莫侯反，下食尹反。（ZD60-429c）

攊　欒～，上洛官反，下前作盾，同食尹反。（ZD60-259b）按：“～”乃“楯”字，詳見本書中篇“攊”字條。

楯　蘭～，上郎干反，下食准反。（ZD59-619a）

楯　欄～，洛干反，下食尹反。（ZD59-665a）

楯　蘭～，食尹反，鉤闌也，又巡、順二音。（ZD59-657c）

揗　大～，食准反。（ZD60-367a）

楯　蘭～，食尹反。（ZD59-640c）

循　蘭～，同上。（ZD59-848c）

揩　蘭～，食尹反。（ZD59-657b）

楯　蘭～，巡、順二音。（ZD59-613b）

搢　攬～，上戶黯反，下市尹反，正作檻楯也，悞。（ZD60-403a）

楯　刀～，音順。（ZD59-617b）

楯　鉾～，上音牟，下音順。（ZD59-587c）

揗　蘭～，音順。（ZD59-843a）

揗　蘭～，郎干反，下音順。（ZD59-717a）

楯　蘭～，郎干反，下旬、順二音。（ZD59-647a）

循　蘭～，上洛干反，下音巡，階際木也，正作欄楯也。（ZD59-585b）

碅　shǔn

碅　矛～，食尹反，障箭排也，正作楯也，亦單作盾也。（ZD60-347a）

碅　矛～，上目求反，下食尹反。（ZD60-345a）按：“～”乃“盾”，詳見本書中篇“碅”字條。

盺　shùn

腜　～息，上音申，急視也，引也，正作盺，又尸忍、尸刃二反。（ZD60-524b）按：《弘明集》卷2：“盺息之頃，無一毫可據。”（T52，p11a）“～”即“盺”，乃“瞬”，可洪音“申”，不妥。

聤　～息，上音申，喘息舒氣也，引也，正作盺。（ZD60-526c）按：《弘明集》卷3：“然此國治世君王之盛耳，但精神無滅冥運而已，一生瞬息之中八苦備有。”（T52，p21a）“瞬”，宮

————

① 又見“碅”“楯”字條。

本作"眲"。"～"乃"瞬",可洪音"申",不妥。

昫　shùn

昫　～息,上音舜,正作昫。（ZD60-492c）按:"～"乃"昫"。

昫　shùn

昫　～頃,上音舜,目動也,正作昫。（ZD59-641b）

胸　不～,音舜,正作昫。（ZD59-646a）

胸　曾～,音舜,目動也。（ZD59-915c）

昫　一～,書閏反,目動也。（ZD59-730a）

昀　曾～,音舜,正昫。（ZD59-705a）

聐　俱～,音舜,動瞼。（ZD59-980b）

昫　視～,音舜。（ZD59-952c）

頓　shùn

頓　～曰,上市閏反,人名李順。（ZD60-447a)按:"～"乃"順"字,詳見本書中篇"頓"字條。

順①　shùn

愼　孝～,音順。（ZD60-192c）按:"～"乃

"順"字,詳見本書中篇"愼"字條。

愼　～河,上時閏反。（ZD59-1031a）按:"～"乃"順"字,詳見本書中篇"愼"字條。

頃　～助,常閏反。（ZD59-646b）

順　應～,音順。（ZD59-647b）

頃　～隨,市閏反。（ZD59-673c）

愼　～趣,音順,悮。（ZD59-650a）

愼　柔～,音順。（ZD59-774b）

頃　承～,音順。（ZD59-720a）

頃　柔　～,　音　順。（ZD59-648a）

愼　柔～,又作愼,同音順,又時刃反,詳義讀之。（ZD59-708c）

愼　shùn

愼　不～,音順。（ZD59-1037c）按:"～"即"順"字。

愼　隨～,上音隨,下音順。（ZD59-583b）按:"～"即"順"字。

哹　shùn

哹　～提,上書閏反。（ZD59-806c）　按:

"～",譯音字,與"舜"音同。《佛頂最勝陀羅尼經》卷1:"薩婆何婆婆哹(入)提(十一)。"（T19p356a）

䐉　shùn

䐉　～息,音舜,正作䐉。（ZD59-942c）

瞕　不～,音舜。（ZD59-578a）

睰　～　息,　書　閏　反。（ZD59-937b）

瞬②　shùn

瞬　無～,音舜,動也。（ZD59-619b）

瞬　不～,尸閏反,正作瞬。（ZD59-644c）

睯　不～,尸閏反,正作瞬。（ZD59-667b）

睞　～須(頃),苦穎反。（ZD59-835b）

舜　～息,上音舜。（ZD60-12b）

瞬　不～,音舜。（ZD59-644c）

䐉　狗～,音舜。（ZD59-1070a）

瞬　不～,音舜。（ZD59-742b）

---

① 又見"愼""愼""頓"字條。
② 又見"胂""䐉""眲""昫""昫"字條。

瞚

瞚瞚瞚眴瞬

～息，尸閏反。（ZD59-738c）

不～，書閏反。（ZD59-661c）

～眼，上音舜，正作瞬。（ZD59-1115a）

如～，音舜。（ZD59-647b）按："～"同"瞬"。

～以，上尸順反。（ZD60-594b）

説 shuō

說説稅

～誼，音義。（ZD59-577b）

謿～，竹交反。（ZD59-671b）

禪～，書悦反，正作説也，如前頌云此禪説二痛是也，又他活、他外、書芮三反，並非也。（ZD60-150a）按："～"，對應佛經作"説"。《阿毘曇心論》卷3："二痛若干種嗎，二禪有四枝，五枝是第三，此禪説二痛。"（T28，p823c）

說

豫～，余庶反，俻也，先也，猒也，叙也。（ZD59-676a）

説

～言，上尸悦反，正作説也。（ZD59-1065a）

唻①
shuò/sòu

唻

喥～，子合反，下所角反。（ZD59-854b）

按："～"同"嗽"，讀"shuò"。

嗽

～乳，所角反。（ZD59-688a）按："～"同"唻"，讀"shuò"，口吸。參見本書下篇"嗽"字條。

唻

～於，上所角反。（ZD59-632b）按："～"同"嗽"，讀"shuò"。

唻

～之，上所卓反。（ZD60-477c）按："～"同"嗽"，讀"shuò"。

唻

氣～，蘇奏反，欬～，病也，正作瘶、嗽二形。（ZD59-860b）按："～"同"嗽"，讀"sòu"。

唻

咳～，上苦愛反，下速奏反，肺氣病也，正作欬瘶也，二並非用也。（ZD59-988c）按："咳～"即"咳嗽"。"～"即"嗽"，讀"sòu"。參見"嗽"字條。

朔 shuò

朔朔朔朔朔

～次，山卓反，始也，月一日也，亦作朔。（ZD59-730c）

～惟，所角反。（ZD59-659b）

～次，所角反，月一日也。（ZD59-651a）

旬～，所卓反，月一日也。（ZD59-766b）

鼎沸～，上音頂，下所角反。（ZD60-543c）

方～，所角反。（ZD60-331c）按："～"

乃"朔"字，詳見本書中篇"朔"字條。

弰 shuò

弰

大～，所角反，正作稍也，又所交反，愯。（ZD59-1068a）按：《正法念處經》卷21："有執大戟，有執大弰。"（T17，p123a）"～"乃"稍"。

欶 shuò/sòu

唻

～置，所角反，口翕也，正作欶、嗽二形。（ZD59-641a）

欶

咳～，與欬瘶同也，又上音孩，下所卓反，非。（ZD60-367a）

棛 shuò

棛

鉾～，上莫浮反，下所卓反。（ZD59-1082c）按："～"即"槊"。

棛

如～，音朔。（ZD59-586a）按："～"即"槊"。

稍 shuò

鎆稍

佛～，山卓反。（ZD59-800c）

如～，所角反。（ZD59-566a）

---

① 又見"嘍""欶""嗕""嗍""嗽"字條。

稍　執～，所角反，槍也。（ZD59-802b）

銷　緣～，所角反，正作稍。（ZD60-250b）

稍　刀～，所角反。（ZD59-1066c）

猎　盤～，所卓反，正作稍也，又音消，悮。（ZD59-936b）

猎　輪～，所卓反。（ZD59-697b）

猎　刀～，所卓反，正作稍。（ZD59-957a）

嗍　shuò

嗍　嗍～，許急反，下所卓反。（ZD59-882b）按："～"，經文作"嗍"。《佛說文殊師利法寶藏陀羅尼經》卷 1："被鬼神迦樓羅乾達婆等，嗍嗍其身，飲其精氣，成諸病疹。"（T20, p795c）"～"同"嗽"。

棚　shuò

棚　桙～，上莫求反，下所角反。（ZD60-117b）按："～"乃"槊"。

嗠　shuò

嗠　指～，所角反，正作欶也，又郭氏作所六反，非也。（ZD60-264a）按：《經律異相》卷 3："若有人從四面來者，與指嗠，出乳飲之。"（T53, p14c）"嗠"，宋、元、明本作"嗽"，宮本作"嗽"。"嗠""嗽"皆"嗽"。

翜　shuò

翜　作～，所卓反，見作槊，刺也，郭氏音盂，非也。（ZD60-367b）按："～"乃"鎙（槊）"。

槊①　shuò

槊　輪～，所卓反。（ZD59-738a）

槊　刀～，所角反。（ZD59-631c）

槊　短～，所角反。（ZD59-651b）

槊　牟～，所卓反。（ZD59-830b）

槊　箭～，所卓反。（ZD59-688a）

槊　以～，所卓反。（ZD60-17b）按："～"即"槊"字。《根本說一切有部毘奈耶雜事》卷 38："王恃威力，獨處先鋒，遂被賊軍以槊中馬，腸胃皆出，受諸楚毒，眾苦難堪，形命無幾。"（T24, p397c）

梢　鉾～，音牟，下音朔。（ZD59-680b）

槊　來～，所角反，正作槊，如來～菩薩。（ZD59-864c）

獥　shuò

獥　～猗，上尸斫反，犬驚也，正作獥，諸錄作獥狗。（ZD60-322b）按："～"乃"獥"字，詳見本書中篇"獥"字條。

獥　～狗齧，上書斫反，下五結反。（ZD60-310c）

獥　～狗齧，上書若反，中古口反，下五結反。（ZD60-339b）

獥　～狗，上書若反。（ZD60-339b）按："～"乃"獥"字，詳見本書中篇"獥"字條。

瀟　shuò

瀟　作～，尸斫反，經自切。（ZD60-369c）按：《一切經音義》卷 12："閃鑠，式染反，下舒酌反，閃鑠，暫見也，經文作瀟，非也。"（C56, p1000c）據此，"～"通"鑠"。

瀟　閃～，上尸染反，下舒灼反，經文自切。（ZD60-232a）按："～"即"瀟"，經文中通"爍"。《達摩多羅禪經》卷 1："振掉或關鑰（以灼反），浮飄麁澁滑，是五退減相，修行應分

① 又見"稍""槊""棚""翜"字條。

別。"（T15，p302b）"關鑰"，
宋、元、明、宮本作"閃爍"。

私 sī

秈
　～竊，息咨反，下七結反。（ZD59-732c）

思 sī

怈
　～惟，上息慈反，念也，正作思也。（ZD59-553a）按："～"同"思"，詳見本書上篇第七章"怈"字條。

界
　聞～，上音聞，下音思，謂聞思修所成三慧也，並悮。（ZD60-144c）按："～"乃"思"。

拟 sī

拟
　～拔，上息資反，下蒲末反，人名～拔陁和，亦名須跋陁羅，唐言善賢也，梵音楚夏耳。（ZD60-50c）按："～拔陁和"乃"Subhadra"譯音，一般譯爲"蘇跋陀羅"。

呹 sī

呹
　～～咻咻，上音私，下二休禹、許牛二反，病聲。（ZD59-1083a）按：《佛本行集經》卷29："或復空中，作如是聲呵呵呹呹，咻咻嘶嘶（許岐反），呭（居

祁反）噢呭噢，口如是嘯，兼復弄衣。"（T03，p787b）

斯 sī

斳
　～陁含，上一音斯。（ZD59-1002b）按："～"乃"斯"，詳見本書中篇"斳"字條。

斲
斳
　如～，音斯。（ZD59-958c）

　洒～，音洗斯，上正，下悮。（ZD59-959a）

絲 sī

㡭
絲
絲
絲
糸
　藕～，五口反。（ZD59-663c）

　藕～，五口反，下息慈反。（ZD59-901c）

　～綸，息兹反，丁力巡反。（ZD59-790c）

　如～，音思。（ZD59-951c）

　一～，音思。（ZD59-846b）

　根～，音覓。（ZD60-185b）按：《佛本行經》卷1："若能都渾吞，鐵圍金剛山；以蓮花根絲，繫懸須彌山。"（T04，p55c）根據經文，"～"即"絲"，可洪音"覓"，蓋以爲"糸"，不妥。

襹 sī

襹
　成～，音斯，福也。（ZD60-604b）按：

"～"乃"襹"，詳見本書中篇"襹"字條。

襹 sī

襹
　卑～，音斯，正作廝。廝，下也，出《經音義》也，又音豸，非。（ZD59-691b）按："～"，從形體看，即"襹"，通"廝"。

廝 sī

廝
　～下，上息移反。（ZD60-298b）

死 sǐ

死
　併～，上卑政反，下息姊（姊）反。（ZD60-274b）

兕① sì

兕
兕
兕
兕
兕
兕
　虎～，辝姊（姊）反。（ZD59-1052b）

　～虎，上辝姊反。（ZD60-570b）

　肅～，徐姊反。（ZD60-359a）

　狂～，辝姊反。（ZD60-588b）

　伏～，徐姊反。（ZD59-690a）

　～豹，辝姊反，下卜兒反。（ZD59-955a）

　～肅，上徐姊反。（ZD59-1120c）

─────────

① 又見"兕"字條。

尣

脾～，徐姉反，狀如牛，蒼黑色，有一角，重千斤。(ZD59-701a)

豺～，助皆反，下辝姉反。(ZD59-687c)

脾～，徐姉反。(ZD60-318b)

虎～，徐姉反。(ZD60-256a)

～似，同上，正作尣，亦作兕。(ZD59-690a)

祀　sì

祠～，音詞，下音似。(ZD59-724b)

尣　sì

犀～，上斯兮反，下辝姉（姉）反。(ZD59-1082a)按："～"同"兕"。

脾～，徐子反。(ZD60-449a)

泗　sì

涕～，他禮反，下相利反，淚也，正作泗也，又況逼反，悮。(ZD59-766b)按："～"乃"泗"。

呬　sì

～多，上詞孕反。(ZD60-400c)按："～"，譯音字，經文自切詞孕反。今以一邊讀之。

耜　sì

耒～，上郎對反，下音似，農器劀屬也。(ZD60-501a)按："～"乃"耜"。

飤　sì

～飽，上音寺，與飢同。(ZD60-372c)按："～"，對應文獻作"飤（飢）"字。構件"食"與"金"相混。

～五，上辝字反。(ZD60-433a)

曰～，音寺。(ZD60-373a)

飢　sì

～餓，上辝字反。(ZD60-433a)

浂　sì

江～，音仕。(ZD60-472b)按："～"即"浂"，水邊。

川～，音仕。(ZD60-571b)

耛①　sì

耒～，郎內反，下辝子反。(ZD59-775b)

笥②　sì

篋～，上苦叶反，下司寺反。(ZD59-1050c)

篋～，苦協反，下相寺反，正作笥，悮。(ZD59-746b)

竢　sì

弗～，音仕。(ZD60-399b)

羪　sì

～羊，辝姉反，又音夷也。(ZD59-707a)

羯～，居謁反，下徐姉（姉）反，犍羊也。(ZD59-852b)

羯～，居謁反，下辝姉反，犍羊也。(ZD59-705c)

覗　sì

亦～，音伺。(ZD60-369b)

肆　sì

～觀，上音四，恣也，極也，放也。(ZD60-521a)

----

① 又見"耜"字條。

② 又見"笥"字條。

肆 未肆,音四,陳也,極也,别本作～,非也。(ZD60-591c)按:"～"應爲"肆"之訛。"～"又可别爲他字,同"驈"。詳見本書中篇"肆"字條。

嗣① sì

嗣 係～,下辝字反。(ZD59-1003a)

⿰司刂 王～,音寺。(ZD59-747b)

嗣 復～,音寺,繼也,正作嗣。(ZD60-316c)

飼② sì

銅 ～之,音寺,亦作食。(ZD59-896c)按:"～"即"飼"之訛。構件"食"與"金"相混,構件"司"與"同"相混。《佛説天王太子辟羅經》卷1:"吾救之以藥,臣飼之以糜粥。"(T15,p130c)"銅"爲同形字。

飴 飯～,音寺。(ZD59-1050b)

餇 sì

餇 養～,音寺,餧也,正作飼、飤二形。(ZD60-118c)按:"～"乃"飼"之訛。

獄 sì

獄 音～,音司,辯獄相察也,正作獄。(ZD60-371c)

⿰扁司 sì

⿰扁司 願～,音寺,繼也,正作嗣。(ZD60-206a)按:"～"乃"嗣"字,詳見本書中篇"⿰扁司"字條。

儩 sì

儩 物～,音賜,弃、儩二字出《經音義》。(ZD59-896a)

賜 滅～,斯積反,盡也,正作澌、凘、儩三形。(ZD60-177c)按:"～"從形體看乃"賜",文中通"儩"。

澌 sì

澌 日～,音賜。(ZD60-370c)

菘 sōng

菘 似～,息弓反,蕪菁類。(ZD60-353b)

嵩 sōng

嵩 ～丘,上息中反,高也,與嵩同。(ZD60-439a)

摐 sōng

摐 常～,息容反,正作樅也。(ZD60-508a)按:"～"乃"樅"字。《辯正論》卷6:"師事常樅子。"(T52,p527a)

悚 sǒng

悚 ～慄(慄),上息勇反,下力日反。(ZD59-592b)

捒 ～然,上息勇反,正作悚。(ZD60-186a)

悚 ～耳,上息勇反。(ZD59-1108c)

悚 ～慄,上息勇反,下力日反。(ZD59-1012b)

竦③ sǒng

竦 ～慄,上息勇反,下力日反。(ZD60-215a)

竦 ～顫,上息勇反,正作踈(竦)也。(ZD60-463c)按:"～"乃"竦"字,詳見本書中篇"竦"字條。

慫 sǒng

慫 身～,息勇反,驚也。(ZD59-787c)

---

① 又見"⿰扁司"字條。

② 又見"飠卜""飤""餇"字條。

③ 又見"悚"字條。

聳 sǒng

聳 ～擢，息勇反，下直角反。（ZD59-663a）

聳 赤～，思勇反。（ZD59-786a）

聳 ～擢，修勇反。（ZD59-659c）

聳 ～石，息勇反，高也。（ZD59-938c）

聳 ～幹，上息勇反，下古案反。（ZD60-148a）

送 sòng

送 ～柩，巨右反。（ZD60-492c）

訟 sòng

訟 聽～，似用反，爭言也。（ZD60-253a）

揪 sōu

揪 而～，色愁反，經文作搜字是也，應和尚以共相二字替之，非也，郭氏作於決反，亦非。（ZD60-356c）按：《一切經音義》卷5：“而揪，此字習謬已久，人莫辯正，今詳其理義，宜作共相二字。”（C056，p891b）《等目菩薩所問三昧經》卷1：“禮足彼諸如來，以盡身之化而揪，以其恭肅而問諸佛法。”（T10，p579b）“揪”，宋本作“搜”。

搜① sōu

褾 ～求，上所愁反，正作搜。（ZD60-433b）

搜 ～玄，所愁反。（ZD59-926a）

搜 留～，所愁反。（ZD59-1008a）

按 ～法，上所愁反。（ZD60-128b）

搜 ～校，上所愁反。（ZD60-458a）

褃 ～栝，上所愁反。（ZD60-495b）按：“～”乃“搜”，詳見本書中篇“褃”字條。

搜 ～求，上所愁反，正作搜。（ZD60-492b）

攇 ～粉，上所愁反，下方文反，正言餐饋也，《經音義》餐饋，上音修，下音分。（ZD60-83c）

擾 ～舉，上所愁反。（ZD60-463b）

搬 ～藏，上所愁反，下自郎反。（ZD60-323c）

攪 醯～，呼兮反，下所愁反，正作搜。（ZD59-981c）

揪 而搜，所愁反，索也，謂求索也。諸藏有作～，《應和尚音義》云謬已久，人莫辯之，詳其理，宜作共相二字者，非也。揪字，郭氏作於決反，亦非也，今定是搜。（ZD59-675a）按：《等目菩薩所問三昧經》卷1：“禮足彼諸如來，以盡身之化而揪，以其恭肅而問諸佛法，願説諸佛平等法，敷演諸佛大法，入諸佛要行。”（T10，p579b）“揪”，宋本作“搜”，元、明本作“復”。“～”，玄應以爲“共相”，可洪以爲“搜”，還有版本作“復”。根據經文，今暫依可洪。

搜 伊～，所愁反。（ZD59-686a）

蒐 sōu

蒐 ～捕，上所愁反，下蒲故反。（ZD60-585c）按：“～”同“搜”。

蝬 sōu

蝬 蚙～，其牛反，下所愁反。（ZD59-797c）按：“～”乃“蝬”字，詳見本書中篇“蝬”字條。

鎪 sōu

鎪 ～比佉，上所求反，中音毗，下丘迦反。（ZD59-652b）

飀 sōu

飀 ～夢，上子由反，應和尚以飀字替之，所留反。《江西音》作飀，所尤反。按：《大集經》作啾，上

———

① 又見“蒐”“揪”字條。

方《大集經》作颸,是。故今
詳颸字定宜音啾爲順也。
(ZD60-290a)按:《陀羅尼
雜集》卷 7:"多擲哆,颸夢
浮,颸颸夢浮,阿迦奢颸夢
浮。"(T21,p616c)"～",譯
音字,經文作"颸"或"颸"。
"～"蓋同"颸"。

颸① sōu

颻　～～～,使愁反,風吹
物聲也,正作颸。
(ZD60-424c)

叟② sǒu

叟　淵～,上於玄反,下
桑走反,正作淵叟。
(ZD60-106c)

覍　覩～,同上,正作
㚇、叟二形。(ZD59-
796b)

叜　瞽～,上音古,下桑
走反,孝也,亦舜父
名。(ZD60-529b)

冥　～ 婢,蘇走反。
(ZD59-796b)

叟　渕～,上於玄反,下
蘇走反,正作淵㚇
也。(ZD60-316c)

叟　之 ～,蘇走反。
(ZD60-467b)

㚇 sǒu

㚇　凡 ～,蘇 走 反。
(ZD60-551b)

楝 sǒu

楝　抖～,上當口反,下
蘸走反,舉衣振塵
也,搖也,下正作擞、騌二
形,下又所責反,擇取物也。
(ZD59-989a)按:"抖～"即
"抖擞"。"～"乃"楝",與
"擞"同。《一切經音義》卷
60:"抖楝,上音斗,下桑狗
反。《考聲》云:抖擞,振動
衣物令去塵垢也。此二字
無定體,譯經者隨意作。"
(T54,p707a)

楝　抖～,上都口反,下
蘇 走 反。(ZD59-
1109c)按:"抖～"即"抖擞"。

楝　枓～,上都口反,下
蘸走反。(ZD59-
993c)按:"枓～"即"抖擞"。

溲 sǒu

溲　～ 麵,所 有 反。
(ZD59-780c)

溲　～ 麵,所 有 反。
(ZD59-803a)

溲　初 ～,所 有 反。
(ZD59-652c)

溲　且～,所有反,和麵
也,《川音》音搜,非
也。(ZD60-498b)

溲　～ 麵,所 有 反。
(ZD59-789b)

瞍 sǒu

瞍　矇～,上莫紅反,下
桑走反,正作矇睽。
(ZD60-508c)

諑 sǒu

諑　詠～,桑走反。
(ZD60-378b)

簌 sǒu

簌　斗～,蘇走反,去塵
也,正作抖擞也。
(ZD59-836b)按:"斗～"即
"抖擞"。

擞③ sǒu

樓　枓～,上都口反,下
桑 口 反。(ZD59-
1127a)按:"枓～"即"抖擞"。

楝　抖～,上都口反,下
蘸走反,正作抖擞
也。(ZD59-1107c)

擞　抖～,上都口反,下桑
口反。(ZD60-603a)

藪 sǒu

藪　林 ～,速 走 反。
(ZD59-721b)

---

① 又見"颸"字條。
② 又見"㚇"字條。
③ 又見"楝""簌"字條。

虀　～林，桑口反。（ZD59-692b）

虁　～澤，桑走反。（ZD59-667c）

虀　蠅疽～，上羊陵反，中七余反，下蘸走反。（ZD59-631a）

虀　～首曠，上桑走反，下力支反。（ZD59-622a）

虀　婆～，桑走反。（ZD59-757b）

虀　林～，桑走反。（ZD59-838b）

虀　林～，桑走反。（ZD59-666c）

虀　婆～，速走反。（ZD59-744c）

巋　～曇柄，上蘇走反，中徒南反，下音病，悮也。前卷作藪曇婆也。（ZD59-799b）

巋　婆～，速走反。（ZD59-966a）

巋　瑜～，託侯反，下蘇走反，正作偷藪，《咒王經》作吐蘇。（ZD59-799b）

廋　sòu

廋　而～，音瘦，又音叟，悮。（ZD60-446a）按：“～”乃“瘦”。

廋　不～，所右反，又音叟，悮。（ZD59-1004b）按：“～”乃“瘦”。

廋　～捼，上所右反，下都管反。（ZD59-606a）按：“～”乃“瘦”。

嗽①　sòu/shuò

㓋　～噎，上蘸奏反，欬～也，正作嗽也。（ZD60-498b）按：“～”同“嗽”，讀“sòu”。

嗹　～病，上蘸奏反，刻～也，正作嗽、癄二形。（ZD60-92c）

嗹　令～，所卓反，正作嗽。（ZD59-985b）

嗽　咳～，子合反，下所卓反。（ZD59-855c）

嚱　者～，所卓反。（ZD59-1044a）

㰱　～喉，上所角反，正作嗽，或作㰱。（ZD60-212b）按：“～”即“㰱”，與“欶（嗽）”同，讀“shuò”，詳見本書中篇“㰱”字條。

癄　sòu

癄　嗽～，上苦愛反，下蘸奏反，正作刻癄也。（ZD60-53a）按：“～”即“癄”之訛，同“嗽”。

癄　sòu

癄　癊～，上苦愛反，下蘸奏反，並俗。（ZD59-617c）按：“～”即

“癄”，同“嗽”。

甦　sū

甦　復～，音蘇，更生也，俗。（ZD59-1053b）按：“～”同“蘇”。

穌　sū

穌　須～，音蘇。（ZD60-70a）按：“～”乃“蘇”，同“酥”。

蘇　sū

蘇　～搏，音團。（ZD59-1072a）

蘇　如～，音蘇，悮也。（ZD60-158a）

蘇②　sū

穌　瓶～，音蘇。（ZD59-1050b）

蘇　～息，上桑胡反，息也，舒悅也，死而更生也。（ZD60-151c）

蘇　～紇，恨沒反。（ZD59-667b）

蘇　～揣，徒官反。（ZD59-674b）

蘇　～屣，所綺反。（ZD59-745c）

---

① 又見“癄”“癄”“㓋”“嗹”“喇”字條。

② 又見“穌”“甦”“蘇”字條。

蘇　～油，速乎反。（ZD59-716c）按："～油"即"蘇油"，與"酥油"同。

蘇　～垢，音佰，又丁禮反。（ZD59-723b）

佲 sú

佲　～師，上似欲反。（ZD60-166b）按："～"即"俗"字。

佲　改～，似欲反，正作俗，又胡各反，非也。（ZD60-451b）按："～"即"俗"字。

俗① sú

俗　世～，徐浴反，正作俗。（ZD59-649b）

俗　～諦，訟欲反。（ZD59-646b）

俗　世～，似欲反，正作俗。（ZD59-913b）

俗　～智，徐浴反。（ZD59-647c）

俗　其～，音俗。（ZD60-414b）

俗　方～，似欲反，正作俗。（ZD59-619b）

佲　～人，上似欲反。（ZD60-214c）

俗　法～，音俗。（ZD59-580b）

俗　世俗，徐浴反，正作俗、～形。（ZD59-649b）

世～，音俗。（ZD59-717a）

隨～，音俗，惧也。（ZD60-158b）

方～，音俗。（ZD59-676a）

～辭，徐欲反。（ZD59-670c）

俗　作～，似浴反，又韶、紹二音，非也。（ZD59-1097a）

夙 sù

夙　遄～，上市專反，下息六反。（ZD59-569a）

～夜，息六反。（ZD59-676b）

～夜，上星六反。（ZD59-1019a）

～夜，息六反，早也。（ZD59-671c）

～邁，古豆反。（ZD59-615c）

～夜，息六反。（ZD59-832b）

泝 sù

泝　～流，蘇故反，逆也。（ZD59-698b）

泝　～流，上蘇故反。（ZD60-453c）

窣 sù

窣　～喇，上素骨反，下力至反。（ZD60-399c）按："～"同"窣"。

訴 sù

訴　莫～，音素，告也。（ZD60-464a）按："～"乃"訴"。

宿 sù/xiù

疨　不～，音宿。（ZD59-687a）按："～"乃"宿"，詳見本書中篇"疨"字條。

宿　～殖，音食。（ZD59-553a）

宿　亢～，苦浪反。（ZD59-652a）

粟 sù

稟　升～，始陵反，下兵錦反，供穀也，與也。（ZD59-853a）按："～"，經文作"粟"，是；可洪以爲"稟"，誤。《菩薩本行經》卷1："日與一升粟，不得長食。"（T03, p109c）

粟　～利，上息足反。（ZD60-153c）

傃 sù

傃　～知，上蘇故反。（ZD60-580b）

————

① 又見"佲"字條。

訴① sù

訴 酸～，音素。(ZD60-184b)

訴 怨～，音素。(ZD59-981c)

訴 ～向，蘇故反，告也，惡也，正作訴，又音忻，慛。(ZD59-828b)

訢 上～，音素，正作訴也，又音忻，慛。(ZD59-657c)

訴 ～諸，蘇故反，告也，惡也，毀也，正作訴，又音忻，喜也，慛。(ZD59-744b)

訢 ～言，上蘇故反，正作訴。(ZD60-236a)

按："～"乃"訴"字，詳見本書中篇"訢"字條。

訴 歸～，音素。(ZD59-1062b)

訢 ～訟，蘇悟反，吉也。(ZD59-957c)

訴 悲～，音素。(ZD59-691c)

嗉 sù

嗉 抱～，音素。(ZD60-565a)

嗉 ～翼，上蘇故反，下羊力反。(ZD60-95b)按：《阿毘達磨集異門足論》卷9："如鳥飛止，不捨嗉翼。彼由此故，成就戒蘊。"(T26，p407a)

嗉 ～項，上蘇故反，下戶講反。(ZD60-399c)

塑 sù

塑 ～象，上蘇故反。(ZD60-491c)

遡 sù

遡 ～來，上音素，向也。(ZD60-578c)

遡 敢～，音素，行也，譖也，亦作愬。(ZD60-516b)

窣② sù

窣 ～堵，上蘇骨反，下都古反。(ZD60-365b)

窣 ～羅，上蘇骨反，酒名也，慛。(ZD60-94c)

窣 鼻～，蘇骨反。(ZD59-808c)

窣 ～堵，上蘇骨反，正作窣。(ZD60-148c)

窣 目～，蘇沒反。(ZD59-721c)

窣 ～堵魯，蘇骨反，中都古反，下郎古反，香名。(ZD59-932b)

窣 ～堵，上蘇骨反。(ZD60-179c)

窣 ～吐，上蘇骨反，正作窣。(ZD60-53c)

窣 ～堵，上蘇骨反，正作窣。(ZD60-118b)

窣 ～吐，上蘇骨反。(ZD60-65b)

窣 ～步，蘇沒反。(ZD59-664a)

窣 ～覷，蘇骨反。(ZD59-720c)

窣 ～耶，蘇沒反。(ZD59-811a)

窣 伐～，蘇骨反。(ZD60-68b)

碎 ～朱，上蘇骨反。(ZD59-629a) 按："～"音"蘇骨反"，與"窣"音同，譯音字。

肅 sù

肅 敦～，都昆反，下息六反。(ZD59-946c)

肅 ～～，音宿，敬也。(ZD59-707c)

肅 ～敷，上息六反，敬也。(ZD59-589a)

肅 ～震，息六反，疾也，正作肅。(ZD59-716b)

肅 以～，息六反，正作肅。(ZD60-56b)

肅 ～然，上息六反。(ZD60-86c)

肅 齋～，上爭皆反，下息六反。(ZD59-1066b)

---

① 又見"訢"字條。
② 又見"宰"字條。

～～，音宿。(ZD59-772a)

鞞摩～，上步分反，下息六反。(ZD59-1039a)

恭～，音宿。(ZD59-675a)

嚴～，音宿，恭也，戒也。(ZD59-667b)

敦～，上都昆反，下思六反。(ZD59-556a)

～然，息六反。(ZD59-771c)

彫～，音宿。(ZD60-541a)

以～，息六反，戒也。(ZD59-908a)

～恭，上息六反，正作肅。(ZD59-614b)

驚～，息六反，恭也，敬也，戒也，正作肅也。(ZD60-306c)

～恭，上息六反。(ZD59-587a)

敦～，上都昆反，下息六反。(ZD59-560b)

～然，息六反，正作肅。(ZD59-772c)

威～，音宿。(ZD59-549a)

恭～，相六反，正作肅。(ZD59-650a)

棟 sù

槲～樸，下一普木反，又音卜。(ZD60-371b)按："～"同"楸"。

遬 sù

～奧，上蘇屋反，下浴朱反。(ZD59-607c)

哧～，丘迦反，下桑木反。(ZD59-691b)

鋒～，芳逢反，下蘇屋反。(ZD59-821a)

槑 sù

～枘，上所六反，下女六反，下《切韻》無此字。(ZD60-376b)

餗 sù

美～，音速。(ZD60-519c)按："美～"，對應佛經作"美餗"。《十門辯惑論》卷1："智小謀大，美餗固其停覆，輕而議之則吾豈敢。"(T52, p553b)

㦗 sù

～散，上息玉反，正作粟、㦗二形。(ZD59-573a)按："～"，從形體上看即"㦗"，經文作"粟"，音同。

瀟 sù

趙～，息六反，正作瀟。(ZD60-343a)

趙～，音宿，～潎，寒風氣皃也，人名也。(ZD60-313b)

㲉 sù

㲉～，上都故反，下蘸㲉反，正作㲉㲉。(ZD60-365c)按："㲉～"即"㲉㲉"，其中"～"即"㲉"。《廣韻·屋韻》桑谷切："㲉，㲉㲉，動物。㲉，丁木切。"

蝺 sù

裏～，上音果，下所立(六)反，尺蠖虫也。(ZD60-187a)

㺉 suān

～猊頷，上桑官反，中五分反，下戶感反。(ZD59-593c)

痠 suān

～疼，上素官反，下徒冬反。(ZD60-400b)

酸 suān

辛～，蘇官反。(ZD59-920b)

～阤，蘇官反，下徒何反。(ZD59-852b)

～悉，蘇活反。(ZD59-795b)按：

"～悉"，對應佛經作"酸悉"。《佛説大孔雀咒王經》卷2："酸（入）悉底我某甲并諸眷屬莎訶。"（T19，p468b）"～"即"酸"字，由於是譯音字，可洪以"蘇活反"讀之，經文中亦標明入聲讀"酸"字。

卞　suàn

卞　等～，桑亂反，計也，正作筭。（ZD59-671c）

笇　suàn

笇　～子，上蘇亂反。（ZD60-41b）按："～"即"算"。

笇　學～，蘇亂反。（ZD59-1035b）按："～"即"算"字。《苦陰因事經》卷1："若學數，若學算，若學印，若學詩，若學守盧。"（T01，p849c）

笇　suàn

笇　～屙，上桑亂反，下巨玉反。（ZD59-621c）按："～"同"算"。

笇　莊～，上音莊，下音筭。（ZD59-572c）按："～"同"算"。

箕　suàn

箕　～數，上思亂反，計也，正作筭、笇二形。（ZD60-154a）按："～"乃"筭"字之訛，詳見本書中篇"箕"字條。

箕　思～，蘇亂反，正作筭。（ZD59-1016b）按："～"乃"筭"字之訛。

蒜①　suàn

蒜　噉～，音筭。（ZD59-680b）

蒜　與～，音筭，正作蒜也。（ZD59-1115b）

蒜　食～，桑亂反，葷菜也，《説文》作蒜。（ZD59-639a）

蒜　大～，音筭。（ZD60-237b）

蒜　如～，音筭。（ZD60-216a）

蒜　suàn

蒜　熟～，蘇亂反，正作蒜。（ZD60-26c）按："～"即"蒜（蒜）"之訛。

箅　suàn

箅　～印，上桑亂反，下因進反。（ZD59-1120c）按："～"即"筭（算）"。

箅　～名，音筭。（ZD60-90a）按："～"即"筭（算）"。

箅　如～，音弄。（ZD59-1120c）按："～"即"筭（算）"。

算②　suàn

筭　磨～，蘸亂反。（ZD59-944a）

筭　～數，蘇亂反。（ZD59-662a）

算　～擇，桑管反，數也，選也，正作算。（ZD59-728c）

筭　可～，音筭。（ZD59-758b）

筭　從～，桑管反，正作算。（ZD60-352a）

筭　限～，桑亂反，計數也，上方經作筭，非。（ZD59-707c）

筭　～猶，桑亂反，經作筭，非也。（ZD59-671a）

筭　書～，音筭。（ZD60-31c）

筭　～聲筭，上下二同桑管反。（ZD60-360c）

荽③　suī

薞　胡～，息維反。（ZD59-804a）

———

① 又見"蒜"字條。
② 又見"笇""筭""箕""筭"字條。
③ 又見"荽""荽""薞"字條。

荾　suī

荾　芸～，上于文反，下息奞反。（ZD59-1134b）

荾　芸～，上于文反，下息維反。（ZD60-4b）按："～"同"荾"。

荽　胡～，音雖，香菜也。（ZD60-603b）

荽　suī

荸　香～，音雖，胡～也，香菜，正作荾也，又音呼，悮也，又《經音義》作荸，芳無反，荄中白皮也，亦非此呼也。（ZD60-80c）按：《善見律毘婆沙》卷15："憂尸羅者，香荾也。貿他致吒者，是雀頭香。"（T24，p780c）"～"乃"荾"，與"荾""荾"同。

蕤　suī

縓　作～，與荾同，音雖。（ZD60-396c）按：從形體看，"～"即"蕤"，經文中乃"荾（荾）"字之訛。

雛　suī

雛　～慨，苦代反。（ZD59-978a）

雛　～得，息惟反。（ZD59-922b）

雛　～多，息維反。（ZD59-899c）

雛　～然，息惟反，正作雛。（ZD59-843b）

雛　～求，息維反。（ZD59-677a）

雛　～有，上息維反。（ZD59-620c）

雛　～欲，上息惟反，正作雛。（ZD59-583a）

蜼　～靚，上息惟反，正作雛，又以醉、以秀二反，並非也。（ZD60-270a）按："～靚"，對應佛經作"雛靚"。《經律異相》卷19："雛靚女人，長者如母，中者如姊，少者如妹。"（T53，p107a）

雛　～作，上息維反。（ZD59-1066c）

陏　suí

陏　～言，上音隨，正作隋。（ZD60-305a）

陏　～膝，上音隨，下音騰，正作隋膝。（ZD60-463b）按："～膝"，對應佛經作"隋膝"。"～"即"隋"字。《續高僧傳》卷2："隋膝王遵仰戒範，奉以爲師。"（T50，p434c）

隋①　suí

隋　大～，音隨，國號也，正作隋。（ZD59-753a）

隋　～言，音隨，國号也。（ZD59-739b）

陏　～云兔，音隨，下他故反。（ZD59-837b）

陏　～文，上音隨，正作隋。（ZD60-470a）

隋　皇～，音隨，國名。（ZD60-328b）

堕　～代，上音隨，國号也，正作隋。（ZD60-341b）

陏　～文，上音隨，正作隋。（ZD60-486b）

陏　～名，徐爲反。（ZD59-642c）

隋　大～，音隨，國名。（ZD59-722b）

潲　～州，上祥爲反，《感通録》作洧、隋二形也。洧、隋二字取隋爲定也，又户交反，悮。（ZD60-567c）按："～"乃"隋"字，詳見本書中篇"潲"字條。

洧　～州，上與潲同也。《感通》作隋，音隋。《感通録》初作洧，行内作隋。（ZD60-567c）按："～"乃"隋"字，詳見本書中篇"潲"字條。

随　suí

随　～眠，莫堅反，正作眠。（ZD59-566b）按："～"乃"隨"。

———

① 又見"陏""潲"字條。

綏^① suí

綏
～恤，音雖，正作綏，
安也，下相律反，上
又音接，非。（ZD59-830c）
按："～"乃"綏"字，詳見本
書中篇"綏"字條。

綏
～慰，上音雖，安
也，正作綏。（ZD60-
544a）

綏
～神，上音雖，安也，
正作綏也。（ZD60-
564a）按："～"乃"綏"字，詳
見本書中篇"綏"字條。

綏
～懷，音雖，安也，正
作綏，又音接，非。
（ZD59-673c）

隨^② suí

隨
～癡，上音隨，下音
癡。（ZD60-44b）

遀
～其，上徐爲反。
（ZD59-619c）

陏
雨～，力掌反，下音
隨。（ZD59-643c）

随
～憒，上音隨，下音
順。（ZD59-583b）

逪
～逐，旬規反。
（ZD59-960a）

遀
～誼，音隨，下音義。
（ZD59-649c）

随
～勘，音堪。（ZD59-
740c）

随
憒～，市閏反。
（ZD59-673c）

遀
～憒，隨順二音。
（ZD59-912b）

憜
～藍，上音隨，或云
維藍，或云毗嵐，梵
言訛也，又音墮，非。
（ZD60-310c）按："～藍"即
"隨藍"，又作"毗嵐""旋嵐"
"維藍"等，迅猛風，梵文爲
Vairambhaka。

墮
～釋，上音隨，經中
說有牧牛兒見佛行
過，以傘蓋佛相隨而行，佛
與授元上道記，應是此經
也，悮。（ZD60-340a）按：
"～"，對應佛經作"墮"，誤。
《大周刊定衆經目録》卷
11："《墮釋迦牧牛經》一
卷。"（T55，p441b）"墮釋
迦牧牛"應爲"隨釋迦牧牛"
之訛。《古今譯經圖紀》卷
1："《隨釋迦牧牛經》（一
卷）。"（T55，p352c）

綏 suí

綏
普～，息惟反，又音
接，悮。（ZD59-
1003b）按："～"，經文中乃
"綏"字之訛。《增壹阿含
經》卷33："是時，輪寶復移
至南方、西方、北方，普綏化
人民。"（T02，p732a）"～"
又音"接"，此其本音。

巂 suǐ

巂
越～，息委反，郡名，
在蜀也，正作巂，亦

作酅、巂二形。（ZD60-367a）

巂
～州，上息委反，
郡名，亦作酅、巂。
（ZD60-426a）

隨 suǐ

隨
～腏，息委反，下乃
老反。（ZD59-907b）

隨
肪～，上夫亡反，下
息委反。（ZD59-
1096b）

隨
～餅，上息委反。
（ZD59-1120a）

餚 suǐ

餚
作～，息委反，正作
餚。（ZD60-375c）

餚
～�，於月反。
（ZD60-375c）

餚
～鮓，上音髓，下音
餅。（ZD59-1119b）

髓 suǐ

髓
而～，上呼決反，正
作血。（ZD60-241a）
按："～"即"髓"。

髓^③ suǐ

髓
～腏，息委反，下奴
老反。（ZD59-926c）

────

① 又見"綏"字條。
② 又見"隨"字條。
③ 又見"膸""髓"字條。

髓
髄
髓
髓
　～腦,音惱。(ZD59-743c)

　～腦,息委反,下音腦。(ZD59-731b)

　～腦,音惱。(ZD59-560a)

　心～,息委反。(ZD59-555b)

髄
　～腦,上思委反,下奴老反。(ZD60-184a)

腼
　腦～,奴老反,下相委反,上又音忽,非也。(ZD59-700a)

腼
腼
　～宂,息委反,下如六反。(ZD59-655a)
　膿～,上奴冬反,下息委反。(ZD59-628b)

隋
　實～,息委反。(ZD60-509b) 按:"實～",對應佛經作"保髓"。《辯正論》卷 6:"保髓愛精,仙家之奧旨。"(T52,p532)《廣弘明集》卷 13:"實髓愛精,仙家之奧旨。"(T52, p183b)《廣弘明集》"實髓"與可洪所録同。

�　suǐ

�
　～蘼,上息委反,下眉彼反,草木弱皃。(ZD59-589c)

蘼①　suǐ

蘼
　～蘼,雖委反,下眉彼反。(ZD59-669c)

按:"～蘼"同"霏蘼",聯綿詞,因指草木柔弱,又從艸作"蘼蘼"。《廣韻·紙韻》息委切:"霏,霏蘼,草木弱兒。"《成唯識寶生論》卷 2:"或見崇堆九仞,飛甍十丈,碧條蘼蘼,紅花璀璨。"(T31, p82c)

蘼
　～蘼,上息委反,下文彼反。(ZD60-512a)按:"～蘼"同"霏蘼"。《廣韻·紙韻》息委切:"霏,霏蘼,草木弱兒。"

祟　suì

祟
　妖～,相遂反,正作祟。(ZD59-790c)

祟
　請～,相遂反,禍也。(ZD59-1048a)

祟
　禍～,息遂反,正作祟。(ZD59-752c)

祟
　禍～,相遂反,正作祟。(ZD60-511b)

按:"～"乃"祟",詳見本書中篇"祟"字條。

歲②　suì

歲
　倩～,上七性反,假也。(ZD60-56c)

歲
　～予,音序。(ZD60-472a)

歲
　卒～,上子律反,終也。(ZD60-415c)

歲
　卒～,上子律反。(ZD59-607a)

碎　suì

碎
碎
　雜～,才合反。(ZD59-648b)
　杵～,蘇對反,正作碎,又音抨,非也。(ZD60-186b)

碎
　～闠,下堂練反,正作闤,《金光明經》作悉甸。(ZD59-721a)

碎
　～抹,上桑對反,下莫鉢反。(ZD59-584a)

碎
　雜～,自迊反。(ZD59-671a)

碎
　令～,音碎。(ZD59-690a)

碎
　～之,蘇對反。(ZD59-720b)

碎
　～末,上蘇對反,正作碎。(ZD60-175a)

碎
　～末,蘇對反。(ZD59-923b)

碎
　把～,北馬反,下蘇對反。(ZD59-730c)

碎
　灌～,上七内反,下蘇内反,燒石内醋破之也,正作淬碎也,上又七罪反,水深兒也。(ZD60-315c)按:"～"乃"碎",詳見本書中篇"碎"字條。

睟　suì

睟
　～容,上相醉反,視也,潤澤兒也。

---
① 又見"霏"字條。
② 又見"濊"字條。

(ZD59-588c)

睟睟
愈～,上欲朱反,下相
醉反。(ZD60-565a)
澄～,相遂反,視
皃也,潤也。(ZD59-
597b)

璲　suì

璲璲
墳～,音遂。(ZD60-
472a)
開～,音遂。(ZD60-
451a)按:"璲"即
"隧"。

邃　suì

邃
～陁,星遂反。
(ZD59-804b)
邃
幽～,相遂反。
(ZD59-918b)
邃
雅～,雖醉反。
(ZD59-778a)
邃
深～,雖遂反。
(ZD59-747a)
邃
深～,相遂反,正作
邃。(ZD59-684c)
邃
深～,相遂反。
(ZD59-680b)
邃
～谷,上相遂反,正
作邃。(ZD59-616a)
邃
深～,相醉反。
(ZD59-587a)
邃
石～,相醉反。
(ZD60-455b)
邃
法～,雖醉反。
(ZD60-339c)

䜼　suì

䜼
燧～,上音峰,下音
遂。(ZD60-405a)
按:"～"同"㸂"。

檖　suì

檖
昔～,音遂。(ZD60-
483b)按:《續高僧
傳》卷19:"奄關昔隧,
封興舊隴,春郊草平,故山
松拱。"(T50,p580c)"～"
通"隧"。

㸂①　suì

㸂
攢～,子官反,下隨
醉反。(ZD59-919c)
按:"～"乃"㸂"字,詳見本
書中篇"㸂"字條。
攏
攢～,子亂反,下音
遂,上又子官反,正
作鑚也。(ZD59-978c)按:
"～"爲"㸂"之俗。

穗②　suì

穗
房～,音遂,正作穗、
䅵、采三同。(ZD59-
937a)
穗
其～,音遂。(ZD59-
636b)

䅵　suì

䅵
～生,上徐醉反。
(ZD59-603a)

維　suì

綷
作～,同上,梭中行
緯者也,正作維。
(ZD60-29c)按:"～",經文
作"維"。《四分律》卷9:
"汝等觀此跋難陀釋子,乃
手自作維,自看織師織作三
衣。"(T22,p624a)
綷
作～,音碎。(ZD60-
29c)按:"～",經文
作"維"。《四分律》卷9:
"彼手自作維自看織。"
(T22,p624a)

繐　suì

繐
爲～,音遂,正作
穗、繐二形。(ZD59-
640b)

鐆　suì

鐆
者～,音遂。(ZD60-
383b)

孫　sūn

孫
～馱,徒个反。
(ZD59-666b)

猻　sūn

猻
猴～,上户鉤反,下蘇
尊反。(ZD60-310c)

---

① 又見"䜼"字條。
② 又見"䅵"字條。

笋　sǔn

笋
竹～，私尹反。
（ZD59-804c）

筍①　sǔn

筍
竹～，相尹反，又音
詢，悮。（ZD59-846a）
按："～"即"筍"，同"笋"。

損②　sǔn

槓
衰～，所追反。
（ZD59-743b）
損
增～，孫本反，正
作損，又音緣，悮。
（ZD59-658b）
損
～減，音損，下胡斬
反。（ZD59-658b）

槓　sǔn

槓
～斃，蒲例反。
（ZD60-469b）按：
"～"，對應佛經作"損"。《續
高僧傳》卷7："神既勞役，形
必損斃。"（T50, p482a）

篹　sǔn

篹
負～，音笋，亦作簨。
（ZD60-591a）按：
"～"乃"篹"，同"簨"，詳見
本書中篇"篹"字條。

簨③　sǔn

簨
巳～，音笋。（ZD60-
438c）

喽④　sùn

喽
～之，蘇困反。
（ZD59-879b）
邎
半～，蘇困反。
（ZD59-804a）
喽
作～，蘇困反。
（ZD60-388b）

噀　sùn

噀
～眼，蘇困反。
（ZD59-800c）

潠　sùn

潠
～人，上蘇困反。
（ZD60-382b）

伀　suō

伀
～離，上索何反。
（ZD59-810a）按：
"～"，譯音字。

抄⑤　suō

抄
鼻～，音娑。（ZD59-
791b）按："～"
同"挱"。
挼
摩～，音娑。（ZD59-
1042b）按："～"乃
"抄"，詳見本書中篇"挼"
字條。
挱
摩～，音娑。（ZD59-
1042b）按："～"乃
"抄"，詳見本書中篇"挱"
字條。

挼　suō

挼
～底，上蘇禾反，
正作梭也。（ZD60-
237c）

莎⑥　suō

莎
～草，上素和反。
（ZD59-1002a）

梭　suō

篗
擲～，蘇禾反，行緯
者也，正作梭也。
（ZD60-23b）按："～"即
"篗"，同"梭"。

傞　suō

傞
～泥，宜作傞，素何
反，又郭氏作楚宜、
楚佳、楚界三反，應和尚未
詳。（ZD59-812b）

挱　suō

挱
摩～，音娑。（ZD60-
567c）

蓑　suō

蓑
～草，上蘇禾反，可
以爲雨衣也。（ZD60-

① 又見"笋"字條。
② 又見"槓"字條。
③ 又見"篹"字條。
④ 又見"噀""潠"字條。
⑤ 又見"挱"字條。
⑥ 又見"綏"字條。

270c)按："～"，可洪音"蘇
禾反"，蓋以爲"蓑"，經文作
"蓑"，恐非。

蓑　如～，素禾反，正作
蓑也，又如羊反，非
也。（ZD60-280a）按：
"～"，可洪音"蘇禾反"，蓋
以爲"蓑"，經文或作"蓑"，
恐非。

蓌　suō

蓌　～底，素何反。
（ZD59-837a）

縮　suō

縮　㪍～，上阻瘦反，下
所六反，衣不伸皃
也，蹙也，皮緩也，正作絀
縮，亦作皺趚也，第七卷作
皺縮也，上又或作繊，子六
反，《經音義》作㪍縮，應和
尚以皺肭替之。肭，女六
反，韻無此呼。（ZD59-
1104c)按："～"，可洪以爲
"縮(縮)"。

縮　㪍(㪍)～，上阻瘦
反，下所六反，上又
或作繊，子六反。（ZD60-
376b)按："～"，可洪以爲
"縮"。

縮[1]　suō

縮　齡～，力員反，正作
癵也，又力充反。
（ZD59-639b）

舌　～，所六反。
（ZD60-289b）

作～，音縮。（ZD60-
388a）

舌　～，所六反，正作
縮。（ZD60-288b）

所　suǒ

所所所所所所所所所況所所
～享，古乎反，罪也，
正作辜。（ZD59-825a）

～杠，得冷反。
（ZD59-941a）

～造，七到反，往也，
到也。（ZD59-726b）

～噬，音氏。（ZD59-
742b）

～憲，許建反。
（ZD59-650c）

～燥，桑老反。
（ZD59-941a）

～恃，時止反，依也。
（ZD59-549c）

～輾，女展反。
（ZD59-637a）

～儔，直由反。
（ZD59-661b）

～趣，上踈阻反，正
作所。（ZD59-733b）
按："～趣"，經文作"所趣"。

失　～，上尸日反。
（ZD59-625a）

～拒，音巨。（ZD59-
661a）

～蔽，必祭反。
（ZD59-570a）

瑣　suǒ

瑣　骨～，音鏁，正作瑣
也，郭氏音消，非也。
（ZD60-215a）

瑣　～調，上蘇果反，正
作鎖、瑣二形也，
郭氏音消，非也。（ZD60-
483c）

瑣　拘～，上音鉤，下
音鏁，正作瑣也。
（ZD59-578a）

傞　suǒ

傞　～泥，上宜作裰、縒，
二同藕可反，郭氏作
楚宜、楚佳、楚界三反，應和
尚未詳。（ZD60-357a)按：
"～"，譯音字，今依可洪讀
"藕可反"。

搓　suǒ

搓　摸索，忙各反，下正
作～。（ZD59-776c）
按："摸索"同"摸搓"。

搓　就～，桑各反，大繩
也，正作索。（ZD59-
767a)按："～"同"索"，繩索。

搓　裂～，音列，下音索。
（ZD59-767a）按：
"～"同"索""綷"。《六度集
經》卷6："即布重命，勅
國黎庶，自今絶獵無貪鹿

肉,裂索舉鹿,安厝平地。”
(T03,p32c)“索”,宋、元、
明本作“繰”。

索　suǒ

～索,上蘇各反,取
也,好也,下所革反,
求也。(ZD59-758c)按:“～
索”,對應佛經作“求索”。
《佛說月燈三昧經》卷1:
“求索諸梵及釋,彼亦不而
難致。”(T15,p620c)“索”,
《廣韻》“山責切”,與“所革
反”同,訓求也、取也。

瑣　suǒ

骨～,音鏁,正作瑣
也,郭氏音消,非也。
(ZD59-761c)

拘～,上古侯反,下
蘇果反,正作拘瑣。
(ZD59-576b)

瑣　suǒ

骨～,音鏁。(ZD60-
145a)

骨～,音鏁。(ZD59-
574c)按:“～”同“鎖”。

濼　suǒ

摩～,蘇括反。
(ZD59-885b)　按:

“摩～”即“摩瑣”。《智炬陀
羅尼經》卷1:“南無鼻澁摩
瑣(蘇括反)囉揭是多遏囉
是瓢薩怛他揭帝瓢(三十
六)。”(T21,p914b)“～”
即“瑣”之訛。

璅　suǒ

環～,上亦作鐶,户
関反,下桑果反,從
貝。(ZD59-1077a)

勾～,蘇果反,與鏁、
璅同也,悮。(ZD59-
855a)

～謗,上桑果反,小
也。(ZD59-609c)

臊　suǒ

骨～,桑果反,正作
鏁、璅二形,郭氏作
其略反,非也。(ZD60-
233b)按:“～”同“鏁”,詳見
本書中篇“臊”字條。

鎖①　suǒ

鉤～,桑果反。
(ZD59-645b)

～脚,蘇果反,正作
鏁。(ZD59-917a)

鉗～,巨廉反,下桑
果反。(ZD59-683b)

骨～,蘇果反。
(ZD59-917b)

鏁　suǒ

骨～,桑果反,正作
鏁。(ZD59-994c)
按:“～”乃“鏁”字,詳見本
書中篇“鏕”字條。

句～,上音鉤,下
音鏁,注內字也。
(ZD60-89c)按:“句～”,對
應經文作“鉤鎖”。《阿毘曇
八犍度論》卷6:“慳嫉也(鉤
鎖門竟)。”(T26,p796c)

鉤　～,蘇果反。
(ZD59-773c)

～頸,上蘇果反,下
居郢反,《智度論》作
鐵鏁鏁項也。(ZD60-281b)

鐵～,音鏁。(ZD60-
195a)

髃　suǒ

骨　～,素菓反。
(ZD59-990a)　按:
“～”,即“髃”字。《中阿含
經》卷12:“或皮肉熟俱時
墮落,唯骨髃在。”(T01,
p505b)

些　suò/xiē

～設,上蘇个反。
(ZD59-590b)

～摩,蘇个反,又寫
耶反。(ZD59-791b)

---

① 又見“瑣”“瑣”“瑣”“璅”
“臊”“髃”“鏁”字條。

T

狙　tǎ

狙　～、蠍、蟩，他達反，俗。（ZD60-378a）按："～"乃"狙（獺）"字。

狙　水～，他達反，水狗也，正作獺字也，又七余、子余、七慮、都曷四反，並非也。（ZD60-28b）按："～"乃"狙（獺）"字。

蛆　tǎ/zhé

蛆　～蠍，他達反，下郎達反，正作蠆蝲，應和尚以薑蝲替之也。（ZD59-732b）按："～"乃"蛆"之訛。《集一切福德三昧經》卷2："離諸師子、虎豹、熊羆及多勒叉、狐狼、蟒蛇、猫鼠、百足毒蛇、蛆蠍、王賊等畏。"（T12, p994c）"～"，可洪音"他達反"，讀"tǎ"。

蟴　～蠥，上他達反，下郎達反，毒虫也，正作蠆蝲也。（ZD59-1123c）按："～"即"蛆"，可洪音"他達反"，讀"tǎ"。

蛆　～皮，上他達反。（ZD59-1125c）按："～"，經文作"獺"。《十誦律》卷51："有五種皮不應畜：師子皮、虎皮、豹皮、獺皮、狸皮。"（T23, p371a）"～"即"蛆"，與"獺"同，讀"tǎ"。

蛆　蜂～，音峰，下音哲。（ZD59-981c）按："～"即"蛆"，與"蜇"同，螫也。《集韻》陟列切："蛆，與蜇同。"《長阿含經》卷6："是時，此地多生荆棘，蚊、虻、蠅、虱、蛇、蚖、蜂、蛆，毒蟲衆多。"（T01, p41a）經文"蛆"恐爲"蛆"之訛。不過，"蛆"用在文中意義也不達，前面"蚊""虻""蠅""虱"等都是動物，名詞，而"蛆"同"蜇"，乃動詞，與文法似不合。宋、元、明本作"蠍"，名詞，於文意通達。

塌　tǎ

塌　寶～，音塔。（ZD59-575b）按："～"同"塔"。

塌　養～，音塔。（ZD59-1101a）按："～"同"塔"。《佛滅度後棺斂葬送經》卷1："各以把土供養塔者，其福無量。"（T12, p1114b）

嗒　tǎ

嗒　～兮，火含、胡紺二反，《經音義》作嗒、荅、塔三音。（ZD59-747a）按："～兮"，對應佛經作"塔兮"或"嗒兮"。《大方等無想經》卷4："陀尼羯坻，陀那賴坻，陀那僧塔兮。"（T12, p1094b）"塔"，宋、元、明、宫本作"嗒"。根據經文，"～"乃"嗒"之訛，與"塔"音同。可洪"～"音"火含反"，蓋以爲"哈"。

蜑　tǎ

蜑　～頓，他達反，下郎達反，正作蝲字也。（ZD59-879c）

蜑　～蠣，上他達反，下來達反，又力世反，非也。（ZD59-1109c）

嚷　tǎ

嚷　狙、～、嚪、咺、噠，五並同他達反，《音

義》具釋也,見藏作蛆,並俗也,正作獺。(ZD60-376a)
按:"～"乃"蠟",與"獺"同。

獺① tǎ

獺 狐～,他達反。(ZD59-764c)

㺚 狗～,他鎋反,水狗也,正作獺也,俗。(ZD60-77b)按:"～"乃"獺"字,詳見本書中篇"㺚"字條。

狚 ～皮,上他達反,正作獺也,又七余、子余、七慮、多達四反。(ZD60-35b)

蠟 tǎ

蠟 狙、嘲、～、呾、噠,五並同他達反,《音義》具釋也,見藏作蛆,並俗也,正作獺。(ZD60-376a)

蠟蠟 狙、～、蠟,三同他達反,俗。(ZD60-378a)

蠟蝲 狙、蠟、～,三同他達反,俗。(ZD60-378a)

呇 tà

呇 ～淰,上徒合反,水溢也,下徒可反,潰淰,沙水往來皃,又水汎沙動皃也。(ZD60-596c)按:

"～"即"呇"。

沓② tà

沓 ～婗,徒合反,下正計反。(ZD59-722a)

㮫 tà

㮫 名～,徒合反。(ZD60-377a)

毣 tà

毪 ～毷,上他盍反,下多能反。(ZD59-1001b)按:"～"同"毹"。

毹 作～,音塔。(ZD60-367c)按:"～"同"毹"。

毯 tà

毯 ～毡,音塔,下音登。(ZD59-777a)按:"～",同"毹(毹)"。《佛說諫王經》卷1:"宮觀高臺,華闕殿舍,黃金白銀,七寶床榻,氍毹毿毯,緼綖細軟,以藉身體。"(T14,p786b)

榻 tà

榻 之～,音塔。(ZD60-548c)

搨 淋～,助庄反,下他盍反。(ZD59-666c)

搨 淋～,音床,下音塔。(ZD59-733a)

牄 他～,音塔。(ZD59-738a)

牄 小～,音塔。(ZD59-956a)

搶 小～,音塔,床也,正作榻、牄。(ZD59-818c)

毼 tà

毼 ～毡,他盍反,下得能反。(ZD59-828a)

撻③ tà

撻 ～高,上他達反,正作撻、蹥二形,上方作撻。(ZD60-52a)

撻 搨～,陟花反,下他達反。(ZD59-649b)

撻 鞭～,卑連反,下他達反。(ZD59-635b)按:"～"本爲泄水具,此乃"撻"之訛,鞭打之義。

鞑 鞭～,卑連反,下他達反。(ZD59-683c)按:"～"乃"鞑",同"撻"。

———

① 又見"噠""狙""蠟""嘲""蛆"字條。
② 又見"呇"字條。
③ 又見"鞑""鞑"字條。

搨　tà

搨
～壁，上他盍反，著地也，又丁盍反。（ZD60-164b）按："～壁"，對應佛經作"搨壁"。"～"即"搨"，與"搨"同。《佛說立世阿毘曇論》卷8："漫走不走，搨壁正視，叛不叛者，各問打治，例皆如是。"（T32，p210a）"～"，又可音"丁盍反"，讀"dā"。

搨
～筵，上他盍反，正作㯓、榻。（ZD59-1023a）按："～"即"㯓"。

搨
床～，音塔。（ZD59-995a）按："～"即"㯓"。

搨
～机，上他盍反，正作㯓。（ZD59-615c）按："～"即"㯓"。

搨
牀～，上音牀，下音塔，正作牀㯓也。（ZD59-574b）按："～"即"㯓"。

搨
～席，他盍反。（ZD59-709a）

搨
牀～，音塔。（ZD59-610c）按："～"即"㯓"。

搨
卧～，音塔。（ZD59-990a）

搨
牀～，助庄反，下他盍反。（ZD59-755b）

搨
牀～，助庄反，下音塔。（ZD59-647b）

搨
床～，音塔。（ZD59-817c）

澾　tà

澾
流～，他達反。（ZD60-53c）

澾
泥～，他達反。（ZD60-19c）

㯓①　tà

㯓
牀（床）～，下音塔。（ZD59-719a）

㯓
牀～，助庄反，下他盍反。（ZD59-683b）

搨
牀～，上助庄反，下他盍反。（ZD59-993a）

噠　tà

噠
～歠，尺悦反。（ZD60-377b）

毾②　tà

毾
～𣰦，他盍反，下得能反。（ZD59-648c）按："～"乃"毷"。

毾
～𣰦，他盍反，下得恒反。（ZD59-851a）按："～"乃"毷"。

毾
～𣰦，音塔，下音登。（ZD59-715b）按："～"乃"毷"。

毷
～𣰦，上他盍反，下都能反。（ZD59-993c）按："～"乃"毷"，詳見本書中篇"毷"字條。

膈　tà

膈
～前，上他盍反。（ZD60-592a）

毷　tà

毷
～𣰦，音塔，下音登。（ZD59-822c）按："～"同"毷"。

毷
～𣰦，上他盍反，下得能反。（ZD59-989c）按："～"同"毷"。

毷
～𣰦，上他盍反，下都恒反。（ZD60-167b）

踏③　tà

踏
足～，徒盍反。（ZD59-1086c）

踏
～道，上徒盍反，正作踏。（ZD59-1134c）

踏
啄～，下徒盍反，正作踏。（ZD59-836b）

踏
速～，徒盍反，踐也。（ZD59-636c）

———

① 又見"搨""榻"字條。
② 又見"毷""氈""毷""𣰦"字條。
③ 又見"蹹""蹋"字條。

蹹

抱～，上步交反，下徒盍反，浮渡用力也，下正作蹋也。（ZD60-597a）按："～"乃"踏（蹋）"，詳見本書中篇"踏"字條。

踢

～普，徒盍反，正作蹋，古經作蹹副。（ZD59-795c）

蹹

～騰驊，上徒盍反，中盧合反，下毗妙反。（ZD59-669c）

韃 tà

指～，徒合反。（ZD60-133a）

躂 tà

～脚，上他達反。（ZD60-27c）

蹹 tà

～副，徒合反。（ZD59-797c）

闒 tà

門～，他達反，小門也。（ZD59-659c）

～賴吒，上他達反，下竹加反。（ZD59-1122c）按："～賴吒"，對應佛經作"闒賴吒"。《十誦律》卷35："比丘！是事付闒賴吒斷，闒賴吒比丘應受此事，如法，如比尼，如佛教滅。"（T23，p252b）

窓～，叉雙反，下他達反。（ZD59-665a）

戌～，下他達反。（ZD59-590a）

門～，他褐反。（ZD60-104c）按："～"音"他褐反"，疑爲"闒"字。

拘嶒～，上九愚反，中洛昆反，下他達反。（ZD59-619b）

咀～，多達反，下他達反。（ZD59-808c）

階～，他達反，門也。（ZD59-696c）

闒 tà

～壁，上都盍反，以衣物橫被於壁以充捨施，正作褡也，《道行經》作擒也，又許急反，非也。又《應和尚經音》以毹字替之，他盍反，毛席也，非是此義。（ZD59-585b）按："～壁"，對應佛經作"毹壁"。《大明度經》卷6："普慈闓士及諸女聞之大喜，俱以雜香金縷織成雜衣，有散上作幡、毹壁敷地者。"（T08，p505b）"毹"，宋、宮本作"榻"，元、明本作"搭"。慧琳《一切經音義》卷10："毹

壁，他答反，毛席也，施之於壁，因以名焉，經文作闒，非體也。"（T54，p364c）形體上看，"～"即"闒"，經文中與"毹"通。

躂 tà

～地，上他合反，著地也。（ZD60-279a）按：《經律異相》卷40："婬人曳蹱行，患者斂指步，癡人足蹶地，是跡天人尊。"（T53，p212a）"蹶"，宋、元、明、宮本作"蹋"。"～"同"蹋"。

鞜 tà

鞭～，同上，此正。（ZD59-683c）按："～"同"撻"。

孡 tāi

～鵝，音胎，下音俄，呲字切脚也。（ZD59-816b）按：《請觀世音菩薩消伏毒害陀羅尼咒經》卷1："多耶呲（強鵝反）。"（T20，p35a）今經文"強鵝"乃"孡鵝"之訛。

胎 tāi

鶴印（卵），郎管反，鳥～也。（ZD60-

261c)按:"～"乃"胎",詳見
本書中篇"**眙**"字條。

炱① tái

壥 ～ 坢,上徒來反。
（ZD59-1113c）按:
"～"同"炱",詳見本書中篇
"**壥**"字條。

臺 tái

薹 華～,徒來反,又作
臺。(ZD59-619c)

臺 寶 ～,徒來反。
(ZD59-576a)

臺 慧 ～,徒來反。
(ZD59-690c)

臺 爲 ～,徒來反。
(ZD59-677c)

壺 鷟～,音臺。(ZD60-
433c)

臺 間～,音臺。(ZD59-
581b)

臺 寶 ～,徒來反。
(ZD59-620a)

臺 高 ～,徒來反。
(ZD59-582b)

臺 一 ～,徒來反。
(ZD59-677c)

臺 大 ～,徒來反。
(ZD59-574b)

臺 鬚～,息朱反,蓑也。
(ZD59-660a)

臺 露 ～,徒來反。
(ZD59-571c)

臺 寶 ～,徒來反。
(ZD59-849a)

臺 ～格,大來反,下音
各。(ZD59-676b)

臺 露 ～,徒來反。
(ZD59-826b)

臺 ～閣,上徒來反。
（ZD59-1038a）按:
"～"即"臺",詳見本書中篇
"**臺**"字條。

臺 ～舘,音貫。(ZD59-
597c)

臺 殿 ～,徒來反。
(ZD59-741a)

臺 華 ～,徒來反。
(ZD59-621a)

臺 爲 ～,徒來反。
(ZD59-1068b)

撎 tái/yì

撎 ～裙,上徒來反,下
巨君反。（ZD59-
1135b)按:"～"乃"擡"字,
詳見本書中篇"**擡**"字條。

撎 ～口,上徒來反,正
作擡也,又於冀反,
非也。(ZD60-54a)

撎 長～,於冀反,拜舉
手也,挹也。(ZD60-
430a)

擡② tái

擡 ～ 眉,上徒來反。
(ZD59-604a)

薹 tái

薹 薈～,二音雲臺。
(ZD60-384a)

薹 薈～,爲文反,下徒
來反。(ZD59-787c)

爈 tái

爈 ～坢,上徒來反,下
莫迴反。（ZD59-
1126c）按:"～"乃"爈
(炱)",詳見本書中篇"**爈**"
字條。

爈 ～坢,上徒來反,下
莫迴反,見藏作炱煤
也。(ZD60-376a)

汰 tài

汰 法～,音太,與汰
同也。汰字悮也。
（ZD60-450a）按:"～"乃
"汰"。

佁 tài

佁 愙～,上音姿,下音
態。《七佛咒經》作
姿態也。又丑志、羊止、夷
在三反,癡也。（ZD60-
285a)按:"態"或作"能"。

---

① 又見"爈"字條。
② 又見"撎"字條。

汱 tài

汱汱

洮～，上徒刀反，下徒
太反。(ZD60-358c)

法～，音太，正作汰。
(ZD60-335c) 按：
"～"同"汰"。

汱

縱～，下徒太反，正
作汱也，濤汱，洗浣
也。(ZD60-416a)

汱

～麁蝽，上音太，濤
～，下蒲講反，上又
古犬反，墜也，伏水也，非
呼。(ZD60-315b)

態 tài

態態熊

恣～，他代反。
(ZD59-602a)

得～，他代反，意～
也。(ZD59-778a)

之～，他代反，意也，
作恣也，正作態。
(ZD59-671a)

熊態態

無～，他代反，正作
態。(ZD59-571a)

惡～，他代反。
(ZD59-608b)

淫洣～，羊林反，中
羊一反，下他代反。
(ZD59-672b)

儓 tài

儓

奴～，他代反，～儗，
癡兒也，又音臺。儗

音礙。(ZD60-496a)

探 tān

採採探掬探

手～，音貪，正作探
也。(ZD60-275c)

～古，他含反。
(ZD59-713c)

～覩，他含反。
(ZD59-705a)

～手，他含反。
(ZD59-765a)

～古，他含反。
(ZD59-735a)

貪 tān

貪貪貪貪瞁

～餮，天結反。
(ZD59-645b)

～悋，力進反。
(ZD59-671a)

～嗜，食利反。
(ZD59-757a)

～羨，徐箭反。
(ZD59-641c)

無～，他含反，正作
貪。(ZD59-617a)
按："無～"，對應佛經作"無
奢""無目奢"或"無～"。《佛
說遺日摩尼寶經》卷 1："戒
者無奢，無瞁恚。"（T12，
p193a）"奢"，宋、宮本作
"瞁"，元本作"目奢"。可洪
以"～"爲"貪"，詳見上篇第
五章"瞁"字條。

貪

～謫，知革反，責也。
(ZD59-818b)

漱 tān

漱

～澓，上他丹反，下
音伏，正作灘澓也。
(ZD60-497c)按："～"，經文
作"灘"。《續高僧傳》卷
29："中途灘澓，簿筏並壞。"
（T50，p694b）

覃 tán

覃覃覃覃

～於，徒南反，及也。
(ZD59-731a)

後～，徒南反，及也。
(ZD59-659b)

益～，徒南反，反也，
延也。(ZD60-296a)

聲～，徒南反。
(ZD59-569c)

壇 tán

壇

～墠，徒丹反，下禪
戰反。墠亦壇也。
(ZD59-659c)

檀 tán

檀檀檀檀

～度，上徒丹反，正
作檀。(ZD59-567c)

輪～，束朱反，正作
輪。(ZD59-694c)

師～，徒丹反，正作
檀。(ZD60-45a)

栴～，之然反。
(ZD59-756b)

擅
～屑,上徒丹反,正作檀,下先結反,未也。(ZD60-495a)按:"～"乃"檀"字,詳見本書中篇"擅"字條。

檟
～橄,音檀,惧,下其月反。(ZD59-800c)

檀
～,徒丹反。(ZD59-570b)

檀
舊～越,上其右反,中徒丹反,下于月反,正作舊檀越,中又音誕,惧。(ZD60-44c)

檀
栴～,之連反,下徒丹反,正作栴檀也,下徒旱反,誤。(ZD59-904c)

檀
～哆,丑加反。(ZD59-715a)

檀
～陁,之然反,惧,正作旜、氈。(ZD59-813c)

檀
～抧,徒丹反,下奴禮反。(ZD59-678c)

檀
師～,徒丹反,尼師檀即坐具也。(ZD60-44c)

趨　tán

趨
趁～,上倉南反,下徒南反,走兒也。(ZD60-544a)按:《弘明集》卷14:"勤馬趁趨以騰擲,迅象飛控以馳驅。"(T52,p94b)

壜①　tán

壜
水～,徒南反。(ZD59-788b)

譚②　tán

譚
桓～,上戶官反。(ZD60-318a)

譚
～婆,《經音義》云今借爲徒紺反,《説文》云西國食狗肉人。(ZD59-739c)

讀
～帝睐,徒南反,下尸遮反,上正作譚。(ZD59-799a)

譚
～耆,徒南反。(ZD59-750b)

讀　tán

讀
俱～,音譚,《應和尚經音》作譚。(ZD59-672c)按:"～",譯音字。《佛説兜沙經》卷1:"中有呼俱讀滑提。"(T10,p446a)

讀
作～,徒南反。(ZD60-362c)

讀　tán

讀
～豆,上徒南反,正作譚也,或作澶,徒岸反。(ZD59-798a)按:"～豆",對應佛經作"譚豆"。《佛説大金色孔雀王咒經》卷1:"伊利彌,悉譚,豆陀羅。"(T19,p480a)從形體看,"～"乃"讀",用作譯音字。

坦　tǎn

坦
融～,上羊戎反,下他但反,平也,安也,正作坦也,又七余、七慮二反,非也。(ZD60-314c)

坦③　tǎn

坦
～然,上他旱反。(ZD59-645b)

坦
平～,他但反,正作坦。(ZD59-622b)

坦
或～,音坦,平也,又蜆、觀二音,惧。(ZD59-659c)

坦
平～,他旱反。(ZD60-104b)

垣
～然,他旱反,平也,安也,正作坦也,惧。(ZD59-649a)

胆　tǎn

胆
～腂,上徒旱反,下胡瓦反,偏露其體也,正作祖裸也。(ZD60-207b)按:"～"乃"胆"字,詳見本書中篇"胆"字條。

---

① 又見"埮"字條。
② 又見"讀"字條。
③ 又見"坦""憻"字條。

袒① tǎn

袒　编～,疋連反,下
徒旱反,正作偏袒。
(ZD59-719a)

袒　编～,疋連反,下徒
旱反。(ZD59-894b)

裑　编～,疋綿反,下徒
旱反。(ZD59-739b)

袒　编～,疋連反,下
坦反。(ZD59-717a)

袒　编～,疋連反,下徒
坦反,上又音遍,悮,
正作偏袒也。(ZD59-727c)

裎　编～,疋綿反,悮。
(ZD59-740b)

袒　编～,疋連反,下徒
旱反,又上音遍,非
也。(ZD59-650c)

袒　编～,上疋綿反,悮。
(ZD59-1106b)

袒　编～,上疋連反,
丁徒旱反。(ZD59-576a)

裎　～吪,徒旱反。
(ZD59-844b)

袒　编～,疋綿反,又音
遍,悮。(ZD59-739b)

莜 tǎn

莜　葮～,上古牙反,
下他敢反。(ZD60-369b)

毯② tǎn

綖　毛～,他敢反,毛席
也,正作毯也。
(ZD59-1130c)

毯　～毛,上他敢反,毛
席也。(ZD59-590a)

緂 tǎn

緂　～罽,上他敢反,正
作綖、毯二形也,下
居例反。(ZD60-95a) 按:
"～"即"綖(毯)"。

綖③ tǎn

綖　毛～,他敢反,正作
毯也。綖,青黄色
也,非用,又他甘、處占二
反,並非用。(ZD60-54b)
按:"～"同"毯"。

綖　毛～,他敢反。
(ZD59-794c) 按:
"～"同"毯"。

憻 tǎn

憻　作～,見藏作怛,他
亶反,又郭氏及《玉
篇》音但,非。(ZD60-360b)按:《一切經音義》卷
7:"怛(坦)然,他袒反。《説
文》怛(坦),安也。《廣雅》
坦,平也。經文作憻,非
也。"(C056,p928b)"～"同
"怛(坦)"。

黮 tǎn

黮　黱～,烏感反,下他感
反。(ZD59-736b)按:
"～"音"他感反",讀"tǎn"。

黭　黐～,力兮反,下徒
感、他感二反,今皆
作黐字呼,烏檻反。(ZD59-702c)

黭　黱～,烏感反,下他
感反,黑皃也,又上
於檻反,下徒感反,義同。
(ZD59-729a)

黐　梨～,力兮反,正
作黐,下他感反。
(ZD59-706c)

嘆 tàn

嘆　～如,上他岸反,正
作嘆、歎二形也。
(ZD60-237b)按:"～"乃
"嘆(歎)"。

歕 tàn

歕　歠～,上莫半反,下
他炭反,無文皃。
(ZD60-378b)按:《一切經
音義》卷16:"漫讚,莫半
反。漫,猶不實也,不分別
善惡也,律文作歠歕。歠,
無文采也。歕非此用。"

---

① 又見"胆"字條。
② 又見"綖""緂"字條。
③ 又見"緂"字條。

（C057，p3c）"數～"即"數歎"，其中"～"即"歎"字。《廣韻・翰韻》他旦切："歎，歎數，無文章兒。"

歎① tàn

歎
歎

～息，上他旦反，正作歎。（ZD60-28a）

～真，之人反。（ZD59-1096a）

唐 táng

雟
啹

隋～，上音隨，正作隋。（ZD60-486c）

～賢，上徒郎反，填字切脚也，正作唐。（ZD60-401c）

隋 táng

隋

陾～，上丁兮反，下徒郎反。（ZD60-135a）

塘 táng

塘

陂～，彼皮反，下徒郎反，正溏。（ZD59-814a）按："～"同"溏"。

搪 táng

搪

～觸，徒郎反。（ZD59-785b）

溏 táng

溏

～滾，徒郎反，下徒骨反。（ZD59-822a）按："～滾"，聯綿詞，經文作"蕩突"或"盪突"。

氈 táng

氈

～毦，上徒郎反，下而志反。（ZD60-352c）

糖 táng

糖
塘

～煨，徒郎反，下烏迴反。（ZD59-932c）

～熅，徒郎反，下烏迴反，熱灰火也，正作糖煨也，二並惧。（ZD59-826c）按："～"乃"糖"字，詳見本書中篇"慆"字條。

蟖 táng

蟖
蟖
蟖
蟖

～蜋，上音堂，下音郎。（ZD60-597a）按："～"同"蟖"。

～螂，上音唐，下音郎，亦作螳蜋。（ZD60-366a）

～螂，上音唐，下音郎。（ZD60-552c）

翳～，舊藏作蟖。（ZD60-550a）按："～"同"蟖"。

簹 táng

簹

符～，上户庚、户郎二反，下音唐。（ZD60-382a）

糖 táng

糖
鐺

～蜜，上徒郎反，正作糖。（ZD60-6a）

錫～，下音唐，正作餹、糖。（ZD60-393c）

糛 táng

糛

蔗糛，上之夜反，下徒郎反，正作糖、～二形。（ZD59-990c）按："～"同"糖"。

餹② táng

餹

蔗～，上之夜反，下大郎反。（ZD59-987a）

蹚 táng

蹚

～突，上徒郎反，下徒骨反。（ZD59-617a）按："～"乃"蹹"。"～突"同"搪揆"。《佛説遺日摩尼寶經》卷1："馬有蹚蹢者，當數數教之，久後調好。"（T12，p192b）"蹚蹢"，宋、宮本作"蹢蹚"，元、明本作"搪揆"，聖本作"搪突"。

———

① 又見"嘆"字條。

② 又見"糛""糖"字條。

糛 táng

糛　蔗～,上之夜反,下徒郎反,正作糖、糃二形。（ZD59-990c）按:"～"同"糖"。

帑 tǎng

帑　～藏,他朗反,金帛舍也,正帑也,又女餘反,幡巾也,悮也。（ZD59-649c）

儻① tǎng

儻　～加,他朗反。（ZD59-748b）按:"～",經文作"儻"。

儻　～不,他郎反,正作儻。（ZD59-699c）按:"他郎反"疑爲"他朗反"。

檔 tǎng

檔　木～,他朗反。（ZD60-37c）

檔　～中,上他朗反。（ZD60-29c）按:《四分律》卷10:"厄中、篅中、大鉢、小鉢,或絡囊中、漉水囊中,或著概上,或象牙曲鉤上,或窓牖間,處處懸舉,溢出流漫,房舍臭穢。"（T22,p627c）"厄中篅中",聖本作"枝中大檔中"。

"～"即"檔",木桶也。

矊 tǎng

矊　～眼,他朗反,目無睛也,經作土莽反,悮也。（ZD59-836a）

攩 tàng

攩　排～,上步皆反,下他浪反,推拓也。（ZD59-1009b）按:《雜阿含經》卷25:"時彼蟲神排攩大山,推连王上,及四兵衆,無不死盡。"（T02,p181c）"～"音"他浪反",讀"tàng",與"搪"同。

夲 tāo

夲　出夲～,下二同音叨,正作夲。（ZD60-367c）按:"～"乃"夲"。

夲　出～夲,下二同音叨,正作夲。（ZD60-367c）按:"～"乃"夲"。

叨 tāo

叨　～很,上他刀反,下戶懇反。（ZD60-165b）

挑 tāo

挑　元～,吐刀反,達也。（ZD60-344a）

挑　元～,他刀反,達也,正作挑也。（ZD60-327b）

洮 tāo

洮　～天,上他刀反,湯也,亦水流也,正作滔。（ZD60-442a）按:"～"乃"滔"。

絛 tāo

絛　花～,音叨。（ZD59-789b）

絛　腰～,他刀反,正作絛。（ZD60-68c）

絛　色～,他刀反。（ZD59-786b）

絛　花～,吐刀反。（ZD59-864c）

滔 tāo

滔　～天,他刀反。（ZD59-772c）

滔　～然,上他刀反。（ZD60-471c）

滔　～～,音叨。（ZD60-301c）

慆 tāo

慆　～耳,上他刀反。（ZD60-592b）

―――――

① 又見"譡"字條。

絹 tāo

娑～，他刀反。
(ZD59-875a)

腰～，他刀反。
(ZD59-743a)

寶～，他刀反。
(ZD59-800c)

濤 tāo

波～，音迯。(ZD59-841b)

韜 tāo

慧～，音叨。(ZD60-454b)

～衣，他刀反。
(ZD59-764a)

兮～，他刀反。
(ZD60-532a)

皮～，他刀反。
(ZD59-613a)

豈～，他刀反，藏也，正作韜也，又苦感反，悞。(ZD60-435c)

饕 tāo

俗～，音叨。(ZD60-383b)

～饕，音叨，下音鐵。
(ZD59-822a)

～饕，上他刀反，貪財，下他結反，貪食也。(ZD59-603c)

～饕，他刀反，貪財也，下他結反，貪食也。(ZD59-765a)

～饕嗜，吐刀反，中天結反，下神利反。
(ZD59-730a)

～飾，上他刀反，下他結反，並悞也。
(ZD59-1059b)

～饕，他刀反，下他結反。(ZD59-936c)

～饕，上他刀反，下他結反。(ZD59-595c)

～饕，他刀反，下他結反。(ZD59-818a)

～饕，音叨，下音鐵。(ZD59-911a)

～饕，他刀反，下他結反。(ZD59-936c)

～饕，音叨，下音鐵。(ZD59-933b)

～饕，上他刀反，下他結反。(ZD60-585a)

～饕，上他刀反，下他結反。(ZD59-555c)

～亂，他刀反，貪財曰～也，《經音義》作饕字也。(ZD59-879b)按：“～亂”，對應佛經作“貪(王之所荒)亂”。《七佛八菩薩所說大陀羅尼神咒經》卷3：“神仙尊者，我等頑愚，不識正真，爲此貪王之所荒亂，人民逃迸，國將空虛。”(T21, p554a)可洪以“～”爲“饕”，“饕”與“貪”義同。

迯 táo/wài

～光，上徒刀反。
(ZD60-186b)

方～，音外，又音逃，非。(ZD60-600c)按：“～”乃“外”字，詳見本書中篇“迯”字條。

咷 táo

號～，上户高反，下徒刀反。(ZD59-1091b)

號～，下音逃。
(ZD59-722b)

號～，户高反，下大刀反。(ZD59-691b)

號～，上户高反，下徒刀反。(ZD59-985c)

號～，上户高反，下徒刀反。(ZD59-589c)

號～，上户高反，下大刀反。(ZD59-1009b)

號～，上户高反，下徒刀反，正作咷也。(ZD60-567c)按：“～”乃“咷”字，詳見本書上篇第七章“䠶”字條。

逃[1] táo

～迸，補諍反。
(ZD59-955b)

---

[1] 又見“迯”字條。

逃 俱～，徒刀反。（ZD59-764a）

逃 ～竄，徒刀反，下倉亂反。（ZD59-737c）

逃 ～迸，徒刀反，下補静反。（ZD59-683a）

逃 ～入，徒刀反，正作逃。（ZD59-680c）

逃 ～避，徒刀反。（ZD59-639b）

逃 ～走，上徒刀反。（ZD59-597c）

逃 ～迸，上徒刀反，下補静反，竄走也。（ZD59-594a）

迸 ～失，上徒刀反，正作逃。（ZD59-1098b）

洮　táo

洮 大～，徒刀反，大波也，正作濤也，又遥、叨二音，水名也，非。（ZD60-193c）

洮 ～沙，徒刀反，下所駕反。（ZD59-913b）

洮 ～米，上徒刀反，正作洮。（ZD59-1108a）

洮 ～萠，案，憚和尚《諸經要集》作洮，應和尚《經音義》作洮，《切韻》作掏，並同，徒刀反。～擇，選物也。下古眼反，～擇也，上又叨、遥二音，非也。《川音》以挑替之，非也。

（ZD60-474a）

洮 ～踊，上徒刀反，大波也，正作濤，又他刀、羊招二反，並非也。（ZD60-171b）

桃　táo/tiāo

桃 胡～，徒刀反。（ZD59-878a）

桃 蟠～，上蒲官反，下徒刀反。（ZD59-588c）

桃 蒲～，徒刀反。（ZD59-741c）

桃 蒲～，上步乎反，下徒刀反。（ZD59-984c）

桃 ～眼，上他聊反。（ZD59-560a）按："～"乃"挑"。

陶　táo

陶 ～師，上徒刀反。（ZD59-620c）

陶 ～家，徒刀反。（ZD59-642a）

陶 ～師，徒刀反。（ZD59-740c）

陶 ～練，徒刀反。（ZD59-738c）

陶 ～師，徒刀反。（ZD59-952c）

陶 ～家，徒刀反。（ZD59-960b）

陶 ～糠，徒刀反，下苦郎反。（ZD59-681a）

掏 ～師，上徒刀反，正作陶。（ZD59-1079a）

陶 ～師，上徒刀反。（ZD60-41c）

陶 至～，同上。（ZD60-244c）

陶 ～利，上徒刀反。（ZD59-1103a）

陶 ～家，上徒刀反。（ZD59-611a）

陶 ～家，上徒刀反。（ZD59-986b）

陶 甄～，上音真，下徒刀反。（ZD59-569c）

陶 ～冶，徒刀反。（ZD59-674b）

掏 ～家，徒刀反，正作陶。（ZD59-701b）

陶 ～釣，上徒刀反，下吉旬反。（ZD59-588c）

陶 ～家，徒刀反。（ZD59-712a）

陶 ～師，上徒刀反。（ZD59-620b）

陶 鐵～，徒刀反。（ZD59-985c）

萄　táo

萄 蒲～，徒刀反。（ZD59-711a）

萄 蒲～，徒刀反。（ZD59-652b）

萄 蒲～，上薄胡反，下徒刀反，正作萄。

(ZD59-604b)

鞀 táo

鞀　尼～，徒刀反。
（ZD59-624c）

蝐　táo

蝐　覆～，徒刀反。
（ZD60-377c）

詢　táo

詢　～～，徒刀反。
（ZD60-355a）

鼗① táo

鞉　法～，徒刀反，小鼓
著柄者謂之～也，亦
作鼗、鞀。（ZD59-642b）
鼖鼖　～皷，上徒刀反。
（ZD59-1136b）
鼗　播～，徒刀反，著柄
小鼓也。（ZD59-
767b）

鼗 táo

鼗　播～，徒刀反。
（ZD60-266ba）按：
"～"同"鞉"。

弌 tè

弍　不～，他得反，差也。
（ZD60-520a）

特 tè

特　差～，徒得反。
（ZD59-759b）

櫯 tè

櫯　杙～，上音弋，下音
特。（ZD60-362a）
櫯　～杙，上徒得反，下
羊力反。（ZD60-
375a）

蠢 téng

蠢　～同，上徒登、徒得
二反，神虵也，正作
螣。（ZD59-767b）按：
"～"，此處爲"螣"之省訛。
蠢　作～，經意是螣，徒
登反。（ZD60-389a）

蕂 téng

藤　～繊，上徒登反，下
古咸反，正作藤緘
也。（ZD60-509c）按："～"
乃"藤"。
藤　～蒲，上徒登反，
正作藤。（ZD60-
510b）按："～"乃"藤"。

藤② téng

藤　～笋，上徒登反。
（ZD59-596b）

藤　～葉，上徒登反。
（ZD60-54b）
藤　求～，徒登反，藤蘿
葛菌也，經作蕂、藤，
並悮。（ZD59-766c）
藤　～蒲，上徒登反。
（ZD60-467b）
藤　林～，同上（藤）。
（ZD59-1129c）
藤　攀～，徒登反。
（ZD59-593a）
藤　樹～，徒登反。
（ZD59-742b）
藤　樹～，徒登反，葛屬，
正作藤。（ZD60-
164c）
藤　～根，徒登反。
（ZD59-665c）
藤　～樹，徒登反。
（ZD59-742a）
藤　求藤，徒登反，藤蘿
葛菌也，經作～、藤，
並悮。（ZD59-766c）
藤　～性，上音藤，正
作藤、藤。（ZD60-
404a）
藤　捧～，上步講反，下
徒登反。（ZD60-
92c）按："捧～"，經文作"榛
藤"。"～"即"藤"。《阿毘
達磨法蘊足論》卷2："因愛
棄良醫，癊本榛藤渴，未調
伏一切，數數感衆苦。"
（T26，p459a）"榛"，聖本
作"棒"。

―――――

① 又見"鼗"字條。
② 又見"藤""藤""藤"字條。

藤

～枝，徒登反。（ZD59-785b）

藤

～辟，徒登反。（ZD59-967a）

滕

葛～，古曷反，下徒登反。（ZD59-739c）按：從形體上看，"～"即"滕"，經文中乃"藤"之借。

滕

～香，徒登反，鬼神名。（ZD59-797a）按：從形體上看，"～"即"滕"，經文中乃"藤"之借。

蟘① téng

蟓

螟～，下徒登反。螟，桑虫也。～，食禾虫也。（ZD60-430b）按："～"同"螣"。

蹬 téng

登

齒疼，徒冬反，痛也，亦作瘇，同音疼，又《川音》作～，以癃字替之，非也。（ZD60-292a）按："～"乃"疼"字，詳見本書中篇"蹬"字條。

鼟 téng

鼟

競～，徒登反，鼓聲也，別本作鼞，徒冬反。（ZD60-596b）按："～"，可洪音"徒登反"，讀"téng"。《集韻》"鼟"可同"鼞"，讀"tóng"。

藤 téng

籐

林～，徒登反。（ZD59-1129c）

騰 téng

騰

飛～，徒登反，正作騰。（ZD59-869a）

騰

跳～，徒聊反。（ZD59-947a）

騰

～躑，徒登反，下持隻反。（ZD59-850b）

鶱

～仇，音求。（ZD59-624c）

籐 téng

籐

～織，上徒登反，竹屬。（ZD60-11a）

薅 téng

薅

～緘，上徒登反，下古咸反。（ZD60-496b）

薅藤

～蔓，上徒登反，正作藤。（ZD59-616a）求藤，徒登反，藤藬葛菌也，經作藤、～，並悮。（ZD59-766c）

夦 tī

夦

剞～，他的反。（ZD60-389b）

夦夦

剞～，他的反。（ZD60-364a）

剞～，上苦乎反。（ZD60-367a）

匥 tī

匥匥匥

膈眱，上卑典反，下他兮反，正作匾～。（ZD59-775c）

匾～，上卑典反，下吐兮反。（ZD60-415a）

遍～，上卑典反，下他兮反，正作匾匥。（ZD60-61b）

剔② tī

剔

～亘，他歷反，下古鄧反。（ZD59-802a）

梯 tī

捑抴捼梯

～陛，上他兮反，下步米反。（ZD59-583c）按："～"乃"梯"。

～橙，他兮反，下得亘反。（ZD59-637b）

～橙，他兮反，下都亘反。（ZD59-850c）

～曡，他兮、他禮二反。（ZD59-837a）

～隥，都鄧反。（ZD59-593c）

---

① 又見"蚕"字條。
② 又見"夦"字條。

挮
樤
～橙，都鄧反。
（ZD59-583c）

若～，他兮反，正作
梯。（ZD60-42c）

匯① tī

遞
微～，他兮反，正作
匯。（ZD59-782a）
按："微～"，對應佛經作"微
匯"。《不空胃索神變真言
經》卷6："頭上出三那伽龍
頭，龍項微匯，身肢以金周
遍莊飾。"（T20，p258a）
"～"即"匯"之訛，扁薄也。

匯
纊～，卑典反，下
他兮反。（ZD59-
863b）按："～"，即"匯"字，
"纊～"即"匾匯"，扁平貌。
《一字佛頂輪王經》卷1：
"眼不角睞，暇瞖黃綠，鼻不
匾匯，脣不騫縮。"（T19，
p229c）

鵗 tī

鵗
鶝～，卑典反，下他
兮反，薄兒也，正作
匾匯也。（ZD59-763c）按：
"鶝～"，聯綿詞，經文作"匾
匯"，鼻子扁平貌。《六度集
經》卷2："顏狀醜黑，鼻正
匾匯，身體繚戾，面皺脣頦
（丁可反）。"（T03，p9b）

躰 tī

躰
鶝～，邊典反，下他
兮反。（ZD59-770a）

按："鶝～"同"匾匯"，聯
綿詞。

黀 tí

黀
黀
黀
黀
～草，上徒兮反，草
名。（ZD59-597a）
～發，上徒兮反。
（ZD60-456a）
食～，音提。（ZD59-
1080b）
生～，音提。（ZD60-
131b）

啼 tí/tì

嗁
～嚾，上徒兮反。
（ZD59-1029c）按：
"～嚾"，對應佛經作"啼喚"
或"啼嚾"。此"～（啼）"與
"啼"同。《大樓炭經》卷2：
"阿波浮泥犁中罪人，甚酷
甚痛，大呼啼喚，是故名爲
阿波浮。"（T01，p286c）
"喚"，宋、元、明本作"嚾"。

嗁
～唾，同上，又音提，
惧。（ZD59-1115b）
按："～"即"涕"字。

啼
～哭，徒兮反。
（ZD59-720a）按："～
哭"，對應經文作"涕哭"。
《悲華經》卷9："爾時海神
高聲涕哭。"（T03，p226c）
"～"即"涕"字。《新集藏經
音義隨函錄》卷12："涕哭，
上徒兮反，正作啼。"（K34，
p1081a）

啼
作～，與洟同，又音
提，非也。（ZD60-
380c）按："啼"同"洟（涕）"。

涕② tí/tǐ/tì

涕
～哭，徒兮反，下空
木反，正作啼哭也。
（ZD59-751c）按："～"
乃"啼"。

涕
涕
涕
～淚，他禮反。
（ZD59-719c）
～泣，吐禮反。
（ZD59-671a）
～唾，上他帝反，下
他卧反。（ZD59-
623a）

涕
涕
涕
涕
啼
～唾，音剃，正作洟。
（ZD59-641b）
～多，他計反。
（ZD59-717b）
～唾，上吐帝反，
正作洟。（ZD59-
1110a）按："～唾"即"涕
唾"，"～"即"涕"字，鼻涕。

提 tí

提
鞞～，上步兮反，山
名也。（ZD59-749c）

嗁 tí

嗁
～吟，上匙、提二音。
（ZD60-387c）　按：

---

① 又見"匯""躰"字條。
② 又見"啼""洟"字條。

"～"，譯音字。

稊 tí

稊
稧
稊

～稗，徒兮反，下步拜反。（ZD59-969a）
青～，徒兮反，正作稊。（ZD60-3c）
～稗，徒兮反。（ZD59-680c）

餩 tí

餩

～餉，徒兮反，下户吴反，蘸精也，正作醍醐，下亦作餬也。（ZD59-709a）按："～"同"飺"。

飺① tí

餫
餫

～餬，上音提，下音胡，蘇精也，亦作醍醐也。（ZD59-594b）按："～餬"同"醍醐"。
～餬，徒兮反，下户吴反。（ZD59-738c）

褆 tí/zhī

褆

～福，上章移、市支、徒兮三反，福也，善也，安也。（ZD60-590b）

睼 tí

睼

散～，徒兮反。（ZD59-621a）

蕛 tí

蕛

～芺，田結反。（ZD60-355b）

醍② tí

醙
醍
醂

～醐，上徒兮反，下户吾反。（ZD60-211b）按："～"同"醍"。
～醐，上徒兮反。（ZD60-90b）按："～醐"即"醍醐"。
～醐，上徒兮反，下户吾反。（ZD59-618a）按："～醐"即"醍醐"。

湜

～湖，正作醍醐。（ZD60-86c）按："～湖"即"醍醐"。

踶 tí

踶

朱蹄，徒兮反，亦作～。（ZD59-607c）

餫 tí

餫

～餬，上徒兮反，下户吾反。（ZD59-1017c）

躰③ tǐ

躰

支～，上或作肢、肔二形，同音枝。（ZD60-245a）按："～"

同"體"。

嚁 tǐ

嚁

薩～，他以反。（ZD59-873a）按："～"，譯音字。《大毘盧遮那成佛神變加持經》卷7："達麽駄到薩嚁（他以反，二合）喋喋婆（上二合）靺覩（五）。"（T18，p46c6）

嚁

悉～，他以反。（ZD59-873b）按："～"同"嚁"，譯音字。《大毘盧遮那成佛神變加持經》卷7："微目吃喋（二合）鉢他悉嚁（二合）多（三）。"（T18，p51c）

呬 tì

呬

作～，經意宜作四、隸，二同許器反，鼻息歃嚏也，應和尚以嚏字替之。嚏音帝，亦歃鼻子。（ZD60-369b）按：《一切經音義》卷12："不嚏，丁計反。《蒼頡篇》云噴鼻也，經文作呬，非也。"（C056，p997a）《普曜經》卷5："著之鼻中，鼻亦不呬，亦不棄去。"（T03，p511a）"呬"，明本作"嚏"。"～"即"呬"，玄

---

① 又見"餩""餫"字條。
② 又見"飺"字條。
③ 又見"體"字條。

應以爲"嚏"字。

洟 tì

~唾，他帝反，鼻~也。(ZD59-942b)

~沫，他帝反，下莫鉢反。(ZD59-788a)

利~，他地反。(ZD59-630b)

~唾，吐計反。(ZD59-689c)

~淚，他計反。(ZD59-945c)

~唾，他計反。(ZD59-697b)

食~，他計反。(ZD59-794b)

~香，他計反。(ZD59-932b)

~流，他帝反。(ZD59-977b)

利~，他地反，經自出。(ZD59-628c)

~唾，吐帝反，下吐臥反。(ZD59-679b)

~唾，上他帝反。(ZD59-1138c)

~唾，上他帝反。(ZD59-597b)

~唾，他計反。(ZD59-834b)

~陛，上他地反，下蒲比反。(ZD59-629b)

鼻中~，他帝反，鼻液也。(ZD59-600c)

~淚，他計反。(ZD59-933c)

~唾，上他計反。(ZD59-578a)

淚~，上力遂反，下他計反。(ZD59-574c)

~唾，上吐計反。(ZD60-224c)

逓 tì

~零，上他的反，下力丁反，聽字切脚。(ZD60-58c)

~聽，上他歷反，遠也，正作逓、邆二形。(ZD60-486c)

嚏 tì

~下，上音帝，噴鼻也，正作嚏。(ZD59-1100b)按："~"，經文作"嚏"。《九橫經》卷1："爲止熟者，名爲大便，小便來時，不即時行，噫吐嚏下，風來時制。"(T02，p883a)"~"即"嚏"，與"嚔"同。

亦~，丁計反，正作嚏。(ZD59-1045b)按："~"即"嚏(嚔)"。

~咤，上所甲、丁計二反，正作嚏，下丑加、陟加二反，上又《川音》音建，《江西音》作居展反，應和尚未詳。(ZD60-388a)按："~"即"嚏(嚔)"。

惕 tì

~~，他的反，切切也。(ZD59-1091c)

替 tì

婆~，上音波，下音剃。(ZD59-1031b)

不~，他帝反，廢也，滅也，正作替。(ZD59-763b)

~不，上音剃。(ZD59-1002c)

揥 tì

~手抓，他歷反，下爭巧反。(ZD59-766a)

嚏 tì

~時，上丁計反，噴~也，正作嚏也，又音蓮，悞。(ZD60-69a)

不~，音帝，噴也，正作嚏也，又音蓮，悞也。(ZD60-440c)按："~"乃"嚔"字，詳見本書中篇"嚔"字條。

頢 tì

悉~，他計反，孫愐韻作頢，俗以爲替之替也。(ZD59-635a)

頿　悉~,音剃,或作鬄,音剃。(ZD60-345a)
按:"~",《龍龕手鏡》以爲"鬄"。

頿　悉~,天弃反,前論云修絺多,此譯爲善住,又音剃。(ZD59-967c)
按:《攝大乘論釋論》卷5:"斯柘素悉頿(他棄)多者吉犁絚捒柘。"(T31, p292b)

髯　tì

鬄　~除,上他計反,除髮也,與剃字同也。(ZD59-642b)

摘①　tì/zhāi/zhì

摘　~去,他歷反,挑也,又音擲, 投也。(ZD59-672b)

擿　~解,上他歷反,正作摘,又丑歷反,誤也。(ZD60-29b)

摘　抓~,上爭巧反,下他的反,正作摘。(ZD59-995c)

撥　~齒,上他歷反,正作掆。(ZD60-32a)

摘　捉~,他歷反,挑~,撥火也,正作掆,又音擲,振也。(ZD59-852b)

撒　翿~,上行革反,下他的反,挑~也,作掆、摘二形也。(ZD59-1115c)

摘　耳~,知革反。(ZD60-559a)按:"~"乃"摘"。

摘　手~,知革反。(ZD59-800b)按:"~"乃"摘"。

摘　即~,張革反,手取物也。(ZD59-964a)按:"~"乃"摘"。

摘　疾~,持隻反,授也,就也,古文擲字。(ZD59-702a)

摘　搥~,上都迴反,下音擲。(ZD60-377a)

摘　~沐,持石反,投也,抛也,下助庄反,正作㳞。(ZD59-756b)

嚔②　tì

嚔　~噴,上丁計反,下普悶反。(ZD60-15c)

嚔　噴~,音帝。(ZD60-386b)

嚔　~噴,上都計反。(ZD60-9b)

嚔　雅~,丁計反。(ZD60-379b)

嚔　~欵,上丁計反。(ZD60-373a)

嚔　羅~,丁計反,居士名。(ZD59-731a)

嚔　尊~,音帝,噴也,正作嚔。(ZD60-41c)

嚔　中~,同上(嚔)。(ZD59-1114c)

呬　不~,許器反,鼻息也,歠嚔也,正作嚊、咽二形也,應師以嚔字代之。嚔,丁計反,亦鼻氣也。(ZD59-700b)按:《普曜經》卷5:"彼時菩薩,衆人怪之羡之所行,取其草木投著耳中,耳不痛痒,著之鼻中,鼻亦不呬,亦不棄去。"(T03, p511a)"呬",元本作"嚔",明本作"嚔"。根據經文,"~"乃"嚔(嚔)",噴嚔也。

嚔　中~,丁計反,噴~,鼻息也,正作嚔。(ZD59-963c)

嚔　王~,音帝。(ZD59-1138b)

嚔　連~,丁計反,正作嚔。(ZD59-1114c)

鬄③　tì

鬄　~頭,上他的反,正作鬄也,郭氏音堂,非。(ZD59-1056c)

撒　tì

撒　~齒,上吐歷反,正作掆。(ZD60-41c)按:"~"即"摘"。

撒　~出,上他的反,正作掆。(ZD60-40c)

---

①　又見"掆""撒"字條。
②　又見"呬""嚔""㗫""嚔""嚔"字條。
③　又見"頿""剃""鬍"字條。

按："～"即"摘"。《四分律》
卷52："鉢有星臼孔，食入
中摘出壞鉢，隨可摘出便摘
出，餘者不可出無苦。"
（T22，p953a）

鬀　tì

劋髮，上他歷反，除
髮也，正作～也。
（ZD59-609c）按："～"
即"鬀"。

鬄　tì

噴～，上普悶反，
下音帝。（ZD60-
374b）按："～"同"嚏"。

天　tiān

～中～，音天。
（ZD59-578a）
滔～，上他刀反。
（ZD60-502b）
～冊，上音天，下音
策。（ZD60-339b）
～龍，託田反。
（ZD59-727b）
衆～，音天。（ZD59-
726c）

田　tián

～事，上徒年反，正
作田。（ZD60-138c）

畋　tián

～遊，上徒年反。
（ZD60-13b）
平～，田、甸二音。
（ZD59-787c）

咶　tián/shì

酢～，徒兼反。
（ZD60-154c）按：
"～"乃"甜"，詳見本書中篇
"咶"字條。
～其，上神紙反，正
作舐也，又火恬、下
刮二反，並非也。（ZD60-
280c）按："～"即"舐"字。

恬　tián

種～，徒兼反，正作
甜。（ZD59-818a）
按："～"通"甜"。
～然，上音甜，正作
恬。（ZD59-981c）

甜　tián

初～，徒兼反，正作
甜。（ZD59-1006a）
按："～"同"甜"。
～如，上徒兼反，
甘也，正作甜。
（ZD59-617c）

甜　tián

～蒲桃，上徒兼反，
下徒刀反，正作甜，

上又呼八反，非也，亦甜字
悞。（ZD60-38b）按："～"
乃"眵"字，詳見本書中篇
"甜"字條。

甜①　tián

～酢，徒兼反，下
倉故反。（ZD59-
689b）
～如，徒兼反，甘也，
正作甜。（ZD59-
960b）按："～"即"甜"字，詳
見本書中篇"麷"字條。
極～，徒兼反，正作
甜。（ZD59-617b）
按："～"乃"甜"，詳見本
書中篇"眛"字條。
～味，徒兼反。
（ZD59-642a）
～美，上徒兼反。
（ZD59-597c）
～苦，上徒兼反。
（ZD60-152c）按：
"～"乃"甜"，詳見本書中篇
"蚶"字條。
鹽～，上音閻，下徒
兼反，正作甜也。
（ZD60-154c）

填②　tián

～廁，徒年、徒見二
反，塞也，滿也，正作
寘。（ZD59-718c）按："～"
————
① 又見"咶""眛""酤""甜"
"麷""恬"等字條。
② 又見"寘"字條。

即"寊"，與"填"同。

填

～咽，一結反。
（ZD59-602a）

窴

廁～，田、殿二音，以
寶餳物也。（ZD59-
718c）

瑱

庄～，徒年反，正作
填。（ZD59-782a）

瑱

廁～，音田，塞也，滿
也。（ZD59-899b）

填

于 ～，徒 見 反。
（ZD59-1045a）

酟 tián

酟

～蒲桃，上徒兼反。
（ZD59-1003b）按：
"～"，經文作"甜"，即"甜"
字。《增壹阿含經》卷34：
"欲知彼地肥，氣味猶如甜
蒲桃酒。"（T02，p737a）

酟酟

～酢，上徒兼反。
（ZD60-159a）

酟酟

作～，音甜。（ZD60-
367c）

鈿 tián

鉔鈿

作～，徒賢反，正作
鈿。（ZD60-401c）

綺～，下田、殿二音，
以寶飾器也，正作
鈿。（ZD59-933a）

黏 tián

齉

～漿，上徒兼反，正
作甜。（ZD60-229c）
按："～"同"甜"。

闐 tián

轃顛

轟～，上呼宏反，下
徒年反，盛皃也。
（ZD60-450a）按："～"，對應
佛經作"填"。《高僧傳》卷
5："道俗奔赴，車馬轟填。"
（T50，p356a）《廣韻》徒年
切："闐，轟轟闐闐，盛皃。"
"～"，疑爲"闐"。"填"
通"闐"。

鑌

釪～，上音于，下音
殿。（ZD60-342a）
按："釪～"，對應佛經作"于
闐"或"釪瓄"。"～"同
"闐"，詳見本書中篇"鑌"
字條。

鑌

釪～，上云俱反，下
徒見反，國名也，正
言瞿薩恒那，唐言地乳，匈
奴謂之于遁，亦云于闐，今
作釪鑌，俗也。（ZD59-
1096c）按："釪 ～"即"釪
鑌"，又作"于闐"。

瓄 tián

瓄

釪～，同上。（ZD60-
342a）按："釪～"即
"于闐"。《開元釋教録》卷
2："涼州道人于闐（或作釪
瓄）城中寫記。"（T55，
p501b）

殄① tiǎn

弥

將 ～，徒 典 反。
（ZD59-667c）

弥弥弥弥弥

～絕，徒典反，滅也。
（ZD59-642b）

摧 ～，田 典 反。
（ZD59-659b）

衰 ～，田 典 反。
（ZD59-684b）

摧～，自迴反，下田
典反。（ZD59-660c）

～ 滅，田 典 反。
（ZD59-679c）

悿 tiǎn

悿

～懔，上他典反，慙
也。（ZD60-461b）
按：《高僧傳》卷14："來告
吹噓，更增悿懔。"（T50，
p423a）

瘨 tiǎn

瘨

～瘲，上他典反，下
他管反，髮病也。
（ZD59-1073a）

靦 tiǎn

靦

誰靦，他典反，亦作
～。（ZD60-587c）
按：《廣弘明集》卷27："誰
靦心瑕，再惟情反。"（T52，
p309c6）

姚 tiāo/zhào

姚

～善，上他條反，正
作挑也，又直小反，

———

① 又見"弥"字條。

非也。（ZD60-124a）按：
"～"乃"挑"之訛。

挑　舊～，音趙，葬地。（ZD60-475a）

挑① tiāo/tiǎo

桃　～目，上吐條反，正作挑。（ZD59-564c）

挑　～目，他條、他刀二反。（ZD59-959c）

挑　鳥～，他刀、吐條二反，取也。（ZD59-913a）

挑　～却，上他聊反。（ZD59-593a）

挑　～與，吐條反。（ZD59-737b）

挑　～其，吐條反，取也。（ZD59-676b）

桃　～眼，上他聊反。（ZD59-594b）

挑　生～，吐條反。（ZD59-628b）

挑　如～，徒了反。（ZD59-591c）

挑　～蓋，徒了反，正作挑。（ZD59-719c）

挑　～刀，上徒了反。（ZD59-1076a）

挑　～掟，徒了反，下序全、序絹二反。（ZD59-699c）

苕② tiáo

苔苕　～～，音條。（ZD60-598a）

苔　～然，上徒聊反。（ZD60-142b）

苔 tiáo

苔　～然，上音條，葦花也，取其白色遠見耳，又音臺，非。（ZD60-466a）按："～"乃"苕"。《續高僧傳》卷4："其塋與兄捷公相近，苕然白塔近燭帝城。"（T50，p458b）

茗 tiáo

茗　～華，上徒聊反，正作苕。（ZD60-449a）

茗　～～，音條，正作苕也。（ZD59-608a）按："～"即"苕"字。

毲 tiáo

毲　～毻，上徒聊反。（ZD60-375a）按："～"即"毲"。

條③ tiáo

絛蓚　～疏，徒聊反，下所魚反。（ZD59-853a）
枝～，音條。（ZD60-115c）

篠　～嫩，徒彫反，下奴困反。（ZD59-875a）

樤　枝～，徒聊反。（ZD59-877a）

撡　～菓，上徒聊反，枝～也。（ZD60-182c）

篠　爲～，徒聊反。（ZD59-843a）

絛　～幹，古岸反。（ZD59-945a）

樤　疏～，所魚反，分也，通也。（ZD59-973a）

樤　枝～，徒凋反。（ZD59-875a）

樤　枝～，徒聊反。（ZD59-758b）

撡　名～，徒聊反。（ZD59-1029a）

倏　疏～，上所魚反，下徒聊反，正作條，《順正理論》作疏條也。（ZD60-148c）

迢 tiáo

迢　～然，上徒聊反。（ZD60-470c）

迢　～～，音條。（ZD60-512c）按："～～"同"迢迢"。《辯正論》卷8："但云煌煌耀景，迢迢寶臺，金刹金姿，龍駕欻來。"（T52，p548a）

迢　～嶢，上徒聊反，下五澆反。（ZD60-

---

① 又見"桃"字條。
② 又見"苕""茗"字條。
③ 又見"樤"字條。

464b）按：《續高僧傳》卷 3：
"法城 從此 構，香閣本岩
嶢。"（T50，p443b）"岩"，
宮本作"迢"。"～"同"迢"。

跳　tiáo/tiào

跳
　　～躑，上徒聊反，
　　下他隻反。（ZD60-
96a）

跳
　　～蹂，音條，下音良。
（ZD59-764a）

跳
　　一～，他吊反，越也，
　　躍也，正作趒也，又
音條。（ZD59-680c）

跳
　　～躑，上音條，下音
擲。（ZD59-601a）

趿
　　～越，上徒聊反，宜
作趒，他吊反，越也。
（ZD59-1053c）

橾　tiáo

橾
　　枝～，音條。（ZD60-
163a）

鬏　tiáo

駋
　　～年，上徒聊反。
（ZD60-342c）

鬏
　　～年，上徒聊反。
（ZD60-486a）

齠　tiáo

齠
　　～亂，上徒聊反，小
兒髮也，下初恠反，

男八歲而去齒也，謂留髮去
齒也。（ZD59-548c）

窕　tiǎo

窕
窕
　　窈～，於了反，下徒
了反。（ZD59-729c）
　　窈～，上一了反，下
徒了反。（ZD59-
994b）

朓　tiào

朓
　　慧～，他吊反。
（ZD60-477a）按：
"～"乃"朓"。《續高僧傳》
卷 15："唐襄州神足寺釋慧
朓傳三。"（T50，p538b）

朓① 　tiào

朓
　　出～，他吊反，正作
朓，又他彤、他了二
反，悮。（ZD59-877a）

朓
　　謝～，他吊反，正作
朓也，又他條、他了
二反，人名。（ZD60-466c）

朓
　　瞻～，他叫反。
（ZD59-781a）

朓
　　求～，吐叫反，望也。
（ZD59-708a）

枭　tiào

枭
　　～之，上他吊反。
（ZD60-198b）

趒　tiào

趒
　　～坑壍，上他吊反，
　　中苦庚反，下七焰
反。（ZD59-1131b）

趒
　　～躑，他吊反，下池石
反。（ZD59-938b）

趒
　　出 ～，他吊反。
（ZD60-401a）

覜　tiào

覜
　　～九，他吊反，遠望
　　也，正作朓也。
（ZD59-975c）按：《成唯識
論》卷 10："覜九流以濬瓊
波。"（T31，p59c）"～"音
"他吊反"，訓"遠望也"，可
洪以爲"朓"，可從。

篠　tiào

篠
　　叫～，吐吊反，深邃
兒。（ZD60-594b）

糶　tiào

糶
糶
　　糶～，徒的反，下他
吊反。（ZD59-900a）
　　～出，上他吊反。
（ZD59-1106b）

怗　tiē

怗
　　～著，上他協反。
（ZD60-49a）按："～"

―――――
① 又見"覜"字條。

乃"帖"。

鐵[①]　tiě

鐵　～性，上天結反，正作鐵。（ZD60-173b）

鐵　～鈎鎖，天結反，下桑果反。（ZD59-668a）

鉞　剛～，音劫。（ZD60-196a）按："～"，對應佛經作"鐵"。《出曜經》卷12："爾時阿難廣採經義，隨時適彼長者，然其長者心如剛鐵不可移易。"（T04，p674b）根據經文，"～"乃"鐵"，可洪音"劫"，蓋以爲"鈷"，似不可從。

鐵　～叉，天結反。（ZD59-843b）

鐵　～棧棧，一天結反，下二羊力反，橛也，正作栈也。（ZD59-911c）

鐵　如～，天結反。（ZD59-758c）

鐵　取～，天結反。（ZD59-622b）

鐵　若～，天結反。（ZD60-103a）

鐵　～輪，上天結反。（ZD59-599b）

鐵　剛～，天結反，正作鐵、鐵二形，又子廉反，鐷鋒也。（ZD59-973c）

鉳　～梪，音鐵，悮也，又二同音忌。（ZD59-848b）按："～梪"，對應佛經

作"鐵梪"。《佛説觀佛三昧海經》卷5："萬億鐵梪關從下動，鐵梪低昂，無量鐵弩同時皆張。"（T15，p673a）根據經文，"～"乃"鐵"字。"鐵"蓋受下字"梪"的影響類化而作"～"。

鐵　～城，上天結反。（ZD60-349a）

鐵　tiě

鋨　～鍱，上他結反，下羊楼反。（ZD60-40a）

鐷　平～，子廉反，鐾刃也，又或鐷、鐵，天結反。（ZD60-379c）按："平～"，對應文獻作"平鐷"，即"平鐷"。玄應《一切經音義》卷16："若鐷，又莧反。《説文》一曰平鐷也。《廣雅》謂之鐷。《蒼頡篇》削平也。"（C057，p11a）可洪以"～"音"子廉反"，蓋以爲"鐷"字，不妥。

飻　tiè

飻　饕～，上他刀反，下他結反。（ZD59-1059b）按："～"即"飻"，與"饕"同。

飻　tiè

飻　貪～，他結反，貪食也。（ZD60-22a）

襟　tiè

襟　～葉，上他協反，下羊接反。（ZD60-36c）按："～"即"襟"，同"帖"，對應佛經正作"帖"。《四分律》卷41："即裁割作衣，少欲作帖葉衣。"（T22，p863a）

襟　安～，羊接反，正作葉、挼二形也，郭氏音牒，非也。（ZD60-36b）按："～"即"襟"，同"帖"，對應佛經正作"帖"。《四分律》卷40："案行房舍時，見有比丘舒僧伽梨在地欲安帖。"（T22，p857a）"帖"，宋、元、明、宫本作"葉"。可洪以"～"爲"葉"，不妥，應以"安襟（帖）"爲是。《四分律》卷41："即裁割作衣，少欲作帖葉衣。"（T22，p863a）《四分律》卷13："捉角頭挽，方正安帖。"（T22，p651c）"帖"，聖乙本作"襟"。

饕[②]　tiè

饕　貪～，天結反，正作饕。（ZD59-1130b）

饕　貪～，天結反。（ZD59-766a）

饕　饕～，上他刀反，貪財，下他結反，貪食

---

① 又見"鐵"字條。
② 又見"飻""飻"字條。

也。（ZD59-603c）

饕　食～，音貪，下音鐵，並悞。（ZD59-829c）

饕　貪～，天結反。（ZD59-645b）

餘　貪～，天結反，正作饕。（ZD59-1019a）

饕　貪～，音鐵，貪食也，悞。（ZD60-551c）

餐　饕～，上他刀反，下他結反。（ZD60-185b）

饕　貪～，音鐵。（ZD59-611c）

饕　饕～嗜，吐刀反，中天結反，下神利反。（ZD59-730a）

饕　饕～，音叨，下音鐵。（ZD59-911a）

饕　饕～，他刀反，下他結反。（ZD59-818a）

饕　饕～，上他刀反，下他結反。（ZD59-595c）

餐　饕～，上他刀反，下他結反。（ZD59-555c）

饕　貪～，天結反。（ZD59-734a）

餮　～饕，音鐵，下音叨。（ZD59-982a）　按："～"乃"饕"，詳見本書中篇"餮"字條。

餐　～垢，上天結反，正作饕。（ZD59-1070b）按："～"乃"饕"。

汀　tīng

汀　沙～，他丁反，水際平沙也。（ZD59-861a）

橲　tīng

橲　扰～，上古黄反，下他丁反，碓～，床～，即床桯也，正作桯也，俗字也。（ZD60-466c）按："～"乃"橲（桯）"字，詳見本書中篇"橲"字條。

廳　tīng

廳　～疷，音雅。（ZD60-95a）

廳　～堂，上吐丁反。（ZD60-343a）

廷①　tíng

迁　來～，音庭，朝廷也。（ZD60-106c）

迁　來～，正作廷也。（ZD60-316c）按："～"乃"廷"字，詳見本書中篇"迁"字條。

莛　胡～，上直遥反，下徒丁反，《辯正論》作朝庭也，並悞。（ZD60-561b）按："胡～"，經文作"朝廷"。

迁　tíng

迁　中～，庭、定二音。（ZD59-1030a）按："中～"，經文作"中庭"。《大樓炭經》卷3："忉利天上宫中中庭殿前，有百種色寶物。"（T01，p292c）從字形看，"～"即"廷"，此處通"庭"。

迁　～尉，上持丁反。（ZD60-449a）按："～尉"即"廷尉"。

莛　tíng

莛　草～，特丁反。（ZD59-1130c）

莛　箪～，特丁反，草莖也。（ZD59-1113a）

莛　草～，特丁反。（ZD59-1136a）

莛　～楹，上音庭，下音盈。（ZD60-532c）按："～"，對應佛經作"莛"。《弘明集》卷7："一以此明莛楹可齊。"（T52，p45b）

莛　杵～，音庭，莖也。（ZD59-697b）

庭②　tíng/tǐng

庭　～燎，力燒反。（ZD59-685b）

---

① 又見"迁"字條。
② 又見"烴""鋌"字條。

庭 庭 庭

闕 ～，丘 月 反。
（ZD59-823b）

紫 ～，特 丁 反，正 作
庭。（ZD59-924b）

奇 ～，特 頂 反，正 作
挺。（ZD60-284c）
按：從字形看，"～"即"庭"，
經文中通"挺"，詳見本書中
篇"庭"字條。

雩　tíng/yú

雩

～雷，上庭、挺二音，
又于、呀二音，並悞。
（ZD60-183a）按："～"乃
"霆"。

雩

～祭，上音于，祈雨
祭。（ZD60-485a）
按："～"同"雩"。

雩

爲～，音于。（ZD60-355c）

停　tíng

停

所～，音亭，正作停。
（ZD60-432a）

哼　tíng

哼

竭～，音亭。（ZD59-812a）按："～"，譯音
字。《佛説無崖際總持法門
經》卷 1："多樓泥竭哼法
門。"（T21，p841b）

渟　tíng

渟

淵～，烏玄反，下徒
丁反，經作淵停，悞

也。（ZD59-658a）

渟 渟 渟

澄 ～，特 丁 反。
（ZD59-720b）

～流，音亭，正作渟。
（ZD59-641a）

～山，上音亭，正作
停。（ZD60-458c）

霆①　tíng

霆

～耀，庭、挺二音，
疾雷也。（ZD59-766b）按："～"，經文
作"霆"。

霆

中～，庭、挺二音。
（ZD59-631a）按：
"～"，經文有版本作"霆"。

霆

～掃，上徒丁反，正
作霆也。（ZD60-573c)按："～"乃"霆"，詳見
本書中篇"霆"字條。

箄　tíng

箄

～藶，上音亭，下音
歷。（ZD60-375b）
按："～藶"即"葶藶"。"～"
乃"葶"。

錝　tíng

錝

三～，音亭，表戒定
慧 三 事。（ZD59-1055b）按："～"，經文作
"停""扄"或"錝"。張小豔
以"～"爲"停"，是。

韹　tíng

韹 韹

悉 ～，亭音反。
（ZD59-889a）按：
"～"，切身字，合"亭""音"
爲音，非真正意義上的漢
字，《漢語大字典》讀
"tíng"，亦不妥。

挺　tǐng

挺 挺 挺 挺 挺 挺 挺 挺 挺 挺

超 ～，徒 頂 反。
（ZD59-595b）

～ 特，徒 頂 反。
（ZD59-641a）

蒲 ～，廷 頂 反。
（ZD59-745b）

超 ～ 特 頂 反。
（ZD59-593b）

～真，上特頂反。
（ZD59-567a）

～ 特，徒 頂 反。
（ZD59-737c）

～ 特，徒 頂 反。
（ZD59-772b）

～ 於，上庭頂反。
（ZD60-427b）

～ 異，徒 頂 反。
（ZD59-641c）

～ 特，庭 頂 反。
（ZD59-727c）

～特，上徒頂反，正
作挺。（ZD60-284c）
按："～"，經文作"挺"，詳見
本書中篇"庭"字條。

―――

① 又見"雩"字條。

撗　～在，他頂反，正作
脡也。(ZD59-802c)
按："～"，經文作"挺"。

珽　tǐng

珽　執～，他頂反，玉名
也，宜作珪，音圭。
(ZD60-422c)

脡　tǐng

脡　脛～，上胡頂反，下
徒頂反，脚腂也，俗
也，下又他頂反，非。
(ZD59-1093a)

艇　tǐng

艇　～輕，上庭頂反。
(ZD59-1084c)
艇　～舟，特頂反，小船
也，二百斛已上曰～
也。(ZD59-909b)

艼　tǐng

艼　作～，他頂反，見藏
作脡也。(ZD60-
366b)
艼　作～，同脡。(ZD60-
370c)

頲　tǐng

頲　鄭～，他頂反。
(ZD60-473b)

頲　名～，他頂反。
(ZD60-495c)
頲　蘇～，他頂反。
(ZD60-338a)
頲　蘸～，他頂反。
(ZD60-346c)

聴　tìng

聴　～受，他定反，正作
聴。(ZD59-919c)
聴　垂～，下他定反，許
也。(ZD59-772b)

聴①　tìng

聴　不～，他定反，不
許也，正作聴。
(ZD59-1115b)
聴　不～，他定反。
(ZD59-1115b)
聴　～者，他定反，聆也。
(ZD59-732b)
聴　稟～，兵錦反，敬
也，正作稟。(ZD59-
731c)

嚥　tìng

嚥　夜～，音聴，去聲。
(ZD60-288b) 按：
"～"音同"聴"，譯音字。
《陀羅尼雜集》卷5："波羅
無挃多，薩利夜聴。"(T21,
p608b)

彤　tóng

彤　～霄，上徒冬反。
(ZD59-589b)

彤　～輝，徒冬反，下
許歸反。(ZD59-
870b)
彤　～赤，徒冬反。
(ZD59-873b)
彤　～燃，上徒冬反，正
作彤也，又音融，非
也。(ZD59-1084c)

郮　tóng

郮　～宮，上徒東反。
(ZD60-515a)

哃　tóng

哃　身～，徒弄反，過也，
正作週、洞二形，《川
音》作哃，徒東反，非也，又
郭迻音向，非也。(ZD59-
820c)
哃　作～，音同，依字，哃
嘈，大言也，經文作
响，同，上徒弄反。(ZD60-
356c)

桐　tóng

桐　下～，同音。(ZD60-
81b)

筒　tóng

筒　璃～，音同。(ZD59-
846b)

———

① 又見"聴"字條。

干～，音同。（ZD59-647a）

箭　木～，音同。（ZD59-681a）

胴　tóng

胴　淨～，音同。（ZD60-599c）

童①　tóng

僮　～真，徒東反，正作僮也。《字樣》云古以僮爲童。（ZD59-733c）按："～"通"僮（童）"。

筩　tóng

筒　函～，上户緘反，下徒冬反。（ZD60-35a）按："函～"，對應佛經作"函筒"。《四分律》卷35："當作函筒盛。"（T22，p819a）

甬②　tóng

甬　漆～，青悉反，下徒東反。（ZD59-768c）

篃　箪～，音同。（ZD59-879b）

甬　大～，徒東反，竹～也。（ZD60-372c）

銿　鍼～，上之林反，下徒東反，正作甬。（ZD60-31b）

箭　鍼～，上音針，下音同，正作甬、筒二形，

又音府，非。（ZD60-58b）

甬　箭～，音同。（ZD59-961b）

篃　出～，同上，悞也，出～還曲。（ZD59-922c）

篃　鍼～，同上。（ZD60-58b）

甬　用～，徒東反，正作甬。（ZD60-54a）

甬　竹～，徒東反，正作甬。（ZD59-922c）

甬　水～，音同。（ZD59-737a）

甬　金～，徒東反，箭室也，正作甬。（ZD60-187c）

僮　tóng

億　～孺，音童，正作僮，未冠也，古作僮子字，今爲僮僕字也。（ZD59-820b）按："～"乃"僮"，與"童"同。

銅③　tóng

銅　融～，羊戎反，下音同。（ZD59-843b）

銅　五種～，徒東反，正作銅。（ZD59-806a）

銅　～輪，徒東反，正作銅字。（ZD59-932a）

銿　tóng

銿　鍼～，上之林反，下徒東反，正作甬。

（ZD60-31b）按："～"即"甬"，詳見本書中篇"銿"字條。

瞳　tóng

瞳　中～，音童。（ZD60-109b）按："～"疑爲"瞳"。

鋼　tóng

鋼　～鐵，上徒東反，正作銅，郭迻作而振反，非。（ZD60-70c）按："～"即"銅"之訛，詳見本書中篇"鋼"字條。

朣　tóng

朣　～子，同上（瞳）。（ZD59-1029c）

朣　～子，上音童，正作瞳。（ZD60-231a）按："～"乃"瞳"字。

瞳④　tóng

瞳　～子，上音童，正作瞳。（ZD59-1029c）

瞳　～矇，音童，下音蒙。（ZD59-820a）按："～矇"乃"瞳矇"。

———

① 又見"僮"字條。
② 又見"筒""銿""甬"字條。
③ 又見"鋼"字條。
④ 又見"朣"字條。

統① tǒng

統　捴～，上子孔反。
（ZD60-457b）

銑 tǒng

銑　～涉，上或作抌，同
尺仲反。《玉篇》云
銑，鑿石也。（ZD60-424b）
按：“～”“銳”即“銑”之訛。
“銑涉”即“統涉”，“～”爲
“統”之借。詳見本書中篇
“銑”字條。

痛 tòng

癊　苦～，音痛。（ZD59-
1020b）
痛　～痒，羊兩反。
（ZD59-670c）
庯　～哉，上他弄反。
（ZD60-189c）
痛　～癢，羊兩反，正作
痒。（ZD59-674c）
癊　～想，他弄反。
（ZD59-830b）按：
“～”乃“痛”字，詳見本書上
篇第七章“癊”字條。
鮠　苦～，他弄反，傷患
也，瘀也，正作痛也。
（ZD59-732b）
廗　～鞕，上他弄反，下
音鞭，悮。（ZD60-
268b）
癊　色～，他弄反。
（ZD59-823b）
癊　苦～，音痛。（ZD59-
1111c）
庯　～庠，上他弄反，下
羊兩反，正作痛痒
也。（ZD59-580a）
庯　色～，他弄反，正作
痛也。色痛想行識，
五蘊也，新經作色受想行
識。（ZD60-172c）

慟 tòng

慟　哀～，徒弄反。
（ZD59-585b）
慟　號～，上户高反，下
毒弄反。（ZD59-
1079b）

偷 tōu

廥　～蘭遮，上他侯反，
正偷也。（ZD60-
45b）
榆　～寇，上音余。
（ZD59-584c）按：
“～”，經文作“偷”，可洪音
“余”，誤。

鍮 tōu

鍮　～鉐，他侯反，下
市亦反。（ZD59-
782b）

投 tóu

投　自～，音頭，弃也，擲
也。（ZD59-581b）
投　～於，徒侯反。
（ZD59-734c）
投　～下，徒侯反。
（ZD59-758a）
投　～身，徒妻反，又之
末反，悮。（ZD59-
663a）
投　～薪，徒侯反，下息
津反，正作投薪。
（ZD59-960a）
抌　～下，徒侯反。
（ZD59-716b）
投　～足，音頭，正作投。
（ZD59-734a）
扠　歸～，正作投，徒侯
反，又蘇禾反，悮。
（ZD59-787c）
枝　～華，上音頭，下音
花。（ZD59-572b）
投　～掣，尺世反。
（ZD59-637a）
投　～淵，一玄反。
（ZD59-681a）
投　句～，音逗。（ZD59-
585c）按：“～”即
“投”，通“逗”，讀“dòu”。

頢 tóu

頢　撲～，上二字悮，是
撲頭二字。（ZD59-
1021c）按：“撲～”，對應佛
經作“撲頢”。《佛開解梵志
阿颰經》卷1：“有大梵志道
士二十三人，名爲者屠、留
耗、盡陀、迦夷、阿柔、迦晨、
謣夷、頷超、炎毛、巴蜜、監
化、阿倫、裘曇、耆頼、謣淚、

———
① 又見“銑”字條。

迦葉、暴伏、阿般、揆顗、優察、波利、僥頸、陂佚，天下城郭，皆是此二十三人共所造也。"（T01，p263a）根據可洪，"～"即"頭"字。

䏩 tóu

～濘，上徒侯反，正作頭、𣪘二形也。（ZD59-621a）按："䏩"，譯音字。《大方等大集經》卷19："䏩濘（五十七），䏩濘（五十八）。"（T13，p137a）

傾 tóu

秃～，音頭，地獄名也。（ZD59-820c）按："秃～"，對應經文作"秀領""秀頭"或"秀～"。《佛說稱揚諸佛功德經》卷2："若有不信謗毀之者，四十億歲在加羅秀領泥犂之中具受衆苦。"（T14，p97c）"領"，宋、宫本作"頭"，元、明本作"傾"。根據可洪，以"～"爲正。"～"音"頭"，譯音字。《中華字海》引《篇海》義未詳。

秃 tū

～梟，音澆。（ZD59-1105b）

此～，他木反。（ZD59-748a）

突[1] tū

巡～，上徒刀反，正作逃也，下徒骨反。（ZD60-187c）

～突入，上二同陁骨反。（ZD59-1072b）

扺～，上丁禮反，下徒骨反。（ZD59-573b）

～伽，徒骨反。（ZD59-697b）

抵～，丁禮反，下徒骨反。（ZD59-757b）

突～入，上二同陁骨反。（ZD59-1072b）

逃～，徒骨反。（ZD59-605c）

抵～，丁禮反，下徒骨反。（ZD59-646b）

～泄，上徒骨反，下私列反。（ZD60-371c）

盪～，上他郎反，下徒骨反。（ZD59-599c）

～吉，上徒骨反。（ZD59-681a）

～嘍，上徒骨反，下洛侯反。（ZD59-632c）

舥～，丁禮反，下徒骨反。（ZD59-645a）

舥～，丁禮反，下徒骨反。（ZD59-700b）

折～，下徒骨反。（ZD59-590c）

揩～，苦皆反，下徒骨反。（ZD59-692a）

～色，上徒骨反，正作突。（ZD60-65a）

～羯羝，徒骨反，中居謁反，下丁兮反。（ZD59-801a）

抵～，丁禮反，下徒骨反，正作舥突。（ZD59-831c）

㑌 tū

～衆，上徒骨反。（ZD60-266b）按："～衆"，對應佛經作"㑌衆"或"突衆"。《經律異相》卷10："王奔入山行，伺諸王出，㑌衆取之。猶鷹鷂之毆鵞雀。"（T53，p54c）"㑌"，宋、元、明、宫本作"突"。"～""㑌"皆"突"字之俗。

㧩 tū

～額，上陁骨反，下五格反。（ZD60-534b）

觸～，音突。（ZD59-781b）

---

[1] 又見"㑌"字條。

葖 tū

葖 ～蘆,上徒骨反。
(ZD60-353b)

稌 tū

稌 多～,下他胡、他古
二反,稻也,正作稌。
(ZD60-536b)按:"～"乃
"稌",詳見本書中篇"稌"
字條。

湥 tū

湥 溏～,徒郎反,下徒
骨反。(ZD59-822a)

嵞 tū

嵞 ～嵊,上他胡反,下
成證反。(ZD60-
453b)

徒 tú

徒 ～盈,上大乎反。
(ZD60-57a)

逮得,～愛反。
(ZD59-893c)

～勞,大胡反,下洛
刀反。(ZD59-959c)

之 ～,達胡反。
(ZD60-419c)

盦 tú

盦 ～山,上達乎反。
(ZD60-597a)

腯 tú

腯 肥～,徒骨反,正作
腯。(ZD60-541a)

塗 tú

塗 ～身,大胡反。
(ZD59-959c)按:
"～"乃"塗",詳見本書中篇
"塗"字條。

～徑,達乎反。
(ZD59-728c)

～香,上達胡反,～
泥也,正作塗也。
(ZD59-1071b)

用～,音途。(ZD60-
106a)

～銅,徒東反,麻谷
本作鋼,非也。
(ZD60-210b)

～身,上音途,正作
塗。(ZD60-106a)

大～,音途。(ZD60-
199b)

～藥,上達乎、宅加
二反,正作塗。
(ZD60-83b)

～路,上音徒,正作
塗也,又古暗反,悞
也。(ZD59-625c)

以～,同上(塗)。
(ZD60-106a)

圖 tú

圖 不～,音徒。(ZD60-
184a)

～讖,楚禁反。
(ZD59-700b)

～諜,達胡反,畫也,
下恬協反,問也,或
作牒,書版也。(ZD59-
965b)

土 tǔ

土 ～塊,苦對反。
(ZD59-743b)

吐① tǔ

吅 ～核,下革反。
(ZD60-24a)按:經文
作吐。《彌沙塞部和醯五
分律》卷17:"我憶昔於某
處食此樹子,來此吐核,遂
生此樹。"(T22,p121a)"～
核"即"吐核"之訛。

呿 ～出,上他古反,正
作吐也,又都骨、都
括二反,非也。(ZD60-
234b)按:"～"爲"吐",詳見
中篇"呿"字條。

歫 tǔ

歫 作～,他古反,正作
吐也,經作蜜喥吐梨

————
① 又見"歫"字條。

反是也。（ZD60-368a）按：
"芺"即"吐"字。玄應《一切
經音義》卷11："蜜提，或作
締，音徒計反，城名也，經文
作芺，此吐字是翻音，作吐
梨反。"（C056, p986a）

兔① tù

～角，他故反。
（ZD59-740c）

事～，他故反。
（ZD59-719a）

～角，上他故反。
（ZD59-620a）

～馬，他故反。
（ZD59-740b）

～毛，上他故反，正
作兔。（ZD59-625c）

～角，他故反。
（ZD59-743a）

～角，他故反。
（ZD59-940c）

諸～，同上（兔）。
（ZD59-599c）

～形，他故反。
（ZD59-715c）

雉～，直几反，下他
故反，正兔也。
（ZD59-741a）

一～，他故反。
（ZD59-914a）

～身，他故反。
（ZD59-687a）

菟 tù

～角，他故反，正作
兔，又奴侯反，兔子

也。（ZD59-933a）按："～"，
經文作"兔"。

未～，上莫鉢反，下
他故反，國名也。
（ZD60-465a）

～馬，他故反。
（ZD59-740b）

～俓，上他故反，正
作兔。（ZD60-590a）
按："～"，對應佛經作"兔"。
《廣弘明集》卷28："何異迴
龍象於兔徑。"（T52,
p327a）"～"即"菟"，
通"兔"。

湍 tuān

汎～，芳梵反，下他
端反。（ZD59-
755b）按："～"乃"湍"，詳見
本書中篇"濡"字條。

夷～，與湍字同也，
又音傆，愞。（ZD59-
1003b）

貒 tuān

～豚，上他官反，下
徒昆反。（ZD60-
375b）

椯 tuán

～食，上徒官反。
（ZD59-997b）按：
"～"即"揣"，與"搏"同。

～食，上徒官反。
（ZD59-620b）按：
"～"乃"揣"，與"搏"同。

搏② tuán

一～，徒官反。
（ZD59-600b）

此～，同上（揣）。
（ZD60-169c）按："～"
即"揣"，與"搏"同。

～食，徒官反。
（ZD59-669c）

作拂～，下二同徒官
反，丸也，正作團、
搏、揣三形也，二體並悮。
（ZD60-169c）按："～"乃
"揣"，與"搏"同，詳見本書
中篇"揣"字條。

食～，徒官反，丸也。
（ZD59-818b）

～食，徒官反。
（ZD59-736c）

土～，徒官反，塊也。
（ZD59-1007c）

一～，徒官反，丸也。
（ZD60-95b）

榑 tuán

～食，上徒官反。
（ZD60-161b）按：
"～"乃"搏"。

――――

① 又見"菟""菟"字條。
② 又見"揣""椯""橢""榑"
字條。

團　tuán

 ～飯，上徒官反。（ZD60-45b）按："～"乃"團"字，詳見本書中篇"**圑**"字條。

 ～光，于拳反，又作圓光是也。（ZD59-898b）按："～"，可洪音"于拳反"，蓋以爲"圓"，經文作"圓"。我們認爲"～""圓"兩者衹是意義相同。

檽　tuán

 ～令，上如誰、奴禾二反，柔～，手和物也，正作挼、捼二形也，又而注反，非。（ZD60-81a）按：《善見律毘婆沙》卷16："麨有二種：一者散麨，二者以糖蜜摶，令相著麨。"（T24，p784c）"～"似乎爲"摶"。可洪以"～"爲"挼"，恐非。

瘓　tuǎn

 痶～，上他典反，下他管反，髮病也。（ZD59-1073a）

 痶～，上他典反，下他短反，髮病也，正作瘓。（ZD60-34c）

彖　tuàn

 慧～，吐亂反。（ZD60-459c）

 寶～，吐亂反。（ZD60-467b）

𤸎[1]　tuí/zhuì

 陰～，直睡反，重～，病也，謂陰腫下垂而重也，正作膇、𤸎二形，《經音義》作徒雷反，非也。（ZD59-936b）按："～"訓"陰腫下垂而重也"，經文作"𤸎"，疑與"㿉"同，讀"tuí"，詳見本書中篇"追"字條。

 ～瘻，上直睡反，下於井反。（ZD60-93a）

 ～重，應和尚云《字林》作𤸎，與頹同，徒雷反，又按《切韻》直睡反，重下病也，腫也。（ZD60-365b）

頹[2]　tuí

 ～齡，徒迴反，下力丁反。（ZD59-866a）

 ～毁，徒迴反，正作隤。（ZD59-710b）

 欲～，徒迴反。（ZD59-684b）

頺　tuí

 虧～，上丘隨反，下徒迴反。（ZD60-332c）按："～"乃"頹"。《大唐内典録》卷2："至于惠帝永寧之初，政道虧頹，群雄岳峙。"（T55，p232b）

 山～，徒迴反。（ZD60-184c）按："～"乃"頹"。

魋　tuí

 或～，徒迴反，正作㿉。（ZD60-210a）

㿉　tuí

 或～，徒迴反，正作㿉。（ZD60-34c）按："～"乃"癩"，同"㿉"。《四分律》卷35："或有一卵，或無卵，或㿉，或身内曲，或身外曲，或内外曲。"（T22，p814a）"㿉"，宋、元、明、宮本作"癩"。

㾽[3]　tuǐ

 㾯痕，上烏罪反，下他罪反，肥皃也，正作腲腇也，或作**㾯**～，上烏罪、烏對二反，下他罪、他對二反，病也。（ZD59-1120b）按："～"即"**㾽**"。《十誦律》卷21："年太小、大老、**㾯㾽**；不能行、不能坐、不能卧、不能立，如是一切污染僧人，盡不應與出家受具足。"（T23，p155b）

---

① 又見"㿉"字條。
② 又見"頺"字條。
③ 又見"㾯"字條。

"㾯㾯"即"㿉㿉"。

腿[①]　tuǐ

腿
䐖

兩～，他罪反。(ZD60-10b)

～踹，上他罪反，下市軟反。(ZD60-5c)

瘣　tuǐ

瘣

痕～，上烏悔反，下他悔反，肥皃也，律意謂肥膃則起坐艱難，不任事師，不聽出家也。應和尚以㾯㾯字替之，非也。(ZD60-376a)

骽　tuǐ

骽

～有，上他罪反，亦作腿。(ZD59-597a)

退　tuì

退
退

不～，音退。(ZD59-945c)

而～，音退。(ZD59-934c)

退

～淨，他內反，却下也，亦作迡、遀。(ZD59-927a)

迿

退淨，他內反，却下也，亦作～、遀。(ZD59-927a)

遀

退淨，他內反，却下也，亦作迡、～。(ZD59-927a)

不～，音退。(ZD59-829c)

遐
退
退
退
遐
退
遀

～坐，他內反。(ZD59-773a)

～散，他對反。(ZD59-721b)

不～，吐對反。(ZD59-664c)

無～，音退。(ZD59-656b)

不～，音退。(ZD59-655a)

～壞，他內反。(ZD59-651b)

不～，音退。(ZD60-294b)

順～，音退。(ZD60-113c)

暾　tūn

暾

法～，他昆反，僧名也。(ZD60-472c)

屯　tún

屯
毛
毛
毛

村～，徒魂反，聚也，亦村也。(ZD59-620c)

～躝，上徒覔反，正作屯躝也。(ZD59-1020a)

～婁，上徒昆反，下郎侯反。(ZD59-625b)

～堅，徒昆反，天樂神名，亦云屯甄，此云樹也。(ZD59-657b)

伅　tún

伅
伅

～真，上徒門反。(ZD59-724a)按:《一切經音義》卷7:"伅真，徒損反，字又作屯，徒門反，此譯云神人也，王名如意生王也。"(C056, p929a)

独　tún

独
犹
犹

～頭，徒門反。(ZD59-796b)

葑～，上子浪反，下徒覔反。(ZD60-456b)

縛～，徒覔反。(ZD60-497b)

肫　tún

肫
肶

～頭，徒覔反，亦作豚。(ZD59-752a)

你～，徒覔反。(ZD59-794c)

豚[②]　tún

脉
𦠇
脉

～子，徒門反，俗豕子也。(ZD59-902b)

腒～，竹魚反，下徒覔反。(ZD59-838b)

～子，上徒覔反。(ZD60-42a)

---

① 又見"骽"字條。
② 又見"独""肫"字條。

脉　作～，徒竟反。
（ZD60-263c）

脉　睹～，竹魚反，下徒
門反。（ZD59-686a）

燉　tún

燉　～煌，上徒竟反，正
作燉。（ZD60-339a）
按：“～”乃“燉”。

臀①　tún

臀　～不，徒門反。
（ZD59-782c）

臋　tún

臋　右～，徒竟反。
（ZD59-664a）

臋　～頭，徒門反。
（ZD59-750b）

臋　～肉，上食倫反，口
吻緣也，正作脣也，
悮。（ZD60-208b）按：《道
地經》卷1：“臋肉竪（堅），
眼黑色黑，大小便不通。”
（T15，p233a）根據經文，
“～”疑爲“臀”，可洪以爲
“脣”，恐非。

拖②
tuō/tuò/shī

拖　波～，音陁，《悲花
經》作拖。（ZD59-
714b）

拖　～張，上託何反，曳
也，亦作扡、拕二形。
（ZD59-581b）

扡　～迦，吐賀反，下居
左反。（ZD59-640a）
按：“～”乃“拖”，讀“tuò”。

拖　～張，上失支反，正作
施也。（ZD59-608b）
按：“～”乃“施”，讀“shī”。

扡　tuō/tuǒ

扡　～侍，上音他。
（ZD59-1041b）按：
“～侍”，對應佛經作“扡侍”。
《佛説力士移山經》卷1：“阿
難受教，即從坐起，稽首佛
足，獨坐扡侍，在佛後翼，從
而進趣。”（T02，p858a）“～”
即“扡”，與“挖（拖）”同。

扡　～揥，上託何反，下
昌世、昌列二反，正
作拖揥。（ZD60-277a）按：
“～”乃“扡（拖）”字，詳見本
書上篇第五章“扡”字條。

扡　萎～，於爲反，蔫也，
下他可反，長舒也，
曳也，正作拖也，《經音義》
作委佗，音陁，委委佗佗，德
之美也，此非經意也，經意
謂彼化人自刺而死，萎拖在
地而死也。（ZD59-849a）
按：“～”與“挖（拖）”同。

挖　tuō/tuǒ

挖　～軒，上託何反，正
作拖、拕二形，又徒

可反。（ZD60-355b）

拖　～暉，吐可反，曳也，
舒也。（ZD59-742a）
按：《大乘入楞伽經》卷1：
“如虹挖暉，如日舒光。”
（T16，p589b）“～”即“拖”，
與“挖”同。

咃　tuō/tuó

咃　翅～厲，吉支反，中
託何反，下力世反。
（ZD59-714a）

咃　延～，音他。（ZD59-
772a）

咃　者～，音他。（ZD59-
571b）

挩　tuō

挩　～諸，他活反，遺也，
解落也，正作挩、脱
二形。（ZD59-962b）

託　tuō

託　～病，上他各反，又
之倫反，非也，悮。
（ZD60-22c）

託　～幽，上音託，又之
倫反，悮。（ZD60-
315b）

託　栖～，西、細二音。
（ZD59-737b）

————

① 又見“臋”字條。
② 又見“扡”“挖”字條。

飥　tuō

飥　餺～，愽託二音。（ZD60-493b）

脱① tuō

脱　勉～，眉辯反，下他活反。（ZD59-744a）按："～"乃"脱"字。

脱　～䍦，上他活反，下所綺反。（ZD60-471a）

佗　tuó

佗　～匐，徒何反，下步北反。（ZD59-714c）按："～匐"，對應佛經作"他匐"。《大乘悲分陀利經》卷1："娑婆娑婆婆磨薩憶波羅他匐叉裔伽隸瞿迦嗏。"（T03，p240c）從形體看，"～"即"他"，與"陀"音同。

佗　佟～，尸智反，下徒何反，正作侈陁。（ZD59-714c）按：從形體看，"～"即"他"，與"陀"音同。

佗　嗏～，宅加反，下徒何反，《悲花經》作陁。（ZD59-714b）按："嗏～"，佛經作"嗏陀"或"嗏他"。《大乘悲分陀利經》卷1："阿迦隸頻大阿浮娑隸嗏他昧帝。"（T03，p240b）《大乘悲分陀利經》卷1："阿浮娑隸，嗏陀昧帝。"（T03，p236b）從形體看，"～"即"他"，與"陀"音同。

阤　tuó/zhì

阤　～隣尼，上音陁。（ZD59-571c）按："～"，經文作"陀"。

阤　稱～，音㳀，下音陁。（ZD59-716b）

陁　頹～，上徒迴反，下尸爾、直爾二反，廢也，弃也，壞也，隤也，落也，正作阤。（ZD60-539b）按："頹～"，對應佛經作"頹陁"。"～"即"阤"，音"zhì"。《弘明集》卷11："舊宇頹阤，曾莫之修。"（T52，p69a）

㟪　崩～，上布弘反，下直爾反，山崩也，落也，毁也，下正作陊、陀、阤三形。《長阿含經》作崩散字也，下又羊爾反，山皃也，非。（ZD60-263b）按："崩～"，對應佛經作"崩㟪"。《經律異相》卷1："消就枯竭，山皆洞然。諸寶爆裂，崩㟪硑磕，煙炎振動，至于梵天。"（T53，p4c）"～""㟪"皆爲"阤"字，音"zhì"。《説文·阜部》："阤，小崩也。""～"蓋因"阤"受上字"崩"的影響類化增"山"旁而成。

陁　tuó

陁　者～，陟駕反。（ZD59-571b）按：從形體看，"～"即"陀（陁）"，可洪音"陟駕反"，蓋當作了"吔"，恐誤。《放光般若經》卷4："七者陀，陀者諸法如無斷絶時。"（T08，p26b）

陁　委～，於爲反，下徒何反，委委陁陁，德之美也。（ZD59-774a）按："委陁"同"逶迤"，聯綿詞。《佛説無上依經》卷2："十六者身自持不逶迤，十七者身分滿足。"（T16，p475a）

沱　tuó

沱　滂～，上普光反，下徒何反。（ZD59-1020c）

沱② tuó

沱　滂～，普傍反，下徒何反。（ZD59-767c）

跎　tuó

跎　～跋，徒何反，下步末反。（ZD59-856c）按："～"，即"陀"字。"～跋"，經文作"跋陀"。《央掘

---

① 又見"挩"字條。
② 又見"沱"字條。

魔羅經》卷 1：“有一舊住婆羅門師，名摩尼跋陀羅。”（T02, p512b）

袘 tuó

禠

律～，徒何反，正作袘也，又《陁羅尼集》作施，式支、式智二反。（ZD59-878c）

魩 tuó

魸

魭～，音元，下音陁，正作黿䶂。（ZD59-773a）

馳 tuó

駞

象～，上祥兩反，下達何反，正作象駝也，下又蒲角反。（ZD59-903c）按：“～”乃“駝”。

駝① tuó

馳
駞
駝

～驢，音陁，正作馳。（ZD59-900b）

駱～，音陁。（ZD59-1106b）

乘～，徒何反，正作馳，或作駝。（ZD60-326c）

駞～，上洛、託二音，下徒何反。（ZD59-594c）

駞

駞～，上羅各、他各二反，下徒何反，正

作駝。（ZD60-8a）

駞

駝驢，上徒何反，正作馳、駝二形也，上方經作～。（ZD59-626c）

駞 tuó

駞

～馬，上徒何反。（ZD60-83b）按：“～”同“駝”。《毘尼母經》卷 3：“非人養生具，象駝馬驢牛，能與僧遠致者，名爲非人養生具。”（T24, p817a）

駞

～驢，上徒何反也，正作馳、駝二形。（ZD59-626c）按：“～”，經文作“駝”。《大方等大集經》卷 31：“若如是等受畜奴婢、象馬、牛羊、駝驢、雞猪，乃至八種不淨之物，是名具足毀禁戒也。”（T13, p215c）“～”，又可爲“駞（驢）”。

槖 tuó

槖
槖

～囊，上他各反。（ZD59-590a）

～也，上他各反。（ZD60-357c）

鮀② tuó

鮀
鮀

黿～，居追反，下徒何反。（ZD59-855a）

黿～，音元，下音陁。（ZD59-676a）

鏥 tuó

鏥

蹀～，上音牒，下徒禾反，小兒趨弄戲者也，正作蹀塠也，今並呼爲迭塠也，下又音隨，非呼。（ZD60-478c）按：“蹀～”同“蹀塠”。“～”乃“鏥”，同“塠”。《續高僧傳》卷 16：“沙門慧光年立十二，在天門街井欄上，反蹋蹀鏥，一連五百。”（T50, p551b）《華嚴懸談會玄記》卷 18：“在大街井欄上，反蹋蹀塠（音陀，拋磚戲也）。”（X08, p226c）

䶂 tuó

䶂

黿～，上魚袁反，下徒何反。（ZD59-1024c）

黿

～山，上徒何反。（ZD59-992a）

黿

龜～，上居退反，下徒何反，黿屬也，字體正作黿。（ZD59-989b）

黿

～鼓逢逢，上音陁，中音古，下步紅反，正作蓬。（ZD60-361c）

黿

黿～，上音元，下音陁。（ZD59-597b）

黿

黿～，上音元，下音陁。（ZD59-1083b）

---

① 又見“馳”“駝”字條。

② 又見“魩”“䶂”字條。

黿～,音元,下音陁。(ZD59-679c)

～魷,音元,下音陁。(ZD59-676a)

似～,音陁。(ZD60-378a)

鼄～,上魚袁反,下徒何反,正作黿鼄。(ZD60-221c)

黿～,魚袁、五官二反,下徒何反,正作黿鼄也。(ZD59-747a)

～山,上徒何反。(ZD59-992a)

黿～,魚袁反,下徒何反。(ZD59-752a)

黿～,魚袁反,下徒何反。(ZD59-787b)

黿～,上牛袁反,下徒何反。(ZD59-1027a)

黿～,上魚喧反,下徒何反。(ZD59-604a)

黿～,上魚袁反,下徒何反。(ZD59-1067a)

～虫,上他何反,正作鼄。(ZD59-1078b)

黿～,音元,下音陁。(ZD59-678b)

～山,上徒何反。(ZD59-991b)

黿～,音元,下音陁,正作黿鼄。(ZD59-855c)

袘　tuǒ

袘　萎～,他可反。(ZD60-264c)按:《經律異相》卷5:"血污女身,萎陀在地,女不能勝,亦不得免死。"(T53,p23c)"萎陀",宋、元、明本作"透迤"。宫本作"委蛇"。"萎～",聯綿詞,與"萎陀""透迤""透迆""透迤""蜲蛇""委蛇"同。"～",可洪音"他可反",蓋以爲"袘",但非"衣裾"之義,而是作爲聯綿詞用字。"袘",《海篇·示部》音移,又音迆,訓"宛曲",此"袘"其實亦"萎袘"之"袘"。

橢　tuǒ

橢　説～,他果反,正作橢。(ZD59-996b)

植　説～,他果反,器狹長也。(ZD59-996b)按:"～",即"橢"字,一種狹長的器具。《中阿含經》卷43:"或説甌,或説橢,或説杅,或説椀,或説器。"(T01,p703a)

拓①　tuò

拓　手～,音託。(ZD59-800c)

拆　～外,他各反。(ZD59-782b)按:"～"即"拓"。

拆　手～,同上。(ZD59-782b)按:"手～",對

應佛經作"手拆"或"手柘"。《不空罥索神變真言經》卷9:"左手執蓮花臺上寶珠,右手拆外揚掌。"(T20,p270b)"拆",元、明、乙本作"柘"。《一切經音義》卷35:"拓外,湯洛反。《考聲》云:拓,開也,從手從石。經中從斥作拆,耻革反,非也,不成字也。"(T54,p541a)"～"應爲"拓"字。

拖　tuò

拖　～抹,上他箇反,下助庄反,無輪車也,正作拖牀也,《川音》作拖,音他,非,謬甚。(ZD60-190b)按:"～抹",經文作"拖材"。《佛本行經》卷6:"議已便共出,將象青牛馬,拖材木繩索,共行詣山下。"(T04,p103a)

柝　tuò

拆　擊～,他各反,扠也。(ZD60-553a)按:"～"乃"柝"。

拆　開～,上音開,下音託,並悞。(ZD60-325a)

侻　tuò

侻　～憶,他活反,可也,經也。(ZD59-763a)

---

① 又見"祏"字條。

祏 tuò

祏　開～，音託。(ZD59-1081a)按："～"乃"拓"之訛。

祏　開～，音託，又音石，非。（ZD60-449a）按:《高僧傳》卷4:"因爲開拓，改曰中興。"（T50，p351a)"～"乃"拓"之訛。

唾 tuò

唾　涕～，音剃，正作涶。(ZD59-641b)

唾　涎～，上序延反。(ZD59-574c)

潹　涕～，吐帝反，下吐卧反，正作涶唾，下又他禾反，悮。(ZD59-697b)

㜍　～壺，上他卧反，下户吾反。(ZD59-1110c)

唾　～濺，音箭。（ZD59-676b）

湅　口～，他卧反，《辯正》作口唾。（ZD60-561a)按:"～"乃"唾"，詳見本書中篇"湅"字條。

唾　涶～，吐帝反，下吐卧反。(ZD59-679b)

毦 tuò

毦　～落，上吐卧反，鳥易毛也。（ZD59-1081c)

毦　作～，他外、他卧二反。(ZD60-386b)

攑 tuò

攑　蓬～，音託。(ZD60-567b)

攑　秋～，音託。(ZD60-597c)

攑 tuò

籜　抒～，上直與反，下他各反。（ZD60-596c)

W

凹　wā

凸 地～,烏洽反,下也,陷也,正作凹、容二形。(ZD59-985a)

凶 地～,烏狹反,臽也,正作凹。(ZD59-985b)

宆　wā

宆 ～木,上烏花、烏化二反,凹也。(ZD60-523b)

窊 ～隆,烏花反,凹也,正作宆、窪二形。(ZD59-891b)按:"～"乃"宆"字,詳見本書中篇"窊"字條。

容①　wā

容 ～墊,丁念反。(ZD60-396b)按:"～"同"凹"。

容 不～,烏甲反。(ZD59-1070a)按:《正法念處經》卷40:"所謂二者:在遊行地,地不柔軟,下足不容,舉足不起,獨不能住。"(T17, p234c)"～",

經文作"容",可洪音"烏甲反",蓋以爲"容(凹)",根據文意,是也。

容 ～墊,上烏洽反,下丁念反。(ZD60-376a)按:"～"同"凹"。

容 ～突,上烏洽反,下田結反。(ZD60-386b)按:"～"同"凹"。

容 ～墊,上烏洽反,下丁念反。(ZD60-365a)按:"～"同"凹"。

蛙②　wā

呪 青～,烏花反,似蝦蟆而小。(ZD60-348c)按:"～"乃"蛙"。

窪③　wā

窪 不～,烏花反。(ZD59-560b)

霍　wā

霍 ～隆,上烏花反,下力中反,凹凸也,正作窪窿。(ZD60-448a)按:"～"乃"窪"。

鼃　wā

鼃 井～,烏喎反,亦作蛙,蛙蝦,蟇属也。(ZD60-476b)按:"～"同"蛙"。

鼃　wā

鼃 鼀～,音去,《爾雅》～龞,蟾蜍。又烏咼、户咼二反,並蝦蟆属也,別錄作鼃。(ZD59-861a)按:"～",即"鼃"字,蝦蟆。《大乘密嚴經》卷2:"此性非如陽焰、夢幻、迷惑所取,亦不同於鼀鼃之毛及以兔角。"(T16, p737c)可洪以"～"爲"鼃"字,恐誤。"鼃"不單用,用於"鼃龞"中,表蟾蜍。

鼃 ～衣,烏咼、户咼二反,蝦蟆属,正作鼃。(ZD59-861a)

瓦　wǎ

瓦 ～瓶,上王寡反,正作瓦。(ZD60-37b)

---

① 又見"凹"字條。
② 又見"鼃""鼃"字條。
③ 又見"宆""霍"字條。

瓦
瓨
瓦
瓦
瓦
瓦

～礫，魯擊反，小石子也。（ZD59-554c）
～石，五馬反。（ZD59-817b）
～器，上五寡反，正作瓦。（ZD60-383c）
～礫，五寡反，下郎擊反。（ZD59-637a）
鼓～，上古音，下五寡反，正作鼓瓦。（ZD60-381c）
～礫，魯擊反。（ZD59-559c）

柧　wǎ

枫

鼓～，音瓦。（ZD60-396c）按：“～”乃“柧”字。

怽　wà

怽

跣～，上先典反，下文發反，脚衣也。（ZD59-1097c）按：“～”乃“怽（襪）”字。

幭　wà

懱

履～，無發反。（ZD59-577b）按：“～”同“幭”，乃“襪”字。《光讚經》卷1：“床臥燈火，手巾履襪，所當得者，充滿諸財。”(T08，p149c)

襪①　wà

襪

～兩，望發反。（ZD59-804b）

纐　wà

纐

係～，上音計，下望發反，正作韈、襪二形也。（ZD60-582c）按：“～”同“韈”“襪”。

韈　wà

韈
韈
韈
韈
韈
韈
韈

～等，望發反。（ZD59-864a）
～駄，万發反。（ZD59-785c）
鞋履～，户皆反，下無發反。（ZD59-781b）
～痕，無發反。（ZD59-781a）
～囉拏，同上。（ZD59-780b）
～囉拏，文發反，中魯雅反，下女加反。（ZD59-780b）
～鞞，望發反。（ZD59-780b）
鞋～，上户街反，下無發反。（ZD59-602a）

喎②　wāi

喎
喎

～曲，苦乖反，口戾也，正作喎、咼二形。（ZD59-836b）
不～，苦乖反。（ZD59-808b）

喎　wāi

喎

口～，苦娟反，正作咼、喎二形，又音顯，誤。（ZD59-1063b）按：“～”乃“喎”，詳見本書中篇“喎”字條。

外③　wài

外
外
朏

～道，上音外。（ZD60-158a）
～身，五會反，正作外。（ZD59-912c）
～甥，外生二音。（ZD59-1087a）按：“～”乃“外”字，詳見本書中篇“朏”字條。

㚟　wài

㚟

～甥，外生二音。（ZD60-192c）按：“～”乃“外甥”之“外”。

剜　wān

剜
剜
剜

～身，烏官反。（ZD59-758b）
～眼，烏官反。（ZD59-940a）
～身，烏官反。（ZD59-687a）

———

① 又見“袜”“怽”“纐”“幭”“韈”字條。
② 又見“喎”字條。
③ 又見“㚟”“迯”字條。

剜

自～，烏官反。（ZD59-642a）

捥

足～，烏亂反。（ZD59-1044c）按："～（捥）"，經文作"剜"字，剜取，可洪音"烏亂反"，乃"捥"本音，不符經意。

捥　wān/wàn

捥

～取，上烏官反，正作剜。（ZD59-1044c）按："～"乃"剜"。

捥

捲～，上巨員反，下烏亂反。（ZD59-611b）

豌　wān

㲎

～豆，上烏官反。（ZD59-1027c）

䇶

～豆，上烏官反。（ZD59-1123c）按："～"乃"豌"字，詳見本書中篇"䇶"字條。

㲎

～豆，上烏官反。（ZD59-602c）

登

～豆，上烏官反。（ZD59-1024a）

灣　wān

灣

～環，烏還反。（ZD59-869b）按："～環"，經文中猶輪迴也。"～"，彎曲。《楞嚴經義疏釋要鈔》卷6："灣環者，輪迴也。"（X11，p162c）《大佛頂如來密因修證了義諸菩薩萬行首楞嚴經》卷10："業流灣環，死此生彼。"（T19，p151c）

丸　wán

丸

拋～，普交反。（ZD59-737c）

刓　wán/wù

刓

～耳，上五官反。（ZD60-215b）

园

～方，上五官反，圓削也。（ZD60-415b）

刓

五～，《經音義》作卼。（ZD59-1001c）

刓

作～，五官反，經意是卼，五骨反。（ZD60-367c）按："～"乃"卼"。

园　wán

园

～方，上五官反，圓削也。（ZD60-415b）

屼　wán

屼

巑～，上在官反，下五官反。（ZD60-298b）

屼

巑～，上在官反，下五官反。（ZD60-581a）

屼

鍾～，五官反。（ZD60-585b）

完　wán

皃

～具，戶官反。（ZD59-677c）

皃

～具，戶官反，正作完也，六情完具也，悞。（ZD59-813c）

皃

～具，戶官反。（ZD59-728c）

完

補～，戶官反。（ZD59-819c）

紈　wán

紈

羅～，戶官反，素也，舊韻云生素絹也，或作紈，音求，非此呼。（ZD60-449b）

蚖　wán/yuán

蚖

～蝮，五官反，正作蚖也，又許鬼、五骨二反，非。（ZD59-710c）

蚖

～蝮，五官反，下芳六反。（ZD59-750c）

蚖

～虵，五官反。（ZD59-643a）

蚖

虵～，五官反，或作蚖，許鬼反。（ZD59-572a）

蚖

若～，五官反。（ZD59-645a）

蚖

虵～，五官反。（ZD59-587b）

~虵，上五官反，前作虸虵。（ZD59-1066a）

~阿，上音元，蠑蚖也。（ZD59-709b）

頑① wán

~鈍，五還反。（ZD59-968a）

~駃，五矮反。（ZD59-936a）

癡~，五還反，正作頑。（ZD60-80a）

~子，五還反，愚也。（ZD59-767b）

~暴，古隨反，下步報反。（ZD59-757c）按："~暴"，對應佛經作"頑暴"。"~"即"頑"，可洪音"古隨反"，以爲"規"，誤。《月燈三昧經》卷6："迫憎無義頑暴惡，貪惜自富奪人財。"（T15，p588b）

~鈍，徒困反。（ZD59-651a）

~鈍，上五還反。（ZD59-583c）

~佷，上五還反，下户狠反。（ZD59-573b）

~佷，上五還反。（ZD59-573b）

~囂，上五還反。（ZD59-553b）

~見，上五還反，愚也，正作頑。（ZD60-489b）

鴉 wán

兇~，上許容反，下五閞反，正作頑也，下郭氏作憍、元二音，非也。（ZD59-1070b）按："~"乃"頑"字，詳見本書中篇"鴉"字條。

宛 wǎn

~戀，上於遠反，然也，《應和尚音義》作惓戀，以眷戀替之。（ZD59-645b）

~綖，於遠反，下以連反，上正作綩。（ZD59-822b）

挽② wǎn

牽~，上去堅反，下音晚。（ZD59-994a）

~撮，無遠反，正作挽，下子活反，上又疋交、疋皃二反，悮。（ZD59-868c）

~拔，無遠反。（ZD59-759b）

扯~，上以世反，下無遠反，正作挽。（ZD60-279b）按："~"乃"挽"字，詳見本書中篇"拖"字條。

~不，音晚，牽也。（ZD59-910c）

捉~，音晚，引也。（ZD59-993a）

~拔，無遠反，下步八反。（ZD59-729b）

人~，音晚，牽引也，正作挽也，悮。（ZD60-182c）

~出，無遠反。（ZD59-917a）

牽~，去堅反，下無遠反。（ZD59-744a）

~諸，無遠反，正作挽也，經後作拖，又音胞，非。（ZD59-780c）按："~"乃"挽"字，詳見本書中篇"拖"字條。

~弓，音晚，悮。（ZD59-961c）

~援，上音晚，下袁、院二音，引也。（ZD59-1114c）

手~，音晚，正作挽。（ZD59-879b）

步~，無遠反。（ZD59-770a）

執~，音晚，引也，正作挽。（ZD59-692c）

能~，音晚，正作挽也。（ZD60-100b）

盌 wǎn

爲~，烏管反。（ZD60-358b）

---

① 又見"滇"字條。
② 又見"攪""拖"字條。

盌 銀～，烏管反。（ZD60-567c）

菀
wǎn/yuān/yuàn

菀 ～筵，於遠反，下以然反。（ZD59-777a）按："菀筵"即"綩綖"。《佛說諫王經》卷1："宮觀高臺華闕殿舍，黃金、白銀、七寶床榻，氍毹、毾㲪、綩綖細軟以藉身體。"(T14, p786b)

莞 蔫～，於元反，敗也，正作蔫。（ZD60-370b）按："蔫～"之"～"，乃"蔫"。

菀 ～圊，於遠反，下于救、于六二反。（ZD59-671b）按："～圊"之"～"，同"苑"。

菀 ～圊，于救反。（ZD59-701b）按："～圊"之"～"，同"苑"。

晚① wǎn

晰 ～出，無遠反，正作晚。（ZD59-944a）

晰 遲～，音挽，夜也，正作晚。（ZD59-1057b）

晰 ～得，上音晚，悮。（ZD59-1107b）

晓 稍～，所孝反，下無遠反。（ZD59-834c）

脕 wǎn

脕 暮～，音挽，從日。（ZD60-394c）按："～"乃"晚"。

悗
wǎn/wàn/yuān

悗 不～，烏亂反，驚歎也。（ZD59-571a）

悗 悗～，上烏革反，下烏亂反，把手也，作扼挽也，二並非體。（ZD60-220b）按："～"乃"挽"之訛。

悗 ～綖，於遠反，下以然反。（ZD59-749a）按："～綖"即"綩綖"。

悗 煩～，於元反，悶亂也，正作冤也，又烏亂反，非。（ZD59-676b）按："～"乃"冤"。

婉 wǎn

婉 ～約，上於遠反。（ZD59-560b）

婉 哀～，於遠反。（ZD59-642a）

琬 wǎn

琬 ～琰，上於遠反，下以染反。（ZD59-572b）

挽 wǎn

挽 ～取，上亡返反，正作挽。（ZD59-1060a）按："～取"，對應佛經作"挽取"。"～"即"挽"字。《生經》卷5："時有盜賊，登天像挽取其頭。"(T03, p108a)

挽 無～，音晚。（ZD59-620a）

椀② wǎn

椀 金～，烏管反。（ZD59-723b）

盌 璃椀，烏管反，亦作～。寶琬，同上，又音婉。（ZD59-828b）

琬 璃椀，烏管反，亦作盌。寶～，同上，又音婉。（ZD59-828b）按："～"乃"椀"。

銑 此～，烏管反，正作椀、盌二形也。（ZD59-962a）

腕 wǎn

踠 ～晚，上於遠反，下音免。（ZD60-592b）

腕 wǎn

腕 蘭～，音菀。（ZD60-578c）按：《廣弘明

① 又見"脕""綩"字條。
② 又見"盌"字條。

集》卷23:"如彼蘭畹,風過氣越。"(T52,p266c)"～"通"畹"。

氉　wǎn

氉　～逬,於遠反,下以然反。(ZD59-764a)按:《六度集經》卷2:"斯地柔軟,如王邊緼綖矣。"(T03,p10b)"緼",宋、元、明本作"綩"。從形體看,"～"似乎爲"緼"。"～",可洪音"於遠反",蓋以爲"綩",作"綩綖",符合經意,可從。《一切經音義》卷9:"綩綖,一遠反,下《三蒼》以旃反,相傳坐褥也。"(T54,p360c)另見本書中篇"氉"字條。

氈　～吒,上於遠反,下羊然反,《六度集》作氉逬,並悮。(ZD60-275b)按:"～吒",可洪以爲"氉逬",即"緼(綩)綖",地褥也。對應經文作"氈氿"。"氈"很有可能爲"氉"之訛,"氿"爲"逬"之訛,另見本書中篇"逬"字條。

畹①　wǎn

畹　瓊～,於遠反。(ZD60-588b)

裷　wǎn

裷　綩綖,上於遠反,下以然反。～袩,同上。(ZD59-990b)按:"～"乃"裷"字,詳見本書中篇"裷"字條。

綩　wǎn

綩　～遲,上無遠反,正作晚也,又音間,非也。(ZD60-297b)按:"～"乃"晚",詳見本書中篇"綩"字條。

蜿　wǎn

蜿　～蟺,上於遠反。(ZD60-371a)按:"～蟺"即"蜿蟺",蚯蚓也。

蜿　～蟺,上於遠反。(ZD60-366a)

綰　wǎn

綰　梳～,所魚反,下烏板反。(ZD59-786b)

綩②　wǎn

綩　～綖,於遠反,下以然反。(ZD59-644c)

綩　～挻,於遠反,下羊然反。(ZD59-726a)按:"～挻"與"綩綖"同。

綩　～綖,於遠反,下以連反。(ZD59-828a)

綩　～綖,於遠反,下以然反,上正作綩也,又丸、綏二音,非也。(ZD59-708c)

綩　～綖,於遠反,下以然反。(ZD59-718b)

綩　～綖,上於遠反,下以連反。(ZD59-602a)

氉　綩綖,於遠反,下羊然反,前作～逬,俗字也。(ZD59-767c)按:"～逬"與"綩綖"同。

豌　wǎn

豌　或～,於遠、烏活二反,正作踠、腕二形也。踠,體屈也。腕,乖也,不媚也,悮。(ZD60-209c)按:"～"即"踠",詳見本書中篇"豌"字條。

嚁　wǎn

嚁　～嗼,上亡犯反,下扶錽反。(ZD59-871c)按:"～",譯音字。《大毘盧遮那成佛神變加持經》卷5:"唅嗗嚁嗼。"(T18,p30b)

卐　wàn

卐　～字,音萬。(ZD59-664a)

卐　～字,上音万。(ZD60-400a)

---

① 又見"畹"字條。

② 又見"裷""氉"字條。

永
乑
中
～字,音万,正作卍。
(ZD59-816c)

～字,音万,其髮右旋,像～字形也。
(ZD59-662b)

卍字,上音万。～字,同上。(ZD60-400a)

乑
～字,音万。(ZD59-665a)

忼　wàn

忼
忱
～習,上五亂反,貪也。(ZD60-245c)

作～,五亂反,正作忼。(ZD60-402b)

玩　wàn

阢
寶～,五換反,正作玩。(ZD59-594c)

腕① wàn

腕
捥
挽
～佩,步昧反。(ZD59-784a)

～骨,烏亂反。(ZD59-683a)

兩～,烏亂反,正作腕、擘。(ZD59-898b)按:"～"即"挽",同"腕"。

挽
擳～,子結反,指擳、骨擳、莖擳之擳,正作節也,下烏亂反,手～也,

上又音擳,非用。(ZD59-850c)

臆
脬
肘～,知酉反,下烏亂反。(ZD59-940c)

兩～,烏亂反,手節也,《字樣》作擘。(ZD59-1076b)按:"～"乃"腕"字,詳見本書中篇"脬"字條。

擘
手～,烏亂反,正作腕、脬二形。(ZD60-585c)

跛
腳～,烏亂反,正作腕。(ZD59-1064a)

踠　wàn

踠
絜～,上賢結反,縛也,下烏亂反,手～也,正作擳腕也,並悮。(ZD60-495b)按:"～"乃"腕"字,詳見本書中篇"踠"字條。

酛　wàn

酛
䢃
～圍,五貫反。(ZD59-695a)

交～,五貫反,習也,正作酛。(ZD59-637a)

鋄　wàn

鋄
～～,亡犯反。(ZD59-870c)

鋄
～字,無犯反。(ZD59-785a)

厊②　wāng

尪
尪
～狂,上烏光反。(ZD59-606c)

～劣,烏光反。(ZD59-944a)

忘　wāng/wàng

忩
忘
～倦,上文方反,遺也,不記也,正作忘。(ZD60-444a)

憙～,同上。(ZD59-919b)

汪③　wāng

洸
一～,烏光反,水深也,正作汪也,又音光,非。(ZD59-855c)按:"～"通"汪"。經文中,"汪"可假爲"洸"。《菩薩從兜術天降神母胎説廣普經》卷7:"佛前有一汪水,可受一人。"(T12, p1049a)"汪",知本作"洸"。

浌
～水,上烏光反,正作汪、洸二形,郭氏音老,非也。(ZD59-1109b)按:"～"乃"汪"字,詳見本書中篇"浌"字條。

---

① 又見"惋""捥""踠"字條。
② 又見"尪"字條。
③ 又見"洭""洸"字條。

注　～陁，上烏光反，下直宜反，悮。《經音義》作汪池，是也。（ZD59-751c）

㳽　wāng

㳽　～弱，上烏光反，正作㲽。（ZD60-284c）按："～"即"㲽"字之訛。

洗　wāng/xǐ

洗　～洸，烏光反，上悮也，正作汪也，釋典洗洗是也。（ZD60-554c）按："～"，可洪以爲"汪"，從形體看，應爲"洸"。經文作"洗洗"或"汪汪"。

洗　澡～，上子老反。（ZD59-585b）

洸　wāng

洸　～中，上烏光反。（ZD60-282b）按："～"同"汪"。《經律異相》卷48："王舍城東南嵎有一洸水，城内溝瀆污穢，屎尿盡趣其中，臭不可近。"（T53，p258a）"洸"，宋、元、明、宫本作"汪"。

㲽　wáng

㲽　道～，音亡。（ZD60-297c）

亡①　wáng

悉～，音亡，遺也，正作忘。（ZD59-582a）
～我，無方反，正作亡。（ZD59-962b）
兒～，音亡。（ZD59-1120a）

王　wáng/yù

鵭　～，下音王，于狂反，悮。（ZD59-960c）按："～"，對應佛經作"王"。《大莊嚴論經》卷4："諸不放逸人，諦實觀身相，而不起欲覺，喻如白鶴王，常處於清池，不樂於塚間。"（T04，p278a）

王　顏野～，音故，人姓，下合作玉，牛録反，人名也，姓顧，名野玉，撰《玉篇》三十卷，即名《玉篇》也。（ZD60-403c）按：可洪質疑"顏野王"當爲"顏野玉"。

网　wǎng

冈　誆～，文夫反。（ZD59-636a）按："～"即"网"，用於"誆～"中，乃"誷"之借。

冈　～緩，莫官反，正作鞔，又莫半反，非。（ZD59-685c）按："～"乃"网（網）"。

旌～，上音精。（ZD60-584b）
～明，音網，正作冈（网）。（ZD59-675b）
～制，音網，無也，正作冈（网）。（ZD59-675a）按："～"即"网"，經文作"罔"，同，詳見本書中篇"罶"字條。

网　wǎng

図　花四，音網，古文網也，正作网、～二形。（ZD60-440a）按："～"乃"網"。

枉　wǎng

枉　不～，於往反。（ZD59-851a）
耶～，徐嗟反，下於往反。（ZD59-824c）

罔　wǎng

～知，音網，無也，正作罔。（ZD59-951a）
之～，音網。（ZD59-591c）
～象，上文往反，無也，新韻作冈，舊韻作罔。（ZD60-543a）
～測，無兩反。（ZD59-742a）

———

① 又見"匹""㲽"字條。

罔

其～,音冈。(ZD59-674a)按:"～"即"罔",與"網"同。

徃　wǎng

徃

～齧,五結反。(ZD59-1116b)按:"～",經文作"徃"。《十誦律》卷2:"如是繫已,令象馬、駱駝、牛驢蹴蹋,若令毒蛇蜈蚣徃齧,作如是念。"(T23, p9a)

綱　wǎng

綱

頼～,上徒迴反,下或作網。(ZD60-472b)按:"～"同"網"。

茵　wǎng

苪
苪

毒～,音網。(ZD59-1062a)

～藥,無往反。(ZD59-690c)按:"～",對應佛經作"茵"。《佛説大般泥洹經》卷6:"猶如人身有傷壞處,苪藥得行,除衆疾病,若不傷壞,苪藥不行,一闡提輩,亦復如是,不可傷壞,受菩提因。"(T12, p892b)從形體看,"～"即"茵",可洪音"無往反",經文作"苪",不詳。

訝　wǎng

訝

～冒,上無往反,下莫報反。(ZD60-253c)

訝

～乎,上無往反。(ZD60-507b)按:"～"同"訝"。

惆　wǎng

惆
惆
惆
惆
惆

欺～,音冈。(ZD59-1048a)

慘～,上倉感反,下無往反。(ZD60-186b)

～然,上無往反。(ZD60-246b)

～然,文兩反。(ZD59-769c)

悵～,上丑向反,下文往反。(ZD59-615c)

蜽①　wǎng

蜽

～蜽,上音冈,下音兩。(ZD60-368c)按:"～蜽"同"魍魉"。

網②　wǎng

四
銅
網
網

花～,音網,古文網也,正作四、网二形。(ZD60-440a)

鐵～,音网。(ZD60-277c)

尼～,音冈。(ZD59-847b)

羅～,音網。(ZD59-740b)

同
網
固
冈
銅
銅
網
網
網
固
四
網
罡

疑～,音網,亦作冈、罔二形。(ZD59-619b)

鞁～,上莫官反。(ZD59-556a)

寶～,音網,佛名。(ZD59-817c)

明網,音網,菩薩名也,古作网、罔、～三形。(ZD59-732b)

鐵～,音網。(ZD59-847c)

鐵～,音冈。(ZD59-954c)

方～,音網。(ZD59-925c)

～簾,力閻反。(ZD59-730c)

頼～,上徒迴反。(ZD59-589a)

華～,音網。(ZD59-737a)

明～,音網,菩薩名也,古作网、罔、冈三形。(ZD59-732b)

明網,音網,菩薩名也,古作～、罔、冈三形。(ZD59-732b)

鞁～,上莫官反。(ZD59-560b)

有～,音細(網),佛手足網鞁相也,古文作冏(冈)、四。(ZD59-724b)

---

① 又見"魍"字條。
② 又見"网""圂""罔""繦"字條。

疑～，音冈。(ZD59-684c)

～縵，莫官反，正作鞔。(ZD59-693a)

珠～，音冈。(ZD59-812c)

～恊，胡頰反，合也。(ZD59-767a)

罟～，公五反。(ZD59-741a)

縵～，莫官反。(ZD59-657a)

鞔～，上莫官反。(ZD59-563c)

持～，音冈。(ZD60-282a)

～結，上文往反。(ZD59-999b) 按："～"乃"網"字，詳見本書中篇"恫"字條。

疑～，音冈。(ZD60-174b) 按："～"乃"網"字，詳見本書中篇"恫"字條。

～罝，子邪反。(ZD59-742c)

魔～，音冈。(ZD59-619b)

迷～，音冈，古網。(ZD59-831a)

鐵～，音網。(ZD60-306a) 按："～"即"網"，詳見本書中篇"鋼"字條。

～鞔，音曼。(ZD59-695b)

～縵，莫官反，正作鞔。(ZD59-650b)

挈～，上苦結反，下音網。(ZD60-238a)

三～，音網。(ZD60-171b)

胃～，古犬反，以繩繫獸也。(ZD59-661a)

縵～，莫官反。(ZD59-716a)

見～，音網。(ZD60-183c) 按："～"乃"網"字，詳見本書中篇"緅"字條。

羂～，下音网。(ZD59-589c)

羅～，莫半反，正作縵也，不蒔田，散縵不依愒壟也，又或作蔓，音万。(ZD60-82c) 按：《毘尼母經》卷1："吾於人天羅網，皆得解脱，汝等於此網中皆得解脱。"(T24, p802a)"～"，可洪以爲"縵"，誤，當爲"網"。

枝～，音納，後文作枝納也，又音受，悮也。(ZD60-171a) 按："枝～"，經文作"枝網"，根據文意，作"網"是。

～遮，音冈，正作網。(ZD59-840b)

輞　wǎng

其～，音冈。(ZD59-957b)

轂～，古木反，下文兩反。(ZD59-773c)

～轂，音网，下音轂，下又苦耕反，非。(ZD59-715c)

轂～，古木反，下文往反。(ZD59-695b)

轂～，音轂，下音冈。(ZD59-683a)

昧～，音網。(ZD59-665a)

轂～，上古木反，下文往反。(ZD59-599a)

～轂，上音網，下音轂。(ZD59-560b)

～轂，上文兩反，下古木反。(ZD59-556a)

緅　wǎng

～繋，上相主反，絆牛馬前兩足也，又息有反，亦作緅字也。(ZD60-483b) 按："～"，可洪音"相主反"，即"緅"。經文作"網"或"緅"。《續高僧傳》卷19："七衆關捷，四部襟帶，振綱緅網，繋其是賴。"(T50, p580c)"～"疑爲"網"，受上字"緅"的影響類化所致。

魍　wǎng

～魉，音冈，下音兩。(ZD59-749b)

～魉，文往反，力掌反。(ZD59-687c)

魍 ～魎,上音網,下音 兩。(ZD59-562a)

望　wàng

泾 四～,音妄,正作望。 (ZD59-621a) 按: "～"乃"望"字,詳見本書中 篇"泾"字條。

望 悕 ～,許 衣 反。 (ZD59-719a)

峰 幸～,上胡耿反,下 音望。(ZD60-192c) 按:"～"乃"望"字,詳見本 書中篇"峰"字條。

望 ～止,上亡、妄二音, 正作望也。(ZD59- 1049b)

堼 冀～,居利反,希也。 (ZD59-661b)

望 悕～,上音希,下音 望。(ZD60-151a)

望 希～,上許依反。 (ZD59-732a)

望 活～,無放反,正作 望。(ZD59-991a)

淫 活～,音望,又以林 反,非也。(ZD59- 991a)

望 悕～,上音希,欲得 也。(ZD59-583b)

望 悕～,上音希,下亡、 妄二音,正作悕望 也。(ZD60-170c)

望 ～得,無放反,又音 亡。(ZD59-921c)

望 冀 ～,居 利 反。 (ZD59-697a)

望 希 ～,許 依 反。 (ZD59-829b)

望 殷 ～,亡 放 反。 (ZD59-902c)

望 讙～,上書去反,冀 也,正作庶也。 (ZD60-168b)

峰 ～欲,上音妄,正作 望。(ZD60-192c) 按:"～"乃"望"字,詳見本 書中篇"峰"字條。

湟 活～,戶括反,下無 放反,更欲得也,正 作望。(ZD59-827c) 按: "～",對應佛經作"望"。 《佛説未曾有因緣經》卷1: "野干得食生活望,非意禍 中致斯福,心懷踊躍慶無 量。"(T17, p577a)

危① wēi

伦 ～脆,牛垂反,下 七歲反。(ZD59- 719b)按:"～"乃"危",詳見 本書中篇"伦"字條。

危 ～乎,上魚追反,正 作危。(ZD59-1022c)

觝 ～脆,此歲、七絶二 反。(ZD59-574a)

危 ～脆,上魚垂反,下 此歲反。(ZD60- 224c)

危 ～ 脆,此歲反。 (ZD59-734a)

危 度 ～,魚 追 反。 (ZD60-211c)

危 不～,音危。(ZD59- 670c)

危 拯～,上取蒸字上聲 呼之,救也,下魚爲 反,正作危。(ZD60-414a)

伧 ～脆,魚垂反,下此 芮反。(ZD59-744a) 按:"～"乃"危",詳見本書 中篇"伧"字條。

危 ～若,上魚垂反,傾 ～,不安也,正作危 也。(ZD60-53b)

茝 殆 ～,徒 改 反。 (ZD59-764c)

茝 ～ 脆,此 歲 反。 (ZD59-555b)

伧 ～脆,牛爲反,下七 歲反。(ZD59-716b)

色 ～ 觬,居 力 反。 (ZD60-321c)

威　wēi

威 奮～,上方問反。 (ZD60-139c)

威 ～ 耿,古 幸 反。 (ZD59-785c)

葳　wēi

葳 ～蕤,上於歸反,下 如誰反。(ZD60- 464c)

葳 ～蕤,上於歸反,下 如累反。(ZD60- 564a)

———

① 又見"色""厄"字條。

崴　wēi

崴　轞～,上力人反,下烏垂反。(ZD60-599c)

微[①]　wēi

微　～咲,音笑。(ZD59-699b)

微　～戉,商注反。(ZD59-870a)

微　～嘘,音虚。(ZD60-312a)

微　浸～,子鳩反,漬也,濕也。(ZD59-958a)

微　～嘆,音笑。(ZD59-757a)

煨　wēi

煨　煻～,上徒郎反,下烏迴反。(ZD59-1053a)

微　wēi

微　～嘆,音笑。(ZD60-224b)

微　～恉,音旨。(ZD60-463b)

薇　wēi

薇　～菜,文非反。(ZD59-764a)

薔～,上疾羊反,下文非反。(ZD59-1023b)

薇　藏～,音微。(ZD60-459b)

巍　wēi

巍　～岉,魚歸反,下音妙,好也,悮。(ZD59-650a)

巍　～～,音危。(ZD59-699a)

峗　wéi

峗　嶵～,上力追、力水、郎罪三反,下魚追、魚委、五罪三反。(ZD60-593b)

爲　wéi

为　～臺,徒來反。(ZD59-605b)

为　～識,音志。(ZD60-343c)

桅　wéi

挽　帆～,扶咸反,下五迴反,正作桅,船上檣竿也,即帆柱是也,《經音義》作挽,音晚,引也。(ZD59-834b)按:《大法炬陀羅尼經》卷5:"於先積集種種資裝,所謂船櫂帆桅生熟糇糧,凡是海中供用諸物,咸悉備之,置於海岸。"(T21,p680b)"桅",宋、元本作"挽"。根據經文,"～"應爲"桅"。

唯　wéi

惟　～願,諸經多作原,同魚勸反。(ZD59-776a)

喉　～俟,上音惟,正作唯,下音士。(ZD60-301b)

唯　～然,上維癸反,諾也。(ZD59-614b)

唯　竊～,千結反,私也。(ZD59-706c)

帷　wéi

惟　～幄,于歸反,下烏角反,從巾。(ZD59-777b)按:"～"乃"帷"。

嵬　wéi

嵬　崔～,才迴、子罪二反,下五迴、五罪二反,山林崇積皃也,上正作催也。(ZD59-740a)

磈　～峨,五迴、五罪二反,下五何、五可二反,山高動皃也,嵯峨也。(ZD59-769b)按:"～"同"嵬"。

———

① 又見"微"字條。

幃[①]　wéi

帍　～帶,于歸反,正作
幃。(ZD59-923a)

圍　wéi

圍　～揬,雨非反,正
作圍也。(ZD59-
735b)

圉　～繞,上韋、謂二音,
正作圍。(ZD60-
163a)按:"～"乃"圉"字,詳
見本書中篇"圉"字條。

愇　wéi

愇　～愫,上于歸反,下
烏角反。(ZD59-
1032a)按:"～"乃"幃"字。

違　wéi

遠　～戻,于歸反,下力
連　計反。(ZD59-720a)
遽　遽～,奇去反。
(ZD59-775a)
逶　不～,音違。(ZD60-
遠　131b)
達　相～,音韋。(ZD59-
逶　648a)
稽～,上古兮反。
(ZD60-555c)
不～,音違。(ZD59-
656c)

斅　wéi

斅　～懂,上音違,戻也,
下呼麥反。(ZD60-
390b)

惟　wéi

惟　十二～,音維,正作
惟,《出三藏記》作
十二惟部,《内典録》亦作
十二惟部,又音摧,悞也。
(ZD60-328c)按:"～"乃
"惟"。

闈　wéi

闈　山～,音韋。(ZD59-
闈　792a)
闈　瓊～,上桑果反。
闈　(ZD59-589b)
～閣,上于歸反。
(ZD60-593a)按:"～
閣",對應佛經作"闈閣"。
《廣弘明集》卷29:"邐迤闈
閣,峻絶堦隍。"(T52,
p338b)

蠵　wéi

齰　～臃,上以垂反,《楚
辭》云露雞～臃,魚
名也,篇韻無此字。臃,少
汁也。(ZD60-377a)按:
"～"乃"蠵"。《楚辭·招
魂》:"露雞臃蠵,厲而不爽
些。""露雞臃蠵",可洪引

《楚辭》作"露雞～臃",
不妥。

尾　wěi

屁　首～,音尾。(ZD60-
437a)

萎　wěi

姜　～卧,上於垂反,蔫
也,正作萎。(ZD59-
1037c)

偽　wěi

僞　幻～,上胡辨反,下
危睡反。(ZD59-
1001a)
僞　～奏,自辛反,正作
秦。(ZD60-447c)
僞　姦～,上古顏反,下
魚位反。(ZD59-
594c)

偉[②]　wěi

偉　魁～,古迴反,下于
鬼反。(ZD59-641c)

隗　wěi

隗　～阢,上五垂反,又
五骨反。(ZD60-
386c)

---

① 又見"愇"字條。
② 又見"偉"字條。

隈 ～館，上五罪反，高也，亦作隗也。（ZD60-480b）

㙟 wěi

㙟 ～壘，上於鬼反，下力水反，衆石兒也，亦作碨礧，又上烏悔反，下郎悔反。（ZD60-530c）按："～壘"同"碨礧"，聯綿詞。

葦 wěi

羊 ～索繫，于鬼反，中桑各反，下古詣反。（ZD59-982c）

蓮 ～索繫，上云鬼反，下古詣反。（ZD59-982c）按："～"乃"葦"字，詳見本書中篇"蓮"字條。

簅 簵～，上郎胡反，下爲鬼反。（ZD59-598b）按："～"乃"葦"字，詳見本書上篇第七章"簵"字條。

㱲① wěi

㱲 痕痕，上烏罪反，下他罪反，肥兒也，正作腲脮也，或作～㱧，上烏罪、烏對二反，下他罪、他對二反，病也。（ZD59-1120b）按："～"即"㱲"。《十誦律》卷21："年太小、大老、㱲㱧；不能行、不能坐、不能臥、不能立，如是一

切污染僧人，盡不應與出家受具足。"（T23，p155b）"㱲㱧"即"㱲㱧"。

㱲 wěi

㱲 齤～，上於勿反，下於垂反。（ZD60-370b）

峗② wěi

峗 之峗，於鬼反，山高而曲也，正作～，亦作碨也。（ZD60-579a）

㟪 屛～，并領、并政二反，下烏罪、烏對二反。（ZD59-846a）

偉 wěi

偉 ～大，上于鬼反。（ZD60-406a）

瑋 wěi

瑋 ～～，云鬼反。（ZD59-1096c）按：《辯意長者子經》卷1："五福自然來，光影甚煒煒。"（T14，p837c）"～～"同"煒煒"。

暐③ wěi

暐 ～曄，上爲鬼反，下云輒反。（ZD59-987c）

韡 ～曄，于鬼反，下于立反。（ZD59-767a）

暐 子～，云鬼反。（ZD60-455c）按："～"，經文作"暐"。另見本書中篇"暐"字條。

煒 wěi

韓 ～曄，于鬼反，下于輒反。（ZD59-768a）

韡 ～耀，云鬼反，下以照反。（ZD59-960c）

煒 ～曄，上云鬼反，下云輒反。（ZD59-587a）

煒 炤～煒，音照，中音偉，下合作煒，云輒反。（ZD59-856a）

磈 wěi

磈 ～礧，上烏罪反，下洛罪反，正作碨磥也，或作㠑礧也，又上於鬼反，下又郭氏音雷，非也，又《川音》作磈礧，下音磥。（ZD60-209c）

瘣 wěi/wèi

瘣 ～瘣，上烏悔反，下他悔反，肥兒也，律意謂肥膩則起坐艱難，不任

---

① 又見"瘣"字條。
② 又見"㙟""㟪"磈"字條。
③ 又見"煒"字條。

事師,不聽出家也,應和尚以㲳㲱字替之,非也。(ZD60-376a)按:"～瘱",經文作"㲳㲱"或"瘒瘱"。《十誦律》卷21:"年太小太老,㲳㲱不能行,不能坐,不能臥,不能立。"(T23,p155b)"㲳㲱",宋、宮本作"瘒瘱"。"瘒瘱""㲳㲱",疑爲"㲳㲱",行病也。可洪訓"瘒瘱"爲"肥兒",蓋以爲"膃朒"。

瘱　～屛,上烏内反,下毗政反,隱僻處也,正作隁併也,上又《玉篇》作烏罪反,下又音餅,並非此呼。(ZD59-1100a)按:"～"即"庱"。《一切經音義》卷25:"在屛庱處:屛,卑井反,庱,烏對反,謂隱蔽處也。"(T54,p467a)

熿　wěi

燀燁煒煒　～曄,爲鬼反,下爲輒反。(ZD59-644c)
～ ～ ,于鬼反。(ZD59-1018b)
輝～,上許歸反,下爲鬼反。(ZD60-217b)

箪　wěi

䈮　竹～,云鬼反,似蘆而麁長,堪作簟也,正作箪也,《玉篇》音來,非也。(ZD59-1114a)按:"竹～",對應佛經作"竹箪"。《摩訶僧祇律》卷34:"從今日應作席,作法應用竹箪,長十肘,廣六肘。"(T22,p505c)

頠　wěi

頠　歐陽～,上烏侯反,下魚毀、五罪二反。頠,閑習也,人名,歐陽頠。(ZD60-337c)
頠　公～,五委、五罪二反。(ZD60-463a)按:"公～",對應經文作"公頠"。《續高僧傳》卷1:"乃爲廣州刺史安南將軍陽山公頠請宅安居,不獲專習。"(T50,p431c)
頠　公～,五毀、五罪二反,閑習也,人名,正作頠也。(ZD60-344c)

絼　wěi

絼　經～,音謂,正作緯也。(ZD59-1068c)按:"～"同"緯"。《正法念處經》卷26:"所服天衣無有經緯。"(T17,p150a)"～"乃"緯",詳見本書中篇"絼"字條。

飌　wěi

飌　～風,上于鬼反,大風也,正作飌。(ZD59-1060c)按:"～"同"飌"。

歔　作～,于鬼反,大風也,正作飌。(ZD60-370a)

巎　wěi

巎　～嶵,梁《弘明集》第六作壝壘歸仁,梁《弘明》宜作碨礧,此集宜作嶵,上烏罪反,下郎罪反,衆石兒也,言衆人歸向,如山如岳而來也,又上於鬼反,下力水反,山兒也,上正作磈、巎二形,下正作礧、礧二形,傳寫久悮也,上又《川音》音懷,非也。(ZD60-577c)按:"～嶵",對應佛經作"巎嶵"或"嵔嶵"。《廣弘明集》卷23:"再擊則巎嶵歸仁。"(T52,p264c)"巎",宋、元、明、宮本作"嵔"。可洪以"～嶵"同"碨礧""巎礧",亦同"嵔嶵"。如此,"～"似音"烏罪反"或"於鬼反"。

薳　wěi

薳　作～,于委反,花荣也,又音花,郭璞云此古文花字。(ZD60-350a)按:"～"又讀"huā"。

闠　wěi

闠　開～,爲委反,闔也,又苦乖反。(ZD59-

647a)

亹 wěi

亹　～～，音尾。（ZD59-565a）

亹① wěi

亹　斐～，敷尾反，下文匪反，文章美皃也，又進也。（ZD59-910a）

亹亹　斐～，妃尾反，下文匪反。（ZD59-914a）

亹亹　～～，音尾。（ZD59-1008c）

疊疊　～～，音尾，美皃也，正作亹。（ZD59-650b）

亹　～～，音尾。（ZD59-924b）

位 wèi

位　鼎～，上音頂，寶也。（ZD59-1138a）

位住　～階，上音位。（ZD59-627b）

宸② wèi

宸　屛～，上蒲政反，下烏對反。屛，隱僻無人處也，正作偋、屛二形也。～，映也，隱翳也，正作限、辰二形也，又昇郢反，蔽也，下惧。（ZD60-202b）按：“～”同“宸”。

味 wèi

味　咀～，自與反。（ZD59-932a）

畏 wèi

畏畏　～忌，音忌。（ZD59-719b）

畏畏　～懼，於貴反，心服也，正作畏。（ZD59-741a）

畏畏　怖～，於貴反。（ZD59-622b）

畏畏　～懼，於貴反，心服也，正作畏。（ZD59-741a）

胃③ wèi

腪腪　腸～，音長，下音謂。（ZD59-682c）

腪腪　腸～，音謂，正作胃。（ZD59-657c）

曹　鹿～，音謂，正作胃。（ZD60-591b）按：“～”乃“胃”字，詳見本書中篇“曹”字條。

喂④ wèi

喂　～～，烏悔反，謂黑處立，口中作～～之聲而恐怖小兒也。《經音義》以疻字替之，非也，郭氏作王貴反，亦非也，上方經作噋噋，應和尚作于罪反，

《玉篇》音韋，今取初切爲穩。（ZD59-1108c）

噋 wèi

噋　～喂，律意是喝，于靴反，小兒噋噋讀書聲也，律云如似童子在學堂中學誦聲也，下烏罪反，律意謂黑處地立，口中作喂喂聲，以怖小兒也。喂字在律文第十九卷內所用字，因緣不同，義亦有異，而應和尚惣以疻字替之，非也。（ZD60-376c）

噋　～～，宜作于靴反，小兒讀書聲也，律文云如似童子在學堂中學誦聲是也。又《經音義》以疻、脩、悑三字替之，同于罪反，《說文》痛聲曰疻也，非用，又《玉篇》音韋，《說文》失聲也，郭氏作于鬼反，宜作喝，于靴反，小人相噋聲也。（ZD59-1107a）

腪 wèi

腪　～揣眞，上云貴反，下方問反。（ZD59-991c）按：“～”即“腪”之訛，而“腪”同“胃”。

腪　～中，上云貴反，正作胃、腪。（ZD59-

---

① 又見“亹”字條。
② 又見“宸”字條。
③ 又見“腪”字條。
④ 又見“噋”字條。

1093a）按："～"乃"膌
（胃）"字，詳見本書中篇
"膌"字條。

膌　腸～，上直羊反，下
云貴反。（ZD59-
983b）

褙① wèi

褙　俗～，音胃，言也，正
作謂也。（ZD60-
261a）按："～"乃"謂"字，詳
見本書中篇"褙"字條。

磑 wèi

磑　～磨，音對，正作磑。
（ZD59-814a） 按：
"～""碓"義同，但非"碓"
字，可洪之説不妥。

磑　碓～，都内反，下
五内反。（ZD59-
814b）

磑　碾～，女箭反，下五
對反。（ZD59-868c）

蝟 wèi

蝟　兔～，上他故反，下
云貴反。（ZD59-
1069c）

尉 wèi

尉　～羅，上於貴反。
（ZD60-523b）

謂 wèi

謂　檜～，下于貴反，正
作謂。（ZD60-401c）
按："檜～"，對應文獻作"檜
謂"。《新譯大方廣佛華嚴
經音義》卷1："木檜，《蒼頡
篇》曰檜謂木兩頭鋭者也。"
（A091，p354a）"～"即"謂"
字之訛。

濊 wèi/suì

濊　汪～，上烏光反，下
烏外反。（ZD60-
475c）

濊　維～，相鋭反，年也，
正作歲、岁二形，又
烏外、烏衛、呼外三反，非
也。（ZD59-980a）按："～"，
經文作"歲"。《長阿含經》
卷1："今此賢劫中，無數那
維歲。有四大仙人，愍衆生
故出。"（T01，p2a）"～"乃
"歲"字。

魏 wèi

魏　～闕，上居位反。
（ZD60-592b） 按：
《廣弘明集》卷29："曉百碎
於魏闕，夜萬斷於中腸。"
（T52，p337b）"～"乃"魏"
字。

懲 wèi

懲　～語，上藝、衛、際三
音，睡語也，亦作㦲

也。（ZD60-34a）按：《四分
律》卷32："又見諸妓人所
執樂器，縱横狼藉，更相荷
枕，頭髮蓬亂，却卧鼾睡，齘
齒㦲語。"（T22，p789b）
"～"與"㦲"同，説夢話。

愠 wēn

愠　～風，烏昆反，正作
温。（ZD59-718b）
按："～"乃"膃（温）"。

膃 wēn

膃　～摩，上温没反。
（ZD59-627a）按："～
摩"，對應經文作"温摩"。
"温"或作"膃"，"～"爲"膃"
之訛，可洪注音"温没反"，
蓋以爲"膃"。

温② wēn

温　～爌，音温，下奴短
反，上又於云反，非。
（ZD59-682b） 按："～"
同"温"。

熅 wēn

熅　～逝，烏昆反，温燰
也，言火去也，又於
云反，非。（ZD59-767c）

---

① 又見"謂"字條。
② 又見"爌""愠""膃"字條。

文 wén

彼～,音文。(ZD60-116b)

彣 wén

文～,音文。(ZD60-365b)

蚉 wén

～宝,上音文,下音盲,正作蚊蝱也。(ZD59-610b)按:“～”乃“蚊”。

～翅,上音文,下音施。(ZD60-104a)按:“～”乃“蚊”。

蚊[1] wén

～宝,文盲二音,正作蚊蝱。(ZD59-583a)

～宝,上文,下盲。(ZD59-981c)

～翅,音文,下音施,正作蚊。(ZD59-962a)

～蚋,無云反,下而税反。(ZD59-639b)

～蚋,音文,下而税反。秦曰蚋,楚曰蚊也。(ZD59-716a)

～蝱,上音文,下音盲。(ZD59-995a)

～母,上音父。(ZD60-135c)按:“～母”,對應佛經作“蚊母”。《阿毘達磨俱舍論》卷18:“如子執杖,擊父身蚊,母隱在床,謂餘而殺。”(T29, p94a)“～”即“蚊”字,可洪音“父”,蓋當作了“蚉”,恐誤。

～蝱,文盲二音,正作蚊蝱。(ZD59-979a)

～宝,音文,下音盲。(ZD59-678b)

～宝,音文,下音盲。(ZD59-638c)

～蚋,無分反,下而税反。(ZD59-663a)

～虻,上音文,下音盲。(ZD59-559c)

～蚋,而税反。(ZD60-119a)

～蚋,如税反。(ZD59-739c)

如～,音文。(ZD60-381b)

螡 wén

～宝,上音文,下音盲,正作蚊蝱。(ZD59-596b)

駇 wén

～駒,上音文,馬赤鬣縞身,目如黄金也,下音俱。(ZD60-273b)

聞 wén

若～,音文,正作聞也,耳知聲也,郭氏作呼目反,非也。(ZD59-549b)

～㬎,上音聞,下音思,謂聞思修所成三慧也,並悞。(ZD60-144c)按:“～”,對應佛經作“聞”。《阿毘達磨順正理論》卷74:“俗智除自品,總緣一切法,爲非我行相,唯聞思所成。”(T29, p742a)

閿 wén

～鄉,上音文,縣名,在虢州,風陵關。(ZD60-568a)按:“～鄉”,對應佛經作“閿鄉”。《廣弘明集》卷17:“有閿鄉縣玉山鄉民杜化雲。”(T52, p220b)

抆 wěn

～淚,無粉反。(ZD59-818b)

～淚,文粉反。(ZD59-640c)

～淚,上文粉反,正作抆。(ZD59-626b)

---

① 又見“蚑”“蚉”“螡”字條。

扷
扷
扠
牧
牧

指 ～，文 粉 反。
(ZD59-1089a)

～ 淚，文 粉 反。
(ZD59-764a)

～淚，文粉反，正作
扷。(ZD59-692a)

～ 眼，文 粉 反。
(ZD59-691b)

～淚，文粉反，拭也，
又音目，悮。(ZD59-
963c)

窒　wěn

窒

～重，上乙本反，俗。
（ZD59-617b） 按：
"～"即"穩"字。

穩①　wěn/yǐn

穩
穩
穩
穩
穩

～ 便，上 烏 本 反。
(ZD59-1085b)

～ 便，烏 本 反。
(ZD59-805a)

～ 便，烏 本 反。
(ZD59-805c)

～ 便，上 烏 本 反。
(ZD59-1122c)

～蔽，於謹反，下必
祭反，上又烏本反，
悮。(ZD59-742b)按："～"
乃"隱"。

汶　wèn

汶

～淚，上音問，拭也，
正作扷，又音吻，又
音文，非也。(ZD60-445c)

按："～"乃"扷"。"扷"受下
字"淚"類化所致。

搵②　wèn

搵
榅
揾

～ 藥，烏 困 反。
(ZD59-793c)

～取，烏困反，正作
搵。(ZD59-648c)

皆～，烏困反，誤。
(ZD59-865c)

榅　wèn

榅

～ 油，上烏困反。
（ZD59-617a） 按：
"～"乃"搵"，浸沒也。

璺　wèn

璺
璺

～瘕，音問，破也，下
烏雅反。（ZD59-
878a)

～ 裂，音問，悮。
（ZD59-786c） 按：
"～"乃"璺"。

蓊
wēng/wěng

蓊
蓊

～欝，烏公、烏孔二
反，下於勿反，草木
盛也。(ZD59-938c)

～欝，上烏公、烏孔
二反，木盛皃也。
(ZD59-589b)

瓫③　wèng

瓫
瓫
瓫
瓫
瓫

插 ～，初 洽 反。
(ZD59-788a)

～ 縛，烏 貢 反。
(ZD59-805b)

盎 ～，下 烏 貢 反。
(ZD59-1136a)

滿 ～，烏 貢 反。
(ZD59-933b)

瓷～，才咨反，下烏
貢反。(ZD59-782c)

甕　wèng

甕
甕
甕
甕
甕
甕
甕

罌～，上烏莖反，下
烏貢反。（ZD59-
611a)

金 ～，烏 貢 反。
(ZD59-763b)

～，烏貢反。(ZD59-
808c)

瓶 ～，烏 貢 反。
(ZD59-648c)

～ 盛，烏 貢 反。
(ZD59-868c)

～ 耳，烏 貢 反。
(ZD59-742a)

瓫 ～，步 門 反。
(ZD59-935a)

瓷～，才資反，下音
瓫，悮。（ZD59-
865b)按："瓷～"，經文作
"瓷甕"。

---

① 又見"窒"字條。
② 又見"榅"字條。
③ 又見"甕"字條。

甕

～器，上烏貢反。(ZD59-1124a)

毒～，烏貢反。(ZD59-912a)

香～，烏貢反。(ZD59-745a)

著～，烏貢反。(ZD60-150b)

蘸～，烏貢反。(ZD59-973b)

鐵～，烏貢反。(ZD59-1028a)

～耳，烏貢反。(ZD59-740a)

～形，上烏貢反。(ZD60-356a)

如～，烏貢反。(ZD59-933a)

如～，烏貢反。(ZD59-1050b)

甕　wèng

～形，上烏貢反，下戶經反。(ZD60-357a)

齆　wèng

塞～，桑則反，下烏貢反。(ZD59-709b)

作～，或作瓮、甕二形，烏貢反，見藏作齆也，又尸芮、他内、他卧、人悦四反，並非也，久悮也。(ZD60-359c)按:《一切經音義》卷 7:"塞齆，一弄反，

《埤蒼》鼻病也，經文作坹，非也。"(C056, p924b)"～"，對應的是"坹"，經文作齆。從形體看，"～"同"坹"，而"坹"乃"坺"，與"齆"同，堵塞之義。

渦　wō

深～，烏禾反。(ZD60-488a)

我　wǒ

無～，羊力反，合作我。(ZD59-710a)按:"～"乃"我"字，詳見本書中篇"栈"字條。

～替，音昔。(ZD60-117b)

沃　wò

～燋，烏酷反，下子消反。(ZD59-658b)

詑～刘，他可反，中烏毒反。(ZD59-793b)

～壤，上烏毒反，下而兩反。(ZD59-1016c)

～若，烏酷反，肥也，下而斫反，上正作沃也。(ZD59-819b)

沃壤，上烏酷反，亦作～也。(ZD59-1025c)

臥　wò

牀～，上助庄反，亦作床。(ZD59-572a)

～牀，上五過反，正作臥，下助庄反。(ZD60-44b)

～床，助庄反。(ZD59-692c)

眲　wò

振～，上爭交反，下烏號反，正作抓甌。(ZD60-238c)按:"～"乃"甌"字，詳見本書中篇"眲"字條。

嗢　wò

～～，烏追(没?)反，咽也，咽中息不利也，正作嗢、歍二形。歍，又烏八反。(ZD59-1068b)按:《正法念處經》卷 24:"咽喉之中嗢嗢出聲。"(T17, p138a)"嗢嗢"，宋、元、明、宮本作"歍歍"。"嗢嗢"即"歍歍"。

作～，經意是歍、嗢，二同烏没反。(ZD60-366a)按:《正法念處經》卷 24:"咽喉之中嗢嗢出聲。"(T17, p138a)"嗢嗢"，宋、元、明、宮本作"歍歍"。"嗢嗢"即"歍歍"。

偓　wò

偓

～齷，上烏角反，下楚角反，急促也，正作握齷也。《川音》以齷踫替之，非也。（ZD60-473b）按："～齷"同"握齷""齷齷"。

握　wò

捏

～瘦，上其勿反，《七佛咒》作掘瘦。（ZD60-292a）按：《陀羅尼雜集》卷7："卑低（一），呵兮卑柔卑低（二），呵蜜耆牟卑低（三），握瘦呼丘卑低（四），具耆呵蜜卑低（五），莎呵（六）。"（T21，p622b）"～"，譯音字，可洪以爲"掘"，恐非。

捏

～澡，烏角反，下子老反。（ZD59-764a）按："～澡"，對應佛經作"沃澡"。《六度集經》卷2："太子右手沃澡，左手持兒，授彼梵志。"（T03，p9c）

捏

一～，烏角反，正作握。（T18，p613a）按："～"即"握"字，量詞，指一把大小或分量。《蘇悉地羯羅經》卷2："木㲉一握，長一肘量，搵酥乳酪。"（ZD59-875b）

幄　wò

愵

惝～，上于歸反，下烏角反。（ZD59-

1032a）按："～"乃"幄"。

愵

惟～，上于誰反，下烏角反，正作帷幄也。（ZD60-493a）按："～"乃"幄"。

愵

惟～，于歸反，下烏角反，從巾。（ZD59-777b）按："～"乃"幄"。

愵

祥～，烏角反，大帷也。（ZD59-659c）按："～"乃"幄"。

殟　wò

殟殟

烏～，烏没反，又音温。（ZD59-706a）

殟殟

殟～，上烏没反，下音兒，心悶也。又《經音義》作殟殟，二同烏没反。（ZD59-1100c）按："殟～"，經文作"殟殟"。《比丘聽施經》卷1："佛言：若寧知，貪色不離，欲不離，戀慕不離，慷慨不離，愛不離，以彼色別離，時便生他變：憂愁、悲哀、痛亂、意殟殟，有是無？"（T14，p772b）

殟

～鉢，上烏没反。（ZD59-595b）

殟殟殟

～鉢，上烏没反。（ZD59-593c）

～憫，上烏没反，心悶也，下冒殟反，悲也，傷也，正作愍、閔二形也。（ZD59-1058c）按：《生經》卷2："啼哭愁憂，悲哀呼嗟，椎胸殟憫，葬埋已訖，

各自還歸，亦不能救。"（T03，p83a）"～"，心悶。

頠　wò

頠

～鉢，烏没反，此云青蓮華。（ZD59-864a）按：《一字佛頂輪王經》卷2："應以惹底花、～鉢羅花、拘物頭花、蓮華、諭底（聽異反）迦花及餘種類香醇名花，持此花等，常以供養五頂輪王。"（T19，p236b）"～鉢羅"，即"優鉢羅"，又作"烏鉢羅""漚鉢羅""優鉢刺"等形，Utpala之譯音，爲青蓮花。

瘟　wò

瘟

作～，烏卧反，正作涴。（ZD60-371a）按：《一切經音義》卷13："跊傷，烏卧反，《通俗文》足跌傷曰跊。《蒼頡篇》挫足爲跊。經文作瘟，非體也。"（C056，p1011b）

幹　wò

幹

迴～，烏活反，轉也，《浙西韻》作幹，《孫愐韻》作幹，《千佛藏》作幹，《西川經音》幹也，《玉篇》音飯，非也，傳寫悞也。（ZD60-574b）按："～"乃"幹"。《廣弘明集》卷20："何以空積忽微歷賢劫，而

終現黍累迴幹蘊珠藏而方
傳。"(T52，p243b)

巫　wū

~師，上文夫反。
（ZD60-326c）

~師，上文夫反。
（ZD59-1047c）

~咒，上文夫反，又
音經，悮。（ZD59-
1059a）

十~，音無，女師利
也。（ZD60-313c）

洿　wū/wù

積~，音烏，不流水
也。（ZD59-569a）

~池，音烏，不流水
也，又音户。（ZD59-
669c）

沽~，上音點，下烏
故反。（ZD59-724a）

~曲，惡胡反，窊下
也，正作圬、洿二形
也。（ZD59-963a）

屋　wū

葉~，上羊接反，下
烏木反，草舍也，正
作屋。（ZD59-992a）

烏　wū

~殟，烏没反，又音
溫。（ZD59-706a）

~鵲，上音烏，悮。
（ZD60-196b）

~嘑，音呼，烏嘑，歎
聲也。（ZD59-589a）

~逋，布乎反。
（ZD59-1025c）

~鴲，直爾反，正作
雉也。（ZD59-605a）

喔　wū

呃~，音屋。（ZD60-
390c）

鄔　wū

~波，烏古反。
（ZD59-945c）

~波，烏古反，正作
鄔。（ZD59-937a）
按："~"即"鄔"，詳見本書
中篇"鄡"字條。

~波，烏古反。
（ZD59-753c）

~波，安古反。
（ZD59-669b）

~荷，上烏古反。
（ZD59-590a）

鳴　wū

~抱，步保反。
（ZD59-740c）

~咂，子合反。
（ZD59-683c）

若~，音烏。（ZD59-
618a）

~呼，屋胡反，歎聲
也，又鳴呼，叫喚聲
也，古文作於戲。（ZD59-
705c）

~經乎~經乎：鳴，
音烏，經，徒結反，歎
異聲也。（ZD59-584b）

諕①　wū

~枉，文夫反，下於
往反。（ZD59-790c）

~冈，文夫反。
（ZD59-976c）

枉~，上於往反，下
文夫反。（ZD59-
1065b）

~君，文夫反。
（ZD59-752b）

~詾，上音無，下音
冈，上又苦耕反，非
也。（ZD60-430a）按："~"
乃"諕"字，另見本書中篇
"誣"字條。

~謗，上文夫反。
（ZD59-995c）

被~，音無。（ZD59-
978c）

~謗，上音無，正作
諕。（ZD59-595b）

~横，上文夫反，枉
也，謗也。（ZD59-
615b）

~冈，文夫反。
（ZD59-868b）

~謗，上武夫反。
（ZD59-988a）

————

① 又見"誣"字條。

誣　wū

誣　～惘,上音無,下音
網,枉也,正作誣諰
也,上又苦耕反,非也。
(ZD60-335b) 按:"～"乃
"誣"字。

鎵　wū

鎵　～鎖,上音烏,下音
育,温器也,上正作
鎢。(ZD60-277c) 按:"～"
同"鎢"。

鎢①　wū

鎢　～鎖,音烏,下音育,
按:應和尚《經音義》
作鐪鎖,亦被改作鎢。
(ZD59-896b) 按:"～鎖",對
應佛經作"鎢鎖",温器。
《佛説樹提伽經》卷1:"給其
草屋厚敷床褥,給其水漿、
鎢鎖、米糧。"(T14, p825c)

鐪　鎇鎖,音昌,出《玉
篇》,下音育,温器
也。上又《經音義》作～,應
和尚以鎢字替之,音烏。鎢
鎖,小釜也,銼鑘也。上又
郭逐作處丈、處亮二反,非
也,上方本作鎢鎖。
(ZD59-896a)

鐪　作～,於勿反,見藏
作鎇,音昌。(ZD60-
370c) 按:"～"乃"鎢"。

捂　wú

捂　神～,音吾。(ZD60-
598b) 按:"～"乃
"梧"。

猏　wú

猏　飛～,音吾。(ZD60-
581c) 按:"～",猿
也。《廣弘明集》卷24:"飛
猏乘煙永吟,嘈囋麗哓悦心
娱耳。"(T52, p276c)

無　wú

无　～底,丁禮反,又竹
尼反,非。(ZD59-
675c)

无　夜～,莫胡反,正作
無,《芬陁利經》作夜
暮。(ZD59-717a)

无　乖～,于丙反,正作
永。(ZD59-674b)

蜈　wú

蝝　作～,見藏經作蜈,
同音吴,又依字音
祿,虫名,似蜥蜴,居樹上,
輒下噬人,却上樹垂頭,聽
聞哭聲乃去。(ZD60-
359b) 按:"～"乃"蜈"。

鋘　wú

鋘　～鉄,上音吾,下音
扶,受盛之器名也,

非剖析之器義。(ZD60-
76b) 按:"～鉄",對應佛經
作"鋘鉄"。《善見律毘婆
沙》卷1:"藏者學,此是法
藏也。又脩多羅句云如人
執攬與鋘鉄而來,此是器義
也。"(T24, p676b)

蝥　wú

蝥　蛛～,知朱反,下文
夫反,《爾雅》云蜘蛛
也,又音牟。(ZD59-860c)

蕪　wú

蕪　蛛～,上音株,下音
無。(ZD60-524c)

仵　wǔ

仵仵　兵～,音五,《音義》
作伍。(ZD59-914a)
～精,吾古反,或作
忤,音悟。(ZD59-
701a)

忤　wǔ

忤　輕～,音悟。(ZD60-
517c) 按:"～"乃
"忤"字,詳見本書中篇
"帍"字條。

武　wǔ

武　蕭～,方問反,正作
奮。(ZD59-708c)

―――――

① 又見"鎵"字條。

武　～俻，上音武。(ZD60-185c)

隖　wǔ

隖　～波，上烏古反，正作鄔。(ZD59-555a)

隖　～計，上烏古反。(ZD59-590a)

隖　～盧，上烏古反，下洛胡反。(ZD60-112c)

摀　wǔ

摀　～胗，上烏古反，下尺支反，正作眵也。(ZD59-629b)

碔　wǔ

碔　埊斫，上倉卧反，鈇質説文也，《川音》作～趺，此文無此字，彼或是方扶（反）耳。(ZD60-357b)

嫵　wǔ

嫵　莫～，烏古反。(ZD60-357a)

舞[①]　wǔ

儛　挊～，上魯貢反，下無府反，又《經音義》作挊舞。(ZD59-986a)

儛　～哢，無府反，下郎貢反。(ZD59-858b)按："～"即"舞"字。《佛説月上女經》卷1："揚聲大叫，舞弄身衣。"(T14, p618c)

撫　～袖，上無甫反。(ZD59-1086c)按："～"乃"舞"字，詳見本書中篇"撫"字條。

廡　wǔ

廡　簷～，羊廉反，下無府反。(ZD59-866b)

廡　房～，文府反，正作廡。(ZD60-471a)

儛　wǔ

儛　挊～，上音弄，下音武。(ZD59-1021b)按："～"乃"舞"。

儛　～刀，上文府反。(ZD59-615b)按："～"乃"舞"。

儛　歌～，音武，正作儛。(ZD59-1086c)按："～"即"儛"，同"舞"，詳見本書中篇"**儛**"字條。

儛　wǔ

儛　～哢，音弄。(ZD59-1078c)按："～"即"儛"，同"舞"，詳見本書中篇"**儛**"字條。

膴　wǔ

膴　～～，音武，土地腴美也。(ZD60-567a)

廡　wǔ

廡　～播，無苦反。(ZD59-785b)

廡　囉～，亡苦反。(ZD59-865b)

廡　薩～，無苦反，下同。(ZD59-780c)按："～"，用作譯音字。《不空羂索神變真言經》卷9："薩廡(無苦反，下同音)鉢捺(輕音，二合)。"(T20, p273b)

躌　wǔ

躌　須～，帶、滯二音，正作蹛也，郭氏音武，非。(ZD59-672c)按：《佛説兜沙經》卷1："十億阿陀波天，十億須躌(音武)天，十億呵迦膩吒天，十億阿惟先惟先尼蔄。"(T10, p446a)"～"，譯音字，經文自切"音武"。

譕　wǔ

譕　～然，上音武，失意皃也，正作憮。

---

① 又見"儛""**儛**"字條。

(ZD59-1101c)按:“～然”,對應佛經作“憮然”。《佛説梹檀樹經》卷 1:“心爲憮然,不知當以誰塞此?”(T17, p750c)經文中,“～”通“憮”。

兀 wù

～其耳鼻,《經音義》作刵、劓,此律中無此字。刵,人志反,截耳也。劓,魚至反,割鼻也。(ZD59-1108b)

阢 wù

～隗,上五垂反,又五骨反。(ZD60-386c)

扤 wù

檮～,上徒刀反,下五骨反。(ZD60-501a)按:“～”乃“杌”。《辯正論》卷 1:“渾沌、檮杌、窮奇、饕餮,爲四凶也。”(T52, p491a)

岏 wù

嵬～,上五叫反,下五骨反。(ZD60-593b)

汚[①] wù

染～,烏故反,悮。(ZD59-1008a)

染～,烏故反,正作汙。(ZD59-903a)

～垢,上烏悟反。(ZD59-1101a)

～露,上烏故反,正作汙、洿二形,諸經作惡露,又七内反,非。(ZD59-1097c)

～露,烏故反。(ZD59-643c)

着～,而陕反,正作染。(ZD59-643c)按:“～”,可洪以爲“染”字,恐誤,今經文作“汚”。《拔陂菩薩經》卷 1:“復有第三男子,聞有好女名爲蓮華色,從聞展轉著汚,轉自作貪。”(T13, p922a)

塗～,烏故反,正作汙。(ZD59-643c)

不～,烏故、烏卧二反,又烏、户二音,非。(ZD60-274a)

～泥,烏故反,正作汙也,又音烏,非。(ZD59-725c)

不～,烏故、烏卧二反,正作涴也,郭氏作烏各、烏外二反,非。(ZD59-930a)按:“～”,對應佛經作“汚”。《遺教經論》卷 1:“不汚淨戒,不受持心垢故,如經不得包藏瑕疵故。”(T26, p284c)

杌[②] wù

根～,五骨反。(ZD59-785a)

株～,陟朱反,下五骨反。(ZD59-938a)

栽～,五骨反,悮。(ZD60-94c)按:“～”乃“杌”字之訛。《阿毘達磨集異門足論》卷 7:“謂於有情不欲損害,不懷栽杌,不欲擾惱。”(T26, p395a)

五～,音兀,正作杌。(ZD59-1056b)

株～,上陟朱反,下五骨反。(ZD59-554c)

株～,陟朱反,下五骨反。(ZD59-872c)

株～,五骨反。(ZD59-563a)

株～,上陟朱反,下五骨反。(ZD60-110a)

～絶,上五骨反。(ZD59-1101a)按:“～”乃“杌”字,詳見本書中篇“𣏽”字條。

緣～,五骨反,又音瓦,悮。(ZD60-139c)按:“～”乃“杌”字,詳見本書中篇“𣏽”字條。

矹 wù

硉～,上郎骨反,下五骨反。(ZD60-594c)

---

① 又見“洿”字條。
② 又見“扤”字條。

捂① wù

捂　撻～，上扶峰反，下五故反，《大灌頂經》作逄忤，《摩尼羅亶經》亦作逄忤，又上音奉，下音吳，應和尚未詳也。(ZD60-293a) 按：《陀羅尼雜集》卷8：「步行鬼，撻捂鬼，山神鬼，石神鬼。」(T21，p627c)「撻捂」，宋本作「逄誤」。《佛說灌頂經》卷8：「步行魅鬼，逄忤魅鬼。」(T21，p520a)「逄」，元、明本作「逆」。據此，「～」同「忤」。

悟 wù

酷　醒～，上蘇定反，下五故反。(ZD60-220b) 按：「～」乃「悟」。「悟」受上字「醒」的影響類化換旁所致。

囍　覺～，上古孝反，下五故反。(ZD59-1070c) 按：「～」乃「悟」。《正法念處經》卷45：「於覺悟時，出息入息，與意相應，常不離意。」(T17，p268b)

悮② wù

悮　過～，音悟，錯也，正作誤、悮二形。
(ZD59-867a)

務 wù

孫　慺～，其據反，下無付反，正作勮務也。
(ZD59-899a)

孫　孫～，上音緣，下音務。(ZD60-400c) 按：「孫～」，對應文獻作「緣務」，詳見本書中篇「孫」字條。

楛 wù

楛　撻～，上音逄，下音悟，《灌頂經》作逄忤，《摩尼羅亶經》亦作逄忤，應和尚未詳。(ZD60-388b) 按：「～」乃「捂」，與「忤」同。

晤③ wù

晤
晤
晤
晤　指～，音悟，明也，朗也。(ZD59-568a)
開～，音悟。(ZD59-784c)
明～，音悟，朗也。(ZD59-972b)
慈～，音悟。(ZD59-603c)

悮 wù

悮　～矣，上戶岸反，猛也，義合作悍，音導。(ZD60-526b) 按：「～」乃「悮(誤)」字，詳見本書中篇

「悮」字條。

晤 wù

晤　言～，音悟，明也，朗也，正作晤。
(ZD60-350a)

塢 wù

塢
塢
塢
塢
塢　村～，烏古反。(ZD59-1026c)
村～，烏古反。(ZD60-54b)
～囉，上烏古反。(ZD59-629a)
田～，烏古反，正作塢。(ZD59-956c)
破～，烏古反。(ZD59-1055a)

嶅 wù

嶅　罐～，上奉、灌二音，出《玉篇》，下毛、務二音，正作螯也，山名也。
(ZD60-463b)

悟 wù

寤　寙～，上蘇青、蘇井二反，寙憦，了慧也，正作悝、悟二形。(ZD59-1070b) 按：「～」，經

───────
① 又見「楛」字條。
② 又見「悮」字條。
③ 又見「晤」字條。

文作"寤",即"悟"字。《正法念處經》卷 43:"傲慢行者,常不寤寤,於天人中恒爲妨礙,常妨一切世間之法、出世間法。"（T17,p254b）"寤寤",元、明本作"惺悟"。

寤① wù

薈　這~,音釋,纔這也,始也,正作適。（ZD59-643c）

薈　薈~,上古孝反,下五故反,正作覺寤。（ZD60-105c）

窹　通~,五故反,正作寤。（ZD60-478a）
寤　~則,同上。（ZD59-647b）

寤　薈~,音校,下音悟。（ZD59-683c）
悟　~寤,上五故反,下古兒反。（ZD59-1079a）

薈　定~,同上（寤）。（ZD59-995a）

寤　悅~,音悅。（ZD59-822c）

薈　已~,音悟。（ZD59-713a）

寤　籥~,交孝反,下吾故反。（ZD59-663b）

薈　若~,音悟。（ZD59-640a）

薈　至~,音悟,睡覺也,正作寤。（ZD59-643c）

寤　寤~,古孝反,下五故反,正作覺寤,亦寤悟。（ZD59-960b）

悟　驚~,音悟,睡覺也。（ZD59-991b）

窹　~寢,上五故反,下七朕反,臥覺也,正作寤寢。（ZD59-550a）

薈　不~,音悟。（ZD59-671a）

薈　若~,音悟。（ZD59-1070b）

薈　薈~,音教,下音悟。（ZD59-719c）

薈　定~,音悟。（ZD59-995a）

窹　覺~,音挍,下音悟。（ZD59-692a）

窹　覺~,古孝反,下五故反。（ZD59-670c）

窹　寤~,古孝反,下五故反。（ZD59-666b）

窹　眠~,音悟,覺也。（ZD59-992b）

窹　悟~,古孝反,下五故反。（ZD59-936a）

窹　警~,上居影反,下五故反,覺也。（ZD59-597c）

窹　~夢,五故反。（ZD59-647b）

窹　~意,上五故反,覺也,《長房錄》作寤意,《內典錄》作窹意,《刊定錄》作悟意,正作寤也。（ZD60-331a）按:"~"乃"寤"字,詳見本書中篇

"寤"字條。

譳 wù

譳　可~,烏故反,相毀也,亦作譳（譳）。（ZD59-757c）

澅 wù

澅　~獃,上烏悟反,下於焰反。（ZD60-231b）按:"~"乃"澅（惡）",詳見本書中篇"澅"字條。

鋈 wù

鋈　銑~,上先典反,下烏酷反。（ZD60-560a）

寤 wù

寤　寤~,上古孝反,下五故反。（ZD59-1017a）

寤　寤~,上古孝反。（ZD59-1014b）按:"~"同"寤（悟）"。

寤 wù

寤　籥~,上古孝反,下五故反。（ZD59-1074b）按:"~"即"寤",與"寤（悟）"同。

———

① 又見"寤""寤""寤"字條。

鶩　wù

鶩　川～,音務,馳也,正作鶩。(ZD59-659c)

按:"～"即"鶩",經文中通"鶩"。《大方廣佛華嚴經》卷5:"是故一切如川鶩,咸來供養世所尊。"(T10,p22b)

鶩　青～,務、木二音,野鴨別名。(ZD59-556c)按:"～",經文中乃"鶩"。

X

子 xī

子 説説～,下音兮,正作兮。(ZD60-355a)按:"～"乃"兮"。

夕 xī

多 向～,音夕,暮也。(ZD60-187a)

勺 ～宿,上祥昔反,暮也,正作夕也,又之若、市若二反。(ZD60-262c)

兮① xī

子 披捭之～,下一音奚,正作婆捭之兮也。(ZD59-810a)

兮 悢致,上卑～反,正作悢也。(ZD59-799b)

兮 阿～,音奚。(ZD59-635a)

丂 強～,上巨良反,下胡雞反。(ZD59-629c)

号 呵～,胡雞反,正作兮、奚、莫三形也,《七佛咒》作呵柔,亦是莫字

悮。(ZD60-292a)

扸 xī

扸 ～一,上先擊反。(ZD59-574b)按:"～"即"析"。

扸 ～疑,上先擊反。(ZD60-94a)按:"～"即"析"。

折 xī/zhé

折 ～理,上先擊反。(ZD59-548b)按:"～"乃"析"。

折 難～,旨熱反。(ZD59-716b)

㪿 鳥～,之舌反。(ZD59-838c)按:"～"乃"折"。

吓 xī

吓 ～剌,上許伊、許至二反,下郎達反。(ZD60-351b)

屄② xī

屄 殿～,上丁見反,下許伊反,《爾雅》殿

吙,呻也,亦作嚁吙,又作唸吓也。(ZD60-380a)

攽 xī

攽 磨～,喜夷反,正作攽也,又許器反。(ZD59-590a)

希③ xī

希 不～,音希。(ZD59-956b)

希 ～有,許衣反。(ZD59-926b)

希 ～有,許衣反。(ZD59-918a)

希 ～望,許依反。(ZD59-829b)

希 ～望,許依反。(ZD59-748b)

希 ～望,許依反。(ZD59-732a)

希 ～有,許衣反。(ZD59-704c)

希 ～有,許衣反,正作希。(ZD59-686a)

希 ～有,許衣反。(ZD59-664b)

---

① 又見"子"字條。
② 又見"攽"字條。
③ 又見"悕"字條。

希布　～有，許衣反。（ZD59-661a）

布　～有，許依反，少也，不稠也，正作希也。（ZD59-646a）

帘　～有，許依反。（ZD59-646a）

希　～有，上許衣反。（ZD59-614c）

者　～有，上香衣反。（ZD59-582c）

帝　猶～，音希。（ZD60-542b）按："～"乃"希"字，詳見本書中篇"帝"字條。

希　～還，上許依反。（ZD60-325a）

惀　～有，喜衣反。（ZD59-961c）

懍　～望，上音希。（ZD60-151a）

悕　～望，許依反。（ZD59-649b）

剢　～利，許依反，誤。（ZD59-878c）按："～"，對應佛經作"希"。《七佛八菩薩所説大陀羅尼神咒經》卷2："希利希利希利希利。"（T21，p543c）

昔　xī

旹　我～，音昔，往也，古文昔字也，出《説文》。（ZD59-713b）

昔　～殖，音食。（ZD59-621c）

昔　～爲，上音昔，惧也，昔爲龍身。（ZD60-266b）

竹　自～，音昔。（ZD60-139a）

析①　xī

拆　～彼，先擊反。（ZD59-978b）

排　～色，先擊反。（ZD59-970c）

坼　辯～，先擊反。（ZD59-969c）

折　分～，先擊反。（ZD59-969b）

排　～理，先擊反。（ZD59-964c）

拚　～爲，先擊反。（ZD59-945a）

泝　漸～，先的反。（ZD59-933b）

泝　分～，音判，散也，宜作析，先擊反，分也。（ZD59-932b）

折　～竹，先擊反，割也，破也。（ZD59-917c）

拆　解～，先擊反。（ZD59-848c）

排　～一，先擊反。（ZD59-839a）

折　分～，先擊反。（ZD59-758b）

埣　分～，先擊反，與析同也，又丑格反，悞。（ZD59-743a）

析　～苔，先擊反。（ZD59-702a）

浙　～石，先擊反，破也，正作枂。（ZD59-690a）

抪　～石，先擊反。（ZD59-681a）

折　辨～，平件反，別也，理也，慧也，下先擊反，分也。（ZD59-665b）

折　分～，先擊反。（ZD59-654c）

拚　分～，先擊反。（ZD59-644a）

折　～骨，先擊反。（ZD59-642b）

拼　敷～，先擊反。（ZD59-640c）

排　欲～，先擊反。（ZD59-557b）

折　～除，上先擊反。（ZD59-556b）

泝　分～，先擊反。（ZD59-555b）

折　剖～，上普口反，下先擊反。（ZD60-461c）

拆　披～，先擊反。（ZD60-419c）

折　～出，上先擊反。（ZD60-347a）

杓　究～，先擊反。（ZD60-315b）

拼　分～，先擊反。（ZD60-161b）

析　分～，先擊反，解破也，正作析。（ZD60-161a）

———

① 又見"折""拚"字條。

拆　～至，同上。（ZD60-148a）

析　分～，同上。（ZD60-148a）

柝　可～，同上，此正。（ZD60-148a）

析　可～，同上。（ZD60-148a）

析　分～，同上。（ZD60-148a）

析　～木，上先擊反。（ZD60-105b）

拘　～槃，上先亦反。（ZD60-312b）

肹　xī

眹　～響，上許訖反，正作肹、肹。（ZD60-584b）

眹　羊～，普幻反，正作盼、盼二形。又呼計、五計二反。又《川音》作肹，許乞反，今定取盼字呼之。（ZD60-562c）按："羊～"即"羊肹（盼）"，可洪以爲"盼"，恐非。

夛　xī

穸　窀～，上陟倫反，下音夕，正作夛。（ZD60-560c）按："～"乃"夛"，詳見本書中篇"夛"字條。

夛　窀～，上知倫反，下祥昔反。（ZD60-467a）

要　xī fǎn

奭　帶帙～，下是西反二字也，误。（ZD60-468a）按："～"乃"西""反"兩字合。

㧾　xī

摤　～若，斯兮反，下禰者反。（ZD59-714b）按："～"乃"栖"，用作譯音字。

捆　～隱，上西、細二音。（ZD60-408a）按："～"乃"栖"字。

㧾　～託，上斯兮反，下他各反，又之倫、之閏二反，非也。（ZD60-485b）按："～"乃"栖"字。

呬　xī

嗖　卑～，許伊反。（ZD59-802b）

俙　xī

俙　依～，音希。（ZD60-564a）

俙　依～，音希，《玉篇》《切韻》並無此呼。（ZD60-320c）

俙　傃～，上於豈反，下希豈反，《出三藏記》作依俙，上音衣，下音希也。（ZD60-343b）

栖[1]　xī/xiè

捆　～山，西、細二音，雞宿之處。（ZD59-772c）

拪　～僧，上音西，正作栖。（ZD60-564b）按："～"乃"栖"字，詳見本書中篇"拪"字條。

捭　～稗，斯亞反，下蒲拜反。（ZD59-803c）按："～"音"斯亞反"，讀"xiè"，乃經文自切音，用作譯音字。《陀羅尼集經》卷10："囉菩娑伽夜栖（斯亞反）稗（七）莎訶（八）。"（T18，p870a）

息　xī

息　～幾，上巨既（即）反，下居衣反。（ZD59-983b）

息　塡～，都困反。（ZD59-822b）

息　～警，音景，覺也。（ZD60-316c）

奚　xī

奚　頭～，音兮。（ZD59-840c）

奚　～昧，户雞反。（ZD59-741b）

奚　～咮，音兮，下音味，下又之殊、竹角、

────

① 又見"㧾""捿"字條。

知由、知注、知咒、都豆六反，並非。（ZD59-741b）

奚奚奚
～本，戶雞反，正作奚。（ZD59-673b）

～隸，戶雞反，正作奚。（ZD59-637c）

奚
～天，上胡雞反，正作奚。（ZD60-542b）

奚
茨～，上疾咨反，下戶西反。（ZD60-367b）

奚奚
～來，上戶西反。（ZD59-1031c）

～足，上戶西反。（ZD59-1031c）

奚
～爲，上戶雞反，正作奚。（ZD59-1031b）

狶　xī

狶
海～，許依、許豈二反，豬也。（ZD59-1135b）

悕　xī

悕悕悕悕
～望，許衣反，下無放反。（ZD59-925a）

～望，許依反。（ZD59-921c）

～望，許衣反。（ZD59-832c）

～望，許依反，正作悕。（ZD59-776b）

～求，許衣反。（ZD59-757b）

悕悕悕
～望，許衣反。（ZD59-755b）

無～，音希，望也。（ZD59-744a）

～怡，諸經皆作熙，許之反，下與之反，和悅也。（ZD59-730b）按："～"通"熙"。

悕悕悕悕悕悕
～求，許衣反。（ZD59-719c）

～望，許衣反。（ZD59-719a）

不～，音希，正作悕也。（ZD59-646b）

～求，許依反。（ZD59-646b）

不～，音希。（ZD59-646b）

～望，上許衣反。（ZD59-592c）

～望，上音希，欲得也。（ZD59-583b）

～求，上音希，正作悕。（ZD60-424a）

～望，上許衣反，正作悕。（ZD60-22a）

犀　xī

犀
～甲，同上。（ZD59-909a）按："～"乃"犀"。

犀
聲～，音西，瓦破聲也，嘎聲也，正作甆。（ZD59-680c）按："～"即"犀"，通"甆"。

捿　xī

捿
～之，上斯兮反。（ZD59-568c）按："～"同"棲"。

捿
～止，上先兮反，鳥宿也。（ZD59-604a）

桸　xī

桸
一～，許宜反，杓也，正作桸。（ZD60-77a）

晞　xī

晞晞晞
暴～，音希。（ZD60-392a）

～乾，上許衣反。（ZD60-351b）

自～，音希。（ZD60-569c）按："～"，經文作"晞"。

晞
～湯，上許依反。（ZD60-439b）按："～"，經文作"晞"。

悉　xī

悉悉
～苞，布交反。（ZD59-755c）

～靖，疾井反，審也，安也，和也。（ZD59-709a）

悉
～善，星七反，下常演反，正作悉善也。（ZD59-646c）

恖　～蔽，博祭反。（ZD59-625c）

惜 xī

惜　愛～，音昔。（ZD59-672a）

惜　不～，音昔。（ZD59-585a）

晰 xī

晰　莫～，先擊反，明也，正作晰。（ZD59-790c）

睎 xī

睎　～體，上許衣反。（ZD59-567a）按："～"，經文作"睎"。

睎　智～，音希。（ZD60-483a）按："～"，經文作"睎"。

睎　～觀，上許衣反，望也。（ZD59-567c）

稀 xī

稀　內～，音希。（ZD59-931c）

稀　～概，許依反，下居利反。（ZD59-775b）

稀　～踈，上喜衣反，下所居反。（ZD59-626b）

稀　～軟，上許衣反。（ZD59-602b）

稀　～踈，上許衣反。（ZD60-406a）

稀　～濕，上許依反。（ZD60-302b）

稀　～踈，上許依反。（ZD60-213a）

稀　～薄，上許衣反。（ZD60-111a）

犀① xī

犀　如～，音西。（ZD59-832b）

犀　～坐，斯兮反。（ZD59-769a）

犀　踰～，音西。（ZD59-767a）

犀　～以，斯兮反，牛也，悮。（ZD59-766a）

犀　～角，音西，正作犀。（ZD59-727a）

犀　如～，音西。（ZD59-637b）

犀　如～，音西。（ZD59-614a）

犀　如～，音西。（ZD59-602c）

犀　如～，音西。（ZD59-599b）

犀　～渠，上音西，牛名。（ZD59-569a）

犀　～象，上音西，下音像，正作犀象。（ZD60-329c）

犀　～牛，上先兮反。（ZD59-1087a）

犀　～等，上斯兮反，正作犀也。（ZD59-1062a）

嫼 xī

嫼　作～，許之反，與熙同。（ZD60-402b）

蚵 xī

蚵　～蝪，上先擊反，下羊益反。正作蜥蝪也。上又郭氏音亦，非也。（ZD59-1066a）按："～"乃"蜥"字，詳見本書中篇"蚵"字條。

噏 xī

噏　囉～，音息，見《鄜州篇》。（ZD59-804a）

嗘 xī

嗘　～泥，上戶雞、戶計二反，真言多本音呼之也，郭氏作胡計反，應和尚未詳。（ZD60-357a）

嗘　阿～，呼以反。（ZD59-812b）

嵠 xī

嵠　～嶇，苦兮反，下古鷃反。（ZD59-982a）

———

① 又見"犀"字條。

按："～"同"溪"。

溪① xī

浨　掃～，苦兮反，正作溪，誤。（ZD59-877b）按："掃～"，對應經文作"掃溪"（T18，p244c）。

溪　～澗，苦奚反，正作谿、溪。《爾雅》曰水注川曰谿也。（ZD59-850a）

嵠　～峪，苦兮反，下古木反。（ZD59-744a）按："～"乃"溪"字，詳見本書中篇"嵠"字條。

徯 xī

徯　～徑，上戶雞反。（ZD60-412c）

蹊　～徑，上戶雞反。（ZD60-414c）

熙② xī

熙　～隆，許之反，廣也，下力中反，高也。（ZD59-673c）

熈　～怡，喜之反，下以之反。（ZD59-669b）

熙　～怡，許之反，下以之反。（ZD59-665a）

熈　～怡，喜之反，下以之反。（ZD59-664a）

䣉　～怡，上許之反，下以之反。（ZD59-1077a）

熙　～怡，許之反，下與之反。（ZD59-962b）

熈　～然，許其反，和悅兒也。（ZD59-845b）

熙　～荷，許之反，下乎可反。（ZD59-813b）

熙　題～，許之反。（ZD59-810c）

熈　～狩，許之反，下守右反。（ZD59-796b）

澳　～利，許之反。（ZD59-796a）

憪　～怡，許之反，下以之反。（ZD59-767a）

熙　～怡，許之反，下與之反。（ZD59-747b）

熙　怡，喜之反，下以之反。（ZD59-739c）按："～"乃"熙"字，詳見本書中篇"熙"字條。

䣉　～怡，許之反，下以之反。（ZD59-706c）

熈　～連，香其反，此云有金河也。（ZD59-679b）

熙　～怡，許之反，下以之反。（ZD59-678b）

熙　～怡，許之反，下與之反。（ZD59-677a）

熙　～怡，許之反，下與之反。（ZD59-657b）

熙　～怡，許之反，下與之反。（ZD59-640c）

熙　～怡，上許之反，下以之反。（ZD59-628b）

熙　～怡，上許之反，下與之反。（ZD59-557b）

熙　～怡，上許之反，下與之反。（ZD59-556b）

䣉　義～，同上。（ZD60-339c）

熙　義～，許之反。（ZD60-339c）

澳　～怡，上許之反，下與之反。（ZD60-142c）按："～"乃"熙"字，詳見本書中篇"澳"字條。

憪　～頤，上許之反，下與之反。（ZD60-117c）

蜥③ xī

蜴　蝎～，羊益反，下先擊反，下正作蜥也，下又七去、仕嫁二反，非。（ZD59-874b）

蚸　～易，上先擊反。（ZD60-351c）

蜊　～蝎，上先擊反，下羊益反，正作蜥蝎也，《經音義》作蜥蝎，是也，上又郭氏作七吏反。

---

① 又見"嵠""谿"字條。
② 又見"嫛"字條。
③ 又見"蜊""蜥"字條。

（ZD59-1070c）

蜊　xī

蜊 作～，音刺。（ZD60-366b）按：《一切經音義》卷11："蜥蜴，斯歷反，下音亦，山東名蝍蜺，陝以西名辟宮，在草者曰蝎蜥也，經文作～，非體也。蝍，音七賜反，蜺音覓。"（C056，p978a）"～"，可洪音"刺"，讀"cì"，恐誤，對應經文作"蜥"，讀"xī"。

噷　xī

噷 ～擔，上辛七反，下都濫反。（ZD60-294c）按："～"，譯音字。《陀羅尼雜集》卷10："婆陀三慕哩耽畢多三慕噷，擔尸厲摩。"（T21，p635c）

僖　xī／xì

僖僖 三～，許之反，樂也。（ZD59-1039c）

可～，許記反，情所好也，美皃也，正作憙、嬉二形，又音凞，非。（ZD59-1090b）

誒　xī

誒 作～，呼介反，正作唏、譆二形也。（ZD60-366b）按：《一切經音義》卷11："呴喊，古文呴、吽二形，下呼戒反，《韻集》作喊。喊，訶也。《通俗文》作誒，大語也。"（C056，p978b）"～"，《廣韻》音"許訖反"，讀"xī"，祇是與"喊""誒"義近，非爲異體。

嘻　xī

嘻 ～唎，許之反，下力至反。（ZD59-789b）

嘻 陁～，許之反。（ZD59-625a）

噏①　xī

噏 ～人，許及反。（ZD59-797a）

翕 呼～，音吸。（ZD59-677b）

吸 ～風，上許及反，《音義》作噏，同音吸。（ZD59-913c）

蹴 ～躘，上許急反，與噏同也。（ZD59-1042b）

膝　xī

膝 ～股，上悉，下古。（ZD59-940c）

牛～，音悉。（ZD59-875a）

膝膝 胜～，步米反，下新七反。（ZD59-853c）

膝 ～上，思七反，正作膝。（ZD59-850a）按："～"乃"膝"，詳見本書中篇"膝"字條。

膝 ～胜，辛七反，下步米反。（ZD59-829b）

膝 ～乎，辛七反。（ZD59-764b）

膝 ～上，星七反。（ZD59-759a）

膝 于～，辛七反。（ZD59-731b）

膝 ～胜，辛七反，下步米反。（ZD59-683a）

膝 屈～，音悉。（ZD59-666c）

膝 至～，音悉。（ZD59-606a）

膝 ～腨，上星七反。（ZD59-591a）

膝 兩～，音悉。（ZD59-574b）

膝 造～，上七到反，下音悉。（ZD60-569c）按："～"乃"膝"字，詳見本書中篇"膝"字條。

膝 ～骨，上辛七反。（ZD59-558a）

膝膝 ～輪，上辛七反，正作膝。（ZD59-556a）

右～，音悉。（ZD59-554c）

膝 容～，音悉。（ZD60-479c）

───────

① 又見"歙"字條。

睷 ～前,上音悉,正作膝。（ZD60-472c）按:"～"乃"膝"字,詳見本書中篇"睷"字條。

漆 手～,音悉,骸骨也,正作膝,亦作郄也。（ZD60-472a）按:"～"乃"膝"字,詳見本書中篇"漆"字條。

膝 抱～,音悉。（ZD60-44c）

膝 膝 曲～,音悉。（ZD60-42c）

膝 臏～,上毗忍反,下辛七反,正作膝也,下又郭氏作蘇各反,非也。（ZD60-404a）

膝 髀～,上步米反,下辛七反,上又卑弭反。（ZD60-149a）

膝 乎～,上音于,下音悉。（ZD59-1000a）

瘜 xī

瘜 瘤～,上力由反,下思力反,正作瘤瘜。（ZD60-378b）

瘜 ～肉,上相力反。（ZD60-365b）

嬉 xī

嬉 ～佚,羊一反。（ZD59-945a）

嬉 ～戲,喜之反,下喜義反。（ZD59-730b）

嬉 ～戲,許之反。（ZD59-668a）

嬉 ～戲,喜之反,遊也。（ZD59-664c）

嬉 ～遊,上許之反。（ZD59-604b）

嬉 ～戲,上許之反。（ZD59-592b）

歆 xī

歆 ～適,許其反,下尸亦反。（ZD59-864a）

甏 xī

甏 ～破,上斯兮反。（ZD59-604b）

甏 ～嘎,音西,下所詐、烏芥二反,聲敗也,上作甏、嘶、誓三形。（ZD59-727b）

暿 xī

暿 ～陽,上許其反。（ZD60-573c）

曦 xī

曦 湮～,上烏兮反,下許宜反。（ZD60-288a）按:"～"即"曦",譯音字,可洪音"許宜反",非"曦"本有讀音,蓋同"曦"。

曦 喱～,上烏兮反,下許宜反。（ZD60-288a）

巇 xī

巇 作～,許宜反,俗字也,見藏及目録並無此經。（ZD60-360b）按:"～"乃"巇"。

巇 險～,上許奄反,下許宜反,下正作巇也,又魚綺反,非。（ZD60-554a）按:"～"乃"巇"。

錫 xī

錫 鉛～,先擊反,正作錫。（ZD60-41b）按:"～"即"錫"字之訛。詳見"鍚"字條。

歘 xī

歘 ～烟,上許急反,正作歎。（ZD60-156c）

羲 xī

羲 ～農,上許宜反。（ZD59-950b）

羲 ～唐,上許宜反,正作羲。（ZD60-528b）

羛 xī

羛 理～,上伊兮反,下乎兮反。理字,應和尚不切。（ZD60-357c）

蹊　xī

～逕，音兮，下音徑。
(ZD59-851a)

磎　xī

～嵧，上苦兮反，下
古鴈反。(ZD59-
1071b)

誓　xī

嘶破，上斯兮反，
正作～。(ZD59-
612b)

醯　xī

～陛，上呼兮反，下
步米反。(ZD59-
983b)

翳～，烏兮反，下火
兮反，正作醯。
(ZD59-875c)

阿～，呼兮反。
(ZD59-845b)

擤～，吐革反，下
呼兮反。(ZD59-
841b)

音～，呼兮反，嗘字
音。(ZD59-812b)

～摩，呼兮反。
(ZD59-810b)

瑿～，烏計反，下
火兮反。(ZD59-
802b)

～輸，呼兮反。
(ZD59-799b)

～輸，呼兮反，下束
朱反。(ZD59-798a)

醯輸，上呼兮反，下
束朱反；～輸，同上。
(ZD59-798a)按："～輸"，對
應佛經作"醯輸"。《佛說大
金色孔雀王咒經》卷1："醯
輸醯輸，醯利醯利。"(T19,
p479c)"醯"作"～"，蓋受下
字"輸"的影響類化換旁從
"俞"所致。

理～，烏兮反，下火
兮反。(ZD59-791c)

～挐，火兮反，下女
加反。(ZD59-788c)

～末，火兮反。
(ZD59-754c)

～渿，呼兮反，下
傍禮反。(ZD59-
751b)

擗～，呼兮反。
(ZD59-746a)

摩～，呼兮反。
(ZD59-734b)

麑～，奴侯反，下呼
兮反。(ZD59-703c)

摩～，呼兮反，亦作
醯。(ZD59-685b)

盧～，呼兮反。
(ZD59-639b)

～～，呼兮反。
(ZD59-627a)

～陁，上呼兮反，下
徒何反。(ZD59-
625c)

～隸，上呼兮反。
(ZD59-622c)

毗～，呼兮反。
(ZD59-605a)

索～，呼兮反。
(ZD59-601b)

磨～，呼兮反，正作
醯、醯、醯、醯四形，
又音海。(ZD59-590a)按：
"磨～"，對應佛經作"磨
醯"。《大寶積經》卷4："儞
磨醯儞(四十五)。"(T11,
p25b)"～"音"呼兮反"，即
"醯"，可洪又音"海"，蓋以
"～"爲"醯"字。

摩～，呼兮反。
(ZD59-586a)

摩～，呼兮反。
(ZD59-582c)

鞞～，上毗迷反，下
呼兮反。(ZD60-
54c)

～羅，上呼兮反，正
作醯，《法顯傳》及
《西域記》並作醯羅。
(ZD60-465a)按："～"乃"醯
(醯)"字，詳見本書中篇
"醯"字條。

～侈，上火兮反，下
尺爾反。(ZD60-
37c)

噩～，上烏各反，下
呼兮反，下又音海，
悞，國名也。(ZD60-261a)
按："噩～"，對應經文作"噩
醯"。《大唐西域記》卷4：
"噩醯掣呾羅國。"(T51,
p888b)"醯"，乙本作"醯"。

"～"與"醯"皆"醯"之訛。《釋迦方志》卷1："至堊醯挈咀邏國（中印度）周三千餘里。"（T51，p957b）

趡　xī

趡　～梨，上喜梨反，經自切。（ZD59-745c）按："～"，譯音字。《大方等大雲經請雨品第六十四》卷1："瞿羅摩那賜那伽趡（喜梨反）梨陀移。"（T19，p506a）

檥　xī

巇　鉢擬，宜作盧，許宜反，器也，《川音》作～，義、蟻二音，無義可取。（ZD60-76b）按：《善見律毘婆沙》卷2："色髮衣一雙，金鉢儀一具。"（T24，p687c）"儀"，宋、元、明、宮、聖本作"檥"。"擬""～"，對應經文作"儀"或"檥"。"擬""～"，可洪以爲"盧"，"盧"爲陶器，義恐不當。根據異文，"擬""～"似乎爲"儀"或"檥"，但無論是"儀"還是"檥"，皆不符意。"檥"雖可爲器，但乃酒樽。"擬""～"恐爲"檥（欐）"。"檥（欐）"，瓢勺也，於文義通達。三者形體上也近似。

擬　鉢～，宜作盧，許宜反，器也，《川音》作擬，義、蟻二音，無義可取。

犠　～杓，上許宜反，器名，即是杓也，正作栦、檥二形，下市矸反。（ZD60-580a）

檥　似～，許宜反，杓也，字正作栦、匭二形。（ZD60-163c）按："～"同"栦"。

曦　xī

曦　青～，許宜反。（ZD60-429a）

㰥　xī

㰥　阿～，許宜、許義二反。（ZD59-837c）

曦① xī

曦　湮曦，上烏㸒反，下許宜反。郭氏音作曦、～，上魚寄反，非。（ZD60-288a）按："～"即"口犠"，譯音字。

㶸　xī

㶸　～險，上許宜反，字從戲。（ZD59-603b）嶮～，上許撿反，下許宜反。（ZD60-20c）

犠　xī

犠　伏～，香宜反。（ZD60-518a）

犠　宓～，上音伏，下許宜反。（ZD60-500c）疱～，上步包反，下許宜反。（ZD60-500c）

嚱　xī

嚱　作～，見藏作嶮㶸也。（ZD60-377b）按："～"，本音"五達反"，對應文獻作"嶭"。

鼷　xī

鼷　～鼠，戶雞反。（ZD59-939a）～鼠，戶雞反。（ZD59-847b）～鼠，戶雞反，下尸與反。（ZD59-705c）按：《正法華經》卷2："在在處處，有諸惡蟲，有若干種，狐狸鼷鼠，其字各異，嗚呼啾喳。"（T09，p76b）～鼠，戶雞反，下尸與反。（ZD59-702c）～鼠，上戶西反。（ZD59-1044c）

席② xí

席　～冠，祥昔反，下古丸反。（ZD59-741c）牀～，上助庄反，下祥昔反。（ZD59-

---

① 又見"曦"字條。
② 又見"㡩""蓆"字條。

1034a)

廗 廗 廗 廗 廗

~以，祥昔反。
（ZD59-672b）

痳~，上助庄反，下祥昔反。（ZD60-226a）按："~"乃"蓆"字，詳見本書中篇"瘖"字條。

擶~，他盍反。
（ZD59-709a）

座~，音夕。（ZD59-1047c）

坐~，自果反，下祥昔反。（ZD59-853b）

蕁~，祥昔反。
（ZD59-835c）

習① xí

慣~，古患反。
（ZD59-664c）

~報，上音習。
（ZD60-303c）

誦~，音習，學也，又尺涉反，非。
（ZD59-826c）

狃~，音習。（ZD59-856b）

串~，上古患反。
（ZD59-569c）

~澆，上音習，《破邪論》作習也。
（ZD60-556b）

蓆 xí

薦~，上子見反，下序昔反。（ZD59-

1126b）按："~"同"蓆"。

隰 xí

巒~，音習，下濕之地也，正作隰也。
（ZD60-567b）

覡 xí

曰~，戶的反，孫愐韻、《江西韻》、應和尚並云男曰巫，女曰覡，莨筠和尚韻云男曰覡，女曰巫，不委何正，然按白居易一百韻云成人男作卯事鬼，女爲巫，據此即男曰覡，女曰巫爲正。（ZD60-379a）

廗 xí

坐~，音夕。（ZD60-205c）按："~"乃"蓆"。

榙 xí

杴~，音習，堅木也。
（ZD59-1058b）

瘖 xí

~~，音習，皮膚風病也，又私集反，小痛也。（ZD59-682a）

~~，音習，又蘇立反。（ZD60-170a）按："~"乃"瘖"。

褶 xí

若~，音習，大袖衣也，袴也，又音十。
（ZD60-36b）

隰② xí

~桑，上似集反。
（ZD60-386a）按："~桑"，對應文獻作"隰桑"，"~"即"隰"之訛。《一切經音義》卷 19："沃弱，又作洪，同於縛、烏桔二反。《詩》云其葉沃若，《傳》曰沃若猶沃沃然也，云隰桑有沃，《傳》曰沃也，亦美也。"（C057，p43c）《龍龕手鏡·阜部》："~，俗，音昆。"《漢語大字典·阜部》（4451頁）引之，未考。"~"音"昆"，乃俗讀，俗以"~"形體從"昆"故讀之，其實"~"即"隰"之訛。

檄 xí

書~，胡的反，二尺書也，正作檄也。
（ZD60-118c）

讚~，胡的反。
（ZD59-652c）

諰 xí

貫~，音習。（ZD59-591b）

----

① 又見"諰""瘖"字條。
② 又見"隰"字條。

謵　作～，見藏作習也，又尺葉反，小語也。(ZD60-368a)

謵　暮～，音習，學也，串也，又昌涉反，非用。(ZD59-767b)按：“暮～”，對應佛經作“暮誦”或“暮習”。《六度集經》卷6：“昔者菩薩，爲獨母子，朝詣佛廟，捐邪崇真，稽首沙門，稟佛神化，朝益暮誦，景明日昇，採識衆經。”(T03,p36b)“誦”，宋、元、明本作“習”。“謵”即“習”之增旁俗字。

霫　xí

霫　～蔽，上菁(胥)立反。(ZD60-406b)

襲　xí

襲　我～，音習。(ZD60-182a)

襲　逈～，音習。(ZD60-304b)

襲　～續，上似集反，受也，及也，重也，入也。(ZD59-769b)

襲　冠～，音官，下音習。(ZD59-870a)

襲　～持，上辝集反。(ZD60-234c)

襲　更～，上古盲反，下音習。(ZD60-551b)

襲　掩～，音習，入也，《經音義》云夜戰曰～也。(ZD59-834c)

洒　xǐ

洒　～灑，上宜作洒，音洗，又許逼反，悞。(ZD60-216b)

唏　xǐ/xì

唏　彌～，希豈、希冀二反。(ZD59-626a)

唏　～隸，上許豈反，下力計反。(ZD60-294c)

唏　泥～，與唏同，許記反，又郭迻音布。(ZD59-837a)

唏　噓～，許魚反，下許既反。(ZD59-764b)

徙　xǐ

徙　～，斯此反。(ZD59-602b)按：“～”乃“徙”，詳見本書中篇“徙”字條。

徙　～吾，斯此反，移也，遷也。(ZD59-763c)

徙　～著，斯此反，正作徙。(ZD59-677b)

徙　～著，斯此反。(ZD59-677b)

徙　～置，斯此反。(ZD59-665a)

徙　～置，斯此反。(ZD59-656c)

徙　流～，斯此反。(ZD59-640b)

徙　投～，斯此反，正作徙。(ZD59-615c)

徙　致～，斯此反。(ZD59-593b)

徙　～于，上斯此反。(ZD60-486b)

徙　～北，上斯此反。(ZD60-454b)

徙　人～，斯此反，移也，正作徙。(ZD60-175c)

徙　～坐，上斯此反，正作徙。(ZD59-1109a)

徙　移～，斯此反，正作徙。(ZD59-1048a)

喜①　xǐ

喜　～咲，音笑。(ZD59-1071c)

喜　懽～，呼官反。(ZD59-644a)

喜　～咲，音笑。(ZD59-1071c)

憘　大～，音喜。(ZD59-641a)

蓰　xǐ

蓰　毗～，所綺反。(ZD59-745b)

---

① 又見“憘”“憙”字條。

革～，古厄反，下所綺反。（ZD59-681a）

～呵，上所綺反，正作蓰。（ZD59-623a）

隸～，所綺反，上方經作離屣也。（ZD59-622b）

～頭，上所綺反，羅也，意謂遮截也。（ZD60-42c）

履～，所綺反。（ZD60-187c）

屣① xǐ

履～，所綺反。（ZD59-645b）

～陁潭，上所綺反，下奴定反。（ZD59-627a）

履～，所綺反，正作屣。（ZD59-1016a）

革～，所綺反。（ZD60-45c）

革～，所綺反。（ZD59-1113c）

革～，所綺反。（ZD60-47c）

革～，所綺反，正作屣。（ZD59-1014c）

履～，所綺反，履也，經作莚，非用。（ZD59-718b）

角～，所綺反。（ZD59-970a）

受～，所綺反。（ZD59-652b）

革～，所綺反。（ZD59-592a）

盪～，徒朗反，下所寄反。（ZD59-796c）

革～，所綺反。（ZD59-1115c）

革～，所綺反。（ZD59-586c）

履～，所綺反。（ZD59-570c）

革～，所綺反。（ZD60-44c）

憘 xǐ/xì

～悅，許里反。（ZD59-734c）

大～，音喜。（ZD59-641a）按："～"同"喜"。

不～，音喜。（ZD59-1016b）

～以，上許里反。（ZD59-598c）

心～，許記反，好也，正作憙也，又音喜，非。（ZD59-645b）按："～"同"喜"。

不～，許記反，好也，正作嬉、憙。（ZD59-612b）按："～"同"喜"。

熹 xǐ/xì

不～，音喜。（ZD59-917a）按："～"同"喜"。

～見，許里反。（ZD59-734a）

不～，音喜。（ZD59-839a）

～樂，許記反，好也。（ZD59-739a）

～資，許記反，下音咨。（ZD59-716b）

可～，許記反。（ZD59-665c）

好～，許記反。（ZD59-650c）

不～，許記反。（ZD59-612b）

好～，許記反，又音喜。（ZD59-606a）

～忘，上許記反。（ZD59-603c）

～入，上許記反。（ZD60-100c）

心～，許記反，好也，正作憙。（ZD59-602b）

～忘，許記反，又音喜。（ZD59-919b）

不～，許記反。（ZD59-557c）

可～，許記反。（ZD59-556b）

～現，上許記反。～瞙，同上。（ZD60-43b）

～忘，上許記反，好也，正作憙，下音望。（ZD60-22b）

① 又見"莚""鞣"字條。

惪惪

～入，上許記反。
（ZD60-100c）

～忘，許記反，又音
喜。（ZD59-919b）

璽① xǐ

璽璽

～印，斯此反。
（ZD59-651c）

龕

印，斯此反。
（ZD59-642c）

璽

符～，斯此反，正作
璽。（ZD60-503c）

璽

～書，上斯此反，印
也。（ZD60-462a）

璽

綸～，上力勻反，下
斯此反。（ZD60-
428c）

璽

神～，斯此反，印也，
正作璽也。（ZD60-
337b）

鞭 xǐ

鞁鞁

革　～，所綺反。
（ZD59-1112b）

履～，所綺反，鞭屬，
正作鞭、屣二形。
（ZD60-34a）

鞭

革　～，所綺反。
（ZD60-70b）

纚 xǐ

纚

～筵，下所綺反。
（ZD60-371c）

躃 xǐ

躃

脫～，上他活反，下
所綺反。（ZD60-
471a）

卌 xǐ

卌

～齒，尺里反。
（ZD59-620a）

系 xì

糸糸糸

緒～，徐與反，下乎
計反。（ZD59-972c）

～娑，上戶計反。
（ZD59-630c）

～呵，上胡計反，又
音賈，正作系，見別
隨函作系也，又第四卷作小
小呵，應是系字變作小小字
也，《經音義》作𡩡，力對、力
佳二反，非也。（ZD60-
290c）

乑

意～，胡計反，緒也，
又音覓，速也，微也，
並正作系。（ZD60-418a）

郄 xì

郄

嫌～，去逆反，怨也，
正作隙。（ZD60-
38b）按：“～”即“郄”，在經
文中同“隙”，詳見本書中篇
“郤”字條。

郤

作　～，丘逆反。
（ZD60-368b）

郄

怨～，丘逆反，正作
隙。（ZD59-1076a）
按：“怨～”，對應佛經作“怨
隙”。《佛本行集經》卷 8：
“有大筋力，能破怨隙。”
（T03，p691c）“～”即“郄”，
在經文中同“隙”。

郤

怨～，丘逆反，怨也，
正作隙。（ZD59-
902a）

郤

～儉，上丘逆反，
正作郄。（ZD60-
550b）

哚 xì

哚

～頭，上戶撊反，經
自切。（ZD60-72a）
按：“～”，譯音字。《鼻奈
耶》卷 2：“如是語頃，調達
將從五人，瞿婆離、騫陀羅
婆婆、迦留陀帶、三文陀羅、
哚頭（戶撊反）。”（T24，
p860a）

歔 xì

歔

歔～，許魚反，下許
既反，涕泣皃也，悲
也。（ZD59-736a）

歔

歔～，許魚反，下
許記反。（ZD59-
695b）

歔

歔～，上許魚反，下
許記反，泣餘聲也。
（ZD59-1076b）

―――――――

① 又見“璽”字條。

歊　潜～,上所諫反,下
許記反,悲涕也,泣
啼也,正作潜歊也,上又自
廉、自念二反,惧也。
(ZD60-503b)

細　xì

細　～要,上音細,下音
腰。（ZD60-564b）
按:"～"同"細",詳見本書
中篇"細"字條。

烏　xì

烏　～鹵,思積反,下靈
古反,鹹土也,正作
瀉滷。（ZD59-943b）按:
"～"即"烏",通"瀉"。

烏　曳～,音昔。(ZD60-
575c)

隙①　xì

隙　一　～,去逆反。
(ZD60-149a)

隙　竅　～,同上（隙）。
（ZD60-146b）按:
"～"乃"隙"字,詳見本書中
篇"隙"字條。

隙　嫌　～,丘逆反。
(ZD59-643b)

郤　怨～,丘逆反,怨
也,正作隙。
(ZD59-902a)

隙　酬　～,丘逆反。
(ZD59-939b)

隙　伺～,上相寺反,下
去逆反。（ZD59-
593c）

隙隟　無　～,丘逆反。
(ZD59-555c)

隙隟　間～,丘逆反,孔也,
正作隙、隟。（ZD59-
775a）

隟燦　過隟,去逆反,亦作
～。(ZD59-934c)

隟樂　小郤,丘逆反,怨也,
嫌恨也,正作隙、隟
二形。(ZD60-196b)

璪　嫌～,音鑠,心疑也,
正作忞,宜作隟,丘
逆反。（ZD60-479a）按:
"～"應爲"隟（隙）",非"忞"
字。

隆　竅～,上苦叫反,下
去逆反,壁孔也,正
作隙也。(ZD60-146b)按:
"～"乃"隙"字,詳見本書中
篇"隆"字條。

絋　xì

�/結　緤～,上丑夷反,下
丘逆反。（ZD60-
541a)按:"緤～",對應佛
經作"緤絋"。《弘明集》
卷12:"此皆一國偏法,非
天下通制,亦由寒鄉無緤
絋之禮。"（T52,p77c）
"～"同"紷"。

絋　緤～,下丘逆反。
(ZD60-298c)

艴　xì

艴　～　～,許力反。
(ZD59-1087c)

艴　～赤,上許力反,大
赤也,正作艴。
(ZD60-336b)

蒵　xì

蒵　古　～,户計反。
(ZD60-368c)

禊　xì

禊　～飲,上户計反,潔
也,～飲禳災也。
(ZD60-505a)

隙　xì

隙　雛～,上是由反,下
丘逆反。（ZD60-
53b）

隙　瑕～,上户加反,下
丘逆反,壁孔也,怨
也,閑也,正隙也。(ZD59-
549c)

禊　xì

禊　～明,上户計反。
(ZD60-598a)

① 又見"郤""隆""隙"字條。

鬩 xì

鬩

～牆,上許擊反,鬩
也,恨也,相怨也。
(ZD60-301a)按:"～"乃
"鬩"。

緀 xì

緀

～葵,二同户計反,
見藏作絃,賢、絢二
音。(ZD60-377b)

戲 xì

戲

～笑,上喜義反。
(ZD59-553c)

戲

～謔,許約反,調戲
也。(ZD59-564b)

戲

聚～,許義反。
(ZD59-727b)

戲

摘～,上池隻反,古
文擲字。(ZD59-
1021b)

戲

嬉～,許之反。
(ZD59-668b)

戲

嬉～,許之反。
(ZD59-589c)

戲

～廬,力居反,舍也。
(ZD59-585b)

戲

～弄,許義反。
(ZD59-706b)

戲

遊～,許義反。
(ZD59-698c)

戲

嬉～,許之反,遊也。
(ZD59-710b)

戲

遊～,許義反,正作
戲。(ZD59-829c)

戲

聚～,許義反。
(ZD59-727b)

戲

嬉～,上許之反。
(ZD59-622b)

戲

嬉～,喜之反。
(ZD59-636a)

戲

嬉～,許之反,遊也。
(ZD59-788b)

戲

～抙,音弄。(ZD59-
583b)

戲

狡～,上古卯反,猾
也,詐也。(ZD59-
572c)

戲

撲～,上步角反,下
喜義反。(ZD59-
1051c)

戲

抙 ～,郎貢反。
(ZD59-641b)

戲

嬉～,上許之反。
(ZD59-616a)

戲

～卡,音弄。(ZD59-
586b)

戲

嬉 ～,許之反。
(ZD59-638a)

戲

～咲,音笑。(ZD59-
631b)

戲

～ 謔,香約反。
(ZD59-788a)

戲

～ 謔,許約反。
(ZD60-532b)

戲

嬉 ～,許之反。
(ZD59-871a)

戲

嬉 ～,上許之反。
(ZD59-592a)

䤑 xì

䤑

～施,上許記反。
(ZD59-1094c)

呷 xiā

呷

三 ～,呼甲反。
(ZD59-804a)

疨 xiā

疨

～瘕,許牙反,下蕉奏
反。(ZD59-936b)

瞎 xiā

瞎

眼～,呼鎋反,二目
合也。(ZD59-919b)

瞎

眼 ～,呼 鎋 反。
(ZD59-1108c)

匣 xiá

匣

銀～,下甲反,正作
匣也,又音甲,非也。
(ZD60-564c)

匣

之 ～,下 甲 反。
(ZD60-517a)

匣

作 ～,户 甲 反。
(ZD60-41a)

匣

亦 ～,户 甲 反。
(ZD60-369c)

伬 xiá

伬

～習,上胡甲反,正
作狎。(ZD59-581c)

冹 xiá

作～，戶甲反，見藏作冹，渫也。（ZD60-363c）

俠 xiá

～陞，上戶頰反，下步米反。（ZD59-582c）按：“～”即“俠”。

冹① xiá/yā

～渫，戶甲反，下直甲反，凍相著也。（ZD59-911c）

～油，上烏甲反，正作壓、押。（ZD59-1115c）

狎② xiá

～習，上胡甲反，正作狎也，又呼甲反，語聲也，非。（ZD59-618a）

～習，上胡甲反，正作狎。（ZD60-20c）

習～，上詞集反，下胡甲反，正作習狎也。怦，喜也。（ZD59-1113b）

俠③ xiá

懷～，音叶。（ZD59-677b）

俠 xiá

廣～，戶夾反，正作狹。（ZD59-675a）

～客，上戶頰反。（ZD60-588a）

浹 xiá

貧～，戶甲反，凍也。（ZD59-1094a）按：“～”，經文作“狹”。《佛説分別善惡所起經》卷1：“後雖墮人倫，生於貧狹家。”（T17，p522a）“～”，可洪以爲“浹”，不妥，根據文意，當即“狹”字。

狹 xiá

非～，下夾反，亦作陜。（ZD59-554a）

狹④ xiá

復～，音狹。（ZD60-24c）

～心，咸夾反，～小也，正作狹、陜二形也。（ZD59-655c）

～劣，胡夾反，正作陜也。（ZD59-642b）

廣～，下夾反，陜也，正作狹。（ZD59-638c）

～路，上胡夾反。（ZD60-23a）

悏 xiá

～習，上胡夾反，近也，正作狎也。

（ZD59-581a）

袷 xiá

道～，戶夾反，和也，合也。（ZD59-729c）按：“～”，可洪訓“和也，合也”，蓋以爲“洽”。

翈 xiá

窊～，烏花反，下胡甲反。（ZD59-863b）

陜 xiá

～故，上戶夾反，隘窄也，正作陜也，又苦叶反，非也。（ZD60-470b）按：《續高僧傳》卷9：“化佛甚多，狹故須廣，凡聖自爾，何勞改變。”（T50，p492a）“～”乃“狹（陜）”。

～劣，戶夾反，下作陜、狹。（ZD59-934b）按：“～”即“陜（陜）”，與“狹”同。詳見本書中篇“陜”字條。

廣～，戶夾反，正作陜。（ZD59-668b）

廣～，戶夾反，隘也。（ZD60-560a）

---

① 又見“冹”字條。
② 又見“伸”“闸”字條。
③ 又見“俠”字條。
④ 又見“狹”“浹”“陜”“陜”字條。

陜　褊～，音狹。（ZD60-384b）

陜　～不減，上胡夾反，下胡斬反。（ZD60-26c）

陜　～小，上侯夾反，正作陜、狹二形。（ZD60-20a）

陜　廣～，音狹。（ZD60-145a）

陜　廣～，同上也，正作陜。（ZD60-144b）

陜　～少，上胡夾反。（ZD60-144b）

閘　xiá/yā

閘　夫～，上音扶，下《川音》作閘字，意是押，同，烏甲反。（ZD60-542b）按：“夫～”，對應佛經作“夫閘”。《弘明集》卷13：“夫閘愚其皆然，匪伊人之獨爾。”（T52，p89c）“閘”，元、明、宮本作“闟”。慧琳《一切經音義》卷96：“閘愚，上烏甲反。《説文》云閘，開閉門也，從門，甲聲也。”（T54，p908a）“～”，可洪、慧琳以爲“閘”字。元、明、宮本有異文作“闟”。“闟”，明也，似乎更合經意，存疑。

閘　～習，上胡甲反，正作狎也，又烏甲反，非也，亦惧。（ZD59-1122b）按：“～”，經文作“狎”。《十誦律》卷30：“所住處四邊，多諸比丘共相狎習。”（T23，p214a）“～”，經文中通“狎”字。

硤　xiá

硤　西～，下夾反，州名也，或作峽也。《川音》作陜，非也。（ZD60-423b）

硤　～州，上咸夾反。（ZD60-481a）

遐　xiá

遐　～方，上胡加反，正作遐。（ZD60-201a）

瑕①　xiá

瑕　～疵，疾斯反。（ZD59-735b）

瑕　～疵，疾斯反。（ZD59-732a）

瑕　～疵，上戶加反，下疾斯反。（ZD60-58b）

瑕　～疵，上戶加反，下才斯反。（ZD59-1004c）

䔝　xiá

䔝　火～，音鍈。（ZD60-376a）

暇②　xiá

暇　無～，遐嫁反。（ZD59-720c）

暇　未～，音下，閑也。（ZD59-686a）

暇　不～，遐嫁反。（ZD59-663a）

暇　閑～，音下。（ZD59-584b）

暇　無～，音下。（ZD59-559c）

暇　xiá

暇　餘～，音下。（ZD60-521c）按：“～”同“暇”。

霞　xiá

霞　～煥，音喚，火光也。（ZD60-346a）

轄　xiá

轄　轄～，上古短反，下行瞎反。（ZD59-621c）

轄　忍～，遐瞎反，車軸頭鐵。（ZD59-665b）

黠　xiá

黠　～慧，閑瞎反，正作黠。（ZD59-904b）

黠　邪～，下瞎反。（ZD59-648a）

---

① 又見“瘕”字條。
② 又見“暇”字條。

黗

巧 ～，胡八反。
(ZD59-612a)

齝 xiá

齝

～齒，遐瞎反。
（ZD59-696c）按：
"～"即"齝"。

齝

～～，上胡瞎反，齒
聲也，又音瞎，又《經
音義》以憂替之，音尒。
(ZD59-1079c)

疘 xià

疘

吐～，音下，痢疾也。
(ZD59-639a)

夏 xià

夏

廣～，户嫁反，大國
曰夏也，又禹時國号
也，或作厦，偏架屋也。
(ZD60-478c)

廈 xià

厦

四～，音下，偏庲屋
也，正作廈，又音嘎，
所詐反。(ZD60-261b)

罅 xià

礐

石～，呼嫁反，縫～
也。(ZD59-922c)

孳

孔～，呼嫁反，裂也，
正作罅。（ZD60-
54c)按："～"乃"罅"字，詳

見本書中篇"孚"字條。

礐

石 ～，呼嫁反。
(ZD60-465b)

礄

孔～，火嫁反，正作
罅。(ZD60-31a)

礄

～孔，上呼嫁反。
（ZD60-300a）按：
"～"乃"罅"字，詳見本書中
篇"礄"字條。

磇

孔～，同上，縫也。
(ZD59-1118b)

磇

孔～，呼嫁反，正作
罅。（ZD59-1118a）
按："～"乃"罅"字，詳見本
書中篇"磇"字條。

仙① xiān

伩

大～，相遷反，正
作仙、仚。(ZD59-
853b)

仩

梵～，音仙。(ZD59-
719a)

仚

龍～，音仙。(ZD59-
716c)

仚

～放，相遷反。
(ZD59-715c)

仚

～人，相遷反。
(ZD59-701a)

仚

～聖，相遷反。
(ZD59-673b)

仙

神～，音仙。(ZD59-
645a)

仙

伏～，音仙。(ZD59-
640c)

仙

～人，上相遷反。
(ZD59-632a)

伩

～人，上相遷反。
(ZD59-619b)

伩

～聖，上相遷反，正
作仙也。（ZD59-
1039a）

伩 xiān

伩

時～，音仙。(ZD59-
1017c)

枚 xiān

枚

木 ～，許嚴反。
(ZD60-63c)

枚

～鋤，上許嚴反，下
助魚反。（ZD59-
1084a）

欣

鐵枚，許嚴反，鍬屬，
或作欐、～ 二形。
(ZD60-7b)

攕

須～，許嚴反，正作
枚。（ZD60-100c）
按："～"，經文作"枚"或
"钁"。

秈 xiān

秈

爲 ～，下音仙。
(ZD60-354c)

僊② xiān

僊

緒～，音仙。(ZD59-
976a)

---

① 又見"伩"字條。
② 又見"齡"字條。

偁
偁
脎 智～,音仙。(ZD60-329a)

智～,音仙。(ZD60-337c)

作餤餤,上餤字音靈,下餤字音動,上方經云悉～～摇,當藏經云悉令動摇是也,應和尚以偁字替之。(ZD60-360b)按:"～～""餤餤"即"偁偁"。《廣韻·仙韻》:"偁,舞貌。"詳細考證見鄭賢章(2004:372)所論。

暹　xiān

暹 彼～,私廉反。(ZD59-1060c)

餤　xiān

餤 作～～,上餤字音靈,下餤字音動,上方經云餤餤,當藏經云悉令動摇是也,應和尚以偁字替之。(ZD60-360b)按:"～～""餤餤"即"偁偁"。

韱　xiān

韱 作～,音纖,山韭。(ZD60-360a)

鮮　xiān/xiǎn

鮮 ～肥,父非反。(ZD59-741b)

鮮 ～潔,相遷反,正作鮮。(ZD59-649c)

鮮 自～,音仙。(ZD59-649a)

鮮 ～華,音仙,正作鮮。(ZD59-648c)

鮮 ～潔,相遷反。(ZD59-648c)

鮮 微～,息淺反。(ZD59-694b)

攕　xiān

攕 ～長,上息廉反。(ZD59-617c)按:"～"乃"纖"字,詳見本書中篇"攕"字條。

櫼①　xiān

櫼 須～,許嚴反,正作枂。(ZD60-100c)按:"～"同"枂"。

纖②　xiān

纖 ～介,息廉反,下古拜反,細微也。(ZD59-831a)

臟 ～細,息廉反,細也,女手兒,正作纖、攕二形,又音籤,非。(ZD59-829b)

纖 傭～,丑容反,下思廉反。(ZD59-782a)

臟 ～長,息廉反。(ZD59-743b)

臟 脯～,丑容反,下息廉反,正作脯纖也,下又七廉反,非用。(ZD59-743b)

纖 ～長,息廉反。(ZD59-662c)

臟 ～長,息廉反,細也,正作纖也,又音杉,非。(ZD59-657a)按:"～"乃"纖"字,詳見本書中篇"臟"字條。

纖 脯～,丑容反。(ZD59-655a)

纖 傭～,上丑容反。(ZD59-597c)

攕 ～長,上息廉反,細也,銳也,正作纖、孅二形。(ZD60-236a)

纖 ～繳,上正作纖,下音斫。(ZD60-395a)

纖 ～細,上息廉反,正作纖。(ZD59-1063a)

鱻　xiān

鱻 ～明,上音仙,生魚也。(ZD59-1060b)

弦　xián

弦 有～,乎堅反,正作弦。(ZD59-923b)按:"～"乃"弦"字,詳見本書中篇"弦"字條。

---

① 又見"枂"字條。
② 又見"攕"字條。

玹

鳴～,音賢,弓～也,
正作弦也,又音玄,
非也。(ZD59-716a)按:
"～",經文作"弦"。

函　xián

作～,音咸,見藏作
函,又坎、陷二音,非
也。(ZD60-367c)

咸①　xián

壽～,戶緘反,正作
咸。(ZD60-529b)

唌　xián

～唾,上序延反,正
作涎。(ZD59-605c)
～唾,徐延反,又
音檀,非。(ZD59-
689b)
～唾,序延反。
(ZD59-956c)
～出,序延反,又
音壇,非。(ZD59-
869c)
～唾,上序延反,又
音壇,非也。(ZD59-
1072c)
～唾,上序延反。
(ZD59-1008b)

肑　xián

～氣,上音賢,正作
痃。(ZD60-603b)

涎②　xián

～湀,上序延反,下
他計反,上又羊箭
反,正作涎。(ZD60-187a)
～湦,上序延反,之
然反,下他卧反,口
液也,正作涎,唾也,又上音
羡,下音訑,非。(ZD59-
1045c)
唌出,序延反,又徒
丹反,非也。～出,
同上。(ZD59-950a)
～液,序延反,下
以益反。(ZD59-
936b)
流～,序延反。
(ZD59-700a)
～湀,上序延反。
(ZD59-601a)
～淚,上序延反,下
力遂反。(ZD59-
557c)
～淚,上序延反,下
力遂反。(ZD60-
167a)
～湀,上序延反,下
他帝反。(ZD60-
143b)
～出,序延反,又徒
丹反,非也。(ZD59-
950a)
～吐,似連反,口液
也,正作涎,下他故
反,宜作唾,上又音壇,非
用。(ZD59-912b)按:"～"
爲"涎"的換形旁俗字。《雜

阿含經》卷35:"或從痰起,
或從唌唾起。"(T02,
p252c)

痃③　xián

～癖,戶堅反,下疋
益反。(ZD59-784a)
～癖,音賢,正作痃。
(ZD59-788a)
～癖,戶堅反,下普
擊反,正作癖也,悮。
(ZD59-794b)

蚿　xián

鳴蚿,戶堅反,馬～
虫。(ZD60-581b)

悈　xián

～縣,上古賢反,縣
名,在東萊,正作挵
也,又音賢。(ZD60-454c)
按:《高僧傳》卷8:"釋寶
亮,本姓徐氏,其先東莞胃
族,晉敗避地于東萊弦縣。"
(T50,p381b)"弦",宋、宮
本作"悈",元、明本作"挵"。
《廣韻·先韻》古賢切:"挵,
縣名,在東萊,又音弦。"
"～"表縣名,又作"悈"。
"～"則爲"悈"之訛,構件
"巾"與"忄"相混。

———
① 又見"礆"字條。
② 又見"唌"字條。
③ 又見"肑"字條。

舷 xián

兩～，音賢，船屑也，正作舷也，悮。(ZD60-64b)

絃 xián

～緩，音賢，正作絃。(ZD59-846a)

～歌，上户堅反，正作絃也。(ZD60-604b)

閑 xián

～晏，音閑，下烏諫反，心静也，安也，下又於見反，息也，上又音翰，非也。(ZD59-725b)

礥 xián

～作，上胡緘反，皆也，悉也，正作咸也，又應和尚及郭氏並音棧，非也，又《萇筠韻》作俎光、側限二反，非也。《鄜州篇》作則前、側板二反，亦非也。(ZD60-220a)按："～作"，對應佛經作"咸作"。《菩薩本緣經》卷 1："諸群臣寮各懷悲感，舉聲哀號，咸作是言。"(T03, p55b)"～"即"咸"之訛。

嫌 xián

憎～，户兼反，心不欲見也，正作嫌，又苦點反，非。(ZD59-789b)

所～，音嫌。(ZD59-1113b)按："～"乃"嫌"字，詳見本書中篇"𢡟"字條。

啣 xián

～腦，上音銜，下音惱。(ZD59-1096c)按："～"乃"啣"字，詳見本書中篇"啣"字條。

稴 xián

～稻，上古斬反，飼馬禾也，䅉子也，苗似稻子，如黍粒也，水生曰䅉，陸曰稴也，出《萇筠和尚韻》也，又第十六卷作鹻稻，《中阿含經》作稗子，並是也。上又應和尚以穢字替之，非也，又郭氏音咸，亦非也。(ZD59-982b)按：《長阿含經》卷 8："或食穅稻，或食牛糞。"(T01, p47c)"穅"，宋、元、明本作"稴"。"稴"似同"穅"字，讀"咸"。

作～、醎，二同音咸，不黏稻也，又經意是稴，古斬反，稗属也，陸生者也。(ZD60-368b)

賢 xián

～聖，上户堅反，正作賢。(ZD60-109c)按："～"乃"賢"字，詳見本書中篇"賢"字條。

嫺 xián

～睒，上音閑，雅也，寬也，愉也，正作嫻、僩二形，下失染反。(ZD59-650b)

醎 xián

～鹵，音魯。(ZD59-716a)按：《雜阿含經》卷 24："酸醎酢淡，不適其意。"(T02, p172b)

燂 xián

～髭，上祥廉反，～，摘也，正作撏也，又潛、曇二音，非用也，義踈。(ZD60-93b)按："～"同"撏"。

燅[①] xián

生～，祥廉反，以湯瀹肉而去其毛也，正作燅、𤎼、燂、爓、𦟝五形也。(ZD59-848a)

～身，上徐廉反，以湯瀹肉也，亦作燅。

---

① 又見"燂"字條。

（ZD59-632b）

戁　生戁，祥廉反，以湯瀹肉而去其毛也，正作燖、〜、燂、燗、膈五形也。（ZD59-848a）

嗋① xián

嗋　〜泣，戶巖反，含物在口。（ZD59-764b）按："〜"即"嗋"。《六度集經》卷2："使者曰：王逮皇后捐食嗋泣，身命日衰，思覿太子。"（T03，p11a）"衒"，宋、元、明本作"嗋"。

癇 xián

癇　顛〜，音閑。（ZD59-941c）

癇② xián

癇　風〜，音閑。（ZD59-665c）

癇　風〜，音閑。（ZD59-596c）

鹹③ xián

鹹　〜稻，上古斬反，飼馬禾也，正作秨，亦作䅼。（ZD59-984b）按："〜"，從形體上看，即"鹹"字。經文作"秨"。《長阿含經》卷16："或食麻米，或食秨稻，或食牛糞。"（T01，

p103c）"鹹"當爲"秨"之借。《新集藏經音義隨函錄》卷12："秨稻，上古斬反，飼馬禾也，秨子也。"（K34，p1059c）"秨"，音"古斬反"，讀"jiǎn"。

鹹　〜卤，音魯。（ZD59-941c）

鹹　酸〜，上桑官反，下胡緘反。（ZD59-614a）

鹹　〜卤，上音咸，下音魯。（ZD59-570a）

鹹　〜卤，上音鹹，下音魯。（ZD59-564c）

鹹　〜卤，上戶緘反，下郎古反。（ZD60-54b）

鷳 xián

鷳　白〜，音閑，鳥名，似雉，尾長數尺，有斑。（ZD60-593c）按："白〜"即"白鷳"。《廣弘明集》卷29："鴻鵠集而相映，白鷳晶而生輝。"（T52，p338c）"鷳"，宋、元、宮本作"鷳"。

跧 xiǎn

跧　微〜，息淺反。（ZD59-854a）

跧　學〜，息淺反。（ZD59-820c）

跧　〜福，息淺反。（ZD59-710b）

跧　〜少，息淺、息句二反，少也。（ZD59-674c）

跧　〜事，上息淺反，正作跧。（ZD59-591c）

跧　〜少，上息淺反，正作跧。（ZD59-1102c）

蜆 xiǎn

蜆　賜〜，呼典反。（ZD60-567c）

險 xiǎn

陜　崖〜，下夾反。（ZD60-260a）按："崖〜"，對應佛經作"崖險（嶮）"或"崖峽（陜）"。《釋迦方志》卷1："多有山蔥，崖險蔥翠，因以名焉。"（T51，p951c）"險"，宋本作"嶮"，元、明本作"峽"。"〜"，可洪音"下夾反"，蓋以爲"陜"字，恐非。從形體看，"〜"恐爲"險"，詳見本書中篇**陜**字條。

嶮 xiǎn

嶮　艱〜，上古顏反，下許撿反，正作嶮也。

———

① 又見"嗋"字條。
② 又見"癇"字條。
③ 又見"鹹"字條。

（ZD60-279c）按："～"乃
"嶮"字，詳見本書中篇
"峰"字條。

踰　踈～，音險。（ZD60-
253b）按："～"，經文
作"嶮"。

懢① xiǎn

憶　～恨，許偃反。
（ZD59-777c）

憶　～蓋，許偃反。
（ZD59-695b）

憶　～網，上許偃反，車
慊也，正作懢。
（ZD59-604c）

憶　並～，許偃反，車蓋
也。（ZD60-592c）

幰　～蓋，上許偃反。
（ZD59-553a）

幰　～蓋，上許偃反。
（ZD60-18c）

鞥 xiǎn

鞥　～攝，上呼典反，在
背曰鞥，在匈曰靷，
在腹曰鞥，在足曰絆也。
（ZD59-1056b）按："～"，即
"鞥"字之訛。《佛説琉璃王
經》卷1："截轅鞥攝，決鎧
帶鞥。"（T14，p784c）"鞥"，
宋、元、明、宮本作"鞥"。

鞥　帶～，呼見反，義與
鞥同，《經音義》作鞥
也。（ZD59-1056b）按：
"～"同"鞥"，即"鞥"字。

玁 xiǎn

玁　～狁，上許撿反，下
余准反。（ZD60-
422a）

玁　～狁，上許撿反，下
唯笋反。（ZD60-
315c）

顯 xiǎn

顯　～現，呼典、呼見二
反，明也，正作顯。
（ZD59-977b）

顯　欲～，火典反，明也，
悮。（ZD59-966c）

顯　～然，火典、火見二
反。（ZD59-959b）

顯　此～，火典、火見二
反，明也。（ZD59-
925b）

顯　～示，呼典反，正作
顯。（ZD59-921a）

顯　～現，呼典、呼見二
反。（ZD59-919b）

顯　高～，呼典反，正作
顯。（ZD59-843a）

顯　～衆，呼典、呼見二
反，明也，著也，從
爇。（ZD59-740c）

顯　高～，呼典、呼見二
反，悮。（ZD59-1113c）

臽 xiàn

臽　羅～，音陷，又余、
由、坎三音。

（ZD59-715a）

臽　～孔，上音陷，小
坑也，正作臽。
（ZD60-40c）

臽　～孔，上戶臽、苦感
二反，小坑也，正作
臽，或作臼，巨久反。臽，烏
陷反。（ZD60-37c）

限 xiàn

閬　門～，音限，門閫也，
正作閫、宸（宸）、梟
三形也。（ZD60-70a）按：
"門～"，對應佛經作"門
限"。"～"即"限"，門檻。
《薩婆多部毘尼摩得勒伽》
卷3："若門限邊受食，不
犯。及親里邊受，不犯。"
（T23，p579b）

宸　門閬，音限，門閫
也，正作閫、～、梟三
形也。（ZD60-70a）

梟　門閬，音限，門閫
也，正作閫、宸、～
三形也。（ZD60-70a）

塎　户～，音限，門閫也。
（ZD59-1107b）按：
"～"乃"限"，詳見本書中篇
"塎"字條。

峴 xiàn

峴　～山，上音現，在吴。
（ZD60-460c）

——

① 又見"慢"字條。

陷[1]　xiàn

 ～休，奴的反，古溺也。(ZD59-653c)

 坑～，苦感反。(ZD59-898c) 按："～"即"埳"，與"陷"同。

 ～剖，上他刀反，棺取也，正作搯也，下普口反。(ZD60-524a) 按："～"乃"陷"，詳見本書中篇"**惂**"字條。

 ～頷，户韽反，下苦感反，眼深皃也，正作埳，又宜作埳，又宜作瞰，音掐，苦洽反，目陷也，應和尚及郭氏並音陷，非也，又苦咸反，亦非也，今定宜取瞰字爲正。(ZD59-960c) 按："～頷"，對應佛經作"[臽+頁]頏""陷頷"。《大莊嚴論經》卷 4："頂骨類白珂，形色如藕根，眼匡骨[臽+頁]頏，兩頰如深溝。"(T04, p277c)"[臽+頁]"，宋、元、明、聖本作"陷"。"頏"，聖本作"頷"。從形體看，"～"即"陷"字。"[臽+頁]頏"與"陷頷"同。

 尋～，音陷。(ZD59-906c)

 坑～，苦庚反。(ZD59-741b)

 ～偃，徒到反，下於幰反。(ZD59-726c) 按："～偃"，對應佛經作"陷偃"。《佛昇忉利天爲母説法經》卷 3："足蹈其上則便陷偃，舉足還復。"(T17, p796c)"～"，可洪音"徒到反"，蓋以爲"蹈"字，但非經意，經文作"陷"。"～"應爲"陷"之俗。

 坑～，苦感反。(ZD59-599b) 按："～"即"埳"，與"陷"同。

 ～腦，上音陷，食肉不饜也，又胡紺、胡濫二反。(ZD60-303c) 按："～"乃"陷"字，詳見本書中篇"**䐄**"字條。

 ～隧，上苦感反，下音墜，悮。(ZD59-1053a) 按："～隧"，對應佛經作"陷墜"。《佛説罪業應報教化地獄經》卷 1："施張弶穽，陷墜衆生。"(T17, p451c)

現　xiàn

 出～，音現。(ZD60-187a)

 ～報，上音現。(ZD60-340c)

晛　xiàn

 善～，音現，又奴見反。(ZD59-842a) 按："～"，經文作"晛"或"現"。

 ～睴，下典反，小目也，經作丁彌反，悮，下公困反，大目露睛也，正作睔，經自切，下又五困、户本二反。(ZD59-836a)

羡[2]　xiàn

 流～，似延反。(ZD59-832a)

 ～求，似箭反。(ZD59-698c)

 ～欲，徐箭反。(ZD59-660c)

 貪～，徐箭反。(ZD59-642a)

綫[3]　xiàn

 縷～，力主反，下相箭反。(ZD59-937b)

 紡～，上芳網反，下相箭反，亦綫。(ZD59-1114c) 按："～"同"綖"。

 ～繩，上他丁反，絲綬帶也，或作綎、縕，二同也。縕，縚屬也。又音線，細絲也。(ZD59-617b) 按："～"，可洪音"他丁反"，蓋以爲"綎"，不妥。

 ～丸，音線，正作綖。(ZD59-857c)

---

① 又見"頷"字條。
② 又見"[氵+羨]"字條。
③ 又見"線""[金+泉]""綖"字條。

� 色～，音線。（ZD59-878b）

線　xiàn

線　辮～，毗典反。（ZD59-805c）

縣　xiàn/xuán

縣
縣
縣　剡～，上時染反，在越。（ZD60-262c）
～匏，步包反，瓢也。（ZD59-567b）
～溜，上音玄，正作縣也，下力右反。（ZD60-497a）

憲　xiàn

悪
憲
憲
悪
悪
悪
悪
悪　～法，許建反。（ZD59-962a）
～謀，上許建反。（ZD60-407c）
～司，上香建反。（ZD60-493c）
～式，許建反，下尸力反。（ZD59-941c）
～制，許建反。（ZD59-684a）
所～，許建反。（ZD59-650c）
王～，許建反。（ZD59-597c）
瑞～，許建反。（ZD59-589a）
軏～，同上，法也，正作憲也。（ZD60-427a）

憲　明～，音獻。（ZD60-423a）

鏠　xiàn

鏠　針～，相箭反，正作線。（ZD60-67a）按："～"同"線"。

礛　xiàn

礛　～磹，上先念反，下大念反。（ZD60-363a）

獻　xiàn

猷　～王，許建反，進也，正作獻也。（ZD59-980a）按："～"乃"獻"，詳見本書中篇"猷"字條。
献　貢～，許建反，進也，正作獻。（ZD60-268a）
獻　所～，許建反，正作獻。（ZD59-695b）
獻　～遺，唯遂反，贈也。（ZD59-689b）
獻　～瞡，丑林反。（ZD59-659a）
獻　天～，許建反，進也，正作獻。（ZD59-1049b）

礥①　xiàn

礥　～磹，上先念反。（ZD60-363a）

礛　xiàn

礛　～磹，上先念反，正作礛也。（ZD60-358c）

轞　xiàn

轞　寶～，許偃反。（ZD59-909a）

相　xiāng/xiàng

拍
桐　～撲，步角反。（ZD59-711a）
青～，息亮反，正作相。（ZD59-994c）

香　xiāng

香　利～，音香，經本作末利香。（ZD60-401a）按："～"乃"香"字，詳見本書中篇"番"字條。

鄉　xiāng

鄉　瀨～，上郎太反。（ZD60-428a）

䉣　xiāng

䉣　右～，息羊反，正作廂。（ZD59-633a）按："～"乃"箱"，同"廂"。

———

① 又見"礛"字條。

稍 箱

兩～，息良反，正作廂。（ZD59-744c）

寶～，息羊反。（ZD59-642c）

唶 xiāng

～遇，許牀反，經文自切也，又應和尚以暗字替之，非。（ZD59-841c）按：《五千五百佛名神咒除障滅罪經》卷 5：“唶（許牀反）遇魯，胡嚧波跋底，分多漫底，頰唎他跋底。”（T14, p338a）

蘁 xiāng

曉～，上許堯反，下音香。（ZD60-528a）

驤 xiāng

～首，息羊反，馬騰躍也，伍昂也。（ZD59-697a）

庠 xiáng/yǎng

痒 庠

～序，上似羊反，下似與反。（ZD59-1107c）按：“～”乃“庠”。

痛～，上他弄反，下羊兩反，正作痛痒也。（ZD59-580a）按：“～”乃“痒”。

殀 xiáng

殀

蠱～，上音野，妖媚也，厭也，亦作冶字，下音祥，女鬼也，女未嫁而死曰～。（ZD60-293b）按：《陀羅尼雜集》卷 8：“勅某甲咽喉、胸堂、心腹、脇胃、膀光、五官、六府、三焦、五藏、寒僻、宿食、下痢、衆痛、禍殃、非屍鬼注（應爲注鬼）、妖魅、蠱殀、悭結、癊腫、疠癩、惡瘡、隨水消除，不得留住某甲身中，佛行無爲，攝録神光。”《漢語大字典》“殀”下引作“禍殃非屍鬼注妖魅蠱殀”，無標點斷句。

翔 xiáng

翔

～颻，似羊反，下以良反。（ZD59-878a）

詳 xiáng

詳 詳

～撿，上徐羊反，正作詳。（ZD60-486a）

～刑，上徐羊反，下胡經反。（ZD60-428c）

享① xiǎng

亭

～受，香兩反，臨也，向上，正作享。（ZD59-827c）

亯 xiǎng

亯

篆文作～，上直充反，下許兩反。（ZD60-377b）

亯 xiǎng

亯

～獻，上許兩反，正作亯。（ZD60-377b）按：“～”同“享”。

粡② xiǎng

粡

粮～，式亮反，饋也，餫饟野～也，正作餉也。（ZD59-850a）按：“～”同“餉”。

想 xiǎng

搃

～念，相兩反，正作想。（ZD59-755b）按：“～”乃“想”字，詳見本書中篇“搃”字條。

嚮 xiǎng/xiàng

嚮 嚮

二～，許兩反，聲～也。（ZD59-918b）

～兹，上許兩反，當也，受也。（ZD59-607a）

嚮

～牖，音向，下音酉。（ZD59-813b）

---

① 又見“亯”字條。

② 又見“銄”字條。

嚮　膹～，由柳反。下許
兩、許亮二反。
(ZD59-743c)

饗　xiǎng

饗　貪～，許兩反。
(ZD60-125c)

響　xiǎng

奢　～振，上許兩反。
（ZD60-483c）按：
"～"乃"響"，詳見本書中篇
"奢"字條。

向　xiàng

珦　為～，許亮反，窓也，
正作向。（ZD59-679c）

句　一～，許亮反，正作
向。(ZD59-1039c)

巷　xiàng

卷　村～，下戶絳反，正
作巷。(ZD60-58b)

衖　道～，胡絳反，街～
也。(ZD60-238c)

衖　街～，胡絳反，正作
巷、衖二形。(ZD60-9a)

象　xiàng

豢　～譯，上序兩反，正
作象也。（ZD60-97a）

象　醉～，即遂反。
(ZD59-960c)

廄～，居右反。
(ZD59-914a)

～頸，上徐兩反，下
居鄆反。（ZD60-90c）

群～，音像。(ZD59-909b)

～馳，祥兩反，下
達何反，正作象馳
也，下又蒲角反，悮，上方經
作象馳是也。(ZD59-903c)

～馬，徐兩反。
(ZD59-900c)

～龜，徐兩反，下居
追反。(ZD59-859a)

狂～，音象，正作象
也。(ZD59-814a)

～癥，居右反，正作
廄。(ZD59-769c)

擘～，蒲益反，倒也，
攘也，正作躃、擗二
形，又補格反，悮。(ZD59-765c)

犀～，思兮反。
(ZD59-758b)

～馬，似兩反。
(ZD59-729a)

～廄，音救。(ZD59-723c)

～廄，居右反，聚也。
(ZD59-722a)

搗～，陟花反。
(ZD59-700a)

牽～，去堅反，下似
兩反。(ZD59-699c)

牽～，去堅反。
(ZD59-686c)

～王，音像，正作象。
(ZD59-684c)

騗～，普扇反，躍上
馬也，正作鶣、偏二
形。(ZD59-677b)

慧～，音像。(ZD59-667c)

～王，音像。(ZD59-666b)

～王，音像，正作象。
(ZD59-657b)

寶～，祥兩反，正作
象。(ZD59-655a)

駝～，徒何反。
(ZD59-651c)

調～，徐兩反，正作
象。(ZD59-646b)

～馬，上似兩反。
(ZD59-605a)

～馬，上徐兩反。
(ZD59-583b)

得～，音像，正作象。
(ZD59-583a)

調～，音像。(ZD59-582c)

香～，音像，正作象
也。(ZD59-562c)

着～，上竹去反，正
作著。(ZD60-507c)

悼～，上徒到反。
(ZD60-491b)

～步，上似兩反。
(ZD60-186a)

大～，似兩反，正作
象。(ZD60-174c)

牧～，上莫六反。
(ZD60-162a)

偽
畠
鳥

其～，祥兩反，正作象。（ZD60-13c）

～廏，音救。（ZD59-1120c）

大～，音像，獸名也，正作象。（ZD59-1039b）

峉
峉

停～，上音字，正作牸。（ZD59-1004b）

～廏，音救。（ZD59-1003a）

項　xiàng

項

～口，户講反，胭也，正作項也。（ZD59-784a）

頸
頷

嬰～，下講反，正作項。（ZD60-217a）

～佷，上丁禮反，下恨字。（ZD59-606a）

按：“～”應爲“項”，可洪音“丁禮反”，蓋以爲“頤”，恐非。

項

～佷，上丁禮反，下恨字。（ZD59-606a）

按：《佛説無量清淨平等覺經》卷1：“復不信作善，後世得其福，蒙籠項佷，益作衆惡。”（T12，p284a）“～佷”之“～”乃“項”，可洪音“丁禮反”，恐非。“項佷”，一説當爲“頑佷”。

像　xiàng

隊

陡～，徐兩反，正作像。（ZD60-238c）

按：“～”乃“像”字，詳見本書中篇“隊”字條。

偽
像
傢

上～，音像。（ZD59-895a）

續～，迴對反。（ZD59-660a）

～教，上似兩反。（ZD60-513c）

鴻　xiàng

鴻

～見，上徐兩反，正作象。（ZD60-116a）

按：“～”乃“象”，詳見本書中篇“鴻”字條。

休　xiāo/xiū

休

阿～，上烏何反，下許彪反。（ZD60-21a）按：“阿～”，經文作“柯休”。“～”即“休”字。《彌沙塞部和醯五分律》卷3：“此國先有憍陳如子，名曰柯休。”（T22，p18a）

休

～慳，古拜反，異也，正作怪字，從圣，音窟。（ZD60-492b）按：“～慳”，對應佛經作“休怪”。《續高僧傳》卷25：“忽見神僧三人在佛堂側，休怪之，謂尋山僧也。”（T50，p649a）“～”即“休”。

枵　xiāo

枵

玄～，許憍反，星名，《爾雅》玄枵，虛也。

（ZD60-315b）

枵
抒

玄～，許憍反，虛星名。（ZD60-573a）

玄～，許憍反，星名也。（ZD59-924a）

哮①　xiāo

哮

～豁，上呼交反，下呼括反。（ZD60-581a）

哮

～吼，呼交反，正作哮。（ZD59-906a）

烋　xiāo

休

抲～，同上（烋）也，上又音呵，俣。（ZD60-21a）

烋

咆～，上步交反，下呼交反，健兒也。（ZD60-495c）

虓　xiāo

爀

～闞，呼交反，下呼鑒反，虎怒聲也，正作虓。（ZD59-857a）

虓

～兇，上呼交反，下許勇反。（ZD60-534c）

虓

～虖，上呼交反。（ZD60-479b）

虓

～响，上呼交反，下呼口反。（ZD59-1071c）

———

① 又見“嗷”字條。

𤈶
～虎,上呼交反,正作虓也,又時腫反,怳也。(ZD60-495c)按:"～",經文作"虓"。

消 xiāo

𤇄
～邪,上相焦反,滅也,盡也,息也,前多作消字是也,又字躰似渻,所景反,非義也。(ZD59-1032b)

宵 xiāo

宵
中～,音消,夜也。(ZD59-666c)

宵
～征,上音消,夜也,正作宵。(ZD60-342b)

氄 xiāo

氄
毨～,上徒聊反。(ZD60-375a)

氄
～拂,上蘇條反,鳥毛也。(ZD60-51c)

梟① xiāo

梟
～磔,上正作梟,亦作梟,二同音古堯反,倒首也,下知格反。(ZD60-378c)

梟
或～,古堯反,斬首也,正作梟,又五結反,怳。(ZD59-992c)

梟
而～,古堯反,斬首也,正作梟、梟二形。(ZD59-987c)

梟
～鳥,古堯反。(ZD59-857a)

梟
鵄～,赤脂反,下古堯反。(ZD59-741a)

梟
當～,古堯反。(ZD59-1003a)按:"～"乃"梟"字,詳見本書中篇"梟"字條。

睄 xiāo

睄
～瞎,呼交反,乾也,亦宮殿形狀也,正作灯、庨二形,上方經作哮瞎。(ZD59-845a)按:《大方等陀羅尼經》卷2:"假使爲人疥癩癰疽,貧窮抵突,常生下賤,眼目睄瞎,身體疱凸。諸根不具,人所慁見。"(T21,p651c)"睄",元本作"顛"。可洪以"睄瞎"爲"庨豁",宮殿形狀,似不稱經義。

睄
～瞎,上呼交反,上方經作哮瞎也,《川音》云:《福感藏》作瞽瞎也。瞽音古。郭氏作呼絞反,非也,應和尚未詳。(ZD60-356b)

蒲 xiāo

蒲
～偈,上相焦反,下其例反,亦云修伽陁。(ZD59-1058c)按:《生經》卷2:"師比丘,跪羅陀,蒲偈陀。"(T03,p84b)"蒲",宋、元、明本作"蒲"。"蒲",用作譯音字。

綃 xiāo

綃
～縠,相焦反,下户木反。(ZD59-871a)

歆 xiāo

歆
～赫,上許憍反,熱氣也。(ZD60-587c)

霄 xiāo

霄
彤～,上徒冬反。(ZD59-589b)

嘵 xiāo

嘵
謹～,古堯反,聲也。(ZD59-767a)

嘵
從～,許澆反,聲也,又宜作譊,女交反,爭也,後釋文作嘵。(ZD59-1034a)

銷 xiāo/shuò/suǒ

銷
易～,上羊義反,下音消,正作銷,又火玄反,怳。(ZD60-313c)按:

———

① 又見"顯"字條。

"～"即"銷"。

銷　若～，所卓反，正作稍。（ZD59-685a）

按："若～"，對應佛經作"若稍"。《大般涅槃經》卷23："如旃陀羅，種種器仗以自莊嚴，若刀、若楯、若弓、若箭、若鎧、若稍，能害於人。"（T12，p499c）"～"即"稍"之俗。

銷　鉤～，所卓反，矛也，長一丈八尺，正作稍。《中阿含》作百釘。（ZD59-1033b）按："鉤～"，對應佛經作"鉤鎖"，"～"即"鎖"之訛，可洪以爲"稍"字，恐誤，詳見本書中篇"銷"字條。

銷　xiāo/xuān

銷　易～，上羊義反，下音消，正作銷，又火玄反，悮。（ZD60-313b）

按："～"乃"銷"之訛。

銷　～謂，上呼玄反。（ZD60-373a）

蕭　xiāo

蕭 蕭 蕭　～然，蘸條反，正作蕭。（ZD59-637b）

～舅，音丙。（ZD60-466b）

～璃，于矩反，正作瑀。（ZD60-466a）

鴞　xiāo

鴞 鴞 鴞　飛～，于嬌反。（ZD60-564b）

有～，于憍反，鴞鴞也。（ZD60-355b）

梟～，上古堯反，下于憍反。（ZD59-1082b）

嶢　xiāo

嶢 嶢　～嶭，上許堯反，下音香。（ZD60-528a）

蟰　xiāo

蟰 蟰　～蛸，上桑彫反，下相焦反，虫名也。（ZD60-139a）

簫　xiāo

簫 簫 簫 簫 簫　～笛，蘇條反，下徒的反。（ZD59-824c）

筊～，古牙反，下蘸條反，並樂器也。（ZD59-767c）

～筑，蘸條反，下張六反。（ZD59-757a）

～笛，蘸條反，下徒的反。（ZD59-743b）

～笛，蘸條反，下徒的反。（ZD59-737a）

筊～，古牙反，下桑條反。（ZD59-699b）

笛～，徒的反，下桑條反。（ZD59-699a）

～條，蘸條反，下徒聊反。（ZD59-697a）

～成，蘇條反，樂器也，悮。（ZD59-671b）

筊～，上古牙反，下蘇條反。（ZD59-1074c）

驍　xiāo

騄　秃～，魚袁反，赤馬白腹也，正作驍，《川音》作騍，力果反，宜取驍字。（ZD60-90c）按：《阿毘曇八犍度論》卷30："彼淨脱出，若持牛戒、守狗戒、鹿戒、象戒、秃梟戒、裸形戒，故曰諸持戒也。"（T26，p914b）"梟"，聖本作"騄"。根據經文，"～"似乎應爲"梟"，可洪以爲"驍"，恐誤。

囂　xiāo

囂 囂　～舉，許憍反。（ZD59-727c）

～升，上許憍反，《爾雅》曰大也。（ZD59-1053b）

髐　xiāo

髐　～箭，上呼交反，正作髐也。髐者，髑髏

也，非是髇箭字。（ZD60-365c）

驍　xiāo

驍　～勇，上古堯反。（ZD59-595a）

鞽　～勇，上《經音義》作膠，應和尚以驍字替之，古堯反。（ZD59-1056b）按：從形體看，"～"即"鞽"，經文作"驍"或"膠"。作"膠"不符經意。

淆　xiáo

渚　～亂，上戶交反，正作淆。（ZD60-510a）

餚　xiáo

餝　～饈，戶交反，正作餚、肴二形。餚饈，美食也，恨。（ZD59-766c）

餕　～饈，上戶交反，正作餚。（ZD60-265b）按："～"乃"餚"字，詳見本書中篇"餕"字條。

餚　名～，戶交反，正作餚。（ZD60-596a）按："～"乃"餚"字，詳見本書中篇"餚"字條。

饉　～饈，戶交反。（ZD59-755b）

饎　～饈，遐交反，食也，從肴。（ZD59-700c）

餚　～饌，上戶交反。（ZD59-1042a）

皛　xiǎo

皛　～而，上戶了反。（ZD60-593c）

篠　xiǎo

篠　～蕩，上桑了反，下徒朗反，竹名也。正作篠蕩。（ZD60-563a）

謏　xiǎo

謏　庸～，音容，下蘇了反，小也，又音縮。（ZD59-976b）

謏　～然，上蘇了反，小也。（ZD60-71b）

謏　～聞，上蘇了反，小也，善也。（ZD60-429a）

孝　xiào

孝　仁～，音孝。（ZD60-436c）

佼　xiào

佼　～其，上下孝反，學也，正作效，又胡巧、古巧二反，非用也。（ZD60-50b）

咲　xiào

咲　微～，音笑。（ZD59-575a）

笑[1]　xiào

喋　調～，上條吊反，下私妙反。（ZD59-988a）

哭　蚩～，處之反。（ZD59-963c）

噗　戲～，私妙反。（ZD59-925a）

哭　可～，私妙反，正作笑。（ZD59-921b）

噗　取～，音笑。（ZD59-912a）

哭　可～，音笑。（ZD59-843b）

哭　微～，私妙反。（ZD59-841b）

嘆　～曰，音笑，正作哭。（ZD59-828b）

哎　欣～，音笑。（ZD59-819a）

竣　微～，音笑。（ZD59-786a）

噗　～面，音笑，喜也。（ZD59-774b）

哎　而～，私妙反，欣也，喜也，正作笑、哭二形。（ZD59-762c）

噗　而～，音笑。（ZD59-756b）

噗　便～，音笑。（ZD59-748b）

哭　戲～，音笑。（ZD59-744c）

哎　戲～，音笑，喜也。（ZD59-744b）

———

[1]　又見"咲"字條。

話～，户掛反，下私妙反。（ZD59-741c）

大～，音笑，正作噗。（ZD59-740a）

忻～，音笑。（ZD59-735b）

蚩～，下私妙反。（ZD59-726b）

佛～，音笑。（ZD59-724b）

形～，私妙反，正作噗。（ZD59-709c）

忻～，私妙反，正作噗。（ZD59-677b）

喜～，音笑。（ZD59-672b）

戲～，私妙反。（ZD59-660b）

～語，相妙反，正作噗也。（ZD59-651a）

蚩～，尺之反。（ZD59-644a）

～戲謔，上私妙反，下魚既反，啁也。（ZD59-644a）

微～，音笑。（ZD59-641b）

微～，音笑，喜也。（ZD59-640c）

喜～，音笑。（ZD59-639b）

微～，音笑。（ZD59-628b）

多～，音笑。（ZD59-612b）

因～，音笑。（ZD59-609b）

輕～，音笑。（ZD59-605c）

言～，音笑。（ZD60-590a）

微～，音笑。（ZD59-583c）

大～，音笑，欣也，正作咲也。（ZD59-572b）

嗤～，上尺之反。（ZD59-564b）

微～，音笑。（ZD59-554c）

戲～，上喜義反。（ZD59-553c）

獨～，音笑。（ZD60-495a）

言～，音笑。（ZD60-473a）

談～，音笑。（ZD60-446a）

談～，音笑。（ZD60-343a）

蚩～，上尺之反，下私妙反。（ZD60-239c）

含～，音笑。（ZD60-185b）

煙～，上一堅反，下細妙反。（ZD59-1074b）

合～，音笑，前唅笑彼，悮。（ZD59-1066c）

先～，私妙反。（ZD59-1001a）

俲① xiào

捨～，户孝反。（ZD60-532c）

效 xiào

～耳，上户校反。（ZD59-1037a）

傚 xiào

劾彼，上乎教反。～彼，同上。（ZD59-1011b）

嘯 xiào

歌～，古何反，下蘇叫反。（ZD59-858b）

或～，蘇叫反。（ZD59-772b）

唱～，蘇叫反。（ZD59-744a）

謂～，蘇叫反。（ZD59-714a）

～和，蘇叫反，下户卧反。（ZD59-657a）

～咏，上蘇叫反，下爲命反。（ZD59-617c）

或～，蘇叫反。（ZD59-614a）

吟～，先叫反。（ZD59-604b）

～吒，上蘇叫反，下知嫁反。（ZD60-590b）

～嗷，上蘇吊反，下古吊反，歌也，深聲

───

① 又見“效”“傚”字條。

也,呼也,鳴空也。(ZD60-
467c)

嘝　或 ～,蘇叫反。
(ZD60-29a)

斅 xiào

斅 做～,方网反,下户
斅 孝反。(ZD59-785c)
　　　～彼,胡孝反。
(ZD59-698b)

竕 xiē

竕 些吉,上音細,星,姓
些吉多耶尼,又相
耶、桑个二反,亦作～。
(ZD59-631c)

蚗 xiē

蚗 ～王,上許謁反,正
作蠍,諸録作蝎,非
體也。(ZD60-340b)按:
"～"乃"蠍(蝎)",詳見本書
中篇"蚗"字條。

挗 xiē

挗 之 ～,先 結 反。
(ZD60-360a) 按:
"～"乃"楔"。

楔① xiē

挗 細 ～,先 結 反。
(ZD59-738c)
樧 以 ～,先 結 反。
(ZD59-964b)

挗 有 ～,先 結 反。
(ZD59-668a)
挗 細～,蘸結反,屈也。
(ZD59-738b)
挗 細 ～,先 結 反。
(ZD59-942c)
挗 如 ～,先 結 反。
(ZD59-942a)
挗 逆 ～,先結反,木
～ 也,字 從 木。
(ZD59-739c)

歇 xiē

歇 乃～,音歇。(ZD60-
422b)按:"～"乃
"歇",詳見本書中篇"歇"
字條。
歇 消 ～,許 謁 反。
(ZD59-677a)
歇 漸～,許竭反,休息
也,竭也,正作歇也。
(ZD60-422a)

蝎② xiē

蝎 惡～,上烏各反,下
許 謁 反。(ZD59-
555a)
蝎 蛇～,音歇,正作蠍
也。(ZD59-565b)
蝎 蟰～,子老反,下
許 謁 反。(ZD59-
728b)
蝎 ～仙,上許謁反,正
作蠍也。(ZD59-
631c)

蝺 蜂～,上芳逢反,下
許謁反,正作蜂蠍,
下又音疼,悮。(ZD59-
985a)
蝎 蜂～,上芳逢反,下
許 謁 反。(ZD59-
587b)
蝺 毒～,許謁反,蟰
蜞也,正 作 蠍。
(ZD59-613a)
蝎 虵～,許謁反,又胡
割反,悮。(ZD59-
744b)

蠍 xiē

蠍 惡 ～,許 謁 反。
(ZD59-753b) 按:
"～"同"蝎"。
蠍 虵～,音歇。(ZD59-
555a)
蠚 蝮～,芳目反,下許
羯反。(ZD59-781a)
蝎 虵 ～,許謁反,正作
蠍。(ZD59-554a)

叶 xié

畊 作～,與叶同也,悮。
(ZD60-360b)

邪 xié/yé

邪 ～婬,上徐嗟反。
(ZD59-583c)

————

① 又見"挗"字條。
② 又見"蚗""蠍"字條。

邪耶

~抂,於往反,屈也。
(ZD60-382a)

~抂,徐嗟反,下於
往反。(ZD59-824c)
按:"~抂",對應佛經作"邪
枉"。《佛説觀普賢菩薩行
法經》卷1:"第三懺悔者,
正法治國,不邪枉人民,是
名修第三懺悔。"(T09,
p394b)"~"同"邪"字。

邪

軦~,下以嗟反。
(ZD60-551c)按:"軦
~",對應佛經作"軦耶"。
《廣弘明集》卷6:"豈爲不
軦耶?"(T52,p124b)"~"
即"邪",與"耶"同。

邪

怛薩阿竭阿羅呵三
~三佛,怛音咀,~
音耶。(ZD59-571a)

抈　xié

~刀,上胡頰反,正
作挾也。(ZD60-
491c)

枒　xié

~梧,上似嗟反,正
作褻、袎二形也,下
吾故反,正作梧也,袎梧,不
正也,參差也,又上音牙,下
音吾,並悮。(ZD60-157c)

協　xié

懷~,音叶。(ZD59-
732c)

~持,户頰反。
(ZD59-672b)

~恨,上胡頰反,懷
也,正作挾也。協,
和也,非。(ZD59-645a)

~同,音叶,和也。
(ZD59-713c)

恒~,音叶。(ZD59-
713a)

和~,音叶。(ZD59-
643a)

挾[1]　xié

不~,互頰反,愚也。
又苦頰反,怯使也。
(ZD59-677c)按:"~",經文
作"挾"。

作~,依字音叶,律
意音夾。(ZD60-
377c)

~持,户頰反。
(ZD59-834a)

脇[2]　xié

~腋,許劫反,下羊
益反。(ZD59-789c)

胜~,步米反,下許
劫反。(ZD59-742a)

~勒,上許劫反,下
正作肋。(ZD59-
577c)

右~,許劫反。
(ZD59-566a)

胸~,上許容反,下
許劫反。(ZD59-
549b)

褻　xié

~盼,上祥嗟反,不
正也,正作褻。
(ZD60-15a)

脅　xié

腹~,香劫反,正作
脅。(ZD59-927b)

偕　xié

~調,上户皆反,下
五口反,正作諧偶,
上又音皆,悮。(ZD59-
1068c)

斜[3]　xié

~谷,上似嗟反,又
音耶,正作斜,又他
口反,非。(ZD60-554b)
按:"~"即"斜",詳見本書
中篇"鈄"字條。

~通,上徐嗟反。
(ZD60-412b)

正~,序嗟反,正作
斜。(ZD60-399b)
按:"~"即"斜",詳見本書
中篇"鈄"字條。

~凹,上序嗟反,下
烏洽反。(ZD59-
1082b)

---

[1] 又見"挾"字條。
[2] 又見"脅"字條。
[3] 又見"鈄"字條。

腴　xié

腴　肘～，上知有反，下古押、户頰二反，持也，正作挾也，下卷作挾。（ZD60-86a）按："肘～"，對應佛經作"肘挾"。《大比丘三千威儀》卷 2："十五者設人出，應當杖著，左肘挾之。"（T24，p919b）"～"即"挾"。"挾"蓋受上字影響類化換旁從"月"而作"腴"。

詚　xié

詚　頡頏，賢結反，下户郎反，鳥飛高下皃也，亦作～翓。（ZD59-860c）

斜　xié

斜　～谷，上以嗟、似嗟二反，哀中谷名也，正作斜也，又他口反，人姓也，非。（ZD60-557b）按："～谷"，對應佛經作"斜谷"，"～"即"斜"之訛。

斜　～光，序嗟反，正作斜也。（ZD60-565c）按："斜光"，對應佛經作"斜光"。《廣弘明集》卷 16："或輕慈導捨，薄笑牽悲，曲艷口宣，斜光頂入。"（T52，p210a）"斜"即"斜"之訛。

携①　xié

攜 **塃** **擕** **㩡**　～從，户圭反，下自用反。（ZD59-940a）
～抱，户圭反，下步保反。（ZD59-679c）
～引，上户圭反。（ZD60-411c）
～將，上户圭反。（ZD60-13b）

愶　xié

御　～嚇，許劫反，下呼格反，相恐也，正作愶也，上又音却，非也。（ZD59-858a）
愶 恐～，許劫反。（ZD60-68a）
愶 迫愶，許劫反，正作～。（ZD59-606c）
愶 恐～，許劫反。（ZD59-597b）
愶　～菩提，上許劫反，以威恐之也，正作愶也，郭氏音劫，非也。（ZD59-1083b）

頡　xié

頡　～頏，賢結反，下户郎反，鳥飛高下皃也，亦作詚翓也。（ZD59-860c）
頡　～頏，上賢結反，下胡郎反，亦作詚翓，鳥飛上下皃也。（ZD60-

437a）按："～"乃"頡"，詳見本書中篇"頡"字條。

頡　～離，同（頡），又下刮反，悮也。（ZD60-20a）

摞　xié

摞　繫～，户結、呼結二反，縛也，束也。（ZD59-1095a）

攜　xié

攜　提～，音携，正作攜也。（ZD60-604b）按："～"即"攜"，與"携"同，詳見本書中篇"擕"字條。

勰　xié

勰　王～，音叶。（ZD60-506a）

諧②　xié

偕　～偶，上胡皆反，和也，正作諧也，又音皆，悮。（ZD60-188c）

傾　xié

傾　羅～，音湖，與楜字同也，《陁羅尼集》亦作**傾**，郭氏作乎結反。

---

① 又見"携""攜"字條。
② 又見"嗜"字條。

（ZD59-878c）按："～"，譯音字，可洪以爲"俹"，恐不妥。《七佛八菩薩所説大陀羅尼神咒經》卷1："佛馱摩瓬沫羅，**傾**曇摩摩。"（T21，p542c）

傾 ～利，上胡結反。（ZD60-289c）按："～"，譯音字，與"頡"音同。《陀羅尼雜集》卷6："**傾**利佫，彌力彌。"（T21，p616a）

鞋　xié

鞋 ～屧，上户皆反，下蘇協反，正作鞵屧也。《經音義》以革屝替之，非也，上又郭氏作昂、仰、硬三音，亦非也。《玉篇》作户皆反，是也，俗。（ZD59-1068c）按："～"，經文作"鞋"。《正法念處經》卷28："或至水邊，不取他物，種種鞋屧，悉不故取。"（T17，p163b9）

鞳 作～，户皆反，見藏作鞳定，正作屧，蘱叶反。屧，屧也。應和尚以革屝字替之，非也。（ZD60-366a）按："～"同"鞋"。

攜　xié

攟 而～，户圭反，提也，離也，正作攜。（ZD59-595a）按："～"即"攜"，與"携"同。

纈　xié

繬
纈 ～目，户結反。（ZD59-951c）

～哩，户結反，正作纈。（ZD59-877b）

寫　xiě

寫
冩 繕～，時戰反。（ZD59-731a）

哆～，多可反，下思夜反。（ZD59-723b）

寫 繕～，尸戰反，治故造新曰繕也，亦補也。（ZD59-659b）

冩 繕～，上時戰反，補也。（ZD60-437a）

瀉　xiě

瀉 ～源，上相也反。（ZD60-381a）

㶾　xiè

㶾 ～垂，上徐野、徒可二反，夷也，燭餘也，正作炧、炬二形，《川音》音寧，訓薰也，非義。《玉篇》作炡，音貯，煙火也，亦非義，今詳文意，宜取初切爲正矣。（ZD60-529b）按："～"即"炧(炬)"字，詳見本書中篇"㶾"字條。

泄　xiè

泄
泄 ～流，上私列、以世二反。（ZD60-473b）

謂～，私列反。（ZD60-141b）

卸[1]　xiè/yóu

卸
卸
御 娑～，思夜反。（ZD59-630a）

西～，思夜反，又音尤。（ZD60-586c）

～珍，上思夜反，挩也，正作卸，又音却，惧。（ZD59-893b）

卸 ～示，上于求反。（ZD60-590a）按："～"乃"郵"。

卸 ～樓，于牛反。（ZD59-703c）按："～"乃"郵"。

洩　xiè/yì

㳷
洩 漏～，又作泄，同私列、以世二反，漏也。（ZD60-5c）

不～，音曳，漏也，又私列反，亦作泄。（ZD59-790a）

———

[1] 又見"郵"字條。

喊① xiè

喊 咥～，上呼旨反，下呼計反。（ZD59-629a）按："～"即"喊"，此處爲譯音字。《大方等大集經》卷37："訶頪咥（呼旨反）喊（呼戒反）（三十二）。"（T13, p251a）可洪以"～"音"呼計反"，讀"xì"，未詳。

喊 ～喝，呼割反。（ZD60-369b）

喊 呴～，上音吼，下卓界反，經文作句喊，並經文自切，下又依字呼戒反。（ZD60-355c）

喊 ～喚，上乎戒反。（ZD60-156c）

屑 xiè

屑 豆～，先結反。（ZD60-70c）

械 xiè

核 鐵～，胡戒反，正作械。（ZD59-901b）

械 欲～，戶介反。（ZD59-673a）

械 重～，胡戒反。（ZD59-663a）

械 欲～，乎戒反。（ZD59-655b）

械 桁～，下戶戒反。（ZD59-632a）

械 抌～，上胡郎反，下胡戒反，拘罪人者，正作桁械。（ZD60-166a）

械 杻～，上抽酉反，下戶戒反。（ZD59-1095a）

械 杻～，抽酉反，下胡戒反。（ZD59-662b）

卨 xiè

卨 稷～，上子力反，下私列反，殷祖也，下正作卨、偰、契三也。（ZD60-576c）按："～"同"卨（偰）"。

偰 xiè

偰 ～伯，上私列反，亦作卨。（ZD60-556c）

偰 稷～，上子力反，下私列反。（ZD60-550c）

偰 禹～，私列反，殷祖也。（ZD60-549a）

渫 xiè

渫 ～河（何），上私列反，注水也，正作潰也。渫，除水也，非用，又仕洽、丈甲、徒叶三反，非此三呼。（ZD60-547b）按：《廣弘明集》卷3："復有何物？江河百谷從何處生？東流到海何爲不溢？歸塘尾閭渫何所到？沃焦之石何氣所然?"（T52, p107c）

溁 猥～，烏罪反，下私列反，漏也，過也，正作溁、渫、泄三形。（ZD59-869b）

媟 xiè

蔎 ～嬻，上先結反，下徒屋反。（ZD60-39b）按：從形體看，"～"疑即"褻"，經中通"媟"。

嫷 鄙～，下私列反。（ZD59-1129b）

屧 xiè

屧 著～，同上（屟）。（ZD60-373c）

綊 xiè

綊 縲～，力追反，下先結反。（ZD59-860c）

紲 繫～，上知立反，下相列反，繫也，下亦作綊、緤。（ZD59-706b）

搄 xiè

搄 以～，私列反。（ZD59-947a）按：《顯揚聖教論》卷16："以楄出楄道理，猶如有人以其細楄除遣麁楄。"（T31, p556c）

———

① 又見"嗐"字條。

"楣",聖本作"捐"。"～"乃
"楣"。

捐　以～,先結反,木～
也。(ZD59-913c)

楣① xiè

捐　無～,所交反,悮。
（ZD60-10b ）按:
"～",經文作"楣",可洪音
"所交反",蓋以爲"梢",恐
誤。

捐　因～,先結反。
(ZD59-740b)

捐　出～,先結反。
(ZD59-740b)

屧② xiè

屟　履～,蘓叶反,屧也,
履底木齒者名也。
(ZD60-373c)

屧　傘～,桑旱反,下蘓
協反。(ZD59-940a)

屟　高～,蘓協反,屧也,
履底有木齒者也,正
作屧。(ZD60-474c)

屟　作～,蘇協反。
(ZD60-33b)

邂 xiè

邂　～逅,音解,下音后。
(ZD59-800b)

邂　～逅,上胡懈反,下
胡搆反。（ZD60-
246b)

澥 xiè

澥
澥　渤～,步没反,下户
買反。(ZD59-696c)
渤～,上步没反,下
户買反。(ZD60-
391c)

懈 xiè

懈　～惕,古賣反,下
莫諫反。(ZD59-
962b)

懈　～殆,古賣反,下
徒改反。(ZD59-
853b)

懈　～殆,徒海反。
(ZD59-778b)

懇　～殆,音待。(ZD59-
749a)

懇　～勌,古賣反,下巨
眷反。(ZD59-725c)

懈　～殆,古賣反,下徒
改反,正作怠。
(ZD59-724b)

懸　～廢,古賣反,下
方吠反。(ZD59-
676b)

憇　～退,古賣反,正
作懈、懇。(ZD59-
675c)

懸　無～,古賣反,正作
懈。(ZD59-675b)

懈　匪～,非尾反,下皆
賣反。(ZD59-664c)

懈　～惰,皆賣反,下徒
果反。(ZD59-662c)

懈　匪～,非尾反,下
皆賣反。(ZD59-
661b)

懈　匪～,上非尾反,下
古賣反。(ZD59-
557b)

謝 xiè

謙　辝～,音謝。(ZD59-
1083b)

諥 xiè

諥　吼～,許懈反,又許
嫁反。(ZD59-782c)

諥　瞋～,呼懈、呼嫁二
反,怒也。(ZD59-
787c)

燮 xiè

燮　鞜～,上户皆反,下
蘇協反,正作鞋屧
也。《經音義》以革屟替之,
非也,上又郭氏作昂、仰、硬
三音,亦非也。《玉篇》作户
皆反,是也,俗。（ ZD59-
1068c)按:"～"即"鞵",經
文中通"屧"。

燮　捻～,奴協反,下蘇
協反,取也,熟也,捏
也,正作敠（耿）、燮二形。
(ZD59-767c)

燮　～理,上蘓叶反。
(ZD60-507a)

---

① 又見"捐"字條。
② 又見"屧"字條。

褻 xiè

褻 ～嬻，上先結反，下徒屋反。（ZD60-39b）按："～"乃"褻"，經文作"媟"，義同。

褻藝麋瘷 鄙～，悲美反，下私列反。（ZD59-930a）

鄙～，悲美反，下私列反。（ZD59-961b）

～黷，上私列反。（ZD60-389c）

鄙～，私列反，裏衣也，正作褻也。（ZD60-409b）按："～"乃"褻"，詳見本書中篇"瘷"字條。

褻藝 鄙～，私列反。（ZD59-1069b）

花～，音牒（應爲牒）。（ZD59-801b）

嗋 xiè

嗋 吐～，上丘迦反，正作呿，下思夜反。（ZD59-629c）按："～"，譯音字。

嗋 ～經咃，上借音先結反，中徒結反，下音他。（ZD59-628c）按："～"，譯音字。

癣 xiè/xuǎn

癣 ～住，上古賣反，公～也，正作癣。

（ZD60-278a）按："～"乃"癣"字，經中當爲"解"之借，詳見本書中篇"癣"字條。

癣 ～扮，上息淺反，下古拜反，瘡也，正作癣疥也，上又郭氏音介，下又古點、古拜二反，並非也。（ZD59-1112c）按："～"，經文作"癣"。《摩訶僧祇律》卷32："若外有癣疥病，須馬血塗者無罪。"（T22, p487a）

齘 xiè

齘 ～齧，上戶介反，正作齘。（ZD59-1040b）

蠏 xiè

蠏 ～眼，上戶買反。（ZD60-77c）

蟹① xiè

蟹 ～神，上胡買反。（ZD59-632a）

～壯，上戶買反，下阻狀反。（ZD59-569b）

～鼇，上戶買反，下五高反。（ZD59-1025c）

嬒 xiè

嬒 不～，私列反，狎也，愲也，正作媟也，又

或作嬻，音閒，愛也，卑也，賤而得寵曰嬻。（ZD59-983a）按："～"，經文中作"嬒"，"嬒"即"媟"。《長阿含經》卷11："善生！夫之敬妻亦有五事，云何爲五？一者相待以禮，二者威嚴不嬒，三者衣食隨時，四者莊嚴以時，五者委付家内。"（T01, p71c）

瀣 xiè

瀣 沉～，上戶胡反，下戶愛反，北方夜半之氣也，又云海氣也，又玉漿也。（ZD60-472b）

㗲 xiè

㗲 ～黷，上私列反，下徒屋反，狎也，愲也，正作媟嬻也，上又徒協反，非用。（ZD60-50b）按："～黷"同"媟嬻"。

蹀 xiè

蹀 踕～，上徒叶反，下蘸叶反。（ZD60-522c）

辛 xīn

辛 ～頭，昔津反，亦云信度。（ZD59-

① 又見"蠏"字條。

959b)

〜苦，相親反，正作辛。(ZD59-923b)

〜苦，相親反。(ZD59-913b)

〜苦，相津反。(ZD59-898a)

薰〜，香云反，下息津反，正作辛也，又音訣，非。(ZD59-840c)按："薰〜"，對應佛經作"薰辛"。《佛説佛名經》卷19："欲懺悔者，當淨洗俗，著新淨衣，不食薰辛。"(T14,p260b)。從字形看，"〜"即"莘"，在經文中乃"辛"之俗。"辛"蓋受上字"薰"的影响類化增"艸"旁而作"莘"。

五〜，音新，正作辛，又所臻反，非。(ZD59-791a)按："五〜"，對應佛經作"五辛"。《不空羂索咒經》卷1："當斷酒肉五辛。"(T20,p400a)

薊〜，許云反，下息津反。(ZD59-741a)

〜犖，勒達反。(ZD59-739a)

艱〜，上古文作難。(ZD59-553c)

醶〜，音新，正作辛。(ZD60-159a)

忻　xīn

〜樂，上許斤反，正作忻。(ZD60-

144b)

欣　xīn

〜然，上許斤反，正作欣。(ZD60-192c)按："〜"乃"欣"字，詳見本書中篇"欣"字條。

欣　xīn

懽〜，上呼官反。(ZD60-588a)

〜永，許斤反，正作欣。(ZD59-976c)

〜等〜，上下二同許斤反，喜也，正作欣也，悮。(ZD60-93b)

〜咲，音笑。(ZD59-577b)

斛　xīn

〜〜，許今反，第一卷注云取特牛合口作聲，短呼之也，言短呼者謂合口鼻中出氣，喉中急作其斛聲。(ZD59-782a)按："〜"，對應梵文作"hūṃ"。

〜迦，合口呼，牛鳴也，二合。(ZD59-877a)按："〜"即"斛"。《金剛頂瑜伽中略出念誦經》卷2："婆那斛(二合)迦阿嚧迷。"(T18,p237a)

趌〜，注云取特牛合口作聲，短呼之。短呼謂鼻中出氣，喉中作聲

也。(ZD59-780b)

訴　xīn

〜逮，上許斤反。(ZD59-591c)

〜彌，上許斤反。(ZD60-30c)

新　xīn

〜牙，上相親反。(ZD60-237b)按："〜"乃"新"，詳見本書中篇"新"字條。

〜諸，息津反，初生也，《勝鬘經》作新。(ZD59-971a)按："〜"即"辛"，通"新"。

〜舊，巨右反。(ZD59-999b)

歆　xīn

〜響，上許今反。(ZD60-302b)

薪　xīn

投〜，徒侯反，下息津反，正作投薪。(ZD59-960a)

〜盡，上音新，正作薪，又音雜，户簾也，非。(ZD60-486b)按："〜"乃"薪"字，詳見本書中篇"蕹"字條。

馨　xīn

馨　～馥，音伏。（ZD59-618a）

脪　xǐn

脪　毒～，析忍反，瘡痛也，腫起也，或作瘥、

欯　，許靳反。（ZD60-140b）

豐①　xìn

豐　有　～，許惹反。（ZD59-549b）

豐　有～，許觀反，罪也，瑕隙也，動也。（ZD59-561a）

豐　罪～，許觀反，瑕隟也。（ZD59-645b）

豐　此　～，香觀反。（ZD59-710a）

豐　央　～，許觀反。（ZD59-613c）

豐　罪　～，香惹反。（ZD59-590c）

豐　罪　～，許觀反。（ZD59-670b）

豐　～娑，上許觀反。（ZD59-628a）

豐　殃～，上於良反，下許惹反，罪也，又瑕隟也，正作豐。（ZD59-649c）

豐　殃～，於良反，下許觀反。（ZD59-645c）

豐　罪～，同上。（ZD59-645b）

豐　積　～，許惹反。（ZD60-520b）

豐　於　～，香惹反。（ZD59-649a）

豐　殃～，於良反，下香觀反。（ZD59-648a）

豐　罪　～，許進反。（ZD59-673b）

豐　罪　～，許觀反。（ZD59-752c）

豐　～咎，許觀反，下巨久反。（ZD59-708b）

豐　過　～，許觀反。（ZD60-246b）

豐　罪　～，許惹反。（ZD59-656c）

顖　xìn

顖　～上，上音信，腦會也。（ZD60-300c）按：“～”乃“顖”，與“囟”同。

顖　頂～，音信。（ZD59-783c）

釁　xìn

釁　～挈，虛觀反，正作釁。（ZD59-781b）按：“～”即“釁”，與“豐”同。

釁　殃　～，許觀反。（ZD59-833b）

釁　咎　～，許觀反。（ZD60-195b）

釁　之　～，許惹反。（ZD60-502a）

星　xīng

星　～　霧，上音星。（ZD60-599a）按：“～”乃“星”字，詳見本書中篇“曐”字條。

○　～宿，上音星，下音秀。（ZD59-564a）

○　～宿，桑經反，像形字也，古作曐，下音秀。（ZD59-726c）

惺②　xīng/xǐng

瘒　者～，音星，正作惺。（ZD59-979a）按：“～”乃“惺”，詳見本書中篇“瘒”字條。

惺　～悮，上息井反，下正作悟。（ZD59-1087b）

瘒　自～，宜作消惺，二同息井反，減也，悟也。郭氏音作息定反。（ZD59-926b）

腥　xīng

腥　辛～，音星。（ZD60-486a）

――――――

① 又見“釁”字條。
② 又見“醒”“瘒”字條。

線 xīng

線　又～，須陵反，經自出。（ZD59-634b）

興 xīng

興　肇～，直沼反，始也。（ZD59-659a）

兴　迭～，上徒結反，遍也，更也。（ZD59-632c）

興　～隆，力中反，正作隆。（ZD59-649b）

興　～惡，烏各反，正作惡。（ZD59-732c）

駵 xīng

駵　雖～，胥營反，色，正作駵。（ZD60-530b）按："～"乃"駵"字，詳見本書中篇"駵"字條。

噢 xīng

噢　尼～，蜎蠅反。（ZD59-886c）按："～"即"噢"，譯音字，無實義，詳見本書中篇"噢"字條。

噢　毗～，呵朋反，經自出。（ZD59-634b）按："～"即"噢"，譯音字，無實義，詳見本書中篇"噢"字條。

娻 xīng

娻　～瞿，上馨蠅反，阿魏是也。（ZD60-113a）按："～"即"興蘗"。

形① xíng

彤　裸～，戶瓦反。（ZD59-683c）

飛　～嘆，音笑。（ZD59-573a）

彤　人～，音刑。（ZD59-772c）

形 xíng

形　～非，上戶經反。（ZD60-277a）

彤　埏～，下胡經反。（ZD60-430c）按："～"，對應佛經作"形"。《集沙門不應拜俗等事》卷6："理固越情，道仍舛物，況埏形戒律，鎔念津梁。"（T52，p473b）

鄧 xíng

郅　～公，上戶經反，正作鄧。（ZD60-472b）

鈃 xíng

鈃　～山，上音形，依字酒器，似鍾長頸也，又音堅也。（ZD60-571b）按：《廣弘明集》卷19："與彼鈃山之上，傅巖之下，西都鳳凰，岐陽鷟鷟，安足同日而語哉！"（T52，p234a）

誂 xíng

誂　～咲，上戶經反，下音笑，正作形嘆也，並恨。（ZD60-263a）按："～咲"即"形嘆"。

熒 xíng

熒　～流，戶扃反，小水也。（ZD59-766b）

寉 xǐng

寉　～窅，上蘇青、蘇井二反，～憶，了慧也，正作惺、悄二形。（ZD59-1070b）按："～"乃"寉（惺）"，詳見本書中篇"寉"字條。

醒 xǐng

醒　～悞，蘇丁、蘇頂二反，下音悟，了覺兒也，正作醒寤。（ZD59-850a）按："～"乃"醒"字，詳見本書中篇"醒"字條。

———

① 又見"汧""形""誂"字條。

行 xìng

扞　特～，胡硬反，正作行。（ZD59-648b）

杏 xìng

杏　若～，胡耿反。（ZD59-878b）

幸① xìng

李　～殊，上胡耿反，正作夆、幸二形，又女輒反，大聲也，悮。（ZD60-428a）

夲　～許，上戶耿反。（ZD60-420c）

夲　～當，上胡耿反，正作幸也，悮。（ZD60-15c）

夲　～可，上胡耿反。（ZD60-220a）

幸　有～，胡耿反，遇也，正作幸也，又音達，通也，本也。（ZD59-926b）

夲 xìng

夲　～見，上胡耿反，正作幸，又尼輒反，非也。（ZD60-3b）按："～"即"幸"字之訛，又音"尼輒反"，則爲"夆"字。

夆 xìng

李　～願，上胡耿反，正作幸，又女輒反，悮也。（ZD60-12b）按："夆"即"幸"字之訛，又音"女輒反"，別爲他字。

性 xìng

恈　稟～，兵錦反，受也。（ZD59-661c）

姓 xìng

姓　族～，自木反。（ZD59-729a）

娃　族～，自木反。（ZD59-725c）

姓 xìng

娃　～龐，蒲江反。（ZD60-498b）按："～"乃"姓"。

倖 xìng

倖　僥～，上音澆，下音幸。舊韻作傲幸。（ZD59-582a）

倖　大僥，音澆，僥～，遇也，謙詞。（ZD59-729c）

倖　僥～，音澆，下音幸。（ZD59-707c）

倖　僥～，上古堯反，下胡耿反。（ZD59-614c）

倖　僥～，音澆，下音倖。（ZD59-825b）

胻 xìng

胻　脚～，戶孟反。（ZD60-399a）

胻　脚～，戶硬反。（ZD60-374c）

滓 xìng

滓　溟～，上莫頂反，下戶頂反，大水皃也。（ZD60-546c）

凶② xiōng

凶　関～，上眉殞反。（ZD59-615c）

殑　～衰，許容反。（ZD59-778a）

殰　～暴，許容反。（ZD59-691a）

凶　～悖，蒲没反。（ZD59-552c）

凶　推～，直追反，正作椎胸也。（ZD59-679a）

殂　～危，許恭反。（ZD59-729b）

---

① 又見"夲""夆"字條。

② 又見"兇""殈"字條。

兇　xiōng

兇
兇
兇
兇

～害，音凶。（ZD59-744a）

～暴，許容反，下步報反。（ZD59-758b）

～悖，許容反，下蒲没反。（ZD59-637a）

～黨，上許容反。（ZD59-561a）

匈　xiōng

匈
匃

柎～，芳武反，下許容反。（ZD59-936b）

～堅靭，上音凶，下音硬，香名也。（ZD59-627c）

洶①　xiōng

洶

～水，上許容、許勇二反。（ZD60-557a）

殈　xiōng

殈
殈

～怒，上許容反。（ZD59-1018c）

～惡，上許容反，惡也，正作兇、殈。（ZD59-1042c）

四～，音凶。（ZD59-577c）

～弊，上許容反，下毗祭反。（ZD59-1004a）

脑　xiōng

脑

～痛，上許容反。（ZD60-170a）按："～"同"胸"。

匈　xiōng

匈
匈

～～，許容反，眾語聲也，正作詾也。（ZD59-1018a）

～～，音凶。（ZD59-1019c）

洶　xiōng

洶

作～，音凶。（ZD60-371b）

胸②　xiōng

胷
胷
胸
胷
胷
胸

～凹，上許容反，下烏洽反。（ZD59-1124a）

～臆，許恭反，下依力反。（ZD59-664a）

椎～，上直追反，下許容反。（ZD59-992a）

～凸，田結反。（ZD59-1124a）

搥～，直追反，下許容反。（ZD59-666c）

～前，音凶，臆也。（ZD59-789b）

匈　xiōng

匈
胸
胸
胷
覓
胃
胃

勝～，許恭反，正作胸。（ZD59-924b）

～臆，上許恭反。（ZD59-585b）

脩羅～，音凶。（ZD59-1067a）

～脇，上音凶。（ZD59-578b）

～側，同上。（ZD59-864c）

搥～，直追反，下許容反。（ZD59-640c）

椎～，直追反，下許容反。（ZD59-838b）

~側，許容反。（ZD59-864c）

～膊，上音凶，下音博。（ZD60-57c）

推～，直追反，下許容反，拊臆也，打也。（ZD59-699c）

推～，直追反。（ZD59-970b）

從～，音凶，正作胸。（ZD60-6c）

～骨，上許容反，亦作胸。（ZD59-550b）

胷　xiōng

胷

～行，上許容反。（ZD60-88c）

---

① 又見"洸""洶"字條。
② 又見"脑""胷"字條。

雄 xióng

雊 大～,五格反,面上垠也,正作額、頷二形,又郎各反,非。(ZD59-731c)按:"大～",對應佛經作"大雄"。《等集衆德三昧經》卷2:"何故現欣笑? 大雄發遣説。諸聲聞之衆,不能蹈斯地。"可洪以"～"爲"額",辨字有誤。

雊 ～鵝,上乎弓反,正作雄也,又户官反,㥄。(ZD60-302b)

雊 xióng

雄 ～猛,上乎弓反。(ZD59-1086c)按:"～"即"雄"。

熊 xióng

熊 ～羆,音雄,下音碑。(ZD59-684a)

熊 ～羆,上乎弓反,下彼皮反。(ZD59-589b)

熊 ～羆,平弓反,下彼皮反。(ZD59-676a)

浤 xiǒng

浤 ～涌,上許勇反,下余隴反,水皃也,正作淘溶也。(ZD60-581a)按:"～"同"汹"。《廣弘明集》卷24:"白波跳沫,汹涌成音。"(T52, p276b)

詗 xiòng

詗 ～通,休政反,自也,正作詗也,道不～通也。(ZD59-926a)

夐 xiòng

夐 ～絶,上休政反,正作夐。(ZD60-297a)

夐 道～,休政反,遠也。(ZD60-339b)

夐 旨～,休政反。(ZD59-568a)

夐 ～期,上休政反。(ZD60-417c)

夐 ～期,上休政反,遠也,正作夐也。(ZD60-487c)

休[1] xiū

㑅 摩～,音休。(ZD59-674b)

㑅 ～息,許牛反。(ZD59-749a)

㑅 ～息,許牛反。(ZD59-911c)

㑅 ～息,許求反,息也,正作休,郭氏音丕,非也。(ZD59-917a)

㑅 ～止,許求反。(ZD59-737a)

㑅 ～息,許牛反,正作休,郭氏音丕,非也。(ZD59-906c)

伏 xiū

伏 摩～,許牛反。(ZD59-704a)

伏 ～息,上許牛反,息也,正作㑅、休二形。(ZD60-105b)按:"～"即"休"字,詳見本書中篇"怵"字條。

伏 伯～,音休。(ZD60-328c)

伏 ～祐,許牛反。(ZD59-731b)

怀 止～,許牛反,息也,正作休也,郭氏音丕,非也。(ZD59-845a)

伏 摩～,音休。(ZD59-753a)

伕 不～,許牛反,息也,正作休,郭氏音伕,非也。(ZD59-921a)

怀 xiū

怀 ～道,上許牛反,正作休,郭氏音丕,非也。(ZD60-56b)

伏 xiū

伏 ～道,上許牛反。(ZD60-57b)

咻 xiū/xǔ

咻 咻咻～～,上音私,下二休禹、許牛

<hr/>

[1] 又見"怀""伏""伏"字條。

二反,病聲。(ZD59-1083a)

啾　〜樓,上許牛反。(ZD59-621c)

咻　〜〜,音休,又香主、呼交二反。(ZD59-791a)

咻　噢〜,上於禹反,下休禹反。(ZD60-356b)

修　xiū

修　〜整,之領反。(ZD60-417c)

俢　〜治,音持,整也,理也,持也。(ZD59-675c)

俢　繕〜,市戰反。(ZD59-697a)

俢　〜遾,莫角反。(ZD59-648c)

偺　〜焉,上息由反。(ZD60-316a)

俢　纂〜,子管反。(ZD59-704b)

㺱　〜叱,音毗,正作比,又尺日反,非。(ZD59-750c)

俢　聿〜,余律反。(ZD59-588c)

偺　〜道,上息由反。(ZD60-315c)

㯺　〜舖,上息由反,下蒲故反,《善見律》作脩步,釋云此是青豆羹也。(ZD60-36c)按:“〜舖”,經文作“修舖”或“修步”。《四分律名義標釋》卷27:“修

步,青豆羹也。”(X44,p614b)“修步”本梵文譯音,由於指食物,“修步”之“修”故增旁作“〜”。

庥　xiū

庥　〜蔭,上音休,下音蔭。(ZD60-364a)

脩　xiū

循　〜踧,息由反,下陟利反。(ZD59-637c)

倄　〜行,息由反。(ZD59-853c)

循　淳〜,上市倫反。(ZD59-570b)

備　〜深,同上。(ZD59-829a)

借　〜行,息由反。(ZD59-829a)

猗　〜成,上息由反。(ZD60-133c)

備　駿〜臂,上胡駃反,中音修,下卑義反。(ZD59-567b)

脩　〜羈,思由反,下居宜反。(ZD59-745b)

脩　〜伽佗,息由反,中巨迦反,下徒何反。(ZD59-734c)

僬　〜心,上息由反。(ZD60-127b)

徝　〜殖,息由反,下市力反。(ZD59-673c)

羞　xiū

羞　〜恥,息由反。(ZD59-677a)

羞　亙〜,古鄧反,下息由反。(ZD59-672c)

羞　〜慚,息由反。(ZD59-649b)

羞　〜慙,上息由反。(ZD59-614b)

羞　無〜,息由反,耻也,正作羞。(ZD59-899a)

羞　膳〜,上時戰反,下音修,下亦作饈也。(ZD60-527a)

羞　耐〜,上奴代反,下息由反。(ZD59-1122a)

羞　阿〜,音修。(ZD59-579a)

羞　〜恥,息由反,下丑里反。(ZD59-965a)

嘹　xiū

嘹　脩〜,二同息由反,應和尚未詳。(ZD60-388a)按:“〜”,譯音字。《一切經音義》卷20:“迦嚕,理醯,修嘹。”(C057,p52c)

嘴　脩〜,音修。(ZD60-288a)按:“〜”與“嘹”“嚕”同,譯音字。《陀羅尼雜集》卷5:“留路途修修伽羅波羅菩。”(T21,p607b)“修”,宋、元、明本

作"嗋"。

鵂 xiū

鵂
鵁～，尺脂反，下許求反。（ZD59-959a）按："鵁～"，對應佛經作"鵁鵂"。《大莊嚴論經》卷1："譬如鵁鵂，夜則遊行，能有力用，晝則藏竄，無有力用，毘世師論，亦復如是，佛日既出，彼論無用。"（T04，p259c）"～即"鵂"之訛，構件"鳥"與"頁"書寫相混。

鵂
～鶹，上休，下留，亦名訓狐。（ZD59-835c）

鵂鶖
鵁～，赤脂反，下許求反。（ZD59-772a）
鵁～，上尺之反，下許牛反，正作鵂。（ZD60-196c）按："～"即"鵂"字，詳見本書中篇"鶖"字條。

鵂
鵁～，上赤脂反，下許牛反，正作鵁鵂字。（ZD60-193a）按："～"即"鵂"字，詳見本書中篇"鵂"字條。

鵂
～鶹，上音休，下音留，正作鵂鶹也，土梟是也，下又郎俠反，野鵝也，非。（ZD59-1099b）

鶖 xiū

鶖
車～，音休，正言鶖鶹也，訛。（ZD59-

1044c）

扸 xiǔ

扸
～力，上許有反。（ZD60-481c）按："～"，對應佛經作"朽"。《續高僧傳》卷17："內竭朽力，仰酬外護。"（T50，p566a）

扸
而～，香久反。（ZD60-549c）

朽① xiǔ

朽
～邁，上許有反，腐也，枯也，正作杅、歺二形，下莫敗反，上又郭氏作歷、了二音。（ZD59-981b）

杅
杅邁，上許有反，腐也，枯也，正作～、歺二形，下莫敗反，上又郭氏作歷、了二音。（ZD59-981b）

扚
泥～杅，下二許有反，正作朽也。（ZD59-652c）

扸
～壞，上許有反。（ZD59-595c）
泥扚～，下二許有反，正作朽也。（ZD59-652c）

扸
不～，許有反，腐也，正作朽也，又音烏，非也。（ZD59-855c）

歺
杅邁，上許有反，腐也，枯也，正作杅、～

二形，下莫敗反，上又郭氏作歷、了二音。（ZD59-981b）

杅 xiǔ

杅
～蘖，上許有反。（ZD60-410b）按："～蘖"，對應佛經作"朽蘖"。《大唐西域記》卷6："茂樹扶疎，何故不坐？枯株朽蘖，而乃遊止？"（T51，p900b）"～"即"朽"字之訛。

抣 xiǔ

抣
～草，上五加反，五駕反。（ZD59-1068b）按："～"，經文作"朽"字，腐朽。《正法念處經》卷21："碎其大殿，如摧朽草。"（T17，p124a）"～"，可洪音"五加、五駕二反"，不妥。

岫 xiù

岫
巫～，上音無，下音袖。（ZD60-593b）

袖 xiù

袖
綽～，昌約反。（ZD59-805a）

———

① 又見"杅""扸""杅""抣"字條。

嗅[①]　xiù

嗅　鼻～,許右反,鼻取氣也,正作齅也,又七秀反,吳人云不香也,非用。(ZD59-631a)

嗅　～者,許右反。(ZD59-727b)

嗅　～香,許右反。(ZD59-640a)

齅　羅～,許右反。(ZD59-715b)

齅　唯～,香右反,又七秀反,非。(ZD59-712a)

嗅　可～,許右反。(ZD59-741a)

齆　有～,許救反,以鼻取氣也,正作齅、嗅二形,又疋儵反,侯。(ZD59-737a)

嗅　～香,上許救反,正作齅,俗作嗅也。(ZD60-129c)

嗅　非～,許右反,正作齅。(ZD59-748c)

嗅　～之,許右反。(ZD59-643a)

嗅　～香,香右反。(ZD59-745a)

齅　～蓮馥,上許右反,鼻取氣也,正作齅也。(ZD59-568c)

嗅　～想,香右反,又七救反,非也。(ZD59-730b)

嗅　不～,音齅。(ZD59-644a)

齅　悉～,許右反,鼻取氣也,俗。(ZD59-619c)

嗅　～香,許右反,又七秀反。(ZD59-681a)

嗅　～香,許右反。(ZD59-639b)

繡　xiù

綉　錦～,音秀,正作繡也。(ZD60-218b)按:"～"同"繡",詳見本書中篇"綉"字條。

繡　～紵,修救反,下除呂反。(ZD59-756b)

繡　～柱,上息幼反,五色儵也。(ZD59-614a)

繡　文～,音秀。(ZD59-585b)

繡　文～,音秀。(ZD59-777a)

繡　文～,音秀。(ZD59-582b)

齅　xiù

齅　唯～,許右反。(ZD59-713a)按:"～(齅)"同"嗅"。

戌　xū

戌　浦～,上音普,下辛律反,正作戌。(ZD60-599a)

盱[②]　xū

盱　～衡,上許于反,舉目也,正作盱也,下戶庚反,橫也,平也,上又詣、系二音,非。(ZD60-467c)

骨　xū

骨　子～,相余反。(ZD60-459b)

骨　～吏,上相余反。(ZD60-370c)按:"骨"即"胥"。

炊　xū

炊　～然,上許勿反,暴起也,疾也,正作欻。(ZD60-228c)按:"～"乃"欻"。

盱　xū

盱　～衡,上況于反,舉目也,又怒皃也,正作盱。(ZD60-526b)按:"～"乃"盱"字,詳見本書中篇"貯盱"字條。

虛　xū

靈　～猗,於宜反。(ZD60-392b)

---

① 又見"齅""齅"字條。
② 又見"盱"字條。

弋～，上羊力反，下許宜反。（ZD60-392b）按："弋～"，對應文獻作"戈虛"。從形體看，"～"即"虛（虚）"，可洪音"許宜反"，蓋以爲"虛"，不妥。

虛①　xū

格～，上古客反，挍也，量也。（ZD59-567c）

～矯，憍殀反，詐也。（ZD59-664c）

悼～，徒到反，傷也。（ZD59-902b）

沖～，上池中反。（ZD60-144a）

～掌，許魚反，空也，正作虛。（ZD59-864b）

～加，許魚反。（ZD59-589c）

～詑，徒何、吐和、徒可三反，欺也，詐也。（ZD59-649b）

須②　xū

～蔓，相朱反，下莫官反。（ZD59-648c）

隱～，於靳反，下音頂，惧。（ZD59-915a）按："～"，可洪音"頂"，有誤。"～"當爲"須"字。《大智度論》卷31："以兩手隱須彌頂，下向觀忉利天喜見城，此則以海水爲淺。"（T25，p290b）

～奥，羊朱反。（ZD59-647a）

所～，相朱反，待也，正作額、須、竭三形也，又《玉篇》音撫，非也。（ZD59-725b）

應～，相朱反，正作須，今作須。（ZD60-57b）按："～"乃"須"字，詳見本書中篇"須"字條。

欻③　xū

阿～，許勿反。（ZD59-796a）

～聞，許勿反，正作欻。（ZD59-942c）

～亡，上許勿反。（ZD59-573a）

湑④　xū

淪～，力旬反，下相魚反。（ZD59-663b）

～慈，上相余反。（ZD60-352a）

惰　xū

權～，相居、相與二反，有才智之稱也。（ZD59-1059b）按：《生經》卷3："以王勇猛，計策方便，權捐難及。"（T03，p91a）"捐"，宋、元、明本作"惰"。

項　xū

邁～，許玉反。（ZD60-439a）

隓　xū

～陳，上丘魚反，下自禹反。（ZD59-1094a）

墟⑤　xū

丘～，去魚反。（ZD59-678a）

～聚，上丘魚反。（ZD59-610a）

丘～，去居反。（ZD59-1027c）

村～，丘魚反。（ZD59-595c）

丘～，丘魚反。（ZD59-638c）

丘～，丘魚反。（ZD59-685c）

獄⑥　xū

狟～，上渠與反，下許魚、去魚二反。（ZD59-1014a）按："拒～"，

① 又見"虗"字條。
② 又見"鬚""須""鬚""鬚"字條。
③ 又見"炊""歘"字條。
④ 又見"滑"字條。
⑤ 又見"虛"字條。
⑥ 又見"驢"字條。

即"狟㹠",與"駏驉"同,獸名,似騾。《別譯雜阿含經》卷1:"譬如芭蕉生實則死,蘆竹狟㹠,騾懷妊等,亦復如是。"(T02,p374b)

㹠　狟~,上音巨,下音虛,《波羅延經》云馬父驢母爲駏驉。(ZD59-1082a)

歔　xū

歔　~欷,許魚反,下許既反,涕泣皃也,悲也。(ZD59-736a)

歔　~煞,上許魚反。(ZD59-623b)

歔　氣~,許魚反,開口出氣也。(ZD59-687b)

歔　口~,音虛。(ZD59-642a)按:~,同"嘘",本爲出氣,文中爲吸吮。《大方等大集經菩薩念佛三昧分》卷5:"大海可以口歔(宋、宮本作歔,元、明本作嘘)乾,無邊水聚亦復爾。"(T13,p848c)

歔　~欷,許魚反,下許記反。(ZD59-695b)

戯　~欷,許魚反,下許既反。(ZD59-971a)

蝑　xū

蝑　蚣~,上息容反,下息余反,正作蚣蝑也。(ZD60-399a)按:"~"乃"蝑"之訛。

蝑①　xū

蝑　蚣~,上息弓反,下息居反。(ZD60-365a)

嘘②　xū

嘘　口~,音虛。(ZD59-663b)

嘘　氣~,許魚反。(ZD60-145a)

嘘　氣~,音虛。(ZD59-618a)

嘘　~嚙,上許魚反,下五結反。(ZD59-628a)

嘘　~毒,許魚反。(ZD59-747a)

嘘　口~,音虛。(ZD59-655c)

猷　xū

猷　王~,許勿反,暴起也,正作欻。(ZD60-273a)

嗽　xū

嗽　~螫,許魚反,下呵各反。(ZD59-834b)按:"~"同"歔"。《大法炬陀羅尼經》卷5:"此閻浮提毒蛇遍滿,咸有瞋心,盡吐毒火,更相嗽螫,已及他身,皆爲灰燼。"(T21,p682a)

鬚　xū

鬚　華~,音須,花藥也,正作鬚。(ZD60-373c)

鬚　xū

鬚　留~,音須,正作鬚,又音輞,非也。(ZD60-473c)按:"~"即"鬚",經文中乃"鬚"之訛。

魖　xū

魖　~行,上許魚反,耗鬼也。(ZD60-210a)

驉　xū

驉　駏~,上音巨,下音虛。(ZD59-1011a)

驉　駏~,上音巨,下音虛,《中阿含經》云驢父馬母爲騾,馬父驢母爲駏驉也,又《經音義》云牛父馬子也,未詳出何書史,下又去魚反。(ZD60-38b)

驉　駏~,上音巨,下虛、祛二音,《梵志頛波羅延經》云馬父驢母也。又應和尚《經音義》云牛父馬母也,未詳出何書史。(ZD60-21a)

---

① 又見"蝑"字條。
② 又見"歔""嗽""嘑"字條。

鬚 xū

～髮,上相朱反,正作鬚。(ZD59-650a)

～臺,息朱反,虆也。(ZD59-660a)

子鬢,息朱反,正作～。(ZD59-668c)

爲～,息朱反,花虆也。(ZD59-655c)

子～,音須。(ZD59-669c)

～髮,上息朱反,正作鬚髮。(ZD60-86c)按:"～髮",對應佛經作"鬚髮"。《薩婆多毘尼毘婆沙》卷2:"除却鬚髮著袈裟。"(T23,p512c)

爲～,音須。(ZD59-718b)

爲～,莫顔反。(ZD59-639c)按:"～",可洪音"莫顔反",蓋以爲"鬘"字,恐誤。經文作"鬚"。《虛空藏菩薩經》卷1:"琉璃爲實,馬瑙爲鬚。"(T13,p649c)

～髮,上音須,下音發。(ZD59-1080c)

爲～,相朱反。(ZD59-1068b)按:"～"乃"鬚"字,詳見本書中篇"鬚"字條。

～髮,上音須,下音發,正作鬚髮也。(ZD59-981c)

爲～,音須。(ZD59-745a)

～髮,二音須發。(ZD59-741b)

～髮,上相朱反,下方伐反,正作鬚髮也。(ZD59-741a)

爲～,同上(鬚)。(ZD59-1068b)

～髮,上相朱反,正作鬚,又音軫,悮。(ZD59-982a)按:"～髮",對應佛經作"鬚髮"。《長阿含經》卷7:"勅除髮師,淨其鬚髮。"(T01,p43b)從形體上看,"～"即"鬢",但非經意,此處乃"鬚"字之訛。

鑐 xū

兩～,相朱反,如鑠中逆～也,正作鑐字也,又相居反,鉤也,《説文》取水具也,正作揟。(ZD59-1016c)按:"～",經文作"鍖""鎑"或"鑐"。《別譯雜阿含經》卷7:"如兩鍖鉤,鉤取於魚,既不得吐,又不得嚥,斯二種論,亦復如是。"(T02,p423b)"鍖",宋本作"鎑",元、明本作"鑐"。"～"即"鎑",與"鑐"同。

嘘 xū

～嘻,上許魚反。(ZD59-815b)按:"～"疑爲"嘘"字。《佛説善法方便陀羅尼經》卷1:"嘘嘻(十三)嘘嘻(十四)。"(T20,p581a)

徐 xú

～作,上似余反。(ZD59-608c)按:"～"乃"徐"。

徐① xú

～庠,似余反,下似羊反。(ZD59-738b)

～步,祥魚反。(ZD59-779b)

佯～,音祥,下序余反。(ZD59-725b)

安～,似余反。(ZD59-583b)

～舉,似余反。(ZD59-839b)

呴 xǔ

吹～,況于、況禹二反,吹也,正作欨,亦作煦也。(ZD60-511a)按:"～"同"欨"。

煦 xǔ/xù

吹～,況于、況宇二反,吹也,正作欨、呴二形。(ZD60-561c)按:"～"同"欨"。

———

① 又見"徐"字條。

煦

～味，香句反，下莫
鉢反，吐沫也，下悞。
（ZD59-766b）按："～"同
"昫"。

煦

嫗～，上於遇反，下
香句反。（ZD60-
538b)按:"～"乃"煦"字。

詡　xǔ

詡

～俱，上況禹反。
（ZD60-357a）

糈　xǔ

糈

巾～，私與反，米也。
（ZD60-534c）
～籔，上私與反，下桑
坦反。（ZD60-375c）

醑　xǔ

醑

～醪，上相與反，下郎
刀反。（ZD60-558a）

謂　xǔ

謂

辛～，相與反。
（ZD60-464c）

抒　xù

抒

手～，序、竹、紵三
音，渫也，經旨謂之
歅而揚之也。（ZD59-993a）
～氣，上音序，又直與、
神與二反。（ZD59-
1073a）

抒

～漏，上徐與反，渫
也，舀也。（ZD59-
1086b）

序① xù

序
㝐
㝐

洋～，徐羊反。
（ZD59-779b）
洋～笑，中音序。
（ZD60-174b）
佯～，下音序。
（ZD60-182c）

邨　xù

邨

賑～，真刃反，下詢律
反。（ZD59-665b）
按:"～"同"恤"。

耆　xù

耆

～示，上呼闃反。
（ZD59-589a）

昫　xù

昫

～帀，上香句反，日
也。（ZD60-312a）

疞　xù

疞

痒～，上似羊反，下
似與反。（ZD59-
1107c)按:"～"同"序"，詳
見本書中篇"疞"字條。

恓　xù

恓

誰～，音西，～惶，無
依託兒。（ZD60-

411b）按:"～"乃"恤"。《大
唐西域記》卷 7:"蒙荅辱，
又無所得。以此爲心，悲悼
誰恤?"（T51，p907a）

恤② xù

恤
恤
恤
恤

～之，私律反。
（ZD59-648c）
誘～，羊抑（柳）反，
下私律反。（ZD59-
726a）
撫～，芳武反，下私
律反。（ZD59-644c）
等～，思律反。
（ZD59-755b）

聓　xù

聓
聓

夫～，音細。（ZD59-
1006a）按:"～"即
"婿"。
夫～，音細。（ZD59-
1106b）按:"～"即
"婿"。

勗　xù

勖
勗
勖
勖

～勉，許玉反，下音
兔。（ZD59-677b）
～勉，許玉反，下眉
遠反。（ZD59-729b）
訓～，許玉反。
（ZD60-450b）
～勉，許玉反，下音
兔。（ZD59-826a）

────────

① 又見"疞"字條。
② 又見"恓""賉""邨"字條。

聟 聟

～勉，許玉反，下音免。（ZD59-614b）

～ 就，許玉反。（ZD59-588c）

叙 xù

詳～，音叙，次弟也。（ZD59-784b）

壻 xù

疋～，上雅，下細。（ZD60-391b）按："～"同"婿"。

詡 xù

誘～，由柳反，下私律反。（ZD59-645c）

～ 謏，桑走反。（ZD60-378b）

誘 ～，相 律 反。（ZD60-307a）

～ 謏，上音恤。（ZD60-354a）

絮 xù

貝～，息去反，正作絮也，又奴下反，惈。（ZD60-2a）

婿① xù

兒～，音細。（ZD59-730b）

聟 聟 聟 聟 聟

夫～，音細。（ZD59-762a）

夫～，音細。（ZD59-752b）

夫～，音細。（ZD59-602a）

夫～，音細。（ZD59-729c）

夫～，音細。（ZD59-597c）

賉 xù

～飢，上私律反，正作賉也。（ZD60-521a）按："～"即"賉"，詳見本書中篇"恤"字條。

作～，相律反，經作邮。（ZD60-368a）按："賉"同"恤"，亦與"邮"同。

煦② xù

～沫，香句反，吐沫也。（ZD59-794b）

愩 xù

～ 氣，上許六反。（ZD59-606b）

～叙，許六反，下楚加反，下正作釵也。《悲花經》作稸差。（ZD59-715a）

蓿 xù

目～，莫六反，下星六反，正作苜蓿也。（ZD59-786b）

聟 xù

夫～，音細。（ZD59-1000b）按："～"同"婿"。

得～，音細。（ZD59-612c）

閾 xù

門～，況逼反，門柣也。（ZD59-826c）

宣 xuān

皆～，相全反，正作宣。（ZD59-833b）

～傳，上相全反，通也，遍也，正作宣。（ZD59-894a）

軒 xuān

～廊，上許言反。（ZD60-17a）按："～廊"，對應佛經作"軒廊"。《根本説一切有部毘奈耶雜事》卷37："阿難陀！其堂所須椽梁、枅栱、閣道、鉤楯、軒廊周匝。"（T24, p393b）

楦 xuān

～衣，上相全反。（ZD60-364c）按：

———

① 又見"聟""壻""聟"字條。

② 又見"昫""煦"字條。

"～"乃"揎"。

暄 xuān

 寒～,許元反,與暄同。(ZD60-328a)

蝖 xuān

 ～蜚,上音暄,下音非,諸經作蜎飛。(ZD60-231b)按:"～"同"蠉"。

儇[①] xuān

 ～～咋咋,上許緣反,下仕責反,上宜作悁,於玄反。悁咋,愁苦相煎吵聲也。(ZD59-1045c)

鋗 xuān

 ～謂,上呼玄反。(ZD60-373a)

諠 xuān

 ～雜,上許元反。(ZD59-600b)

 交～,音喧。(ZD59-868c)

懁 xuān

 ～慧,上宜作儇、譞,二同許緣反,智也,利也,了也,疾也。(ZD60-480a)按:"～"疑乃"儇"。

蠉[②] xuān

 ～飛,許緣反。(ZD59-857c)

 ～飛,許緣反,悮。(ZD59-857c)

 ～蠕,上許緣反,下而兖反。(ZD60-527a)

翾 xuān

 敏～,上明殞反,下許緣反,小飛也,虫行皃也,正作翾、蠉二形也。(ZD60-318a)

 ～飛,上許緣反。(ZD59-1099a)

怰 xuán

 ～默,上音玄,下音墨,别本作玄買也。(ZD59-1057b)按:《佛説淨飯王般涅槃經》卷1:"王身戰動,脣口乾燥,語聲數絶,眩目淚下。"(T14, p781b)根據經文,"～"疑爲"眩"。

揎 xuán

 ～解,上序全反,下古買反。(ZD59-611c)

 ～踵,上序全反,下之勇反。(ZD60-450c)按:"～"即"旋"字。

眩[③] xuán/xuàn

 ～倒,玄、縣二音,亂也,惑也,正作眩,又音賢,悮。(ZD59-766b)

 癲～,丁田反,下音玄。(ZD59-695a)

 湎～,音緬,下音縣。(ZD59-769a)

 酾～,莫見反,下黄練反,惑亂也,正作瞑眩也,又上音眼,下音玄。(ZD59-680a)按:"～"乃"眩",詳見本書中篇""字條。

漩[④] xuán

 水～,序緣反。(ZD59-1105a)按:"～"即"漩"。《摩訶僧祇律》卷5:"臍者,好臍、深臍、水漩臍。"(T22, p268c)

 曷～,上何割反,下序全反,經名也,正作漩、旋二形。(ZD60-310a)按:《出三藏記集》卷3:"《摩訶遮曷漩經》一卷。"(T55, p15c)

---

① 又見"懁"字條。
② 又見"蝖""翾"字條。
③ 又見"眩"字條。
④ 又見"漩"字條。

琁
xuán/yán

琁 ～景，序全反。
（ZD59-976a）

琁 石～，序全反，論作
右琁，恐惧。（ZD59-
940a）

斑 中～，音旋。（ZD60-
589b）

珽 ～機，上序全反。
（ZD60-510b）

珽 陁～，羊然反，王名
優陁～也，正作延
也，又序全反，惧。（ZD60-
337b）按："～"乃"延"。

梒　xuán

梒 周 ～，序 全 反。
（ZD59-611c）按：
"～"乃"旋"。

旋① xuán

祦 右～，序緣反，誤。
（ZD59-1071a）

禃 ～火，序全反。
（ZD59-912c）

捷 周 ～，序 全 反。
（ZD59-670b）

捷 ～輪，上序緣反。
（ZD59-986b）

旋 乃 ～，序 全 反。
（ZD59-581b）

旋 ～火，序緣反。
（ZD59-978c）

挺 時～，序全反，正作
旋也。（ZD60-586c）

捷 ～憩，上序全反，下
丘例反，正作旋憩
也。（ZD59-567a）

褆 ～轉，上序全反。
（ZD60-183c）

袱 轉～，序全反，正作
旋。（ZD60-159a）

捷 周～，序全反，正作
旋。（ZD59-645a）

桓 三～，音旋，轉也，又
音豆，誤。（ZD59-
1106b）

挹 ～捉，上序緣反，正
作旋。（ZD59-992b）

旊 周～，序全反，正作
旋。（ZD59-733a）

桵 周 ～，序 緣 反。
（ZD59-1004c）按：
"～"乃"旋"字，詳見本書中
篇"梒"字條。

挺 周～，序全反，迊也，
正作旋也，上方經作
旋。（ZD59-856a）

捷 ～ 陁，序 全 反。
（ZD59-760b）

桓 周～，序全反，迊也，
還也，正作旋，又殊
主、徒候二反，並非也。
（ZD59-858c）按："～"乃
"旋"字，詳見本書中篇"桓"
字條。

桓 迴～，序全反，正作
旋也，又竪、豆二音，
並非。（ZD59-612b）

挩 若～，徐絹反，轉軸
截器也，正作鏇也。
（ZD59-574c）按："～"即
"旋"，通"鏇"。

桓 右～，序緣反，正作旋
也，惧。（ZD59-985a）

摐 周～，序全反，正作
旋。（ZD59-733a）

捷 ～來，上似全反。
（ZD60-204c）

旋 右～，同上，繞也。
（ZD60-199b）

旎 ～動，上序全反。
（ZD59-617c）

桓 如～，音旋，又豆、樹
二音，並非也，惧。
（ZD60-159a）

桓 周～，序全反，正作
旋，又竪、豆二音，
惧。（ZD59-650a）

挩 ～之，上徐絹反，轉
也。（ZD59-641a）

旂 周～，祥全反，正作
旋。（ZD59-912c）

摐 周 ～，序 全 反。
（ZD60-185b）

挺 ～嵐，序全反，下郎
南反。（ZD59-725a）

旎 周～，序全反，正作
旋。（ZD59-732c）
按："～"乃"旋"字。

桓 如～，序全反，正作
旋。（ZD60-160c）

桓 ～師，上徐絹反，轉
軸裁器也，正作鏇、

---

① 又見"桓""挩""桓""桓"
"梒"字條。

旋二形,又樹、豆二音,並非也。(ZD59-1104c)

挺
上～,序全反。(ZD59-851a)

挻
周～,序全反。(ZD59-718c)

旋
上～,序全反。(ZD59-852c)

挺
～火,上序全反,正作旋。(ZD60-114c)

挻
～流,序全反。(ZD59-678b)

挼
～持,上序緣反,《七佛經》作旋持。(ZD60-284b)

挻
周～,序全反。(ZD59-718c)

挺
～火,序全反。(ZD59-728b)

挻
～輪,上序全反。(ZD59-1064c)

挻
～嵐,徐全反,下洛含反。(ZD59-737a)

挺
周～,序全反。(ZD59-709c)

挺
右～,序全反。(ZD59-985a)

桓 xuán

桓
～嵐,上似全反,正作旋也,下洛南反,此云迅猛風也,上又樹、豆二音,非。(ZD60-204b)按:"～"乃"旋"字之訛。

桓 xuán

桓
左～,序全反,遶轉也,正作旋還。

(ZD59-1114a)按:"～"乃"旋"字,詳見本書中篇"桓"字條。

鉉 xuán

鉉
～繩,戶涓反,挂也,繫也,正作懸也,又胡犬反,鼎耳也,非論旨。(ZD59-910c)按:《大智度論》卷15:"又如偏閣嶮道,若懸繩,若乘山羊。"(T25,p173c)"懸",宋、元、明、宮作"鉉"。"鉉"通"懸"。

漩 xuán

游
～漫,上音旋,下音伏,正作淀渡也,又上音由,下音憂,並非也,悮。(ZD60-160b)按:"～"同"淀"。

樥 xuán

樬
作～,序絹反,正作樥。(ZD60-375a)

璿 xuán

珸
～機,上序全反。(ZD60-504c)

璿
～遑,上序全反。(ZD60-426c)

璿
稟～,下序全反。(ZD60-318b)

鏃 xuán

鏃
治～,直之反,下似絹反。(ZD59-782b)～脚,上徐絹反。(ZD60-20a)按:"～脚",對應佛經作"鏃脚"。《根本説一切有部尼陀那目得迦》卷10:"又有多人以鏃脚大床持施僧伽。"(T24,p453c)

懸① xuán

懸
～綴,竹芮反。(ZD59-616a)

眃 xuǎn

眃
～,況免反。(ZD60-330c)

眃 xuǎn

眃
～其,上況遠、古鄧二反。(ZD60-548a)

撰 xuǎn

撰
各～,思充反,擇也,正作選。(ZD59-1089b)

選② xuǎn

撰
～擇,宣充反,正作選。(ZD59-641a)

---

① 又見"鉉"字條。
② 又見"撰"字條。

撰撰撰撰

～擇,上宣兖反,正作選也。(ZD59-621b)

～擇,思兖反,正作選。(ZD59-655a)

～擇,相兖反。(ZD59-762b)

～擇,思兖反,揀也,正作選也。(ZD59-646c)

癬 xuǎn

癬

疞～,上古拜反,下息淺反,正作疥癬。(ZD60-81b)按:"～"乃"癬"。

癣 xuǎn

癣

白～,思淺反,正作癬。(ZD59-858b)按:"～"乃"癬",詳見本書中篇"癬"字條。

癣癣癣

疞～,上音介,正作疥。(ZD59-563c)

白～,同上。(ZD59-858b)

疥～,古拜反,下思淺反。(ZD59-766b)

疥～,上古拜反,下息淺反。(ZD59-556b)

癣

～疥,上息淺反,正作癬。(ZD59-1110b)按:"～"乃"癬",詳見本書中篇"癬"字條。

癣

創～,蕉淺反。(ZD59-741a)

癬

～病,息淺反。(ZD59-812b)

伭 xuàn

伭

作～,見藏作鞙,户犬反,又依字賢、玄二音。(ZD60-376a)按:"～",經文作"鞙"。

旬① xuàn

旬

不～,音縣,亦作朐。(ZD59-590c)按:"～"同"朐"。

泫 xuàn

泫

～淚,上玄犬反,露光也。(ZD60-452c)

炫 xuàn

炫

～熿,音縣,下音黄。(ZD59-765a)

祢 xuàn

祢

～服,上玄練反。(ZD60-411c)按:"～"乃"祢"。

朐 xuàn

朐

～涅,上希縣反,正作朐也,上句云朐涅咃脾虵虵,下句云希多脾虵虵,又詢、瞤、舜三音。

(ZD60-286a)按:"～涅",對應佛經作"呴涅"。《陀羅尼雜集》卷4:"呴涅咃脾蛇蛇,布多脾蛇蛇。"(T21,p599c)可洪以"～"爲"朐"字之訛,經文作"呴",譯音字。

祢② xuàn

祢祢

～服,玄練反,好衣曰～。(ZD59-662b)

～麗,上音縣,好兒也。(ZD59-616a)

眩 xuàn

眩

～曜,上玄、縣二音。(ZD60-487c)按:"～"乃"眩"。《續高僧傳》卷23:"真所謂巨蠹鴻猷眩曜朝野矣。"(T50,p629a)

楥 xuàn/yuán

楥楥

鞋～,上胡街反,下許院反。(ZD59-597a)板～,音袁。(ZD60-363b)按:"板～"乃"扳援"。

鞙 xuàn

鞙

愧～,户犬反,鞅也,勒牛頸者也,亦

---

① 又見"朐"字條。
② 又見"祢"字條。

作靮。(ZD59-961b)

旋 xuàn

蔙 ～華，音旋，正作旋，出《玉篇》。(ZD59-744c)

纜 xuàn

襈 躤～，上女�反，下經意宜作纜、躤，二同息絹反。(ZD60-357b)按："～"，可洪以爲"纜"，繩索也。

贙 xuàn

贙 ～兒，上玄犬反，獸名，似犬，多力，出西海，一云對爭兒也，正作贙也。(ZD60-516c)

削 xuē

肖 ～足，上息雀反，刻也。(ZD59-684c)按："～"乃"削"，詳見本書中篇"肖"字條。

薛 xuē

薛 ～綜，子宋反。(ZD60-368a)按："～"乃"薛"。

薛 瀟淨，子～反，正作藏。(ZD59-783c)按："～"乃"薛"。

鞾 xuē

鞾 ～量，許肥反，正作鞾。(ZD59-900c)

穴① xué

宂 虛～，玄決反。(ZD59-938a)

宂 ～鼠，上玄決反，下尸與反。(ZD59-983a)

宂 穿～，玄決反。(ZD59-632b)

宂 鳳～，玄決反。(ZD59-651b)

宂 穿～，上昌專反，下玄決反，正作穿穴也。(ZD59-1063a)按："～"乃"穴"，詳見本書中篇"宂"字條。

宂 其～，玄決反，又而勇反，非。(ZD59-691a)

宂 xué

宂 禹～，玄決反。(ZD60-454b)按：《高僧傳》卷8："後東遊禹穴值慧基法師。"(T50，p378c)"～"即"穴"。

宂 穿～，玄決反。(ZD59-554a)

學 xué

學 ～書，上胡角反。(ZD59-581a)

學 xué

～寡，古瓦反。(ZD60-439c)

雪 xuě

霅 如～，宣悅反。(ZD59-1037a)

四 xuè

四 人～，音血。(ZD59-582b)按："～"乃"血"

血② xuè

血 ～髓，上呼決反，正作血。(ZD60-241a)

血 ～脈，呼決反，下莫獲反，正作血脈。(ZD59-818a)

血 膿～，上音農，下音血。(ZD59-999c)

血 面～，呼決反，肉內脈津也，正作血。(ZD59-770a)

血 熱～，上而設反，下呼決反。(ZD59-583a)

洫 無～，呼穴反，正作血，又況逼反。(ZD60-79c)按："～"乃"血"字，詳見本書中篇"洫"字條。

洫 ～滴，音的。(ZD59-966b)按："～"乃

① 又見"宂""宂"字條。
② 又見"四"字條。

"血"字,詳見本書中篇"洫"字條。

沇　xuè

沉

～寥,上呼決反,下力條反,空兒也。(ZD59-567a)

謔　xuè

謔

謿～,上竹交反,下香約反。(ZD60-499c)按:"～"乃"謔",詳見本書中篇"謔"字條。

謔①　xuè

謔

談 ～,許約反。(ZD59-933a)

謔

談 ～,許約反。(ZD59-616b)

謔

調 ～,許約反。(ZD59-602a)

謔

戲 ～,許約反。(ZD59-1024c)

謔

誹～,步皆反,下許約反,上悮。(ZD59-696b)

謔

談 ～,香約反。(ZD59-942a)

謔

嬉～,許之反,下許約反。(ZD59-864a)

謔

戲～,許約反,調戲也。(ZD59-564b)

謔

調～,上竹流、徒了二反,嘲也,戲弄也。下許約反,憙～也。(ZD59-1020b)

謔

言 ～,許 約 反。(ZD60-466a)

懪　xuè

懪

～動,上許縛反,驚懼也,遽視也,或作懪,戶郭反,心動也。(ZD59-1070a)

懪

～然,上芳尾反,悵惋兒,正作悱。(ZD60-580b) 按:"～然",對應佛經作"懼然"或"懪然"。《廣弘明集》卷 24:"制論雖成,定不必出。聞之懪然,不覺興悲。"(T52,p274b)"懼",宋、元、明、宮本作"懪"。"～"即"懪",可洪以為"悱",恐不妥。

矐　xuè

矐

睢～,上許維反,下許縛反。(ZD60-362b)

塤　xūn

塤

～ 力, 上 音 喧。(ZD60-85a) 按:"～",經文作"填"。《毘尼母經》卷 8:"盡形壽相應法者,一山涉子,二識留,三留草,四善善,五盧破羅,六胡椒,七薑,八毘鉢,九尸羅折勒,十真浮留,十一填力,十二伽倫拘盧喜,如此等眾多,是名盡形相應法。"(T24,p846a)"～力""填力",孰是

孰非? 待考。今從可洪以"～"為"塤(塤)"字。

勛　xūn

勛

～格,上許云反,下古厄反。(ZD59-589a)

勛

～華,上許云反,堯子放 ～。(ZD60-429a)

勳　xūn

勳

樹 ～,許云反。(ZD60-214c) 按:"～"乃"熏"字,詳見本書中篇"勳"字條。

熏②　xūn

熏

～ 勃, 蒲 沒 反。(ZD59-593c)

熏

如～,許云反,正作熏。(ZD59-651c)

熏

未～,許云反,煙～也。(ZD59-1125b)

爋

烟 ～,許 云 反。(ZD59-1083b)

纁　xūn

纁

～霞,上許云反,絳色也,正作纁,又直龍反,增益也,非此呼。

---

① 又見"噱""謔"字條。

② 又見"勳""爋"字條。

（ZD60-533c）按："～"即"纁"，詳見本書中篇"纁"字條。

勳　xūn

勲
勲

～庸，音容。（ZD59-947b）

功～，許云反。（ZD59-755a）

薰　xūn

薰
勲
燻
薰

芬～，芳文反，下許云反。（ZD59-759b）

芬～，芳文反，下許云反。（ZD59-708b）

香～，許云反。（ZD60-163b）

苐～，芳文反，正作芬也，下許云反。（ZD59-708b）

獯　xūn

獯
獯

～鬻，上許云反，下羊六反，北方胡名。（ZD60-559a）

～犹，上許云反，下余准反。（ZD60-259c）

曛　xūn

曛

～夕，上許云反，日入也，黄昏時也，正作曛。（ZD60-342b）按："～"乃"曛"字，詳見本書中篇"曛"字條。

曛

～暮，許君反，日入也，亦黄昏時也。（ZD59-942b）

燻　xūn

燻
燻

烟～，許云反。（ZD59-858b）

～香，上許云反。（ZD59-599c）

蘍①　xūn

蘍

～辛，許云反，下息津反。（ZD59-741a）

按："～辛"，對應佛經作"葷辛"。《入楞伽經》卷8："若於世間不生厭離，貪著滋味酒肉葷辛，得便噉食，不應受於世間信施。"（T16，p562b）"～"即"蘍（薰）"，經文中通"葷"。

蘍

～殺，許云反，下所八反。（ZD59-911b）

纁②　xūn

纁

～黄，上許云反。（ZD60-596a）

恂　xún

恂

～～，相倫反，温恭兒。（ZD59-1032a）

紃　xún

紃

相～，旬、屑二音，～環綵紹也。（ZD60-468b）

間～，上古莧反，下似均反。（ZD59-1106a）

偱　xún

偱
偱

～理，上似倫反。（ZD60-355b）按："～"乃"循"。

～身，上徐均反。（ZD59-574c）

循③　xún

循
佰循
佰偱
佰
偱
珨

～觀，音巡，歷也。（ZD59-732c）

循身，序倫反。～，同上。（ZD59-945a）

～蚊，同上。（ZD59-843a）

～身，上徐遵反。（ZD59-616b）

俯～，音巡。（ZD59-793c）

～身，似遵反。（ZD59-917a）

～復，祥遵反，下扶福反。（ZD59-659c）

～環，音巡，下音還。（ZD59-728c）按："～"乃"循"，詳見本書中篇"珨"字條。

～環，上音巡，正作循。（ZD60-537c）按："～"乃"循"，詳見本書

---

① 又見"薰"字條。
② 又見"纁"字條。
③ 又見"偱"字條。

中篇"⿰王盾"字條。

循 傲～，古堯反，下祥遵反。(ZD59-767c)

循 ～身，上序倫反。(ZD60-144b)

循 ～身，似倫反。(ZD59-917a)

楯 ～之，音巡，正作循(循)。(ZD59-843a)

循 ～身，上祥匀反。(ZD59-561b)

循 ～環，上音巡，歷也。(ZD59-562b)

尋　xún

尋 一～，徐林反，六尺也。(ZD59-554a)

詢　xún

訽 上～，呼寇反。(ZD60-263a)按："～"，對應經文作"詢"，可洪音"呼寇反"，恐誤，詳見本書中篇"**訽**"字條。

楯　xún

楯 蘭～，上洛干反，下巡、順二音。(ZD59-607c)

边　xùn

边 灾～，峻、信二音，正作迅。(ZD60-244a)按："～"乃"迅"。《法句經》卷1："其殃十倍，災迅無赦，生受酷痛。"(T04，p565b)

迅[1]　xùn

迅 ～目，音迅。(ZD60-596c)按："～目"，對應佛經作"迅目"。《廣弘明集》卷29："迅目仰眺，助情暢然。"(T52，p345b)

迅 奮～，音糞，下音峻。(ZD59-716b)

迅 奮～，方問反，下相俊反，疾也，正作奮迅。(ZD59-745a)

迅 ～捷，私俊反，下疾葉反。(ZD59-697c)

侚　xùn

侚 ～齊，辭俊反，以身從物也。(ZD60-574c)按："～"乃"徇"。《廣弘明集》卷20："皇帝陛下，徇齊纂極，聖敬凝旒。"(T52，p245c)

彴　xùn

彴 ～循，音旬。(ZD60-370a)

訓　xùn

訓 ～誨，上訓運反，正作訓。(ZD59-996b)

訓 ～鶘，上許運反，下户吾反，鵂鶹鳥也，俗。(ZD59-873c)按："～"即"鸐"。構件"鳥"與"馬"易混。《蘇婆呼童子請問經》卷1："夢見大蟲師子虎狼猪狗所趁，駝驢猫兒及鬼野干，鷲鳥鷺鸞鳥及鸐胡。"(T18，p724c)"鸐"，宋、元、明本作"獯"。"～鶘"，即貓頭鷹，又作"鸐胡""獯胡""訓狐""熏胡""薰胡"等形。從形體看，"～"當爲"鸐"之訛，而"鸐"則是在"訓"的基礎上增"鳥"旁以顯義。

訊[2]　xùn

訊 問～，音信。(ZD59-691b)

訊 問～，音信。(ZD59-686b)

訊 問～，音信。(ZD59-599a)

訊 問～，音信。(ZD59-594b)

訊 問～，音信，告也。(ZD60-20c)

訊 問～，音信。(ZD59-584c)

訊 問～，音信。(ZD59-625b)

訊 問～，音信，告也，問也。(ZD59-652b)

訊 問～，音信。(ZD59-994b)

訊 問～，音信，正作訊、訙二形。(ZD59-

---

① 又見"边"字條。

② 又見"誶""訐"字條。

1107c)按："～"乃"訊"，詳
見本書中篇"訊"字條。

訐 問～，音信，又相遂、
蘇內二反，告也。
（ZD59-1114c）

許 考～，音信，告也，正
作訊也，貞元經作訊
字也，又居例反，居謁、居列
三反，面斥人以言也。
（ZD59-868c）

許 問～，音信。（ZD59-
552c）

許 問～，音信。（ZD59-
719c）

訊 問～，音信。（ZD59-
689c）

毿 xùn

毿 謙 ～，孫 困 反。
（ZD59-608c）

毿 謙～，蘇困反，順也。
（ZD59-613c）

諄 xùn

諄 諮～，相醉反，問也，
讓也。（ZD60-446c）

按：《高僧傳》卷 2："即諮訊
國衆，孰 能 流 化 東 土。"
（T50，p334c）"～"，可洪以
爲"諄"，不符文意。"～"乃
"訊"字。

諄 問～，音信，又相遂、
蘸對二反。（ZD59-
1110a）按："～"即"諄"，經
文中乃"訊"字，詳見本書中
篇"諄"字條。

Y

坤　yā

 推～，下烏甲反。(ZD59-908b) 按："～"同"壓"。

岬　yā

 ～王，上烏甲反，鎮也，壞也，笮也，降也，正作壓、押二形，郭氏音甲，非也。(ZD60-52a) 按："～"，對應佛經作"壓"。《舍利弗問經》卷1："蟲行神喜，手捧大山用以壓，王及四兵衆一時皆死，王家子孫於斯都盡。"(T24，p900b)"壓"，聖本作"岬"。"～"即"壓"字，受上文"手捧大山"影響而從"山"。

忡　yā

 ～爐，烏甲反，下洛胡反，《經音義》云今人謂黑貂爲鉀盧貂也。(ZD59-751b) 按：《佛説灌頂經》卷7："頭戴赤色呾魔忡爐神帽。"(T21，p515b)"～"，譯音字。

庘　yā

 廠～，上昌兩、昌亮二反，舍也，下烏甲反，屋壞也，又《西川經音》作庚，余主反。庚，倉屋也，又露積曰庚也。(ZD59-1133c)

 ～佛，烏甲反。(ZD59-914b) 按："～"，經文作"壓"，同。

 ～油，烏甲反。(ZD59-911b) 按："～"，經文作"壓"，同。

柙　yā

 枷～，上古牙反，下烏甲反。(ZD59-610c) 按："～"，可洪音"烏甲反"，蓋以爲"押"。

砷　yā

 ～頭，音甲，束也，正作押。(ZD59-855c) 按："～"，經文作"壓"，即"壓"之俗。

窜　yā

 鐵～，烏甲反。(ZD60-567c)

 拶～，烏甲反，與窜同。(ZD60-390a)

 ～凸，上烏甲反，下田結反。(ZD60-344a)

 ～拶，上與壓反。(ZD60-366a)

厭　yā/yǎn/[1] yàn

 ～迮，烏甲反，下爭白反，上悮。(ZD59-751b) 按："～"同"壓"。

 疵～，自斯反，黑病也，玉病，正作玼也，下宜作黶，於琰反，人面上黑子也，又宜作靨，於葉反，又於塩反，非義也。(ZD60-579b) 按："～"即"厭"，通"黶"。

 ～禱，上於琰反。(ZD59-564a)

 ～鬼，於捻反，恶夢也，正作魘也，又於琰反，亦通用，又於塩反，安也。(ZD59-796b)

 作～，於琰、於葉二反，夢中鬼嬈也，正作魘。(ZD59-716b)

---

① 又見"懕""壓"條。

厴

厴
～幬,上於琰反,下都
老反。(ZD59-564a)

厴
～幬,伊琰反,下都
老反。(ZD59-789c)

厭
～蔽,上於琰反,正作
襱也。(ZD59-612a)
～背,一啗反,下蒲
昧反,正作厭背。
(ZD59-903a)

厭
～惡,於焰反,下烏
故反。(ZD59-966b)

猒
有～,於焰反。
(ZD59-672c)

厭
～惡,上於焰反,下烏
故反。(ZD59-598b)

猒
無～,於焰反。
(ZD59-779c)

壓
不～,於焰反,正作
壓。(ZD59-859c)

憨
無～,於焰反,正作
厭。(ZD59-724a)

憨
生～,於焰反。
(ZD59-918b)

厭
～勦,於焰反,下其
卷反。(ZD59-649b)

猒
～離,上一焰反。
(ZD59-1062a)

魘
漬～,於塩反,安也,
宜作猒,於焰反。
(ZD60-578a)

壓
不～,烏焰反,嫌也,正
作厭。(ZD59-616c)

鴉　yā

鴉
～域,上烏牙反,烏
別名也,正作鴉、鴉。
(ZD60-178b) 按:"～域",

對應佛經作"鴉域",詳見本
書中篇"鴉"字條。

壓　yā

壓
被～,烏甲反。
(ZD60-63b)

壓
～牛,上烏甲反。
(ZD60-393b) 按:
"～"即"壓",與"壓"同。

骸
爛～,上郎歎反,下
烏甲反,正作壓。
(ZD60-397c)

鴨　yā

鴨
鵝～,上五何反,下烏
甲反。(ZD59-605a)

壓①　yā

瘞
山～,烏甲反。
(ZD59-1074b)

骸
～九峪,上烏甲反,下
余玉、古木二反,正作
壓,谷也,常見諸師經音作於
焰反,非也,下又郭氏音路,
亦非也。(ZD60-17c)

敏
所厭,烏甲反,鎮也,
壞也,正作壓,《川
音》作～,音敗,非也。
(ZD60-243b) 按:"～"乃
"厭",通"壓",詳見本書中
篇"厰"字條。

壓
～ 油,烏甲反。
(ZD59-636c)

壓
～治,烏甲反,下直
之反。(ZD59-742c)

骸
塠～,上多迴反,
下烏甲反。(ZD59-
1081c)

壓
欲 ～,烏甲反。
(ZD59-638a)

骸
鎮～,知隣反,下烏
甲反。(ZD59-936c)

壓
治～,音持,下音押。
(ZD59-681a)

壓
彈～,上徒丹反,乱
也,下烏甲反,降也。
(ZD59-557a)

壓
～ 油,烏甲反。
(ZD59-638a)

壓
推～,都迴反,聚也,
正作堆也,下烏甲
反。(ZD59-686c)

鴉　yā

鴉
～鷗,烏牙反,下烏
侯反。(ZD59-837b)

鴉
紫～,下烏牙反。
(ZD59-591a)

牙②　yá

牙
～骨,上五家反。
(ZD60-44c)

枒
～祺(祺),上五加
反,下巨之反,正作
牙旗也,上又音方,悮。
(ZD60-45a)

牙
善～,五加反,正作
牙也。(ZD59-728b)

① 又見"押""泏""庘""坩"
"砑""厭""壓""岬"字條。

② 又見"弔"字條。

六～，五加反。（ZD59-985a）

根～，五家反，正作牙。（ZD59-966b）

～長，上五加反，正作乎、牙二形。（ZD60-185c）

～祺（祺），上五家反，下巨之反，刻牙爲飾也，因以爲名。（ZD60-44c）

～生，五家反，正作牙。（ZD59-924c）

善～，音牙。（ZD59-619c）

四～，音牙。（ZD59-956b）

六～，音牙。（ZD60-189a）

～惧，上五加反，下巨之反，正作牙旗也，下又音忌，非。（ZD59-1119a）

骨～，五家反，正作牙。（ZD60-41a）

～惧，同上。（ZD59-1119a）

根 ～，五 加 反。（ZD59-717c）

見～，五加反，正作牙，又音牟，惧也。（ZD60-173a）按："～"乃"牙"。

崖① yá

～ 底，上五街反。（ZD59-578c）

山 ～，五 街 反。（ZD59-826b）按："～"乃"崖"，詳見本書中篇"崖"字條。

～限，魚害、五街二反。（ZD59-959c）

～坼，音岸。（ZD59-691c）

懸 ～，五 街 反。（ZD60-192c）

～揆，五佳反，～岸也，水際也，正作崖、涯、厓三形。（ZD59-637a）

坑～，苦庚反，下五街反。（ZD59-843b）

山～，五街、五奇二反，正作崖。（ZD59-910c）按："～"乃"崖"，詳見本書中篇"崖"字條。

啀② yá

～喍，上五街反，下助街反，大怒也，《經音義》作睚眦，非。（ZD59-821b）按："～"，依《廣韻校釋》讀"yá"，今辭書爲"ái"。

涯 yá

～ 底，五 佳 反。（ZD59-677c）

～限，上五佳反，際也，邊也，正作涯、厓二形也。（ZD60-195a）按："～"乃"涯"，詳見本書中篇"塋"字條。

無～，五街反，正作涯。（ZD59-1031a）按："無～"，對應佛經作"無崖"。《中本起經》卷1："爾乃大道，所化無崖。"（T04，p150a）"～"即"崖"字，與"涯"同。文獻中，表"邊際"，"涯""崖""厓""嵕"同用。

喍 yá

～喋，上五街反。（ZD59-852a）

～喋吷，上五街反。（ZD59-600a）按："喍"同"啀"。

漄 yá

～際，上五佳、魚奇二反。（ZD59-1129a）

瞲 yá

～眦，上我街反，下助街反，正作啀喋。（ZD59-1026a）按："～眦"即"啀喋"。《起世經》卷3："所有諸狗，其身烟黑，垢汙可畏，瞲睞噪吷。"（T01，p323b）"～眦"即"瞲睞"，經中同"啀喋"，指犬爭鬥也。此外，"瞲""睚"還可爲怨恨之義，非經義。

―――――

① 又見"涯""漄"字條。
② 又見"喍""瞲"字條。

疞　yǎ

疧　廳～，音雅。(ZD60-95a)按："～"同"疞"，詳見本書中篇"疞"字條。

疞　南～，音雅，廳也。(ZD59-884a)

疧　yǎ

疧　聾～，烏雅反，正作瘂也。(ZD59-583c)按："～"乃"瘂"，經文作"啞"。

啞①　yǎ

啞　～語，上烏雅反。(ZD59-620b)

噁　喑～，於今反，下烏雅反，不言也，正作瘖瘂。(ZD59-725b)

亞　～者，烏雅反，亦作瘂。(ZD59-738a)

唖　～痺，烏雅反，正作啞也。(ZD59-695a)按："～"乃"啞"，詳見本書中篇"唖"字條。

啞　～羊，烏雅反。(ZD59-646c)

噁　聾～，烏雅反，正作啞。(ZD59-728c)

啞　～羊，烏雅反。(ZD59-637a)

啞　如～，烏雅反。(ZD59-565c)

啞　～者，烏雅反。(ZD59-682b)

亞　～者，上烏雅反。(ZD59-574b)

啞啞噁　生～，烏雅反。(ZD59-626c)

～盲，上烏雅反，下莫庚反，正作啞盲。(ZD60-24a)

癌②　yǎ

癌　瘖～，上於今反，下烏雅反，正作癌。(ZD59-1055a)按："～"乃"癌"字，詳見本書中篇"癌"字條。

瘂　～者，上烏雅反。(ZD59-570b)

瘂瘂瘂瘂　瘖～，上於今反，下烏雅反。(ZD59-586a)

瘖～，於今反，下烏下反。(ZD59-769c)

如～，烏雅反。(ZD59-555a)

癮　yǎ

癮　瘖～，上於今反，下烏雅反。(ZD60-253b)按："～"乃"癌"字。《分別業報略經》卷1："瘖癌不能言，目盲無所見。"(T17, p449c)

亞③　yà

亞　堊～，上烏各反，下烏架反，正作堊亞。(ZD60-366c)

亞　～聖，上烏駕反，次也，就也，《川音》作茲，以茲字替之，非也。(ZD60-168a)

俹　yà

俹　倚～，烏嫁反，論文作亞。(ZD59-959c)

訝　yà

訝　～其，上五駕反，嗟也，正作訝，又音護，誌也，認也，非。(ZD60-450c)

訝　儉～，上七廉反，下五嫁反，歉也，疑也，正作訝也，又乎悟反，認也，非。(ZD60-477b)

訝　驚～，五嫁反。(ZD60-167c)

髻　yà

髻　～禿，上五瞎反。(ZD60-358a)按："～"乃"髻"。

咽④　yān/yè

咽　舌～，烏堅反。(ZD59-907b)

---

① 又見"嗄"字條。
② 又見"癮""疧"字條。
③ 又見"俹"字條。
④ 又見"嚥""咽"字條。

咽　咽

斷～，上魚斤反，正作斷也，下烏賢反。（ZD60-173c）

哽～，更杏反，下因結反。（ZD59-679a）

殷　yān/yīn

殷 殸 䬼 殷 叚 慇

～皮，上烏閑反，赤色也。（ZD59-1094c）

～鞞，音鞞。（ZD59-749c）

～淨，上於斤反，大也。（ZD60-92b）

～望，亡放反。（ZD59-902c）

～富，上於斤反。（ZD60-274a）

～重，於斤反。（ZD59-846b）按："～重"，對應佛經作"殷重"。從字形看，"～"即"慇"，經文中通"殷"。《佛說觀佛三昧海經》卷1："自有衆生樂觀如來在拘尸那城，降伏六師、尼提賤人及諸惡律儀殷重邪見人者。"（T15，p647c）

郎 殷 䁠 殷

～勤，上於斤反。（ZD59-560c）

～厚，上於斤反。（ZD60-452c）

～勤，上於斤反。（ZD60-219b）

盛～，於斤反，大也，正作殷。（ZD59-708a）

胭　yān

胭 脜 胭

脅～膝，上許劫反，中烏堅反，下辛七反。（ZD60-210c）

珠～，於賢反。（ZD59-795b）

～項，於堅反，下行講反。（ZD59-789c）

烟　yān

炟

～咲，上一堅反。（ZD59-1074b）

焉　yān/yán

焉 焉 焉 焉 焉

～用，於乹、于乹二反，何也，委也，豈也，亦語助也，正作焉也。（ZD59-736a）

～容，上於乹反，下音容。（ZD60-547b）

倐～，于乹反。（ZD60-274c）

謝～，于乹反。（ZD60-323a）

恢恢～，二苦迴反，下于乹反。（ZD59-953a）

出～，于乹反。（ZD60-27c）

生～，于乹反。（ZD59-609b）

轄～，上平瞎反，下于乹反。（ZD60-591b）

焉 焉 焉 焉 焉 焉 焉 焉 焉 焉 焉

篡～，子管反，下于乹反。（ZD59-958b）

覩～，于乹反。（ZD59-700c）

此～，于乹反，正作焉。（ZD59-807c）

恧～，上女六反，下于乹反。（ZD60-453c）

名～，于乹反。（ZD60-378a）

脊（有）否～，上于久反，中方久反，下于乹反。（ZD60-429b）

亹亹～，上無匪反，下于乹反。（ZD60-168b）

帝～，于乹反，悮。（ZD60-323c）

推～，上尺維反，下于乹反。（ZD60-397c）

遭～，于乹反，正作焉。（ZD59-831a）

～知，上烏乹反，何也，又于乹反，語助也，安也，豈也。（ZD59-1053c）

誚～，上自妙反，下于乹反。（ZD60-427a）

悳～，上烏故反，下于乹反。（ZD60-266a）

淹　yān

淹

裁～，音才，下於廉反，前經作纔掩。（ZD59-771c）

淹
潅

能～，於廉反，正作
淹也。(ZD59-899b)

驔～，上助右反，下於
廉反。(ZD60-97b)

埋　yān

埋

恚～，於堅反，正作
煙。(ZD59-586a)

㘖　yān/yīn

㘖

～黑，上烏閑反，黑
色也，正作㘡、㘖、烟
三形。(ZD59-1026a) 按：
"～"同"烟"。

煙

～囉，《經音義》作
埋，一人反，龍名也。
(ZD59-880a)

煙①　yān

埋

～盡，上因堅反，正
作煙。(ZD59-867b)

蔫②　yān

蔫
蔫

不～，於乹反，正作
蔫。(ZD59-617b)

不～，英乹反。
(ZD59-1070c)

蔫

火～，於乹反，正作
蔫也，又音烏，非。
(ZD60-62b)

蔫

～萎，上於乹反，
下於爲反。(ZD59-
597c)

懕　yān/yǎn/yàn

懕

～心，上於廉反。
(ZD60-541b)

懕

～固，上於染反，睡
中～也，正作𪗶也。
(ZD60-20b)

慭

～惡，上於焰反，下
烏故反。(ZD60-
586a) 按："～"即"懕"，與
"厭"同。

嚥　yān/yàn

嚥

燒～，烏賢反。
(ZD59-998a) 按：
"～"同"咽"。

嚥

～水，一見反。
(ZD59-875b)

延③　yán/yàn

迆
延

羅～，羊連反，正作
延。(ZD59-719a)

正～，羊然反。
(ZD59-939c)按：～，
請也，進也，又音征，誤。

迆
延
迆

由～，羊連反，即由旬
也。(ZD59-1106b)

梨～，羊然反，正作
延。(ZD60-39b)

栴～，上之然反，
下以然反。(ZD59-
582c)

屢～，上力遇反。
(ZD60-318b)

延
延
延
延
延
延
延
延

～陁，羊然反，下徒
何反。(ZD59-717b)

波羅～，羊然反，正
作延。(ZD59-935c)

～長，上羊連反。
(ZD60-269b)

邏～，羊然反。
(ZD59-940c)

～齡，上以然反，下力
丁反。(ZD59-570a)

稱邏～，上戶戈反，
下以然反。(ZD59-
995b)

少～，羊面反。
(ZD59-948a)

蔓～，音万，下以面
反，不斷也。(ZD59-
710c)

沿　yán

沿

～流，上余宣反，從
流而下也。(ZD59-
1130b)按："～"同"沿"。

沿

～流，上以全反，從
流而下也。(ZD60-
450a)按："～"同"沿"。

妍　yán

妍

姝～，上尺朱反，下
五堅反，美好也。
(ZD59-1025c)

---

① 又見"烟""埋""烟"字條。
② 又見"蔫"字條。
③ 又見"近""延"字條。

沿① yán

沿
浴

～流，余宣反，順流也。（ZD59-944c）

～斯，上音緣，正作沿。（ZD60-258c）

枯 yán

枯

屋～，羊廉反，正作簷、檐，或作阽也，又知林反，非也。（ZD59-1110b）

研② yán

硏

～精，五堅反，正作研也，《玉篇》作砰、进二音，非。（ZD59-831c）

硏 yán

硏

～究，上五堅反，正作研也。（ZD60-409c）按："～"乃"研"，詳見本書中篇"硏"字條。

趼 yán

趼

重～，五堅反，獸跡也。（ZD60-317b）

裩 yán

裩

綩～，上於遠反，下羊然反。（ZD59-1020c）按："綩～"即"綩裩"，又作"裩裩"等，聯綿詞。

裩 yán

裩

綩裩，上於遠反，下以然反。綩～，同上。（ZD59-990b）按："～"乃"裩"字，詳見本書中篇"裩"字條。

壛 yán

壛

於～，羊廉反，正作鹽、塩二形，又方伏、普逼二反，非。（ZD59-1070b）按："～"乃"鹽"字。

蜒 yán

蜒
蚰

蚰～，由延二音。（ZD59-938a）

蚰～，羊然反，正作蜒。（ZD59-937a）

筳 yán

莚
莚
莚
莚
莚

昌～，音延，席也，正作筵也。（ZD59-570a）

法～，音延。（ZD60-478a）

菀～，以然反。（ZD59-984a）

几～，上居履反，下以連反。（ZD59-1023a）

法～，以連反，正作筵。（ZD60-481b）

法～，音延，正作筵也。（ZD60-566a）

按："～"乃"筳"字，詳見本書中篇"莚"字條。

莚 yán

莚
莚
莚
莚
莚

禮～，羊連反。（ZD60-413c）

重～，音延，正作筵。（ZD59-615c）

長～，羊然反。（ZD60-432c）

空～，羊然反，正作筵。（ZD60-442c）

末～，羊然反，席也。（ZD59-924b）

刹～，音延。（ZD59-566c）

綎③ yán

綎
綎
綎
綎
裩
綎

綩～，於遠反，下以然反。（ZD59-718b）

綩～，上於遠反，下以然反。（ZD59-585b）

綩～，於遠反，下以然反。（ZD59-705b）

綩～，於遠反，下余連反。（ZD59-701c）

綩～，於遠反，下羊然反。（ZD59-694c）

綩～，上於遠反，下以然反。（ZD59-582b）按："～"乃"裩"，與"綎"同。

毻～，於遠反，下以然反。（ZD59-764a）

按："毻～"同"綩綎"，詳見本書中篇"綎"字條。

---

① 又見"沿"字條。

② 又見"硏"字條。

③ 又見"悜"字條。

遾

綖綖，於遠反，下羊
然反，前作毦〜，俗
字也。（ZD59-767c）按："毦
〜"同"綖綖"。

迎

毦吒，上於遠反，下
羊然反，《六度集》作
毦〜，並悞。（ZD60-275b）
按："〜吒"，可洪以爲"毦
迎"，即"緄（綖）綖"，地褥
也，對應經文作"毦吒"。
"毦""毦"即"緄（綖）"，"吒"
"**迎**"即"綖"，另見本書中
篇"**迎**"字條。

塩　yán

塩

莎〜，素禾反，下余
廉反，《最勝王經》作
碎閻。（ZD59-723a）按：
"〜"即"塩"，與"鹽"同。

閻　yán

閗

〜浮，羊廉反，樹名
也，因樹爲洲名，正
作閻。（ZD59-753c）

闍

〜婆，上時瞻反。
（ZD59-623c）按：《翻
梵語》卷 2："閻婆阿羅漢，
亦云剡婆，譯曰閻婆者禁制
也。"（T54，p993c）"閻"，可
洪音"時瞻反"，借音。

閗

〜浮，音閻，下音浮。
（ZD59-956c）

閻

碎〜，下堂練反，正
作闐，《金光明經》作
悉甸。（ZD59-721a）按："碎
〜"，對應佛經作"碎閻"。

《金光明最勝王經》卷 4：
"碎閻步陛莎訶。"（T16，
p420c）"〜"即"閻"字。
"〜"，可洪以爲"闐"，根據
經文，誤。

櫩①　yán

撡

重〜，羊廉反，屋〜
也，正作簷、櫩二形
也，又居輦反，〜振，醜長兒
也，悞。（ZD60-565c）按：
"重〜"，對應佛經作"重撡"。
《廣弘明集》卷 15："拂高軒
而徐薄，名香郁馥，出重撡
而輕轉，金表含映，珠柱洞
色。"（T52，p207c）根據經
文，"重〜""重撡"皆"重櫩"。

擔

出〜，羊廉反，坒〜
也，正作簷、櫩、欄
也。（ZD60-39c）

檐

屋 〜，羊廉反。
（ZD60-41b）

椺

〜邊，羊廉反，屋〜也，
從木。（ZD59-751c）

撍

階〜，羊廉反，正作
櫩。（ZD59-677c）

襜　yán

禧

芋〜，上莫交反，下
羊廉反。（ZD60-
506b)按："〜"乃"櫩"。

顏　yán

顏

式 〜，上尸力反。
（ZD59-589b）

顏

聖 〜，五蠻反。
（ZD60-184a）

顏

〜貌，音兒。（ZD59-
699c）

嚪　yán

嚪

伽 〜，羊廉反。
（ ZD59-639a ） 按：
"〜"即"嚪"，譯音字。

潤

〜婆，上羊廉反，海
岱之間謂相汙曰〜
也，正作潤也，請詳經意義
也，又郭氏作市占反，非。
（ZD60-191c）按："〜"乃
"嚪"，與"潤"音同，譯音字。
《撰集百緣經》卷 5："嚪婆
羅似餓鬼緣。"（T04，
p227a）

嚪

〜婆，上音閻，海岱
之間謂相汙曰〜，正
作潤也。（ZD60-304b）按：
《諸經要集》卷 14："諸人見
已，因爲立字名嚪婆羅。"
（T54，p136c）"〜"即"嚪"，
可洪音"閻"，與"潤"音同，
譯音字。

嚴　yán

嚴

〜餝，尸力反。
（ZD59-614c）

嚴

〜餝，音識。（ZD59-
675c）

嚴

端〜，音嚴。（ZD59-
1110c）

———

① 又見"襜""欄""枯"字條。

嚴　威～，音嚴。（ZD59-983a）按：“～”乃“嚴”字，詳見本書中篇“厰”字條。

散　～餤，魚凡反，下施食反。（ZD59-917c）

毃　㽵～，音嚴。（ZD59-925b）

嚴　～ 餝，始力反。（ZD59-730b）

簷　yán

簷蒼蘦簷　～瘬，羊廉反，下無府反。（ZD59-866b）

～ 前，上羊廉反。（ZD60-16c）

～級，上羊廉反，下居立反。（ZD59-1133b）

安 ～，羊廉反。（ZD60-10c）

櫩　yán

櫩　垂 ～，羊廉反。（ZD59-619a）按：“～”即“櫩”，與“檐”同。

攔　步～，音閻，正作櫩也。（ZD60-564b）按：“～”乃“櫩”字，詳見本書中篇“攔”字條。

欄　門～，羊廉反，屋～也。（ZD59-1130a）

甗　yán

甗　重～，言、彥二音。（ZD60-350c）

巖　yán

巖　桃～，上徒了反，下魚凡反，正作掉嚴，上又或作挑，音掉，後釋文作悼嚴也。（ZD60-170c）

巖　～ 巘，魚蹇反。（ZD59-666a）

巖　嶔～，宜作嵌，苦銜、丘嚴二反，石龕也，峻廊也，古井中隧道也，又音欽，～崟，山高也，非用。（ZD59-850c）

巖　～崿，五銜反，下五各反。（ZD59-657c）

鹽[1]　yán

塩　爾～，音閻，南方人呼焰作鹽。（ZD60-404b）

鹽塩鹽塩鹽塩鹽監　～ 香，羊廉反。（ZD59-978c）

～ 口，上羊廉反。（ZD59-596b）

～ 貝，羊廉反。（ZD59-742b）

無～，又作塩，同餘廉反。（ZD59-864c）

～口，上羊廉反，或作鹽。（ZD59-597a）

～天，上閻、焰二音。（ZD59-580c）

～天，閻、焰二音。（ZD59-674b）

～鹵，羊廉反，下郎古反，正作鹽鹵也，

上又宜作鹻，音減。（ZD59-719b）

塩鹽鹽鹽鹽鹽塩鹽醠鹽鹽鹽盐塩監　～酢，羊廉反，下倉故反。（ZD59-711a）

～天，上羊廉、羊贍二反。（ZD59-577b）

～豉，羊廉反，下實義反。（ZD59-680b）

～樓，羊廉反，亦云閻羅也。（ZD59-672b）

血 ～，羊廉反。（ZD59-875b）

～珂，羊廉反，下口何反。（ZD59-740b）

之～，音閻，正作塩、鹽二形，詹字韻也，傳寫悞也。（ZD60-360b）

如 ～，羊廉反。（ZD59-733b）

片 ～，羊廉反。（ZD60-52b）

～天，上閻、焰二音。（ZD59-579a）

少 ～，羊廉反。（ZD59-912c）

～ 等，羊廉反。（ZD59-740c）

～醬，羊廉反，下子亮反。（ZD59-805b）

承～，上成陵反，下羊廉反。（ZD60-7c）

云～，音閻。（ZD60-385c）

～天，上閻、焰二音，正作鹽也。（ZD59-584c）

――――――

① 又見“塩”“塩”字條。

監
盬

毗～,音闍。(ZD59-
751c)

印(印)～,伊進反,
下以廉反,闍字切
脚。(ZD59-639c)

奄　yǎn

奄

～忽,上於撿反。
(ZD59-1095c)

兖①　yǎn

㝈
宼

狂～,似(以)軟反。
(ZD60-377a)

似～,以軟反,吮字
韻也,正作兖也。
(ZD60-385c)

弇　yǎn

弇

西～,於撿反,蓋也,
又古含反。(ZD60-
565a)

兖　yǎn

兖
㲦
㝈
究

渠～,余軟反。(ZD60-
353c)

～相,上緣軟反,正
作兖。(ZD60-346a)

～州,上余覒反,正
作兖也。(ZD60-
451a)

～豫,上余軟反,下
余庶反。(ZD60-
557b)按:"～"乃"兖",詳見
本書中篇"兖"字條。

剡　yǎn

剡

～木,上以染反,削
也,正作剡。(ZD60-
401a)

掩　yǎn

醃

擣

～地,上宜作掩、晻,
二同於撿、烏感二
反,覆也。(ZD60-190c)按:
"～",經文作"掩"。

風～,上五寡反,《辯
正論》作瓦掩。
(ZD60-560c)

眼②　yǎn

眼

眼耳,五限反,上方
經作～,非也。
(ZD59-709c)

偃③　yǎn

偃
偄
偃
偄
偃

～息,於幰反。
(ZD59-847a)

～卧,於幰反。
(ZD59-969c)

～月,於幰反。
(ZD59-866c)

～仰,上於幰反。
(ZD59-1054b)

乍～,助詐反,下於
憶(幰)反。(ZD59-
696b)

楼～,思兮反,下衣
幰反。(ZD59-754a)

偃
偄

～蹇,於幰反,下居
輦反,傲也,正作偃
偄。(ZD59-669a)

若 ～, 於 幰 反。
(ZD59-682b)

～蹇,於幰反,下居
輦反。(ZD59-919c)

～ 卧, 於 幰 反。
(ZD59-777b)

～月,上於幰反。
(ZD60-100a)

～蹇,上於幰反,下
居輦反,傲也,正作
偃偄也。(ZD59-606c)

～ 卧, 於 幰 反。
(ZD59-933a)

～卧,上於幰反。
(ZD60-60b)

～月,同上。(ZD59-
804b)

～偄,居輦反,倨傲
也, 正作偃偄。
(ZD59-575c)

林 ～, 於 幰 反。
(ZD59-977c)

～息,上於幰反。
(ZD59-575b)

～ 蹇, 居 輦 反。
(ZD59-570b)

～息,上於幰反。
(ZD59-557c)

琰　yǎn

琰

法～,羊染反,正作
琰。(ZD60-430a)

―――

① 又見"兖"字條。
② 又見"眼"字條。
③ 又見"揠"字條。

揠 yǎn

揠 　～仆，上於幰反，正作偃。（ZD60-464a）

揙 yǎn

栟
揞
揦
揰 　～鹿，上衣揞反，取也。（ZD59-1003b）
　～蔽，上於揞反，下必祭反。（ZD60-138b）
　～正，上於揞反。（ZD60-58b）
　既～，於檢反，悶取也，覆也，正作揞也。（ZD59-651b）

揰 　～泥，上於揞反。（ZD59-561c）

眼 yǎn

眼 　百～，音朗。（ZD60-600b）按：《廣弘明集》卷30：“清衿表離俗，百齡苟未遲。”（T52，p359a）“齡”，宮本作“眼”。根據文意，“～”應爲“眼”，可洪以“朗”讀之，恐誤。

崖 yǎn

崖 　鼻崾，魚蹇反，嶻崾，山皃也，《經音義》作～字替之，魚偃反。（ZD59-854c）

崾 yǎn

崿
崿 　崭～，上助産反，下魚蹇反。（ZD60-356a）
　鼻～，魚蹇反，嶻～，山皃也，《經音義》作崖字替之，魚偃反。（ZD59-854c）

崿 　～鼻，魚蹇反，《經音義》以崖字替之。（ZD59-880b）

潩 yǎn

潩
潩
潩 　慈～，於揞反，雲雨皃。（ZD59-567a）
　～雲，上音掩，雲雨皃。（ZD60-327b）
　～海，上於揞反，蓋也，正作弇也，又宜作揞、掩二同，音掩，覆也。（ZD60-205a）

陳 yǎn

陳 　崖～，魚奄反。（ZD60-487c）

鄢 yǎn

鄢 　～郢，上於幰反，下以井反，鄭楚地名也，正作鄢。（ZD60-337c）按：“～”即“鄢”，詳見本書中篇“鄢”字條。

演 yǎn

演演讀 　陶～，徒刀反，下以淺反。（ZD59-644c）
　～挐，女加反，鼻聲。（ZD59-867b）
　～説，上羊淺反，正作演。（ZD60-82b）按：“～”乃“演”字，詳見本書中篇“讀”字條。

蝘 yǎn

緷 　蚖～，宜作蝘，於蹇反。（ZD59-1037b）

嬐 yǎn

嬐 　～然，魚檢反，齊也。（ZD59-787b）

襹 yǎn

襹襹襹 　～蠱，於琰反，下公五反。（ZD59-783c）
　～蠱，於琰反，下公五反。（ZD59-780a）
　～縛，於琰反，攘災。琰，以陝反。（ZD59-874a）

儼 yǎn

儼 　～頭，上五感反，搖頭也，正作顉。（ZD59-1002c）按：“～”，可洪以爲“顉”，讀“ǎn”。

儼儼

　～俭，牛奄反，下巨奄反。（ZD59-871c）

　～頭，上魚掩反，敬也，《經音義》以鎮字替之，五感反。（ZD59-1000c）

蟽　yǎn

蟽

　～埊，烏典反，下田典反，亦名守宮，亦名蠑蚖，亦名蜥蜴，在壁曰～～，在洲曰蜥蜴，俗謂蚰䗐也，正作蝘蜓。（ZD59-767a）按：“～埊”同“蝘蜓”。

蟽

　～埊，上烏典反，下徒典反。（ZD60-389a）

魇　yǎn

魘魘

　～鬼，於琰、於葉二反。（ZD59-869a）

　～魅，於琰反。（ZD59-789a）

巘　yǎn

巘巘巘

　～駅，言蹇反。（ZD59-785c）

　～崿，上魚蹇反，下五各反。（ZD60-412b）

　～際，魚蹇反。（ZD59-928c）

獻　yǎn

獻

　巖～，魚蹇反。（ZD59-666a）

巘

　慧～，魚蹇反。（ZD60-442c）

皶　yǎn

皶皶

　胡～，烏檻反。（ZD60-374b）

　體～，烏檻反，青黑色也，正作黤也。（ZD60-306c）按：“～”乃“皶”，與“黤”義近。《諸經要集》卷19：“如地大增，則形體皶黑，肌肉青淤。”（T54，p175a）“皶”，宋、元、明、宮本作“黤”。

黶　yǎn

黶黶黶黶黶黶

　～點，上於琰反。（ZD59-563c）

　黑～，一琰反。（ZD59-1085b）

　～子，於琰反。（ZD59-657a）

　～點，上於琰反，下丁忝反。（ZD59-560b）

　～相，於琰反。（ZD59-745a）

　～然，音黯，黑也，又於琰反。（ZD59-856b）

　黑～，於琰反，面有黑子也。（ZD59-1044a）

黶

　人～，伊琰反。（ZD59-631c）

黶

　～點，上於琰反。（ZD59-556b）

讞　yǎn

讞

　審～，魚蹇反，議也，又魚竭反。（ZD60-450b）

延　yàn

延

　少～，上尸照反，幼小也，下以箭反，灾及也。（ZD60-97b）按：“～”乃“延”。

呭　yàn

呭

　中～，一見反。（ZD59-1085a）按：“～”即“咽”字。

炎　yàn

尖

　礔礰～，普擊反，中六擊反，下又作炎，同音焰，又子廉反，怳。（ZD59-846c）按：“礔礰～”之“～”，對應經文作“炎”。《佛説觀佛三昧海經》卷2：“有十千眼，眼睫長大如霹靂炎。”（T15，p651a）“礔礰～”即“霹靂炎”。

莚　yàn

莚莚

　蔓～，無販反，下以線反。（ZD59-938a）

　蔓～，無販反，下羊線反，不斷也。（ZD59-702c）

莲莲

莩～，文販反，下以線反。（ZD59-820c）

石～，羊線反。（ZD60-321a）按："～"，經文作"莚"，疑乃"筵"，應讀"yán"。

彥 yàn

产

英～，音彥。（ZD60-451b）

晏① yàn

宴

～然，上一見反，安也，息也，《經音義》作閼，以晏字替之，非也，彼悮。（ZD59-1071c）

暴

時～，烏諫、烏歎二反，晚也，正作晏也。（ZD60-215a）

宴 yàn

宴宴

～寢，一見反，下七朕反。（ZD59-661b）

享～，上香雨反。（ZD60-329a）

悁 yàn

悁

不～，於欠反，甘心也。不悁，不甘也。又於廉反，悁悁，意不安也。（ZD60-280c）

堰 yàn

堰

～海，於憲反。（ZD59-741a）

傿

以～，於憲反，擁水也，正作堰。（ZD59-770a）

堨堰

高～，於彥反。（ZD60-194b）

～卧，衣憲反。（ZD59-786a）

猒 yàn

猒

～足，上於焰反，正作猒。（ZD60-253b）按："～"乃"猒"字，詳見本書中篇"猒"字條。

猒猒猒

無～，於焰反，正作猒。（ZD60-173b）

～受，於焰反，下市有反。（ZD59-922b）

～勒，其眷反。（ZD59-669a）

嗲 yàn

喭

真～，五諫反，偽也，古作贗也。核《說文》作嗲、修二形，又音彥，非。（ZD59-819b）

嗲

真～，宜作贗、修，二同五諫反，偽也。經意勿以�魅爲妻也。《經音義》以諺字替之，與嗲同，音彥，並不符經意。（ZD59-765b）

焰② yàn

燄

明～，音焰。（ZD59-647a）

燄

如～，音焰，火光也。（ZD59-771a）

燄燄

爾～，音焰。（ZD59-667c）

晱

暉～，音焰，又以陜反，非也。（ZD59-653b）按："～"乃"焰"字，詳見本書中篇"晱"字條。

焰燄燆燄

～鬟，莫顏反。（ZD59-933a）

～鬟，羊瞻反，下莫顏反。（ZD59-870b）

明～，音焰。（ZD59-715c）

～燎，羊瞻反，亦作焰、焱二形，下力小反，《經音義》作炎燎，下又音料。（ZD59-945c）

燄爛爤燄鰠

火～，余瞻反，又上聲。（ZD59-664b）

光～，音焰。（ZD59-781b）

～摩，音焰，天名也。（ZD59-639c）

光～，音焰，又以染反。（ZD59-807c）

光～，羊瞻反，正作焰、燄二形也，郭氏音焚，非也。（ZD59-877a）按："～"乃"焰"字，詳見本書中篇"鰠"字條。

燵

火～，音焰。（ZD60-185c）

---

① 又見"閼"字條。

② 又見"燄""燄""燆""爛"字條。

僞　yàn

僞　～夷，上於建反，亦作僞也，《川音》作陽，音塢，非也，或是陽字也。（ZD60-444b）　按："～"，經文作"烏"或"僞"。

鳫　yàn

鳫　其～，五諫反。（ZD60-408c）　按："～"同"鴈"。

鴈①　yàn

鴈　～鷦，五諫反，下何各反，正作鶴，亦作鶴。(ZD59-690c)

鴈　凫～，房無反。(ZD59-665c)

鴈　里～，上力耳反。(ZD59-605a)

鴈　鳬～，呂勅反，宜作凫。(ZD59-770a)

鴈　鳬～，音力，或作凫，音扶。(ZD59-760a)

鴈　鷔～，莫卜反。(ZD59-699b)

鴈　凫～，上音扶，下五諫反。(ZD59-582b)

鴈　凫～，上防無反。(ZD59-573c)

鴈　凫～，伏無反。(ZD59-657a)

燕②　yàn

燕　～至，於見反，正作燕、宴二形，閑居也。(ZD59-699c)　按："～"乃"燕"字，詳見本書中篇"燕"字條。

燕　寂～，一見反。(ZD59-572b)

鷰　～麥，一見反，苗葉似麥。(ZD59-636b)
按："～"即"燕"字，"～麥"即"燕麥"。

燕　林～，於見反。(ZD59-1049b)

燕　～坐，於見反。(ZD59-760c)

燕　～坐，上一見反。(ZD59-578c)

燄　yàn

燄　～贊，上羊奄反，又音焰，下倉亂反。(ZD59-1062c)

燄　陽～，音焰。(ZD59-549b)

燄　yàn

燄　～光，上音焰，正作燄。(ZD59-615b)
按："～"即"燄"，同"焰"。

燄　一～，音焰，火～。(ZD59-987b)　按："～"即"燄"，同"焰"。

燄　光～，音焰。(ZD59-1023a)　按："～"同"焰"。

闟　yàn

闟　宴然，上一見反，安也，息也，《經音義》作～，以晏字替之，非也。(ZD59-1071c)

闟　作～，於見反，見藏作宴然也，應和尚以晏字替之，非也。(ZD60-366b)按：《一切經音義》卷11："晏然，烏鴈反。《説文》天清也。晏亦鮮翠之兒也。經文從門作闟，非體也。"(C056，p978b)

㷔　yàn

㷔　火～，音焰，又以染反。(ZD59-586b)
按："～"同"焰"。

艷　yàn

艷　光～，音焰，亦作豔。(ZD59-614b)

艷　紺～，古暗反，下羊贍反。(ZD59-683a)

豔　鳳～，音焰。(ZD60-574b)

艷　則～，音焰。(ZD60-415b)

---

① 又見"鳫"字條。
② 又見"鷦""鷰"字條。

艶　妖～，音焰，美也。
（ZD59-654b）

艶　紺～，音焰，美也。
（ZD59-599a）

艶　紺～，音焰。（ZD59-678a）

厴　yàn

厴　疲～，於焰反，倦也，
正作厭、猒二形。
（ZD59-678b）

嬿　yàn

嬿　娛～，牛俱反，下一
見反。（ZD59-766a）

嬿　～坐，上一見反。
（ZD59-1017c）

爓　yàn/xián

爓　光～，音焰。（ZD60-319b）按："～"即
"焰"。

爓　生～，祥廉反，湯瀹
肉也。（ZD59-911b）
按："～"即"煿"。

鷃　yàn

鷃　～經，烏諫反。
（ZD59-947a）

鷃　尺～，烏鴈反，雀屬
也。（ZD59-934a）

鷃　～哲，安諫反。
（ZD59-796b）

鷃　～部，上安諫反，正
作鷃。（ZD59-796b）
按："～部"，對應佛經作"鷃
部"。《孔雀王咒經》卷1：
"摩訶摩那死鷃部柢（都紙
反，後皆同）鷃哲部柢。"
（T19，p448a）從字形看，
"～"即"鷃"，在此處乃"鷃"
之訛。

鷃　鶬～，上錯郎反。
（ZD60-393b）

鷃　～爛堆，上烏諫反，
中郎歟反，下都迴
反。（ZD60-365c）

鷃　～鳥，上烏諫反。
（ZD59-1061b）

驗　yàn

驗　～其，上魚焰反。
（ZD60-605a）

驗　皆～，魚焰反，正作
驗。（ZD60-320b）

驗　事～，魚焰反。
（ZD59-843a）

驗　效～，戶教反，下魚
焰反。（ZD59-848c）

驗　效～，上胡校反。
（ZD59-581a）

饜　yàn

饜　無～，於焰反，飫也，
正作饜也。（ZD59-982c）

饜　惡～，於焰反。
（ZD59-819b）

饜　無　～，於焰反。
（ZD59-817c）

饜　無～，於廉、於焰二
反，飽也，正作饜。
（ZD59-671a）

蠶①　yàn

蠶　妖～，下正作蠶，音
焰，《經音義》作妖蠶
也。（ZD59-1115a）

蠶　藻～，上音早，下音
焰。（ZD60-569c）
按："～"同"蠶"。

蠶　法～，音焰，美也，亦
作艶。（ZD59-677c）
按："～"同"艶"。

譀　yàn

譀　～集，於見反，會也。
（ZD59-657c）

譀　～室，一見反。
（ZD59-705a）

鷰　yàn

鷰　～雀，上一見反。
（ZD60-415c）按：
"～"乃"鷰"字，詳見本書中
篇"鷰"字條。

鷰　撮～，子活、七活二
反，下一見反。
（ZD59-765c）

鷰　～生，上一見反。
（ZD59-1018a）按：

———

① 又見"蠶""艶"字條。

"～"即"鷬"，同"燕"，燕子。《佛般泥洹經》卷 2："鷬生子，怙父母得食以生活，今佛捨我曹般泥洹，我曹當依誰?"(T01, p169a)

鷰　yàn

鷩　～麥，上於見反，正作鷰也，又於兮反。(ZD59-1094b)按："～麥"，對應佛經作"燕麥"。"～"即"鷰(燕)"字。《佛五百弟子自說本起經》卷 1："採取于野燕麥耳，少所施與辟支佛，解脫心樂無有漏，奉于空行意寂寞。"(T04, p190a)

顑　～夘，上伊見反，正作鷰。(ZD60-556c)按："～"即"鷬"之訛。構件"頁"與"鳥"相混。對應佛經作"燕卵"。《廣弘明集》卷 11："簡狄吞燕卵而生偰伯，禹剖母胸背而出。"(T52, p163c)

豔　yàn

豑　扶～，以梵反。(ZD59-640a)

央　yāng

夬　無～，於羊反。(ZD60-245a)

殃　yāng

殃　殀～，音凶，下音央。(ZD59-729c)

殃
殊　～疂，上於良反，下許觀反。(ZD59-603c)

～鍾，上於良反。(ZD60-516a)按："～"乃"殃"字，詳見本書中篇"殃"字條。

殊
殃　～及，上於良反，正作殃也。(ZD60-514c)

～罪，於良反，正作殃。(ZD59-822a)

鞅　yāng/yǎng

鞍　無～，於良反，正作央、鞅二形也。鞅，於兩反，諸經以爲無鞅數字也，又音安，怏。(ZD59-650c)

鞅
鞅　無～，於良反，無邊也。(ZD59-673b)

羈～，居宜反，下於兩反。(ZD59-665b)

鴦　yāng

鴦
鴦　馬～，宜作駚，於兩反。(ZD60-52a)

鷟　～闍，於良反，正作鴦。(ZD59-878b)

鴦　～伽邏，於良反，中巨迦反，下羅个反。(ZD59-652b)

鴦　～仇，音求。(ZD59-624c)

鴦　鴛～，上於元反，下於良反。(ZD59-605a)

鴦　～伽，上於羊反，正作鴦也，梵云鴦，譯云生支也。(ZD60-53c)按："～"乃"鴦"之訛。構件"鳥"與"馬"相混。《翻梵語》卷 3："央伽國，舊譯曰。又云鴦伽。謂體。"(T54, p1006c)

鴦　鵷～，上於元反，下於良反。(ZD59-1130a)

洋　yáng

恙　～～，音詳。(ZD59-1032a)按："～"乃"洋"，詳見本書中篇"恙"字條。

洋　～川，上余羊反，正作洋。(ZD60-344c)

恙　yáng

恙　～銅，上以良反。(ZD59-1008c)

瑒　yáng

瑒　孫～，音陽，又徒杏反，並人名也，王名。(ZD60-474b)

瑒　李～，音陽，又宅耿反，人名。(ZD60-551b)

敭　yáng

敭　搜～，所愁反，下以良反。(ZD59-651b)

按:"～"乃"揚"字,詳見本書中篇"敭"字條。

敭
敭

搜～,上所愁反,下余良反。(ZD60-345b)

明～,音羊。(ZD59-589a)

瘍　yáng
瘍

乾～,音羊。(ZD60-375c)按:"～"乃"瘍"之訛。

煬　yáng
煬
煬
煬

灰～,上呼迴反。(ZD59-588a)

消～,上亦作焇,下作羊。(ZD59-1006c)

～銅,上以良反,銷也。(ZD60-59c)

瘍①　yáng
瘍

疽(疽)～,七余反,下以良反。(ZD59-804c)

颺　yáng
颺
颺
颺

～翲,上以良反,下古我反,《孔雀咒王經》作羊羯。(ZD59-796c)

娜～,奴可反,下以良反。(ZD59-787b)

顥～,音羊。(ZD59-779b)

颺
颺

剎～,居偉反,正作鬼也,《上方經》作鬼也,郭氏作羊尚反,非也。(ZD60-240a)按:"剎～",對應佛經作"剎颺"或"剎鬼"。《阿育王息壞目因緣經》卷1:"蓬頭亂髮,而坐于地,瞋恚所縛,如羅剎鬼。"(T50,p173a)"鬼",宮本作"颺"。從形體看,"～"似乎即"颺"。"～",郭氏作羊尚反,應同"颺"。不過,具體到經文,"羅剎颺"不成詞。根據文意,"剎～"應爲"剎鬼"。"～",可洪以爲"鬼",是。另見"鬼"字條。

颺
飇

颺～,以招反,下以良反。(ZD59-806c)

飇～,上音遥,下音羊。(ZD60-172b)

鍚　yáng
鍚

鏤～,上音漏,下音陽。(ZD60-371b)

仰②　yǎng
仰

～扱,普奸、補奸二反,引取也,挽也,正作扳,又楚洽反,亦通用。(ZD59-909b)

佒

渇～,牛兩反,正作仰,或作卬也。(ZD59-991b)

佒

～瞻,牛兩反,正作仰。(ZD59-956a)

仰
佒
仰
仰
仰

～慨,苦愛。(ZD59-952b)

瞻～,音仰。(ZD59-956b)

～悕,音希。(ZD60-584c)

樂～,五孝反,下魚兩反。(ZD59-919a)

瞻佒,音～。(ZD59-956b)

块　yǎng
块

～𪙧,上烏朗反,吳人云塵起也,又云霧起也,《川音》作怏,於兩反,木名也。(ZD60-581a)

佒　yǎng
佒

～視,上魚兩反,正作仰。(ZD60-40c)

按:"～"乃"仰",詳見本書中篇"佒"字條。

佒

感～,魚兩反,正作仰。(ZD60-183c)

痒③　yǎng
痒
痒

痛～,羊兩反,悮。(ZD59-756b)

搔～,桑刀反,下羊兩反。(ZD59-678a)

---

① 又見"瘍"字條。
② 又見"佒"字條。
③ 又見"蛘""蟓""癢""庠"字條。

瘍　～轉，羊兩反，下知軟反。（ZD59-961c）

軮　yǎng

軮　車～，於兩反，褸頸皮也，正作軮也，又烏朗反，非也。（ZD60-205c）

蛘　yǎng

蛘　搔～，上桑刀反。（ZD60-357a）

餋　yǎng

餋　可養，羊兩反，別經作～，南嶽音背，非。（ZD59-981b）按：“～”乃“養”，詳見本書中篇“餋”字條。

瀁　yǎng/yàng

瀁　潢～，上戶廣反，下羊兩反。（ZD60-387b）

瀁　溢～，羊亮反，正作瀁。（ZD60-449c）

瘍　yǎng

瘍　～悶黏，羊兩反，下女廉反。（ZD59-931b）按：“～”乃“瘍”，詳見本書中篇“瘍”字條。

蟓　yǎng

蟓　四～，羊兩反。（ZD59-1032b）

瀼　yǎng

瀼　晃～，黃廣反，下羊兩反，大水皃也，正作滉瀁，下又汝羊反，悮。（ZD59-878b）按：《七佛八菩薩所説大陀羅尼神咒經》卷1：“浩汗滉瀼，悉不復現。”（T21, p537c）“晃～”同“滉瀁”。《陀羅尼雜集》卷1：“浩浖滉瀼，悉不復現。”（T21, p582a）

怏　yàng

怏　悵～，丑向反，下於向反。（ZD59-690c）

怏　～～，於亮反。（ZD59-999a）

怏　～～，於亮反。（ZD60-317c）按：“～”乃“怏”，詳見本書中篇“怏”字條。

恙　yàng

恙　～噬，音逝。（ZD60-357a）

恙　無～，羊亮反，憂也，病也，正作恙。（ZD59-763b）

漾　yàng

漾　水～，音箭，正作濺也。《僧祇律》作漾也，又音揲，悮。漾，又音羡，非義也。（ZD60-282a）按：《經律異相》卷47：“世尊不受，令其水淨。獼猴不解，謂呼有蟲。將至水邊洗鉢，水漾蜜中，捧還上佛。”（T53, p251c）可洪以“～”爲“濺”。“漾”有蕩漾之義，似乎也通，不一定要當作“濺”。

漾　yàng

漾　汎～，上芳梵反，下羊亮反。（ZD59-556b）

漾　漂～，羊亮反。（ZD59-944c）

漾　～玄，上羊亮反，水溢蕩皃也，正作漾。（ZD59-557a）

漾　汎～，音揲，正作漾也。（ZD60-516a）

樣　yàng

樣　質～，羊亮反。（ZD59-820c）

樣　～瞿，羊亮反。（ZD59-790c）

樣　學～，羊亮反。（ZD59-938a）

樣　～悮，羊亮反，下愚雨反。（ZD59-780c）

按:"～俣",對應佛經作"樣俣"。《不空罥索神變真言經》卷 1:"印捺囉播畢履迦,乾馱畢唎樣俣藥。"(T20,p232a)

樣　亭 ～,羊亮反。(ZD59-780c)

天[①]　yāo/yǎo

夭　～命,於矯反,少喪曰～。(ZD59-661c)

夭　～ 過,上於憍反。(ZD59-699b)

夭　損 ～,於矯反。(ZD59-747b)

夭　早 ～,於小反。(ZD59-690a)

夭　～ 喪,於小反,下桑浪反。(ZD59-636c)

夭　～ 壽,於小反。(ZD59-638a)

殀　～ 逝,衣小反。(ZD59-936b)

妖[②]　yāo

媄　～魅,於憍反,下眉秘反。(ZD59-891c)

妖　～ 媚,於憍反。(ZD59-701a)

魃　～魅,於憍反,下眉秘反,上又音跋,非。(ZD59-828a)

魃　～ 耶,於憍反,下似嗟反,前作妖邪也。(ZD59-751a)

魃　～ 魅,於嬌反。(ZD59-706a) 按:"～"爲"魃(妖)",詳見本書中篇"魃"字條。

祅　yāo

祅　～ 神,於憍反。(ZD59-877b)

要　yāo

璎　～人,上伊消反,～勒,不肯也,正作要也,麻谷本作要。(ZD60-60c)

魈　yāo

魃　～魅,音妖,下音媚,上又步末反,非。(ZD59-749b) 按:"～"同"妖"。

魃　～鬼,於憍反,又音跋,非。(ZD59-869a)

腰[③]　yāo

𦝁　～ 細,上於遥反,身中也,正作要也。(ZD59-1124a)

縸　yāo

縸　～ 繩,上於消反,正作𦝁。(ZD60-163a) 按:《佛説立世阿毘曇論》卷 2:"或爲寶冠,或爲瓔珞,或爲臂印,乃至腰繩,或

爲足鉗。"(T32,p182a)《玉篇·系部》:"𦝁,𦝁繩。""～"即"腰"。"腰"蓋受下字"繩"的影響類化換旁從"糹"而作"縸"。

邀　yāo

邀　～延,上於消反,遮也,請命也,正作邀。(ZD60-466b)

邀　～頡,於消反,下户結反。(ZD59-727a)

爻　yáo

爻　～象,上胡交反,易繫辭曰爻,効也。(ZD60-453b)

爻　爲～,户交反,易卦名也,正作爻。(ZD60-352c)按:"～"即"爻"。

肴　yáo

肴　～饌,户交反,正作肴也。(ZD59-817c)

肴　～ 菹,上户交反,骨體熟肉内帶骨大臠曰肴也,下側魚反,鮓也。(ZD60-357c)

臇　～膳,上胡交反,正作肴、餚二形。(ZD59-1119a)

---

① 又見"殀"字條。
② 又見"祅""魈"字條。
③ 又見"縸"字條。

姝　yáo

姝　～興，上音遥，正作姚，又音詵，非也。（ZD60-336a）按：《大唐内典錄》卷10："右依撿，後秦姚興弘始年，長安沙門也，即前道安之弟子。"（T55，p336c）"～"乃"姚"之訛。

姚① 　yáo

姚　～奠，音釋，盛也，《出三藏》作奠，《川音》作琟也，人名，又九愚、許力二反，斜視也，宜取奠字呼也。（ZD60-343a）

姚　～旻，上羊招反。（ZD60-240a）

堯　yáo

尭　～放，方网反。（ZD60-553c）

傜　yáo

傜　～役，羊招反，使也。（ZD59-694c）

傜傜　～役，余招反。（ZD59-777b）

傜　～貲，上以招反。（ZD60-371b）

摇　yáo

桱　～手，上遥、曜二音，動也，正作摇。（ZD59-585c）

摇挂摇　～身，上羊招反。（ZD60-60a）

傾～，音遥。（ZD59-716b）

攢～，子官反，攢酪，取蘇也，正作鑽也。（ZD59-680a）

摕　不～，初立反，行兒也，正作儠、褊二形。褊，又爭洽反。（ZD59-772a）按："～"，對應經文作"摇"，可洪以爲"儠"，恐不妥。《佛説無垢賢女經》卷1："靜身不摇，精意聽經。"（T14，p913c）

攐　～綺，上羊招反，正作摇。（ZD60-274a）按："～"乃"摇"字，詳見本書中篇"攐"字條。

遥　yáo

遥　～重，音摇，正作遥。（ZD59-831c）

逄逄逄傜逄遥　～見，羊招反，悮。（ZD59-743a）

～於，羊招反，正作遥。（ZD59-729c）

續～，音摇，正作遥也。（ZD59-709c）

～以，上羊招反。（ZD59-1038a）

～聞，音摇，正作遥。（ZD59-643c）

～見，上羊招反。（ZD60-234b）

～見，羊招反。（ZD59-646a）

逢逡逢遥逢逢　～爲，羊招反，遠也，正作遥。（ZD59-748c）

～見，上羊招反，悮。（ZD59-1065c）

而～，音遥，悮也。（ZD60-26a）

～視，上音遥，悮。（ZD59-1067a）

～見，羊招反，上方經作逢，非。（ZD59-704a）

～見，羊招反，遠也，正作遥。（ZD59-741a）

～見，羊招反。（ZD59-718c）

瑶　yáo

瑶　珬～，蒲故反，下以招反。（ZD59-670c）

鍒嶢　yáo

鍒　各～，上音高，下音遥，正作咎繇，亦作皋陶也。（ZD60-558c）按："～"乃"繇"，詳見本書中篇"繇"字條。

嶢　yáo

嶢　岩～，上音條，下音堯。（ZD60-593b）

窯　yáo

窯　～室，羊招反。（ZD59-938a）

───────

① 又見"姝"字條。

窯
　　～師，羊招反。
（ZD59-951c）

窰
　　～師，羊招反。
（ZD59-740b）

繇① yáo

繇
　　厥～，遙、由二音也。
（ZD60-427c）

謠 yáo

謠
　　～婆，上羊招反。
（ZD59-1092a）

飆 yáo

颷
颷
　　颷～，疋招反，下以
招反。（ZD59-648b）
　　～颷，以招反，下以
良反。（ZD59-806c）

杳 yǎo

查
　　～冥，上於了反，冥
也，深也，正作杳也，
又字體似査，才邪反，大口
兒也，非。（ZD60-408c）按：
"～"乃"杳"，詳見本書中篇
"査"字條。

殀 yǎo

殀
殀
　　～喪，於小反，下斯
浪反。（ZD59-696c）
　　早～，於小反。
（ZD60-271a）

殀
　　～殁，上於少反，下
莫骨反，死也。
（ZD59-552c）

殀
殀
殀
　　～殁，上於少反，下莫
勿反。（ZD59-564a）
　　～促，上於少反。
（ZD59-589c）

咬 yǎo

咬
　　急～，五巧反，又音交，
非。（ZD59-787c）

窈 yǎo

窈
窈
　　～冥，上一了反。
（ZD59-573c）
　　～窕，於了反，下徒
了反。（ZD59-729c）

宵 yǎo

宵
　　～湊，上伊了反。
（ZD60-128b）

窈② yǎo

窈
窈
窈
窈
窈
　　～寊，伊了反。
（ZD59-733a）
　　～寊，於了反，正作
窈。（ZD59-644c）
　　～闇，上於了反，正
作窈。（ZD60-171a）
　　無～，於了反，正作
窈也。窈窕，深遠兒
也。（ZD59-768b）
　　～寊，一了反，下音
冥。（ZD59-700a）

窈
　　～冥，上一了反。
（ZD59-609a）

窈
　　～寊，上一了反，下
莫瓶反，並悮。
（ZD59-587c）

窈
　　無～，於了反。
（ZD59-674c）

窈
　　～冥，一了也，下莫
瓶反。（ZD59-830c）

窈
　　～寊，上於了反。
（ZD60-235a），詳見
本書上篇第三章"窈"字條。

窈
窈
窈
　　～窈，二同一了反，
下正。（ZD60-534a）
　　～寊，於了反，下莫
瓶反。（ZD59-649b）
　　～～，一了反。
（ZD59-577b）

骱③ yǎo

䯧
　　䯥大，以小反，經後
作～。（ZD59-784a）
按："～"同"骱"，經文中通
"䯥"。

䯥 yǎo

䯥
　　～大，以小反，經後作
䯧。（ZD59-784a）
按："～"同"骱"，經文中通
"䯥"。《不空羂索神變真言
經》卷 12："住立海岸，䯥大
海水。"（T20，p285b）"䯥"，

————
① 又見"繇"字條。
② 又見"窈"字條。
③ 又見"䯥"字條。

宋本作"骱"。

齩　yǎo

齩
～齧，五巧反，下五結反。(ZD59-911b)

齩
而～，五巧反。(ZD59-803a)

齩
貪～，五巧反。(ZD59-953c)

齩
～人，蘸官反。(ZD59-1040b) 按："～"，經文作"齩"，即"齩"字，可洪音"蘸官反"，蓋以爲"齩"，恐誤。《泥犁經》卷1："啄人肌，齩人骨。"(T01，p908b)詳見本書中篇"齩"字條。

齩
～嗷，五巧反，正作齩。(ZD59-838c)

齩
～之，上五巧反，正作齩。(ZD59-1102a)

巐　yǎo

巐
～足，上五巧反。(ZD60-147c)

巐
或～，五巧反。(ZD59-595b)

巐
～齒，五巧反，俗。(ZD59-802b)

勒　yào

鞠
作～，於教反。(ZD60-377b) 按：《一切經音義》卷15："作勒，一豹反，靴勒也，律文作

鞴，俗語也，書無此字。"(C056，p1053a)

鞠
～靴，許肥反。(ZD60-377a)

鞠
作～，於教反。(ZD60-377b)

傛　yào

傛
作～，五孝反。(ZD60-362a) 按："～"即"樂"字，讀"yào"。《道地經》卷1："積百餘，若不得傛樂，窮老死，故在世間没。"(T15，p230c)玄應《一切經音義》卷8："樂法，五孝反，愛欲曰樂，經文從人作傛。"(C056，p942c)

傛
～樂，上五孝反，好也，愛慕也，正作樂也，下勒告反，不捨境界修空之義也。(ZD60-206c) 按：《道地經》卷1："積百餘，若不得傛樂，窮老死，故在世間没。譬如無有力象，墮陷不能自出。"(T15，p230c)"～"同"樂"，讀"五孝反"。

曜①　yào

曜
暉～，許埠反，下羊照反，上又胡本、五因二反，並非。(ZD59-647b)

曜
光～，音曜。(ZD59-647b)

燿　yào

燿
爀～，呼挌反。(ZD59-874b)

曜　yào

曜
～炤，上以照反，下之曜反。(ZD59-577c)按："～"乃"曜"。

耀②　yào

耀
～叉，宜作矗，奴怛、奴歎、女閑三反。《悲花經》作奈叉。(ZD59-715a) 按：《大乘悲分陀利經》卷1："伽婆羅住，伽羅耀叉。"(T03，p241b)"～"疑爲"耀"，可洪以爲"矗"，恐誤。

鷕　yào

鷕
～鳩，羊照反，下居牛反，又上音遙，下户官反。(ZD59-837b)

鷕
若～，羊照反。(ZD59-838c)

鷕
鷹鶻～，於陵反，中户骨反，下羊照反，並俊猛之鳥也，下正作鷕也。(ZD59-761b) 按："鷹鶻～"，對應佛經作"鷹鶻

① 又見"曜"字條。

② 又見"耀"字條。

鵶"。《佛説彌勒大成佛經》卷1:"孔雀有好色,鷹鶻鵶所食。"(T14,p433b)"～"爲"鵶"之訛。

鵶　鷹 ～,遥照反。(ZD59-744a)

鶌　鷹 ～,遥照反。(ZD59-741a)

鵶　～所,上羊照反。(ZD60-132b)

梛　yē

梛　～子,上以嗟反。(ZD60-78b)

菲　yē

菲　～子,上以嗟反。(ZD60-162c) 按:"～"同"梛(椰)",詳見本書中篇"菲"字條。

椰①　yē

菲柳椰㭨　～子,以嗟反。(ZD59-875b)
～子,上以嗟反,正作椰。(ZD60-404b)
～子,上以嗟反。(ZD60-25b)
～子,羊嗟反。(ZD59-668a)

嗄②　yē

嗜　郁～,於六反,悲也,正作噢。(ZD59-851a)

闍　yē

闍　闍～,上徒年反,下一結反。(ZD60-346a)

譁　yē

譁　～曰,上音鐍。(ZD59-893b) 按:《菩薩投身飴餓虎起塔因緣經》卷1:"妃前扶頭理太子髮,心肝摧碎,啼哭聲譁。"(T03,p427c)"譁",宋、元、明、聖本作"嗄"。根據經意,"譁"疑爲"嗄"。

耶　yé

耶邜耶邴　知 ～,羊嗟反。(ZD60-432a)
差～,羊嗟反,正作耶。(ZD60-221a)
羅 ～,以嗟反。(ZD59-814a)
拘～,上其俱反,下羊嗟反,西洲名也,或云瞿陁尼,唐言牛貨,又音怈,恨也。(ZD60-267b) 按:"～"即"耶",詳見本書中篇"邴"字條。

哪　yé

哪　跌～,音耶。(ZD59-1088a)

珴　yé

珴珴　珴 ～,郎耶二音,郡名也,或作琅邪。(ZD60-327c)
琅～,上洛堂反,下以嗟反。(ZD60-27c)

吔　yě

吔吔　咴～,上羊謝反,下羊者反。(ZD59-791c)

冶　yě

冶　～鍊,羊者反,下力見反,澆也,正作冶鍊也,上惧。(ZD59-720b)

埜　yě

埜　之～,羊者反,郊外也,古文野字。(ZD60-526c)

野③　yě

野　疥～狂,中羊者反。(ZD59-741a)

电　yè

电　來 ～,以世反。(ZD60-187c) 按:"～"乃"曳"字。

---

① 又見"菲""梛"字條。
② 又見"譁"字條。
③ 又見"埜"字條。

曳① yè

电
屯
申
傁
电

駊～，以世反。(ZD59-746b)

底～，以世反，二合。(ZD59-784c)

～据（裾），音居。(ZD59-1061b)

～鉾，上以世反，前本作澡盤曳盤。(ZD60-50c)

～踵，上尸人反，正作申。(ZD59-612c)按："～"應爲"曳"，可洪以爲"申"，恐誤。

夜 yè

疫
㲋
㲋
夜

通～，音夜。(ZD60-58a)

凤闍，上息六反，早也，亦舊也，《川音》作㲋，以～字替之，非也。(ZD60-174b)

凤闍，上息六反，早也，亦舊也，《川音》作～，以㲋字替之，非也。(ZD60-174b)

薜～，步計反。(ZD59-716b)

拽 yè

桓

～他，上羊列反。(ZD59-1114b)按："～"同"拽"。

神拽
拽挓
拖捜

復～，羊列反，又音曳。(ZD60-19c)

～橋，羊列反。(ZD59-721b)

牽～，羊列反。(ZD59-860c)

～置，上以世、以列二反，引挽也。(ZD60-203a)

～去，上以世、以列二反。(ZD59-1125c)

摶～，上補各、普各二反，下羊世、羊列二反。(ZD59-1106a)

掖 yè

掖
掖
掖
掖

掛～，古賣反，下羊益反。(ZD59-736c)

～挾，羊益反，下户頰反。(ZD59-963c)

一～，音亦。(ZD59-575c)

一～，音亦。(ZD59-583b)

哾 yè

哾

～吔，上羊謝反，下羊者反。(ZD59-791c)按："～"，譯音字。《觀世音菩薩如意摩尼陀羅尼經》卷1："那謨喝囉怛曩（二合）怛囉（二合）哾吔（一）。"(T20, p200b)

液 yè

湵

金～，音亦。(ZD60-555b)

～池，上羊益反。(ZD60-573c)

暍 yè

暍
暍
鶡

凍～，上都弄反，丁於羯反，傷熱也。(ZD59-631b)

～人，上於歇反。(ZD60-323a)

～吔，音凋。(ZD59-760b)按："～"，經文作"暍"或"膓"，可洪音"凋"，蓋以爲"鶡"，恐誤。

瑲 yè

瑲

瑲～，上云鬼反，下云輒反。(ZD59-620a)按："～"同"曄"。

曄② yè

暈
暈
燁
曄

～～，于立、于輒二反。(ZD59-858b)

煒～，云鬼反，下云輒反。(ZD59-755b)

煒～，云鬼反，下云輒、云立二反。(ZD59-687c)

煒～，上云鬼反，下云輒反。(ZD59-587a)

暈 yè

暈

煒～，云鬼反，下云輒反。(ZD59-766c)

---

① 又見"电"字條。
② 又見"曄""暈""燁"字條。

曅
曅
勝 ～，云 輒 反。
（ZD59-643b）
睡～，上云鬼反，下云
輒反。（ZD59-587c）

曄　yè

曄
煒～，上云鬼反，下
于 輒 反，爲 立 反。
（ZD59-989c）按："～"乃"曄"。

業　yè

葉
葉
菜
剥 ～，布 角 反。
（ZD59-771c）
爲～，音弃，渾家藏經
作業。（ZD59-643c）
茂羅～，一莫候反。
（ZD59-689b）

鄴　yè

鄴
鄴
～ 城，魚 劫 反。
（ZD59-927b）
在～，音業。（ZD60-
317c）

壏　yè

壏
一～，普角、普木二
反，土塊也。（ZD59-
1065a）按："一～"，對應佛
經作"一業"。《正法念處
經》卷15："彼河澤處是第
一業，一切田地穀等食具皆
從彼得，以存性命。"（T17,
p87b）根據經文，"～"即
"業"。可洪"～"訓"土塊
也"，以爲"壏"字，恐誤。

蘗　yè

朕
百～，羊涉反，牛胝百
葉也，又直葉反，非。
又《經音義》作尸涉反，非。
（ZD59-728a）按：《寶雲經》卷
1："云何名不淨想？ 如觀已身
髮、毛、爪、齒、皮膚、血、肉、筋、
脈、骨、髓、汗、淚、涕、唾、肪、
膏、腦、膜、咽、喉、心、膽、肝、
肺、脾、腎、腸、胃、百蘗、生藏、
熟藏、屎、尿、膿汁，菩薩常觀
三十六物，若能如是不生貪
心。"（T16，p213a）"蘗"，元
本作"朕"，明本作"葉"。"～
（朕）""蘗"乃"葉"的增旁異體。

鎑　yè

鎑
～ 腹，上 羊 接 反。
（ ZD60-415c ） 按：
"～"同"鍱"。

撇　yè

撇
撇
急 ～，於 協 反。
（ZD60-8b）
髁～，上古瓦反，下於
協反。（ZD60-11a）

鍱　yè

鍱
鍱
鍱
鐵～，音葉。（ZD59-
839a）
銅～，音葉。（ZD59-
744c）
金 ～，音葉，《大品
經》作金鍱。（ZD59-
584a）

鎌　yè

鎌
鎌
～像，上余妄反。
（ZD60-318c）
鉤～，音鍱，又音葉，
悞。（ ZD60-244b ）
按："鉤～"，對應經文作"鉤
鍱"或"鉤鎌"。《法句經》
卷2："雖獄有鉤鍱，慧人不
謂牢。"（T04，p571a）"鍱"，
明本作"鎌"。從形體看，
"～"即"鎌"。但根據經文
及可洪之説，作"鉤鍱"是，
作"鉤鎌"義不符。"～"有
可能爲"鍱"草寫之訛。

鍱
銅 ～，羊 接 反。
（ZD59-1005b）

壓　yè

壓
牢 ～，一 葉 反。
（ZD60-602c）

鎌　yè

鎌
鎌
銅鎌，羊接反。銅～，
同上。（ZD59-987a）
衛～，音葉。（ZD60-
62a）

黶　yè

黶
黶
月～，於琰、於葉二
反。（ZD59-870c）
～記，於葉反，面上
黑子也，或作壓，於
琰反。（ZD59-652a）
黶
點～，於葉反，面上
黑子也，正作黶。
（ZD60-53c）
黶
～處，上於葉反，面上黑
子也。（ZD59-1136b）

黑～，於琰、於葉二反，面上黑子也。
(ZD59-1134a)

衣 yī

～被，於祈反，正作衣也。(ZD59-650a)

從～，音衣，《論》偏袒字，從衣、旦作袒也。(ZD60-402c)

咿 yī

～撫脚，於者反，中步末反，下音池，上正作咿也，《思惟經》作聖婆，上又應和尚作許伊反，非。(ZD59-733b)

依① yī

～俙，上於豈反，下希豈反，《出三藏記》作依俙，上音衣，下音希也。(ZD60-343b)

苆 yī

～草，上音伊。(ZD60-588b) 按："～草"，經文作"伊蘭"。

咿 yī

噢～，音伊。(ZD60-355c)

唷～，於六反，下於尸反，悲也，正作噢咿也，上又于六反，非。(ZD59-763b)

俖 yī

～人，上於者反，正作伊。(ZD60-465c)

洢 yī

～洛，上音伊，水名也。(ZD60-589a)

怑② yī

悑～，郁伊二音，並俗也。(ZD60-276b) 按："悑～"同"啒咿""噢咿"。"～"同"咿"。《經律異相》卷32："我子薄命，乃值此殃，涕泣悑怑，事不得已，俛仰放捨。"(T53，p175c) "悑怑"，宋、元、明、宮本作"啒咿"。

唉 yī

～痾，上於其反，下烏嫁反，驢聲也。(ZD59-1060a) 按：《生經》卷5："嗚呼唉痾，純爲是驢，遂至老死，不復作馬。"(T03，p108a)

袆 yī

～案，上力與反，正作旅。(ZD60-248b)

按："～"乃"依"字，可洪以爲"旅"，不妥，詳見本書中篇"袆"字條。

挹③ yī

～讓，一入反。(ZD59-691b)

～攘，上一入反，下而亮反，正作挹讓也，並悮也。(ZD60-227a)

～人，上一入反。(ZD59-584b)

自～，一入反，正作挹。(ZD60-64c)

～讓，一入反，手著胸曰～也，又進也，正作挹字也。(ZD59-736c)

椅 yī

～攦（欐），上於綺反，下里擊反，並木名，上於宜反。(ZD60-581b)

瑝 yī

～醯，烏兮反，下火兮反。(ZD59-791c)

～麀，上伊兮反，下平兮反。瑝字，應和尚不切。(ZD60-357c)

————

① 又見"袆"字條。
② 又見"咿"字條。
③ 又見"榻"字條。

褘　yī

褘
妙～，於宜反，尼名
也，又許歸反。
(ZD60-606b)

褘褘
僧～，於宜反。
(ZD60-344a)

褘褘
名～，於宜反。
(ZD60-465a)

瞖① yī/yì

瞖
～説，上烏兮反。
(ZD60-442b) 按：
"～説"，對應佛經作"瞖説"
或"醫説"。《大唐西域求法
高僧傳》卷 1："雞貴者，梵
云矩矩吒瞖説羅。"(T51,
p2b)"瞖"，宋、元、明、宮本
作"醫"。"～"，譯音字，與
"醫"音近。

瞖
～羅，上伊兮、伊計
二反，龍名～羅鉢
也。(ZD60-12b)

瞖
～羅，上烏兮反、烏
計二反，或云伊羅，
或云藹羅鉢多行，經云藿
香，又火街反，非也。
(ZD60-63c)

瞖
～羅，上於兮反，龍
名也。(ZD60-604c)

漪　yī

漪
淪～，上力旬反，下
於宜反。(ZD60-
571c)

瑿　yī

瑿瑿瑿瑿瑿
～泥，上於兮反。
(ZD59-563c)

～泥，一兮反。
(ZD59-940b)

～泥，上於兮反，鹿
名。(ZD59-560b)

白～，烏兮反，正作
黳。(ZD60-260a)

黔　yī/yì

黔黔黔黔
～闍，同上，正作黳。
(ZD59-840a)

～哇，烏兮反，下許
至反。(ZD59-746a)

～闍，一兮反。黔
闍，同上，正作黳。
(ZD59-840a)

～者，於計反。
(ZD59-681b)

瑿② yī

瑿瑿瑿
～泥，上伊兮反，俣。
(ZD59-566c)

～療，上於其反，下力
照反。(ZD59-562c)

～人，上於其反。
(ZD60-12c)

醫　yī

醫
～詠，於其反，下真
忍反。(ZD59-964a)

鎣

～論，於其反。
(ZD59-957c)按："～
論"，對應佛經作"醫論"。
《菩提資糧論》卷 5："於中
書印算數，鑛論醫論，能減
鬼持被毒論等。"(T32,
p533c)

醫
拖～，失支反，下於
其反，上正作施。
(ZD59-821b)

醫醫醫醫醫
衆～，於其反，正作
醫。(ZD59-716c)

大～，於其反。
(ZD59-716c)

～，於其反。(ZD59-
716c)

法～，意其反，療也，
又作醫，同。(ZD59-
701c)按："法～"，對應佛經
作"法醫"。《普曜經》卷 7：
"佛爲法醫度脱衆生，因轉
法輪所度無極。"(T03,
p529c)

醫
詣～，上五計反，
至也，正作詣也，
又音諳，俣，下於其反。
(ZD60-6b)

鎣醫醫鎣
良～，於其反。
(ZD59-660c)

～藥，上於其反。
(ZD59-580c)

巫～，上文夫反，下於
其反。(ZD60-50b)

善～，於其反，正作
醫、瑿二音。(ZD60-

---

① 又見"醫"字條。
② 又見"瑿"字條。

413c)按："～"乃"鷖"，詳見
本書中篇"鷖"字條。

醫　去～,同上（醫）。
（ZD60-15c）按："去
～",對應佛經作"醫花"。
《根本説一切有部毘奈耶雜
事》卷29:"風吹去醫花,芳
香真可愛。"

鑿　去～,於計反,花名
也,正作翳。（ZD60-
15b）按："～",經文作"醫",
當是。

醫　yī

醫　～尼,烏兮反。
（ZD59-754c）

鷖　yī

鷖　～離,烏兮反。
（ZD59-796a）

夷　yí

夷　摩～,律云知摩夷
者,善於訓導宰任玄
綱也。（ZD59-620a）

夷　～易,羊脂反,平也,
下羊義反,不難。
（ZD59-856a）

夷　～狄,徒的反。
（ZD59-726a）

夷　～舸,古我反。
（ZD59-667c）

夷　～蹬,都鄧反。
（ZD59-568c）

夷　～蠻,莫奸反。
（ZD60-305b）

夷　～狄,徒的反。
（ZD59-951c）

夷　～敞,昌兩反。
（ZD59-669c）

夷　～滅,以脂反,毀也,
滅也。（ZD59-909a）

夷　～易,羊脂反,平也,
下羊義反。（ZD59-
760a）

夷　～亘,古鄧反。
（ZD59-642c）

夷　～驃,毗妙反。
（ZD59-804a）

夷　～蕩,上以脂反,平
也,下徒朗反,大水
皃也,開闢也,搖放也。
（ZD59-567a）

曳　～醯,以脂反,正作
夷,下火西反。
（ZD59-804a）

殔　～三,上音夷,滅也,
《開元釋教錄》行作
夷。（ZD60-447a）按："～"
乃"夷"字,詳見本書中篇
"殔"字條。

殔　～滅,上音夷,滅也。
（ZD59-1056a）按：
"～"乃"夷"字,詳見本書中
篇"殔"字條。

侇　～欺,音夷。（ZD59-
729c）

侇　～欺,羊脂反,等也,
行也,正作夷、侇二
形。（ZD59-729c）

异　yí/yì

异　～,音怡,已也,又余
志反。（ZD60-477a）

异　莫～,音異,又與之
反。（ZD59-590b）

异　～,音異。（ZD60-
201c）

异　何～,音異,舉也,退
也,別也,義與異同。
（ZD60-553c）

怡　yí

洽　～懌,正作怡,與之
反,下羊益反,悦樂
也。（ZD59-856a）

眙　yí

眙　東～,音陁,正作馳。
（ZD60-574b）按：
《廣弘明集》卷20:"南疆異
説,東眙雜賦。"（T52,
p243a）"眙",宋、元、明本
作"馳",宫本作"驰"。可
洪以"～"爲"馳"。《廣
韻·支韻》弋支切:"眙,東
眙縣,在樂浪。""～"疑爲
"眙",非"馳"。

移　yí/yì

移　婆～,羊支、羊義二
反,正作移。（ZD59-
717c）

移 閣～,上市遮反,下羊支、羊智二反,正作移也。(ZD59-717a)按:"～"乃"移"字,詳見本書中篇"移"字條。

移 舍～,尸者反,下羊義反。(ZD59-717a)

痍 yí

痍藦痍痍 瘡～,音夷。(ZD59-825a)

瘡～,羊胝反。(ZD59-683b)

金～,音夷。(ZD59-699a)

瘡～,音夷。(ZD59-631a)

金～,音夷。(ZD59-590c)

瘡～,音夷。(ZD59-735b)

貽 yí

貽 ～點,上與之反,遺也。(ZD60-539b)

詒 yí

詒 敬～,羊之反,贈言也。(ZD60-469b)

橇 yí

橇 格～,音移。(ZD60-371c)

橇 ～格,音各。(ZD60-369b)

蓡① yí

蓡 ～茄,正作蔬架,上音移,下音嫁,衣架也。(ZD59-1050c)按:《太子瑞應本起經》卷1:"八者篋笥衣被披在橇架,九者衆川萬流停住澄清。"(T03,p473c)"～茄",對應佛經作"橇架",可洪以爲"蔬架"。"橇"與"蔬"同,衣架。"～"通"蔬"。

疑 yí

惢 ～悔,火罪、火對二反,恨也,改也,正作悔,又武罪反,貪也,傳寫惢也。(ZD59-655b)

毼 ～聚,牛之反,惑也,正作疑。(ZD59-826b)

毼 ～猏,古縣反。(ZD59-638a)

毼 ～悔,上魚其反,正作疑。(ZD60-44b)

毼 ～恛,音冈。(ZD59-684c)

毼 狐～,音胡,正作狐。(ZD59-732a)

疑 擺～,上布買反,謂擺撥,搖動也。(ZD59-570a)

毼 除～,魚其反,恐也,惑也,不定也。(ZD60-44c)

毼 ～緢,正作隸,下九物反。(ZD59-875c)

遺 yí/wèi

遺遺遺 ～失,上以吹反。(ZD59-1078c)

～教,音維,餘也。(ZD59-722a)

貢～,維醉反。(ZD60-276a)

訑 yí

訑 ～懷,上羊支反。(ZD59-547c)

儀 yí

儀 狠～,上音兒,下自代反,製也,容儀製作似番人也,又音才。(ZD60-498c)按:"～",可洪音"自代反",蓋以爲"裁",不妥,對應經文作"儀",是。

儀儀儀儀 ～式,尸力反。(ZD59-603a)

～式,尸力反。(ZD59-593c)

豪～,上丘願反。(ZD60-514b)

～式,音識,法也,用也。(ZD59-702b)

～式,尸力反。(ZD59-615b)

————

① 又見"橇"字條。

儀儀

　〜孋，力計反，美也。
（ZD59-614a）

　〜式，尸食反。
（ZD59-665b）

頤① yí

頤頤頤頤頭顊頤頤頤頤顊顊頤頤頭顊

　滿〜，與之反。
（ZD59-914a）

　頂〜，與之反。
（ZD59-762a）

　〜方，與之反。
（ZD59-971a）

　〜相，羊之反。
（ZD59-744c）

　領〜，上古合反，下以之反。（ZD60-350c）

　支〜，與之反。
（ZD59-1106c）

　〜則，上與之反。
（ZD59-1068c）

　〜頷，上與之反，下戶感反。（ZD59-557b）

　〜善，與之反。
（ZD59-940c）

　解〜，上古雅反，下與之反。（ZD60-440c）

　頭〜，與之反，頷也，正作頤。（ZD60-209b）

　頰〜，古協反，下羊之反。（ZD59-841a）

　期〜，與之反。
（ZD60-555a）

　〜力，羊之反，養也，正作頤。（ZD59-823b）

頔顊

　期〜，與支反。
（ZD59-1038a）

　社〜，時夜反，下余秬反，並經文自切，下正作頤。（ZD59-711b）

顊

　憩〜，丘致反，下余秬反。（ZD59-711b）

蛦 yí

螏

　〜蝓，上音移，下音逾。（ZD60-352c）

按："〜"乃"蛦"。"蛦蝓"，蝸牛也。

彝 yí

彝

　〜倫，上羊脂反。（ZD60-439b）按："〜"乃"彝"。"彝"同"彝"。

嶷 yí

嶷嶷嶷

　〜然，宜力反。
（ZD59-663b）

　〜然，宜力反，山峰皃。（ZD59-663c）

　〜然，上牛力反，正作嶷。（ZD59-981c）

按："〜"乃"嶷"字，詳見本書中篇"嶬"字條。

嶷

　王〜，魚力反，人名，亦作嶷也。（ZD60-454a）

嶷嶷

　奇〜，魚力反。
（ZD59-587c）

　〜然，上魚力反。
（ZD59-594b）

嶷嶷嶷

　景〜，魚力反。
（ZD60-239c）

　〜以，上魚力反。
（ZD59-568a）

　〜然，牛力反。
（ZD59-714a）

　〜然，上魚力反。
（ZD59-592b）

顊 yí

顊

　〜頸，上與之反，下居郢反。（ZD60-302c）按："〜"即"顊"，乃"頤"字。

彝② yí

彝彝彝彝彝彝

　〜倫，以脂反，常也，法也，正作彝，下或作綸，絲也。（ZD59-966a）

　〜倫，上音夷，正作彝。（ZD60-557b）

　王〜，音夷。（ZD60-506a）

　〜倫，上以脂反。
（ZD60-550b）

　〜典，上音夷，常也，法也。（ZD60-537c）

　〜倫，上音夷，法也。
（ZD60-503b）

　〜倫，上羊脂反。
（ZD60-478a）

　〜綸，上以脂反。
（ZD59-902c）

---

① 又見"顊"字條。

② 又見"彝"字條。

已 yǐ

產～，羊耳反，記也，正
作已。（ZD60-261b）
退～，上他對反。
（ZD59-605a）

以 yǐ

～微柴插，一羊止
反，下一楚洽反，上
正作以也，又音乱，非也。
經云有長者子名賢乱，以微
柴插其地，是也。（ZD59-
768b）

～砌，七細反。
（ZD59-981a）

吟 yǐ

婆～，烏禮反，正作
吟、詅二形也。
（ZD59-632b）

剌～，郎達反，下一
禮反。（ZD59-801b）
肥～，戶西反，正作
兮也，又烏亂反，非。
（ZD59-813a）按："肥～"，對
應佛經作"肥呼"或"肥吟"。
《尊勝菩薩所問一切諸法入
無量門陀羅尼經》卷1："阿
波伽多肥呼欣斯阿波伽多
肥呼欣斯目呿波利簸。"
（T21，p846a）"呼"，宋、元、
明本作"吟"。從形體看，
"～"即"吟"字，譯音字，可
洪以為"兮"，恐非。

喇～，一禮反。
（ZD59-880b）按：
"喇～"，對應佛經作"喇
吟"。《大吉義神咒經》
卷3："吟喇吟，旨喇吟。"
（T21，p574c）

剌～，伊禮反。
（ZD59-568a）

矣 yǐ

是～，于起反。
（ZD59-736c）
生～，于起反，正作
矣。（ZD59-699b）
者～，于起反。
（ZD60-426c）

宸 yǐ

端～，於豈反。
（ZD59-958b）
玉～，於豈反。
（ZD59-659a）
宸～，市人反，下衣
豈反。（ZD59-951b）

捼 yǐ

～右，上於綺反，依
附物也，正作倚，古
經多作猗也，又居宜、居綺
二反，並非。（ZD59-1021a）
按："～右"，對應佛經作"猗
右"或"倚右"。《梵網六十
二見經》卷1："中夜猗右脅
累兩足而臥。"（T01，
p265c）"猗"，元、明本作

"倚"。從形體看，"～"即
"猗"，經文中通"倚"，依
靠也。

佷 yǐ

屏～，同上，於豈、烏
對二反。（ZD60-
73c)按："～"通"扆"。

～處，上於豈反，藏
也，如屏風之後屏
蔽之處也，正作依、扆二形
也。（ZD60-74b）按："～"
通"扆"。

猗① yǐ

～樂，上於綺反，正
作倚、猗二形也。
（ZD60-159a)按："～"，經文
作"猗"。

所～，於綺反，依也，
正作倚。（ZD59-
654a）

旎 yǐ

莂～，上力爾反，下
羊爾反。（ZD60-
594b）

蟻 yǐ

蟲～，宜豈反。
（ZD59-891b）

———

① 又見"捼"字條。

蟻 yǐ

蟻
犧
蟻
蛾

鎧

者～，牛豈反。
(ZD60-361a)

虫～，直中反，下魚
綺反。(ZD59-648b)
蚕～，牛綺反。
(ZD59-684b)
蠅～，羊陵反，下莫
結反。(ZD59-852b)
按："蠅蟻"，佛經中常用。
"～"蓋是"蟻"之訛，可洪以
爲"蟻"，恐誤。

艤 yǐ

艤

～掉，上魚綺反，幹
(斡)也，附也，整舟向
岸也，下宅兒反，進船木也，
正作棹也。(ZD60-484b)

齮 yǐ

齮

～齚，上魚綺反，下
竹皆反，正作齘、齯
二形。(ZD59-1095c)

齮

～齾，魚綺反，側齒
齾也，《樓藏經音》作
齯，在詣反，非也，下五結
反，齴也。(ZD59-705c)按：
"～"即"齮"。《正法華經》
卷2："鬪相齮齾，音聲暢
逸，其舍恐畏，變狀如是。"
(T09，p76c)

乂 yì

乂

俊～，上即峻反，下魚
吠反。(ZD60-445c)

刈 yì

刈
刘
刈
刈

～色，上牛吠反。
(ZD59-591a)
收～，尸由反，下牛
吠反。(ZD59-683b)
～嫉妬，上魚吠反。
(ZD59-614b)
詫沃～，他可反，中
烏毒反，下魚吠反。
(ZD59-793b)

叉

～去，魚例反，芟也，
正刈也，悮。(ZD59-
826b)

刈

～時，牛例反，割也，
正作刈也，又初加
反，非也。(ZD59-950a)

刈

～足，魚吠反。
(ZD59-778a)

刈

～薪，牛吠反，下古
顏反，茅別名。
(ZD59-686b)

刈

～去，魚吠反。
(ZD59-650c)

刈

～草，牛吠反。
(ZD59-684a)

刈

當～，牛例反。
(ZD59-699b)

刈

～已，上牛例反。
(ZD59-981c)

仡 yì

仡

～然，上魚乞、許乞
二反，壯兒也。
(ZD60-479b)

扨 yì

扨

打～，上丁定反，下
以力反。(ZD60-
378c)按："～"乃"杙"。

芅 yì

芅

作～，羊力反。
(ZD60-377a)

屹 yì

屹

作～，同圪。(ZD60-
371a)

伇 yì

傜
伇
伇

傜～，余招反。
(ZD59-777b)
鞁～，上居宜反。
(ZD60-265c)
戍～，上尸遇反。
(ZD60-514c)

忎 yì

忎

懲～，直陵反，下魚
吠反。(ZD59-753a)

亦 yì

点
孤

灰～，上呼迴反，下
羊益反。(ZD59-
1109b)
～應，上羊益反，正
作亦。(ZD60-159b)

𠂔　笮～,上阻革反,屋棧板也,下音亦。(ZD59-1045a)

𠂔　～𢈥,音父,正作腐。(ZD59-1045a)按:"～"乃"亦",詳見本書中篇"𠂔"字條。

夆　～不,羊益反。(ZD59-924c)

𢎀　～作,音亦。(ZD59-848b)

忢 yì

忢　暴～,上步報反,下魚既反,怒也。(ZD60-409b)按:"～"乃"忢"。

找 yì

找　牙～,羊力反,正作杙。(ZD60-19a)

抑① yì

抑
柳
抑
抑
抑　～亦,於力反,按也,美也。(ZD59-653a)
～制,於力反。(ZD59-731c)
則～,於力反,正作抑。(ZD60-241c)
～伏,於力反,安也,屈也。(ZD59-833b)
～縱,衣力反,下子用反。(ZD59-661b)
自～,音憶。(ZD59-583b)

柳
抑
抑
柳　～難,於力反,下奴歟反。(ZD59-954a)
～制,上於力反。(ZD59-613b)
～令,於力反。(ZD59-727b)
～挫,衣力反,下子卧反。(ZD59-755a)
～此,同上,意也,推也,按也。(ZD59-972a)

抑　～揚,上於力反,按也,正作抑。(ZD60-485c)

柳
抑　～按,於力反。(ZD59-869b)
～成,衣力反。(ZD59-972a)

挬　～夸,上於力反,屈也,按也,正作抑也,下苦花反。(ZD60-457a)

柳　～制,於力反,正作抑也,又力酉反,悮也。(ZD59-648c)

抑　裁～,衣力反。(ZD59-688b)

柳　～上,衣力反,按也,推也,意也,正作抑,又力酉反,悮。(ZD59-740a)

抑　譃～,上書去反,莫也,下於力反,屈也,正作庶抑也,上又音斫,欺也,悮。(ZD60-168a)

柳　～叉,於力反,咒名也,正作抑。(ZD59-918c)

坳 yì

坳
坳　～筆,上於力反,按也,《川音》作撱,奴沃反,非。(ZD60-475a)按:"～筆",對應佛經作"抑筆"。"～"即"抑"字之訛。構件"土"與"扌"相混。《續高僧傳》卷12:"千行徒洒,百身寧贖,未能抑筆,聊書短銘。"(T50,p521c7)

杙② yì

杙
栈　樴～,上徒得反,下羊力反。(ZD60-375a)
鐵～～,一天結反,下二羊力反,橛也,正作杙也。(ZD59-911c)

栈
杙
杙
杙
枂　～瓮,上羊力反,正作杙也。(ZD59-983b)
牙～,羊力反,正作杙。(ZD60-37b)
牙～,羊力反,正作杙。(ZD60-72c)
牙～,羊力反,正作杙。(ZD60-38b)
繫～,羊力反,正作杙。(ZD60-38a)
牙～,羊力反。(ZD59-1128b)

―――

①　又見"坳""柳""柳"字條。
②　又見"找""找""杙""杙"字條。

劾　yì

劾　恘～，堂朗反，下羊一反。(ZD59-864a)

牫　yì

牫　打牫打～，同上。(ZD60-20c)按:"～"乃"牫"。

佚　yì

佚
侁　秦～，羊一反，正作佚。(ZD60-559b)

侁　秦～，音逸，《辯正論》作秦佚，第八卷作秦矢。(ZD60-559a)

役①　yì

役　苦～，音役。(ZD59-658a)

侵　隸～，上力計反。(ZD59-586b)

侵　鞦～，居宜反。(ZD59-776a)

侵　偠～，羊招反，使也。(ZD59-694c)

侵　厮～，息疵反。(ZD59-642a)

抴　yì

抴　～孺，以世反，下而注反。(ZD59-746a)

抴　來～，羊世反，牽引也。(ZD59-852b)

桺　yì

桺　～引，上衣力反。(ZD60-569a) 按:"～"乃"抑"字。《廣弘明集》卷18:"順推遷而抑引。"(T52，p222a)

易　yì

易
易　貿～，莫候反。(ZD59-646a)

易　貿～，上莫候反。(ZD59-601a)

疙　yì

虎
疙
虎
疮　～囇，魚訖反。(ZD59-782c)

癡～，魚訖反。(ZD60-77b)

～里，魚乙反。(ZD59-876a)

寧～，魚近(迄)反，經自切。(ZD59-590c)

洗　yì

洗　淫～，羊林反，下羊一反，又作洗。(ZD59-657c)

妷　yì

妷　～夫，上羊一反，《應和尚經音》作妷夫

也。(ZD59-585a)

妷
妷
妷
妷　娃～，羊一反。(ZD59-1019c)

娃～，羊一反。(ZD59-726b)

娃～，羊一反，放嫁也。(ZD59-584c)

娃～，羊一反，正作妷。(ZD59-1031c)

柸　yì

柸　東～，以世反，撼(橄)也，掉(棹)也。(ZD60-579c)

枘　yì

枘　梁～，羊力反，正作杙、弋二形也，又音伐，悮。(ZD60-307c) 按:"～"乃"杙"字，詳見本書中篇"枘"字條。

栁　yì

栁　自～，於力反，悮。(ZD60-242a) 按:"～"即"抑"。

弈　yì

弈
弈　赫～，呼挌反，下羊益反。(ZD59-772c)

～～，音亦，美也。(ZD59-707c)

———

① 又見"役"字條。

奕 yì（異體）

赫～,音亦。(ZD60-245b)

赫～,上呼挌反,下羊益反,盛美皃也,正作弈也。(ZD60-1c)

赫～,呼挌反,下羊益反。(ZD59-894b)

奕 yì

則～,音亦。(ZD60-551c)

～～,羊益反,美皃也。(ZD59-766c)

赫～,呼格反,下羊益反。(ZD59-668b)

赫～,上呼格反,下以益反。(ZD59-558a)

～～,音亦,美也。(ZD59-567a)

疫 yì

～病,上音役,正作疫。(ZD59-622b)

～氣,余碧反,下去既反。(ZD59-716b)

～蝗,上唯碧反,下音皇。(ZD59-631a)

羿 yì

～淚,上音詣,古能射人名也,正作羿。(ZD60-562b)按:"～"乃"羿",詳見本書中篇"羿"字條。

挹 yì

～之,一入反。(ZD59-968c)

～清,上一入反,酌也。(ZD60-1b)

傷 yì

見～,羊義反。(ZD60-364b)

益 yì

～集,上於亦反,正作益。(ZD59-587c)

徒～,達胡反,空也。(ZD59-769c)

愊 yì

～然,衣及反。(ZD59-943c)

場 yì

壜～,上居良反,下羊益反。(ZD60-325a)

異 yì

挺～,徒頂反。(ZD59-641c)

～塌,音塔。(ZD59-641b)

詭～,上居委反。(ZD59-593a)

逸 yì

～群,羊一反。(ZD59-965b)

誼～,許元反。(ZD59-936a)

倡～,尺羊反。(ZD59-941c)

放～,音溢。(ZD59-719b)

放～,羊一反。(ZD59-925c)

無～,羊一反,正作逸。(ZD59-832c)

放～,羊一反。(ZD59-924b)

傲～,上五告反。(ZD59-595c)

放～,羊一反。(ZD59-966a)

玻 yì

玫～,音枝,下音亦。(ZD59-748b)

梀 yì

曲～,羊益反。(ZD59-736b)

枝～,音亦,葉也。《大般若經》作枝葉也。(ZD59-572b)

蚾　yì

蚾　～蜴，上羊昔反，下
先擊反，此經文俗
用也，《經音義》作蜴蜥，上
音亦，下音錫，此呼正。
(ZD59-852c)

鉂　yì/yuè

鉂　鐵～，羊力反，檃也，
正作杙。（ZD59-
615c）按：“～”乃“杙”字，詳
見本書中篇“鉂”字條。

鉂　～斧，上云月反。
（ZD60-242c）按：
“～”乃“鉞”。

絠　yì/zhǎ

絠　囉～，夷至反。
(ZD59-625a)

絠　播～，與繓字同，知
賈反，又羊至反，悮。
(ZD59-787b)按：“～”，經文
中乃“繓”之訛。《不空罥索
神變真言經》卷24：“播繓(知
賈反下同音)攞迦(斤邏反下
同音)粒(楞邑反)閉瓢(入十
三句)。”(T20, p362b)

欼　yì

欼　歁～，乙冀反，美也，
正作懿、懿。(ZD59-
764a)按：“～”乃“懿”字，詳
見本書中篇“欼”字條。

詣　yì

詣　造～，七到反。
(ZD59-681a)

詣　～醫，上五計反，至也，
正作詣也，又音調，
悮，下於其反。(ZD60-6b)

裔①　yì

裔　爾～，以世反。
(ZD59-795a)

裔　苗～，以世反。
(ZD60-181a)

裔　苗～，以世反。
(ZD60-258c)

裔　華～，戶花反，下以
世反。(ZD59-708b)

裔　多～，以世反。
(ZD59-882a)

裔　那～，以世反。
(ZD59-804a)

裔　繁～，音煩，下音曳。
(ZD59-726a)

裔　多～，音曳，正作裔。
(ZD60-297b)

裔　又(叉)～，以世反，正
作裔。(ZD59-623a)

裔　搖～，余世反，苗～
也，容～也。(ZD59-
592c)

裔　苗～，以世反。
(ZD59-1009c)

裔　～普，同上。(ZD59-
882a)

裔　娑～，以世反。
(ZD59-630a)

裔　yì

裔　尼～，以世反。
(ZD59-798a)

裔　邊～，以世反。
(ZD60-204b)

裔　叉～，初加反，下以
世反。(ZD59-717b)

義　yì

義　揣～，初委反。
(ZD59-722b)

義　～式，音識。(ZD59-
854a)

溢　yì

溢　潦～，郎告反，又音
老。(ZD59-639b)

溢　豐～，芳風反，下寅
一反。(ZD59-660a)

祂　yì

祂　縫～，下羊益反，正
作祂。(ZD60-536b)

勩　yì

勩　疲～，余世反，勞也，
又羊至反，並正作勩
也。(ZD60-432a)

斁②　yì

斁　穰～，而羊反，下羊
力反。(ZD59-727b)

---

① 又見“裦”字條。
② 又見“斀”字條。

按："〜"即"歔"。

麬　麥〜，羊力反。（ZD59-680a）

麬　麥〜，羊力反。（ZD59-692b）按："〜"即"歔"。

越　稍〜，古玄反，下羊力反，正作歔。（ZD59-939c）按：《瑜伽師地論》卷39："譬如世間稍歔葉聚。"（T30，p510b）

麬　穓〜，上古猛反，下以力反。（ZD59-601a）

我　草麬，羊力反，正作〜、歔，或作麬、麬四形，《川音》音莎，非義也。（ZD59-956c）按："〜"即"歔"字。

麬　草麬，羊力反，正作我、歔，或作麬、〜四形，《川音》音莎，非義也。（ZD59-956c）按："〜"即"歔"字。

麬　草〜，羊力反，正作我、歔，或作麬、麬四形，《川音》音莎，非義也。（ZD59-956c）按："〜"同"歔"，詳見本書中篇"麬"字條。

麬　草麬，羊力反，正作我、歔，或作〜、麬四形，《川音》音莎，非義也。（ZD59-956c）按："〜"即"歔"字。

麬　〜草，上古八反，槀也，稈也，正作秸也。（ZD59-591b）按："〜草"，對應佛經作"歔草"。《大寶

積經》卷11："或現其身臥荊棘上，或現臥歔草上，或臥土上。"（T11，p61a）"〜"，可洪以爲"秸"，不妥。

麬　掃〜，羊力反，正作歔。（ZD60-31b）按："〜"即"歔"。

蝪① yì

蝪　〜蜡，羊益反，下先擊反，下正作蜥也，下又七去、仕嫁二反，非。（ZD59-874b）

蝪　虫〜，音亦，又或作蝪，唐、湯二音。（ZD59-1081a）

譶 yì

譶　義〜，羊益反，正作譯。（ZD60-401b）按："〜"乃"譯"字之訛。

廙 yì

廙　迎〜，異、弋二音。（ZD59-863b）

廙　敬〜，羊至、羊力二反，恭也，敬也。（ZD59-864b）

歔 yì

歔　把〜，北馬反，下羊力反。（ZD59-641a）按："〜（歔）"乃"歔"字，詳見本書中篇"麬"字條。

億 yì

憧　〜黨，都朗反。（ZD59-818a）按："〜"，經文作"億"。

誼 yì

誼　散〜，魚寄反，宜也，與義同。（ZD59-731a）

誼　經〜，音義。（ZD59-828c）

瘗 yì

瘗　〜葬，上於例反，埋也。（ZD60-410c）

瘗　埋〜，於例反，正作瘗。（ZD60-346a）

瘗　〜其，上於例反。（ZD60-413a）

瘗　〜藏，上於偈反，正作瘗。（ZD60-497a）按："〜"乃"瘗"字，詳見本書中篇"瘗"字條。

毅 yì

毅　猛〜，魚既反。（ZD59-647c）

毅　嚴〜，魚既反。（ZD60-471a）

毅　雄〜，魚既反，果敢也，武士名。（ZD59-868b）

————

① 又見"蛈"字條。

毅 傅～，上方務反，下魚
既反。(ZD60-262a)

羧 剛～，疑既反。
(ZD59-939a)

羧 剛～，魚既反。
(ZD59-631c)

羧 ～之，上魚既反。
(ZD60-431b)

羧 弘～，魚既反，果敢
也，正作毅。(ZD59-
731a)按："～"乃"毅"，詳見
本書中篇"羧"字條。

羧 法～，魚既反，果～
也。(ZD59-903a)

羧 猛～，魚氣反。
(ZD59-701a)

羧 剛～，魚既反。
(ZD59-650c)

羧 武～，魚既反。
(ZD59-1046b)

羧 傅～，魚記反。
(ZD60-331c)

羧 勇～，宜既反。
(ZD59-987a)

羧 傅～，魚既反。
(ZD60-353a)

羧 傅～，魚既反。
(ZD60-311c)

羧 傅～，魚既反，正作
毅。(ZD60-544b)

羧 張～，魚既反。
(ZD60-535b)

羧 猛～，牛既反，止作
毅。(ZD59-911b)
按："～"乃"毅"字，詳見本
書中篇"羧"字條。

羧 嚴～，魚既反。
(ZD60-237a)

羧 猛～，魚既反。
(ZD59-991a)

根 探～，音貪，下魚既
反，果敢也，正作毅
也。(ZD59-708a)按："～"，
經文作"毅"。

熠　yì

熠 ～燿，羊立反。
(ZD59-745a)

瞖　yì

瞖 ～膜，伊計反，下母
各反。(ZD59-668c)

醫 ～膜，於計反，下目
各反。(ZD59-945a)

瞖 無～，一計反。
(ZD60-136b)

瞖 ～眩，上音瞖，下音
縣。(ZD59-559a)

瞖 昏～，一計反。
(ZD59-564b)

瞖 ～妮，上烏計反，下
尼爾反，正作狔
(ZD59-593b)

瞖 ～闇，伊計反。
(ZD59-966b)

瞖 ～膜，音瞖，下音莫。
(ZD59-781a)

瞖 ～目，上烏計反，惧。
(ZD60-142a)

瞖 眩～，音縣，下一計
反。(ZD59-738c)

瞖 患～，一計反。
(ZD59-669b)

殪　yì

殪 消～，伊計反。
(ZD59-831b)

暳　yì

暳 常～，一計反。
(ZD59-745a)按：
"～"，對應經文作"暳"，另
見本書中篇"暳"字條。

暳 ～鄣，於計反，正作
暳。(ZD59-971a)

暳 ～障，一計反。
(ZD59-853b)

劓　yì

劓 刖～，魚越反，下魚
至反。(ZD59-858b)

劓 ～耳，上魚利反。
(ZD59-596c)

劓 及～，魚利反。
(ZD59-598a)

劓 劓削，宜器反，割鼻，
《經音義》作～耶。
(ZD59-851c)

懌　yì

懌 適～，尸石反，下羊
益反。(ZD59-782b)

懌 怡～，羊益反。
(ZD59-695a)

懌 悦～，羊益反，樂也。
(ZD59-587b)

悍
欣～，羊益反，悦也，樂也，改也，正作懌。
(ZD60-265c)

懌
悦～，音亦。(ZD60-456b)

懌
適～，尸石反，下羊益反。(ZD59-782b)

縊　yì

縊
～伊，一計反，正作縊。(ZD59-873a)

縊
～溫，於賜、於計二反。(ZD59-783a)

翳　yì

翳
覆～，一計反。(ZD60-38b)

翳
～瞙，一計反，障也，下毛各反，皮也。(ZD59-740a)按："瞙"，可洪音"毛各反"，訓"皮"，蓋以爲"膜"，不妥，應爲"瞙"。

翳翳翳翳翳翳
無～，於計反。(ZD59-728b)
～瞙，伊計反，下母各反。(ZD59-661b)
無～，於計反，障也，正作翳。(ZD59-718c)
～藏，一計反。(ZD59-649a)
～覆，一計反，下芳富反。(ZD59-912a)
幽～，於計反，正作翳。(ZD59-647c)
膚～，上方無反，下於計反。(ZD59-575b)

翳翳翳
～薈，烏外反。(ZD60-358b)
～眩，於計反，下音縣。(ZD59-968b)
所～，於計反。(ZD59-957a)

襃　yì

襃襃襃
耶～，移世反。(ZD59-721b)按："～"即"襃"，乃"裔"字。
～突，以世反，下頭骨反。(ZD59-714a)
涕～，音曳。(ZD59-837c)

燡　yì

燡
～～，爲鬼反，經本作煒也，又音亦，火盛兒也，非。(ZD60-269a)按："～～"，可洪以爲"煒煒"，非，經文作"燡燡"，光耀貌。

癘　yì

癘癘癘
寐～，彌利反，下魚祭反。(ZD59-869b)
～語，上牛列反。(ZD59-598b)
～語，魚例反，睡語也。(ZD59-954a)

翼　yì

翼
朋～，羊力反。(ZD59-938c)

豔　yì

豔
～戚，上乙冀反。(ZD60-470a)按："～戚"，對應佛經作"懿戚"。《續高僧傳》卷8："上洛王高元海，膠州刺史杜弼，並齊朝懿戚重臣，留情敬奉。"(T50，p487b)"～"同"懿"。

藝　yì

藝
～語，魚世反，病人亂言也，正作囈。(ZD59-736c)按："～語"之"～"，乃"囈"之借。

藝藝藝藝
術～，魚祭反，正作藝。(ZD59-905c)
伎～，音藝。(ZD59-747b)
伎～，巨綺反，下五例反。(ZD59-719c)
技～，奇倚反，下魚計反。(ZD59-663b)
～語，上魚世反，睡語也，正作囈。(ZD59-1107b)按："～"即"藝"，乃"囈"之借。

藝藝藝
才～，音藝。(ZD59-961b)
技～，巨倚反，下魚祭反。(ZD59-668a)
適無～，上音釋，嫁也，下魚世反。(ZD59-696a)

藝
伎～，上巨綺反，下魚祭反。(ZD59-983a)

埶　伎～，魚例反。
(ZD59-991a)

憄　yì

憄　～語，上藝、衛、際三
音，睡語也，亦作寱
也。(ZD60-34a)按：《四分
律》卷 32：“又見諸妓人所
執樂器，縱橫狼藉，更相荷
枕，頭髮蓬亂，却卧齁睡，齞
齒寱語。”(T22，p789b)
“～”與“寱”同，說夢話。

寱①　yì

寱　～語，上魚例反，睡
語也。(ZD60-142c)
寱　～語，魚祭反。
(ZD59-1118b)
寱　～言，上魚祭反。
(ZD59-594b)

繹　yì

繹　尋～，音亦。(ZD59-
604a)

譯②　yì

襗　～辰，羊益反，傳言
也，飜～也，正作譯
也，悮。(ZD59-902c)

囐　yì

囈　謿～，竹交反，下魚
祭反，諸經作嘲讛，

五介反。(ZD59-828c)

讇　謿～，竹交反，下魚
例反，正作囐也，又
應和尚云合作讈，五戒反，
嘲弄也。(ZD59-710a)

讘　～語，上五世反，獨
處亂言也，如今人哭
辭獨言之義也，正作囐。
《川音》作諢，苦駕反，宜囐
呼。(ZD60-190c)

讈　～語，上魚祭反，正作
囐。(ZD59-1023a)

嚙　yì

齧　～咥，烏計反，下顯
利反。(ZD59-745b)
按：“～”，譯音字，無實義。

鷁　yì

鶂　鯨～，上巨京反，下
五歷反。(ZD59-
1082a)按：《佛本行集經》卷
26：“水牛狐兔，犎牛狙玃，
摩竭鯨鶂，師子虎狼，熊羆
禽猫，獼猴豺豹，野干狸狗，
諸如是等，種種形容，作大
恐怖。”(T03，p777a)

懿③　yì

懿　純～，乙冀反。
(ZD60-341c)
懿　歟欽，乙冀反，美也，
正作懿、～。(ZD59-
764a)

懿　～，上乙冀反。
(ZD60-33c)
懿　歌～，乙冀反，美也。
(ZD59-765c)
懿　天～，乙冀反，悮。
(ZD60-349a)
懿　～竊，上乙冀反，後
又作懿。(ZD60-
331b)
懿　淵～，上於玄反，下
於冀反。(ZD59-
587a)
懿　淵～，上於玄反，下
於冀反，正作淵懿
也。(ZD59-587b)
懿　～沙，上乙冀反，正
作懿、懿二形。
(ZD59-610c)
懿　～列，上乙冀反。
(ZD60-506a)
懿　～師，同上（懿）。
(ZD60-254c)
懿　爲～，乙冀反，美也，
大也，温柔聖克也，
正作懿也。(ZD60-297b)
按：“～”乃“懿”字，詳見本
書中篇“懿”字條。

懿　～此，乙既反，山名。
(ZD59-673c)
罄　～乎，上冬沃反，察
也，理也，正也，正作
督、替二形也。序云督乎富
也，何過此經，外國登高座
者，未墜於地，是也。又《經

① 又見“憄”“寱”字條。
② 又見“諢”字條。
③ 又見“欽”“䶍”字條。

音義》作𧮫，應和尚以懿字替之，非也。懿，乙冀反，非義。又《西川經音》作磬，厚大師云《出三藏記》作磬，苦定反，並非也。當藏《出三藏記》云聲乎富也。聲，尸盈反，亦非也。（ZD60-153a）按：《尊婆須蜜菩薩所集論》卷1：“懿乎富也，何過此經。外國昇高座者，未墜於地也。”（T28，p721a）根據經文文意“～”乃“懿”，美也。可洪以爲“督”，恐不妥。《宋高僧傳》卷27：“懿乎，智者慈恩，西域之師焉得不宗仰乎！”（T50，p880a）

𧮫　作～，冬沃反，察也。理也，正作督也，應和尚以𧮫字替之，非也。（ZD60-384c）按：“～”應爲“懿”，可洪以爲“督”，不妥。

驛　yì

驛　～使，上羊歷反，馬也。（ZD59-603c）

鸐　yì

鸐　鸐～，上疾茲反，下乙冀反。（ZD60-357b）

讛　yì

讛　～語，上魚祭反，正作囈。（ZD59-1023a）

瞖　yì

瞖　～嚋，上於計反，下無可、無个二反。（ZD59-601b）

瞖　～障，一計反。（ZD59-853b）按：“～”乃“瞖”。

因　yīn

囙田囚囯囤囙　～共，一真反。（ZD59-769b）
甫～，音府，下音因。（ZD59-755b）
～緣，一真反。（ZD59-919b）
爲～，於真反，託也，正作因。（ZD59-897a）
～提，上於人反。（ZD60-241c）

茵　yīn

柤茵茵茵茵　～褥，音因，下音辱。（ZD59-719a）
～蓐，音因，下音辱。（ZD59-909a）
重～，音因。（ZD59-669b）
～蓐，音因，正作茵，下而欲反，上悞。（ZD59-666a）
～支，上胡灰反，正作茴也。（ZD60-455a）按：“～支”，對應經文

作“胭脂”或“茵灰”“燕脂”。《高僧傳》卷9：“能役使鬼物，以麻油雜胭脂塗掌。”（T50，p383b）“胭脂”，宋、元、明本作“燕脂”，宮本作“茵灰”。“～”乃“茵”，可洪以爲“茴”，恐誤。

音　yīn

音　啄骨，～卓，鳥鴒物。（ZD59-766c）

姻　yīn

姻姻　～媛，上音因，下袁、院二音。（ZD60-371a）
～媛，上音因，下音院，美女也，助也，下又于光反，相連引也。（ZD59-1046a）

陰　yīn/yìn

陰陰陰陰陰　色～，音陰。（ZD60-90b）
～藏，於今反。（ZD59-906b）
五～，於今反。（ZD59-724c）
五～，於今反。（ZD59-719b）
示～，於今反。（ZD59-716c）
埋～，於今反，正作陰。（ZD59-699b）

陰
～雨，於今反。
(ZD59-673c)

陰
垂～，於今反。
(ZD59-661c)

陰
～上，上於今反。
(ZD59-618a)

陰
～牆，上於今反，下
自羊反。（ZD60-
587c)按："～"即"陰"，詳見
本書中篇"陰"字條。

陰
五～，於今反。
(ZD59-582c)

陰
五～，於今反。
(ZD59-571c)

陰
～慘，倉感反，日暗
也。（ZD60-125b）
按："～慘"，對應佛經作"陰
慘"。《阿毘達磨大毘婆沙
論》卷171："見天陰慘寒切
風雨，多人闹亂，大衆聚
集。"(T27, p863a)

陰
～乾，上於禁反。
(ZD60-16c)按："～
乾"，對應佛經作"陰乾"。
《根本説一切有部毘奈耶雜
事》卷34："又轉乾衣日曝，
濕者陰乾。"(T24, p377a)

陰
淡～，徒甘反，下於
禁反，心上水也，正
作痰瘂。(ZD59-812c) 按：
"～"即"陰"，通"瘂"。

陰
澹～，徒甘反，下於
禁反。(ZD59-961a)

陰
中～，於禁反，正作
陰。(ZD60-172c)

陰
了～，於禁反。
(ZD59-609b)

陰
澹～，音談，下於禁
反，正作痰瘂。
(ZD59-690a)

陰
～蓋，於禁反。
(ZD59-676a)

陰
此～，於禁反。
(ZD59-950a)

陰
幾～，於今反，去聲
呼。(ZD60-90c)

陰
識～，於禁反。
(ZD59-735c)

陰
～蓋，於金反，去聲
呼。(ZD59-732b)

陰
淡～，徒甘反，下於
禁反，正作痰瘂。
(ZD59-719a)

陰
知～，於禁反。
(ZD59-619b)

愔　yīn

愔
蔡～，上倉大反，下
於心反。（ZD60-
262a)按："～"乃"愔"。《釋
迦方志》卷2："陛下所夢將必
是乎？帝乃遣郎中蔡愔博士
秦景等，從雪山南頭懸度道，
入到天竺。"(T51, p969a)

湮　yīn

湮
沉～，音因，落也。
(ZD59-829c)

愔①　yīn/yìn
愔
～～詠，上音惜，中
於心反，下于命反，

別本作惜惜也。（ZD60-
598a)按："～～"，經文作
"愔愔"。《廣弘明集》卷
30："靖壹潛蓬廬，愔愔詠初
九。"(T52, p350b)

愔
～隘，宜作暗，於禁
反，暗呃，不平聲也。
上又心反，靖也。(ZD59-
977c)按："～"，可洪以爲
"暗"。

絪　yīn

絪
～緼，上於真反，下
於云反。（ZD60-
355b)

禋②　yīn

禋
～倿(佞)，上於人
反，下奴定反。
(ZD60-383b)

慇　yīn

慇
～多，上於斤反。
(ZD59-622b)

慇
～有，上於斤反。
(ZD59-1106c)

慇
～勤，於斤反。
(ZD59-677b)

慇
～猥，烏罪反。
(ZD60-224b)

慇
～懃，於斤反，不惓
也。(ZD59-897c)

① 又見"愔"字條。
② 又見"禋"字條。

慇憖慇憖

～勤，上於斤反。（ZD59-603c）

～重，上於斤反，慇也，正作慇。（ZD60-84b）

～慇，上於斤反，正作慇。（ZD59-1004b）

～繁，於斤反，下扶番反。（ZD59-698b）

瘖　yīn

瘖瘖瘖瘖瘖喑

～瘂，於今反，下烏下反。（ZD59-753b）

～瘂，上於今反，下烏雅反。（ZD59-572a）

～瘂，於今反，下烏下反。（ZD59-739c）

～瘂，於今反，下烏雅反。（ZD59-824a）

～者，上於今反，瘂也，正作瘖。（ZD59-608c）

鞇　yīn

鞇

作～，音因，車中靈席。（ZD60-403b）

駰　yīn

駰

萬～，因、殷二音。（ZD59-585c）

吟　yín

琴

作～，牛今反，咏也，長引聲曰～。（ZD60-385a）

喥

啾～，上子由反，下魚今反，正作吟。（ZD60-177b）

垠　yín

垠

山～，魚斤、五根二反，界也。（ZD60-547a）

限

無～，五根、魚斤二反，岸也，正作垠。（ZD59-773a）

猐　yín

猐

～～，音銀，爭也。（ZD59-1049a）

噖　yín

噖

奴～，逆林反，經自切。（ZD59-1087c）

崟　yín

崟崟

岑～，音吟。（ZD60-388c）

歆～，上丘今反，下魚今反，下集作岑，非也。（ZD60-593b）

淫① yín

汪汪

有～，羊林反，正作淫。（ZD59-827b）

攻～，古冬反，下羊林反。（ZD59-709a）

滛

～怒癡，羊林反，中奴故反，下丑之反。（ZD59-649c）

淫淫淫淫

～泆，上余林反，下余一反。（ZD59-619b）

無～，同上（淫）。（ZD59-827b）

～怒，羊林反。（ZD59-670c）

～泆，上以林反，下以一反。（ZD59-572c）

滛滛

～泆，上音婬，下音溢。（ZD59-579b）

～妷，上羊林反，下羊一反。（ZD59-581c）

滛

～泆，羊林反，下羊一反。（ZD59-645b）

淫

～女，上羊林反，正作淫、婬。（ZD59-1057c）

淫

～泆態，羊林反，中羊一反，下他代反。（ZD59-672b）

淫淫

弊～，毗祭反，下羊林反。（ZD59-822c）

～稷，上羊林反，下子力反。（ZD60-173b）按："～稷"，對應佛經作"婬稷"。《鞞婆沙論》卷4："此欲界中婬稷婬種，此婬稷婬種因男根女根也。"（T28，p441b）"～"即"淫"，

———

① 又見"婬"字條。

與"婬"同。

婬　～塵,上羊林反。（ZD59-671c）按："～"即"婬",與"淫"同。《漸備一切智德經》卷4:"欲拔淫塵,貪嫉虛事,不可卒清。"（T10,p486c）

婬　～姝,羊林反,下羊一反。（ZD59-648a）按："～"即"婬",與"淫"同。

涯　～婆,上毗林反。（ZD59-624a）按:"～",譯音字,無實義,可洪音"毗淫反",玄應以"淫"替之,今暫從玄應之説。

媱　～婆,上毗淫反,或宜作潯,巨今反。（ZD59-625a）按:"～",譯音字,無實義。

婬　yín

婬　～怒,余林反,～逸,不謹也,愧。（ZD59-747c）按:"～"乃"婬"。

媱　～姝,音逸。（ZD59-810b）

婬　～洗,羊林反,下羊一反。（ZD59-756b）

婬　耶～,似嗟反,下以林反。（ZD59-956c）

婬　～女,上羊林反。（ZD59-1115c）

婬　～怒癡,上羊林反,三毒也。（ZD59-576b）

媱　邪～,上徐嗟反。（ZD59-583c）

婬娞　耶～,音邪,下音婬。（ZD59-716b）

婬媱　耶～,上似嗟反,下羊林反。（ZD59-583b）

婬婍　耶～,序嗟反,下羊林反。（ZD59-719b）

婬婬　～瞋,羊林反,下尺真反。（ZD59-907b）

婬婬　～欲,上羊林反,正作婬也。（ZD59-572c）

婬　～熘,羊林反,下余玉反,正作婬欲。（ZD59-832c）

婬　～怒,羊林反。（ZD59-653c）

婬婬婬堅　～姝,羊尋反,下羊一反。（ZD59-847c）姦～,古顔反,下余林反。（ZD59-661c）行～,羊林反,正作婬。（ZD59-1111c）按:"～"乃"婬",詳見本書中篇"堅"字條。

嬗　～欲,上余林反,《辯正（論）》作淫。（ZD60-561b）按:"～"乃"婬",詳見本書中篇"嬗"字條。

媱　～婬,余林反,下余玉反,正作婬欲。（ZD59-915c）

媱媱　～洗,羊林反,下羊一反。（ZD59-637a）～女,余招反,美好皃。（ZD59-679b）按:"～",可洪音"余招反",

蓋以爲"媱",不妥,應爲"婬"。

堅　除～,羊林反,正作淫也。（ZD59-699a）

銀[1]　yín

餛　～末,魚巾反,正作銀。（ZD59-730b）按:"～末",對應佛經作"銀末"。《不退轉法輪經》卷4:"閻浮檀金末及諸銀末,摩尼寶網羅覆其上。"（T09,p254a）"～"即"銀"之訛。

銀　～錢,上音銀,愧也,又丁亂反,非。（ZD59-1106b）按:"～錢",對應佛經作"銀錢"。《摩訶僧祇律》卷10:"尼薩者波夜提者,是金銀錢應僧中捨,波夜提罪應悔過。若不捨而悔,得越比尼罪。"（T22,p311b）

餛　yín

餛　金～,音銀。（ZD60-410a）按:"～"乃"銀"字。

閽　yín

閽　道～,音銀。（ZD60-453a）

——

[1] 又見"銀"字條。

噖① yín

噖
銀

～喋，上音銀，下音
柴，《經音義》作嗽
喋，以銀柴替之，是也。《江
西經音》作睰睞，上五戒反，
下仕戒反，非也。（ZD60-
212c）按：《修行道地經》
卷1："一種在肝，名爲噖
喋。"（T15, p188b）

嚚 yín

嚚
嚚

頑～，五還反，下宜
巾反。（ZD59-661b）
頑 ～，牛巾反。
（ZD59-727a）

霪② yín

霪
霪

霖～，上力今反，下以
林反。（ZD60-135a）
霖～，上力今反，下羊
林反。（ZD60-92c）

霝 yín

霝

微～，音婬。（ZD60-
581a）按："～"，經文
作"霝"。《廣弘明集》卷24：
"清瀾微霝，滴瀝生響。"
（T52, p276b）

斷 yín

斷

上～，下魚斤反，正作
斷。（ZD59-1040a）

斷
斷
斷
斷
斷

兩～，魚斤反，正作
斷。（ZD59-898b）
～中，上魚斤反。
（ZD59-1073c）
～際，上牛斤反。
（ZD59-593c）
～齶，上牛斤反。
（ZD60-366c）
～齶，魚斤反，下五
各反。（ZD59-656a）
～腭，牛斤反，下五
各反。（ZD59-789c）

引③ yǐn/yìn

弘
弘

～ 前，羊忍反。
（ZD59-732a）
東～，羊忍、羊刃二
反，辜也，前行也。
（ZD59-803b）
～佛，羊忍反，正作
引。（ZD59-923a）
～ 發，以忍反。
（ZD59-713a）
～，音引。（ZD59-
840b）

弘 yǐn

弘
弘
弘

～向，上以忍反，古
文。（ZD59-1081b）
按："～"同"引"。
牽～，上去堅反，下以
忍反。（ZD59-554a）
乃～，音引。（ZD60-
450b）

弱 yǐn

弱

能～，羊忍反，正作
弘。（ZD60-95b）
按："～"乃"引"，詳見本書
中篇"弱"字條。

听 yǐn

听
听

～爾，上魚謹反，笑
皃也。（ZD60-501c）
～然，上牛謹反。
（ZD60-595b）

蚓 yǐn

蚓
蚙

～蛾，上以刃反，下五
何反。（ZD59-1069c）
丘～，音引。（ZD59-
1065a）

隱 yǐn

隱

～居，上於謹反，人
姓陶，名～居也，正
作隱也，又於乱反，悞。
（ZD60-515a）

磤 yǐn

磤

～聲，於謹反，雷聲
也。（ZD59-745b）

①　又見"嗽"字條。
②　又見"霝"字條。
③　又見"弱""弘"字條。

億　yǐn

億

雖～，於靳反，正作
隱。（ZD60-417a）
按："雖～"，對應佛經作"雖
隱"。《集古今佛道論衡》
卷1："在迹雖隱，其道無
虧。"（T52, p370a）

隱①　yǐn

隱隱
隱
隱

～薤，必祭反。
（ZD59-964c）
～薤，必祭反。
（ZD59-632b）
～蔽，博袂反。
（ZD59-565b）
幽～，於謹反，正作
隱也，又於軋反，非。
（ZD60-493c）
～蔽，必祭反。
（ZD59-561a）
～薤，必袂反，正作
蔽。（ZD59-737a）
～弊，必祭反，正作
蔽。（ZD59-728b）

癮　yǐn

癮

～靭，上於謹反，下
直忍反，赤痕也，正
作胗也。（ZD60-512a）

轇　yǐn

轇

～，音隱。（ZD59-
697b）

印②　yìn

印即
印
邴
印
坰
邜
卬
邜
承
卬
邷

拖～，尸智反，下一
進反。（ZD59-719c）
～文，上於進反。
（ZD59-1061c）
～可，伊進反，信也。
（ZD59-844a）
～璽，上因進反。
（ZD60-402a）
～可，上於進反。
（ZD60-176b）
～句，因進反。
（ZD59-668c）
慧～，一進反。
（ZD59-584b）
～封，上一信反。
（ZD60-289a）
與～，伊進反，正作
印。（ZD60-590a）
聖～，一進反，信也。
（ZD59-638c）
如　～，音印。
（ZD59-1069c）按：
"～"乃"印"，詳見本書中篇
"邷"字條。

印印
卬
印

黑～，於進反。
（ZD59-957a）
寶～，因進反。
（ZD59-571a）
～封，上伊進反，正
作印。（ZD60-87c）
之～，一進反。
（ZD59-670b）
七～，一進反。
（ZD59-574a）

帀
邯

法～，因進反，正作
印。（ZD59-844a）
南～，一進反，又亡、
忙二音，非也。
（ZD60-337c）按："～"即
"印"，詳見本書中篇"邯"
字條。

卬
印
印
邜
卬
印
却

～可，上伊進反，正
作印。（ZD60-473c）
法　～，因信反。
（ZD59-721a）
十　～，因進反。
（ZD59-675b）
菩薩～，因進反，三
昧名。（ZD59-582b）
寶　～，一進反。
（ZD59-590c）
～氏，上一進反。
（ZD59-591b）
法　～，一　信　反。
（ZD59-589a）
西～，因信反，悮。
（ZD60-337b）按：
"～"即"印"，詳見本書中篇
"却"字條。

邜

破　～，伊　進　反。
（ZD60-400c）按：
"～"乃"印"字，詳見本書中
篇"邜"字條。

邴
印
印

壞～，同上。（ZD59-
844a）
尼　～，一　進　反。
（ZD59-652a）
而　～，伊　進　反。
（ZD59-649a）

---

① 又見"穩""億""�"字條。
② 又見"邜""叩""申"字條。

申帀
～信，上伊進反，信也，因也，正作印也，又郭氏音申，非此用。（ZD60-87c）
里～，於進反，正作印。（ZD59-956b）

申　yìn

申
中～，因信反，正作印，郭氏音申，非也。（ZD60-413b）按："～"爲"印"字之訛。

沂　yìn

沂
沂淤，上魚靳反，滓也，正作逕也，又魚依反，惧，下於去反。（ZD60-456a）按："～淤"，對應佛經作"逕淤"。《高僧傳》卷9："應器中有若逕淤泥者數升，臭不可近。"（T50，p388b）"～"即"逕"字之省訛。

胤　yìn

胤
～嗣，上羊忍反。（ZD60-198b）
～襄，以世反，苗～也。（ZD60-318c）
子～，以刃反。（ZD59-1098a）
～侈，尺爾反，奢也，亦作夅也。（ZD60-585b）
嫡～，上丁歷反，君也，正也。（ZD60-429a）

胤
胃～，直右反，下以刃反。（ZD59-640c）

逕①　yìn

逕
逕
澄～，魚靳反，澱也。（ZD59-659c）
之～，魚靳反。（ZD60-377a）

悁　yìn

悁
～隘，宜作暗，於禁反，暗呃，不平聲也，下烏賣反，又暗隘，歎息怨聲也，上又於心反，靖也。（ZD59-977c）按："～"，經文作"悁"。根據經文，可洪以"～"爲"暗"，可從。

蔭　yìn

蔭
蔭
蔭
蔭
～暎，於禁反，下於敬反。（ZD59-662a）
～蓋，上於禁反。（ZD60-90c）
～蔽，必祭反。（ZD59-603b）
～覆，於禁反。（ZD59-748b）
～葬，必袂反，正作蔽。（ZD59-679b）
握～，宜作窟、堀，二同苦骨反，下宜作窨、蔭，二同於禁反。窟窨，地室也。又上烏角反，下音除，並非義也。（ZD59-764a）
蔭
求～，於禁反。（ZD59-909a）

蔭
～界，於禁反。（ZD59-730a）
～蔽，必祭反。（ZD59-675c）
～纏，上於今反，下奴郎反，正作陰囊也。（ZD60-79b）按："～"，從形體看，即"蔭"，經文中通"陰"，讀"yīn"。

噾　yìn

噾
～聲，上烏鳩反，麞聲也，據此字無韻下切脚，但合口鼻中出氣，喉中作聲也，如今大人麞，小者但合口作～～聲是也，所作烏鳩反者，但借聲呼耳，會意呼之也。（ZD60-16b）按："～"，譯音字。《根本説一切有部毘奈耶雜事》卷33："彼聞不解，佯作噾聲點頭而去。"（T24，p372b）

瘖　yìn

瘖
澹～，徒甘反，下於禁反。（ZD59-656a）按："澹～"，對應佛經作"痰瘖"。《大方廣佛華嚴經》卷34："風寒痰瘖，諸患悉除。"（T09，p616c）

廕　yìn

廕
庇～，下於禁反。（ZD60-410b）

---

① 又見"沂"字條。

瘡
瘡

～善，於禁反。
（ZD59-848a）

爲～，於禁反。
（ZD60-297b）

澄 yìn

澄
澄

溕～，徒甘反，下於
禁反，心上水也，正
作痰癊。（ZD59-720a）按：
"～"同"癊"，詳見本書中篇
"澄"字條。

�～，上序延反，下
於禁反，正作涎瘡
也。（ZD60-168b）按："～"
同"瘡"，詳見本書中篇
"澄"字條。

瘡 yìn

瘡

徙～，上斯此反，下
於禁反。（ZD60-
448a）按：《高僧傳》卷3：
"慈雲徙蔭，慧水傳津。"
（T50，p346a）"～"即"瘡"，
經文中通"蔭"。

癊① yìn

癊
癊
癊
癊

痰～，下於禁反。
（ZD59-596c）

痰～，下於禁反。
（ZD59-600c）

羅～，於禁反。
（ZD59-677c）

與～，於禁反。
（ZD59-711a）

癊
澄

痰～，徒甘反，下衣
禁反。（ZD59-794b）

澹～，下於禁反，並
俗。（ZD59-917a）

漱 yìn

漱

淡～，徒甘反，下於
禁反。（ZD59-797c）
按："～"乃"癊"字，詳見本
書中篇"漱"字條。

英 yīng

英
英
芺

六～，於京反。
（ZD60-321c）

～妙，上於京反，正
作英，智過千人曰英
也。（ZD60-245b）

～傑，上於京反，俊
也，正作英。（ZD60-
394c）

媖 yīng

媖

～治（冶），上宜作
媖，衣京反，美也，下
音野。（ZD59-1061a）

瑛 yīng

瑛
瑛
瑛

珠～，於京反，悮。
（ZD60-267c）

～雄，於京反，正作
瑛。（ZD59-750b）

寶瑛，於京反，上方
經作～，非。（ZD59-
709c）

瑛
瑛
瑛
瑛

～吉，上於京反。
（ZD59-616c）

法～，於京反，正作
瑛。（ZD59-729c）

寶～，於京反。
（ZD59-671c）

法瑛，於京反，正作
～。（ZD59-729c）

幋 yīng

幋

～霙，上於營反，覆
也。覆，敗也。下徂
頂反，小水也，正作洴也。
《法句喻經》云如壞穿水，是
也，《經音義》作滎水，烏營
反，非也。覆，芳伏反，傾敗
也。（ZD60-243a）按：《法句
經》卷1："生者日夜，命自
攻削，壽之消盡，如幋霙
水。"（T04，p559a）

霙 yīng

霙

躚～峰，音慐，踐也，
中音英，雪也，下芳
逢反，山巔，頂也。（ZD59-
976a）按：《成唯識論》卷10：
"躚霙峰而安步，昇紫階而
證道。"（T31，p59c）

罌 yīng

罌

瓺炶～，上二同，古
郎反，從火者非也，
下烏莖反。（ZD60-356b）

———

① 又見"瘡""癊""澄"字條。

按："～"同"罌"。

罌　瓨～,上古郎反,下烏耕反。(ZD60-384c)

按："～"即"罌",同"罌"。

罃　yīng

荀～,上相旬反,下烏耕反。(ZD60-358b)

瓨～,烏耕反,長頸瓶也。(ZD59-612a)

嬰①　yīng

～咳,於盈反,下乎來反。(ZD59-960a)

～咳,户哀反,小兒也,正作孩。(ZD59-762b)

～孩,於盈反,俗。(ZD59-979c)

～咳,户哀反,小兒也,正作孩也。(ZD59-682b)

～頸,下講反,正作項。(ZD60-217a)

～～,烏耕反,鳥聲也,正作嚶。(ZD59-778b)

身～,於盈反,纏繞義。(ZD59-661c)

～咳,户哀反,正作孩。(ZD59-910b)

應　yīng/yìng

不～,於陵反,正作應。(ZD59-577a)

按："～"乃"應",詳見本書中篇"懬"字條。

～時,上於勝反。(ZD60-183c)

罌②　yīng

著～,烏耕反。(ZD60-249c)

金～,烏耕反,瓶也。(ZD59-1018c)

金～,烏莖反。(ZD59-1020a)

～巩,上烏莖反,下行江反。(ZD60-11a)

瓨～,上古郎反,下烏耕反。(ZD60-378a)

金～,烏耕反。(ZD59-1020a)

～水,烏耕反。(ZD59-644b)

金～,烏耕反,正作罌。(ZD60-191a)

大～,烏耕反。(ZD59-643a)

寶～,烏莖反。(ZD59-574a)

破～,烏耕反。(ZD60-211c)

三～,烏耕反。(ZD59-687a)

以～,同上(罌)。(ZD59-1018c)

坮～,行江反,下烏耕反。(ZD59-822c)

瑠璃～,烏耕反。(ZD59-1055a)

～中,上烏莖反。(ZD59-1052c)

虅　yīng

～蕶,上烏盈反,下於六反,藤也。(ZD60-8b)

嚶　yīng

丁丁～～,上竹耕反。(ZD60-369a)

～～,烏耕反。(ZD59-770a)

～～,烏耕反。(ZD59-763c)

～咳,於盈反,下户哀反,小兒也,正作嬰孩。(ZD59-905c)

㟥　yīng

～愚,於盈反。(ZD59-960b)

～兒,上於盈反。(ZD59-595b)

孩～,於盈反。(ZD60-601b)

孾　yīng

～兒,上於盈反。(ZD59-1065b)

～瓘,上於盈反,下古寛反,見藏作瓔貫

---

① 又見"孾""㟥"字條。

② 又見"罌"字條。

也，下又依字音昆。
(ZD60-382b)

鶯　yīng

鶯　春～，烏耕反。
(ZD60-583a)

曝　yīng

曝　～萌，上烏耕、烏迸二反，下莫瓶、莫耕二反，小小（心）態也，新婦兒也，亦好兒也，正作嫈嫇也。嫇，又莫頂反。(ZD60-60b)

曝　～暗，上於莖反，下莫莖反。（ZD60-379a）

曝　～暗，於嫈、烏耕二反，下莫瓶、莫耕二反，(小)心態也，好兒也，新婦兒也，正作嬰嫇也。(ZD59-910b)按：“～暗”即“嬰嫇”。

曝　～暗，上烏莖反，下莫莖反。（ZD60-369b）

鷹　yīng

鷹　～鵰，遥照反。
(ZD59-744a)

鷹　彼～，於陵反，正作鷹。（ZD59-984b）按：“彼～”，對應佛經作“彼鷹”。《長阿含經》卷16：“比丘！猶如商人臂鷹入

海,於海中放彼鷹飛空東西南北。”（T01，p102c）從字形上看，“～”是“鶯”字，但不符經意，此處當爲“鷹”之訛。

鷹　辟～，於陵反，悞。（ZD59-984b）按：“辟～”，對應佛經作“臂鷹”。《長阿含經》卷16：“比丘！猶如商人臂鷹入海。”（T01，p102c）

鷽　yīng

鷽　～鳥，上烏耕反。
(ZD59-613c)

鷽　春～，烏耕反。
(ZD60-480c)

鸚　yīng

鸚　～珞，上於盈反，正作瓔。(ZD60-219c)

鸚　～珞，上於盈反。
(ZD59-1056b)

迎①　yíng

迎　～請，上魚京反，正作迎。(ZD60-343b)

迎　出～，魚京反，正作迎。(ZD60-190b)

迎　曰～，音迎。(ZD60-343c)

迊　～待，魚京反，正作迎。（ZD59-818b）按：“～待”，對應佛經作“迎待”。《佛說須賴經》卷1：

“如其所應受，迎待而不避。”（T12，p62c）

迊　出～，魚京反，逆接也，正作迎也。又魚竟反，又音弟，非。(ZD60-179b)按：“出～”，對應佛經作“出迎”。《辟支佛因緣論》卷2：“時王子聞輔相子來，即便出迎。既相見已，尋時遇患。”（T32，p478a）

迊　yíng

迊　～之，上魚京反，正作迎。(ZD59-607c)

盈　yíng

盈　～溢，上以嬰反，滿也，正作盈。(ZD59-990a)

盈　～儲，音除，副也，貯也。(ZD59-592b)

嶸　yíng

嶸　脇～，上許劫反，下以精反。（ZD60-443c）按：《大唐西域求法高僧傳》卷2：“髻髯影堅路，摧殘廣脇嶸。”（T51，p9c5）

楹②　yíng

楹　蘽～，音盈。(ZD60-464c)

---

① 又見“迊”字條。
② 又見“搝”字條。

搤 yíng

搤　隰丹～，上音習，下音盈。(ZD60-599a) 按："～"乃"楹"。

搤　～内，上以精反。(ZD60-497a) 按："～"乃"楹"。

娙 yíng

娙　～女，上宜作婹，以招反，美好也，又口莖、五莖二反，身長好兒。(ZD59-785c)按："～"，經文作"娙"。

塋 yíng

塋　～隴，上以瓊反。(ZD60-473c)

營 yíng

營　～事，上羊傾反。(ZD59-1106c)

營　～事，上余傾反，正作營。(ZD59-605b)

營　～他，上音營，造也。(ZD59-620a)

營　～作，音營。(ZD59-737b)

營　～從，以傾反，正作營也，下才用反。(ZD59-912c)

營　多～，餘傾反，造也，正作營。(ZD59-737b)

蠅 yíng

蠅　除 ～，羊陵反。(ZD60-5c)

蠅　蜂～，芳逢反，下羊陵反。(ZD59-738c)

蜖　～螌，羊陵反，下子老反。(ZD59-685a)

蜦　如 ～，余陵反。(ZD60-179b)

蠅　～螌，音早。(ZD59-745a)

蠅　～蚕，羊陵反，下子老反，虫名。(ZD59-705c)

蠅　蝱～，音盲，下音蠅。(ZD59-716c)

蠅　～蟯蛝，上羊陵反，中丘良反，下力羊反。(ZD59-597b)

蠅　～疽藪，上羊陵反，中七余反，下蘸走反。(ZD59-631a)

蠅　除 ～，同上（蠅）。(ZD60-5c)

蠅　半 ～，以陵反。(ZD59-623b)

瀛① yíng

瀛　～岳，以嬰反，下五角反，正作瀛岳也。(ZD59-924a)

瀛　～渤，羊清反，下蒲没反。(ZD59-866b)

瀛 yíng

瀛　～洲，上音盈，仙山名，在海中。(ZD60-507c)

郢 yǐng

郢　宛～，以井反。(ZD60-378c)

樗 yǐng

樗　甘～，羊井反，～棗，菓名，似柿，正作樗。(ZD59-875a)

奆 yǐng

奆　或～，烏猛反，六合清朗也，應和尚未詳。(ZD59-826c)

奆　或～，烏猛反，依字，六合清朗也，應和尚未詳。(ZD60-355b)

奆　天～，烏猛反，佛名也。(ZD59-719a)

影 yǐng

影　萃～，自遂反，集也。(ZD59-659b)

影　庇～，上必至反。(ZD59-589b)

———

① 又見"瀛"字條。

影
影
　～摸，莫乎反，規也。
（ZD59-674c）

　繫～，知立反，繫也，
絆也，亦作𥺎。
（ZD59-754a）

濛
　量～，於景反，正作
影。（ZD60-55a）

穎　yǐng

穎
穎
　陳～，以頃反。
（ZD60-384c）
　～川，上以頃反。
（ZD60-481a）

穎　yǐng

穎
　～川，上余頃反。
（ZD60-323b）按：
"～"，經文作"穎"。

穎
頴
　～秀，余頃反。
（ZD59-669c）
　鋒～，上芳逢反，下
余頃反。（ZD60-
419c）

頴
　鋒～，上芳逢反，下
以頃反。（ZD59-
1024a）

穎
穎
　法～，余頃反。
（ZD60-327c）
　鋒～，上芳逢反，下
以頃反。（ZD59-
1027c）

𪒫　yǐng

𪒫
　既～，於井反。
（ZD60-409b）按：

"～"乃"𪒫"。

𪒫
　～陶，上於郢反，下
徒刀反，縣名，在鉅
鹿。（ZD60-479a）

𪐖　yǐng

𪐖
　～鬼，於井反。
（ZD59-879c）按：《七
佛八菩薩所説大陀羅尼神
咒經》卷4："𪐖鬼名。"
（T21，p561a）"𪐖"，宋本作
"𪐖"。"～（𪐖）"即"𪒫"。

瘿① yǐng

瘿
𪒫
　瘫～，於容反，下於
郢反。（ZD59-793a）
　～神，於井反。
（ZD59-675a）

映② yìng

暎
映
暎
映
晴
暎
暎
　～蕪，於竟反，下必
祭反。（ZD59-654a）
　～物，上於竟反，正作
映也。（ZD60-494b）
　庇～，卑至反，下於
敬反。（ZD59-659c）
　～蔽，於敬反，下必
祭反。（ZD59-694c）
　作～，於竟反，古文
映。（ZD60-400a）
　帷～，于悲反，下於
敬反。（ZD60-9c）
　～蔽，於竟反，下必
祭反，上正作映、暎
二形。（ZD59-757b）

暎
暎
映
　～蕪，於竟反，下必
袂反。（ZD59-654b）
　明～，於命反，正作
映。（ZD60-159a）
　重～，於敬反，正映
也，栢梯本云林崖重
映，松竹交桑，是也。
（ZD60-494a）

硬③ yìng

靮
靮
靮
　剛～，音硬，牢也，
《經音義》作靳，居近
反，固也。（ZD59-677a）
　堅～，五更反。
（ZD59-641b）
　不～，音硬。（ZD59-
728b）

暎　yìng

暎
　～蕪，於竟反，下卑
祭反。（ZD59-640a）

靮　yìng

靮
　～惡，五孟反，堅牢
也，正作鞕、硬、靮三
形，《證契經》作弊惡。
（ZD59-738a）按："～惡"，對
應佛經作"靮惡"。《大乘同
性經》卷1："其性靮惡，面
目鄙醜。"（T16，p645c）
"靮"，宋、元、明本作"硬"，

────────

①　又見"𪒫""𪐖"字條。
②　又見"暎""暎"字條。
③　又見"靳""靮""靮"字條。

宫本作"鞭"。"～"即"鞕",
與"鞭""硬"同。

鞕
鞕

熟～,五更反,正作
鞭。(ZD59-958b)

～鞕,上五孟反,
俗作鞕,强也,堅牢
也,正作鞭、硬、鞕三形也,
下户朗反,剛强皃也。
(ZD59-1058b) 按:"～
鞕",對應佛經作"鞭
鞕"。《生經》卷 2:"至於
鞭鞕,與于殀危,若使爲
變,命欲盡時,則有六痛,遭
於苦毒。"(T03, p82c)

鞕

當 ～,五 孟 反。
(ZD59-836b)

鞕　yìng

鞕

麁～,五更反,麁踈
也。～,牢堅也,强
也,正作鞭、硬二形。(ZD60-
88b)按:"～"同"硬"。

暎　yìng

暎

～郭,上於敬反,正作
映也。(ZD59-618a)
按:"～"乃"映"字之訛。

暎

～郭,上於竟反,下
之向反,又上罕、漢
二音,下音章,並非。
(ZD59-1066b)按:"～"乃
"映"字之訛。《正法念處
經》卷 18:"若天不出,阿修
羅王欲觀園林,日百千光照
其身上,莊嚴之具映障其
目。"(T17, p107b)

瑩　yìng

瑩
瑩

～拭,於定反。
(ZD59-727b)

～治,上宅庚反,磨
鋥出光也,正作瑩
也,舊《切韻》作堂,宅庚反。
《周禮》曰:"唯角之也。"第
八卷作堂治也,或作瑩、榮、
瀅三音。(ZD60-199c) 按:
"～"乃"瑩"字,詳見本書中
篇"瑩"字條。

瀅　yìng

瀅

蹄～,於定反,汀～,
小水也,又不遂志。
(ZD60-479a)

瀅

～中,上於定反,小
水也。(ZD60-476a)

濙　yìng

濙

～中,上烏定反,小
水也,正作瀅也。
(ZD60-423c)

嚥　yìng

嚥

曇～,音應,去聲。
(ZD60-288b) 按:
"～",譯音字。

膺　yìng

膺

相 ～,於證反。
(ZD60-364b)

醶　yìng

醶

酐～,上古罕反,下以
證反。(ZD60-370a)

醶

酐～,上古旱反,下
以證反,面黑點子
也,正作黚醶。(ZD59-
617b)按:"酐～"即"黚醶"。
"～"同"醶"。

襮　yìng

襮

～飾,上伊迸反,襴
錯綵也,又於耕反。
(ZD59-616a)按:"～飾"即
"襮飾",又作"纓飾""瓔
飾",同。

甋①　yìng

甋

酐醶,上古旱反,下以
證反,面黑點子也,正
作黚～。(ZD59-617b)

庸　yōng

庸
庸
庸
庸

～夫,音容,上正作
庸。(ZD59-1039a)
～愚,上音容,正作
庸。(ZD60-557c)
凡～,音容。(ZD60-
144a)
～叟,上音容,下桑
走反。(ZD60-478c)

―――――

① 又見"醶"字條。

霈
庸

～材，余封反，常也。
(ZD59-806b)

～近，上羊封反。
(ZD60-540b)

雍
yōng/yòng

雍
雍
雍

如～，於容反，瘡也。
(ZD59-912c)

～～，於容反，和也。
(ZD59-707c)

～捵，於容反，下莫
六反，和敬也，正作
雍穆。(ZD59-744a)

雍
雍

～門，上於用反，州
名也，正作雍、雝二
形。(ZD60-560a)

～門，上於用反，州
名，正作雍。(ZD60-
416a)

墉　yōng

壃
壃
壃
壃

高～，音容。(ZD60-
486a)

崇～，音容。(ZD60-
314b)

崇～，音容。(ZD59-
972c)

～室，羊封反。
(ZD59-945b)

慵　yōng

慵

～惰，蜀容反，下徒
果反。(ZD59-785c)

擁①　yōng

擁
擁
擁
擁
擁
擁
擁
擁

～蘇，上於勇反，捧
也，正作擁。(ZD59-
1044a)

擁護，胡故反。～，
同上。(ZD59-916a)

～護，上於勇反，悮
也。(ZD59-578c)

～護，上於勇反，下
胡故反。(ZD59-
620a)

～護，上於勇反，下
胡故反。(ZD59-
571c)按："～"乃"擁"字，詳
見本書中篇"擁"字條。

～護，上於勇反。
(ZD60-165c)

～護，上於勇反，下胡
故反。(ZD59-620b)

～護，於勇反，下乎
悟反。(ZD59-717c)

噰　yōng

噰

～熙，上於容反，下
許之反。(ZD60-
435c)按："～熙"，經文作
"雍熙"。

瓥②　yōng

瓥
瓥

如～，於容反。
(ZD59-959a)

～創，下音瘡。
(ZD59-628b)

治～，直之反，下於
容反。(ZD59-906c)

～創，音瘡。(ZD60-
172a)

～腫，於容反。
(ZD59-789)

～瘡，上於容反。
(ZD60-46c)

～痤，上於容反，下
在禾反。(ZD59-
1075b)按："～"即"瓥"，與
"癰"同。

～創，於容反，下楚
床反。(ZD59-923b)

壅
yōng/yǒng

壅
産

～本，上於容反。
(ZD59-993b)

微～，於勇反。
(ZD60-474c)按：
"～"乃"壅"，詳見本書中篇
"産"字條。

塞～，上桑則反，下
烏弄反，正作韇。
(ZD59-1093b)按："～"，經
文作"壅"。

臃③　yōng

臃

～踵，上音擁，下音
腫。(ZD59-1053b)

────────

① 又見"擁"字條。
② 又見"癰""瓥"字條。
③ 又見"臂"字條。

熟～，於容反。（ZD59-728a）

～癕，於容反，下音節。（ZD59-797c）

膺　yōng

咽～，於容反，又烏公反。（ZD59-846b）按："～"，可洪音"於容反"，蓋以爲"癕（癰）"。

齎　yōng

腮膜痛～，於容反。（ZD60-169b）按："～"即"癕"。

～創，上於容反，下楚莊反。（ZD59-1114a）

破～，音邕。（ZD59-1115a）

癰　yōng

～疽，於容反，下七余反。（ZD59-710c）按："～"同"癕"。

～癰，上於容反，下楚床反。（ZD59-602c）

攡　yōng

～錫，上於勇反，持也，正作擁也。（ZD60-428b）按："～"同"擁"。

鞬　yōng/yǒng

作～，於勇反，又音癰，即靿也。《經音義》以靿字替之，於孝反。（ZD60-25b）按：《彌沙塞部和醯五分律》卷21："諸比丘作鞬大深，諸居士譏呵言：此比丘所著富羅，如我等鞬。"（T22，p146c）"鞬"，聖本作"㩇"。"㩇"同"鞬"。

～前，上於勇反，《雜事頌》云擁前復擁後是也，又或作鞰、㩇，二同於用反，亦通用。（ZD60-54a）按：《根本説一切有部百一羯磨》卷8："凡爲皮履，不鞬前鞬後，不作長靴短靴。"（T24，p491a）

癃　yōng

～疽瘭，於容反，中七余反。（ZD59-723c）

～疽，上於容反，下七余反。（ZD60-38c）

熟～，於容反，正癰。（ZD59-941b）

如～，於容反，癰也，正作癃也。（ZD59-558b）

～痤，於容反，下在戈反。（ZD59-936b）

如～，於容反。（ZD59-552a）

是～，於容反。（ZD60-166b）

～痤，於容反，下自戈反。（ZD59-939a）

～癤，上於容反，下即列反。（ZD59-594b）

顒　yóng

～～，牛容反，正作顒。（ZD59-1098c）

歡～，魚容反，仰也。（ZD59-752b）

永　yǒng

～無，上爲丙反，正作永。（ZD60-158a）

～已，音永，下音以。（ZD59-905c）

～離，上爲丙反，下力義反。（ZD60-181b）

～令，爲丙反，正作永。（ZD59-645b）

～滅，同上，正作永也，此偈中有九个永字，四个作～，音永。（ZD59-980b）

～淳，市倫反。（ZD59-588c）

～無，爲丙反。（ZD59-966c）

～別，云丙反，長也，正作永也。（ZD59-956a）

～無，于丙反，正作永。（ZD59-674b）

永
乗
来
　～失，于丙反。(ZD59-898c)
　～脱，于丙反，正作永。(ZD59-731c)
　～離，爲丙反，長也，遠也，正作永也，又古懷反，背也，悮。(ZD59-976b)

朵
　～寂，上爲丙反，長也，正作永也，遠也。(ZD59-646c)

孔
　～已，上爲丙反。(ZD60-184c)

氿
　～不，上爲丙反。(ZD60-190b)

泳　yǒng

泳
　沐～，音詠，正作泳。(ZD60-538c) 按："～"乃"泳"字，詳見本書中篇"泳"字條。

泳
　游～，羊修反，下爲命反。游，浮也。泳，潛行水中也。正作游泳也。上又衣居、衣攄二反，誤。(ZD59-902b)

泳
　庚～，上余主反，下于命反。(ZD60-606c)按："庚～"即"庚詠"，人名。《比丘尼傳》卷4："吳郡張援，潁川庚詠。"(T50，p948a)

勇　yǒng

勇
　勁～，居政反。(ZD59-960b)

勇
勇
勇
勇
勇
勇
勇
勇
猲
藏
　～銳，以芮反。(ZD59-564a)
　奮～，方問反。(ZD59-656b)
　～捍，音翰。(ZD59-821a)
　～悍，户岸反。(ZD59-581c)
　～捷，其建反，正作健。(ZD59-637a)
　～悍，寒按反。(ZD59-939a)
　～悍，同上。(ZD60-96a)
　～捍，户岸反。(ZD59-716a)
　班～，下音勇。(ZD60-554b)
　～何，同上。(ZD59-1060b) 按："～何"，對應佛經作"勇何"。

唷　yǒng

唷
　～躍，上容隴反。(ZD59-588a) 按："～"乃"踊"。

涌　yǒng

涌
涌
　頒～，洪孔反，下容隴反。(ZD59-663c)
　～浪，上容龍(疑爲隴)反。(ZD60-467b)

湧　yǒng

湧
　濤～，上徒刀反，下容寵反。(ZD59-1127c)

蛹　yǒng

蛹
　～生，上容隴反。(ZD60-255c)

踊　yǒng

踊
　躃～，上步益反。(ZD59-1091c)

踴①　yǒng

躁
　～躍，上余隴反，正作踴。(ZD60-179b) 按："～"乃"踴"字，詳見本書中篇"躁"字條。

用　yòng

用
　士～，容頌反，正作用、𣫍二形。(ZD59-939b)

用
　費～，上芳沸反，耗也。(ZD60-546b)

𣫍
　士𡊟，容頌反，正作用、～二形。(ZD59-939b)

酥　yòng

酥
　酗～，上許遇反，下于命反。(ZD59-1021b) 按："～"同"酳"。《佛開解梵志阿颰經》卷1："縱情酗酥，心不好嗜，口無

———
① 又見"踊""唷"字條。

味嘗,酒有三十六失,勿以勸人。"(T01, p261a)

攸　yōu

攸　～陳,上音由,所也。
（ZD60-448a）按:"～"乃"攸"字,詳見本書中篇"攸"字條。

攸　～歸,上音由,所也。
（ZD60-476c）

攸　～濟,上音由,所也。
（ZD60-450c）

呦①　yōu

呦　～,音幽。（ZD60-282a）

悠　yōu

悠　～～,音由,遠也。
（ZD59-966b）

悠　～想,余修反,遠也,思也,正作悠。
（ZD59-924a）

悠　～～,音由。（ZD60-28a）

悠　～～,音由,遠也,正作悠也。（ZD60-456b）

悠　～～,音由。（ZD60-588b）

悠　～然,上羊修反。
（ZD60-448a）

悠　～～,音由,遠也,正作悠。（ZD59-967a）

悠　～～,音由,遠也,痛也,恨。（ZD60-166b）

悠　～遠,余修反,遠也,遐也,思也,正作悠。
（ZD59-908b）

恖　悠悠,音由,遠也,遐也,思也,正作～。
（ZD59-774a）

恖　～永,上余修反,遐也,遠也。（ZD60-410b）

恖　首～～,音由,遠也,正作悠。（ZD60-598c）

恖　憂～,音由,閑放無事也,正作優遊也,或作悠,遠也。（ZD60-206a）

悠　yōu

悠　～,音由。（ZD60-588a）按:"～",對應佛經作"悠"。《廣弘明集》卷27:"眇眇夜何期,悠悠終肯悟。"(T52, p313a)

麀　yōu

麀　～鹿,音憂,正作麀、𪋯二形也。（ZD59-912a）按:《大智度論》卷17:"麀鹿飲之,即時有娠。"(T25, p183a)

麀　𪋯～,上音加,下音憂。（ZD59-1069b）

憂　yōu

慁　～悲,於牛反,正作憂。（ZD59-959a）

憂　熨(煎)～,上子仙反,下於牛反。
（ZD59-1052a）

憂　～喜,於牛反。
（ZD59-923b）

憂　～悲,於牛反。
（ZD59-916c）

憃　憂惱,《川音》作～憂二字,並非。（ZD60-301b）

嚘　yōu

嘔　鳴～,音幽,鹿鳴也,正作呦、欨、㰂三形,出《應和尚音義》。（ZD59-674a）按:《佛說如來興顯經》卷2:"或以海中雷震伎樂音,或以鹿王鳴呦音。"(T10, p603b)"呦",宋、聖本作"嚘",元、明本作"唬"。從字形看,"～"即"嚘",經文中通"呦"字。

嘔　作～,音幽,鹿鳴也,正作呦、欨、㰂。（ZD60-361a）按:"～"即"嚘",經文中通"呦"。

優　yōu

漫　～渥,於牛反,下烏角反。（ZD59-674a）按:"～",對應佛經作"優"。

優　～陁,上於牛反,正作憂,又於豈、烏代二反,非。（ZD60-155b）

———

① 又見"嚘"字條。

嚘 yōu

嚘 ～嘍,於牛反,下郎侯反。(ZD59-837c)

尤 yóu

尨 ～留,于求反,正作尤,又莫江反。(ZD59-837b)按:經文有版本作"尤",有版本作"尨"。

尨 ～失,于求反。(ZD59-739b)

尨 ～嘍,上于求反,又莫江反,悮,第二卷作尤嘍。(ZD59-630b)

冘 yóu

宂 何～,音由,正作冗(冘),冗(冘)豫不定也。(ZD59-869c)

吙 yóu

吙 懷～,于求反。(ZD60-534b)按:《弘明集》卷8:"夫開闔大施,與物通美,左道餘氣,乃墓門解厨,矜身奥食,懷吮班之態。"(T52, p49a)"吮",宋、元、明、宫本作"哤"。"～",經文作"吮"或"哤"。可洪以"～"音"于求反"。《玉篇·口部》:"吙,犬吠也。"作"吙"似不稱經意。從形體看,"～"恐爲"哤"。

肬[1] yóu

肬 ～贅,上于求反。(ZD60-375c)

肬 ～腨,上于求反,下之芮反,見藏作疣贅也。(ZD60-362b)

疣 yóu

疣 瘡～,于求反。(ZD59-1014b)

逌 yóu

逌 ～爾,羊修反也,《音義》云小笑也,然宜作甹(甹),音由,空也,言空笑也。(ZD59-943a)

逌 ～爾,上宜作甹(甹),同,音由,空也,謂無事空笑也。逌,遠也,氣行也,非。(ZD60-408b)按:"～爾",對應佛經作"逌爾"。"～"即"逌"之訛。《大唐西域記》卷2:"阿羅漢逌爾而笑。"(T51, p882a)

郵 yóu

郵 ～樓,于求反,正作郵。(ZD59-714c)

郵 ～婆,于求反。(ZD59-751b)

郵 西～,于求反。(ZD60-575c)

蚰 yóu

蚰 ～蚣,音由,下音公。(ZD59-797c)

蚰 ～蜒,羊然反,正作蜒。(ZD59-937a)

偤 yóu

偤 護～,羊修反,侍也。(ZD59-781c)

訧 yóu

訧 數～,于求反,過也。(ZD59-1019c)

訧 厥～,居月反,下于求反。(ZD59-767a)

訧 ～端,于求反,過也,多也,字同尤體。(ZD59-766b)

遊 yóu

遊 ～化,上羊修反。(ZD60-58b)

遊 嬉～,上許記反。(ZD59-601a)

遊 汎～,芳梵反。(ZD59-656c)

遊 ～覽,音攬。(ZD59-659b)

游 yóu

游 ～戲,音由,正作遊。(ZD59-643c)

---

① 又見"肬"字條。

游游

～泳,上音由,浮也。
(ZD59-601a)

～沙,余修反。
(ZD59-750b)

猷　yóu

醇～,市倫反,下以
修反。(ZD59-926a)

鴻～,音由,圖也,正
作猷。(ZD60-416c)

淵～,烏玄反,下余
修反。(ZD59-924a)

猶　yóu

薰～,上許云反,下
音由,臭草也,正作
猶。(ZD60-530b)

薰～,音由。(ZD60-
490b)

薰～,上許云反,下余
流反。(ZD60-487a)

蝣　yóu

蜉～,上音浮,下音
由,朝生暮死虫也,
正作游。(ZD60-565a)

蜉～,上音浮,下音由,
虫名。(ZD60-511b)

友①　yǒu

朋～,上蒲弘反。
(ZD59-606c)

用～,蒲弘反。
(ZD59-649c)

夋　yǒu

親～,七新反,下爲
久反。親,愛也,近
也。友,朋也,相知也。正
作親友。(ZD59-959a)按:
"夋"即"友"字。

有　yǒu

～塵,上于久反,不
無也,果也,取也。
(ZD60-428a)

羑　yǒu

～里,上音酉,正作
羑。(ZD60-351c)

～里,上音酉,正作
羑。(ZD60-350c)

莠②　yǒu

～稗,上由柳反,
下步拜反。(ZD59-
1011c)

食～,音酉。(ZD59-
982b)

～子,上由柳反,正作
莠。(ZD59-1074a)

秵　yǒu

稗～,音酉。(ZD59-
680)按:"稗～",對
應佛經作"稗秵"。《大般涅
槃經》卷6:"譬如田夫,種

稻穀等,芸除稗秵,以肉眼
觀,名爲淨田。"(T12,
p401a)"秵"同"～"。

稗～,上蒲拜反,下
余柳反。(ZD60-
100b)按:"～"即"秵",與
"莠"同。

～稗,上由柳反,下
步拜反。(ZD60-
558a)按:"～"與"莠"同。

牖　yǒu

甕～,上烏貢反,下
音酉,蓬戶瓮牖也。
(ZD60-478c)

窗～,上楚江反,下
由柳反。(ZD59-
1008b)

窓～,音酉。(ZD59-
700a)

～嚮,由柳反,下許
兩、許亮二反。
(ZD59-743c)

窓～,音酉。(ZD59-
1017a)

出～,音酉。(ZD60-
380c)

越～,音酉。(ZD59-
869b)

牗③　yǒu

窓～,音酉。(ZD59-
668a)

---

① 又見"夋"字條。
② 又見"秵"字條。
③ 又見"牖"字條。

牖
　窓～，音酉。（ZD59-668b）

牖
　户～，音酉，正作牖。（ZD60-44b）按："～"乃"牖"字，詳見本書中篇"牖"字條。

牖
　户～，音酉。（ZD60-20c）按："～"乃"牖"字，詳見本書中篇"牖"字條。

牖
　軒～，音酉。（ZD59-729a）

牖
　窓～，用柳反，正作牖。（ZD59-964a）

牖
　窓～，音酉。（ZD60-184a）

牖
　摩～，音酉。（ZD59-796b）

黝　yǒu

黝
　～羅，於糺反，又音伊。（ZD59-837c）

黝
　居～，一糺反。（ZD60-396a）

岃　yòu

岃
　長～，伊謬反，少也，正作幼也，《玉篇》音會，非也，上方藏作幼。（ZD60-185a）按："～"乃"幼"字，詳見本書中篇"岃"字條。

幼①　yòu

纫
　～齡，力丁反。（ZD59-678c）

纫
　～齡，力丁反，年。（ZD59-694a）

疫　yòu

胧
　～掉，上于救反，正作疫、頭、忧三形。（ZD59-1049c）

頋
　～顚，上音右，下同顚。（ZD60-369a）

抌
　作～，音右。（ZD60-369a）

忧　yòu

忧
　戰～，音右，動也。（ZD60-186c）

忧
　戰疩，音右，動也，正作疫、頭、～三形，又于美反，非也。（ZD59-729c）

忧
　振～，于救反。（ZD59-1110b）

忧
　戰～，音右。（ZD59-1055b）

独　yòu

独
　黄～，余秀反。（ZD60-63b）按："～"同"犹"。

犹②　yòu

犹
　～狸，由秀反，獸名，似猨，正作犹、犾、狖，或作鼬。（ZD59-702c）

抌
　山～，由秀反，獸名。（ZD59-595a）

犹
　～鼠，余秀反。（ZD59-955a）

犹
　黄～，由秀反。（ZD59-1069c）

犹
　～狸，羊秀反，鼠屬也，正作鼬也。狖，獸名，似猨也，又別本作狐狸，非。（ZD59-705c）

唷　yòu

唷
　～嘟，依字，上于六反，下於六反。（ZD60-388c）

唷
　作～嘟，下二同，音郁，悲也，又唷，于六反，吐聲也，非。（ZD60-357b）

囿　yòu

囿
　宛～，于救、于六二反。（ZD59-1080a）

宥　yòu

宿
　在～，于救反，寬也，觀也，正作宥。（ZD60-529c）按："～"乃"宥"，詳見本書中篇"宿"字條。

---

① 又見"岃"字條。
② 又見"独""鼬"字條。

祐① yòu

袘 眾～，王救反，正作祐也。（ZD60-215c）按："～"乃"祐"，詳見本書中篇"袘"字條。

祐 眾～，于救反，正作祐，又音户，误。（ZD59-650a）

嗂 yòu

嗂 ～邺，上由柳反，下私律反，正作誘詡。（ZD60-80b）

嗤 作～，見藏作嗂，同，余柳反，引也。（ZD60-378b）

祜 yòu

祜 福～，音右，正作祐。（ZD60-264b）按："～"乃"祐"，詳見本書中篇"祜"字條。

袘 yòu

袘 福～，于救反，正作祐，或作祜，音户。（ZD59-643a）按："～"乃"祐"，詳見本書中篇"袘"字條。

痏② yòu

痏 若～，于救反，動也，顫也，正作疚、忧二

形，又于美反，非。（ZD59-1109b）

痏 戰～，音右，動也，正作疚、頠、忧三形，又于美反，非也。（ZD59-729c）

宥 yòu

宥 在～，音右，寬也，觀也，正作宥。（ZD60-427c）

頠 yòu

頠 戰痏，音右，動也，正作疚、～、忧三形，又于美反，非也。（ZD59-729c）

誘 yòu

誘 ～恤，上音酉，下辛律反，誘也。（ZD59-1043a）

慈 言誘，音酉，引也，亦作～。（ZD59-1099a）按："～"即"慈"，與"誘"同。

鼬 yòu

鼬 虺蚰～，上許鬼反，下由秀反。（ZD59-1066a）

鼬 黃～，由秀反。（ZD59-1069a）

紆 yū

紆 ～鬱，上衣于反。（ZD59-594b）按：

"～"即"紆"，乃"紆"字。《大寶積經》卷41："不得利養，心無紆欝。"（T11，p238b）

菸 yū/yù

脍 ～瘦，上音於，篤也，正作菸，～萏，熟兒也，又於與反，篤也，又於去反，臭爛也。（ZD59-961a）按：《大莊嚴論經》卷5："汝頗見汝家內諸小兒等，脍瘦腹脹，面目腫不?"（T04，p280b）可洪以"～"爲"菸"。

荞 草～，音於。（ZD60-376b）

荠 草～，音於，又於去反。（ZD60-355a）

荠 蔫～，音於。（ZD60-370b）

菸 ～死，上音於，蔫也，又於去反。（ZD60-491c）

軇 yū

軇 靯～，上之熱反，下衣俱反。（ZD60-86b）

于 yú

予 ～舍，上云俱反，正作于。（ZD59-880a）

乎 ～逼，上爲俱反，正作于。（ZD59-496a）

---

① 又見"祜""閣"字條。
② 又見"疚""忧""頠"字條。

迂　yú/yǔ

迂　～域，上音于，遠也，曲也，又紆、偏二音。（ZD60-459a）

迂　～基，上音于，遠也。（ZD60-494c）

迂　～足，上於禹反，曲也。（ZD59-567b）

圩　yú

圩　屠～，云俱反，正作盂、杅二形，又音烏，非。（ZD59-1045c）按："～"，經文作"杅"，即"杅"字。《雜阿含經》卷1："少可多自心觀是，如屠杅屠机爲骨聚，如然火如毒藥痛爲撓。"（T02, p495b）

杅　yú

杅　木～，云俱反，正作盂。（ZD59-855c）

杅　帶～，音盂。（ZD59-906b）

猛　木～，音盂。（ZD59-602a）按："～"乃"盂"字，詳見本書中篇"猛"字條。

好　yú

好　婕～，上音接，下音余。（ZD60-398a）

好　婕～，上音接，下音余，從予。（ZD60-545b）

盂①　yú

杅　一～，云俱反，正作盂。（ZD59-819a）

釪　銅～，云俱反。（ZD60-83a）按："～"即"盂"，詳見本書中篇"釪"字條。

盈　yú

盂　瓦～，音于。（ZD60-367a）

盂　～糸，上爲俱反，下胡計反。（ZD60-410b）

盂　石～，音于。（ZD60-458b）

臾②　yú

申　須～，浴朱反。（ZD59-559a）

申　須～，羊朱反，正作臾。（ZD59-779b）

臾　須～，音逾。（ZD59-549a）

臾　須～，羊朱反。（ZD59-647a）

申　須～，欲朱反。（ZD59-582a）

申　須～，音逾。（ZD59-699a）

臾　～乳，上以朱反。（ZD60-361c）

申　須～，羊朱反。（ZD59-671b）

申　須～，音逾。（ZD59-565b）

臾　須～，音逾。（ZD59-582c）

湠　須～，羊朱反。（ZD59-1115a）按："～"乃"臾"字，詳見本書中篇"沖"字條。

沖　yú

沖　須～，羊朱反，愄。（ZD60-158a）按："～"乃"臾"字，詳見本書中篇"沖"字條。

竽　yú

竽　～瑟，上爲俱反。（ZD59-633a）

舁　yú

舁　～轝，上與魚反，對舉也，下與據反，車轝也。（ZD59-1052a）

唋　yú

唋　～阿，郭氏作余、途二音。（ZD59-751b）

──

① 又見"盈""杅""釪""釪"字條。
② 又見"沖"字條。

悮　yú

悮　～悦，上音愚，正作娛。(ZD60-592b)

娛①　yú

悮　自～，音娛，牛拘反，樂也，又吾故反，錯也。(ZD59-774b)

娛　～樂，牛俱反。(ZD59-656a)

娛　～樂，牛俱反，下郎各反。(ZD59-933a)

娛　～樂，牛俱反，下五孝反。(ZD59-758b)

娛　～樂，牛俱反。(ZD59-777a)

萸　yú

萸　茱～，上是朱反，下以朱反。(ZD60-167a)

萸　茱～，下音臾。(ZD60-372c)

雩　yú

雩　冬～，云俱反，求雨四月祭名也。(ZD60-478b)

釪　yú

釪　銅～，音于。(ZD59-1113b)按："銅～"即"銅盂"，其中"～"即"盂"之俗。《摩訶僧祇律》卷 33："銅盂法者，佛住王舍城，爾時欝竭居士大施五百象、五百馬、五百牛、五百水牛、五百婢、五百奴，種種雜施中有銅盂。"(T22，p495a)

釪　鉢～，爲俱反。(ZD59-848a) 按："釪"同"盂"。《佛説觀佛三昧海經》卷 5："污師淨食，坐師床座，捉師鉢盂藏棄不淨。"(T15，p670b)

釪　～瑱，上音于，下音殿。釪瑱，同上。(ZD60-342a) 按："釪瑱""釪瓆"即"于闐"。

鋊　yú

鋊　銅～，云俱反，鉢～也。(ZD59-1106b)按："～"，經文作"盂"。《摩訶僧祇律》卷 10："相續者，若繫僧伽梨、欝多羅僧、安陀會、覆瘡衣、僧祇枝、雨浴衣、若鉢、小鉢、鍵鎡、銅盂中，如是比是名身相續。"(T22，p311b)"～"即"盂"之俗。鄭賢章(2007：414)曾考。

魚　yú

魚　捕～，蒲故反，下牛居反。(ZD59-907c)　螺～，郎禾反。(ZD59-800b)

魚　～鱉，并列反。(ZD59-739c)　飴～，上音寺，下音魚。(ZD60-460b)　大～，音魚。(ZD60-293a)　～獵，上牛居反，下力葉反。(ZD59-1049b)

澳　yú

澳　羅～，羊朱反，河名也。(ZD59-1010b)

隅　yú

崳　四～，牛俱反，正作隅。(ZD59-647a)

瑜　yú

瑜　璠～，上音煩，下音餘，魯之寶玉也，正作瑜也，又他典反，悮。(ZD60-346c)按："～"乃"瑜"。

瑜　yú

揄　如～，羊朱反，墳～，墓塚也，正作瑜也。(ZD60-210c)

崸　yú

崸　四～，牛俱反，正作隅。(ZD59-577b)

———

① 又見"悮"字條。

逾 yú

逾 ～梵,上以朱反,正作踰、逾二形。(ZD60-212c)

腴① yú

脾 膏～,羊朱反。(ZD59-953c)

腴 膏～,音高,下音逾。(ZD59-695b)

腰 膏～,羊朱反,悮。(ZD60-466c) 按:"～"乃"腰"字,詳見本書中篇"腴"字條。

腴 ～旨,上羊朱反,肥也,正作腴。(ZD60-468b)

榆 yú

榆 那～,音逾。(ZD59-836c)

虞 yú

虞 虞候,《川音》㝵,此卷作虞候遠闥,故知彼作㝵遠字,而以㝵字替之,非也。(ZD60-419b)

虞 ～號,上牛俱反,下古攫反。(ZD60-402b)

虞 ～愿,音願。(ZD60-551b)

霙 ～芮,而稅反,別本作芮,非也。(ZD60-531b)

霙 ～渊,上正作濦,音愚,陵夾水曰濦也。下烏玄反。(ZD60-389c) 按:"～",對應文獻作"虞"。

霙 ～界,牛俱反,菩薩名,或作虞,牛禺反。(ZD59-809a)按:"～",經文作"虞"。

愚 yú

愚 ～人,上牛俱反,正作愚。(ZD60-158b)

蜍 yú

蜍 蟾～,之廉反,下羊諸反,蝦蟇也。(ZD59-952b)

腧 yú

腧 胇～,上芳吠反,下欲朱反。(ZD59-1044a)

腧 俞～,二同音俞,上又余注、丑右二反,下又商注反,五藏名。(ZD60-389c)按:"～",對應文獻爲"月愈"。《一切經音義》卷20:"肺腴,又作胇,同敷穢反。《説文》肺,火藏也。下庚俱反,《説文》腹下肥也。腴,腹也。經文作愈、月愈 二形,非體也。"

(C057,p59b)根據《一切經音義》,"月愈"乃"腴"字,而"～"即"月愈",亦"腴"字。《治禪病秘要法》卷1:"大腸、小腸、脾、腎、肝、肺、心、膽、喉嚨、肺腴、生熟二藏、八萬户蟲,一一諦觀皆使空虛。"(T15,p334b)"腴",宋、元、明、宫本作"腧"。"～"即"腴"。

諛② yú

諛 ～訑,上以朱反,下徒我反,欺也。(ZD59-613c)

諛 ～諂,羊朱反。(ZD59-644c)

諛 ～諂,羊朱反,下丑染反。(ZD59-729b)

諛 諂～,羊朱反,又音申,非也。(ZD59-732a)

諛 ～諂,羊朱反。(ZD59-757b)

媮 ～媎,羊朱反,詐也,偽也,正作諛,下丑染反,上又他侯反。(ZD59-647b)

諭 ～諂,羊朱反,下丑染反,詭言也。(ZD59-668b)

諭 ～諂,羊朱反。(ZD59-643a)

諛 ～諂,上欲朱反,下丑染反。(ZD59-582c)

---

① 又見"腧"字條。

② 又見"諛""諭"字條。

諕
諕
諕

~詔,羊朱反,又音申,
悞。(ZD59-646a)
~詔,羊朱反。
(ZD59-726b)
~詔,羊朱反,下丑
染反。(ZD59-674c)

漁① yú

漢
漁
渔

鱷~,上自南反,下牛
居反。(ZD60-477c)
~師,音魚,捕也。
(ZD59-666a)
田~,上正作畋,下
音魚。(ZD60-527a)

裔 yú

裔

窺~,去隨反,下以
朱反。(ZD59-935b)

褕 yú

褕

波~,逾、遙二音,正作
褕也,上方經作波喻,
比丘尼也。(ZD59-643b)

敊 yú

敊
鮫

~人,言居反。
(ZD59-834a) 按:
"~"同"漁"。
如~,音魚,獵也。
(ZD59-834a)

諛 yú

諛

~詔,上羊朱反,下
丑染反,又音叩,非

也。(ZD60-475c)按:"~"
即"諛"。

萸 yú

萸

有~,羊諸反,楚謂
簏曰箽,字從竹從
與。(ZD60-379c)按:"~"
乃"箽"。

諭 yú

諭

~詔,上以朱反,詭
言也,新韻作揄,舊
韻作諛也。(ZD59-574a)
按:"~"乃"諛"。

璵② yú

璵

~璠,上音餘,下音
煩,魯之寶玉也。
(ZD60-310a)

閭 yú

閭

閭~,上去隨反,下
以朱反。(ZD60-
176b)

與 yú

與

思~,以諸反。
(ZD60-399a)

歟 yú

歟

者~,音余。(ZD60-
399b)

諤 yú

譁

~羅,上女耕反。
(ZD59-1030a)按:
"~羅",對應佛經作"諤
羅"。《大樓炭經》卷3:"一
名質羅,二者名質多諤羅。"
(T01,p292b)從字形看,
"~"即"譁"字,但根據經
文,"~"在此似乎乃"諤"字
之訛。

諤

頭~,音于,或作譁,
火孤、火故二反。
(ZD59-751a)

諤
諤

陁~,音于,借音和
于反。(ZD59-809b)
~難,爲俱反,《經音
義》作呼故反,非體。
(ZD59-750b)

譁

迦~,雨俱反。
(ZD59-1051b)

箽 yú

箽

有~,羊諸反,楚謂
簏曰箽。(ZD60-
379c)

旟 yú

旟

迴~,音餘,旌旗之
類也,正作旟。
(ZD60-476b)

---

① 又見"瀂""敊"字條。
② 又見"璵"字條。

轝[①] yú

上輿，以諸反，輂也，無輪車也。上～，同上。（ZD60-34c）

瀀 yú

作～，音魚。（ZD60-404b）

与 yǔ

褚（褚）信，上丑～反。（ZD60-491a）按："与"同"與"。

肚～肺，上徒古反，下芳廢反。（ZD59-617b）

羽 yǔ

載～葆，上都代反，中于矩反，下音保，上正作戴羽也，羽保以纛。（ZD60-183c）按："～"乃"羽"，詳見本書中篇"[glyph]"字條。

俣 yǔ

弶～，其亮反，下牛主反。（ZD59-781b）

㺧～，羊亮反，下愚雨反。（ZD59-780c）

～～，牛雨反。（ZD60-354b）

庾 yǔ

那～，余主反，數名也，正作庾也。（ZD59-563a）按："～"乃"庾"。

之～，余主反。（ZD60-374a）按："～"乃"庾"。

那～，余主反，正作庾。（ZD59-675c）按："～"乃"庾"。

～陁，由主反。（ZD59-796c）按："～"乃"庾"。

庾[②] yǔ

那～，余主反。（ZD59-549c）

～隸，余主反。（ZD59-742c）

～黔婁，上余主反，中巨廉反，下洛侯反，人姓名也。（ZD60-539a）

～桑，上余主反。（ZD60-530c）按："～"乃"庾"。

寓 yǔ/yù[③]

御～，音宇。（ZD59-771b）

御～，于主反，上下四方曰寓也，又四垂屋也，棟也。（ZD59-678c）按："～"同"宇"。

闞～，上毗益反，下于主反。（ZD59-557a）

流～，音遇，寄也，正作寓。（ZD60-486a）按："～"乃"寓"。

與[④] yǔ

～趺，音夫，脚板惣名。（ZD59-556a）

～雌，此夷反。（ZD59-741a）

拖～，尸智反，惠也。（ZD59-919c）

～膊，音博。（ZD59-792c）

～瘖，於禁反。（ZD59-711a）

尻骨～肴，下音積，正作脊。（ZD59-1093a）

～膊，音博。（ZD59-791b）

傴[⑤] yǔ

～僂，於禹反，下力主反。（ZD59-861c）

跛～，於禹反，曲脊也，正作傴。（ZD60-234a）

---

① 又見"輿"字條。
② 又見"庾"字條。
③ 又見"寓"字條。
④ 又見"与"字條。
⑤ 又見"軀""瘟"字條。

瘐① yǔ

瘐　～墮，上余主反，下正作惰。（ZD59-1098b）

瘐　～墮，羊主反，勞也，勞苦多惰～也。《切韻》云器空中也，亦病也，正作瘐，又況禹反，惧。（ZD59-923b）

瘐 yǔ

瘐　～墮，余主反，勞也，懶也。（ZD59-960b）

瘐　～墮，上余主反，正作瘐惰也。（ZD60-34c）

瘐　～墮，上余主反，下徒果反，釋文云若懸怠是名瘐墮。（ZD60-170c）

瘐　～墮，羊主反。（ZD59-744c）

瘐　～墮，余主反，懶也。（ZD59-744c）

瀕 yǔ

瀕　反～，于主反，夫子首相也。（ZD60-522a）

嶼 yǔ

嶼　沙～，音序。（ZD60-595a）

瘟 yǔ

瘟瘟瘟　～身，於禹反，正作傴。（ZD59-761c）
背～，於禹反，正作傴。（ZD59-734c）
～背，上於禹反，正作傴。（ZD59-586b）

禦 yǔ

禦　～末，上魚與反，正作禦也。（ZD60-541c）

禦禦　防～，音語。（ZD59-727c）
～惡，上音語，正作禦。（ZD60-408b）
按："～"乃"禦"，詳見本書中篇"𥝪"字條。

禦禦　～敵，牛舉反。（ZD59-788c）
守～，魚舉反，禁也，止也，正作禦。（ZD60-113a）

禦禦　防～，魚與反。（ZD59-980c）
～捍，上魚與反，下寒按反。（ZD60-140a）

禦禦　～寇，上牛與反。（ZD60-398a）
～捍，上魚與反，下戶按反。（ZD60-147c）

禦　防～，魚與反。（ZD59-592b）

籞 yǔ

籞　～備，上牛與反，下皮秘反。（ZD59-1079a）

籞　～寇，上牛與反，下口候反。（ZD60-393c）

籞　～逆，牛與反，止也，禁也。（ZD59-692b）

籞 yǔ

籞　園～，牛與反。（ZD60-595a）

籞　苑～，魚與反，禁苑也。（ZD59-589a）

芋 yù

芋　食～，于遇反，草名，可食，葉似荷葉，正作芋。（ZD60-226c）

芋　～根，上于遇反。（ZD59-1103c）

吁 yù

吁　～質，上云遇反，下莫候反，訶字切脚也，正作吁貿也，上又《鄘州篇》音子，非也。（ZD59-798b）按："～"乃"吁"。

聿 yù

聿　～師，上餘律反。（ZD59-624a）

———

① 又見"瘐"字條。

欨　yù

欨　盡印～，一進反，余律反。（ZD59-670a）
按："盡印～"，對應佛經作"盡印陀"。可洪作"欨"，情況不詳。

昱　yù

骨　晃～，音育。（ZD60-186b）

骨　晃～，上戶廣反，下羊六反。（ZD60-186a）按："～"乃"昱"字，詳見本書中篇"骨"字條。

域　yù

域　迂～，上音于。（ZD60-459a）

掝　yù

掝　～白椟，上云逼反，下而維反。（ZD60-373a）按："～"即"掝"。

唓　yù

唓　作唷～，下二同音郁，悲也，又唷，于六反，吐聲也，非。（ZD60-357b）

唓　～咿，音郁，下音伊。（ZD59-692c）

唓　～咿，上音郁，下音伊，悲也，正作噢咿。（ZD59-1050c）

念　yù

念　病～，余主反，差也，正作愈也。（ZD59-562c）

念　康～，音預。（ZD60-408b）

念　不～，音預，悦也。（ZD60-326c）

欲①　yù

欲　女～，音欲。（ZD59-718b）

欲　飲～，同上。（ZD59-718b）

欯　～使，余玉反，正作欲也，下音史。（ZD59-707a）

淤②　yù

淤　～泥，於去反。（ZD59-636c）

淤　～泥，上於去反。（ZD59-570a）

洙　～泥，於去反。（ZD59-743c）

淤　～泥，上於去反。（ZD59-588b）

洙　～泥，於去反，水中泥也。（ZD59-658a）

淤　～泥，於據反。（ZD59-728a）

游　～泥，於去反，又音由，非也。（ZD59-819b）

游　～泥，於去反，又音由，悮。（ZD59-638b）

裕　yù

裕　摩～，余遇反。（ZD60-409c）按："～"乃"裕"。

御　yù

御　勒～，魚去反。（ZD59-1002b）

御　制～，牛去反。（ZD59-1011c）

陑　～者，牛去反，正作御。（ZD59-684a）按："～"即"御"，詳見本書中篇"陑"字條。

御　～馬，上魚去反。（ZD60-256c）

御　～寓，音宇。（ZD59-771b）

御　善～，魚攄反，正作御。（ZD59-921b）

御　制～，牛去反。（ZD59-1011c）

御　遠～，魚據反。（ZD59-835b）

御　～之，正作御。（ZD59-621a）

御　乘～，魚去反。（ZD60-139a）

---

① 又見"熔"字條。
② 又見"湘"字條。

御
御

～寓,音禹。(ZD60-
328c)

～之,魚去反。
(ZD59-910c)

飫 yù

飫

饐～,上於焰反,下於
去反。(ZD60-480b)

焴 yù

焴
焴

炫～,上音縣,下音
育。(ZD60-398c)

晃～,黃廣反,下羊
六反。(ZD59-853a)

湘 yù

湘

青～,於去反,正作
瘀、淤二形,又音廂,
惧也。(ZD60-170b)按:
"～"乃"淤"之訛。

裕① yù

裕
裕
稁
裕

饒～,音喻,寬也。
(ZD59-707c)

容～,由主反。
(ZD59-962b)

閑～,音喻。(ZD59-
959a)

～容,逾遇反,正作
裕。(ZD59-961c)

婼 yù

婼

婬～,羊林反,下余
玉反,正作婬欲。

(ZD59-832c)按:"～"乃
"欲",詳見本書中篇"婼"
字條。

脙 yù

脙

～爛,上於去反,下
郎漢反。(ZD60-
232a)按:"～"乃"瘀"字,詳
見本書中篇"脙"字條。

罭 yù

罭

網～,音域。(ZD60-
591c)

愈② yù

念
愈

先～,余慮反,悦也,
或作愈,余主反,差
也。(ZD59-921c)

即～,余主反,病差
也,正作愈。(ZD59-
860b)按:"～"即"愈"字
之訛,詳見本書中篇"愈"
字條。

瘀③ yù

瘀
瘀
瘀
瘀

青～,於去反。
(ZD59-738c)

青～,於據反。
(ZD59-849a)

青～,於去反。
(ZD59-574c)

青～,於去反。
(ZD59-570c)

青～,音淤。(ZD59-
561b)

預 yù

預
預
預
頸

～立,余庶反。
(ZD59-966c)

暑～,上常預反,下余
庶反,根可食也,正作
薯蕷。(ZD59-566b)按:
"～"即"預",經中通"蕷"。

得～,余庶反,廁也。
(ZD59-664c)

～流,同上也,正作
預也。(ZD59-562b)

蒕 yù

蒕

燕～,上於見反,下
於遇反,《音義》自作
央富反,韻無此切。
(ZD60-383a)

蔚 yù

蔚

～者,上於勿反。
(ZD59-621c)

馘 yù

馘

～～,於六反,文章
兒也。(ZD60-500b)

———

① 又見"裕"字條。
② 又見"念"字條。
③ 又見"脙"字條。

毓　yù

毓　施～，音育。（ZD60-315c）

預　yù

預　～靚，古豆反。（ZD60-538a）按："～"乃"預"。

緎　yù

緎　～呋，上與藏字同，音獨，又徒候反。（ZD59-627c）

瑀　yù

瑀　鸀～，上音囑，下音玉。（ZD59-556c）

蕷　yù

蕷　蕿～，上於盈反，下於六反。（ZD60-53b）～廁，上於六反。（ZD59-624c）

噢　yù

唷　～咿，於六反，下於尸反，悲也，正作噢咿也，上又于六反，非。（ZD59-763b）按："～咿"即"噢咿"。

愉　yù（惁）

愉　～怺，郁伊二音，並俗也。（ZD60-276b）按："～怺"，聯綿詞，又作"郁伊""噢咿""唧咿"等形，悲傷也。《經律異相》卷32："我子薄命，乃值此殃，涕泣愉怺，事不得已，俛仰放捨，悉取太子所有衣服瓔珞珠寶，皆用送之。"（T53，p175c）"愉怺"，宋、元、明、宮本作"唧咿"。

慾　yù

慾　～綖，上余玉反，下相箭反。（ZD60-251c）

鴪　yù

鴪　鸚～，上其俱反，下余玉反，《法益經》作鸛鴪。（ZD60-305c）按："～"，可洪以爲"鴪"，現對應佛經作"鶌"。

溍　yù

溍　～露，上義是需，同余律反。溍，水流皃也。（ZD60-564c）按：《廣弘明集》卷15："靈芝溍露，月萃郊園，義鳳仁虎，日聞郡國。"（T52，p204b）

熨　yù

熨　～斗，上於貴、於勿二反。（ZD59-1122a）

熨　塗～，於貴、於勿二反。（ZD59-906c）按："熨"即"尉"。

遹　yù

遹　～被，上余律反。（ZD59-589a）～遵，上余律反。（ZD60-363a）

豫①　yù

懁　悅～，餘慮反，安也，逸也，正作豫、忬二形也。（ZD59-645a）

豫　悅～，余慮反。（ZD59-669b）

豫　猶～，余慮反，不定也。（ZD59-906c）

豫　～說，余庶反，佮也，先也，猒也，敘也。（ZD59-676a）

豫　悅～，余庶反，安也。（ZD59-661c）

豫　～知，余庶反。（ZD59-859c）按："～"乃"豫"字，詳見本書中篇"豫"字條。

豫　所～，羊庶反。（ZD59-756b）

豫　猶～，音由，下余去反，不定也，又上余救反，疑也。（ZD59-760c）

鋊　yù

鋊　鋘～，音昌，出《玉篇》，下音育，温器

---

① 又見"懁""豫"字條。

也。上又《經音義》作 鑐，
應和尚以鎢字替之，音烏。
鎢鏀，小釜也，銼鑼也。上
又郭逐作處丈、處亮二反，
非也，上方本作鎢鏀。
(ZD59-896a)

鏀　鍬～，上音烏，下音
育，温器也，上正作
鎢。(ZD60-277c)

燠　yù

燠　涼～，烏告、於六二
反，熱也。(ZD59-
777c)

憲　yù

憲　流～，牛句反，正作
寓。(ZD60-477c)

鵒　yù

鵒　～彼，上余律反。
(ZD60-357c)　按：
"～"同"鵒"。

豫　yù

豫　充～，上余昊反，下
余庶反。(ZD60-
546c)按："～"乃"豫"。

樂　yù

樂　淋梯～，上助莊反，
中他兮反，下余庶
反。(ZD60-383a)

綮　梯（梯）～，上他兮
反，下以庶反。
(ZD60-368b)

舉　梯～，音預。(ZD60-
375a)

癒　yù

癒　不～，余主反。
(ZD60-102b)

橺　yù

橺　～樟，上余庶反，下
音章。(ZD60-436b)

鬻　yù

鬻　種～，同上（鬻）。
(ZD60-22a)按："～"
乃"鬻"，詳見本書中篇"鬻"
字條。

鬻　yù

鬻　～鵴居，上余、預二
音，中卑、疌二音，下
正作鴝，九余反。(ZD60-
384c)

齰① yù

齰　蓊～，烏公、烏孔二
反，下於勿反，草木
盛也。(ZD59-938c)

齰　蓊～，上烏公、烏孔
二反。(ZD59-602b)

鬱　～蒔，直里反。
(ZD60-329b)

鬱　垙～，上烏朗反。
(ZD60-581a)

鬱　yù

鬱　～蒸，之勝反。
(ZD59-591c)

抉　yuān

抉　～兮，上一玄反。
(ZD60-371b)　按：
"～"乃"淵"字。

怨②
yuān/yuàn

怨　慨～，上苦代反，下
於元反。(ZD60-
585a)

怨　～讎，音酬。(ZD59-
789c)

怨　～嫉，自、疾二音。
(ZD59-716b)

怨　～嫉，於元、於願二
反，正作怨。(ZD59-
673a)

怨　～刾，七賜反。
(ZD59-744a)

怨　～讎，市由反。
(ZD59-563b)

怨　胥～，上相余反。
(ZD60-409c)

---

① 又見"鬱"字條。
② 又見"怨"字條。

惥
惥

～雛，常周反。
（ZD59-659c）

則～，於願反。
（ZD60-248b）

悁　yuān

悁
悁
悁
悁

～恚，於玄反。
（ZD59-819c）

～邑，於緣反，憂也。
（ZD59-676b）

矝～，居陵反，下於
緣反。（ZD59-729b）

～悒，於緣反，下於
及反，憂也。（ZD59-
766c）

冤①　yuān

窊

煩～，於元反，枉也，
曲也，屈也，正作冤。
（ZD59-858a）按："～"乃
"冤"字，詳見本書中篇"窊"
字條。

宄
宄
冤
冤
冤
冤
冤
冤

煩　～，於元反。
（ZD59-723c）

煩　～，於元反。
（ZD59-560a）

～結，於元反。
（ZD59-944a）

銜～，於元反，正作
冤。（ZD59-868b）

煩　～，於元反。
（ZD59-994b）

～煩，於元反。
（ZD59-808a）

～枉，上於元反，下
於往反，正作冤枉

也。（ZD59-608b）

冤
冤
宄

～枉，上於元反，下
於往反。（ZD60-
386a）

呼～，於元反，反屈
也，正作冤，從冖。
（ZD59-1018c）

煩～，於元反。
（ZD59-1087b）

渊　yuān

渊
渆

～深，上烏玄反，正
作淵。（ZD60-605a）

渆　yuān

渆

～壑，上烏玄反，下
呼各反。（ZD60-
314c）

痛　yuān

痛

～痛，烏玄反，骨節
疼也。（ZD59-769a）

淵②　yuān

渆
渊
渆
渆

澄～，烏玄反，深水
也，正作淵。（ZD60-
37a）

投渊，烏玄反，正作
～、刾、囷三形。
（ZD59-939b）

～居，於玄反。
（ZD59-658a）

～魚，上烏玄反，深
水也，正作淵，又他

典反，惧。（ZD60-182c）

渆
渊
渊
渆
渊
渆
渆
渆
渊
渆
渆
渆
油
淵

德　～，於玄反。
（ZD59-665c）

渆流，烏玄反，正作
～、刾二形。（ZD59-
646c）

～池，一泉反，深也。
（ZD59-727c）

之　～，於玄反。
（ZD59-673c）

龍～，一玄反，深也，
又作淵。（ZD59-
659c）

投～，烏玄反，深水
也。（ZD60-161b）

四　～，烏玄反。
（ZD59-912a）

～淳，烏玄反，下徒
丁反，經作淵停，惧
也。（ZD59-658a）

深　～，於玄反。
（ZD59-830a）

於　～，於玄反。
（ZD59-818c）

水～，烏玄反，正作
淵。（ZD59-1081b）

渆流，烏玄反，正作
渊、～二形。（ZD59-
646c）

～而，烏玄反，深也，
正作淵，又他殄反，
傳寫惧矣。（ZD59-701b）

龍　～，於玄反。
（ZD59-1104a）

---

① 又見"惋""窊"字條。

② 又見"油""扻""渊""渆"
"瀾""潤"字條。

～叟，上於玄反。(ZD60-106c)

流～，於玄反。(ZD59-819b)

～泓，上烏玄反，下烏宏反。(ZD59-1095c)

～也，上烏玄反，深也。(ZD59-647a)

深～，烏玄反，深冰也。(ZD60-522b)

～予(弔)，上於玄反，下丁歷反，至也。(ZD60-540a)

～懿，上於玄反，下於冀反，正作淵懿也。(ZD59-587b)

海～，烏玄反。(ZD59-611b)

深～，烏玄反。(ZD59-918b)

深～，烏玄反，深也，正作淵。(ZD59-702a)

～流，烏玄反，正作淵。(ZD59-646c)

～廣，上於玄反，下音廣。(ZD60-106b)

～池，於玄反。(ZD59-656b)

如～，烏玄反。(ZD59-700a)

～魚，上烏玄反，深也，又他典反，非也。(ZD60-241a)

～獻，上烏玄反，下許建反。(ZD59-1061b)

剡～，烏玄反。(ZD59-838a)

～海，於玄反。(ZD59-675a)

龍～，烏玄反。(ZD60-467b)

彭～，上才井反，下烏玄反。(ZD60-473a)

死～，烏玄反。(ZD59-716b)

～才，烏玄反。(ZD59-660c)

～中，於玄反。(ZD59-668a)

投～，於玄反，深水也。(ZD59-961a)

邊～，一玄反。(ZD59-668c)

法～，一玄反。(ZD59-660a)

～乎，一玄反，深也，正作淵，古避廟諱，故省一畫爾。(ZD59-739a)

江～，於玄反，深也。(ZD59-677b)

深～，一玄反，深也，惧。(ZD59-766a)

按："～"乃"淵"字，另見本書上篇第五章"淵"字條。

出～，於玄反，正作淵。(ZD59-819a)

流～，於玄反。(ZD59-657b)

慧～，於玄反。(ZD59-654b)

～池，上烏玄反。(ZD59-592c)

三～，烏玄反，正作淵。(ZD59-671a)

投～，於玄反，水深也，正作淵也，又他典反，非也。(ZD59-952b)

法～，烏玄反。(ZD60-456a)

墮～，烏玄反，《川音》作油，音曲，非也。(ZD60-213b)

投捌，烏玄反，正作捌、剡、～三形。(ZD59-939b)

之～，烏玄反，深也，正作淵。(ZD60-245b)

愈
yuān/yuàn

滅～，於元反，雛也。(ZD60-505b)

～忏，上於願反，下五故反。(ZD60-451a)

蜎　yuān

～飛，上烏玄反，又狂充反。(ZD59-573b)

～飛，烏玄反。(ZD59-643b)

～飛，於玄反。(ZD59-731b)

～飛，一玄反。(ZD59-903c)

蜎
蛸

～飛，於玄反。
(ZD59-648c)

～飛，上於玄反，下亦
作蜎也。(ZD59-577c)

寃　yuān

寃

煩～，於元反。
（ZD60-237a）按：
"～"同"冤"。

鴛　yuān

鵷

～鵁，上於元反，下
於良反。（ZD59-
1051c）

鴛
鴛
鴝

～鵁，於元反，下於
良反。(ZD59-824c)

～鵁，上於元反，下於
良反。(ZD59-605a)

～鵁，上於元反，下於
良反。(ZD60-117c)

戴　yuān

戴

鴉～，上尺夷反，亦
作鴟也，下余宣反，
正作鳶。(ZD60-210a)按：
"～"同"鳶"。

戴

木～，余宣反。
（ZD60-451a）按：
"～"同"鳶"。

灡　yuān

灡

～極，上烏玄反，深
也，正作淵也，《川
音》音遏，非也，乖之甚。

(ZD60-168b)按："～"乃
"淵"。

灡　yuān

灡

深～，烏玄反，深也，
正作淵、困。(ZD59-
1003a)

元　yuán

元

迄～嘉，上許乞反，
下古牙反。(ZD60-
338c)

元

原敕，音～，放逸也，
下音舍，寬宥也。
(ZD59-729c)

元

～乂，魚吠反。
（ZD60-506a）按：
"～"，經文作"元"。

犺　yuán

犺

～猴，上于元反，下
平鈎反，正作猨猴
也。(ZD59-1004a)按："～"
同"猿(猨)"。

犺

作～，于元反。
(ZD60-368a)

爰①　yuán

爰

～有，于元反，於也。
(ZD59-742a)

爰

～戀，于元反，爲也，
下莫候反，美也。
(ZD59-651b)

袁　yuán

袁

～粲，倉贊反。
(ZD60-458a)

原②　yuán

原

～恕，上魚袁反。
(ZD60-192b)

原

泉～，魚袁反。
(ZD59-639b)

羱　yuán

羱

～羝，上魚袁、五官
二反。(ZD59-605a)

原　yuán

原

泉～，魚袁反。
(ZD60-157a)

援
yuán/yuàn

援

板～，音袁。(ZD60-
363b)

援
援
援

～吾，于元反，引也。
(ZD59-767a)

～抱，上于元反，下
音浮。(ZD60-352c)

力～，音院，助也。
(ZD59-732c)

———

① 又見"受"字條。
② 又見"原""庱"字條。

援

力～，音院，助也。
（ZD59-732c）

并～，于元反，引也，
正作援。（ZD60-266a）

可～，音院。（ZD60-476a）

～壏，上王願反。
（ZD59-1113b）

～兵，上音院，救助
也。（ZD60-537a）

勢～，音院。（ZD59-764c）

～助，上于願反。
（ZD59-620b）

厡　yuán/shí

原上，上魚袁反，平
地也，又《川音》作
～，音寔，非。（ZD60-425b）按：《集神州三寶感通
錄》卷3："高平原上有人名
薩何，姓劉氏。"（T52,
p434c）"～"，經文中乃
"原"，又可爲"寔"。

湲　yuán

潺～，上仕連反，下
于拳反。（ZD60-600b）

媛　yuán

～親，爲元反，嬋～，
枝相連引也，又音
院。（ZD59-766c）

園①　yuán

～裏，音里，内也。
（ZD59-757c）

竹～，音園。（ZD59-843a）

～田，上爲元反。
（ZD60-190b）

～塘，大郎反。
（ZD59-977c）

～圃，補、布二音。
（ZD59-672b）

浮～，于元反。
（ZD59-718b）

～囿，于救、于六二
反。（ZD59-736a）

百～，爲元反。
（ZD59-757c）

竹～，于元反。
（ZD59-748a）

～圃，音補。（ZD59-602a）

～觀，于元反。
（ZD59-717a）

圓　yuán

兩～，或作圜，同于拳
反，天體也，核也，匭
也，正言匭，避俗諱故作圓也。
匭，户官反。（ZD59-898b）

猿②　yuán

鳴～，上音烏，下音
園，下或作猨，音狂。
（ZD59-983b）

猨

猴～，户鉤反，下于
元反。（ZD59-643c）

緣③　yuán

～務，上音緣，下音
務。（ZD60-400c）
按："～"乃"緣"，詳見本書
中篇"孫"字條。

蕒　yuán

～舘，古亂反，舍也，
亦作館，又音管。
（ZD59-842c）

～觀，爲元反，下古
亂反。（ZD59-925b）

蝝　yuán

蠑～，上音榮，下音
原，亦名蜥蝪也。
（ZD60-384a）

縿　yuán

之～，余宣反，正作
緣。（ZD60-489c）
按："～"乃"緣"，詳見本書
中篇"縿"字條。

黿　yuán

～虬，魚暄反，下巨
幽反。（ZD59-835c）

―――――

① 又見"蕒"字條。
② 又見"玩"字條。
③ 又見"縿"字條。

龍～，魚袁反。
(ZD59-805a)

～鼉，魚袁反，下徒
何反。(ZD59-787b)

～鼉，魚袁反，下徒
何反。(ZD59-752a)

～鼉，魚袁、五官二
反，下徒何反，正作
黿鼉也。(ZD59-747a)

～鼉，音元，下音陁。
(ZD59-679c)

～鼉，音元，下音陁。
(ZD59-678b)

惡～，音元。(ZD59-
617b)

～鼉，上魚喧反，下
徒何反。(ZD59-
604a)

～鼉，上音元，下音
陁。(ZD59-597b)

乘～，音元。(ZD60-
426c)

～鼉，上魚袁反，下
徒何反，正作黿鼉。
(ZD60-221c)

～鼉，上魚袁反，下
徒何反。(ZD60-
165a)

～鼉，上音元，下音
陁。(ZD59-1083b)

～鼉，元陁二音。
(ZD59-1075b)

～鼉，上魚袁反，下
徒何反。(ZD59-
1067a)

～鼉，上魚袁反，下
徒何反。(ZD59-
1024c)

撅　yuán

撅　拘～，上俱禹反，下
余全反。(ZD60-
144a)按：“拘～”即“枸橼”。
“撅”即“橼”字之訛。

橼[1]　yuán

橼　拘～，上俱禹反，下余
宣反。(ZD60-136c)

椽　拘～，俱禹反，下羊
專反，《埤蒼》云菓
名，似橘，字蓋從木。
(ZD59-971c)

鶏　yuán

鶏　～居，上于元反，正
作爰、鶏二形也。
(ZD60-536b)按：《弘明集》
卷9：“鷗號鶏鷗，鳳曰神
鳳，名既殊稱，貌亦爽實。”
(T52, p57a)

遠[2]　yuǎn

逺　～炤，之曜反，與照
同。(ZD59-607a)

遠　淵～，於玄反。
(ZD59-692b)

苑[3]　yuàn

莀　～圃，于救、于六二
反。(ZD59-726c)

苑

苑　字～，於遠反，圃也，
正作苑、菀也。
(ZD60-379a)

苑　～蘥，魚與反，禁苑
也。(ZD59-589a)

苑　～圃，于救、于六二
反。(ZD59-697a)

茆　～圃，音右，又于六
反。(ZD60-427c)

莀　字 ～，於遠反。
(ZD60-374a)

菀　～圃，於遠反，下卜
古反。(ZD59-698c)

院　yuàn

陒　門 ～，音 院。
(ZD60-496a)

陒　墻～，上而緣反，下
于願反，正作院，又
音丸，非也。(ZD60-261b)
按：“墻～”，對應佛經作“墻
院”。《釋迦方志》卷2：“北
門通大寺，其墻院內聖迹諸
塔精舍星張相布。”(T51,
p962a)詳見本書中篇“陒”
字條。

硯　佛～，音院。(ZD60-
260c)

援　塔～，音院。(ZD59-
1114a)按：“～”，經
文作“院”。《摩訶僧祇律》
卷34：“若無廁草，當用瓦器
盛已棄之。若塔院僧院內

---

① 又見“撅”字條。
② 又見“薳”字條。
③ 又見“菀”字條。

見不淨者應除去。"（T22，p504c）

塔～，音院。（ZD59-1111c）

怨　yuàn

悡

～讎，市由反，疋也，仇也。（ZD59-555b）按："～"乃"怨"。

掾　yuàn

抙

曹～，以絹反。（ZD60-476a）

願　yuàn

頯

～卒（卒），子律反，終也。（ZD59-645c）

熙

經弓，居～反。（ZD59-918c）

顠

悲～，魚勸反，欲也，每也，念也，思也，惧。（ZD59-655a）按："～"乃"願"字，詳見本書上篇第七章"頭"字條。

頡

頡言，魚勸反，欲念也，正作願、～二形也。（ZD59-853a）

顃

～御，上魚勸反，下魚去反。（ZD60-450c）按："～"乃"願"字，詳見本書中篇"顃"字條。

頸

～此，魚勸反，正作願。（ZD59-758b）

頭

～言，魚勸反，欲念也，正作願。（ZD59-853a）

願顤顚顃

祝～，之右反。（ZD59-731c）

～赦，魚勸反，下尸夜反。（ZD59-820b）

起～，宜勸反。（ZD59-632c）

所～，魚勸反，欲也，念也，正作願。（ZD59-558c）按："～"乃"願"，詳見本書中篇"顃"字條。

曰　yuē

冈

古品～，音越。（ZD60-338c）按："～"乃"曰"，詳見本書中篇"冈"字條。

歾　yuē

歾

博約，於却反，《川音》作歾，以舛字替之，非也，此處無歾、歾二形，義之亦無舛字。（ZD60-538c）按：《弘明集》卷10："旨肆而隱，義婉而章，博約載弘，廣大悉備。"（T52，p65c）"約"，《川音》作"歾"。"歾"當"約"字之訛，非"舛"字。

胐　yuē

胐

靴履，上許～反。（ZD59-602b）

暚　yuē

暚

～眼，烏決反，目深也。（ZD59-836a）按：《大威德陀羅尼經》卷1："山羊眼、矙（土莽反）眼、小不瞬眼、暚（一夬反）眼。"（T21，p757c）

噦　yuē

噦

咳～，上烏芥反，通食氣也，正作欬，下於月反，逆氣。（ZD59-1088a）

噦

～噎，於月反，下一結反，吐逆也。（ZD59-936b）

噦

～噎，烏介反。（ZD60-352c）

噦

～噎，上於月反。（ZD60-373a）

噦

～噎，於月反，下於結反，逆氣也，上又於劣反。（ZD59-682a）

噦

～噎，於劣反。（ZD59-835c）

噦

噎～，烏介反，下於劣反。（ZD59-884a）

月　yuè

㞷

月～，魚越反。（ZD59-563c）

㞷

滿～，魚越反。（ZD59-564a）

解脱 ～，音月。（ZD59-726c）

～初，上魚越反。（ZD60-57b）

寶～，音月。（ZD60-338c）按："～"乃"月"，詳見本書中篇"囜"字條。

滿～，音月。（ZD59-578a）

刪　yuè

～解，上正作刪、劜，五刮、五越、五骨三反，去手足。（ZD59-1108a）

礿　yuè

～祭，上羊略反，祭名，正作礿祭。（ZD60-552b）

岳　yuè

～靈，五角反，下力丁反。（ZD59-965c）按："～"乃"岳"，詳見本書中篇"岳"字條。

瀛～，以嬰反，下五角反，正作瀛岳也。（ZD59-924a）

悅① yuè

懂～，呼官反。（ZD59-856a）

～豫，余庶反，安也。（ZD59-661c）

疎～，上所魚反，下與説反，正作悅（悅）也。（ZD60-141c）按："～"同"悅（悅）"。

軏　yuè

輪～，月、兀二音，車軏也。（ZD60-588a）

輪～，音月。（ZD60-313b）

悅　yuè

惟～，以雪反，喜也，樂也，正作悅也，栢梯經作悅也。（ZD59-673b）

～窅，音悅。（ZD59-822c）

腴～，上羊朱反。（ZD59-782b）

娧　yuè

姝～，尺朱反，下以雪反。（ZD59-780a）

端～，音悅。（ZD59-781c）

～澤，緣雪反，美好也。（ZD59-781a）

充～，尺中反，下音悅。（ZD59-784c）

莌　yuè

～茂，緣雪反，草生而新達曰～。（ZD59-669c）

蕍　yuè

～，音藥，正作䕠、鑰、蘥三形也。（ZD60-269b）按："～（蕍）"即"蘥"，與"籥""鑰"同。

～母，上羊略反，下莫口反，正作鑰牡。（ZD60-72a）

越　yuè

離～，力義反，上方經作雖越，非也。（ZD59-704a）

跳～，他吊反，越也，遠也，正作趒、趚二形，又音條。（ZD59-671b）

足～，于月反，正作越。（ZD60-249b）

流～，于月反，正作越。（ZD60-151a）

違～，于帰反，下于月反，正作違越。（ZD59-903a）

陸～，于月反。（ZD59-751a）

吱～，上九支反，經文自切。（ZD59-1089a）

～度，上爲月反，正作越。（ZD60-28a）

遮迦～，爲月反，轉輪王也。（ZD59-771c）按："遮迦～"，對應佛

———
① 又見"悅"字條。

經作"遮迦越"。《佛説長者子制經》卷 1："汝當作遮迦越王,當有十億小國皆屬汝。"(T14, p801b)

瞾　yuè

瞾　簻 ～,於月反。(ZD60-375c)

粤　yuè

粤　～有,上于月反,辭也。(ZD59-566a)
～以,于月反,辭也,於也。(ZD59-659a)

鉞　yuè

鉞
鉞
鉞
鉞
鉞　～斧,音越,下音府。(ZD59-784b)
持～,于月反,斧也。(ZD60-75b)
～斧,于月反,下方武反。(ZD59-737c)
～斧,二音越府。(ZD59-698a)
～斧,于月反,正作鉞。(ZD59-652a)
按:"～"即"鉞",詳見本書中篇"鉞"字條。

鉞　授～,音越。(ZD60-525c)

鉥①　yuè

鉥　執～,音越,大斧也,正作鉞也。(ZD60-590c)

閲　yuè

閲
閲　羅～,音悦。(ZD59-570b)
～叉,上以劣反。(ZD59-580c)

樂　yuè

樂
樂　僖～,上許之反。(ZD60-373b)
憙～,許記反,好也。(ZD59-739a)

嶽②　yuè

嶽
嶽　山～,音岳。(ZD59-840c)
惟～,音岳。(ZD60-565a)

巒　yuè

巒
巒　吹～,五角反。(ZD59-589b)
岱～,上音代,下五角反,正作岱嶽。(ZD60-516a)

戄　yuè

戄　矩～,上俱禹反,法也,常也,下優縛反,度也,大也,善也,正作戄、獲、膜四形,《川音》作穫,《江西音》作戄,《麻谷藏》作膜,同州城南天壽寺碑文作

戄矩。(ZD60-506a)

爍　yuè

爍　昱～,上羊六反,下羊略反。(ZD59-990c)
按:"～"即"爍",同"爚"。

爍　昱～,羊六反,下羊研反。(ZD59-847a)
按:"～"即"爍",同"爚"。

蕭　yuè

蕭　門～,羊略反。(ZD59-730a)按:"～(蕭)"乃"籥",與"鑰"同。

蕭　～雀,上羊略反,正作蕭。(ZD60-370b)

蕭　下～,羊灼反,～匙也,関～也,正作鑰、闟二形也。(ZD59-700a)
按:"～"即"蕭",經文中通"鑰"字。

蕭　門～,音藥。(ZD59-766b)

蕭　庫～,音藥。(ZD59-848b)

蕭　～匙,上羊略反,開～也,正作鑰。(ZD59-1100a)

蕭　户～,音藥。(ZD59-1118a)

① 又見"鉥"字條。
② 又見"岳""巒"字條。

瀹 yuè

 燗～，下羊略反。(ZD60-527c)

爚① yuè

 煜～，音育，下音藥。(ZD59-785a)

 曜～，宜作熠，羊立反，下羊略反，光明也。(ZD59-785a)

嬥 yuè

 妖～，上於憍反，下於钁反，作姿皃也，正作嫚、嬳。(ZD59-1090c)按："妖～"即"妖嬳"。

籥② yuè

 管～，羊略反，鎖也。(ZD59-708b)按："～"同"鑰"。

 橐～，上他各反，下羊略反。(ZD59-593a)

嬳③ yuè

 妖～，於憍反，下於縛反，艷也，作姿皃也。(ZD59-960b)

爚 yuè

 昱～，上羊六反，下羊略反。(ZD60-327b)按："～"乃"爚(爚)"。《歷代三寶紀》卷9："寶鐸和鳴，聲響諧韻。中霄晃朗，昱爚燿空。"(T49，p82c)"～"同"爚"。

闟 yuè

 關～，上古還反，下羊略反。(ZD59-595c)按："～"同"鑰"。

 關～，上古還反，下羊略反。(ZD59-665c)

鑰 yuè

 户～，音藥。(ZD59-998c)

 下～，以略反，正作鑰。(ZD59-993b)

 ～匙，上音藥，正作鑰、闟。(ZD60-62c)

 鍵～，上巨偃反，下羊略反。(ZD60-329b)

鸑 yuè

 ～鷟，上五角反，下仕角反。(ZD60-421c)按：《弘明集》卷11："既與黄雀爲群，恐没鸑鷟之美。"(T52，p76a)

彠 yuè

 武～，烏號、憂縛、古獲三反，人名。(ZD60-424a)

籰 yuè

 字～，于钁反，解絲具也，亦作篗。(ZD60-368b)

蒀 yūn

 葐～，上扶文反，下於云反，盛皃。(ZD60-570c)

 ～蔓，上於云反，葐～，盛皃也，正作蒀也，下音万，蔓延，不斷也。(ZD59-992b)

氲 yūn

 葐～，上扶文反，下於云反。(ZD60-466c)

緼 yūn

 絪～，上於真反，下於云反。(ZD60-355b)

贇 yūn

 帝～，於倫反，正作贇。(ZD60-324c)按："～"乃"贇"字，詳見本

---

① 又見"爚""爍"字條。
② 又見"萮""蘥""籥""闟"字條。
③ 又見"嬥"字條。

書中篇"贇"字條。

匀 yún

力～，羊倫反，正作
匀。(ZD60-400a)

芸 yún

～鋤，音云，正作耘。
(ZD59-812a)

耘 yún

～除，上于君反。
(ZD59-1032a)

耘① yún

～穤，上于君反，下
奴豆反，除田草。
(ZD60-114a)

耕～，音云。(ZD59-
666b)

～除，于君反。
(ZD59-959a)

耕～，上古莖反，下
于文反。(ZD60-1c)

～除，音云，耨也。
(ZD59-680c)

紒 yún

～雨，于文反。
(ZD59-783a)

～雨，于文反。
(ZD59-786c)

雲 yún

大～，音雲。(ZD60-
332c)按："～"，經文
作"雲"，詳見本書中篇
"雲"字條。

～萃，自遂反。
(ZD60-474a) 按：
"～"，經文作"雲"，詳見本
書中篇"雲"字條。

萺 yún

與～，音云。(ZD60-
352a)

湨 yún

～水，上音云，正作
湨，水名。(ZD60-
567c)

筠 yún

王～，于珉反，正作
筠。(ZD60-466c)

蕓 yún

～薹，爲文反，下徒
來反。(ZD59-787c)

筼 yún

～篖，上于君反，下
得郎反。(ZD60-
594b)

允 yǔn

～文，唯准反。
(ZD59-651b)

～文，上音允，正作
允。(ZD60-549a)

狁 yǔn

玁(玁)～，上許云
反，下余准反。
(ZD60-259c)

殞 yǔn

～殁，于愍反，下莫
勿反。(ZD59-774b)

～滅，云愍反。
(ZD59-688c)

～殁，上云愍反，正
作殞。(ZD60-15b)

～没，上云愍反。
(ZD59-555a)

殂～，自蘇反，下于
愍反。(ZD59-869b)

～滅，于愍反。
(ZD59-667a)

～命，上云愍反，殁
也。(ZD59-585a)

～墜，于愍反。
(ZD59-652b)

可～，于愍反。
(ZD59-763a)

——————

① 又見"耘""芸"字條。

隕① yǔn

隕 迹～，云愍反，落也，
正作隕也。(ZD60-564a)

蘊 yǔn

蘊

蘊 ～豆，上音蘊，豆名。
(ZD59-998a)

～ 全，於殞反。
(ZD59-941a)按："～
全"，對應佛經作"蘊全"。
《瑜伽師地論》卷54："如色
蘊，如是乃至識蘊，謂色蘊
攝一蘊全。"(T30, p596b)

霣 yǔn

霣 夜～，云愍反，落也，
墜也，正作隕。
(ZD60-552a)

韞 yǔn

韞 ～ 地，於殞反。
(ZD59-948a)

蘊② yǔn

蘊 俗～，於粉反，藏也，
正作蘊、韞二形。
(ZD60-157c)

孕 yùn

孕 遂 ～，羊證反。
(ZD60-414a)

鉢 ～，羊證反。
(ZD59-876a)

孕
孕 懷 ～，以證反。
(ZD59-553c)

孕 懷 ～，羊證反。
(ZD59-727c)

孕 懷 ～，以證反。
(ZD59-1075c)

暈 yùn

暈 ～輪，上音運，日月
氣也，俗謂日院是
也，正作暈，又音褌，悮。
(ZD59-1071a)

慍 yùn

慍
慍 ～ 猒，上於運反。
(ZD59-584c)

～暴，於運反，恨也。
(ZD59-663b)

鴥 yùn

鴥 ～日，上音運，鳥名。
(ZD60-581b)

醞 yùn

醞 文 ～，於運反。
(ZD60-364a)

頵 yùn

頵 合～，音運，正作韻
也，悮。(ZD60-
413a)按："～"乃"韻"字，詳

見本書中篇"韻"字條。

韻③ yùn

韻 居～，于愍反，正作
殞、滇二形，捃字韻
也。(ZD60-404b) 按："居
～"，對應文獻作"居韻"。
"～"即"韻"字，可洪以爲
"殞"，恐誤。《新譯大方廣
佛華嚴經音義》卷2："捃
拾，居韻、居運二反。《漢書
集注》曰捃，収也。"(K32,
p367a)

---

① 又見"霣""殞"字條。
② 又見"蘊"字條。
③ 又見"頵"字條。

Z

匝　zā

帀　迊　迊

～地，子合反。
（ZD59-659b）
周～，子合反。
（ZD59-985a）
圓～，子荅反。
（ZD59-971b）

师　zā

师

囐～，音讚，食也，下
子合反，上又自讚
反。（ZD59-830c）

咂　zā

唼

～我，子合反。
（ZD59-666a）按：
"～"，對應經文作"咂"，同。

唼　zā

唼
蝫

～食，子合反。
（ZD59-839a）
～食，子合反，正作
唼、嘈。（ZD59-
857b）按："～"乃"唼"字，詳
見本書中篇"蝫"字條。

唼

～吮，上子合反，下徐
兗反。（ZD59-616b）

唼

～食，上子合反，正
作师、嘈二形。
（ZD59-595b）

唼

～食，子合反，嗽也，
正作师、唼二形。
（ZD59-759a）按："～"乃
"唼"，詳見本書中篇"唼"
字條。

酨　zā

酨

～其，上子荅反，嗽
也，小嗜也，鳴也，正
作师、嘈、歃、喊四形也。
（ZD59-613a）按：可洪以
"酨"爲"师"字。

蝫　zā

蝫

～食，子合反，正作唼、
嘈。（ZD59-857b）
按："～"同"唼"，吃、咬。
《央掘魔羅經》卷4："比丘
浴已，身體多瘡，蠅蜂唼
食。"（T02, p541b）

嘈①　zā

蠻

～喫，上子合反，下
所卓反，蚊虫～嗽人
也，《經音義》作师嗽，《切
韻》作嘈嗽也，上又郭氏音

攢，狙丸反，又音讚。
（ZD60-193a）按："～"乃
"嘈"字，詳見本書中篇"蠻"
字條。

蠻

蠅～，上羊陵反，下
子合反，正作嘈也。
（ZD60-193b）按："～"乃
"嘈"字，詳見本書中篇"蠻"
字條。

囐　zā/zàn

囐

～喫，上子合反，下
所角反，下正作嘈嗽
也，又子管反，諸經或云鑽
食其身是也。（ZD60-270b）
按："～"乃"囐"字，詳見本
書中篇"囐"字條。

囐
囐

稱～，音讚。（ZD59-
1107c）
～师，音讚，食也，下
子合反，上又自讚
反。（ZD59-830c）

拶　zá

拶

～都，子末反。
（ZD59-867c）

---

① 又見"师""咂""唼""蝫"
"酨""囐"字條。

磼 zá

磼 ～磼,上自合反,下五合反。(ZD60-362c)

雜 zá

雜 ～糅,女右反。(ZD59-704c)

雜 ～香,才合反,正作雜,又音邕,和也,悮。(ZD59-649b)

雜 ～染,上才合反。(ZD59-559a)

雜 ～亂,上音雜,下音亂。(ZD60-57b)

雜 ～相,上自迊反,正作雜。(ZD60-57a)按:“～”乃“雜”字,詳見本書中篇“雜”字條。

雜 無～,自迊反。(ZD59-656a)

雜 ～麪,上在合反,下古猛反。(ZD59-997a)按:“～”乃“雜”,另見本書中篇“雜”字條。

雜 ～糅,女右反,雜飯也。(ZD59-573a)

雜 猥～,上烏罪反。(ZD59-559a)

雜 諠～,音喧,下音雜。(ZD59-834a)

雜 ～法,上自匝反。(ZD60-57a)

雜 ～碎,自迊反。(ZD59-671a)

災 zāi

災 ～攢,上子才反,正作災。(ZD59-552b)

災 劫～,子才反,天火也。(ZD60-519c)

災 風～,子才反。(ZD59-664b)

災 ～便,上子才反,正作災。(ZD60-119a)

災 有灾,子才反。有～,同上。(ZD59-943c)

災 所～,子才反,正作灾。(ZD59-1047b)

哉 zāi

哉 咄～,都骨反,嘞聲。(ZD59-843b)

哉 駃～,師事反,速也,又快、决二音,悮。(ZD59-688c)

哉 偉～,云鬼反,大也,奇也。(ZD59-661a)

哉 脆～,此芮反。(ZD59-771c)

哉 僥～,古堯反,下子才反。(ZD59-748b)

栽[1] zāi

栽 小～,子才反。(ZD59-1052b)

栽 ～植,上子才反,下常力反。(ZD59-1020c)

栽 根～,子才反。(ZD60-108c)

栽 根～,子才反。(ZD60-96a)

栽 令～,子才反,種也,正作栽。(ZD60-265a)

栽 根～,子才反。(ZD59-619c)

栽 樹～,子才反。(ZD59-1104a)按:“～”乃“栽”字,詳見本書中篇“栽”字條。

栽 根～,子才反,正作栽。(ZD59-826a)

栽 上～,子才反。(ZD60-96a)

栽 根～,子才反。(ZD59-621b)

栽 其～,音哉,蒔也。(ZD59-829c)按:從形體看,“～”乃“菑”,經文中通“栽”。

⿰木哉 zāi

⿰木哉 世～,子才反,正作哉。(ZD59-1022b)按:“～”,經文作“栽”,即“栽”字,栽種。《尸迦羅越六方禮經》卷1:“豫種後世栽,歡喜詣地獄。”(T01,p252a)“～”,可洪以爲“哉”,誤。

宰 zǎi

宰 主～,子海反,正作宰。(ZD60-398c)

---

① 又見“⿰木哉”字條。

載 zǎi/zài

載

年～,子海反,正作載。(ZD59-650a)

薽

～育,子代反,承受也,正作載也。(ZD59-727a)按:"～"乃"載"字,詳見本書中篇"薽"字條。

綷 zǎi

綷

傅～,子海反。(ZD60-474b)

在 zài

狂

所～,音在。(ZD59-1000b)

再 zài

弄
冄
冄

～說,上子在反。(ZD60-136a)

～扣,音口,又苦候反。(ZD59-557a)

～敞,尺兩反,悮。(ZD60-485c)

簪①
zān/zàn/zēn

撍

～挺,上子含、子紺二反,下扶峰、扶用二反。(ZD60-54c)按:"～"即"撍",與"簪"同。

簪
簪
撍

～衣,上側紺反。(ZD59-1124c)

綴～,子含、子紺二反。(ZD60-355b)

～襠,上則勘反。(ZD59-1105c)按:"～",經文作"篸",與"簪"同。

落～,側岑反,正作簪。(ZD60-316c)

饡 zǎn

饡

～嘗,上子敢反,嘗食也。(ZD60-221b)

撍 zàn

撍
撍

～縫,上子紺反。(ZD59-1117b)

～緣,上子紺反,下以絹反。(ZD60-87c)

暫 zàn

暫
韜
暫
暫

～得,慚濫反。(ZD59-939a)

～受,自濫反。(ZD59-856c)

～住,上昨濫反,正作暫、暫二形也。(ZD59-586a)

～存,慚濫反,正作暫、暫。(ZD59-818b)

彇 zàn

彇

絃～,才感反。(ZD59-1136b)

暫 zàn

暫
暫

～瞬,音舜。(ZD59-692b)

力～,自濫反。(ZD60-387c)

嫴 zàn

嫴
繢

綺～,自贊反,好皃也。(ZD59-708a)

作～,自贊反,見藏作嫴也,又子管反,非也。(ZD60-359c)按:《正法華經》卷4:"苑園浴池,華實滋茂,臺館殿宇,牆垣綺嫴。"(T09,p94a)"嫴"蓋受上字"綺"的影響類化換旁從"糸"而作"繢"。

贊 zàn

贊

～助,上子散反,佐也。(ZD59-644b)

灒 zàn

灒
灒
灒

～出,上子旦反。(ZD59-1110a)

澆～,音讚。(ZD59-571b)

澆～,音讚。(ZD60-22b)

澆～,音讚。(ZD59-767c)

―――

① 又見"撍"字條。

瓚　～唾，上子歡反，水濺露人。(ZD60-39a)

瓚　zàn

瓉　～剎，上自贊反。(ZD60-566b)

讚①　zàn

讃　讃　嘖　～咏，子旦反，下于命反。(ZD59-719a)

勾～，上俱遇反，下音讚。(ZD60-158a)

所～，音讚，讚歎，稱美也，又自贊、自達二反，非。(ZD59-776a) 按："～"即"嘖"，與"讚"同。

讃　自～，音讚，歎也。(ZD59-739a)

牂　zāng

牂　～羊，上子郎反，牝羊也。(ZD59-631c) 按："～"即"牂（牂）"字。《廣韻·唐韻》："牂，牡羊。"

牂　～抵，上子郎反，下丁兮反，正作羝。(ZD60-41c)

牂　牂　～牴，上子郎反，下丁兮反。(ZD60-375b)

～牴，子郎反，羊三歲曰～。(ZD59-852b)

牂②　zāng

牂　～羊，上子郎反。(ZD59-1111a)

敦～，上都冦反，下子郎反，正作牂也，太歲在午曰敦牂也。(ZD60-328b)

臧　zāng/zàng

藏　～否，子郎反，善也，厚也，下方久反，惡也，又皮部反，塞也。(ZD59-763b)

减　～焉，上子郎反。(ZD60-316a)

藏　～賕，上子郎反，下音求。(ZD59-595b)

减　～否，上子郎反，下方久反，善惡異稱。(ZD60-311c)

臧　姑～，子郎反。(ZD59-622a)

臧　姑～，子郎反。(ZD60-339a)

臧　～否，子郎反，下方久反。(ZD59-765c)

减　～否，上子郎反，下方久反。(ZD60-337c)

臧　有～，子郎反，善也，正作臧。(ZD60-520a)

之～，自浪反，正作藏。(ZD59-585a)

賍　zāng

賍　～伏，上子郎反。(ZD60-502b)

賍　～賄，上子郎反，下呼每反。(ZD60-591a)

奘　zàng

奘　奘　奘　奘　玄～，自朗反，大也。(ZD59-976a)

玄～，徂朗反，三藏名。(ZD59-675c)

玄～，音藏。(ZD59-759c)

玄～，徂朗、徂浪二反，大也。(ZD59-774a)

塟　zàng

塟　～法，上子浪反。(ZD60-17a)

葬③　zàng

塟　塟　塟　塟　塟　塟　塟　殯～，必進反，下子浪反。(ZD59-767b)

殯～，子浪反。(ZD60-273b)

～埋，上子浪反。(ZD60-204c)

爲～，子浪反。(ZD59-1083c)

～所，上子浪反。(ZD60-123a)

未～，子浪反，正作葬。(ZD60-293a)

～送，子浪反。(ZD59-879b)

① 又見"嘖"字條。
② 又見"牂"字條。
③ 又見"塟"字條。

蓥 送～，子浪反。（ZD59-989a）

莚 埋～，子浪反，藏也，正作葬也。（ZD60-497a）

蓤 收～，上尸由反。（ZD60-273c）

莾 殯～，上卑進反，下同上（葬）。（ZD59-1014c）

蔡 ～畢，上子浪反，藏也，埋也，正作葬也，惧。（ZD60-184c）

莚 殯～，卑進反，下子浪反。（ZD59-751a）

藏　zàng

厰 作～，音藏。（ZD60-369b）

臟　zàng

臢 五～，才浪反，正作藏。（ZD59-1081c）

遭　zāo

遭 偘～，上皮秘反。（ZD59-553b）

遭 ～禍，音禍。（ZD59-561c）

熸　zāo

熸 火～，音遭。（ZD59-568c）

糟 火～，子曹反，正作糟。（ZD59-907b）

糟　zāo

糟 ～粕，上子刀反，下疋各反。（ZD59-583a）

糟 糠～，音康，下音遭。（ZD59-842c）

醩　zāo

醩 生～，音遭，酒滓也。（ZD60-70b）

鑿　záo

鑿 ～深，上才作反。（ZD60-28b）

鑿 鋸～，上居去反，下才作反。（ZD59-1114b）

鑿 應～，音昨。（ZD60-40a）

鑿 穿～，音昨。（ZD59-958a）

鑿 穿～，曹作反，穿也，正作鑿也。（ZD59-664b）

鑿 掘～，巨月反，下自作反。（ZD59-958c）

鑿 ～爲，上才作反，穿也。（ZD60-18c）

鑿 斲～，上竹角反，下才作反。（ZD60-30a）

鑿 ～地，上才作反。（ZD60-110b）

鑿 穿～，音昨。（ZD59-711a）

鑿 斧～，音昨。（ZD60-36b）

鑿 ～箭，上才作反。（ZD59-1028c）

鑿 欲～，音昨。（ZD60-35b）

鑿 斧～，音府，下音昨。（ZD59-900b）

鑿 鑴～，上即宣反，下自作反。（ZD60-352c）

鑿 斧～，上音府，下音昨。（ZD60-58a）

鑿 斧～，同上。（ZD60-36b）

鑿 斧～，上方武反，下在作反，鑿也。（ZD59-1116b）

鑿 利～，音昨。（ZD59-690a）

鑿 若～，音昨。（ZD59-566c）

鑿 ～之，自作反。（ZD59-822a）

鑿 穿～，音昨。（ZD60-432b）

鑿 穿～，自作反。（ZD60-58c）

鑿 丘～，才作、才木二反，正作鑿。（ZD59-1060c）

鑿 ～孔，在作反。（ZD59-804a）

鑿 借～，音昨。（ZD60-9b）

鑿 穿～，音昨。（ZD59-716a）

鑿

穿～，音昨。(ZD59-
591c)

鑿

若～，音昨。(ZD59-
932c)

鑿

斧～，上方武反，下
自作反。(ZD59-
1109b)

鑿

～户牖，在作反。
(ZD59-916c)

鑿

～石，上才作反。
(ZD60-198a)

鑿

～眼，才作反。
(ZD59-765a)

鑿

如～，音昨。(ZD59-
1054c)

鑿

穿～，音昨。(ZD59-
598a)

鑿

～石，自作反。
(ZD59-768a)

鑿

～孔，上才作反。
(ZD60-40a)

鑿

木～，音昨。(ZD59-
1018b)

鑿

穿～，音昨。(ZD59-
743c)

鑿

～井，上在作反。
(ZD60-84b)

鑿

若～，音昨。(ZD59-
586c)

鑿

傍～，音昨。(ZD59-
1097b)

鑿

穿～，音昨，穿也，正作
鑿也。(ZD59-708b)

鑿

～井，在作反。
(ZD59-866c)

鑿

穿～，音昨。(ZD59-
778a)

鑿

斲～，竹角反，下在
作反。(ZD59-916c)

鑿

～井，上才作反。
(ZD60-40a)

鑿

～人，上自作反。
(ZD59-1055a)

鑿

其～，同上（鑿）。
(ZD60-9b)

鑿

～地，上才作反。
(ZD60-100c)

鑿

～池，上自作反。
(ZD59-1030b)

早 zǎo

早

音～，子老反，正作
早。(ZD60-404c)

枺 zǎo

枺

酸～，音早。(ZD59-
1107b) 按："～"即
"棗"字。

枺

養～，音早。(ZD60-
467a) 按："～"即
"棗"字。

蚤① zǎo

蜂

～蝎，子老反，下許
謁反。(ZD59-728b)

蚤

～虱，上子老反，下所
擳反。(ZD59-597b)

噆

～虱，上子老反，下
所擳反。(ZD60-
160a) 按："～"乃"蚤"字，詳
見本書中篇"喒"字條。

蝅

～蝱，音早，下音瑟。
(ZD59-684a)

蝅

～虱，子老反，下所
擳反。(ZD59-727b)

蚤

蠅～，同上（蚤）。
(ZD59-998a)

蚤

蠅～，羊陵反，下子
老反，正作蠅蟲。
(ZD59-960a)

蜜

無～，音早，狗～也，
正作蚤也，悮。
(ZD59-579b)

蝥

蠅～，音早。(ZD59-
745a)

蚤

～，音早，蜱梨輸婆
下注。(ZD59-837c)

蝥

蠅～，羊陵反，下子
老反。(ZD59-685a)

蝥

～蠹，子老反，下所
擳反。(ZD59-778b)

蝥

虫～，音早。(ZD59-
708c)

蝥

蠅～，羊陵反，下子
老反，虫名。(ZD59-
705c)

棗② zǎo

桼

～計，子老反。
(ZD59-779a)

棘

～核，上子老反，正
作棗，下行革反，實
也。(ZD60-164b)

棘

～葉，子老反，下羊
接反。(ZD59-773c)

---

① 又見"蝱""颮""蝥"字條。

② 又見"枺"字條。

於～,音早,菓名。(ZD59-953a)

一～,音早,正作棗也。(ZD60-446a)

～核,下革反。(ZD59-796a)

小～,子老反。(ZD59-602b)

～葉,子老反,下羊接反。(ZD59-734b)

～葉,子老反,下以妾反。(ZD59-680b)

桑～,索郎反,下子老反。(ZD59-796a)

小～,音早。(ZD60-361b)

私～,音早。(ZD60-502a)按:"～"乃"棗"字,詳見本書中篇"棗"字條。

～葉,子老反,下羊接反。(ZD59-774a)

～等,子老反。(ZD59-679b)

～核,上子老反,下行革反。(ZD60-2b)

～葉,子老反,下以接反。(ZD59-712a)

野～,音早。(ZD59-631c)

桃～,上徒刀反,下子老反。(ZD60-483b)

如～,音早。(ZD59-616b)

取～,音早。(ZD60-475a)

～葉,子老反。(ZD59-689b)

～漿,上子老反。(ZD60-84a)

酸～,蘇官反,下子老反。(ZD59-774a)

～酪,上子老反。(ZD59-596b)

蟉 zǎo

蠅～,子老反,正作蟊。(ZD59-979a)

蠅～,子老反。(ZD59-985b)

～蝨,上子老反,下所櫛反。(ZD59-581b)按:"～"即"蚤"。

～虱,上音早,下音瑟。(ZD59-584c)

蟊 zǎo

～蟲,子老反,下直中反。(ZD59-692b)

蠅～,音早,正作蟊。(ZD59-600c)

蠅～,子老反,正作蟊。(ZD59-985b)

飚 zǎo

～蟲,上子老反,下所櫛反,正作蟊蚤二形也。(ZD59-1014b)按:"～",即"蟊(蚤)"字,跳蚤,詳見本書中篇"飚"字條。

澡 zǎo

～漱,子老反,下所右反。(ZD59-744c)

～水,上子老反。(ZD59-995a)

～瓶,上音早,正作澡。(ZD60-186b)

～灌,子老反,下古亂反。(ZD59-741c)

～浴,上子老反。(ZD59-618a)

～灌,子老反,下古亂反。(ZD59-776a)

澡浴,上子老反。～水,同上。(ZD59-822c)按:"～"乃"澡"字,詳見本書中篇"溁"字條。

～洗,子老反。(ZD59-812a)

～漱,子老反,下所右反。(ZD59-672b)

～浴,上子老反。(ZD59-1034b)

～水,同上,此正。(ZD59-822c)

～浴,上子老反。(ZD59-629c)

～手,子老反。(ZD59-814a)

～浴,上子老反,正作澡。(ZD59-603a)

～浴,子老反。(ZD59-637c)

～瓶,上音早,正作澡。(ZD60-186b)

璪 zǎo

天～,音早。(ZD60-539b)

藻　zǎo

藻
藻
藻　～燭，上子老反。（ZD60-537b）

　栿～，上魚起反，草盛兒也，正作蘬、藗二形也，又魚力反，下子老反，水中草也，正作藻也，經云餘魚見驚怖，沉走入沙石間蘬藻中藏是也。（ZD60-208c）

藻
藻　玄～，音早。（ZD60-605b）

藻
藻　麗～，上力計反，下子老反，正作藻也。（ZD60-429b）

藻
藻　聲～，音早。（ZD60-453a）

藻
藻　作～，經文作藻，音早，亦作藗，水草名，應和尚以蔡字替之，初黠反。（ZD60-355c）

藻
藻　文～，子老反，正作藻。（ZD60-320b）

皁　zào

皁　輿～，音造。（ZD60-430a）

皂①　zào

皂　～布，曹早反，正作皂。（ZD59-804a）

造　zào

莇　～經，上才早反，正作造。（ZD60-458a）

梟　zào

梟　從～，桑告反。（ZD60-404c）

傶　zào

傶　愁～，子告反，憂也。（ZD60-493b）按："～"，經文作"傶"。

噪②　zào

噪
嗓
嗓
喿　餘～，桑告反。（ZD60-524a）

　九～，蘇告反。（ZD60-567b）

　地～，桑告反，正作噪、譟。（ZD59-1083b）

　皷～，桑告反。（ZD59-933a）

　喧～，桑告反。（ZD60-53b）

　～歸，上桑告反。（ZD60-599c）按："～"，經文中乃"噪"。《廣弘明集》卷30："池臺聚凍雪，欄楯噪歸禽。"（T52, p356b）

躁③　zào

躁
躁　輕～，子告反。（ZD59-636b）

　～擾，上子告反，下而沼反。（ZD59-562c）

（third column）

躁
躁
躁
躁　～擾，子告反，下而沼反。（ZD59-637b）

　～擾，上子到反，下而沼反。（ZD59-600b）

　～動，上子到反。（ZD59-587b）

　輕～，子告反，動也。（ZD59-583b）

譟　zào

譟　～讙，上蘇告反，下許元反。（ZD60-234c）

竈　zào

竈
竈
竈
竈
竈
竈
竈　～鑿，子告反，下自作反。（ZD59-884a）

　～中，子告反。（ZD59-751c）

　井～，子到反。（ZD59-645c）

　井～，子告反。（ZD59-749b）

　於～，子告反。（ZD59-712c）

　井～，同上。（ZD59-813c）

　井～，子告反。（ZD59-813c）

　～中，上子告反，正作竈。（ZD59-1124c）

　井～，子告反。（ZD59-750b）

---

① 又見"皁"字條。
② 又見"嗓""譟"字條。
③ 又見"傶"字條。

竃

釜㘲〜，上扶武反，
中助莊反，下子告
反。（ZD60-9b）

竃

開〜，子告反。
（ZD60-26b）

竃

於〜，子到反。
（ZD60-229a）

竃

爨〜，上七亂反，正
作竃。（ZD59-987b）

竈

〜鬼，子告反。
（ZD59-879c）

竂

井〜，子老反。
（ZD59-884a）　按：
"〜"即"竈"，可洪音"子老
反"，似不妥。

苲　zé

苲

〜滅，阻格反，壓也，
悮。（ZD59-765c）
按："〜"乃"笮"。

苲

如〜，莊伯反，壓也，正
作笮。（ZD60-284a）

咋　zé

咋

〜煞，助麥反，齧也。
（ZD59-766b）

咋

又咋〜，本闕。
（ZD60-387a）

迮　zé

迮
迮

迫〜，上布格反，下阻
格反。（ZD59-626a）

迫〜，補陌反，下阻
格反，狹也。（ZD59-
670c）

迮

局〜，巨玉反，下阻
格反，促狹也正作偏
迮。（ZD59-671a）

責①　zé

責

〜嘰，色禹反。
（ZD59-998b）

嘖

〜數，阻挌反，下色
禹反。（ZD59-983a）
按："〜"乃"責"，詳見本書
中篇"嘖"字條。

責

〜在，上阻革反，譴
也，呵也，正作責。
（ZD60-559a）

嘖

呵〜，阻格反。
（ZD59-646b）

嘖
嘖

因繫〜，上似由反，
下阻格反，悮。
（ZD59-1104b）

嘖
嘖

咎〜，求久反，下爭
麥反。（ZD59-730b）

兄〜，阻格反，呵〜
也，正作責、嘖二形。
（ZD59-962c）

笮②　zé/zuó

笮
苲
笠
苲

及〜，阻革反，壁也。
（ZD59-1046b）

〜也，上阻格反，正
作笮。（ZD60-398a）

〜也，上爭格反。
（ZD60-380a）

如〜，阻伯、阻嫁二
反。（ZD59-911b）

苲

苲

〜絕，自作反，竹索
也，正作笮、笮二形。
（ZD60-389a）

笁

〜絕，自作反，竹索
也，正作笮也，應和
尚作側格反，壓也，非義。
（ZD59-766c）按："〜"乃
"笮"，與"苲"同。

債　zé

倩

舉〜，七見反，利也，
又青性反，假也。
（ZD59-1002b）按："〜"，對
應經文作"債"，可洪注音
"七見反"，不妥。《增壹阿
含經》卷26："還入城中，隨
人舉債，必當得之。"（T02,
p695a）

債

〜其，阻革反，負財
也，正作債。（ZD59-
804c）

幘③　zé

幘

巾〜，爭革反，冠〜
也。（ZD59-776c）

幘　zé

幘

冠〜，上音官，下音
責。（ZD59-1031b）
按："〜"即"幘"字之訛。

幘

冠〜，上音官，下音
責，小冠子，常服也。

---

① ③　又見"幘"字條。
②　又見"苲"字條。

（ZD59-615c）按："～"即
"幘"字之訛。

幘　冠～，上音官，下音
責，小冠子也，正作
幘也。（ZD59-603c）

幘　著～，音責，冠～也，
正作幘也。（ZD60-
457b）

幘　呵　～，阻格反。
（ZD59-646b）按：
"呵～"之"～"，乃"責"字之
俗，責備也。

擇　zé

擇　蕳～，上古眼反。
（ZD60-157b）

擇　思～，音宅。（ZD60-
135a）

擇　榡～，相充反。
（ZD59-762b）

擇　撰　～，思充反。
（ZD59-748c）

榡　～宍，音宅，下音肉。
（ZD59-983a）按：
"～"乃"擇"字，詳見本書中
篇"榡"字條。

擇　撰　～，思充反。
（ZD59-730b）

澤　zé

澤　闟～，上苦濫反，人
姓。（ZD60-415c）

澤　無～，音宅，地獄名
也，正作澤。
（ZD59-825c）按：從字形看，
"～"即"澤"之訛。《最勝問

菩薩十住除垢斷結經》卷
2："作五逆罪入無擇獄。"
（T10，p980c）"擇"，宋本作
"釋"，宮本作"澤"。到底是
"無擇獄"還是"無澤獄"？
《北山錄》卷8："無擇獄名，
不擇善惡故也。"（T52，
p620c）據此，應以"無擇獄"
爲正。"澤"乃"擇"字。

蹟①　zé

瀆　淵～，上於玄反，下
仕責反，正作淵蹟
（蹟）。（ZD60-540a）按：
"～"乃"蹟"，詳見本書中篇
"瀆"字條。

蹟　探～，上他含反，下
仕責反，際也。
（ZD59-548b）

瀆　琳～，力今反，下助
責反。琳蹟，同上。
（ZD59-951b）

蹟　至　～，助責反。
（ZD59-794a）

蹟　探～，他含反，下仕
責反。（ZD59-635b）

蹟　至　～，助責反。
（ZD59-972b）

蹟　奧　～，助責反。
（ZD59-742a）

瀆　慧　～，助責反。
（ZD59-951b）

簀　zé

簀　木～，音責，棧也，床
棧、舍棧等並是也。

《西川經音》作簀，巨位反，
非也。（ZD59-1118b）

蹟　zé

蹟　至　～，助責反。
（ZD59-753c）

蠈　zé

蠈　來～，助責反，齧也，
正作齚、齰二形。
《六度集》作齚字也，悮。
（ZD60-266c）按："～"乃
"齚"字，詳見本書中篇"蠈"
字條。

仄②　zè

庂　～陌，阻色反，下郎
豆反。（ZD59-949c）
～陌，上阻力反。
（ZD60-317a）

庂　zè

庂　～足，上阻力反。
（ZD59-1138b）
～陌，上阻力反，下郎
候反。（ZD60-346a）

臭　zè

臭　日　～，阻色反。
（ZD60-525c）

---
① 又見"蹟"字條。
② 又見"仄"字條。

旦
日～,阻力反,傾也,
日在西方也,正作
晨。(ZD60-435b)

具
日～,阻色反,亦作
厔。(ZD60-571c)

吳
昏～,阻色反。
(ZD60-580b)

剚　zè

剚
～倒,士力反。
(ZD59-894a)

譖　zèn

譖
～增,莊蔭反。
(ZD59-674c)

增①　zēng

增
宗～,上而六反。
(ZD59-596c)

憎　zēng

憎
～惡,烏故反。
(ZD59-736b)

矰　zēng

矰
～光,則登反。
(ZD59-777b)

罾　zēng

罾
～網,子登反。
(ZD59-860a)

罾
～網,則登反,魚網。
(ZD59-767b)

甋②　zèng

甑
如～,子孕反,炊飯瓦
器也。《説文》作䰝,
籀文作鬻。(ZD59-912a)

甑
或～,子孕反。
(ZD59-1055b)

甑
～呵,上子孕反,正
作甑。(ZD60-289b)

贈　zèng

贈
～遺,上才鄧反,下以
醉反。(ZD59-589c)

贈
～遺,上才鄧反,下維
醉反。(ZD59-1135c)

鬻　zèng

鬻
～鬻,子孕反,下疾
心反。(ZD59-951c)
按:"～"乃"鬻(甑)",詳見
本書中篇"鬻"字條。

夯　zhā

夯
刺～,上郎達反,下
陟加反,比丘名也。
諸經作賴吒和羅也,又琰、
漸二音。(ZD59-640c)

吒③　zhā/zhà

汢
淚～,陟加反,正作
吒、吒二形,又陟嫁

反。(ZD60-206b)

吒
嘆～,竹嫁反。
(ZD59-980c)

吒
殺～邪,所八反,中
知嫁反,下以嗟反。
(ZD59-746a)

吒
歎～,竹架反。
(ZD59-699b)

吒
馶～,上女利反,正
作膩。(ZD59-570c)

㖒　zhā

㖒
律～,陟加反,又呼
角反,悮。(ZD60-
291b)按:"律～",對應佛經
作"律吒"。"～"即"吒"之
訛。《陀羅尼雜集》卷7:"都
羅呵挐時律吒烏都羅(三)
莎呵(四)。"(T21, p620b)

咱　zhā

咱
吒～,二同竹加反,
即是吒字,悮作咱
也,又音獲,非也。阿膩吒
咱,又作伊知膩吒吒是也。
(ZD60-291b)按:"～"即
"吒",譯音字。

唶④　zhā

唶
喝～,上竹交反,喝
嘜,語亂也,下竹點

———
① 又見"謳"字條。
② 又見"鬻"字條。
③ 又見"吒""咱""吒"字條。
④ 又見"嚌"字條。

反,鳥鳴也。(ZD60-594a)

啦

頴～吒,上烏割反,中陟轄反,下陟加反。(ZD60-140a)按:"～"乃"唶"。

揸　zhā

搽　～掣,爭加反。（ZD59-932c）按:"～"同"擼"。

擼① 　zhā

植　～掣,上側加反,指按取物也,爪持也,俗呼爲莊花反,下尺世反。（ZD60-133a）按:"～"與"戲""擼"同。

揢　～掣,側加反,以指按取也,正作擼、鏞二形,下尺世、尺列二反,上又女加反,正作擼。(ZD59-705c)按:"～"乃"擼"字,詳見本書中篇"搙"字條。

嘫　zhā

嘫　瑟～,陟轄反,正作唶。（ZD60-434c）按:《大唐大慈恩寺三藏法師傳》卷4:"阿跋耶鄧瑟嘫羅(此云無畏牙)。"(T50,p241c)"嘫",宋、元、明、宮本作"唶"。

櫨　zhā

擼　卿～,上丘京反,下側加反。（ZD59-

629c)按:"～"乃"櫨"。

櫨　槙～,莫瓶反,下爭加反。(ZD59-800a)

藷　zhā

藷　揭～,上丘列反,下竹加反。(ZD60-379c)

鏞　zhā

鏞　～掣,上側加反,下昌世、昌列二反,獸爭食皃也。（ZD59-550b）按:"～"乃"鏞",與"鏞""擼"同。

齰　zhā

齟　～掣,上側家反,下尺世反。(ZD59-985c)按:"～"乃"齟",與"擼"同。

札　zhá

礼　衆～,側八反,正作札。(ZD59-916a)

扎　除～,同上,斫木片也。(ZD59-916a)

渫　zhá

渫　泙～,户甲反,下直甲反,凍相著也。(ZD59-911c)

鞣　zhá

鞢　達～,直甲反,正作鞣也。(ZD60-115b)

按:《阿毘達磨大毘婆沙論》卷79:"以南印度邊國俗語説四聖諦,謂墼泥迷泥蹋部達鞢部。"(T27,p410a)"鞢",宮本作"鞱"。"～",可洪以爲"鞣",異文作"鞱",似乎皆有可能。《廣韻·狎韻》:"鞣,鞱鞣。"《阿毘達磨發智論》卷20:"達鞣鋪者,顯道聖諦。"(T26,p1031b)據此,可洪之説可從。

鞢　末～,同上,又胡甲反,悮。（ZD60-115b)按:《阿毘達磨大毘婆沙論》卷79:"如是礫迦葉筏那達剌陀末鞢婆佉沙覩貨羅博喝羅等人來在會坐。"(T27,p410a)"～",可洪以爲"鞣",是。

鞣　～鋪,上直甲反,下音步。（ZD60-92b)按:"～鋪",對應佛經作"鞣鋪"。《阿毘達磨發智論》卷20:"醫泥及謎泥,蹋鋪達鞣鋪,勿希應喜寂,遍離至苦邊。"(T26,p1031a)

阤　zhǎ

阤　黯～,寧吉反,下丁也反。(ZD59-786a)按:"～",切身字,乃"丁""也"之合。

---

① 又見"揸""齰""鏞"字條。

眨① zhǎ

䁪 離～，庄洽反，目動也，正作眨。（ZD59-1070a）

䶂 zhǎ

皶 薩～，丁也反。（ZD59-625b）按："～"乃"䶂"，切身字，用於譯音。

皷 薩～，多也反，又應和尚與郭氏並音陁，非也。（ZD59-626a）按："～"乃"䶂"，切身字，用於譯音。

䭾 薩～，下多也反，此是切身字也。應和尚以陁字替之，徒多反，非也，郭氏音陁，非也。（ZD59-623c）按："～"乃"䶂"，切身字，用於譯音。

䭾 薩～，多也反，《寶星經》作薩底，郭氏音陁，非也。（ZD59-624a）按："～"乃"䶂"，切身字，用於譯音。

繆 zhǎ

繆 翳～，一計反，下知賈反。（ZD59-786a）

乍 zhà

乍 ～伍，上助架反。（ZD59-581b）

怍 zhà

怍 ～稱，側嫁反，僞也，正作詐、咋二形，又音昨，悮，下尺陵反，宣揚美事也，正作偁也。（ZD59-962c）按："～稱"，對應佛經作"詐稱"。《大莊嚴論經》卷10："彼人詐稱説。"（T04, p316a）"～"同"詐"。

柞 zhà

柞 ～器，上莊嫁反，壓油具也，正作笮、榨二形也，又作、昨二音，非也。（ZD60-485c）按："～"乃"榨"。

咤 zhà

咤 燒～，知嫁反，火聲也，正作炸、吒。（ZD59-649a）

詐② zhà

詿 奸～，古顔反，下争嫁反。（ZD59-646a）

裰 zhà

裰 大～，仕詐反。（ZD60-373a）

摘③ zhāi

摘 指～，知革反，與摘字同也。（ZD60-372b）

摘 zhāi

搞 ～取，上知厄反，正作摘。（ZD60-57b）

摘 分～，知革反，又音的，非也。（ZD60-322a）

擿 欲～，張革反。（ZD59-652a）

樀 ～芝，知革反，下止而反。（ZD59-754a）

搬 ～耳，上竹革反，正作摘。（ZD60-35a）

齋 zhāi

齋 ～肅，上争皆反，下息六反。（ZD59-1066b）

褒 六～，争皆反。（ZD60-106c）

齋 是～，側皆反，潔也，不過中食也，正作齋也，又咨、賫二音，悮。（ZD60-104c）

鮾 zhāi

蕐 壹～，知皆反。（ZD59-801b）

蘇 瑟～，知皆反，字從來。（ZD59-793b）

齹④ zhāi

齹 ～掣，竹皆反，下昌世、昌列二反，齧挽

---

① 又見"䁪"字條。
② 又見"怍"字條。
③ 又見"摘"字條。
④ 又見"鮾""嚌"字條。

曰齔也,上又在計反,非。(ZD59-911b)按:《紹興重雕大藏音》卷1:"齔,才詣、竹皆二反。"(C059, p517a)

齵
摩~,睹廁反,經自切。(ZD59-734c)
按:"~"乃"齵",用作譯音字,詳見本書中篇"齵"字條。

齵齔
阿 ~,竹皆反。(ZD59-741b)

齵齮
~齧,上竹皆反,下五結反,正作齜齧也,上又在計反,非。(ZD60-251c)

齜齵
~齧,竹皆反,齧挽也,出《玉篇》,下五結反,上文在詣反,義不按。(ZD59-710b)

櫂
zhái/zhào

櫂權
梢~,上所交反,下借音宅。(ZD60-375c)

權
~子,上音宅,木條編笘織籬者也,又音濁,非呼。(ZD59-1118b)
按:《十誦律》卷11:"若以材棧、板棧、櫂子棧,若厚泥,若是床脚支木朽腐,若草團支,若衣團支,若納團支,不犯。"(T23, p79b)

櫂權
~船,上丈孝反。(ZD60-386b)

權
船~,直孝反,棹也,正作櫂。(ZD59-834b)

擢
~柂,上宅角反,下徒可反。(ZD60-598a)按:"~"乃"櫂",可洪音"宅角反",不妥。

豸
zhài/zhì

豵豨豫
黠哩~,寧吉反,下途界反。(ZD59-785c)
囊~,直買、直爾二反,下方本作曩滯。(ZD59-882c)按:"囊~",對應佛經作"囊豸"。《文殊師利寶藏陀羅尼經》卷1:"伽囊豸伽伽囊(上聲)穆謨(上聲)。"(T20, p799a)

豽豸豱
虫~,上直中反,下直爾反。(ZD59-579a)
虫 ~,直爾反。(ZD59-1093c)
蟲 ~,直爾反。(ZD60-496c)

眥①
zhài

眥
厓~,上五懈反,下助懈反。(ZD60-389c)按:"厓~"即"厓眥",與"睚眥"同。"~"即"眥",源於"眥"之構件移位。

膭
zhài

膭
安 ~,徒賣反。(ZD59-639a)

睐
zhài

睐
睚~,上五賣反,下仕賣反,瞋兒也。

(ZD60-563b)按:"~"同"眥"。

瘵
zhài

瘵瘵
山 ~,阻介反。(ZD60-357b)
尪~,上烏光反,下爭介反。(ZD59-1007a)

占
zhān

匊匄
作 ~,之鹽反。(ZD60-367c)
~甸,上之廉反,下蒲北反,《智度論》云秦言黃花也,正作瞻匊,上俗,下惧。(ZD59-1001a)
按:"~甸"與"瞻蔔"同,黃花。《增壹阿含經》卷18:"諸有華之屬,瞻蔔之華、須摩那華,天上人中,婆師華最爲第一。"(T02, p635c)"瞻",聖本作"~"。《正法念處經》卷23:"非雞多花香,非摩盧占蔔。"(T17, p134c)"占",明本作"瞻"。從字形看,"~"即"占"。"占"蓋受下字"蔔"的影響類化增旁而作"~"。

沾
zhān

沾
~其,上知廉反,正作沾。(ZD60-529c)

———

① 又見"睐"字條。

沾① zhān

沾

～衿，竹廉反，下居吟反，上又持、值二音，惧。(ZD59-700b)

栴 zhān

栴

失～，之連反，正作栴、旃二形。《悲花經》作沙旃。(ZD59-714c) 按："～"，經文作"裈"，音同，用作譯音字。

稴

～阤，音旃，下音陁。(ZD59-716b) 按："～"音"旃"，乃"栴"字。

裞

裹～，上音里，下音氈。(ZD60-29b)

梅

～遮，之然反。(ZD59-956c)

栬

～檀札，下爭八反，梆也。(ZD59-951c)

桶

～箆，上之然反，下徒東反，正作栴箆。(ZD60-85a)

祪

～阤，之然反。(ZD59-857a)

裈

迦～，之連反。(ZD59-829c)

栴

～稀，諸連反，下同上。(ZD59-813b)

梳

～檀，諸然反。(ZD59-774a)

栴

～檀，之然反。(ZD59-756b)

梳

～阤，之然反。(ZD59-749a)

裗
裈
稴

～檀，諸然反，木名。(ZD59-737a)

～檀，之然反。(ZD59-717c)

～阤，音旃，下音陁。(ZD59-716b) 按："～"音"旃"，乃"栴"字。

栴

失～，之連反，正作栴、旃二形。《悲花經》作沙旃。(ZD59-714c)

稴

～檀，之然反，正作栴。(ZD59-648c)

祝

～檀，之然反。(ZD59-640b)

栴

～阤，上之然反，正作旃、栴二形。(ZD59-626a)

稴

～阤，上之然反，《寶星經》作氈阤。(ZD59-625a)

裈
裈
祪

～沉，上之然反，樹名也。(ZD59-605b)

～延，上之然反，下以然反。(ZD59-582c)

～檀，上之然反，正作栴。(ZD59-577a)

栴

～檀，之然反。(ZD60-515b)

拼

～沙，上之然反。(ZD60-270a)

撙

～阤，上之然反。(ZD60-257c)

祝

～茶，上之然反，下宅加反。(ZD60-116c)

栴

～檀，上之然反，下徒丹反。(ZD59-1066c)

概
梳

～阤，上之然反。(ZD60-105c)

～阤，上之然反。(ZD60-105b)

旃 zhān

拼

～提，上之然反，《寶星經》作旃悌。(ZD59-623c)

垰

～阤，上之然反，上方經作戰阤。(ZD59-627a)

梳

～茶，上之然反，下宅加反。(ZD59-996a)

裈

～衣，之然反，正作旃、氈二形。(ZD59-728c)

旛

～茶，之然反，下宅加反。(ZD59-949a)

裈

～地，之然反。(ZD59-714c)

裈

～提，之連反。(ZD59-717c)

旐

～蓐，上之然反，下而玉反。(ZD60-87b)

旛

～茶，上之然反，下宅加反。(ZD60-394c)

氈

裈 衣，之然反，正作旃、～二形。(ZD59-728c)

杭

～遮，之然反，調達妻名也，正作旃、栴、

---

① 又見"沾"字條。

氊三形。（ZD59-764b）

旗旆秬
～遮，之然反。
（ZD59-740c）

～陁，上之然反，正
作旆。（ZD60-218a）

～陁，之連反，正作
旆、梅二形。（ZD59-714c）

旆秨
～那，上之延反。
（ZD59-984c）

～陁，之然反，下徒
何反，正作旆陁。
（ZD59-717c）

施
～荼，上之然反，下
宅加反。（ZD59-562a）

秔
～陁，上之然反，正
作旆也。（ZD60-87b）

旂旆斾秔栴旆坑
室～，諸然反，二合。
（ZD59-802b）

迦～，音加，下之然
反。（ZD59-725c）

～姪，諸然反。
（ZD59-794c）

～陁，上諸然反。
（ZD59-988a）

～檀盧，上之然反，
下烏盍反。（ZD59-613b）

～彈，之然反，下徒
旦反，香名，即栴檀
也。（ZD59-948b）

～延，上之然反，下
以然反。（ZD59-580b）

者～，音旆，諸錄作
旆。（ZD60-340a）

詹① zhān/yán

詹詹
～事，上之廉反。
（ZD59-589b）

～前，上羊廉反，屋～
也，正作簷也，又音
瞻，非也，悮。（ZD60-413a）

按："～"即"詹"，通"簷"。

邅 zhān

邅遶邅遭
～迴，上知連反。
（ZD59-569c）

～迴，上知連反，正
作邅。（ZD60-578b）

～迴，知連反。
（ZD59-754a）

～迴，知連反。
（ZD59-794a）

蒼 zhān

蒼蕾蒼蒼蒼蘺
～蔔，諸廉反，下蒲
北反。（ZD59-742b）

～没，之廉反，食名
也，或作簷，余廉反。
（ZD59-875b）

～蔔，之廉反，下步
北反。（ZD59-672a）

～蔔，之廉反，下蒲
坎反。（ZD59-959b）

～蔔，之廉反，下步
北反。（ZD59-654a）

～蔔，上之廉反，下
蒲北反。（ZD60-84a）

按："～蔔"即"蒼蔔"，
又作"瞻蔔""占蔔"等。

霑 zhān

霑
曰～，音注，與霑同
也。（ZD60-402c）

按："曰～"，對應文獻作"曰
霑"。《新譯大方廣佛華嚴
經音義》卷2："霑洽，《廣雅》
曰霑，漬也。《玉篇》曰洽，
濡也。濡，潤也。霑字或通
作沾也。"（K32，p368b）可
洪以"～"爲"霑"，誤。

氈 zhān

氈
～陁，之然反。
（ZD59-814a）

氈② zhān

氈氈氈
～蓐，之然反，下而
玉反。（ZD59-941b）

具～，諸然反。
（ZD60-29b）

～陁，之然反。
（ZD59-676c）

燷 zhān

燷
～釣星，上之廉反，
中丁叫反，下或作
鯉，上正作詹，《淮南子》曰
詹父釣千歳之鯉。詹父，古

————
① 又見"儋""燷"字條。
② 又見"氈"字條。

善釣者也。（ZD60-534b）
按："～"乃"詹"。《弘明集》
卷 8："燋釣星於懸瘤。"
（T52, p49b）"燋"，宋、元、
明、宮本作"詹"。

瞻 zhān

瞻　～蔔，之廉反，下步
瞻　比反。（ZD59-762b）
駱　～仰，上之廉反。
　　（ZD60-183c）
　　～波，上章廉反，正
　　作瞻也。（ZD59-
988c）按："～"，經文作
"瞻"，可洪以爲"瞻"。

瞻　～顧，音故。（ZD59-
瞻　557c）
瞻　～波，上之廉反，正作
瞻　瞻。（ZD59-1110c）
瞻　～昒，音麵。（ZD59-
　　600b）
　　～病，上之廉反，正
　　作瞻。（ZD60-58a）
　　～ 過，上音瞻。
　　（ZD59-1064b）按：
"～"乃"瞻"字，詳見本書中
篇"瞻"字條。

蟾 zhān

蟾　～蜍，之廉反，下羊
　　諸 反，蝦蟇 也。
（ZD59-952b）

廬 zhān

廬　躔陁，之然反，正作
　　～。（ZD59-814a）

躔 zhān

躔　阿～，之然反，上句
躔　云阿遮，又他典反，
非呼也。（ZD59-813a）按：
《尊勝菩薩所問一切諸法入
無量門陀羅尼經》卷 1："阿
遮羅竭坻，阿躔多竭坻。"
（T21, p847a）"～"即"躔"，
譯音字。

譫 zhān

譫　～浮，上之含反，《音
譫　義》自切。（ZD60-
384a）按："～浮"之"～"，譯
音字，無實義。

鱣 zhān

鱣　多 ～，知 連 反。
鱣　（ZD59-796b）
鱣　～魚，知連反，大黃
魚也。（ZD59-763a）
　　～魚，知連反，魚名。
（ZD59-956a）

鷑 zhān

鷑　鷹～，音㳺。（ZD59-
鷑　1095c）
　　～雀，上之然反，鷑風
鳥，似鴟而小，黃色，曲
喙，能捕雀。（ZD59-806b）

展 zhǎn

展　～檀，知演反，正作
展　展。（ZD59-877a）

盞 zhǎn

盞　新 ～，爭 限 反。
盞　（ZD59-795c）

醆 zhǎn

醆　誰 ～，爭 眼 反。
醆　（ZD60-579a）

捿 zhàn

捿　度 ～，仕諫反。
捿　（ZD60-474c）按：
"～"，經文作"棧"。《續高
僧傳》卷 12："忽值雲奔月
隱，乘暗度棧，遇逢遊兵，特
蒙釋放。"（T50, p516c）

峻 zhàn

峻　～嶒，上助產反，下
峻　魚蹇反。（ZD60-
356a）

棧① zhàn

棧　～之，仕限反，正作
棧　棧。（ZD60-19c）

斀 zhàn

斀　䒫～，上相遂反，下
斀　之絹反，《音義》自切
也。（ZD60-351b）

————

① 又見"捿"字條。

鮎　zhàn

鮎　～嗠，竹陷反，下丑陷反。（ZD59-871c）

戰①　zhàn

戰
戦
戦
懺　～悵，上之繕反，正作戰。（ZD60-185b）
交～，音戰。（ZD59-716b）
兢～，居陵反，戒慎也。（ZD59-939c）
～慄，上之繕反，下力日反。（ZD59-555a）

攖　手～，之扇反，正作顫。（ZD59-1114c）按：“～”乃“戰”字，詳見本書中篇“攖”字條。

儀　zhàn

儀　傑～，上巨禁反，下之扇反，並俗。（ZD59-1115a）按：“～”疑即“戰”之俗。

懺　zhàn

懺　～動，上之扇反，正作戰、顫二形。（ZD59-1063b）按：“～”即“戰”字之俗，表戰慄、戰動。《正法念處經》卷10：“地獄相現，自業邪見，惡業所致，謂心戰動。”（T17，p55b）

“戰動”，又作“顫動”，但從字形看，“～”乃“戰”增旁所致。

蘸　zhàn

蘸
蘸　溫～，莊陷反，正作蘸。（ZD59-780c）
～之，莊陷反，正作蘸。（ZD59-788a）

顫　zhàn

顫　頗～，上音右，下同顫。（ZD60-369a）

章　zhāng

章
章　聯～，上力延反。（ZD59-548c）
總～，上子孔反。（ZD59-645c）

睸　zhāng

睸　張眼，上知良反，《論》本作～，音暢，怏也。（ZD60-282c）按：“～眼”，對應佛經作“張眼”。《經律異相》卷49：“復次熱鐵地駕鐵火車，獄卒乘之，張眼喊喚叱叱。”（T53，p260a）“～”即“張”字。“張”蓋受下字“眼”的影響類化換旁從“目”而作。“～”又音“暢”，此其本有讀音。

倵　zhāng

倵　～羅，上丑良反，郭氏音張。（ZD60-289b）按：“～”，譯音字，依郭迳讀“zhāng”。

鄣　zhāng/zhàng

鄣　必～，音章，露也，明也，正作彰。（ZD59-966a）按：“～”通“彰”。
鄣　～葬，上之亮反，下必祭反，正作障蔽也。（ZD59-646c）按：“～”同“障”。

障　zhāng/zhàng

障　周～，音章，隔也。（ZD59-784c）按：《不空罥索神變真言經》卷14：“諸餘一切真言明神等前，皆以諸妙香花衣服、寶蓋幢幡、寶珠瓔珞、妙莊嚴具，周**障**供養。”（T20，p296a）“**障**”，元、明本作“彰”。《一切經音義》卷39：“周障，章讓反。《考聲》障，隔也，蔽也，或從山作嶂。經

———
① 又見“儀”字條。

從手作**撞**，非也，不成字。”（T54，p563b）可洪，《一切經音義》以“～”爲“障”。“周～”疑同“周彰”“周障”，猶遍布也。

郭
障
郭

皮～，諸亮反，正作障。（ZD59-898a）

帷～，于帰反。（ZD59-742b）

～弊，之亮反，下必祭，正作障蔽也，並悮也。（ZD59-651a）

障

～蔽，必祭反。（ZD59-637a）

獐　zhāng

獐

～鹿，之羊反。（ZD59-652c）

彰　zhāng

彰
彰

式～，始力反。（ZD59-731a）

～顯，音章，下呼典反。（ZD59-704a）

漳　zhāng

漳

～溢，上音章，下音父，並鄲部水名。（ZD60-479a）

惸　zhāng

惸

惆～，上之由反，下之羊反。（ZD59-1065c）

嫜　zhāng

嫜

姑～，音章。（ZD59-988b）

璋　zhāng

璋
璋

珉～，上美巾反，下之羊反。（ZD60-477c）

珪～，古携反，下周良反。（ZD59-742a）

樟　zhāng

撞
樟

～梓，上之羊反，下即里反。（ZD60-266b）

～梓，諸羊反，下咨里反。（ZD59-765c）

麞　zhāng

麞
麞
麞
麞

即～，音章。（ZD60-378a）

～鹿，上之羊反。（ZD59-603a）

～鹿，上之羊反。（ZD59-600a）

～車，上之羊反，悮。（ZD59-1116a）按：“～”乃“麞”，詳見本書中篇“麞”字條。

～鹿，之羊反。（ZD59-639c）

杖　zhàng

扙
扙
扙

～捶，之水反。（ZD59-698a）

～策，楚責反。（ZD59-851b）

～髻，古詣反。（ZD60-115a）

浹　zhàng

浹
浹
浹

漸～，知亮反。（ZD59-986b）

卒～，知兩、知亮二反，水大也，亦作長。（ZD59-1121a）

～漫，知亮反，下莫半反，正作帳幔也，悮。（ZD59-822b）按：“～漫”，經文作“帳幔”。

帳　zhàng

帳
帳

幒～，上許偃反，下張亮反。（ZD59-1129c）按：“～”即“帳”。

上～，知向反，下莫半反。（ZD60-387a）

脹①　zhàng

癐

人～，知亮反，屍臭而大也，正作脹、痕二形。（ZD59-1090a）

———

① 又見“痕”字條。

瘴　瘤~,上普江反,下知亮反。(ZD59-1093a)

脹　腹~,知向反。(ZD59-961a)

痕　zhàng

癀　瘤~,上普江反,下知向反,正作瘴痕也。(ZD59-1055b)

痕　痒~,上普江反,下知亮反,正作瘴脹。(ZD59-1045a)

漲　zhàng

涨　汎~,芳梵反,下知向反。(ZD59-691a)

涨　水~,知向反,水大也,又知兩反。(ZD59-682a)

招　zhāo

招　~譬,丘乾反。(ZD60-537b)

拈　能~,之遥反,正作招。(ZD60-402a)

拓　~闕,字體非是拓字,爲招也。(ZD60-463b)按:"~闕",經文作"招闘"。

昭　zhāo

昭　~晰,之熱反,光也。(ZD59-616a)

昭　~~,汁遥反。(ZD59-608a)

啁　zhāo/zhōu

啁　~調,上竹交反。(ZD60-364a)

啁　佉~,上去迦反,下竹流反。(ZD59-1115b)

爪①　zhǎo

爪　~齒,上爭巧反。(ZD59-578a)

介　~不,爭巧反,正作爪。(ZD59-858c)

分　著~,知略反,下爭巧反,下正作爪。(ZD59-725a)

抓　髦~,爭巧反。(ZD59-680b)

乘　髦~,爭巧反,正作爪、抓二形。(ZD59-716c)

价　一~,爭巧反,甲也,正作爪、抓二形,又古八反,悮。(ZD59-737a)

扮　~押,上爭巧反,下古狎反,正作爪甲。(ZD59-603a)

分　~下,上爭巧反,正作爪也。(ZD59-1093a)

扮　指~,爭巧反,正作抓、爪二形,又古點反,非。(ZD59-826b)

抓　髦~,爭巧反。(ZD59-730c)

抓　zhǎo/zhuā

抓　~掌,上爭巧反。(ZD60-238c)按:"~"乃"抓"。

折　利~,爭巧反,指~,甲也,正作爪、抓二形也。(ZD59-922a)

孤　牙~,爭巧反,正作抓。(ZD59-685c)

枢　橯~,爭交反。(ZD60-378c)

扮　~押,爭巧反,下古狎反,正作抓甲。(ZD59-957b)

抓　亦~,爭交反。(ZD60-368c)

抓　~甲,上爭巧反。(ZD59-1087b)

折　手~,爭巧反,正作抓。(ZD59-741c)

扮　自~,側交反,正作抓也,又方文、房吻二反,誤。(ZD59-1115b)

柤　zhǎo

柤　髦~,上莫高反,下爭巧反,正作髦、毛,下正作爪。(ZD59-992b)按:"~"乃"抓(爪)"。

———

① 又見"抓""柤""振"字條。

沼　zhǎo

沼　池～，之遠反。
（ZD59-570b）

振　zhǎo

振　～脈，上爭交反，下
烏號反，正作抓𤓰。
（ZD60-238c）按："～"乃
"抓"。

召　zhào

召　～諸，直照反。
（ZD59-734c）

兆　zhào

兆　萌～，音趙，正作兆
也。（ZD59-707b）
兆　方～，直小反，正作
兆。（ZD60-529a）
址　億　～，音趙。
（ZD59-588c）
北　～姟，直沼反，下古
哀反。（ZD59-818a）
北　姟～，音該，下音趙。
（ZD59-735b）
扡　冥～，上莫瓶反，下
直沼反。（ZD60-
185b）
北　先　～，音趙。
（ZD60-400a）
兆　姟～，古來反，下直
小反。（ZD59-700c）

焰　zhào

焰　遠～，之曜反，與照
同。（ZD59-607a）

棹①　zhào

掉　～撇（樴），杖孝反，
下才入反。（ZD59-
697a）

詔　zhào

詔　教～，音交，下音招，
訓示也。（ZD59-
695c）按："～"訓"示也"，依
《廣韻》"之少切"讀"zhào"。

㫌　zhào

㫌　建～，池沼反，旗～
也，帛全幅長八尺
也。（ZD59-767c）

照②　zhào

照　～曠，苦謗反，空明
也，正作曠。（ZD59-
569c）
㷖　～發，上之妙反，下方
伐反。（ZD60-183c）
燋　～於，音照，正作焰。
（ZD59-824a）
㷖　執～，之曜反，正作
照。（ZD59-1104c）
焰　徹～，音照。（ZD59-
643a）

～曜，音曜。（ZD59-
668b）
㷖　～面，上招曜反。
（ZD59-1113b）
膲　能～，音照。（ZD59-
716a）按："～"乃"照"，
詳見本書中篇"膲"字條。
炤　～濟，之曜反，明也，
正作焰、照二形。
（ZD59-650a）
焰　～曜，之曜反。
（ZD59-644c）
燋　遍～，音照。（ZD60-
105a）
焰　不～，音照。（ZD59-
647a）

罩　zhào

罩　覆～，知孝反。
（ZD59-586a）
罩　籠～，知孝反。
（ZD59-612b）
罩　夸～，上苦花反，下知
孝反。（ZD60-465a）
罩　～羅，張教反，正作
罩。（ZD59-939b）
寉　陸～，竹孝反。
（ZD60-600a）

艀　zhào

艀　艤～，上魚綺反，下
直孝反，俗。（ZD60-
492c）按："～"同"棹"。

---

① 又見"櫂""艀"字條。
② 又見"焰"字條。

肇 zhào

肇 ～唱,上直沼反,始也,正也。(ZD59-568b)

肇① zhào

肇 其～,音趙。(ZD59-869b)

肇 ～允,直小反,始也,下音尹,信也,許也。(ZD59-902c)

肇 僧～,音趙。(ZD60-451c)

肈 ～慮,池沼反,始也,正也,敏也,開也,長也,正作肇。(ZD59-924a)

肇 ～興,直沼反,始也。(ZD59-659a)

遮 zhē

遮 ～迦越羅。(ZD59-573a)

砳 zhé

砳 伽～,上巨迦反,下都各反,下知厄、都盍、竹亞三反。(ZD60-358c)按:"～",多音字,取"知厄反"讀之。

挓 zhé

桗 如～,知革反。(ZD59-911b)

挓 享～,上古胡反,下吒格反。(ZD59-1034c)

挓 釘～,知格反,張也,開也,正作磔也。(ZD59-603a)按:"～"乃"磔"字,詳見本書中篇"挓"字條。

哲② zhé

喆 聰～,音哲。(ZD59-732a)

嚞 無喆,知列反,智也,亦作～。(ZD59-818c)

拮 叡～,余芮反。(ZD59-683b)

揝 叡～,余芮反,下合作哲。(ZD59-943b)

㭪 叡～,上以稅反。(ZD59-623b)

桗 zhé

桗 張～,知格反,正作磔。(ZD59-997b)按:"～"乃"磔"字,詳見本書中篇"桗"字條。

悊 zhé

悊 恭～,音哲,智也,亦作喆。(ZD60-464b)

悊 賢～,知列反。(ZD60-146a)按:"～"同"哲"。

晣③ zhé

晣 昭～,之熱反,光也。(ZD59-616a)

棏 zhé

棏 必～,丁澤反,傳文自切,又貸、特二音。(ZD60-443a)

棏 畢～,吒革反。(ZD59-722a)

棏 伐～,丁格反。(ZD59-795a)

棏 瑟～,知革反,又音特。(ZD59-721c)按:《金光明最勝王經》卷7:"松脂(室利薜瑟得迦)。"(T16,p435a)"得",元本作"棏"。"～",可洪音"知革反",即"棏"。"得""棏"在此皆用作譯音字。

晣 zhé

晣 照～,之舌反,目明也。(ZD60-438c)按:"照～",對應佛經作"照晣"。《大唐大慈恩寺三藏法師傳》卷9:"豈直抑揚夢境,照晣迷塗,諒以鎔範四天,牢籠三界者矣。"(T50,p268a9)"～"爲"晣"字之訛。

---

① 又見"肇"字條。
② 又見"悊"字條。
③ 又見"晣""哲"字條。

蜇① zhé

唶
～螫，知列反，正作蜇、蛆二形也，下始石反。(ZD59-893b)

搔
龍～，知列反。(ZD59-998a)

搔
被～，音哲。(ZD59-1130a)

蜇
所～，知列反，亦作蛆。(ZD59-800b)

蜇
作～，知列反。(ZD60-387a)

搩 zhé

搩
一～，吒格反，正作磔也。(ZD59-804c)

搩
～手，吒格反，又音竭，悮。(ZD59-753c)

搩
～手，知革反。(ZD59-696b)

搽
～手，上知格反，正作磔，又音砌，非也。(ZD60-23a)

搩
～手，知革反，正作磔。(ZD59-652a)

揨
一～，知格反，一張手也，又音竭，非。(ZD59-761c)

搩
一～，知格反。(ZD60-307c)

樏
半～，知格反，正作磔，又音竭，非也。(ZD60-115c)

榤 zhé

榤
～手，上知格反。(ZD60-85a)

搩
兩～，知格反。(ZD59-806a)

蹀
～手，上張格反，郭氏作倉結反，非也。(ZD59-1106b)按："～"即"蹀"，同"搩"。

蹀
～手，上知格反。(ZD60-88c)按："～"即"蹀"，同"搩"。

唶 zhé

唶
蠍～，許謁反，下知列反。(ZD59-973a)按："～"即"蜇"字。《成唯識寶生論》卷3:"如羊駱駝被蠍蜇時，遂便致死。"(T31, p85c)"蜇"，宋、元、明、宮本作"唶"。

偋 zhé

偋
～罰，上知革反，正作謫。(ZD60-39a)

偋
作～，音摘。(ZD60-373b)按："～"即"偋"之訛，乃"謫"，詳見本書中篇"偋"字條。

朦 zhé

朦
若～，持輒反，《音義》作治轉(輒)反，悮。(ZD60-393c)

朦
摩～，直葉反，出郭迻音，上方作摩帝，

丁計反。(ZD59-880c)按："～"，經文作"朦"，用作譯音字。《大吉義神咒經》卷3:"阿那陀隸摩朦脾，居帝。"(T21, p577b)

摺 zhé

摺
～脊，上之涉反。(ZD60-296b)

鞼 zhé

鞼
～輈，上之熱反，下衣俱反。(ZD60-86b)

鞈
～埵，上之熱反，下都和反。(ZD59-629b)

輒 zhé

朝
轍～，上除列反，車行迹也，下《長水藏》作輒，竹葉反。(ZD60-539c)按："～"乃"輒"，詳見本書中篇"輒"字條。

輒
～渴，上知葉反，專也。(ZD60-252a)

殢 zhé

殢
～手，上知格反。(ZD60-143b)按："～"同"磔"。

────────

① 又見"蛆""蟆""唶""蜇""蜇"字條。

慴　zhé

慴　～伏，之涉反，懼也，又徒叶反。（ZD59-641a）

慴　變～，之涉、徒協二反。（ZD59-866b）

磔①　zhé

殏　～着，吒格反，張也。（ZD59-765c）按："～"乃"磔"字，詳見本書中篇"磔"字條。

磔　一～，知挌反。（ZD59-801b）

蹀　作～，同磔。（ZD60-372b）

磔　～開，吒格反。（ZD59-785c）

磔　一～，知格反。（ZD59-801b）

磔　～竪，知挌反，張開也，下殊主反。（ZD59-792c）

揲　～開，吒挌反，又音竭，非也。（ZD59-863a）

磔　羺～，知格反，正作磔。（ZD60-413a）

磔　～迦，上知格反。（ZD60-432c）

磔　～開，吒格反。（ZD59-781b）

磔　一～，吒挌反。（ZD59-802b）

磔　一～，吒挌反。（ZD59-788a）

磔　～手，同上。（ZD60-49a）

磔　～開，知格反。（ZD59-786c）

磔　～迦，上知格反。（ZD60-409c）

磔　一～，同上。（ZD59-801b）

研　～手，上知格反，正作磔。（ZD60-131a）按："～"乃"磔"，詳見本書中篇"研"字條。

磔　～開，吒格反。（ZD59-801b）

蹀　～手，上知革反，正作磔。（ZD60-44b）

蹀　～身，知挌反，張開也，釘也，正作磔，郭氏作倉結反，非也。（ZD59-954c）

蜇　zhé

蜇　所～，知列反。（ZD59-992c）按："～"乃"蜇"。

蜇　蚰～，知列反。（ZD59-990a）按："～"乃"蜇"。

蜇　～蟄，上知列反，下呼各反。（ZD60-219b）按："～"乃"蜇"。

蜇　蚰～，音哲。（ZD59-791b）按："～"乃"蜇"。

蟅　zhé

蟅　作～，音哲，見藏經作蚳蛆也。（ZD60-359b）按："蟅"即"蜇"，與"蛆"同。

傊　zhé

傊　罸～，知革反。（ZD60-38a）按："～"乃"讁"，讁罰。《一切經音義》卷52："讁罰，陟革反，罪小曰罰，罰罪曰讁，經文作傊，非也。"（T54，p653c）

蟄　zhé

蟄　～鳥，直立反，藏也，又應和尚以鷙字替之，音至，猛鳥也，非義也。（ZD59-772c）

蟄　～，上直立反。（ZD60-416b）

蟄　昏～，直立反。（ZD59-743a）

蹀　zhé

蹀　～手，上知格反。（ZD60-22b）按："～"乃"磔"。

蹀　～手，上張格反。（ZD59-1128a）按："～"乃"磔"。

---

① 又見"揲""挓""柂""殏""磔""蹀""蹀"字條。

蹸

　～手，上知格反，正
作礋。（ZD60-132a）
按：“～”乃“礋”。

蹸

　～手，上知格反，悮。
（ZD60-48c）按：“～”
乃“礋”。

礋　zhé

礋

　～指，上知格反，正
作礋。（ZD60-72c）
按：“～”乃“礋”。

蟄　zhé / zhī

蟄

　～人，上知列反。
（ZD60-72b）按：“～”
乃“蜇”。

蟄

　～蛛，上陟支反，《經
音義》以智、鼅二形
替之是也，下陟朱反，上又
郭氏音哲。（ZD60-212b）
按：“～”乃“蜘”。

嚞

作～，郭氏音哲，
經作蟄，義是蜘。
（ZD60-369b）按：“～”乃
“蜘”。

謪①　zhé

謪

　～䍐，竹隔反。
（ZD59-637c）

摘

　～䍐，同上（謪）。
（ZD59-638a）

謫

　～䍐，同上（謪）。
（ZD59-636a）

謫

䍐～，知革反。
（ZD59-750a）

謪

　～䍐，知革反。
（ZD59-640a）

謫

　～䍐，知革反。
（ZD59-636a）

轍　zhé

轍

　～底，直列反。
（ZD59-841b）

轍

膩～，直列反。
（ZD59-810c）

轍

殊～，直列反。
（ZD59-567a）

轍

弘～，直列反。
（ZD60-426b）按：
“～”乃“轍”字，詳見本書中
篇“轍”字條。

蹸　zhé

蹸

　～手，上知格反，正
作礋。（ZD59-1116c）
按：“～”乃“礋（蹸）”字，詳
見本書中篇“蹸”字條。

謫　zhé

謫

　～䍐，吒革反。
（ZD59-737b）

謫

重～，音摘。（ZD60-
186b）

謫

　～䍐，上吒革反。
（ZD59-599c）

懾　zhé

懾

　～驚，之攝反。
（ZD59-765b）

驚　～，之涉反。
（ZD60-493b）

怖　～，之涉反。
（ZD59-917a）

驚～，占涉反，怯懼
也。（ZD59-664a）

聾　zhé

聾

驚～，之涉反。
（ZD60-464c）

襩　zhé / zhè

襩

細～，陟涉反，正作
襩。（ZD59-1138b）

細～，陟葉反。
（ZD60-6a）按：“～”
乃“襩”，詳見本書中篇
“襩”字條。

細～，同上（襩）。
（ZD59-1119c）

　～襲，上之葉反，下
卑益反。（ZD60-
375c）

細～，之葉、知葉二
反。（ZD59-1119c）

　～云，之葉反。
（ZD59-933c）

者　zhě

者

二～，之野反，正作
者。（ZD60-58b）

---

① 又見“俋”“謫”“偦”“謫”
字條。

赭　zhě

楬
〜羯，上之也反，正作赭。（ZD60-406a）

按：“〜羯”，對應佛經作“赭羯”。《大唐西域記》卷1：“兵馬强盛，多諸赭羯。赭羯之人，其性勇烈，視死如歸，戰無前敵。”（T51，p871c）

堵
赤〜，音者，赤土也，正作赭。（ZD60-41a）

按：“赤〜”，對應佛經作“赤赭”。《四分律》卷52：“須石灰，若赤赭土，若白墡，若墨，若雌黄，一切聽與，若中央不定，應以尺度量。”（T22，p953c）“赭”，聖乙本作“堵”。“〜”即“赭”，蓋因“赭”受下字“土”的影響類化換旁從“土”而成。“堵”爲同形字，表“堵”“赭”兩字。

柘　zhè

拓
鉢〜，之夜反，正作柘。（ZD59-816a）

祏
留〜，遮夜反，正作柘，《悲花經》作留遮。（ZD59-714c）

蔗　zhè

蔗
甘〜，之夜反，草名，正作蔗。（ZD60-261c）按：“〜”乃“蔗”字，詳見本書中篇“蔗”字條。

遮
苷〜，上古談反，下之夜反。（ZD59-572b）

簾
甘〜，之夜反，正作蔗也。（ZD59-561a）

簾
苷〜，上古談反，下之夜反。（ZD59-575b）

蔗
甘〜，之夜反。（ZD59-552b）

遮
甘〜，同上（蔗）。（ZD59-553c）

簾
甘〜，之夜反，又力木反，悮。（ZD59-636c）

遮
甘〜，之夜反。（ZD59-586c）

蔗
芉〜，上古寒反，下之夜反，南人呼甘爲干也。（ZD59-570c）

炙
芉〜，上古寒反，下之夜反，正作蔗，南人呼甘字，不正也。（ZD59-572a）

鷓　zhè

鷓
〜鴣，上之夜反，下古胡反。（ZD60-76b）

鷓
鶻〜，音骨，鳥名，似山鵲，卜之夜反，鷓鴣鳥，似雉。（ZD59-876b）

按：《蘇悉地羯羅經》卷3：“或聞孔雀之聲，鶻鷓鵝鸚鵡等吉祥鳥聲。”（T18，p626b）

驢
驢鴣
〜鴣，上之夜反，下古胡反，《善見律》作驢鴣，《切韻》作鷓鴣。（ZD60-300a）按：“〜”乃“鷓”，詳見本書中篇“驢”字條。

珍　zhēn

珎
珍
珎
琦〜，巨宜反，下知隣反。（ZD59-647b）

〜寶，上知人反。（ZD59-619c）

〜琦，音寄，玉名也。（ZD59-573b）

真　zhēn

瑱
真
賞
〜珠，之人反，正作真。（ZD59-826c）

遊〜，之人反，正作真。（ZD59-902b）

〜祇，上宜作真，音直。（ZD59-637c）

按：《大方廣十輪經》卷1：“真祇真（四十六），真求梨（四十七）。”（T13，p685c）“〜祇”即“真祇”，可洪以爲“直祇”，恐誤。

真
赤〜，下音真。（ZD59-718c）

真
如〜，音真。（ZD60-172c）

砧　zhēn

砧
〜上，知林反。（ZD59-662b）

砧

刀～，知林反。
(ZD59-632b)

拈

足～，知林反，下作
枮。（ZD60-18c)

枮

足～，知林反，又作
砧。（ZD60-18c)

䤟　zhēn

䤟

～酌，上之林反，下
之若反。（ZD60-
198c)按："～酌"，對應佛經
作"斟酌"。《出曜經》卷
22："愚者盡形壽，承事明智
人，亦不知真法，如瓢斟酌
食。"(T04，p729a)"～"即
"斟"字。"斟"蓋受下字
"酌"的影響類化換旁從
"酉"而作"酌"。

斟　zhēn

斟

～酌，上之林反，下
之若反。（ZD59-
1131c)按："～"乃"斟"。

斟

～酌，上之林反。
(ZD60-408a)

蒧　zhēn

蒧

行～，音針。(ZD60-
451b）按："～"乃
"箴"。

蒧

～喻，上之林反，誡
也。（ZD60-114b）
按："～"乃"箴"。

鈂　zhēn

鈂

碪～，上知林反，下
市林反。（ZD60-
355b)按："鈂"即"砧(碪)"。
《一切經音義》卷 4："鐵砧，
經文作碪、鈂二形，非體
也。"(C056，p877c)

榛　zhēn

榛

～叢，上助臻反，下
在紅反。(ZD60-61c)

斟①　zhēn

斟

～酌，之林反，下之
若反。(ZD59-643b)

酬

～酌，上之林反，下
之若反。（ZD60-
31a)

斟

～張，上之林反，正
作斟。(ZD59-617c)

斟

～酌，音針，下音酌。
(ZD59-822b)

斟

～酌，音針，下音
研。(ZD59-718b)

酬

～酌，之林反。
(ZD59-831c)

斟

～量，之林反。
(ZD59-957b)

斟

～味，上之林反。
(ZD60-243c)

斟

～酌，之林反。
(ZD59-1004a)

酬

～酌，之林反。
(ZD59-827a)

斟

～酌，上音針，正作
斟。(ZD60-297a)

斟

～酌，同上（斟）。
(ZD60-198c)

斟

瓢～，上毗遥反，《方
言》云杓也，下音針，
正作斟。(ZD60-246a)

斟

～酌，上之林反。
(ZD59-984a)

酬

～酌，上之林反。
(ZD59-609b)

瑱
zhēn/zhèn

瑱

～珠臺，上之人反，
正作眞、真二形，下
徒來反，上又徒見、他見二
反，並非也。(ZD60-186a)
按："～珠"即"真珠"。"～"
乃"真"。"真"蓋受下字
"珠"的影響類化增旁從
"玉"而作"瑱"。

瑱

～壓，知隣、知㣟二
反，壓也，正作填、鎮
二形也，下烏甲反，笮也，上
又徒年、徒見、他見三反，
非。（ZD59-838c)按："～"
通"鎮"。

榛②　zhēn

榛

深～，仕臻反。
(ZD59-956a)

---

① 又見"斟""酬"字條。

② 又見"榛"字條。

榛　～木,助臻反,刺林。(ZD59-688a)

礦① zhēn

礦礦礦礦礦鈂

鉢～,知臨反。(ZD59-590b)

鐵～,竹林反。(ZD59-731a)

～薜,知林反,下脾計反。(ZD59-746c)

～前,上知林反。(ZD59-590a)

鐵～,竹林反。(ZD59-848a)

鐵～,直林反,錘屬,或作枕,直林反,繫牛弋也,《經音義》以砧字替之,知林反。(ZD59-1125c)按:"～",經文作"鈂"或"礦"。《十誦律》卷49:"有人著黑衣奔頭捉鐵鈂著肩上,往多人所作是言。"(T23, p357a)"～",可洪音"直林反",蓋以爲"鈂",不妥。"～"應爲"礦",詳見本書中篇"鈂"字條。

箴② zhēn

葴　行～,之林反,規誠也,正作葴也。(ZD60-327a)

抌 zhěn

抌　若～,之審反。(ZD59-1117a)按:

"～"乃"枕"。《十誦律》卷6:"若無是事,是中若有四方僧物,若氈,若拘執,若褥,若班綖,若枕,摘作衣著。"(T23, p45b)

抌　机～,上居履反,下之審反。(ZD60-538a)按:"～"乃"枕"。

抌　～席,上之審反。(ZD59-600c)按:"～"乃"枕"。

枕 zhěn

枕　倚～,之審反。(ZD59-1080b)按:"～"乃"枕"。

枕③ zhěn

抌　褥～,上而屬反,亦蓐,下章審反。(ZD59-1012c)

抌　安～,之審反。(ZD59-993c)

枕　到～,針審反。(ZD59-836a)

抌　倚～,之審反。(ZD59-647a)

枕　～石,上之審反。(ZD59-610a)

枕　繡～,修救反,下汁審反。(ZD59-800c)

抌　倚～,之審反。(ZD59-616a)

枕　～中,之審反,正作枕也。(ZD60-543b)

杭　丹～,多安反,下之審反。(ZD59-719a)

抌　～邊,上之審反。(ZD60-42b)

抌　羅～,之審反。(ZD59-592b)

杭　～狗,之審反。(ZD59-684b)

杭　爲～,之審反。(ZD59-676c)

枚　爲～,之審反,又許嚴反,非。(ZD59-956b)

抌　～皷,之審反,從尤。(ZD59-696c)

杭　荷～,戶可反,下之審反。(ZD59-700a)

抌　倚～,之審反。(ZD59-594a)

抌　玉～,之審反。(ZD60-366c)

抌　荷～,之審反,正作枕也。(ZD60-23c)

抌　牀～,針審反,正作枕。(ZD59-777b)

枕　被～,之審反。(ZD59-708c)

枕　犀～,上斯兮反。(ZD60-481a)

抌　～右,上之審反,郭氏作丁感反,非也。(ZD59-1114a)

杭　～莨,上之審反。(ZD60-38a)

---

① 又見"砧""鈂"字條。

② 又見"葴"字條。

③ 又見"抌""杭""枕""枕"字條。

枕

~頭,上之審反,正作枕也。(ZD60-17a)

木~,之審反。(ZD59-682c)

枕　zhěn

杭

何~,之審反。（ZD60-374a）按："~"乃"枕"。

枕　zhěn

枕

到~,之審反。（ZD60-239a）按："~"乃"枕"字。

畛①　zhěn

昣

蕭~,之忍反,人名。(ZD60-538c)按:《弘明集》卷10:"丹陽丞蕭曬素答。"(T52, p64c)"曬",元本作"畛"。可洪以"~"音"之忍反",即元本"畛"字。"曬"字恐誤。

畛　zhěn

昣

分~,之人、之忍二反。(ZD59-862a)

脤②　zhěn

脤

隱~,之忍反,富有也,又音腎,非也。(ZD60-581a)按:《廣弘明集》卷24:"至山將半便有

廣澤大川,皋陸隱脤。"(T52, p276b)"脤",宋、元、明、宮本作"賑"。"隱脤"乃"隱賑",衆盛,富饒。"~"乃"賑"字。

軫　zhěn

軫

~星,上之忍反,亦作軫。(ZD59-623b)按:"~"同"軫"。

诊　zhěn

诊

先~,之忍反。(ZD59-687c)

诊

~之,之忍、直刃二反,候脉也,驗也。(ZD59-682a)

诊

~之,之忍反。(ZD59-684a)

朋　zhèn

朕

隱~,直忍反,赤痕也,正作朋、朕二形也,悮。(ZD60-225a)

振③　zhèn

振

玉~,上魚欲反。(ZD59-567a)

振

瓊~,上巨营反。(ZD59-548c)

振

~發,上音振,奮也。(ZD59-595b)

振

~恤,之刃反,救贍也,下私律反,亦作

賑瓲。(ZD59-937a)

搌

~動,音震,正作振也,又奴豆、奴沃二反,非。(ZD59-812a)

振

~旅,音吕。(ZD60-370c)

振

~軛,音厄。(ZD59-1010b)

振

不~,之刃反,正作振。(ZD60-44c)

振

~賜,之刃反,給也。(ZD59-959b)

朕④　zhèn

朕

是~,直稔反,我也,正作朕、舣二形。(ZD60-446a)

朕

~所,上直飲反,我也,古庶人並皆稱~也,自秦始皇帝二十六年,獨爲天子之稱,正作朕。(ZD60-537a)

朕

無~,直忍反,正作~。(ZD59-568c)

朕

佛~,持引反,經作侍引反,非。(ZD59-813c)按:"~",經文作"朕",自切"持引反",可能即"朕"之訛。

紖　zhèn

紖

其~,直忍反。(ZD60-3c)

---

① 又見"曬"字條。
② 又見"賑"字條。
③ 又見"搌"字條。
④ 又見"朕"字條。

酖　zhèn

酖　共～，直甚反，毒鳥也。（ZD60-234c）按："～"乃"鴆"。《舊雜譬喻經》卷2："昔爲國王，於衆媒女意不平均，不見幸者共鴆殺王。"（T04，p516c）

朕　zhèn

朕　目～，直忍反。（ZD60-353c）

捵　zhèn

捵　～羽，上知演、丑演二反。～，長皃，舒翼也，又或作振。（ZD60-433a）按："～"乃"振"，可洪音"知演、丑演二反"，不妥。

賑① zhèn

眹　～給，上音振，正作賑。（ZD60-588a）

賑　～濟，之刃反。（ZD59-878b）

賑　～給，上之刃反。（ZD59-591c）

鳩　zhèn

鳩　女～，直甚反，賃字韻。（ZD60-358b）按："～"乃"鴆"。

鴆② zhèn

鴆　鴆煞，直甚反，鳥名，正作～。（ZD59-765a）

鴆　～煞，直甚反，鳥名，正作鴆。（ZD59-765a）

鴆　～毒，直甚反。（ZD59-973a）

鴆　毒～，直甚反。（ZD59-763b）

鴆　～裂，上直甚反。（ZD60-304b）

鴆　～毒，上直甚反。（ZD60-480c）

鴆　女～，直甚反。（ZD60-299a）按："女～"，對應佛經作"如鴆"。《諸經要集》卷7："外言如蜜，內心如鴆。"（T54，p59a）根據文意，"女～"應爲"如鴆"，"鴆"乃"鴆"之訛。

鴆　～酒，直甚反。（ZD59-868c）

鴻　～蒲，上多霖反，下薄胡反，經文自出，書無此字。（ZD59-593b）按：《大寶積經》卷33："鴻（多霖反）蒲盧若提（六十）。"（T11，p183a）"鴻"，宋、元、明、宮本作"鴆"。"～"即"鴻"，譯音字，經文自切"多霖反"，有異文作"鴆"，今依異文"鴆"爲音。

攍　zhèn

攍　雷～，之刃反，悮。（ZD60-111b）按："～"，經文作"震"，同。

征　zhēng

征　～忪，上之盈反，下之龍反。（ZD59-606a）

征　～忪，上之盈反，下之龍反。（ZD59-1022a）

征　zhēng

泟　～伐，之呈反，行也，正作征。（ZD59-914a）

征　四～，之靈反，行也。（ZD59-645b）按："～"，經文作"征"。

伝　～卒，之靈反，下子没反。（ZD59-822a）

菭 zhēng/zhèng

菭　矩～，之陵反。（ZD59-864c）按："～"，經文作"蒸"。

菭　欝～，之勝反，熱氣也。（ZD59-1017b）

① 又見"賑"字條。
② 又見"酖""鳩"字條。

按:"釅～"即"釅烝",又作"釅蒸",同。

烝　zhēng

烝　可～,之陵反。（ZD60-354b）按:"～"與"烝""蒸"同。

丞　zhēng/zhèng

丞 坌　～殺,上之陵反。(ZD59-1029c)
黎～,上力兮反,下之陵反,衆也。(ZD59-570a)按:"～"即"丞",后亦作"蒸"。

丞 烝 蒸 朿　炊～,之陵反,正作蒸。(ZD59-1022a)
～熱,之勝反,下而設反。(ZD59-958c)
～熱,上之剩反。(ZD59-617c)
～熱,上之剩反,下而設反。（ZD60-26c)

烝 丞 烝　～熱,上之勝反,悞(ZD59-618a)
悩～,音證。(ZD59-639a)
釅～,於屈反,下之勝反,熱氣也,下悞。(ZD59-728b)按:"釅～"即"釅烝",經文又作"釅蒸"。

烝　釅～,之勝反,濕熱氣也,正作蒸。(ZD59-1017a)按:"釅～"

即"釅烝",又作"釅蒸",同。

烝 烝　釅～,於屈反,下之剩反。(ZD59-682a)
釅～,音證,熱氣也,正作烝。（ZD59-637b)

崝　zhēng

崝　～嶸,上仕耕反,下戶萌反。（ZD60-425c)

烝　zhēng/zhèng

烝　或～,之陵反。（ZD59-1066a）按:"～"即"烝"字,經文作"蒸",同。

丞　釅～,之剩反。（ZD59-637b）按:"～"即"烝"字。

綧　zhēng

細　～捲,上音爭,正作綧也,縈屈也,下丘員反,襀也,《應和尚音》及《川音》並作綧捲也,又相庚反,非也。(ZD59-1114b)按:"～捲",經文有作"綧卷"者。

蒸①　zhēng

蒸　～煑,上之陵反。(ZD59-598b)

烝 蒸 蒸 蒸　～熟,上之陵反,正作蒸。(ZD60-69a)
下～,之陵反。(ZD60-178b)
～庶,之陵反,下尸去反。(ZD59-704c)
～湧,之陵反。(ZD59-860c)

筝　zhēng

筝 筝　抱～,步保反,下側生反。(ZD59-696c)
～笛,上側耕反,下徒的反。（ZD59-1119c)

徵　zhēng

徵　推～,上尺佳反,下陟陵反,正作徵也。(ZD59-554c)

鬈　zhēng

鬤　～鬤,仕耕反,下女耕反。(ZD59-636c)按:"～"即"鬈"字,"～鬤"即"鬈鬤",鬚髮蓬亂的樣子。《大乘大集地藏十輪經》卷4:"爾時,復有大羅刹母,名鬈鬤髮。"（T13,p742c)

---

① 又見"烝""蒸""烝""鬣"字條。

癥　zhēng

癥　瘤～,公悟反,下陟陵反。(ZD59-782b)

饎　zhēng

餯　～之,諸陵反。(ZD59-805c) 按:"～"乃"饎",與"蒸"同。《陀羅尼集經》卷1:"若麵裹物,饎煮燒熟,歡喜團等,皆不得食。"(T18, p786b)

饎　并～,之陵反。(ZD59-874c) 按:"～"即"饎",同"蒸"。

拯　zhěng

拯　～恤,取蒸字上聲呼之,救也,助也,下私律反。(ZD59-777b)

抍　～濟,蒸字上聲呼也,正作拯。(ZD59-737b)

拯　～含,上無韻反,取蒸字上聲呼之也,救也,助也。(ZD59-548b)

抍　～拔,之廢反,助也,救也,正作拯,下蒲八反。(ZD59-762c)

抍　～含,上之廢反,救也。(ZD60-108a)

抍　～一,上音拯,救也。(ZD59-569b)

抍　拯～,取烝字上聲呼,救也,助也,正作拯。(ZD59-918a)

抍　～濟,之廢反,正作拯。(ZD59-829b)

趣　～濟,取蒸字上聲呼,今之廢反,正作拯。(ZD59-807c)

拯　～濟,蒸廢反,救也。(ZD59-661a)

抐　～濟,取蒸字上聲呼,救也。(ZD59-827b)

整　zhěng

憼　～頓,上之領反,下都困反。(ZD59-585b)

憼　齊～,之領反,又音勑,悮。(ZD59-750a)

憼　～理,之領反。(ZD59-758b)

憼　～化,上音勑,從也,就也。(ZD60-525c) 按:"～",經文作"整",可洪音"勑",蓋以爲"憼",不妥。

憼　不～,下丑力反,從也,正作憼也,《川音》作憼,魚觀反。(ZD60-467a) 按:"～",經文作"整"。可洪音"丑力反",以爲"憼",不妥。

憼　～衣,上之領反。(ZD60-10c)

整　方～,之領反。(ZD59-560b)

憼　～服,上之領反,又音勑,非。(ZD59-1090c)

憼　～其,之餅反,正也。(ZD59-730a)

憼　更～,之領反。(ZD59-773b)

憼　嚴～,之領反。(ZD60-186a)

憼　～行,上之領反。(ZD60-155b)

憼　平～,之領反。(ZD60-239a)

憼　～拂,上之領反。(ZD60-561b)

憼　方～,之領反。(ZD59-563c)

整　～理,之領反,正也,正作整字。(ZD59-713b)

憼　平～,之領反,又音勑,非。(ZD59-738b)

整　～頡,都困反。(ZD59-838a)

憼　齊～,之領反。(ZD59-556a)

整　～儀,之領反,又音勑,悮。(ZD59-785c)

憼　育～,之領反。(ZD60-85a)

憼　～衣,上之領反。(ZD59-1135c)

整　～服,之領反,正也,理也。(ZD59-903b)

憼　～理,上之領反,又音勑,悮。(ZD60-309c)

憼　～服,之領反,正作整。(ZD59-817a)

鼙 鼙 鼜 鼙 鼙 鼙 正 zhèng

～衣，之領反，正作整。（ZD59-749a）

齊～，之領反。（ZD60-70c）

齊～，之領反。（ZD60-70c）

～頓，上之領反，下都困反。（ZD59-582c）

～服，正領反，正作整。（ZD59-888b）

嚴～，之領反。（ZD59-940a）

正 zhèng

～逼，上音正，下音遍。（ZD59-582c）

～覺，之聖反，直也，真也，是也，正作正。（ZD59-820c）

～食，上之聖反。（ZD60-58a）

應～，音正。（ZD59-747c）

～始，上之聖反。（ZD60-339a）

～法，之聖反，是也，平也。（ZD59-726c）

～理，之聖反，～當，不偏也，定也，是也。（ZD59-972a）

～命，上之聖反，正作正。（ZD60-604a）

政 zhèng

～法，之聖反。（ZD59-894c）

～工，之聖反，正作政也。（ZD59-1039b）

端～，之聖反。（ZD59-922c）

國～，之聖反，正作政。（ZD60-176b）

倀 zhèng

～像，知孟反。（ZD59-876a）按："～"，經文作"張"。

鄭 zhèng

馬～，音鄭。（ZD60-314a）按："～"即"鄭"，詳見本書中篇"鄭"字條。

揁 zhèng

～像，又作倀，同竹孟反，正作幛，上又音貞，非。倀，丑良反，亦非用。（ZD59-876b）按："～"乃"幀"，與"幛"同。

衣～，上陟孟反，張也，謂開張使展也，正作幛、幨二形也，又如前盡幛字作揁字是也。《西川經音》作貞、鏗二音，非也，又以掌字替之，褚孟反，亦非也。（ZD60-7a）

幀① zhèng

～法，猪孟反。（ZD59-788c）按：

"～"，經文作"幀"。

揁 zhèng

像～，知孟反。（ZD59-788c）按："～"，經文作"幀"。

證 zhèng

清～，音證。（ZD59-578a）

證契，《川音》作鼜、～、鼜，三同之孕反，驗也，得也。（ZD60-338c）

證契，《川音》作鼜、鼜、～，三同之孕反，驗也，得也。（ZD60-338c）

求～，音證。（ZD60-339c）

果～，音證。（ZD60-339a）

～誅，自七反，速也，急也，正作疾、誅二形也。（ZD59-581b）

～相，音證。（ZD59-972a）

幛 zhèng

幀法，猪孟反，正作～也。（ZD59-862b）按："～"乃"幛"，與"幀"同。

支② zhī

～識，上音枝，下楚禁反。（ZD60-326b）

---

① 又見"幛""揁"字條。
② 又見"鈛"字條。

厄 zhī

厄 雅～，下音ㄓ（支）。（ZD60-599c）按："雅～"，對應佛經作"雅厄"。《廣弘明集》卷30："長辭三雅厄（王少卿）。"（T52，p355c）

屮 zhī

屮 倒～，音之。（ZD60-351b）按："～"即"之"。

攴 zhī

攴 正～，音支，正作枝也。（ZD60-493c）

厄① zhī

厄 屈～，音支。（ZD59-804b）

厄 漏～，音支，正作厄、厄二形，又疋彌反，具也，誤。（ZD59-867a）

厄 ～滿，上音支，酒器也，正作厄也。（ZD60-556a）

玟 zhī

玟 ～玻，上音枝，下音亦。（ZD59-748b）按："～玻"，又作"枝椑""祇夜"。"～"爲譯音字。《佛說寶如來三昧經》卷2："《玟玻經》言：但好飯食爲是道。"（T15，p526c）

辟～，音枝。（ZD60-217a)按："辟～"，又作"辟支"。"～"爲譯音字，與"支"音同，詳見本書中篇"玟"字條。

玟 ～玻，上章移反，下以益反。（ZD60-361a)按："～玻"即"枝椑"，又作"祇夜"，音譯詞也。"～"，譯音字，音與"枝""祇"等同。《一切經音義》卷7："枝椑，以石反，言相似也，經文從玉作玟玻，非也。"（C056，p932c）《四分律名義標釋》卷3："祇夜經，此云重頌，謂重頌上直說修多羅也，亦曰應頌。"（X44，p424a）

枝② zhī

莜 ～柱，上正作楮，下知主反。（ZD60-601a）
枝 ～折，上音枝，悮，下音舌。（ZD60-38b）

肢 zhī

肢 ～手，章移反。（ZD59-865a）
肢 ～節，章移反。（ZD59-784a）

胑 zhī

胑 僧伽～，中其迦反，下竹尼反，袈裟名也。（ZD59-1132b）按："～"即"胝"。

胝 頗～，上普波反，下竹尼反。（ZD60-133a）
胝 俱～，竹尼反。（ZD59-588b）

胘 zhī

胘 ～柯，上竹尼反。（ZD60-396a）按："～"即"胘"，乃"胝"。

胝 zhī

胝 波～，丁尼反。（ZD60-88b）按："～"乃"胝"。

胝③ zhī

胝 僧伽～，此云重複也，從九條乃至二十五條之物名也，三衣中宸上者也，亦云僧伽梨。（ZD59-936a）

胝 頗～，竹尼反。（ZD59-739a）
胝 ～子，竹尸反。（ZD59-684b）
胝 佉羅～，上去迦反，下都兮反。（ZD60-165a）按："～"，經文作

---

① 又見"厄"字條。
② 又見"攴"字條。
③ 又見"胝""胝""胘""胘""胝"字條。

"眡",用作譯音字,可洪以爲"眡"。

胝　～柯,竹尼反,下古何反。(ZD59-966b)

肵　～你,竹尼反,下平聲。(ZD59-815a)

眡　真～,丁尼反,正作胝。(ZD59-586b)

胵　俱　～,竹尼反。(ZD59-816c)

脛　佉磨～,去迦反,中莫何反,下竹尼反。(ZD59-714c)

胝　伽～,上其迦反,下竹尼反。(ZD60-52c)

胵　～施,上扶非反,下失支反,律本云僧伽婆口沙,亦云僧伐尸沙也,正作肶也,悮。(ZD60-88b)按:"～",經文作"眡"。

胵　揭～,上巨列反。(ZD60-400c)

胝　～紐,上丁尼反,衣名僧伽服,或云僧伽梨,下女久反。(ZD60-88b)

胵　鞞瑟～,步兮反,中所擸反,下竹尼反。(ZD59-666a)

聖　磨　～,竹尼反。(ZD59-715a)按:"～",對應佛經作"眡",譯音字。《大乘悲分陀利經》卷1:"伊舍絺哆須捉佉磨眡差(初机反)那磨帝。"(T03,p236b)

胝　拘　～,丁尼反。(ZD59-696b)

胵　～底,竹尼反,正作胝,又尺脂反,非也。(ZD59-813b)按:"～",對應佛經作"眡"。《佛說華積陀羅尼神咒經》卷1:"柯羅知(眡迦反,十五)。"(T21,p875a)"眡迦反",宋本作"脛迦反"。根據經文,"～""脛"乃"眡"字之訛。

胝　俱　～,丁尼反。(ZD59-557b)

胵　俱　～,竹尼反。(ZD59-775c)

秪　zhī

秠　～禛,上音脂,敬也,下音食,立也,置也,正作植也,又顛、軟二音,並非。(ZD60-437c)

秠　意～,音脂,敬也。(ZD59-846a)

秠　～崇,上音脂,敬也。(ZD60-546c)

秠　～服,上音脂,敬也。(ZD60-526b)

秠　～多,旨夷反。(ZD59-839b)

秪　zhī

秬　朾豆,上丁尼反,正作～也,《經音義》作～豆是也。(ZD59-1070c)按:《正法念處經》卷46:"若食梨果、佉殊羅果、軟棗、豌豆,若朾豆等,不看不食,恐畏其內有諸虫故。"(T17,p276a)"朾",宋、元、明本作"秬",宮本作"秪"。"～""秬"皆"秪"字。《一切經音義》卷56:"秪豆,竹尸反。《廣雅》再種豆也。"(T54,p677b)

伽　zhī

伽　～末,上知、智二音,應和尚未詳。(ZD60-388a)

伽　蝎思～,上音竭,下音智,正智、潪二形,又郭氏音知,《川音》音馳,《江西音》作知利反,應和尚未詳,上悮。(ZD60-289b)按:"～",譯音字。

隻　zhī

侇　～屐,巨逆反。(ZD60-74b)

侇　～行,之亦反,下戶庚反。(ZD59-671c)

侇　～立,上之石反,正作隻。(ZD60-263c)

脂　zhī

脂　～痰,徒甘反。(ZD59-727a)

脂　～羅,上旨夷反,正作脂。(ZD59-1047c)

脂　～肪,方、房二音。(ZD59-601c)

脂　～肉,上旨夷反。(ZD59-1102c)

脂
晢
脂

～糙，蘸感反。（ZD60-305a）

金～，音脂。（ZD59-837b）

～吒吠，旨夷反，中知加反，下扶廢反。（ZD59-814b）

粨
～粉，上旨夷反，胭～也，俗。（ZD59-997b）

蚳　zhī

蚳
蚖～，上愚袁反，蟒蚖，蜥蜴也，下宜作螔，章移反，虫名也，似蜥蜴，能吞人。（ZD60-227a）按："～"同"螔"。

呩　zhī

呩
多～，知、智二音。（ZD60-291a）按："～"，譯音字。《陀羅尼雜集》卷7："休多呩，泜殊鉢呧。"（T21，p618a）

蜘
邏～，上羅佐反，下竹池反。（ZD59-813b）按："～"，譯音字。《佛說師子奮迅菩薩所問經》卷1："迦羅蜘郁迦吒羅殊波竭泜。"（T21，p875c）

鈘　zhī

鈘
鉢～，音支，正作楮。（ZD59-1111b）按："鉢～"，對應佛經作"鉢支"。《摩訶僧祇律》卷29："應著鉢支上，若葉若草上。"（T22，p462c）宋、元、明、宮本作"支"，"鈘"。《四分律行事鈔簡正記》卷15："鉢支者，坐鉢籆也。"（X43，p409c）《增修教苑清規》卷1："律云鉢不正，聽作鉢支。"（X57，p322a）"～"即"支"的俗字。"鉢～"，又作"鉢楮""鉢枝"，義同。

鈘
作～，旨移反，見藏論文云圓瓶入制，支世反。（ZD60-383a）按：《一切經音義》卷18："入支，只移反，此外道瓶圓如瓠，無足，以三杖交之支舉於瓶也，論文作鈘，非也。"（C057，p26c）《成實論》卷8："故諸惡道業不能得便，如圓瓶入鈘（鈘）。"（T32，p306a）"鈘（鈘）"，宋、元本作"枝"。根據《一切經音義》，"鈘"即"支"的俗字。

胕　zhī

胕
末～，直知反，正作胕也，《思益經》作摩賒，《思惟經》作摩醿。（ZD59-733b）按："～"，譯音字，詳見本書中篇"胕"字條。

呴
遮～，同上，《思益經》作遮賒。（ZD59-733b）按："～"，對應經文作"胕"，譯音字。

楮　zhī

楮
～柱，知主反。（ZD60-378a）

蜘①　zhī

蜘
～蜩，音知，下音株。（ZD59-793a）

織　zhī

織
作～，音隻。（ZD59-582b）

直　zhí

直
亶
直

～心，池力反。（ZD59-924c）

～擗，池食反，下普擊反。（ZD59-848a）

算～，之日反，下持力反，正作質直。（ZD59-728b）

值②　zhí

值
慎
慎

僥～，古堯反，下直侍反。（ZD59-676c）

～見，直至反，遇也，正作值。（ZD59-707c）

～佛，直志反，遇也，逢也，正作值也，又

① 又見"蜩"字條。
② 又見"慎"字條。

丁年反,非。(ZD59-738a)

揰　zhí

揰
曹～,食、直二音,又直志反。(ZD60-460a)按:"～"乃"植"。

埴　zhí

埴
挺～,尸然反,下市力,正作埏埴。(ZD59-953a)

埴
埏～,上尸然反,下時力反,謂柔泥也。(ZD59-1023b)

埴
埏～,上失然反,下時力反。(ZD59-625b)

埴
～渥,上市力反,下奴兮反。(ZD60-176c)

埴
和～,音食。(ZD59-701b)按:"～",可洪又音"食",讀"shí"。

執　zhí

熱
～助,上音執,下音鋤,《遮羅國王經》作執鋤也,並悮。(ZD60-276b)

執
强～,巨羊反,下之入反,正作執。(ZD59-673c)

執
我～,音執。(ZD59-967a)

執
有～,之入反,攝也,正作執。(ZD60-44b)

執
徧～,下針十反,持字也,正作執。(ZD59-966b)

靱
～著,上之入反,注內字。(ZD60-150b)

執
～色,之入反,持也,攝也,守也,秉也,正作執。(ZD59-973b)

執
～胡,上音汁,正作執。(ZD60-153b)

執
～ 筆, 之 十 反。(ZD59-926a)

執
固～,之入反,正作執。(ZD60-58b)

熱
～持,之入反,正作執。(ZD59-817c)

�　zhí

蚕
值絷哞,上又《川音》作～,音直。(ZD60-291a)

植①　zhí/zhì

楢
而～,時力反,種也,生也,正作植、殖二形。(ZD59-978b)

椬
墾～,苦很反,下市力反,正作植也,又音陟,非。(ZD59-895b)

槙
量～,樓藏作植,常職反,種植也,或作殖。(ZD59-584c)

植
四～,直志反,柱也。(ZD59-756a)

植
自～,音食,種也。(ZD59-550a)

植
布～,音食,種也,正作植。(ZD59-592c)

殖　zhí

殖
～德,時力反,種也,正作殖。(ZD59-671c)

殖
～薑,上是力反。(ZD59-595b)

殖
列 ～, 市 力 反。(ZD59-656c)

殖
～衆,上市力反。(ZD59-607a)

殖
脩～,息由反,下市力反。(ZD59-673c)

殖
深 ～, 時 力 反。(ZD59-587a)

殖
～ 衆, 市 力 反。(ZD59-756c)

殖
～ 衆, 市 力 反。(ZD59-831c)

殖
～光,市力反,正作殖。(ZD59-831c)

殖
番～,布卧反,布也,揚也,種也,今作播《説文》作番也。《經音義》作譒、敡、㕙也,下市力反,生也,多也。(ZD59-731c)

殖
春～,音食,種也。(ZD59-918b)

———

① 又見"揰""稙""槙"字條。

跖　zhí

跠　作～,之亦反。
(ZD60-389b)

哇　zhí

哇　～隸,上亭吉反。
(ZD59-808b)按:
"～",譯音字。

脂　zhí

脂　白直,持力反,肥腸
也,正作～。(ZD59-
999b)

稙　zhí

稙　宜～,音食,種也,又
音值,並從木從直作
植也,從禾者知力反,早種
禾曰稙也,非也。(ZD60-
410b)按:"～",經文作
"植"。

墌　zhí

墌　基～,音隻。(ZD60-
456a)
寺～,音隻。(ZD60-
473c)

摭　zhí

摭　掎～,上居宜反,箝
取物也,正作敬,下

音隻。(ZD60-580c)

槙　zhí

槙　閒～,音食,種也,正
作植也。(ZD60-
407c)按:"～"乃"植"字之
訛。《大唐西域記》卷2:
"於棗、栗、椑、柿,印度無
聞;梨、柰、桃、杏、蒲萄等
果,迦濕彌羅國已來,往往
閒植。"(T51,p878a)"～"
即"植"。

臟　zhí

臟　塡～,下之力反,油
膩凝結也,正作臟。
(ZD60-385b)按:"～"乃
"臟"。

跠　zhí

跠　非～,之石反,足履
踐也。《經律異相》
作蹠,《經音義》作跖,並同
也,誤。(ZD59-763c)

職①　zhí

䐈　～爵,子削反。
(ZD59-879b)按:
"～"乃"職"。

蹠②　zhí

蹠　～詞,之石反。
(ZD59-794a)

蹠　zhí

蹠　～詞,之石反。
(ZD59-754a)

礋　zhí

礋　桀～,上其列反,下
之石反。(ZD60-
562b)按:構件"石"與"足"
相混。《廣弘明集》卷14:
"夫口談夷惠而身行桀蹠,
耳聽詩禮而心存邪僻。"
(T52,p190a)詳見本書上
篇第三章"礋"字條。

蹠　zhí

蹠　脚～,音隻,正作蹠
也。(ZD60-269b)

蹠　zhí

蹠　～下,上之石反,足
下也,正作蹠。
(ZD60-131c)

蠘　zhí

蠘　～螺,上之力反。
(ZD60-389c)

䐈　zhí

䐈　揭～,上其列反。
(ZD60-260c)

止　zhǐ

止　不～,音止。(ZD59-
1103c)按:"～",經
文作"止"。《摩訶僧祇律》
卷2:"然此眾生猶取不止,

①又見"䐈"字條。
②又見"蹠""跠"字條。

乃至再三。"(T22，p241a)

正
～娗，上音止，下音
娗，云老不止娗。
(ZD60-60a)

只 zhǐ

只
默～，上音墨，下音
紙。(ZD60-293b)

旨 zhǐ

占
奥～，音指，正作旨。
(ZD60-509b)

旨
大～，音指，意也，志
也，亦作惿。(ZD60-
547c)

言
頟 ～，烏割反。
(ZD59-715a)

冒
經～，音旨，義也，詞
也，志也，意也，正作
旨。(ZD59-739b)

阯 zhǐ

阬
交～，音止。(ZD60-
445b)

抵 zhǐ

抶
～玉，上音紙，側掌
擊。(ZD60-574b)
按:《廣弘明集》卷 20:"潤
珠隨水，抵玉琨山。"(T52，
p243b)"～"，經文作"抵"，
可洪音"紙"，蓋以爲"抵"。

抵
～ 羽，上音紙。
(ZD59-565a) 按:

"～"，經文作"抵"，可洪以
"～"爲"抵"。

抵
～掌，上之爾反。
(ZD60-496c) 按:
"～"乃"抵"字。

莁 zhǐ

蒩
蘭～，音止，香草也，
又尺改反。(ZD60-
563a)按:"～"爲"莁"。

帋 zhǐ

帋
遮～，音紙。(ZD59-
717a)

帋
～ 施，上之爾反。
(ZD59-612b)

沁 zhǐ

沁
～清，上音止，小渚
也。(ZD60-520c)
按:"～"乃"沚"。

祉 zhǐ

秕
～緣，上丑耳反，正
作祉。(ZD60-542b)

祉
萬～，音恥。(ZD60-
565b)

秕
羯～，音恥。(ZD59-
945b)

指① zhǐ

指
拇 ～，莫口反。
(ZD59-652a)

楈
拇 ～，莫口反。
(ZD59-651c)

指
普～，音旨。(ZD60-
330b)

指
操～，上力染反，正
作斂也，又七刀、七
到二反，並非也，久悞也。
(ZD59-612c)

指
～扴，爭巧反，正作
爪、抓二形，又古八
反，非也。(ZD59-838c)

揩
～擢，音濁，拔也。
(ZD59-763a)

指
～晤，音悟，明也，朗
也。(ZD59-568a)

捎
亦～，音緣。(ZD60-
540b)

暗
脚～，音旨，正作指。
(ZD60-45a)按:"～"
乃"指"字，詳見本書中篇
"暗"字條。

捅
～舉，才古反，麄也，
略也，字從才，從角，
古文粗字也。(ZD59-777c)
按:《出三藏記集》卷 6:"如
來指舉一隅，身子伸敷高
旨。"(T55，p45b)根據經
文，"～"乃"指"，可洪以爲
"捅(粗)"。

惿② zhǐ

怕
大～，音旨。(ZD60-
487a)

惿
微～，音旨。(ZD60-
463b)

---

① 又見"楈"字條。
② 又見"旨"字條。

咫　zhǐ

咫　一～，音紙。（ZD60-571b）

楷　zhǐ

楷　嘍～，上所角反，正作嗽也。（ZD60-264a）按："～"乃"指"。

砥　zhǐ

砥　～波，上音紙，礪石也，石作砥也。（ZD60-417a）

砥①　zhǐ

砥　～礪，上之爾反，下力世反。（ZD60-473b）按："～"乃"砥"字，詳見本書中篇"砥"字條。

砥　～躬，上脂、紙二音。（ZD60-472c）

砥　～掌，上之爾反。（ZD59-591a）

砥　如～，音紙，平也。（ZD59-1038c）

砥　刃～，音紙。（ZD60-333c）

砥　～礪，脂、紙二音，下力世反，並磨石名也。（ZD59-951a）

砥　弗～，紙、底二音。（ZD60-293b）

砥　如～，音紙。（ZD59-761b）

紙②　zhǐ

紙　大～，之是反，或作紙。（ZD59-977a）

紙　～筆，之爾反。（ZD59-646c）

揶　zhǐ

揶　質～，上之日反，下竹机反，第二卷作質捯。（ZD59-630b）按："～"，譯音字，疑即"撠"。《大方等大集經》卷37："呵呵（虎我反）質揶（竹机反）（二十）。"（T13，p251a）

趾　zhǐ

趾　～立，音止，正作址。（ZD59-675c）按："～立"，對應佛經作"趾立"。《等目菩薩所問三昧經》卷3："菩薩大士以普賢菩薩之行修立誓願，菩薩之定，衆寶玫莊，以菩薩七體之藏而以趾立，從身放諸焰網明，擊法鈴以顯法幡。"（T10，p590c2）可洪以"～立"之"～"同"址"，恐誤。

趾　基～，音止。（ZD60-412c）

趾　平～，音止。（ZD60-181a）

硳　zhǐ

硳　刃～，音紙，礪也，漢人呼刨刀爲挖礪也，正作砥也，《內典錄》作砥字也。（ZD60-328c）按："～"，對應佛經作"砥"。《歷代三寶紀》卷11："所以鏡瑩轉明，刀砥彌利，渧聚爲海，塵積成山，世世習而踰增，生生學而益廣。"（T49，p97b）

撠③　zhǐ/zhì

撠　一～，貞里反。（ZD59-794c）按："～"，用作譯音字。

揶　質～，上至日反，下竹几反。（ZD59-629a）按："～"乃"撠"，譯音字。

撠　揵～，宜作傁、緻，直利反，又陟里、陟利二反，非用。（ZD59-737a）按："～"，用爲譯音字。

撠　喇～，陟利反。（ZD59-720c）按："～"，用爲譯音字。

至　zhì

至　～處，旨利反，到也，正作至。（ZD59-971b）

---

① 又見"硳""砥"字條。
② 又見"紙"字條。
③ 又見"揶"字條。

埑
～境,上音至,到也,
又田結反,惧,如理
作意～境相續是也。
(ZD60-144b)按:"～",經
文作"至"。

亜
華～,之利反,到也,
正作至。(ZD59-
847a)

怾　zhì

怾
～忟,之義反,害也,
下眉殞反,傷也,謂
無惡言傷人也,下正作閔
也,下又郭氏音拉,非也。
(ZD59-672b)

厔　zhì

厔
蟄～,上陟由反,下
知栗反。(ZD60-
483c)

帙①　zhì

褻
衺
帙
扶
部 ～,丈一反。
(ZD60-341a)
上 ～,直一反。
(ZD60-338c)
扇 ～,同上(帙)。
(ZD60-110a)
扇 ～,仗一反。
(ZD60-110a)

制②　zhì

削
～不,之世反,禁也,
正作 制。(ZD59-
676c)

削
剬
剬
～戒,上之世反,禁
也,正作制。(ZD59-
1108c)
抑～,於力反,下之
世反。(ZD59-677b)
得～,之世反也,正
作 制 也。(ZD59-
642c)

炙　zhì

炙
炙
光～,之釋反,正作
炙。(ZD60-166b)
揩～,上口皆反,下
之 石 反。(ZD59-
912b)

怢　zhì

怢
怢
扇 ～,直 日 反。
(ZD60-138c) 按:
"～"乃"帙"字。
緗 ～,上息羊反。
(ZD60-574a) 按:
"～"乃"帙"字。《廣弘明
集》卷20:"降意韋編,留神
緗帙。"(T52,p243a)

挃③　zhì

挃
挃
～腹,知栗反,正作
挃。(ZD59-855b)
～揎,上之日反,下
古沃反,粗械也,正
作桎梏也。(ZD59-594b)
按:"～"乃"桎"。

峙④　zhì

峙
峙
安～,直里反,立也,
正也,正作峙。
(ZD59-653b)

活⑤　zhì

活
活
～道,上正作治,持、
值二音,理也,正也。
(ZD60-529c)按:"～"乃
"治"字,詳見本書中篇"活"
字條。

袟　zhì

袟
多 ～,直一反。
(ZD59-640a)

陟　zhì

陟
陟
捷～,上音軋,馬名。
(ZD59-622a)

致　zhì

致
致
致
拔 ～,上蒲末反。
(ZD59-580c)
三拔 ～,中音跋。
(ZD59-578a)
獲 ～,户麥反。
(ZD59-673b)

---

① 又見"袟""袟""袞""袠"
字條。
② 又見"揣""剬"字條。
③ 又見"窒"字條。
④ 又見"峙"字條。
⑤ 又見"珆"字條。

致

致 ～猜，此才反，疑也。（ZD60-318b）

致 箕～，居之反。（ZD59-796a）

致 招～，旨摇反。（ZD59-670b）

秩 zhì

袟 官～，直一反，次也，官之次也，正作秩。（ZD59-558b）

袟 zhì

袟 扇～，直日反。（ZD60-110a）按："～"乃"袟"。

袟 合～，直一反。（ZD60-374c）按："～"乃"袟"。

塇 zhì

坼 ～脱，上直爾反，参兒也，落也，毁也，正作鉥、褫（褫）、陊、陀四形。（ZD60-424b）按："～"即"塇"，與"褫"同，詳見本書中篇"坼"字條。

剒 zhì

剒 ～我，上之世反，正作制。（ZD59-1113a）按："～"乃"制"。

侍 zhì

侍 储～，上直余反，下直里反。（ZD60-231a）

侍 储～，直耳反。（ZD60-386a）

侍 储～，直里反。（ZD60-354a）

衺 zhì

寋 部～，音袟。（ZD60-58b）按："～"，從形體看，乃"衺"，同"袟"。

襄 部～，直一反。（ZD59-588c）按："～"即"衺"，與"袟"同。

褻 苔～，上徒來反，下直一反。（ZD59-589b）

衺 部～，直一反，正作衺。（ZD60-463b）

衺 巾～，陳一反。（ZD59-959a）

衺 數～，直質反，書幪也，正作帙、衺二形也。（ZD60-497b）按："～"乃"帙"字，詳見本書中篇"衺"字條。

衺 負～，音袟。（ZD60-494a）按："～"乃"帙"字，詳見本書中篇"衺"字條。

衺 ～帝，直一反。（ZD59-703c）

袲 zhì

盗～，音袟。（ZD60-510c）

竚 zhì

竚 ～金，上直里反，正作峙。（ZD60-174a）按："～"乃"峙（峙）"，經文作"峙"或"峙"，詳見本書中篇"竚"字條。

掋 zhì

掋 ～皮，上丑爾、直爾二反，正作褫。（ZD60-164c）按："～"即"掋"，與"攡""褫"同。

掋 ～皮，上直爾、丑爾二反，奪也。（ZD60-164a）按："～"即"掋"，與"攡""褫"同。

貏 ～落，直爾反，散也，落也，毁也。（ZD59-710b）按："～"即"掋"，與"攡""褫"同。

蛭① zhì

蝃 蛛～，上陟朱反，下陟利反。《經音義》作蛛蜘，應和尚未詳，又《川音》云：檢《集》本作蛛蛭，丁悉、丁結二反，未委是何本《集》也。（ZD60-290b）按："～"同"蛭"，用作譯音字。《陀羅尼雜集》卷7："睒浮

———

① 又見"舓蝃""蜩"字條。

羅囊敦囊，蛛蛭咶哦。"
(T21, p617b)"蛭"，元、明本作"蜮"。

蜓　作～，之日、丁結二反，水～，虫也，正作蛭，又竹栗反，螻蛄也，非用。(ZD59-1063c)

蛭　中～，之日反，水中～虫也。(ZD59-747b)

蛭　～蟬，上之日反，下常演反，正作鱓。(ZD60-2a)

智　zhì

猣　正～，音智。(ZD60-102c)

敠　zhì

倁　提～，直利反。(ZD59-979a)

裘　zhì

裘　裹～，古火反，下陳日反。(ZD59-754b)按："～"同"裘"。

裘　阿～，直一反。(ZD59-637c)按："～"同"裘"。

巍　zhì

巍　驢～，直例反。(ZD59-1047b)

羿　腈～，竹魚反，下直利反，豕也，関東謂猪爲～也，正作巍也，上方經作巍是也。(ZD59-707a)按："～"乃"巍"，詳見本書中篇"羿"字條。

巍　犬～，直例反，猪別名，正作巍。(ZD60-585a)按："～"乃"巍"，詳見本書中篇"巍"字條。

塩　zhì

垝　～落，上直爾反，落也，參差也，正作陀、褫、侻三形。(ZD59-560b)按："～"即"塩"，與"褫""阤"同。

埀　～落，上直爾反。(ZD59-566c)

埿　～落，上直爾反，落也，參差也，正作陀、侻、褫三形也，悞。(ZD59-556b)

埇　～落，上直爾反，落也，參差也。(ZD59-563c)

噈　zhì

噈　題～，音致，第四卷亦作頭噈，《經音義》作題跢而不切。(ZD60-290c)按："～"即"噈"，譯音字，與"致"音同。《陀羅尼雜集》卷7："居題噈叉哦。"(T21, p617c)

噈　師～，音致。(ZD59-746a)按："～"即"噈"，譯音字，與"致"音同。《大雲經請雨品第六十四》卷1："毘摩嵐伽耶師噈(六)。"(T19, p510b)

噈　～叉，上音致，出郭氏。(ZD60-285c)按："～"即"噈"，譯音字，與"致"音同。《陀羅尼雜集》卷4："摩利之婆羅居頭噈叉哦菴蒲利噉闍。"(T21, p599b)

恵　zhì

恵　從～，音致。(ZD60-363b)

踌　zhì

踌　停～，下直耳反。(ZD59-1038a)

踌　儲～，直里反，待也，儲也，正作待、踌二形。(ZD59-1036c)

待　儲踌，直里反，待也，儲也，正作～、踌二形。(ZD59-1036c)按："～"，即"踌"字，儲備、儲藏。《善生子經》卷1："一分供衣食，二爲本求利，藏一爲儲踌，厄時可救之。"(T01, p254c)"踌"，宋、元、明本作"侍"。

置　zhì

置　安～，知利反。(ZD59-716c)

徙 ～，斯此反。
(ZD59-656c)

～心，上陟利反，正
作置。(ZD60-60a)

～塔，知利反。
(ZD59-959b)

安～，知利反。
(ZD59-720a)

聶～，上奴協反，下
知利反，正作淰置
也。(ZD60-79c)

～肩，上陟利反。
(ZD60-78c)

～是，上陟利反，正
作置。(ZD59-576b)

～右，同上，正作置。
(ZD60-165c)

若～，陟利反。
(ZD60-158a)

～金，知利反，正作
置。(ZD59-761c)
按："～"乃"置"字，詳見本
書中篇"亘"字條。

～以，知利反。
(ZD59-673b)

～情，上知利反。
(ZD60-452a)

住～，音置。(ZD59-
580b)

寬～，苦官反，下知
利反。(ZD59-912a)

跳～，徒聊反，躍也，
宜作挑，徒了反，擲
也。(ZD59-736b)

～瓶，知利反。
(ZD59-951c)

～是，上音置。
(ZD59-583a)

脫～，上他活反，下
陟利反。(ZD60-
277b)

～一本，上音置，安
也，書人悮分爲～一
兩字也，云若～一本處。
(ZD60-57c)

～師，知記反，委也。
(ZD59-668b)

～是，上陟吏反，委
也，釋也。(ZD59-
583a)

窴① zhì

～兔，直几反，正作
窴，下他故反，正兔
也。(ZD59-741a)

冈～，直旨反。
(ZD59-714b)

失～，上音扶，正作
夫，下直履反。
(ZD60-560b)

～雞，上持履反，下
吉兮反。(ZD59-
1061b)

箈 zhì

～直，上之日反。
(ZD59-997a)

之～，音質。(ZD59-
587c)

寘 zhì

～中，上音置，搋也，
設也，亦作置也。

(ZD59-612b)

亶 / 眞

～懷，之義反，止也，
置也。(ZD59-794a)

～懷，上之義反。
(ZD59-585c)

橔 zhì

瑟～，知利反，又上
聲。(ZD59-754b)

寘② zhì

絲～，音致，正作寘。
(ZD60-379c)

蝲 zhì

蛛～，上竹朱反，下
竹利反。(ZD60-
388b)按：《陀羅尼雜集》卷
7："蛛蛭哸哦。"(T21,
p617b)"蛭"，元、明本作
"蝲"。"～"，經文作"蛭"
或"蝲"。"～"與"蛭"
"蝲"同，經中作譯音字。

釋 zhì

密～，直利反。
(ZD59-956a)按："密
～"即"密緻"。"～"乃
"釋"，通"緻"。

―――――
① 又見"鵃"字條。
② 又見"惠"字條。

摯　zhì

摯
～虫，上之利反。
（ZD60-363c）

質①　zhì

箕
～直，之日反，下持
力反，正作質直。
（ZD59-728b）

箕
～直，之日反。
（ZD59-646a）

質
～兒，莫孝反，又
音遷，悮。（ZD60-
484b）

踬　zhì

踬
～，之一反。（ZD59-
622a）

銍　zhì

銍
碑～，音志，記也，正
作誌也。（ZD60-
499b）

褫②　zhì

褋
頽～，上徒迴反，
下直爾反。（ZD60-
465b）按："～"即"褫"，與
"阤""陊"同。

褫
～，直爾反，落也，岸
也。（ZD60-498a）

褫
～照，上直爾反，落
也，又音斯，福。

（ZD60-426c）按："～"乃
"褫"。

彲
褋
～落，上直爾反。
（ZD59-1054b）

～落，直爾反，落也，
毀也，正作褫、陀。
（ZD59-849a）

埵
～落，直爾反。
（ZD60-254a）

褋
～落，直爾反，毀也，
正作陊、陀、褫三形。
（ZD59-702c）

絺
悐～，池爾反。
（ZD59-813b）

褫
遏～，上烏割反，下
湯里反。（ZD60-
167a）按："～"，經文爲
"褫"，經文自切"湯里反"或
"除里反"。

褫
～絙，上他里反，下
古恒反。（ZD60-
167a)按："～"，經文爲"褫"。

褋
～魄，音斯，福也，又
直爾、丑爾二反。
（ZD59-869c)按："～"，經文
爲"褫"，可洪音"斯"，蓋以
爲"褫"，不妥。

擳　zhì

擳
持～，阻瑟反。
（ZD60-272a）按：
"～"，經文作"櫛"。

鵳　zhì

鵳
烏～，直爾反，正作
雉也。（ZD59-605a）

按："烏～"，對應佛經作"烏
雉"。《大方廣三戒經》卷
1："有無量衆鳥，所謂孔雀、
鸚鵡、鸜鵒、命命、鶬鵙、鳧
鴈、鴛鴦、鵝鴨、黑鴈、山雞、
鷴雞、烏雉、鳩鴿、雕鷲、雀、
遮沙，如是衆鳥依止而住。"
（T11，p687a）"～"即"雉
（鵳）"之訛。

鵳
～六，上直几反，正
作雉。（ZD60-282a）
按："～"乃"雉"字，詳見本
書中篇"鵳"字條。

癥　zhì

癗
～下，上陟例反，赤
白痢也，正作癥也。
（ZD59-611b）按："～"即
"癥"。

敱　zhì

敱
蛛蜤，上竹朱反，下
竹利反，經本作豬
～。（ZD60-388b）按："蛛
蜤""豬～"又作"蛛蛭"。

緻　zhì

緻
細～，直利反。
（ZD59-730a）

緻
～膩，直利反，下尼
利反。（ZD59-715a）

緻
密～，直利反。
（ZD59-662b）

---

① 又見"貭""暩""讀"字條。
② 又見"捫""埖""塒"字條。

密～,眉筆反,下直利反。(ZD59-743b)

～密,池利反,稠也。(ZD59-728a)

細～,直利反。(ZD60-80b)

伊～,直利反。(ZD59-799b)

密～,直利反。(ZD59-834a)

空～,直利反。(ZD59-820c)

～密,直利反。(ZD59-638a)

～柅,猪履反,下女爾反。(ZD59-703c)

比～,上音毗,下直利反,密也,正作緻也。(ZD60-214b)按:"～"乃"緻"字,詳見本書中篇"擢"字條。

擲① zhì

杁(打)～,持石反,正作擲。(ZD59-960a)

～鉢,上持隻反,正作擲。(ZD60-425b)按:"～"即"擲",詳見本書中篇"㨃"字條。

～石,上池隻反,《經音義》作拍石。(ZD60-41c)

櫛② zhì

～批(枇),上阻瑟反,下毗利反,並梳異名。(ZD60-462b)

假～,阻瑟反。(ZD60-300c)

～梳(梳),上阻瑟反,下所魚反。(ZD59-1021b)

巾～,居銀反,冠幘之類也。(ZD59-768c)

瞰 zhì

～物,音致,典也,正作質。(ZD59-900b)

跦 zhì

題～,音致,經本作踶,又或作跮、誃,二同丑利反,應和尚未詳。(ZD60-388b)按:"～",經文作踶,皆譯音字。《一切經音義》卷20:"題踶。"(C057,p53b)《陀羅尼雜集》卷7:"居題踶叉哦。"(T21,p617c)

脩～,息由反,下陟利反。(ZD59-637c)

禩③ zhì

揳～,上巨焉反,下直利反。(ZD60-124b)

密～,直利反。(ZD59-956a)

而～,直利反。(ZD59-907a)

者～,直利反。(ZD59-746c)

青～,直利反。(ZD59-957b)

稺 zhì

皆～,直利反。(ZD60-214b)按:《修行道地經》卷3:"遙見鐵樹葉,枝柯甚高遠,利刺生皆鋸,或上或向下。"(T15,p203b)"鋸",宋、宮本作"稚",元、明本作"錐"。從形體看,"～"同"禩(稚)",經文中通"錐"。

稠～,直利反。(ZD59-916a)按:"稠～"之"～",即"禩(稚)",通"緻"。

價 zhì

～提,上之日反,郭氏音貿,應和尚未詳。(ZD60-362c)

～浪,上陟利、之日二反,止也,正作憒也。四本經音及上方本並作價也。(ZD60-597c)

～提,上之口反。(ZD59-672c)

---

① 又見"摘""橘"字條。

② 又見"擳"字條。

③ 又見"禪""稺""稺"字條。

攧 zhì

攧　鈇鑕,上音夫,斧也,下音質,椹也,下正作～也。(ZD59-1057b)按:"～"乃"欖"。《紹興重雕大藏音》卷1:"攧,鑕正,質音。"(C059, p513a)

攧　～椹,知林反。(ZD60-357b)按:"～"乃"欖"。

攧　～椹,知林反。(ZD60-371a)按:"～"乃"欖"。

樀 zhì

樀　～幽,上音擲,振也,投也,又剔、摘二音。(ZD60-314c)按:"～"乃"摘",經文作"摘"。

罬 zhì

罬　須～,音滯,直世反。《大樓炭經》作須嚏,《應和尚音義》作嚏,同,音帝,並正作蹄也,郭逐音武,非。(ZD59-580c)

蹢 zhì

蹢　多律～,音智,正作𫝑也,又《經音義》以跔字替之,直知反,又《江西音》作竹里反,又《川音》以此句多律爲詀字切脚,謬甚也。(ZD60-295a)按:

《陀羅尼雜集》卷10:"多律蹢,豆律蹢。"(T21, p636b)"蹢",宋、元、明本作"跔"。"蹢"同"跔",用作譯音字。

蹢　作～,音智,正作𫝑也,應和尚以跔替之,直知反。(ZD60-388c)按:"蹢"同"跔",用作譯音字。

碩 zhì

碩　作～,音致,見藏作躓也,又之日反,柱下石也。(ZD60-371a)

稺 zhì

稺　～耶,直利反。(ZD59-841b)按:"～"即"稈(稺)",用作譯音字。《五千五百佛名神咒除障滅罪經》卷4:"那毘稺耶帝多寫(一百四十)。"(T14, p337a)

蠎 zhì

蠎　～虫,上之日反。(ZD59-1116a)按:"～"乃"蛭"。

蠎　作～,之日反。(ZD60-375b)

鷙 zhì

鷙　～獸,上之利反。(ZD60-472c)

軹 zhì

軹　頓～,音致。(ZD60-196a)按:《出曜經》卷12:"吾常由此經過,亦無艱難,今日何爲有此躓頓?"(T04, p672c)

軹　頓～,音致。(ZD60-194c)按:"～"同"躓",詳見本書中篇"頓"字條。

躓 zhì

躓　仆～,下丁日反。(ZD59-725c)

讀　～礙,陟利、之日二反,礙也,止也,正作懫。(ZD59-725c)按:"～礙",對應佛經作"諸礙"或"躓礙"。《佛說道神足無極變化經》卷1:"爲一切說法,而無有諸礙。"(T17, p803a)"諸",宋、元、明、宮本作"躓"。從形體看,"～"即"讀",但非經意。經文中,"～"乃"躓"之訛。

躓　～頓,上陟利反。(ZD59-583c)

讀 zhì

讀　作～,與質同,俗字也。(ZD60-360b)按:《一切經音義》卷7:"質疑,之逸反。《廣雅》質,問也,經文從言作讀,非也。"

(C056，p929c)

鑕　zhì

鑕　鈇～，上音夫，斧也，下音質，椹也，下正作鑕也。（ZD59-1057b）

鑕　作～，之日反，斧也。（ZD60-371a）

伀　zhōng

伀　～～，音鍾。（ZD59-607b）

伀　征～，上之盈反，下之龍反。（ZD59-1022a）

忪①　zhōng

忪　征～，上之盈反，下之龍反。（ZD59-606a）按："征～"，又作"征伀""征忪"。

妐　zhōng

妐　～姑，之容反，下古乎反。（ZD59-820a）

癸　zhōng

癸　臨～，音終。（ZD59-661a）

癸　命～，音終。（ZD59-586a）

癸　～殁，之隆反，下莫骨反。（ZD59-938b）

命～，音終。（ZD59-571c）

衷　zhōng／zhòng

衷衷衷衮衮　居～，音中。（ZD60-464a）

神～，陟隆反。（ZD60-573c）

乖～，音中。（ZD60-554a）

得～，中仲反。（ZD59-959c）

得～，知仲反，半也，平也，正作中。（ZD59-1015a）

終②　zhōng

癸癸　便～，音終。（ZD59-687b）

～殁，諸弓反，下莫忽反。（ZD59-663b）

蝩　zhōng

蝩蝩蝩　火～，音鍾，螽類。（ZD60-145a）

曰～，音鍾。（ZD60-363a）

簸～，上跛、播二音。（ZD60-399a）

螽　zhōng

螽　～蝗，上音終，下音皇。（ZD59-1089c）

塚　zhǒng

塚　樂～，五孝反，下知勇反，下正作塚、冢二形。（ZD59-822a）

塚　軻藍～，苦何反，中郎甘反，下知勇反。（ZD59-638a）

冢　～間，上知勇反。（ZD59-623a）

塚　汲～，上居立反，下知勇反。（ZD60-514c）

塚　就～，知勇反，正作塚。（ZD60-511c）

塚　～埌，知勇反，下郎宕反。（ZD59-705c）

塚　至～，知勇反，墓～也，悞。（ZD59-959b）

墅　安～，陟勇反。（ZD60-331a）

種　zhǒng

種　杅～，上許有反，腐也，正作朽也，下之勇反，此譬聲聞不生無上道茅也。（ZD60-313a）按："～"乃"種"。《出三藏記集》卷7："至德莫大乎貢人，而比之朽種。"（T55，p47a）

———

① 又見"伀"字條。
② 又見"癸"字條。

腄　zhǒng

腄
腄
　摩～，音腄。（ZD60-
407c）

　～道，上之隴反。
（ZD60-485c）按：
"～"，經文作"腄"或"腫"。
根據文義，"～"應爲"腄"，
與"踵"同。

腫①　zhǒng

腫
　癰～，上於容反，下
之勇反，正作腫也。
（ZD60-120c）

種②　zhǒng/zhòng

橦
　牙～，直絳反。
（ZD59-740b）按：
"～"，經文作"種""渾"或
"橦"。根據文意，應爲
"種"，可洪音"直絳反"，
不妥。

穌
種
　～莎，上之用反。
（ZD60-496a）

　耕～，上古萌反。
（ZD60-272b）

瘇　zhǒng

瘇
　生～，之勇反，正作
腫也，《江西音》休云
反，非也。（ZD60-209a）
按："～"同"腫"。

衆　zhòng

衆
　～竅，苦叫反。
（ZD59-566c）

尰③　zhòng

尰
　～血，上時勇反。
（ZD60-82a）

尫　zhòng

尫
　且～，時勇反，腫也，
南地多有也。（ZD60-
409b）按："～"同"尰"。《大
唐西域記》卷4："人貌麁
弊，既瘦且尫，性剛猛。"
（T51, p890a）

慃　zhòng

慃
　～，直勇反，遲也，謂
遲遲心不決也。又
《經音義》作憧，以松字替
之，心動皃也。憧，尺容反，
往來皃也。慃、憧、松三呼，
並通。（ZD60-275a）按：
《經律異相》卷31："母時採
果，中心慃慃，仰看蒼天，不
覩雲雨。"（T53, p166a）"慃
慃"，宋、元、明本作"松松"，
宮本作"憧憧"。

慃
　～～，直勇反，遲也，
應和尚以憧替之，昌
鍾反，意不定也，往來皃也。
（ZD59-764a）

　作～，直勇反，謂意
遲遲也。（ZD60-
388c）

瘇　zhòng

瘇
　瘻～，於郢反，下時
勇反。（ZD59-848a）
按："～"同"瘇"。

瘇
　瘻～，下常腫反，足
腫病也，亦作尰也。
（ZD59-591c）

尰　zhòng

尰
　作～，經作增，亦作
譄，子登反，加也，又
依字竹用反，應和尚以動字
替之，非也。（ZD60-356b）
按："～"，可洪以爲"譄"，玄
應以爲"動"。《大方等陀羅
尼經》卷1："更以已意，增
他瞋恚，敗他命根。"（T21,
p645c）根據經文，"～"應爲
"譄（增）"。

舟　zhōu

舟
　坏～，普灰反。
（ZD59-765c）

俲　zhōu

俲
　～張，上知流反，誑
也，正作俲。（ZD60-

① 又見"瘇"字條。
② 又見"種"字條。
③ 又見"尫""瘇"字條。

228c)

惆　zhōu

惆　～憛，上之由反，下之羊反，上正作周，上又丑由、去愁二反，非也，惧。（ZD59-1065c）按：“～憛”同“周章”。《正法念處經》卷16：“常患飢渴，焚燒其身，走於曠野嶮難之處，惆憛求水，困不能得。”（T17，p94c）

輈[1]　zhōu

輈　～張，張流反，誑也，正作譸也。（ZD59-846c）

輈　～張，上陟由反。（ZD60-416c）

輈　～陁，竹由反，正作輈，《開元樓藏》作輈，郭氏作之然反，應師未詳。（ZD59-749c）按：“～”乃“輈”，譯音字。

輈　～吒，竹由反，從車、從舟，傳寫久悞。（ZD59-750b）按：“～”乃“輈”，譯音字。

睭　zhōu

睭　～行，上之由反。（ZD60-526b）按：“～”乃“睭”，詳見本書中篇“睭”字條。

睭[2]　zhōu

睭　曰～，之由反，瞻救也。（ZD60-350b）

螯　zhōu

螯　終～，知流反，水曲爲螯。（ZD59-589a）

螯　～屋，上陟由反。（ZD60-483c）

鞧　zhōu

鞧　～吒，上竹由反，正作輈也，郭氏作之然反，非也，應和尚未詳。（ZD60-354c）

鞧　～吒，同上，應師未詳。（ZD59-749c）按：“～”乃“輈”，譯音字。《佛説灌頂經》卷2：“神王女鳩蘭鞧吒羅子字結明誓。”（T21，p500c）

粙　zhōu

粙　～翅，之六反，下吉以反，《咒王經》作祝計、目計，《孔雀明王經》作鏃計，郭氏作美爲反，非也。（ZD59-796c）按：“～”，經文作“粥”或“粙”，用作譯音字。

軸　zhóu

軸　關～，古還反，下直六反。（ZD59-708b）按：“～”，對應佛經作“軸”。《正法華經》卷6：“譬如開於大國城門，而以管籥去其關軸，內外無礙。”（T09，p103c）“～”同“軸”。

幒[3]　zhǒu

幒　～迦，之手反。（ZD59-652b）

幒　掃～，之酉反。（ZD60-34b）按：“～”乃“箒”。

箒　zhǒu

箒　箕～，居其反，下周酉反。（ZD59-763a）

箒　蒲～，之酉反。（ZD59-723a）

伷　zhòu

伷　司馬～，丈右反。（ZD60-325c）

伷　并～，直右反，系也，又合是油。（ZD60-443a）

---

[1]　又見“鞧”字條。
[2]　又見“睭”字條。
[3]　又見“箒”字條。

抌　zhòu

抌 ～術,上咒、粥二音。（ZD60-431a）按：《大唐大慈恩寺三藏法師傳》卷1："至於禪戒咒術,厥趣萬途,而減惑利生,其歸一揆。"（T50,p220c）"咒",甲本作"祝"。從形體看,"～"即"祝",通"咒"。

冑① zhòu

冑 甲 ～,直右反。（ZD59-688c）

冑 求 ～,直右反。（ZD59-746a）

冑 藉～,疾亦反,族也,下直右反,胤也。（ZD59-692b）

冑 ～胤,直右反,下以刀反。（ZD59-640c）

冑 甲 ～,紬右反。（ZD59-662a）

冑 甲～,丈右反,正作冑。（ZD59-863c）

鈾 鉀～,上古狎反,下丈右反。（ZD60-87b）

祝② zhòu/zhù

祝 ～熇,上音咒,下苦老反,枯也,乾也,正作槁、熇二形,又火各反,非。（ZD59-1047b）按：

"～",經文作"咒"。

祝 祝 ～,之六反。（ZD60-362b）

畫　zhòu

畫 ～ ～,竹右反。（ZD59-741b）

絟③ zhòu

絽 作～,音皺。（ZD60-361a）按："～"即"絟(縐)"。

絽 蹙～,上子六反,下爭瘦反。（ZD60-382a）按："～"即"絟(縐)"。

綷
zhòu/zhǔ/zhù

綷 傑～,上音竭,下直有反,正作桀紂也。（ZD60-518a）按："～"乃"紂"。

綷 ～莛,上竹與反,正作褚、衭二形也。（ZD59-1121a）按："～"乃"衭"。

綷 爲～,直與反,正作紵。（ZD59-999a）按："～"乃"紵"。

氋　zhòu

氋 欄～,側瘦反。（ZD60-509a）

鈾　zhòu

鈾 作 ～,直右反。（ZD60-379a）按："～"乃"冑"字。

膭　zhòu

膭 肌～,上居夷反,下側瘦反,褔也,皮不伸也,縮也,正作皺也,下又郭氏作乙在反,非也。（ZD59-986a）按："～",從字形看,即"膭"字。"膭",《廣韻》"臆也",放於經文不合,應當另有所指。《長阿含經》卷19："汝在人中時,頗見老人頭白齒落,目視矓矓,皮緩肌膭,傴脊柱杖,呻吟而行,身體戰掉,氣力衰微,見此人不?"（T01,p126b）"肌膭"之"膭",疑爲"皺"之訛,可洪之説是。宋、元、明本《長阿含經》作"肌皺"。

膒　zhòu

膒 肌 ～,側瘦反。（ZD60-282b）按："～"即"膭",在《廣韻》中與"皺"音同,今經文作"皺"。《經律異相》卷49："汝在人

---

① 又見"鈾"字條。
② 又見"抌"字條。
③ 又見"縐"字條。

中,見頭白齒落,目視矇矇,皮緩肌皺,傴脊拄杖,呻吟而行,見此人不?"(T53,p258c)

瘶　zhòu

瘶　面㿲,側瘦反,皮緩也,縮也,正作皺、㿲、腊、～四形。(ZD59-763c)按:"～"在《廣韻》中與"皺"音同。

皺①　zhòu

醜　面～,爭瘦反,襧也,皮緩也,正作皷、皷、腊四形也。(ZD59-980b)按:"～"乃"皺",詳見本書中篇"醜"字條。

皷　用～,余訟反,下側瘦反,《經音義》作面縐。(ZD59-691b)

雛　～眉,音皺,悮。(ZD59-798b)

皷　～眉,上側瘦反。(ZD59-602a)

皷　面～,爭救反。(ZD59-730a)

腊　面㿲,側瘦反,皮緩也,縮也,正作皺、～、瘶四形。(ZD59-763c)按:"～"乃"腊",在《廣韻》中與"皺"音同,可洪以爲異體。

皺　垂～,側瘦反,皮緩兒。(ZD59-604b)

皷　面～,側救反。(ZD59-921b)

皷　面～,側右反。(ZD59-700b)

皷　億～,阻瘦反。(ZD59-596c)

腊　面㿲,側瘦反,皮緩也,縮也,正作皺、～、腊、瘶四形。(ZD59-763c)

皷　無～,側瘦反。(ZD59-998a)

皷　面～,側瘦反。(ZD59-593c)

皷　面～,側瘦反,皮緩也,縮也,正作皺、～、腊、瘶四形。(ZD59-763c)

皷　面～,側右反。(ZD59-626a)

皷　面～,側瘦反。(ZD59-661c)

皷　面～,側右反。(ZD59-770a)

～赦,側瘦反,下女板反,乾瘦也,正作㿲醀。(ZD59-697b)

㿲　有～,阻瘦反。(ZD60-217b)

麮　～㿲,上阻瘦反,下所六反,上又或作縐,子六反。(ZD60-376b)按:"～"同"皺"。

麮　～䐈,上阻瘦反,下所六反,衣不伸兒也,蹙也,皮緩也,正作絠縮,亦作皺趤也,第七卷作皺縮也,上又或作縐,子六

反,《經音義》作皷㿲,應和尚以皺枘替之。枘,女六反,韻無此呼。(ZD59-1104c)按:《摩訶僧祇律》卷4:"豎耳皷㿲面,噍喋怖童子,坐自生罪累,不久失利養。"(T22,p258c)"皷㿲",宋、元、明、宮本作"蹙皺",聖本作"皺肕"。可洪以"～"爲"皺"。

腊　多～,側瘦反。(ZD60-224c)

籀②　zhòu

籀　積～,直又反。(ZD60-575a)

籀　式～,直又反,周宣王太史名也,造篆書,亦作籀。(ZD60-567b)

籀　～文作陳叙,上一直右反,下二疾井反。(ZD60-404b)

籀　～文,上直右反,正作籀。(ZD60-400a)

籒　zhòu

籒　～文,上直又反,周宣王太史名。(ZD60-351a)按:"～"乃"籀",同"籀"。

籒　篆～,上甫奔反,下直右反,周宣王太史名,造大篆。(ZD60-570b)

――――

① 又見"膓""腊"字條。

② 又見"籀"字條。

驟　zhòu

驟
騼
步～，助右反。
(ZD59-958b)

馳～，助右反。
(ZD59-991a)

茮　zhū

茮
～萸，上音殊，下音
逾。（ZD60-474b）
按：“～”乃“茱”。

邾　zhū

邾
～文，上音殊，下音
父，上正作邾。
(ZD60-562c)按：“～”，可洪
以爲“邾”字，詳見本書中篇
“邾”字條。

咮　zhū

哮
文～，音朱，正作咮，
又朱季反，勘同本別
譯經作頪朱帝，郭氏音季，
非。(ZD60-387c)

洙　zhū

洙
～濟，上市朱反，
下子禮反。(ZD60-
480b)

珠　zhū

珠
～琲，步罪反。
(ZD60-599a)

株　zhū

㮨
大～，竹朱反，正作
株。(ZD59-580b)

猪①　zhū

睹
鹿～，竹魚反，悮。
(ZD60-120b)

楮
作～，竹魚反，正作
猪也，又丑與反，悮。
(ZD60-310a)

腤
畜～，竹魚反。
(ZD59-900c)

䐗
與猪，陟魚反，別
本作～者，非也。
(ZD60-215c)

猪
如～，竹魚反。
(ZD60-208c)

蛛②　zhū

蛛
蜘～，上音知，下音
株。(ZD60-523b)

䟻　zhū

䟻
蛛蜽，上竹朱反，下
竹利反，經本作～
敊。(ZD60-388b）按：《字
彙補·舌部》：“䟻，支輪切，
音朱。義闕。”“䟻”乃“蛛”
字之訛。

腤　zhū

腤
雞～，吉兮反，下竹
魚反。(ZD59-685b)

跦　zhū

跦
踟～，上阼池反，下
阼朱反，虫名也，正
作蜘蛛也。(ZD60-196b)

豬　zhū

豩
豪～，陟魚反。
(ZD60-164a)

豬
～兔，上竹魚反，下
他故反。（ZD59-
1071c)

豬　zhū

豬
牡～，上正牝，毗忍
反，雌也，下竹魚
反，上又音母，雄也，非。
(ZD59-1064a）按：“～”同
“豬(猪)”。

鶶　zhū

鶶
鴻猪，上胡公反，潰
也，爛也，正作洰、
洪、仜三形也，諸經洪爛，字
作洪字是也，此中經意謂此
人遭其榜笞，身上破損猶如
爛猪也。《川音》作鴻～，下
音猪。《說文》云鴻，爛也。
《江西音》作鶶，音支，非
也。《經音義》作鴟猪，上尺
脂反，非也。《說文》元本是
鴻鶶字，有改作廁猪字者，

---

① 又見“腤”“豬”“鶶”字條。
② 又見“跦”“䟻”字條。

非也。（ZD60-215b）按："～"乃"猪"字。

諸　zhū

藷　～柘，上之余反，下之夜反。（ZD60-358b）

蝫　zhū

蝫　蜘～，音知，下音株。（ZD59-793a）按："蜘～"即"蜘蛛"。其中"蝫"乃"蛛"字。《維摩經玄疏》卷5："乃至黄蜂作蜜，蜘蝫作網，皆不可思議。"（T38, p551b）《淨名經關中釋抄》卷1："乃至世間伎術如蜂作蜜，蜘蝫結網，亦非愚者所惻，豈名不思議?"（T85, p505b）"蝫"，甲本作"蛛"。

礑　zhū

礑　礑～，上古衔反，下之余反。（ZD60-364a）

蠩　zhū

蠩　蟾～，上音贍，下音諸。（ZD60-370a）

术①　zhú

术　～松，上直律反。（ZD60-483b）

竹　zhú

𥧔　～帛，上知六反，正作竹也，簡也。（ZD59-708c）

竹　～林，猪六反，正作竹。（ZD59-912c）

茉　zhú

茉　芝～，上音之，下直律反。（ZD60-528a）

竺②　zhú

笁　天～，音竹。（ZD59-651b）

竺　zhú

笁　兩～，音竹，兩竺一支是三箇僧名。（ZD60-329c）按："～"乃"竺"。

逐　zhú

逐　隨～，丈六反。（ZD59-966b）

逐　常～，直六反。（ZD59-919b）

逐　遂～，直六反。（ZD59-906c）

逐　隨～，直六反。（ZD59-843a）按："～"乃"逐"字，另見本書中篇"遂"字條。

主～，直六反。（ZD59-750b）

逐　～蜜，直六反，下夫問反。（ZD59-741a）

逐　隨～，直六反，正作逐。（ZD59-654b）

逐　～之，上直六反。（ZD59-577a）

窋　zhú

窋　囉～，丁律反。（ZD59-780b）

筑　zhú

筑　擊～，音竹。（ZD59-804b）

筑　一～，知六反。（ZD59-914a）

筑　絲～，音竹。（ZD60-15b）

瘃　zhú

劅　～創夷，知玉反，寒瘡也，中初莊反，下作痍，羊脂反，上正作瘃也，《論》云凍瘃創痍。（ZD59-954c）按："～創夷"，對應佛經作"剥創夷"或"剜瘡痍""剗瘡痍"。《十住毘婆沙論》卷1："肌肉墮落，猶如冬葉，凍剥創夷，膿血流出。"（T26, p21b）"剥創

---

① 又見"茉"字條。

② 又見"竺"字條。

夷”，宋、元本作“剅瘡痍”，明本作“刭瘡痍”。《楞嚴妙指》卷8：“肌肉墮落，猶如冬葉，凍刭瘡痍，膿血流出，身體不淨。”(D16，p457b)“～”，可洪以爲“瘃”，兩者形體不相關，存疑。

 躰～，上他禮反，下知玉反，寒瘡也，皴散皮起皃也，正作瘃也，又他亂反，非也。(ZD60-85a)

 凍～，陟玉反。(ZD59-985c)

 ～厲，上知主(玉)反，寒瘡也，下郎太反，疥瘡也，正作癘、癩二形，《川音》作瘃，許穢反，困也，非用，下又力世反，非也。(ZD60-235a)

斸　zhú

 銚～，下陟玉反，钁也，正作斸、钃二形也。(ZD60-250a)按：“～”乃“钃(斸)”。

燭　zhú

 不～，之玉反，正作燭。(ZD59-641a)

韣　zhú

 ～帶，上之玉反，綴也。(ZD60-12a)

躅　zhú

 軌～，直玉反。(ZD59-635b)

 躑～，池石反，下直玉反，行不進也。(ZD59-697a)

拄[①]　zhǔ

 骨～，竹主反，正作柱、拄。(ZD59-766c)

 ～頰，竹主反，下古協反。(ZD59-893b)按：“～”乃“拄”字，詳見本書中篇“胜”字條。

 相～，知主反。(ZD59-960c)

 ～腭，上知主反，下五各反。(ZD59-1054a)按：“～”，經文作“拄”。

 棠～，上丑庚反，下知主反，正作撐拄也，又音堂，非。(ZD59-606a)

衿[②]　zhǔ

 ～繩，上知與反。(ZD60-49a)按：“～”乃“衿”。

 ～袴，上竹與反，下苦化、苦故二反。(ZD59-1121c)

紵　zhǔ

 佇草，上猪與反，裝物也，正作紵、～、衿、貯、褚五形。(ZD60-304a)

渚[③]　zhǔ

 提～，諸與反，東州名弗婆提～也，正作渚。(ZD59-977a)

 海～，之與反。(ZD59-845b)

 寶～，諸吕反，正作渚。(ZD59-744a)

煑　zhǔ

 或～，音煑。(ZD59-1066a)

煮[④]　zhǔ

 ～飯，上之與反。(ZD60-88a)

 ～食，亦同上也。(ZD59-1126c)

 自～，之與反。(ZD60-30b)

 焤～，音府，又方久反，稠煑也，正作無

---

① 又見“駐”字條。

② 又見“褚”“紵”“佇”“紵”“褚”“緖”“楮”“紵”“貯”“貯”字條。

③ 又見“渚”字條。

④ 又見“煮”“煑”“渚”字條。

也。(ZD59-729c)

褻褻褻褻褻
獄～，諸與反。
(ZD59-757c)
燒～，諸與反，俗。
(ZD59-978b)
～取，諸與反，正作
煑也。(ZD59-879c)
～已，之與反。
(ZD59-925a)
燒～，之與反，湯
熟物也，正作煑。
(ZD59-1096b)按："～"乃
"煑(煮)"字，詳見本書中篇
"褻"字條。

潗潗潠
湯～，之與反，正作
煑。(ZD60-199b)
～瀾，之與反，下郎
贊反。(ZD59-880c)
鎬～，富、福二音，似
釜而口下，下之與
反，宜作焦，音府。(ZD59-
954c)

瀂潒
～熟，上之與反。
(ZD60-203b)
燒～，之與反，正作
煑。(ZD60-204b)

唯　zhǔ

唯
吻～，上無吉反，下
丁庚反。(ZD59-
862c)按："～"，譯音字，與
"柱"音同。《廣大寶樓閣善
住祕密陀羅尼經》卷2："唵
吻唯(丁庚反)筏底訶囉
訶囉摩訶摩儞吽吽泮。"
(T19，p642c)

煑　zhǔ

煑
～麥，上之與反，正
作煮。(ZD60-56c)

骹　zhǔ

骹
連～，知主反，正作
柱、拄。(ZD60-94c)
按：《阿毘達磨集異門足論》
卷7："假使我身，血肉枯
竭，唯皮筋骨，連拄而存。"
(T26，p395a)"拄"，宮、聖
本作"骹"。"骹"同"拄"。

檍
zhǔ/zhù/zhuó

檍
還～，知與反，裝也，
正作褚、褚二形。
(ZD59-1113c)按："～"同
"檍"，乃"褚"。《摩訶僧祇
律》卷34："內氈當擘還檍，
床繩緩者當織令堅緻。"
(T22，p504a)"檍"，宋、元、
明、宮本作"褚"。

檍
銅～，直去反，正作
著。(ZD59-631b)
按："～"乃"著(箸)"，筷子。

檍
如～，音筯，或作箸
也，俗。(ZD60-22b)
按："～"同"箸"。

檍
～鑊，俱縛反。
(ZD60-375a)按：
"～"乃"檍"，與"檍"同。

檍　zhǔ

檍
泥～，知略反，佛
名也，又音筋也。
(ZD59-715c)

潗　zhǔ

潗潗
火～，諸與反。
(ZD59-1063b)
若～，之與反，正作
煑。(ZD60-37b)按：
"～"同"煮"。

麈　zhǔ

麈麈麈
～尾，上朱乳反。
(ZD60-448b)
～麈，上音主，正作
麈也。(ZD59-612a)
～麘，上之乳反，下
居迎反，正作麈麘
也。(ZD60-78b)按："麈
麘"，對應佛經作"塵麘"。
《善見律毘婆沙》卷10："若
人故掘地作坑，擬取豬鹿麈
麘等眾獸，若比丘盜心，壞
坑及諸張具，物過不得，比
丘犯重，若眾生不過，無
罪。"(T24，p741c)"麈"，
元、明本作"塵"。

褚　zhǔ

褚
～器，上竹與反，
又丑與反，非也。
(ZD60-55b)按："～"同
"褚"，經文作"貯"，同。《新
集藏經音義隨函錄》卷17：
"～器，上竹與反，盛也，正

作貯、褚二形。”（K35，p180b）

黸　zhǔ

黸
　　～茶，知户反，下宅嫁反。（ZD59-742c）

繕　zhǔ

繕
　　～繩牀，上知與反，下助莊反。（ZD60-31c）按：《四分律》卷19：“若比丘，以兜羅繕繩床、木床、大小褥，若自作成者，波逸提，不成者，突吉羅。”（T22，p693c）“繕”，宋、元、明、宫本作“貯”。從形體看，“～”同“繕”。“繕繩床”，又作“貯繩床”“褚繩床”“佇繩床”等。

鸀　zhǔ

鸀
　　～瑪，上音囑，下音玉。（ZD59-556c）按：《大般若波羅蜜多經》卷398：“諸苑池中多有衆鳥，孔雀、鸚鵡、鳧鶩、鴻鴈……鶢鷄、鸀瑪、鷄鶹、鶤鳳、妙翅、鵁鶄、羯羅、頻迦、命命鳥等。”（T06，p1060c）“～瑪”即“鸀瑪”。

矚　zhǔ

矚
　　瞪～，直陵反，下之玉反。（ZD59-857b）

矚
　　不～，音囑。（ZD59-971b）按：“～”乃“矚”字，詳見本書中篇“囑”字條。

宁　zhù

宁
　　旒～，上力由反，下直與反。（ZD60-420b）

助　zhù

勈
　　治～，上音持，下音勳。（ZD60-178c）按：“～”，經文作“助”，韓小荆（2009：760）以“～”爲“助”，是，可洪音“勳”，恐誤。

助
　　贊～，子散反，佐也，下床踈反，益也，佐也，正作助也，從且力。（ZD59-644b）

即
　　請捄，居右反，護也，～也，正作救、詶二形，又俱、求二音，非也。（ZD59-729c）

助
　　～辨，床慮反，正作助，下步莧反。（ZD59-864b）

助
　　佐～，床踈反，正作助。（ZD59-610c）

住[1]　zhù

佺
　　彼～，音住，止也，又音質，悮也。（ZD60-125c）按：“～”乃“住”。

佇　zhù

佇
　　～草，上猪與反，裝物也，正作貯、貯、佇、貯、褚五形也。（ZD60-304a）按：“～”，經文作“佇”或“貯”。

苧　zhù

苧
　　麻～，直與反，正作苧，又音猫，悮也。（ZD60-82b）

苧
　　種～，直與反。（ZD60-424b）

杼　zhù

杼
　　機～，直與反，梭也，正作杼、竿二形也。梭音莎。（ZD60-12b）

炷　zhù

炷
　　信～，音注。（ZD59-667c）

瘇　zhù

瘇
　　凶～，注、懯二音，腹病。（ZD59-749b）按：“～”，可洪又音“懯”，乃“瘇”。

瘇
　　鬼～，注、懯二音。（ZD59-802c）

---

[1]　又見“註”字條。

疰
痓
痓

惡～，注、懈二音。（ZD59-792b）

捉～，音注。（ZD59-802c）

冷～，上力打反，下音注。（ZD60-494b）

註　zhù

竝

以～，直與反，久立也，正作佇、竚二形。（ZD59-610b）按：“～”，經文作“住”或“駐”。

竚①　zhù

竚

～立，除呂反。（ZD59-671b）

袎　zhù

袎

～褥，上竹與反。（ZD59-1110c）按：從形體看，“～”即“袎”。“袎褥”與“貯褥”同，詳見本書中篇“袎”字條。

疠

～蓐，上竹與反，正作貯、貯二形，下方本作紵縟。（ZD60-46b）按：“～”，經文作“貯”或“袎”。從形體看，“～”即“袎”，與“貯”同。

著　zhù/zhuó

著

～作，上竹預反，正作著。（ZD60-493c）

著
著
著

箸、著、～述，上三同竹慮反。（ZD60-322c）

炳～，兵求反，下猪筯反。（ZD59-963c）

眈～，上都含反。（ZD59-559a）按：“～”即“著”，讀“zhuó”。

紵　zhù

紵
紵

紗～，上所加反，下直呂反。（ZD60-8a）

～布，上直與反。（ZD59-1132b）

貯②　zhù

眝
貯
貯
貯
貯
貯
貯

～布，知與反，正作貯也，又音麵，非。（ZD59-707a）

綿～，猪與反，盛也，正作貯、褚。（ZD60-69a）按：“～”乃“貯”字，詳見本書中篇“貯”字條。

先～，竹與反，盛也，正作貯。（ZD59-674a）

～聚，猪與反。（ZD59-644b）

及～，知與反，惧。（ZD60-68b）

所～，知與反。（ZD59-822a）

～器，知與反。（ZD59-652c）

貯　zhù

貯
貯

～畜，知呂反，惧。（ZD59-741b）按：“～”即“貯”字。

～入，上猪呂反，正作貯。（ZD59-1088a）按：“～”即“貯”字。

筯③　zhù

楮
筋

銅～，除慮反，正作著、筯二形，又張略反，非。（ZD59-744c）

匕～，上卑履反，匙也。（ZD60-541b）

箸　zhù

箸
楮
箸
摣
楮

銅～，音筯。（ZD60-602a）

如～，音筯，又知略反，非也。（ZD59-801c）

匙～，音筯。（ZD60-604c）按：“～”乃“箸”字，詳見本書中篇“箸”字條。

爲～，音筯。（ZD59-803c）

燈～，直慮反，正作筯、箸二形也，又知略反，非也。（ZD59-1120b）

————

① 又見“註”字條。
② 又見“袎”“貯”“褚”字條。
③ 又見“楮”“箸”“楮”“鐟”字條。

撾 zhù

揣

鐵～,音筯,又音著,非用。(ZD60-189a)

如～,音筯。(ZD59-802b)

如～,音筯。(ZD59-816a)

如～,音筯。(ZD59-804c)

竹～,音筯。(ZD60-603b)按:"～"乃"箸"字,詳見本書中篇"箸"字條。

駐 zhù

馻

吱～,吉支反,下中句反,正駐。(ZD59-840b)按:"吱駐",對應佛經作"吱～"。《五千五百佛名神咒除障滅罪經》卷3:"多緻他(一),吱(吉支反)(二),駐吱駐(三),若那吱駐(四),莎呵。"(T14,p331a)

楮 zhù

楮

取～,直慮反,正作筯、箸二形,又知略反,擊也,非用也。(ZD59-988c)按:"～",從形體上看,即"楮"字。"楮"與"箸"同,筷子。《中阿含經》卷8:"時彼獼猴却在一面,取楮去蟲,既去蟲已,還持上佛,佛復不受。"(T01,p471a)"楮",宋、元、明本作"筯"。

霆 zhù

霆

～以,上音注,霖也。(ZD59-592b)

裮 zhù

裮

～器,上知與反,正作貯。(ZD60-55c)按:"～"即"裮",與"貯"同。

築 zhù

築
築
築
築
築
築

～城,知六反,杵擣也。(ZD59-761b)

～蹋,知六反,下徒盍反。(ZD59-933a)

～牆,知六反。(ZD59-677c)

～～,上方經作築,音竹。(ZD59-1064b)

之～,正作築,知六反。(ZD59-747c)

填～,音田,下音竹。(ZD59-782a)

架～～,上音架,下二音竹。(ZD60-583c)

堅～,知六反。(ZD59-864c)

鐏 zhù

鐏

楮～,二同直預反,正作箸,又二同知略反,非用。(ZD60-375a)按:"楮""～"音"直預反",

乃"箸"的換旁俗字。

撾 zhuā

撾
撾
橝
橝

捶～,上之水反,下陟花反。(ZD59-578a)

～打,上陟瓜反,下得冷反。(ZD59-586a)

打～,陟花反。(ZD59-635a)按:"橝"本為馬鞭,此乃"撾"字之訛。構件"木"與"扌"草寫相混。

～捷椎,竹花反,中巨焉反,下直追反。(ZD59-736b)

鬠 zhuā

鬠

～髻,莊花反,婦人喪冠。(ZD59-697c)按:《方廣大莊嚴經》卷7:"或有翹一足,散髮及鬠髻。"(T03,p582a)

專 zhuān

專

～秉,音丙。(ZD59-759b)

塼 zhuān

塼
甎

～壘,力水反。(ZD59-990b)按:"～"即"塼"字,磚頭。

綾～,息箭反,下之緣反。(ZD59-687a)

按："～"即"甎"，經文作
"塼"，同。

甎^① zhuān

軴
軴 一 ～，之緣反。
（ZD60-16b）
～石，上音專，正作
甎。（ZD60-62b）
按："～"乃"甎"字，詳見本
書中篇"軴"字條。

軴 ～等，上之緣反，正
作甎。（ZD60-16a）
甊～，上音鹿，下音
專。（ZD60-370c）
軴 ～揩，上之緣反，
下口皆反。（ZD60-
16a）
軴 ～石，上之緣反。
（ZD60-30b）
軴 ～，音專。（ZD59-
1130c）
軴 ～坏，上之緣反，
正作甎，律文作塼
也，上又郭氏音脫，非也。
（ZD60-377a）

瑑 zhuàn

瑑 ～壁，持兗反，壁
上文也，正作瑑。
（ZD59-767b）按："～"，經
文作"瑑"。

傳 zhuàn

傳 ～～轉，二知戀反，
傳也，相傳而生也，

亦作傳也，下知兗反，迴動
也。（ZD59-967c）按："～～
轉"，經文作"傳傳轉"。

篆 zhuàn

篆 玉～，直兗反，古書
躰也，正作篆也。
（ZD60-555c）
篆 草～，直兗反，束也。
（ZD59-802b）

籑 zhuàn

籑 作～，仕眷反，孫愐
與饌同也，《浙西韻》
與倦同，音倦，非。（ZD60-
350b）按：《一切經音義》卷
1："珍饌，又作籑，同仕眷
反。"（C056，p816b）

襈 zhuàn

襈 ～衣，上仕眷反，重
繒也。（ZD60-605c）

嚩 zhuàn

嚩 鳴 ～，竹戀反。
（ZD59-664b）
嚩 ～ 舌，知戀反。
（ZD59-745c）

莊 zhuāng

莊 ～ 玟，古孝反。
（ZD59-1085c）按：
"～"同"莊"。

莊 ～ 鉸，古孝反。
（ZD59-688b）
莊 康～，街道之名也，
《爾雅》曰五達謂之
康，六達謂之莊。（ZD60-
461c）按："～"同"莊"。

莊^② zhuāng

莊 ～竿，上音莊，下音
箏。（ZD59-572c）
壯 而～，音莊，正作莊
也。（ZD60-606c）
按："而～"，對應佛經作"而
莊"。《比丘尼傳》卷4："不
矜而莊，不厲而威。"（T50，
p947a）
莊 ～麗，側床反，下力
計反。（ZD59-662a）
按："～"即"莊"字。
莊 ～ 飾，尸力反。
（ZD60-64a）按："～"
即"庄"，乃"莊"。

粧 zhuāng

粧 雕～，音莊。（ZD60-
142c）
粧 矜～，居陵反，下阻
床反。（ZD59-873c）

裝 zhuāng

裁 裝被，側床反，束也，
亦作～。（ZD59-

---
① 又見"塼"字條。
② 又見"庄"字條。

770b)按："～"乃"裝",詳見
本書中篇"捼"字條。

捼　～ 踈,上音莊。
(ZD60-80c)

橃　～駕,上側床反,束
也,結裹也,正作裝
也。《川音》作捼,音袁,非
也,又阻亮反,行裝結束。
(ZD60-205a)按："～"乃
"裝"字,詳見本書中篇
"橃"字條。

捼　～船,上音莊,正作
裝。(ZD59-994c)

痕　～被,側床反,束也,
正作裝。(ZD59-
770b)按："～"乃"裝",詳見
本書中篇"痕"字條。

捼　～治,上阻床反,下
直之反,裝束也,亦
作裝。(ZD59-990c)

裝　～ 束,阻床反。
(ZD59-651c)

捼　～嚴,上側床反,正
作醬、莊二形。
(ZD60-38b)

裝　～ 縹,側床反,下乏
小反,青黃白色雜
也。(ZD59-771b)

捼　～ 嚴,上阻床反。
(ZD60-80a)

捼　～束,側良反,～束,
結裹也,正作裝。
(ZD59-851c)

婆　捼束,側良反,捼
束,結裹也,正作～。
(ZD59-851c)

扗　zhuàng

扗　宏～,上戶盲反,
下阻狀反。(ZD60-
409a)按："～"乃"壯"。

扗　～虵,上莫口反。
(ZD60-457b)按:
"～",可洪音"莫口反",蓋
以爲乃"牡",誤,經文作
"壯",當是。詳見本書中篇
"扗"字條。

扗　～牛,上阻狀反。
(ZD60-167c)按:
"～"乃"壯"。

壯①　zhuàng

壯　盛 ～,阻狀反。
(ZD59-993a)

壯　宏～,戶萌反,下阻
狀反。(ZD59-933a)

壯　蟹～,上戶買反,下
阻狀反。(ZD59-
569b)

壯　力贔,音儲,～兒。
(ZD59-856b)

庄　～士,上阻故反,正
作壯。(ZD59-980b)

牡　威 ～,阻狀反。
(ZD59-836b)

牀　～志,上阻狀反,
正作壯也。(ZD59-
1021b)

牡　少 ～,阻狀反。
(ZD59-1000c)

址　騁～,丑郢反,下
阻亮反,正作壯。

(ZD59-965b)按："～",經
文作"壯"。

牡　～麗,阻狀反。
(ZD59-644b)

狀　zhuàng

狀　無捼,助亮反,正
作～,今作狀也。
(ZD59-581c)按："～"乃"狀"。

狀②　zhuàng

狀　厥～,居月反,其也。
(ZD59-706a)

狀　形～,助亮反,正作
狀。(ZD60-135c)

狀　又～,助亮反,～
兒也,正作狀也。
(ZD60-434a)按："～",經文
作"狀"。

牡　華～,戶花反,下阻
狀反。(ZD59-653b)

狀　相～,音狀。(ZD60-
144a)

捼　無～,助亮反,正作
狀,今作狀。(ZD59-
581c)

狱　zhuàng

狱　宏～,上戶盲反,下
音伏,新韻闕此字
也。(ZD60-424c)按:"宏
～",對應佛經作"宏壯"。

———————
① 又見"扗""壯""狱"字條。
② 又見"狄""狀"字條。

《集神州三寶感通録》卷3：
"遂見棟宇宏壯,圖塔瓌奇,
神僧叙接,宛同素識。"
(T52,p423b)"狀"乃"壯"
之訛,可洪音"伏",誤。

轒 zhuàng

轒 ～刃,宅絳反。
(ZD59-775b)

追 zhuī

追 ～求,上陟惟反,正
作追。(ZD60-104b)

仳 zhuì

仳 ～久,上直遂反,見
藏作墜,又依字知律
反。(ZD60-362b)按:"～"
即"墜"字。《法鏡經》卷1:
"昔惟衛佛時,有人反佛名
一字,後獲其罪,五百世盲,
矇矇冥冥,其仳久也。"
(T12,p23a)

惴 zhuì

惴 ～～,之睡反,憂也。
(ZD59-764b)

膇① zhuì

膇 ～起,上直睡反,重
～,腫病也,或作瘇
也,《音義》以傾字替之,非
也。傾,直佳反,非此呼。

(ZD59-1073b)

腿 ～襄,上直睡反,
下而羊反。(ZD59-
626c)

腿 作～,直睡反,重膇
病也,亦作瘇也,經
意宜依字呼之,應和尚以傾
字替之。(ZD60-366b)

墜② zhuì

墜
隧
墜
隊
隧 ～床,直遂反。
(ZD59-751c)
不～,直遂反,惧。
(ZD59-831b)
飛～,直遂反,正作
墜。(ZD59-868b)
～墮,直遂反,正作
墜。(ZD59-758a)
自～,直遂反,又音
遂,非也。(ZD59-
952c)

隊 ～于,直遂反,落也,
又音遂,惧。(ZD59-
648b)

隧 zhuì

隧
隧 ～落,直遂反,正作
墜。(ZD59-657a)
～落,直遂反,惧。
(ZD59-960c)

醊 zhuì

醊 祭～,竹稅反。
(ZD59-1047b)

蹳 zhuì

蹳 兩～,與綴字同也,
惧。(ZD59-1117a)
按:"～"乃"綴"字,詳見本
書中篇"蹳"字條。

暅 zhuì

暅 庸～,音容,下直由
反,正作墉疇也。
(ZD60-544a)按:《弘明集》
卷14:"民自躬稼,社神何
力?人造墉疇,蜡鬼奚功?"
(T52,p95b)根據經文,
"暅"乃"疇",可洪以爲
"疇",恐非。

錣③ zhuì

錣 五～,陟稅、陟劣二
反,正作綴也。
(ZD60-69c)按:"五～",對
應佛經作"五綴"。《薩婆多
部毘尼摩得勒伽》卷2:"頗
有比丘減五綴鉢更乞新鉢
不犯耶?"(T23,p574a)
"～"即"綴"字。"綴"蓋受
下字"鉢"的影響類化換旁
從"金"而作"錣"。

贅 zhuì

贅 ～屬,上之芮反,連
也。(ZD60-375c)

―――――
① 又見"瘇"字條。
② 又見"仳""隧"字條。
③ 又見"惙""蹳"字條。

懟　zhuì

瞋～,音墜。(ZD59-620c)

～恨,直遂反。(ZD59-651a)

忿～,下丈類反。(ZD60-282b)

～恨,上直遂反。(ZD59-593b)

～恨,直遂反。(ZD59-682b)

忿～,直遂反。(ZD59-595a)

迍　zhūn

邅～,下知倫反。(ZD60-303b)

窀　zhūn

～岁,上陟倫反,下祥昔反,謂厚夜也。(ZD60-509b)

～岁,上知倫反,下祥昔反。(ZD60-467a)

～開,上陟倫反。(ZD60-483b)

准　zhǔn

射～,之尹反,的也,亦作埻。(ZD59-1017c)

言～,之尹反,正作准。(ZD60-400a)

埻　zhǔn

～的,音准,射堋也,埻中木曰的也。(ZD59-834a)

準　zhǔn

～上,上之尹反,均也,依也,古大也,亦作㴞。(ZD60-515b)

～前,上之尹反。(ZD60-121a)

谆　zhùn

世～,之順反,告之丁寧也,正作諄。(ZD59-1094a)

稕　zhùn

草～,之閏反。(ZD60-19b)

～瓦,之閏反,束稕緣之也。(ZD59-1134c)

拙①　zhuō

守～,之悦反,正作拙也,又都骨、藏活二反,惧。(ZD60-429b)按:"～"乃"拙"。

卓　zhuō

七～,竹角反,高也。(ZD59-619c)

～然,知角反,高也,正作卓。(ZD59-891c)

枛　zhuō

～陶,上之悦反,下徒刀反。(ZD60-110b)按:"～"乃"拙"。

捉　zhuō

收～,上失由反。(ZD59-998a)

～,音忌。(ZD60-27c)

～攬,郎敢反。(ZD59-638b)

～㾹,音注。(ZD59-802c)

倬　zhuō

～存,上猪角反,大也。(ZD59-567c)

梲　zhuō

藻～,子老反,下之悦反。(ZD59-858b)

① 又見"枛"字條。

頫 zhuō

頫　頯～,上烏割反,下之悦反,正作準。準,鼻也。頫,面秀骨也。(ZD60-233a) 按:《佛説内身觀章句經》卷1:"頯頫爲二骨,齒根三十二。"(T15,p239c)

彴 zhuó

彴　作～,之若反,略～,横木渡水者也。(ZD60-121a)

灼 zhuó

灼　～然,上之若反,明也,正作灼。(ZD60-11b) 按:"～"即"灼"字之訛。

灼　煌～,上户光反,正作煌,下之若反,懼皃也。(ZD59-1046c)

灼　湯～,之若反,燒也,正作灼。(ZD60-190c)

灼　～～,之若反,正作灼,戰灼,恐懼皃也。～,痛也。(ZD59-1096a)

斫 zhuó

斫　蓝～,上倉卧反。(ZD60-369a)

酙 zhuó

酙　斟～,音針,下音斫。(ZD59-718b) 按:"斟～",對應佛經作"斟酙"。"酙"蓋受上字"斟"的影響類化换旁從"甚"而作"～"。《悲華經》卷2:"至佛所已,頭面禮足,右遶三匝,自行澡水,手自斟酙,上妙餚饌佛及大衆。"(T03,p175b)

浞 zhuó

浞　～篡,上仕角反,羿、浞並古人名也,《川音》作測角反,非也。(ZD60-515a)

捔 zhuó

捔　～地,竹角反。(ZD59-784c) 按:"～"同"捔"。

捔　～地,音卓,擊也,正作捔。(ZD59-784c)

捔　～樹,上竹角反,擊也,推也。(ZD59-1036a)

啄 zhuó

啄　～食,上音卓,正作啄。(ZD59-1072b)

啄　～㗱,上音卓。(ZD59-557c)

啄　尋～,音卓,正作啄也。(ZD59-699c)

啄　探～,上音貪,下音卓。(ZD59-601a)

啄　～耳,竹角反。(ZD59-767a)

啄　～破,竹角反,鷗也。(ZD59-688c)

啄　～一,音卓,正作啄。(ZD59-830b)

啄　所～,音卓,正作啄。(ZD59-990a)

啄　～骨,音卓。(ZD59-766c)

啄　～食,音卓,正作啄。(ZD59-835b)

啄　探～,上音貪,下音卓。(ZD60-397b)

啄　～罪,上音卓,俁。(ZD59-1064c) 按:"～"乃"啄",詳見本書中篇"㗱"字條。

啅 zhuó

啅　～～～,上二陟角反。(ZD59-625a)

着① zhuó

着　尯～,上都含反。(ZD59-550b)

着　尯～,上都含反。(ZD59-559a)

着　～涤,而映反,正作染。(ZD59-643c)

————

① 又見"僬"字條。

按:"涬",經文作"污"。

涿 zhuó

涿　～郡,上音卓。(ZD60-473c)

琢 zhuó

瑑　彫～,上都聊反,下竹角反。(ZD60-199c)

琢　～石,竹角反,次玉石也。(ZD59-855a)

瑑　～磨,上竹角反,又音篆,悮。(ZD60-427b)按:"～"乃"琢",詳見本書中篇"瑑"字條。

斮 zhuó

斮　剒～,上苦胡反,屠也,下阻角、諸略二反,斬也。(ZD60-551c)

焯 zhuó

焯　燒～,之若反。(ZD59-865a)

焯　燒～,之若反。(ZD59-783c)

碌 zhuó

碌　～矸,音卓,正作碌。(ZD59-743c)按:"～"乃"碌",詳見本書中篇"碌"字條。

碌　如～,音卓,攻也。(ZD59-744a)

偖 zhuó

偖　着意,上知略反,安也,置也,正作著,古作～。(ZD59-1043c)

撯 zhuó

撯　櫡之,上知與反,盛也,任也,裝也,正作貯、褚、著三形也,又知略反,非也。(ZD59-1002a)按:"～",經文作"撯",放置,可洪以爲"貯"字,恐不妥。《增壹阿含經》卷24:"或開其腹以草撯之,或以湯中煮之。"(T02,p675a1)

嶏 zhuó

嵏　～嶽,仕角反,下五角反。(ZD59-726a)按:"嶏嶽",地不平貌。《佛說道神足無極變化經》卷4:"惡行所致,其世界地堅如鐵石,嶏嶽不平。"(T17,p814b)"嶏嶽",元、明本作"碌磲"。"～",可洪音"仕角反",讀"zhuó"。

斲① zhuó

斲　匠～,音卓。(ZD60-416c)

斲 zhuó

斲　鈎～,音卓。(ZD59-685b)

剚　～巧,上上力由反,陳也,剋也。(ZD60-463c)按:《續高僧傳》卷2:"竊以得本,開質斲巧由文。舊以爲鑿,今固非審,握管之暇,試復論之。"(T50,p438c)"～"乃"斲",可洪音"力由反",以爲"剚",不妥。

簎 zhuó

簎　疋～,上音雅,下音捉,下又呼郭、苦郭二反,正作簎、籱二形,捕魚籠也。(ZD60-365c)

餟 zhuó

餟　～草,竹劣反,止也,正作輟。(ZD59-771c)

餟　～饋,上竹稅反,正作餟、褉、酹也,下巨位反。(ZD60-366c)按:"～饋",對應文獻作"餟饋"。《一切經音義》卷11:"祭餟,古文褉,《聲類》作酹,同,豬芮反,《說文》餟,醊也,音力外反,《字林》以酒沃地祭也,《方言》餟,餽也。"(C056,p979c)

———

① 又見"斲""斲"字條。

斲 zhuó

斲
斲
斷

～鑿，竹角反，下在作反。（ZD59-916c）

規～，上居隨反，下音卓，正作斲。（ZD59-1095b）按："～"，經文作"斲"。《佛説見正經》卷1："比丘！復譬如樹，大數十圍，巧匠便規斲刻鏤奇巧百種。"（T17，p741a）

鏤～，九縛反，下竹角反。（ZD59-681a）

～斤，上竹角反。（ZD59-1027c）

樸～，上普角反，下猪角反。（ZD60-352b）

擢 zhuó

擢
擢
擢
擢

指～，音濁，拔也。（ZD59-763a）

拔～，音濁，抽也。（ZD59-1017c）

拔～，宅角反。（ZD59-572a）

～家，上宅角反。（ZD59-613a）

進～，宅角反，拔出也。（ZD59-584b）

斲 zhuó

斲

～斤，上竹角反，正作斲。（ZD59-986b）

斲
斲
斲
鄆
斲
斷
斷

鉤～，竹角反。（ZD59-1016c）

釛～，居殷反，下猪角反。（ZD59-839a）

～磨，上步（應爲陟）角反。（ZD60-329c）

鎔～，上音容，下音卓，正作斲也。（ZD60-423c）

～裂，上陟角反，正作斲也。（ZD60-202a）

鉤～，竹角反，削也，宜作斸，陟玉反，斫也。（ZD59-1017a）

～斤，上竹角反。（ZD59-1024a）

不～，音卓。（ZD60-128c）

濯 zhuó

濯
濯

弗～，宅角反，浣也。（ZD60-61a）

浣～，上户管反，下宅角反。（ZD59-1000c）

鷟 zhuó

鷟

鸑～，上五角反，下仕角反，鳳屬。（ZD60-571b）按："～"對應佛經作"鸑鷟"。《廣弘明集》卷19："與彼鈃山之上，傅巖之下，西都鳳凰，岐陽鸑鷟，安足同日而語哉？"（T52，p234a）

孎 zhuó

孎

謹～，音卓。（ZD59-874b）

鸀 zhuó

鸀

雉～，上直旨反，下宅角反。（ZD59-1092c）按：《佛説罵意經》卷1："女人喜著長裙，後世墮雉鸀中，長尾，皆過世所喜，今因得之。"（T17，p532b）

兹 zī

兹

庶～，上書去反，下子慈反。（ZD60-297a）

咨[1] zī

咨
咨
咨
咨
咨

～嗟，上子私反。（ZD60-605a）

～嗟，上音資，正音咨。（ZD59-609b）

～嗟，上音資，正作咨也，咨嗟。（ZD59-611c）

～嗟，上子私反，正作咨也，下子邪反。（ZD59-604c）按："～"乃"咨"，詳見木書中篇"咨"字條。

～嗟，子斯反。（ZD59-676a）

第一列

�諧諮咨

～嗟，子斯反。（ZD59-673c）

～嗟，即斯反。（ZD59-692c）

～請，即夷反。（ZD59-924b）

～嗟，子私反。（ZD59-671b）

～稟，同上。（ZD59-731b）

菑　zī

斷～，側師反，自乾木也，正作菑、薔二形，又側事、子才二反，又力由反，非也。（ZD60-508b）按："～"即"菑"，又作"榴"。

淄　zī

臨～，音緇。（ZD60-573b）

～州，音緇，正作淄。（ZD59-928a）

弗～，側持反。（ZD60-452b）

～汙，上側師反，下王俱反，並水名也。（ZD60-311b）

～其，上側師反。（ZD60-571a）

赀　zī

～貨，上即斯反，財也。（ZD59-584a）

第二列

～計，子斯反，量也，正作訾。（ZD59-709b）

～計，子斯反，量也，正作訾。（ZD59-822c）

觜　zī/zuī/zuǐ

～星，上即疵反，星名也。（ZD59-623b）

～宿，上姊危反，星名也，正作觜。（ZD59-631c）

～星，姊危反。（ZD59-652a）

置～，上知志反，立也，設也，下姊斯、姊危二反。（ZD59-631c）

為～，子危、子累二反。（ZD59-1046a）

赤～，即委反。（ZD59-613c）按："～"同"紫"。

鐵～，即委反。（ZD59-601a）

觜　zī

佛～，音咨，口上鬚也，正作髭，音赀。（ZD60-257c）按："～"乃"髭"字，詳見本書中篇"觜"字條。

第三列

緇①　zī

披～，音緇。（ZD60-582a）

翻～，上音幡，下音緇。（ZD60-582b）

～儒，側持反。（ZD59-924b）

～素，上側師反。（ZD60-298a）

～弁，上側師反，黑繒也，正作緇。（ZD60-535a）

不～，音緇，黑也。（ZD60-606a）

～衣，上側師反，正作緇。（ZD60-584a）

輜②　zī

～波，責師反，別本作輜波也，悮。（ZD59-841c）按："～"乃"輜"，詳見本書中篇"輜"字條。

～那，側師、測緇二反，正作輜。（ZD59-841b）

羅～，音緇，又初緇反，女名也，正作輜、輜二形，應和尚以輷字替之，扶文反，後作賁也。（ZD59-1055c）按："羅～"，對應佛經作"羅輜"。《佛説

---

① 又見"繒"字條。

② 又見"輞"字條。

七女經》卷 1："第四女字比
丘羅轀。"（T14，p908a）
"轀"，宋、元、明、宮本作
"轒"。根據可洪所論，"～"
即"轀"。玄應以"～"爲
"轒"字。

髭① zī

㿴
㿴
㿴
　　～鬢，子斯反，下相
　　朱反。（ZD59-846b）
　　～鬢，上即斯反，下
　　卑進反。（ZD59-
602b）

㲨
　　㲨～，上音眉，下
音咨，經作眉髭也，
應和尚以眉毛替之，非也，
彼悞。（ZD60-357a）

㲥
　　佛～，子斯反。
（ZD60-318c）按："佛
～"，對應佛經作"佛髭"。
《出三藏記集》卷 12："龍宮
初造佛髭塔記第七（出《阿
育王經》）。"（T55，p90c）

轀 zī

轀
　　迦～，側持反，王
名也，又測持反。
（ZD59-1075c）按："～"，經
文作"轀"。《佛本行集經》
卷 8："又復大王可不聞，於
往昔有王，名迦轀婆，從父
臂生。"（T03，p690a）

錙 zī

錙
　　～豪，上側持反。
（ZD60-318c）

諮 zī

諮
諮
　　～詢，相倫反。
（ZD59-644b）
　　～嗟，音資，正作咨。
（ZD59-699a）

繥 zī

繥
繥
　　～服，上側師反。
（ZD60-327a）
　　～服，上側師反。
（ZD60-428a）

糩 zī

糩
　　～糧，資良二音。
（ZD60-148b）

齏 zī

褱
　　～縗，上音咨，喪服
也，正作齏、禥二形，
亦作齏也，下倉迴反，亦作
衰。（ZD60-401b）按："～"
乃"齏"字，詳見本書中篇
"褱"字條。

姊 zǐ

姊
　　～鳩，上咨死反，
下直甚反。（ZD60-
381a）

姊② zǐ

姊
　　～妹，則此反。
（ZD59-666b）

籽 zǐ

籽
　　或～，音子，擁苗也，
亦作籽。（ZD60-
352a）

扡 zǐ

扡
扡
　　所～，音紫，捽也。
（ZD59-572b）
　　不～，音紫，捽也。
（ZD59-571a）

芷 zǐ

芷
芷
　　～莫，上即此反，
下力計反。（ZD60-
387b）

呰 zǐ

呰
呰
呰
呰
呰
呰
　　毀～，音紫。（ZD59-
594b）
　　毀～，音紫。（ZD59-
623b）
　　毀～，音紫。（ZD59-
661a）
　　毀～，音紫。（ZD59-
732c）
　　不～，音呰。（ZD59-
594c）
　　毀～，音紫。（ZD59-
553b）
　　毀～，音紫。（ZD59-
779a）

① 又見"㲥"字條。
② 又見"姊"字條。

呰

形～，音紫。（ZD59-821a）

毁～，音紫。（ZD59-637c）

～蔑，上即此反，下莫結反。（ZD59-572b）

毁～，音紫，正作呰、訾二形。（ZD59-1104c）

呰　zǐ

咡～，疋弭反，下即此反，惡言也，難可也，正作諈訿，《經音義》作啡呰也。（ZD59-819c）按："～"同"訿"。

秭　zǐ

壤～，上而兩反，下音姊。（ZD60-358c）

～壤，上即死反，下而兩反。（ZD60-402b）

～也，上音姊，千億也。（ZD60-400b）按："～"乃"秭"，與"秭"同。

梓　zǐ

作～，音子。（ZD60-371b）

杷～，上音起，下音子。（ZD59-585c）

樟～，諸羊反，下咨里反。（ZD59-765c）

梓

～棺，上音子，下音官。（ZD59-1055c）

～栢，上音子，木名也。（ZD59-986c）

桑～，音子。（ZD60-513c）按："～"乃"梓"，詳見本書中篇"梓"字條。

梓

杷（杷）～，上音起，下音子，上又步巴反，非也。（ZD60-473a）

紫　zǐ

～縹，疋沼反，青黄色。（ZD59-551a）

～磨，音紫，悮。（ZD59-839c）按："～"，對應經文作"紫"。《一切佛菩薩名集》卷1："南無妙瑠璃紫磨金焰佛。"（F28, p255b）

訾①　zǐ

毁～，音紫。（ZD59-779b）

毁～，音紫，又作呰。（ZD59-555a）

～蔑，上咨此反，下莫結反。（ZD59-571b）

毁～，音紫，又作呰。（ZD59-668b）

訿　zǐ

毁～，音紫。（ZD59-731c）

～毁，將此反。（ZD59-729c）

毁～，將此反，口毁，～謗也。（ZD59-701a）

毁～，音紫。（ZD59-572b）

滓　zǐ

麻～，側史反，前皆作滓，又音宅，膏也。（ZD60-49a）

～中，上側史反，正作滓。（ZD60-159a）

糟～，上子曹反，下爭史反。（ZD59-1006c）

～朴，爭史反。（ZD59-970a）

無～，側史反。（ZD59-642a）

麻滓，側史反，澱。麻～，同上。（ZD60-38a）

澱～，上田見反，下爭史反。（ZD60-352a）

字　zì

王～，音字，名字也。（ZD60-42b）

牸　zì

～牛，疾寺反。（ZD59-773b）

————

① 又見"呰""訾""訿"字條。

牸

～牛，才寺反。
(ZD59-680a)

牸

～牛，才寺反。
(ZD59-687a)

牸

～象，上音字，正作
牸。(ZD59-1004b)

戠　zì

戠

者～，側事反，大齡
也。(ZD60-408a)

牸　zì

牸

～袈裟，或持字。
(ZD60-77c) 按：《善
見律毘婆沙》卷8："袈裟角
法作，可安紐繩，勿令龜現，
不得用米糊汁漬袈裟。"
(T24, p728a) "漬"，宋、元、
明、宮、聖本作"牸"。"～"
乃"漬"。

殨　zì

殨

餘～，或作骴、骴、胔
三形，同才賜反。
殨，骨也。骴，骨有肉也。
(ZD60-446c)

藚　zì

藚

～上，子賜反。
(ZD59-640c)
草～，子賜反，積也，
正作藚。(ZD59-
936a)

藚

香～，子賜反。
(ZD59-758b)

藚

金～，子賜反，正作
藚。(ZD59-830a)

藚

爲～，子賜反。
(ZD59-851a)

撥
zōng/zǒng

撥

～撷，子紅反，牽掣
也，下莫結反，拔髮
也。(ZD59-676b)

撥

～滅，上子紅反，下
莫列反，正作撥撷
也。(ZD59-1037c) 按：《佛
説鴦掘摩經》卷1："師室聞
之，即懷愧恨，歸自總滅裂
衣裳，釁金黃面，佯愁委
卧。"(T02, p508c) 根據經
文，"～"乃"總"，可洪以爲
"撥"，今存兩説。

撥

～撷，上子公反，下
莫結反，《經音義》作
撥撷。(ZD59-1016a) 按：
"～"，經文作"撥"，即"撥"
字，手捉頭。《別譯雜阿含
經》卷9："譬如力人以繩繫
於弱劣者頭，撥撷掣頓，揉
捺其頭。"(T02, p441b)

撥

改～，蘇紅反，正作
撚。(ZD59-787b)
按：《不空胃索神變真言經》
卷23："准前第十四印，改
撥十指節，皆出節頭。"
(T20, p351b) "～"乃
"撥"，經文中與"總"同，聚

也，束也。"～"，可洪音"蘇
紅反"，又言正作"撚"，"撚"
不能音"蘇紅反"，不知其何
指，待考。

蔉　zōng

蔉

～檲，上子紅反，下
力余反，上正作蔉、
樬二形。(ZD60-402a) 按：
"～"即"蔉"，經文中通
"樬"。

蔉

垂～，子紅反。
(ZD60-594c)

蔉

～蕳，上子紅反，下
力居反，或作樬檲
也。(ZD60-425a)

樬　zōng

樬

檲～，上子公反，下
力魚反。(ZD60-
53c)

鬃　zōng

鬃

垂～，子紅反。
(ZD59-953b) 按：
"～"，經文作"鬃"。《十二
門論》卷1："如馬豎耳、垂
鬃，四脚同蹄，尾通有毛。"
(T30, p163c) "～"即"騣"，
同"鬃(鬉)"。

鬃

～角，上子紅、子孔
二反，小兒也，正作
鬃。(ZD60-482b) 按："～"
乃"鬃(鬉)"。

嵸 zōng/zǒng

 ～豎，子紅、子孔二反。(ZD59-801b)

 ～豎，子紅、子孔二反，正作嵸。(ZD59-802b)

 ～豎，子公、子孔二反，正作嵸。(ZD59-803b)

 巃～，上郎紅、郎孔二反，下子紅、子孔二反，山皃。(ZD60-593b)

 巃～，上洛紅、洛孔二反，下子紅、子孔二反。(ZD60-415a)

綜 zōng

 ～達，上子宋反，正作綜。(ZD60-282b) 按："～"乃"綜"，詳見本書中篇"綵"字條。

緵 zōng

 ～帶，上子紅反。(ZD59-1131b)

磫 zōng

 ～磲，子容反，下其俱反，青礪石也。《音義》云細礪謂之磫磲，礛諸治玉，磫磲治金是也，正作磫磲也，上又郭氏音總，下其魚反，非用也。(ZD59-914c)按："～"即"磫"，詳見本書中篇"礵"字條。

鬆 zōng

 ～角，上子紅、子孔二反，小兒髻也，正作鬆。(ZD60-482b) 按："～"即"鬆"，與"鬉"同。《續高僧傳》卷18："奉口鬉角可年十四五者將去。"(T50, p571b) "鬆角"，今作"總角"。

騌[①] zōng

 ～毛，上子紅反，馬項上長毛也，正作騣、鬆二形，又音忩，悮。(ZD59-1116a) 按："～"即"騣"，同"鬆(鬉)"。

蹤 zōng/zòng

 駢～，蒲田反。(ZD59-972b)

 前～，即容反，正作蹤。(ZD60-108b)

 ～力，上子用反，正作縱。(ZD60-74a) 按："～"即"蹤"，通"縱"。

鬉 zōng

 ～鬣，上子紅反，下力葉反，正作騣鬣二形。(ZD59-1086b)

 ～披，上子紅反。(ZD59-1025c)

騣 zōng

 ～尾，子紅反，正作騣。(ZD59-747b)

 朱～，子紅反，正作騣、騌、鬆。(ZD59-695a)

 驢～，子紅反。(ZD59-1083a)

 ～尾，上子公反，正作騣、鬆二形也，悮。(ZD59-1080a)

鬷 zōng

 ～篋，上子紅反。(ZD60-508b)

聳 zōngěr

 聖～，下是蹤耳二字，《辯正論》云竊我聖蹤耳。(ZD60-561c) 按："～"乃"蹤耳"二字之合。

捴 zǒng

 ～八，上子孔反，正作捴。(ZD60-597c) 按："～"即"捴"，同"總"。

---

① 又見"鬉""鬆"字條。

捴　～萃，自遂反。（ZD60-485c）

摠　zǒng

摠　～頭，上子孔反，并結也，捉髪揞挽也，正作惣也。（ZD60-239c）按："～頭"，對應佛經作"捉頭"或"搜頭""揗頭"。《阿育王傳》卷 7："沙彌即時座上舉手，從虚空中捉頭，復噉使盡。"（T50，p129c）"捉"，宋、宫本作"搜"，元、明本作"揗"。根據經意，"～""揗"即"總"，經文中通"搜"字。《一切經音義》卷 55："服虔《通俗文》云捉頭曰搜也。"（T54，p672a）

摠　～髻，則孔反，小兒角也，正作鬆也。（ZD60-442a）按："～髻"，對應佛經作"總髻"或"鬆髻"。《大唐西域求法高僧傳》卷 1："門玄照法師者，太州仙掌人也。梵名般迦舍末底(唐言照慧)，乃祖乃父冠冕相承，而總髻之秋，抽簪出俗。"（T51，p1b）從字形看，"～"即"總"字。

摠　必～，子孔反，又音窟，誤。（ZD59-567c）按："～"音"子孔反"，乃"總"字。

揗　zǒng

揗　～説，上子孔反，正作揔。（ZD59-1069b）

按："～"乃"揔(總)"。

揔　～集，上子孔反。（ZD60-449b）按："～"乃"總"。

揔　zǒng

揔　～管，上則孔反，又音窟，非。（ZD60-431c)按："～"乃"總"。

惣　zǒng

惣　揔受，上子孔反，正作～。（ZD60-81b）按："～"即"總"。

惣　～丙，女兒反。（ZD60-205c）

愩　～萃，自遂反。（ZD60-549a）

椣　zǒng

椣　～分，子孔反，正作惣也。（ZD59-971b）按："～"乃"惣(總)"。

惚　zǒng

惚　～萃，自遂反，集也。（ZD60-471c）按："～"，對應佛經作"總"，即"總"字。《續高僧傳》卷 9："言悟清華，玄儒總萃，皆歎其博要也。"（T50，p499c）

緫　zǒng

緫　～章，上子孔反，唐高祖時年号也，正作緫、惣二形也，又音忽，非也。（ZD60-346a)按："～"即"總"字。

緫　～名，上子孔反，又音忽，非。（ZD60-358a)按："～"即"總"字。

緫　zǒng

緫　～委，上子孔反，普也，領也，率也，正作緫、惣二形，又音思，孝服也，非。（ZD60-533b）按："～"乃"總"。

轓　zǒng

轓　兩～，子孔反，車輪也，正作轓。（ZD59-990c)按："～"與"轓"同。

總①　zǒng

捴　～敖，音豪，菩薩名也，正作慜字也，悮。（ZD59-648c）

揗　～緣，上子孔反。（ZD60-101b）

揗　～持，子孔反。（ZD59-676a）

---

① 又見"緫""摠""捴""揗""椣""捴""總""惣""惚""搜"字條。

惣　～攝，上子孔反。（ZD59-558c）

摁　～説，上子孔反。（ZD60-116c）

想　～持，子孔反。（ZD59-638a）

惣　～持，則孔反。（ZD59-665b）

摁　～持，則孔反。（ZD59-730a）

總　～章，上子孔反。（ZD59-645c）

摁　～歸，上子孔反。（ZD60-57a）

摁　～一，上子孔反，正作惣。（ZD59-1070b）

摁　～句，子孔反。（ZD59-933b）

摁　～略，上子孔反，正作惣也。（ZD60-150b）

惣　～敖，音豪，已下並同，又五高反，悮也。（ZD59-647b）

惣　～敖，下音豪。（ZD59-647c）

摁　～名，子孔反。（ZD59-934b）

摁　～別，則孔反，又思來反，悮。（ZD59-740a）

摁　～持，子孔反。（ZD59-676a）

惣　言～，音惣，上方作摁。（ZD59-844b）

摁　～品，則孔反。（ZD59-741b）

摁　～持，則孔反。（ZD59-650a）

惣　～持，子孔反，又音窟，非。（ZD59-654a）

惣　～宣，子孔反，又音窟，悮。（ZD59-644b）按：“～”乃“總”，詳見本書中篇“摁”字條。

摁　是～，子孔反。（ZD59-924c）

惣　～禮，上子孔反，謂普禮也。（ZD60-23c）

摁　～持，上則孔反。（ZD59-619c）

摁　～相，上子孔反。（ZD60-158b）

惣　～説，上子孔反。（ZD60-117a）

惣　不～，則孔反。（ZD59-748b）

惣　～持，宗孔反，普也，正作捴、惣二形。（ZD59-661b）

摁　設～，下子孔反。（ZD59-729c）

摁　～持，則孔反，普也，皆也，正作摁也，又思來反，非也。（ZD59-762a）

摁　～相，子孔反，正作惣。（ZD59-924c）

惣　～令，子孔反，又音窟，悮。（ZD59-774b）

摁　～相，子孔反。（ZD59-957a）

惣　～持，上則孔反，皆也，正則惣、總二形。（ZD59-552c）

捴　～受，上子孔反，正作惣。（ZD60-81b）

捴　又～，音惣。（ZD59-941a）

傯　zòng

傯　倥～，上苦貢反，下子貢反，困兒也，又上音孔，下音惣，事多兒也。（ZD60-503a）按：“倥～”即“倥傯”。

耶　zōu

陬　～魯，上側愁反。（ZD60-305a）按：“～”即“耶”，與“鄒”同。

鄹　zōu

鄹　～衍，上爭愁反。（ZD60-501b）

鄒　～子，上爭愁反。（ZD60-318c）

鄒　～衍，上爭愁反，下以淺反。（ZD60-547c）

鄒　～誕，上爭愁反。（ZD60-375b）

鄒　摩～，此是鄧字，傳寫久悮，或云摩登，祇此云作惡業，此女是此惡業家女，故云摩鄧女也，又側愁反。（ZD60-310c）按：

《出三藏記集》卷 4:"《摩鄒女經》一卷,《摩鄧女經》一卷(抄與摩鄒女同)。"(T55,p26c)從形體看,"～"即"鄒"。

郰 郰
夷～,爭牛反。(ZD60-340c)
～匠,上側愁反。(ZD60-314c)

諏 zōu

諏
～焉,上子侯反,謀也。(ZD59-568c)

騶 zōu

騶 騶 騮 騶
～牧,上爭愁反,下音目。(ZD60-553c)
～虞,上側愁反。(ZD60-585b)
夷～,阻愁反。(ZD60-292a)
～文,上阻愁反。(ZD60-588a)

走 zǒu

迯 走
逃～,徒刀反,下子口反。(ZD59-927a)
～突,徒骨反。(ZD59-1000b)

揰 zǒu

揰
作～,爭九反,持也,執也,正作搊、搊、抍等三形,應和尚以操字替

之,非也。(ZD60-380b)按:"～"即"搊",持也。

揰
作～,論意是抍、撇,《論》文作挋(搊),同上,四形並側九反。抍,執也。撇,持也。挋(搊),扇名也。應和尚以狙字替之,非也。(ZD60-380a)按:"～"乃"搊",經文作"搊",執持之義。《阿毘曇毘婆沙論》卷 7:"時有一狼擔其兒去。時人捕搊而語之言:汝今何故,擔他兒去?"(T28,p45b)

搊① zǒu

揰
復～,側久反,執也,正作抍也,又楚愁反,提物也。(ZD60-240c)

揰
捕～,上蒲故反,下側九反,執也。(ZD60-99c)按:"～"即"搊",與"撇"同。

揰
～杖,上側九反,執也。(ZD60-100b)

揰
～火,上爭久反,持也,執也。(ZD60-100c)

髃 zòu

髃
～昧,上青搆反,葛也,經文自切正作𦒀、𦒀二形,又疑青字是責搆反,《佛阿毘曇》作𦕖麻也。(ZD60-241c)按:《四阿鋡暮抄解》卷 1:"六衣:劫貝,四𦒀(葛也,青搆反)、系

布、傍渠(麻布)、阿鞞駆(榜也)、𦒀麻(遒布,庫打反)。"(T25,p3b)

酳 zū

酳
呵～,側於反,出《應和尚音義》,又《南嶽經音》作他見反,未詳何出,今宜作靼,旨熱反。(ZD59-1094c)按:"～",譯音字。《佛五百弟子自說本起經》卷 1:"摩呵酳品第十四(大長十二偈)。"(T04,p194c)

足 zú

足
～跟,音根。(ZD59-685c)
～趾,音止,足也。(ZD59-596a)
類～,將玉反,正作足。(ZD60-110b)按:"～"乃"足",詳見本書中篇"趴"字條。

𠯋
～邊,子玉反,正作足。(ZD59-1114a)按:"～"乃"足",詳見本書中篇"𠯋"字條。

足
扠～,文粉反,摩拭也。(ZD59-636c)

捑 zú

捑
冠～,上古丸反,下自木反。(ZD60-

———
① 又見"揰"字條。

454a)按："～"即"族"。《高僧傳》卷 8："世爲冠族，慧少出家。"（T50，p378b）

捽 zú

�
～母，上存没反，批也，手～，捉持也。
（ZD59-1003a）

捽
自～，存没反，捉髮也，搣也，正作捽，或作挬也。（ZD59-615b）

啐 zú

啐
～聲，上子六反，又音寂，娛。（ZD59-1063b）

族① zú

挨
親 ～，自木反。
（ZD59-682b）

荻
～姓，自木反，正作族。（ZD59-932a）

祑
～ 姓，自木反。
（ZD59-729a）

祑
～ 姓，自木反。
（ZD59-897b）

祑
～ 姓，自木反。
（ZD59-640a）

挨
種 ～，自木反。
（ZD59-673a）

秩
貴 ～，同上（族）。
（ZD59-962a）

祑
～ 姓，才木反。
（ZD59-648a）

族
卑 ～，上必支反。
（ZD59-558c）

挨
～雪，上昨木反，類也。（ZD59-587b）

旗
族 ～，下音其。
（ZD60-186b）

挨
種～，才木反，正作族。（ZD59-559b）

祑
大～，音族。（ZD59-558c）

挨
～ 姓，昨木反。
（ZD59-827b）

祑
～ 姓，自木反。
（ZD59-673b）

挨
～ 親，自木反。
（ZD59-810b）

挨
親 ～，自木反。
（ZD59-818c）

挨
～ 姓，在木反。
（ZD59-977a）

挨
～ 姓，才木反。
（ZD59-640c）

族
～ 姓，自木反。
（ZD59-647b）

挨
～ 姓，自木反。
（ZD59-673b）

娛
親 ～，自木反。
（ZD59-1132b）

族
～ 類，上才木反。
（ZD60-128a）

挨
本～，音族。（ZD60-181b）

祑
勢 ～，上胡高反。
（ZD59-577b）

殚 zú

殚
終～，子律反，終也，自前並作卒、卆。

（ZD60-475a）按："～"即"卒"。

踳 zú

踳
～俟，二並同上也，正作傽突也，衝入人家也，上又所六反，非也，下俗。（ZD60-271b）按：《經律異相》卷 23："乘勢踳突，迫脅女人。"（T53，p126a）"踳"，元、明本作"蹴"。可洪以"～"爲"傽"，根據異文，似乎爲"蹴"。《新集藏經音義隨函録》卷 10："駏踳，子六反，迫也，逐也，趁也，正作蹴，又音縮，非用。"（K34，p980a）

蠷 zú

蠷
蜘～，上子悉反，又音即，下子六反，舊作子立反，非。（ZD60-383b）

鏃 zú

鏃
～ 皆，上子木反。
（ZD60-277b）

鏃
～ 入，子木反。
（ZD59-800b）

鏃
毒 ～，子木反。
（ZD59-684c）

鏃
鐵 ～，同上（鏃）。
（ZD60-284a）

――――

① 又見"挨"字條。

鏃
鉄
其～，子木反。
（ZD59-683c）
箭～，子木反。
（ZD59-910c）

挴　zǔ

挴
～尸，他但反，明也，
下識之反，主也，言子
孫爲君，父母猶拜之也，又側
加、孫也、子己三反，取也，又
或作担，丹旱反，答也，並非
義。（ZD60-429a）按：“～”，
經文作“祖”，可洪音“他但
反”，蓋以爲“坦”，恐誤。

岨　zǔ

岨
嶮～，上許撿反，下
側所反，正作阻，下
又七余、子余二反，並非也。
（ZD60-192c）按：“～”乃
“阻”。

岨
嶮～，側所反，隔也，
正作阻也。（ZD59-
578a）

祖①　zǔ

袒
法～，子古反，悞。
（ZD60-430a）

祖
～丞，上子古反，正
作祖也。（ZD60-
430c）按：“～”乃“祖”字。

組　zǔ

組
續～，子古反，綬也，
正作組也。（ZD60-

419a）按：“～”乃“組”。《集
古今佛道論衡》卷3：“敢此
有酬以麻續組耳。”（T52,
p385a）

詛　zǔ

咀
相～，阻疏反，正作
詛。（ZD59-1048a）

駔　zù

駔
～馬，上自古反，駿
馬也，大也，麁也。
（ZD60-570c）

醋　zuān

醋
～酪，上音蘇，俗也，
又郭氏作祖丸反，非
也。（ZD60-70b）按：《薩婆
多部毘尼摩得勒伽》卷5：
“何等爲十？謂鹽淨、二指
淨、聚落淨、醋（宋、元、明、
聖本作鑚）酪淨、如是淨、隨
喜淨、生酒淨、習淨、縷尼師
檀淨、受金銀淨。”（T23,
p597b）“～”同“鑚”，可洪
音“蘇”，蓋以爲“酥”字，
不妥。

燇
zuān／zuàn

燇
～㸂，上子亂反，下
音遂，火母也，上正
作鑚。（ZD60-232b）按：

“～”同“鑚”。

燇
～火，子官反，正作
鑚。（ZD59-653c）
按：“～”乃“鑚”字，詳見本
書中篇“燇”字條。

鑚②　zuān

鑚
～仰，上子官反。
（ZD60-106c）

鑚
者～，子官反。
（ZD59-1043c）

攅
～火，子官反。
（ZD59-910c）按：
“～”即“鑚”字。《大智度
論》卷15：“又如鑚火，已得
見煙，倍復力勵，必望得
火。”（T25, p172b）

攅
～火，子官反，正作
鑚，又才官反，非也。
（ZD59-817a）

攢
攢～，子亂反，下子
官反。（ZD59-737b）
按：“攢～”，對應佛經作“鑚
鑚”。《大方廣寶篋經》卷
3：“譬如有人愚癡無智，欲
求索酥，持瓶往趣恒河取
水，至於異處以鑚鑚之，甚
大疲苦，了不見酥。”（T14,
p478a）

篹　zuǎn

纂
遂～，子管反，集也，
《長房錄》作纂，又音

① 又見“挴”字條。
② 又見“醋”“攅”字條。

撰，郭氏作篹。（ZD60-334c)按：“～”即“篹”，對應佛經作“纂”，同。《大唐內典錄》卷5：“慨時俗之昏蒙，遂纂斯二教論，以光至理。”(T55，p272c)

纂① zuǎn

纂　～修，子管反。（ZD59-704b)

纘 zuǎn

纘　～叙，上子管反，下徐與反。（ZD60-472a)

鑕 zuǎn

鑕　鏢～，上疋遙反，下子管反。（ZD60-373b)按：“～”即“鑕”，乃“穳”字。

鑕　鏢～，上疋遙反，下子管反，錫杖頭足下飾也，正作鏢穳也，下又《經音義》作鑽，子亂反，非。（ZD60-32a）按：“鑕”即“穳”字之俗，詳見本書中篇“鑕”字條。

厜 zuī

瘂　三～，宜作厜、嶵，二同，姊危反。厜嶵，山巔兒也，尖也；嶵，盈姿之兒也。《江西音》作之芮反，

非也，郭氏音作直類反，亦非也。今宜取厜。（ZD60-217c)按：“～”乃“厜”，詳見本書中篇“瘂”字條。

嶲 zuǐ

嶲　～衡，上即委反，口也。（ZD59-1071b)

嶲　以～，即委反，惧。（ZD59-998c）按：“～”，即“嘴”字，經文作“觜”，同，嘴巴。《中阿含經》卷56：“彼中或雞子以觜以足，啄破其卵，自安隱出者，彼爲第一。”(T01，p781b)

嘴② zuǐ

嘴　實～，子水反，應作寶嘴也。（ZD59-747a)

觜　寶～，即委反。（ZD59-1071a)

觜　～鵃，上即委反。（ZD59-591a)

觜　智～，音觜。（ZD59-687a)

嘴　瑠璃～，音觜。（ZD59-617c)

嶲　赤～，音觜。（ZD60-339b)

嘴　赤～，子累反。（ZD59-773a)

嶲　王～，即水反，鳥口也，正作觜、嘴。（ZD59-847b)

嶲　蚩～，音觜。（ZD59-684a)

嘴　～爪，上即水反，下側巧反。（ZD60-251b)

喙　蚩～，即委反，正作觜。（ZD59-684a)

嘴　鍼～，上之林反，下即委反。（ZD59-611c)

觜　赤～，即委反。（ZD59-648b)

嘴　生～，即水反，鳥口也，正作唯、觜。（ZD59-686a)

柴　爲～，子委反，正作觜。（ZD59-1074a）按：“～”乃“觜(嘴)”字，詳見本書中篇“柴”字條。

嘴　其～，即水反，鳥口也。（ZD59-737a)

　～唉，上即委反，正觜。（ZD60-251a)

嘴　蜂～，芳逢反，下即水反。（ZD59-744a)

嘴　～爪，上即水反，口～也，正作嶉、唯、觜、觜四形，又遵爲反。（ZD60-251a)

嶉 zuǐ

嶉　嘴爪，上即水反，口嘴也，正作～、唯、

---

① 又見“篹”字條。
② 又見“嶲”“觜”“嘴”“嶉”字條。

觜、觜四形，又遵爲反。（ZD60-251a）

嘴 zuǐ

鷰　鳥～，子壘、子危二反，鳥口也，正作觜、觜二形也。（ZD60-63c）按："～"同"觜"。

寂 zuì

寂　爲～，子外反，正作寂。（ZD60-181c）按："～"同"最"。

最① zuì

冣　～後，子外反，極也，正作寂也。（ZD59-949a）按："～"同"最"。

最　～鄰，上祖外反。（ZD60-127a）

晬 zuì

晬　～朝，上子對反。（ZD60-484a）

晬　～日，上子內反，一年也。（ZD60-440a）

蕞 zuì

菆　～爾，上自外、自活二反，～爾，小兒也，聚也，亦作蕞。（ZD60-551a）按："～"，經文作"蕞"。

醉 zuì

醉　矯～，音憍，奢也，矜也，悮，下子遂反，傷酒也。（ZD59-975b）

�　醉極～，上下二同子遂反。（ZD60-93b）

醉　迷～，子遂反。（ZD59-897c）

醉　常～，子遂反，天名也，正作醉。（ZD59-732a）

醉　尵～，都含反，下又作醉、子遂反。（ZD59-725b）

醉　～憿，即遂反，下五告反。（ZD59-668a）

醉　不～，即遂反。（ZD60-390b）

尊 zūn

尊　～耶，徐嗟反，不正也。（ZD59-609c）

尊　～榮，子孫反，下爲兄反。（ZD59-853a）

撙 zūn/zǔn

撙　盤～，音尊，酒器也，正作罇、樽二形，又尊本反，悮。（ZD60-16a）按："～"乃"樽"。

撙　蔡～，音尊，正作樽，又茲本反，悮。（ZD60-466b）按："蔡～"，對應佛經作"蔡樽"或"蔡

僔"。《弘明集》卷10："侍中蔡樽答。"（T52，p630a）"樽"，宋、元、宮本作"僔"。"蔡樽""蔡撙"，文獻中皆有。《梁書》卷二十一《列傳第十五》："蔡撙，字景節，濟陽考城人。"根據"字景節"，應爲"蔡撙"。"撙"可爲控制、節省之義。可洪以爲"蔡樽"，恐誤。

摸　～繫，上茲損反，正作撙。（ZD59-1059c）按：《生經》卷5："主比丘獨在不出，新學比丘復取衣鉢，取主比丘摸捶榜答，就地縛束，猶繫其口，將無所喚。"（T03，p104a）"猶"，宋、元、明本作"撙"。

樽② zūn

撙　～俎，上子孫反，酒器也，正作罇、樽二形也。（ZD60-429a）

罇 zūn

罇　合～，音尊。（ZD60-595b）

僔 zǔn

僔　智～，子本反。（ZD60-471c）

---

① 又見"寂"字條。
② 又見"撙""罇"字條。

鱒 zùn

鱒　～魴，上自困反，下伏亡反。（ZD59-1083b）

昨 zuó

眰　～暝，上自作反，下目瓶反。（ZD60-175a）

莋 zuó

莋　～絶，上自作反，竹索也，正作筰、筦二形，應和尚作側格反，不是壓筦義也。（ZD60-389a）按：“～”乃“筰”。

尢 zuǒ

尢　～右，上子可反。（ZD60-530a）按：“～”乃“左”。

撚 zuǒ

撚　自～，倉活反，正作撮，前本作撮字也，又側侯、倉苟二反，悞。（ZD60-50c）按：“～”乃“撮（撮）”。

縬① zuǒ

縬　作～，子括反，結也，律意是～字，應和尚以莗字替之。（ZD60-374b）按：《一切經音義》卷14：“結毦，《字林》而容反，毛罽也，律文作緅，字書亦韢字，音而用反。鞍，毦飾也。”（C056，p1033c）《四分律》卷41：“或有衣毛結莗著瘡。”（T22，p862c）“莗”，宋、元本作“緅”，明、宮本作“緅”。根據可洪，“～”即“緅”，乃“緅”字。《四分律名義標釋》卷27：“結緅：緅，子括切，鑽入聲。舊音作，結也，一曰縫餘，當解意。”（X44，p611c）

緅 zuǒ

緅　～口，子活反，正作緅。（ZD59-780b）

攃 zuǒ

攃　～白，子活反。（ZD59-788b）
甌～，古麥反，下子括反。（ZD59-784c）
手～，子活反。（ZD59-865a）

优 zuò

优　～破，上子个反，正作佐也。（ZD60-55a）

佐② zuò

优　～助，上子箇反，正作佐。（ZD60-43a）

作 zuò

佐　亦～，下音作。（ZD59-848b）
～仙，子各反。（ZD59-720a）

坐 zuò

坐　～至，上粗卧反，正作坐。（ZD60-234b）
～廗，自果反，下祥昔反。（ZD59-853b）
床～，上助莊反。（ZD59-614c）
會～，才果反，挫也，結趺也，正作坐，古文作坐。（ZD59-670a）按：“～”，經文作“坐”。

阼 zuò

阼　冠～，音阼。（ZD60-430c）

拃 zuò

拃　～木，上作、昨二音。（ZD60-424c）按：“～”乃“柞”字。

祚 zuò

祚　享～，許兩反。（ZD59-732a）

---

① 又見“緅”字條。
② 又見“优”字條。

座　zuò

座
痤

高～,音坐,床也,正
作座。(ZD59-649b)
痳～,床座字也。
(ZD59-899a)

座痤瘥

座
痤
瘥

痳～,上音床,下音
座。(ZD59-559b)
痳～,上音牀,下音
坐。(ZD59-554a)
床～,才卧反,正作
座也。(ZD59-988c)

柞　zuò

柞

～哉,上音作,下音
米,見藏作柞米,上
又郭氏作昨、祚二音,非也,
應和尚未詳。(ZD60-385a)

音 節 索 引

參 考 文 獻

比丘明復 1988《中國佛學人名辭典》,中華書局。

蔡忠霖 2000《敦煌漢文寫卷俗字及其現象研究》,臺灣中國文化大學博士論文。

陳飛龍 1975《龍龕手鑒研究》,臺灣文史哲出版社。

[宋]陳彭年 1983《鉅宋廣韻》,上海古籍出版社。

[宋]陳彭年 1982《宋本廣韻》,中國書店。

[宋]陳彭年 1983《宋本玉篇》,中國書店。

儲泰松 2002《〈可洪音義〉研究》,復旦大學博士後出站報告。

大正一切經刊行會 1973《大正新修大藏經》,新文豐公司影印。

鄧福禄 2007《字典考正》,湖北人民出版社。

[宋]丁　度 1983《集韻》,中國書店。

丁福保 1984《佛學大辭典》,文物出版社。

[清]段玉裁 1981《説文解字義注》,上海古籍出版社。

[清]段玉裁 1981《説文解字注》,上海古籍出版社。

敦煌研究院 1994《敦煌書法庫》第1—4輯,甘肅人民美術出版社。

范可育 2000《楷字規範史略》,華東師範大學出版社。

《高麗大藏經》編輯委員會 2004《高麗大藏經》(韓國海印寺藏),綫裝書局。

[南朝]顧野王 1985《原本玉篇殘卷》,中華書局。

[清]桂　馥 1983《説文解字義證》,上海古籍出版社。

[金]韓道昭 2002《改併五音類聚四聲篇海》續修四庫全書本,上海古籍出版社。

[金]韓道昭 1992《五音集韻》,中華書局。

韓小荆 2007《可洪音義研究——以文字爲中心》,浙江大學博士論文。

韓小荆 2009《可洪音義研究——以文字爲中心》,巴蜀書社。

韓小荆 2019《可洪音義研究——以引書考爲中心》,中國社會科學出版社。

[遼]行　均 1985《龍龕手鏡》,中華書局。

許　佳 2013《可洪〈新集藏經音義隨函録〉引經書研究》,華中科技大學碩士論文。

[漢]許　慎 1963《説文解字》,中華書局。

許端容 1989《可洪新集藏經音義隨函録音系研究》,臺灣中國文化大學博士論文。

許端容 1990《可洪新集藏經音義隨函録敦煌寫卷考》,第二屆敦煌學國際研討會論文集。

黃仁瑄 2011《可洪〈新集藏經音義隨函録〉引許慎〈説文〉舉例》,《語言研究》第2期。

黃永武 1986《敦煌寶藏》,新文豐出版公司。

[唐]慧琳 1986《一切經音義》,上海古籍出版社。

蔣冀騁　1993　《説文段注改篆評議》,湖南教育出版社。

蔣冀騁　1996　《敦煌文書校讀》,臺灣文津出版社。

蔣冀騁　吳福祥　1997　《近代漢語綱要》,湖南教育出版社。

蔣禮鴻　1994　《敦煌語言詞典》,杭州大學出版社。

蔣妙琴　1987　《〈龍龕手鑒〉引新舊藏考》,臺灣文化印度研究所碩士論文。

金榮華　1977　《敦煌俗字索引》,石門圖書公司。

[五代]可　洪　1984—1997　《新集藏經音義隨函録》,《中華大藏經》第 59、60 册,中華書局。

孔仲温　2000　《玉篇俗字研究》,台灣學生書局。

冷玉龍　1994　《中華字海》,中國友誼出版公司。

李圭甲　2000　《高麗大藏經異體字典》,高麗大藏經研究所。

李圭甲　2016　《劃分與其他正字同形的異體字與誤字之界——以〈可洪音義〉所見字形爲主》,《漢語史學報》第十六輯,上海教育出版社。

李維琦　1993　《佛經釋詞》,嶽麓書社。

李維琦　1999　《佛經續釋詞》,嶽麓書社。

梁披雲　1987　《中國書法大辭典》,廣東人民出版社。

劉　復　1957　《宋元以來俗字譜》,文字改革出版社。

[唐]陸德明　《經典釋文》,中華書局,1983 年版。

羅振玉　1957　《增訂碑别字》,文字改革出版社。

[明]梅膺祚　《字彙》,上海辭書出版社,1991 年版。

潘重規　1978　《敦煌俗字譜》,石門圖書公司。

潘重規　1988　《龍龕手鑒新編》,中華書局。

秦　公　1985　《碑别字新編》,文物出版社。

裘錫圭　1988　《文字學概要》,商務印書館。

任半塘　1987　《敦煌歌辭總編》(上、中、下),上海古籍出版社。

申　龍　2009　《〈新集藏經音義隨函録〉聯綿詞研究》,華東師範大學博士論文。

[宋]司馬光　1984　《類篇》,中華書局。

[明]宋　濂　2002　《篇海類編》續修四庫全書本,上海古籍出版社。

蘇淵雷　1994　《佛藏要籍選刊》,上海古籍出版社。

太田辰夫　1982　《唐宋俗字譜》,汲古書院。

湯可敬　1997　《説文解字今釋》,嶽麓書社。

唐　蘭　1979　《中國文字學》,上海古籍出版社。

王　力　1980　《龍蟲並雕齋文集》,中華書局。

王　力　1981　《中國語言學史》,山西人民出版社。

王　力　1985　《漢語語音史》,中國社會科學出版社。

王重民　1985　《敦煌變文集》,人民文學出版社。

[清]吳任臣　1991　《字彙補》,上海辭書出版社。

吳汝鈞　1995　《佛教大辭典》,商務印書館國際有限公司。

［宋］希　麟　1986《續一切經音義》上海古籍出版社。

項　楚　1991《王梵志詩校注》,上海古籍出版社。

徐時儀　1997《慧琳音義研究》,上海科學出版社。

徐時儀　2005《玄應〈衆經音義〉研究》,中華書局。

徐珍珍　1997《〈新集藏經音義隨函録〉俗字研究》,臺灣逢甲大學碩士論文。

徐中舒　1992《漢語大字典》,湖北辭書出版社、四川辭書出版社。

［唐］玄　應　1984—1997《一切經音義》《中華大藏經》第 56、57 册,中華書局。

姚永銘　2003《慧琳〈一切經音義〉研究》,江蘇古籍出版社。

曾榮汾　1988《字樣學研究》,臺北學生書局。

曾熙署　1980《真草隸篆四體大字典》,長春古籍書店。

［明］章　黼　2002《重訂直音篇》續修四庫全書本,上海古籍出版社。

張金泉　許建平　1996《敦煌音義彙考》,杭州大學出版社。

張錫厚　1983《王梵志詩校輯》,中華書局。

［三國］張　揖　1983《廣雅》,中華書局,影印清刻王念孫《廣雅疏證》本。

張涌泉　1995《漢語俗字研究》,嶽麓書社。

張涌泉　1996《敦煌俗字研究》,上海教育出版社。

張涌泉　2000《漢語俗字叢考》,中華書局。

［明］張自烈《正字通》,中國工人出版社,1996 年版。

趙　陽　2016《黑水城出土〈新集藏經音義隨函録〉探微》,《吐魯番學研究》第 1 期。

鄭賢章　2002《從漢文佛典俗字看〈漢語大字典〉的缺漏》,《中國語文》第 3 期。

鄭賢章　2004《龍龕手鏡研究》,湖南師範大學出版社。

鄭賢章　2005《〈可洪音義〉俗字札記》,《漢字研究》第 1 輯,學苑出版社。

鄭賢章　2006《以可洪〈隨函録〉考漢語俗字若干例》,《古漢語研究》第 1 期。

鄭賢章　2006a《〈可洪音義〉與現代大型字典俗字考》,《漢語學報》第 2 期。

鄭賢章　2006b《漢語疑難俗字例釋》,《語言研究》第 4 期。

鄭賢章　2006c《可洪〈隨函録〉與漢文佛經校勘》,《古籍整理研究學刊》第 5 期。

鄭賢章　2007a《可洪〈隨函録〉俗字研究與彙釋》,復旦大學博士後出站報告。

鄭賢章　2007b《可洪〈隨函録〉與漢語俗字研究》,《湖南師範大學學報》(社會科學版)第 1 期。

鄭賢章　2007c《以可洪〈隨函録〉考漢語俗字(續)》,《古漢語研究》第 1 期。

鄭賢章　2010《〈郭迻經音〉研究》,湖南師範大學出版社。

鄭賢章　2018《〈新集藏經音義隨函録〉同形字考辨》,《漢字漢語研究》第 4 期。

鄭賢章　2019a《〈新集藏經音義隨函録〉同形字剿考》,《古漢語研究》第 1 期。

鄭賢章　2019b《〈新集藏經音義隨函録〉"又音"與同形字考辨》,《中國文字研究》第 2 輯。

鄭賢章　2020《〈新集藏經音義隨函録〉"又音"與同形字研究》,《語言科學》第 2 期。

中國社會科學院語言研究所　1978《現代漢語詞典》,商務印書館。

中國臺灣"教育部"　2020《異體字字典》,中國臺灣網絡版。

《中華大藏經》編輯局　1984—1997《中華大藏經》(1—106),中華書局。

中華電子佛典協會　2016《CBETA 電子佛典集成》。

周有光　1961《漢字改革概論》,文字改革出版社。

周志鋒　1998《大字典論稿》,江蘇教育出版社。

周祖謨　1983《唐五代韻書集存》,中華書局。

［清］朱駿聲　1984《説文通訓定聲》,中華書局。

後　記

　　2005 年,我有幸師從復旦大學的吴金華先生做博士後。在先生的指導下,我選擇了五代可洪的《新集藏經音義隨函録》(俗稱《可洪音義》)作爲研究對象。當時學界對此書還較少關注,研究成果不多。經過兩年的努力,博士後出站報告《可洪〈隨函録〉俗字彙釋與研究》得以順利完成,《〈新集藏經音義隨函録〉研究》一書就是在此基礎上修訂出版的。拙著出版至今,已有十五年。十五年來,近代漢字、佛經音義、古代語文辭書研究取得了長足的發展,涌現出一批重要的成果。《新集藏經音義隨函録》的學術價值越發凸顯,研究使用它的學者越來越多,研究使用它的領域越來越廣,尤其在漢文佛典疑難字考釋、歷代字韻書疑難字考釋、大型字典疑難字考釋、常用漢字形體演變研究、漢字發展史研究、佛經異文研究、逸文收集整理、佛經校勘整理、現代大型字典重修等方面發揮了重要作用。單從文字研究的角度看,《新集藏經音義隨函録》比《玄應音義》《慧琳音義》的價值更大,該書注釋的字條、保存的寫刻本佛經中的用字遠多於它們。

　　拙著出版後,我將主要精力花在《〈郭迻經音〉研究》(2010)、《漢文佛典疑難俗字彙釋與研究》(2016)兩書的撰寫上,對《新集藏經音義隨函録》的研究告一段落。2016 年,我成功申報了國家社科基金重大項目“漢文佛典文字彙編、考釋及研究”(16ZDA171),其中涉及對各種佛經音義的文字進行彙編,故而又將《新集藏經音義隨函録》中的文字重新進行了梳理、截取。與此同時,我還撰寫了《〈新集藏經音義隨函録〉同形字考辨》(《漢字漢語研究》2018 年第 4 期)、《〈新集藏經音義隨函録〉同形字斠考》(《古漢語研究》2019 年第 1 期)、《〈新集藏經音義隨函録〉同形字續考》(《北斗語言學刊》2019 年第 2 輯)、《〈新集藏經音義隨函録〉“又音”與同形字考辨》(《中國文字研究》2019 年第 2 輯)、《〈新集藏經音義隨函録〉辨字闕失考(三十則)》(《語文研究》2020 年第 4 期)、《〈新集藏經音義隨函録〉“又音”與同形字研究》(《語言科學》2020 年第 4 期)、《〈新集藏經音義隨函録〉注釋闕失斠考》(《古籍研究》2021 年第 74 輯)等論文,對《新集藏經音義隨函録》中的“又音”、同形字、注釋闕失等問題進行了探討。研究越久、越深,越覺得《新集藏經音義隨函録》真是一本難得的具有極高語言學、文字學、文獻學、辭書學研究價值的書,斷不可衹把它當作一本專書對待,書中還有許多方面的問題值得深入研究。

　　拙著這次增訂主要作了以下改變:1.對舊版上篇(通論)、中篇(俗字彙釋)的内容没有作大的增補,主要糾正了一些文字上的訛誤。2.對舊版中使用的舊體字、異體字、繁簡字進行了規範。3.對下篇(俗別字譜)的體例進行了調整。修改了凡例,字譜在舊版中採用的是造字,存在失真之處,現全部採用截圖形體,保存字的原樣,對有異體關係的標目字採用互見的方法標注,增加了標目字檢索表。4.對下篇的内容進行了大幅度的增補。增加了標目字的數量,立有 9382 個標目字,增加了異體字的數量,收有 27664 個異體。每個字條下增補了《新集藏經音義隨函録》原有注釋,對部分疑難字增加了按語,總共有 6975 條,從某種程度上來説,算是對這些疑難字的簡單考釋,可以補充中篇(俗字彙釋)的内容。

　　感謝上海教育出版社爲拙著提供了增訂出版的機會。書稿編輯排版難度極大,要造的字多,要處理的圖片多,要核對的引文多,感謝責任編輯周典富博士爲此付出的艱辛勞動,其表現出來的專業素養、敬業精神令人敬佩。感謝楊寶忠先生將其閲讀拙著時所作的校記提供給我,我從中受益良多。感謝我的愛人王賽波與女兒鄭雨晴,這些年我既要搞管理,又要搞教學科研,常顯疲憊之態,没有她們的支持與安慰,我很難完成既定目標。此外,多位在讀的研究生幫我校對了書稿,一併致以謝意。

　　寫完書稿,倏忽之間,我也年過半百,青春早已不在,天命却難知曉。這些年經歷太多,緣聚緣散,緣去緣來。拿不起也放不下,求糊塗未真通達。永遠懷念我的父親鄭甫林、母親陳全蘭,永遠懷念我的碩士導師李維琦先生,永遠懷念我的博士後合作導師吳金華先生。父母的養育之恩,導師的教誨之情,再也無法回報,謹以此書告慰他們,願他們在那邊安好。

鄭賢章

2022 年 7 月 26 日於洋湖苑無爲齋

圖書在版編目（CIP）數據

《新集藏經音義隨函録》研究 / 鄭賢章著. — 增訂
本. — 上海：上海教育出版社，2023.5
ISBN 978-7-5720-1752-0

Ⅰ.①新… Ⅱ.①鄭… Ⅲ.①漢語－佛經－語言學－
研究 Ⅳ.①Z126.25

中國國家版本館CIP數據核字(2023)第067285號

責任編輯　周典富
封面設計　陸　弦

《新集藏經音義隨函録》研究（增訂本）
鄭賢章　著

出版發行　上海教育出版社有限公司
官　　網　www.seph.com.cn
地　　址　上海市閔行區號景路159弄C座
郵　　編　201101
印　　刷　山東韻傑文化科技有限公司
開　　本　787×1092　1/16　印張90.75　插頁10
字　　數　1700千字
版　　次　2023年5月第1版
印　　次　2023年5月第1次印刷
書　　號　ISBN 978-7-5720-1752-0/H·0054
定　　價　880.00元

如發現質量問題，讀者可向本社調換　電話：021-64373213